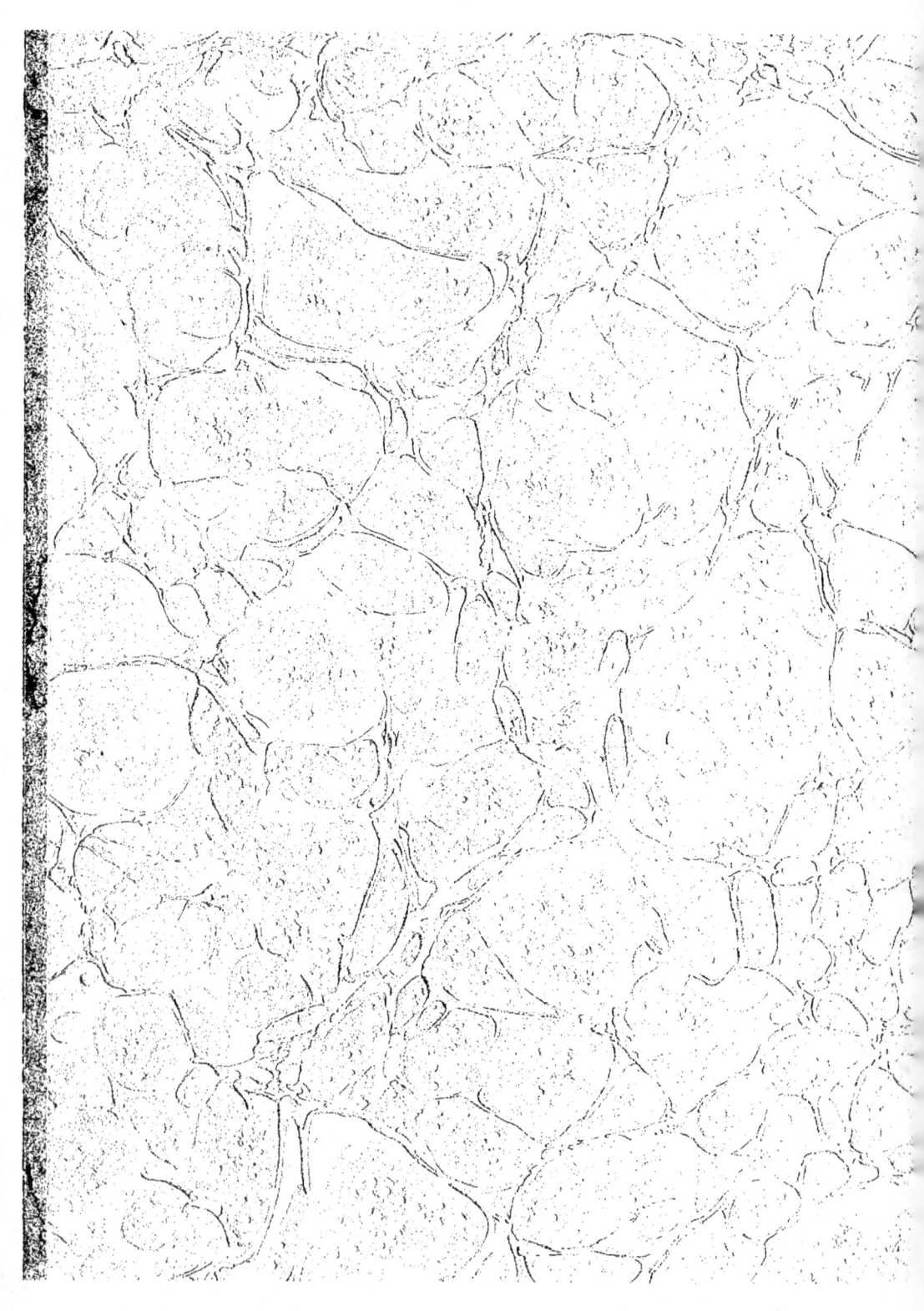

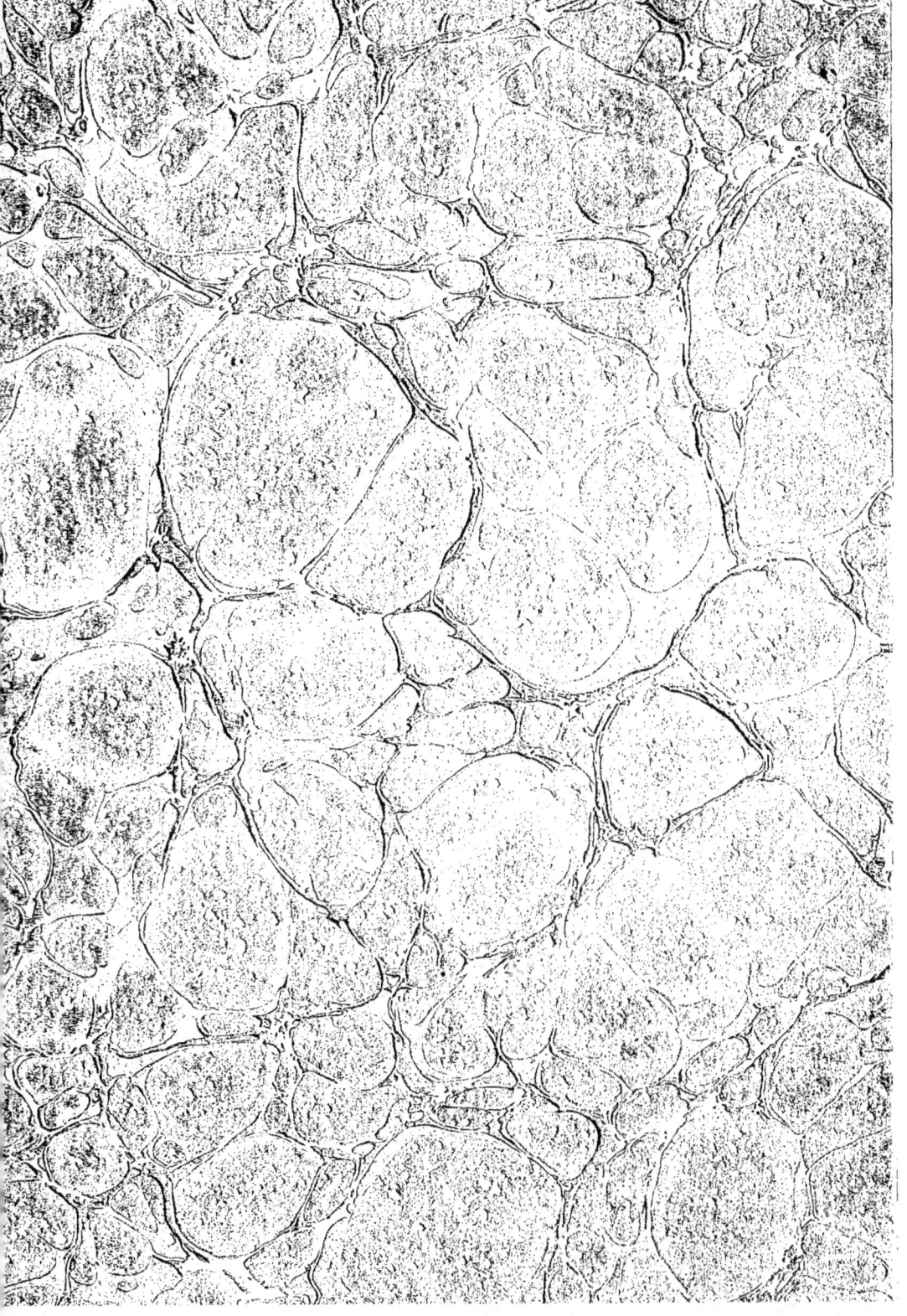

IMPRIMERIE DE SAINTIN, RUE SAINT-JACQUES, 38.

HISTOIRE DE FRANCE

DEPUIS

LES TEMPS LES PLUS RECULÉS JUSQU'A LA MORT DE LOUIS XVI,

PAR ANQUETIL.

Nouvelle Édition

RÉVUE ET CONTINUÉE JUSQU'EN 1830

PAR M. TH. BURETTE,

Professeur d'histoire au Collège de Stanislas.

AVEC DES CONSIDÉRATIONS SUR L'HISTOIRE

PAR M. DE CHATEAUBRIAND.

TOME PREMIER.

PARIS.

POURRAT FRÈRES, ÉDITEURS,

RUE DES PETITS-AUGUSTINS, 5.

M. DCCC XXXVIII.

PRÉFACE.

Nous connaissons quatre principales histoires de France, qui viennent presque jusqu'à nos jours :

Celle de Scipion Dupleix. Il a recueilli et mis en ordre ce qu'il y a de meilleur dans les écrivains qui l'ont précédé, et a fourni un excellent répertoire à ceux qui l'ont suivi. On l'a continué jusqu'à Louis XIII inclusivement ; 6 vol. in-folio ;

De François de Mézeray, jusques et compris Louis XIII ; 3 gros vol. in-folio ;

Du père Daniel, jésuite, jusques et compris Louis XIII ; 17 vol. in-4° ;

De Velly et continuateurs ; 33 vol. in-12, qui ne viennent que jusqu'à la moitié de Charles IX.

Un personnage célèbre, qui se trouvait alors à la tête du gouvernement, m'invita à venir le voir à sa maison de campagne : là, s'entretenant avec moi des historiens de France, après les avoir passés légèrement en revue, il me dit qu'il serait à souhaiter qu'on s'occupât d'une histoire dégagée des détails et des accessoires qui rendent celle de France si volumineuse, et qui ne contint que les faits absolument particuliers à la nation.

Ce désir a été pour moi un trait de lumière ; et, me le développant à moi-même, j'ai conçu qu'en effet si l'on avait une histoire complète, mais succincte, régulièrement distribuée par dates, qui présenterait la suite des faits sans accessoires étrangers, assez étendue pour donner une idée juste des évènemens, pas assez volumineuse pour épouvanter le lecteur et le rebuter, les jeunes gens l'ouvriraient volontiers et s'instruiraient, les vieillards la feuilleteraient par délassement et s'en souviendraient ; deux avantages qui rendraient la connaissance de notre histoire plus familière.

Je me suis déjà exercé dans ce genre de travail, en réduisant, sous le titre de *Précis*, l'*Histoire universelle*, de 125 volumes in-8°, en 12 volumes in-12.

Observant donc que, par l'*Esprit de la Ligue*..... l'*Intrigue du Cabinet et la Fronde*..... *Louis XIV, sa cour et le Régent*.... par le règne de Louis XV et celui de Louis XVI, que j'ai plus qu'esquissés pour compléter

DIVISION DE L'OUVRAGE.

L'Histoire de la France ou des peuples qui ont occupé son territoire depuis les temps les plus reculés, dont il nous reste quelques notions à peu près certaines, jusqu'à la mort de Louis XVI, offre un espace de près de vingt-quatre siècles, qui se partage naturellement en quatre grandes périodes.

La première, d'un peu plus de mille ans, embrasse toute l'histoire des Gaules, depuis les premières émigrations constantes de ses habitans, l'an 600 avant J.-C., jusqu'à l'établissement des *Francs* sur leur territoire, l'an 420 de l'ère vulgaire.

La seconde, de 420 à 752, contient l'histoire de la première race, des rois français, dits *Mérovingiens*, du nom de Mérovée, le troisième d'entre eux.

La troisième, de 752 à 987, renferme l'histoire de la seconde race, dite des *Carlovingiens*, ainsi nommée de Charles-le-Grand, qui en fut le second roi.

La quatrième période enfin, de 987 à 1793, offre l'histoire des rois de la troisième race, dite des *Capétiens*, du surnom de Hugues Capet, le premier roi de cette dernière race.

GAULOIS.

DE L'AN 600 AVANT J.-C. A L'AN 420 DE L'ÈRE VULGAIRE.

Pour aider à la classification des faits, l'histoire des Gaulois sera divisée en quatre chapitres.

CHAP. Ier. Des Gaulois en général, et de leurs mœurs.

CHAP. II. De l'an 600 à l'an 50 avant J.-C. Histoire des Gaules depuis les premières émigrations gauloises, connues avec quelque certitude, jusqu'à l'achèvement de la conquête du pays par Jules-César.

CHAP. III. De l'an 50 avant J.-C. à l'an 260 de J.-C. Histoire des Gaules depuis l'achèvement de la conquête du pays par Jules-César jusqu'aux premières incursions qu'y tentèrent les *Francs*.

CHAP. IV. De l'an 260 à l'an 420 de J.-C. Histoire des Gaules depuis les premières incursions des Francs dans ce pays, jusqu'à l'établissement définitif qu'ils y formèrent sous *Pharamond*, leur premier roi.

NOTICE HISTORIQUE

SUR

LA VIE ET LES OUVRAGES

DE M. ANQUETIL,

PAR M. DACIER,

SECRÉTAIRE PERPÉTUEL DE L'ACADÉMIE DES INSCRIPTIONS ET BELLES-LETTRES.

Louis-Pierre Anquetil, chanoine régulier de la congrégation de France, dite de Sainte-Geneviève, membre de la classe d'histoire et de littérature ancienne de l'Institut et de la Légion d'honneur, naquit à Paris le 21 février 1723, d'une ancienne et honorable famille de la bourgeoisie de cette ville. Il fut l'aîné de sept frères, qui tous ont conservé les principes de vertu et la pureté des mœurs de leurs aïeux, et ont mérité l'estime publique dans les états qu'ils ont embrassés, et dont deux, membres de cette classe, ont illustré leur nom par leurs ouvrages.

Le droit d'aînesse d'Anquetil ne lui procura d'autre avantage que de travailler toute sa vie à être utile à ses frères, et d'être, depuis le commencement jusqu'à la fin de sa longue carrière, le soutien des uns, le consolateur des autres, et, autant qu'il le put, le réparateur des revers que la fortune fit éprouver à quelques-uns d'entre eux. Il aurait pu se croire quitte de tout envers ses frères par sa renonciation au monde et par l'abandon qu'il leur avait fait de sa part dans le patrimoine commun. Ces sortes de calcul d'arrangement personnel ont peut-être influé quelquefois dans la détermination de ceux qui se vouaient à la vie religieuse; mais Anquetil, en obéissant à sa vocation pour le cloître, avait été loin d'y porter ce froid détachement des affections naturelles qui accompagne assez souvent l'amour de la solitude : « Pour moi, disait-il quelquefois avec ce sourire » qui part du cœur, je crois que c'est pour être père de famille que je me » suis cloîtré. »

Ce fut à l'âge de 17 ans, qu'après avoir achevé son cours d'humanités au collège Mazarin, le jeune Anquetil entra dans la congrégation des chanoines réguliers de Sainte-Geneviève. Envoyé au prieuré de Sainte-Barbe, dans le pays d'Auge, il s'y livra aux études théologiques sous le célèbre P. Le Courayer; et élève il devint bientôt maître lui-même. Un des grands avantages que trouvaient pour leur instruction dans les corps religieux enseignans ceux des novices que d'heureuses dispositions signalaient à leurs supérieurs était cette facilité ou plutôt cette obligation de monter, très jeunes encore ; des bancs de l'école à la chaire de professeur. Dans les arts, dans presque toutes les professions, il faut parcourir lentement les degrés qui séparent l'apprenti du maître ; mais l'art de se former l'esprit n'est pas assujéti tout-à-fait aux mêmes lois : rien ne paraît en effet devoir être plus utile pour s'instruire que d'être obligé d'enseigner ce qu'on ne connaît pas encore très bien : alors le besoin d'être supérieur à ceux auxquels on donne des leçons force à s'élever au-dessus de soi-même, à remonter à la source des choses, à en rechercher les principes et les raisons, pour les exposer aux autres ; et ainsi l'enseignement est un des grands moyens de bien étudier et de bien apprendre.

Anquetil fut en grande partie redevable à cette méthode salutaire d'avoir acquis de bonne heure des connaissances positives, un jugement sain, une solidité de raison et une maturité d'esprit qui ne laissèrent presque apercevoir en lui aucune de ces progressions morales par lesquelles se distinguent les premières saisons de la vie : comme il n'a pas eu de vieillesse, on peut dire aussi qu'il n'eut pas de jeunesse. C'est avec la gravité et les talens d'un homme fait qu'à peine âgé de vingt ans il professa dans l'abbaye de Saint-Jean, à Sens, d'abord les belles-lettres, et ensuite la philosophie et la théologie ; enseignement dont la diversité eût exigé trois maîtres, si tous les trois ne s'étaient pas trouvés réunis dans la personne d'Anquetil.

Au milieu de ces occupations, qu'il remplissait avec autant de zèle que d'exactitude, et qui auraient pu absorber tous les momens d'un homme moins laborieux et moins pressé du désir d'apprendre, il savait se ménager chaque jour plusieurs heures qu'il consacrait à l'étude de l'histoire, vers laquelle il était entraîné par un penchant particulier, et qui a fait la consolation, le charme et la gloire de sa vie. Au besoin impérieux d'étendre sans cesse ses connaissances et d'accroître ses richesses littéraires, se joignit bientôt celui de les employer et d'en faire jouir les autres. Il s'était mis en état de traiter avec un succès presque égal l'histoire des peuples anciens et celle des peuples modernes, et de pouvoir choisir à son gré dans le vaste champ de l'histoire la partie qu'il voudrait moissonner. Son séjour dans la ville de Reims, où il fut envoyé par ses supérieurs pour être l'un des directeurs du séminaire, et l'invitation de quelques-uns des principaux habitans de la ville, avec lesquels il avait contracté des liaisons d'amitié, le déterminèrent à préférer l'histoire de France ; et la ville qu'il habitait fut le sujet de son premier ouvrage. Il écrivit donc l'histoire de Reims, et il l'écrivit de manière à ce qu'elle pût être lue sans ennui et même avec quelque plaisir ; c'est dire assez qu'il fit le contraire de ceux qui avaient traité avant lui le même sujet, et de la plupart des historiographes de villes et de cantons. Une des histoires de Reims, antérieure à la sienne, n'avait pas moins de six volumes in-folio. Elle commençait par la généalogie de Noé, déduite jusqu'à Rémus, qui n'était, comme on le pense, que le second ou le troisième fondateur de la ville, mais qui avait eu l'honneur de lui donner son nom. Bergier lui-même, le savant et judicieux Bergier, n'avait pas cru pouvoir consacrer moins de sept volumes in-4° à l'histoire de Reims. Il est vraisemblable que l'amour de sa patrie était entré pour beaucoup dans le projet de ce plan volumineux dont il n'acheva que deux livres, à la fin desquels il n'était pas encore arrivé à l'établissement des Francs dans la Gaule.

M. Anquetil, ne se croyant pas obligé aux mêmes égards envers une ville à laquelle il ne devait point la naissance, usa de ces matériaux avec discernement, et réduisit l'histoire de Reims à ce qu'il peut être utile d'en savoir. Il la divisa en quatre époques, dont la première ne remonte pas plus haut que le conquérant des Gaules, et sut donner à toutes les parties, en les rattachant à l'histoire générale, cet intérêt que les faits n'ont pas lorsqu'ils sont trop isolés, ou qu'ils sont, en quelque sorte, étouffés sous une foule de détails qui les font disparaître. Cette histoire, en trois petits volumes in-12, pourrait être un modèle pour ces sortes d'ouvrages, quand on veut qu'ils puissent être lus; aussi l'auteur, revoyant, dans sa vieillesse, cette production, peut-être avec la prédilection qu'on a pour un premier né, disait ingénument : « Je viens de lire l'histoire de Reims, » comme si elle n'était pas de moi; je ne crains pas de dire que c'est un » bon ouvrage. » On peut d'autant mieux l'en croire, que, n'ayant jamais eu la vanité d'auteur, il était capable d'apprécier ses propres œuvres avec une impartialité qu'on n'a pas toujours, même dans le jugement de celles des autres.

En 1759, le régime de la congrégation le nomma prieur de l'abbaye de la Roé en Anjou. Cette place pouvait être regardée comme une récompense et comme une retraite : la récompense lui était bien due, et il l'accepta; mais la retraite était encore loin de lui convenir, et il se rendit avec plaisir au désir de ses supérieurs, qui le destinèrent, très peu de temps après, à ranimer les études dans le collège de Senlis, dirigé par les Génovéfains, et qui avait perdu de son ancienne réputation.

M. Anquetil s'y livra pendant six années à tous les soins temporels et spirituels qu'exigeait la restauration de cet établissement. Zélé pour le bien, son esprit judicieux et sage accueillait avec empressement tous les moyens qu'il croyait propres à le procurer, et même ceux dont une assez grande hardiesse pouvait seule alors déterminer à faire usage. C'est ainsi qu'on le vit contribuer de tout son pouvoir à propager, dans cette nombreuse maison et au-dehors, l'inoculation, malgré les clameurs de la multitude; et son courage fut récompensé par des succès multipliés et par les bénédictions des familles dont il avait conservé les enfans.

La vigilance active et continue avec laquelle il remplissait ses devoirs ne l'empêchait pas de trouver encore des momens à donner aux études de son goût. Tel est le privilège de l'homme vraiment studieux et solitaire, que, mettant à profit tous les instans que la plupart des hommes donnent au délassement ou aux devoirs et aux bienséances de la société, il ajoute plus à la vie qu'il n'en retranche, et en double, pour ainsi dire, la durée. On ne sera donc point surpris que, pendant que la direction du collège de Senlis laissait à peine à M. Anquetil quelques momens de loisir apparent, il ait entrepris et terminé le plus important de ses ouvrages, celui du moins qui a donné le plus de célébrité à son nom. Je veux parler de l'*Esprit de la Ligue*, ouvrage dont le titre promet plus et moins qu'il ne tient; car si l'auteur paraît n'avoir pas pénétré dans tous les mystères de la politique qui faisait agir les différens partis, s'il n'a pas développé toutes les causes secrètes ou connues des maux auxquels la France était alors en proie, ce que semblait annoncer son titre, ce défaut d'aperçus et de raisonnemens, souvent aussi hasardeux que stériles, est amplement compensé par l'heureux enchaînement de tous les faits qu'il était bon de faire connaître, par l'intérêt d'une narration toujours claire, facile et attachante, et par toutes les qualités qui font de cet ouvrage une véritable histoire, ce que le titre ne promet point, et un des meilleurs morceaux d'histoire de France qui aient paru dans le siècle dernier.

M. Anquetil avait d'abord eu le projet de composer une histoire générale de notre monarchie, non d'après les histoires déjà faites, par lesquelles il aurait craint d'être trop souvent égaré, mais d'après les monumens et les historiens originaux. Il paraît qu'il en fut détourné par l'immensité et l'excessive difficulté de l'entreprise. En effet, si quelques écrivains de l'antiquité ont rempli avec gloire une tâche pareille, on ne doit pas en conclure que les mêmes études et les mêmes travaux suffisent pour écrire l'histoire des peuples modernes. Les anciens devaient être souvent embarrassés par la disette des monumens; les écrivains de nos jours le sont par l'effrayante surabondance des documens de tous les genres qu'ils doivent recueillir et mettre à contribution : s'il s'agit surtout d'un grand empire dont l'origine remonte à douze ou quinze siècles, et qui présente, dans plusieurs de ses diverses époques, plutôt un assemblage de peuples différens par la langue, les mœurs, les coutumes, les lois, qu'une seule et même nation réunie sous le même gouvernement; si chaque siècle de sa durée a produit un nombre immense de chroniques, de chartes, de diplomes, d'ordonnances, de mémoires, de pièces historiques de toutes les espèces, comment un seul homme pourra-t-il suffire à toutes ces recherches, dont chaque partie exigerait presque un homme tout entier ? Comment espérer de tout lire pour pouvoir tout connaître ? Comment se résoudre à ignorer quelque chose ? Quel esprit assez vaste embrassera une si grande étendue de connaissances ? Quel génie assez puissant saura les ordonner, les enchaîner, leur donner des formes, le mouvement et la vie, juger les siècles, les hommes et les évènemens, et enfin écrire une histoire digne d'une nation éclairée et riche en chefs-d'œuvre dans tous les autres genres de littérature ?

M. Anquetil était persuadé, peut-être avec raison, que, si l'on a quelque jour une bonne Histoire générale de France, on en sera presque uniquement redevable aux tentatives heureuses de quelques écrivains qui, mesurant judicieusement leur tâche sur leurs forces, se borneront à peindre un règne, un siècle ou une époque plus ou moins longue, au lieu d'entreprendre une de ces vastes compositions dont assez ordinairement le tout nuit à chaque partie, comme chaque partie nuit au tout. Tels sont les motifs qui le déterminèrent à étudier les monumens de l'époque désastreuse de la Ligue, et à en publier l'histoire, qui comprend les règnes de François II, Charles IX et Henri III, jusqu'à la reddition de Paris à Henri IV.

Bientôt après il traça, dans les mêmes vues, comme suite ou comme pendant de cette composition, l'*Intrigue du Cabinet sous Henri IV et Louis XIII*. Cette histoire, car ce n'en est pas moins une que l'*Esprit de la Ligue*, auquel on peut la comparer sous presque tous les rapports, quoique très bien accueillie, fit moins de sensation que la première. Elle présente néanmoins des récits qui ont de l'intérêt, des portraits de la plus grande vérité; la politique du cardinal de Richelieu y est surtout mise dans tout son jour, et peinte de couleurs qui, sans trop attirer l'œil, le fixent presque aussi sûrement que des couleurs vives et éclatantes. Si l'on n'y remarque pas cette fermeté, cette vigueur de pensées et d'expression qu'on pourrait désirer dans le développement du caractère et de l'administration du tyran de son maître et de la France; si l'on n'y rencontre pas de ces mots de génie qui rapprochent toutes les causes de tous leurs effets, de ces éclairs qui lancent la lumière jusque dans les profonds abîmes du cœur humain; toutefois le lecteur, qui cherchera plutôt l'instruction que des impressions fortes, pourra se flatter d'avoir vu de près beaucoup de ces petits ressorts qui font souvent mouvoir les grandes machines politiques; et cette manière d'écrire l'histoire, dans laquelle l'historien et son art ne se montrent presque jamais, a peut-être l'avantage, en laissant les choses se montrer d'elles-mêmes, d'être plus à la portée de tous les lecteurs et d'inspirer plus de confiance.

Il eût été à désirer que M. Anquetil eût conçu dans le même esprit et exécuté avec le même soin l'ouvrage qu'il publia après l'*Intrigue du Cabinet*, et qui paraissait destiné à lui faire suite ; mais cet ouvrage intitulé : *Louis XIV, sa cour et le Régent*, n'offre que le recueil d'anecdotes presque entièrement décousues et puisées dans les divers Mémoires du temps : à peine même, malgré les transitions qui les rapprochent sans les unir, aperçoit-on, par intervalles, quelques légères traces d'un fil conducteur qui puisse faire soupçonner qu'on ne marche pas toujours au hasard. Cette collection, qui, malgré ses défauts, fut trouvée assez piquante lorsqu'elle parut, a perdu une partie de son prix, depuis l'impression des Mémoires originaux aux dépens desquels elle a été faite.

On peut porter le même jugement de la *Vie du maréchal de Villars* : elle n'a coûté à M. Anquetil que la peine d'extraire littéralement les Mémoires du grand capitaine qui sauva la France à Denain, et elle n'en est qu'un simple abrégé, dont la fidélité est à peu près le seul mérite.

Si M. Anquetil paraît être descendu, dans ces deux derniers ouvrages, du rang où l'*Esprit de la Ligue* l'avait placé, n'en cherchons pas la cause ailleurs que dans sa conscience et dans le sentiment profond des nouveaux devoirs qu'il s'était imposés en acceptant la cure importante de Château-Renard, près de Montargis, pour laquelle il quitta la direction du collège de Senlis. Il ne songea presque plus alors qu'à la responsabilité d'une pareille charge : plus occupé, pendant les vingt années qu'il posséda cette cure, du soin de son nombreux troupeau que de celui de sa réputation littéraire, il paraît n'avoir plus cherché dans la culture des lettres qu'un moyen de se délasser de ses graves occupations, par un travail léger qui n'était pour lui qu'une distraction, et qui laissait son ame tout entière à ceux auxquels il croyait devoir toutes ses pensées et tous ses momens.

Son vœu le plus cher eût été de finir paisiblement ses jours dans cette retraite, où, entouré des œuvres de sa charité et de sa bienfaisance, il était devenu le ministre de toutes les consolations, l'objet de toutes les bénédictions, où son nom est encore aujourd'hui dans toutes les bouches, et sa mémoire vivante dans tous les cœurs ; mais la révolution vint détruire ses projets et renverser ses espérances. Prévoyant, dès les premières secousses, que son bénéfice allait lui échapper, et qu'au lieu d'être désormais en état de soulager les malheureux, il en augmenterait lui-même le nombre s'il ne se procurait pas quelques ressources par ses travaux littéraires, il se décida, en pleurant, à échanger sa cure contre celle de la Villette, dont les charges, beaucoup moins pesantes, lui laisseraient plus de temps à donner à des travaux d'un autre genre, et qui, par la proximité de Paris, le mettrait à portée de consulter les nombreux dépôts littéraires réunis dans cette ville.

Aussitôt qu'il y fut établi, il entreprit un *Précis de l'Histoire Universelle*, dans l'espoir non d'ajouter à sa renommée, mais d'écarter de lui les besoins qui commençaient à l'assiéger. Il était déjà avancé dans son travail, lorsque, enveloppé dans la proscription générale, il fut arrêté le 16 août 1793, et enfermé à Saint-Lazare. La sérénité de son ame n'en fut point altérée, et il souffrit peu de sa détention et du régime auquel il fut assujéti, parce qu'il est difficile de faire éprouver de grandes privations à un homme résigné et déjà privé de presque tout ce qui fait la douceur de la vie : ainsi la prison ne fut guère pour lui qu'un changement de cabinet, et son déplacement ne nuisit ni à sa santé, ni à son ouvrage.

Rendu à la liberté peu de temps après le 9 thermidor (1), il s'empressa de le terminer, et il en traita avec un libraire à des conditions qui auraient apporté quelque adoucissement à sa position, si elles avaient été observées.

(1) Par les démarches empressées de son frère M. G. L. Anquetil, chef dans les bureaux de l'administration du Mont-de-Piété.

Vain espoir! le libraire fit banqueroute, et M. Anquetil se trouva dans un état très voisin de la détresse. Il n'était cependant pas encore dépourvu de tout, puisqu'il lui restait ses vertus, son savoir et son nom. Heureusement un horizon moins nébuleux annonça bientôt des jours plus tranquilles; l'espérance commença à renaître dans les cœurs; les hommes distingués par leurs talens et leurs lumières, et qui avaient été battus par la tempête, trouvèrent de l'appui et des consolations, et purent se flatter que leurs pertes ne tarderaient pas à être réparées. On créa l'Institut, et M. Anquetil y fut admis dans celle des classes qui remplaçait l'Académie des Belles-Lettres, dont il avait été correspondant. Peu de temps après, le ministre des relations extérieures l'attacha, par un emploi utile et honorable, aux archives de son ministère; et ce fut par suite des obligations que lui imposait cette place qu'il composa l'écrit intitulé : *Motifs des traités de paix de la France depuis* 1648 *jusqu'à* 1783.

Son ardeur et sa fécondité semblaient augmenter avec l'âge : il publia, en 1804, son *Abrégé de l'Histoire de France*. Cet ouvrage est le dernier qu'il ait donné au public; mais M. Anquetil était loin de le regarder comme devant l'être. Déjà plus qu'octogénaire, il méditait encore de grandes et nombreuses entreprises; et ses amis, espérant que ces symptômes de jeunesse lui présageaient encore de longues années de vie, le voyaient avec plaisir se livrer à ces spéculations lointaines. Aussi exact, en effet, et aussi zélé que les plus jeunes de ses confrères, il ne manquait à aucun de nos exercices académiques, et il était toujours un des plus empressés à y prendre part. Il s'éloignait seulement de nous pendant quelques semaines, chaque année, pour aller revoir son ancien troupeau de Château-Renard, qui était toujours l'objet de ses constantes affections. Chaque année, la respectable épouse de l'ancien seigneur du pays, la fondatrice de la Charité Maternelle, madame de Fougeret, lui offrait les douceurs d'une affectueuse hospitalité. Chaque année, les habitans du lieu revoyaient au milieu d'eux, avec un nouvel attendrissement, cet ancien pasteur dont la tête vénérable et la stature patriarcale semblaient leur offrir l'image de ces envoyés de Dieu, qui, au temps des prophètes, apparaissaient par intervalles, pour apporter aux hommes les paroles et les bénédictions du ciel. M. Anquetil ne quittait jamais Château-Renard sans le plus vif regret, et ne pouvait, à son retour, parler sans émotion de la manière touchante dont il avait été accueilli : il avouait que les instans toujours trop courts qu'il y passait étaient les plus délicieux de sa vie : ils devaient l'être; car il recueillait le fruit le plus doux que l'homme vertueux puisse espérer de ses travaux et de ses bonnes actions, la reconnaissance du bien qu'il avait fait.

Depuis qu'il eut recouvré l'aisance dont la révolution l'avait dépouillé, aisance qui était la seule richesse que sa modération lui ait jamais permis d'ambitionner, il était redevenu le soutien et la ressource de sa nombreuse famille. S'il eut à s'affliger des malheurs survenus à quelques uns de ceux qui la composaient, la peine qu'il en ressentit fut presque toujours compensée par le plaisir qu'il eut à les réparer. Mais le chagrin le plus vif qu'il eût jamais éprouvé, et dont rien ne put adoucir l'amertume, lui fut causé par la perte qu'il fit, et que nous fîmes avec lui, de M. Anquetil du Perron, auquel il tenait par les liens d'une double fraternité, et dont il serait difficile, malgré le juste tribut déjà payé à sa mémoire, de ne pas rappeler le nom, en honorant celle de l'homme respectable qui fut son frère et son meilleur ami.

Ce n'est pas toutefois que la sympathie de caractère et d'humeur eût établi entre les deux frères cette communauté de pensées, de goûts et d'affections, qui de deux ames n'en font, pour ainsi dire, qu'une. L'amitié qui naît de cette identité parfaite est peut-être autant un instinct qu'une vertu, et il y eut, au contraire, dans leur inaltérable union, beaucoup plus de vertu que d'entraînement involontaire ; car il existait entre leur manière d'être une telle opposition, que, dans des ames moins pures et moins religieuses, elle aurait pu engendrer la discorde. Nous les considérâmes pendant quelque temps en parallèle, associés l'un et l'autre aux travaux de notre classe, et plusieurs d'entre nous ont été à portée de les comparer sous divers autres rapports sociaux ; et, certes, ce parallèle aurait été digne d'exercer le pinceau d'un moraliste habile.

Si je me permettais d'esquisser ici les différences les plus frappantes qu'on apercevait entre eux au premier coup d'œil, je dirais que chez l'un toutes les vertus auraient pu passer pour des défauts, quelquefois même pour des vices, tandis que chez l'autre les défauts mêmes pouvaient être pris pour de bonnes qualités.

L'un paraissait outré dans toutes ses habitudes, et, quoique extrêmement simple dans ses mœurs, avait toujours l'air d'affecter et d'exagérer ce qui cependant n'était que naturel en lui.

L'autre devait moins à la nature qu'à l'empire qu'il avait su prendre sur lui-même, ces dehors tranquilles et cette modération imperturbable qui semblaient ne lui coûter aucun effort.

Pour l'un, la vertu était sur les monts les plus escarpés et les plus inaccessibles ; l'autre la trouvait dans des plaines riantes et fertiles, où le conduisaient des sentiers unis et battus.

M. Anquetil du Perron avait placé le bonheur dans le mépris de ce que le monde aime et recherche avec le plus d'ardeur ; son frère, dans le bon usage qu'il savait en faire.

Y a-t-il plus de force d'ame à savoir se passer de tout qu'à savoir bien user de tout ? Y a-t-il plus de mérite à fouler publiquement aux pieds les vanités humaines qu'à les dédaigner sans bruit ? Y en a-t-il plus à haïr les richesses qu'à les regarder avec indifférence ? La vie de l'homme vertueux doit-elle enfin être plutôt une lutte à découvert, un combat public à outrance contre les penchans qu'il tient de la nature, qu'une guerre intérieure et cachée ?

Les deux anciennes sectes philosophiques auxquelles auraient pu appartenir les deux frères ont laissé l'univers incertain sur la supériorité de l'une ou de l'autre manière de penser et d'agir.

La religion chrétienne, en donnant aux vertus humaines un but plus fixe et plus noble, et dégagé des subtilités de la dialectique, laisse encore subsister la même indécision sur le choix de l'une ou de l'autre des deux routes entre lesquelles se partagent ses sectateurs, puisqu'elle honore également et les efforts de l'homme qui s'arrache tout entier au monde et se condamne à toutes les privations, et la lutte non moins pénible de celui qui, au milieu de ce même monde, consomme en silence le sacrifice de ses passions. Ainsi les deux confrères que nous regrettons ont pu, par des chemins différens, atteindre le même but et saisir la même palme. Un même esprit, au reste, les avait inspirés, celui de la religion, qui, après avoir guidé leur jeunesse, consola leurs derniers jours et sanctifia leur fin.

M. Anquetil l'aîné ne se croyait pas si près de la sienne : pour lui, malgré les agitations que lui avait causées la révolution, la vie avait coulé d'un cours paisible. Une santé robuste, fruit d'une humeur égale et d'une tempérance universelle, l'avait presque exempté de payer ces tributs successifs par lesquels la nature nous habitue, comme par degrés, à acquitter enfin la dette de la vie. Aussi vit-il sans inquiétude le mal auquel il a succombé, et pour lequel il s'indignait qu'on le retînt chez lui. C'était un érysipèle, qu'il se plaisait d'appeler une légère incommodité, et que ses médecins regardaient comme le symptôme d'une dissolution inévitable.

Sa surprise fut aussi grande que sa résignation, lorsqu'on crut devoir enfin l'instruire de son état. Cet avertissement ne pouvait troubler l'ame d'un homme dont la vie pure et remplie de bonnes œuvres avait été une préparation continuelle à la mort. Cependant, tout en fixant avec calme le terme dont il approchait, il retombait dans l'étonnement d'en être si près, et s'obstinait à croire que son mal n'était que passager et qu'on pouvait le guérir. Il semblait qu'il méconnût son âge, et que la longue possession de la vie la lui fît regarder comme une propriété. Il disait, la veille de sa mort, à un de ses amis qui était allé le visiter : « Venez voir un homme qui meurt tout plein de vie. »

Il avait raison pour la partie morale de son être; son esprit était aussi sain et aussi vivant, si on peut s'exprimer ainsi, qu'il l'eût jamais été; mais son organisation physique, usée par le temps, n'avait plus que quelques momens d'existence. Il mourut, sans s'en apercevoir le 6 décembre 1806, dans la quatre-vingt-quatrième année de son âge.

CONSIDÉRATIONS
SUR LES
AUTEURS FRANÇAIS
QUI ONT ÉCRIT L'HISTOIRE
DEPUIS LA RÉVOLUTION.

MÉMOIRES, TRADUCTIONS ET PUBLICATIONS,
THÉATRES, ROMANS HISTORIQUES, POÉSIE, ÉCRIVAINS FONDATEURS
DE NOTRE NOUVELLE ÉCOLE HISTORIQUE.

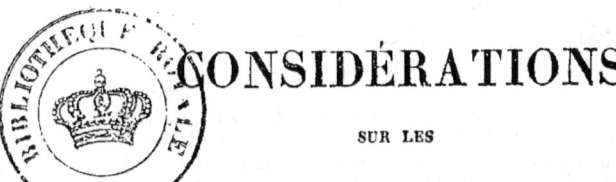

Les écrivains françois qui se sont occupés de l'histoire depuis la révolution ont pris des routes opposées ; les uns sont restés fidèles aux traditions de l'ancienne école, les autres se sont attachés à l'école nouvelle descriptive et fataliste.

M. Villemain, qui tient par le bon goût du style à l'ancienne école et par les idées à la nouvelle, nous a donné une histoire complète de Cromwell. Se cachant derrière les événements et les laissant parler, il a su avec beaucoup d'art les mettre à l'aise et dans la place convenable à leur plus grand effet. Un sujet d'un immense intérêt occupe maintenant l'auteur. A en juger par les fragments de la *Vie de Grégoire VII*, dont j'ai eu le bonheur d'entendre la lecture, le public peut espérer un des meilleurs ouvrages historiques qui aient paru depuis long-temps. Au surplus, je cite souvent les travaux de M. Villemain dans ces *Etudes*, et, pour ne point me répéter, j'abrége ici des éloges que l'on retrouvera ailleurs.

M. Daunou appartenoit à cette congrégation religieuse d'où sont sortis les Lecointe et les Lelong ; il n'a point démenti sa docte origine : c'est un des plus savants continuateurs de l'*Histoire littéraire de la France*. Dans ses divers mémoires on trouve à s'instruire. Il faut être en garde contre ce qu'il dit des souverains pontifes, lorsqu'il juge un pape du dixième siècle d'après les idées du dix-huitième. M. Daunou paroît peu favorable à la moderne école.

a

M. de Saint-Martin, qui suit aussi les vieilles traces, a jeté par sa connoissance de la langue arménienne une vive lumière sur l'histoire des Perses.

Dans la *Théorie du pouvoir civil et religieux*, de M. de Bonald, il y a eu du génie; mais c'est une chose qui fait peine de reconnoître combien les idées de cette théorie sont déjà loin de nous. Avec quelle rapidité le temps nous entraîne! L'ouvrage de M. de Bonald est comme ces pyramides, palais de la mort, qui ne servent au navigateur sur le Nil qu'à mesurer le chemin qu'il a fait avec les flots.

Je ne sais comment classer M. Dulaure; il fut connu avant, pendant et après la révolution. Ses *Descriptions des curiosités et des environs de Paris*, ses *Singularités historiques*, son *Histoire critique de la noblesse*, sont remplies de faits curieusement choisis. Toutefois c'est de la satire historique et non de l'histoire : on peut toujours montrer l'envers d'une société. Il faut lire de M. Dulaure son *Supplément aux crimes de l'ancien comité du gouvernement*, imprimé en 1795.

Malte-Brun, dans sa *Géographie*, a touché avec une grande sagacité et beaucoup d'instruction quelques origines barbares.

Le travail de M. de Montlosier sur la féodalité est rempli d'idées neuves, exprimées dans un style indépendant qui sent son moyen âge. Si les anciens seigneurs des donjons avaient su faire avec une plume autre chose qu'une croix, ils auraient écrit comme cela, mais ils n'auraient pas vu si loin.

M. Lacretelle a tracé l'histoire de nos jours avec raison, clarté, énergie. Il a pris le noble parti de la vertu contre le crime; il déteste de la révolution tout ce qui n'est pas la liberté. Lui-même, acteur dans les scènes révolutionnaires, il a bravé dans les rues de Paris les mitraillades d'un pouvoir plus heureux que celui qui vient d'expirer. On trouve aujourd'hui beaucoup d'hommes qui savent écrire une cinquantaine de pages, et quelquefois un tome (pas trop gros), d'une manière fort distinguée; mais des hommes capables de composer et de coordonner un ouvrage étendu, d'embrasser un système, de le soutenir avec art et intérêt pendant le cours de plusieurs volumes, il y en a très peu ; cela demande une force de judiciaire, une longueur d'haleine, une abondance de diction, une faculté d'application, qui diminuent tous les jours. La brochure et l'article du journal semblent être devenus la mesure et la borne de notre esprit.

L'ouvrage de M. Lemontey, sur Louis XIV, présente le règne de ce prince sous un jour tout nouveau. Je crois cependant avoir fait à propos de cet ouvrage une observation nécessaire en parlant du règne du grand roi.

M. Mazure a laissé une histoire écrite avec négligence, mais elle a changé, sous plusieurs rapports, ce que nous savions de Jacques II, et du rôle que joua Louis XIV dans la catastrophe du prince anglois.

On n'a pas rendu assez de justice à M. Mazure. On puise dans son travail des renseignements qu'on ne trouve que là, et dont on cache ou l'on tait la source.

Une femme qui n'a point de rivale nous a donné, dans les *Considérations sur les principaux événements de la révolution françoise*, une idée de ce qu'elle aurait pu faire si elle eût appliqué son esprit à l'histoire. Les *Considérations* sont empreintes d'un vif sentiment de gloire et de liberté. Quand l'auteur, parlant de l'abaissement du tiers-état sous l'ancienne monarchie, le montre au moment de l'ouverture des états-généraux, et s'écrie avec Corneille : « Nous nous » levons alors ! » jamais citation ne fut plus éloquente. Mais Mme de Staël abhorre les tyrans, et tout oppresseur de la liberté, si grand qu'il soit, ne trouve en elle aucune sympathie.

Il faut lire dans les *Considérations* ce qu'elle raconte de Mirabeau : « Tribun par calcul, aristocrate par goût, qui, en parlant de Coligny, » ajoutoit : *Qui, par parenthèse, étoit mon cousin*, tant il cherchoit » l'occasion de rappeler qu'il étoit bon gentilhomme. — Après ma » mort, disoit-il encore, les factieux se partageront les lambeaux de » la monarchie. » Mme de Staël termine de la sorte ces intéressants récits de Mirabeau : « Je me reproche d'exprimer ainsi des regrets » pour un caractère peu digne d'estime ; mais tant d'esprit est si rare, » et il est malheureusement si probable qu'on ne verra rien de pareil » dans le cours de sa vie, qu'on ne peut s'empêcher de soupirer » lorsque la mort ferme ses portes d'airain sur un homme naguère » si éloquent, si animé, enfin si fortement en possession de la vie. »

Ces réflexions s'appliquent à Mme de Staël elle-même en changeant les premiers mots, ce qui les rend encore plus douloureuses. On ne se reprochera jamais d'*exprimer des regrets pour le caractère* de cette famille illustre ; il n'y eut rien de plus digne que ce caractère. La noble indépendance de Mme de Staël lui valut l'exil et les persécutions qui ont avancé sa mort. Buonaparte apprit, et Buonaparte auroit dû le savoir, que le génie est le seul roi qu'on n'enchaîne pas à un char de triomphe.

Je ne puis me refuser, comme dernière preuve du talent éminent de Mme de Staël, à transcrire ce paragraphe sur la catastrophe de Robespierre : « On vit cet homme, qui avoit signé pendant plus » d'une année un nombre inouï d'arrêts de mort, couché tout san» glant sur la table même où il apposoit son nom à ses sentences » funestes. Sa mâchoire étoit brisée d'un coup de pistolet ; il ne pou» voit pas même parler pour se défendre, lui qui avoit tant parlé » pour proscrire ! »

On ne sauroit trop déplorer la fin prématurée de Mme de Staël : son talent croissoit ; son style s'épuroit ; à mesure que sa jeunesse pesoit moins sur sa vie, sa pensée se dégageoit de son enveloppe et prenoit plus d'immortalité.

Sous le titre modeste : *Du Sacre des rois de France et des rapports* de cette cérémonie avec la constitution de l'Etat, aux différens âges de la monarchie, M. Clausel de Coussergues a écrit un volume qui restera : les amateurs de la clarté et des faits bien classés sans prétention et sans verbiage y trouveront à se satisfaire.

M. Fiévée a renfermé dans le cadre étroit de sa brochure intitulée. Des Opinions et des Intérêts, beaucoup d'idées neuves et d'aperçus ingénieux sur notre histoire.

M. Michaud s'est placé dans son Histoire des Croisades; il est allé, dernier croisé, à ce tombeau où je croyois avoir déposé pour toujours mon bâton de pèlerin.

L'Histoire de Pologne, avant et sous le roi Jean Sobieski, de M. Salvandy, est un ouvrage grave bien composé. « Ce fut Sobieski,
» dit l'historien, dont le bras redoutable posa la borne que la domi-
» nation des Osmanlis ne devoit plus franchir. Ce fut devant ses
» victoires que cette dernière invasion des Barbares, jusque là tou-
» jours indomptable et menaçante, vint briser sa furie : elle n'a fait
» depuis lors que retirer ses flots. . . . .
» Soldat et prince, tous ses jours s'écoulèrent dans le perpétuel sacri-
» fice de ses penchans, de ses affections, de sa fortune, de sa vie,
» aux intérêts de la Pologne. Lui seul sembloit, champion infatiga-
» ble, occupé à la défendre; ses efforts pour lui conserver des lois et
» des frontières tiennent du prodige. Cette passion domina le cours
» entier de son existence. Il réussit à dompter les ennemis qui te-
» noient la république des Jagellons pressée et envahie de toutes
» parts, plus facilement qu'à vaincre ceux qu'elle portoit dans son
» sein. Ensuite il expira; et, ce puissant soutien abattu, la Pologne
» mit en quelque sorte aussi le pied dans la tombe. Elle ne devoit
» plus, sous les successeurs de Jean III, qu'achever de mourir. »

Ce noble style se soutient pendant tout l'ouvrage; l'auteur a soin de remarquer l'influence que la France du dix-septième siècle exerçoit sur les destinées de l'Europe : comme si tous les grands hommes devoient alors venir de la cour du grand roi, Sobieski avoit été mousquetaire de la maison militaire de Louis XIV. L'Histoire de l'Anarchie de Pologne, par Rulhières, fait pour ainsi dire suite à l'histoire de M. Salvandy : il ne faut ajouter à ces deux monumens, ni l'appendice de M. Ferrand, ni celui que M. Daunou a substitué au travail de M. Ferrand, mais il faut y joindre de curieuses et piquantes brochures de M. de Pradt.

L'Histoire des François des divers états, par M. Monteil, suppose de grandes recherches. M. Monteil est, avec M. Capefigue, du petit nombre de ces jeunes savans qui n'écrivent aujourd'hui qu'après avoir lu; ils eussent été de dignes disciples de l'école bénédictine. Mais M. Monteil a été égaré par le goût du siècle, et par le funeste exemple qu'a donné l'abbé Barthélemy : la forme romanesque dans laquelle l'auteur de l'Histoire des François a enveloppé ses études leur porte dommage : on doit l'engager, au nom de son propre savoir et de son véritable mérite, à la faire disparoître dans les futures éditions de son ouvrage.

Le succès qu'a obtenu l'*Histoire de la campagne de Russie* est une preuve que l'on n'a pas besoin, pour intéresser le lecteur, de se placer dans un système. Des récits animés, un coloris brillant, des scènes mises sous les yeux dans tout leur mouvement et dans toute leur vie, voilà ce qui est de toutes les écoles, et ce qui fera vivre l'ouvrage de M. de Ségur.

Les *Vies des capitaines français au moyen âge,* par M. Mazas, ne peuvent être passées sous silence. L'auteur n'a voulu raconter que l'exacte vérité ; il a visité le théâtre où brillèrent les guerriers dont il peint les exploits : il a cherché sur les bruyères de ma pauvre patrie les traces de Du Guesclin. Je me souviens avoir commencé mes premières études dans le collége obscur de l'obscure petite ville où reposoit le cœur du bon connétable ; j'étudiois un peu de latin, de grec et d'hébreu auprès de ce cœur qui n'avoit jamais parlé que françois : c'est une langue que le mien n'a pas oubliée. M. Mazas croit avoir retrouvé le point du passage d'Édouard III à Blanque-Taque sur la Somme. J'aurois désiré qu'il eût dit si le gué est encore praticable, ou s'il se trouve perdu dans la mer, vis-à-vis le Crotoy, comme on le pense généralement.

J'oublie sans doute, et à mon grand déplaisir, beaucoup d'écrivains qui mériteroient que je rappelasse leurs ouvrages ; mais les bornes d'une préface ne me permettent pas de m'étendre. Le public reproduira les noms qui échappent à ma mémoire et à la justice que je désirerois leur rendre.

Le temps où nous vivons a dû nécessairement fournir de nombreux matériaux aux mémoires. Il n'y a personne qui ne soit devenu, au moins pendant vingt-quatre heures, un personnage, et qui ne se croie obligé de rendre compte au monde de l'influence qu'il a exercée sur l'univers. Tous ceux qui ont sauté de la loge du portier dans l'antichambre, qui se sont glissés de l'antichambre dans le salon, qui ont rampé du salon dans le cabinet du ministre ; tous ceux qui ont écouté aux portes, ont à dire comment ils ont reçu dans l'estomac l'outrage qui avoit un autre but. Les admirations à la suite, les mendicités dorées, les vertueuses trahisons, les égalités portant plaque, ordre ou couleurs de laquais, les libertés attachées au cordon de la sonnette, ont à faire resplendir leur loyauté, leur honneur, leur indépendance. Celui-ci se croit obligé de raconter comment, tout pénétré des dernières marques de la confiance de son maître, tout chaud de ses embrassemens, il a juré obéissance à un autre maître ; il vous fera entendre qu'il n'a trahi que pour trahir mieux ; celui-là vous expliquera comment il approuvoit tout haut ce qu'il détestoit tout bas, ou comment il poussoit aux ruines sous lesquelles il n'a pas eu le courage de se faire écraser. A ces mémoires tristement véritables, viennent se joindre les mémoires plus tristement faux ; fabrique où la vie d'un homme est vendue à l'aune, où l'ouvrier, pour prix d'un dîner frugal, jette de la boue au visage de la renommée qu'on a livrée à sa faim.

On se console pourtant en trouvant dans ce chaos de bassesse et d'ignominie quelques écrits consciencieux, dont les auteurs s'attachent à reproduire sincèrement ce qu'ils ont vu et ce qu'ils ont éprouvé. Le travail de ces auteurs doit être considéré comme de précieux renseignemens historiques; MM. de Las Cases et Gourgaud doivent être crus quand ils parlent du prisonnier de Sainte-Hélène.

Non seulement M. Carrel a publié l'*Histoire de la contre-révolution en Angleterre sous Charles II et Jacques II*, histoire écrite avec cette mâle simplicité qui plaît avant tout ; mais, en rendant compte de divers ouvrages sur l'Espagne, il a donné lui-même une notice hors de pair. On y trouve une manière ferme, une allure décidée, quelque chose de franc et de courageux dans le style, des observations écrites à la lueur du feu du bivouac et des étoiles d'un ciel ennemi, entre le combat du soir et celui qui recommencera à la diane. « *La narration d'un brave expérimenté*, dit Gaspard de Ta-
» vannes, *est différente des contes de celui qui n'a jamais eu les mains
» ensanglantées de ses fiers ennemis sur les plaines armées.* » On sent dans M. Carrel une opinion fixe qui ne l'empêche pas de comprendre l'opinion qu'il n'a pas, et d'être juste envers tous. Si le simple soldat sans instruction, sans moyen de fixer ses pensées, est intéressant dans les récits des assauts qu'il a livrés, des pays qu'il a battus, l'homme d'éducation et de mérite, devenu soldat volontaire pour une cause dont il s'est passionné, a bien d'autres moyens de faire passer ses sentimens dans les âmes auxquelles il s'adresse. Qu'on se figure un François errant sur les montagnes d'Espagne, allant demander aux pasteurs dont il croit défendre la liberté, une hospitalité guerrière; dans cette intimité d'une vie d'aventures et de périls, il surprendra le secret des mœurs, et mettra sous vos yeux une société qu'aucun autre historien ne vous auroit pu montrer. J'ai traversé l'Espagne, j'ai rencontré ces Arabes chrétiens auxquels la liberté politique est si indifférente, parce qu'ils jouissent de l'indépendance individuelle, et je n'ai retrouvé le peuple que j'ai vu que dans le récit de M. Carrel.

L'auteur trace rapidement le tableau de la guerre de Catalogne en 1823; il représente le courage de Mina, et la marche de cet habile chef dans les montagnes. Nous tous qui, dispersés par les orages de notre patrie, avons porté le havresac et le mousquet en défense de notre propre opinion pour des causes étrangères, nous éprouvons un attendrissement de soldat et de malheur à la lecture de cette histoire si bien contée, et qui semble être la nôtre.

« Les passions qui ont fait la guerre d'Espagne, dit M. Carrel,
» sont maintenant assez effacées pour qu'on puisse se promettre

» d'inspirer quelque intérêt en montrant, au milieu des montagnes
» de la Catalogne, sous l'ancien uniforme françois, des soldats de
» toutes les nations ralliés à l'ascendant d'un grand caractère, mar-
» chant où il les menoit, souffrant et se battant sans espoir d'être
» loués, ni de rien changer, quoi qu'ils fissent, à l'état désespéré
» de leur cause, n'ayant d'autre perspective qu'une fin misérable
» au milieu d'un pays soulevé contre eux, ou la mort des esplanades
» s'ils échappoient à celle du champ de bataille. Telle fut pendant
» de longs jours la situation de ceux qui, partis de Barcelone peu de
» temps avant la capitulation de cette place, allèrent succomber
» avec Pachiarotti devant Figuières, après quarante-huit heures
» d'un combat dont l'acharnement prouva que c'étoient des Fran-
» çois qui combattoient de part et d'autre. Ce combat devoit finir par
» l'extermination du dernier de ceux qui, au milieu de l'Europe
» de 1823, avoient osé mettre la flamme tricolore au bout de leurs
» lances et rattacher à leur schako la cocarde de Fleurus et de
» Zurich..... Ce n'est rien que la destinée de quelques hommes dans
» de tels événemens; mais combien d'autres événemens il avoit
» fallu pour que ces hommes de toutes les parties de l'Europe se
» rencontrassent, anciens soldats du même capitaine, venus dans
» un pays qu'ils ne connoissoient pas, défendre une cause qui se
» trouvoit être la leur!.... Les choses, *dans leurs continuelles et*
» *fatales transformations, n'entraînent point avec elles toutes les*
» *intelligences; elles ne domptent point tous les caractères avec une*
» *égale facilité, elles ne prennent pas même soin de tous les intérêts;*
» *c'est ce qu'il faut comprendre, et pardonner quelque chose aux pro-*
» *testations qui s'élèvent en faveur du passé. Quand une époque est*
» *finie, le moule est brisé, et il suffit à la Providence qu'il ne se puisse*
» *refaire; mais des débris restés à terre, il en est quelquefois de beaux*
» *à contempler.* »

J'ai souligné ces dernières lignes : l'homme qui a pu les écrire a de
quoi sympathiser avec ceux qui ont foi en la Providence, qui respectent
la religion du passé, et qui ont aussi les yeux attachés sur des débris.

Au surplus, les temps où nous vivons sont si fort des temps historiques, qu'ils impriment leur sceau sur tous les genres de travail.
On traduit les anciennes chroniques, on publie les vieux manuscrits.
On doit à M. Guizot la *Collection des mémoires relatifs à l'histoire
de France, depuis la fondation de la monarchie françoise jusqu'au
treizième siècle.* Je ne sais si des traductions de nos annales latines,
tout en favorisant l'histoire, ne nuiront pas à l'historien ; il est à
craindre qu'en ouvrant le sanctuaire des faits aux ignorans et aux
incapables, nous ne nous trouvions inondés de Tite-Lives et de Thu-
cydides aux gages de quelque libraire. Il n'en est pas ainsi de la mise
en lumière des originaux : on ne sauroit trop louer M. le marquis
de Fortia de nous avoir donné le texte des *Annales du Hainaut*, par
Jacques de Guise. Il faut remercier M. Buchon de l'édition de son

Froissard et de celles de ses autres chroniques. M. Crapelet, M. Pluquet, M. Méon, M. Barrière, ont montré leur dévouement à la science : le premier a publié l'*Histoire* du châtelain de Coucy, le second le roman de *Rou*, le troisième le roman de *Renart*, le quatrième les *Mémoires* de Loménie. Ces mémoires contiennent des anecdotes sur les derniers momens de Mazarin ; ils achèvent de faire connoître les personnages que M. le marquis de Saint-Aulaire a remis en scène avec tant de bonheur dans son *Histoire de la Fronde*.

Tout prend aujourd'hui la forme de l'histoire, polémique, théâtre, roman, poésie. Si nous avons le *Richelieu* de M. Victor Hugo, nous saurons ce qu'un génie à part peut trouver dans une route inconnue aux Corneille et aux Racine. L'Écosse voit renaître le moyen âge dans les célèbres inventions de Walter Scott. Le Nouveau-Monde. qui n'a d'autres antiquités que ses forêts, ses Sauvages et sa liberté vieille comme la terre, a trouvé dans M. Cooper le peintre de ces antiquités. Nous n'avons point failli en ce nouveau genre de littérature : une foule d'hommes de talent nous ont donné des tableaux empreints des couleurs de l'histoire. Je ne puis rappeler tous ces tableaux, mais deux s'offrent en ce moment même à ma mémoire : l'un de M. Mérimée, représente les mœurs à l'époque de la Saint-Barthélemy ; l'autre, de M. Latouche, met sous nos yeux une des réactions sanglantes de la contre-révolution napolitaine. Ces vives peintures rendront de plus en plus difficile la tâche de l'historien. Au treizième siècle, la chevalerie historique produisit la chevalerie romanesque, qui marcha de pair avec elle ; de notre temps la véritable Histoire aura son histoire fictive, qui la fera disparoître dans son éclat, ou la suivra comme son ombre.

Sous le simple titre de *chansonnier*, un homme est devenu un des plus grands poètes que la France ait produits : avec un génie qui tient de La Fontaine et d'Horace, il a chanté, lorsqu'il l'a voulu, comme Tacite écrivoit :

  Vous avez vu tomber la gloire
  D'un Ilion trop insulté,
  Qui prit l'autel de la Victoire
  Pour l'autel de la Liberté.
Vingt nations ont poussé de Thersyte
Jusqu'en nos murs le char injurieux.
Ah! sans regrets, mon âme, partez vite ;
En souriant, remontez dans les cieux.

  Cherchez au-dessus des orages
  Tant de Français morts à propos,
  Qui, se dérobant aux outrages,
  Ont au ciel porté leurs drapeaux.
Pour conjurer la foudre qu'on irrite,
Unissez-vous à tous ces demi-dieux :
Ah! sans regrets, mon âme, partez vite, etc.

SUR L'HISTOIRE.   IX

> Un conquérant, dans sa fortune altière,
> Se fit un jeu des sceptres et des lois,
> Et de ses pieds on peut voir la poussière
> Empreinte encor sur le bandeau des rois.

Le poëte n'est peut-être pas tout-à-fait aussi heureux quand il chante les rois sur leur trône, à moins que ce ne soit le roi d'Yvetot. En général M. de Béranger a pour démon familier une de ces muses qui pleurent en riant, et dont le malheur fait grandir les ailes.

Les fondateurs de notre école moderne historique réclament à présent toute notre attention.

J'ai déjà dit que M. de Barante avoit créé l'école descriptive. J'ai rendu compte au public de l'*Histoire des ducs de Bourgogne;* on trouvera mon opinion consignée dans le dix-huitième volume de mes *OEuvres complètes.* Aujourd'hui, en parcourant sa carrière nouvelle, peu importent sans doute à M. de Barante des éloges littéraires : qu'il me soit permis de regretter cette *Histoire du Parlement* qu'il nous promettoit. Peut-être la continuera-t-il, si jamais il est enlevé aux affaires : les lettres sont l'espérance pour entrer dans la vie, le repos pour en sortir.

MM. Thiers et Mignet sont les chefs de l'école fataliste; MM. Thierry, Guizot et Sismondi, les grands réformateurs de notre histoire générale : je m'arrête d'abord à ces derniers.

En joignant, pour les faits, l'histoire d'Adrien de Valois aux observations de MM. Thierry, Guizot et Sismondi, il n'y a presque plus rien à dire touchant la première et la seconde race de nos rois.

Les *Lettres* de M. Thierry *sur l'Histoire de France,* ouvrage excellent, rendent à un temps défiguré par notre ancienne école son véritable caractère. M. Thierry, comme tous les hommes doués de conscience, d'un talent vrai et progressif, a corrigé ce qui lui a paru douteux dans les premières éditions de sa belle et savante *Histoire de la conquête d'Angleterre*, et dans ses *Lettres sur l'Histoire de France.* Quelques unes de ses opinions se sont modifiées, l'expérience est venue réviser des jugemens un peu absolus. On ne sauroit trop déplorer l'excès de travail qui a privé M. Thierry de la vue. Espérons qu'il dictera long temps à ses amis, pour ses admirateurs (au nombre desquels je demande la première place), les pages de nos annales : l'Histoire aura son Homère comme la Poésie. Je retrouverai encore l'occasion de parler de M. Thierry dans cette préface, de même que j'ai été heureux de le citer, et de m'appuyer de son autorité dans mes *Etudes historiques.*

Le Cours d'histoire de M. Guizot, en ce qui concerne la seconde race, est d'un haut mérite. On peut ne pas convenir, avec le docte professeur, de quelques détails; mais il a aperçu, avec une raison éclairée, les causes générales de la décomposition et de la recomposition de l'ordre social aux huitième et neuvième siècles. Il a aussi de curieuses leçons sur la littérature civile et religieuse, et une foule de choses justes, bien observées, et écrites avec impartialité. M. Guizot est remplacé dans sa chaire par un des jeunes écrivains de notre époque, qui s'annonce avec le plus d'éclat à la France. M. Saint-Marc Girardin: tant cette France est inépuisable en talens!

M. Sismondi, connu par son *Histoire des Républiques italiennes*, est un étranger de mérite qui s'est consacré avec un dévouement honorable pour nous à notre histoire. Trop préoccupé, peut-être, des idées modernes, il a trop jugé le passé d'après le présent; un peu d'humeur philosophique, bien naturelle sans doute, lui a fait traiter sévèrement quelques hommes et quelques règnes; mais il a vu, un des premiers, le parti que les peuples pouvoient tirer même de leurs crimes. Les élucubrations de ce savant annaliste doivent être lues avec précaution, mais étudiées avec fruit.

D'accord avec les écrivains que je viens de nommer, sur presque tous les faits qu'ils ont redressés dans nos historiens de l'ancienne école, tels que la ressemblance que ces historiens établissoient entre les Franks et les François, le prétendu affranchissement des Communes par Louis-le-Gros, etc., il y a pourtant quelques points où je suis forcé de différer de ces maîtres.

L'inexorable Histoire repousse les systèmes les plus ingénieux, lorsqu'ils ne sont pas appuyés sur des documens authentiques.

On parle comme de la plus grande découverte de l'école moderne d'une *seconde invasion des Franks*, c'est-à-dire d'une invasion des Franks d'Austrasie dans le royaume des Franks de Neustrie; invasion qui seroit devenue la cause de l'élévation de la seconde race.

Pour avancer une pareille nouveauté, il faut, ce me semble, autre chose que des conjectures. Produit-on des passages inédits, des chartes, des diplômes inconnus jusqu'ici? Non; rien de positif n'est cité au soutien d'une assertion dont les preuves changeroient les trois premiers siècles de notre histoire. On est réduit à chercher sur quelle apparence de vérité est appuyé un fait dont toutes les chroniques devroient retentir. Quoi! une seconde invasion des Franks auroit été tout-à-coup découverte au dix-neuvième siècle, sans que personne en eût entendu parler auparavant: ni les Bénédictins, ni les savants de l'Académie des Inscriptions, ni des hommes comme Du Tillet, Duchesne, Baluze, Bignon, Adrien de Valois, ni tous les historiens de France, quelle qu'ait été la diversité de leurs opinions et de leurs doctrines, ni des critiques tels que Scaliger, Du Plessis, Bullet, Bayle, Secousse, Gibert, Fréret, Lebœuf, ni les publicistes tels que Bodin, Mably, Montesquieu, n'auroient rien vu? cela seul me feroit douter, moi qui ne puis avoir aucune assurance en mes lumières. Il y a cependant trente ans que je lis, la plume à la main, les documens de notre histoire, et je n'ai aperçu aucune trace de l'événement qui auroit produit une si grande révolution.

Toujours prêt à reconnoître la supériorité des autres et ma propre foiblesse, cédant peut-être trop vite aux conseils et aux critiques, je me suis débattu contre moi même, afin de me convaincre d'une chose que les faits me dénioient. Peppin de Héristal, duc d'Austrasie, conduisant l'armée austrasienne, défait Thierry III, roi de Neustrie, et s'empare de toute l'autorité sous le nom de Maire du Palais, vers l'an 690. Est-ce cela qu'on auroit qualifié de seconde invasion des Franks?

Mais depuis l'établissement des Franks dans les Gaules, depuis Khlovigh jusqu'à Peppin, chef de la seconde race, les royaumes des Franks avoient été sans cesse en hostilité les uns contre les autres; effet inévitable du partage de la succession royale, qui se reproduisit sous les descendans de Charlemagne. Ainsi s'étoient formés et avoient disparu tour à tour les royaumes de Metz, de Soissons, d'Orléans, de Paris, de Bourgogne, d'Aquitaine. J'ai bien peur qu'on n'ait pris pour une nouvelle invasion des Franks une guerre civile de plus entre les tribus frankes.

Il ne me paroît pas démontré davantage que les Franks d'Austrasie fussent plus nombreux, et eussent mieux conservé le caractère salique que les Franks neustriens. Les Franks de la Neustrie ne s'étendoient guère outre-Loire; le pays au-delà de ce fleuve reconnoissoit à peine leur autorité, et ils étoient obligés d'y porter leurs armes: M. Thierry lui-même cite un exemple des ravages passagers qu'ils y commettoient. Qu'avoient, pour le courage et les mœurs des Franks, les cités gallo-romaines situées entre la Somme, la Seine et la Loire, de plus amollissant que celles qui couvroient les rives de la Meuse, de la Moselle et du Rhin? Paris étoit un misérable village, tandis que Cologne, Trèves, Mayence, Spire, Strasbourg, Worms, étoient des cités fameuses par les monumens dont leurs anciens maîtres les avoient ornées. D'après M. Guizot, les Franks devinrent propriétaires plus promptement dans l'Austrasie que dans la Neustrie; c'est là que l'on trouve, selon lui, les plus considérables de ces habitations qui devinrent des châteaux. La remarque est juste; mais ces châteaux n'étoient pas l'ouvrage des Franks. Les derniers empereurs avoient permis aux sujets et aux citoyens romains de fortifier leurs demeures particulières; les habitations fortifiées de l'Austrasie n'étoient que des propriétés anciennement données aux vétérans légionnaires chargés de la défense des rives du Rhin, de la Meuse et de la Moselle, d'où leur étoit venu le nom de *Ripuaires*. Les Franks neustriens n'étoient ni plus énervés ni moins braves que leurs compatriotes; on n'aperçoit dans l'Histoire aucune différence entre un Frank de Soissons, de Paris et d'Orléans, et un Frank de Metz, de Mayence et de Cologne. Ce furent des Franks neustriens comme des Franks austrasiens qui vainquirent les Arabes à Tours et les Saxons en Germanie, sous les Peppin et sous Charles-le-Martel. Les rois ou chefs de la Neustrie parloient le langage germanique comme les rois ou chefs de l'Austrasie; leurs peuples seuls différoient de langage.

Remarquez enfin que Charles, duc de la Basse-Lorraine, oncle de Louis V, ayant fait hommage à l'empereur Othon de son duché, fut déclaré indigne de régner sur les Franks; et Charles étoit de la race de Charlemagne. Ce seroit donc les Franks austrasiens qui auroient renié la race qu'ils avoient élevée sur le pavois; ils auroient choisi un roi parmi les Franks neustriens vaincus, pour le mettre à la place d'un chef sorti des Franks austrasiens vainqueurs.

Tels sont mes doutes; ils expliqueront pourquoi, en admettant relativement aux deux premières races la plupart des opinions de l'école moderne, j'ai rejeté la seconde invasion des Franks. Je suis persuadé que les hommes habiles dont je ne partage pas sur ce point le sentiment, examineront eux-mêmes de plus près un fait d'une nature si grave. Peut-être à leur tour me reprocheront-ils mes hardiesses quand ils me verront hésiter sur la signification que l'on donne au mot *frank*, ne me tenir pas bien assuré qu'il y ait eu jamais une *ligue* de peuples germaniques connue sous le nom de *Franks*, à cause même de leur *confédération*.

Passons aux écrivains de l'école moderne du système fataliste.

Deux de ces écrivains attirent particulièrement l'attention : unis entre eux du triple lien de l'amitié, de l'opinion et du talent, ils se sont partagé le récit des fastes révolutionnaires; M. Mignet a resserré dans un ouvrage court et substantiel le récit que M. Thiers a étendu dans de plus larges limites. On trouve dans le premier une foule de traits tels que ceux-ci : « Les révolutions qui emploient beaucoup » de chefs ne se donnent qu'à un seul. »—« En révolution, tout dé- » pend d'un premier refus et d'une première lutte. Pour qu'une in- » novation soit pacifique, il faut qu'elle ne soit pas contestée; car » alors, au lieu de réformateurs sages et modérés, on n'a plus que » des réformateurs extrêmes et inflexibles... D'une main ils com- » battent pour défendre leur domination; de l'autre ils fondent leur » système pour la consolider. »

Le portrait de Danton est supérieurement tracé : « Danton, dit » l'auteur, étoit un révolutionnaire gigantesque... Danton, qu'on a » nommé le Mirabeau de la populace, avoit de la ressemblance avec » ce tribun des hautes classes..... Ce puissant démagogue offroit un » mélange de vices et de qualités contraires. Quoiqu'il se fût vendu » à la cour, il n'étoit pourtant pas vil, car il est des caractères qui re- » lèvent jusqu'à la bassesse...... Une révolution à ses yeux étoit un » jeu où le vainqueur, s'il en avoit besoin, gagnoit la vie du vaincu. »

La lutte de Robespierre contre Camille Desmoulins et Danton est représentée avec un grand intérêt, et l'historien entremêle son récit des discours et des paroles de ces hommes de sang. Danton, au moment de périr, pesoit ainsi ses destins : « J'aime mieux être guillotiné » que guillotineur; ma vie n'en vaut pas la peine, et l'humanité

» m'ennuie. » On lui conseilloit de partir : « Partir ! est-ce qu'on em-
» porte sa patrie à la semelle de son soulier ? » Enfermé dans le cachot
qu'avoit occupé Hébert, il disoit : « C'est à pareille époque que j'ai
» fait instituer le tribunal révolutionnaire; j'en demande pardon à
» Dieu et aux hommes; mais ce n'étoit pas pour qu'il fût le fléau de
» l'humanité. » Interrogé par le président Dumas, il répondit : « Je
» suis Danton; j'ai trente-cinq ans; ma demeure sera bientôt le
» néant. » Condamné, il s'écria : « J'entraîne Robespierre, Robes-
» pierre me suit. » Ici la terreur a passé dans le récit de l'historien.

L'auteur, parlant de la mort de Robespierre, dit : « Il faut, homme
» de faction, qu'on périsse par les échafauds, comme les conquérans
» par la guerre. » C'est l'éloquence appliquée à la raison.

M. Mignet a tracé une esquisse vigoureuse ; M. Thiers a peint le
tableau. Je mettrai particulièrement sous les yeux de mes lecteurs la
mort de Mirabeau et celle de Louis XVI, d'autant plus que l'auteur,
n'ayant pas à représenter des personnages plébéiens, objets de ses
prédilections, admire pourtant : la vérité de sa conscience et de son
talent l'emporte en lui sur la séduction de son système. Je sens moi-
même que, si j'avois à parler comme historien de Mirabeau et de
Louis XVI, je serois plus sévère que M. Thiers : je demanderois si
tous les vices du premier étoient ceux d'un grand politique, si toutes
les vertus du second étoient celles d'un grand roi. « Mirabeau, dit
» l'auteur, et l'on ne sauroit mieux dire, Mirabeau, dans cette occa-
» sion, frappa surtout par son audace; jamais peut-être il n'avoit
» plus impérieusement subjugué l'assemblée. Mais sa fin approchoit,
» et c'étoient là ses derniers triomphes............. La philosophie et
» la gaieté se partagèrent ses derniers instans. Pâle, et les yeux
» profondément creusés, il paroissoit tout différent à la tribune, et
» souvent il étoit saisi de défaillances subites. Les excès de plaisir et
» de travail, les émotions de la tribune, avoient usé en peu de temps
» cette existence si forte........................ Une dernière fois il
» prit la parole à cinq reprises différentes, il sortit épuisé, et ne re-
» parut plus. Le lit de mort le reçut et ne le rendit qu'au Panthéon.
» Il avoit exigé de Cabanis qu'on n'appelât pas de médecins ; néan-
» moins on lui désobéit ; ils trouvèrent la mort qui s'approchoit, et
» qui déjà s'étoit emparée des pieds : la tête fut la dernière atteinte,
» comme si la nature avoit voulu laisser briller son génie jusqu'au
» dernier instant. Un peuple immense se pressoit autour de sa de-
» meure, et encombroit toutes les issues dans le plus profond si-
» lence................ Mirabeau fit ouvrir ses fenêtres : Mon ami,
» dit-il à Cabanis, je mourrai aujourd'hui : il ne reste plus qu'à s'en-
» velopper de parfums, qu'à se couronner de fleurs, qu'à s'environ-
» ner de musique, afin d'entrer paisiblement dans le sommeil éternel.
» Des douleurs poignantes interrompoient de temps en temps ces dis-
» cours si nobles et si calmes. Vous aviez promis, dit-il à ses amis, de
» m'épargner des souffrances inutiles. En disant cela, il demande de

» l'opium avec instance. Comme on le lui refusoit, il l'exige avec sa
» violence accoutumée. Pour le satisfaire, on le trompe, et on lui
» présente une coupe, en lui persuadant qu'elle contenoit de l'opium.
» Il la saisit, avale le breuvage qu'il croit mortel, et paroît satisfait.
» Un instant après il expire. C'étoit le 20 avril 1791.......... L'As-
» semblée interrompt ses travaux, un deuil général est ordonné, des
» funérailles magnifiques sont préparées. On demande quelques dé-
» putés. Nous irons tous! s'écrièrent-ils. L'église Sainte-Geneviève
» est érigée en Panthéon, avec cette inscription, qui n'est plus à
» l'instant où je raconte ces faits :

« AUX GRANDS HOMMES LA PATRIE RECONNOISSANTE. »

L'inscription est replacée : y restera-t-elle? Qui sait ce que renferme l'avenir? Qui connoît les grands hommes et qui les juge? Je ne veux rien poursuivre sous le couvercle d'un cercueil; quand la mort a appliqué sa main sur le visage d'un homme, il ne reste plus d'espace à l'insulte; mais les passions politiques sont moins scrupuleuses, et pourvu qu'une révolution dure quelques années, il est peu de gloire qui soit en sûreté dans la tombe. En comparant le récit de M. Thiers à celui de madame de Staël, on pourra saisir quelques uns des secrets du talent.

Passons à la mort de Louis XVI. L'innocence de la victime s'emparant du génie de l'auteur, le subjugue et se reproduit tout entière dans ces éloquentes paroles :

« Dans Paris régnoit une stupeur profonde; l'audace du nouveau
» gouvernement avoit produit l'effet ordinaire que la force produit
» sur les masses; elle les avoit paralysées et réduites au silence. Le
» conseil exécutif étoit chargé de la douloureuse mission de faire
» exécuter la sentence. Tous les ministres étoient réunis dans la
» salle de leur séance et comme frappés de consternation. Le tam-
» bour battoit dans la capitale; tous ceux qu'aucune obligation
» n'appeloit à figurer dans cette terrible journée se cachoient chez
» eux. Les portes et les fenêtres étoient fermées, et chacun attendoit
» chez soi le triste événement. A huit heures, le roi partit du Tem-
» ple. Des officiers de gendarmerie étoient placés sur le devant de la
» voiture. Ils étoient confondus de la piété et de la résignation de la
» victime. Une multitude armée formoit la haie. La voiture s'avan-
» çoit lentement au milieu du silence universel. On avoit laissé un
» espace vide autour de l'échafaud. Des canons environnoient cet
» espace, et la vile populace, toujours prête à outrager le génie, la
» vertu et le malheur, se pressoit derrière les rangs des fédérés, et
» donnoit seule quelques signes extérieurs de satisfaction. »

Les campagnes d'Italie forment dans l'ouvrage de M. Thiers un épisode à part, qui suffiroit seul pour assigner à l'auteur un rang élevé parmi les historiens.

Après cet hommage sans réserve rendu aux chefs de l'école politique fataliste, il me sera peut-être loisible de hasarder des réflexions sur leur système, parce qu'on en a étrangement abusé.

Les écoliers, comme il arrive toujours, n'ayant point le talent des maîtres, croient les surpasser en exagérant leurs principes. Il s'est formé une petite secte de théoristes de Terreur, qui n'a d'autre but que la justification des excès révolutionnaires; espèces d'architectes en ossemens et en têtes de morts, comme ceux qu'on trouve à Rome dans les catacombes. Tantôt les égorgemens sont des conceptions pleines de génie, tantôt des drames terribles dont la grandeur couvre la sanglante turpitude. On transforme les événemens en personnages; on ne vous dit pas : « Admirez Marat, » mais, « Admirez ses » œuvres; » le meurtrier n'est pas beau, c'est le meurtre qui est divin. Les membres des comités révolutionnaires pouvoient être des assassins publics, mais leurs assassinats sont sublimes, car voyez les grandes choses qu'ils ont produites. Les hommes ne sont rien; les choses sont tout, et les choses ne sont point coupables. On disoit autrefois : « Détestez le crime, et pardonnez au criminel; » si l'on en croyoit les parodistes de MM. Thiers et Mignet, la maxime seroit renversée, et il faudroit dire : « Détestez le criminel et pardonnez..... que dis-je, pardonnez! aimez, révérez le crime! »

Il faut que l'historien dans ce système raconte les plus grandes atrocités sans indignation, et parle des plus hautes vertus sans amour; que d'un œil glacé il regarde la société comme soumise à certaines lois irrésistibles, de manière que chaque chose arrive comme elle devoit inévitablement arriver. L'innocent ou l'homme de génie doit mourir, non pas parce qu'il est innocent ou homme de génie, mais parce que sa mort est nécessaire, et que sa vie mettroit obstacle à un fait général placé dans la série des événemens. La mort ici n'est rien; c'est l'accident plus ou moins pathétique : besoin étoit que tel individu disparût pour l'avancement de telle chose, pour l'accomplissement de telle vérité.

Il y a mille erreurs détestables dans ce système.

La fatalité, introduite dans les affaires humaines, n'auroit pas même l'avantage de transporter à l'Histoire l'intérêt de la fatalité tragique. Qu'un personnage sur la scène soit victime de l'inexorable destin; que, malgré ses vertus, il périsse : quelque chose de terrible résulte de ce ressort mis en mouvement par le poète. Mais que la société soit représentée comme une espèce de machine qui se meut aveuglément par des lois physiques latentes; qu'une révolution arrive par cela seul qu'elle doit arriver; que, sous les roues de son char, comme sous celles du char de l'idole indienne, soient écrasés au hasard innocens et coupables; que l'indifférence ou la pitié soit la même à l'égard du vice et de la vertu : cette fatalité de la chose, cette impartialité de l'homme sont hébétées et non tragiques. Ce niveau historique, loin de déceler la vigueur, ne trahit que l'impuissance de celui qui le promène sur les faits. J'ose dire que les deux historiens qui ont produit de si déplorables imitateurs étoient très supérieurs à l'opinion dont on a cru trouver le germe dans leurs ouvrages.

Non, si l'on sépare la vérité morale des actions humaines, il n'est plus de règle pour juger ces actions; si l'on retranche la vérité morale de la vérité politique, celle-ci reste sans base ; alors il n'y a plus aucune raison de préférer la liberté à l'esclavage, l'ordre à l'anarchie. Mon *intérêt!* direz-vous. Qui vous a dit que mon *intérêt* est l'ordre et la liberté? Si j'aime le pouvoir, moi, comme tant de révolutionnaires? Si je veux bien abaisser ce que j'envie, mais si je ne me contente pas d'être un citoyen pauvre et obscur, au nom de quelle loi m'obligerez-vous à me courber sous le joug de vos idées? — Par la force. — Mais si je suis le plus fort? — En détruisant la vérité morale, vous me rendez à l'état de nature; tout m'est permis, et vous êtes en contradiction avec vous-même quand vous venez, afin de me retenir, me parler de certaines nécessités que je ne reconnois pas. Ma règle est mon bras : vous l'avez déchaîné, je l'étendrai pour prendre ou frapper au gré de ma cupidité ou de ma haine.

Grâce au ciel, il n'est pas vrai qu'un crime soit jamais utile, qu'une injustice soit jamais nécessaire. Ne disons pas que si dans les révolutions, tel homme innocent ou illustre, opposé d'esprit à ces révolutions n'avoit péri, il en eût arrêté le cours; que le tout ne doit pas être sacrifié à la partie. Sans doute cet homme de vertu ou de génie eût pu ralentir le mouvement, mais l'injustice ou le crime accomplis sur sa personne retardent mille fois plus ce même mouvement. Les souvenirs des excès révolutionnaires ont été et sont encore parmi nous les plus grands obstacles à l'établissement de la liberté.

Si, laissant ce que la Révolution a fait de bien, ce qu'elle a détruit de préjugés, établi de libertés dans la France, on retraçoit l'histoire de cette Révolution par ses crimes, sans ajouter un seul mot, une seule réflexion au texte, mettant seulement bout à bout toutes les horreurs qui se sont dites et perpétrées dans Paris et les provinces pendant quatre ans, cette tête de Méduse feroit reculer pour des siècles le genre humain jusqu'aux dernières bornes de la servitude; l'imagination épouvantée se refuseroit à croire qu'il y ait eu quelque chose de bon caché sous cet attentats. C'est donc une étrange méprise que de glorifier ces attentats pour faire aimer la Révolution. Ce n'est point l'année 1793 et ses énormités qui ont produit la liberté; ce temps d'anarchie n'a enfanté que le despotisme militaire; ce despotisme dureroit encore si celui qui avoit rendu la Gloire sa complice avoit su mettre quelque modération dans les jouissances de la victoire. Le régime constitutionnel est sorti des entrailles de l'année 1789; nous sommes revenus, après de longs égaremens, au point du départ : mais combien de voyageurs sont restés sur la route!

SUR L'HISTOIRE.

Tout ce qu'on peut faire par la violence, on peut l'exécuter par la loi : le peuple qui a la force de proscrire, a la force de contraindre à l'obéissance sans proscription. S'il est jamais permis de transgresser la justice sous le prétexte du bien public, voyez où cela vous conduit : vous êtes aujourd'hui le plus fort, vous tuez pour la liberté, l'égalité, la tolérance; demain vous serez le plus foible, et l'on vous tuera pour la servitude, l'inégalité, le fanatisme. Qu'aurez-vous à dire? Vous étiez un obstacle à la chose qu'on vouloit; il a fallu vous faire disparoître; fâcheuse nécessité sans doute, mais enfin nécessité : ce sont là vos principes; subissez-en la conséquence. Marius répandoit le sang au nom de la démocratie, Sylla au nom de l'aristocratie; Antoine, Lépide et Auguste trouvèrent utile de décimer les têtes qui rêvoient encore la liberté romaine. Ne blâmons plus les égorgeurs de la Saint-Barthélemy; ils étoient obligés (bien malgré eux sans doute) d'ainsi faire pour arriver à leur but.

Il n'a péri, dit-on, que six mille victimes par les tribunaux révolutionnaires. C'est peu! Reprenons les choses à leur origine.

Le premier numéro du *Bulletin des lois* contient le décret qui institue le *tribunal révolutionnaire* : on maintient ce décret à la tête de ce recueil, non pas, je suppose, pour en faire usage en temps et lieu, mais comme une inscription redoutable gravée au fronton du Temple des lois, pour épouvanter le législateur et lui inspirer l'horreur de l'injustice. Ce décret prononce que la seule peine portée par le *tribunal révolutionnaire* est la peine de mort. L'article 9 autorise tout citoyen à saisir et à conduire devant les *magistrats*, les *conspirateurs* et les *contre-révolutionnaires;* l'article 13 dispense de la preuve testimoniale; et l'art. 16 prive de défenseur les *conspirateurs*. Ce tribunal étoit sans appel.

Voilà d'abord la grande base sur laquelle il nous faut asseoir notre admiration : honneur à l'équité révolutionnaire! honneur à la justice de la caverne! Maintenant, compulsons les actes émanés de cette justice. Le républicain Prudhomme, qui ne haïssoit pas la Révolution, et qui a écrit lorsque le sang étoit tout chaud, nous a laissé six volumes de détails. Deux de ces six volumes sont consacrés à un dictionnaire où chaque *criminel* se trouve inscrit à sa lettre alphabétique, avec ses *nom, prénoms, âge, lieu de naissance, qualité, domicile, profession, date et motif de la condamnation, jour et lieu de l'exécution*. On y trouve parmi les guillotinés dix-huit mille six cent treize victimes ainsi réparties :

Ci-devant nobles.	1,278
Femmes *idem*.	750
Femmes de laboureurs et d'artisans.	1,467
Religieuses.	350
Prêtres.	1,135
Hommes non nobles de divers etats.	13,633
TOTAL.	18,613

XVIII CONSIDÉRATIONS

Femmes mortes par suites de couches prématurées.	3,400
Femmes enceintes et en couches	348
Femmes tuées dans la Vendée.	15,000
Enfans id. id.	22,000
Morts dans la Vendée.	900,000
Victimes sous le proconsulat de Carrier, à Nantes.	32,000

Dont :
- Enfans fusillés. 500
- Id. noyés. 1,500
- Femmes fusillées 264
- Id. noyées. 500
- Prêtres fusillés. 300
- Id. noyés. 460
- Nobles noyés. 1,400
- Artisans *idem*. 5,300

Victimes à Lyon. 31,000

Dans ces nombres ne sont point compris les massacrés à Versailles, aux Carmes, à l'Abbaye, à la glacière d'Avignon, les fusillés de Toulon et de Marseille après les siéges de ces deux villes, et les égorgés de la petite ville provençale de Bédoin, dont la population périt tout entière.

Pour l'exécution de la loi des suspects, du 21 septembre 1793, plus de cinquante mille comités révolutionnaires furent installés sur la surface de la France. D'après les calculs du conventionnel Cambon, ils coûtoient annuellement cinq cent quatre-vingt-onze millions (assignats). Chaque membre de ces comités recevoit trois francs par jour, et ils étoient cinq cent quarante mille : c'étoient cinq cent quarante mille accusateurs ayant droit de désigner à la mort. A Paris, seulement, on comptoit soixante comités révolutionnaires: chacun d'eux avoit sa prison pour la détention des suspects.

Vous remarquerez que ce ne sont pas seulement des *nobles*, des *prêtres*, des *religieux*, qui figurent ici dans le registre mortuaire : s'il ne s'agissoit que de ces gens-là, la Terreur seroit véritablement la vertu : *canaille! sotte espèce!* Mais voilà dix-huit mille neuf cent vingt-trois hommes non nobles, de divers états, et deux mille deux cent trente et une femmes de laboureurs ou d'artisans, deux mille enfans guillotinés, noyés et fusillés : à Bordeaux, on exécutoit pour crime de *négociantisme*. Des femmes ! Mais savez-vous que dans aucun pays, dans aucun temps, chez aucune nation de la terre, dans aucune proscription politique, les femmes n'ont été livrées au bourreau, si ce n'est quelques têtes isolées à Rome sous les empereurs, en Angleterre sous Henri VIII, la reine Marie et Jacques II ! La Terreur a seule donné au monde le lâche et impitoyable spectacle de l'assassinat juridique des femmes et des enfans en masse.

Le Girondin Riouffe, prisonnier avec Vergniaux, madame Roland et leurs amis à la Conciergerie, rapporte ce qui suit dans ses *Mé-*

moires d'un détenu : « Les femmes les plus belles, les plus jeunes,
» les plus intéressantes, tomboient pêle-mêle dans ce gouffre (l'Abbaye),
» dont elles sortoient pour aller par douzaine inonder l'échafaud de
» leur sang.

» On eût dit que le gouvernement étoit dans les mains de ces
» hommes dépravés qui, non contens d'insulter au sexe par des
» goûts monstrueux, lui vouent encore une haine implacable. De
» jeunes femmes enceintes, d'autres qui venoient d'accoucher et qui
» étoient encore, dans cet état de foiblesse et de pâleur qui suit ce
» grand travail de la nature qui seroit respecté par les peuples les plus
» sauvages ; d'autres dont le lait s'étoit arrêté tout-à-coup, ou par
» frayeur, ou parce qu'on avoit arraché leurs enfans de leur sein,
» étoient jour et nuit précipitées dans cet abîme. Elles arrivoient
» traînées de cachots en cachots, leurs foibles mains comprimées
» dans d'indignes fers : on en a vu qui avoient un collier au cou.
» Elles entroient, les unes évanouies et portées dans les bras des
» guichetiers qui en rioient, d'autres en état de stupéfaction qui les
» rendoit comme imbéciles : vers les derniers mois surtout (avant
» le 9 thermidor), c'étoit l'activité des enfers : jour et nuit les ver-
» roux s'agitoient ; soixante personnes arrivoient le soir pour aller
» à l'échafaud ; le lendemain elles étoient remplacées par cent au-
» tres, que le même sort attendoit le jour suivant.

» Quatorze jeunes filles de Verdun, d'une candeur sans exemple,
» et qui avoient l'air de jeunes vierges parées pour une fête publi-
» que, furent menées ensemble à l'échafaud. Elles disparurent tout-
» à-coup et furent moissonnées dans leur printemps : la Cour des
» Femmes avoit l'air, le lendemain de leur mort, d'un parterre dé-
» garni de ses fleurs par un orage. Je n'ai jamais vu parmi nous de
» désespoir pareil à celui qu'excita cette barbarie.

» Vingt femmes du Poitou, pauvres paysannes pour la plupart,
» furent également assassinées ensemble. Je les vois encore, ces
» malheureuses victimes, je les vois étendues dans la cour de la Con-
» ciergerie, accablées de la fatigue d'une longue route et dormant sur
» le pavé... Au moment d'aller au supplice, on arracha du sein d'une de
» ces infortunées un enfant qu'elle nourrissoit, et qui, au moment
» même, s'abreuvoit d'un lait dont le bourreau alloit tarir la source :
» ô cris de la douleur maternelle, que vous fûtes aigus ! mais sans
» effet...... Quelques femmes sont mortes dans la charrette, et on a
» guillotiné leurs cadavres. N'ai-je pas vu, peu de jours avant le
» 9 thermidor, d'autres femmes traînées à la mort ! elles s'étoient dé-
» clarées enceintes.... Et ce sont des hommes, des François, à qui
» leurs philosophes les plus éloquens prêchent depuis soixante an-
» nées l'humanité et la tolérance. . . . .

» . . . Déjà un aqueduc immense qui devoit voiturer du sang avoit
» été creusé à la place Saint-Antoine. Disons-le, quelque horrible
» qu'il soit de le dire, tous les jours le sang humain se puisoit par

» seaux, et quatre hommes étoient occupés, au moment de l'exécu-
» tion, à les vider dans cet aqueduc.
» C'étoit vers trois heures après midi que ces longues processions
» de victimes descendoient au tribunal, et traversoient lentement
» sous de longues voûtes, au milieu des prisonniers qui se rangeoient
» en haie pour les voir passer avec une avidité sans pareille. J'ai vu
» quarante-cinq magistrats du parlement de Paris, trente-trois du
» parlement de Toulouse, allant à la mort du même air qu'ils mar-
» choient autrefois aux cérémonies publiques; j'ai vu trente fer-
» miers-généraux passer d'un pas calme et ferme; les vingt-cinq
» premiers négocians de *Sedan* plaignant en allant à la mort dix
» mille ouvriers qu'ils laissoient sans pain. J'ai vu ce *Baysser, l'effroi*
» *des rebelles de la Vendée*, et le plus bel homme de guerre qu'eût la
» France; j'ai vu tous ces généraux que la victoire venoit de couvrir
» de lauriers qu'on changeoit soudain en cyprès; enfin tous ces jeunes
» militaires si forts, si vigoureux.... ils marchoient silencieusement....
» ils ne savoient que mourir. »

Prudhomme va compléter ce tableau :

« La mission de Le Bon dans les départemens frontières du Nord
» peut être comparée à l'apparition de ces noires furies si redoutées
» dans les temps du paganisme....... »

Dans les jours de fêtes, l'orchestre étoit placé à côté de l'échafaud :
Le Bon disoit aux jeunes filles qui s'y trouvoient : « Suivez la voix de
» la nature, livrez-vous, abandonnez-vous dans les bras de vos
» amans. » . . . .

« Des enfans qu'il avoit corrompus lui formoient une garde et
» étoient les espions de leurs parens. Quelques uns avoient de
» petites guillotines avec lesquelles ils s'amusoient à donner la mort
» à des oiseaux et à des souris. » On sait que Le Bon, après avoir
abusé d'une femme qui s'étoit livrée à lui pour sauver son mari, fit
mourir cet homme sous les yeux de cette femme, à laquelle il ne
resta que l'horreur de son sacrifice; genre d'atrocités si répétées
d'ailleurs, que Prudhomme dit qu'on ne les sauroit compter.

Carrier se distingua à Nantes : « Environ quatre-vingts femmes
» extraites de l'entrepôt, traduites à ce champ de carnage, y furent
» fusillées; ensuite on les dépouilla, et leurs corps restèrent épars
» pendant trois jours.

» Cinq cents enfans des deux sexes, dont les plus âgés avoient
» quatorze ans, sont conduits au même endroit pour y être fusillés.
» Jamais spectacle ne fut plus attendrissant et plus effroyable ; la
» petitesse de leur taille en met plusieurs à l'abri des coups de feu ;
» ils délient leurs liens, s'éparpillent jusque dans les bataillons de
» leurs bourreaux, cherchent un refuge entre leurs jambes, qu'ils
» embrassent fortement, en levant vers eux leur visage où se pei-
» gnent à la fois l'innocence et l'effroi. Rien ne fait impression sur
» ces exterminateurs, ils les égorgent à leurs pieds. »

Noyades à Nantes :

« Une quantité de femmes, la plupart enceintes, et d'autres pres-
» sant leur nourrisson sur leur sein, sont menées à bord des ga-
» bares.......... Les innocentes caresses, le sourire de ces tendres
» victimes versent dans l'âme de ces mères éplorées un sentiment
» qui achève de déchirer leurs entrailles ; elles répondent avec vi-
» vacité à leurs tendres caresses, en songeant que c'est pour la der-
» nière fois !!! Une d'elles venoit d'accoucher sur la grève, les bour-
» reaux lui donnent à peine le temps de terminer ce grand travail ;
» ils avancent ; toutes sont amoncelées dans la gabare, et, après les
» avoir dépouillées à nu, on leur attache les mains derrière le dos.
» Les cris les plus aigus, les reproches les plus amers de ces malheu-
» reuses mères se font entendre de toutes parts contre les bourreaux;
» Fouquet, Robin et Lamberty y répondoient à coups de sabre, et la
» timide beauté, déjà assez occupée à cacher sa nudité aux monstres
» qui l'outragent, détourne en frémissant ses regards de sa com-
» pagne défigurée par le sang, et qui déjà chancelante vient rendre
» le dernier soupir à ses pieds. Mais le signal est donné ; les charpen-
» tiers d'un coup de hache lèvent les sabords, et l'onde les ensevelit
» pour jamais. »

Et voilà l'objet de vos hymnes! Des milliers d'exécutions en moins de trois années, en vertu d'une loi qui privoit les accusés de témoins, de défenseurs et d'appel ! Songez-vous que le souvenir d'une seule condamnation inique, celle de Socrate, a traversé vingt siècles pour flétrir les juges et les bourreaux ? Pour entonner le chant de triomphe, il faudroit du moins attendre que les pères et les mères, les femmes et les enfants, les frères et les sœurs des victimes fussent morts, et ils couvrent encore la France. Femmes, bourgeois, négocians, magistrats, paysans, soldats, généraux, immense majorité plébéienne sur laquelle est tombée la Terreur, vous plaît-il de fournir de nouveaux alimens à ce merveilleux spectacle ?

On dit : Une révolution est une bataille; comparaison défectueuse. Sur un champ de bataille si on reçoit la mort on la donne, les deux partis ont les armes à la main. L'exécuteur des hautes œuvres combat sans péril ; lui seul tient la corde ou le glaive ; on lui amène l'ennemi garrotté. Je ne sache pas qu'on ait jamais appelé duel ce qui se passoit entre Louis XVI, la jeune fille de Verdun, Bailly, André Chénier, le vieillard Malesherbes et le bourreau. Le voleur qui m'attend au coin d'un bois joue du moins sa vie contre la mienne ; mais le révolutionnaire qui, du sein de la débauche, après s'être vendu tantôt à la cour, tantôt au parti républicain, envoyoit à la place du supplice des tombereaux remplis de femmes : quels risques couroit-il avec ces foibles adversaires ?

Les prodiges de nos soldats ne furent point l'œuvre de la Terreur ; ils tinrent à l'esprit militaire des François, qui se réveillera toujours au son de la trompette. Ce ne furent point les commissaires de la

Convention et les guillotines à la suite des victoires, qui rétablirent la discipline dans les armées, ce furent les armées qui rapportèrent l'ordre dans la France.

La preuve que ce temps mauvais n'avoit rien de supérieur propre à être reproduit, c'est qu'il seroit impossible de le faire renoître. Les émeutes, les massacres populaires sont de tous les siècles, de tous les pays; mais une organisation complète de meurtres appelés légaux, des tribunaux jugeant à mort dans toutes les villes, des assassins affiliés dépouillant leurs victimes et les conduisant presque sans gardes au supplice, c'est ce qu'on n'a vu qu'une fois, c'est ce qu'on ne reverra jamais. Aujourd'hui les individus résisteroient un à un; chacun se défendroit dans sa maison, sur son champ, dans la prison, au supplice même. La Terreur ne fut point une invention de quelques géans; ce fut tout simplement une maladie morale, une peste. Un médecin, dans son amour de l'art, s'écrioit plein de joie : « On a retrouvé la lèpre. » On ne retrouvera pas la Terreur. N'apprenons point au peuple à choyer les crimes; ne nous donnons point pour une nation d'ogres, qui lèche comme le lion avec délices ses mâchoires ensanglantées. Le système de la Terreur, poussé à l'extrême, n'est autre que la conquête accomplie par l'extermination; or, on ne peut jamais consumer assez vite tous les holocaustes, pour que l'horreur qu'ils inspirent ne soulève pas jusqu'aux allumeurs des bûchers.

La même admiration que l'on accorde à la Terreur, on la prodigue aux terroristes avec aussi peu de raison : ceux qui les ont vus de près savent que la plupart d'entre eux n'étoient que des misérables dont la capacité ne s'élevoit pas au-dessus de l'esprit le plus vulgaire; héros de la peur, ils tuoient dans la crainte d'être tués. Loin d'avoir des desseins profonds qu'on leur suppose aujourd'hui, ils marchoient sans savoir où ils alloient, jouets de leur ivresse et des événemens. On a prêté de l'intelligence à des instincts matériels; on a forgé la théorie d'après la pratique; on a tiré la poétique du poëme. Si même quelques uns de ces stupides démons ont par hasard mêlé quelques qualités à leurs vices, ces dons stériles ressembloient aux fruits qui se détachent de la branche et pourrissent au pied de l'arbre qui les a portés. Un vrai terroriste n'est qu'un homme mutilé, privé comme l'eunuque de la faculté d'aimer et de renaître : c'est son impuissance dont on a voulu faire du génie

Que, dans la fièvre révolutionnaire, il se soit trouvé d'atroces sycophantes engraissés de sang comme ces vermines immondes qui pullulent dans les voiries; que des sorcières plus sales que celles de Macbeth, aient dansé en rond autour du chaudron où l'on faisoit bouillir les membres déchirés de la France, soit; mais que l'on rencontre aujourd'hui des hommes qui, dans une société paisible et bien ordonnée, se constituent les mielleux apologistes de ces brutales orgies; des hommes qui parfument et couronnent de fleurs le baquet où tomboient les têtes à couronne ou à bonnet rouge ; des hommes qui enseignent la logique du meurtre, qui se font maîtres ès-arts de massacre, comme il y a des professeurs d'escrime, voilà ce qui ne se comprend pas.

Défions-nous de ce mouvement d'amour-propre qui nous fait croire à la supériorité de notre esprit, à la fortitude de notre âme, parce que nous envisageons de sang-froid les plus épouvantables catastrophes : le bourreau manie des troncs palpitans sans en être ému ; cela prouve-t-il la fermeté de son caractère et la grandeur de son intelligence ? Quand le plus vil des peuples, quand les Romains du temps de l'Empire couroient au spectacle des gladiateurs ; quand vingt mille prisonniers s'égorgeoient pour amuser un Néron entouré de prostituées toutes nues, n'étoit-ce pas là de la terreur sur une grande échelle ? Le mot changera-t-il le fait ? Faudra-t-il trouver horrible au nom de la tyrannie, ce qu'on trouveroit admirable au nom de la liberté ?

Placer la fatalité dans l'Histoire, c'est se débarrasser de la peine de penser, s'épargner l'embarras de rechercher la cause des événemens. Il y a bien autrement de puissance à montrer comment la déviation des principes de la morale et de la justice a produit des malheurs, comment ces malheurs ont enfanté des libertés par le retour à la morale et à la justice ; il y a certes en cela bien plus de puissance, qu'à mettre la société sous de gros pilons qui réduisent en pâte ou en poudre les choses et les hommes : il ne faut que lâcher l'écluse des passions, et les pilons vont se levant et retombant. Quant à moi, je ne me sens aucun enthousiasme pour une hache. J'ai vu porter des têtes au bout d'une pique, et j'affirme que c'étoit fort laid. J'ai rencontré quelques unes de ces vastes capacités qui faisoient promener ces têtes ; je déclare qu'il n'y avoit rien de moins vaste : le monde les menoit, et elles croyoient mener le monde. Un des plus fameux révolutionnaires, à moi connu, étoit un homme léger, bavard, d'un esprit court, et qui, privé de cœur de toute façon, en manquoit dans le péril. Les équarrisseurs de chair humaine ne m'imposent point : en vain ils me diront que, dans leurs fabriques de pourriture et de sang, ils tirent d'excellens ingrédiens des carcasses industriellement pilées : manufacturiers de cadavres, vous aurez beau broyer la mort, vous n'en ferez jamais sortir un germe de liberté, un grain de vertu, une étincelle de génie.

Que les théoriciens de Terreur gardent donc s'ils le veulent leur fanatisme à la glace, lequel leur fournit deux ou trois phrases inexplicables de *nécessité*, de *mouvement*, de *force progressive*, sous lesquelles ils cachent le vide de leurs pensées, je ne les lirai plus ; mais je relirai les deux historiens qu'ils ont pris si mal à propos pour guides, et dont le talent me fera oublier leurs infimes et sauvages imitateurs.

Au surplus, un auteur à qui la liberté doit beaucoup, le dernier ora-

teur de ces générations constitutionnelles qui finissent, un homme dont la tombe récente doit augmenter l'autorité, M. Benjamin Constant, a combattu avant moi ces dogmatiques de Terreur. Il faut lire tout entier, dans ses *Mélanges de littérature et de politique*, l'article dont je ne citerai que ce passage : « La Terreur n'a produit aucun
» bien. A côté d'elle a existé ce qui étoit indispensable à tout gou-
» vernement, mais ce qui auroit existé sans elle, et ce qu'elle a
» corrompu et empoisonné en s'y mêlant. . . . .
» . . . .
» Ce régime abominable n'a point, comme on l'a dit, préparé le
» peuple à la liberté, il l'a préparé à subir un joug quelconque ; il a
» courbé les têtes, mais en dégradant les esprits, en flétrissant les
» cœurs ; il a servi pendant sa durée les amis de l'anarchie, et son sou-
» venir sert maintenant les amis de l'esclavage et de l'avilissement de
» l'espèce humaine. . . . .
» Je n'aurois pas rappelé de tristes souvenirs, si je n'avois pensé
» qu'il importoit à la France, quelles que soient désormais ses des-
» tinées, de ne pas voir confondre ce qui est digne d'admiration et
» ce qui n'est digne que d'horreur. Justifier le régime de 1793, pein-
» dre des forfaits et du délire comme une nécessité qui pèse sur les
» peuples, toutes les fois qu'ils essaient d'être libres, c'est nuire à une
» cause sacrée, plus que ne lui nuiroient les attaques de ses ennemis
» les plus déclarés. . . . .
» . . . .
» Séparez donc soigneusement les époques et les actes ; flétrissez
» ce qui est éternellement coupable ; ne recourez pas à une méta-
» physique abstraite et subtile pour prêter à des attentats l'excuse
» d'une fatalité irrésistible qui n'existe pas ; n'ôtez pas à vos juge-
» mens toute autorité, à vos hommages toute valeur. »
Une pensée doit nous consoler, c'est que le régime de la Terreur ne peut renaître, non seulement, comme je l'ai dit, parce que personne ne s'y soumettroit, mais encore parce que les causes et les circonstances qui l'ont produite ont disparu. En 1793, il y avoit à jeter à terre l'immense édifice du passé, à faire la conquête des idées, des institutions, des propriétés. On conçoit comment un système de meurtre, appliqué ainsi qu'un levier à la démolition d'un monument colossal, pouvoit sembler une force nécessaire à des esprits pervers ; mais tout est renversé aujourd'hui, tout est conquis, idées, institutions, propriétés. De quoi s'agit-il maintenant ? d'une forme politique un peu plus ou un peu moins républicaine, de quelques lois à abolir ou à publier, de quelques hommes à remplacer par quelques autres. Or, pour d'aussi minces résultats qui ne rencontrent aucune résistance collective, qui ne blessent aucune classe particulière de la société, il n'est pas besoin de mettre une nation en coupe réglée. On ne fait point de la Terreur *à priori* : la Terreur ne fut point un plan combiné et annoncé d'avance ; elle vint peu à peu avec les événemens ;

elle commença par les assassinats privés et désordonnés de 1789, 1790, 1791, 1792, pour arriver aux assassinats publics et réguliers de 1793. Les terroristes ne savoient pas d'avance qu'ils étoient des terroristes. Nos terroristes de théories nous crient : « Oyez, nous » sommes des terroristes barbus ou imberbes, nous! Nous allons » établir une superbe Terreur. Venez, que nous vous coupions le » cou. Nous sommes des hommes énergiques, nous! Le génie est » notre fort. » Ces parodistes de terreur, ces Terroristes de mélodrame, bien capables sans doute de vous tuer, si vous les en défiez, pour la preuve et l'honneur de la chose, seroient incapables de maintenir trois jours en permanence l'instrument de mort qui retomberoit sur eux.

COUP D'ŒIL GÉNÉRAL

SUR

L'HISTOIRE DE FRANCE,

DE HUGUES CAPET A LOUIS XVI.

Il y a eu quatre monarchies, à compter de Hugues Capet à Louis XVI : la monarchie purement féodale et de la grande pairie, la monarchie des États (appelés dans la suite États-Généraux), la monarchie parlementaire dans les intermissions des États, la monarchie absolue qui se perd dans la monarchie constitutionnelle.

Incidence de ces diverses monarchies ou grands événemens qui s'y rattachent : affranchissement des communes, croisades, etc., etc.

La monarchie féodale étoit une véritable république aristocratique fédérative, ou plutôt une démocratie noble, car il n'y avoit point de peuple dans cette aristocratie ; il n'y avoit point de sujets ; il n'y avoit que des serfs. Le nom de *peuple* ne se trouve point à cette époque dans les chroniques, parce qu'en effet le peuple n'existoit point. Le peuple commence à renoître sous Louis-le-Gros, dans les villes par les *bourgeois*, dans les campagnes par les *serfs affranchis*, et par la recomposition successive de la petite et de la moyenne propriété.

Exposé de la féodalité. Quel étoit le fief? Le fief étoit le mélange de la propriété et de la souveraineté. La propriété prit le caractère du propriétaire; elle devint conquérante. Le pouvoir, la justice et la noblesse, furent attachés à la terre ; cause principale de la longue durée du règne féodal. Preuves et explication à ce sujet.

Le fief et l'aleu étoient le combat et la coexistence de la propriété selon l'ancienne société, et la propriété selon la société nouvelle. Le monde féodal ne fut qu'un monde militaire où tout reposa, comme dans un camp entre des chefs et des soldats, sur la subordination et des engagemens d'honneur.

Sous la féodalité, la servitude germanique remplaça la servitude romaine. Le servage prit la place de l'esclavage ; c'est le premier pas de l'affranchissement de la race humaine ; et, chose étrange! on le doit à la féodalité. Le serf devenu vassal ne fut plus qu'un soldat armé, et les armes délivrent ceux qui les portent. Du servage on a passé au salaire, et le salaire se modifiera encore, parce qu'il n'est pas une entière liberté.

Louis-le-Gros n'a point affranchi les communes, comme l'a si long-temps assuré l'ancienne école historique; mais le mouvement insurrectionnel général des communes dans le onzième siècle, qu a remarqué l'école moderne, ne doit être admis qu'avec restriction : cette école s'est laissé entraîner sur ce point à l'esprit de système.

Les Croisades ont recomposé les grandes armées modernes, décomposées par les cantonnemens de la féodalité.

La chevalerie n'a point son origine dans les Croisades; les romanciers, qui la reportent au temps de Charlemagne, n'ont point menti à l'histoire comme on l'a cru. La chevalerie a commencé à la fois chez les Maures et chez les Chrétiens, sur la fin du huitième siècle. L'auteur du poëme d'Antar et le moine de Saint-Gall (qui l'un et l'autre écrivoient les exploits des paladins maures et chrétiens), Charlemagne et Aroun al Rachild, étoient contemporains. Preuves de cette antiquité de la chevalerie par les mœurs, les combats, les armes, les arts, les monuments et l'architecture.

Il n'y a point eu de chevalerie collective, mais une chevalerie individuelle. La chevalerie historique a fait naître une chevalerie romanesque. Cette chevalerie romanesque, qui marche avec la chevalerie historique, donne aux temps moyens un caractère d'imagination et de fiction qu'il est essentiel de distinguer.

La monarchie des États, dont l'origine remonte au règne de saint Louis, quoiqu'on n'en fixe la date qu'à celui de Philippe-le-Bel, n'est jamais bien entrée dans les mœurs de la France; elle a toujours été foible, parce que les deux premiers ordres, le clergé et la noblesse, avoient des constitutions particulières, et faisoient peu de cas d'une constitution commune. Le Tiers-État, appelé uniquement pour voter des impôts, n'étoit attentif qu'à se coller à la couronne, afin de se défendre contre les deux autres ordres. La monarchie parlementaire affoiblissoit encore les États, en usurpant leurs fonctions et leurs pouvoirs. Enfin le royaume ne formoit pas alors un corps homogène; il avoit des États de provinces, et l'autorité des États de la langue d'Oyl étoit méconnue à trente lieues de Paris.

Tableau général du Moyen Age au moment où la branche des Valois monte sur le trône. Vie prodigieuse de cet Age : éducation, mœurs privées, arts, etc.; manière indépendante et vigoureuse d'imiter et de s'approprier les classiques. Population et aspect de la France dans le Moyen Age. Le sol étoit couvert de plus de dix-huit cent mille monumens.

Admirable architecture gothique; son histoire. Elle a peut-être sa source première dans la Perse. Elle est née du néo-grec asiatique apporté à la fois par deux religions et par trois chemins en Europe : en Espagne, par les Maures; en Italie, par les Grecs; en France, en Angleterre et en Allemagne, par les Croisés.

Règnes des Valois. Changemens sociaux arrivés sous ces règnes. Les peuples se nationalisent. L'Angleterre se sépare de la France, dont elle devient la rivale et l'ennemie ; elle forme sa constitution et établit ses libertés.

Règnes de Philippe VI et de Jean son fils. Guerre de Bretagne. La France est envahie et désolée. Bataille de Crécy et de Poitiers. La haute et première noblesse perd les trois grandes batailles de Crécy, de Poitiers et d'Azincourt, et périt presque tout entière. Une seconde noblesse paroît. Cette seconde aristocratie délivre la France des Anglois, et se montre pour la dernière fois à Ivry. L'armée plébéienne ou nationale, commencée sous Charles VII, s'augmente. La poudre, en changeant la nature des armes, sert à détruire l'importance militaire de la noblesse, qui finit par donner des officiers à l'armée dont jadis elle composoit les soldats. Si le système des gardes nationales se généralise, il détruira l'armée permanente ; on retournera aux levées en masse du Moyen Age ; le ban et l'arrière-ban plébéiens remplaceront le ban et l'arrière-ban nobles.

A l'époque des guerres d'Edouard III, la couleur nationale françoise étoit le rouge, et la couleur nationale angloise le blanc. Edouard prit le rouge comme roi de France, et nous quittâmes cette couleur devenue ennemie. Le traité de Brétigny ne mutila pas la France, comme on l'a cru. Philippe ne céda presque rien des provinces de la Couronne ; il n'y eut que des seigneurs particuliers qui changèrent de suzerain. Cela ne se pourroit comparer en aucune sorte au démembrement de la France homogène d'aujourd'hui.

Pourquoi ne trouve-t-on dans notre histoire qu'une centaine de noms historiques? Parce que les chroniqueurs, sous la monarchie féodale, n'ont fait que l'histoire du duché de Paris, et que les écrivains, sous la monarchie absolue, n'ont donné que l'histoire de la cour.

Malheurs de la France pendant la captivité du roi Jean. Charles V et Du Guesclin viennent ensemble et l'un pour l'autre ; intimité de leurs destinées. Paris se transforme, en 1357, en une espèce de démocratie ancienne, au milieu de la féodalité. Fameux États de cette époque. Charles-le-Mauvais, roi de Navarre ; ses desseins contre le roi Jean. Mettre un souverain en jugement n'est point une idée qui appartienne au temps où nous vivons : preuves historiques que l'aristocratie et la théocratie ont jugé et condamné des rois longtemps avant que la démocratie ait suivi cet exemple. Article remarquable, et généralement ignoré, du testament de Charlemagne, lequel article suppose que les fils et petits-fils de ce grand prince et de ce grand homme, tout rois qu'ils étoient, peuvent être judiciairement tondus, mutilés et condamnés à mort.

Le soulèvement des paysans, les fureurs de la Jacquerie, l'existence des Grandes Compagnies, furent des malheurs qui pourtant engendrèrent l'armée nationale. Les mouvemens des hommes rustiques dans le Moyen Age n'indiquoient que l'indépendance de l'individu, cherchant à se faire jour au défaut de la liberté et de l'espèce.

Charles-le-Sage, médecin patient, la main appuyée sur le cœur de la France et sentant la vie revenir, parloit en maître : il sommoit le prince Noir de comparoître en son tribunal, envoyoit un huissier appréhender au corps le vainqueur de Poitiers et signifier un exploit à la Gloire.

Calamités du règne de Charles VI, règne qui s'écoula entre l'apparition d'un fantôme et celle d'une bergère. Quelle fut la Pucelle. Trois grands poëtes l'ont chantée, et comment : Shakspeare, Voltaire et Schiller.

Charles VII. La monarchie féodale se décompose sous le règne de ce roi ; il n'en reste plus que les habitudes. Changemens capitaux : armée permanente et impôt non voté, les deux pivots de la monarchie absolue. Formation du Conseil d'Etat ; séparation de ce Conseil du Parlement et des Etats-Généraux. Du point où la société étoit parvenue sous Charles VII, il étoit loisible d'arriver à la monarchie libre ou à la monarchie absolue : on voit clairement le point d'intersection et d'embranchement des deux routes ; mais la liberté s'arrêta et laissa marcher le pouvoir. La cause en est qu'après la confusion des guerres civiles et étrangères, qu'après les désordres de la féodalité, le penchant des choses étoit vers l'unité du principe gouvernemental. La monarchie en ascension devait monter au plus haut point de sa puissance ; il falloit qu'en écrasant la tyrannie de l'aristocratie, elle eût commencé à faire sortir la sienne, avant que la liberté pût régner à son tour. Ainsi se sont succédé en France, dans un ordre régulier, l'aristocratie, la monarchie et la république : la noblesse, la royauté et le peuple, ayant abusé de la puissance, ont enfin consenti à vivre en paix dans un gouvernement composé de leurs trois élémens.

Louis XI vint faire l'essai de la monarchie absolue sur le cadavre palpitant de la féodalité. Ce personnage placé sur les confins du Moyen Age et des temps modernes, né à une époque sociale où rien n'était achevé et où tout étoit commencé, eut une forme monstrueuse, indéterminée, particulière à lui, et qui tenoit des deux tyrannies entre lesquelles il se montroit. Ses mœurs, ses idées, sa politique : justification de la dernière.

Quand Louis XI disparoît, les ruines de l'Europe féodale achèvent de s'écrouler. Constantinople est pris ; les lettres renaissent ; l'imprimerie est inventée, l'Amérique au moment d'être découverte ; la grandeur de la maison d'Autriche se fait pressentir par le mariage de l'héritière de Bourgogne dans la famille impériale ; Henri VIII, Léon X, Charles-Quint, Luther avec la réformation, ne sont pas loin : vous êtes au bord d'un nouvel univers.

Le point le plus élevé de la monarchie des trois États se trouve sous le règne de Charles VIII et de Louis XII. Charles VIII épouse Anne, héritière du duché de Bretagne. Guerres d'Italie. Dès que les rois de France eurent brisé le dernier anneau de la chaîne aristocratique, ils purent marcher hors de leur pays à la tête de la nation.

Louis XII épouse la veuve de Charles VIII. La Bretagne fut le dernier grand fief qui revint à la couronne. La monarchie féodale, commencée par le démembrement successif de provinces du royaume, finit par la réunion successive de ces provinces au royaume, comme les fleuves sortis de la mer retournent à la mer.

Événemens du règne de François Ier. On ne retrouve plus l'original du billet, *tout est perdu fors l'honneur*; mais la France, qui l'auroit écrit, le tient pour authentique. Transformation sociale de l'Europe.

La découverte de l'Amérique, arrivée sous Charles VIII, en 1492, produisit une révolution dans le commerce, la propriété et les finances de l'ancien monde. L'introduction de l'or du Mexique et du Pérou baissa le prix des métaux, éleva celui des denrées et de la main-d'œuvre, fit changer de main la propriété foncière, et créa une propriété inconnue jusqu'alors, celle des capitalistes, dont les Lombards et les Juifs avoient donné la première idée. Avec les capitalistes naquit la population industrielle et la constitution artificielle des fonds publics. Une fois entrée dans cette route, la société se renouvela sous le rapport des finances, comme elle s'étoit renouvelée sous les rapports moraux et politiques.

Aux aventures des Croisades succédèrent des aventures d'outre-mer d'une tout autre importance : le globe s'agrandit, le système des colonies modernes commença, la marine militaire et marchande s'accrut de toute l'étendue d'un océan sans rivages. La petite mer intérieure de l'ancien monde ne resta plus qu'un bassin de peu d'importance, lorsque les richesses des Indes arrivèrent en Europe par le cap des Tempêtes. A quatre années de distance, Charles-Quint triomphoit de Montesume à Mexico, et de François Ier à Pavie.

Il y a des époques où la société se renouvelle, où des catastrophes imprévues, des hasards heureux ou malheureux, des découvertes inattendues, déterminent un changement préparé de longue main dans le gouvernement, les lois et les mœurs.

Les guerres de François Ier, de Charles-Quint et de Henri VIII mêlèrent les peuples, et les idées se multiplièrent.

Quand Bayard acquéroit le haut renom de prouesse, c'étoit au milieu de l'Italie moderne, de l'Italie dans toute la fraîcheur de la civilisation renouvelée; c'étoit au milieu des palais bâtis par Bramante et Michel-Ange, de ces palais dont les murs étoient couverts des tableaux récemment sortis des mains des plus grands maîtres; c'étoit à l'époque où l'on déterroit les statues et les monumens de l'antiquité. Des armées régulières, connues en Europe depuis la fin du règne de Charles VII, firent disparoître le reste des milices féodales. Les braves de tous les pays se rencontrèrent dans ces troupes disciplinées. Ces infidèles, que les chevaliers alloient avec saint Louis chercher au fond de la Palestine, maîtres de Constantinople et devenus nos alliés, intervenoient dans notre politique.

Tout changea dans la France; les vêtemens même s'altérèrent; il se fit des anciennes et des nouvelles mœurs un mélange unique. La langue naissante fut écrite avec esprit, finesse et naïveté par la sœur de François I*er*, par François I*er* lui-même qui faisoit des vers aussi bien que Marot, par Rabelais, Amyot, les deux Marot et les auteurs de Mémoires. L'étude des classiques, celle des lois romaines, l'érudition générale, furent poussées avec ardeur. Les arts acquirent un degré de perfection qu'ils n'ont jamais surpassé depuis. La peinture, éclatante en Italie, fut transplantée dans nos forêts et dans nos châteaux gothiques : ceux-ci virent leurs tourelles et leurs créneaux se couronner des ordres de la Grèce. Anne de Montmorency, qui disoit ses patenôtres, ornoit Écouen de chefs-d'œuvre; le Primatice embellissoit Fontainebleau; François I*er*, qui se faisoit armer chevalier comme au temps de Richard Cœur-de-Lion, assistoit à la mort de Léonard de Vinci, et recevoit le dernier soupir de ce grand peintre. Auprès de cela, le connétable de Bourbon, dont les soldats, comme ceux d'Alaric, se préparoient à saccager Rome, ce connétable qui devoit mourir d'un coup de canon tiré peut-être par le graveur Benvenuto Cellini, représentoit dans ses terres de France la puissance et la vie d'un ancien grand vassal de la couronne.

La réformation est l'événement majeur de cette époque; elle réveilla les idées de l'antique égalité, porta l'homme à s'enquérir, à chercher, à apprendre. Ce fut, à proprement parler, la vérité philosophique qui, revêtue d'une forme chrétienne, attaqua la vérité religieuse. La réformation servit puissamment à transformer une société toute militaire en une société civile et industrielle : ce bien est immense, mais ce bien a été mêlé de beaucoup de mal, et l'impartialité historique ne permet pas de le taire.

Le Christianisme commença chez les hommes par les classes plébéiennes, pauvres et ignorantes. Jésus-Christ appela les petits, et ils allèrent à leur maître. La foi monta peu à peu dans les hauts rangs, et s'assit enfin sur le trône impérial. Le Christianisme étoit alors catholique ou universel; la religion dite catholique partit d'en bas pour arriver aux sommités sociales : nous avons vu que la papauté n'étoit que le tribunat des peuples dans l'âge politique du Christianisme.

Le protestantisme suivit une route opposée : il s'introduisit par la tête de l'État, par les princes et les nobles, par les prêtres et les magistrats, par les savans et les gens de lettres, et il descendit lentement dans les conditions inférieures; les deux empreintes de ces deux origines sont restées distinctes dans les deux communions.

La communion réformée n'a jamais été aussi populaire que la communion catholique : de race princière et patricienne, elle ne sympathise pas avec la foule. Équitable et moral, le protestantisme est exact dans ses devoirs, mais sa bonté tient plus de la raison que de la tendresse ; il vêtit celui qui est nu, mais il ne le réchauffe pas dans son sein ; il ouvre des asiles à la misère, mais il ne vit pas et ne pleure pas avec elle dans ses réduits les plus abjects ; il soulage l'infortune, mais il n'y compatit pas.

Comparaison du prêtre catholique et du ministre protestant. La réformation ressuscita le fanatisme qui s'éteignoit. En retranchant l'imagination des facultés de l'homme, elle coupa les ailes au génie et le mit à pied. Goëthe et Schiller n'ont paru que quand le protestantisme, abjurant son esprit sec et chagrin, s'est rapproché des arts et des sujets de la religion catholique. Celle-ci a couvert le monde de ses monumens ; on lui doit cette architecture gothique qui rivalise par les détails et qui efface par la grandeur les monumens de la Grèce. Il y a trois siècles que le protestantisme est né ; il est puissant en Angleterre, en Allemagne, en Amérique ; il est pratiqué par des millions d'hommes : qu'a-t-il élevé ? Il vous montrera les ruines qu'il a faites, parmi lesquelles il a planté quelques jardins, ou établi quelques manufactures.

Rebelle à l'autorité des traditions, à l'expérience des âges, à l'antique sagesse des vieillards, le protestantisme se détacha du passé pour planter une société sans racines. Avouant pour père un moine allemand du seizième siècle, le réformé renonça à la magnifique généalogie qui fait remonter le catholique, par une suite de saints et de grands hommes, jusqu'à Jésus-Christ, de là jusqu'aux patriarches et au berceau de l'univers. Le siècle protestant dénia à sa première heure toute parenté avec le siècle de ce Léon protecteur du monde civilisé contre Attila, et avec le siècle de cet autre Léon qui, mettant fin au monde barbare, embellit la société lorsqu'il n'étoit plus nécessaire de la défendre.

Si la réformation rétrécissoit le génie dans l'éloquence, la poésie et les arts, elle comprimoit les grands cœurs à la guerre : l'héroïsme est l'imagination dans l'ordre militaire. Le catholicisme avoit produit les chevaliers ; le protestantisme fit des capitaines braves et vertueux, mais sans élan : il n'auroit pas fait Du Guesclin, La Hire et Bayard.

On a dit que le protestantisme avoit été favorable à la liberté politique et avoit émancipé les nations ; les faits parlent-ils comme les personnes ?

Jetez les yeux sur le nord de l'Europe, dans les pays où la réformation est née, où elle s'est maintenue, vous verrez partout l'unique volonté d'un maître : la Suède, la Prusse, la Saxe, sont restées sous la monarchie absolue ; le Danemarck est devenu un despotisme légal. Le protestantisme échoua dans les pays républicains ; il ne put envahir Gênes, et à peine obtint-il à Venise et à Ferrare une petite église secrète qui tomba : les arts et le beau soleil du midi lui étoient mortels. En Suisse, il ne réussit que dans les cantons aristocratiques analogues à sa nature, et encore avec une grande effusion de sang. Les cantons populaires ou démocratiques, Schwitz, Ury et Unterwald, berceau de la liberté helvétique, le repoussèrent. En Angleterre, il n'a point été le véhicule de la constitution formée avant le seizième siècle, dans le giron de la foi catholique. Quand la Grande-Bretagne se sépara de la cour de Rome, le Parlement avoit déjà jugé et déposé des rois, les trois pouvoirs étoient distincts ; l'impôt et l'armée ne se levoient que du consentement des Lords et des Communes ; la monarchie représentative étoit trouvée et marchoit : le temps, la civilisation, les lumières croissantes, y auroient ajouté les ressorts qui lui manquoient encore, tout aussi bien sous l'influence du culte catholique que sous l'empire du culte protestant. Le peuple anglois fut si loin d'obtenir une extension de ses libertés par le renversement de la religion de ses pères, que jamais le sénat de Tibère ne fut plus vile que le parlement de Henri VIII : ce parlement alla jusqu'à décréter que la seule volonté du tyran fondateur de l'Église anglicane avoit force de loi. L'Angleterre fut-elle plus libre sous le sceptre d'Élisabeth que sous celui de Marie ? La vérité est que le protestantisme n'a rien changé aux institutions : là où il a rencontré une monarchie représentative ou des républiques aristocratiques, comme en Angleterre et en Suisse, il les a adoptées ; là où il a rencontré des gouvernements militaires, comme dans le nord de l'Europe, il s'en est accommodé et les a même rendus plus absolus.

Si les colonies angloises ont formé la république plébéienne des États-Unis, elles n'ont point dû leur émancipation au protestantisme ; ce ne sont point des guerres religieuses qui les ont délivrées : elles se sont révoltées contre l'oppression de la mère-patrie protestante comme elles. Le Maryland, État catholique, fit cause commune avec les autres États, et aujourd'hui la plupart des États de l'Ouest sont catholiques : les progrès de la communion romaine dans ce pays de liberté passent toute croyance, tandis que les autres communions y meurent dans une indifférence profonde. Enfin, auprès de cette grande république des colonies angloises protestantes, viennent de s'élever les grandes républiques des colonies espagnoles catholiques : certes celles-ci, pour arriver à l'indépendance, ont eu bien d'autres obstacles à surmonter que les colonies anglo-américaines nourries au gouvernement représentatif, avant d'avoir rompu le foible lien qui les attachoit au sein maternel.

Une seule république et quelques villes libres se sont formées en Europe à l'aide du protestantisme : la république de la Hollande et les villes anséatiques ; mais il faut remarquer que la Hollande appartenoit à ces communes industrielles des Pays-Bas, qui, pendant plus de quatre siècles, luttèrent pour secouer le joug de leurs princes, et s'administrèrent en forme de républiques municipales, toutes zélées catholiques qu'elles étoient. Philippe II, et les princes de la maison d'Autriche, ne purent étouffer dans la Belgique cet esprit d'indépendance ; et ce sont des prêtres catholiques qui viennent aujourd'hui même de la rendre à l'état républicain.

Preuves et développemens de tous ces faits jusqu'ici méconnus ou défigurés. Après ces preuves, je fais observer que dans mes investigations je ne parle des protestans qu'au passé : changés à leur avantage, ils ne sont plus ce qu'ils étoient au temps de Luther, d'Henri VIII et de Calvin : ils ont gagné ce que les catholiques ont perdu.

Le règne des seconds Valois, depuis François Ier jusqu'à Henri III, la Saint-Barthélemy, la Ligue, les guerres civiles, sont le temps de terreur aristocratique et religieuse, de laquelle est née la monarchie absolue des Bourbons, comme le despotisme militaire de Buonaparte est sorti du règne de la Terreur populaire et politique. La liberté succomba après la Ligue, parce que le passé, qui mit les Guises à sa tête, arrêta l'avenir.

Faits et personnages de cette époque. La Saint-Barthélemy. Charles IX. Mort de ce prince. Son repentir. Charles IX avoit dit à Ronsard, dans des vers dont Ronsard auroit dû imiter le naturel et l'élégance :

> Tous deux également nous portons des couronnes ;
> Mais, roi, je la reçois ; poète, tu la donnes.

Heureux si ce prince n'avoit jamais reçu une couronne doublement souillée de son propre sang et de celui des François ! ornement de tête incommode pour s'endormir sur l'oreiller de la mort.

Le corps de Charles IX fut porté sans pompe à Saint-Denis, accompagné par quelques archers de la garde, par quatre gentilshommes de la chambre et par Brantôme, raconteur cynique, qui mouloit les vices des grands comme on prend l'empreinte du visage des morts.

Henri III. La Ligue. Sous la Ligue le peuple ne marchoit point devant ses affaires ; il étoit à la queue des grands. Il n'avoit point formé un gouvernement à part, il avoit pris ce qui étoit ; seulement il se faisoit servir par le Parlement, et avoit transformé ses curés en tribuns. Quand Mayenne le jugeoit à propos, il ordonnoit de pendre qui de droit parmi le peuple et les Seize.

Les Pays-Bas se veulent donner à Henri III, qui les refuse : la France, par une destinée constante, manque encore l'occasion de porter ses frontières aux rives du Rhin.

Journée des Barricades. L'histoire vivante a rapetissé ces faits de l'histoire morte, si fameux autrefois. Qu'est-ce en effet que la journée des Barricades, que la Saint-Barthélemy même, auprès de ces grandes insurrections du 7 octobre 1789, du 10 août 1792, des massacres du 2, du 3 et du 4 septembre de la même année, de l'assassinat de Louis XVI, de sa sœur et de sa femme, et enfin de tout le règne de la Terreur?

La journée des Barricades ne produisit rien, parce qu'elle ne fut point le mouvement d'un peuple cherchant à conquérir sa liberté; l'indépendance politique n'étoit point encore un besoin commun. Le duc de Guise n'essayoit point une subversion pour le bien de tous; il convoitoit une couronne; il méprisoit les Parisiens tout en les caressant, et n'osoit trop s'y fier. Il agissoit si peu dans un cercle d'idées nouvelles, que sa famille avoit répandu des pamphlets qui la faisoient descendre de Lother, duc de Lorraine : il en résultoit que les Capets étoient des usurpateurs, et les Lorrains les légitimes héritiers du trône, comme derniers rejetons de la lignée carlovingienne. Cette fable venoit un peu tard. Les Guises représentoient le passé; ils luttoient dans un intérêt personnel contre les huguenots, révolutionnaires de l'époque, qui représentoient l'avenir; or, on ne fait point de révolutions avec le passé, on ne fait que des contre-révolutions.

Ainsi tout s'opéroit sans une de ces grandes convictions de doctrine politique, sans cette foi à l'indépendance, qui renverse tout. Il y avoit matière à trouble; il n'y avoit pas matière à transformation, parce que rien n'étoit assez édifié, rien assez détruit. L'instinct de liberté ne s'étoit pas encore changé en raison; les élémens d'un ordre social fermentoient encore dans les ténèbres du chaos; la création commençoit, mais la lumière n'étoit pas faite.

Même insuffisance dans les hommes; ils n'étoient assez complets ni en défauts, ni en qualités, ni en vices, ni en vertus, pour produire un changement radical dans l'État. A la journée des Barricades, Henri III et le duc de Guise restèrent au-dessous de leur position; l'un faillit de cœur, l'autre de crime.

Plus d'orgueil que d'audace, plus de présomption que de génie, plus de mépris pour le roi que d'ardeur pour la royauté, voilà ce qui apparoît dans la conduite du duc de Guise. Il intriguoit à cheval comme Catherine dans son lit : libertin sans amour, ainsi que la plupart des hommes de son temps, il ne rapportoit du commerce des femmes qu'un corps affoibli et des passions rapetissées. Il avoit toute une religion et toute une nation derrière lui, et des coups de poignard firent le dénouement d'une tragédie qui sembloit devoir finir par des batailles, la chute d'un trône et le changement d'une race.

La journée des Barricades, si infructueuse, lui resta cependant à grand honneur dans son parti. « Mais quels miracles avons-nous
» veu depuis dix-huit mois qu'il a faits à l'aide de Dieu. Qui est-ce
» qui peut parler de la journée des Barricades sans grande admira-
» tion, voyant un si grand peuple, qui jamais n'a sorty des portes

» de sa ville pour porter armes, ayant veu à l'ouverture de sa bou-
» tique les escadrons royaux, tous armez, dressez par toutes les
» grandes et fortes places de la ville, se barricader en si grande di-
» ligence, qu'il rembarra tous ces escadrons jusque dans le Louvre
» sans effusion de sang? » (*Oraison funèbre des duc et cardinal de Guise.*)

La ressemblance des éloges et des mots avec ce que nous lisons tous les jours donne seule quelque prix à ce passage oublié dans un pamphlet de la Ligue.

On a tant de fois peint le caractère de Catherine de Médicis, qu'il ne présente plus qu'un lieu commun usé. Une seule remarque reste à faire : Catherine étoit Italienne, fille d'une famille marchande élevée à la principauté dans une république; elle étoit accoutumée aux orages populaires, aux factions, aux intrigues, aux empoisonnemens, aux coups de poignard; elle n'avoit et ne pouvoit avoir aucun des préjugés de l'aristocratie et de la monarchie françoise, cette morgue des grands, ce mépris pour les petits, ces prétentions de droit divin, cette soif du pouvoir absolu, en tant qu'il étoit le monopole d'une race. Elle ne connoissoit pas nos lois et s'en soucioit peu; on la voit s'occuper de faire passer la couronne à sa fille. Incrédule et superstitieuse ainsi que les Italiens de son temps, en sa qualité d'incrédule elle n'avoit aucune aversion contre les protestans, et elle ne les fit massacrer que par politique. Enfin, si on la suit dans toutes ses démarches, on s'aperçoit qu'elle ne vit jamais dans le vaste royaume dont elle étoit souveraine, qu'une Florence agrandie, que les émeutes de sa petite république, que les soulèvemens d'un quartier de sa ville natale contre un autre quartier, que la querelle des Pazzi et des Médicis dans la lutte des Guises et des Châtillons.

Détails circonstanciés de l'assassinat du Balafré à Blois. La réunion des protestans aux catholiques, après cet assassinat, fit avorter les libertés. Jacques Clément. Mort de Henri III. Tableau général des hommes et des mœurs sous les derniers Valois, et histoire de ces mœurs par les pamphlets de cette époque. Débauche, cruauté, assassins à gage, femmes, mignons, protestans, magistrats. La Presse (ou les idées) joue pour la première fois un rôle important dans les affaires humaines. Ce qu'il y a à dire en faveur des Valois. Leur siècle est le véritable siècle des arts, et non celui de Louis XIV. Henri IV lui-même eut quelque chose de moins royal et de moins noble que les princes dont il reçut la couronne. Tous ensemble sont écrasés par les Guises, véritables rois de ces temps.

Avec les Bourbons commence la monarchie absolue. Henri IV était ingrat et gascon, promettant beaucoup et tenant peu; mais sa bravoure, son esprit, ses mots heureux et quelquefois magnanimes, son talent oratoire, ses lettres pleines d'originalité, de vivacité et de feu, ses aventures, ses amours même, le feront éternellement vivre.

Sa fin tragique n'a pas peu contribué à sa renommée : disparoître à propos de la vie est une des conditions de la gloire.

On s'est fait une fausse idée de la manière dont les Bourbons parvinrent au trône ; le vainqueur d'Ivry ne monta point sur le trône, botté et éperonné, en sortant de la bataille ; il capitula avec ses ennemis, et ses amis n'eurent souvent pour toute récompense que l'honneur d'avoir partagé sa mauvaise fortune.

Quels étoient les Seize, Comité du salut public de la Ligue. Procession pendant le siége de Paris. Description de la famine. Henri IV abjure ; il ne pouvoit faire autrement pour régner. Croyoit-il ? Henri IV alloit porter la guerre dans les Pays-Bas, lorsqu'il fut arrêté par un de ces envoyés secrets de la mort, qui mettent la main sur les rois. Ces hommes surgissent soudainement et s'abîment aussitôt dans les supplices : rien ne les précède, rien ne les suit ; isolés de tout, ils ne sont suspendus dans ce monde que par leur poignard ; ils ont l'existence même et la propriété d'un glaive ; on ne les entrevoit un moment qu'à la lueur du coup qu'ils frappent. Ravaillac étoit bien près de Jacques Clément : c'est un fait unique dans l'Histoire, que le dernier roi d'une famille et le premier roi d'une autre aient été tués de la même façon, chacun d'eux par un seul homme au milieu de leurs gardes et de leur cour, dans l'espace de moins de vingt-un ans. Le même fanatisme anima les deux assassins ; mais l'un immola un prince catholique, l'autre un prince qu'il croyoit protestant. Clément fut l'instrument d'une ambition personnelle ; Ravaillac, comme Louvel, l'aveugle mandataire d'une opinion.

Les guerres civiles religieuses du seizième siècle ont duré trente-neuf ans : elles ont engendré les massacres de la Saint-Barthélemy, versé le sang de plus de deux millions de François, et dévoré près de trois milliards de notre monnoie actuelle ; elles ont produit la saisie et la vente des biens de l'Église et des particuliers, frappé deux rois d'une mort violente, Henri III et Henri IV, et commencé le procès criminel du premier de ces rois. Qu'a fait de mieux la Révolution ? La vérité religieuse, quand elle est faussée, ne se livre pas à moins d'excès que la vérité politique, lorsqu'elle a dépassé le but.

La monarchie des États expire sous Louis XIII, la monachie parlementaire meurt avec la Fronde. Le premier vote des Communes de France, lorsqu'elles furent appelées aux États par Philippe-le-Bel pour s'opposer aux empiétements de Boniface VII, fut ainsi conçu : « Qu'il » plaise au seigneur roi de garder la souveraine franchise de son » royaume, qui est telle que dans le temporel le roi ne reconnoît » souverain en terre, fors que Dieu. » Le dernier vote des Communes aux États de 1614 fut celui-ci :

« Le roi est supplié d'ordonner que les seigneurs soient tenus d'af- » franchir dans leurs fiefs tous les serfs. »

Ainsi le premier vote du Tiers-État, en sortant de la longue servitude de la monarchie féodale, est une réclamation pour la liberté du roi; son dernier vote, au moment où il rentre dans l'esclavage de la monarchie absolue, est une réclamation en faveur de la liberté du peuple : c'est bien naître et bien mourir. J'ai dit pourquoi la monarchie des États ne se put établir en France. Richelieu devient ministre; sa souplesse fit sa fortune, son orgueil, sa gloire.

Toutes les libertés meurent à la fois, la liberté politique dans les États, la liberté religieuse par la prise de La Rochelle, car la force huguenote demeura anéantie, et l'édit de Nantes ne fut que la conséquence de la disparition du pouvoir matériel des protestans. La liberté littéraire périt à son tour par la création de l'Académie françoise; haute cour du classique qui fit comparoître devant elle, comme premier accusé, le génie de Corneille. Racine vint ensuite imposer aux lettres le despotisme de ses chefs-d'œuvre, comme Louis XIV le joug de sa grandeur à la politique. Sous l'oppression de l'admiration, Chapelain, Coras, Leclerc, Saint-Amand, maintinrent en vain dans leurs ouvrages persécutés l'indépendance de la langue et de la pensée : ils expirèrent pour la liberté de mal dire sous le vers de Boileau, en appelant de la servitude de leur siècle à la postérité délivrée. Ils eurent raison de réclamer contre la règle étroite et la proscription des sujets nationaux; ils eurent tort d'être de méchans poëtes.

Il n'y a qu'une seule chose et qu'un seul homme dans le règne de Louis XIII, Richelieu. Il apparoît comme la monarchie absolue personnifiée, venant mettre à mort la vieille monarchie aristocratique. Ce génie du despotisme s'évanouit, et laisse en sa place Louis XIV chargé de ses pleins-pouvoirs.

La monarchie parlementaire, survivant à la monarchie des États, atteignit, sous la minorité de Louis XIV, le faîte de sa puissance : elle eut ses guerres; on se battit en son honneur; ses arrêts servoient de bourre à ses canons : dans son règne d'un moment elle eut pour magistrat Matthieu Molé, pour prélat le cardinal de Retz, pour héroïne la duchesse de Longueville, pour héros populaire le fils d'un bâtard de Henri IV, pour généraux Condé et Turenne. Mais cette monarchie neutre, qui n'étoit ni la monarchie absolue, ni la monarchie tempérée des États, qui paroissoit entre l'une et l'autre, qui ne vouloit ni la servitude, ni la liberté, qui n'aspiroit qu'au renversement d'un ministre fin et habile, cette monarchie à la suite de quelques princes brouillons et factieux, passa vite. Louis XIV, devenu majeur, entra au parlement avec un fouet, sceptre et symbole de la monarchie absolue, et les François furent mis à l'attache pour cent cinquante ans.

Auprès de la comédie de Mazarin se jouait la tragédie de Charles Ier. Les guerres parlementaires de la Grande-Bretagne furent les dernières convulsions de l'arbitraire anglois expirant, les querelles de la Fronde, les derniers efforts de l'indépendance françoise mourante. L'Angleterre passa à la liberté avec un front sévère, la France au despotisme en riant.

Le siècle de Louis XIV fut le superbe catafalque de nos libertés éclairé par mille flambeaux de la gloire qu'élevoit à l'entour un cortége de grands hommes.

Louis XIV, comme Napoléon, chacun avec la différence de leur temps et de leur génie, substituèrent l'ordre à la liberté.

La monarchie absolue de Louis XIV étoit une nécessité, un fait amené par les faits précédens; elle étoit inévitable. Le peuple disparut de nouveau comme au temps de la féodalité; mais il étoit créé, il existoit, il dormoit et se réveilla à son heure : pendant son sommeil il eut de beaux songes sous Louis-le-Grand. Il ne fut exclu ni de la haute administration ni du commandement des armées.

Quand la lutte de l'aristocratie avec la couronne finit, la lutte de la démocratie avec cette même couronne commença. La royauté, qui avoit favorisé le peuple afin de se débarrasser des grands, s'aperçut qu'elle avoit élevé un autre rival moins tracassier, mais plus formidable. Le combat s'établit alors sur le terrain de l'égalité, principe vital de la démocratie. Il y eut monarchie absolue sous Louis XIV, parce que l'ancienne liberté aristocratique étoit morte, et que l'égalité démocratique vivoit à peine : dans l'absence de la liberté et de l'égalité, l'une moissonnée, l'autre encore en germe, il y eut despotisme, et il ne pouvoit y avoir que cela.

La féodalité ou la monarchie militaire noble perdit ses principales batailles, mais les étrangers ne purent garder les provinces qu'ils avoient occupées dans notre patrie; ils en furent successivement chassés : l'empire, ou la monarchie militaire plébéienne, fit des conquêtes immenses, mais elle fut forcée de les abandonner; et nos soldats, en se retirant, entraînèrent deux fois avec eux les étrangers à Paris : la monarchie royale absolue n'alla pas loin chercher ses combats, mais le fruit de ses victoires nous est resté; notre indépendance vit encore à l'abri dans le cercle de remparts qu'elle a tracé autour de nous. A quoi cela tint-il ? A l'esprit positif du Grand-Roi, et à la longueur du règne de ce prince. Louis chercha à donner à notre territoire ses bornes naturelles. On a trouvé dans les papiers de son administration des projets pour reculer la frontière de la France jusqu'au Rhin et pour s'emparer de l'Égypte; on a même un mémoire de Leibnitz à ce sujet. Si Louis eût complétement réussi, il ne nous restcroit aujourd'hui aucune cause de guerre étrangère.

Mauvais côté de Louis XIV. Quand il eut cessé de vivre, on lui en voulut d'avoir usurpé à son profit la dignité de la nation.

Ce prince fit encore un mal irréparable à sa famille : l'éducation orientale qu'il établit pour ses enfants, cette séparation complète des enfans du trône des enfans de la patrie, rendit étranger à l'esprit du siècle, et aux peuples sur lesquels il devoit régner, l'héritier de la couronne. Henri IV couroit avec les petits paysans, pieds nus et tête nue, sur les montagnes du Béarn; le gouverneur qui montroit au jeune Louis XV la foule assemblée sous les fenêtres de son palais, lui disoit : « Sire, tout ce peuple est à vous. » Cela explique les temps, les hommes et les destinées.

La vieille monarchie féodale avoit traversé six siècles et demi avec ses libertés aristocratiques pour venir tomber aux pieds du trentième fils de Hugues Capet. Combien l'État formé par Louis XIV a-t-il duré? cent quarante ans. Après le tombeau de ce monarque, on n'aperçoit plus que deux monuments de la monarchie absolue : l'oreiller des débauches de Louis XV et le billot de Louis XVI.

Louis XV respira dans son berceau l'air infecté de la Régence ; il se trouva chargé, avec un caractère indécis et la plus insurmontable des passions, de l'énorme poids d'une monarchie absolue : son esprit ne lui servit qu'à voir ses vices et ses fautes, comme un flambeau dans un abîme.

Faits et mœurs de ce temps. Le duc de Choiseul, madame de Pompadour, madame du Barry. Les grandes dames de la cour se scandalisèrent de la faveur de cette dernière : Louis XV leur sembla manquer à ce qu'il devoit à leur naissance, en leur faisant l'injure de ne pas choisir dans leurs rangs ses courtisanes. Cette infortunee du Barry vécut assez pour porter à l'échafaud la foiblesse de sa vie, pour lutter avec le bourreau en face des *Tricoteuses*; Parques ivres et basses que pouvait allécher le sang de Marie-Antoinette, mais qui auroient dû respecter celui de mademoiselle Lange.

Pour la première fois on lit le nom de Washington dans le récit d'un obscur combat donné dans les forêts, vers le fort Duquesne, entre quelques Sauvages, quelques François et quelques Anglois (1754). Quel est le commis à Versailles, et le pourvoyeur du *Parc-aux-Cerfs*; quel est surtout l'homme de cour ou d'académie, qui auroit voulu changer à cette époque son nom contre celui de ce planteur américain ? A cette même époque, l'enfant qui devoit un jour tendre sa main secourable à Washington venoit de naître. Que d'espérances attachées à ce berceau ! C'étoit celui de Louis XVI.

Le règne de Louis XV est l'époque la plus déplorable de notre histoire : quand on en cherche les personnages, on est réduit à fouiller les antichambres du duc de Choiseul, les gardes-robes des Pompadour et des du Barry, noms qu'on ne sait comment élever à la dignité de l'Histoire. La société entière se décomposa : les hommes d'État devinrent des hommes de lettres, les gens de lettres des hommes d'État, les grands seigneurs des banquiers, les fermiers-généraux des grands seigneurs. Les modes étoient aussi ridicules que les arts étoient de mauvais goût; on peignoit les bergères en paniers, dans les salons où les colonels brodoient. Tout étoit dérangé dans les esprits et dans les mœurs, signe certain d'une révolution prochaine. La société avait quelque chose de puéril, comme la société romaine au moment de l'invasion des Barbares : au lieu de faire des vers dans les cloîtres, on en faisoit dans les *boudoirs*; avec un quatrain on devenoit illustre.

Mais ce seroit assigner de trop petites causes à la Révolution, que de les chercher dans cette vie d'hommes à bonnes fortunes, dans cette vie de théâtres, d'intrigues galantes et littéraires, unie aux coups d'État sur le parlement et aux colères d'un despotisme en décrépitude. Cet abâtardissement de la nation contribua sans doute à diminuer les obstacles que devoit rencontrer la Révolution; mais il n'étoit point la cause efficiente de cette Révolution; il n'en étoit que la cause auxiliaire.

La civilisation avoit marché depuis six siècles; une foule de préjugés étoient détruits, mille institutions oppressives battues en ruine. La France avoit successivement recueilli quelque chose des libertés aristocratiques féodales, du mouvement communal, de l'impulsion des Croisades, de l'établissement des États, de la lutte des juridictions ecclésiastiques et seigneuriales, du long schisme, des découvertes du seizième siècle, de la Réformation, de l'indépendance de la pensée pendant les troubles de la Ligue et les brouilleries de la Fronde, des écrits de quelques génies hardis, de l'émancipation des Pays-Bas et de la révolution d'Angleterre. La presse, bien qu'enchaînée, conserva le dépôt de ces souvenirs sous la monarchie absolue de Louis XIV : la liberté dormit, mais elle ne dérogea pas, et cette antique liberté, comme l'antique noblesse, a repris ses droits en reprenant son épée. Les générations du corps et celles de l'esprit conservent le caractère de leurs origines diverses : tout ce que produit le corps meurt comme lui; tout ce que produit l'esprit est impérissable comme l'esprit même. Toutes les idées ne sont pas encore engendrées; mais quand elles naissent, c'est pour vivre sans fin, et elles deviennent le trésor commun de la race humaine.

On touchoit à l'époque où on alloit voir paroître cette liberté moderne, fille de la Raison, qui devoit remplacer l'ancienne liberté, fille des Mœurs. Il arriva que la corruption même de la Régence et du siècle de Louis XV ne détruisit pas les principes de la liberté que nous avons recueillie, parce que cette liberté n'a point sa source dans l'innocence du cœur, mais dans les lumières de l'esprit.

Au dix-huitième siècle, les affaires firent silence pour laisser libre le champ de bataille aux idées. Soixante ans d'un ignoble repos donnèrent à la pensée le loisir de se développer, de monter et de descendre dans les diverses classes de la société, depuis l'homme du palais jusqu'à l'habitant de la chaumière. Les mœurs affoiblies se trouvèrent ainsi calculées (comme je viens de le remarquer) pour ne plus offrir de résistance à l'esprit, ce qu'elles font souvent quand elles sont jeunes et vigoureuses.

Louis XVI commença l'application des théories inventées sous le règne de son aïeul, par les économistes et les encyclopédistes. Ce prince, honnête homme, rétablit les parlemens, supprima les corvées, améliora le sort des protestans. Enfin le secours qu'il prêta à la révolution d'Amérique (secours injuste selon le droit privé des nations, mais utile à l'espèce humaine en général) acheva de développer en France les germes de la liberté. La monarchie parlementaire, réveillée à la fin de la monarchie absolue, rappelle la monarchie des États, qui sort à son tour de la tombe pour transmettre ses droits héréditaires à la monarchie constitutionnelle : le Roi martyr quitte le monde. C'est entre les fonts baptismaux de Clovis et l'échafaud de Louis XVI, qu'il faut placer le grand empire chrétien des François. La même religion était debout aux deux barrières qui marquent les deux extrémités de cette longue arène. « Doux Sicambre, incline le col, adore ce que tu as brûlé, brûle » ce que tu as adoré, » dit le prêtre qui administroit à Clovis le baptême d'eau. « Fils de saint Louis, montez au ciel, » dit le prêtre qui assistoit Louis XVI au baptême de sang.

Alors le vieux monde fut submergé. Quand les flots de l'anarchie se retirèrent, Napoléon parut à l'entrée d'un nouvel univers, comme ces géants que l'histoire profane et sacrée nous a peints au berceau de la société, et qui se montrèrent à la terre après le déluge.

CHATEAUBRIAND.

HISTOIRE DE FRANCE.

CHAPITRE PREMIER.

Des Gaulois en général et de leurs mœurs.

On nomme les Gaules le pays compris entre l'Océan britannique, au nord; le Rhin, la grande Germanie, une partie des Alpes avec l'Italie, à l'orient; la mer Méditerranée, les Pyrénées et l'Espagne, au midi; le grand Océan, à l'occident (1). Les Francs qui s'incorporèrent aux Gaulois, ont occupé plus ou moins d'espace dans cette étendue, selon le temps et les circonstances, et ont fait prendre à leur empire le nom de France.

Les auteurs qui ont écrit sur les siècles reculés nous représentent ce pays, comme tous ceux qui sortent des mains de la nature, couvert de forêts, imbibé d'eaux stagnantes, traversé par des rivières embarrassées de rocs tombés dans leurs lits, et d'arbres arrachés à leurs rives, sillonné par des torrens et des ravines profondes, refroidi par d'épais brouillards, et parsemé, de loin en loin, de cabanes mêlées aux repaires des bêtes féroces, qui disputaient aux hommes les animaux timides dont ils faisaient à l'envi leur nourriture.

L'industrie, provoquée par les besoins, éclaircit les forêts, ouvrit à l'air une circulation libre qui dessécha les marais et apporta la salubrité, suspendit les vignes sur le penchant des coteaux, fit ondoyer les épis dans les plaines, creusa un tronc d'arbre qui porta l'homme auprès de l'homme dont il était séparé par le fleuve, et réunit des familles qui formèrent des peuplades.

L'appât d'un lieu commode pour l'apport et l'échange des denrées, pour leur sûreté contre l'avidité entreprenante, pour la communication des lumières et des avantages journaliers de la société, y appela des habitans et les fit multiplier. Les villes se bâtirent et s'entourèrent de murailles. Il s'y établit des gouvernemens civils ou militaires; les villes voisines s'allièrent pour la défense ou l'agrandisse-

_____
(1) Marcel, vol. II.

ment de leurs cantons. Cette histoire de tous les peuples fut aussi celles des Gaulois; mais bientôt elle prit un caractère particulier, par les nombreux essaims de guerriers qui sortaient du sein de cette nation, et qui portèrent, pendant plusieurs siècles, la réputation des Gaulois chez tous les peuples connus. Les évènemens qui ont accompagné ces invasions, et ceux qui ont ensuite fait passer les Gaulois sous la domination successive des Romains et des Francs, méritent d'être racontés, du moins brièvement, et doivent servir de préliminaire à l'histoire des Français.

S'il y a eu des habitans indigènes dans les Gaules, ce qu'on ne peut nier ni affirmer, il n'en est resté aucun vestige. Les historiens tirent les Gaulois de la Germanie, peuplée elle-même par les Celtes, enfans d'un petit-fils de Noé, nommé Gomer, qui, de l'orient, étendit sa postérité dans le nord.

Ces Germains filtrèrent, pour ainsi dire, dans les Gaules, comme de petits ruisseaux qui s'extravasent d'un grand amas d'eau par filets; vient ensuite le flot qui inonde tout. On les voit conquérans, par conséquent en corps de nation dès le quatrième siècle avant notre ère commune, à peu près vers le temps où Rome sortait à peine de la classe des bourgades.

Leur langue, conservée, dit-on, dans la Basse-Bretagne et dans le pays de Galles, était la celtique, qui passe pour la mère de celles qui se sont parlées et se parlent encore en Europe : leur religion, le polythéisme, accompagné de pratiques superstitieuses et barbares, dont les druides, leurs prêtres, étaient les dépositaires et les propagateurs, s'ils n'en étaient pas les inventeurs intéressés.

Les érudits ont travaillé à faire des druides un ordre religieux (1). A force de recherches, en ramassant des indications éparses et en les faisant concorder par leurs commentaires, ils ont trouvé qu'ils avaient une hiérarchie, dans laquelle on distinguait particulièrement les Druides proprement dits, les Eubages et les Bardes, c'est-à-dire les prêtres, les devins et les poètes. Ils ont reconnu encore une police, une subordination graduée, un enseignement entre eux, et des écoles pour l'instruction des peuples. Chartres, Autun, Marseille et Toulouse étaient les principaux de leurs collèges. Ces mêmes érudits les font venir d'Angleterre, mais sans pouvoir marquer certainement l'époque et l'occasion de cette mission.

Sous les noms de *Thor* ou *Tharamis*, de *Teutatès*, de *Belenos* et d'*Hésus*, que les Druides exposaient à la vénération des peuples, les Gaulois adoraient les mêmes dieux que révéraient les Romains sous les noms de *Jupiter*, souverain recteur du monde; *Mercure*, guide des voyageurs; *Apollon*, père de la médecine, et *Mars*, dieu des batailles; mais ce ne fut qu'après que leurs vainqueurs eurent acquis quelque empire dans les Gaules, qu'ils élevèrent à

(1) Cæz. *De Bell. Gall.* lib. VIII.

leurs dieux des temples, en adoptant les noms et les attributs des divinités romaines. Jusqu'alors les forêts avaient été leurs uniques sanctuaires, et c'était sous la figure d'une épée que Mars ou Hésus y recevait leurs hommages. Sans doute ils avaient reçu des Perses, par leur communication avec l'Asie, le dieu Mitra, emblème du soleil. Ils l'ornaient des deux sexes, peut-être pour lui associer la lune. L'Egypte leur avait aussi fait connaître Isis, qu'ils représentaient couverte de mamelles, à l'imitation des statues de Cérès, mère de la fécondité.

Ogmius ou l'Hercule gaulois est célèbre. Sa force était bien différente de celle de l'Hercule grec : celle-ci était toute physique, l'autre toute morale (1). C'était un homme peu robuste, qu'on reconnaissait cependant pour Hercule à sa peau de lion et à sa massue. Il était entouré de peuples qu'il haranguait. De sa bouche sortaient des chaînes qui atteignaient chacun des auditeurs, les liaient et les entraînaient, sans qu'il parût ni contrainte, ni répugnance de leur part : emblème expressif de la puissance de l'éloquence.

Au-dessus de tous ces dieux, les druides plaçaient un esprit souverain, qui se répandait par tout l'univers; mais ils ne mettaient pas cette doctrine par écrit, de peur qu'on ne la profanât. Ils croyaient aussi à l'immortalité de l'ame et à la métempsycose; et, très persuadés de l'existence d'une autre vie, il leur arrivait quelquefois de prêter à un modique intérêt, à condition qu'on leur rendrait après leur résurrection la somme qu'ils eussent pu exiger légitimement dès cette vie.

Le culte, qu'on pourrait appeler la théologie du peuple, était scrupuleusement soigné par les Druides (2). Originairement habitans des forêts, ils montraient et provoquaient beaucoup de vénération pour le chêne; ils mettaient une attention religieuse à choisir le plus beau de ceux qui les environnaient, pour en faire l'objet ou l'instrument de leur culte. Ils attachaient à ses branches les noms des principaux dieux, et construisaient autour de son tronc un autel devant lequel ils se prosternaient : d'où est venue l'opinion qu'ils l'adoraient.

La recherche du *gui*, plante parasite qui croît sur les arbres, était une fête nationale. Prêtres et peuple se répandaient dans la forêt pour le chercher : l'avait-on trouvé, on éclatait en cris de joie, on chantait des cantiques. Le chef des Druides, personnage considérable dans la nation, approchait respectueusement de l'arbre, détachait le *gui* avec une serpette d'or, et le laissait tomber sur une nappe neuve de lin, qui ne servait plus à aucun autre usage. La plante desséchée était mise en poudre et distribuée aux dévots comme un antidote sûr contre les maladies et les maléfices. La cérémonie était annoncée par cette formule, *au gui l'an neuf !* qui

(1) Lucien. — (2) Marcel t. I, p. 3.

était criée solennellement ; ce qui fait croire que la fête était destinée à annoncer le commencement de l'année, époque qui a toujours été accompagnée d'allégresse chez tous les peuples. Les Druides recueillaient aussi, pieds nuds et en rampant, certaines herbes auxquelles ils attribuaient des vertus surnaturelles, et qu'il fallait arracher, et non pas couper.

Leur religion n'était pas sans sacrifices : ils immolaient des taureaux et même des hommes (1). De leur sang, reçu dans des coupes, ils arrosaient les branches des arbres et en rougissaient le tronc ; de sorte qu'on ne pouvait se figurer sans horreur ces ténébreux bocages, où l'on n'arrivait que par des sentiers tortueux. Là se voyaient des ossemens amoncelés et des cadavres épars entre les arbres teints de sang. L'affreux silence de ces sanctuaires de barbarie n'était interrompu que par les croassemens des corbeaux ou les gémissemens des victimes. Le Druide, comme s'il eût été impassible, sans être distrait par les cris aigus de la douleur, contemplait tranquillement le malheureux qu'il venait de percer, le faisait expirer lentement, observait attentivement sa chute, ses mouvemens, ses palpitations, avant-courrières de la mort, et la manière dont le sang coulait, afin d'en tirer des conjectures pour prédire l'avenir.

On reproche encore aux Druides une cruauté qui pouvait avoir pour principe une basse flatterie (2). Quand un grand était dangereusement malade, ils élevaient des statues colossales d'osier, dont les membres étaient remplis d'esclaves ou de criminels qu'on brûlait vifs. Pendant cette affreuse exécution, les Druides imploraient pour le malade le secours des dieux, persuadés que ces holocaustes leur étaient fort agréables. On ne sait s'ils présidaient aux massacres d'hommes qui accompagnaient les funérailles des grands. César dit qu'il n'y avait pas long-temps que cette horrible barbarie avait cessé quand il vint dans les Gaules. Les Druides étaient encore investis du pouvoir judiciaire. Non seulement ils jugeaient les procès entre particuliers, mais les contestations même qui s'élevaient entre les cités. Leur tribunal était établi dans le pays Chartrain, où ils tenaient tous les ans une assemblée. Ceux qu'ils condamnaient, s'ils ne se soumettaient pas à la sentence, étaient déclarés impies, espèce d'excommunication qui les exposait au mépris et à l'indignation générale, de sorte qu'on fuyait même leur rencontre.

Les druides n'étaient pas étrangers aux affaires d'état ; ils assistaient aux conseils de guerre, et donnaient sur le gouvernement leur avis, qui était ordinairement respecté (3). On remarque qu'ils vivaient en bonne intelligence avec les riches et les puissans, auxquels ils se rendaient utiles en instruisant leurs enfans. Les drui-

(1) Marcel, t. I, p. 5, 15, 54.—(2) Marcel, t. I, p. 17.—(3) Marcel, t. 1, c. 19, 51.

desses, société de femmes qui se vouaient à la virginité, élevaient les filles. Elles se prétendaient fées, et, comme telles, douées du talent de deviner et de prédire l'avenir, et même de la puissance d'opérer des prodiges et d'exciter des tempêtes. Ainsi, l'ordre des Druides, si c'en était un, tenait les deux sexes sous son empire, et les dominait par la religion, le plus fort levier qui puisse remuer les hommes. A compter depuis le moment où on les voit en crédit, environ six cents ans avant Jésus-Christ, jusqu'à celui où ils prolongèrent leur existence, malgré leur destruction prononcée par l'empereur Claude, au milieu du premier siècle, ils paraissent avoir duré plus de huit cents ans. La conquête des Romains ébranla leur puissance. Elle commença à être attaquée par les ordonnances d'Auguste, de Tibère, de Claude et de Néron même, pour l'abolition des sacrifices humains. Elles eurent d'ailleurs assez peu de succès puisqu'on trouve encore des vestiges de cet affreux usage au temps de Sévère, d'Aurélien et de Dioclétien. L'introduction du christianisme dans les Gaules fut seule capable d'anéantir ce culte barbare et de faire tomber dans l'oubli les ministres de ces rites sanguinaires. S'il en faut croire quelques auteurs, les druides se perpétuèrent encore au-delà et jusqu'au temps de Charlemagne; mais alors leurs prétentions se bornaient au métier de bardes ou d'inspirés.

Si de quelques traits particuliers on peut déduire le caractère général d'une nation, nous dirons que les Gaulois étaient vifs, emportés, audacieux, colères, toujours prêts à frapper, surtout en présence de leurs femmes, qui se mêlaient volontiers de leurs querelles et qui ne redoutaient pas plus le combat que leurs maris (1). Ils se piquaient de franchise et de générosité, et punissaient le mensonge et la supercherie. Ils étaient fort avides de nouvelles, et attendaient dans les places et sur les chemins les voyageurs pour en demander. L'excessive curiosité les rendait excessivement crédules.

Les deux sexes se paraient de chaînes, colliers, bracelets, bagues et ceintures d'or. Ils fabriquaient eux-mêmes ces ornemens, ainsi que des étoffes de lin et de laine, brochées d'or et d'argent, qui leur servaient de vêtemens : les hommes les portaient courts; ceux des femmes étaient longs. Les filles choisissaient librement leur mari, dans un repas auquel les pères invitaient les jeunes gens qui pouvaient prétendre à leur alliance. Elles marquaient leur inclination en présentant à laver à celui qu'elles préféraient; on exigeait, quand cela se pouvait, que les conjoints apportassent autant l'un que l'autre en mariage, et les fruits provenant de la communauté restaient en totalité au survivant.

Les hommes avaient droit de vie et de mort sur leurs femmes et leurs enfans. Ceux-ci n'accompagnaient leur père en public que quand

(1) Marcel, t. II, p. 51.

ils étaient en état de porter les armes. Un époux voulait-il s'assurer de la fidélité de sa femme, il mettait l'enfant dont elle venait d'accoucher dans un bouclier qu'il abandonnait au courant d'un fleuve. Les eaux devaient engloutir le bâtard, et, au contraire, porter doucement le fils légitime à sa mère qui l'attendait sur le bord.

Le gouvernement était fédératif. Une foule de petits états indépendans, où prévalait l'aristocratie, se réunissaient chaque année à l'effet d'élire un magistrat suprême pour la police intérieure et un général pour les conduire à la guerre. L'histoire a conservé les noms de quelques uns de ces chefs qui menaient les Gaulois à la victoire. On connaît aussi les principales cités d'où sont sorties ces phalanges redoutables, qui ont fait plus d'une fois trembler les Romains, et ont rendu des peuples, séparés par de grands espaces, témoins et tributaires de leur valeur. On compte entre elles les Séquanais, les Beauvoisins, les Rémois, les Artésiens, les Bretons ou Armoriques, les Parisiens, les Berruyers, les Auvergnats, et une foule d'autres. Tous ces peuples étaient compris sous trois grandes divisions : les Belges, au nord de la Marne; les Aquitains, au sud de la Garonne; les Celtes ou Gaulois proprement dits, au centre de la Gaule, entre ces deux rivières. Il serait difficile de décider quel était le gouvernement intérieur de chacune de ces cités. Les unes portaient le nom de *républiques*, régies ou par le peuple, ou par un certain nombre de citoyens, les meilleurs ou les plus riches; d'autres avaient des princes, quelques unes des rois. Ces cités, composées d'hommes remuans, avaient souvent avec leurs voisines des querelles qui dégénéraient en guerres; de sorte que la Gaule entière était toujours en armes : ce qui explique comment ces braves cohortes, déjà accoutumées aux combats, lancées hors de leurs pays, faisaient des progrès si rapides et si étonnans. Les citoyens d'un canton ne se mêlaient pas à ceux d'un autre, même dans les armées. Ils restaient chacun sous leurs chefs; mais dans les grandes expéditions, ils se choisissaient un général auquel tous obéissaient.

Le souverain magistrat ne devait sortir de la ville, pendant la durée de sa charge, que pour des affaires qui regardaient l'Etat; deux personnes de la même famille ne pouvaient siéger au sénat ensemble. Il n'était permis de s'entretenir des affaires d'Etat que dans le conseil. Les hommes y venaient tout armés et prêts à combattre. Les femmes y étaient admises et donnaient leur avis. Le président faisait couper un morceau du manteau de celui qui arrivait trop tard.

La chasse était leur principal amusement : c'est, comme on sait, l'image de la guerre, surtout quand elle a pour objet les bêtes féroces. Elles ont dû être communes dans les Gaules, jusqu'au temps où la culture a détruit leurs repaires. Alors la population s'accrut; alors aussi commencèrent les émigrations armées. Les premières excursions se firent dans les pays méridionaux, qui étaient enrichis de tout le luxe des arts. Le butin que les guerriers en rapportèrent fit naître et perpétua le goût des expéditions militaires.

Tout Gaulois naissait soldat. Ni âge, ni condition n'exemptait d'aller à la guerre : s'y rendre impropre par des mutilations volontaires, comme ont fait des Romains, aurait été un déshonneur et une infamie punissable. A l'appel du tambour, au son de la trompette, les jeunes guerriers abandonnaient les demeures de leurs pères et les champs qu'ils commençaient à cultiver, pour aller fonder des colonies dans des contrées qu'on leur représentait plus favorisées des dons de la nature, et dont leur imagination, exaltée par des rapports insidieux, leur exagérait les délices.

Ils combattaient à pied, excellaient surtout à cheval et sur des chariots armés de faux. Leur ordre de bataille était confus et leur tactique peu savante; mais le courage y suppléait. Il y avait entre eux une alliance militaire semblable à ce qu'on raconte du bataillon sacré des Thébains. Des compagnons d'armes, saisis d'une espèce d'enthousiasme, se promettaient, par sermens, de partager ensemble les biens et les maux de la vie et de ne jamais s'abandonner. Ils combattaient à côté les uns des autres. Chacun songeait plus à défendre la vie de son ami que la sienne propre, et il n'y a pas d'exemple, dit César (1), qu'un ami ait daigné survivre à celui dont une mort glorieuse l'avait séparé.

Leurs armes étaient la hache, l'épée, la flèche. Ils excellaient à tirer de l'arc. Ils avaient une cavalerie pesante et une légère. Dans la première, couverte de fer, le cavalier était escorté de deux piétons, qui l'aidaient à se relever, s'il était désarçonné. Il coupait la tête de l'ennemi vaincu et l'attachait aux crins de son cheval. De retour dans ses foyers, il l'embaumait et la gardait précieusement comme un monument de sa victoire. Ils élevaient aussi des trophées publics auxquels ils suspendaient les armes et autres dépouilles de leurs ennemis. Une fausse idée du courage les empêchait de fortifier leurs camps, comme si cette précaution eût été un signe de crainte. Ils poussaient la prévention jusqu'à ne vouloir pas fuir d'une maison qui s'écroulait, de peur de passer pour timides.

Ils juraient sur leurs étendards; ne les pas défendre ou abandonner leurs chefs était une infamie, que, sans doute, on ne laissait pas sans châtimens (2). Les peines militaires étaient sévères, si l'on en croit César : il raconte que Vercingetorix, proclamé roi par les Auvergnats et déclaré général par toutes les Gaules, faisait couper un oreille ou crever un œil pour les moindres fautes, et punissait les plus graves par le feu.

Il est sorti des Gaules, en différens temps, des armées de cent

---

(1) « Neque adhuc hominum memoriâ repertus est quisquam, qui, eo interfecto » cujus se amicitiæ devovisset, mori recusaret. » *De Bell. Gall.*, lib. III. — (2) Cæsar, *De Bell. Gall.*, lib. VII.

et deux cent mille hommes. Les unes ont formé des colonies permanentes ; les autres ont disparu comme des torrens qui se perdent dans les gouffres qu'ils se sont creusés. Ces irruptions se sont portées vers le nord comme vers le midi. Il y a une chose à remarquer sur les irruptions vers le nord ; c'est que les Gaulois qui les opéraient étaient originairement Germains, comme nous l'avons dit, et qu'ainsi ils retournaient véritablement dans leur pays natal, avec cette différence seulement qu'ils en étaient sortis pacifiquement et comme furtivement, au lieu qu'ils y rentraient hostilement et avec fracas.

Des géographes ont trouvé au-delà du Rhin, dans l'Helvétie, et jusque dans la Bohême, des cités et des cantons qui portent des noms de quelques peuplades des Gaules (1). Cette découverte autorise à douter si les Germains, quand ils s'introduisirent dans les Gaules, donnèrent aux lieux qu'ils venaient occuper des noms connus dans leur première patrie, ou si, retournés en Germanie, ils appelèrent les lieux qu'ils envahissaient comme ceux qu'ils abandonnaient dans les Gaules, afin de conserver dans la patrie primitive où ils revenaient le précieux souvenir de lieux qui leur avaient été chers dans la patrie adoptive qu'ils quittaient ; il suit de là que le temps de ces flux et reflux de Germanie en Gaule, et de Gaule en Germanie, s'il y en a eu, est incertain. Laissant donc aux érudits de profession à lever le voile qui couvre ces ténèbres, nous allons passer à des expéditions plus avérées.

CHAPITRE II.

DE L'AN 600 A L'AN 50 AVANT JÉSUS-CHRIST.

Histoire des Gaules, depuis les premières émigrations gauloises, connues avec quelque certitude, jusqu'à l'achèvement de la conquête du pays par Jules-César.

S'il faut en croire les recherches savantes d'un historien très-grave, on trouve dès l'an 1580 avant J.-C., et au temps même de la fondation d'Athènes par l'égyptien Cécrops, des notions plus ou moins exactes sur les habitans de la Gaule (2). A cette époque, selon lui, vivait Ogmius, l'Hercule gaulois, dont les exploits auraient porté des colonies celtiques ou gauloises, d'une part au-delà des Pyrénées où le nom de Celtibériens semble en faire foi, et d'une autre part au-delà des Alpes. Indépendamment des Gaulois qu'il laissa dans ces dernières montagnes et qui en prirent le surnom d'Inalpins, et des Ibères qu'il conduisit d'Espagne en Italie, et qui, côtoyant toujours les bords de la mer, gagnèrent insensiblement l'Etrurie, le Latium, la Campanie et l'OEnotrie (la Calabre), d'où

(1) Mézerai, t. 1, p. 4.—(2) D. Mart. Bouquet, *Hist. des Gaulois*.

ils passèrent en Sicile où ils se fixèrent; Ogmius, suivant cet auteur, établit encore les Insubriens au nord du Pô; les Ombriens, au midi du même fleuve; les Venètes, au fond du golfe Adriatique; les Aborigènes, dans les campagnes qu'arrose le Tibre; les Sicules, sur le territoire où depuis fut bâtie Rome; les Volces ou Volsques, sur la rive droite du Liris (le Gariglian), et d'autres enfin jusque dans les contrées méridionales, qui reçurent depuis le nom de Grande Grèce. Quoi qu'il en soit, le nom de Port d'Hercule, qui fut longtemps celui de la ville de Monaco, située à la limite des Gaules et de l'Italie, fut pour toute l'antiquité une preuve irrécusable de cette tradition.

Nous devons à Tite-Live et à Justin de nous avoir transmis la mémoire d'expéditions celtiques plus certaines, mais aussi plus rapprochées (1). Au temps de Tarquin l'Ancien, suivant le premier, Ambigat, roi des Bituriges (des Berruyers), étendait sa domination sur toute la Celtique. Devenu vieux, et ne pouvant que difficilement suffire aux soins multipliés qu'exigeait de lui une population nombreuse et inquiète, il avisa aux moyens de la réduire par l'établissement de quelques colonies éloignées. Dans cette vue, il rassembla, sous la conduite de ses neveux Sigovèse et Bellovèse, une multitude d'hommes actifs et aventureux, et en forma deux armées considérables. Le sort conduisit Sigovèse en Germanie, vers la forêt Hercynienne (la Forêt Noire), qui, liée alors à d'autres forêts entre le Rhin et la Bohême, offrait une profondeur de soixante jours de marche, sur neuf de largeur. A la tête des Tectosages (des Toulousains) et des Boïens de la Garonne (du pays de Buch), Sigovèse osa s'enfoncer dans son épaisseur, et, par le gain de quelques batailles, il parvint à s'établir en Bohême, dont le nom signifie *demeure des Boïens*. Leurs descendans, chassés, au temps d'Auguste, par Maroboduus, roi des Marcomans, peuple qui habitait au nord des sources du Danube, et qui fuyait lui-même la proximité dangereuse des Romains, se retirèrent entre l'OEnus et Isara (l'Inn et l'Iser), et donnèrent encore leur nom au pays des Boïariens ou des Bavarois, où ils avaient déjà des établissemens et où ils se fixèrent.

Pour Bellovèse, des augures plus favorables le dirigèrent vers les campagnes riantes et fertiles de l'Italie. Il menait à sa suite tout ce qu'il avait pu lever parmi les Berruyers, les Arvernes (Auvergnats), les Eduens (Autunois), les Ambarres (habitans du Charolais), les Aulerques Brannovices (du Maconnais) et les Carnutes (du pays Chartrain). A leur tête, il s'approcha des Alpes, qu'il longea jusqu'à la mer à l'effet d'y reconnaître quelque passage, et il se détermina à franchir ces hauteurs par les Alpes, dites depuis Cottiennes, et aujourd'hui le mont Genève. A la descente des monts,

---

(1) Tit.-Liv., l. V, c. 34. — Just., l. XX, c. 5.

il s'avance dans l'Insubrie, contrée au nord du Pô, où coulent le Tésin et l'Adda, et dont le nom était aussi celui d'un canton de la Gaule, limitrophe des Eduens. Bellovèse s'y fixa, et y fonda Milan entre les deux rivières. Depuis il aida Elitovius, chef d'une colonie de Cénomans (de Manceaux), à former un peu plus à l'est un établissement auquel Bresse et Vérone durent la naissance. Quelque temps après, d'autres peuplades celtiques, dont le nom seul est connu, les Lèves et les Anamanes, s'établirent au midi du Pô; et enfin les Lingons (ceux de Langres), unis à des Boïens, peuples voisins de l'Helvétie, mais dont la position est incertaine, pénétrèrent au nord par les Alpes Pennines (le grand Saint-Bernard), et, trouvant tout le territoire occupé tant en-deçà qu'au-delà du Pô, allèrent se fixer sur la droite de son embouchure, vers les confins de l'Ombrie. On distingua dès lors deux sortes de Gaules par rapport à Rome, la Transalpine et la Cisalpine; et cette dernière fut nommée *Cispadane* ou *Transpadane*, suivant la situation de ses diverses parties à l'égard du Pô.

Tite-Live rapporte à l'époque même de la première excursion des Gaulois en Italie la fondation de Marseille par des habitans de Phocée, ville maritime d'Ionie, à peu de distance de Smyrne (1). Il raconte que les Gaulois, parvenus au pied des Alpes et aux bords de la mer, rencontrant ces étrangers qui venaient de si loin à la recherche d'une nouvelle patrie, touchés de la conformité de leur situation avec la leur propre, se portèrent par sympathie à les aider dans leur établissement au pays des Saliens. Suivant Solin, historien du premier siècle de notre ère, cette fondation de Marseille est de la première année de la 45e Olympiade, c'est-à-dire de l'an 599 avant Jésus-Christ. Ainsi elle est antérieure d'environ 60 ans à la ruine même de Phocée par Harpage, général de Cyrus, lors de l'expédition de ce satrape contre les colonies grecques de l'Asie pendant l'intervalle qui s'écoula entre la défaite de Crésus, roi de Lydie, par Cyrus, et la prise de Babylone par le même conquérant. Les Phocéens, se refusant alors à subir le joug des Mèdes, abandonnèrent leur ville, et allèrent se réfugier d'abord dans l'île de Cyrne ou de Corse, où vingt ans auparavant ils avaient fondé Alalie, et ensuite dans l'OEnotrie (la Calabre), où ils fondèrent Hyèle. Cette double expédition des Phocéens a été une cause d'erreur pour plusieurs écrivains, qui ont pris l'époque même de la ruine de Phocée pour celle de la fondation de Marseille. Si, au reste, il est ici fait mention de cette méprise, c'est bien moins pour relever une erreur assez indifférente que pour donner une date historique à la première notion certaine que nous ayons de nos ancêtres. En effet, le nom de Cyrus, qui se rencontre dans cette date, et les soixante ans d'antériorité de la fondation de Marseille, nous reportent naturelle-

---

(1) Solin, polyhistor.—Hérodote, liv. I, c. 164.

ment au temps de Nabuchodonosor, à celui des derniers rois de Juda, à la ruine du premier temple de Jérusalem, aux lois que Solon donnait à Athènes; et ces noms illustres, joints à celui de Tarquin l'Ancien qui fondait alors le Capitole, offrent à l'esprit une idée nette et suffisamment précise de la face politique de la terre à l'époque où nous commençons notre histoire.

Deux siècles s'étaient écoulés dans les premières expéditions des Gaulois, ou à consolider les établissemens qui en avaient été la suite, lorsqu'eut lieu celle des Sénonais, commandés par Brennus; expédition qui, par les dangers qu'elle fit courir à la fortune romaine, est la plus renommée de toutes celles que tentèrent les divers peuples de la Gaule (1). Attirés par la réputation des vins et des autres productions du pays, dont un Toscan, nommé Aruns, leur avait procuré un avant-goût par ses présens; mais venus trop tard pour trouver place dans la Cisalpine, ils avaient passé le Rubicon et s'étaient fixés entre ce fleuve, celui d'Æsis (l'Esino, un peu en-deçà d'Ancône), l'Apennin et la mer. Soit que, se trouvant trop à l'étroit dans cette position resserrée, ils prétendissent former un établissement en Etrurie, soit qu'ils s'y fussent portés pour seconder les projets vindicatifs d'Aruns qui les avait appelés contre ses concitoyens, ils avaient franchi l'Apennin, et assiégeaient Clusium, (Chiusi), l'ancienne capitale de la domination de Porsenna, lorsque les Romains, réclamés par les habitans de cette ville, se portèrent pour médiateurs. Trois envoyés de Rome se présentent au camp des Gaulois; ils étaient de cette noble famille des Fabius, qui, près d'un siècle auparavant, avait levé seule une petite armée contre Veies, et qui, sur le Cremère, s'était dévouée pour Rome presqu'au même temps, en même nombre et de la même manière que Léonidas et ses trois cents Spartiates se dévouaient pour la Grèce aux Thermopyles. « De quel droit, demandèrent-ils aux Gaulois, prétendez-vous aux terres des Clusiens? Du droit des braves, à qui tout appartient, » répondent fièrement ceux-ci. Sur cette réponse, et au lieu d'en référer à ceux dont ils tenaient leur mission, les ambassadeurs, d'arbitres qu'ils se faisaient d'abord, se déclarèrent auxiliaires : ils se mettent à la tête des Toscans, combattent les Gaulois, et l'un d'eux tue même de sa main l'un des chefs sénonais qu'il dépouille.

Irrité de cette violation du droit des gens, mais se possédant néanmoins plus qu'on n'eût dû l'attendre d'un chef demi-barbare et imbu des préjugés de sa nation, Brennus, avant de penser à se faire justice lui-même, la demande au sénat contre ses députés. Mais le peuple s'y oppose, et, loin d'écouter les justes plaintes des Gaulois, il met au nombre de ses premiers magistrats les trois Fabius, auteurs de l'acte de violence qu'on lui dénonce. Brennus, indigné, abandonne aussitôt le siége de Clusium et marche sans délai sur

(1) Tit.-Liv., t. V, c. 42.—Fast. cons.

Rome. Dans sa route et sur les bords de l'Allia, il dissipe, presque sans coup férir, une armée levée à la hâte et glacée d'effroi de la subite résolution de l'ennemi, et il arrive à l'improviste devant Rome dont les portes étaient ouvertes. Brennus y entre d'abord avec défiance, et, ayant ensuite reconnu qu'elle était abandonnée, il la livre aux flammes, après avoir passé au fil de l'épée les vieillards, les femmes et les enfans qui n'avaient pas eu le temps de l'évacuer. Tout ce qui pouvait opposer quelque résistance s'était enfermé au Capitole, et y arrêta long-temps les progrès des Gaulois. Mais six mois d'un siége qui avait coupé toute communication extérieure à ses défenseurs avaient amené la famine parmi eux, et les avaient réduits à capituler. Ils pesaient à Brennus l'or de leur rançon, et le vainqueur, insultant à leur détresse et jetant son baudrier dans le bassin des poids, répondait à leurs vaines remontrances par cet adage si répété depuis ! *Malheur aux vaincus!* lorsqu'un secours inespéré, arrivant aux assiégés, força les assiégeans eux-mêmes à s'éloigner. Ce secours était amené par Camille (M. Furius), qui se vengeait ainsi de l'ingratitude de ses concitoyens qui l'avaient exilé. Son généreux oubli, et surtout ses succès lui valurent le titre de *nouveau Romulus* et de second fondateur de Rome. Les uns veulent que les Gaulois aient été détruits par lui dans une bataille qui suivit leur retraite, et les autres qu'ils se soient retirés paisiblement dans leurs limites. Justin assure qu'ils offrirent alors leurs services à Denys l'Ancien, tyran de Syracuse, qui les employa contre les colonies grecques de l'extrémité de l'Italie. Il en fit même passer une partie en Grèce au secours d'Agésilas, auquel leur valeur et leur manière de combattre, inconnue aux Grecs, ne fut pas inutile dans la guerre que Sparte, après la paix d'Antalcide, eut à soutenir contre la ligue des Thébains. Quelle qu'ait été au reste l'issue de l'expédition des Sénonais contre Rome, elle laissa dans l'esprit des Romains une profonde impression de terreur. La seule nouvelle du mécontentement des Gaulois jetait l'alarme dans la ville. Tout le peuple, jusqu'aux prêtres, était obligé de prendre les armes, et on enrôlait même les esclaves sous promesse de la liberté. Les deux nations luttèrent près de deux siècles avec des succès variés, entremêlés d'ailleurs de fréquentes suspensions, mais qui ne duraient que le temps nécessaire pour reprendre haleine.

Le tableau très raccourci de cette lutte nous offre, dès la vingt-troisième année depuis la tentative hasardeuse des Sénonais sur le Capitole, un nouvel acte de témérité de ces mêmes Gaulois, lequel fut suivi d'un nouveau désastre auprès d'Albe (d'Albano) (1). Ils le durent encore à ce même Camille, qui avait déjà ruiné leurs premières espérances, et qui, âgé de quatre-vingt-cinq ans, et pour la cinquième fois dictateur, termina par cet exploit une longue

---

(1) Tit.-Liv., liv. V et VII.

carrière de gloire et de vertu (1). Six ans après, alliés des Herniques et des Tiburtins (de ceux d'Anagni et de Tivoli), et campés sur les bords de l'Anio (du Téveronne), à trois milles seulement de Rome, ils se retirent sur le pronostic malheureux d'un combat singulier, où le jeune Titus Manlius, aussi célèbre par son courage que par sa sévérité, tua l'un des plus robustes champions de leur armée, et reçut le nom de *Torquatus*, pour l'avoir dépouillé d'un collier d'or dont il était orné. Mais peu après ils ne purent fuir leur destinée, et le dictateur C. Sulpicius leur fit essuyer un échec comparable à tous ceux que leur avait fait essuyer Camille (2). Leur invincible obstination en fut légèrement ébranlée, et à dix ans de là seulement, il fallut leur opposer le fils de ce même Camille, qu'ils rencontrèrent dans les marais Pontins (3). Un nouveau combat singulier fut encore favorable aux Romains; il valut au jeune M. Valérius, âgé seulement de vingt-trois ans, le consulat qui ne s'accordait qu'à quarante, et le surnom de *Corvinus*, parce qu'un corbeau, dit-on, perché sur son casque, avait favorisé ses efforts contre son adversaire. L'engagement général qui suivit ce combat particulier fut également funeste aux Gaulois qui firent retraite dans l'Apulie (la Pouille). Une trêve de trente années, conclue dix ans après entre eux et les Romains, fait connaître, mieux qu'aucun exploit militaire, à quel point, malgré leurs désastres, les Gaulois étaient jugés redoutables (4).

Vers l'expiration de cette trêve, une nouvelle colonie gauloise, reçue en Etrurie, épousa contre les Romains les intérêts de ses hôtes: mais de légers succès tardèrent peu à se convertir en de fréquentes disgraces. Les Gaulois de la grande Grèce, en s'alliant aux Toscans et surtout aux Samnites (des habitans de l'Abruce), déjà si redoutables aux Romains par eux-mêmes, opposèrent une plus longue et plus vigoureuse résistance : ce fut durant le cours de cette guerre d'acharnement dont le siége fut en Ombrie, que l'on vit dans les plaines de Sentinum, entre le Métau et l'Erosino, le consul P. Decius Mus, renouvelant le spectacle donné quarante-cinq auparavant par son père, se dévouer aux dieux infernaux pour le salut de l'armée, et, se précipitant seul au plus épais des bataillons ennemis, relever le courage des soldats, leur procurer et à son collègue Q. Fabius Maximus une victoire éclatante, et lasser enfin pour un temps la pertinacité des Gaulois (5). Mais, incapables d'être découragés par les plus mauvais succès, et toujours à l'affût des occasions favorables de réparer leurs pertes, une inquiétude guerrière les saisit de nouveau à l'époque des démêlés de Tarente avec les Romains. Ce fut encore pour leur malheur, et cette levée de boucliers ne fit qu'apprêter de nouveaux triomphes aux généraux de Rome : à

---

(1) Tit.-Liv., l. VII, c. 10. —(2) Ibid., c. 15. —(3) Ibid., c. 26.—(4) Enc. méth., Géogr. anc., art. *Gallia*.—(5) Tit.-Liv., l, X, c. 28.

Curius Dentatus, ce modeste vainqueur des Samnites et des Epirotes, au consul Domitius Calvinus, et surtout à son collègue Corn. Dolabella. Les Sénonais et les Boïens assiégeaient Arétium (Arezzo), ville alliée des Romains. A la nouvelle des mouvemens de ces derniers pour la secourir, les Gaulois prennent la résolution, plus courageuse que prudente, de lever le siége, ainsi qu'un siècle auparavant avaient fait leurs ancêtres devant Clusium, et de marcher comme eux droit à Rome, dans l'intention de la faire trembler encore pour ses foyers (1). Mais les conjonctures n'étaient plus les mêmes. Dolabella les attendait avec calme sur les bords du Tibre, près du lac de Vadimone (de Bassanello), en Etrurie. Ce fut là qu'entre la fureur et même le désespoir d'une part, la fermeté et la science militaire de l'autre, le succès ne fut pas long-temps douteux. Le choc fut si désastreux pour les Sénonais que, selon quelques uns, la race des incendiaires de Rome fut absolument éteinte; et que, selon d'autres, les tristes restes en furent au moins tellement réduits, qu'ils n'eurent plus désormais qu'à se vouer à une servitude trop réelle sous le nom déguisé d'alliance.

Les efforts des Gaulois, comprimés chaque jour par la puissance toujours croissante des Romains, se dirigèrent alors vers d'autres lieux qui leur offraient moins de résistance. C'est à cette époque que l'on rapporte les expéditions de Belgius et du second Brennus en Macédoine et en Grèce. Les Gaulois, au temps d'Alexandre, avaient déjà des établissemens dans les environs de ces contrées, et ce furent leurs députés qui, envoyés pour le complimenter sur ses victoires, lui firent, au rapport de Strabon, cette singulière réponse, *qu'ils ne craignaient que la chute du ciel*. Après la mort de ce prince, Antigone le Cyclope avait pris à sa solde ceux qui s'étaient avancés en Illyrie et jusqu'au mont Hœmus (le Balkan), sur les frontières de la Thrace. Leur valeur contribua aux avantages qu'il eut d'abord sur Eumènes, et enfin à la victoire décisive qu'il remporta sur lui en 316. Ce fut alors aussi que les Gaulois commencèrent à se répandre en Asie.

Vingt ans environ après cette mémorable bataille d'Ipsus, où fut tué Antigone, et qui décida en dernier ressort de la succession d'Alexandre, et à l'époque même de la guerre de Pyrrhus avec les Romains, Belgius, après avoir traversé la Pannonie et l'Illyrie (la Hongrie et la Dalmatie), et aidé des Scordisques, peuple d'origine gauloise, qui habitaient ces contrées, s'était jeté sur la Macédoine (2). Ptolémée Céraunus, frère du roi d'Egypte Ptolémée Philadelphe, et après lui Sosthènes, avaient péri tous deux dans les vains efforts qu'ils avaient faits pour lui résister; mais cette incursion, faite d'ailleurs sans aucun plan, n'avait eu pour résultat que des dévastations et des pillages, et devait aboutir aux défaites sanglantes

---

(1) Polyb., l. II. — (2) Justin, l. XXIV, c. 4-8. — Pausan. *In Attic.*

que les Gaulois éprouvèrent de la part d'Antigone Gonatas, petit-fils d'Antigone. Pour Brennus, après avoir pris part aux premiers évènemens de la Macédoine, il avait franchi les Thermopyles, malgré l'Athénien Callipe, et promené ses fureurs dans toute la Grèce. Bientôt, ne trouvant plus de butin à faire dans les campagnes désolées, il forma un vaste et dernier dessein de spoliation. Il ne projetait pas moins que de s'emparer des richesses incalculables que depuis tant de siècles la superstition des peuples accumulait chaque jour dans le temple de Delphes. Mais des mesures mal prises, suite d'une trop grande confiance dans l'infaillibilité du succès, donnèrent aux habitans de Delphes le temps de revenir de leur première terreur; et leur courage, exalté ensuite par l'enthousiasme de la religion, fit trouver à quatre mille Grecs seulement des ressources et des forces suffisantes pour résister à soixante mille barbares, qui, sans discipline, à la vérité, et gorgés de vin, firent d'inutiles tentatives pour gravir le rocher, fatal objet de leur cupidité. Pendant l'action, une grêle effroyable et un froid extrême, également nuisibles à leurs opérations et à leurs blessés, et qui furent considérés comme une vengeance immédiate et miraculeuse de la divinité outragée, achevèrent leur défaite et les contraignirent de renoncer à leur entreprise.

Les tristes débris de tant de forces, continuellement harcelés par les peuples dont ils traversèrent le territoire, se dirigèrent, avec des pertes immenses, sur l'Hellespont, des bords duquel ils surent pourtant se rendre maîtres. Ce fut de là que, sous la conduite de Lutarius et de Lomnorix, ils furent appelés par Nicomède I, roi de Bythinie, dont les généraux, successeurs d'Alexandre, avaient envahi les domaines, et qui, à la mort de Lysimaque, essayait de reconquérir ses Etats (1). Les secours des Gaulois l'y rétablirent; et ce prince, en reconnaissance, leur facilita, au centre de l'Asie-Mineure, un établissement dont Ancyre et Selinunte étaient les capitales, et qui prit le nom de *Galatie* ou de *Gallo-Grèce*, à cause du mélange qui s'y fit des Gaulois et des Grecs. Zéla, successeur de Nicomède, n'hérita pas pour eux de la bienveillance de son père, et projeta d'égorger leurs chefs dans un festin. Mais, prévenus à temps, ils se défirent de lui; la vengeance de Prusias I, fils de Zéla, se borna à d'inutiles ravages en Galatie, et n'ôta rien à la consistance des Gaulois en Asie. Vers ce temps même, leur territoire s'accrut de diverses concessions d'Attale I, roi de Pergame, auquel ils avaient été d'un grand secours dans la guerre heureuse que soutint ce prince contre Antiochus le Grand, roi de Syrie. Vingt-huit ans après, auxiliaires de ce même Antiochus à la bataille de Magnésie, qui fit la gloire de Scipion l'Asiatique, frère de l'Africain, ils excitèrent le mécontentement de Rome et osèrent le braver; mais une double

(1) Tit.-Liv., lib. XXXVIII.

défaite qu'ils essuyèrent les contraignit à demander la paix. Les trois peuples qui formèrent ce petit état conservèrent leurs noms primitifs et gaulois de Tectosages, Trocmes et Tolistoboges, qui étaient ceux de quelques peuplades voisines de Toulouse. Chacun d'eux avait plusieurs chefs qui, probablement à cause de leur nombre, portaient le nom de Tétrarques. Peu à peu ce nombre se réduisit, et au temps de César ils obéissaient à un seul chef, le roi Déjotare, célèbre par le plaidoyer de Cicéron, pour le disculper d'avoir attenté à la vie du dictateur. Il n'eut qu'un successeur, Amyntas, qui avait été son secrétaire, et auquel Antoine procura sa dignité. A la mort d'Amyntas, l'an 26 avant Jésus-Christ, Auguste réduisit la Galatie en province romaine.

Rome, après une guerre de vingt-quatre ans contre les Carthaginois, venait pour la seconde fois depuis plus de cinq siècles, et la première depuis Numa, de fermer le temple de Janus. De nouveaux démêlés avec les Cisalpins lui en firent rouvrir les portes, qui ne se refermèrent plus que sous Auguste. Depuis quelques années, le peuple de Rome s'était fait adjuger les terres possédées par les Gaulois dans les districts conquis par les armes romaines (1). Les Cisalpins avaient témoigné de cette mesure un ressentiment assez vif pour que Rome s'en alarmât. Elle se prépara à la guerre; et parce que les livres sibyllins prédisaient que les Gaulois devaient prendre possession de Rome, les magistrats, par une superstition barbare, crurent détourner ce funeste présage, et néanmoins satisfaire à l'oracle, en faisant enfouir tout vivans, dans une place de Rome, un Gaulois et une Gauloise. Ce fut pour punir ces injures que soixante et dix mille Gaulois, pénétrant d'abord en Etrurie, marchèrent droit à Rome. Mais déjà la politique romaine avait eu l'adresse de les diviser, et de s'attacher les Cénomans ainsi que les Venètes, qui, de la dernière extrémité de l'Armorique (la Bretagne), étaient venus peupler le fond du golfe Adriatique. Pour remplir le vide que cette désertion laissait dans leurs rangs, les Gaulois appelèrent à leur aide les Gésates, habitans des montagnes qui les séparaient de la Germanie. Ils furent d'abord heureux, et vainquirent un préteur romain. Chargés de butin, ils voulurent le mettre en sûreté, et, au lieu de suivre leur premier plan, ils commencèrent une retraite à laquelle rien ne semblait devoir mettre obstacle. Mais, par une circonstance tout-à-fait imprévue, et pendant qu'ils étaient suivis par le consul Æmilius Papus, l'autre consul Attilius Regulus, qui revenait d'une expédition en Sardaigne, débarqua à Pise qu'atteignaient en ce moment les Gaulois. Ils se trouvèrent ainsi entre deux armées, et le résultat de cette position dangereuse fut conforme à ce qu'elle présageait de funeste aux Gaulois. Leur bravoure ajouta à leur malheur, et leur acharnement leur fit laisser quarante mille hommes sur

(1) Polib., l. II. — Plut. *In Marcel*.

le champ de bataille. Cette victoire prépara les voies au passage du Pô, que tentèrent les Romains les années suivantes, et aux triomphes plus décisifs de Marcellus, qui préluda, par ces premiers exploits à ceux par lesquels il devait rendre aux armes romaines la fortune qu'Annibal sembla un instant leur avoir ravie. Au commencement d'un combat, il tua de sa main Viridomare, roi des Gésates, et, par cette action éclatante, il glaça tellement le courage de l'ennemi, qu'avec une poignée de monde qui l'accompagnait alors, il défit une armée entière. De là, volant au secours de Corn. Scipion, son collègue, qui venait de prendre Crémone et qui assiégeait Milan, il emporta cette ville et successivement toutes celles de la Cisalpine, qu'il acheva de soumettre et de réduire en province romaine, l'an 222. Pour y affermir sa domination Rome, indépendamment des places fortes qu'elle y entretint, y établit encore deux colonies, l'une à Plaisance, en deçà du Pô, et l'autre à Crémone, au-delà du même fleuve.

Ces précautions étaient nécessaires, mais ne furent pas suffisantes pour contenir entièrement des peuples fiers et impatiens d'un joug inaccoutumé. Il fallut près d'un demi-siècle pour les y façonner, et durant cet intervalle étouffer de nombreux soulèvemens; le premier eut lieu à l'occasion même des nouvelles colonies (1). Les terres dont il fallut dépouiller les Gaulois pour doter les nouveaux venus, firent revivre les anciennes dissentions. Les vieilles haines se ranimèrent et s'exaltèrent de la circonstance de la marche d'Annibal, qui s'acheminait alors d'Espagne en Italie. Forts de ses promesses, les Boïens lèvent l'étendard de la révolte, se jettent à l'improviste sur les commissaires romains chargés du partage des terres, repoussent dans Modène les habitans destinés à former les deux colonies, battent le préteur laissé à la garde de la province, et attendent dans leurs limites le général carthaginois.

Il avait passé les Pyrénées sans obstacle; mais, arrivé à Illiberis (à Elne), il eut à dissiper les appréhensions des Gaulois, inquiets de l'usage qu'il pourrait faire de sa formidable armée. Annibal réussit à les rassurer en leur représentant qu'il marchait contre un ennemi commun, et qu'il n'était pas dans ses intentions de tirer l'épée avant d'être entré en Italie. Sur ces assurances, le passage lui fut accordé. Néanmoins, parvenu aux pays des Volces, sur les bords du Rhône, il rencontra de la résistance : ces peuples y avaient été excités par les Romains, qui, alliés de Marseille, venaient d'y débarquer sous le commandement de P. Corn. Scipion, frère du collègue de Marcellus, et père de l'illustre Africain. Annibal s'effraya peu de cet obstacle. Par ses ordres et à la faveur des bois et de l'obscurité de la nuit, une partie de l'armée carthaginoise remonta le fleuve sans être aperçue, le traversa sur des radeaux, et, le redescendant sur l'autre bord, dissipa les Volces qu'elle

---

(1) Tit.-Liv., l. XXI.—Plut. *in Annib.*

prit à dos, pendant qu'Annibal lui-même les attaquait de front, en opérant son passage vis-à-vis leur camp. Par les conseils et sur les instances des députés boïens, évitant alors le consul, il remonta subitement le Rhône, jusqu'à son confluent avec la Saône, et de là, gagna les Alpes, guidé par un roi des Allobroges (des Dauphinois et des Savoyards), qu'il avait aidé de ses armes en passant. C'est encore un problème parmi les savans que la partie des Alpes que franchit Annibal pour pénétrer en Italie. Quelle qu'elle soit, ce ne fut qu'après quinze jours de travaux, de fatigues extraordinaires et de pertes considérables, qu'il descendit enfin dans l'Insubrie, dont les peuples se hâtèrent d'accourir à sa rencontre. Le nombre s'en accrut lors de ses premiers succès contre Scipion, qui, désespérant de l'atteindre dans les Gaules, s'était embarqué, et, traversant la Ligurie, avait été l'attendre de l'autre côté des Alpes, sur les bords du Tésin. Le passage du Pô et la victoire de la Trébie achevèrent d'affranchir la Cisalpine : mais la fortune de ces peuples, attachée à celle d'Annibal, s'évanouit avec celle-ci, et avec la paix que Scipion l'Africain dicta à Carthage, et qui mit fin à la seconde guerre punique.

Cependant, l'année même qui suivit l'exécution de cette paix, et lorsque toute apparence de succès semblait être interdite aux Gaulois, les Insubriens, les Cénomans et les Boïens, habitans des environs de Milan, de Mantoue et de Bologne, osèrent faire de nouvelles incursions sur le territoire romain, s'emparèrent de Plaisance, qu'ils brûlèrent, et menacèrent Crémone (1). Ils y avaient été excités par un Carthaginois, nommé Amilcar, qu'ils avaient reçu chez eux après le commun désastre des deux nations sur le Metauro en Ombrie, lors de la défaite entière du secours qu'Asdrubal amenait à Annibal, son frère. Un descendant de Camille, le préteur Furius, fut le premier qui contint leurs ravages. Neuf années de revers consécutifs parurent les abattre, en les forçant à souscrire un traité humiliant qui leur enleva leurs armes et leurs chefs. Mais, dès l'année suivante, la honte et la dureté de ces conditions les entraîna à tenter de nouveau le sort des combats, qui ne changea pas pour eux; ils furent même tellement écrasés cette fois dans une bataille sanglante, qu'ils n'eurent plus qu'à reprendre leurs fers, sans espoir désormais de les rompre. Leur vainqueur, en cette rencontre, fut Scipion Nasica, fils de Cnéius, et cousin-germain de l'Africain et de l'Asiatique; ce Nasica, reconnu par un décret du sénat pour le plus homme de bien entre tous les Romains, père de celui qu'on appela les *Délices de Rome*, et l'aïeul enfin de cet autre qui tua le séditieux tribun Gracchus, son cousin.

Dix ans après cette importante victoire, Paule-Emile, fils du consul tué à la bataille de Cannes, et beau-frère, par sa sœur, du

---

(1) Tit.-Liv., l. XXXI, c. 36. — Vell. Pater., l. II, c. 2.

grand Scipion, préludant à la gloire qu'il devait acquérir un jour contre le dernier roi de Macédoine, réduisit les Liguriens à solliciter la paix, et à renoncer à leurs brigandages maritimes (1). Ce ne fut qu'alors seulement que la Gaule cisalpine put être considérée comme véritablement soumise.

Le même sort menaçait la Gaule transalpine, la véritable Gaule, celle d'où étaient sortis ces nombreux essaims qu'il était de la destinée des Romains de rencontrer toujours en tête, de quel côté qu'ils portassent leurs armes. Marseille en fut la cause ou plutôt le prétexte. Cette ville, dont les fondateurs étaient instruits de tous les arts de la Grèce, avait atteint rapidement un haut degré de prospérité : elle avait planté la vigne, cultivé l'olivier, et, de proche en proche, porté la civilisation dans les Gaules (2). Ses édifices rappelaient ceux des plus opulentes cités de la Grèce, et ses écoles rivalisaient avec celles de Rhodes et d'Athènes; mais c'était surtout par son commerce qu'elle avait acquis la plus grande consistance. Rivale à cet égard de Tyr et de Carthage, elle avait profité de leurs désastres pour étendre ses relations commerciales : ses citoyens, non contens des comptoirs et des colonies qu'ils avaient semés de toutes parts dans la Méditerranée, avaient osé se frayer une nouvelle route au-delà du détroit, et s'aventurer dans le grand Océan. Pythéas, le plus habile astronome de son temps, et qui naquit à Marseille, 350 ans avant l'ère vulgaire, avait déterminé avec précision la latitude de sa patrie, remonté l'Océan jusqu'au cercle polaire, et reconnu l'existence de la mer Baltique, pendant qu'Euthymème, son compatriote, reconnaissait au midi l'embouchure du Sénégal.

Tant de prospérités soulevèrent la jalousie de leurs voisins. L'an 600 de Rome, ils se virent attaqués par les Liguriens transalpins (les Provençaux et Dauphinois méridionaux), qui assiégèrent Nice et Antibes, villes dans la dépendance de Marseille. Celle-ci, dès l'an 340 de Rome, avait acquis assez d'importance pour que les Romains ne dédaignassent pas son alliance. Marseille y était demeuré fidèle, et, dans les circonstances les plus critiques, elle en avait constamment donné des preuves. Elle crut pouvoir alors réclamer des Romains un acte de réciprocité. Ceux-ci, par le sentiment d'une juste reconnaissance, et toujours empressé d'ailleurs de s'immiscer aux affaires d'autrui, où leur politique intéressée ne manquait jamais de rencontrer quelque occasion d'agrandissement, se hâtèrent de faire partir des ambassadeurs, pour empêcher les hostilités de s'étendre plus avant; mais les Liguriens s'opposèrent à leur débarquement, et l'un des envoyés même y fut blessé. Rome ressentit cet outrage, et autant pour en tirer vengeance que pour secourir ses alliés, elle donna commission au consul Q. Opinius de pénétrer dans les Gaules. Le consul, ayant rassemblé ses troupes à Plaisance, prit sa route le

(1) Tit.-Liv., l. XL. — Plut. in Æmil. — (2) Polyb. in Legat. — Enc. méth. Géog. anc. art. Marseille.

long de l'Apennin, et arriva sur le territoire des Oxibiens (les habitans de Fréjus). Ceux-ci et les Décéates, leurs voisins, peuples maritimes, qui avaient commis l'offense, n'espérant aucune grace, ne se refusèrent point au combat. Ils furent vaincus. Opimius les dépouilla de leurs terres, qu'il donna à Marseille, et fit passer à Rome les auteurs de l'attentat pour y être punis de mort. Tel fut le succès de la première expédition des Romains au-delà des Alpes.

Vingt-cinq ans après, de nouvelles inquiétudes, données aux Massiliens (Marseillais) par les peuples au milieu desquels ils étaient établis, renouvelèrent leurs démarches auprès de Rome. Elles y étaient toujours favorablement accueillies. Tout récemment, à leur recommandation, Rome avait pardonné à Phocée, qui avait encouru son indignation. Le secours qu'ils sollicitaient fut incontinent accordé. Il leur fut conduit par le consul Fulvius, l'ami et le complice du dernier des Gracques. Fulvius défit les Liguriens; mais il ne put établir encore la domination romaine dans leur pays. Cette tâche était réservée à ses successeurs.

Le premier qui vint à sa place fut Sextius Calvinus. La fondation de la ville d'Aix qui porte encore son nom (Aquæ Sextiæ), atteste les progrès qu'il fit dans cette province. Il la bâtit au lieu même où il remporta sur les peuples du pays une victoire décisive, qui les fit passer sous la domination des Romains, et il y établit une colonie romaine pour prévenir l'inconstance d'un peuple léger, que ses procédés généreux auraient pu ne pas suffisamment captiver (1). C'est la première colonie que les Romains aient envoyée au-delà des Alpes, et ils la considérèrent bientôt comme un point de départ pour passer à d'autres conquêtes.

Deux ans après, en effet, Domitius Ænobarbus se crut autorisé à attaquer les Allobroges (les Dauphinois septentrionaux), pour avoir donné retraite aux rois des Liguriens. Aussi politique que guerrier, Domitius, afin de prévenir les secours qu'aurait pu leur donner Bituitus, roi des Arvernes (des Auvergnats), prince puissant, qui occupait les bords occidentaux du Rhône, lui suscita des ennemis dans les Eduens (les Autunois), ses voisins, et rechercha l'alliance de ceux-ci, dont l'extrême fidélité ne fut pas peu utile depuis aux Romains dans la conquête de la Gaule. Cette division devint funeste aux Allobroges, à la journée de Vindalie (Védène), village près d'Avignon, au confluent du Rhône et de la Sorgue. Ce ne fut que lorsque tout secours fut devenu inutile que Bituitus put courir à leur défense. Deux cent mille hommes, sous ses ordres, passèrent en vain le Rhône pour venir attaquer les Romains à l'embouchure de l'Isère. Cette multitude d'hommes, par le massacre qui en fut fait, ne servit qu'à rehausser la gloire du petit-fils de Paul-Émile, le consul Fabius, qui venait de succéder à Domitius. Pendant la retraite,

(1) Strab., l. IV.—Vell. Paterc., l. I, c. 15.—Flor. l. III, c. 1.—*Epitom.* l. 2, *ot.*

Bituitus, invité à une conférence, fut enlevé par une insigne trahison, et conduit à Rome, où il fit retentir en vain le sénat de ses plaintes. Une existence supportable, dans une petite ville d'Italie, fut toute la justice que la politique dégradée des Romains crut devoir lui accorder. Le sénat donna même des ordres pour arrêter aussi Congéniate, son fils, encore enfant. Le jeune prince fut élevé à Rome; mais, replacé dans la suite sur le trône de son père, il devint l'un des plus fidèles alliés des Romains.

Le consul Q. Marcius Rex perpétua aussi, par une fondation, le souvenir de ses vastes entreprises dans les Gaules; il ne projeta rien moins que d'assurer aux armées romaines un passage libre des Alpes aux Pyrénées, et par delà de l'Italie aux Espagnes (1). Ses expéditions contre les peuples intermédiaires furent heureuses, bien qu'il eût rencontré sur sa route des montagnards assez généreux ou assez farouches pour se dévouer à la mort avec leurs femmes et leurs enfans, plutôt que de survivre à leur liberté (2). Il assura la durée de ses conquêtes par une nouvelle colonie, située près des bords de la mer, dans le pays de Volces Tectosages, et à égale distance environ des Pyrénées et de la première colonie. Le lieu qu'il choisit fut Narbo (Narbonne); il devint bientôt la capitale des Etats romains au midi de la Gaule, et, joignant son nom à celui de son fondateur, il fut connu sous le nom de *Narbo Marcius*.

Æmilius Scaurus, que ses talens et des vertus apparentes avaient porté d'une situation obscure à la dignité de consul et de prince du sénat, triompha après lui des Gantisques, peuple inconnu, que l'on suppose être les habitans du Béarn (3). Il termina sa campagne par des travaux plus pacifiques, qui devaient cimenter la dépendance des Gaulois. Tant que ceux-ci avaient été à craindre pour l'Italie, Rome leur avait opposé la difficulté des passages; mais sitôt que ses premières colonies eurent offert une digue à leurs efforts, elle sentit l'utilité de vastes routes pour le transport des armées, et c'est à les tracer dans la Gaule cisalpine que Scaurus employa ses troupes. Aussi le sénat, éclairé par l'ambition sur l'utilité d'une pareille entreprise, ne lui tint-il pas un moindre compte de ses travaux que de ses victoires.

La partie méridionale des Gaules, conquise par les armes romaines, demeura dès-lors paisible sous le nom de *Province romaine*, d'où est venu celui de *Provence*. Si du moins la tranquillité en fut troublée à quelque temps de là, ce ne fut point pour des intérêts qui lui fussent propres, mais parce qu'elle devint le théâtre d'une lutte terrible entre les Romains et un peuple barbare, venu du nord comme pour préluder aux calamités que les nations septentrionales devaient un jour verser sur le nom romain, qu'elles étaient

---

(1) Vell. Paterc. l. 4, c. 15. — (2) *Epit*. l. 1, 62. — Oros. l. V. — Catr. *Hist. Rom*. t. 16 — (3) Strabon, l. V.

destinées à anéantir (1). Ce peuple était les Cimbres, habitans de la péninsule connue depuis sous le nom de *Jutland*. Ils la quittèrent alors, allant à la recherche d'une terre et d'une patrie moins disgraciée de la nature. Dans la direction qu'ils prirent vers le midi, ils s'associèrent les Teutons, voisins comme eux de la mer Baltique, et se dirigèrent ensemble vers la Bavière; mais, menacée de résistance de la part des Gaulois Boïens qui l'habitaient, cette multitude, surchargée de femmes et d'enfans, et qui, pour cette raison, s'attachait de préférence aux conquêtes faciles, se porta sur les Scordisques, habitans des rives de la Save et du Danube, et leur fit éprouver des pertes qui, depuis, facilitèrent aux Romains les moyens de rejeter ces peuples au-delà du Danube.

Les Cimbres, en s'étendant vers la Norique (l'Autriche), se trouvèrent rapprochés du consul Papirius Carbon, envoyé à Aquilée, sur l'extrême frontière de l'Italie, pour observer leurs démarches. A l'effet de les éloigner, il leur fit déclarer que le pays qu'ils envahissaient était allié des Romains, et, à ce titre, il les somma de l'évacuer. Quelque blessée que fût la fierté des Cimbres d'un procédé si hautain, ils ne refusèrent point d'entrer en négociation, et comme ils n'avaient encore aucune résolution arrêtée sur leur dernière destination, ils firent peu de difficultés de se rendre aux désirs du consul. Le perfide méditait une trahison : ayant corrompu leurs guides, il les fit conduire dans une embuscade qu'il avait préparée, et où il les attaqua pendant qu'ils se livraient au sommeil avec sécurité; mais l'indignation dont ils furent saisis, aussitôt qu'ils eurent reconnu quel était leur ennemi, doublant leurs forces et compensant pour eux le désavantage des lieux et du moment, les Romains furent partout enfoncés, et n'eurent bientôt plus de salut que dans la fuite. Dans la consternation de l'Italie à la nouvelle de ce désastre, il est difficile de dire ce qui serait arrivé si les barbares eussent passé les Alpes; mais, par une résolution qui n'est explicable que dans les décrets de la Providence, ils se dirigèrent vers l'Helvétie, s'adjoignirent, chemin faisant, les Tigurins (les Zurikois), traversèrent la Gaule, qu'ils dévastèrent, franchirent les Pyrénées, et continuèrent leurs ravages en Espagne, s'annonçant, d'ailleurs, pour revenir ensuite sur l'Italie, où rien ne semblait les empêcher de pénétrer plus tôt.

Rome mit à profit le délai qui lui fut accordé. Elle fit passer dans les Gaules le consul Silanus, à l'effet d'y protéger ses nouveaux établissemens, et de mettre obstacle au retour des Cimbres. Suivant leurs promesses, ils tardèrent peu à reparaître dans les Gaules, et firent demander nettement au consul un établissement en Italie. Sur le refus nécessaire du magistrat, de part et d'autre on recourut aux armes, et la victoire demeura encore aux barbares. Au premier

---

(1) Epit. l. I, 63-68. — Flor., l. III, c. 4. — App. *in Cimbris*. — Strab. l. V.

choc les Romains furent dissipés, et les Gaules livrées, par suite, à de nouveaux pillages; les villes seules en furent exemptes. Les consuls Aurélius Scaurus et Cassius Longinus, qui succédèrent à Silanus, ne furent pas plus heureux que lui; le dernier même périt dans une embuscade que lui avaient dressée les Tigurins; et son lieutenant, homme sans courage et sans moyens, croyant les circonstances encore plus fâcheuses, flétrit la dignité du nom romain, en laissant renouveler la scène déshonorante des *Fourches Caudines*. Les affaires paraissaient désespérées, lorsque le consul Cépion reprit l'ascendant, battit les Cimbres, et leur enleva, par des intelligences, la ville de Toulouse, dont ils s'étaient emparés par surprise. Quoique les habitans eussent eux-mêmes livré leur ville aux Romains, ceux-ci ne s'en crurent pas moins autorisés à la piller. Le butin qu'ils y firent, par la spoliation des temples, fut immense. Cépion fut soupçonné de s'être attribué la part des complices de son avarice, en faisant attaquer sur la route une partie des spoliateurs, chargés par lui du faible transport qu'il destinait à la république. Personne ne les plaignit. Cet évènement passa pour une vengeance des dieux, et une juste punition de l'impiété des profanateurs; et il passa dès lors en proverbe dans les Gaules, pour désigner un misérable à qui ses larcins n'avaient pas profité, et qui avait volé l'or de *Toulouse*. Cette campagne est marquée par une époque intéressante, celle de la naissance de Pompée et de Cicéron.

Les Cimbres cependant n'avaient point été tellement comprimés, qu'il ne fût nécessaire d'envoyer de prompts secours à Cépion. Les Gaulois mêmes, soulevés contre lui par la violation de leurs temples, accouraient de toutes parts, et réparaient les pertes des Cimbres. Ce fut dans ces entrefaites que le Consul Manlius arriva dans les Gaules. C'était, sous le rapport de la naissance et des talens, tout l'opposé de Cépion. L'un afficha du mépris, et l'autre de la supériorité. De là une mésintelligence complète entre les deux généraux: point de communication entre eux, défiance mutuelle entre leurs corps d'armée, désir réciproque de s'enlever la gloire des succès. Cépion, à cet égard, poussa la jalousie au point de traverser les ouvertures pacifiques des ennemis qui ignoraient la division des deux généraux, et qui en profitèrent quand ils la connurent. Attaqués séparément, Manlius par les Gaulois, et Cépion par les Cimbres, tous deux furent battus, et avec une perte qui rappela la journée de Cannes: plus de cent mille Romains ou alliés restèrent sur la place. Les généraux échappèrent à peine avec quelques hommes, du nombre desquels était le jeune Sertorius, qui donna, dans cette circonstance, des témoignages précoces de vigueur et d'intrépidité. Les vainqueurs ne firent aucun quartier: tous les prisonniers qu'ils firent furent pendus comme sacrilèges; et quant au butin, par esprit de religion, ils n'en voulurent tirer aucun profit; les chevaux mêmes furent noyés. Cette journée funeste fut placée par le sénat au même rang que celle d'Allia, où les Gaulois avaient fait trembler Rome de plus près. Cépion, par une mesure inouïe jusqu'alors, fut déposé et ses biens confisqués : faible expiation sans doute pour celui dont la cupidité et l'orgueil avaient compromis d'une manière si funeste les destinées de sa patrie, mais qui se trouva précisément assortie, d'ailleurs, à la nature de son double crime.

De nouvelles levées, faites avec la plus extrême rigueur, furent destinées à réparer un aussi grand désastre. Il restait à leur donner un chef qui pût leur inspirer de la confiance. Tous les yeux se tournèrent vers Marius, qui venait de terminer avec éclat la guerre de Numidie contre Jugurtha. A raison de la gravité des conjonctures, il fut élu consul quoique absent, et que dix ans fussent loin d'être écoulés depuis son premier consulat; deux circonstances qui, suivant les lois, s'opposaient à sa promotion à la dignité consulaire. Flatté d'un choix aussi honorable, il se hâta de passer dans les Gaules avec son armée; mais il n'y trouva plus d'ennemis. Incapables d'aucun dessein suivi, inhabiles même à saisir l'occasion et à profiter des avantages qu'ils devaient retirer de leur dernière victoire, et de la consternation dont ils avaient frappé l'Italie une seconde fois, les Cimbres avaient commis encore la faute de s'éloigner des Alpes, et étaient retournés en Espagne pour achever de ruiner la Celtibérie. Les peuples auparavant en guerre avec les Romains, venaient de se réunir à eux contre l'ennemi commun; mais les secours qu'ils en tiraient étaient faibles : Rome, obligée de porter ailleurs la majeure partie de ses forces, n'avait pu laisser qu'une légion en Espagne. Cependant, l'assistance qu'elle procura aux naturels du pays ne fut pas vaine, moins pourtant par les secours effectifs qu'elle leur fournit, que par les principes de tactique qu'elle leur donna. Instruits par leurs leçons, et guidés par leurs conseils, la guerre de chicane qu'ils soutinrent contre les barbares, fatigua bientôt l'inexpérience de ceux-ci, et les contraignit enfin à abandonner des lieux où d'ailleurs il n'y avait plus rien à piller.

Marius avait borné ses dispositions aux moyens de recevoir les barbares à leur retour, et, en attendant, il prenait toutes les mesures qui pourraient alors lui assurer la victoire, surtout en formant sa jeune armée à toute la rigueur de la discipline. Elle était aussi sévère que si l'ennemi eût été aux portes du camp, et le consul la rendait même effrayante par la dureté du commandement : tout tremblait sous ses ordres et obéissait avec une salutaire ponctualité. L'année se passa dans ces exercices, et sans qu'on entendît parler de l'ennemi; cependant il était toujours attendu, et, les circonstances demeurant les mêmes, Marius fut nommé consul pour la troisième fois. Il le fut même encore l'année suivante pour la quatrième; mais cette fois ce fut avec moins d'unanimité : il lui fallut, pour réussir, et sa présence et les intrigues de ses partisans. Entre les mains d'un plébéien dur et factieux, qui prenait à tâche de faire peser son autorité sur les nobles, ce pouvoir suprême qui semblait tendre à la perpétuité, avait des inconvéniens sensibles et manifestes, et que ne pouvaient étouffer encore ni les transports excités par des succès dont l'occasion ne se présentait point, ni le sentiment d'un danger imminent, qui s'oubliait au contraire à mesure qu'il semblait s'ajourner.

Lorsque l'état de dévastation de la Celtibérie, jointe à la résistance des peuples, eut rendu la guerre sans objet pour les barbares, ils se ressouvinrent de l'Italie, et se disposèrent enfin à y pénétrer (1). Ils avaient laissé perdre les momens favorables Pour réparer cette faute, autant du moins que les circonstances pouvaient encore le permettre, ils se séparèrent en deux bandes. Les Cimbres reprirent la route par laquelle ils avaient pénétré dans les Gaules; longeant toujours les Alpes, ils regagnèrent l'Helvétie, la Rhétie et la Norique, se proposant de traverser les montages à cette hauteur, pendant que les Teutons tenteraient la même entreprise du côté de l'occident, Marius barrait le passage à ceux-ci, pendant que Lutatius Catulus, son collègue, envoyé dans la Gaule Cisalpine, devait s'opposer à la descente des Cimbres. Ce dernier n'avait avec lui que deux légions; mais Sylla, qui avait quitté Marius, était son lieutenant.

Cependant les Teutons s'avançaient dans la Gaule Narbonaise, avec la sécurité que leur inspiraient la conscience de leur courage et de leur nombre, et le souvenir de leurs anciens triomphes. Marius, au contraire, était circonspect; il se retranchait et paraissait craindre. Général aussi prudent qu'habile, il voulait maîtriser les évènemens et ne rien laisser à la fortune. Retiré derrière le Rhône, il s'était choisi, vers son embouchure, une position qui aurait réuni tous les avantages, si les sables dont le fleuve était engorgé, ne lui eussent ôté avec la mer une communication nécessaire à ses approvisionnemens Il ne tarda pas à se procurer cette ressource, en faisant creuser, par ses soldats, un canal, qui non-seulement lui rendit cet office, mais qui, dans un nouveau Delta, le couvrit de toutes parts. Cet emplacement, connu dans l'antiquité sous le nom de *Caii Marii Agger* (les retranchemens ou le camp de Marius), le retient encore aujourd'hui dans la dénomination défigurée de *la Camargue*. Ce fut dans cette espèce de fort qu'il laissa dissiper la fougue impuissante de l'ennemi, dont il mit à profit les insultes journalières, pour familiariser ses troupes avec l'air et le cris des barbares, qu'ils cessèrent insensiblement de faire la moindre impression sur elles, et que bientôt elles ne demandèrent que le combat. Mais le prudent Marius ne le permit point encore; il voulait fatiguer les Cimbres par leur inaction même, et par la disette qu'il faisait naître autour d'eux, au moyen des partis qu'il envoyait battre à la campagne. Cet expédient lui réussit presque au-delà de ses désirs; car les barbares ne pouvant séjourner davantage devant son camp, et se sentant d'ailleurs dans l'impossibilité de le forcer, prirent le parti de gagner les Alpes, laissant Marius derrière eux, au hasard de ce qui pourrait en arriver. Ils furent six jours à défiler le long du camp, demandant par bravade aux Romains s'ils avaient des nouvelles à faire passer à Rome, à leurs femmes. Marius les suivit de près, et non sans quelque regret d'abandonner la position inexpugnable de son camp.

Les deux armées avaient atteint le voisinage d'Aix, et touchaient presqu'aux montagnes, lorsque les Ambrons, peuple qui faisait partie de l'armée des Teutons, mais qui se trouvait campé séparément, attaquèrent un parti de Romains qui allaient chercher de l'eau dont on manquait à leur camp. Les légionnaires coururent à leur secours, et de là suivit un engagement partiel auquel Marius était préparé, quoique l'évènement fût imprévu. Depuis quelque temps, en effet, sûr de ses troupes et de l'exactitude avec laquelle ses ordres étaient suivis, il n'épiait que le moment favorable. L'impétuosité des Ambrons leur donna d'abord de l'avantage, mais ils furent ensuite culbutés dans la rivière d'Arcq, qu'ils avaient passée avec intrépidité. Leurs femmes vinrent inutilement à leur aide, avec une résolution supérieure à leur sexe. Ce mouvement d'héroïsme ne fut point heureux, et les suites en furent encore plus funestes. Réduites à capituler, elles postulèrent, pour sauver leur honneur, de devenir le partage des vestales (1). Le farouche Marius rejeta leur demande. Alors, par une férocité sublime, et dont le blâme est au vainqueur, ces héroïnes de la chasteté conjugale, trompant les espérances d'un soldat libidineux, s'étranglèrent elles-mêmes la nuit suivante.

Quelque complet qu'eût été l'avantage du combat pour les Romains, on osait à peine s'en réjouir dans leur camp; il n'était pas encore achevé, et les Teutons n'étaient pas éloignés; mais, par une fatalité qui semblait attachée à toutes leurs démarches, ils ne parurent que le surlendemain, et laissèrent à l'armée romaine le temps de se fortifier et de préparer à loisir toutes les dispositions propres à assurer le gain d'une bataille. Les Romains en profitèrent pour dresser une embuscade qui devait mettre les Teutons entre deux corps d'armée, et ce fut dans cette situation désavantageuse que ceux-ci se placèrent lorsqu'ils se montrèrent enfin à la vue de l'armée romaine. Elle occupait une colline qui lui donnait un nouvel avantage de position. Pour le conserver, Marius fit descendre sa cavalerie dans la plaine, avec ordre de se retirer sur les ailes aussitôt qu'elle aurait engagé le combat. Le succès couronna cette manœuvre : les Teutons, parvenus au pied de la colline, dédaignèrent de s'y arrêter, et attaquèrent avec fierté, mais par la nature du terrain, il suffisait aux Romains du seul bouclier pour se défendre et pour renverser l'ennemi. Malgré ce désavantage, les Teutons n'en continuèrent pas moins leur attaque avec une ardeur digne du meilleur succès. Jusqu'au milieu du jour, la fortune était demeurée à peu près égale; mais les troupes embusquées, chargeant alors les Teutons à dos, jetèrent parmi eux un étonnement et un découragement si subits, qu'il n'y eut plus de combat, mais une déroute absolue, dans laquelle les Romains anéantirent sans danger toute l'armée ennemie. Ce fut la terrible revanche de Cépion. Cent mille Teutons y périrent, suivant les supputations les plus modérées, et quelques auteurs doublent et triplent même cette perte. Rome reconnaissante paya cette victoire si importante en honorant le vainqueur d'un cinquième consulat. Son collègue fut continué aussi dans le commandement, mais avec le titre seulement de proconsul.

Cependant les Cimbres descendaient sans obstacle les Alpes Noriques. Catulus se croyant trop faible pour défendre les gorges, avait préféré, sur l'avis de Sylla, de recevoir les barbares en rase campagne; il les attendait sur l'Adige, dont il occupait les deux bords. Les Cimbres, pour le forcer dans sa position, essayèrent de rompre la communication entre les deux rives, en profitant du courant pour pousser de gros arbres contre les pilotis du pont qui les joignait. Cette manœuvre jeta une telle terreur dans la petite armée de Catulus, que tous, quittant leurs postes, malgré les exhortations et les menaces du proconsul, prirent ouvertement la fuite. Catulus, ne put que se mettre à la tête des fuyards pour retarder leur marche et lui donner l'air, au moins, d'une retraite. Quelques braves, laissés à la garde du camp, de l'autre côté de l'Adige, témoignèrent seuls assez de résolution pour imposer aux Cimbres, et pour obtenir d'eux une composition honorable qui leur permît de rejoindre le gros de l'armée, au-delà du Pô. Catulus avait eu le talent de le traverser, sous la vue même de l'ennemi, en feignant d'abord de camper sur une hauteur au-delà du fleuve, et en profitant habilement du moment où les Cimbres, trompés par cette apparence, travaillaient effectivement à camper eux-mêmes. Ceux-ci, au lieu de tenter aussi le passage et de marcher sur Rome, qu'ils auraient alors trouvée sans défense, se laissèrent séduire par les douceurs du climat, et ne pensèrent plus qu'à en savourer les jouissances, en attendant les Teutons, de qui ils n'avaient plus de secours à espérer. Tant de délais et tant de fautes répétées coup sur coup devaient insensiblement amener leur ruine. Marius, appelé à la défense de Rome, eut le temps de repasser les Alpes et de rejoindre les troupes de Catulus. Ce ne fut qu'alors seulement que les Cimbres apprirent la défaite de leurs compagnons d'armes; ce ne fut qu'alors encore qu'il leur vint en pensée de combattre, et que, par une nouvelle impéritie digne de la conduite qu'ils avaient tenue jusqu'à ce moment, ils firent demander à Marius, le champ et l'heure d'une bataille qui pût vider leurs différens. Marius accepta avec joie une proposition qui devait tourner au profit de son pays et de sa gloire; et il les assigna à trois jours dans la plaine de Verceil, qui n'avait d'étendue que ce qu'il en fallait pour contenir commodément l'armée romaine, et où les barbares ne pouvaient que s'entasser pêle-mêle.

Il est inutile de remarquer d'un général aussi habile que Marius, qu'il ne négligea aucune des circonstances du vent, du soleil et de la poussière qui pouvaient être profitables à ses troupes et nuisibles à celles de l'ennemi; mais il est intéressant d'observer qu'il sut encore se donner l'avantage de l'ordre sur le désordre, en faisant manger ses troupes de bonne heure et en les rangeant aussitôt en bataille, ce qui força les barbares pris au dépourvu, de se présenter au combat à jeun et dans la plus extrême confusion. Pour y remédier en partie, ils eurent recours à un moyen étrange bien digne de la science militaire qu'ils avaient montrée jusqu'alors, et qui ne contribua pas peu à leur défaite; ce fut de se lier les uns aux autres par des cordes qui enlaçaient leurs baudriers. Leur bravoure, entravée par tant de fausses mesures, par les tourbillons de poussière dont ils furent aveuglés et par une chaleur insupportable à laquelle ils n'étaient point accoutumés, ne put tenir contre la valeur savante des Romains. Cent vingt mille barbares restèrent sur la place, et soixante mille furent faits prisonniers et réduits en esclavage. Leurs femmes, demeurées au camp, renouvelèrent la scène affreuse de celles des Ambrons dans les Gaules. Les Romains ne perdirent que trois cents hommes, disproportion qui cessera d'étonner, si l'on considère la nature d'une déroute où tout le danger disparaît pour le vainqueur. Ainsi finit cette incursion précoce des peuples du nord dont les deux Gaules furent le théâtre et par conséquent les victimes. On peut observer, à l'occasion de cette guerre, qu'elle fut une des causes assez prochaines de la ruine du gouvernement républicain. Les quatre consulats successifs qu'elle accumula sur la tête de Marius lui inspirèrent l'audace d'en solliciter un cinquième, lorsque le salut public ne pouvait plus être un prétexte d'infraction à la loi, et préparèrent ainsi les Romains aux dictatures perpétuelles de Sylla et de César, et enfin à celle d'Octave qui changea sans retour la forme du gouvernement.

A cette tourmente inattendue, succéda pour la Gaule un calme de près de quarante années, dû peut-être à la diversion puissante que firent durant ce temps les armes du fameux Mithridate, roi de Pont, et aussi aux troubles intérieurs qui agitèrent la république sous les étendards opposés de Marius et de Sylla. La conspiration de Catilina devait être l'occasion qui fit retomber la Gaule dans les calamités de la guerre et peu après dans celles de la dépendance.

Les Allobroges à cette époque avaient à Rome des députés pour solliciter une modération sur les tributs exorbitans qui avaient été exigés d'eux. Le sénat, sous divers prétextes, différait de jour en jour de répondre à leur requête, et ces délais avaient excité en eux un mécontentement qu'ils ne dissimulaient pas (1). Les chefs des conjurés, laissés à Rome par Catilina lorsqu'il en était sorti pour se mettre à la tête de l'armée qu'il s'était formée, pensèrent à profiter de ces dispositions. Ils manquaient de cavalerie qu'ils auraient pu trouver chez les Gaulois, et une diversion de la part de ces peuples ne pouvait qu'être favorable à leur cause. Ils n'hésitèrent donc pas à s'ouvrir auprès des envoyés et à leur découvrir leurs desseins, promettant de leur faire prompte justice s'ils consentaient à les seconder. L'offre leur parut séduisante, mais l'affaire assez délicate d'ailleurs pour ne pas s'y engager sans de mûres réflexions. Dans cette disposition, ils confièrent les ouvertures qui leur étaient faites au sénateur Gabius Sanga, qui était à Rome le protecteur des Allobroges. Sanga, citoyen honnête et ami de Cicéron, alors consul, leur fit horreur d'un semblable complot et leur prouva que leur intérêt bien entendu était beaucoup plus assuré dans la protection qu'ils devaient retirer de la république, que dans celle qu'ils avaient à attendre d'un ramas de séditieux destinés à n'avoir qu'un moment d'existence ; il leur persuada même d'en faire part au consul, et celui-ci établit sur cet incident les moyens de se procurer une conviction légale d'une trame dont il tenait déjà le fil par les révélations de Fulvie et de Curius, son amant.

Par son conseil les députés feignirent d'adhérer aux propositions des conjurés et demandèrent des signatures qu'ils pussent exhiber à leurs mandataires. Ils obtinrent tout ce qu'ils voulurent, fixèrent leur départ en conséquence, se chargèrent de lettres pour Catilina qu'ils devaient voir en passant et reçurent enfin des guides pour parvenir en sûreté jusqu'à lui. Prévenu par eux et d'accord avec eux, le consul avait placé une embuscade sur la route ; ils y furent arrêtés avec ce qui composait leur escorte, et leurs papiers surtout furent saisis avec le plus grand soin ; la preuve écrite de la conjuration y était renfermée et portait la signature des quatre principaux chefs, qui, sur ces pièces, furent arrêtés et exécutés peu après.

Catilina cependant, contre lequel on avait envoyé le second consul Antonius, épiait l'instant favorable de seconder les fureurs des conjurés en entrant à Rome à l'époque convenue des Saturnales. Pour y réussir, il évitait le combat, et, par des marches et contremarches, il cherchait à mettre en défaut la vigilance du consul. Lorsqu'il eut appris la défection de son parti dans la capitale, il changea de conduite. Quoique trahi par les députés des Allobroges, il espéra de la nation même s'il pouvait s'en approcher. Il prit donc la résolution de gagner la Gaule Cisalpine ; mais, obligé de se précautionner contre les attaques de l'ennemi, sa marche ne pouvait être que lente ; en sorte qu'il fut prévenu facilement par Métellus Céler,

(1) Sallust.

qui pressentit son dessein et qui alla se poster près des montagnes. Catilina, pour peu qu'il eût reculé davantage, devait se trouver ainsi pressé entre deux armées; il jugea plus salutaire de les combattre séparément et se vit dans la nécessité d'attaquer Antonius, qui avait paru le ménager jusqu'alors, et qui, le jour même du combat, s'absenta sous prétexte d'une indisposition véritable ou feinte et laissa le commandement à son lieutenant Pétreius. Les soldats de part et d'autre firent paraître une égale valeur; mais les deux commandans des ailes de l'armée rebelle ayant été tués, Catilina, se trouvant dans l'impossibilité de diriger seule toute la bataille, désespéra de la victoire et ne songea plus qu'à vendre chèrement sa vie qu'il perdit en effet après avoir percé plusieurs rangs de l'ennemi. Son armée, privée de chefs, ne tarda pas à être mise en déroute. Pétreius arrêta le carnage et défendit de faire des prisonniers. Humain et sage tout à la fois, il pensa que la cause de la sédition étant détruite, tout le sang romain qu'il épargnerait coulerait désormais pour la patrie.

Catilina ne s'était point trompé sur les dispositions des Allobroges, ils remuèrent en effet, et il fallut que le préteur de la Gaule Narbonnaise marchât contre eux. Les secours qu'ils tirèrent d'un petit roi, leur voisin, les mirent dans le cas de le battre, et il fut nécessaire d'envoyer une nouvelle armée pour arrêter les progrès qu'ils faisaient déjà. Cette fois ils furent battus à leur tour; mais ce n'est qu'à César qu'il était réservé de les soumettre effectivement.

César entrait alors dans la carrière des grandes dignités. Propréteur, et revêtu récemment de la grande sacrificature, il venait d'être envoyé en Espagne, où, pour la première fois, il commandait en chef, et où son ambition fit naître des sujets de guerre pour y trouver des occasions de conquêtes. En moins d'un an il acheva l'ouvrage ébauché des Scipions. L'Espagne entière fut soumise, et il lui donna des lois sages qui firent oublier ses exploits. Il y fut regretté lorsqu'il en partit pour Rome, à l'effet d'y solliciter le triomphe et le consulat: mais il lui fallut opter. Les postulans du triomphe devaient demeurer hors de la ville, et les candidats au consulat devaient au contraire s'y trouver en personne. Dans l'impossibilité de faire taire l'une ou l'autre loi, il préféra de sacrifier les jouissances de la vanité à celles de l'ambition, et il entra dans la ville pour y conduire sa brigue.

Pompée et Crassus y étaient alors les personnages les plus influens : Pompée, par l'éclat de ses victoires dans les trois parties du monde; Crassus, par celui de ses richesses, joint à quelque mérite militaire dont il avait fait preuve dans la guerre contre Spartacus (1). Ces avantages avaient naturellement fait naître entre eux de la rivalité. Si César, pour réussir dans ses vues, s'attachait à l'un, c'était attirer la malveillance de l'autre; s'il les caressait également, il pouvait leur devenir également suspect. Cet embarras lui fit naître

(1) Plut. in *Cæs. et Crass.*—Dio., l. XXXVII.—App. *de Bell. civ.*, l. II.

des vues plus profondes; ce fut de rapprocher ces deux hommes et de s'étayer de la réunion de leur pouvoir en le partageant. Ce chef-d'œuvre d'intrigue et de politique donna naissance au *premier triumvirat*, à cette association fameuse par laquelle ils devaient s'aider mutuellement dans leurs entreprises, n'en former que d'un commun accord, et n'en exécuter aucune contre le gré d'un seul.

César recueillit d'abord les fruits de cette ligue secrète, masquée, au-dehors, sous les apparences d'un retour à la concorde. Toutes les brigues le portèrent au consulat : il ne put empêcher néanmoins que le sénat, à force de mouvement et d'argent, ne lui donnât un collègue disposé à le traverser dans les actes de son gouvernement : c'était Calpurnius Bibulus, qui malheureusement n'avait guère d'autre mérite que celui de la pureté de ses intentions. César l'écrasa bientôt de son ascendant et de ses manœuvres. Ce fut au point de le contraindre à demeurer chez lui pendant les huit derniers mois de son administration; en sorte que César fut à peu près le seul magistrat suprême de cette année. Il se maintint dans cette autorité avec la faveur générale, en flattant séparément tous les ordres de l'État : le sénat, par des égards extérieurs, lors même qu'il lui arrachait un consentement forcé; les chevaliers chargés du recouvrement des deniers publics, par la réduction de leurs fermes; le peuple, par des concessions de fonds publics aux pauvres citoyens, espèce de loi agraire, mais si habilement mitigée, que bien que le sénat pénétrât facilement les vues du consul, il n'osa pas s'opiniâtrer long-temps à refuser son adhésion à la loi; Pompée enfin, par des déférences, et en lui donnant en mariage Julie, sa fille, par le moyen de laquelle il le gouverna.

Le résultat d'une politique si raffinée fut d'obtenir, à l'expiration de son consulat, le gouvernement de l'Illyrie et de la Gaule-Cisalpine, qui lui fut déféré par le peuple, et celui de la Gaule Transalpine par le sénat empressé de s'en faire un mérite auprès de lui, dans la crainte qu'il ne s'adressât encore au peuple pour l'obtenir; le tout pour cinq années, et avec le commandement de quatre légions. Le triumvirat lui prêta, dans cette poursuite, l'assistance de son crédit, et par cette démarche imprudente procura lui-même les moyens qui devaient l'anéantir.

L'année même du consulat de César, l'helvétien Orgétorix avait excité ses compatriotes à la conquête de la Gaule Celtique, de celle qui, bornée au nord par la Seine et la Marne, et au midi par la Garonne, confinait aux établissemens romains (1). Soupçonné presque immédiatement de n'avoir conçu ce projet que pour s'en faire un moyen de s'élever au pouvoir suprême, il avait été arrêté par ses concitoyens, et s'était empoisonné. Mais le mouvement qu'il avait imprimé à tous les esprits, continua de subsister, et, pour le rendre

---

(1) Cæsar, *de Bello gallico*, l. 1.

irrévocable, les Helvétiens eux-mêmes avaient brûlé leurs villes et leurs villages, et fixé leur rendez-vous sur les bords du Rhône, pour les premiers jours de l'année suivante. César, dévoré de jalousie au souvenir des triomphes de Pompée, et bien persuadé que, pour lui être véritablement égal, il fallait opposer trophées à trophées, ressentit une joie peu commune, non-seulement de ces apparences guerrières, mais encore de la circonstance du rendez-vous, qui, laissant à son ambition l'avantage de se satisfaire à Rome pendant toute l'année de sa magistrature, lui permettait de préparer les ressorts qui, à l'expiration de ce terme, devaient lui procurer le département des deux Gaules.

Fidèles à leur ajournement, les Helvétiens, au nombre de près de trois cent soixante mille ames, dont quatre-vingt-douze mille combattans, cherchant à éviter les défilés dangereux du Jura, se portaient déjà entre cette montagne et le Rhône, et se disposaient à traverser la province romaine pour pénétrer dans la Celtique, lorsque César, instruit de leur mouvememt, se rendit en huit jours de Rome à Genève. Sur-le-champ il fait rompre le pont de cette ville sur le fleuve, et à l'aide de la seule légion (1) qu'il trouve dans la province, et des troupes du pays, il ferme en quinze jours, par un retranchement de dix-neuf mille pas et une muraille de seize pieds de hauteur, l'espace ouvert entre le lac et le Jura. Fort de cette défense, il refuse nettement les députés helvétiens qui lui demandent passage, et repoussent les détachemens divers qui le tentent par les gués du Rhône.

Réduits à prendre la route des défilés, les Helvétiens s'assurent de la bonne volonté des Séquanais (des Francs-Comtois) et des Eduens (des Autunois), leurs voisins, auxquels ils promettent une part dans leurs conquêtes. Mais à peine étaient-ils hors des montagnes, qu'oubliant engagemens et promesses, ils pillent les terres de leurs alliés comme ils eussent fait de celles de leur ennemi. Tel fut l'incident auquel on peut attribuer la conquête des Gaules par César. Les cantons opprimés réclament de lui des secours dont il s'empresse de leur donner la promesse; et, afin de la réaliser, il se rend avec célérité dans le Cisalpine, et en tire trois légions de vieilles troupes, et

---

(1) Pour l'intelligence des détails militaires qui vont suivre, il convient de savoir qu'au temps de César la légion était composée d'environ six mille fantassins et d'une troupe de trois cents cavaliers, qui portait le nom d'aile. La légion était divisée en dix cohortes, commandées chacune par un tribun, et les cohortes en centuries, commandées par des centurions. Ces mêmes centuries se subdivisaient en chambrées composées de dix soldats.

La cavalerie de chaque légion, ou l'aile, comprenait dix turmes de trente cavaliers, dont chacune avait pour chef un décurion.

Il n'y avait qu'un seul aigle par légion. Chaque cohorte, chaque centurie et chaque décurie avait aussi son enseigne particulière. Le premier centurion de la légion avait la garde de l'aigle; c'était un officier distingué, et qui entrait au conseil de guerre avec les tribuns. Vegec., liv. II.

deux autres de nouvelles levées, avec lesquelles il repasse aussitôt les monts. Il fit une telle diligence que, malgré quelque opposition qu'il trouva dans les montagnes, il atteignit les Helvétiens sur les bords de la Saône : les trois quarts l'avaient passée. César fondit à l'improviste sur le reste, l'eut bientôt dissipé, et passa lui-même, et en une seule journée, cette rivière, que la multitude des Helvétiens n'avait pu traverser qu'en vingt jours. Etonnés d'une pareille diligence, ils députent vers lui, demandent d'être admis à l'alliance du peuple romain, et réclament un établissement dans la Gaule. César rejette toutes ces propositions, et refuse d'entendre à aucune autre qu'à l'évacuation du territoire des alliés de Rome, et à leur retour immédiat en Helvétie. Piqués d'une réponse aussi impérieuse, les envoyés se retirent, mais non sans rappeler à César, avec une égale fierté, qu'ils étaient ce même peuple qui, cinquante ans auparavant, de concert avec les Ambrons, avait fait passer des milliers de Romains sous le joug : les Helvétiens, en conséquence, continuent leur marche, et obtiennent même quelques avantages sur divers partis avancés des Romains.

Enflés de ce petit succès et de quelques signes trompeurs d'appréhension qu'ils avaient cru remarquer en César, ils osèrent l'attaquer lui-même à quelques jours de là, et quoiqu'il fût dans une position formidable ; mais leurs boucliers, qu'ils avaient serrés et enlacés les uns dans les autres pour s'en faire un abri, se trouvèrent bientôt tellement percés par les traits des Romains qu'ils en demeurèrent liés ; de sorte que, ne pouvant plus en faire usage, ils furent contraints de les abandonner et de se présenter découverts au combat. Ce désavantage les força de reculer ; leur mouvement s'effectua d'ailleurs avec un ordre qui permit à leur corps de réserve de prendre les Romains en flanc, et dès lors le combat devint douteux. Ce ne fut qu'à la fin du jour que la victoire se déclara pour les Romains : mais elle fut complète ; et, de cette immense population, cent trente mille seulement purent gagner la route de Langres. Déjà César avait mandé sur tous les lieux de leur passage qu'on eût à leur refuser toute espèce de vivres et de secours, sous peine de partager leur sort, et trois jours après il se mit lui-même à leur poursuite. Réduits aux dernières extrémités par ces dispositions, les Helvétiens lui adressèrent de nouveaux députés pour se soumettre. César les reçut en grace, sous la condition qu'ils livreraient leurs armes, donneraient des otages, retourneraient dans leurs pays, et qu'ils y rebâtiraient leurs villes qui faisaient la sûreté de la Gaule contre les incursions des Germains. Ils y consentirent, et ainsi se termina la guerre contre l'Helvétie.

Tous les chefs de la Gaule s'empressèrent de féliciter César d'un succès dont ils semblaient devoir recueillir les fruits ; et, devenus confians sur ce témoignage de générosité, ils hasardèrent près de lui une démarche qui l'autorisa à s'immiscer désormais dans toutes leurs affaires; ils ne le prièrent de rien moins, en effet, que d'appuyer de son autorité la tenue des états de la Gaule, et les résolutions mystérieuses que l'on prévoyait devoir y être prises. César ne manqua pas d'accéder à une demande qui secondait merveilleusement les prétentions ambitieuses de la république à protéger tous les peuples, et par suite à les dominer. Les états se tinrent sous ses auspices, et le résultat des délibérations, que la crainte empêchait encore de divulguer, lui fut communiqué secrètement par l'Eduen Divitiacus, qui avait déjà toute sa confiance, et pour les services qu'il lui rendait de sa personne dans les armées, et pour l'influence dont il jouissait dans les Gaules.

Il en apprit que les peuples de la Celtique étaient divisés depuis long-temps en deux factions, à la tête desquelles se trouvaient les Eduens d'une part et les Arvernes (les Auvergnats) de l'autre; que les derniers, abaissés par leurs rivaux, s'étant unis aux Séquanais, avaient réclamé des secours d'Arioviste, roi des Suèves (des Souabes); que celui-ci, entré d'abord dans les Gaules avec quinze mille hommes seulement, en avait successivement introduit jusqu'à cent vingt mille; qu'avec ces forces il avait ruiné la puissance des Éduens, et qu'il les avait contraints à lui donner des otages, garans de leur servitude et du serment qu'il avait exigé d'eux de ne jamais recourir aux Romains; que les Séquanais, qui l'avaient appelé, n'avaient point eu lieu de s'en féliciter davantage; qu'il s'était approprié le tiers de leur pays; qu'en ce même moment il en réclamait un nouveau tiers pour ses alliés; et que le reste, subjugué par sa présence, était tombé dans un asservissement pire que celui des Éduens; qu'enfin la terreur qu'imprimait le nom d'Arioviste à toute la Gaule, par le danger de leurs otages, était telle que nul n'avait la hardiesse de s'en plaindre, et que, si lui-même osait davantage, ce n'était que parce qu'il avait soustrait à son pouvoir tout ce qui lui était cher, en renonçant à tous les avantages qu'il aurait pu se promettre dans sa patrie.

César saisit avidement ces plaintes comme un gage précieux qui lui promettait de nouveaux triomphes. Il assura les députés qu'il faisait son affaire de la leur et dépêcha aussitôt vers Arioviste pour l'inviter à une entrevue. *S'il a à me parler*, répondit le fier Germain, *il peut venir me trouver*. Sur le refus de s'aboucher ainsi avec lui, César lui manda dès lors que, par le devoir de sa charge, il se voyait tenu d'exiger de lui qu'il eût à cesser de donner entrée aux Germains dans les Gaules et à renvoyer aux Éduens leurs otages; qu'en satisfaisant à ces demandes, il continuerait à voir en lui l'ami et l'allié du peuple romain dont lui-même avait rédigé le décret pendant son consulat; et que, dans le cas contraire, chargé, ainsi qu'il l'était par le sénat, de protéger les alliés de Rome, il ne souffrirait pas qu'il leur fût fait plus long-temps injure. Arioviste répondit à ce message que les lois de la guerre donnaient aux vainqueurs le droit de traiter à leur gré les vaincus; que les Romains dans leurs conquêtes ne se réglaient point sur la volonté d'autrui, mais sur la leur; qu'il en était de même de lui; qu'il avait vaincu les Éduens et qu'à ce titre il leur avait imposé un juste tribut; qu'il ne leur rendrait donc pas leurs otages, et que s'il prenait envie à César de l'y vouloir contraindre par la force, il apprendrait à ses dépens de quels efforts était capable une nation belliqueuse qui, depuis quatorze ans, n'avait couché sous un toit.

Avec cette réponse César reçut la nouvelle qu'un nouveau renfort de Germains était rassemblé sur les bords du Rhin. Il prend aussitôt son parti, gagne Arioviste de vitesse, s'empare de Besançon, ville entourée par le Doubs, à l'exception d'un seul côté où elle s'appuie à une montagne qui lui sert de citadelle, ranime le courage de ses troupes que des rapports exagérés sur la force et la valeur des Germains avaient frappées de terreur, marche à leur rencontre et découvre enfin leur armée. Vainement plusieurs jours de suite il offre le combat à ces guerriers si intrépides; ils s'obstinent à le refuser. Ce n'était point en eux défaut de courage, mais parce que les mères de famille qui, chez eux, décident de l'opportunité des combats, avaient déclaré que l'issue en serait funeste s'ils attaquaient avant la nouvelle lune. Instruit de cette particularité, César, dont les vivres se consumaient dans l'inaction, prit la résolution d'attaquer leur camp. Le soin de leur propre défense les en fit sortir et le combat s'engagea. Les Germains n'y firent point la résistance que l'on devait attendre de leur valeur; ils tardèrent peu à prendre décidément la fuite, et ne s'arrêtèrent même que sur les bords du Rhin où la plupart se noyèrent. Arioviste eut le bonheur d'échapper sur une barque. Telle fut l'issue glorieuse de la première campagne de César dans les Gaules. Les deux expéditions qui la remplirent se trouvèrent terminées assez tôt pour que les troupes entrassent dans leurs quartiers d'hiver de meilleure heure que de coutume. César les plaça dans la Séquanie (la Franche-Comté), et, profitant de son loisir, il se rendit dans son gouvernement de la Cisalpine à l'effet d'y surveiller de plus près, pendant l'hiver, les mouvemens de la capitale.

Jusque là les armes romaines n'avaient été employées que pour les intérêts de la Gaule. Cette année, des soupçons bien ou mal fondés en firent changer la direction. Ces quartiers, que César avait pris dans la Séquanie, tardèrent peu à faire naître des alarmes; et les Belges, situés plus au nord, profitèrent de l'éloignement où ils se trouvaient pour disposer des moyens d'attaque lors du retour du printemps (1). Au premier bruit qui en vint à César, il quitta l'Insubrie, et avec deux légions de nouvelles levées il se hâta de rejoindre ses troupes. Ayant pris des Éduens et des Sénonais, qui tenaient son parti, les renseignemens qui lui étaient nécessaires, il les opposa

(1) Cæs. De Bell. Gall., l. II.

aux Bellovaques (à ceux du Beauvoisis), et avec ses légions il entra inopinément sur le territoire des Rémois. Cette marche inattendue, non seulement prévint la part que ces peuples auraient pu prendre à la confédération des Belges, mais lui procura encore les alliés les plus fidèles qu'il se soit donnés dans les Gaules.

Cependant les forces de la ligue, composées des Bellovaques (de ceux du Beauvoisis), des Suessonais (du Soissonais), des Nerviens (du Hainaut), des Atrébates (de l'Artois), des Ambiénois (de la Picardie), des Morins (de la Flandre), des Ménapiens (du Brabant), des Atuatiques (de Namur), des Eburons (de Liège), des Galètes (du pays de Caux), des Velocasses (du Vexin), et des Veromanduens (des Vermandois), formant un total de deux cent cinquante mille combattans, s'étaient réunis sous la conduite du Soissonais Galba, et se rapprochaient insensiblement des Romains. Chemin faisant, ils attaquèrent une petite ville des Rémois. Leur tactique, pour faire un siége, se bornait à entourer la place, à nettoyer les remparts à l'aide de la multitude de leurs traits, et à monter ensuite à l'assaut. Elle eût été suffisante pour réduire bientôt à l'extrémité une petite population, dont la science n'était pas plus avancée que celle des assiégeans; mais César, ayant fait pénétrer dans la ville des archers crétois, baléares et numides, prolongea la défense, et dégoûta les assiégeans qui abandonnèrent cette entreprise pour l'aller chercher lui-même.

Les deux armées se trouvèrent en présence sur les bords de l'Aisne. César se hâta de porter son camp au-delà de cette rivière, qui couvrait les villes des Rémois, d'où il tirait ses subsistances, et laissa seulement quelques cohortes pour la défense du pont qu'il y avait fait jeter. Un marais, qui séparait les deux armées, devait apporter du désavantage au parti qui le traverserait pour attaquer l'autre. Cette circonstance causa une longue inaction. Les Belges en sortirent les premiers, en essayant de passer à gué la rivière pour s'emparer du pont, et couper ainsi les vivres aux Romains. Mais la cavalerie romaine les ayant surpris dans l'embarras du passage les contraignit à rebrousser chemin, non sans une perte considérable. Cette tentative malheureuse des Belges, et la disette des vivres qui commençait à se faire sentir parmi eux, leur persuada qu'ils auraient plus d'avantages à défendre leurs propres foyers, et ils arrêtèrent de regagner chacun les siens : mais leur séparation, qui se fit avec tout le désordre d'une véritable déroute, en essuya toute l'infortune, et les Romains, pendant tout un jour, les taillèrent en pièces sans courir eux-mêmes la chance d'aucun danger.

La masse de la confédération ainsi dissipée, César en attaqua séparément les divers membres; suivant le cours de l'Aisne, il se porta d'abord sur Noviodunum (Soissons) qui, à la seule vue de l'appareil inconnu pour elle des machines de guerre des Romains, se rendit à discrétion. Ses habitans, à la prière des Rémois, avec lesquels ils avaient une confraternité particulière, obtinrent une composition plus favorable. César en usa de même à l'égard des Bellovaques, qu'une alliance semblable unissait aux Eduens. Les Nerviens (les peuples du Hainaut), dont les mœurs austères et le courage indompté se refusaient à toute espèce de soumission, lui opposèrent plus de résistance. Ils attendaient les Romains sur la Sambre, dans un pays couvert, coupé de bois, de buissons et de haies, où non seulement la cavalerie ne pouvait agir, mais où les combattans même pouvaient à peine se voir. Arrivé sur les bords de cette rivière avec six légions seulement (les deux autres escortaient le bagage), César établit son camp sur une colline opposée à une élévation semblable que l'on remarquait de l'autre côté, et où ne se laissaient apercevoir que quelques détachemens de cavalerie. Pendant qu'on travaillait aux retranchemens, et qu'il faisait passer en même temps la rivière à sa cavalerie pour inquiéter celle de l'ennemi, les Nerviens, cachés dans le bois, débouchent tout à coup de leur position, repoussent la cavalerie romaine, la poursuivent jusque dans la rivière qu'ils traversent avec elle, et attaquent les légions encore à l'ouvrage. Tout cela se fit avec une telle rapidité, que César ne trouva le moment ni de donner un seul ordre, ni de faire la moindre disposition. Le combat se trouva partout engagé, sans que la plupart des soldats eussent ni casque, ni bouclier, et chacun étant obligé de combattre où il se trouvait, sans pouvoir deviner même ce qui se passait près de lui. Ce désordre varia les évènemens.

A la gauche, la neuvième, et surtout la dixième légion, celle sur laquelle César comptait davantage, eurent du succès contre les Atrébates (les Artésiens), qu'elles repoussèrent au delà de la rivière: elles la passèrent avec eux, achevèrent de la mettre en fuite, et poussèrent jusqu'à leur camp qu'ils pillèrent. Au centre, la huitième et la onzième, quoique séparées, avaient eu à peu près le même avantage sur les Véromanduens; mais à la droite, la septième et la douzième légion, également séparées, étaient pressées en tête et en flanc par les Nerviens, qui avaient encore des forces de reste pour attaquer leur camp. Aussi le désordre y fut-il à son comble : les drapeaux étaient tous ensemble, et les soldats étaient tellement serrés qu'ils ne pouvaient faire usage de leurs armes; tous les centurions d'une cohorte étaient morts ou hors de combat; le porte-enseigne était tué, et son enseigne perdue; les soldats découragés sortaient de la mêlée, et à leur exemple la cavalerie tréviroise, auxiliaire des Romains, avait quitté la partie qu'elle croyait désespérée, et publiait, dans sa retraite, la défaite de l'armée. Tel était l'état du combat, lorsque César, qui venait de quitter la dixième légion, arriva à l'aile droite. Dans son premier mouvement, il arrache le bouclier d'un simple soldat, se porte à la tête des siens, les ranime de la voix et de la circonstance de combattre sous les yeux de leur général, fait desserrer les rangs, rapproche les deux légions, et met ainsi ses soldats en état de soutenir encore quelque temps les efforts de l'ennemi. Cependant la dixième légion, de la hauteur du camp des Nerviens, avait reconnu le danger de son général et volait à son secours; et sur ces entrefaites arrivèrent encore les deux légions laissées à la garde du bagage. Alors la fortune changea de face. Les Nerviens n'en témoignèrent que plus de résolution et d'acharnement, et cet excès de courage fut un malheur pour cette race belliqueuse qui demeura presqu'entièrement anéantie; car, de soixante mille combattans, à peine s'en sauva-t-il cinq cents.

Les Atuatiques (ceux de Namur), qui venaient à leur secours, se retirèrent à la nouvelle de leur défaite. C'était un reste de ces Cimbres qui avaient inondé la Gaule et l'Italie, et qui, dans leur retour, s'étaient fixés dans ses cantons. Ils s'enfermèrent dans une ville qu'ils avaient fortifiée avec tout l'art qu'ils pouvaient posséder. Mais à la vue du mouvement imprimé aux énormes machines de guerre des Romains, ils les crurent favorisés de quelque divinité, et demandèrent à composer, en conservant toutefois leurs armes pour leur propre défense contre les attaques de leurs voisins. Sur la promesse de César de les garantir, ils les jetèrent dans leurs fossés, qui en furent comblés, quoiqu'ils en eussent caché une partie. Ils ouvrirent alors leurs portes. Mais César ne voulut occuper la ville que le lendemain, à l'effet de prévenir les insultes auxquelles les habitans auraient pu être exposés dans la première ivresse de la victoire. Ignorant un motif aussi généreux, ceux-ci usèrent de ce fatal délai pour attaquer le camp romain qu'ils supposaient mal gardé, et où, à leur grand dommage, ils trouvèrent une résistance inattendue. Le lendemain, les portes de la ville ayant été enfoncées sans opposition, César en fit vendre les habitans à l'encan, et le nombre en passa cinquante mille.

Dans le cours de cette campagne, le jeune Crassus, fils du triumvir, détaché par César avec une seule légion vers les contrées maritimes de la Celtique, soumit tous les petits peuples qui, entre la Seine et la Loire, composaient l'Armorique (la Bretagne). L'assujétissement de cette province, la réduction des Belges, et l'alliance des Eduens et des Rémois, mirent la Gaule presque entière sous la dépendance des Romains. Le sénat, sur le compte qui lui en fut rendu par César, ordonna quinze jours de supplications ou de prières publiques, témoignage de faveur et de considération qu'il n'avait encore donné à aucun autre général.

Cependant il était difficile que la rapidité de ces expéditions, tout en atterrant les divers peuples de la Gaule, pût déraciner en eux, tout d'un coup, l'amour et les habitudes de l'indépendance. Ce sentiment vivait dans tous les cœurs, et la Gaule, abattue sous les armes des Romains, n'était subjuguée qu'en apparence (1). En quelques endroits la révolte était ouverte; en d'autres on n'attendait que l'oc-

(1) Cæs. *De Bell. Gall.*, l. III.

casion favorable, et ce fut à l'étouffer de toutes parts que s'employèrent les soins et les travaux de César, durant le cours de sa troisième campagne. Le signal en fut donné par les Nantuates et les Veragres (les Valaisans). La douzième légion, envoyée chez eux pour y prendre ses quartiers d'hiver et protéger les passages des Alpes, s'était vue, en pleine paix, cernée et attaquée inopinément à Octodure (Martinach) par trente mille montagnards. Au moment d'être forcée, Sergius Galba, qui la commandait, reprit l'avantage par une sortie désespérée qui jeta la surprise et l'effroi parmi les barbares; il leur tua les deux tiers de leur monde, dispersa le reste, et néanmoins il crut prudent, pour sa sûreté, d'aller achever ses quartiers chez les Allobroges (les Dauphinois et les Savoyards), façonnés depuis long-temps au joug.

A l'autre extrémité de la Gaule, et sur ces côtes de l'Océan que le jeune Crassus se flattait d'avoir soumises, se préparait une tempête plus considérable. Le sort des otages que les peuples avaient été forcés de livrer aux Romains enchaînait seul leur ressentiment; une circonstance qui leur permit d'en garantir la sûreté devint pour eux l'occasion d'éclater. Crassus, à l'effet d'assurer la subsistance de son corps d'armée, avait envoyé plusieurs de ses officiers en différentes villes du pays, et entre autres à Vannes, la plus considérable de toutes, par les ports qu'elle tenait sur la côte et le commerce qu'elle faisait avec la Bretagne (l'Angleterre). Ses magistrats, au moment de la plus profonde sécurité des commissaires romains, ordonnent leur arrestation, et les villes voisines suivent cet exemple. En même temps une ligue se forme non seulement de tous les peuples de la contrée, mais encore de tous ceux qui habitaient les côtes plus au nord; des secours même furent tirés de la Bretagne. La plupart des villes armoriques, bâties sur des langues de terre avancées dans la mer, étaient défendues du côté de la terre par la marée qui, toutes les douze heures, inondant le terrain d'alentour, en empêchait les approches; et du côté de la mer, par cette même marée qui, toutes les douze heures encore, abandonnant la plage, interdisait l'approche des vaisseaux. A ces difficultés naturelles, et à celles qui provenaient du nombre des ennemis, se joignait encore pour l'armée romaine le fléau de la disette dans un pays ravagé. Crassus fit connaître à César ces circonstances fâcheuses, et attendit ses ordres pour agir.

Loin de se laisser abattre par ces tristes nouvelles, César se crut en état, non seulement de suffire au danger, mais de tenter encore de nouvelles conquêtes. Il donna ordre à Crassus de passer en Aquitaine avec douze cohortes seulement, une certaine quantité de cavalerie, et des renforts qu'il devait prendre, tant parmi les naturels de la Gaule Romaine ou Narbonnaise, que chez les peuples mêmes qu'il allait envahir, et où les Romains, fidèles à leur politique dans tous les pays où ils portaient la guerre, avaient déjà su se ménager des alliés. Pour lui, après avoir pourvu par ses lieutenans à maintenir la fidélité des alliés, et à tenir en échec la malveillance des vaincus, il se réserva de diriger lui-même l'expédition contre les Vénètes et les autres peuples de l'Armorique.

A la situation privilégiée de leurs villes, César opposa les efforts de l'art et d'un travail opiniâtre en construisant des digues qui limitèrent les inondations de la marée et permirent de faire des approches. Mais quand, après des travaux immenses, une ville se trouvait ainsi près d'être forcée, les habitans, à l'aide de leurs vaisseaux, l'évacuaient facilement et se réfugiaient dans une autre. Cette manœuvre fut continuée pendant presque toute la campagne et apprit à César que ce n'était que d'une flotte qu'il pouvait espérer un succès décisif. Déjà, dès le commencement de la saison, il avait fait construire des vaisseaux sur la Loire; il les joignit à ceux qu'il tira des Saintons et des Pictons (des peuples alliés de la Saintonge et du Poitou), et en donna le commandement au jeune Décimus Brutus, depuis l'un de ses assassins. Celui-ci, à la vue de l'armée de terre, attaqua l'ennemi fort de deux cents voiles; mais les vaisseaux romains, extrêmement frêles de construction, profonds de carène et peu exhaussés de bord, ne pouvaient rien contre les vaisseaux gaulois, massifs, élevés, et cependant assez plats pour s'engager sans péril dans les bas-fonds. Pour triompher de ces obstacles, Brutus imagina d'attacher des faux à de longues perches, à l'effet d'accrocher et de rompre les agrès des vaisseaux ennemis : désemparés par cette manœuvre, ceux-ci demeurèrent immobiles; et aussitôt environnés par les vaisseaux légers des Romains, ils furent enlevés à l'abordage. La majeure partie de la flotte gauloise fut anéantie de cette sorte, et le reste, surpris dans sa fuite par le calme, devint également la proie des Romains. Cette action mit fin à la guerre en détruisant la flotte qui la perpétuait, et l'Armorique retomba sous le joug. César crut devoir être cruel pour venger la violation du droit des gens en la personne des commissaires, et fit mettre à mort tout le sénat de Vannes.

Dans le temps même de cette victoire sur les Vénètes, Titurius Sabinus en remportait une pareille sur les Lexoviens dont il avait animé la confiance par une crainte simulée. Une sortie imprévue suffit pour les vaincre, et la consternation que répandit leur défaite dans tout le pays en entraîna la soumission; car si les Gaulois, remarque César, sont toujours prêts à courir aux armes, ils perdent aussi aisément courage lorsqu'ils éprouvent de la résistance ou que quelque disgrace vient les assaillir.

Crassus, de son côté, était entré en Aquitaine où, quelques années auparavant, deux armées romaines avaient été détruites, et où le courage des peuples s'était exalté de cette circonstance. Malgré l'extrême circonspection avec laquelle il marchait pour éviter le sort de ses prédécesseurs, il donna à son arrivée dans une embuscade que lui avaient préparée les Sotiates (les Condomois). Il ne fallut pas moins pour l'en tirer que l'extrême valeur de ses soldats, jaloux de faire valoir leur jeune général en l'absence de son chef. Sorti de ce danger, il se hâta d'aller mettre le siége devant la capitale de ces peuples. Elle se défendit non seulement avec courage, mais avec un art que les Romains n'avaient point encore rencontré dans les Gaules: elle fut néanmoins réduite à capituler. Les Romains étaient occupés à faire exécuter la clause importante de la reddition des armes, lorsqu'au mépris de la convention qui venait d'être conclue le commandant de la ville hasarda une sortie à la tête de six cents *soldu- riers :* on appelait ainsi des braves qui se vouaient à la vie, à la mort et à la fortune de leur chef; s'il périssait, ils périssaient avec lui ou se donnaient la mort. Contre des soldats si déterminés, le combat ne pouvait manquer d'être rude. Ils furent néanmoins repoussés dans la ville, et, quels que fussent les motifs de Crassus, il n'en aggrava pas le sort des vaincus.

L'impression de terreur que dut produire la réduction d'une ville aussi forte, et celle de bienveillance qui devait naître de la générosité du vainqueur, furent également perdues sur les peuples à demi policés du voisinage : ils s'allièrent à quelques peuplades d'Espagne et en tirèrent des officiers qui avaient servi sous Sertorius. Crassus ne tarda pas à s'en apercevoir à la conduite militaire qu'ils tinrent devant lui et au talent avec lequel ils s'attachèrent à ruiner ses moyens de subsistance : bientôt il ne lui resta que la ressource du combat pour sortir de la gêne qu'ils lui faisaient éprouver; aussi le leur présentait-il chaque jour, et chaque jour il était obstinément refusé. Pour les y forcer, il fallut, avec un désavantage notable, les attaquer dans leur camp, et peut-être Crassus l'eût-il tenté en vain, si pendant l'action un heureux hasard ne lui eût fait découvrir un endroit faible par lequel il pénétra. Cette attaque imprévue mit le trouble parmi les Gaulois; ils se jetèrent, pour fuir, par dessus leurs retranchemens; et, dans ce désordre, de cinquante mille qu'ils étaient, les trois quarts furent taillés en pièces. L'éclat de cette victoire entraîna la soumission des peuples de l'Aquitaine qui s'empressèrent d'envoyer leurs otages; les plus éloignés, toutefois, à raison de la distance où ils se trouvaient et de l'avancement de la saison, crurent pouvoir se dispenser de cet hommage.

César finit la campagne chez les Morins et les Ménapiens (les Flamands et les Brabançons), qui, cachés dans leurs forêts, ne paraissaient que lorsque les Romains s'y engageaient imprudemment. A ce genre de guerre particulier, César opposa un nouveau genre d'attaque : ce fut de jeter les forêts même à terre. De ces immenses abattis il se forma un rempart impénétrable contre les courses et les surprises de l'ennemi, et fit de cette manière une espèce de conquête sur leur pays; mais la saison étant devenue pluvieuse, il fallut renoncer à l'achever : alors, et après quelques dégâts, **César fit prendre les quartiers d'hiver.**

Dans les deux années qui suivirent, César se crut suffisamment établi pour oser employer ces mêmes Gaulois qu'il avait vaincus à étendre ses conquêtes au delà de leurs frontières (1). Ils le suivirent comme auxiliaires dans une première expédition qu'il tenta sur le Rhin, pour rejeter au delà du fleuve les Usipiens et les Tenchtères (de Gueldres et de Zutphen), qui, chassés de leur territoire par les Suèves, essayaient par nécessité de se faire un établissement dans les Gaules; dans une seconde expédition qu'il forma contre les Sicambres (les Westphaliens), pour avoir donné asile aux malheureux débris des Tenchtères; et enfin dans une troisième contre les Suèves qui menaçaient les Ubiens (ceux de Cologne), les premiers des Germains qui eussent recherché l'alliance des Romains. Mieux conseillés par la prudence que par le courage, les Germains, à l'approche de César, reculèrent au loin dans l'épaisseur de leurs forêts, et reprirent leurs positions, lorsque César, incapable de les atteindre, fatigué d'un dégât inutile, satisfait de les avoir fait trembler, et pressé d'ailleurs, avant la fin de la campagne, d'établir encore la gloire des légions romaines jusqu'au sein de la Bretagne, repassa le Rhin, dix-huit jours seulement après l'avoir franchi. La descente en Bretagne ne put avoir une durée beaucoup plus longue; et, malgré quelques avantages sur divers petits peuples ligués ensemble, mais mal unis entre eux, César se vit forcé de regagner le continent avant la mauvaise saison; en sorte que cette expédition, comme la précédente, eut plus d'éclat que d'utilité. Comius, roi des Atrebates (des Artésiens), qui avaient de nombreuses relations avec la Bretagne, y servit utilement les Romains par ses négociations.

Le loisir des quartiers d'hiver ne fut pas perdu pour César; il en passa la durée à Lucques, où il tint une espèce de cour, par l'affluence des personnages les plus qualifiés de Rome qui s'empressèrent de l'y venir trouver (2). Pompée même et Crassus s'y rendirent aussi, pour traiter avec lui de leurs intérêts communs. César leur procura la bonne volonté de ses amis et les suffrages de ses soldats, pour les porter tous deux au consulat l'année suivante, et leur faire attribuer à la suite pour cinq ans, à Pompée le gouvernement de l'Espagne et de l'Afrique, et à Crassus celui de l'Orient, à la condition que le sien, qui devait expirer au bout de deux ans, serait aussi prolongé pour cinq ans. Ainsi ces trois hommes se partagèrent presque toute la domination romaine; mais ils en firent chacun un usage bien différent. Pompée, croyant n'avoir plus rien à désirer sous le rapport de la gloire et prenant l'encens pour le pouvoir, demeura à Rome pour en savourer la fumée encore plus à son aise, et fit la guerre en Espagne par ses lieutenans; Crassus, dans une expédition aussi injuste que mal concertée contre les Parthes, alla trouver dans leurs sables le terme de sa vie et y expier son avarice et ses rapines;

(1) Cæs., *De Bell. Gall.*, l. IV. — (2) Plut., *in Cæs. Pomp. Crass.*

César seul, aussi peu scrupuleux sans doute, mais plus habile, tendit à ses fins sans dévier, en faisant naître chaque jour de nouvelles occasions d'accumuler des lauriers sur sa tête et d'anéantir ainsi peu à peu le vieil ascendant de ses collègues.

La campagne précédente dans la Bretagne avait été une course et non pas une conquête; César fit cette année des dispositions pour l'effectuer : ses troupes, pendant l'hiver, avaient été employées à construire ou à réunir six cents vaisseaux et vingt-huit galères, dont le rendez-vous avait été fixé au port d'Iccius (de Boulogne) : trois légions devaient monter une partie de ces bâtimens; les autres étaient destinées à transporter les Gaulois auxiliaires et particulièrement leur cavalerie, qui allait à quatre mille hommes (1). Dumnorix, Eduen, en commandait une partie; depuis long-temps il donnait des sujets d'inquiétudes à César, qui les dissimulait par égard pour Diviliacus, son frère, dont le dévoûment pour les Romains avait toujours été aussi entier qu'utile. Pour Dumnorix, fatigué du joug de Rome, non seulement il le supportait avec peine, mais il cherchait encore à propager son mécontentement : il représentait aux chefs rassemblés pour l'embarquement que le but de César était de dépouiller les Gaules de leurs soutiens; et que, dans l'embarras de s'en défaire dans leur propre pays, il avait cherché l'occasion de les détruire dans une expédition lointaine, entièrement étrangère à leurs intérêts. Instruit de ces menées, César s'occupa des moyens d'en prévenir les effets, mais toujours avec les égards qu'il croyait devoir garder. Il se flattait d'y avoir réussi, et le vent étant devenu favorable, il avait donné ses ordres pour l'embarquement, lorsqu'à la faveur des mouvemens tumultueux de l'armée, Dumnorix quitta le camp secrètement, emmenant avec lui la cavalerie éduenne. César, aussitôt qu'il en fut averti, fit suspendre toute opération ultérieure et dépêcha la majeure partie de sa cavalerie à la poursuite de Dumnorix, avec charge de lui intimer l'ordre de revenir sur le champ et d'employer la force en cas de refus. A l'apparition des Romains, Dumnorix se mit en défense, s'écriant, afin de s'attacher les siens davantage, qu'il était né libre et qu'il appartenait à une nation libre; mais ils répondirent mal à cet appel, en sorte que sa résistance personnelle ne fit qu'assurer sa perte. La mort du chef acheva de décider l'obéissance des soldats qui retournèrent au camp sans difficulté.

Malgré la grandeur des préparatifs de César, malgré le talent qu'il eut de fomenter des divisions parmi les peuples de la Bretagne et d'en profiter; malgré les victoires fréquentes qu'il remporta sur eux, et l'extrémité enfin où il réduisit Cassivellaunus, chef de la confédération britannique, les Romains ne se crurent ni assez forts ni assez nombreux pour former encore un établissement dans ce pays. César se contenta d'en tirer de nombreux otages, qui puissent en garantir la

---

(1) Cæs., de Bell. Gall., l. V.

dépendance; et, ainsi qu'il en avait agi l'année précédente, il fit repasser ses troupes sur le continent avant la mauvaise saison. A cette époque il perdait Julie, sa fille, femme de Pompée, et le lien puissant qui contenait la rivalité funeste de ces deux hommes; alors aussi s'ouvrirent dans la Gaule de nouvelles scènes de carnage, qui ne cessèrent qu'avec sa réduction absolue, réduction qui devait coûter encore à César trois de ses campagnes les plus laborieuses.

L'année avait été sèche et la récolte médiocre : cette circonstance obligea César à disséminer ses troupes en différentes provinces; une légion, sous le commandement de Fabius, fut placée chez les Morins (vers Térouanne); une autre, sous Quintus Cicéron, le frère de l'orateur, chez les Nerviens (dans le Hainaut); une troisième sous Roscius, chez les Essuens (de ceux de Séez); la quatrième, sous Labiénus, chez les Rémois, aux confins de Trèves; la cinquième et la sixième dans la Belgique, sous Crassus et Trébonius; la septième à Autricum (dans le pays Chartrain), sous Plancus; la huitième enfin, avec cinq cohortes, sous Titurius Sabinus et Arunculeïs Cotta, furent logées entre le Rhin et la Meuse, chez les Eburons (les Liégeois), qui reconnaissaient pour chef Ambiorix. Celui-ci avait à César l'obligation d'être affranchi d'un tribut qu'il payait aux Atuatiques, et d'avoir recouvré son fils et d'autres otages qu'il avait été contraint de leur livrer; mais le sentiment de la reconnaissance n'avait pu étouffer en lui l'indignation profonde que ressentaient tous les Gaulois de leur servitude, et il épiait avec eux l'occasion favorable d'en secouer le joug.

Il y avait à peine quinze jours que les quartiers étaient établis, qu'Ambiorix, excité encore par le Trévirois Induciomare, que César avait dépossédé du souverain pouvoir dans sa patrie pour en revêtir un rival, attaqua inopinément le camp de Sabinus et de Cotta. Ceux-ci devaient d'autant moins s'y attendre qu'à leur arrivée dans leurs quartiers ils avaient été comblés de prévenance par Ambiorix, qui s'était empressé de leur offrir des vivres. Les Romains, malgré la surprise, repoussèrent l'ennemi, qui, tout en fuyant, indiqua qu'il avait à faire des propositions qui pourraient apaiser tous les différens. Sur cet avis, et pour connaître la cause d'une attaque si peu prévue, les deux généraux députent vers Ambiorix. Celui-ci, avec toutes les apparences de la franchise, expose à leurs envoyés qu'il n'a oublié ni les bienfaits de César, ni sa propre faiblesse, qui ne lui aurait jamais permis la pensée de se commettre avec les Romains; mais qu'étant Gaulois il n'avait pu se refuser au vœu de toute la Gaule, fatiguée du joug des étrangers, et qui, ce jour-là même, les attaquait dans toute l'étendue de son territoire. Qu'au reste, jaloux de concilier tous les devoirs, et après avoir satisfait à sa patrie par l'assaut qu'il avait livré au camp romain, il croyait devoir à son amitié pour Titurius de lui donner avis de cette conjuration générale, ainsi que de la prochaine entrée des Germains pour seconder les Gaulois, et de l'engager en conséquence à se replier avant la jonction, soit sur les quartiers de Cicéron, soit sur ceux de Labiénus, promettant, en reconnaissance des bontés de César, de ne point inquiéter les Romains dans leur retraite.

Ces paroles, rapportées au conseil, y firent naître de grandes anxiétés et de vives contestations. Cotta déclara qu'il se défiait des avis d'un ennemi, et que tous les Germains se présentassent-ils aux portes du camp, il le croyait assez bien fortifié et à eux-mêmes assez de courage pour tenir ferme jusqu'à l'arrivée des ordres de César. Sabinus répliquait qu'on ne savait au juste si César était dans les Gaules ou en Italie; que la faiblesse personnelle d'Ambiorix était une garantie palpable de sa sincérité; qu'il serait tard de penser à la retraite quand les Germains auraient passé le Rhin, qui n'était qu'à deux pas; et que, dans un camp qui allait se trouver cerné de toutes parts, le moindre malheur qui pût leur arriver alors serait de succomber faute de vivres. Cotta ne se rendant point à ses raisons, Sabinus alla jusqu'à déclarer, en présence de toute la légion, que c'était à son collègue qu'il faudrait imputer tous les malheurs, suite funeste de son obstination. L'un et l'autre chefs demeuraient inébranlables dans leur opinion, et l'on cherchait vainement à les rapprocher et à les faire convenir d'une résolution unanime, qui, quelle qu'elle fût, paraissait seule pouvoir les sauver. Enfin, sur le minuit, vaincu par les instances de la multitude, Cotta se rendit aux désirs de Sabinus qui ordonna sur le champ le départ pour la pointe du jour.

Les ennemis cependant étaient aux aguets, observant avec soin quel serait l'effet de leur ruse; car il n'y avait rien de réel dans les sujets d'alarmes donnés à Sabinus. Aux mouvemens cependant qu'ils remarquèrent dans le camp, ils jugèrent qu'elle avait réussi. Pour en profiter, ils postèrent une embuscade à deux milles du camp, le long d'un vallon étroit par où les Romains devaient défiler, et où ceux-ci se virent attaqués de toutes parts aussitôt qu'ils s'y furent engagés. Sabinus, dans l'effroi de sa surprise, donne des ordres pour la défense, mais tels qu'on les pouvait attendre d'un homme pénétré de honte et de consternation. Cotta, moins étonné par la raison qu'il avait été plus défiant, se trouva mieux préparé au danger et avisait avec autant de sang-froid que de courage à tous les besoins du moment. Ayant remarqué que la garde du bagage enlevait à l'armée une partie de ses ressources, il commanda qu'on eût à l'abandonner; mais, par l'avarice du soldat, cet ordre, si bien assorti aux circonstances, devint une nouvelle cause de trouble: sans égard à l'imminence du danger, la plupart désertèrent le combat et coururent au bagage pour essayer d'en sauver ce qu'ils avaient de plus précieux. Plus sages et plus habiles, les barbares continuèrent à garder leurs rangs, se réservant de partager le butin après qu'ils auraient remporté la victoire.

Cependant, malgré le désavantage de sa position, les fautes multipliées des chefs et des soldats, et la tactique habile d'Ambiorix, qui fatiguait l'ennemi par des fuites simulées, à l'effet d'envelopper les corps imprudens qui se livraient à sa poursuite, le soleil avait dépassé la moitié de sa course, que les Romains soutenaient encore avec vigueur un combat qui était engagé depuis la pointe du jour. Mais alors la plupart des officiers étant tués, blessés ou hors de combat, Sabinus députa vers Ambiorix qu'il aperçut de loin encourageant les siens, et le fit supplier d'épargner le sang romain. Ambiorix témoigna de l'empressement à traiter avec humanité les vaincus, et invita leurs chefs à venir conférer avec lui. Sabinus, plein de confiance au crédit qu'il se croyait sur le Liégeois, fit part de cette proposition à son collègue, et l'engagea à se rendre à l'entrevue dont il espérait beaucoup pour le salut commun ; mais Cotta protestant qu'il ne se remettrait jamais aux mains d'un ennemi armé, et coupable envers eux d'une perfidie récente, Sabinus, accompagné de ses principaux officiers, se rendit seul auprès d'Ambiorix. Celui-ci, pour préliminaire, leur ordonna de remettre leurs armes ; il tire ensuite la conférence en longueur, et pendant qu'il semble discuter avec eux de bonne foi, on les enveloppe et ils sont massacrés. Les Gaulois, criant victoire, fondent alors de nouveau sur les Romains. Cotta, frappé d'un coup mortel, périt avec la majeure partie des siens ; le reste essaie de regagner le camp qu'ils avaient abandonné le matin. Tout prêt de l'atteindre, l'enseigne de la légion est pressé par les Gaulois. Il pousse son aigle avec force par dessus les retranchemens, sauve ce simulacre révéré du culte militaire, et meurt ensuite avec résignation. Ceux qui purent pénétrer dans le camp s'y défendirent jusqu'à la nuit, et dans leur désespoir ne profitèrent de l'obscurité que pour se tuer les uns les autres. Un très petit nombre eut le bonheur de gagner les bois, et de là le camp de Labiénus, qu'ils instruisirent de ce désastre.

Habile à profiter de sa victoire, l'actif Ambiorix passe chez les Atuatiques et les Nerviens (ceux de Namur et du Hainaut), et leur persuade, avant que César ne soit instruit, d'attaquer Cicéron par les mêmes artifices qui l'avaient fait triompher de Sabinus. Ils marchent avec tant de hâte que, surprenant des légionnaires au fourrage, ils attaquent le camp dénué d'une partie de ses défenseurs. Ils y furent néanmoins repoussés, ainsi qu'ils l'avaient été au premier assaut donné à celui de Sabinus. Déchus de l'espérance qu'ils avaient fondée sur le nombre et sur la surprise, ils ne se rebutèrent point, et tentèrent d'abuser Cicéron par les mêmes moyens qui leur avaient si bien réussi auprès de Sabinus, dont ils lui apprirent la mort : mais, dans un corps valétudinaire, ils rencontrèrent une ame forte qu'il n'était pas aussi facile d'intimider. A leurs propositions il répondit que ce n'était point l'usage des Romains de traiter avec des ennemis armés ; qu'ils missent bas les armes ; qu'alors il les écouterait volontiers, et qu'il intercéderait même pour eux auprès de César, pour les faire rentrer en grace avec lui. En même temps il faisait partir des courriers pour l'informer de sa position ; mais ils furent tous arrêtés dans l'étendue d'une circonvallation de quinze milles (de cinq lieues) (1), fermée de fossés de quinze pieds de profondeur et d'un rempart de onze de hauteur, que les barbares, faute d'autres instrumens, façonnèrent avec leurs épées, et qui néanmoins fut terminée en trois heures : circonstance incroyable, rapportée cependant par César, et qui peut servir à donner au moins une idée de la multitude des barbares.

Réduits à recourir à l'unique voie de la force, les Gaulois multiplièrent les attaques sans relâche et avec un art qu'ils tenaient de leurs communications fréquentes avec les Romains et de quelques prisonniers qu'ils avaient faits sur eux. Il y avait huit jours que Cicéron soutenait tant d'efforts avec un courage d'autant plus supérieur à ses forces qu'il avait presque perdu l'espoir de communiquer avec César, lorsqu'il rencontra dans son camp un esclave gaulois qu'il détermina à tenter encore le passage, et qui, moins fait pour éveiller le soupçon, à raison de son langage et de ses habitudes, eut en effet le bonheur de franchir la circonvallation.

Autant qu'on peut le conjecturer du vague des indications, César était à vingt milles (sept lieues environ) en arrière de Samarobrive (d'Amiens), lorsqu'il fut instruit, sur le soir, du danger de sa légion. Sur le champ il donne ordre à Crassus, qui était à vingt-cinq milles de lui chez les Bellovaques, de se mettre en marche au milieu de la nuit et de gagner Amiens; et, à Fabius, de l'attendre avec sa légion chez les Atrébates. Il fit passer un avis semblable à Labiénus ; mais celui-ci, inquiété depuis la mort de Sabinus par les Trévirs que soulevait Induciomare, ne put se rendre à ses ordres; et ce ne fut qu'avec deux légions, diminuées encore de la garde nécessaire aux bagages, que César se mit en marche pour dégager Cicéron. Il fit en sorte de l'en prévenir par un cavalier qui, à défaut de pouvoir pénétrer lui-même dans le camp, y fit parvenir l'avis au moyen de son javelot.

Cependant les Gaulois, informés aussi par leurs coureurs de l'arrivée du secours, abandonnent le siége dans l'espoir de surprendre César. Mais Cicéron, dégagé par cette mesure, s'était hâté de le faire avertir. Il n'y avait que peu d'instans que l'avis lui en était parvenu, lorsque les deux armées se trouvèrent en présence, et que César, avec sept mille hommes seulement, se vit opposé à soixante

---

(1) D'après les dernières mesures de MM. Méchain et Delambre pour la détermination du mètre, le degré moyen ayant été reconnu de 57008 toises 222 millièmes, il suit que le *mille romain*, de 75 au degré, ou les mille pas, de cinq pieds romains chacun, équivalent au tiers d'une lieue de vingt-cinq au degré, ou de 2280 toises 34 centièmes, c'est-à-dire, 760 toises 11 centièmes. Le pied romain se trouve être ainsi presque exactement de 11 pouces, ou du quart d'une aune.

En nouvelles mesures, le mille romain équivaut à 1481 mètres 48 centièmes, et en nombre rond, à un kilomètre et demi, comme le pied romain à 3 décimètres. La lieue gauloise qui était de 1500 pas romains ou de 50 au degré est par conséquent de la moitié d'une de nos lieues communes, ou de 2222 mètres 22 centièmes.

mille. Un vallon où coulait un ruisseau séparait les deux armées, et ce n'était pas sans danger que l'une des deux pouvait se hasarder à s'y engager en présence de l'autre. César, dont le but principal était rempli, se garda de le tenter et mit tout son art à y attirer l'ennemi. Dans ce dessein, il se retrancha dans un camp le plus resserré possible, afin de laisser croire qu'il avait moins de monde encore qu'il n'en avait en effet. Feignant d'appréhender d'y être forcé, il en fit boucher les portes, mais avec un simple rang de gazon qui pouvait se renverser sans peine ; et il ordonna enfin à ses travailleurs d'affecter l'air de la crainte et de la confusion. L'ennemi se laissa décevoir à ces apparences trompeuses : il s'engagea dans le vallon, s'approcha du camp, et de toutes parts se mit en devoir de combler les fossés et d'escalader les remparts. C'était à ce moment que l'attendait César : tout d'un coup les portes du camp se débouchent, les Romains en sortent en foule, et, changeant d'attitude, ils attaquent avec résolution ceux qui les croyaient glacés de terreur. Toujours vaincus par la surprise, les Gaulois cèdent à leurs efforts, jettent leurs armes et prennent ouvertement la fuite. Une quantité énorme périt dans la déroute ; les Romains, au contraire, ne perdirent pas un seul homme. Le jour même ils gagnèrent le camp de Cicéron, à qui ce secours arriva bien à propos, car il n'avait pas alors un dixième de ses soldats qui fût sans blessures. En neuf heures de temps cette nouvelle parvint jusqu'à Labiénus, quoiqu'il fût éloigné de plus de cinquante milles, et elle suffit pour faire décamper Induciomare, qui s'était proposé de l'attaquer le lendemain.

La fermentation excitée par la défaite de Sabinus subsistait néanmoins encore, et de toutes parts ce n'était que courriers pour former une nouvelle ligue. César, pour déjouer ces mesures, manda les principaux de chaque nation, leur fit croire qu'il était instruit de toutes leurs menées ; et, employant tour à tour les caresses et les menaces, il vint à bout de les contenir, du moins en majeure partie ; car il ne put réussir à l'égard de tous. Les Sénonais avaient formellement refusé d'obéir à l'ordre qu'il avait intimé à leur sénat de se rendre près de lui, pour se justifier de l'éloignement où ils tenaient Cavarinus qu'il leur avait donné pour roi ; les Nerviens et les Atuatiques étaient encore en armes ; enfin Labiénus ne cessait d'être inquiété par les Trévirs. Induciomare avait inutilement sollicité des secours chez les Germains et les Tenchtères, que retenait la mémoire trop récente de la défaite d'Arioviste ; mais à leur défaut il remuait toute la Gaule, dont il s'était concilié la confiance par son audace, et il cherchait à la justifier par la ruine de Labiénus. Chaque jour il insultait son camp, et ses soldats y jetaient impunément leurs dards. Labiénus supportait patiemment leurs outrages, non qu'il ne fût pas assez fort pour les repousser, mais parce qu'il voulait accroître leur assurance jusqu'à l'oubli de toutes les précautions. Il s'était procuré de la cavalerie chez les peuples voisins, et avait eu le talent de l'introduire un soir dans son camp avec tant de secret, qu'aucun indice n'en était parvenu à l'ennemi. Le lendemain, Induciomare reparut à son ordinaire devant les retranchemens, et ses soldats ne manquèrent pas de répéter leurs bravades accoutumées. Du côté des Romains, la réserve fut pareille à celle des jours précédens; en sorte, que le soir arrivant, l'ennemi se retira sans garder aucun ordre, et se dispersa au contraire à l'aventure. Labiénus saisit ce moment pour faire sortir sa cavalerie, donna ordre à son infanterie de la soutenir, et à tous de s'attacher au seul Induciomare, pour la tête duquel il promit une récompense considérable. On laissa donc fuir l'ennemi, que la surprise mit dans une entière déroute, et Induciomare devint le but unique de tous les efforts. Il ne put se soustraire à cette espèce de conjuration, et il y succomba. Cette tête, à laquelle semblait être attachée alors la destinée de la Gaule, une fois tombée, tout à peu près rentra dans l'ordre, mais sans pouvoir éteindre dans les cœurs l'espoir de profiter mieux de quelque autre occasion. Le dépit du mauvais succès chez Ambiorix, et le désir de la vengeance du côté de César, contribuèrent également à la faire naître.

Depuis la mort d'Induciomare, ses proches, plus heureux que lui auprès des Germains, surent gagner à la cause des Trévirs quelques unes des nations éloignées des bords du Rhin. Ambiorix, appelé à faire partie de cette nouvelle ligue, en devint l'ame. Les Nerviens, les Atuatiques et les Ménapiens (les habitans du Brabant et de la Gueldre), encore indomptés, et toujours dévoués à la cause de l'indépendance, se hâtèrent d'y accéder : les Sénonais enfin et les Carnutes, au bord de la Gaule celtique, s'empressèrent également de s'y joindre (1). Pour faire tête à l'orage, et réparer les pertes de la dernière campagne, César eut recours à Pompée. Il était encore en bonne intelligence avec lui : l'existence de Crassus, qui ne devait terminer sa carrière que dans cette campagne, les empêchait de se considérer déjà comme rivaux. Il en obtint deux légions, que Pompée avait levées dans la Cisalpine, province de César, et une troisième, qu'il y leva lui-même, porta la totalité de ses troupes à dix légions, indépendamment de l'excellente cavalerie qu'il tirait du pays. Accru de ces forces, il se mit en campagne avec quatre légions, avant la levée ordinaire des quartiers d'hiver, et fondant à l'improviste sur les Nerviens qui ne l'attendaient pas si tôt, il les força à se soumettre et à donner des otages. Avec la même célérité il surprit les Sénonais et les Carnutes, qui n'avaient point paru à l'assemblée des états de la Gaule qu'il venait de convoquer à Lutèce (à Paris), dont il interpréta l'absence comme un commencement d'hostilités. A la prière des Eduens et des Rémois, il voulut bien recevoir leurs otages, et tourna ses armes contre les Ména-

(1) Cæs., De Bell. Gall., l. IV.

piens qui ne tinrent pas davantage. Se croyant suffisamment couverts par leurs marais et par leurs bois, ils n'avaient pas d'autres préparatifs de défense ; ils s'y retirèrent à l'approche des Romains, et abandonnèrent à leur merci leurs demeures et leurs troupeaux. Mais bientôt le sentiment de leurs pertes, prévalant en eux sur tous les autres, les amena à la soumission, et elle fut reçue sous la promesse de ne point donner d'asile à Ambiorix. Avide de s'en saisir et de tirer sur lui vengeance, et du désastre de sa légion, et de la conjuration générale qu'il entretenait dans la Gaule contre les Romains, César attachait un prix singulier à lui enlever ses retraites.

Pendant cette expédition, les Trévirs étaient en marche contre Labiénus, qui avait passé l'hiver sur leurs confins avec une seule légion ; mais César venait récemment de lui en faire passer deux autres. A cette nouvelle, les Trévirs s'arrêtent et jugent prudent d'attendre les Germains. Labiénus, pour leur ôter cette ressource, se rapproche d'eux au point de n'en être séparé que par une rivière dont les bords escarpés ne pouvaient être franchis sans donner avantage sur soi. Bientôt il feint d'appréhender la jonction des Germains, dit tout haut que, par une prompte retraite, il veut se mettre à l'abri des suites qui peuvent en résulter, et donne enfin l'ordre pour le départ. Le tout, suivant son intention, fut exactement rapporté à l'ennemi par des cavaliers gaulois, déserteurs de son armée, et toujours portés d'inclination pour leur patrie, alors même qu'ils combattaient sous les étendards de Rome. Les Trévirs, convaincus d'ailleurs par leurs propres yeux, ne pensent plus qu'à profiter d'une retraite qui, par le trouble apparent qu'elle présente, ressemblait à la fuite la plus précipitée. Ils passent donc la fatale rivière, et avec tout le désordre que cet obstacle ne pouvait manquer de faire naître. Labiénus fait alors volte face, et les Trévirs, vaincus par le seul effet de leur position, ne soutinrent pas même le premier choc. Peu de jours après, tout le pays était entré en composition, et les Suèves, qui apprirent en route l'issue de cette expédition, regagnèrent leurs foyers.

Il semble que César n'avait aucun intérêt à les y aller chercher ; mais indépendamment de la satisfaction de venger le nom romain, offensé de la seule prétention qu'on osât opposer une digue à ses armes, il espérait y trouver l'avantage plus réel à ses yeux d'enlever encore cet asile à Ambiorix. Il passa donc une seconde fois le Rhin ; mais déjà les Suèves avaient gagné l'extrémité de leur territoire, et s'étaient couverts de la forêt de Bacénis (du Hartz), limite impénétrable qui les séparait des Chérusques (des Hanovriens), et qui était alors trop peu connue des Germains eux-mêmes pour qu'il ne fût pas de la dernière imprudence de s'y engager. César ne le tenta pas ; il se borna à ravager la partie découverte de la contrée, revint sur ses pas, et ne songea plus qu'à l'exécution de ses projets de vengeance sur Ambiorix et les Eburons. Seulement, afin de tenir les Suèves en respect et de prévenir de nouvelles incursions de leur part, il démolit une partie du pont qu'il avait fait construire sur le Rhin, et protégea le reste par une tour qu'il fit bâtir du côté de la Gaule.

Pour arriver jusqu'à Ambiorix, César prit la route des Ardennes, forêt la plus vaste de toutes celles de la Gaule, et qui s'étendait des frontières de Trèves jusqu'au pays des Nerviens (jusqu'au Hainaut). Sa marche fut si couverte et se fit avec tant de secret, que la cavalerie, qui tenait les devans, surprit Ambiorix dans sa retraite. Une légère résistance de la part de ses gens, et l'épaisseur des bois dont il était entouré, frustrèrent l'attente des Romains en favorisant son évasion. Les bois, en effet, les marais et les cavernes, tels étaient les moyens de défense de ces peuples qui n'avaient ni forts, ni villes, ni troupes. Mais si à raison de ce dénûment ils ne pouvaient en masse nuire à leur ennemi, ils étaient en état de lui faire éprouver des pertes notables, lorsque l'avidité du pillage égarait ses soldats, et que, dispersés en pelotons, ils se hasardaient dans les sentiers à peine frayés de leurs forêts. César, avant de prendre parti sur le genre d'attaque convenable aux localités, résolut de faire lui-même une reconnaissance, et ayant placé ses bagages à Atuaca (à Tongres), sous la garde de Cicéron, à qui il laissa une légion de nouvelle levée, il s'enfonça avec trois autres dans l'intérieur du pays, promettant d'être de retour dans sept jours pour la distribution du blé qu'on devait faire aux soldats. La connaissance parfaite qu'il prit des lieux lui suggéra l'idée d'une vengeance facile qui serait sans danger pour les siens ; ce fut de faire un appel à la cupidité des peuples environnans, en leur abandonnant le pillage des Eburons. Cette idée eut tout le succès que César s'en était promis ; mais, contre sa pensée, il s'en fallut peu qu'elle ne coutât bien cher aux Romains eux-mêmes. Les Sicambres, de l'autre côté du Rhin (les Westphaliens), empressés de répondre à l'invitation qui leur était faite, passèrent le fleuve au nombre de deux mille chevaux. Déjà ils avaient réuni un butin considérable, surtout en troupeaux, lorsqu'un des malheureux prisonniers qu'ils emmenaient suscita en eux une nouvelle ardeur pour le pillage, en leur observant qu'ils étaient bien peu sages de s'embarrasser des misérables dépouilles d'un pauvre peuple, tandis qu'ils pouvaient se rendre maîtres du dépôt de toutes les richesses des Romains, dépôt dont ils n'étaient éloignés que de quelques heures, et d'autant plus facile à enlever qu'il était à peine gardé et que César était loin.

Dans l'intervalle, Cicéron, qui commençait à douter que César pût être de retour au temps qu'il avait fixé, et qui se crut obligé de pourvoir par lui-même à la subsistance de sa troupe, venait de faire sortir de son camp plus de la moitié de sa légion pour aller couper des blés dans le voisinage. Ce fut dans ces entrefaites que se présentèrent les Germains, et qu'attaquant toutes les portes à la fois, ils portèrent partout l'épouvante. Elle s'accroissait de mille circonstances funestes que les soldats se débitaient les uns aux autres : l'un disait que César avait été battu ; un autre qu'il était tué ; quelques uns que c'était par suite de leur victoire que les barbares venaient attaquer le camp ; d'autres allaient jusqu'à assurer que les retranchemens étaient forcés, et tous étaient frappés de frayeurs superstitieuses qui ajoutaient au danger réel, et que faisait naître le souvenir du désastre de Sabinus, arrivé l'année précédente et au même lieu. Dans cette crise extrême, le camp éprouva quelque relâche de l'imprudente détermination des Germains, qui changèrent leur attaque pour se porter exclusivement sur le fort dépositaire des richesses qu'ils convoitaient. La résistance qu'ils y éprouvèrent commençait à faillir, lorsque les fourrageurs se rapprochèrent du camp et firent une heureuse diversion. Quelques jeunes soldats de nouvelle levée et encore sans expérience ne surent rien de mieux que de chercher un poste avantageux pour s'y défendre ; ils furent enveloppés et massacrés. Avec plus de science et de résolution, les vétérans se réunirent pour percer à travers l'ennemi, et y réussirent sans éprouver de perte. Le camp se trouva dès lors à l'abri, et les barbares, ayant manqué ce coup de main, se pressèrent de regagner le Rhin, non sans avoir jeté parmi les Romains une consternation que le retour seul de César put dissiper. Le résultat de son expédition avait été un dégât si terrible du territoire des Éburons, que, si quelque habitant put y échapper en se cachant, il dut périr de faim et de misère ; mais Ambiorix, l'objet si envié de sa poursuite, eut encore le talent de lui échapper. La campagne étant finie, César prit ses quartiers, convoqua les états de la Gaule, y fit juger et condamner à mort Acron, l'instigateur des troubles des Sénonais, et passa de là dans la Cisalpine pour en tenir pareillement les états.

Les désordres excités à Rome par les factions allaient toujours en croissant. Les prétendans ne se bornaient plus comme autrefois à tenter la cupidité du peuple ; c'était à main armée que l'on sollicitait. Clodius, partisan de César, après avoir été son ennemi, et aspirant alors à la préture, venait d'être assassiné par Milon, prétendant au consulat (1). Dans un pareil désordre, le choix d'un dictateur semblait une nécessité ; mais le souvenir de Sylla effrayait les Romains. Pour concilier tous les besoins, on s'arrêta, sur l'avis de Caton, à nommer un seul consul, qui, à l'autorité légitime dont il serait revêtu, joignît l'ascendant d'une considération personnelle qui pût encore en imposer. Pompée fut élu ; mais César eut des voix, et dans la tourmente domestique qui agitait sa patrie on pouvait croire qu'il jugerait sa présence nécessaire dans la capitale.

Cette opinion généralement répandue dans les Gaules et le sentiment toujours inquiet de l'indépendance rappelèrent bientôt les esprits à la révolte, et donnèrent lieu à la campagne de César, la plus

(1) Cæs., *De Bell. Gall.*, l. VII.—Diod., l. XI.

importante et la plus décisive, encore qu'elle n'ait pas été la ernière. Les Carnutes (les habitans du pays Chartrain), plus entreprenans que les autres, s'offrirent, en des conseils tenus dans l'épaisseur de leurs forêts, à se déclarer les premiers, s'ils avaient l'assurance d'être soutenus : on applaudit à leurs résolutions, et, à défaut d'otages qui auraient pu trahir leurs desseins, le serment qu'ils réclamèrent fut prêté sur les étendards, comme sur ce que les Gaulois avaient de plus sacré. Ils se prononcent aussitôt ; et, se portant sur Génabum (Orléans), ville de leur dépendance, ils y massacrent tout ce qui s'y trouve de citoyens romains attirés par le commerce ; et, par des cris répétés de poste en poste, ils font parvenir cette nouvelle le jour même jusqu'au fond de l'Auvergne.

Vercingétorix, jeune seigneur du pays, s'empresse de répondre à cet appel. Il entraîne ses compatriotes, est proclamé roi par eux, et en peu de jours son ardente activité a réuni sous ses étendards les Sénonais au nord, les Cadurques (ceux du Quercy) au midi, et presque tous les peuples de la partie occidentale de la Celtique et de l'Aquitaine. Tous ces mouvemens se faisaient en hiver, et avec d'autant plus de facilité que les légions romaines, immobiles dans leurs quartiers, n'en pouvaient sortir sans les ordres exprès de César.

L'importance des conjonctures et l'appréhension de voir s'évanouir en un jour le fruit de tant d'années de travaux ne permettaient point à César de retarder son retour dans la Gaule; mais tous les passages qui pouvaient le conduire à ses troupes étaient ou interceptés par l'ennemi, ou occupés par des peuples dont la fidélité suspecte aurait pu abuser de sa confiance pour s'en faire un mérite auprès de leurs compatriotes. Dans cet embarras, il s'attacha à pourvoir d'abord à la sûreté de la province romaine, et particulièrement à celle de la ville de Narbonne, qui était menacée par les peuples du voisinage; puis, avec quelques levées qu'il fit dans la même province, il se dirigea vers les Cévennes, et, malgré six pieds de neige dont elles étaient couvertes, se frayant un passage en des lieux où jamais armée n'avait passé à pareille époque, il tomba tout-à-coup sur l'Auvergne, et, par ses ravages, lui fit payer cher sa défection.

Vercingétorix, qui était loin de l'attendre en cette saison, se trouvait alors chez les Bituriges (les Berruyers). Les désastres de ses concitoyens le rappelèrent dans sa patrie : mais déjà César en était parti. Il avait repassé les montagnes, et s'était rendu à Vienne, où il avait marqué le rendez vous de la cavalerie qu'il avait levée dans la province romaine. Avec cette escorte déjà imposante, il traverse le pays des Eduens, arrive chez les Lingons (les Langrois), où hivernaient deux de ses légions; de là fait passer ses ordres à toutes les autres ; réunit ses dix légions avant que Vercingétorix pût se douter du moindre de ses mouvemens, et le met dans la nécessité de décamper encore, lorsqu'il en est instruit. Dans l'impuissance de tirer vengeance des Romains dans sa patrie, celui-ci essaya de la faire retomber sur une ville qui était leur alliée, sur Gergovie des Boïens (Moulins en Bourbonnais), ainsi nommée de ce que César l'avait généreusement donnée à ces peuples, après la défaite des Helvétiens dont ils avaient imprudemment suivi la fortune. Cette démarche embarrassa César; il était difficile, en plein hiver, de réunir long-temps, sur un seul point, des vivres et des fourrages nécessaires à ses légions et à ses auxiliaires ; d'autre part, abandonner ses alliés sans secours, c'était une mesure aussi peu généreuse qu'elle était même critique, dans un moment où la fidélité des peuples était ébranlée par tant de motifs. Cette considération l'emporta. Se confiant aux Éduens pour lui fournir des vivres, et laissant ses bagages à Agendicum (à Sens), il tourna sur Genabum (sur Orléans), à l'effet d'y passer la Loire, et s'empara chemin faisant de Vellaunodunum (depuis Châteaulandon ou Beaune en Gâtinois). Genabum, enlevé à la première attaque, fut pillé et brûlé en représailles du massacre qui y avait été fait des Romains, et ses malheureux habitans, vivement pressés par les légions, ne purent pas même profiter de leur pont pour gagner l'autre côté de la Loire et se soustraire à leur sort.

Vercingétorix, à cette nouvelle, lève le siége de Gergovie et accourt au-devant de César. Un combat de cavalerie qui s'engagea entre les deux armées fut défavorable aux Gaulois, qui se virent contraints à la retraite. César dut l'avantage qu'il remporta en cette rencontre à six cents cavaliers germains qu'il s'était attachés, dès le commencement de la guerre, autant par l'enthousiasme qu'il savait inspirer pour sa personne, que par l'effet d'une politique habile qui le porta à chercher toujours chez les peuples qu'il se promettait d'asservir les instrumens même destinés à les soumettre. Il mit alors le siége devant Avaricum (Bourges), la capitale des Bituriges, dont la prise devait le rendre maître de tout le pays.

D'après la savante tactique des Romains, Vercingétorix avait sagement reconnu que la seule guerre qu'on pût leur faire avec quelque avantage était de leur couper les vivres, et il opina dans le conseil à ce que les Gaulois ravageassent eux-mêmes leur propre pays, brûlassent leurs villes et détruisissent leurs récoltes. En convenant de la dureté de cette mesure, il représenta qu'elle était la seule qui pût les préserver des calamités plus grandes, réservées aux vaincus. En conséquence de cet avis, qu'il eut le talent de faire prévaloir, vingt villes du Berry furent brûlées en un même jour. On se proposait d'étendre cette espèce de proscription jusqu'à la capitale; mais les habitans ayant remontré que leur ville, une des plus belles de la Gaule, entourée d'une rivière et d'un marais, et accessible seulement par une avenue fort étroite, était d'une facile défense, on se rendit à leurs imprudentes prières, et on songea à la pourvoir d'une forte garnison. Pour Vercingétorix, il s'établit à une certaine distance dans le dessein de mettre à exécution le plan de guerre qu'il s'était proposé de suivre, et il y réussit au point de faire naître une telle disette dans l'armée romaine, qu'elle fut plusieurs jours sans pain, mais sans qu'elle en témoignât d'ailleurs moins de constance et de courage. L'un et l'autre étaient adroitement entretenus par l'habileté du général, qui, offrant de sacrifier sa gloire au bien-être de ses soldats, proposait aux légions de lever le siége, et ne faisait qu'exciter en elles la noble émulation de ne pas lui céder en générosité.

Si la ville était assiégée avec art, elle n'était pas défendue avec moins de talent, surtout au moyen des mines qui engloutissaient les ouvrages et les machines destinées à saper les murailles. Celles-ci d'ailleurs, construites avec des poutres entrelacées et liées par la maçonnerie, étaient presque à l'abri des éboulemens. Malgré cette résistance, les Romains étaient parvenus à élever une énorme terrasse qui touchait jusqu'à la ville, et qui la menaçait d'une chute prochaine, lorsqu'une nuit on s'aperçut que des tourbillons de fumée s'en exhalaient au-dehors. L'ennemi, par des conduits souterrains, y avait mis le feu. Tandis que les Romains multipliaient leurs efforts pour l'éteindre, les Gaulois font une sortie, et, armés de matières combustibles, ils accélèrent les progrès de l'incendie, qu'ils essayent de propager jusqu'aux tours et aux autres machines de guerre; mais ils échouèrent, et les Romains, à force de courage et de travail, obtinrent le double avantage de repousser l'ennemi et de sauver la terrasse. Prévoyant dès lors la chute de la ville, Vercingétorix donna des ordres pour l'évacuer. Déjà la garnison se mettait en mouvement malgré les touchantes représentations des femmes qui se plaignaient d'être abandonnées, lorsque celles-ci poussèrent à dessein des cris qui avertirent les Romains, et qui rendirent la fuite impossible. Peut-être cette contrariété porta-t-elle le découragement dans la garnison; mais dès lors les postes furent mal gardés. César s'en aperçut; et, ayant donné le signal de l'escalade, les Romains eurent bientôt gagné le haut de la muraille. Les Gaulois, chassés dans l'intérieur de la ville, y soutinrent un combat meurtrier, qui aboutit à leur ruine et à celle de leurs femmes, de leurs enfans et de leurs vieillards; car le soldat, exaspéré des souffrances qu'il avait endurées pendant le siége, et toujours irrité des massacres d'Orléans, se porta aux derniers excès pour en tirer vengeance. De quarante mille habitans que renfermait la ville, huit cents seulement échappèrent à la fureur des soldats, parce qu'ils avaient pris les devans, et s'étaient rendus auprès de Vercingétorix.

Ce mauvais succès, loin de nuire à la réputation du général gaulois, ajouta à son crédit, en ce que c'était contre son avis que la ville n'avait pas été brûlée. De nouveaux secours vinrent réparer ses pertes; il obtint même une autorité absolue, et il en usa pour accoutumer les Gaulois à se retrancher à l'exemple des Romains, mesure que leur paresse ou leur confiance leur avait fait imprudemment négliger jusqu'alors.

L'hiver finissait, et César se proposait de poursuivre l'ennemi au retour de la belle saison, lorsqu'une députation des Eduens vint réclamer sa médiation. Il s'agissait de mettre fin aux troubles excités chez eux par l'ambition de Cotus et de Convictolitan, deux de leurs chefs, qui se disputaient le pouvoir. César avait plus que jamais besoin des secours des Eduens, et ils devaient être paralysés si des dissensions domestiques continuaient à agiter cette nation. Il crut donc ne pouvoir négliger cette affaire, et devoir au contraire s'en occuper de préférence à toute autre. Il se transporta sur les lieux, et, après avoir pesé les droits des deux compétiteurs, il se décida en faveur de Convictolitan. Il chercha d'ailleurs à rapprocher les esprits, et se confia à la reconnaissance de son protégé, pour hâter un secours de dix mille fantassins, qu'il requit des Eduens, indépendamment de leur cavalerie; mais Convictolitan roulait bien d'autres pensées dans son esprit. Les Romains, dans son opinion, n'avaient d'existence dans les Gaules que par les secours qu'ils avaient toujours tirés des Eduens, en sorte que la liberté générale de la Gaule et la leur propre tenait à la cessation de ces secours et au parti qu'ils prendraient dans les conjonctures présentes. Plein de cette idée, et le sentiment de l'indépendance prévalant en lui sur tous les autres, il ne songea plus qu'aux moyens de nécessiter une rupture qu'il aurait eu de la peine à persuader à sa nation.

César avait donné quatre légions à Labiénus pour opérer une diversion du côté de Sens et de Lutèce; avec le reste de ses troupes il avait gagné l'Auvergne dans l'intention d'en assiéger la capitale, Gergovie (aujourd'hui Clermont, ou un emplacement qui en est voisin), et de poursuivre ses succès contre Vercingétorix. Celui-ci rompit aussitôt tous les ponts sur l'Allier et s'efforça de mettre toujours cette rivière entre César et lui. César, de son côté, montait et redescendait le fleuve tour à tour, recherchant soigneusement, soit un gué, soit un point qui ne fût pas observé. Il s'arrêta enfin vis-à-vis des débris d'un pont que Vercingétorix avait fait ruiner; et dès le lendemain, comme à son ordinaire, il donna ordre de décamper : mais il était resté, avec deux légions, caché dans des bois voisins; et lorsque Vercingétorix, attaché à suivre les mouvemens de son armée, se fut éloigné, il rétablit le pont, passa l'Allier et fut bientôt devant Gergovie. Cette place, située sur le haut d'une montagne, était bien fortifiée, et Vercingétorix s'était logé au pied avec son armée. César porta son camp d'un autre côté, et avant de penser à tracer une circonvallation, il avisa aux moyens de se procurer des vivres.

Pendant ce temps, Convictolitan faisait partir le contingent des Eduens, déjà précédé de leur cavalerie; mais il avait concerté avec Litavic, leur chef, les moyens d'en frustrer César et d'en fortifier au contraire la confédération gauloise. Déjà les Eduens n'étaient plus qu'à trente milles du camp romain, lorsque Litavic feignit de recevoir la nouvelle que, sous prétexte de trahison et d'intelligence avec les Arvernes, César venait de faire périr Eporédorix et Virdumare, qui commandaient leur cavalerie, et que sans doute il préparait le même sort au reste des Eduens. L'indignation s'empare de sa troupe; il en profite pour rendre le retour impossible en faisant massacrer plusieurs Romains, conducteurs d'un convoi qu'ils escortaient; et, à l'aide de la même fraude, il soulève tous les cantons environnans. Eporédorix et Virdumare étaient dans la confidence de cette intrigue : quelque sujet de rivalité entre eux produisit un mécontentement qui porta le premier à révéler tout à César. Il était pour ce dernier d'un intérêt majeur d'étouffer, dans sa naissance, le germe d'une telle défection. Laissant deux légions seulement à la garde du camp, il part sur le champ avec les quatre autres et va droit à la rencontre des Eduens. Il place Eporédorix aux premiers rangs, lui ordonne d'entrer en pourparler avec ses compatriotes et ne tarde pas ainsi à les désabuser. Confus également et de leur erreur et de leur crime, ils jettent bas les armes et demandent grace. César n'avait garde de leur refuser un pardon qu'il avait lui-même besoin d'accorder, et il regagna son camp avec eux après avoir fait part à leurs magistrats de sa conduite, dans l'espoir que cet acte de clémence envers des hommes qu'il avait droit de punir par les lois de la guerre deviendrait pour eux un nouveau motif d'attachement et de fidélité; mais ses courriers avaient été précédés par ceux de Litavic, et déjà les esprits étaient soulevés de toutes parts. A Cabillon (à Châlons-sur-Saône), on avait éconduit un tribun qui regagnait sa légion; des marchands avaient pareillement été chassés, puis pillés; enfin les voies de fait étaient générales lorsqu'on reçut les dépêches de César. Les magistrats se répandirent en excuses et envoyèrent une députation au proconsul; mais jugeant, avec assez de raison, qu'après une telle levée de boucliers et les procédés qui l'avaient accompagnée il était impossible que la confiance pût renaître, ils firent des dispositions secrètes pour se joindre à la ligue, et multiplièrent les ennemis des Romains. César, qui pénétrait ces menées, continuait à dissimuler et ne cherchait qu'un prétexte pour abandonner Gergovie, afin de prendre une position qui le mît à portée d'en imposer à l'intrigue.

Il était arrivé fort à propos à son camp : Vercingétorix l'avait attaqué pendant son absence. L'étendue que les deux légions avaient à défendre les avait fort affaiblies, et il est douteux qu'elles eussent pu résister à une seconde attaque préméditée pour le lendemain. Malgré le désir de se retirer qui pressait César, celui de maintenir sa réputation par la prise de Gergovie, dont il ne perdait pas l'espérance, le porta à différer encore son départ et à s'emparer d'une colline dont la possession devait le mettre à même d'enlever à la ville la ressource de l'eau et du fourrage. Dans cette vue, plusieurs attaques qu'il dirigea contre la place et contre le camp des Gaulois n'eurent lieu que pour faire diversion à la véritable, qu'il conduisait lui-même et dans laquelle il réussit complètement. Mais dans les autres, l'ardeur des légionnaires qu'on ne put contenir les rendit sourds au son du cor qui ordonnait la retraite et les porta à faire plus qu'on n'exigeait d'eux. Un centurion et quelques soldats escaladèrent les remparts ; un autre enfonça l'une des portes, et déjà l'alarme était dans la ville, lorsque des secours prompts et multipliés rendirent l'avantage aux assiégés sur des troupes mal postées et qui n'étaient pas soutenues. Elles furent forcées de lâcher pied avec une perte de sept cents hommes et de quarante-six centurions. César consola ses soldats de cet échec en louant la valeur et la résolution dont ils avaient fait preuve dans une position aussi désavantageuse, mais les blâmant aussi de la présomption qu'ils avaient eue de prétendre mieux juger que lui de ce qui pouvait décider la victoire ; et il leur recommanda pour l'avenir une retenue égale à leur courage. Pour lui, reconnaissant plus que jamais la nécessité de décamper, mais voulant le faire du moins avec honneur, il présenta plusieurs jours de suite la bataille à Vercingétorix qui, fidèle à son système, la refusa constamment, et qui, par cette conduite prudente, bien mieux qu'il ne l'eût pu espérer de son courage, obtint la gloire peu commune d'avoir fait échouer, cette fois du moins, les desseins du premier capitaine du monde.

Forcé d'abandonner à son adversaire la gloire de ce petit succès, César se rapprocha de l'Allier et le traversa, sans être inquiété, sur le pont qu'il y avait rétabli. A l'autre bord, la cavalerie éduenne lui demanda de le devancer, afin de prévenir les mauvais desseins des malintentionnés de leur pays. César les soupçonnait eux-mêmes de ces mauvais desseins ; mais l'espoir de les regagner en leur témoignant de la confiance le fit encore dissimuler ; seulement il remit sous leurs yeux l'amitié particulière dont ils avaient été honorés de tout temps par les Romains, et les bienfaits qu'ils en avaient reçus, et qui avaient si fort augmenté leur pouvoir et leur considération dans les Gaules : il leur recommanda d'en rappeler le souvenir à leurs concitoyens, et les congédia. Ceux-ci partent et prennent aussitôt la route de Noviodunum sur la Loire (Nevers), ville du territoire des Eduens, dont César avait fait un dépôt et où il avait placé tous les otages de la Gaule, les bagages de son armée, ses chevaux, son trésor et ses vivres. A peine y sont-ils arrivés, qu'Eporédorix et Virdumare font main-basse sur tous les employés romains, s'emparent des otages, partagent l'argent, enlèvent le bagage et les vivres, jettent dans la Loire ce qu'ils ne peuvent emporter, brûlent la ville qu'ils craignent de ne pouvoir défendre, rompent les ponts et répandent des corps-de-garde le long du fleuve, bien que la fonte des neiges qui l'avait grossi parût un obstacle suffisant pour empêcher de le passer à gué. Les Eduens achevèrent de se déclarer contre César, en entraînant les peuples dont ils avaient saisi les otages, et sollicitèrent enfin le commandement général de la ligue, dont ils avaient si fort accru les forces et la consistance. Ils se flattaient de l'obtenir d'emblée, et ce ne fut pas sans regretter les déférences auxquelles les avaient accoutumés leurs liaisons avec les Romains qu'ils le virent conserver à Vercingétorix. Il lui fut offert dans une assemblée générale, convoquée à Bibracte (à Autun), la capitale des Eduens, et où se rendirent tous les peuples de la Gaule, à l'exception des Lingons et des Rémois qui demeurèrent fidèles à leur ancienne alliance. Confirmé dans sa dignité, le généralissime établit le contingent des divers peuples, de manière à se former un corps de quinze mille cavaliers. Il requit peu d'infanterie; il n'en avait pas besoin, d'après le plan qu'il s'était tracé d'éviter les batailles, de harceler seulement l'ennemi, de lui couper les vivres, et de lui enlever ses ressources en brûlant tout dans les environs.

César, en apprenant tant d'évènemens contraires, dénué de cavalerie, et ne pouvant espérer de renforts, ni de l'Italie, où les divisions intestines tenaient tout en arrêt, ni de la province romaine, qui n'avait pour sa défense que vingt-deux cohortes levées dans son sein, hésita quelque temps sur le parti qu'il avait à prendre. Il s'arrêta enfin à celui de gagner les frontières de la Germanie, d'où il espérait tirer de la cavalerie et des troupes légères; et d'abord il se disposa à traverser la Loire. Contre l'attente de l'ennemi, il trouva un gué, où ses soldats n'eurent de l'eau que jusqu'au-dessous des bras. Le peu de troupes laissées à l'autre bord pour conserver ou pour interdire le passage prit la fuite à son approche, et César répara une partie de ses pertes par le butin qu'il fit en bestiaux. Labiénus, qui, à la nouvelle de son danger, avait quitté les environs de Lutèce où il faisait une diversion utile, le rejoignit, et César gagna alors les frontières communes des Eduens, des Séquanais et des Lingons. Dans cette position, il observait les premiers, protégeait les derniers, veillait à la province romaine, et s'assurait des communications avec les Germains alliés. Ceux-ci ne tardèrent point à lui faire passer les secours qu'il avait espérés d'eux; mais leurs cavaliers étaient si mal montés que César fut obligé de leur donner les chevaux de ses officiers.

Vercingétorix ayant aussi reçu des renforts se rapprocha de César qu'il commençait à redouter moins, et d'autant moins que celui-ci, en gagnant les frontières de la Gaule, semblait penser à l'abandonner tout à fait. Bientôt sa confiance abusée alla jusqu'à craindre que la fuite ne lui enlevât cette proie, et qu'une retraite qui ne serait point troublée ne donnât quelque jour à César les moyens de faire trembler encore une fois pour sa liberté cette Gaule qui semblait aujourd'hui affranchie de son esclavage. D'après ces nouvelles vues, il crut devoir rechercher désormais César avec le même soin qu'il avait mis jusqu'alors à l'éviter, et il se persuada qu'il pouvait le faire avec d'autant plus d'espoir de succès qu'il était infiniment supérieur à l'ennemi en cavalerie, et qu'il se promettait toujours de n'engager que des combats de cavalerie. Ayant partagé la sienne en trois corps, il vint attaquer brusquement les Romains dans une de leurs marches. Une division se présente à la tête de leurs colonnes pour les arrêter, tandis que les deux autres en inquiètent les flancs. Obligé, pour résister, de former aussi sa cavalerie en trois divisions, César supplée au nombre en la faisant soutenir par son infanterie. Cette disposition, en rendant aux siens la confiance que l'infériorité numérique pouvait leur ôter, les maintint dans l'égalité jusqu'au moment où les Germains, rompant et dispersant tout ce qui leur était opposé, firent encore pencher la balance en faveur de César. Vercingétorix, d'autant plus consterné de cet échec qu'il était plus éloigné de s'y attendre, décampa aussitôt, et se retira sous Alise, ville considérable des Mandubiens, et qui passait pour la plus forte de toute la Gaule. César l'y suivit sans délai, arriva presqu'en même temps que lui, et fit aussitôt commencer la circonvallation.

Alise, dont le nom subsiste encore aujourd'hui dans un petit bourg de l'Auxois, voisin de Sainte-Reine, et à quelques lieues à l'est de Semur, était située sur une montagne fort élevée, au pied de laquelle coulaient deux petites rivières qui laissaient entre elles une plaine assez étendue. Vercingétorix ferma cette plaine par un fossé et une muraille, et avec les débris de son armée il s'établit sous les murs de la ville. L'activité des Romains dans les travaux de la circonvallation, qui n'avait pas moins de onze mille pas d'étendue, l'obligea à se soumettre de nouveau aux hasards d'un engagement, pour retarder l'instant qui lui ôterait toute communication avec le dehors. Mais, aussi malheureux que dans les tentatives précédentes, il renonça à ses essais infructueux, et, profitant de l'obscurité de la nuit, tandis que tous les passages n'étaient pas encore interceptés, il congédia sa cavalerie, et manda par elle aux confédérés de hâter leurs secours, attendu que, retiré dans la ville avec quatre-vingt mille hommes, il n'avait de vivres que pour un mois. Après le départ, César acheva son enceinte, et la fortifia par des travaux énormes. De triples fossés, des chausse-trappes sans nombre, plusieurs rangs d'abattis d'arbres et de fosses couvertes, le mettaient à l'abri des sorties de la ville; et une autre ligne de circonvallation, de quatorze mille pas d'étendue, et munie de forts à quatre-vingts pieds de distance les uns des autres, le défendait pareillement contre les attaques du dehors. Ainsi retranché et pourvu de vivres pour trente jours, il attendit tranquillement les Gaulois, qui, en effet, se mettaient en mouvement de toutes les parties de la Gaule, et qui, avec une célérité inconcevable, réunirent en un mois, sur les frontières des Eduens, deux cent quarante mille hommes de pied et huit mille chevaux, sous quatre chefs principaux: Comius, d'Arras; Virdumare et Eporédorix, Eduens; et Vergasillaunus, Auvergnat, et parent de Vercingétorix. Comius était le même qui avait été si utile à César dans son expédition de Bretagne, et qui, en retour, en avait été comblé de bienfaits; mais il avait cédé à l'entraînement général qu'avait excité l'espoir de recouvrer l'indépendance.

Cependant les vivres diminuaient dans Alise, et les avis étaient partagés dans le conseil sur ce qu'il y avait à faire en cette circonstance. Les uns, désespérant des secours, parlaient de se rendre; les autres voulaient qu'on tentât de forcer les retranchemens avant que l'abattement absolu de leurs forces leur rendît cette dernière ressource impossible. Critognat, l'un des principaux seigneurs arvernes, trouva de la faiblesse dans les deux partis. Il prétendit qu'il fallait compter sur un secours que les précautions extrêmes des Romains annonçaient suffisamment, et remettre en conséquence l'heure du combat au temps où ils auraient à seconder les efforts extérieurs de leurs compatriotes; et, quant à leurs ressources pour subsister jusque là, il ne frémit point de proposer l'horrible expédient de soutenir leurs forces au moyen de la chair des malheureux qui, inutiles à la défense, y devenaient un obstacle. « Cet exemple, ajouta-t-il,
» nous a été laissé par nos ancêtres, à l'époque où l'invasion des
» Cimbres et des Teutons les menaça d'une dévastation passagère;
» et, lorsque c'est notre liberté même qui est en danger aujourd'hui,
» il nous conviendrait de le donner si nous ne l'avions pas reçu. »
Cette opinion fanatique, sans prévaloir dans le conseil, donna lieu à l'expulsion des bouches inutiles. Ces tristes victimes, repoussées également de leurs murailles et des retrachemens des Romains, auxquels elles demandaient en vain du pain et de l'esclavage, périrent bientôt de faim et de misère entre le camp et la ville.

Ce fut à la suite de ces résolutions désespérées que, du haut de leur montagne, les assiégés aperçurent enfin le secours après lequel ils soupiraient avec impatience. Empressés de coopérer aux efforts des arrivans, ils sortent en foule de la ville, comblent les fossés avec des fascines, ou les couvrent avec des claies, et secondent l'attaque extérieure que les Gaulois, confians en leur multitude, avaient engagée au milieu du jour. Déjà le soleil se couchait, et la fortune ne s'était encore déclarée pour aucun parti : c'était toujours aux Germains qu'il était réservé de la fixer. Un dernier effort de ceux-ci contraignit les Gaulois du dehors à la retraite; et ceux du dedans, n'étant plus secondés, se virent forcés d'en faire autant. Deux jours après, les Gaulois voulurent essayer si un assaut de nuit leur serait plus favorable. Munis de claies, d'échelles et de crocs, ils s'approchent de la contrevallation, et, par leurs cris, ils avertissent Vercingétorix d'agir de son côté; mais l'obscurité de la nuit contribuant à accroître le danger des pièges qui couvraient les retranchemens, le jour parut sans qu'ils eussent été entamés; et les Gaulois, pour prévenir les suites du désordre où ils se trouvaient, se virent encore forcés à la retraite.

Presque désespérés de l'inefficacité de ces deux assauts, ils se déterminèrent cependant à un dernier effort, après s'être procuré, sur les fortifications du camp, toutes les notions et tous les renseignemens qui leur étaient nécessaires. Du côté du septentrion, la circonvallation passait au pied d'une montagne qu'on n'avait pu y comprendre à cause de son étendue, et qui dominait entièrement ce quartier défendu par deux légions. Le plan des Gaulois était de s'emparer de ce poste, et, descendant de cette position avantageuse, de tomber sur les retranchemens et de les forcer. Vergasillaunus, à la tête de cinquante mille hommes d'élite, fut chargé de cette expédition. Il part sur le soir, arrive à la pointe du jour sur le revers de la montagne, y fait reposer ses troupes et attend le milieu du jour pour commencer l'attaque. Vercingétorix qui, du haut d'Alise, l'avait aperçu, descend de son côté avec tout l'attirail nécessaire à ébranler les retranchemens, et en même temps un assaut général livré à tous les quartiers romains les force à disséminer leurs troupes et à pourvoir difficilement aux besoins de la partie la plus faible. Des deux côtés les efforts furent extrêmes, les Gaulois désespérant de leur liberté, si ce jour-là même les retranchemens romains n'étaient forcés, et les Romains se persuadant que le terme des longs travaux de la conquête était arrivé, si ce jour même aussi ils fixaient encore la victoire.

Vergasillaunus et Vercingétorix, dominant sur les Romains chacun de leur côté, nettoyaient les retranchemens à force de traits, comblaient de terre les fossés et les fosses qui les protégeaient, et tentaient même de monter à l'assaut. Dans ce danger, César envoie Labiénus avec six cohortes au secours des deux légions, avec ordre de faire une sortie si les retranchemens étaient forcés. Fabius et le jeune Brutus, chacun avec un pareil nombre de troupes, sont opposés par lui à Vercingétorix; lui-même se porte de ce côté et y rétablit le combat. Il rejoint alors Labiénus, qui, tout prêt d'être forcé, se disposait, avec trente-neuf cohortes qu'il avait ramassées de divers quartiers, à la sortie qu'il devait tenter à la dernière extrémité. En ce moment, César est reconnu à ses vêtemens par les ennemis. L'espoir de parvenir à extirper en sa personne jusqu'aux racines de la guerre et de la servitude leur fait pousser un cri d'encouragement, et la mêlée devient furieuse. Mais, pendant que l'on combattait de part et d'autre avec un nouvel acharnement, la cavalerie romaine, sortie hors des lignes par ordre de César, attaque brusquement les Gaulois par derrière; et toujours vaincus par la surprise, ceux-ci y succombent encore cette fois. Ils lâchent pied subitement, et en un instant la déroute devient générale. Vergasillaunus est pris en fuyant, et soixante-quatorze drapeaux sont déposés aux pieds de César. Le plus petit des Gaulois eut le bonheur de regagner leur camp, et la nuit même ils l'abandonnèrent pour se retirer chacun chez eux.

Ceux de la ville, subordonnés aux évènemens du dehors, étaient rentrés consternés dans leurs murs. Le lendemain, le conseil est convoqué par Vercingétorix. Aussi grand dans le malheur qu'il l'avait été dans la prospérité, après avoir exposé la vanité de toute espérance ultérieure, et le besoin de céder à la nécessité, il s'offrit généreusement pour le salut d'un peuple dont il avait voulu garantir la liberté, et se proposa lui-même pour être livré au vainqueur (1). Les chefs, en effet, les armes et les otages, telles furent les conditions auxquelles César reçut les assiégés à composition. Il donna, à titre de butin, un prisonnier à chacun de ses soldats; mais il excepta de cette rigueur les Eduens et les Arvernes qu'il espéra regagner par cet acte de clémence, et il réserva Vercingétorix pour son triomphe. Vingt jours de supplications furent ordonnés par le sénat pour cette importante campagne, la plus laborieuse, la plus critique et la plus brillante de toutes celles de César dans la Gaule. Cette contrée néanmoins ne fut pas absolument soumise, et, pour atteindre ce résultat, il fallut encore à César les travaux d'une dernière campagne.

Les Gaulois, imputant les mauvais succès de la précédente à un mauvais plan d'opérations, voulurent essayer si les Romains, attaqués en détail et de divers côtés à la fois, seraient aussi invincibles que lorsque réunis en grandes masses ils pouvaient déployer toutes les ressources de leur tactique. Mais César, dans ses quartiers d'hiver, avait l'œil à tout (2). Il pénétra ces projets, et fonda les moyens de les dissiper sur le soin de les prévenir. Dans cette vue il part d'Autun, le dernier jour de décembre, et tombe à l'improviste sur les Bituriges (les Berruyers), que leur aisance rendait avantageux et remuans; mais qui, n'ayant fait encore aucun préparatif, se trouvèrent accablés tout d'un coup, sans trouver d'autre ressource que la fuite chez leurs voisins. Ce fut une occasion à César d'attaquer ceux-ci, et tous, également pris au dépourvu, se déterminèrent également à la soumission. Cette campagne, entreprise au cœur de l'hiver, fut courte. Le quarantième jour, César était de retour à Autun. Mais à peine y était-il arrivé, que ces mêmes Bituriges, qu'il venait de combattre, réclamèrent ses secours contre les Carnutes, ces ardens promoteurs de toutes les dispositions hostiles contre les Romains. César se remit aussitôt en campagne avec les troupes qu'il trouva sous sa main et deux légions qu'il tira des quartiers les moins éloignés. Les Carnutes, incapables de lui résister, se dissipent à son approche et lui abandonnent un pays ruiné dans les expéditions précédentes. César, forcé de borner ses exploits à faire du butin, laissa une garnison à Genabum, et se rendit chez les fidèles Rémois qui avaient besoin de son aide contre les Bellovaques, qui, commandés par Corréus, chef aussi habile qu'intrépide, et par Comius d'Arras, et assistés de divers peuples voisins, se disposaient à les attaquer. César, avec quatre légions, se porta rapidement dans le Beauvoisis; mais il trouva le pays dévasté, n'y rencontra point d'ennemis, et n'apprit qu'au bout de quelques jours que, retranchés

(1) Plut. *In Cæs.* —(2) *Hist. de Bell. Gall.*, l. VIII.

d'une manière formidable sur une montagne entourée d'un marais, les Bellovaques l'attendaient de pied ferme, dans la résolution de le combattre, s'il était en petit nombre, et de le harceler, au contraire, s'il en était autrement. Sur cet avis, César, pour procurer un engagement dont il se promettait l'avantage, ne laissa paraître que trois légions, et fit lentement suivre la quatrième qui escortait le bagage. Mais, soit que les Bellovaques se fussent doutés du piége, soit qu'ils ne se jugeassent point encore assez forts, ils demeurèrent dans leur position, qui était à peu près inattaquable.

César l'estima telle, et manda au reste de ses troupes de le venir joindre. En attendant, il fit tracer de l'autre côté du marais un camp également formidable par ses retranchemens, ses forts et ses autres défenses; de part et d'autre on continua à s'observer : les rencontres n'avaient lieu qu'au fourrage, et c'était souvent au désavantage des Romains, qui, forcés de se répandre dans des habitations écartées pour y chercher des vivres, se trouvaient dans un isolement que la moindre embuscade rendait funeste.

Cependant les Gaulois, redoutant de se voir renfermer sans vivres comme à Alise, pensèrent à congédier ceux qui étaient d'un moindre service; mais ils furent trahis par le jour dans leurs apprêts de départ. César, pour troubler encore plus cette retraite, hasarda de passer le marais sur lequel il fit jeter des ponts, et campa au pied de la montagne, sans oser cependant engager un combat que l'ennemi, fort de sa position, n'eût pas redouté : surveillant seulement l'instant de la séparation, il l'épiait pour tenter alors une attaque; mais les Bellovaques, pénétrant son dessein, firent passer de main en main, à la tête du camp, des bottes de paille et des fascines sur lesquelles ils avaient coutume de s'asseoir en attendant le combat, et, à un signal convenu, y ayant mis le feu de toutes parts, il s'éleva une flamme et une fumée qui masquèrent leurs mouvemens; ce qui fut un obstacle invincible à toutes les tentatives de la cavalerie, tant par la crainte de la flamme qui épouvantait les chevaux, que par celle des embuscades que redoutaient les cavaliers.

Corréus, à quelque temps de là, en disposa une dont il se promettait le plus grand succès; mais, trahi par un prisonnier, il fut surpris lui-même et succomba dans cette rencontre, après avoir donné mille témoignages de valeur, et avoir refusé, avec une opiniâtreté homicide, le quartier que l'estime de son courage lui avait fait offrir plusieurs fois. Sa mort entraîna la ruine des Bellovaques, qui envoyèrent aussitôt des députés pour se soumettre, et qui profitèrent de cette circonstance pour rejeter sur Corréus et sur une populace ignorante et dominatrice les résolutions qui les avaient entraînés dans cette guerre. César leur reprocha qu'ayant pris part l'année précédente à celle qui avait armé toute la Gaule, ils avaient bien tardé à suivre l'exemple des autres peuples dans leur soumission; il ajouta qu'ils rejetaient vainement sur les morts leurs propres fautes, et qu'à tort ils prétendaient lui faire accroire que les intrigues d'un ambitieux et les caprices de la populace pussent prévaloir sur la volonté des hommes honnêtes et sur celle des magistrats; qu'au reste il voulait bien se contenter du mal qu'ils s'étaient fait à eux-mêmes, et qu'il recevait leurs otages. Comius ne fut pas compris dans la composition ; de bonne heure il s'était dérobé par la fuite et avait gagné les frontières de la Gaule : il se défiait des Romains, et ce n'était pas sans motif, depuis que, par une lâcheté insigne, le prétexte d'une entrevue que lui avait demandée Labiénus, avait été l'occasion d'un assassinat auquel il n'avait échappé que par miracle.

César, en recevant les Bellovaques à composition, les avait traités avec une sévérité qui n'était que dans ses paroles; mais de cette époque il crut que, sans compromettre la réputation de clémence qu'il s'était acquise, il devait, s'il prétendait laisser la Gaule effectivement soumise au terme de sa gestion, recourir enfin aux voies de rigueur. Le premier acte qu'il fit en conséquence de ce principe fut contre Ambioric, dont il alla mettre de nouveau les États à feu et à sang, dans le désir de faire retomber sur sa tête tout l'odieux d'une dévastation dont sa perfidie était la cause : il confia à Labiénus le châtiment des Trévirs ; et, tout étant pacifié dans le nord, il se transporta dans le midi où ses secours étaient encore nécessaires.

Un rassemblement de mécontens s'était formé sous les murs de Limone (de Poitiers), et avait pour chef l'Andien (l'Angevin) Dumnacus. Il assiégeait cette ville demeurée fidèle aux Romains; Caninius, lieutenant de César, vint au secours, et fut attaqué, sans succès d'ailleurs, par Dumnacus : mais les forces étaient de part et d'autre dans une égalité qui aurait prolongé long-temps cet état d'indécision, si Fabius, autre lieutenant de César, ne fût venu à l'aide de Caninius. Leurs forces réunies eurent bientôt dissipé les insurgés. Fabius marcha dès lors contre les Carnutes, vainquit leur opiniâtreté, et les contraignit enfin à donner des otages, mesure à laquelle ils s'étaient soustraits jusque-là. Il étendit ses progrès jusqu'aux contrées armoriques, qu'il ramena également à l'obéissance. Pour Caninius, il poursuivit chez les Carduques (dans le Quercy) Lutérius, un de leurs chefs, qui, avec le Sénonais Drapès, avait recueilli les fuyards, et se proposait d'inquiéter la province romaine. Mais les dispositions de Caninius le confinèrent dans sa province, et le forcèrent à se fortifier dans Uxellodunum (Cap de Nac), ville située sur un roc d'un accès difficile, lors même qu'il n'eût offert aucune résistance.

Caninius, après avoir reconnu l'impossibilité d'emporter une telle place d'emblée, posta ses troupes sur trois hauteurs voisines et commença une circonvallation. Le souvenir d'Alise vint alarmer les assiégés. Lutérius, qui s'y était trouvé, opina à faire sortir une partie des troupes pour procurer des vivres à la ville, et dès la nuit suivante, il en partit avec Drapès, laissant deux mille hommes seu-

5.

lement dans la place pour la garder. Bientôt ils eurent ramassé une grande quantité de blé; mais Lutérius, ayant tenté d'en introduire une partie, fut surpris, et tout son monde tué ou dissipé. Drapès, attaqué dans son camp avant qu'il pût être instruit de cet évènement, tut plus malheureux, il fut fait prisonnier. Caninius retourna dès lors devant la place où Fabius vint encore le joindre; mais la situation de la ville nécessitait un plus grand concours de forces, et il fallut que César s'y portât lui-même. En s'y rendant par le pays des Carnutes, il crut devoir à la politique cruelle qu'il venait de se créer, de faire battre de verges Guturvatus, le principal auteur des soulèvemens des Carnutes, et de le faire ensuite décapiter: ce fut le prélude d'un autre genre de barbarie qu'il devait exercer envers ceux d'Uxellodunum.

Ceux-ci, par la reddition de la garnison, avaient du blé en abondance; mais, par leur position, ils manquaient d'eau et n'en tiraient que d'une fontaine située au pied de leurs murs. Il devenait hasardeux de s'y rendre, si les Romains pouvaient se loger avantageusement dans les environs. Ce fut l'objet de travaux immenses qu'achevèrent ceux-ci, malgré la vive opposition des assiégés. La gêne qu'en éprouvèrent les derniers leur suggéra l'idée d'incendier ces constructions avec des tonneaux remplis de matières combustibles, qu'ils firent rouler sur les ouvrages après y avoir mis le feu. Le désir d'accroître l'incendie d'une part, et de l'autre celui de s'y opposer, donnèrent lieu à un combat qui favorisait les progrès de l'incendie, lorsque César ordonna un assaut général: ce n'était qu'une diversion; mais les assiégés, qui y furent trompés, coururent à leurs remparts et laissèrent les assiégeans maîtres de l'incendie. Les assiégés persistèrent néanmoins à tenir, continuant à user de la fontaine, bien que rarement et à leur grand péril. Mais les Romains étant parvenus, au moyen d'une mine, à la détruire tout-à-fait, il fallut qu'ils se soumissent au vainqueur. Barbare par politique, César fit couper la main à des braves qui soutenaient une légitime indépendance et qu'il ne pouvait se défendre d'estimer. Mais son ambition enchaînait sa générosité, et il craignait que celle-ci ne fût, pour des peuples mal soumis, un encouragement à la résistance, soit par la certitude de l'impunité, soit par l'espoir et la chance du succès, pour peu qu'ils pussent atteindre la fin d'une administration qui approchait de son terme. Drapès, que l'on traitait de brigand, parce qu'il avait toujours été l'un des plus heureux partisans qui eussent fatigué les armées romaines, craignant un sort plus funeste encore que ses compagnons d'armes, se laissa mourir de faim.

César acheva la campagne par la soumission de l'Aquitaine, et alla passer l'hiver à Nématocène (Arras) où il apprit la reddition de Comius. Antoine, chargé de le poursuivre, avait détaché contre lui Volusénus, celui-là même que Labiénus avait employé pour s'en défaire, et dont la haine s'était accrue de la honte et de l'inutilité de son forfait. Un jour qu'emporté par sa rage, il poursuivait vivement Comius, celui-ci tourne bride, fond sur Volusénus, le blesse mortellement à la cuisse et se dérobe ensuite par la vitesse de son cheval : puis, satisfait apparemment par sa vengeance, ou hors d'état peut-être de résister davantage, il député vers Antoine, se soumet à tout ce qu'il ordonnera de sa personne, le conjure seulement de lui épargner la honte ou l'effroi d'avoir désormais à comparaître devant un Romain. Antoine, touché de ses malheurs et des motifs de sa demande, la lui accorda sans difficulté et reçut ses otages. Sa soumission acheva celle de la Gaule et en termina la conquête après huit campagnes consécutives, dont trois furent employées contre les Helvétiens, les Bretons et les Germains. Cette époque importante dans l'histoire de la Gaule ne l'est pas moins dans celle de Rome, en ce qu'elle fut comme le signal de cette guerre civile fameuse qui devait renverser son gouvernement et l'assujétir elle-même à César et à ses successeurs.

CHAPITRE III.

DE L'AN 50 AVANT J.-C. A L'AN 260 DE J.-C.

Histoire des Gaules depuis l'achèvement de la conquête du pays par Jules César jusqu'aux premières incursions qu'y tentèrent les Francs.

La neuvième et dernière année de César dans les Gaules y avait été tranquille. Il l'avait employée à se concilier les peuples qu'il avait soumis, tant afin de conserver entières la gloire et la considétion qu'il tirait de cette conquête, que pour s'en faire au besoin une ressource pour parvenir au but où tendait son ambition (1). Dans cette vue, il s'était borné, suivant Suétone, à imposer les Gaules à la modique redevance de quarante millions de sesterces (huit millions de francs) (2); et des richesses immenses qu'il avait accumulées

---

(1) App. de Bell. civ. l. II. — Diod. l. XI. — Plut. in Cæs. et Pomp. Cic. Epist. ad Atticum, l. VII.

(2) Mézeray dit un million d'or. J'ignore si c'est par évaluation des quarante millions de sesterces de Suétone (cccc n-s), quadringenties centena millia sestertii, ou pour avoir trouvé cette expression dans quelque autre auteur ; si enfin par un million d'or il entend un million d'écus (trois millions de livres) ou un million d'*aurei* romains, ce qui ferait vingt millons.

L'aureus, en effet, de la valeur de cent sesterces, était, au temps de César, à la taille de 40 à la livre de 12 onces, laquelle valait alors 800 fr. de notre monnaie. Ainsi l'aureus valait 20 francs, et le sesterce (sestertius, nummus) 20 centimes ou 4 sous.

Les Romains comptaient encore par as, qui était l'unité monétaire; par **deniers,**

par toutes les voies, dans le cours de ses campagnes, il s'acheta des créatures au-dedans et au-dehors. Il était temps qu'il se fît des amis : son gouvernement allait expirer, et, pour ne point se retrouver homme privé sous Pompée, qui, sans magistrature, régnait réellement à Rome, il se proposait de postuler le consulat par procureur. Il s'y était fait autoriser l'année même du consulat de Pompée, qui d'abord avait témoigné de l'opposition, et qui bientôt s'en était désisté par la crainte d'être traversé lui-même par César dans la poursuite qu'il méditait de la prorogation de son gouvernement des Espagnes, lequel devait expirer un an avant celui de César dans les Gaules. Mais, parvenu à son but, il se repentit de sa complaisance, et pressentant les vues ambitieuses de son rival, il essaya de le traverser. Dès l'année précédente, il y avait travaillé, et, par l'organe du consul M. Marcellus (1), il avait proposé au sénat de révoquer César, ainsi que le privilége inouï qui lui avait été attribué par le peuple. Mais cette demande illégale et intempestive au milieu du récit des exploits dont César ne cessait de faire retentir le sénat, n'y avait eu aucune suite. Pompée renouvela cette année ses efforts ; il disposait des nouveaux consuls, ennemis déclarés de César, et surtout du tribun Curion, autre antagoniste du proconsul, qui s'était chargé de re-

---

ainsi nommés parce qu'ils valaient 10 as ou 4 sesterces ; par onces d'argent, équivalentes à 7 deniers ; par onces d'or ou livres d'argent, de la valeur de 12 onces d'argent ; par grands sesterces (sestertia), qui en valaient mille petits ; et enfin par talens de 60 mines attiques, chacune desquelles valait 100 dragmes attiques ou 100 deniers romains.

L'as était originairement une monnaie de cuivre du poids de 12 onces, dont la valeur fut long-temps équivalente à celle de notre livre ou franc. Mais au temps de la première guerre punique, où l'on frappa pour la première fois de la monnaie d'argent à Rome, on réduisit l'as au sixième de sa valeur, et la république acquitta ses dettes avec le sixième de leur montant. L'as diminua encore depuis de poids et de valeur, et au temps de César il ne valait plus que 8 centimes ou six liards environ de notre monnaie. (Voy. Métrolog. de Paucton et de Romé de l'Isle, ou l'Enc. méth., Antiquit., art. Monnaie.)

L'usage de la livre d'argent de douze onces romaines (moins fortes d'un neuvième que l'once marchande) se perpétua dans les Gaules jusqu'au temps de Charlemagne qui la divisa en 20 sous, et le sou en 12 deniers. Sous cette nouvelle forme elle continua à être employée, à ce qu'on croit, jusqu'au règne de Philippe I. Après ce monarque on y substitua le marc marchand de 8 onces, peut-être parce que les altérations successives du titre de la livre l'avaient rabaissée à la valeur de celui-ci. Mais le marc, pour cela, ne fut pas une monnaie, et la livre resta en possession de s'en servir. Sa valeur seulement devint variable. On en compta plusieurs dans le marc, et plus ou moins selon l'abondance du numéraire. Sous Louis VI, fils de Philippe I, le marc valait deux livres ; ce qu'on infère de la valeur du marc d'or fixé sous ce règne à 29 livres. On trouvera au tome IV de cette Histoire la valeur du marc d'argent sous les successeurs de Louis VI. (Voyez Enc. méth. Fin., art. Marc. ; Arts et mét., art. Monnaie et Denier.)

(1) Ce M. Marcellus, illustré par une harangue de Cicéron, était arrière-petit-fils du fameux Marcellus, vainqueur de Viridomare, d'Annibal et d'Archimède, et fut l'aïeul du Marcellus, gendre d'Auguste, destiné par lui à l'empire et immortalisé par les vers de Virgile.

mettre en avant la proposition de Marcellus. César déjoua toutes ces mesures, en achetant le dévoûment de Curion et le silence de l'un des consuls. Le premier, devenu sa créature, chercha d'abord mille prétextes pour éluder l'exécution de ses engagemens avec Pompée, et quand, pressé par les instances du parti, il n'y eut plus moyen de reculer, il se tira habilement d'affaire en exposant au sénat qu'il fallait ou prolonger les deux rivaux dans leurs gouvernemens, ou les forcer tous deux à abdiquer; mais surtout se bien garder, pour le salut de la république, de laisser armé l'un des deux à l'exclusion de l'autre. Cet avis, sous une apparence d'impartialité et même de défiance républicaine, était tout en faveur de César, en ce que Pompée, qui s'était fait proroger aussi dans son gouvernement, et qui avait plus de temps à en jouir encore que César de celui des Gaules, devait difficilement se prêter à abdiquer. Cependant il écrivit de la campagne au sénat que, quoiqu'on lui eût offert dans les temps, sans qu'il l'eût recherché, et son troisième consulat et la prorogation de son autorité proconsulaire, il était prêt, si le sénat l'exigeait, à faire le sacrifice de la dernière à l'intérêt de l'État. Mais ce n'était point là sa véritable pensée; et le sénat, qui s'en doutait et qui voyait en lui un protecteur, se trouva embarrassé.

Curion profita de sa perplexité pour défendre, au nom du peuple, que l'on parlât de la démission de l'un ou de l'autre des deux rivaux; et parce que l'on avait besoin de troupes en Syrie, il ordonna que chacun d'eux fournirait une légion. Pompée redemanda alors à César l'une de celles qu'il lui avait prêtées autrefois, en sorte que ce fut effectivement le dernier qui fournit les deux légions. Il répara aisément ce vide par des levées dans la Gaule et dans la Germanie, et, à l'aide des sommes immenses dont il pouvait disposer, il doubla peut-être encore ses forces en doublant la paie de ses soldats. Fort de ces ressources, il écrivit au sénat, demandant que le peuple fût consulté sur la révocation des bienfaits qu'il tenait de lui, ou, s'il devait en être privé, que le même sort fût partagé par les autres gouverneurs de province. Il se promettait de cette démarche de rester proconsul dans les Gaules, ou de pouvoir se plaindre avec quelque apparence de justice et d'en tirer raison par la force. Le sénat ayant pris connaissance de sa lettre, le consul C. Marcellus, cousin-germain du consul du même nom de l'année précédente, mit aux opinions si César serait maintenu dans son gouvernement, son temps étant expiré, et presqu'à l'unanimité il fut décidé que cette prorogation était contraire aux lois. Il demanda ensuite si c'était l'intention du sénat de priver Pompée de ses gouvernemens pour le temps qu'il avait encore à en jouir; et déjà l'on décidait que c'était une injustice, lorsque Curion demanda à son tour s'il était expédient à la république que Pompée demeurât en armes lorsque César aurait désarmé. Cette considération nouvelle donna lieu à un nouveau décret, et à la majorité de trois cent soixante-dix voix contre vingt-deux, il fut décidé que les deux concurrens désarmeraient à la fois. «Soyez donc les esclaves de César,» s'écria le consul furieux, et il sortit du sénat. Le décret au reste n'eut pas de suite, et sur le bruit qui courait que César passait les Alpes, Marcellus fit arrêter que les deux légions qu'on lui avait retirées seraient données à Pompée pour la défense de l'Italie. Cette partialité révolta César, et peut-être l'inculpation du consul lui fit-elle naître l'idée de la réaliser.

En effet, il passa les Alpes, mais seul d'abord, et il se rendit à Ravenne, dernière ville de son gouvernement de la Cisalpine; de là il suivait plus commodément les diverses intrigues de la capitale. Il négociait encore, faisait de nouvelles propositions et restreignait ses demandes à la conservation de ses gouvernemens de Cisalpine et de l'Illyrie, jusqu'au temps où il serait promu de nouveau au consulat. Cicéron opina pour la conservation de l'Illyrie avec une seule légion; il amena même Pompée à ce tempérament. Mais l'austérité déplacée de Caton et la haine aveugle des nouveaux consuls L. Corn. Lentulus et C. Cl. Marcellus, frère de Marcus, élus tous deux par le crédit de Pompée et en dépit de la brigue de César, firent échouer cette mesure qui eût pu sauver la république. A peine étaient-ils entrés en fonction, qu'ils convoquèrent le sénat pour délibérer sur la démission à exiger de César, et sur un décret tendant à ce qu'il fût déclaré rebelle s'il ne désarmait à un jour fixé : sentiment qui était d'opinion générale, et pour ainsi dire, convenu, pourvu que Pompée désarmât aussi de son côté. Mais le premier point obtenu, ils ne firent point délibérer sur Pompée. Marc-Antoine, lieutenant de César et tribun du peuple alors, protesta contre cette mauvaise foi et contre le décret qui en était résulté, en sorte que l'on ne put passer outre; mais les consuls ayant fait approcher des troupes, expulsèrent avec violence les tribuns opposans, qui se réfugièrent auprès de César, et alors fut porté le fatal décret qui devait changer la forme de l'état : « que les consuls de l'année et les » proconsuls en charge, Pompée et Cicéron, veilleraient à la sûreté » publique. »

Instruit de cette résolution, César prit aussi son parti. Il n'avait près de lui qu'une seule légion, et ce peu de forces contribuait à la sécurité de ses adversaires. Mais en tout temps il avait su compenser tous les avantages de ses ennemis par celui de la célérité à prévenir leurs desseins. Sans perdre un moment, il rassemble sa légion, harangue ses soldats, irrite leur ressentiment par le tableau des injustices qu'on lui fait éprouver et par le spectacle de la majesté du peuple violée en la personne de ses tribuns. Il les excite à en tirer vengeance, et il les entend avec joie répondre à son appel.

Aussitôt il détache, avec quelques troupes, un officier affidé, qui, marchant sur Ariminum (Rimini), la première ville d'Italie au-delà des limites de la Cisalpine, y entre à l'improviste, et, sans affecter de s'en rendre maître, s'y établit de manière à y demeurer le plus fort. César avec le reste de sa légion le suit de près, franchit, non sans quelque émotion, le petit fleuve du Rubicon qui séparait l'Italie de la Cisalpine, et se constitue ainsi en guerre ouverte avec les consuls. Mais, à l'effet de prévenir la défaveur qu'une couleur de rébellion pouvait donner à son parti, il affecta les plus grands égards pour les tribuns qui s'étaient rendus près de lui, et qui, comme représentans du peuple, paraissaient faire de la cause de César la cause même de la république. Ce premier pas fait, il rappela ses légions de la Gaule, et, comptant sur l'effet de la surprise, il ne laissa pas de marcher toujours en avant avec le peu de troupes qu'il avait sous la main.

D'Ariminum il se porta successivement à Arétium (Arezzo), Pisaure (Pesaro), Fanum (Fano), Ancône, Auximum (Osimo), et Asculum (Ascoli). La terreur était partout : les garnisons faibles, intimidées ou séduites, fuyaient, se rendaient ou se livraient même à lui, et pendant ce temps ses renforts arrivaient. Il en profita pour assiéger Corfinium, où commandait L. Domitius Ænobarbus, désigné par le sénat pour lui succéder dans la Transalpine. L'issue de ce siége eut quelque chose de romanesque. La garnison livra son chef. Celui-ci, pour ne pas dépendre de son rival, s'était empoisonné. César, qui l'ignorait, lui ayant accordé non-seulement la vie, mais la liberté même de retourner auprès de Pompée, faisait naître dans son cœur des regrets bien amers, lorsque l'esclave qu'il avait chargé du soin de préparer le poison vint le rendre à la vie en lui confessant qu'il n'avait pu se résoudre à suivre ponctuellement ses ordres, et que le breuvage qu'il lui avait administré n'était qu'une potion soporative.

Des succès si rapides d'un côté, et la difficulté des levées de l'autre, déterminèrent Pompée à quitter précipitamment la capitale. Il se retira d'abord à Capoue, puis à Brindes, d'où, à l'aide des vaisseaux de la république, il fit passer son armée en Macédoine, se flattant d'y établir avec succès le théâtre de la guerre. Vaine espérance, qui compensait à ses yeux la perte du trésor public de Rome et de l'Italie entière, qui, en moins de deux mois, étaient tombés sous la main de César.

Toujours habile à profiter des momens, César fit aussitôt passer en Sicile et en Sardaigne des forces suffisantes pour en expulser les partisans de Pompée et assurer les subsistances de la capitale (1). Il aurait voulu suivre Pompée jusqu'en Grèce, mais il ne disposait point encore d'un assez grand nombre de vaisseaux; et, en attendant qu'il pût se former une marine, il tourna ses soins du côté de l'Occident. Pour en être maître, il n'avait plus que l'Espagne à conquérir. Afranius et Pétréius, deux lieutenans de Pompée, d'une réputation connue, y commandaient pour lui. César résolut de conduire lui-même cette expédition. Il regagna les Alpes; mais à peine

---

(1) Cæs., de Bell. civ., l. I et II.

les eut-il descendues, qu'il fut étonné de rencontrer des ennemis auxquels il ne s'attendait pas. C'étaient les Marseillais qui avaient arrêté de lui fermer leurs portes.

Il manda leurs magistrats qui répondirent à ses instances qu'amis constans de la république, mais inhabiles à prononcer entre Pompée et lui, tous deux également bienfaiteurs de leur ville, ils seraient à l'un et à l'autre tant qu'ils les verraient unis entre eux, et qu'au contraire ils les excluraient l'un et l'autre aussi long-temps qu'ils seraient divisés. C'était une fausseté; et César ne tarda pas à être instruit que Domitius, le même qu'il avait rendu à la liberté à Corfinium, immolant la reconnaissance à ce qu'il croyait apparemment un devoir, avait déterminé les Marseillais, auxquels il avait conduit des renforts, à le nommer leur chef et à se déclarer contre César. Pour venger cet affront, César mit le siége devant la ville, et en confia la conduite à Trébonius son lieutenant, pendant qu'avec le reste de ses troupes il se rendait en Espagne. Sur toutes choses, il recommanda d'éviter un assaut dont les suites pouvaient devenir funestes à une ville que, pour divers motifs, il voulait ménager. Avec ces ménagemens, il fallut du temps à Trébonius pour obliger les habitans, puissamment aidés de leurs richesses, de leurs talens et de leur courage, à venir à composition; mais deux combats sur mer, où douze galères, que César venait de faire construire à Arles, eurent l'avantage sur les vaisseaux de la ville, déterminèrent enfin les Marseillais à entrer en négociation. Ils supplièrent Trébonius d'attendre les ordres de César sur les conditions auxquelles ils remettraient leur place. Trébonius crut remplir le vœu de ses instructions en accédant à cette demande, et de part et d'autre les hostilités cessèrent. Mais pendant que les Romains se reposaient avec confiance sur la trève et sur les apparences pacifiques des assiégés, ceux-ci, abusant de la bonne foi et de la modération du chef, font une sortie inattendue, et brûlent et détruisent les machines de guerre dont ils avaient eu le plus à souffrir. Il fallut que Trébonius recommençât péniblement un nouveau siége. A force d'art, de patience et de travaux, il réduisit encore les assiégés à faire des propositions; mais plus avisé cette fois, il se mit en possession de la ville. Aussi indulgent d'ailleurs qu'il s'était montré d'abord, il laissa à César à prononcer sur le sort des habitans à son retour. Domitius, avant son entrée, avait eu le bonheur de fuir sur un vaisseau en trompant la vigilance de D. Brutus qui bloquait le port : il rejoignit Pompée à Pharsale et y périt.

César ne tarda point à reparaître victorieux du parti qui tenait en Espagne pour Pompée. Malgré de grands talens et du concert entre eux, Afranius et Pétréius avaient été contraints, dans un intervalle de quarante jours, à mettre bas les armes dans l'Espagne citérieure, et s'étaient vus réduits à cette extrémité plus encore par la tactique habile de leur adversaire que par son épée. L'admiration que fit naître cette campagne savante, ajoutée aux autres titres de César à la gloire, lui amena sans combat le reste des légions de Pompée au-delà de l'Ebre : il repassa avec celles-ci dans les Gaules, où il devait les licencier sur les bords du Var ; et ce fut avec cet appareil triomphant qu'il fit son entrée à Marseille. Il avait à punir en elle l'accueil fait à un ennemi, sa résistance et sa trahison ; mais, toujours désarmé par le succès, César pardonna aux habitans : il les dépouilla d'ailleurs d'une partie de leurs richesses et de tous leurs moyens de défense.

De Marseille il retourna à Rome ; et là, autant par amour du pouvoir que pour en imposer plus facilement au vulgaire par les insignes légitimes de la puissance, il se fit revêtir de l'autorité consulaire : politique habile que n'eurent point ses ennemis, et dont César ne tarda pas à recueillir le fruit en plus d'une occasion, où il lui suffit de ce titre imposant pour prévenir ou pour comprimer plus d'une résistance. Il est hors de notre sujet de le suivre dans une expédition qui n'a plus de rapport avec la Gaule ; mais il n'est peut-être pas superflu de remarquer, comme époque chronologique assez naturellement liée à l'histoire de celle-ci, que ce fut dans la campagne qui succéda à la réduction entière de la Gaule, par la prise de Marseille, que se livra cette fameuse bataille de Pharsale, suivie de près de la mort de Pompée, et qui donna l'empire du monde à son rival.

César, en s'éloignant de la Gaule, avait pourvu aux moyens de s'assurer de sa fidélité. La fleur de sa noblesse et de ses braves faisait la force de ses armées, et, avec l'art de les associer à ses travaux, il avait fait évanouir tout soupçon qu'ils pussent n'être que des otages. Victorieux de tous ses ennemis, il paya les services des Gaulois par toutes les faveurs qui purent se concilier avec la domination. Il s'étudia à rendre leur joug léger ; et l'imposition modique qu'il établit sur eux pour l'entretien de huit légions commises à la garde du pays fut loin d'atteindre aux sommes immenses prodiguées et perdues par eux dans leurs dissensions domestiques.

A la mort de César, qui eut lieu cinq mois seulement après la vaine pompe de ses triomphes sur les trois parties du monde, Mutanius Plancus était gouverneur de la Gaule Transalpine, où il fonda la ville de Lyon, et Décimus Brutus l'était de la Cisalpine. Tous deux, lieutenans de César, tenaient de lui leurs gouvernemens ; et le dernier surtout, admis à son intime confiance, et qu'il avait institué son héritier à défaut d'Octave, semblait devoir lui être attaché par tous les liens de la reconnaissance : cependant il avait été l'un des plus ardens promoteurs de la conspiration tramée contre lui par M. Brutus et par Cassius (1). Antoine, dont le consulat expirait, et dont l'ambition se trouva éveillée et favorisée par les circonstances, **convoita**

---

(1) Appien, l. III. — Vell. Paterc., l. II, c. 34, etc. — Plut. in Cæs.

le gouvernement de Décimus, comme singulièrement propre à établir son autorité dans la capitale, à raison de la proximité où il s'en trouvait : mais parce que le sénat, qui pénétrait ses vues, y mettait obstacle, il eut recours au peuple, auquel il remontra l'indécence de laisser un témoignage de la munificence de César entre les mains du moins excusable de ses meurtriers ; et, fort du plébiscite qu'il en obtint, il marcha aussitôt contre Décimus qu'il tint assiégé dans Modène. Le sénat, qui, après une espèce de réconciliation entre les amis et les ennemis de César, avait ratifié la distribution des gouvernemens entre eux, voyant son autorité méprisée par la démarche d'Antoine, le déclara ennemi de la patrie, sur la proposition de Cicéron qui publia alors ses éloquentes et funestes Philippiques. Les deux consuls Hirtius et Pansa furent envoyés contre lui, ainsi que les troupes qu'avait levées de son côté Octave, fils adoptif de César et petit-fils de sa sœur, lequel, malgré son extrême jeunesse, jetait et disposait avec habileté les fondemens de sa grandeur future. Antoine fut défait près de Modène ; mais les deux consuls y payèrent leur succès de leur vie. Le sénat, toujours méfiant, enleva alors à Octave le commandement de l'armée, qui semblait lui être dévolu par la mort des deux autres généraux, et chargea Décimus, devenu libre, de poursuivre Antoine dans les Alpes. Celui-ci, qui n'avait de refuge que les Gaules, fit pressentir Plancus qui y commandait trois légions, et Lépide, l'un des amis et des plus chauds partisans de César, nommé au gouvernement de l'Espagne, mais qui se trouvait encore dans les Gaules, où il disposait de sept légions. Tous deux hésitaient sur le parti qu'ils avaient à prendre. Antoine, inspiré alors autant par son courage que par sa situation, marche droit à Lépide, pose son camp sans défense auprès du sien, entame avec lui une négociation dans laquelle il lui représente le danger commun des amis de César s'ils ne réunissent leurs forces ; et, dans le cours des pourparlers il lui débauche si complètement son armée, qu'elle abandonne son général et qu'elle proclame Antoine. Plancus et Pollion viennent se joindre à lui, et ce fugitif, qui, peu de jours auparavant, semblait à la veille de sa perte et peut-être du supplice, se voyait alors à la tête de dix-sept légions, et presque en état de donner lui-même la loi. Octave n'avait pas attendu ce moment pour lui proposer une réunion, dont le motif était de venger César. Le talent qu'il avait eu, à l'aide de sa petite armée et du crédit de Cicéron, de se faire nommer consul à dix-huit ans, en remplacement de Pansa, et de disposer à ce titre des forces de la république, le mettait au moins en égalité de pouvoir avec Antoine. Tous deux trouvaient de l'avantage à se réunir ; mais, dans la défiance où ils ne pouvaient manquer d'être l'un à l'égard de l'autre, après les différens qui les avaient divisés d'abord, ils jugèrent prudent d'admettre entre eux un tiers, qui, sans leur faire ombrage par ses moyens, en eût assez néanmoins pour prévenir de mauvais desseins. Leur choix tomba sur Lépide ; et c'est de cette intrigue que naquit, dans une île du Panaro, près de Modène, le second triumvirat, plus renommé encore par ses proscriptions que par le renversement absolu du gouvernement de la république, et l'envahissement des provinces de l'empire que se partagèrent entre eux ces trois ambitieux.

Les Gaules échurent à Antoine; mais, après la bataille de Philippe, où Brutus et Cassius, les derniers tenans de la république, eurent été défaits par Octave et Antoine, ce dernier s'étant jeté sur les provinces d'Orient, son éloignement donna lieu à Octave de s'emparer des Gaules pour n'en être plus dépossédé. A l'occasion d'une révolte de l'Aquitaine et d'une irruption des Suèves, il fit passer M. Vipsanius Agrippa, l'un de ses plus habiles lieutenans, qui réduisit les uns et les autres, et qui embellit la Gaule de plusieurs voies romaines qui partaient de Lyon où il faisait sa résidence. Il le rappela au bout de deux ans; d'abord pour l'opposer à Sextus Pompée, qui, maître des îles de Sicile, de Sardaigne et de Corse, désolait la Méditerranée, et ensuite à Antoine, lorsqu'il se fut tout-à-fait brouillé avec lui.

Ce fut Agrippa qui procura à Octave le gain de la célèbre bataille d'Actium, la plus importante peut-être de toutes celles qui aient jamais été livrées. L'éloignement de cet habile général releva le courage des Morins (des Flamands), qui secondèrent une nouvelle tentative des Suèves sur la Gaule; mais ils furent également comprimés par Carinas, préfet de la Belgique, et la victoire qu'il remporta sur eux fut assez éclatante pour qu'Octave lui fît l'honneur de triompher avec lui.

L'année qui suivit cet avantage fut une année de paix pour tout l'empire, et le temple de Janus fut une seconde fois fermé par Octave. Il l'avait été la première après la bataille d'Actium. Ce fut alors qu'il institua la garde prétorienne, composée de dix cohortes de mille hommes chacune, et qu'il reçut du sénat le surnom d'Auguste, titre qui passa à ses successeurs, comme celui de César à l'héritier présomptif de l'empire. Quelque temps après il se fit encore attribuer le pouvoir souverain, sous l'apparence modeste de l'inviolabilité tribunitienne. Décernée d'abord pour cinq ans, puis pour dix, il eut soin de se faire renouveler cette dignité à l'expiration de chacune de ces nouvelles périodes (1). La même année, Auguste allant soumettre les Asturiens et les Cantabres, profita de cette circonstance pour affermir sa domination dans la Gaule même, dont le joug commença dès lors à s'appesantir. Dans les états qu'il tint à Narbonne en cette circonstance, il augmenta le tribut imposé par César; et, à peu près dans le même temps, il ordonna un dénombrement complet de la population, qui fut désormais composée de trois ordres : des sénateurs ou anciens nobles, qui seuls avaient droit aux grandes

---

(1) Mézeray, av. Clovis. — Enc. méth., art. Gallia. — Epitom., lib. I, 134.

dignités de leurs cités; des curiaux presque exclusivement en possession des emplois municipaux, et qui étaient ainsi nommés de ce qu'ils étaient inscrits sur le rôle des curies, comme possédant un emploi honnête et ayant une origine honorable; des ingénus enfin, ou des possesseurs, dénominations sous lesquelles étaient compris les habitans de la campagne et les artisans des villes, que leur état d'ignorance et leur défaut d'éducation excluaient, quoique libres, de toute fonction politique. Il soumit les uns et les autres à la jurisprudence romaine, dont l'autorité s'est perpétuée en grande partie jusqu'à nos jours, et qui a encore servi de base à nos nouvelles institutions judiciaires.

Auguste établit aussi dans les Gaules une hiérarchie nouvelle de pouvoirs administratifs. Il conserva les quatre grandes divisions connues sous les noms de Narbonnaise, Aquitaine, Celtique et Belgique; mais il répartit plus également entre elles les cent peuples environ qu'elles renfermaient dans leur sein (1). Cette opération se fit en annexant à l'Aquitaine et à la Belgique quelques unes des cités ou peuplades de la Celtique, qui perdit alors son nom, pour prendre celui de Lyonnaise. Ainsi limitée, elles formèrent quatre des vingt-six départemens ou diocèses (2), entre lesquels Auguste divisa tout l'empire, et qui étaient gouvernés, douze par des consulaires à la nomination du sénat et du peuple, et quatorze par des présidens au choix de l'empereur. Les dernières provinces, ordinairement frontières, étaient munies de troupes que commandaient les agens du prince, magistrats tout à la fois de robe et d'épée, tandis que les consulaires, toujours en paix, n'avaient de décoration que la toge. Le politique empereur, dans ce partage des provinces, annonçait vouloir abandonner au sénat tout l'honneur, et ne se réserver que les travaux; mais son but, parfaitement rempli, avait été de s'attribuer effectivement tout le pouvoir. Des quatre diocèses de la Gaule, la Narbonnaise seule était consulaire (3).

(1) Enc. méth., art. Gallia et Romanum imperium.
(2) Les vingt-six diocèses d'Auguste furent supprimés par Adrien, qui divisa tout l'empire en onze régions comprenant 73 provinces. Ce furent: l'Italie, 2 provinces; l'Afrique, 3: les Gaules, 4; la Bretagne, 2: l'Illyrie, 17; l'Egypte, 4; l'Orient, 13; la Thrace, 6; le Pont, 8; et l'Asie 11.

Constantin, après lui, subdivisant les contrées et les provinces, partagea tout l'empire en quatre grandes préfectures:

Celle des Gaules, renfermant vingt-neuf provinces, sous les trois vicariats de l'Hispanie, des Gaules et de la Bretagne;

Celle d'Italie, vingt-neuf provinces, sous le proconsulat d'Afrique, et les quatre vicariats de Rome, de l'Italie septentrionale, de l'Afrique et de l'Illyrie;

Celle d'Illyrie, onze provinces, sous le proconsulat d'Achaïe et les deux vicariats de Macédoine et de Dacie;

Celle d'Orient, enfin, renfermant quarante-sept provinces sous le proconsulat d'Asie, le comté d'Orient, la préfecture d'Egypte et les trois vicariats d'Asie, de Pont et de Thrace.

(3) Trois cents ans après, Auguste Probus, en partageant la Narbonnaise en deux

Agrippa, devenu gendre d'Auguste après la mort de Marcellus, reçut de lui de nouveau le gouvernement des Gaules. Dans le séjour qu'il y fit alors, ou dans le précédent, il contracta avec les Ubiens, qui avaient passé le Rhin, la première alliance que ces peuples aient faite avec les Romains. Leur cité vit naître Agrippine, sa petite-fille, mère de Néron; et celle-ci, dans la suite, y ayant fait passer une colonie de vétérans, la ville en prit le nom de *Colonia Agrippina*, qu'elle a retenu jusqu'à nos jours sous celui de Cologne. Agrippa, au bout d'un an, fut remplacé par Tibère, fils aîné de Livie, femme d'Auguste, et de Tibère Claude Néron, son premier mari (1). Bientôt l'empereur se rendit lui-même dans les Gaules, à l'occasion d'un soulèvement des Sicambres qui avaient massacré les exacteurs romains, et pour surveiller en général les mouvemens des Germains entre le Rhin et l'Elbe, peuples qui ont droit à notre intérêt particulier, comme étant les véritables ancêtres des Francs. La Gaule elle-

provinces et la Belgique en trois, forma sept provinces, qui furent la Viennaise, la Narbonnaise, l'Aquitaine, la Lyonnaise, la Belgique, la Germanie première ou supérieure, et la Germanie seconde ou inférieure. Dioclétien en étendit le nombre jusqu'à douze en divisant la Belgique en trois provinces, sous les noms de première et seconde Belgique et de grande Séquanaise, qui comprenait l'Helvétie. La Lyonnaise, en première et seconde, et en annexant à la Gaule deux provinces Alpines, les Alpes Grées et Pennines et les Alpes maritimes ou Cotties. Enfin, par de semblables subdivisions, Constantin ou Gratien portèrent les provinces gauloises au nombre de dix-sept, ainsi qu'il suit :

ALPES. — Alpes Grées et Pennines. Monstiers, métropol. Saint-Maurice : pet. et grand Saint-Bernard, Martinach, etc. — 2. Alpes Maritimes ou Cotties. Embrun, métrop.; Senez, Vence, Monaco, Mont-Genèvre, etc.

NARBONNAISE. — 3. Viennaise. Vienne, métr. Valence, Arles, Marseille, Grenoble, Genève, etc. — 4. Première Narbonnaise. Narbonne, métr. Toulouse, Lodève, Nimes, Uzès, etc. — 5. Deuxième Narbonnaise. Aix, métrop. Apt, Sistéron, Gap, Fréjus, Antibes, etc.

AQUITAINE. — 6. Première Aquitaine. Bourges, métrop., Clermont, Mende, Albi, Limoges, etc.— 7. Seconde Aquitaine. Bordeaux, métrop. Saintes, Poitiers, Angoulême, Périgueux, Agen, etc. — 8. Troisième Aquitaine. Aquitaine ou Novempopulanie, Auch, métrop. Tarbes, Oléron, Bazas, Bayonne, etc.

CELTIQUE. — 9. Première Lyonnaise. Lyon, métrop. Mâcons, Châlons, Langres, Autun, etc. — 10. Seconde Lyonnaise. Rouen, métrop. Lizieux, Bayeux, Avranches, Séez, Evreux, etc. 11. Troisième Lyonnaise, Tours, métrop. Angers, Nantes, Vannes, Rennes, le Mans, etc. — 12. Quatrième Lyonnaise. Sens, métrop. Troyes, Auxerre, Meaux, Paris, Chartres, Orléans, etc.

BELGIQUE. — 13. Première Belgique, Trèves, métrop. Metz, Toul, Verdun, etc. — 14. Seconde Belgique. Reims, métrop. Soissons, Amiens, Arras, Boulogne, Cambray, etc. — 15. Grande Séquanaise. Besançon, métrop. Bâle, Avranche, Zurich, Nyon, etc. — 16. Première Germanique ou Supérieure. Mayence, métrop. Worms, Spire, Strasbourg, etc. — 17. Seconde Germanique ou Inférieure, Cologne, métrop. Liège, Clèves, Nimègue, Leyde, etc.

Chacune des métropoles avait une cour ou juridiction supérieure; et la métropole de la première province, parmi celles qui avaient éprouvé une subdivision, possédait un degré d'honneur de plus, sous le nom de primatie.

(1) Tacit., Ann. LXXII. 27. — Diod., l. LIV. — Strab., l. IV. — Epitom., l. j, 137.

même avait besoin d'être contenue. Pillée avec impunité par un certain Licinius, affranchi de César, qu'Auguste y avait envoyé avant Agrippa, le mécontentement s'était accru du fameux dénombrement qu'il avait ordonné dans tout l'empire, et que Drusus, second fils de Livie, avait fait exécuter dans les Gaules avec la plus grande rigueur. Cette disposition avait blessé l'orgueil des Gaulois, qui se crurent assimilés par cette mesure à de vils troupeaux. La présence de l'empereur étouffa ces germes de révolte, et les principaux de la Gaule, convoqués à Lyon, y votèrent même, en l'honneur d'Auguste, un temple magnifique auquel soixante peuples contribuèrent ; et dans le même temps la flatterie lui élevait d'autres autels à Narbonne, à Béziers, à Nîmes et à Bonn. Auguste marqua son séjour dans les Gaules par l'érection de divers monumens et par la fondation de plusieurs villes auxquelles il donna son nom ou celui de son père adoptif, ainsi qu'à plusieurs autres déjà existantes (1).

Le calme qu'il rétablit dans les Gaules permit à Drusus de passer en Germanie : ce jeune prince avait planté ses étendarts et élevé ses trophées sur les bords de l'Elbe, lorsqu'une chute de cheval l'enleva à ses triomphes, n'étant encore âgé que de trente ans. Drusenheim, proche Strasbourg, atteste encore son passage dans ces contrées ; Tibère, son frère aîné, lui succéda dans le commandement, et, marchant toujours pied à pied et sans rien donner au hasard, il fit la guerre avec sagesse et avec succès. Il força les Sicambres à recevoir la loi et à se voir transplanter au-delà du Rhin. Au terme de cette expédition, et la sixième année avant notre ère, Auguste, pour la troisième fois depuis son règne, ferma le temple de Janus, et l'univers respira pendant douze ans.

C'était au commencement de cette période pacifique que devait naître Jésus-Christ, le prince de la paix, mais d'une autre paix que celle que donne le monde ; de celle qui réconcilie la terre avec le ciel, en procurant à l'homme, dégradé par le crime, des ressources pour recouvrer son innocence. Alors seulement se réalisèrent ces fictions du paganisme, qui faisaient habiter la Divinité avec les hommes, et qui la faisaient converser familièrement avec eux. De cette époque, la connaissance d'un Dieu unique, renfermée jusqu'alors dans un coin de la Syrie, se répandit avec rapidité par toute la terre, et de pauvres pêcheurs furent les instrumens de cette révolution. Dénués de tous moyens naturels, mais forts d'un témoignage à

(1) Telles furent Augusta Tricastinorum, Saint-Paul-Trois-Châteaux ; Apta Julia, Apt ; Forum Julii, Fréjus ; Albaugusta, Albi ; Augustoritum, Limoges ; Augustæ Ausciorum, Auch ; Aquæ Augustæ Terbellicæ, Dax ; Vicus Julii, Aire ; Augustodunum, Autun ; Juliobona, Lillebonne ; Juliomagus, Angers ; Cesarodunum, Tours ; Augustobona, Troyes ; Augusta Trevorum, Trèves ; Cesaromagus, Beauvais ; Augustomagus, Senlis ; Augusta Suessionum, Soissons ; Augusta Veromanduorum, Saint-Quentin ; Augusta Roracorum, Augst, près de Bâle.

l'épreuve de la mort (1), au mépris de la croyance de tous les peuples, ils proclamèrent et firent triompher une doctrine nouvelle, aussi étonnante par sa pureté que par sa perpétuité. Prodige irrécusable, qui atteste la divinité du premier missionnaire! prodige impossible, s'il n'eût été qu'un homme et qu'un apôtre d'imposture!

Tibère était alors à Rhodes où il vivait en particulier, soit qu'une intrigue de cour l'y eût fait exiler, soit qu'il s'y fût retiré de lui-même, pour s'éloigner de Julie, qu'Auguste l'avait forcé d'épouser après la mort d'Agrippa, et qu'il n'osait ni accuser, ni répudier. Auguste, éclairé enfin sur la conduite de sa fille, en fit justice lui-même par l'exil; et peu après, à l'occasion de quelques soulèvemens des Germains, il fit passer Tibère en Germanie, et se rendit lui-même dans les Gaules pour le soutenir au besoin (2). Ce prince qui, par les suggestions de l'habile et ambitieuse Livie, l'avait déjà fait son gendre, avait encore payé d'avance ses services, en l'adoptant concurremment avec le jeune Agrippa. Tibère parut justifier ce choix par les succès qu'il eut en Germanie, et par ceux qu'il obtint encore quelques années après en Pannonie et en Dalmatie.

Cependant Quintilius Varus, qui l'avait remplacé en Germanie, s'était laissé surprendre sur le Weser par les Germains soulevés, et conduits par Hermann ou Arminius, toujours célébré depuis comme le héros de la Germanie. Dix ans auparavant, ce prince chérusque (brunswickois) avait été fait citoyen romain par Auguste, et élevé même à la dignité de chevalier. Trois légions entières furent détruites par lui. Varus et ses officiers se tuèrent eux-mêmes pour ne pas tomber entre les mains des vainqueurs et pour se soustraire aux supplices qu'ils firent effectivement subir à leurs prisonniers. Cette nouvelle accabla Auguste; il crut voir les Germains aux portes de Rome : et, pour s'opposer à des projets qu'il leur était possible peut-être de réaliser, il ordonna de nombreuses levées. Mais, soit que la terreur eût glacé les courages, soit par quelque autre motif inconnu, personne ne se hâta de s'enrôler. En vain Auguste déclara-t-il infames une multitude de citoyens qui se refusèrent à son appel, et les priva-t-il de leurs biens; en vain en livra-t-il même plusieurs à l'exécuteur, il fut réduit à composer sa nouvelle armée de quelques vétérans en petit nombre, et d'affranchis levés à la hâte et pris de toutes parts. Tibère fut mis à la tête de ces levées avec Germanicus, son neveu, fils de Drusus et d'Antonia, nièce d'Auguste, que l'empereur lui avait fait adopter après la mort des deux fils d'Agrippa. Tibère demeura trois ans dans les Gaules pour rassurer ce pays contre les invasions

---

(1) « Quod fuit ab initio, quod audivimus, quod vidimus oculis nostris, quod per-
« spexïmus et manus nostræ contrectaverunt de Verbo vitæ... annuntiamus vobis. » Ce que nous avons ouï de nos oreilles, vu de nos yeux, palpé de nos mains, touchant le Verbe de vie qui était dès le commencement de toutes choses... c'est là ce que nous vous annonçons. (Joan., Ep. I., ch. 1.) — (2) Vell. Pat., liv. II, c. 50-60. — Tac. Ann., liv. I, 5.

des Germains, et pénétra enfin en Germanie, où il s'attacha à provoquer Arminius, sans toutefois le combattre; la gloire de le vaincre était réservée à Germanicus. Pour Tibère, envoyé en Illyrie par Auguste, il en repartit avec hâte, sur l'avis que lui donna sa mère du déclin de la santé de ce prince. Il reçut son dernier soupir à Nôle, l'année du consulat de Pompée et d'Apuléius, et lui succéda à l'empire.

Les Gaules, déjà pillées sous l'administration d'Auguste, furent livrées aux derniers excès sous le gouvernement dur et insouciant de Tibère. Les particuliers et les villes qui avaient conservé un revenu, se virent également accablés d'impôts, de dettes et d'usures. Le mécontentement était au comble, et il ne fallait que la moindre étincelle pour allumer un incendie (1). Florus dans la Belgique, et Sacrovir, chez les Eduens, conçurent la pensée de mettre à profit ces dispositions pour rendre à leur pays son ancienne indépendance. Leurs émissaires, disséminés par toute la Gaule, se répandent en propos séditieux; ils représentent la pesanteur des tributs, l'immensité des dettes, l'orgueil et l'inhumanité des gouverneurs, la mésintelligence qui règne parmi les troupes depuis la mort tragique de Germanicus, l'opulence naturelle à leur pays, et la pauvreté de l'Italie, la faiblesse enfin des armées romaines, une fois qu'elles seraient privées de l'assistance qu'elles recevraient de l'étranger, et surtout de la leur propre.

Mais, pour faire réussir une pareille entreprise, ce n'était point assez de soulever les peuples, il fallait donner de l'ensemble à leurs mouvemens, et c'est ce qui manqua en cette occasion. Les Angevins et les Tourangeaux, en se déclarant prématurément, se virent accablés par les Gaulois eux-mêmes, que dirigeaient quelques cohortes romaines. Sacrovir, en cette occasion, combattait dans les rangs des Romains, la tête nue, en signe d'un plus entier dévoûment, mais réellement pour être reconnu de ses compatriotes, et éloigner de lui le danger. Florus traversé par un ennemi personnel qui divisa ses forces et qui se joignit même aux Romains contre lui, ne put opérer qu'un soulèvement partiel. Sa petite troupe, encore peu aguerrie, pénétrait dans les Ardennes, lorsqu'elle fut rencontrée par l'ennemi et culbutée au premier choc. En vain il se déroba au désastre des siens; cerné un peu plus tard, et dans l'impossibilité de fuir, il se donna lui-même la mort. Un sort pareil attendait Sacrovir, encore qu'il fût parvenu à réunir cinquante mille combattans. Mais la majeure partie de ses levées, composée de la jeune noblesse de la Gaule, qui venait prendre des leçons de belles-lettres dans la capital des Éduens, avait plus de confiance et d'ardeur que de science militaire, et tarda peu à céder aux efforts et à la tactique des Romains. Sacrovir, réduit à lui seul, se réfugia d'abord à Autun;

(1) Tacit., Ann. liv. III.

puis il quitta cette ville dans la crainte d'y être pris, et il se retira, avec ses plus fidèles amis, dans un village voisin. Là, le péril devenant plus pressant, ils se tuèrent eux-mêmes, après avoir livré leur retraite aux flammes, afin de soustraire leurs corps mêmes aux outrages de leurs ennemis.

Les lieutenans de Tibère furent moins heureux du côté de la Germanie. Ils éprouvèrent même de la part des Frisons un échec que dissimula l'empereur. Abîmé dans les voluptés de l'île de Caprée, indifférent désormais à la gloire et livré à tous les tourmens d'une ame non plus jalouse, mais soupçonneuse, il craignait qu'un général qui rétablirait les affaires en Germanie n'acquît assez de crédit pour lui enlever l'Empire.

La dix-neuvième année de son règne, Jésus-Christ expiait en Judée, sur la croix, les crimes du genre humain, et, par une vie nouvelle dont lui seul avait pu donner les préceptes et l'exemple, il appelait tous les hommes à se faire l'application de ses souffrances. Quatre ans après, le faible Pilate, qui l'avait condamné, fut rappelé à Rome pour cause de malversation (1). Il n'y arriva qu'après la mort de l'empereur. Caligula, qui succéda à Tibère, l'envoya en exil à Vienne. Hérode Antipas, devant qui Jésus avait comparu, devait aussi trouver un lieu d'exil dans les Gaules, et Lyon lui fut assigné pour sa retraite par le même Caligula. Long-temps auparavant, et la sixième année de l'ère vulgaire, Hérode Archélaüs, son frère aîné, fils comme lui d'Hérode-le-Grand ou l'Infanticide, et successeur immédiat de celui-ci au trône de Judée, avait pareillement été exilé à Vienne par Auguste.

Caïus Caligula succéda à Tibère, comme étant fils de Germanicus et de la vertueuse Agrippine, petite-fille d'Auguste. Mais ce monstre n'eut aucune des vertus de ses aïeux. Extravagant et cruel tout à la fois, et ne reconnaissant l'exercice de la puissance suprême que dans la faculté de faire le mal impunément, il n'est genre de folie et de cruauté auquel il ne se soit livré pendant les trois ans qu'il pesa sur le genre humain (2). Nul, sous son règne, ne fut certain de son existence; point de précautions d'ailleurs qui pussent mettre à l'abri des caprices d'un tyran sanguinaire qui trouvait des motifs égaux de condamnation dans le crime et dans la vertu, dans la pauvreté et dans la richesse, dans le silence et dans l'indiscrétion, dans la modestie et dans l'ostentation, ou qui plutôt n'avait nul besoin de motifs pour dévouer à la mort quiconque était assez malheureux pour éveiller, non pas sa haine, mais seulement son attention. A peine investi de la puissance souveraine, il lui prit envie d'être conquérant et de se signaler par une expédition en Germanie. Il n'en toucha que la frontière, ne vit pas un ennemi, et sa course, tant dans les

---

(1) Tacit., *Ann.*, liv. XV, c. 44. — Joseph. *Antiq.*, liv. XVIII. — (2) Suéton. *in Calig.*

Gaules que sur la rive du Rhin, fut une pure comédie. Cependant il vint passer l'hiver à Lyon pour se remettre de ses fatigues, et le séjour qu'il y fit fut funeste à la Gaule. Non content de continuer à l'écraser d'impôts, ces vexations ne suffisant pas à sa cupidité, il proscrivait les riches pour confisquer leurs biens, et s'en félicitait sans pudeur comme d'un jeu lucratif qui lui rapportait des millions en peu d'instans. Au printemps, il fit mine de vouloir passer en Bretagne. Cette expédition fut semblable à celle de Germanie. A peine avait-on quitté le rivage qu'il donna des ordres pour rentrer au port et il retourna à Rome triompher des Germains et des Bretons. Avant de quitter la Gaule, il l'enrichit cependant d'un phare près de Gessoriac ou Boulogne. Ce monument, restauré par Charlemagne, et connu sous le nom de la Tour d'ordre, s'écroula à l'avènement de Louis XIV au trône. Il fonda encore à Lyon des combats d'éloquence, parce qu'il avait des prétentions à s'y connaître; mais, par une bizarrerie où ressortait son caractère féroce, les orateurs vaincus devaient ou effacer leurs compositions avec la langue, ou être battus de férules ou plongés dans le Rhône. Chéréas, l'un des tribuns de sa garde, pour se soustraire à l'effet des suspicions du tyran sur son compte, en délivra l'empire par un assassinat.

Un imbécille succéda à un furieux. Claude, frère de Germanicus, avait été retenu jusqu'alors éloigné de tout emploi pour raison de son inaptitude. Dans l'incertitude générale, un caprice des soldats le porta sur le trône. Né à Lyon, la Gaule n'eut pas à s'enorgueillir de lui, mais elle eut à s'en louer (1). Il épousa successivement l'infâme Messaline, qu'il envoya à la mort, et l'ambitieuse Agrippine, sa nièce, qui se défit de lui. Sous ce prince faible, l'empire ne laissa pas de recevoir du lustre des généraux qu'il mit en place ou qui s'y trouvèrent. Vespasien, Galba, Corbulon, firent prospérer les armes romaines, le premier dans la Bretagne et le dernier en Germanie. Ce ne fut que sous son règne que la Bretagne fut véritablement soumise. Il s'y rendit pour en recevoir l'hommage après que ses généraux l'eurent conquise, et il la quitta pour en aller triompher à Rome.

Jusqu'à la huitième année de son règne, les rapports personnels de Claude avec la Gaule s'étaient bornés au voyage dans lequel il l'avait traversée pour se rendre dans la Bretagne. Mais à cette époque, voulant donner au pays qui l'avait vu naître un témoignage de son affection, il accorda le droit de cité romaine à la province narbonnaise et l'affranchit de tout tribut. Il étendit ses faveurs jusqu'à la Gaule chevelue (2), et à la suite d'un discours qu'il prononça dans le sénat, et qui, gravé sur deux tables de cuivre conservées à Lyon, est parvenu ainsi jusqu'à nous, il y fit rendre un décret pour admettre les nobles de la

---

(1) Suét., *in Claud.* — Tacit., *Ann.*, liv. XI, 23-25. — (2) La Gaule proprement dite était appelée *Chevelue (Comota)*, par opposition à la province romaine dite *Braccata*, des braies ou longues chausses que portaient ses habitans.

Gaule, et particulièrement les Eduens, aux places vacantes alors dans le sénat. Enfin il poursuivit l'entière destruction des druides, déjà proscrits par Auguste et par Tibère pour leurs odieux sacrifices. La majeure partie se réfugia dans la Bretagne. Quelques uns échappèrent aux recherches et perpétuèrent leur institution jusqu'au cinquième siècle.

Ce fut peu d'années après qu'Agrippine, bien différente de sa vertueuse mère, porta sur le trône, par un crime, le fils qu'elle avait eu de Domitius OEnobarbus, arrière-petit-fils de celui que nous avons vu compétiteur de César au gouvernement des Gaules. C'est ce Néron dont le nom est devenu proverbe pour qualifier le plus odieux tyran, et qui, adopté par Claude et devenu son gendre, lui succéda au préjudice de Britannicus, son fils (1). Pendant quatorze ans que l'empire gémit sous la verge de fer du nouvel empereur, la Gaule partagea le sort commun; mais ce fut de son sein que partit le premier des coups qui devaient le renverser. Néron cependant affectionnait les Gaules, et surtout la Narbonnaise. La cinquième année de son règne, il avait contribué avec libéralité à la reconstruction de la ville de Lyon détruite par un incendie cent ans précisément après sa fondation, et six ans avant celui qu'il fut accusé d'avoir allumé lui-même à Rome. Quelles que fussent au reste ses faveurs, elles ne s'étaient point étendues jusqu'à la relaxation des impôts : au contraire, ils s'étaient accrus exorbitamment et de manière à faire prévaloir le mécontentement sur la reconnaissance.

Julius Vindex, propréteur des Gaules, dont il était originaire, profita de ces dispositions pour soulever les peuples. L'autorité, devenue complice en lui de ses desseins, contribua à les favoriser. Les légions romaines, stationnées presque en totalité sur les frontières pour observer les mouvemens des Germains, ne purent s'opposer à ses intrigues dans l'intérieur, où douze cents hommes seulement veillaient plutôt à la police qu'à la garde du pays. Vindex rassemble donc les chefs des divers peuples, les séduit par une vive représentation des malheurs de l'empire et des infamies du tyran, forme une armée avec leur concours, lève dès lors ouvertement l'étendard de la révolte, et cependant dépêche en Espagne vers Galba, que sa naissance, son âge et ses talens avaient investi d'une grande considération, et l'excite à se mettre à la tête d'un rassemblement qui avait pour but de venger le genre humain. Objet des soupçons de Néron, Galba saisit avidement une ouverture où il voit sa propre conservation, et, sans perdre de temps, il marche droit à Rome. Au seul bruit de cette nouvelle, l'alarme se répand dans le palais, la garde se dissipe, Néron délaissé prend la fuite, et le sénat abâtardi, se relevant de son abjection, le déclare ennemi de la patrie. Un seul détachement de cavalerie est envoyé pour l'arrêter.

(1) Senec., *Epist.* XCI. — Xiphilin.

Presque réduit à lui seul, il allait tomber entre leurs mains, lorsque la terreur des supplices, venant à intimider sa pensée, lui inspira la résolution de s'arracher la vie.

Pendant son règne, Lucius Vétus, chef des légions de la Germanique supérieure (l'Alsace), conçut l'utile projet d'employer leur loisir à joindre la Saône et la Moselle, dont les sources sont voisines, et par ce moyen de faire communiquer les deux mers (1). Gracilis, lieutenant dans la Belgique, fit avorter cette heureuse conception. Il opposa à Vétus le défaut de son autorité en des provinces qui ne lui étaient pas spécialement soumises, et l'éclat même de cette opération qui, tendant à captiver la bienveillance de la Gaule, pourrait éveiller les soupçons jaloux du maître. Sous un prince comme Néron, une telle considération était prépondérante, et le projet fut abandonné.

Cependant Vindex avait tenté la fidélité des légions des deux Germaniques. Leurs chefs inclinaient à le seconder, mais les soldats, comblés des dons du tyran, lui étaient dévoués. Loin de faire cause commune avec lui, Virginius Rufus, l'un de ces chefs, fut obligé de marcher pour le combattre, et alla mettre le siége devant Besançon. Vindex accourut au secours de cette place. Les deux généraux se virent et parurent s'entendre ; mais leurs soldats, par éloignement ou par malentendu, se traitèrent en ennemis, au grand désavantage de l'armée de Vindex, qui, mal informé lui-même de l'évènement, et croyant ses affaires désespérées, se donna la mort. Rufus, à la nouvelle de celle de Néron, fut proclamé empereur par ses soldats ; mais soit vertu, soit prudence, il les refusa. Galba ne l'en destitua pas moins, et envoya Vitellius pour le remplacer.

Galba ne répondit point aux espérances que l'on avait conçues de lui. Ce n'est point qu'il n'eût les talens nécessaires au gouvernement; mais, successeur des Césars, il lui manquait ce prestige de considération que donne la naissance, droit incontestable qui se concilie le respect et l'obéissance, indépendamment même de la conduite. Galba, sévère et avare, réprimant l'insolence du soldat ainsi qu'eût pu le faire un prince légitime, et dédaignant de l'acheter par des libéralités qui avaient été promises, non point par lui, mais en son nom ; assez injuste et assez impolitique d'ailleurs pour se défaire de ceux qui l'avaient traversé, et pour charger de tributs les peuples qui avaient tardé à le reconnaître, tels que les Trévirs et les Lingons, souleva bientôt tous les esprits. Chacun des généraux se crut à l'empire des droits aussi légitimes que lui, et chaque armée des prérogatives égales pour donner un chef à l'état. De là vint que presqu'en même temps, Othon à Rome et Vitellius dans les Germaniques, se virent proclamés empereurs par une soldatesque indocile, spéculant avidement sur le gain qu'elle avait à espérer d'eux, et fort peu sou-

---

(1) Tacit., *Ann.* liv. XIII, c. 53.

cieuse des maux que l'empire avait à craindre de ces vils débauchés qui avaient partagé toutes les orgies de Néron.

Après neuf mois de règne, Galba, massacré par les prétoriens, eut pour successeur immédiat Othon, qui les avait soulevés, et qui les combla de ses largesses. D'autre part, les soldats de Vitellius, empressés de procurer l'empire à leur général, le devancèrent en Italie, sous la conduite de Valens et de Cécinna, ses lieutenans (1). Ils avaient à traverser la Gaule. Son soulèvement passé contre Néron et sa soumission présente à Galba étaient deux griefs dont ils furent bien aises de s'autoriser pour vivre à discrétion dans leur marche. Metz, malgré une réception honorable, eut le sort d'une ville prise d'assaut; quatre mille de ses habitans furent massacrés sans sujet. Les Éduens furent rançonnés et contraints de fournir des vivres sans rétribution. Vienne ne se préserva que par les plus humbles soumissions et par une gratification de trois cents petits sesterces (soixante francs) à chaque soldat. Les Helvétiens enfin, qui avaient fait mine de résister, furent écrasés et soumis ensuite aux plus rigoureux traitemens. Ce fut après ces glorieux exploits que les deux généraux descendirent en Italie, et gagnèrent sur les troupes d'Othon, près de Crémone, une sanglante bataille qui coûta quarante mille hommes aux deux partis. Othon, instruit de ce désastre, refusa de tenter encore la fortune aux dépens du sang des braves qui voulaient bien mourir pour lui; il préféra se dévouer à la mort, et il se la donna, après avoir fait part à ses soldats des motifs de sa résolution et les avoir invités à se procurer les bonnes graces du vainqueur. Vitellius, dès lors, se rendit à Rome sans obstacles, et vint y recueillir les fruits de la victoire de ses lieutenans. Mais, étranger à tout noble sentiment, il ne fit que manifester davantage sur le trône les vices dont il était infecté, et la gloutonnerie surtout, qui lui avait déjà fait une renommée, n'étant encore que simple particulier. Une conduite aussi vile, en versant sur lui le mépris public, lui préparait une destinée plus tragique encore que celle d'Othon.

Au rapport de Tacite (*Hist.*, *lib.* 5, *c.* 13), c'était alors une opinion généralement répandue dans toute la Judée que l'Orient allait prévaloir, et que de la Judée même devaient partir des hommes qui se rendraient maîtres de l'univers. Cette espèce d'oracle, qui a été si manifestement accompli en la personne de pauvres pêcheurs qui devaient conquérir l'univers à la doctrine de la vérité, était autrement entendu par les Romains, qui l'appliquaient à Vespasien et à Tite, et par les Juifs, qui y voyaient l'annonce infaillible d'une splendeur prochaine. Cet espoir alla si avant et enflamma tellement leur courage, qu'aigris d'ailleurs par les vexations et le mépris des Romains, ils eurent la témérité de recourir aux armes pour s'affran-

---

(1) Tacit., *Hist.* liv. I et II. — Xiphilin.

chir de leur joug. Néron, pour le maintenir, avait envoyé en Judée Vespasien, illustré déjà par son expédition dans la Bretagne. A la mort du tyran, Vespasien avait successivement prêté serment d'obéissance à Galba, à Othon et à Vitellius. Cependant ses qualités personnelles et les succès qu'il avait obtenus en Judée, où il s'était rendu maître de tout le pays, à l'exception de Jérusalem, le faisaient juger par ses soldats bien plus digne d'occuper le trône que les tyrans sanguinaires qui se l'arrachaient tour à tour. Ce sentiment était si général et si prononcé parmi eux, que lorsque Vespasien leur fit lecture de la formule du serment à prêter à Vitellius, l'armée entière demeura muette. Des prédictions vraies ou fausses, mais habilement répandues, de la grandeur future de Vespasien, et les intrigues de ses amis, qui mirent en avant des hommes sans conséquence pour le saluer empereur, commencèrent la rupture avec Vitellius. Les légions de Syrie et d'Égypte s'empressèrent de répondre aux vœux de celles de Judée. Bientôt s'y joignirent celles de Mésie et de Dalmatie, excitées surtout par deux légions de Pannonie, qui avaient tenu pour Othon, et qui avaient été comme reléguées en ce pays après leur défaite à Bédriac, près de Crémone. Plus voisines du théâtre de la tyrannie, ces légions abandonnent subitement l'Illyrie, et, sous le commandement d'Antonius Primus, plus estimé comme militaire que comme citoyen, elles se hâtent de gagner l'Italie. Par une destinée singulière, elles réparent, dans les mêmes champs de Bédriac, la honte de la défaite que, quelques mois auparavant, une partie d'entre eux y avait subie; mais elles souillent leur victoire par mille atrocités dans le pillage et l'incendie de Crémone, qui leur avait ouvert ses portes. Tel était le malheur de ces temps, que les chefs ne pouvaient contenir ni la cupidité ni l'indiscipline du soldat, et qu'une armée n'obtenait guère d'avantages sur une autre que parce qu'il se rencontrait un peu moins d'insubordination dans ses rangs que dans ceux de l'ennemi.

Antoine, s'éloignant de ce théâtre de ruines et de carnage, ne tarda pas à porter son camp aux portes de Rome. L'indolent Vitellius, après avoir négligé le salut de l'empire et le sien propre, alors qu'il en était encore temps, flottait en ce moment entre divers partis qu'on l'engageait à prendre. Le résultat de tant d'irrésolutions fut son adhésion à l'abdication que lui proposa Antoine, sous la réserve de l'opulence et de la sécurité pour le reste de ses jours. Mais les Germains, qui avaient décidé et maintenu sa fortune jusqu'alors, s'opposent à ce qu'ils appellent son humiliation. Rome devient dès lors un champ de bataille. Le Capitole, où s'était retiré le frère de Vespasien, est attaqué et réduit en cendres par les Germains, qui eux-mêmes succombent ensuite sous les efforts des soldats d'Antoine. Le malheureux Vitellius, réduit à se cacher dans le palais qu'on l'avait forcé d'occuper de nouveau, est découvert par un tribun d'Antoine, et devient le jouet de la soldatesque, qui, après l'avoir rassasié d'outrages et couvert de blessures, abandonna son corps aux Gémonies (1), comme on le pratiquait à l'égard des malfaiteurs. Il n'avait régné que huit mois depuis la mort d'Othon. L'armée victorieuse s'abandonna de nouveau à tous les excès qui l'avaient déjà déshonorée à Crémone; et cinquante mille habitans, qui avaient vu avec indifférence les efforts opposés des combattans, et qui avaient applaudi tour à tour au parti le plus fort, devinrent victimes de l'avarice et de la cruauté des vainqueurs. Il ne fallut pas moins que la présence de Vespasien pour rétablir enfin l'ordre et la sécurité dans Rome. Il y entra en triomphe avec Tite, son fils, qui venait de prendre Jérusalem, et de la ruiner de fond en comble.

Pendant que ces choses se passaient à Rome, une partie de la Gaule était agitée de mouvemens de révolte qui menaçaient de la gagner tout entière (2). Les Bataves, à l'extrémité la plus reculée de son territoire, et enfermés dans une île circonscrite par l'Océan d'une part, et de toutes les autres par le Rhin, formèrent le noyau de la rébellion. Mal assujétis aux Romains, ils ne leur payaient d'autre tribut que celui d'une jeunesse militaire, qui faisait la force de sa cavalerie. Mais, quelque léger, quelque honorable même que fût ce genre d'assujétissement, il humiliait leur orgueil. Civilis, un de leurs concitoyens, conçut le projet de profiter des circonstances pour en affranchir son pays, et pour arracher même aux Romains la Germanie et la Gaule, et s'en former peut-être un empire pour lui-même. Issu du sang des rois de son pays, la noblesse de son origine put lui inspirer ces vastes pensées; le ressentiment y joignit ses conseils. Pour récompense de vingt-cinq années de services dans les armées romaines, il s'était vu chargé de fers sur un soupçon, et envoyé à Néron. Absous depuis par Galba, il était inquiété de nouveau par Vitellius.

Ce fut dans ces entrefaites qu'Antoine, qui cherchait à susciter de toutes parts des embarras à Vitellius, excita Civilis à la révolte. Celui-ci saisit avec avidité une occasion si favorable à ses desseins, et s'autorisa du nom de Vespasien, en travaillant en effet pour lui-même. Bientôt il eut soulevé les Bataves, que mécontentait alors une levée rigoureuse; il forma en même temps une ligue avec les Frisons et les Caninéfates, leurs voisins, et se procura enfin de faciles intelligences dans l'armée romaine et dans la flotte, remplies l'une et l'autre de Bataves. A la première rencontre qu'il eut avec les Romains, ceux-ci, privés tout à coup de ces appuis sur lesquels ils se reposaient, furent battus sans pouvoir prévenir ce malheur, et perdirent tous leurs vaisseaux. Dans un second combat, le même genre de défection procura les mêmes avantages à Civilis; mais il ne put

---

(1) Lieu où l'on déposait à Rome les corps des criminels après l'exécution. — (2) Tacit., *Histoire*, liv. IV et V.

empêcher les Romains de faire leur retraite en bon ordre sur le camp de Vétéra (Santen, un peu au-dessous de Wesel), poste important sur le Rhin, qu'Auguste avait fait fortifier autrefois pour tenir en bride les Germains.

Dans le même temps, un détachement de vétérans bataves, qui, par les ordres de Vitellius, se rendait en Italie, rebroussa chemin sur les avis de Civilis, lequel se vit à la tête d'une véritable armée. Mal assuré néanmoins encore du succès, il crut prudent et politique à la fois de faire reconnaître Vespasien à ses soldats, et il dépêcha au camp de Vétéra pour engager les Romains qui s'y étaient réfugiés à s'unir à lui par les mêmes sermens. La fierté romaine fut choquée de cette prétention d'un barbare à lui conseiller son choix : aussi le camp répondit-il fièrement qu'il était fidèle à Vitellius, et que le transfuge batave qui osait lui faire une proposition indécente, n'avait rien à démêler dans les affaires de Rome, mais devait s'attendre seulement à la juste peine due à sa perfidie.

Piqué de ce dédain, Civilis, avec un renfort de Germains, marcha sur Vétéra, où cinq mille légionnaires, mal pourvus de vivres, défendaient un camp tracé pour deux légions. Mais en vain les diverses nations dont son armée était composée rivalisent de courage ; leurs attaques, faites sans aucun art, furent aisément repoussées par un soldat expérimenté, caché derrière ses retranchemens, et Civilis fut contraint de convertir le siége en blocus.

Hordéonius Flaccus, chef alors des armées romaines dans cette contrée, se disposait à secourir Vétéra : mais, âgé et valétudinaire, il ne pouvait déployer une grande activité. Le soldat lui en faisait un crime, et attribuait même à complicité les succès de Civilis. Un mécontentement sourd circulait dans toutes les tentes, et n'attendait que l'occasion pour se convertir en une insurrection déclarée. Dans ces entrefaites, arrive au camp un courrier de Vespasien, qui engageait Flaccus à embrasser son parti. Pour réponse, le faible général fait lire l'invitation en public, déclare que sa correspondance à l'avenir sera remise aux porte-enseignes et communiquées aux soldats, fait charger de chaînes le courrier pour l'envoyer à Vitellius, et, en retour de ces actes de complaisance, croit pouvoir s'assurer sans danger de l'un des mutins qui soufflaient le feu de la révolte, et faire un exemple sur lui. Mais celui-ci, pour se venger, ose se donner pour l'agent secret des intelligences de Flaccus avec Civilis, et se plaint que l'on cherche à perdre un malheureux sans importance, pour effacer la trace du crime et de la trahison. La colère du soldat s'enflamme de cette réflexion, et le soulèvement croissait avec rapidité, lorsque Vocula, lieutenant d'une légion, monte sur le tribunal, saisit l'imposteur, l'envoie au supplice, et par cet acte de fermeté étouffe sur le champ la sédition. Il lui valut encore le commandement de l'armée, que le vœu général lui déférait, et dont l'indolent Flaccus s'empressa de se décharger sur lui. Mais, de quelque inflexibilité que le nouveau commandant fît preuve chaque jour, il ne fut pas en son pouvoir de prévenir divers actes d'insubordination, qui faillirent même coûter la vie à son lieutenant, et il ne put que les punir : car, jusqu'au moment où il fut victime lui-même, il ne démentit pas un seul instant son caractère.

Avant de s'approcher de Vétéra, Vocula crut devoir exercer d'abord des levées sans expérience, et forma un camp à Gelduba, sur le Rhin, près de Novèse (de Neuss), à trente-six milles de celui de Vétéra. Civilis, instruit de la prochaine arrivée de ce secours, se disposa à en prévenir l'effet par une nouvelle attaque sur le camp qu'il tenait bloqué. Il la forma de jour, sans aucune réussite ; il la continua de nuit avec plus d'espérance et avec aussi peu de succès. Réduit à reprendre le blocus, il essaya de tenter la fidélité des assiégés par ses promesses, ainsi que par les nouvelles désastreuses qu'il leur faisait passer de la bataille de Bédriac et de l'incendie de Crémone ; nouvelles dont l'influence se faisait déjà sentir, et dans les Gaules, qui se refusaient aux levées, et dans les armées, qui se divisaient, et où, en général, le soldat tenait pour Vitellius, et l'officier pour Vespasien. Civilis ne resta pas cependant dans une nullité absolue. Il conçut le hardi projet d'attaquer à l'improviste le camp même de Gelduba, et il réussissait à l'enlever, si le hasard n'eût amené aux Romains, pendant l'action, un renfort qui n'était pas mandé, qui surprit également les deux partis, et qui, par cette raison, devait procurer l'avantage à celui qui s'en trouvait secouru.

Civilis ne retira de son expédition que quelques étendards et des captifs en petit nombre, dont il fit trophée devant les assiégés de Vétéra, pour leur persuader qu'il avait remporté une victoire éclatante. Mais l'un des prisonniers les détrompa, et paya de sa vie cette généreuse discrétion. Vocula ne tarda point à confirmer son rapport, et planta ses étendards à la vue du camp assiégé. Il avait ordonné d'en tracer un pour lui ; mais le soldat, accoutumé à faire prévaloir ses caprices, voulut le combat, et l'engagea en désordre, malgré la défense du général. Civilis y était préparé, et semblait devoir recueillir le fruit de sa prévoyance. Déjà les séditieux déclamateurs qui avaient affecté tant de bravoure lâchaient pied, et c'en était fait de l'armée romaine, si quelques braves, tenant ferme, n'eussent permis à ceux de Vétéra de seconder leurs efforts. Civilis, blessé dans la mêlée, tomba de cheval, et cet incident procura la victoire aux Romains, mais ils ne surent pas en profiter. Ils s'amusèrent à réparer le camp de Vétéra, que Civilis ne pouvait plus inquiéter, et ils donnèrent à celui-ci le temps de se remettre de ses blessures et de rétablir ses affaires. Il employa le repos qu'on lui laissa à couper les convois des Romains, et il y réussit avec tant de succès, que Vocula jugea nécessaire de ne confier qu'à lui-même le soin de les protéger. Ce fut un nouveau sujet de discorde dans son armée. Les uns, par la crainte de la famine ou de la trahison, veulent l'accompagner ; et les autres, précisément pour les mêmes causes, veulent le contraindre à rester. De là une double sédition. Pendant l'inaction forcée qu'elle entraîne, Civilis enlève Gelduba, et remporte encore un avantage de cavalerie. L'indiscipline du soldat s'accroît de ces revers, qu'il ne cesse d'imputer à ses chefs. Il réclame de Flaccus une gratification, dont les fonds avaient été faits par Vitellius. Celui-ci la dispense au nom de Vespasien, et la rébellion en prend de nouvelles forces. Dans sa fureur accrue de tous les désordres de la débauche et de l'ivresse, le soldat court à la tente du vieux général, l'arrache de son lit, le massacre, et Vocula n'échappe au même sort que par la fuite. L'armée, sans chefs, en devint plus faible devant Civilis; et de nouveaux échecs y suscitèrent de nouvelles divisions. Une partie, toujours attachée à Vitellius, rétablit ses statues, quoiqu'il fût mort; l'autre rappela Vocula, et prêta serment à Vespasien.

Ce prince une fois reconnu, Civilis ne pouvait plus feindre; aussi jeta-t-il le masque de la dissimulation, et cette démarche, loin de nuire à sa cause, avança ses desseins au-delà même de ses espérances. L'attachement bizarre des légionnaires pour Vitellius, ou plutôt pour sa mémoire, lui donna une partie de ces mêmes soldats qui le combattaient, et qui aimèrent mieux prêter serment à l'empire des Gaules que de suivre les drapeaux de Vespasien; et le reste, effrayé de son petit nombre, depuis surtout la désertion nouvelle des Trévirs et des Lingons, qui embrassèrent ouvertement le parti de Civilis, tarda peu à entrer en négociation avec ces mêmes déserteurs, et sacrifia au vil appât de l'or sa foi, ses étendards, ses chefs et sa patrie. Vocula aurait pu échapper à ces traîtres, mais, indifférent à son propre sort, il n'était touché que de la honte de son armée. Il essaya de rappeler ses soldats à l'honneur, il fit retentir à leurs oreilles la voix de la patrie; il leur développa les moyens de sécurité dont ils étaient en possession, et leur exposa avec chaleur, et l'opprobre de leur foi violée, et leur sujétion à des barbares faits pour leur obéir. Quelques-uns furent ébranlés; mais le plus grand nombre ne prenait plus conseil que de la fureur et de la cupidité. Un scélérat se trouva parmi eux pour frapper son général, et pas un seul bras ne se leva pour le défendre.

Le Trévir Classicus entre alors dans le camp avec tout l'appareil impérial. Les soldats jurent entre ses mains fidélité à l'empire des Gaules; les officiers supérieurs sont mis à mort, et une députation est envoyée au camp de Vétéra pour inviter les braves qui le défendaient encore à suivre l'exemple que leur donnait l'armée. Une injurieuse clémence était offerte à la soumission, et des supplices menaçaient la résistance. Réduits par la famine aux dernières extrémités, ces guerriers généreux ne devaient point recueillir les fruits qu'ils s'étaient promis de leur constance. Tout ce qui pouvait servir à prolonger la vie avait été consommé; la faim impérieuse les contraignit au sacrifice de leur honneur; et, pour obtenir du pain, ils reconnurent l'empire des Gaules. Dépouillés de leurs armes, et privés de tout bagage, on leur fit abandonner l'enceinte qu'ils avaient si glorieusement défendue, et on leur donna une escorte de Germains pour leur sûreté; mais, à cinq milles du camp, l'escorte elle-même fondit sur ces malheureux, et en fit un horrible carnage. Un seul lieutenant échappé au massacre fut mis au nombre des offrandes réservées à Véléda, fée ou prophétesse chez les Bructères, laquelle passait pour avoir prédit ces évènemens. Deux autres légions furent transférées avec plus de fidélité de Novèse à Trèves, mais non sans de perpétuelles alarmes de la part des soldats, qu'effrayait le sort de ceux de Vétéra. Leurs enseignes abattues, leurs drapeaux dénués d'ornemens, au milieu des étendards brillans des Gaulois, une marche silencieuse, une longue file de soldats comme pour une pompe funèbre, un chef barbare enfin donnant l'ordre à des Romains, formaient, pour tous les peuples situés sur la route, un spectacle nouveau, dont ils ne dissimulaient pas l'impression. Une seule aile de cavalerie osa en témoigner son indignation, et, après avoir massacré le meurtrier de Vocula, qui se rencontra sur ses pas, elle se sépara courageusement de la troupe, au mépris des menaces du commandant gaulois.

Civilis, qui prêtait son appui à la ligue, mais qui prétendait bien ne travailler que pour son propre compte, accroissait ses forces de celles de ses voisins, dont il formait des recrues après les avoir soumis. Ce fut dans une de ces expéditions guerrières et politiques que, se jetant avec une imposante hardiesse au milieu de la mêlée : « Ton-
» gres, s'écria-t-il, nous ne voulons procurer l'empire des nations ni
» aux Bataves, ni aux Trévirs : loin de nous cette arrogance. Soyez
» nos alliés, et, selon votre volonté, je suis alors ou votre chef, ou
» l'un de vos soldats. » A ce spectacle inattendu de témérité et de confiance, les armes tombent de toutes les mains, et, d'une voix unanime, il est déclaré général.

Plus rapproché du centre de la Gaule, Sabinus, qui avait la vanité de descendre de César par la faiblesse criminelle de l'une de ses aïeules, avait aussi rompu les liens de la dépendance à Langres, et s'était fait proclamer empereur (1). Mais, dépourvue de la prévoyance et de la fermeté nécessaires à un chef de parti, il s'était avisé, sans préparatifs suffisans, d'attaquer les Séquanais, demeurés fidèles à leurs engagemens. Défait par eux, il se crut perdu sans ressource; et, au lieu de solliciter un pardon qu'il eût obtenu les armes à la main, il n'avait plus songé qu'à se faire oublier. Dans ce dessein, il se rendit chez lui, mit le feu à son habitation, pour faire croire qu'il s'y était brûlé lui-même, et s'enferma dans des souterrains que lui seul connaissait, et où, par les soins d'Eponine, son épouse, qui lui donna deux enfans dans cette espèce de tombeau, il se déroba neuf ans à toutes les recherches. Soit qu'il se crût alors suffisamment

(1) Plut., OEuvr. mor. de l'Amour.

effacé de la mémoire de ses ennemis, soit qu'il espérât qu'un laps de temps aussi considérable aurait amorti les anciennes impressions de sa révolte, il se hasarda au dehors. Mais il fut reconnu et traduit devant Vespasien, qui oublia pour lui sa clémence, et qui, également insensible au supplice long et prématuré de Sabinus dans son souterrain, au généreux dévoûment de la vertueuse Eponine et à l'innocence de leurs enfans, les envoya tous à la mort. Cerègne, dit Plutarque, ne vit rien de si déplorable, ni qui fît plus d'horreur aux hommes et aux dieux.

L'échec de Sabinus refroidit parmi les Gaulois le zèle de l'indépendance. Leurs députés, convoqués par les Rémois, discutèrent s'il leur était plus opportun de conserver la paix dont ils jouissaient encore, ou de poursuivre la liberté douteuse, qu'on les flattait de conquérir. Mais, en cas de révolte, quel peuple fournirait le chef qui dirigerait leurs bras? et, en cas de succès, quelle ville recevrait l'honneur de devenir leur métropole? De là, et de beaucoup d'autres incertitudes semblables, devaient naître mille causes de jalousie, que le maintien seul de la paix pouvait prévenir. Tel fut aussi le résultat des opinions. Les Lingons seuls et les Trévirs, excités par Valentin, un de leurs orateurs, discoureur plus habile que savant général, se refusèrent au vœu commun, et se livrèrent à leur fortune.

On pensait cependant à Rome à pourvoir aux besoins de la Gaule. Déjà Mucien, le plus ardent promoteur de la fortune de Vespasien, et qui l'avait précédé dans la capitale, y avait fait passer Cérialis, qui s'était distingué à la prise de Rome; et il se disposait à s'y transporter lui-même avec Domitien, le second fils de l'empereur. Quatre légions envoyées d'Italie traversaient les Alpes; deux étaient rappelées d'Espagne et une autre de la Bretagne. Cérialis, se voyant ainsi à la tête de sept légions, renvoya comme inutiles les auxiliaires suspects de la Gaule, et, avec une activité qui lui faisait quelquefois négliger les précautions, il se hâta de marcher à la rencontre des ennemis. Heureusement pour lui, ceux-ci n'étaient pas plus prévoyans. Ils avaient laissé libres tous les passages par lesquels on pouvait venir jusqu'à eux, et ils n'opposaient aux Romains que de nouvelles levées prises chez des peuples encore mal affermis dans leur révolte, et ces légions infidèles qu'ils avaient subornées, et qui, à l'approche de l'armée romaine, se hâtèrent de réparer, par une vertueuse désertion, le crime de la première. Mettant à profit ce premier succès, le général romain, sans laisser à l'ennemi le temps de se reconnaître, marche droit à Trèves, que défendait Valentin, le force dans un camp retranché qui couvrait la ville, le fait prisonnier, et entre dans Trèves sans éprouver de résistance. Le soldat destinait à cette malheureuse cité le sort de Crémone, et croyait en avoir de plus justes motifs. Cérialis eut assez d'empire sur ses légions pour la sauver. Il fit mieux encore : il y convoqua les députés des Trévirs et des Lingons; et, après leur avoir exposé, avec une franchise toute militaire, le tort qu'ils s'étaient fait à eux-mêmes par leur défection et leurs vaines espérances, il essaya de leur faire sentir que le joug modéré qu'on leur imposait était aussi avantageux à leur sécurité que conforme à leurs véritables intérêts, et qu'en conséquence il était de leur sagesse de s'y soumettre sans répugnance. Un langage si modéré, alors qu'on s'attendait à des châtimens sévères, étouffa toute semence de révolte, et détermina les vaincus à une loyale soumission.

A l'effet d'arrêter des progrès si rapides, Civilis et Classicus tentèrent Cérialis par l'appât de l'empire des Gaules pour lui-même, offrant de s'en désister en sa faveur, et de borner leurs prétentions aux limites de leur propre territoire. Le Romain méprisa un artifice qui trahissait dans l'ennemi la défiance de ses moyens; mais il eut le tort d'en concevoir une telle sécurité qu'il négligea même de fortifier son camp. Cependant il était investi par des troupes qui arrivaient de toutes parts, et qui marchèrent avec un tel secret, qu'elles étaient dans Trèves, et que la moitié de la ville était en leur pouvoir, qu'elles n'avaient encore rencontré aucune opposition. Cérialis était au lit quand il en reçut la nouvelle, à laquelle il refusait de croire. Heureusement pour lui, il avait, dans les momens critiques, le talent de savoir prendre sur le champ son parti, et de s'arrêter toujours au meilleur. Presque nu, il court au pont qui séparait les deux moitiés de la ville, s'empare de ce poste à l'aide de quelques braves qu'il y laisse, et borne ainsi de ce côté les progrès de l'ennemi. De là il vole à son camp, où les Bataves avaient eu les mêmes succès que dans la ville. La moitié des légionnaires étaient en fuite; les autres, embarrassés par les tentes, manquaient d'espace pour se former : Civilis et Classicus y encourageaient leurs soldats de leurs exhortations, de leur exemple, et surtout de la perspective du pillage auquel ils commençaient déjà à se livrer. Ce fut dans ces entrefaites qu'arriva Cérialis, et son premier regard tomba sur les deux légions qu'il avait reçues en grâce, et qui étaient en retraite. « Lâches, s'écria-
» t-il, où courez-vous? Entendez-vous me traiter comme vous avez
» fait de Flaccus et de Vocula? Avez-vous donc aussi des sujets de
» reproches contre moi pour me livrer à l'ennemi? Ah! si j'en ai
» quelques-uns à me faire, n'est-ce pas d'avoir trop imprudemment
» répondu de vous, et d'avoir oublié vos coupables engagemens
» avec les Gaulois? » La honte à ces paroles arrête leurs pas, et, une autre légion secondant leurs efforts, ils soutiennent d'abord le choc de l'ennemi, bientôt ils parviennent à l'enfoncer; ils lui ravissent enfin la victoire qui semblait lui être assurée, et, continuant à le presser sans relâche à leur tour, ils s'emparent eux-mêmes de son camp. A la nouvelle de cet avantage, Mucien jugea convenable de retenir Domitien à Lyon. Il lui représenta que le peu qui restait à

faire pour la pacification de la Gaule était au-dessous de la gloire que devait ambitionner le fils d'un empereur; mais son véritable motif était l'appréhension des abus de la puissance, dans une main aussi suspecte que paraissait déjà l'être celle de Domitien.

Civilis, après sa retraite à Trèves, se retira à Vétéra. Cette position lui convenait sous plus d'un rapport; elle rappelait aux Bataves leurs exploits, et aux Romains leurs désastres. Des marais connus et une inondation factice, au moyen d'une digue pratiquée par lui dans le Rhin, lui donnaient un nouvel avantage. Aussi, dans le premier combat engagé par les Romains à leur arrivée, la victoire demeurat-elle aux Bataves. Cérialis n'était pas homme à se laisser abattre pour un revers : dès le lendemain il tenta de nouveau la fortune ; mais, suivant les premières apparences, elle lui aurait été aussi défavorable que la veille, sans l'infidélité de quelques transfuges, qui, par des gués qui leur étaient connus, amenèrent deux ailes de cavalerie romaine sur les derrières de Civilis. Cet incident lui enleva la victoire : il se retira d'ailleurs en bon ordre, et gagna sa dernière retraite, l'île des Bataves. Les défenses naturelles du lieu et les forces qu'il y réunit relevèrent assez son courage pour oser affronter encore les Romains. Sur divers points où il les attaqua, les avantages furent variés, et peu s'en fallut qu'ils ne fussent décisifs du côté où il combattait en personne. Cérialis, en se portant au lieu du péril, fit changer la fortune du combat. Le chef batave, reconnu dans la mêlée, devint le but de tous les traits; et, pour s'y dérober, il fut contraint de mettre pied à terre et de regagner son île à la nage. Il n'y demeura pas long-temps en repos : aussi actif que Cérialis, et épiant toutes les fautes de ce général négligent, il pensa l'enlever à quelques jours de là. Après avoir visité les quartiers de Novèse et de Bonn, que les troupes devaient occuper l'hiver suivant, Cérialis, avec son imprévoyance ordinaire, descendait le Rhin sans défiance et sans précaution, quand, au milieu de l'obscurité la plus profonde de la nuit, le camp et la flotte sont attaqués à la fois; le camp est forcé et la trirème prétorienne est saisie. Heureusement pour Cérialis qu'il ne s'y trouvait pas en ce moment; et cette faute grave, qui aurait dû le perdre, fut ce qui le sauva. La galère, offerte à Véléda, lui fut conduite par la Lippe.

L'automne arriva; les pluies fréquentes occasionèrent des débordemens qui firent un vaste marais du théâtre de la guerre. La trève forcée qui s'ensuivit donna lieu aux négociations. Les agens de Cérialis promettaient amnistie à Civilis et paix honorable aux Bataves. Ceux-ci commençaient à se demander pour quelle cause on combattait. Était-ce pour Vespasien ? Vespasien était empereur. Pour la liberté ? Mais honorablement distingués de tous les sujets de l'empire, les Bataves ne payaient d'autre tribut que celui de leur valeur, dignement appréciée et employée par les Romains. C'était donc au ressentiment seul de Civilis qu'étaient sacrifiés la tranquillité, les biens, la vie de ses concitoyens, et sans espoir encore de le satisfaire, puisqu'il n'y avait aucune parité entre les forces bornées des Bataves et la puissance colossale de l'empire.

Civilis, comprenant de quelle importance il était pour lui que ces réflexions n'agitassent pas trop long-temps les esprits, se hâta d'en prévenir les suites en demandant une entrevue au général romain. Elle eut lieu sur un pont du Wahal dont l'arche mitoyenne avait été coupée. Civilis exposa qu'une juste défiance contre Vitellius lui avait mis les armes à la main; qu'il avait fait dans sa patrie pour Vespasien ce que d'autres gouverneurs avaient fait pour lui en d'autres lieux; que les soupçons injurieux dont il avait été l'objet avaient perpétué ses armemens, et que, dans le cours de ses succès, une armée romaine, tombée entre ses mains, avait dû la vie à sa générosité. Cérialis ne s'amusa point à réfuter ce qu'il pouvait y avoir d'inexact dans le discours de Civilis, mais profitant de la disposition générale des esprits à la paix, il déclara en peu de mots que, puisque les Bataves revenaient de bonne foi, Rome, en considération de leurs anciens services, leur rendait aussi son ancienne amitié. Civilis n'éprouva d'autre disgrace que de vivre désormais sans emploi; et il rentra dans l'obscurité, d'où l'avait fait sortir une guerre qui ne produisit que des désastres.

À la nomination près d'Agricola, beau-père de l'historien Tacite, au gouvernement de l'Aquitaine, où, durant trois ans, il porta l'intégrité et l'aménité de son caractère, les Gaules, sous le règne de Vespasien et de ses deux fils, Tite et Domitien, n'offrent plus aucun évènement remarquable. Il faut en dire presque autant de ceux des cinq empereurs qui suivent et qui sont connus dans l'histoire sous l'heureuse dénomination des *cinq bons empereurs*: Coccéius Nerva, vieillard vénérable qu'on avait jugé capable de cicatriser les plaies de l'empire et qui répondit à l'espérance générale, autant du moins que le lui put permettre son âge avancé; Ulpius Trajan, né à Séville, son fils adoptif et son coadjuteur, le plus illustre des cinq et pour l'étendue de ses conquêtes, qui portèrent la domination romaine au-delà du Danube et de l'Euphrate, c'est-à-dire à son plus haut degré d'élévation, et pour la noblesse de son caractère, quoiqu'il ne fût pas sans quelques taches; Adrien, moins estimable que Trajan, cousin de celui-ci et son fils adoptif; le vertueux Antonin, dit *le Pieux*, le plus irréprochable de tous, originaire de Nîmes et adopté par Adrien, comme lui-même adopta Marc-Aurèle le philosophe, dont il fit son gendre. Les siècles fortunés sont ingrats pour l'histoire, qui vit, pour ainsi dire, de révolutions; et la Gaule, en partageant la félicité commune, aurait vu ses annales se borner à détailler les soins de ces différens princes pour l'embellir de monumens divers, si les destinées de la religion chrétienne, qui s'y était introduite et qui devait y avoir ses exemples et ses martyrs, n'eussent interdit aux chrétiens qui l'habitaient les jouissances d'un siècle de bonheur, que ces maîtres du monde, cruels pour eux seuls, procurèrent au reste de la terre.

Nîmes, déjà riche d'une basilique superbe, élevée à l'honneur des césars Caïus et Lucius, fils d'Agrippa et petit-fils d'Auguste, édifice connu encore aujourd'hui sous le nom de *la Maison Carrée*, et que, jusqu'à nos jours, on avait cru un monument (1) de la reconnaissance d'Adrien envers Plotine, femme de Trajan, qui avait contribué à son adoption, doit à ce prince le pont du Gard, sur le Gardon, à trois lieues au nord de la même ville. C'est un aqueduc fameux, composé de trois étages d'arcades et destiné à conduire à Nîmes les eaux de la fontaine d'Eure élevée de cent soixante pieds au-dessus de la vallée où coule la rivière. Antonin n'eut pas une moindre sollicitude pour la Gaule; mais ses travaux, plus recommandables par leur utilité que par leur magnificence, ne se présentent point à la postérité avec ces caractères de solidité et de grandeur qui les rendent durables et qui appellent l'admiration. La restauration de Narbonne, qui venait d'être détruite par un incendie, des quartiers d'hiver pour les troupes, des forts pour protéger les frontières, des ponts et des voies publiques pour l'utilité et la commodité générales, attestent plus la sagesse que l'éclat de son administration. On a conclu de la nature de ces ouvrages que *l'itinéraire* qui porte le nom de cet empereur avait été composé par ses ordres : mais cette espèce de livre de poste de l'empire romain, devenu d'une grande utilité pour les géographes, a eu pour rédacteur un autre Antonin que ce prince, sans qu'on sache d'ailleurs quel il fut.

La religion chrétienne, forte de la pureté de sa morale, du zèle et des vertus de ses ministres, s'avançait alors avec sérénité à travers les persécutions du paganisme et les angoisses de la pauvreté. Depuis un siècle elle avait arboré l'étendard de la croix et fixé son siége principal dans la capitale même de l'empire; et de là des hommes qui tenaient leur doctrine des apôtres ou de leurs disciples immédiats la répandaient par toute la terre. Dès cette époque on lui trouve une hiérarchie bien ordonnée; des évêques dans les métropoles, des prêtres dans les principales villes et dans les campagnes, des diacres pour recueillir et distribuer les dons des fidèles, et des diaconesses chargées auprès des femmes des fonctions que les hommes ne pouvaient remplir. Ainsi s'établissaient naturellement dans l'état ecclésiastique les degrés d'honneur et de juridiction que les Romains avaient établis dans l'ordre civil.

Il était difficile que les nombreuses relations de la Gaule avec le siége de l'empire ne la fissent participer de bonne heure à la cou-

---

(1) Ce n'est qu'en 1759 que cette découverte a été faite par l'antiquaire Séguier, et qu'à l'aide des trous qu'ont laissés sur la frise et sur l'architrave les clous qui retenaient les lettres indicatives de l'objet du monument, il a reconnu qu'on y avait attaché l'inscription suivante : « C. Cæsari. Augusti. f. cos. L. Cæsari. Augusti. f. cos. designato. » principibus juventutis. »

naissance du christianisme. La preuve pourrait s'en tirer des prétentions de plusieurs églises qui font remonter leur fondation aux envoyés de saint Pierre ou de ses premiers successeurs : mais le défaut de monumens authentiques interdit les détails à cet égard, et force d'entrer en matière sur cette révolution dans le culte, par un fait plus avéré, mais aussi plus rapproché, qui nous a été conservé par Eusèbe, et qui d'ailleurs suppose déjà une certaine durée à la prédication de l'Évangile dans les Gaules. C'est la persécution suscitée aux églises de Lyon et de Vienne, sous le règne de Marc-Aurèle ; car, à l'exception de Nerva et d'Antonin, il fut de la destinée des meilleurs empereurs de persécuter les chrétiens (1).

Quarante-huit d'entre eux furent donnés en spectacle à l'amphithéâtre de Lyon et soumis tour à tour aux supplices des chevalets, des plombs, des chaises de fer ardentes et des lacérations par des bêtes féroces. Pothin, évêque de cette ville, vieillard nonagénaire et déjà succombant sous le poids de ses années, périt le premier dans les prisons, de la suite des mauvais traitemens qu'il éprouva de la populace après son interrogatoire. Attale et Blandine furent après lui ceux sur lesquels la fureur populaire s'acharna davantage. Le premier l'avait déjà fatiguée long-temps par sa constance ; mais il était citoyen romain, et, à ce titre, on n'avait pas osé se porter contre lui aux dernières extrémités avant d'avoir consulté l'empereur. La réponse de Marc-Aurèle fut que tous ceux qui confesseraient la foi de Jésus-Christ devaient mourir, mais qu'on eût à épargner ceux qui se rétracteraient. Telle était la modération dont un empereur auquel son caractère et ses écrits ont fait une réputation de sagesse croyait encore pouvoir se faire un mérite auprès des chrétiens. Attale fut donc dévoué à la mort ; mais, au lieu d'être simplement décapité comme les autres citoyens romains, on fit une exception pour lui, et il fut produit en spectacle sur une chaise de fer rougie au feu. Au milieu des douleurs de son supplice, et lorsque l'odeur importune de ses chairs consumées remplissait l'amphithéâtre : « Peuple, s'écria-t-il, ce n'est » point à nous qu'il faut imputer le crime de manger des hommes, » et c'est bien plutôt à vous qu'on peut reprocher justement celui de » les faire rôtir. » Pour Blandine, c'était une pauvre esclave qu'on avait déjà infructueusement soumise à divers genres de torture. De nouveaux raffinemens de cruauté exercée sur elle ne purent rassasier la fureur du peuple fanatique, accoutumé d'ailleurs à des spectacles de sang. Il fut effrayé de sa constance et n'en fut pas touché. Il est hors du plan de cet ouvrage d'entrer en de plus grands détails sur cette sanglante tragédie. Ils sont du ressort de l'histoire ecclésiastiques On les trouve dans une lettre touchante que les fidèles des deux églises persécutées adressèrent à leurs frères d'Asie et de Phrygie, et qu'Eusèbe a consignée dans le cinquième livre de son histoire.

(1) Euseb., liv. V. — Fleury, *Hist. ecclés.*, liv. IV.

T. I.

La succession naturelle de Commode, fils de Marc-Aurèle, à la domination de son père, fut le terme de ses adoptions réfléchies qui firent pendant un siècle le bonheur et la gloire de l'empire. Commode renouvela les scènes de débauche et de cruautés qu'avaient données la majeure partie des Césars; et le siècle qui s'ouvrit à sa mort fut celui de l'anarchie la plus complète, par suite de la prétention des prétoriens à Rome, et des légions dans les provinces, à nommer les empereurs (1). Le caprice, l'argent, l'intrigue, firent et défirent dès lors les princes : la vertu fut rarement un titre pour parvenir au trône, et souvent elle en fut un pour en descendre. Mais la plus grande calamité était dans cette foule de compétiteurs que les choix divers des légions armaient les uns contre les autres, et qui divisaient semblablement les différentes parties de l'empire. La victoire seule déclarait le légitime empereur, et les vaincus avaient toujours été des tyrans. De Commode à Constantin, et, dans le seul intervalle d'un siècle, on ne compta pas moins de vingt-quatre empereurs successifs; et, au temps de Gallien, il y en eut jusqu'à trente à la fois.

Après Commode, le sénat et les prétoriens s'accordèrent à offrir le trône à Pertinax, qui en était digne par ses vertus. Mais le ton de réforme où il montait toute l'administration déplut bientôt à des soldats accoutumés à vivre dans la licence, et ils s'en défirent avant le troisième mois de sa domination (2). Quatre compétiteurs se trouvèrent sur les rangs pour lui succéder. Julianus à Rome, Albinus dans les Gaules, Niger en Syrie, et Septime Sévère en Illyrie. Le dernier, dans le cours de trois ans, vint à bout de détruire tous ses rivaux. La Gaule fut le théâtre de ses combats avec Albinus, dont la défaite eut lieu près de Lyon. Cette ville fut saccagée et brûlée par le vainqueur, cent trente-neuf ans après le premier incendie dont Néron avait réparé les ravages. Une expédition contre les Parthes entraîna Sévère loin des Gaules. Il y revint au bout de trois ans, embellit Narbonne et ses environs, et alla mourir à York dans la Bretagne. Il venait d'y achever une nouvelle muraille, bâtie soixante-quinze milles plus au nord que celle qu'avait déjà fait construire Adrien, pour séparer les conquêtes romaines de la Calédonie non soumise et prévenir les incursions de ses habitans.

La persécution qu'éprouvèrent les chrétiens sous le règne de Sévère étendit ses ravages dans les Gaules, et priva encore l'église de Lyon de son chef, ainsi qu'il était arrivé au temps de Marc-Aurèle. Celui-ci était Irénée, aussi célèbre par ses écrits que par ses vertus; il avait été disciple de saint Polycarpe, qui l'avait été lui-même de l'évangéliste saint Jean.

S'il entrait dans les desseins de Sévère que ses deux fils Caracalla et Géta régnassent ensemble après lui, ce fut une mauvaise

(1) Xiphilin, Eutrope, Hérodien. — (2) Hérodien.

politique pour les retenir dans l'union. Caracalla, l'aîné des deux frères, y mit ordre par un crime. Son règne rappela ceux de Tibère et de Néron (1). Portant la désolation autour de lui, un séjour de quatre mois qu'il fit dans la Gaule fut une calamité pour ce pays. Il le quitta, comme son père, pour une expédition contre les Parthes, et battit en chemin les Germains au nord, et plus au midi les Allemands, cités pour la première fois, sous ce nom, dans l'histoire. On suppose que cette dénomination, qui signifie *tout homme*, en langue du pays, leur est venue de ce que leur territoire, occupé autrefois par les Suèves, qui en furent chassés par les Romains, aurait été habité depuis par de nouveaux colons venus de toutes parts.

Les cruautés de Caracalla alarmaient la sécurité de tous ceux qui l'approchaient. Macrin, préfet du prétoire, qu'un oracle appelait à lui succéder suivant une croyance vulgaire, se crut obligé plus qu'un autre de prévenir les mauvais desseins de l'empereur contre lui, et le fit assassiner près de Carres en Mésopotamie. Ce crime fut tenu assez secret pour que les soldats lui déférassent le souverain pouvoir. Il y associa son fils Diadumène. Mais un revers contre les Parthes lui ayant aliéné l'armée, elle fit choix d'un autre empereur. Il tomba sur Avitus, petit-neveu de Sévère, et surnommé Héliogabale, parce qu'il était prêtre du soleil en Syrie. Sous ses auspices plutôt que sous son commandement, car il n'avait que seize ans, ils marchèrent contre Macrin, qui fut défait et qui périt avec son fils. Digne de Caracalla, dont il passait pour être fils, Héliogabale enchérit sur les abominations de ce monstre. Il essaya d'y mettre le comble par le meurtre d'Alexandre, son cousin-germain, qu'il se repentait d'avoir adopté. Ce dernier excès révolta les troupes, qui le massacrèrent avec sa mère, et qui proclamèrent Alexandre. La vertu monta avec lui sur le trône; mais pour ces siècles infectés du crime, c'était un fruit intempestif dont ils ne pouvaient s'accommoder; et ces mêmes soldats qui s'étaient défaits d'Héliogabale pour ses crimes se défirent d'Alexandre pour ses vertus. Il fut assassiné près de Mayence par les intrigues de Maximin, Goth d'origine, qui, parvenu des moindres degrés de la milice aux plus hautes charges de l'empire, fut porté par ce meurtre jusqu'à la dignité suprême.

Quartinus en Orient, et les deux Gordiens père et fils en Afrique, furent vainement proclamés empereurs par leurs troupes ou par le sénat (2). Maximin s'en débarrassa, ou par la trahison, ou à l'aide de ses lieutenans. Moins heureux contre Papiénus et Balbinus, élus par le sénat pour les remplacer, il fut massacré par ses soldats en marchant contre ces derniers qui périrent à leur tour de la même manière. Gordien le jeune, petit-fils par sa mère de Gordien

---

(1) Spartien.—(2) Eutrop Zonare, Zozime.

le père, prit leur place, et s'associa par crainte l'Arabe Philippe, son préfet du prétoire, qui depuis se défit de son bienfaiteur, et qui, pour affermir le pouvoir suprême dans sa maison, déclara Philippe, son fils, Auguste, ainsi que lui. Le sénat et les provinces lui opposèrent sans succès Hostilianus, Marinus et Jotapien : mais Dèce, un de ses lieutenans, né à Bude en Pannonie, et envoyé par lui contre les rebelles, se mit au contraire à leur tête, et, plus heureux que les autres prétendans, il parvint à faire périr le père et le fils et à s'établir à leur place. L'année suivante, il périt lui-même avec deux de ses fils dans une bataille contre les Goths, livrée près de Nicopolis, et perdue, à ce que l'on croit, par la trahison d'un officier supérieur, nommé Gallus, qui s'en fit un degré pour arriver au trône.

Quelque court qu'ait été le règne de Dèce, il jouit dans l'histoire d'une renommée d'exécration, pour l'une des plus sanglantes persécutions qui aient été suscitées aux chrétiens. Le calme dont, après la persécution de Sévère, avait joui la Gaule pendant près de cinquante ans, avait permis à la religion d'y étendre ses progrès ; ils furent encore favorisés, vers le temps même de la persécution de Dèce, par une mission fameuse du siége apostolique, que quelques uns font remonter jusqu'au pape saint Clément, qui, au rapport de Tertullien, avait été ordonné par saint Pierre (1). Quoi qu'il en soit, Saturnin fut envoyé prêcher la foi à Toulouse, Trophyme à Arles, Paul à Narbonne, Austremoine à Clermont, Martial à Limoges, Gatien à Tours, Pérégrin à Auxerre, Savinien à Sens, et Denys à Paris. La plupart scellèrent de leur sang le témoignage qu'ils rendirent aux vérités qu'ils annonçaient, et servirent d'exemple à d'autres martyrs illustres, victimes de la persécution de Dèce et de celles de Valérien et d'Aurélien.

Empressé de goûter les charmes du pouvoir et d'en jouir paisiblement, Gallus donna la pourpre à Hostilianus, fils de Dèce, et éloigna les Goths des frontières par un tribut honteux qui ne les retint pas long-temps dans leurs limites. Emilien, général de Gallus, les défit dans une sanglante bataille, et la gloire qu'il en acquit, éclipsant la dignité de son maître, le conduisit à l'empire qu'il arracha avec la vie à Gallus et à Volusien son fils. Cependant Valérien, autre général, que Gallus avait mandé à son aide, vengea l'empereur qu'il ne pouvait plus secourir, et triompha d'Emilien pour son propre compte. Ses talens militaires et sa probité le firent généralement agréer. Mais pour l'administration d'un grand empire, il est un esprit d'ordre et un don de discernement plus nécessaires encore que les qualités apportées sur le trône par Valérien, et qui parurent lui manquer absolument. Il se réserva la direction des affaires de l'Orient et confia celle de l'Occident à Gallien, son fils, qu'il associa

(1) Grégoire de Tours.

à son pouvoir, et auquel, à cause de sa jeunesse, il donna pour conseils et pour appuis Posthumus, Aurélien et Probus, qui tous trois dans la suite parvinrent à l'empire. Pour lui, victime peu après de la mauvaise foi de Sapor, roi de Perse, qui lui avait proposé une conférence, il y fut enlevé, et, après avoir subi pendant trois ans les plus honteuses humiliations, jusqu'à servir de marche-pied au monarque persan pour monter à cheval, il fut condamné par ce prince à être écorché vif. Le voluptueux Gallien fut accusé d'avoir vu avec insouciance la disgrâce de son père; mais ce faible prince pouvait-il penser à le venger, lorsque lui-même était comme écrasé sous le poids des circonstances fâcheuses qui s'accumulaient autour de lui? Des prétentions à la souveraine puissance éclataient de toutes parts, et le nombre des prétendans qui s'élevèrent alors n'allait pas à moins de trente, qui sont connus sous le nom des trente tyrans. Cette époque importante dans l'histoire de Rome en est une aussi dans celle de la Gaule, qui vit alors les premières incursions de ces Francs qui devaient s'approprier son territoire et s'y établir incommutablement.

CHAPITRE IV.

DE L'AN 260 A L'AN 420 DE J.-C.

Histoire des Gaules depuis les premières incursions des Francs dans ce pays, jusqu'à l'établissement définitif qu'ils y formèrent sous Pharamond, leur premier roi.

Sans qu'il fût même besoin du déchirement des diverses parties de l'empire, qui se prononçaient pour tant de chefs différens, il eût suffi de ces fréquentes mutations d'empereurs que l'on a pu observer, de la dépravation morale qui y donnait lieu, des troubles, des guerres et des vexations de tout genre qui en étaient la suite, pour rendre la situation de l'empire la plus déplorable possible (1). Cependant d'autres fléaux accroissaient encore cette désolation habituelle. Le moindre de tous, parce qu'il fut passager, fut une peste générale, qui, vers ce temps, moissonna en divers lieux la moitié de la population, et qui, en certains endroits, convertit en solitudes des cantons précédemment peuplés avec excès. Le plus funeste, par une raison contraire, et parce qu'il ne cessa pendant deux siècles de fatiguer l'empire qu'il devait à la fin renverser, fut une attaque générale de toutes les frontières par des essaims innombrables de barbares septentrionaux, que semblaient inviter les dissensions intestines de l'état. Presque inconnus jusqu'alors, ils

(1) Zozime, Zonare, Eutrope.

introduisent dans l'histoire de ces temps des noms absolument nouveaux, tels que ceux d'Allemands, de Francs, de Bourguignons, de Vandales, de Sarmates, de Huns, d'Alains, de Goths, de Gépides et autres semblables. Pour l'objet qui nous occupe spécialement, les Francs seuls appellent notre attention, comme étant devenus nos ancêtres par leur naturalisation dans les Gaules après qu'ils s'en furent rendus les maîtres. L'origine de ce peuple inconnu a exercé la sagacité des savans : entre plusieurs opinions discordantes qu'ils ont émises, la plus vraisemblable est celle qui désigne par le nom de Franc, non point un peuple particulier, mais la ligue ou l'association qui eut lieu vers ce temps des peuples de la Germanie situés entre le Rhin, le Mein, le Weser et la mer, et connus sous les noms de Frisons, Saliens, Bructères, Chamaves, Angrivariens, Tenchtères, Sicambres et autres (1). Retenus jusqu'alors dans l'impuissance par leurs continuelles divisions, ils s'étaient vus la proie des Romains pendant deux siècles. Devenus plus sages par les leçons de l'expérience et profitant d'ailleurs des circonstances qui s'offrirent à eux, ils trouvèrent dans leur union des moyens de résistance d'abord, et bientôt la force nécessaire pour reporter dans la Gaule les désastres de la guerre et pour enlever même ce pays à leurs oppresseurs. Quant au nom de Franc, qui signifie originairement libre, et qu'ils adoptèrent comme signe du but qu'ils se proposaient d'atteindre, il est devenu encore depuis le synonyme de bon, de sincère, de loyal et d'obligeant, comme caractère distinctif de la nation.

On estime que cette ligue des Francs date d'une vingtaine d'années avant le règne de Gallien. Plongé dans la mollesse, il vit presque avec indifférence leurs incursions audacieuses dans la Gaule et jusque dans l'Espagne, aussi bien que celles des Goths dans la Macédoine, des Sarmates dans la Pannonie et la Dacie, des Perses enfin dans la Syrie. Un péril plus prochain à la vérité le forçait de s'opposer de préférence à ceux qui lui disputaient, non pas quelques provinces, mais son autorité même : Au nombre de ces dangereux prétendans fut ce Posthume, que son père lui avait donné pour conseil. Gaulois de naissance, chef de la cavalerie gauloise, venant tout récemment de réprimer une incursion dévastatrice des Francs dans la Gaule, et soigneux des moyens d'y prévenir le retour de cette calamité, Posthume s'y était acquis une considération qui s'accroissait chaque jour du mépris mérité qu'inspirait la conduite de Gallien. Un léger mécontentement donné aux soldats des Gaules par celui auquel avait été confiée l'éducation du fils de l'empereur leur suffit pour attenter à la vie du maître et de l'élève; et, dans l'ivresse du crime, ils proclamèrent Posthume empereur des Gaules. La tranquillité que Gallien fut forcé de lui laisser d'abord lui permit d'affermir son pouvoir par de nouveaux exploits sur les Germains, ce

(1) Pfeffel, *Abr. de l'Hist. d'Allem.* — (2) Zozime, Eumen.

qui lui fit prendre sur ses médailles le nom de Germanique et de Restaurateur de la Gaule. Ce ne fut qu'au bout d'un certain temps de possession que Gallien put réclamer enfin ses droits contre lui. Posthume ne fut pas toujours heureux : réduit plusieurs fois aux dernières extrémités, il se soutint toujours par son énergie; après une lutte variée de succès et de revers, il força Gallien, pressé d'autre part, à l'abandonner. Mais de quelques qualités qu'un chef pût être alors pourvu, il était difficile qu'elles fussent long-temps à l'épreuve contre les caprices d'un soldat susceptible, voué par inclination et par habitude à une indiscipline dont il se faisait, pour ainsi dire, un droit. Posthume dut à ces dispositions son élévation et sa chute. Il eut la fin qui attendait alors tous ceux que flattait le souverain pouvoir et fut massacré avec son fils par ses propres soldats pour leur avoir refusé le pillage de Mayence. Victorinus, qu'il s'était associé, Lollianus et Marius qui prétendirent lui succéder, subirent un pareil sort, et Tétricus, tout en le redoutant, n'eut pas la force de se refuser aux vœux empressés des inconstantes légions qui le proclamèrent. Cependant le malheureux Gallien, chez qui l'amour des voluptés n'avait pas entièrement étouffé le courage, pressé tout à la fois par les barbares, les ambitieux et les traîtres, se portait successivement sur tous les points où il était menacé. Il assiégeait dans Milan Auréole, un de ses lieutenans, qui, après l'avoir fidèlement servi contre Posthume et contre d'autres, s'était laissé amorcer lui-même à la séduction du pouvoir. Gallien était près d'emporter la ville et de se saisir du rebelle, lorsqu'il fut assassiné par quelques uns de ses officiers.

Aurélius Claudius réunit alors les suffrages du sénat et de l'armée. Les barbares, au nombre de trois cent mille, et à l'aide de trois mille vaisseaux ou barques, ravageaient à cette époque l'Illyrie et la Grèce. Claude marcha droit à eux, les battit plusieurs fois et les dissipa. Il en reçut le nom de Gothique. Il se disposait à poursuivre ses succès lorsqu'il succomba à la violence d'une fièvre pestilentielle. Il emporta les regrets du peuple romain, qui fondait de grandes espérances pour son bonheur sur les vertus guerrières et civiles de ce prince. Un autre de ses titres à notre attention, c'est que Claudia, fille de Cripsus, son frère, épousa Eutrope, seigneur dardanien (servien), et que de cette alliance naquit Constance-Chlore, bienfaiteur de la Gaule et père du grand Constantin.

Aurélien, désigné par Claude lui-même, quoiqu'il eût un frère, comme le plus digne de lui succéder, obtint les suffrages de l'armée et ensuite ceux du sénat. Trente ans auparavant, et n'étant encore que tribun, il avait, au rapport de Vopisque, battu et chassé près de Mayence les Francs, désignés pour la première fois sous ce nom dans l'histoire. Empereur, il soutint sa réputation en poursuivant sur les Goths les succès de son prédécesseur. Il repoussa ensuite une incursion de Marcomans, de Vandales et de Juthonges, qui avaient percé jusqu'à Milan; vainquit et fit prisonnière la fameuse Zénobie, reine de Palmyre et maîtresse de l'Egypte, et tourna enfin ses armes contre la Gaule. Tétricus l'y appelait lui-même. Forcé de s'asseoir sur le trône glissant que lui avait offert une soldatesque qu'il eût été dangereux peut-être de refuser, il n'aspirait qu'à en descendre. L'approche d'Aurélien lui en fournit les moyens; il se rendit à lui avec une partie des siens, et abandonna les plus séditieux à sa discrétion. Les Perses seuls remuaient encore, et Aurélien se disposait à porter la guerre dans leur pays, pour venger les outrages impunis de Valérien, lorsqu'un de ses secrétaires, effrayé de quelques menaces qui étaient échappés à ce prince, connu pour sanguinaire et inexorable, l'assassina.

L'empire, à sa mort, resta six mois sans maître, par la déférence mutuelle du sénat et de l'armée à s'en renvoyer le choix. L'honneur en resta au sénat, qui élut Claude Tacite, l'un de ses membres, lequel faisait gloire de compter parmi ses aïeux l'historien de ce nom. Six mois de règne ne lui permirent pas de procurer le bien qu'on attendait de lui. Il mourut de la mort des empereurs d'alors, c'est-à-dire assassiné par ses troupes. Florien, son frère, qui se porta pour lui succéder, éprouva le même sort au bout de deux mois, et Probus, que des suffrages contraires lui avaient opposé, se trouva sans concurrent.

A cette époque, quatre nations germaniques, les Logions, les Francs, les Bourguignons et les Vandales, s'étaient introduites de nouveau dans les Gaules, et y avaient même formé un établissement dans soixante-dix villes, dont ils s'étaient emparés. Il paraît qu'il n'y avait pas entre elles un parfait accord. Probus en profita pour les attaquer séparément. Débarrassé des Francs, auxquels il fit quelques concessions, il triompha aisément des autres, en purgea la Gaule, et les poursuivit jusqu'en Germanie, où, leur donnant la chasse comme à des bêtes féroces, et payant un écu d'or par tête qu'on lui livrait, il les rejeta de l'autre côté de l'Elbe (1). Vaincu cependant par les humbles soumissions des princes du pays, il mit fin à son âpre poursuite, se contenta d'enlever la jeunesse du pays, qu'il distribua dans ses troupes, et dispersa la plupart des autres habitans en divers cantons de l'empire, dans l'espoir de les attacher à sa prospérité. Mais ce moyen dut être insuffisant pour déraciner en eux l'esprit national, si l'on en juge d'après l'étonnante expédition d'une poignée de Francs qui eut lieu à cette époque. Relégués, pour cause de révolte, sur les bords du Pont-Euxin, ils se saisissent de quelques vaisseaux, passent de l'Euxin dans l'Hellespont et la mer Egée, ravagent, chemin faisant, les côtes de la Grèce et de l'Asie, abordent en Sicile, attaquent et pillent Syracuse, débarquent en Afrique, fondent sur Carthage, et, y trouvant trop de résistance, remontent sur leurs vaisseaux, passent le détroit, longent l'Espagne et la Gaule, et, presque sans perte, regagnent leur terre natale.

(1) Zozime, Eumen.

Quelques mouvemens de révolte eurent encore lieu vers ce temps dans les Gaules. Il y furent excités par un certain Proculus, Franc d'origine, qui, ayant compté légèrement sur les secours des Germains, s'était fait proclamer empereur à Cologne. Déchu de ses espérances, il succomba sous la fortune de Probus. Tout y avait cédé, et l'empire goûtait sous lui les fruits d'une administration sage, dont les exemples étaient perdus depuis un siècle. Les frontières seules de la Perse étaient encore inquiétées. Probus se disposait, par de nouveaux succès, à leur faire partager la félicité générale, lorsqu'auprès de Sirmium, lieu de sa naissance, ses soldats, fatigués des ouvrages dont il se faisait un principe d'occuper leurs loisirs, le massacrèrent dans un moment d'humeur dont ils se repentirent ensuite. La mort de ce prince rompit la dernière digue opposée aux efforts interrompus des barbares; et, à ce titre, comme à celui de la sagesse et de la bonté dont il fit preuve, il a laissé une réputation qui le distingue avec éclat de cette foule d'empereurs éphémères, cruels et ineptes, qui occupèrent le trône en ces temps désastreux. Il permit aux Gaulois de replanter leurs vignes, que l'ombrageux Domitien avait fait arracher, comme une occasion de révolte et de sédition.

La Gaule lui avait d'autres obligations plus importantes. Il avait mis un terme aux cruelles proscriptions dirigées par Dèce, par Valérien et par Aurélien, contre les chrétiens, et, dès l'an 262, n'étant encore que simple général, il y avait déjà arrêté les ravages du Vandale Crocus, dont la fureur s'acharna particulièrement sur les monumens du christianisme et sur ses ministres. Nicaise à Reims et Privat à Mende avaient été du nombre de ses victimes. On lui attribue encore le massacre d'Ursule et de ses compagnes, que l'on a fait longtemps monter au nombre de onze mille, pour avoir lu à tort onze mille vierges dans l'abréviation de onze martyres vierges (xiмv). Rien n'est moins authentique au reste que l'histoire de ces saintes; et de là les variations sur le temps où elles ont souffert. Les uns le placent à l'époque de ce Crocus, vers 262; les autres cent vingt ans plus tard, sous Valentinien II et Maxime, et quelques uns enfin à l'époque de la grande émigration des barbares, en 407.

Carus, né à Narbonne, et préfet du prétoire, fut proclamé empereur après Probus. S'étant adjoint ses deux fils Carin et Numérien, il fit passer l'aîné dans les Gaules pour l'opposer aux Germains, et lui-même avec le second se porta à l'autre extrémité de l'empire pour faire tête aux Perses. Tué d'un coup de foudre près de Ctésiphon, ses projets furent suivis par Numérien, son fils, qui, de l'autre côté du Tigre, s'empara de la ville de Séleucie, dite aussi Babylone, parce que, bâtie à peu de distance de celle-ci, elle la fit oublier peu à peu et si complètement, que sa position est devenue un problème pour les géographes. Peu après cette conquête, ce prince fut assassiné par le préfet du prétoire Aper, dont il avait épousé la fille.

Dioclétien, officier supérieur dans l'armée, ayant dénoncé Aper, comme l'auteur de l'assassinat de Numérien, et l'ayant percé de son épée, fut salué empereur par l'armée. Après deux ans de combats dans la Gaule contre Carin, ce dernier fut massacré par ses soldats révoltés de l'excès de son intempérance, et Dioclétien fut généralement reconnu comme légitime possesseur de tout l'empire. Du 29 août 284, époque de son avènement à l'empire, date l'ère qui porte son nom, et que les nombreuses victimes qu'il fit vingt ans après ont fait appeler du nom plus usité d'ère des martyrs.

Il n'y avait que deux ans que Dioclétien était revêtu de la dignité suprême, qu'envisageant l'état de convulsion où se trouvait la chose publique par les attaques réitérées des barbares et des Perses, et se jugeant inhabile à porter seul le poids du gouvernement, il s'associa un collègue(1). Il se réserva seulement une légère prééminence sur sa créature, et c'est par là qu'il se justifia peut-être d'une politique qui paraît étrange, et qui néanmoins fut très limitée. Mettant de côté toute considération de naissance et de parenté, il se décida en faveur d'un ancien ami d'une origine obscure comme la sienne, d'une éducation grossière, mais d'une capacité militaire qui le recommandait pour les besoins du moment. Dès l'année précédente, il l'avait fait César, et lui avait assigné son département dans les Gaules, qui étaient tourmentées alors, et par les incursions des Germains, et par une insurrection générale des paysans, dits *Bagaudes*. Ceux-ci, vexés par le gouvernement, et excités d'ailleurs par Ælianus et Amandus, deux officiers romains de peu de capacité qui avaient osé prendre la pourpre, s'étaient portés sans réflexion et sans moyens à cet acte de désespoir qu'ils avaient marqué par leurs excès. Arrivé au pied des Alpes, Maximien fit prêter serment à son armée. Une légion dite *Thébéenne*, parce qu'elle avait été levée en Égypte, s'y refusa comme chrétienne, à cause des pratiques idolâtres dont cet acte était accompagné. Maurice était leur chef; Candide, Exupère et Victor, étaient leurs principaux officiers. Disposés à verser leur sang pour leurs maîtres, ils ne refusaient que d'en jurer par de vains simulacres. Mais Maximien, prévenu contre les chrétiens, interprétant mal leur scrupule, ordonna qu'ils fussent décimés. Cette exécution cruelle fut répétée une seconde fois, sans rien changer à l'inébranlable résolution des légionnaires. Outré d'une telle persévérance, et craignant d'ailleurs que la similitude d'opinion en matière de foi ne les portât à seconder les Bagaudes qui presque tous étaient chrétiens, Maximien ne craignit point de se priver de leurs services, et donna ordre que la légion tout entière fût massacrée. Loin de faire la moindre résistance, ces généreux guerriers mirent bas les armes, et, sans autre opposition qu'une supplique aussi solide que respectueuse qui demeura sans effet, ils se

(1) Zonare, Zozime. Lactance, Fleury, *Hist. ecclés.* Lavarenne, *Histoire de Constantin.*

laissèrent égorger sans murmure. Ce fut sous de tels auspices que Maximien fit son entrée dans les Gaules, où l'intolérance de son zèle devait trouver matière à s'exercer.

Quant aux malheureux Bagaudes, sans places, sans chefs, sans armes et sans autres conseils que ceux du ressentiment et de la vengeance, ils ne tardèrent pas à être dissipés, et à satisfaire la haine de Maximien par le massacre presque général qui en fut fait. Le plus grand carnage eut lieu près de Paris, vers le confluent de la Marne et de la Seine, au lieu où fut depuis l'abbaye de Saint-Maur-des-Fossés, ainsi nommée, dit-on, des fossés ou retranchemens des Bagaudes. Cette expédition terminée, Maximien tourna ses forces contre les Bourguignons et les Allemands, qu'il chassa devant lui et qu'il contraignit à demander la paix. A l'effet d'observer de plus près leurs mouvemens, il établit sa résidence à Trèves, qui, par ses soins et ceux de ses successeurs, devint une seconde Rome, tant par les monumens dont ils l'embellirent que par les établissemens politiques qu'ils y formèrent.

Si les excès des Bagaudes furent vengés par d'autres excès, ce fut moins en punition de leur révolte qu'en haine de leur croyance. Le même motif fit alors dans les Gaules des milliers de martyrs (1). Parmi les plus célèbres on compte l'évêque Firmin à Amiens; Quentin, près de la ville qui porte aujourd'hui son nom; Crespin et Crespinien à Soissons, où, sous les apparences de simples partisans, ils cachèrent long-temps de zélés apôtres de la vérité; le tribun Ferréole à Vienne; Victor à Marseille; à Arles; le greffier Denès, qui refusa d'inscrire sur ses tablettes l'ordre de la persécution; Donatien enfin à Nantes, avec Rogatien son frère, qui, troublé de n'être encore que cathéchumène, trouva dans son propre sang le baptême après lequel il aspirait. Une foule d'autres dans toutes les parties de la Gaule s'illustrèrent par un courage supérieur à toutes les recherches de la cruauté; mais ce fut à Trèves surtout que la barbarie se montra dans toute sa férocité. Secondant avec passion les fureurs de Maximien, le préfet Rictiovare, l'ennemi le plus altéré du sang des chrétiens, après avoir parcouru diverses contrées de la Gaule pour les y exterminer, mit le comble à ses atrocités par celles qu'il réservait à la capitale de l'empire dans ces provinces. Ce ne fut point assez pour lui d'avoir rempli l'amphithéâtre d'une multitude de confesseurs qu'il dévouait par bandes à la mort, d'avoir immolé au champ de Mars trois cohortes de la légion thébéenne qui s'étaient trouvées séparées de leur corps, d'avoir ensanglanté des échafauds par le supplice d'un consul et de six sénateurs de Trèves; on le vit lâcher des satellites sur les chrétiens en masse, et rougir au loin la Moselle de leur sang. La ville de Trèves célèbre encore aujourd'hui leur mémoire sous le nom des *Innombrables*. On se refuse à croire des faits aussi épouvantables : mais l'homme en est malheureusement capable; et, indépen-

---

(1) Mézeray, *Etat de l'Égl. avant Clovis.*

damment des nombreux exemples dont l'histoire peut confondre notre incrédulité, il nous suffit de notre propre expérience pour n'en pouvoir récuser la possibilité.

Les Saxons cependant, les Juthès, les Varnes et les Angles, tous barbares des bords de la Baltique, secondant les ravages de ceux qui étaient plus enfoncés dans les terres, sortaient de cette mer à l'aide de leurs embarcations, et venaient infester les côtes de la Belgique (1). Le Ménapien Carausius commandait à Boulogne une flotte destinée à réprimer leurs courses. Mais il faisait de sa charge un objet de spéculation; et, au lieu de s'attacher à prévenir leurs ravages, il avait soin de n'attaquer jamais les barbares qu'au retour de leurs expéditions et lorsqu'ils avaient fait assez de dégâts pour être chargés d'une riche proie. Alors seulement il essayait de les surprendre. Jamais d'ailleurs le trésor public ne s'était enrichi ni du butin qu'il faisait ni des prisonniers qu'il devait faire. Maximien se proposait de mettre un terme à ce coupable manége; mais Carausius, averti à temps, s'empara de la flotte, du port, et même de la Bretagne. Il y passa, après s'être fait proclamer empereur à Boulogne, et se fortifia d'une diversion des Francs, auxquels il abandonna les îles Bataviques.

La révolte n'était pas seulement dans la Bretagne, elle fermentait dans tout l'empire. Pour faire tête à l'orage, les deux empereurs crurent devoir s'adjoindre deux Césars, héritiers présomptifs de leur pouvoir. Le premier qui fixa leur choix fut Galère, fils d'un pâtre, et Dace de nation, qui s'était acquis une réputation militaire, mais d'ailleurs, ambitieux, sans mœurs, et superstitieux jusqu'à la cruauté. L'autre César, pourvu de talens aussi distingués pour la guerre, mais d'un caractère qui était en tout l'opposé de celui de Galère, était Constance-Chlore, petit-neveu de Claude-le-Gothique. Les deux Césars furent obligés de répudier leurs femmes pour entrer dans l'alliance des deux empereurs : Galère épousa Valérie, fille de Dioclétien; et Constance, Théodora, belle-fille de Maximien.

Dans la distribution qui fut faite entre les empereurs et les Césars des diverses provinces de l'empire, les Gaules, l'Espagne et la Bretagne échurent à Constance (2). A peine fut-il installé dans sa dignité, qu'il se rendit à Boulogne. Maximien, faute de vaisseaux, n'avait pas cru pouvoir réduire cette ville : Constance, dans la même impossibilité de bloquer le port, le ferma par une digue qui enleva à la ville le secours de la mer. Cet ouvrage terminé, les attaques, les menaces, et l'offre du pardon surtout, achevèrent la conquête qui fut consolidée par la clémence. Constance chassa ensuite les Francs des îles de l'Escaut et du Rhin, et dans cette expédition il en périt un grand nombre. Maximien établit le reste chez les Nerviens et les Trévirs, à l'effet d'y labourer les terres devenues incultes par leurs

---

(1) Eutrope, l. IX. — (2) Eutrope, l. IX.

ravages. Il était revenu dans la Gaule pour observer les bords du Rhin, pendant qu'une flotte, préparée par les soins de Constance, passait en Bretagne, à l'effet d'y attaquer Alectus, qui, après avoir assassiné Carausius, dont il était lieutenant, lui avait succédé. Un grand nombre de Francs qu'avait attirés le nouveau tyran dans son île y faisaient la force de son armée; mais, mal secondés par les autres troupes, ils ne purent résister aux Romains, et leur bravoure ne fit qu'accroître leur désastre. Ce qui échappa au fer fut encore dépaysé; et Amiens, Beauvais, Langres et Autun, dépeuplés par les vexations des exacteurs, en reçurent des colonies. Mais nul revers ne pouvait rebuter ces peuples, qui trouvaient dans leur multitude des ressources inépuisables. Les Allemands vinrent attaquer Langres à l'improviste, et il s'en fallut de peu qu'ils n'enlevassent Constance, qui s'était séparé de son armée et qui ne leur échappa qu'en se faisant hisser par dessus les murs avec des cordes. Mais peu d'heures après, son armée ayant paru, il leur tua soixante mille hommes, et à quelque temps de là il les défit encore à Vindonissa (Windisch), en Helvétie, au confluent de l'Aar et de la Reuss. Ils en furent si peu découragés, que l'hiver même qui suivit ils profitèrent des glaces pour traverser le Rhin et se loger de nouveau dans l'île des Bataves. Le dégel étant survenu, ils furent cernés par la flotte romaine; ce qui les déconcerta tellement qu'ils se rendirent sans combat.

L'empire, qui semblait alors en paix, était travaillé au-dedans de la plaie la plus cruelle par les édits sanguinaires des deux empereurs contre les chrétiens. Le calme procuré par Probus n'avait eu que la durée de son règne, et ses successeurs tardèrent peu à rouvrir la lice aux généreux athlètes de J. C. Aucune des persécutions dont triompha le christianisme ne fut aussi violente, aussi durable et aussi étendue que celle-ci, qui est comptée pour la dixième, et qui fut aussi la dernière, jusqu'au moment où le christianisme vint s'asseoir sur le trône. Ce fut aussi le dernier acte d'autorité des deux empereurs. Le cruel et ambitieux Galère, dont ces mesures sanguinaires étaient principalement l'ouvrage, las d'agir en sous-ordre, et fier d'une victoire qu'il venait de remporter sur les Perses, fit usage de l'ascendant qu'il en avait pris, et qu'il pouvait soutenir par l'attachement du soldat, pour intimider Dioclétien, dont une fièvre lente affaiblissait à la fois le corps et l'esprit, et pour lui persuader, ainsi qu'à son collègue Maximien, d'abdiquer pour leur propre repos. Il fallut obéir à cette impérieuse invitation, et donner même au dépouillement les formes d'une résignation volontaire. Par un accord mutuel, les deux empereurs résignèrent le même jour, l'un à Nicomédie, et l'autre à Milan. Dioclétien revêtit Galère de la pourpre et Maximien en fit de même à l'égard de Constance. Ils nommèrent aussi deux nouveaux Césars, Maximin Daza, neveu de Galère, et Sévère, qui l'était de Maximien. L'impérieux Galère, qui redoutait l'esprit turbulent de Maxence, fils de Maximien, et les grandes qualités qu'annonçait Constantin, fils de Constance, les avait fait exclure l'un et l'autre.

Constance, qui, par ces nouvelles dispositions, était devenu plus indépendant, profita de son pouvoir pour soulager les provinces de son gouvernement, que jusqu'alors il n'avait pu qu'épargner. Sous sa précédente administration, la Gaule avait été aussi tranquille qu'elle pouvait l'être dans ces temps désastreux. Les chrétiens, pour lesquels il avait une secrète inclination, avaient été plutôt gênés que persécutés. Il les protégea alors ouvertement, laissa relever les temples qu'il avait fait abattre contre son gré, et appela autour de lui, comme des hommes d'une fidélité à toute épreuve, ces mêmes individus que Galère poursuivait avec acharnement, comme ennemis de toute loi et de toute autorité. Son gouvernement eût été trop court pour ces contrées, si elles n'eussent trouvé en Constantin, son fils, un digne héritier de la bienveillance du père.

Ce jeune prince était retenu près de Galère, qui, sous l'apparence spécieuse de ne pouvoir se détacher de lui, le retenait véritablement en otage, et l'exposait même, sous prétexte de lui faire honneur, à mille dangers inutiles, dont le jeune prince se tira chaque fois avec autant de gloire que de bonheur. Constance cependant redemandait avec instance son fils, qui témoignait une pareille ardeur de revoir son père. Galère temporisa long-temps : persécuté par les sollicitations, et redoutant à la fois d'y accéder et de s'y refuser, il accorda enfin à Constantin sa demande, lui fit expédier des passeports, et cependant le remit au lendemain pour recevoir ses derniers ordres. Ce lendemain, il ne se laissa voir que fort tard. On prétend qu'il en avait employé la matinée à dresser des ordres pour préparer des embûches sur la route du jeune prince. Mais, pénétrant ses desseins, Constantin était parti dès la veille, et avait fait tuer tous les chevaux des relais qu'il laissait derrière lui. Dupe de son propre artifice, Galère ne fut instruit que fort tard de cette fuite; et, à la nouvelle qu'il en reçut, il se laissa aller à toutes les indécences de la plus violente fureur. Il voulut faire courir après le fugitif, et ce ne fut que pour retomber dans un nouvel accès de rage, quand il apprit l'inutilité de cette mesure. Constantin, continuant de se hâter de fuir une terre ennemie, traversa l'Italie, où commandait Sévère, qui n'avait pu être prévenu de sa fuite, gagna heureusement les Alpes, et rejoignit enfin son père, au moment où celui-ci s'embarquait à Boulogne pour une expédition contre les Pictes (les Écossais septentrionaux), dont les courses désolaient la Bretagne. Ce devait être le dernier exploit de Constance, et son fils semblait n'être arrivé près de lui que pour recueillir son dernier soupir. Constance, par ses dispositions testamentaires, réduisit à la condition privée les enfans qu'il avait eus de Théodora; Constantin seul, qu'il avait eu auparavant d'Hélène, fut institué son héritier, et déclaré par lui implicitement

César, au moyen de la recommandation particulière qu'il fit de sa personne à ses soldats.

Ses vœux furent remplis, et Constantin, le jour même de la mort de son père, se vit revêtu de la pourpre par l'armée. En conséquence, il envoya ses images à Galère. Leur acceptation devait être une reconnaissance de ses droits. Peu s'en fallut que les vieilles haines de l'empereur ne les lui fissent rejeter. Cependant, quand il eut bien considéré les conséquences d'un tel refus, le concert des Gaules, de la Bretagne et de l'Espagne, qui avaient reconnu Constantin, la force des armées qui l'avaient proclamé, les talens du chef qui les commandait, il s'abandonna à des conseils plus modérés; et, dissimulant un ressentiment profond qu'il se réservait de manifester lors d'une occasion plus opportune, il se détermina à faire exposer les images envoyées. Recueillant d'ailleurs de la circonstance tout le parti qu'il en pouvait tirer, il envoya lui-même la pourpre à Constantin, comme un signe de la supériorité qu'il affectait sur lui, le déclara seulement César, fixa son rang après Maximin, et reconnut Sévère pour Auguste. Le jeune prince ne contesta rien, se contenta pour l'instant d'être le maître de ses provinces, et laissa pareillement à l'occasion à faire plus ou moins valoir ses droits ou ses prétentions.

Deux petits rois francs, Ascaric et Ragaise, avaient commis des dégâts dans la Gaule, malgré des engagemens formels avec Constance, qui avait remis à les en punir à son retour de son expédition contre les Pictes. Constantin suivit les projets de son père. Après avoir pacifié la Bretagne, il repassa dans les Gaules, et, tombant à l'improviste sur les Francs, il fit sur eux une grande quantité de prisonniers, et entre autres les deux malheureux princes dont il avait à se plaindre. Soit dureté de caractère, soit politique, soit vengeance de la foi violée, il crut le devoir exposer aux bêtes féroces, avec une multitude de prisonniers, dans l'amphithéâtre de Trèves. Mais, loin de comprimer les Germains par ses cruautés, il ne fit que les irriter davantage; et, trois ou quatre ans après seulement, une ligue formidable porta cent cinquante mille hommes au-delà du Rhin. Divisés en légers pelotons, ils occupaient une ligne considérable, qui rendait peu décisifs les succès et les revers, et ils tendaient ainsi à éterniser la guerre. On prétend qu'en cette occasion Constantin eut la témérité d'aller lui-même explorer leurs camps, d'y pénétrer, de converser avec eux, et qu'il leur persuada de réunir leurs forces pour attaquer les Romains dont le chef était absent. Quel qu'ait été l'émissaire, ils donnèrent dans le piége, rappelèrent leurs troupes éparses, négligèrent les mesures de vigilance qu'ils supposaient inutiles à une armée qui n'avait point à se défendre; et, au moment où ils croyaient surprendre les Romains, ils furent surpris eux-mêmes par une attaque imprévue et par la présence de Constantin, qui affecta alors de se faire reconnaître. Cette circonstance encore plus inattendue acheva leur défaite, et les obligea à repasser le fleuve.

Une nouvelle révolution avait alors changé la face des choses dans l'empire. Maxence, fils de Maximien, vivait en homme privé à quelques milles de Rome; mais avec un secret dépit de se voir réduit à cette condition, tandis que Constantin, rejeté d'abord comme lui, voyait enfin ses images arborées dans Rome. La haine qu'on portait à Galère lui fit concevoir la possibilité de sortir aussi de son obscurité. Quelques pourparlers avec les chefs les plus influens des cohortes lui livrèrent enfin la capitale, où il se fit proclamer Auguste, à l'immense satisfaction d'un peuple ravi de changer de maître, et qui espérait de Maxence un bonheur que ses vices et son incapacité ne lui permettaient pas de réaliser. Galère, étonné d'une démarche aussi hardie de la part d'un homme qui n'inspirait que le mépris, en conçut peu d'inquiétude, et crut que la présence de Sévère, aidé de quelques troupes, suffirait pour ramener l'ordre. Mais Maxence avait appelé à son aide Maximien, son père, et lui avait fait reprendre les enseignes du pouvoir, dont il s'était dépouillé avec tant de regret.

Cependant Sévère était arrivé dans Rome, et cernait cette ville, d'où Maxence n'était point sorti et où il commençait à craindre d'être forcé avant que son père n'eût pu lever des forces suffisantes pour le dégager. Dans cette extrémité, il négocia avec quelques officiers de l'armée qui le tenaient enfermé. Plusieurs légions qui la composaient avaient autrefois servi sous Maximien. Ce souvenir, l'or qu'on fit briller à leurs yeux, et une certaine compassion pour la première ville de l'Empire, destinée peut-être à devenir un théâtre de ruines et de carnage, les font changer subitement de dispositions et de parti, en sorte que Sévère, avec les faibles restes de son armée, se voit pressé par Maximien et obligé de se renfermer à son tour dans Ravenne. La place était forte et bien pourvue; mais la crainte d'une nouvelle défection, qui pouvait le livrer à ses ennemis, porta Sévère à composer avec des hommes qui semblaient n'en vouloir qu'à sa puissance, et qui lui offraient en échange toutes les douceurs d'une vie privée. L'exemple de Dioclétien et celui même de ses adversaires lui persuadèrent que ces conditions étaient acceptables; il s'abandonna donc à leur foi; mais les perfides, se croyant assez forts pour la violer, lorsqu'ils eurent Sévère entre leurs mains, ne lui laissèrent que le choix de sa mort.

Galère sentit alors la nécessité de se transporter lui-même sur le théâtre de la révolte, et Maximien, de son côté, passa dans les Gaules pour essayer de s'y faire un appui de Constantin. La dignité d'Auguste, suivant le droit qui s'établissait alors, ne pouvait être acquise que par la collation d'un prince qui fût revêtu lui-même de ce titre. Ce fut par cet appât qu'il tenta Constantin, auquel il offrit la pourpre impériale et Fausta, sa fille, en mariage. Il n'exigeait d'ailleurs aucun retour; mais il espérait sans doute lier de fait son gendre à ses intérêts. Constantin, qui aperçut facilement la conséquence d'une pareille offre, crut devoir s'y prêter, et répudia Minervine, dont il avait eu Crispus, pour épouser Fausta. Quelques uns supposent que Minervine n'existait plus alors.

Pendant ce temps, Galère avançait; mais trop confiant en ses talens, et trop persuadé de l'impéritie de Maxence, il ne s'était fait suivre que d'une poignée de soldats, insuffisante à former une circonvallation autour de Rome. Maxence essaya sur cette armée les mêmes pratiques qui lui avaient si bien réussi sur celle de Sévère. Il y rencontra le même succès, et Galère fut trop heureux de pouvoir se retirer à la hâte en Illyrie avec le peu de troupes qui lui restèrent fidèles. Maximien, excité par ses vieux ressentimens contre lui, crut avoir trouvé l'occasion de le perdre sans retour, et vola dans les Gaules, à l'effet de solliciter de Constantin des secours qui lui permissent de remplir ses vues. Mais Constantin, qui croyait avoir tout autant de motifs pour redouter Maximien devenu puissant qu'il en avait de craindre Galère, éluda ses propositions, et Maximien, pour jouir de quelque autorité, se trouva ainsi réduit à aller partager celle de son fils. Bientôt il se lassa de cette participation bornée, et, sans avoir pris d'autres mesures que de s'être assuré de quelques vétérans qui avaient servi sous lui, un jour d'apparat qu'il était assis sur un même trône avec Maxence, il osa l'en précipiter. Il espérait que ce coup d'audace en imposerait à la multitude; mais la compassion d'abord, et l'indignation ensuite, soulevèrent tous les esprits contre un ingrat qui devait à son fils d'avoir recouvré la pourpre. Il eût dû s'estimer heureux de n'être contraint qu'à s'éloigner de Rome : mais un traitement si modéré lui parut un outrage; et, pour se venger de son fils, il eut recours à son gendre, qui le refusa encore, et qui ne crut pas devoir compromettre la tranquillité de ses peuples pour la vengeance d'une injure prétendue qu'il fallait moins imputer à l'ingratitude du fils qu'à l'ambition du père. Déchu de l'espérance de satisfaire son ressentiment de ce côté, Maximien, pour y parvenir, n'hésita pas à se transporter auprès de Galère, son plus mortel ennemi; et son affreuse confiance ne fut pas trompée: non que Galère se montrât plus favorable à ses desseins, mais il n'abusa point de son imprudence, et ne lui fit éprouver d'autre mortification que de le rendre témoin des honneurs suprêmes conférés à Licinius, qu'il déclara Auguste. Dioclétien avait été invité à la même solennité. L'inquiet Maximien en prit occasion de l'exciter à reprendre la pourpre avec lui : mais Dioclétien, pour toute réponse, lui vanta les belles laitues de son jardin de Salone; peut-être aussi appréciait-il mieux les circonstances.

Cependant le neveu de Galère, Maximin-Daïa, piqué de la préférence donnée sur lui à Licinius, réclama de son oncle le même titre d'Auguste; et, sur son refus, se le fit offrir par ses troupes. Galère se rendit alors et eut l'air d'accorder la demande de bonne grace. Il essaya néanmoins de diminuer le prix de cette faveur, en faisant part du même titre à Constantin auquel il l'avait refusé jusqu'à cette

8

époque. Ainsi l'empire eut alors quatre maîtres égaux en dignité, sans l'être toutefois en pouvoir. Pour Maximien, dans la nécessité où il se trouva de renoncer au commandement et de se dépouiller de la pourpre, il alla vivre en homme privé dans le palais de Constantin, où, par le crédit de sa fille, il continua à jouir d'une grande considération. Mais, avec son caractère inquiet, c'était une faible compensation à ses pertes ; aussi, dans un moment où son gendre se trouvait engagé dans une expédition contre les Francs, que lui-même avait conseillée avec intention, il se déroba du palais, gagna Arles dont il débaucha la garnison, et y reprit la pourpre impériale. Constantin l'y poursuivit, l'obligea de fuir de Marseille, s'y rendit maître de sa personne, et le rétablit dans sa première condition auprès de lui. L'incorrigible Maximien ne fut pas touché de ce procédé, et n'apercevant plus d'autre voie que le crime pour ressaisir le pouvoir dont il était toujours altéré, il se détermina en furieux à ce parti désespéré ; et, à l'aide d'une intelligence, il s'introduisit la nuit dans l'appartement de Constantin, avec le dessein de le poignarder dans son lit. Mais il était trahi, et l'intelligence dont il avait cru s'aider était un piége qui lui avait été tendu pour le surprendre lui-même dans l'exécution de son horrible attentat. Après un tel excès, Constantin crut pouvoir oublier les liens qui l'attachaient à lui, et ne lui laissa que le choix de sa mort. Galère le suivit à peu de distance. Persécuteur comme Antiochus, il mourut, comme lui, d'une maladie aussi affreuse et dans un repentir inutile de ses cruautés contre les chrétiens. Il leur permit alors de rebâtir leurs temples, et réclama même, au rapport de Lactance et d'Eusèbe, leur intercession auprès de leur dieu. Il laissa l'empire partagé entre Licinius, Maximin-Daïa, Constantin et Maxence.

Constantin profita des loisirs que lui donnait un instant de tranquillité pour parcourir ses provinces, reconnaître les besoins des peuples, et embellir les villes. Trèves et Autun durent beaucoup à ses soins. Maxence employait le même temps à s'agrandir. Par ses généraux, il faisait la conquête de l'Afrique, et son ambition s'étant accrue par le succès, il jeta un œil d'envie sur le partage de Constantin, et se prépara à l'attaquer, sous le spécieux prétexte de venger son père (1). Constantin, après avoir cherché en vain à le ramener à des dispositions pacifiques, prit des mesures pour lui tenir tête. Forcé de demeurer dans un état perpétuel de défensive contre les barbares, il ne pouvait disposer que de la moitié de ses troupes. Il suppléa à ce défaut par une alliance avec Licinius, auquel il donna Constantia, sa sœur, en mariage. Mais une contre-alliance de Maxence avec Maximin lui en enleva le fruit, par l'état d'observation où ce traité retint Licinius. Dans cette occurrence, le ciel vint à son secours. Désirant intéresser la divinité à sa cause, il l'implorait sans

---

(1) Eusèbe, *Vie de Constantin*, l. I, c. 2. Fleury, *Hist. ecclés.*, l. IX.

la connaître, lorsque, au rapport d'Eusèbe, qui déclare tenir ces faits de la bouche même de Constantin, ce prince, déjà frappé d'un signe éclatant qu'il avait remarqué dans le ciel, et qui était formé des deux premières lettres grecques du nom du Christ, accompagnées de ces mots : *Par ceci tu vaincras*, reçut l'ordre en songe de former un étendart sur ce modèle. Orné de pierreries et décoré des images des princes, ce fut le fameux Labarum. Constantin fit faire d'autres enseignes de la même forme pour remplacer les aigles de ses légions, et ordonna de graver des croix sur leurs boucliers. Tous ces changemens s'opérèrent sans la moindre résistance, et cette particularité donne du poids à la vision dont ils furent la suite. Eusèbe, de qui l'on tient ces détails, a négligé de nous apprendre le lieu où se passa cet évènement : mais on conjecture, du temps nécessaire à effectuer ces mutations, que ce dut être dans les Gaules, et avant que Constantin se fût mis en marche pour l'Italie.

Fidèle à sa célérité ordinaire, il avait passé les Alpes et était devant Suze qu'on le croyait encore occupé de ses préparatifs dans les Gaules. L'Insubrie tomba d'abord en son pouvoir, et une victoire qu'il y remporta sur un lieutenant de Maxence lui permit d'arriver jusqu'aux portes de Rome sans obstacle. La superstition y retenait enfermé Maxence avec une armée trois fois plus forte que celle de son adversaire. Cette circonstance, qui rendait le siège impossible, menaçait Constantin de longueurs préjudiciables à ses projets, lorsque la confiance de l'ennemi dans sa multitude l'emporta sur les terreurs de Maxence et lui fit hasarder de camper sous les murs de la ville. Cette démarche rendit à Constantin l'espoir de terminer cette grande querelle en un jour. Maxence disposa ses forces assez maladroitement pour paralyser les mouvemens d'une partie de ses troupes. Constantin ne fit peut-être pas de moindres fautes ; mais le ciel, qui voulait vaincre par son bras, les fit tourner à son avantage. Une valeur inconsidérée, qui le porta au milieu du danger, ne fut funeste qu'à Maxence, dans les rangs duquel il jeta le désordre, et qui fut réduit à la fuite. En repassant un pont qu'il avait fait disposer avec art sur le Tibre pour engloutir Constantin lorsqu'il se hasarderait à le traverser, il le sentit fléchir sous lui et périt ainsi victime de son propre stratagème. Cet évènement mit fin à la guerre. Toutes les provinces de Maxence reconnurent l'autorité de Constantin et il la consolida par sa modération. Si l'on en excepte quelques prétoriens factieux qu'il dégrada, chacun conserva les dignités dont il était revêtu. Il entra triomphant dans Rome ; mais, à la grande douleur des païens, il n'alla pas faire hommage de sa victoire au Dieu du Capitole. Il mit le sceau à cette espèce d'abjuration de l'idolâtrie en publiant, de concert avec Licinius, un édit qui, indépendamment de la liberté de conscience accordée en principe à tous les sujets de l'empire, portait l'ordre spécial de rendre aux chrétiens les églises et les fonds communs dont ils avaient été dépouillés. Les deux empereurs se chargeaient de dédommager ceux qui avaient acquis ces biens ou qui les avaient reçus de la munificence impériale.

Maximin n'accéda qu'en partie à ces mesures; il lui fallut l'épreuve du malheur pour qu'il s'y conformât entièrement. Vaincu dans les démêlés qui s'élevèrent entre lui et Licinius, il imputa ses désastres à ses prêtres, et aussi cruel envers eux qu'il l'avait été à l'égard des chrétiens, il en fit massacrer un grand nombre. Ce fut alors seulement qu'il rétablit les chrétiens dans les droits dont il les avait privés; mais ce tardif repentir ne le sauva pas. Poursuivi de poste en poste par Licinius, il se renferma dans Tarse, où, cerné par terre et par mer et n'espérant rien de la clémence de son ennemi, il s'empoisonna lui-même et finit dans des angoisses affreuses une vie qu'il avait souillée de tous les excès de la cruauté. Dioclétien, qui le premier avait déchaîné tant de fureurs, le suivit de près et eut une fin presque aussi déplorable.

Des sujets de rivalité ne pouvaient manquer de s'élever bientôt entre Licinius et Constantin, restés seuls de tant de maîtres qui se partageaient l'empire. Quelques traités mal observés firent trêve de temps en temps à leurs dissensions. Elles se terminèrent au bout de dix ans par l'abdication de Licinius qui fut transféré à Thessalonique. Quelques tentatives sourdes hasardées par lui pour ressaisir le pouvoir le conduisirent à la mort. Il fut étranglé à l'âge de quatre-vingts ans; et Constantin en avait quarante-neuf quand il se vit ainsi seul maître de l'empire.

Malgré leurs revers, les Francs ne cessaient de se rapprocher des frontières de la Gaule. Immédiatement après la défaite de Maxence, Constantin s'était vu obligé de repasser les Alpes pour réprimer une de leurs incursions. En 320, et au milieu de ses démêlés avec Licinius, il leur opposa son fils Crispus, qui s'illustra contre eux par des succès semblables à ceux de son père. Ce jeune prince, élevé par Lactance, le Cicéron chrétien, avait répondu aux soins de cet illustre instituteur. Une calomnie de Fausta, sa belle-mère, qui le dénonça comme ayant voulu attenter à son honneur, priva Constantin et l'empire d'un fils et d'un héros qui devait être leur appui. Constantin avait dans le caractère une certaine férocité que les semences tardives de la religion ne purent déraciner de son cœur, et en même temps une violence qui ne lui permettait aucun délai entre les impressions qu'il recevait et les mesures qu'elles lui faisaient prendre. Ce fut par suite de ce naturel impétueux qu'il envoya son fils à la mort sans rien approfondir, et que, lorsqu'il eut reconnu son erreur, il n'y sut d'autre remède que de faire étouffer Fausta dans un bain. Cette dernière exécution, celle de Maximin son beau-père, de Licinius et de Bassien, ses beaux-frères, et plusieurs autres rigueurs de ce genre, quelque justes qu'elles aient pu être, ont jeté sur Constantin une couleur d'autant plus défavorable qu'on les devait moins attendre d'un prince qui faisait gloire d'arborer les étendards de la plus douce des religions.

Seul possesseur de l'empire, il se livra avec un zèle égal aux affaires de la religion et à celles de l'état. L'église doit à ses soins la convocation du premier concile général, celui de Nicée en Bithynie, tenu en 325, contre Arius et sa doctrine. Il améliora aussi la forme du gouvernement par des institutions nouvelles, qui, en divisant les pouvoirs subalternes, concentrèrent la puissance gouvernante et lui rendirent l'énergie nécessaire pour surveiller et pour contenir toutes les parties d'un corps aussi vaste, menacé sans cesse de révoltes intérieures ou d'attaques extérieures (1). Le succès répondit à ses moyens; et pendant douze ans qu'il régna seul, la fermeté de son administration maintint la paix au dedans et fixa la victoire au dehors, quoique le changement de toutes les habitudes, l'adoption du christianisme et le renversement des temples et du culte des idoles dussent alimenter mille causes diverses de mécontentement. Mais au lieu de perpétuer des institutions si salutaires et si nécessaires même à la prospérité de l'état, lui-même y porta atteinte par le partage qu'il fit de l'empire entre ses trois fils; division impolitique, dont le moindre défaut fut d'exciter l'ambition mutuelle de ces princes et de maintenir dans l'intérieur de l'empire un état permanent de dissensions qui minait ses ressources contre les barbares. Constantin, qui avait régné seul et sans que ses frères eussent partagé son pouvoir, devait laisser son exemple à la postérité. Cette heureuse position de Constantinople, qu'il avait bâtie sur les fondations de Bysance, et de laquelle, comme d'un point central, il observait tous les mouvemens qui s'élevaient autour de lui, perdit cet avantage sous ses successeurs, et, par suite des partages, cette ville devint, pour ainsi dire, une place frontière exposée à la fois et aux insultes des barbares et à la convoitise des maîtres de l'Occident qui s'en approchèrent peu à peu par l'extension de leur territoire en Illyrie.

Dans le partage de l'immense succession de Constantin, l'aîné de ses fils, Constantin dit le jeune eut les Gaules, la Bretagne et l'Espagne; à Constance, le second, échurent la Thrace, l'Asie et l'Egypte; et Constant, le troisième, obtint l'Italie, la Grèce, l'Illyrie et l'Afrique (2). Mais à peine furent-ils en possession de leurs parts, que déjà ils étaient en guerre pour se dépouiller l'un l'autre. La quatrième année de leur règne, Constantin fut tué à Aquilée, dans une bataille entre Constant et lui, et son héritage fut la proie du vainqueur qui fit regretter son frère dans les Gaules. Les Francs y étaient entrés pendant les débats des deux frères, et un mélange de bons et de mauvais succès leur avaient permis d'y prendre leurs quartiers d'hiver. Constant acheta leur retraite, et même leur

(1) Eusèbe. Sozomen. Zozime. — (2) Zozime, Zonare, Eutrope.

alliance. Le repos qu'il se procura par ce trafic le perdit. Plus libre de s'adonner à ses passions, il souleva mille mécontentemens contre lui. Une conjuration se forma, et, pendant qu'il était à la chasse, Magnence, d'origine franque, et chef de deux légions, se fit proclamer à Autun, dans un repas donné sous un autre prétexte. Constant contraint de fuir fut massacré à Elne, au pied des Pyrénées, après un règne de treize ans depuis la mort de son père. Constance, le dernier des trois frères, prit alors des mesures pour faire valoir ses droits à l'héritage de Constantin. Magnence lui épargna la moitié du chemin, et son armée, fortifiée d'un parti de Francs et de Saxons qui s'étaient donnés à lui par le motif de leur commune origine, rencontra Constance sur les bords de la Drave, à Murcia en Pannonie (aujourd'hui Essek en Hongrie). Magnence y fut vaincu; mais sa résistance fut si opiniâtre, que le champ de bataille resta couvert de plus de soixante mille morts. Ce fut pour l'empire une journée de deuil et de ruine, dont il ne put jamais se remettre, et qui tourna tout entière au profit des barbares. Constance, dont la perte avait été presque égale à celle des vaincus, affaibli par sa victoire même, ne put poursuivre alors Magnence, qui repassa les Alpes et se fortifia vers Aquilée. Forcé dans ce poste l'année suivante, il recula jusque dans les Gaules; et, ayant mal défendu les défilés des montagnes, il ne tarda pas à se voir investi dans Lyon. Frustré de l'espérance des secours qu'il y attendait, et craignant d'être livré par ses soldats qui commençaient à trouver de l'extravagance à soutenir sa cause, il massacra, dans son désespoir, tout ce qu'il avait de parens renfermés avec lui, se tua lui-même ensuite, et donna ainsi un dernier témoignage de la férocité habituelle de son caractère : aussi fut-il peu regretté.

Pendant ces dernières campagnes, Constance s'était procuré l'appui de ces mêmes Francs, qui d'abord l'avaient combattu, et qui depuis, par une diversion dans le nord de la Gaule, avaient paralysé les secours sur lesquels avait compté Magnence. Ils s'en payèrent par leurs ravages, et facilitèrent de nouvelles incursions à leurs compatriotes. Constance, qui les avait appelés, se vit obligé de marcher contre eux; mais bientôt un traité qui les fit passer à l'alliance des Romains prévint la suite des hostilités.

Depuis Constantin, les armées romaines se recrutaient d'officiers et de soldats pris chez ces peuples. Sylvain, l'un d'eux, déserteur du parti de Magnence, avait contribué pour beaucoup aux victoires de Constance. Il en avait été récompensé par la charge de maître de la cavalerie dans les Gaules, où il avait la commission de surveiller les mouvemens de ses propres compatriotes ; il s'en acquittait avec talent et fidélité, lorsque les courtisans et les eunuques, qui avaient tout pouvoir à la cour de Constance, rendirent sa foi suspecte. Instruit de leurs machinations et effrayé des dangers qu'il pouvait courir, Sylvain ne voit de salut pour lui que dans la rébellion même dont il était faussement accusé, et se fait proclamer Auguste, tandis que Constance, non moins alarmé de cette défection, ne trouve d'autres moyens que l'assassinat pour en arrêter les suites. Ursicin, compatriote de Sylvain, qui, comme lui, avait été maître de la cavalerie, et qui, sur des suspicions semblables de révolte, était détenu par Constance, est remis secrètement en liberté. Il gagne Cologne avec mystère, et se présente à Sylvain comme un opprimé qui venait d'échapper à la tyrannie et qui lui offrait son ressentiment et son bras. Sylvain, peu défiant, l'accueille en compatriote infortuné, et, cinq jours après, il paie de sa vie l'excès de sa confiance. Indignés d'une telle trahison, les amis de Sylvain appellent les barbares pour venger sa mort. Ceux-ci investissent Cologne qui se rendit après dix mois de siège; et, à la faveur de leurs empiètemens, ils se voient bientôt possesseurs sur les bords du Rhin d'une lisière qui n'avait pas moins de vingt lieues de largeur. Les peuples, opprimés par les magistrats romains, loin de s'alarmer de leurs progrès, virent une perspective de liberté dans celle de leur domination, et envièrent le sort des cantons qui s'y trouvaient déjà soumis.

La situation des Gaules était critique. Elles demandaient un chef qui réunît au pouvoir la considération de la naissance. Mais Constance n'avait point d'enfans mâles, et la famille de Constantin était sur le point de s'éteindre. L'empereur y avait contribué lui-même par le massacre qu'il avait ordonné ou souffert de ses oncles ou de ses cousins, lorsque le sénat et l'armée voulurent assurer l'empire aux seuls fils de Constantin (1). Gallus et Julien, fils de Jules Constance, frère de Chlore, furent les seuls qui échappèrent et que la religion cacha quelque temps dans le secret de son sanctuaire. Depuis, Gallus, devenu beau-frère de Constance, n'en avait pas moins péri par ses ordres, comme aspirant à l'indépendance; et Julien avait pensé être enveloppé dans son infortune. Il n'éprouva que celle de l'exil. Malgré la haine que lui portait l'empereur, il en fut rappelé en cette occurrence, et on le crut nécessaire pour rétablir l'autorité de l'empire dans les Gaules que Constance ne pouvait alors aller visiter. A son défaut, il y fit passer Julien, qu'il créa César, et auquel il donna sa sœur Hélène en mariage. Il ne lui confia d'ailleurs qu'une autorité assez précaire et qui était subordonnée à des chefs sur lesquels il comptait davantage. Ce qui peut excuser Constance et justifier même sa réserve à cet égard, c'est que Julien sortait, pour ainsi dire, de l'école, et qu'il n'avait aucune idée de l'art militaire lorsqu'il partit pour sa destination. Le nouveau César passa l'hiver à Vienne, pendant que la réunion de ses troupes se faisait du côté de Reims, et il mit ce temps à profit pour étudier son métier dans les livres, ainsi qu'avait autrefois fait Lucullus, et avec le

---

(1) Amm. Marcell. La Bletterie, *Hist. de Julien.*

même succès. Au printemps il gagna Autun, qui venait d'éprouver une attaque inattendue des Germains, et qui n'avait dû son salut qu'à la résistance de quelques vétérans que n'avait pas gagnés l'effroi général répandu par toute la ville. D'Autun, passant par Auxerre et par Troyes, il arriva à Reims, prenant toujours le chemin le plus court, quoiqu'il fût infesté de coureurs ennemis avec lesquels il lui fallut escarmoucher de temps en temps. Ces imprudences d'un guerrier novice lui furent utiles pour le familiariser avec le danger. Son courage ne fut cependant point éprouvé dans sa première campagne. Ses forces en imposèrent tellement aux ennemis, que de toutes parts ils se retirèrent devant lui, et que, sans coup férir, il rentra à Cologne qu'il se hâta de réparer.

Julien prit ses quartiers d'hiver à Sens. Il s'était éloigné des frontières, à l'effet de préparer, avec plus de tranquillité, ses plans de campagne, et de pourvoir, avec plus de facilité, à la subsistance de ses troupes qu'il pouvait tenir dispersées avec plus de sécurité. Mais c'était une faute devant un ennemi actif et vigilant, merveilleusement propre à un coup de main. Au moment où Julien le soupçonnait le moins, il se vit cerné tout d'un coup dans la ville par une armée de barbares qui avaient trompé sa surveillance. Il manda sur le champ Marcellus, qui commandait la cavalerie et qui se trouvait à peu de distance de lui. Mais Marcellus, muni d'instructions secrètes de Constance, qu'il interprétait peut-être dans le sens des dispositions haineuses de ce prince pour Julien, demeura tranquille. Dévoué ainsi à succomber, et réduit à si peu de monde qu'il ne pouvait tenter de sortir, Julien ne put que repousser les assauts à l'aide des habitans qu'il anima de son courage. Sa constance triompha de l'intrépidité des assiégeans, qui, au bout d'un mois, se retirèrent. Le rappel de Marcellus fut toute la satisfaction qu'il put obtenir de l'espèce de trahison dont il avait failli être la victime.

Toujours forcé de dépendre de la bonne volonté des généraux qui ne recevaient pas ses ordres, sur le concert desquels il devait compter, et qui se faisaient un mérite de lui manquer toujours, ce fut avec cette défaveur que Julien se vit contraint d'entamer une nouvelle campagne. Barbation, qui arrivait d'Italie, devait, d'accord avec lui, presser les Germains entre les deux armées; mais parvenu à la hauteur de Bâle, il attaqua seul, dans l'espoir d'avoir seul aussi la gloire du succès. Il ne recueillit que la honte d'une défaite; et, dans son dépit, il mit alors tout en œuvre pour faire éprouver le même sort à Julien. Au lieu de suivre le plan d'opérations adopté pour envelopper l'ennemi, il ne s'avance plus, demeure immobile, laisse passer et repasser les barbares sans permettre de les attaquer, casse les officiers qui prétendent le tenter, et entre autres le tribun Valentinien qui depuis fut empereur. Julien avait besoin de bateaux pour déloger les barbares de quelques îles du Rhin; Barbation fit brûler les siens pour éviter de les donner. Le résultat de tant de manœuvres fut de placer Julien dans la situation de se voir attaquer auprès d'Argentorate (de Strasbourg) par toutes les forces des Germains, trois fois plus nombreux que lui. Mais cette infériorité était compensée du côté de Julien par l'avantage de commander seul et par la confiance que ses troupes avaient en lui. Il se l'était acquise par des manières simples, prévenantes, et par une vie dure qui lui faisait partager toutes les incommodités du soldat. Chnodomare, chef des princes ligués, fier de ses anciens avantages, lorsque ses secours avaient été réclamés par Constance contre Décentius, frère de Magnence, s'avançait avec une assurance qui ne lui faisait rien diminuer des mesures de précaution que sollicitait la prudence. Au premier choc, la cavalerie romaine plia. Julien se présenta aussitôt au devant des fuyards, et sa personne fut un obstacle qu'ils n'osèrent franchir. Ils reviennent sur leurs pas : l'infanterie, appuyée par eux, redouble d'efforts, enfonce l'ennemi à son tour, et, le pressant de plus en plus, fait pencher enfin la balance du côté des Romains. Chnodomare est fait prisonnier, et les barbares, forcés de repasser le Rhin, sont repoussés encore par delà le Mein. Julien y fait relever une forteresse qui avait été bâtie autrefois par Trajan, et intimide tellement les Germains par cette barrière, au moyen de laquelle il les tenait comme en bride, qu'ils lui demandent la paix. Mais une trêve de dix mois fut toute la faveur qu'il jugea à propos de leur accorder.

Ce fut dans son retour qu'il rencontra un parti de six cents Francs qui, le croyant pour long-temps occupé en Germanie, s'étaient hasardés dans les contrées qu'arrose la Meuse, où ils avaient pillé plusieurs bourgades. A l'approche de Julien, ils se retranchèrent de leur mieux dans les ruines de deux châteaux sur le fleuve, et ils y tinrent pendant deux mois. Quoique tellement accoutumés à vaincre ou à mourir qu'il fût à déshonneur parmi eux de se rendre, et que, suivant Libanius, on n'en vît même pas d'exemple, ils crurent pouvoir céder cette fois sans honte à un général de la réputation de Julien. L'amour-propre du jeune César fut flatté de ce témoignage d'estime : il fit passer honorablement ses prisonniers à Constance, et celui-ci s'empressa de les disséminer dans ses légions, estimant, dit encore Libanius, que c'était autant de tours qu'il mêlait à ses soldats.

Tant de succès ne mirent pas Julien plus en faveur. Les courtisans, caressant l'aversion du maître, déprimaient les avantages du jeune prince et ne l'appelaient que Victorinus (le petit vainqueur), faisant allusion à un général de ce nom, qui, au temps des Gallien, avait eu quelques succès dans la Gaule contre les mêmes ennemis, et qui même avait été décoré de la pourpre pendant quelques instans. Julien acheva l'hiver à Lutèce (à Paris), qu'il paraissait affectionner. On croit que le palais des Thermes, hors de la Cité proprement dite, et situé vers l'emplacement de la rue des Mathurins, fut son ouvrage.

Dans la campagne suivante, il attaqua les divers peuples de la confédération des Francs que trop peu de concert entre eux rendit successivement la proie du vainqueur. Au reste, généreux dans la victoire, il se la fit aisément pardonner. Il se fit même des auxiliaires parmi les vaincus, et se composa dans son armée deux corps de Saliens, les plus renommés entre les Francs. Mais ce fut surtout dans sa dernière campagne qu'il s'acquit la gloire la plus pure, en donnant ses soins à réparer les dommages des barbares, et en repeuplant les villes et les cantons qu'ils avaient ravagés. Ces vertus pacifiques au milieu des embarras de la guerre, la sagesse de son administration, sa fermeté à proscrire toute levée d'impôts au delà du besoin, et la protection enfin qu'il accorda aux évêques orthodoxes, persécutés par Constance qui favorisait l'arianisme, excitèrent pour lui dans les Gaules un enthousiasme aussi général qu'il était mérité.

Soit jalousie cependant, soit besoin réel, Constance, qui méditait une expédition contre les Perses, fit redemander plusieurs légions à Julien. Celui-ci obéit sans murmures; mais il n'en fut pas de même des soldats. Le regret de quitter un général auquel ils étaient affectionnés, l'opinion universellement répandue qu'on ne l'affaiblissait que pour l'abandonner à la merci des barbares, la répugnance enfin à quitter leur propre sol pour aller combattre sous une température à laquelle ils n'étaient point habitués, tous ces motifs et d'autres encore soulevèrent peu à peu les esprits, et les firent passer bientôt à une révolte déclarée contre l'autorité de Constance. Dans leur effervescence, ils se portent en foule au palais de Julien, et, l'élevant sur un bouclier, ils le proclament Auguste. Julien résiste en vain : c'est avec menace que la couronne lui est offerte, et il est contraint d'en couvrir sa tête pour la dérober à la fureur qui commençait à agiter le soldat. Son acquiescement et une gratification qu'il fit distribuer achevèrent de ramener le calme. Julien se hâta de faire part à Constance de cet évènement et de l'impossibilité où il s'était vu de l'empêcher. Dans la nécessité où ils se trouvaient l'un et l'autre de se soumettre aux circonstances, il lui demandait d'autoriser de son aveu la dignité dont il se trouvait revêtu. Constance, outré de colère, lui dépêcha un officier chargé de lui reprocher son ingratitude, de lui intimer l'ordre de se dépouiller des marques d'une autorité illégitime, et de casser tous les agens qui avaient favorisé cette révolution. Mais Julien répondit que si, devenu orphelin, il devait quelque reconnaissance à l'empereur pour les soins qu'il avait fait prendre de son enfance, il était malséant à Constance de le rappeler, lorsque c'était à lui-même aussi qu'il avait à imputer les malheurs qui l'avaient privé de ses parens : quant à sa nouvelle dignité, il déclara qu'il s'en dépouillerait volontiers, si l'armée voulait y consentir. Mais l'armée, à ces paroles, renouvela son choix par ses acclamations, et l'envoyé de Constance eût été mis en pièces sans la protection que lui accorda Julien. L'animosité croissant de part et d'autre, et Constance ne dissimulant pas le projet de réduire Julien par la force, ce dernier prit des mesures pour assurer ses nouvelles prétentions. Il se rendit avec célérité en Illyrie, et se disposait à marcher vers Constantinople, lorsque Constance, interrompant son expédition contre les Perses pour venir au devant de lui, fut attaqué dans le chemin d'une fièvre dont il mourut. Il ne laissa qu'une fille, qui fut mariée dans la suite à Gratien.

Aux soucis que les soins du gouvernement et que les troubles de l'empire avaient apportés à Constance pendant la durée de son règne, se joignirent tous ceux qu'il se procura gratuitement par son zèle pour l'arianisme. Cette hérésie, condamnée à Nicée, avait repris de nouvelles forces à la mort de Constantin. Du vivant même de ce prince, Athanase, patriarche d'Alexandrie, et le plus ferme défenseur de la croyance catholique, avait été relégué à Trèves. L'église des Gaules, préservée du venin de l'erreur, reçut avec joie dans son sein ce généreux confesseur de la foi de la Trinité. Cependant au concile d'Arles, en 353, plusieurs de ses évêques, à force de vexations, eurent la faiblesse de lui dire anathème. Trompés même, en 358, à celui de Rimini, avec tous les autres évêques de l'Occident, par les expressions ambiguës de l'adroit Valens, ils donnèrent à l'hérésie le triomphe d'approuver le formulaire captieux qui leur fut présenté et qu'ils signèrent par amour de la paix ; triomphe léger d'ailleurs, et parce que cette formule équivoque n'était point hérétique dans le sens que l'entendaient les Pères, mais dans celui que lui attribuaient les ariens ; et parce que ces mêmes Pères rétractèrent pour la plupart une adhésion surprise à leur bonne foi, sitôt qu'ils reconnurent qu'on prétendait les faire parler autrement qu'ils n'avaient pensé. Hilaire de Poitiers, exilé en Phrygie pour avoir résisté, deux ans auparavant, dans le concile de Béziers, aux innovations qu'on prétendait introduire dans la foi, et renvoyé dans sa patrie, après le concile de Séleucie tenu en Orient, au même temps et à la même fin que celui de Rimini, mais avec moins de succès pour les ariens, contribua beaucoup par son zèle à relever le courage de ses collègues, et à faire rétablir dans les confessions de foi le mot de *consubstantiel*, qui fermait la porte à tous les faux-fuyans de l'erreur.

Les évêques de la Gaule étaient depuis long-temps en possession de ce louable zèle pour étouffer les schismes et les hérésies, et ramener les esprits à l'union. Dès le temps des rêveries de Montan, rêveries illustrées par la chute de Tertullien, on les avait vus écrire aux églises que cette nouvelle doctrine avait divisées, et s'entremettre pour y rétablir la paix. Irénée, encore simple prêtre de l'église de Lyon, qu'il devait régir dans la suite, avait été porteur de ces lettres, et vingt ans après, vers l'an 187, il s'employa encore, mais avec moins de succès, à faire convenir les églises d'Orient et d'Occident sur l'époque de la célébration de la pâque. Mais ce qui fut plus glorieux pour lui, c'est qu'il parvint à maintenir l'union entre elles malgré cette diversité et malgré les mesures violentes du pape Victor, qui séparait de sa communion ceux qui ne s'étaient pas rangés à son avis. Victor mourut l'année suivante, et ses successeurs, ne jugeant point à propos de tenir à l'exécution de son décret, chaque église, jusqu'au concile de Nicée, put conserver à cet égard ses usages particuliers. En 258, les évêques de la Gaule concoururent encore à maintenir l'unité de l'église dans son premier siége, en se prononçant contre les sectateurs de Novatien, le premier anti-pape. Aussi l'estime qu'ils s'étaient acquise était telle, qu'au premier concile d'Arles, en 314, Constantin déféra à leur jugement la confirmation du concile de Rome contre les donatistes ; et que le concile général de Nicée adopta les décisions de ce même concile, au sujet de la célébration de la pâque et du baptême des hérétiques.

Julien, délivré de toute cause d'inquiétude par la mort de Constance, continua paisiblement sa route, et fut reçu à Constantinople avec des acclamations générales. Sa courte administration n'offre plus rien de particulier à la Gaule. Elle se partagea tout entière entre les soins qu'il se donna pour le rétablissement du paganisme, et ceux qu'il destina à une nouvelle expédition contre les Perses, dans laquelle il trouva la mort.

L'armée, dans la nécessité de se donner un chef pour sortir de la position embarrassante où Julien l'avait laissée au milieu des déserts de la Mésopotamie, fit choix d'un chrétien zélé nommé Jovien, que Julien, malgré ses préjugés, avait voulu retenir près de lui (1). Cet officier, aussi distingué par ses talens que par ses principes, après avoir fait à la dureté des circonstances le sacrifice de quelques provinces, revenait tranquille à Constantinople où il était désiré, lorsque la vapeur du charbon, imprudemment allumé dans une chambre où il s'arrêta, mit fin à sa vie. Quelques années auparavant, Julien, pendant son séjour à Lutèce, avait pensé périr d'un pareil accident. La brièveté du règne de Jovien ne lui permit pas de donner à la Gaule d'autres signes de bienveillance que la nomination de divers officiers chargés de veiller à sa défense.

Valentinien, tribun militaire, lui succéda par les suffrages de l'armée, qui lui demanda de s'adjoindre un collègue, à l'effet de prévenir l'embarras où s'était trouvée la chose publique à la mort de Julien. Il jeta les yeux sur Valens, son frère, et l'établit dans l'Orient, où ce prince essaya de faire prévaloir l'arianisme (2). Pour lui, il se réserva l'Occident, et y conserva les principes de l'orthodoxie. C'est à dater de cette époque que l'on compte la division de l'empire en empire d'Occident et en empire d'Orient.

(1) La Bletterie et les auteurs ci-dessus. — (2) Zonare. Zozime. Fléchier, *Hist. de Théodose.*

A cette même époque aussi se fit ressentir, avec une nouvelle violence, le débordement des barbares. Entre les généraux que leur opposa Valentinien fut le comte Théodose, père de Théodose-le-Grand. Chargé de repousser les Francs, il avait obtenu sur eux divers avantages, lorsqu'il fut envoyé dans la Bretagne. Jovin, son successeur, grand-maître de la cavalerie dans les Gaules, poursuivit ces premiers succès, et porta de si rudes coups aux Germains, qu'il les contraignit, pour quelques années, à laisser les Gaules en paix.

Elles furent le théâtre où Valentinien, pour étouffer les brigues de ceux qui avaient pensé à lui donner un successeur, à l'occasion d'une maladie qu'il eut à Amiens, éleva à la puissance impériale Gratien, son fils, âgé seulement de douze ans. Autant pour le former à l'art de la guerre que pour lui attacher le soldat, il le tint presque toujours auprès de lui dans ses expéditions militaires, et notamment dans celle qu'il entreprit pour contenir les Francs, qui, tour à tour soumis et menaçans, ne cessaient de harceler l'empire. Son expédition ressembla à toutes les précédentes. La science militaire l'emporta sur le courage, mais sans pouvoir l'abattre : les vaincus se retirèrent dans leurs forêts, en attendant le moment de reprendre l'offensive. Instruit par l'inutilité de ses efforts, Valentinien changea de tactique; et il acheva de se procurer la sécurité par les alliances qu'il contracta avec les uns et les divisions qu'il fomenta parmi les autres.

Ces mesures lui permirent de tourner ses forces contre les Quades (les Moraves), qui essayaient alors de venger une trahison dont leur roi avait été la victime. Le Franc Mérobaud commandait l'armée romaine. Il battit les Quades, qui, réduits à se soumettre, envoyèrent des députés à Valentinien. Mais, soit que le violent empereur fût choqué de leur costume grossier qu'il estima à insulte, soit qu'il fût mal satisfait de leurs excuses, il entra contre eux dans une colère si excessive que le sang lui en sortit par la bouche et le suffoqua.

Gratien était resté dans les Gaules pour veiller aux frontières. L'armée victorieuse, également éloignée de lui et de Valens, se donna pour chef et proclama empereur Valentinien, âgé de quatre à cinq ans, fils que le dernier empereur avait eu de Justine, sa seconde femme, veuve de Magnence, et qui se trouvait alors avec sa mère à la proximité du camp. Gratien s'en offensa d'abord, et finit par approuver ce choix. Il le fit avec sincérité, et ne cessa d'avoir pour son jeune frère les soins et les sentimens d'un père. Il lui abandonna l'Italie, l'Illyrie et l'Afrique, sous la tutelle de sa mère et d'un de ses oncles, auxquels il associa les deux Francs Mérobaud et Bauton.

Quatre ans après la mort de Valentinien, Valens, son frère, succombait sous les efforts des Goths. Les Huns et les Alains, peuples tartares, que trois siècles auparavant les souverains de la Chine avaient repoussés de l'est de l'Asie vers l'ouest, habitans limitrophes alors des Palus Méotides (de la mer d'Azof), qui les séparaient de l'Europe, étaient demeurés circonscrits dans leurs limites tant qu'ils les avaient crues impossibles à franchir. Le hasard d'une chasse leur apprit que ces marais n'étaient point impraticables, et aussitôt l'inquiétude naturelle à ces peuples, sans attache au territoire qui les a vus naître, les porta à s'y hasarder. Ils rencontrèrent au-delà les Goths, qui prirent la fuite devant eux sur la rive gauche du Danube, et qui sollicitèrent de Valens, par Ulphilas, leur évêque (1), la permission de traverser le fleuve pour se mettre à l'abri. Valens accéda avec empressement à une proposition qui lui donnait une multitude de sujets pour repeupler les contrées désolées de la Thrace. Mais, soit qu'il eût quelques motifs de se repentir tardivement de cette concession, soit que ce fût le tort de ses ministres et de ses généraux, ces peuples ne tardèrent pas à être traités en ennemis par la soustraction des vivres qu'on leur fit éprouver. Poussés au désespoir par la famine, ils s'arment contre leurs prétendus bienfaiteurs, battent les généraux de Valens, inondent la Thrace, et étendent leurs courses jusqu'aux faubourgs de Constantinople. Valens, qui était en Asie, accourt lui-même à la défense de ses provinces, et sollicite en même temps des secours de son neveu. Gratien s'empressait de lui faire passer deux légions, et se disposait même à les suivre, lorsque les Germains, toujours à l'affût des circonstances, passent le Rhin sur la glace aux environs d'Argentorate (de Strasbourg), et le forcent de penser à sa propre défense. Il fut contraint de rappeler ses deux légions ; mais ayant opéré la jonction avec d'autres troupes que lui amenait Mérobaud, auquel il avait confié le gouvernement de l'état pendant son absence, il attaqua les Germains, et les défit dans une bataille plus sanglante que celle que vingt ans auparavant leur avait livrée Julien au même lieu, et qui procura un long repos à la Gaule. Libre alors de reprendre ses premiers desseins, Gratien marcha avec diligence vers le théâtre de la guerre entre les Goths et les Romains, et il était près de l'atteindre, lorsque Valens, devenu plus confiant dans ses forces, craignant qu'un plus long délai dans l'attaque ne lui fît partager l'honneur de la victoire, chercha avec empressement les Goths, qui affectaient de la crainte, parce que leur position, difficile entre deux armées, les faisait aspirer après le combat. La rencontre eut lieu près d'Andrinople, et fut si funeste aux Romains, que cette journée, comme celle de Meursia, a été mise au nombre des causes qui ont hâté la ruine de l'empire. Valens y périt, brûlé par les barbares, mais à leur insu, dans une chaumière où il s'était caché. Gra-

---

(1) Cet Ulphilas, obligé d'embrasser l'arianisme pour se rendre Valens favorable, est le premier qui ait traduit la Bible en langue des Goths. On prétend qu'il est l'inventeur des lettres gothiques, et son précieux manuscrit en lettres d'or et d'argent est conservé sous le nom de *Codex argentus* (manuscrit d'argent), dans la bibliothèque des rois de Suède.

tien n'arriva que pour recueillir les débris de l'armée. Il mit à leur tête Théodose, qui avait déjà commandé en Mésie, mais qui s'était retiré en Espagne, sa patrie, depuis la disgrace et le supplice du comte Théodose, son père. Celui-ci, victime des intrigues de la veuve de Valentinien et de la haine de l'ombrageux Valens, qui, sur la foi d'un prétendu oracle, craignait de l'avoir pour successeur, avait été dénoncé par lui à Gratien comme un traître; et Gratien, faible ou abusé, s'était laissé priver de deux appuis importans. Il répara alors ce qu'il y avait de réparable dans sa faute, et les talens du nouveau chef ne tardèrent pas à rappeler la victoire sous les enseignes des Romains. En peu de temps il nettoya le pays des barbares, et les força à repasser le Danube.

Gratien cependant éprouvait toute la difficulté de régir l'Occident et l'Orient avec la faible assistance qu'il pouvait tirer de ses lieutenans; et il avait cru reconnaître qu'indépendamment des dons les plus distingués il fallait avoir encore un intérêt personnel à la gloire et à la prospérité de l'empire pour suffire aux soins multipliés qu'il exigeait dans ces temps désastreux. Les derniers exploits de Théodose lui indiquèrent le collègue dont il éprouvait le besoin, et une acclamation générale de l'armée accueillit son choix quand il en fit la proposition à celle-ci. Il lui fixa l'Orient pour son département, et peu après, sous le commandement des comtes Baudon et Arbogast, tous les deux Francs, il lui fit passer des secours à l'aide desquels Théodose acheva d'expulser les barbares de tous les pays qu'ils avaient envahis, ou à s'en faire des sujets.

Gratien, qui pour le salut de l'empire venait de revêtir Théodose de la pourpre impériale, avait, au commencement de la même année, satisfait au vœu de sa reconnaissance, en décorant de la pourpre consulaire le poète Ausone, de Bordeaux, qui avait été son précepteur. Il avait fait une diligence extrême pour se trouver à Trèves à l'époque du renouvellement des magistratures, afin de l'installer lui-même dans ses fonctions, et de donner, par cet acte éclatant de faveur, un témoignage signalé de son amour et de sa protection pour les belles-lettres.

L'empire respirait, et surtout l'Occident : mais ce calme trompeur, en endormant le prince dans la mollesse, devint l'occasion de sa ruine. Les rênes de l'administration relâchées faisaient naître des sujets de mécontentement et donnaient aux factions la facilité d'éclater contre lui, lorsqu'il les provoqua encore par plusieurs inconséquences entre lesquelles il faut compter des préférences trop marquées pour les étrangers. Les Francs étaient surtout l'objet particulier de ses prédilections et furent honorés des plus hautes charges dans sa cour. Mais ce caprice, déjà si mortifiant pour ses sujets, alla jusqu'au ridicule, quand on le vit étendre ses faveurs jusque sur les Alains et porter l'oubli des bienséances jusqu'à revêtir leur costume.

La première étincelle de la révolte partit de la Bretagne. Maxime, qui y commandait, compatriote de Théodose et son compagnon d'armes, jaloux d'une fortune dont il se croyait également digne, et mécontent de Gratien, pour n'avoir pas discerné le mérite qu'il croyait avoir, provoqua l'infidélité de ses légions, ou, selon quelques auteurs qui lui sont favorables, fut obligé de céder à leurs instances. Satisfait d'abord de sa nouvelle condition, il s'était contenté d'en jouir paisiblement dans le lieu de son gouvernement; mais devenu plus ambitieux par la réussite de ses brigues, il descendit sur le continent et se fortifia des légions gagnées des deux Germaniques. Au bruit de cette défection, Gratien abandonna Trèves avec hâte et se réfugia à Lutèce où il donna rendez-vous aux troupes qui lui étaient restées fidèles; Maxime l'y poursuivit : pendant quelques jours, de petits combats semblaient annoncer un engagement général, mais ils masquaient une négociation perfide qui fit passer toute l'armée de Gratien dans le camp de l'ennemi. Ce prince n'eut d'autre ressource que la fuite, et partit accompagné seulement de trois cents cavaliers fidèles, parmi lesquels se trouvaient les deux Francs Mérobaud, consul alors pour la seconde fois, et Baudon, décoré des ornemens triomphaux. Ils atteignaient Lyon, lorsque retardés par une ruse d'Andragathius, qui les poursuivait, ils tombèrent entre ses mains et furent mis à mort. Ainsi périt Gratien, âgé seulement de vingt-huit ans. Gratianopolis (Grenoble) lui doit son origine. Valentinien, trop jeune encore pour avoir une volonté efficace, et tenu d'ailleurs en échec par une incursion de barbares suscitée par Maxime, ne put aller au secours de son frère, et fut même contraint, par la nécessité des circonstances, de faire la paix. Saint Ambroise fut en cette occasion le négociateur de Valentinien.

Maxime alla jouir à Trèves du fruit de son usurpation. Il y signala son gouvernement par l'extirpation de l'hérésie des priscillianistes, qui venait de naître en Espagne et qui devait trouver sa fin dans les Gaules, mais d'une manière déplorable, en ce qu'elle fut sanglante et provoquée par deux ministres des autels. Priscillien et ses adhérens professaient à peu près les mêmes erreurs que Manès sur l'origine du bien et du mal. Ils y joignaient les absurdités de l'astrologie judiciaire, prêchaient un rigorisme outré, condamnaient le mariage, et néanmoins, s'il en faut croire leurs accusateurs, se livraient à mille pratiques impures. Découverts et déférés par les évêques Idace et Ithace, ils furent condamnés en 380 dans un concile tenu à Saragosse; mais ils résistèrent au jugement du concile et poussèrent la révolte jusqu'à sacrer Priscillien évêque d'Avila. Cependant l'intervention du bras séculier, réclamée par Idace, les força à évacuer leurs églises, ainsi que les villes et les provinces qu'ils occupaient. Éconduits par saint Ambroise dont ils réclamèrent l'appui, et par le pape Damase qui leur interdit l'entrée de Rome, ils furent plus heureux auprès de Gratien, dont ils regagnèrent la faveur, à l'aise d'un de ses principaux officiers, qu'ils achetèrent, et par le crédit duquel ils furent rétablis dans leurs églises. Coupables comme ils l'étaient, ils avaient obtenu plus qu'ils ne devaient espérer ; mais par suite de l'insatiable cupidité attachée à la faiblesse humaine, la satisfaction qu'ils obtinrent leur parut insuffisante tant qu'ils n'y joindraient pas celle de la vengeance. Ils poursuivirent Idace à leur tour et le forcèrent à se réfugier à Trèves. Il y était lorsque Maxime, vainqueur de Gratien, vint occuper la capitale des Gaules. Poussé par un ressentiment coupable, ou peut-être sans aucun autre dessein que de poursuivre un juste rétablissement, Idace ayant présenté à l'usurpateur une requêtee contre ses advesaires, un concile fut indiqué en 384 à Bordeaux pour juger ce différent, et Priscillien y fut condamné tout d'une voix. Mais soit que celui-ci prétendît secouer dès lors le joug de l'autorité religieuse, soit qu'il craignît qu'un appel à une autre puissance ecclésiastique ne lui attirât une nouvelle condamnation, il en appela au tribunal de Maxime, et son appel y fut reçu ainsi que l'avait été la réclamation d'Idace. Des juges civils furent chargés d'examiner de nouveau cette cause ; et, par suite des formes qu'elle entraînait, Idace se vit dans la nécessité de se porter pour accusateur devant un tribunal inusité. La nature des circonstances aurait permis peut-être de l'excuser du ministère odieux qu'il fut obligé de remplir, sans la passion qu'il manifesta dans sa poursuite. Ce procédé révolta l'église et fit retomber sur le concile de Bordeaux lui-même quelque blâme, pour n'avoir pas protesté contre l'illégalité d'un appel fait par-devant une autorité incompétente. Mais il considéra sans doute l'inutilité probable de sa réclamation et craignit peut-être aussi de paraître partial en récusant des juges de sa conduite pris hors du sein du clergé. Après plusieurs séances, le tribunal confirma la condamnation de Priscillien et de ses adhérens, et porta un arrêt de mort contre eux. Idace n'assista point à cette dernière séance et un suppléant lui fut nommé d'office.

Ce fut la première fois que l'on vit, avec autant d'étonnement que d'épouvante, le crime de l'hérésie s'expier par l'effusion du sang : sur quoi il est à observer que ce scandale fut donné par l'intervention irrégulière de la puissance civile, appelée, non point à faire exécuter une décision ecclésiastique, mais à porter elle-même un jugement ; qu'elle y fut imprudemment invitée par l'hérésie elle-même ; et que l'église, loin de favoriser des procédés aussi contraires à l'ordre qu'à la charité, témoigna une juste horreur de la conduite d'Idace. Quelques évêques le déclarèrent hors de leur communion, et saint Martin fut de ce nombre. Il était venu à Trèves pour demander à Maxime la grace de quelques officiers, que leur attachement à Gratien avait rendus coupables aux yeux de l'usurpateur, ainsi que pour essayer d'arrêter l'effet des dernières sévérités qu'on se proposait d'étendre en Espagne sur ceux qui étaient suspects de priscillianisme. Tout lui fut accordé sous l'expresse condition de communiquer avec les Idaciens; mais à ce prix, il refusa les graces qu'on lui offrait. Cependant l'ordre donné de sévir contre les coupables ébranla sa résolution, et il consentit enfin à assister avec les évêques idaciens à l'ordination de Félix, évêque de Trèves, ordination d'ailleurs qu'il refusa de confirmer de sa signature. Presque aussitôt il se reprocha cet acquiescement comme une faiblesse, et il se hâta de l'aller pleurer dans sa retraite, d'où il ne voulut plus sortir pour se trouver à aucun concile.

Cette retraite était le fameux monastère de Marmoutiers, bâti par lui près de Tours en 374, et l'un des premiers que la Gaule ait vus s'élever dans son sein. De cette espèce de séminaire où la piété et l'instruction étaient également cultivées, et de celui de l'île de Lérins, fondé depuis par Honorat, évêque d'Arles, sortirent comme d'une pépinière une multitude de grands évêques et de grands saints qui soutinrent la gloire que tirait déjà l'église des Gaules de la constance de ses martyrs, de la sainteté de ses évêques et de la science de ses docteurs. Entre ses illustres pasteurs, on distingue Maximin de Trèves, Hilaire de Poitiers, Martin de Tours, dit le second apôtre des Gaules, Germain d'Auxerre, Loup de Troyes, Victrice de Rouen, Exupère de Toulouse, Ursicin de Sens, Éuverte et Agnan d'Orléans, Réné d'Angers, Sidoine de Clermont, Mamert de Vienne, qui institua les Rogations, et Nicaisse de Digne, le seul des évêques de la Gaule qui se soit trouvé au concile de Nicée. Enfin, parmi les docteurs et les écrivains ecclésiastiques de la même église, on remarque dans ce même temps Irénée et Eucher de Lyon, Victorin et Hilaire de Poitiers, Phébade d'Agen, Paulin devenu évêque de Nôle, le moine Cassien, fondateur de nombreux monastères dans les Gaules, et Sulpice Sévère, auteur d'un abrégé d'histoire sainte et de la vie de saint Martin. Quelques uns réclament encore saint Ambroise, archevêque de Milan, comme étant né à Trèves, où son père était préfet du prétoire. Les nombreuses écoles répandues dans les Gaules, en y entretenant le feu sacré des belles-lettres, favorisèrent les travaux de ces écrivains. Malheureusement les incursions des barbares, en détruisant tous les monumens littéraires, ramenèrent les ténèbres de l'ignorance sur ce beau pays, que Marseille et Rome avaient fait participer à toutes leurs connaissances. On a aux ecclésiastiques, et surtout aux moines, l'obligation d'en avoir conservé quelques débris, qui avec le temps ont rendu à l'Europe dégénérée les lumières que tant de ravages leur avaient ravies.

Le propre de l'ambition est de s'accroître par le succès. Maxime, maître de la Bretagne, aspira à la Gaule et à l'Espagne : possesseur de ces contrées, il convoita l'Italie. Sourd aux avis et aux prédictions de saint Martin, malgré la paix jurée et de nouvelles conventions pour lesquelles saint Ambroise était retourné dans les Gaules, il passa les Alpes à l'improviste, et peu s'en fallut qu'il ne surprît Valentinien dans Milan. Ce prince eut le bonheur d'échapper avec Galla, sa sœur, et de se rendre auprès de Théodose. Excité à la fois et par la reconnaissance, et par les charmes de Galla, qu'il demanda en mariage, Théodose embrassa avec chaleur la cause de son beau-frère. Une double victoire qu'il remporta en Pannonie sur Maxime contraignit ce dernier à repasser les Alpes et à se renfermer dans Aquilée. Mais, investi bientôt dans cette place, il y fut livré par ses propres troupes. On prétend que Théodose voulait lui sauver la vie, mais que la férocité du soldat prévint les effets de sa clémence. Arbogast, qui commandait les auxiliaires de l'armée victorieuse, envoyé dans les Gaules pour s'assurer du fils de Maxime, que son père avait créé César, interpréta aussi sa commission, et fit périr ce jeune homme. Enfin, Andragathius, celui qui avait porté ses mains sur Gratien, n'espérant point de pardon, et se trouvant près de la mer, s'y précipita tout armé pour échapper au supplice. A ces exécutions près, une amnistie générale donna pour partisans à Valentinien ceux qui le combattaient auparavant; car Théodose, renonçant aux droits de la victoire, ne se réserva rien de ce qui avait appartenu à son bienfaiteur.

Mais il fallait alors des qualités peu communes pour se maintenir sur le trône le plus élevé, et le surcroît de puissance dont la dépouille de Maxime enrichit le jeune Valentinien ne put le soustraire au sort qu'avait subi son frère. Arbogast, qui pendant ses disgraces l'avait servi avec fidélité, s'était constitué son ministre, et fut véritablement son maître. Militaire consommé, ses seules menaces avaient suffi pour contraindre Marcomir et Sunnon, chef des Francs, à rapporter les enseignes et les dépouilles que, pendant les démêlés de Valentinien et de Maxime, ils avaient enlevées aux Romains, à la suite d'une défaite comparable à celle de Varus. Politique habile, il se prévalait de son expérience pour oser contremander les ordres mêmes de son prince. Fatigué de tant de hauteurs, celui-ci résolut de l'éloigner de sa personne; et, dans une cérémonie solennelle, il lui remit publiquement un écrit, par lequel il le destituait de tous ses emplois. L'audacieux ministre, loin d'être déconcerté de l'appareil qui l'environnait, se sentant fort de l'affection des gens de guerre, en prit occasion de rompre sans retour le frein de l'obéissance. Il foule aux pieds l'écrit, et déclare à l'empereur lui-même que, ne tenant rien de lui, il n'avait rien à lui remettre. Indigné d'une telle insolence, Valentinien se jette sur l'épée d'un de ses gardes, et, à la question que lui fait le soldat de l'usage auquel il la destine : « M'en percer le » sein, répondit-il; car c'est tout ce qu'il reste à faire à un prince qui » n'est pas obéi. » Une scène pareille ne pouvait finir que par une catastrophe prochaine, funeste au prince ou au ministre. Mais le dernier possédait le pouvoir : il commença par isoler le monarque de ses serviteurs, et les remplaça par une garde de Francs, vain simulacre d'honneur, qui n'était destiné qu'à lui assurer sa victime. Bientôt le prince fut relégué à Vienne, et peu après on le trouva étranglé dans son lit. Il n'avait que vingt ans et quelques mois.

Arbogast, n'étant pas né citoyen de Rome, ne pouvait, sans choquer mille préjugés hasardeux, s'asseoir encore sur un trône romain. Réduit à n'occuper que la seconde place, il eut la politique de s'en contenter, en ordonnant d'ailleurs les choses de manière à rester effectivement le maître. Dans cette vue, il s'était assuré, et non sans quelque difficulté, d'un certain Eugène, autrefois rhéteur, pourvu depuis d'une charge éminente à la cour, mais d'une nullité absolue comme homme de guerre. Eugène, revêtu par lui des ornemens impériaux, fit part de son avènement à Théodose. Ses ambassadeurs furent honnêtement reçus, s'en retournèrent avec des présens, mais sans réponse positive au sujet de la reconnaissance qu'ils étaient chargés de solliciter. Bien loin de là, Théodose se préparait à la guerre, et avec d'autant plus d'ardeur que le zèle de la religion vint s'unir aux intérêts politiques. Eugène alors, en effet, sur la demande d'Arbogast, rétablissait dans Rome la publicité du culte idolâtrique, que depuis peu Théodose et Valentinien y avaient sévèrement proscrite. C'était l'œuvre de Dieu et son propre ouvrage que Théodose entendait défendre, l'usurpation qu'il voulait punir, et son beau-frère qu'il prétendait venger. Eugène et Arbogast, de leur côté, ne négligeaient pas les moyens de faire prévaloir leur parti. Indépendamment des païens qu'ils ralliaient à leur cause, ils se procurèrent un autre secours, en se présentant à la tête d'une armée sur les frontières des Allemands et des Francs, non plus pour les attaquer dans leurs retraites comme autrefois, mais pour conquérir leur alliance par un moyen plus sûr que de simples sollicitations. Ils y joignirent d'ailleurs de la condescendance : Arbogast rabattit de ses hauteurs anciennes, et parvint, par des manières plus affectueuses, à gagner ces valeureux alliés. Munis de cet important renfort, Eugène et Arbogast descendent en Italie, fortifient les passages des Alpes-Julies, par où Théodose pouvait arriver jusqu'à eux, et au pied de ces montagnes, sous les murs d'Aquilée, ils l'attendent avec d'autant moins d'inquiétude, que la nature et l'art concouraient également à rendre ces barrières inexpugnables. Mais, contre leur attente, Théodose les franchit, et, à sa descente dans les plaines de l'Italie, il découvrit devant lui toutes les forces d'Eugène.

Les légions romaines, dans les deux armées, en formaient la moindre partie : destinées de chaque côté à seconder les efforts ou à réparer les échecs, elles n'en composaient que la réserve ; et, à cet effet, elles étaient postées de part et d'autre sur le penchant des collines. Les Francs et les Allemands du côté d'Eugène, Les Goths, les Vandales et d'autres barbares du côté de Théodose, faisaient la véritable force de leurs armées. Dans la dernière, ils étaient commandés par Stilicon, prince vandale, époux de Serène, nièce de l'empereur ; par Gaïnas, officier goth d'un grand mérite ; et par Alaric, jeune prince de la maison des Balthes, en possession de donner des chefs aux Goths de l'ouest ou Visigoths, comme celle des Amales aux

Goths de l'est ou Ostrogoths. Promu à cette dignité après Fritigern, qui avait été si funeste à Valens, il devait être lui-même presque aussi fatal aux deux fils de ce Théodose, sous les drapeaux duquel il faisait alors son apprentissage dans l'art de vaincre et de faire trembler les Romains. Eugène et Arbogast avaient arboré de nouveau les enseignes du paganisme; Hercule et Jupiter reparaissaient sur leurs étendarts. Théodose, par opposition, fit arborer la croix sur les siens, et fonda sa confiance sur ce signe, et sur la protection du ciel, dont il embrassait la cause.

Les Francs, placés par Arbogast à l'avant-garde, ayant reçu le signal, fondirent sur les Goths avec leur impétuosité ordinaire, et les enfoncèrent de toutes parts : dix mille restèrent sur la place, et la nuit sauva le reste de l'armée de Théodose. Elle était tellement affaiblie que les principaux officiers conseillaient de repasser les Alpes et de remettre une nouvelle attaque au temps où l'on aurait pu faire de nouvelles levées. C'était le parti qui semblait le plus convenable, et auquel on s'attendait dans les deux armées. Aussi l'étonnement fut-il grand le lendemain lorsqu'on vit Théodose se former de nouveau dans la plaine. Il s'était indigné des conseils timides de la veille, et avait tenu à impiété de laisser fuir les enseignes de J. C. devant celles d'un Jupiter. Plein de confiance dans un songe prophétique qu'il avait eu la nuit, il comptait sur la victoire, et il avait inspiré la même confiance à ses soldats. Il finissait ses dispositions, lorsqu'il reçut des avis de divers officiers d'Eugène, qui offraient de se ranger à son parti s'ils étaient conservés dans leurs grades. Théodose le promit, et recueillit presque sur le champ le fruit de cette sage politique; car il donnait dans une embuscade, lorsque l'officier qui la commandait fit baisser les armes, et passa de son côté. Malgré ces défections partielles, les talens d'Arbogast, la valeur et le nombre de ses troupes maintenaient la fortune en sa faveur, lorsqu'un vent violent, opposé à l'armée d'Eugène, vint s'élever tout à coup. Des tourbillons de poussière aveuglèrent ses soldats, repoussèrent leurs traits, affaiblirent leurs coups, et procurèrent à ceux de Théodose tous les avantages contraires. Cet évènement, regardé comme miraculeux par Théodose, et cité comme tel par tous les auteurs contemporains, décida de la victoire. Les officiers d'Eugène demandèrent quartier et l'obtinrent, sous la condition de livrer leur chef. Perdu dans un nuage de poussière, celui-ci n'avait pu juger de l'issue de la bataille; mais, présumant du succès, il demande avec empressement à ceux des siens qu'il voit accourir à lui avec hâte, s'ils ne lui amènent pas Théodose. Pour réponse, il est enveloppé et conduit aux pieds de ce même Théodose, par les ordres duquel il fut décapité. Arbogast, désespérant d'échapper à un sort pareil, se tua lui-même de deux coups d'épée.

Théodose, par cette victoire décisive, se vit seul maître de l'Orient et de l'Occident : mais à peine jouit-il de ce surcroît de puissance; il mourut trois mois après son triomphe, et confirma de nouveau la division de l'empire, par le partage qu'il en fit entre ses deux fils. Honorius, le plus jeune, âgé de onze ans seulement, eut l'Occident sous la tutelle de Stilicon; et Arcade, l'aîné, âgé de dix-huit ans, régna en Orient, sous la direction de Rufin, qui, né près de Bordeaux, était parvenu à la dignité de préfet du prétoire d'Orient, et à partager avec Stilicon la faveur et la confiance de Théodose (1). Ces deux ministres, qui avaient tous les talens nécessaires pour soutenir la puissance de l'empire, en précipitèrent la chute, par l'ambition qu'ils eurent peut-être de s'en rendre les maîtres.

Le premier acte d'administration d'Honorius, ou plutôt de Stilicon, son ministre, fut une course rapide sur les bords du Rhin, dans toute la longueur de ce fleuve, pour renouveler les anciennes alliances avec les barbares; la réputation de Stilicon fit de ce voyage une espèce de triomphe. Tous les petits princes au-delà du Rhin s'empressèrent de se rendre à ses invitations : les traités faits avec eux furent confirmés, et procurèrent à la Gaule un calme de sept à huit ans, dont Stilicon profita pour porter ses armes en Orient.

Rufin, malgré l'âge de son pupille, y commandait presque avec le même empire que Stilicon en Occident. Cependant il visait plus haut; il avait formé le projet de se faire associer au trône, et d'abord de s'en approcher au moyen du mariage de sa fille avec Arcade. Mais, pendant un voyage qu'il fit à Antioche pour satisfaire une vengeance particulière, son intrigue fut déjouée par l'eunuque Eutrope, qui procura à l'empereur la connaissance d'Eudoxie, fille du comte Franc Bauton, et qui le détermina à l'épouser sans délai. C'est cette impérieuse et irascible impératrice qui persécuta saint Jean Chrysostôme avec une si longue persévérance.

Rufin, déchu de l'espérance de parvenir à son but par les moyens qu'il avait d'abord imaginés, ne renonça pas à ses premiers projets, et supposant que les désastres de l'empire, en le rendant plus nécessaire, pourraient le conduire aux mêmes fins, il n'hésita pas, dit-on, malgré les maux que les peuples en devaient ressentir, d'appeler secrètement Alaric et les Goths à la dévastation de la Macédoine, de la Grèce et du Péloponèse. Rien n'était défendu dans ces provinces, et le détroit des Thermopyles, l'isthme de Corinthe et la plupart des villes fortes étaient confiées à des traîtres qui avaient ordre de tout livrer. A la nouvelle de cette invasion, Stilicon se crut appelé à la défense de l'Orient. Le salut de l'empire fut son prétexte, son ambition et sa jalousie contre Rufin furent ses mobiles. Il débarque dans le Péloponèse, et à son approche les barbares se hâtent de se retirer. Le reste de sa conduite est un problème. Soit que les voluptés l'eussent amolli, ainsi que le prétend Zozime, soit qu'il eût déféré aux ordres d'Arcade, qui, par les conseils de Rufin, lui fit dire qu'il eût à regagner son Occident et à lui renvoyer seulement les troupes qu'il re-

(1) Zozime, Zonare, Mézeray, avant Clovis.

tenait depuis la mort de Théodose ; soit enfin que, pour ses propres intérêts, il eût aussi traité avec Alaric, tout d'un coup devenu indifférent au spectacle qu'il a sous ses yeux, et perdant subitement de vue l'objet de son expédition, il laisse échapper les Goths sans tenter même de leur arracher les dépouilles dont leur marche était entravée. Ses soldats pillent au contraire le peu que la pitié des barbares avait laissé à leurs malheureuses victimes, et lui-même se retire, lorsque, n'ayant plus d'ennemis à combattre et se trouvant à la tête des meilleures troupes de l'Orient, rien, ce semble, ne paraissait l'empêcher de gagner Constantinople et d'y renverser la fortune de son émule en pouvoir. Ce n'est qu'à son retour en Italie qu'il reprit les projets de sa haine et qu'il les mit à exécution par la trahison la plus insigne. Il renvoya à Arcade une partie des forces que ce prince lui avait fait redemander ; mais il mit à leur tête le Goth Gaïnas, qui était instruit de ses desseins. Arrivée aux portes de Constantinople, cette troupe, excitée par son chef, témoigne le désir de voir l'empereur pour lui rendre son hommage hors de la ville. Il accourt avec Rufin, qui se croyait au terme de ses désirs, et qui, dans ce moment même, n'attendait plus qu'un mot d'Arcade pour être déclaré son collègue. Le soldat fait éclater sa joie à la vue du prince ; puis à un signal convenu il se jette sur Rufin et le met en pièces. Catastrophe horrible, mais digne récompense d'un ministre pervers que n'avait point effrayé la perspective de tant de dévastations destinées uniquement à lui frayer un chemin vers le trône.

Eutrope, qui lui succéda dans la faveur du prince, et qui gouverna à peu près comme lui, ne tarda pas à rencontrer un sort aussi déplorable : Gaïnas fit demander sa tête par ses soldats mutinés, et le faible empereur ne sut d'autre moyen de les contenir que de céder à leurs fureurs. Revêtu de l'autorité de Rufin et d'Eutrope, Gaïnas ne craignit pas de suivre leurs exemples. Il excita aussi l'avidité des barbares, et, avec des forces suffisantes pour réprimer leurs brigandages, il les vit, tranquille spectateur, ravager sous ses yeux les provinces confiées à sa protection. Plus attentif même à leurs dangers qu'à ceux des citoyens de l'empire, secrètement il leur faisait passer des secours, indépendamment de divers subsides aussi honteux qu'inutiles qu'il leur fit accorder pour obtenir d'eux des trèves passagères. Il fallut le dernier excès du mal pour ouvrir les yeux à Arcade et pour lui inspirer la résolution d'éclater contre un traître qui, déjà possesseur de tout son pouvoir, aspirait encore à le dépouiller du vain titre qui lui restait. Gaïnas, frustré dans le projet d'incendier Constantinople et de se faire proclamer à la faveur du tumulte, fut déclaré ennemi de l'état, et il se trouva encore un chef et des soldats fidèles à lui opposer. Bientôt, pressé à la fois d'un côté par une armée romaine et de l'autre par celle des Huns, dont Arcade s'était ménagé l'alliance, il attaqua ces derniers et trouva dans le combat une mort honorable qu'il ne méritait pas.

Cependant Alaric, forcé par l'opposition qu'il avait trouvée en Grèce de gagner l'Illyrie, y demeurait tranquille sous le titre de commandant de ces provinces pour l'empereur Arcade. Stilicon, auquel on prête les même vues et la même politique qu'à Rufin et à Gaïnas, l'y ménageait dans l'intention apparente de faire passer quelque jour ces provinces, par son entremise, sous la main d'Honorius et avec le dessein réel de s'en faire un appui pour élever Eucher, son fils, jusqu'au trône. Dans cette vue, il faisait pensionner le barbare pour obtenir de lui, selon le besoin, ou son action ou son repos. Mais, soit que le tribut ne fût pas exactement payé, soit que les prétentions du Visigoth se fussent accrues et qu'on eût refusé d'y satisfaire, Alaric quitte subitement sa retraite, et, traversant la Pannonie et les Alpes-Julies, s'approche de Ravenne, où l'empereur faisait sa résidence, parce que cette ville, entourée d'eau de toutes parts et renfermant un port, offrait dans les périls, devenus chaque jour plus fréquens, des difficultés d'attaque et des ressources de fuite que Rome ne possédait pas. Avant d'agir plus hostilement, Alaric demanda des terres, et il acquiesça à la proposition que lui fit Honorius d'un établissement dans les Gaules. Mais Stilicon, dont ces mesures contrariaient apparemment les vues, le suivit avec diligence, l'atteignit à Pollentia, au confluent du Tanaro et de la Stura, et lui livra une bataille sanglante qui fut assez égale pour la perte, mais qui força Alaric à reculer. Un second engagement près de Véronne fut plus décisif et contraignit Alaric à vider tout à fait l'Italie. Mais ce point obtenu, il ne fut pas inquiété davantage, et sa retraite fut même favorisée pour le besoin sans doute qu'on pourrait avoir de lui par la suite.

Nous arrivons à cette année 406 si fameuse dans les fastes de la décadence romaine par la plus formidable incursion de barbares que l'empire ait eu à supporter. S'il en faut croire divers écrivains du temps, cette calamité fut l'ouvrage de Stilicon. On veut qu'après avoir de tous les côtés investi le trône par le mariage successif de ses deux filles avec Honorius, il pensât encore à l'envahir tout à fait pour son fils Eucher à la faveur des troubles qu'il devait susciter, et que ce fut en conséquence à son signal que cette nuée de guerriers, avides de pillage, força les frontières de l'empire. Quoi qu'il en soit, le dernier jour de l'an 406, suivant la chronique de saint Prosper, une multitude de Goths et de Gépides, établis sur les rives du Danube, dans la Dacie et la Pannonie, et de Vandales, d'Hérules, de Suèves, de Bourguignons, de Saxons, d'Angles et de Juthes, habitans des bords de la Baltique, dans les contrées connues depuis sous les noms de Prusse, de Poméranie, de Meckelbourg, de Holstein et de Jutland, passèrent le Rhin du côté de Mayence. Les Francs, qui depuis cent cinquante ans bataillaient avec des succès divers pour mettre le pied dans les Gaules, et qui, partie par force et partie par concession des empereurs, étaient parvenus à se former un petit établissement vers Cologne, entre le Rhin et la Meuse, éprouvèrent les premiers les funestes effets d'un semblable passage. Une résistance inégale leur prépara une défaite désastreuse après laquelle les barbares inondèrent sans obstacle les deux Germaniques et la Belgique.

Pendant ce temps les manœuvres des Saxons, qui semblaient menacer la Bretagne, occasionnèrent une révolution dans ce pays. Les troupes romaines, livrées à leurs propres ressources par l'impossibilité d'obtenir des secours d'Honorius, élurent et renversèrent successivement deux empereurs. Leur choix s'arrêta enfin sur un simple soldat dont le nom de Constantin leur parut d'un meilleur augure. Au lieu de se tenir sur la défensive dans son île, il prévint l'attaque en descendant sur le continent; et la générosité avec laquelle il se montra le protecteur de la Gaule, abandonnée par son maître aux ravages des barbares, lui amena des soldats. A leur tête et à l'aide des Francs, qui s'allièrent à lui, il marcha sur les Vandales et les battit près de Cambrai. Mais, lorsqu'il aurait pu les dissiper entièrement en les empêchant de se rallier, inhabile à profiter de sa victoire, il se hâta vers Trèves pour le vain plaisir de revêtir la pourpre dans la Gaule et d'y déclarer César Constant son fils. Devenu alors plus entreprenant et toujours secondé par le Franc, il commença à menacer l'Italie.

Stilicon porta de ce côté les forces d'Honorius; et le Goth Sarus, envoyé dans les Gaules, battit les lieutenans de Constantin, et l'assiégea lui-même dans Vienne; mais des secours amenés de la Bretagne par Géronce, un autre de ses lieutenans, firent lever le siége, et forcèrent Sarus à repasser lui-même les Alpes. Ainsi dégagé, Constantin acheva de se procurer la tranquillité par des concessions qu'il fit alors aux barbares de divers territoires de la Gaule, dans les Germaniques et dans la Belgique. Il transporta aussi le siége impérial à Arles, afin d'être moins exposé à leurs incursions, et plus à portée encore de surveiller l'Italie, et de s'assurer de l'Espagne, où il avait fait passer Géronce, son libérateur.

Ce n'était point assez pour Honorius des pénibles soucis que lui apportait un trône ébranlé de toutes parts; il lui fallut y joindre le tourment des soupçons, et contre le seul homme qui pouvait encore le sauver. Fondés ou non, un certain Olympius les lui fit naître, et ménagea les moyens de punir celui qu'il représenta comme un traître. On s'étonne de voir un homme presque inconnu l'emporter si facilement sur un ministre réputé si habile, et qui aurait dû avoir une infinité de partisans, s'il eût effectivement visé au but auquel on prétend qu'il tendait : mais il paraît par l'évènement qu'il n'avait pas même pris le soin de s'attacher le soldat; et cette circonstance dépose en sa faveur. Une seule garde de Huns semblait faire la sûreté de Stilicon. Le Goth Sarus, sa créature, choisi pour lui ôter cette ressource, répondit à l'indigne confiance qui fut mise en lui, et massacra cette garde de surprise, parce qu'elle était sans défiance. Stilicon eut le bonheur d'échapper et de gagner Ravenne, où il se réfugia dans une église. Aussitôt arriva à la garnison l'ordre de se saisir de lui, et elle obéit contre son général. Quelques amis et quelques domestiques témoignèrent seuls vouloir opposer de la résistance ; mais, soit que Stilicon se crût fort de son innocence, soit que ce fût la dernière ressource de sa politique, il leur interdit la défense, et se livra lui-même aux mains des soldats. Mais ceux-ci, aussi peu touchés de sa générosité que de sa confiance, violant, sur l'exhibition d'un nouvel ordre d'Honorius, la promesse qu'ils avaient donnée à Stilicon pour lui faire quitter son asile, le massacrèrent aussitôt (1). Eucher, son fils, le motif réel ou supposé de ses vues ambitieuses, fut également arrêté et mis à mort, précisément comme il sortait de Rome pour se réfugier près d'Alaric, sur l'appui duquel il paraissait compter.

Alaric, en effet, soit pour venger Stilicon et une multitude de ses compatriotes qui avaient été massacrés à Rome après la mort de leur protecteur, soit pour se procurer un prétexte de guerre, renouvela alors ses demandes accoutumées, et y ajouta celle de divers otages, pour lesquels il en offrait d'autres en échange. Olympius fit rejeter ces propositions comme humiliantes; mais il n'avait pas pourvu à les rendre vaines; car Alaric, se mettant aussitôt en marche, parvint sans obstacle aux portes de Rome, et l'eut bientôt réduite à la disette la plus affreuse. Les habitans lui adressèrent une députation pour lui demander la paix, et le prier de sauver à la capitale les horreurs d'un pillage dont on ne pouvait calculer l'étendue. « Eh bien ! qu'on m'en
» épargne la peine, répondit Alaric, en me livrant tout l'or et tout
» l'argent qui y est enfermé. » Il exigea de plus une somme considérable, pour laquelle il agréait des termes et réclamait des otages.
« Eh ! que laisserez-vous donc aux habitans, » observèrent les envoyés? « la vie, » repartit-il sèchement. Il fallut en passer par ces dures conditions, et Honorius lui-même fut contraint de les ratifier. Le vainqueur se retira dès lors en Étrurie; mais, au bout de quelque temps, les sommes promises ne se trouvant pas acquittées, et les otages n'ayant point été livrés, il reparut devant Rome. Dans le même temps arrivèrent à Honorius des envoyés de Constantin, qui sollicitèrent la reconnaissance de leur maître, et qui l'obtinrent en faisant espérer des secours contre Alaric.

Celui-ci cependant semblait livrer à regret la capitale du monde à la destruction. Pour prévenir ce malheur, il proposa aux habitans de rompre avec Honorius, de faire cause commune avec lui, et de recevoir un empereur de sa main. La nécessité contraignit à condescendre à toutes les volontés du vainqueur, qui leur donna pour maître Attale, envoyé récemment à Rome par Honorius en qualité de préfet ou de gouverneur. Alaric tourna dès lors vers Ravenne. Honorius effrayé pensait déjà à s'embarquer, et proposait de s'associer à Attale,

(1) Zozime.

qui refusait insolemment de partager le pouvoir avec son maître, lorsque quatre mille hommes qui lui arrivèrent, et qui assurèrent la défense de la place, lui rendirent un peu de courage. Les inconséquences d'Attale vinrent ensuite à son secours ; car Alaric, fatigué de ces imprudences et d'une présomption qui contrariait toutes ses mesures, le dépouilla de la pourpre, ainsi qu'il l'en avait revêtu, et renvoya les ornemens impériaux à Honorius, avec lequel il témoigna vouloir s'accommoder. Il s'opérait entre les deux princes des rapprochemens insensibles qui promettaient à l'Italie le retour de la tranquillité, lorsqu'une méprise de Sarus, ou peut-être la mauvaise foi de ce général, qui tomba sur des partis d'Alaric, rendit ce prince à toutes ses fureurs. Il abandonne aussitôt Ravenne, retourne devant Rome, et désormais sans pitié, après avoir fait éprouver à cette malheureuse ville les angoisses de la famine, il la livra à toutes les horreurs d'un assaut, de l'incendie et du pillage. Placidie, fille de Théodose et de Galla, et sœur d'Arcade et d'Honorius, était alors dans Rome. Elle devint la proie du vainqueur ; mais elle fut traitée d'ailleurs avec tous les égards dus à son rang. Ce fut le dernier exploit d'Alaric : il mourut cette même année à Cosenza dans la Calabre, où il s'était rendu pour une expédition qu'il méditait contre l'Afrique. Ses soldats, pour protéger son corps contre les profanations, détournèrent le Vésanto pour y creuser une fosse, où ils le déposèrent avec d'immenses richesses, et rétablirent la rivière dans son lit. Ils élurent ensuite pour roi Ataulphe, frère de la femme d'Alaric.

Géronce avait des succès en Espagne, lorsque le fils de Constantin s'y rendit lui-même, assisté d'un autre général auquel il accordait toute sa confiance. Géronce vit ce choix d'un œil de jalousie, et la jalousie tarda peu à le conduire à l'infidélité. A son instigation, les barbares remuent de nouveau, la Bretagne se soulève, les Armoriques ou provinces maritimes se déclarent indépendantes, et la Gaule entière, surtout vers le midi, est replongée dans toutes les calamités de la guerre. Pour mettre un terme aux scènes de carnage qui se reproduisaient dans son sein, il fallut de nouvelles concessions aux barbares; et Constantin, qui leur avait déjà abandonné les Germaniques et la Belgique au nord, leur céda au midi la seconde Aquitaine et la Novempopulanie (la Guyenne et la Gascogne). Il se proposait de se dédommager en Italie, sur Honorius, des sacrifices qu'il était contraint de faire dans les Gaules, et déjà il avait passé les Alpes, dans l'espoir de recueillir le fruit d'une intrigue qu'il dirigeait dans le palais même de l'empereur, lorsque, la trahison ayant été découverte, il fut forcé de reprendre le chemin d'Arles. L'indignation d'Honorius se réveilla à cette perfidie, et lui suggéra les mesures les plus rigoureuses contre l'usurpateur. Il fit passer dans les Gaules Constance, d'une naissance obscure, mais d'un mérite peu commun. Né à Naïsse en Dardanie (Servie), comme le grand Constantin, il retraçait plusieurs de ses éminentes qualités. Géronce, d'un autre côté, après avoir fait proclamer en Espagne un fantôme d'empereur appelé Maxime, s'avançait aussi contre Constantin. Déjà il avait battu Constant, son fils; et, après l'avoir forcé de se réfugier à Vienne, il l'y avait assiégé, l'avait pris et l'avait fait périr. Son armée et celle de Constance se trouvèrent en présence sous les murs d'Arles. Constantin dut se féliciter d'abord d'une rencontre qui mettait aux mains ses ennemis; mais sa joie fut courte. Constance dissipa et l'armée de Géronce et une autre armée de Francs qui venait au secours de Constantin, lequel se trouva dénué de toute ressource. Dans cette affligeante situation, il se fit conférer l'ordre de la prêtrise, espérant de la sainteté de son nouveau caractère, et du témoignage qu'il donnait ainsi de son renoncement à toutes les grandeurs, qu'il aurait la vie sauve. Constance la lui avait promise lorsqu'il se rendit à lui et qu'il l'envoya à l'empereur; mais Honorius, sans égard à cette considération non plus qu'à la promesse de son général, ou plutôt respectant hypocritement l'une et l'autre, n'osa le condamner judiciairement, mais le fit assassiner sur la route.

La mort de Constantin ne rendit pas encore les Gaules à Honorius. Pendant que l'usurpateur succombait, il s'en élevait un autre nommé Jovin, qui, soutenu par les Francs, les Bourguignons et les autres barbares, se faisait proclamer dans les provinces du nord. Ataulphe, d'une autre part, se promenait en vainqueur dans toute l'Italie; mais il ménageait Honorius, parce qu'épris de sa sœur, qui était toujours prisonnière des Goths, il aspirait à sa main que la fière Placidie persistait à refuser. Ses démarches, inspirées tour à tour par le désir de se faire aimer et par celui de se faire craindre, pour arriver au même but, étaient vacillantes et équivoques. Ce fut dans ces dispositions qu'il passa dans les Gaules, incertain s'il y devait combattre pour ou contre l'empire. Constance, également épris des charmes de Placidie, mettait obstacle à tout projet d'accommodement qui pouvait le frustrer lui-même des espérances qu'il osait concevoir. De là une guerre où les intérêts variaient à chaque instant. D'abord Ataulphe et Jovin réunis furent près d'écraser le général d'Honorius. Placidie, effrayée pour son frère, et certaine de tout obtenir d'Ataulphe, rompit les liaisons de celui-ci avec Jovin, et les constitua même en état d'hostilité. Jovin, déjà affaibli par la retraite des Vandales, ses alliés, qui, battus par les Francs et les Armoriques, avaient été chercher en Espagne une terre plus facile à conquérir, fut contraint à la fuite et s'enferma dans Valence. Ataulphe l'y poursuivit, et l'ayant fait prisonnier, l'envoya à Honorius qui le fit décapiter.

Malgré cet éminent service, le roi goth n'était pas en paix avec l'empereur, qui lui offrait l'Aquitaine, mais qui redemandait Placidie, à quoi le prince ne voulait point entendre. Pendant ces négociations, Ataulphe se fortifiait toujours par la continuation des hostilités. Il échoua cependant devant Marseille; mais il enleva Narbonne, et dans cette ville il triompha enfin des longs refus de Placidie. La paix devait naître de cet évènement. Le dépit et la jalousie de Constance y apportèrent des difficultés qui rendirent à la guerre la vivacité qu'elle avait perdue. La seconde Aquitaine en devint le théâtre et tomba d'abord sous le joug d'Ataulphe; mais l'année suivante Constance reprit l'ascendant et força Ataulphe à évacuer Narbonne et à se retirer en Espagne où il se forma un établissement dont Barcelonne fut la capitale. Son ambition ainsi satisfaite, tout se disposait à la paix et à concourir avec les Romains à chasser de l'Espagne les Vandales qui la désolaient, lorsqu'il fut assassiné par Sigéric, frère de Sarus, qui s'était flatté d'occuper sa place. Mais Sigéric ne jouit que sept jours du fruit de son crime. Les Goths le firent périr et élurent Wallia. Le nouveau roi, en promettant d'employer ses armes contre les Alains et les Vandales, et en renvoyant Placidie qui cessait d'être un obstacle à la paix, obtint facilement des conditions avantageuses qui légitimèrent et assurèrent son établissement.

La Gaule retomba ainsi sous le pouvoir d'Honorius. Constance l'y consolida par l'ordre qu'il s'efforça d'établir dans toutes les branches de l'administration, surtout dans la levée des impôts, et il calma l'inquiétude guerrière des Armoriques et des Francs par la confirmation des territoires qui leur avaient été reconnus ou concédés par le dernier Constantin. Autant qu'on peut le conjecturer des monumens obscurs de ces temps-là, les Francs avaient alors pour limites de leur établissement dans les Gaules, le Rhin, la Meuse et la Moselle, d'où ils prirent aussi le nom de Ripuaires, par opposition aux peuples situés sur l'Océan, qui reçurent celui d'Armoriques ou Maritimes.

L'Espagne rentrait aussi sous le joug des Romains, et Wallia y réduisait, pour eux et avec ses seules forces, les Alains, les Suèves et les Vandales. Ses services furent récompensés par un accroissement de territoire qui lui fut donné dans les Gaules. Constance, auquel Honorius avait accordé la main de sa sœur, et qu'il associa encore depuis à l'empire, chargé de traiter avec le prince goth, lui concéda la seconde Aquitaine (la Guyenne, la Saintonge et le Poitou), et plusieurs grandes villes dans les provinces voisines, entre autres Toulouse, qui devint la capitale des Goths (1). Si, dans cette transaction, la politique de Constance fut de procurer à l'empire dans les Gaules une puissance qui y tînt les barbares en respect, il s'abusa fort. Ces prétendus protecteurs s'agrandirent bientôt aux dépens du territoire confié à leur surveillance, et sous les successeurs presque immédiats de Wallia ils étaient maîtres des trois Aquitaines et des deux Narbonnaises, c'est-à-dire de presque tout le territoire compris entre l'Océan, le Rhône, les Pyrénées et la Loire.

Telle était la situation des Gaules lorsque les Francs, en élisant un chef unique, qui donna désormais plus d'ensemble à leurs opérations, se frayèrent les voies à la domination entière du pays.

(1) Mariana.

420—752.

PREMIÈRE RACE

DITE

DES MÉROVINGIENS

COMPRENANT 21 ROIS, SOUS 331 ANS D'EXISTENCE.

Le peu d'importance de la plupart des rois de la première race, les mêmes noms et des noms barbares portés par plusieurs d'entre eux, et surtout les partages perpétuels de leurs états entre leurs enfans, introduisent dans leur histoire une confusion inévitable qui fatigue autant l'intelligence que la mémoire. Pour débrouiller ce chaos, il faut envisager le tableau de ces rois sous des masses un peu plus considérables que celles que peuvent offrir des règnes isolés qui n'ont pas toujours des couleurs assez vives ou assez tranchées pour se distinguer sensiblement les uns des autres. A cet effet, nous partagerons l'histoire de cette race en six périodes bien distinctes, qui formeront autant de chapitres, et qui serviront à classer plus aisément les faits dans la mémoire du lecteur. Ces six périodes sont :

Ire de 420 à 481. Les quatre premiers rois français : progrès des Francs dans le nord de la Gaule; chute de l'empire d'Occident. Période de 61 ans.

IIe de 481 à 511. Clovis, premier roi chrétien : extension des Francs dans le midi de la Gaule; leur conversion : lois de Clovis. Période de 30 ans.

IIIe de 511 à 562. Les quatre fils de Clovis : leurs divisions et leurs crimes. Période de 51 ans.

IVe de 562 à 628. Les quatre fils et les petits-fils de Clotaire Ier, fils de Clovis : rivalité funeste de Frédégonde et de Brunehaut. Période de 66 ans.

V^e de 628 à 691. Le commencement de la puissance des maires du palais, sous Dagobert Ier, fils de Clotaire II, sous son fils et sous ses petits-fils. Période de 63 ans.

VIe de 691 à 752. Puissance absolue enfin des trois maires du palais, Pépin de Héristal, Charles-Martel, son fils, et Pépin-le-Bref, son petit-fils, sous les derniers des rois *fainéans*. De ce nom furent appelés les jeunes et infortunés princes successeurs de Dagobert Ier; ils sont au nombre de dix. Cette période est de 61 ans.

CHAPITRE PREMIER.

420-481.

Les quatre premiers rois français; progrès des Francs dans le nord de la Gaule; chute de l'empire d'Occident. Période de 61 ans.

Pharamond.

Pharamond, élu vers l'an 420, fut le premier roi qui domina sur la totalité des peuples qui composaient la ligue ou l'association des Francs. S'il a été véritablement roi; si même il a existé, car on en doute, il demeura tranquille dans les limites fixées à sa nation. On croit qu'il régna huit ans.

Pendant ce règne inaperçu, Constance était mort, après avoir joui six ou sept mois seulement de son association à l'empire. Des mécontentemens survenus entre l'empereur d'Occident Honorius et Placidie, sa sœur, venue de Constance, avaient contraint celle-ci à se réfugier à Constantinople pour y demander protection à l'empereur Théodose-le-Jeune, son neveu. La mort d'Honorius vint étouffer ces semences de discorde, et porta sur le trône Valentinien III, fils de Constance et de Placidie, et à ce titre héritier d'Honorius qui n'avait pas laissé d'enfans. Le jeune prince avait cinq à six ans. Jean, secrétaire d'état, soutenu d'Aétius et des Huns, crut l'occasion favorable pour s'approprier l'empire; mais il n'y trouva que la mort. Pour Aétius, il obtint sa grace et des dignités. Cet Aétius fut le dernier Romain qui montra de grands talens; mais ils furent associés en lui à la politique égoïste et cruelle des Rufin et des Stilicon. Après avoir, comme eux, fatigué son maître sous le joug de la dépendance la plus humiliée, comme eux il dut rencontrer la même fin et recevoir de la même manière le digne salaire de ses artifices et de son insolence.

Clodion.

Clodion, dit le *Chevelu*, succéda à Pharamond par droit de naissance ou par droit d'élection. Au commencement de son règne, ou à la fin de celui de son prédécesseur, Aétius, ayant tourné les armes de l'empire contre les Francs, les avait forcés de repasser le Rhin. Trois ans après son avènement au trône, Clodion crut devoir à la dignité dont il était revêtu de faire rentrer ses peuples en des concessions solennellement confirmées par Constance. Il retrouva en tête l'actif Aétius, qui le contraignit encore à retourner sur ses pas, mais qui ne put arracher de son cœur ni le sentiment de ses droits, ni l'espoir consolant de les faire valoir plus heureusement quelque jour. Au bout de six ans en effet, il forma une nouvelle tentative qui lui réussit mieux. Couvert par les bois, il perça dans la seconde Belgique où il s'empara des villes de Bavai et de Cambray, et, les années suivantes, il s'étendit jusqu'à la Somme, et fit d'Amiens la capitale de ses Etats, malgré quelques échecs que lui firent éprouver Majorien et Aétius. Celui-ci, obligé de résister à la fois aux Gaulois, qui se soulevaient de toutes parts, aux Visigoths, qui menaçaient Narbonne, aux Bourguignons, qui, de la Germanique supérieure (1), où ils s'étaient fixés d'abord, s'établissaient maintenant dans la Séquanaise (2) et la Viennaise (3); aux Francs enfin, qu'aucun revers ne pouvait décourager ni divertir de leurs anciens et constans projets; celui-ci, dis-je, n'avait pu, malgré des victoires fréquentes, s'opposer efficacement aux progrès de ce dernier.

Mérovée.

La domination de Rome s'affaiblissait chaque jour dans les Gaules; la Grande-Bretagne tombait sous celle des Anglo-Saxons; les Suèves s'étendaient de plus en plus en Espagne; Genseric, à la tête des Vandales, venait de se rendre maître de l'Afrique; l'empire enfin croulait de toutes parts, lorsque Mérovée, que l'on croit fils de Clodion, lui succéda. Un règne assez court, mais illustré par un grand évènement auquel il eut une part honorable, mérita à ce prince le glorieux privilége de donner son nom à la première race des rois français, qui, de lui, furent appelés *Mérovingiens*. Ce grand évènement fut la défaite des Huns. Ces barbares, sortis une seconde fois du fond de la Tartarie, sous la conduite d'Attila et de Bléda son frère, venaient de faire trembler Théodose sur son trône de Constantinople. Ce prince avait en partie conjuré la tempête. Avec de l'argent, il avait mis un terme aux exploits dévastateurs de ces hordes féroces, et s'était racheté de leur pillage. Soit alors de son propre mouvement, soit qu'il y eût été poussé par les conseils vindicatifs d'Honoria, sœur de Valentinien, laquelle, chassée du palais de son frère pour sa conduite licencieuse, s'était réfugiée à Constantinople, Attila tourna vers l'Occident, et se dirigea d'abord sur la Gaule. Il s'avance vers

---

(1) L'Alsace. — (2) La Franche-Comté. — (3) Le Dauphiné et partie de la Provence.

le Rhin à la tête de cinq cent mille hommes, écrase les Bourguignons qui opposent une vaine résistance à son passage, met tout à feu et à sang dans les provinces du nord, et marche droit à Paris, à l'effet d'y traverser la Seine. Déjà ses habitans se préparaient à évacuer leurs murs; ils en sont dissuadés par les assurances prophétiques d'une simple bergère de Nanterre, Geneviève, devenue, depuis, la patrone de la capitale, et recommandable alors, à la vérité, par une grande réputation de sainteté, par le voile religieux dont elle était revêtue, et enfin par la singulière considération des plus grands évêques de son temps. Attila effectivement ne fit que s'approcher de la ville; changeant tout à coup de dessein, il passa la rivière sur un autre point, et alla investir Orléans.

Le danger commun avait rapproché les divers partis qui se disputaient la Gaule. Une armée nombreuse se forma de Romains, commandés par Aétius; de Francs, conduits par Mérovée; de Visigoths, par Théodoric; et de Bourguignons, par Gondicaire. Leurs premiers efforts sauvèrent Orléans, dont Attila venait de forcer les portes, et dont les rues furent jonchées au même instant des corps morts des barbares. La fureur d'Attila s'allume en vain du premier échec qu'il éprouva; il fallut céder, subir la honte d'une retraite, et se réduire à étudier avec inquiétude les mouvemens d'un ennemi qui se présentait en égal. Après plusieurs jours de marche, il est forcé au combat, et les deux armées en viennent aux mains dans les plaines Catalauniques, celles qui se trouvent entre Châlons et Troyes. Le choc y fut terrible. Cent quatre-vingt mille hommes y périrent, au rapport des auteurs du temps les moins exagérés. Théodoric y fut tué; mais Attila fut vaincu et obligé de fuir jusqu'en Pannonie (Hongrie), d'où il était parti. Aétius, par égard pour ses anciennes liaisons avec les Huns et pour celles peut-être qu'il pourrait prendre encore avec eux, les poursuivit, dit-on, mollement. Aussi, dès l'année suivante, Attila fut-il en état de reprendre l'offensive. Mais cette fois c'est le cœur de l'empire qu'il attaque. Il passe les Alpes-Julies, qui n'étaient point gardées, emporte Aquilée, qu'il ruine de fond en comble, fait éprouver le même sort à toutes les villes en deçà du Pô, se détermine enfin à passer le fleuve et à marcher sur Rome. Valentinien n'eut de ressources que dans les supplications. Une députation célèbre, à la tête de laquelle était le pape saint Léon, fut chargée de les porter aux pieds du conquérant. La majesté du pontife, la renommée de ses vertus, la persuasion de son éloquence, ébranlèrent ce cœur féroce qui se désista de ses premiers desseins. Satisfait de la redevance d'un tribut annuel, il reprit le chemin du Danube, et mourut à quelque temps de là en Pannonie, au milieu des fêtes qu'il y donnait à son armée pour célébrer un nouvel hymen qu'il venait de contracter.

La terreur répandue par Attila dans tout le nord de l'Italie, en pressant les peuples effrayés vers les petites îles et les lagunes de la

Vénétie, donna naissance à la ville de Venise et à cette république fameuse que ses institutions et que sa prudence maintinrent si long-temps au rang des puissances prépondérantes de l'Europe, et qu'un seul moment d'erreur et d'anarchie devait faire disparaître de nos jours, et en un clin d'œil, de la scène politique du monde après treize cent cinquante ans d'existence.

Valentinien n'avait point d'enfans mâles; Aétius en conçut l'espoir de porter sa famille sur le trône. Il proposa son fils au prince pour devenir l'époux d'une de ses filles. Valentinien se crut insulté d'une pareille proposition de la part du seul homme pourtant qui fût capable alors de maintenir son autorité chancelante. Lui seul ignorait cette vérité, et son ignorance lui coûta cher. Pétrone Maxime, l'un des officiers de sa cour, et dont la femme avait été l'objet des violences de ce prince débauché, avait fort bien compris qu'il ne pouvait se promettre de vengeance d'un tel attentat qu'en enlevant d'abord au prince son véritable appui. Pour y parvenir, il dissimule son ressentiment, s'insinue auprès de l'empereur et saisit toutes les occasions de rendre suspect un sujet puissant que ses hauteurs d'une part et que les préventions de l'empereur de l'autre n'accusaient déjà que trop efficacement. Il le lui dénonce enfin comme chef d'une conspiration dont il est instant de frapper l'auteur, et sans délai, s'il veut prévenir le coup dont il est menacé lui-même. Effrayé du danger qu'il croit courir, Valentinien mande aussitôt Aétius, qui, sans aucune défiance, se hâte de se rendre à ses ordres, et qui est poignardé de la main de l'empereur. Quelques jours après, Valentinien est assassiné lui-même par deux gardes d'Aétius, et la main perfide qui les fait mouvoir cache son propre crime sous les voiles officieux de leur attachement et de leur vengeance.

Maxime, proclamé dès le lendemain de la mort de Valentinien, offre le trône à l'impératrice Euxodie, qui, dans l'ignorance où elle est, accepte son offre et lui abandonne sa main. Mais l'imprudent ayant eu depuis l'indiscrétion de lui découvrir sa trame odieuse et de s'en faire un mérite auprès d'elle, la princesse, indignée profondément, dépêche aussitôt vers Genseric qu'elle invite à venir la venger. Le Vandale quitte à l'instant l'Afrique. Maxime s'enfuit à son approche, et cette lâcheté le fait lapider par le peuple. Genseric, secondé par Eudoxie, entre dans Rome sans obstacle; mais, libérateur intéressé, il considère cette grande ville comme une conquête dont la dépouille est son droit, en sorte qu'il faut traiter avec lui du mode de sa spoliation. Saint Léon, qui avait tant obtenu d'Attila, ne put gagner sur Genseric que la promesse de s'abstenir du meurtre et de l'incendie. Pendant quinze jours la ville fut livrée à tous les autres genres de dévastation, et toutes les richesses de la capitale du monde devinrent la proie des Vandales. Genseric, qui eût pu retenir le trône, le méprisa et retourna en Afrique, emmenant avec lui une multitude de captifs, au nombre desquels étaient l'impératrice Euxodie elle-même et ses deux filles. L'aînée épousa Hunéric, fils du Vandale, et la seconde Olybrius, qui, avant la chute de l'empire d'Occident, doit figurer un moment sur le trône.

Cependant Avitus, né à Clermont, qui avait été préfet des Gaules et qui s'était distingué sous Aétius contre Gondicaire, premier roi des Bourguignons, et Théodoric, roi des Visigoths, venait d'être proclamé empereur par les troupes de la Gaule. Il avait été reconnu à Constantinople par l'empereur Marcien que l'illustre Pulchérie, sœur, institutrice et conseil de Théodose, avait cru politique de se donner pour époux, lorsqu'à la mort de son frère, qui n'avait pas laissé d'enfans, elle avait profité du titre d'Auguste qu'elle portait depuis sa jeunesse pour prendre en main, quoique femme, les rênes du gouvernement; chose inouïe jusqu'alors dans les fastes de l'empire. Mais de quelque poids que pût être une pareille reconnaissance, elle ne put contrebalancer l'effet d'une révolte suscitée par le comte Ricimer, fils d'un prince suève et petit-fils de Wallia par une de ses filles, lequel s'était attaché depuis long-temps au service de l'empire. Avitus, réduit à la nécessité de tenter le sort des armes, fut battu près de Plaisance et obligé de résigner la pourpre dans le quinzième mois de son règne. Pendant qu'il la portait encore, Théodoric, à sa sollicitation, avait passé en Espagne pour y arrêter les progrès des Suèves. Il les battit, tua leur roi, les dépouilla d'une partie de leurs conquêtes sur l'empire; puis, jugeant à la nature des circonstances qu'il pouvait en faire son profit sans danger, il en garda la propriété, étendit ainsi sa domination sur les deux côtés des Pyrénées, et devint dans l'Espagne le fondateur de cette puissance des Goths qui devait s'y accroître peu à peu, l'envahir entièrement, la défendre contre les Sarrasins, la reconquérir sur eux et en conserver enfin le domaine jusqu'au moment où le sort des alliances lui donna Charles-Quint pour maître.

Cependant Ricimer, après un interrègne d'un an, pendant lequel l'empereur d'Orient était censé gouverner, fit élire Majorien qu'il espérait conduire. L'élévation de ce jeune prince à l'empire est de la même date que celle de Childéric, fils de Mérovée, au trône de son père. Mérovée, à la faveur des troubles, s'était considérablement élargi dans la première Germanique (1), la seconde Belgique (2), et la seconde Lyonnaise (3); et c'est dans cet état d'accroissement qu'il laissa la couronne à son fils.

Childéric.

La première année de Childéric sur le trône fut celle d'un libertin audacieux qui, se jouant avec une égale impudence et de l'honneur du sexe et du mécontentement des grands, souleva contre lui l'indi-

(1) L'Alsace. — (2) La Picardie, l'Artois et la Flandre. — (3) La Normandie.

gnation générale et se fit chasser du trône. Obligé de céder à l'orage, il se réfugia en Thuringe, mais avec l'espérance du retour. Un fidèle serviteur, appelé Guinomand, devait en préparer les voies et l'instruire de l'instant favorable pour reparaître, en lui faisant tenir la moitié d'un anneau rompu dont Childéric emportait l'autre moitié. Son royaume était offert, non point à un Franc, mais à un Romain, à Ægidius, maître des milices romaines dans les Gaules. Guinomand avait puissamment contribué à cette bizarre élection. Il avait ses vues, et se flattait avec raison de dégoûter plus facilement ses concitoyens de la domination d'un étranger que de celle d'un prince né et choisi parmi eux. A la faveur du prétendu service qu'il a rendu à ce monarque, il s'insinue aisément dans son esprit, flatte en lui une cupidité indiscrète qui le fait surcharger les peuples d'impôts et l'enhardit enfin à sévir contre les récalcitrans, les mêmes qui s'étaient soulevés contre Childéric. Egalement habile à capter la confiance des mécontens, il est le dépositaire de leurs plaintes et bientôt l'ame de leur conseil. C'est alors qu'il leur propose et qu'il parvient à leur persuader de rappeler un prince mûri par le malheur et doué de vertus guerrières, dont chaque jour, pendant son exil, il avait donné de nouvelles preuves.

Childéric, après huit ans d'absence, reçoit la seconde moitié de l'anneau et se hâte de regagner la Gaule. Un corps de Francs va au devant de lui jusqu'à Bar et le proclame de nouveau avec solennité. Il profite de leur ardeur pour attaquer son rival, lui enlève d'abord Metz, Trèves et Cologne, et bientôt après Beauvais, Paris et d'autres villes sur la Seine et sur l'Oise. Ægidius, aidé des Saxons, qu'il oppose tour à tour aux attaques sans cesse renaissantes des Visigoths et des Francs, ne peut se maintenir dans Soissons et dans quelques autres cantons au nord de la Loire, tels que les territoires de Reims, de Châlons, de Sens et de Troyes. Au midi de cette rivière, Théodoric, fils de celui qui avait péri dans la bataille contre Attila, et le même que nous avons vu étendre ses acquisitions au delà des Pyrénées, avait réduit aussi les possessions romaines à l'Auvergne et au Berry. Ægidius, en mourant, laissa à Syagrius, son fils, le soin difficile de défendre ces faibles restes de la domination romaine, et, à la chute de l'empire, Syagrius, considérant ce dépôt comme un patrimoine, s'y défendit long-temps avec la ténacité d'un propriétaire, mais fut contraint à la fin de l'abandonner à Clovis.

Les faibles empereurs d'alors donnaient eux-mêmes les mains à cette réduction progressive de leur territoire : ils espéraient de cette politique se faire des créatures qui pourraient les aider à conserver le reste. C'est ainsi que Narbonne, la seconde acquisition des Romains dans la Gaule, fut cédée par Vibius Sévère à Théodoric, à l'effet de l'opposer à Ægidius, qui menaçait de passer en Italie pour renverser ce simulacre d'empereur, et surtout l'audacieux Ricimer sous l'autorité duquel il régnait. L'on a vu que Ricimer, après avoir contraint Avitus à abdiquer, avait fait élire Majorien qu'il comptait diriger à son gré. Mais le nouvel empereur avait donné de telles preuves de talens et d'activité, soit en Italie où il déjoua les projets d'invasion de Genseric, soit en Espagne, où il s'était proposé de s'embarquer pour porter le poids de la guerre dans les états du Vandale, que ses préparatifs forcèrent à la paix, soit enfin dans les Gaules où il avait battu Théodoric, que Ricimer, s'apercevant qu'il s'était trompé dans le jugement qu'il avait porté de lui, ne trouva d'autre expédient pour rectifier son erreur et ressaisir le pouvoir que de le faire assassiner. Vibius Sévère, proclamé à sa place, justifia mieux par sa nullité absolue, le discernement de Ricimer. Il mourut après cinq ou six ans de règne, sans que l'histoire ait daigné à peine prononcer son nom.

Alors eut lieu un nouvel interrègne que Ricimer ne put prolonger au-delà de dix-huit mois. N'osant point, à titre d'étranger, s'asseoir encore sur le trône, et cédant à la fois et au vœu des peuples et aux insinuations de l'empereur de Constantinople, Léon de Thrace, qui avait succédé à Marcien et à la famille éteinte du grand Théodose, il reçut de sa main Anthémius, petit-fils d'un ministre du même nom, dont la sagesse avait secondé les soins de Pulchérie pendant la minorité critique de son jeune frère. Ricimer se montra l'un des plus empressés auprès du nouveau maître; en retour, il obtint en mariage la fille d'Anthémius : mais cette alliance politique, en rehaussant ses espérances et sa fierté, fit naître entre le beau-père et le gendre mille sujets de discorde et une suite de ruptures et de réconciliations, qui mirent obstacle aux réformes de tout genre que l'on avait droit d'espérer des talens et des vertus du prince. Il avait particulièrement étendu ses soins à la Gaule, et il en recherchait les préfets concussionnaires, lorsque de nouveaux troubles y ruinèrent à peu près la puissance des Romains. Evaric ou Euric, successeur de Théodoric, s'emparait alors du Berry, et peu de temps après de l'Auvergne. Les Francs d'un autre côté, aidés par les Saxons, qui tenaient autrefois pour les Romains, achevèrent de s'appuyer sur la droite de la Loire; et ces mêmes Saxons enfin, pensant à se former aussi un établissement aux dépens des Romains, et s'étant réunis à des Bretons récemment abordés sur les côtes de l'Armorique proprement dite, se fixèrent dans cette province maritime, qui, du nom de ses nouveaux habitans, fut connue depuis sous celui de Bretagne.

A la faveur des embarras qu'occasionnent tant de calamités, Ricimer lève le masque et marche vers Rome, dans l'intention de s'en rendre maître. Olybrius, qui avait épousé la seconde fille d'Eudoxie, est envoyé de Constantinople à la tête d'une armée, pour essayer encore de réconcilier le beau-père et le gendre. Mais, époux de la fille de Valentinien, le médiateur se croit à l'autorité des droits plus légitimes que les contestans, et favorise le parti de Ricimer, comme celui qui avec plus d'efficacité pourra seconder ses vues ambitieuses.

En effet, Ricimer le fait proclamer, mais sans se départir d'exercer sur lui sa tyrannie ordinaire, ainsi qu'il l'avait fait à l'égard de ses quatre prédécesseurs. Olybrius entrant dans Rome en livre une partie au pillage, et Anthémius périt dans le tumulte. La mort naturelle de Ricimer vint bientôt délivrer le nouvel empereur de son tyran; mais lui-même mourut quinze jours après, et ne jouit pas plus de sa liberté que de son élévation. Il n'avait régné que quatre mois. Les suffrages des soldats portèrent Glycérius à sa place.

Cependant l'empereur de Constantinople, qui avait nommé Anthémius et qui n'avait connu aucun de ses successeurs, se croyant des droits à disposer du trône d'Occident, ou profitant de l'occasion de les faire naître, déclara empereur Julius Népos, neveu de sa femme, et lui donna une armée pour soutenir son titre. Glycérius, trop faible pour lui résister, renonça à l'empire, en se faisant sacrer évêque de Salone.

Ce fut Népos qui, n'ayant pu défendre l'Auvergne contre Euric, roi des Visigoths, lui en fit la cession. Soit néanmoins qu'il en eût du regret, soit qu'il voulût protéger plus efficacement le reste des possessions romaines dans les Gaules, il chargea le patrice Orestes de rassembler des troupes auxquelles il donna cette destination. Mais Orestes, se voyant à la tête d'une armée, la tourna contre Népos lui-même, qui prit la fuite et qui renonça ainsi à sa dignité.

Orestes fit alors proclamer à Ravenne Romulus Augustus son fils, appelé depuis Augustulus, par dérision, et peut-être aussi à cause de son âge, car il n'avait que douze ans : Orestes, sous son nom, gouverna en tyran. Entre les nombreux mécontens qu'il fit, se trouvaient les mercenaires barbares que l'empire tenait à sa solde, et qui, sur quelque exemple donné vers les frontières de l'empire, réclamèrent une gratification territoriale du tiers de l'Italie. Au refus d'Orestes, ils se soulèvent et mettent à leur tête Odoacre, chef des Hérules et l'un des officiers de cette milice. Sans perdre de temps, il marche contre Orestes qui s'était enfermé dans Pavie, emporte la place, se saisit du patrice auquel il fait trancher la tête, relègue son fils dans un château; puis, dédaignant les titres et les ornemens de l'empire, se fait proclamer simplement roi d'Italie.

Ainsi s'évanouit en 476, douze cent trente ans après la fondation de Rome et sous le règne de Childéric, ce colosse de puissance qui avait écrasé la terre. Cet empire, autrefois si vaste, était réduit alors à l'Italie, à la Dalmatie et à quelques cantons épars dans la Gaule, lesquels n'ayant plus de point de contact avec le reste des possessions romaines, devaient nécessairement tomber bientôt entre les mains des Francs. Cette conquête était réservée à Clovis.

Les dernières années de Childéric, son père, furent consumées en expéditions contre les Allemands. Il mourut au retour de l'une de ces expéditions militaires et après un règne de vingt-quatre à vingt-cinq ans. Il laissa un fils de quinze ans, Clovis, que ses conquêtes et que ses lois font assez communément regarder comme le véritable fondateur de la monarchie française; et trois filles, l'une desquelles épousa Théodoric, roi des Ostrogoths ou Goths de la Thrace, et depuis encore roi d'Italie, après qu'il eut vaincu et fait périr Odoacre. Childéric avait eu ses enfans de Basine, femme du roi de Thuringe, chez lequel il s'était retiré pendant son exil. On raconte que, lors du retour de Childéric dans ses états, Basine quitta les siens pour le venir trouver, et que le monarque français, ne pouvant s'empêcher de lui témoigner quelque surprise d'un pareil empressement : « Prince, lui répondit-elle, l'estime que je fais de votre va- » leur, de votre mérite et de vos graces, m'a déterminée à la dé- » marche qui vous étonne ; et si j'eusse cru trouver, même au delà » des mers, un prince plus généreux, plus brave et plus accompli » que vous, je l'aurais été chercher. » Childéric, sensible à une déclaration si singulière, et n'étant retenu, comme païen, par aucun scrupule de religion, n'hésita pas à lui donner la main, quoique son mari existât encore, et l'année suivante, Clovis fut le premier fruit de cette union.

En 1654, on découvrit près de Tournay le tombeau de Childéric. Entre diverses curiosités qu'il renfermait, on remarquait des espèces d'abeilles d'or, des armes, des tablettes, un globe de cristal et un anneau d'or portant le nom et l'effigie de ce prince. Ces précieuses antiquités avaient été données par l'empereur Léopold à l'électeur de Mayence, qui, en 1664, se fit un devoir de l'offrir à Louis XIV auquel il avait des obligations. On les voit encore au cabinet des médailles où le roi donna ordre qu'elles fussent déposées.

On peut reprocher à Childéric une faute en politique que ses successeurs ont trop imitée. Soit par accommodement forcé avec les rebelles, soit pour récompenser ceux qui le servirent au retour, il abandonna aux uns et aux autres des parties de son royaume dont se formèrent des souverainetés héréditaires. Ainsi on le doit regarder comme l'auteur volontaire ou contraint de l'abus qui, commencé dans le cinquième siècle, a morcelé le royaume, l'a affaibli, a causé l'extinction de la première race et souvent tourmenté les suivantes.

CHAPITRE II.

481—511.

Clovis, premier roi chrétien: extension des Francs dans le midi de la Gaule; leur conversion; lois de Clovis. Période de 30 ans.

Clovis I, âgé de 15 ans.

Si Clovis fut élevé et formé par la reine Basine sa mère, passionnée comme elle l'était pour la gloire, on a droit de conjecturer que c'est elle qui lui en inspira l'amour. Heureuse si elle avait pu lui transmettre aussi l'humanité et l'indulgence, même pour les coupables, vertus qui ont caractérisé Childéric son père.

La première action de Clovis qui soit connue annonça à ses sujets un monarque qui saurait se faire obéir. Un soldat, peut-être chef d'une troupe, possédait, entre les pièces de son butin, un vase d'or pris dans une église. Le jeune roi le demande pour le rendre. « J'en veux la part qui m'appartient », répond le soldat, et il frappe de sa hache le vase pour le diviser. Clovis dissimule pour le moment; mais un an après, dans une revue générale, supposant quelque négligence dans la tenue du soldat, il lui arrache sa hache, et la jette à terre. Celui-ci veut la ramasser et se baisse; le prince lui fend la tête de la sienne. « Ainsi, dit-il, tu frappas le vase à Soissons. » Clovis n'avait que vingt ans, et cette action, faite en présence de toute l'armée, marque une audace peu commune à cet âge. Il ne faut souvent qu'un trait pareil pour décider de la réputation d'un prince et de sa fortune.

Soissons, où s'était passée l'affaire du vase, avait appartenu à Syagrius, fils d'Égidius, ou Gillon (1). Il s'y était retiré après la mort de son père, s'étant formé un petit état de plusieurs villes au cœur de la France. Reims, Provins, Sens, Troyes, Châlons, Auxerre, et leur territoire. Non seulement Clovis l'en chassa, mais il le poursuivit jusque dans la Thuringe où il s'était retiré, le demanda au roi assez impérieusement pour n'être pas refusé, l'obtint et le fit mourir. Premier exemple de la politique qu'il pratiqua depuis, de ne laisser subsister personne qui pût lui causer des inquiétudes.

Ce caractère sanguinaire aurait pu être modéré par les tendres insinuations d'une femme douce et sensible; mais il ne paraît pas que

(1) Mézeray, p. 3. v. 49.

Clotilde, qu'il épousa, ait été douée de ce caractère. Elle était fille de Chilpéric, roi d'une partie de la Bourgogne; Gondebaud, son frère, qui en possédait une autre, le fit assassiner pour réunir le royaume entier sous son sceptre. La nièce garda un vif ressentiment de cette barbarie. Il ne put être étouffé par la condescendance qu'eut son oncle de l'accorder à Clovis, quoiqu'en agréant ce mariage il dût craindre et l'ambition du prince et le caractère vindicatif de sa nièce. Ces considérations, qui lui furent présentées par son ministre, le déterminèrent à dépêcher des gens pour ramener la princesse à laquelle il avait permis de partir. Heureusement elle s'était déjà mise en sûreté dans les états de son futur époux : de là elle ordonna qu'on mît le feu aux villages de la frontière de Bourgogne les plus prochains, envoyant, pour ainsi dire, les tourbillons de flamme qui s'élevaient de ces incendies, comme des messagers de vengeance qu'elle méditait. Cette princesse prit aussitôt et conserva toujours le plus grand empire sur l'esprit de son mari. Elle eut beaucoup de part à sa conversion. Elevée dans la religion chrétienne, Clotilde en inspira l'estime à Clovis. Depuis long-temps elle le pressait de l'embrasser, lorsqu'une circonstance imprévue le détermina.

Il faisait la guerre aux Allemands au delà du Rhin. Les armées se rencontrèrent dans un lieu nommé Tolbiac, aujourd'hui Zulpich, près de Cologne. Elles combattaient avec opiniâtreté; au milieu du choc, les Français plient, et tous les efforts du roi ne peuvent les retenir. Dans cette extrémité, il s'écrie : « Dieu de Clotilde, je fais « vœu, si tu m'accordes la victoire, de n'avoir jamais d'autre religion « que la sienne. » Aussitôt le sort des armes change, les Allemands tournent le dos, et leur déroute est complète.

Fidèle à sa promesse, Clovis choisit la ville de Reims pour l'accomplir. Il engagea plusieurs de ses soldats à l'imiter. Instruit par saint Remi, il se chargea de rendre à ses soldats les instructions qu'il avait reçues de l'évêque, et se joignit au clergé pour les catéchiser. Rarement un roi qui exhorte manque de réussir. On fait monter à trois mille, tant hommes que femmes, le nombre de ceux de l'armée et de la cour de Clovis qui reçurent le baptême avec lui. Des écrivains ont orné cette cérémonie d'un miracle. Ils disent que l'huile préparée pour l'onction ne se trouvant pas où elle avait été placée, un ange en apporta d'autre dans une fiole, que du mot latin on a appelée *ampoule;* mais les historiens du temps ne parlent pas de ce fait. L'avantage de se concilier le clergé, qui avait un grand crédit sur le peuple, a fait malignement conclure, par un raisonnement trop ordinaire, qu'il y eut dans la conversion de Clovis moins de conviction que de politique.

La vie de ce prince a été toute de combats, peu de revers, beaucoup de triomphes. Ses conquêtes font connaître ce qu'était le royaume à son avènement et ce qu'il est devenu entre ses mains. Il y réunit, soit par traités, soit de vive force, la Touraine, le Maine, l'Anjou et la Bretagne. Un siége le rendit maître de Verdun et des pays adjacens qui forment la Lorraine. Il subjugua l'Aquitaine, composée de l'Albigeois, du Rouergue, du Quercy et de l'Auvergne; l'augmenta de la Saintonge, du Poitou, du Bordelais et du pays de Toulouse. Cette dernière conquête fut le fruit d'une victoire remportée à Vouglé, ou Vouillé, près de Poitiers, sur Alaric II, roi des Visigoths, qui y perdit la vie. Quelques uns de ses capitaines restèrent dans le midi de la France, où ils fondèrent des royaumes, qui, ensuite, se sont divisées en petites principautés, lesquelles n'ont été réunies au corps de la monarchie que mille ans après.

Immédiatement avant cette expédition, Clovis avait porté ses armes contre la Bourgogne. Gondebaud et Godegisile s'y disputaient les dépouilles de Chilpéric, leur frère, père de Clotilde, que Gondebaud avait fait assassiner. Clovis les aida alternativement, et les affaiblit l'un par l'autre. Godegisile fut tué en se sauvant, après une bataille gagnée par Gondebaud; et celui-ci, pressé par le mari de sa nièce, se vit forcé de lui payer un tribut, qui, d'ailleurs, ne fut pas de longue durée. Clovis s'y attendait peut-être; mais l'intérêt de l'ambition l'emporta en lui sur la satisfaction d'une vengeance qui ne lui était pas personnelle. Il voyait avec jalousie les progrès des Visigoths, et se proposait d'y mettre obstacle. Dans cette vue, il se rendit facile envers Gondebaud, et s'en fit même un allié qui partagea les périls et les dépouilles. Gondebaud est l'auteur du code Bourguignon, dit *loi Gombette*, où le duel est déféré à ceux qui ne veulent pas s'en tenir au serment. Il laissa deux fils, Sigismond et Gondemar, sur lesquels les fils de Clovis reprirent les projets de vengeance ajournés par leur père.

On remarqua que Clovis, avant de marcher contre les Visigoths, demanda le consentement de la nation qu'il convoqua dans le mois de mars en plein champ. Ces réunions, imitées par ses successeurs, et dont lui-même tenait peut-être l'habitude de ses prédécesseurs, ont été nommées assemblées du Champ de Mars et assemblées du Champ de Mai, quand elles ont changé de mois. On y paraissait armé, prêt à combattre; les soldats juraient sur leurs drapeaux, pour lesquels ils avaient une vénération religieuse. Dans l'assemblée dont nous parlons, ils s'engagèrent, par serment, à ne point raser la barbe qu'ils n'eussent vaincu les capitaines d'Alaric.

Cette guerre contre les Visigoths fut comme une conspiration de tous les habitans de la Gaule. Les Romains qui en possédaient encore quelques parties, et qui y conservaient des troupes, se joignirent aux Français. Anastase, empereur d'Orient, qui prenait toujours le titre d'empereur romain, quoique siégeant à Constantinople, envoya à Clovis des lettres de consul, et même d'auguste ou d'empereur, avec les ornemens de cette dignité. Ce prince s'en revêtit dans l'église de Saint-Martin de Tours. Il ceignit aussi son front du diadême, et accompagna cette cérémonie de grandes largesses distribuées au peuple. Depuis ce jour il fut appelé consul et auguste. Il fit présent au pape Symmaque de la couronne que lui avait envoyée Anastase (1); et c'est la première de la tiare ou triple couronne des souverains pontifes. La seconde fut ajoutée par le pape Boniface VIII, et la troisième par Jean XXII.

Les succès de Clovis ne furent pas sans quelque mélange de revers; ils lui vinrent de la part de son beau-frère Théodoric, roi des Ostrogoths et d'Italie, qui, comme aïeul et tuteur d'Almaric, fils d'Alaric, embrassa la défense de ce jeune prince. Ses troupes, ayant passé les monts, battirent près d'Arles les Français commandés par Thierry, fils aîné de Clovis, et se mirent en possession de tout le pays qui est entre les Alpes et le Rhône.

On est fâché que Clovis ait déshonoré ses grandes victoires par des assassinats, ou provoqués contre des alliés et des parens, ou commis de sa propre main (2). Il avait autour de ses états plusieurs petits rois dont le voisinage l'inquiétait, et dont l'existence lui était à charge; c'était un Sigebert, roi de Cologne, qu'il fit tuer par Cloderic, son fils; puis il envoya des assassins qui tuèrent aussi le fils, et il s'empara des trésors et du royaume : un Cararic, qui régnait dans la Belgique dont Arras était la capitale, et qu'il traita d'abord moins cruellement. Sous des prétextes controuvés, il lui déclara la guerre, le força de se rendre à lui ainsi que son fils, et, quand il les tint en sa puissance, il les contraignit de se faire couper les cheveux et d'entrer dans le clergé, ce qui les rendait inhabiles au trône. Le père fut fait prêtre et le fils diacre; mais comme il arriva au dernier de dire « que le tronc n'étant pas coupé, les feuilles repousseraient, » il les fit mourir l'un et l'autre.

Ils étaient ses parens, ainsi que trois frères, Ragnacaire, Reignier et Rignomer. Ce dernier demeurait dans la ville du Mans, et y portait le titre de roi. Clovis l'en tira et le fit assassiner. Les deux autres régnaient à Cambrai. Clovis, qui leur en voulait, parce qu'ils blâmaient son changement de religion, se les fait livrer par des traîtres qui les lui amènent pieds et poings liés. Les voyant à ses pieds, il dit à Ragnacaire : « Pourquoi as-tu déshonoré notre race en te laissant » lier comme un esclave? « A Reignier : Pourquoi n'as-tu pas défendu » ton frère, et as-tu souffert qu'on l'ait garotté? » et leur fend lui même la tête avec sa hache. Il avait gagné par des promesses et des présens les traîtres qui lui avaient livré ses parens. Quand ils eurent reçu ce prix du sang, ils reconnurent que les bracelets, baudriers et autres bijoux n'étaient que du cuivre au lieu d'être d'or, comme ils s'y attendaient : ils se plaignirent de la supercherie. « C'est, répondit » Clovis, encore trop pour vous, qui mériteriez la potence pour la » trahison que vous avez faite à vos rois. » Put-il prononcer une pareille sentence sans quelque retour sur lui-même ?

(1) Pfeffel. *Hist. d'Allem.* — (2) Mézeray, p. 20, 22.

Si quelquefois l'ambition a malheureusement fait excuser des crimes, l'indulgence ne peut s'étendre sur des forfaits pareils à ceux-ci, dans lesquels la perfidie la plus noire se trouve jointe à la cruauté ; mais en détestant les barbaries de Clovis, l'histoire lui doit des louanges pour les grandes choses qu'il a opérées en faveur de la France. Il en fit un royaume formidable ; il fixa son séjour à Paris, qui depuis ce temps en a été la capitale. Sous lui les Français régularisèrent, si on peut se servir de ce terme, leurs conquêtes. Ils prirent aux Gaulois la quatrième partie des terres ; Clovis les divisa entre ses soldats. Il paraît qu'il les exempta de l'impôt, et les chargea seulement du service personnel. Son gouvernement fut militaire, et par conséquent despotique ; ce qui ne peut guère être autrement dans un commencement d'administration. On voit qu'il donna des lois, et s'efforça de les rendre justes, autant qu'elles pouvaient l'être dans l'embarras de concilier les prétentions hautaines des vainqueurs avec la protection due aux vaincus.

Clovis bâtit des églises et les dota richement. A lui voir prodiguer les terres, on jugerait qu'elles avaient alors peu de valeur (1). Hincmar a écrit : « Que Clovis fit, dans le Rémois, don à l'église de » Reims d'autant de terre que saint Remi pourrait en parcourir à » cheval, tandis que ce roi prendrait son sommeil du midi..... » La charte de la fondation de Réomans porte : « Que ce même roi fit une » libéralité de toutes les terres dont saint Jean, fondateur de ce mo- » nastère, pourrait faire le tour en une journée, monté sur son âne. »

Clovis accorda ou conserva aux temples chrétiens le droit d'asile, qui, dans un pays sans police, était peut-être nécessaire pour soustraire à la première fureur, et remettre en la puissance des tribunaux, des malheureux, innocens ou coupables, poursuivis par des vengeances personnelles. Ce prince déférait beaucoup aux conseils et aux décisions des évêques, et marquait un grand respect pour leurs personnes. L'arianisme était fort répandu de son temps. Clovis est presque le seul des monarques de son siècle qui n'ait pas été infecté de cette hérésie : ce qui lui a procuré le nom de Très-Chrétien, qu'il a transmis à ses successeurs.

Les mœurs des Français n'étaient plus ce qu'elles avaient été autrefois lorsque, sous le nom de Francs, ils erraient dans les forêts de la Germanie. Le mélange des conquérans agrestes et sauvages avec les Gaulois et les Romains, déjà civilisés et accoutumés à l'ordre, avait produit des lois, mais qui gardèrent long-temps une teinte de l'un et de l'autre caractère ; ce qui fait que beaucoup d'entre elles nous paraissent bizarres : elles sont le vrai tableau des mœurs de ce temps ; car, faites pour prévenir ou réprimer, elles marquent quelles étaient les affections et les habitudes.

La punition des crimes se rachetait par de l'argent, ce qu'on ap-

(1) Mézeray, t. I, p. 334. Velly, p. 63.

pelait *compensation*. Elle était plus ou moins forte, selon la qualité et du coupable et de la partie lésée. Il en coûtait moins pour avoir battu, blessé ou tué un esclave, que pour avoir usé de la même violence à l'égard d'un Romain; moins pour un Romain que pour un Franc; moins pour un Franc non titré que pour un comte, un duc, un prince, et surtout un évêque. Les délits à l'égard du sexe étaient évalués et appréciés, depuis l'indécence jusqu'au crime; l'adultère était sévèrement puni. On étouffait dans la boue la femme qui manquait à son mari. Dans la compensation, qui était une vraie amende il y avait toujours une part pour le fisc.

La vengeance était une des plus chères affections des Français; ils se la transmettaient de père en fils. Après la guerre, leur passion favorite était la chasse. Toujours armés, les Francs étaient accoutumés à terminer leurs querelles par des combats. Au lieu de les proscrire, l'autorité ne put que les régler. On leur substitua aussi quelquefois les épreuves judiciaires de l'eau et du feu, et les sermens. En général, dans toutes les lois de la police civile et intérieure, on remarque moins une proportion entre les délits et les peines, que les efforts d'un peuple qui cherche à sortir du chaos de l'anarchie, introduite par le bouleversement de la conquête.

Il restait heureusement dans les esprits un fond de religion que les Francs ne détruisirent pas, quoique gouvernés, avant Clovis, par des princes idolâtres. Pour lui, il eut le bon esprit de sentir qu'il ne réussirait à substituer la justice à la violence, et l'ordre à la confusion, qu'en profitant des institutions formées avant lui pour l'instruction des peuples; il les favorisa. L'enseignement était déjà réglé. Des évêques la doctrine passait aux prêtres, de ceux-ci dans les villes et les campagnes; le lien entre les diocèses était resserré par les conciles. Clovis convoqua, dit-on, celui d'Orléans, assemblé de son temps, et fixa les matières qui devaient y être traitées. La reconnaissance qui y fut faite, au cinquième canon, que toutes les églises tiennent du roi les fonds dont elles sont dotées est, selon quelques auteurs, le véritable fondement du droit de régal ou de l'usage où furent les rois de France, dès les temps les plus reculés, et où ils se maintinrent exclusivement à tous les autres princes, de jouir, pendant la vacance des siéges, du revenu des évêchés de leur domination, et de nommer à tous les bénéfices vacans qui en dépendaient, à l'exception des cures.

Les cérémonies majestueuses du culte parlaient aux sens, pendant que les terreurs de la crainte et les insinuations de l'espérance pour l'avenir remplissaient les cœurs d'émotions utiles aux bonnes mœurs. A juger par les prohibitions insérées dans les lois, on a droit de penser que les Français, nouveaux chrétiens, mêlaient à la religion chrétienne plusieurs de leurs anciennes pratiques superstitieuses; ils croyaient aux devins et aux sorciers, et beaucoup trop aux miracles, qu'ils ont long-temps adoptés sans examen. Ces ténèbres auraient pu se dissiper sous un gouvernement tranquille, propre à aider la raison et à faciliter les réformes; mais elles ne firent que s'épaissir pendant le règne tumultueux de Clovis et de ses enfans, jusqu'à la fin de sa race.

Il laissa quatre fils, Thierry Ier, né d'une femme dont le mariage n'est pas encore constaté; Clodomir, Childebert et Clotaire, qu'il eut de Clotilde, son épouse. Il partagea ses états au lit de la mort, entre eux quatre. Thierry Ier eut, sous le nom d'Austrasie ou pays d'Orient, toutes les terres au-delà du Rhin, et un grand pays en-deçà, entre ce fleuve et la Meuse. Il fixa son séjour à Metz. Dans la partie occidentale, qu'on nomma Neustrie, Clodomir eut la Sologne, la Beauce, le Blésois, le Gatinais, l'Anjou et le Maine, et choisit Orléans pour sa capitale; Childebert eut en partage les comtés de Paris, de Melun, de Chartres, le Perche, la Normandie, la Bretagne, et prit son séjour à Paris; et Clotaire, auquel furent accordés la Picardie, l'Artois, et tous les pays où il pourrait s'étendre dans les marais de la Flandre jusqu'à l'Océan, s'établit à Soissons. Les provinces au-delà de la Loire, sous le nom d'Aquitaine, furent divisées, mais non partagées réellement, parce qu'elles n'étaient pas entièrement libres du joug des Visigoths. Tous ces princes étaient indépendans et également rois. L'usage a prévalu que celui que possédait Paris portât le nom de roi de France. C'est pour cela que, dans les tableaux historiques, il est toujours marqué à la tête des autres, et placé comme chef de la dynastie régnante, quoiqu'il ne l'ait pas toujours été.

CHAPITRE III.

511—562.

Les quatre fils de Clovis; leurs divisions et leurs crimes. Période de 51 ans.

Childebert I, âgé de 13 ans.

Lorsque Clovis mourut, âgé de quarante-cinq ans, après trente ans de règne, Thierry avait vingt-huit ans, et un fils nommé Théodebert; Clodomir, roi d'Orléans, avait dix-sept ans; Childebert, roi de Paris, treize; et Clotaire, de Soissons, douze. L'aîné se retira dans son Austrasie. Les trois frères enfans de Clotilde restèrent dans la Neustrie.

Après quelques années, que leur grande jeunesse rendit tranquilles, ils attaquèrent Sigismond, roi de Bourgogne, fils de Gondebaud, leur grand-oncle, comme détenteur injuste du bien de leur mère. Clodomir fut celui des frères qui eut la plus grande part à cette guerre; il prit Sigismond, et le fit mourir avec sa femme et ses enfans. Gondemar, frère de Sigismond, se plaça sur le trône de Bourgogne, et le défendit contre Clodomir, qui fut tué à la bataille de Voiron, que ses soldats gagnèrent. Clotaire et Childebert, venant alors en force contre Gondemar déjà épuisé, le firent prisonnier, l'enfermèrent dans une tour, où il mourut, on ne sait de quel genre de mort, et réunirent la Bourgogne à leurs états.

Le royaume des Bourguignons, qui avait commencé dans les Gaules vers l'an 413, finit ainsi après avoir duré cent vingt ans, et précisément à la même époque que finissait aussi en Afrique celui des Vandales, venus, comme eux, des bords de la Baltique, et avec lesquels ils avaient franchi le Rhin. Ce royaume comprenait ce qu'on appelle aujourd'hui le duché de Bourgogne, la Franche-Comté, la Provence, le Dauphiné, le Lyonnais, la Suisse et la Savoie.

L'équité voulait qu'on en laissât au moins une partie aux enfans de Clodomir, dont les premiers efforts avaient préparé le succès de ses deux frères. Mais ceux-ci, non contens de priver de cette conquête leurs neveux, qui étaient au nombre de trois, résolurent de leur ravir même l'héritage de leur père. Il y avait deux moyens : les consacrer à l'état religieux, ce qui se faisait en coupant les cheveux, ou les tuer. Les deux usurpateurs laissèrent la décision du sort de ces infortunés à Clotilde, leur mère, à laquelle ils avaient dérobé, pour ainsi dire, ses petits-fils, sous prétexte de vouloir les mettre en possession du royaume de leur père.

Ils lui envoyèrent des ciseaux et un poignard : elle sentit ce que signifiait cet emblème; et, dans le premier mouvement de son indignation, elle s'écria : « J'aime mieux les voir morts que tondus (1). » Les oncles prennent cette exclamation irréfléchie pour une décision : Clotaire saisit l'aîné qui avait dix ans, le jette par terre et le perce de son épée; le second, effrayé, se précipite aux genoux de Childebert, les embrasse et lui demande la vie. L'oncle paraît touché. Clotaire lui reproche son émotion, arrache l'enfant et le massacre sur le corps de son frère. Le troisième, appelé Clodoald, fut sauvé. Il vécut près de Paris dans un ermitage où il se sanctifia, et qui, de son nom défiguré, a pris celui de Saint-Cloud. On observera que Clotaire avait épousé une veuve de Clodomir, son frère; si elle était mère des trois infortunés, cette circonstance ajoute encore au crime de son barbare époux.

Thierry n'eut point de part à cet horrible assassinat; cependant il demanda sa portion du profit, et obtint l'Anjou. Sans guerre ouverte, il eut des démêlés avec ses frères. Tous trois se dressaient mutuellement des embûches. Thierry, le plus franc des trois, pensa quelque-

---

(1) Velly, t. I, p. 60.

fois s'y laisser prendre; mais plus souvent il les laissa seuls vider leurs querelles. Son attention se portait principalement vers l'Allemagne; il s'y étendit au loin, et porta ses armes jusque chez les Saxons, qu'il vainquit, mais sans pouvoir les assujétir entièrement.

Dans le même temps, Théodebert, son fils, faisait la guerre en Aquitaine, cette partie de la France laissée indivise dans le partage après la mort de Clovis, comme conquête à faire en commun sur les Visigoths. Le jeune prince y rencontra la célèbre Deuterie, dame de Cabrière, qui lui abandonna sa forteresse et son honneur, et qui arrêta ses progrès.

Il s'occupait en Auvergne de ses amours, lorsqu'il apprit la mort assez précipitée de Thierry, son père, et que ses oncles travaillaient à profiter de cet évènement pour s'emparer des parties du royaume de Metz à leur bienséance. Il revint promptement et fit échouer leurs projets ambitieux.

Une des premières actions de son règne fut de répudier Visigarde, sa femme, et d'épouser Deuterie, dont il avait un fils né du vivant de son mari. Quant il la connut, elle était déjà mère d'une fille qui devint assez belle pour lui faire appréhender qu'elle ne la supplantât dans le cœur de son époux. Cette crainte lui fait prendre la résolution de se débarrasser de sa fille. A un char préparé pour une promenade, elle fait atteler deux taureaux qu'on avait privés de boisson pendant plusieurs jours : par son ordre on les dirige du côté de la rivière. Sitôt que ces animaux sentent l'eau, ils y courent, s'y précipitent et engloutissent avec eux la malheureuse princesse.

Comme le père de Théodebert avait eu des querelles avec ses frères, le neveu en eut avec ses oncles, tantôt réunis, tantôt séparés : quand ils avaient la guerre ensemble, il se joignait à celui qui lui faisait la meilleure condition. Ainsi on le trouve allié de Clotaire, roi de Soissons, et on voit ses troupes, jointes à celles de ce prince, prêtes à combattre Childebert, roi de Paris. Le choc fut suspendu par un orage, qu'on attribue à l'intercession de Clotilde. Cette princesse passa les dernières années de sa vie à Tours dans la retraite, sans doute en proie à des souvenirs bien amers, si elle se rappelait ses propres fureurs contre les frontières de Bourgogne, celles de Clovis, son mari, et de ses fils contre ce malheureux royaume, leurs querelles sanglantes, leurs mœurs dépravées, leurs assassinats. C'est peut-être la résignation qu'elle montra dans ses afflictions qui lui a fait donner le titre de sainte.

Les rois de Soissons et de Paris portèrent la guerre en Espagne contre les Visigoths, après les avoir chassés de l'Aquitaine, où Théodebert, avant que d'être roi de Metz, les avait maltraités. Il fit lui-même une incursion en Italie. L'armée qu'il y mena souffrit beaucoup; il en ramena peu de soldats : mais, comme son père, il réussit en Allemagne contre les Saxons. Ainsi les Français de ce temps, formidables à leurs voisins, ne connaissaient de frontières que celles qu'ils se fixaient à eux-mêmes.

Ils n'étaient pas cependant à l'abri des invasions. Sous Thierry, un prince danois, nommé Cochiliac, fit une descente sur les côtes d'Austrasie. On ignore en quel endroit. Théodebert, envoyé contre lui par son père, le battit, le força de se rembarquer promptement, et le poursuivit sur une flotte qui dispersa et détruisit celle des Danois, dont le roi fut tué. Premiers efforts des Normands contre les Français, et preuve que ceux-ci avaient déjà une marine. Théodebert, roi de Metz, mourut à quarante-trois ans, et laissa le royaume d'Austrasie à Théodebalde, qu'il avait eu de Deuterie(1). Théodebert et Thierry, son père, ont eu une réputation équivoque. On a dit de Thierry qu'il était grand roi et méchant homme. Théodebert était capable de fautes, mais aussi de repentir, puisqu'il quitta Deuterie, et se rejoignit à sa femme Visigarde (2). Il prêta de l'argent à ses sujets dans un moment de calamité; les voyant ensuite prospérer, et pressé de le reprendre, il leur en fit don; aussi fut-il sincèrement regretté. Ce fut lui qui réunit à la domination des Francs Marseille, Arles, et tout ce que les Ostrogoths possédaient encore dans les Gaules. Vitigès, roi d'Italie, lui en fit le délaissement vers 536, en reconnaissance des secours qu'il lui avait accordés contre Bélisaire, général de Justinien; et cet empereur lui-même confirma depuis cette concession.

Théodebalde n'eut presque point d'autres guerres que quelques assauts qu'il soutint contre ses grands oncles, qui voulaient s'approprier ses états; ils ne purent y réussir. Son père Théodebert était faible de corps; mais il avait de l'esprit et gouverna bien. Attentif à ses finances, il savait punir les maltôtiers de la manière la plus efficace, qui est la restitution. Il adressa un jour cet apologue à un d'entre eux qu'il retenait en prison jusqu'au paiement. » Un ser-
» pent, s'étant glissé dans une bouteille pleine de vin, s'engorgea si
» fort qu'il n'en pouvait sortir, quelques efforts qu'il fît: gour-
» mand, lui dit le maître, vomis ce que tu a pris de trop et tu te
» tireras de là. »

Théodebalde ne vécut pas assez pour effectuer le bien qu'il méditait et dont il avait donné des gages à ses peuples par sa générosité et son amour de la justice. Il mourut jeune et ne laissa point d'enfans. Clotaire, son grand oncle, roi de Soissons, épousa sa veuve. A ce titre il crut pouvoir envahir l'héritage de Thierry son frère sans en faire part à Childebert son autre frère, roi de Paris. Ce prince n'avait que deux filles; le roi de Soissons, au contraire, avait cinq fils déjà portant les armes, cinq fils qu'il fallait pourvoir.

Le partage du royaume d'Austrasie était une belle perspective pour ces princes. Leurs espérances furent encore augmentées par la

(1) Velly, t. I, p. 78. (2) Mézerai, t. I, p. 54.

mort de Childebert, leur oncle. Il laissait deux filles. Clotaire s'empara du royaume de Paris, en vertu, dit-on, de la loi salique, qui excluait les filles du trône; mais il paraît qu'il n'eut point assez de confiance à ce droit pour croire superflu de l'appuyer par la force, puisqu'il renferma ses nièces et leur mère dans une prison où elles moururent.

Clotaire I, seul roi, âgé alors de 59 ans.

Ainsi Clotaire I devint le seul monarque de l'empire français, comme avait été Clovis, son père. Il le fut à peine trois ans; encore s'écoulèrent-ils dans des chagrins cuisans, juste châtiment des douloureuses angoisses qu'il avait fait souffrir aux autres.

Il avait un fils nommé Chramne, qu'on croit né d'une maîtresse, et l'aîné des autres. Il se révolta souvent. Vaincu, puis rentré en grace, il reprenait encore les armes. Dans une dernière rébellion, son père, qui jusqu'alors n'avait employé que les frères du coupable contre lui, jugea à propos de marcher lui-même. La bataille s'engagea en Bretagne, sur le bord de la mer. Chramne fut battu; il aurait pu se réfugier sur des vaisseaux qu'il tenait en rade; mais il voulut sauver sa femme et ses enfans, et fut pris avec eux.

On s'attend à une punition de la part d'un homme aussi cruel que Clotaire, mais non telle que le supplice qu'il fit subir à cette malheureuse famille. Par son ordre, le coupable fut lié sur un banc, dans une chaumière où il s'était réfugié avec les siens, battu de verges, et étranglé; puis on mit le feu à la cabane, où ils furent tous consumés.

La vengeance satisfaite fit place aux remords. Clotaire est représenté errant dans les campagnes, allant de ville en ville, visitant les hommes célèbres par leur doctrine ou leur impiété, les appelant auprès de lui pour en tirer des consolations, sans jamais pouvoir se distraire de sa douleur. Il la porta jusqu'au tombeau : pressé par le souvenir de ses meurtres pesant sur sa conscience, il marquait en mourant, par d'effrayantes acclamations, la terreur que lui inspirait le jugement qu'il allait subir.

Clotaire I eut six femmes. On doute s'il les eut ensemble ou successivement. La première opinion est la plus probable, d'après ce qui lui arriva avec Ingonde, une de ses épouses. Elle avait une sœur qu'elle désirait établir; dans cette intention, elle pria Clotaire de lui procurer un mari sortable. Il va la voir, la trouve à son gré et l'épouse. « Vous m'avez chargé, dit-il à Ingonde, de lui chercher » un mari convenable, je n'en ai pas trouvé qui le fût plus que moi »; et il garda les deux sœurs. Il prit aussi en mariage, comme nous l'avons dit, la veuve de Théodebalde, son petit-neveu. Aussi, dit-on, son règne fut un tissu d'adultères, d'incestes, de cruautés, de meurtres, et de toutes sortes d'horreurs.

Clotaire est le premier qui ait demandé des subsides au clergé. Il enjoignit par un édit, à toutes les églises de ses royaumes, d'apporter le tiers de leur revenu dans ses coffres. Quelques évêques se plaignirent, il les apaisa en leur faisant des dons particuliers; mais il ne rétracta pas son ordonnance. Il bâtit plusieurs églises, ce fut là tout le fond de sa piété; au lieu que Childebert, son frère, roi de Paris, outre quantité de monastères et d'hôpitaux fondés par sa libéralité, avait publié une charte pour abattre les idoles et les figures consacrées au démon dans toute l'étendue de son royaume (1). Sans doute la religion adoucit en ce dernier le caractère féroce transmis par le sang aux enfans de Clovis; aussi fut-il regretté par le clergé qu'il protégeait, par la noblesse qu'il traitait avec affabilité, et par le peuple qu'il gouvernait avec modération et sagesse, pendant que Clotaire, redouté de tous, ne se fit aimer de personne : sort destiné aux hommes qui, trop accoutumés à être obéis, veulent que, juste et injuste, tout plie sous leur empire.

CHAPITRE IV.

562—628.

Les quatre fils et les petits-fils de Clotaire I, fils de Clovis; rivalité funeste de Frédégonde et de Brunehaut : période de 66 ans.

Caribert, âgé de 40 ans.

Après la mort de Chramne, il restait quatre fils à Clotaire : Caribert, âgé de 40 ans, Gontran, Sigebert et Chilpéric, tous majeurs. De ces quatre princes, trois peuvent être cités comme ayant donné l'exemple du mépris de toute bienséance dans leurs amours et leurs mariages. Caribert, l'aîné, avait, en montant sur le trône, une femme de son âge, dont il se dégoûta, parce que ses graces avaient disparu avec sa jeunesse. Il la répudia et prit successivement et peut-être ensemble deux sœurs, Maroflède et Marcovelde, filles d'un ouvrier. La seconde était religieuse; l'impiété jointe à l'inceste alluma le zèle de S. Germain, évêque de Paris : après plusieurs avertissemens inutiles, il lança contre le coupable la foudre de l'excommunication. Caribert n'en tint aucun compte : il n'y eut que la mort de sa maîtresse qui fît cesser le scandale. Ce prince, toujours peu délicat dans ses choix, épousa sur le bord du tombeau la fille d'un pâtre, nommée Théodechisilde.

(1) Velly, t. I, p. 92, 97.

Gontran, le second, à une maîtresse prise dans le plus bas étage fit succéder une femme légitime qu'il répudia, et deux autres dont la condition et la fin sont incertaines.

Chilpéric, le quatrième, entretint à la fois plusieurs femmes de condition servile. Entre elles il distingua quelque temps Audovère, qui lui donna trois fils; il s'attacha ensuite à une des suivantes de la disgraciée, nommée Frédégonde, fille d'un simple villageois.

Sigebert, le troisième des frères, prince sage et réglé, avait épousé Brunehaut, fille d'Athanagilde, roi des Visigoths, et qui vivait honorablement avec elle, fit honte à son frère Chilpéric de ses déréglemens, et l'engagea à demander en mariage Galsuinde, sœur de son épouse. Il le fit. La princesse vint, mais Frédégonde, par ses artifices, réussit à la faire renvoyer; quelques-uns même racontent qu'elle fut étranglée dans son lit par ordre de sa rivale. Frédégonde ne pardonna pas à Brunehaut d'avoir voulu introduire une autre femme dans le lit et sur le trône de son mari, ni Brunehaut à Frédégonde la disgrace ou le meurtre de Galsuinde sa sœur. C'en est assez pour expliquer la cause de la haine acharnée de ces deux princesses, et des suites funestes qu'elle eut.

Chilpéric était auprès de son père quand il mourut. Il ne lui eut pas plutôt fermé les yeux qu'il s'empara de ses trésors. Avec ce secours, il se fit une armée, et se rendit maître de Paris; mais ses trois frères réunis l'eurent bientôt réduit à un partage. Caribert, l'aîné, eut Paris et la partie de la Neustrie étendue le long de la Seine jusque vers la Loire. Gontran eut la Bourgogne, et fixa son séjour tantôt à Châlons-sur-Saône, et tantôt à Orléans. L'Austrasie, composée des pays contenus entre la Moselle, le Rhin et au-delà, échut à Sigebert, qui prit Metz pour sa capitale; et l'ambition de Chilpéric fut forcée de se contenter de la Belgique, en se rapprochant néanmoins de Soissons, qui fut le titre de sa royauté, sous le nom de Neustrie.

Chilpéric ne tarda pas à se trouver à l'étroit dans son domaine: il se jette sur les terres de Sigebert pour l'agrandir. L'Austrasien, avec les hordes qu'il ramassa dans ses pays encore sauvages et au delà du Rhin, l'eut bientôt fait repentir de son avidité. Pillant et ravageant, il vint jusqu'à Soissons, dont il s'empara. Il y fit prisonnier Théodebert, fils de Chilpéric; mais il le traita avec humanité, et, après un an d'une captivité qui ne fut pas dure, il renvoya son neveu, en lui faisant jurer de ne jamais porter les armes contre lui.

Le désir d'augmenter ses états, qui avait fait entreprendre à Chilpéric cette guerre imprudente, obtint quelque satisfaction par la mort de Caribert, roi de Paris. Il ne laissait que des filles. Sa succession élargit les royaumes de ses frères, sans que les princesses y eussent aucune part. On cite ce fait comme le second exemple de l'exécution de la loi salique, qui excluait les filles du trône. Les partages ne se firent pas aisément entre des princes également avides. Après des débats, qui ne se passèrent point sans provocations suivies de combats, ils convinrent de leurs limites; mais ils ne purent s'accorder sur la possession de Paris, que chacun voulait s'attribuer exclusivement. Ne voulant pas céder l'un à l'autre cette ville, qui semblait donner la supériorité à celui qui la posséderait, ils s'engagèrent, sous serment, à n'en jouir qu'en commun, sous la condition expresse que celui qui y entrerait sans la permission des autres perdrait non seulement tout droit à la souveraineté de Paris, mais encore toute la part d'héritage qui lui serait revenue dans le royaume de Caribert.

Les Lombards, à l'époque de la mort de ce prince, s'établissaient en Italie. C'était encore la Pannonie et les bords du Danube qui avaient vomi ces barbares. L'eunuque Narsès, général de Justinien, venait d'enlever l'Italie entière aux Ostrogoths, et la gouvernait avec sagesse. Justin II, neveu de Justinien et son successeur, ne se borna pas à vouloir dépouiller Narsès de son gouvernement, il le laissa insulter par l'impératrice Sophie, qui se permit de lui envoyer une quenouille. « Va dire à ta maîtresse, répondit Narsès à l'envoyé de » l'impératrice, que je lui vais filer une fusée qu'elle ne parviendra » jamais à démêler » : et aussitôt il appelle les Lombards, qui avaient autrefois servi sous lui, et leur livre cette même Italie qu'ils l'avaient aidé à conquérir. Les faibles efforts des empereurs ne purent leur conserver dans le centre de l'Italie que les territoires de Ravenne et de Rome, qu'ils continuèrent à gouverner encore près de deux cents ans par des vicaires ou exarques. Au bout de ce temps, et à l'époque même où cessait de régner la race Mérovingienne en France, l'exarcat tomba sous la puissance des Lombards, comme le reste de l'Italie, mais ils ne devaient le posséder que trois ans, et leur destinée était de succomber, vingt ans après leur conquête, sous les mêmes princes qui avaient hérité du trône des Mérovingiens.

Il n'est peut-être pas inutile d'observer que la mort de Narsès, âgé de quatre-vingt-quinze ans, est antérieure d'une année à l'invasion des Lombards, et que cette circonstance a fait traiter de fable par quelques auteurs et la part qu'y aurait eue ce général, et les motifs qui y auraient donné lieu.

Chilpéric I, alors âgé de 30 à 35 ans.

Un traité arraché par la nécessité n'est pas de longue durée. Chacun des frères de Caribert se croyait lésé. La querelle commença entre Gontran d'Orléans et Sigebert de Metz, pour la possession de quelques villes de Provence, et entre autres de Marseille. Les Marseillais mirent leur division à profit pour ne recevoir ni l'un ni l'autre, et pour se maintenir maîtres de leur ville.

Pendant cette lutte de ses deux frères, Chilpéric, moins jaloux de Gontran que de Sigebert, qu'il croyait avoir été plus favorisé dans le partage du royaume de Caribert, se jette sur l'Austrasie. Cette attaque donne du répit à Gontran, et lui fournit le moyen de se porter pour médiateur, inclinant cependant pour Chilpéric, qu'il croyait le moins fort. Celui-ci était même parvenu à lui inspirer une crainte assez fondée de la trop grande puissance de l'Austrasien. Ils réunirent leurs forces contre lui. Chilpéric fit servir dans son armée Théodebert, son fils, qui avait promis de ne jamais porter les armes contre son oncle. Le neveu les prit à regret; mais il n'en reçut pas moins la punition de son parjure. Vaincu et poursuivi, il périt dans sa fuite, massacré, sans qu'on sache si ce fut ou non par ordre de Sigebert. La déroute des deux alliés fut complète. Le roi de Bourgogne se réfugia à Tours, et celui de Neustrie à Tournay, avec Frédégonde, sa femme.

L'Austrasien laissa aller Gontran, comme le moins dangereux, mais il poursuivit Chilpéric à outrance. Celui-ci allait tomber entre les mains de son frère, qui, irrité de ses perpétuelles récidives, ne lui aurait pas fait grâce. Frédégonde alors, pour débarrasser son mari, gagne deux scélérats, et fait assassiner Sigebert dans sa tente.

La face des affaires change aussitôt. Les Austrasiens déconcertés retournent en désordre dans leur pays. Chilpéric, ou engagé avec eux par un traité, ou conseillé par sa politique, ne les trouble pas dans leur retraite. Il marche droit à Paris. Brunehaut y était venue, et y attendait son mari pour partager son triomphe dans la capitale. Elle avait amené avec elle Childebert, son fils, âgé de cinq ans. Elle eut l'adresse de le faire sauver; ce qui s'exécuta en descendant l'enfant du haut des murailles dans une corbeille. On le conduisit en Austrasie. Quant à elle, elle se retira dans l'asile de l'église cathédrale.

La vie, qu'elle devait regarder comme très-hasardée entre les mains de Frédégonde, lui fut accordée. Chilpéric l'envoya à Rouen. Pendant le séjour qu'elle fit dans cette ville, Mérovée, fils du roi et d'Audovère sa première épouse, s'éprit d'amour pour la prisonnière, qui, n'ayant que vingt-huit ans, le séduisait autant par ses charmes que par son esprit. Le jeune prince, dans un voyage vers la Bretagne, pour une affaire dont son père l'avait chargé, se détourna de son chemin et passa par Rouen. Il y revit la reine d'Austrasie. Si le projet de s'épouser n'était pas formé d'avance, ils en prirent alors la résolution. Prétextat, évêque de Rouen, prêta peut-être imprudemment son ministère à ce mariage.

Sitôt que Chilpéric en eut appris la nouvelle, il partit pour surprendre les époux; mais ils eurent le temps de se réfugier dans un asile. Le roi, par de belles promesses, en tira son fils; mais, quand il le tint, il le fit raser, et le confina dans un couvent. Brunehaut fut demandée par les Austrasiens pour surveiller l'éducation de son fils. Chilpéric l'accorda, et peut-être leur fit-il un mauvais présent, puisqu'on date de son retour en Austrasie les troubles qui ont agité ce royaume, et qui ont reflué sur les autres.

Il est bon de donner une idée des autorités qui existaient alors en France, afin de faire connaître comment, de ce qui était établi pour la stabilité des gouvernemens, sont partis quelquefois les chocs qui les ont détruits (1).

Tels étaient, sauf les variations introduites par le laps de temps et les circonstances, les grands officiers de la couronne et leurs fonctions. Les ducs étaient gouverneurs des provinces ; ils avaient ordinairement douze comtes au-dessous d'eux.

Les comtes, installés par les ducs, commandaient dans les villes et leur territoire, faisaient les levées d'hommes, les conduisaient à la guerre, administraient la justice en personne. En temps de paix ils avaient des suppléans nommés lieutenans, qui la rendaient en leur absence. On les nommait vicaires et viguiers.

Le comte du palais, ou palatin, avait la charge de la justice dans le palais, le commandement et la surintendance de tous les officiers de la bouche; sous lui étaient le grand panetier, le grand échanson, le grand queux, chargé de la cuisine et de l'office.

Le comte de l'étable, ou connétable, avait inspection sur la grande et petite écurie, et sur tous les officiers qui en dépendaient. Sous son commandement étaient aussi les rois, les hérauts et les poursuivans d'armes.

Le référendaire gardait l'anneau et le cachet du roi, scellait les chartes, et veillait à la conservation des registres et des actes du gouvernement.

Le chambrier levait et couchait le roi, avait soin de la chambre, et présidait à tout ce qui concernait le service personnel du prince.

Enfin le maire du palais avait puissance sur les autres officiers en général et en particulier; il disposait de tout au-dedans et au-dehors, et paraît avoir été souvent, comme de droit, tuteur des rois mineurs. A la différence des autres grands officiers, qui étaient à la nomination du roi et de son conseil, les maires du palais quelquefois, et principalement sur la fin de la race mérovingienne, ont été élus par le peuple ou par les grands, ou par tous deux ensemble; ce qui a donné à ces officiers la puissance qui les a portés à la première place.

Dans cette énumération on ne trouve pas d'officiers chargés des finances; alors les impôts étaient peu considérables; le service à la guerre était personnel; chaque seigneur, avec les troupes qu'il amenait, apportait de quoi les sustenter; et les rois faisaient comme les autres. Leurs revenus consistaient dans le produit de leurs terres et métairies, et dans les dons et présens que les seigneurs et le clergé leur faisaient volontairement. Il y a donc apparence que c'était le régisseur de chacune de ces parties qui en faisait la recette, laquelle passait dans les mains du chambrier pour le service de la maison du roi.

Pour contenir tous ces agens du gouvernement dans les bornes de leurs attributions, il n'aurait pas moins fallu qu'un monarque absolu

(1) Marcel, t. 1, p. 113.

en état de faire respecter ses volontés; mais que pouvaient en Austrasie un enfant de cinq ans, et une Espagnole sans alliance et sans autre soutien que l'éclat de sa dignité? Peut-être Brunehaut, retournant dans ce royaume, y avait-elle perdu de sa considération par son mariage précipité avec son neveu; mais certainement son caractère hautain, et la manie de gouverner, la mettaient en butte à tous les seigneurs possédés de la même passion. Qu'on juge des embarras d'une femme seule, exposée à tous les intrigans, le jouet et l'instrument des ambitions, des haines particulières, trop portée elle-même aux partis violens, inspirée encore par la fureur des autres : trompée, contrariée dans ses affections et ses désirs, elle se crut autorisée à employer les armes des faibles, la perfidie, le poison, l'assassinat. Ce tableau des perplexités de Brunehaut n'est pas présenté pour excuser ses crimes, mais pour donner à penser que, sans les circonstances difficiles où elle se rencontra, elle n'aurait point eu, sans doute, autant d'atrocités à se reprocher.

Quant à Frédégonde, rivale de Brunehaut, on n'a pas même la faible consolation de pouvoir rejeter ses forfaits sur l'empire des circonstances. Elle suivit son époux à Paris, après le meurtre de son beau-frère. Chilpéric y entra, se faisant précéder par les châsses des saints, comme à la suite d'une procession, afin de ne paraître pas violer le serment qu'il avait fait de n'y point entrer sans le consentement de ses frères : or, Gontran, roi de Bourgogne, existait; et le roi de Neustrie, quoique devenu très puissant par la mort de Sigebert, croyait devoir encore garder des ménagemens avec le frère survivant.

L'affreux service que Frédégonde avait rendu à son mari auprès de Tournay lui avait acquis un grand empire sur son esprit. Elle s'en servit pour satisfaire sa haine et ses vengeances. Mérovée, l'imprudent époux de Brunehaut, s'était sauvé de son couvent. Il croyait trouver un asile auprès de son épouse; mais les Austrasiens, menacés de la guerre par Chilpéric, refusèrent de le recevoir. Il erra dans le royaume de Bourgogne, tantôt fugitif, tantôt armé et résistant, mais toujours poursuivi. Enfin il tomba dans un parti des troupes de Chilpéric, et, après s'être rendu, il fut assassiné presque sous les yeux de son père, qui ne donna pas le moindre signe de sensibilité.

Deux fils de Frédégonde, presque au berceau, furent enlevés par une maladie assez commune aux enfans de cet âge. Clovis, frère de l'infortuné Mérovée, se voyant par ces accidens successeur unique de son père, laissa échapper des paroles qui annonçaient des dispositions peu favorables à sa belle-mère, quand il serait devenu le maître. La marâtre va trouver le faible Chilpéric, lui insinue et lui persuade que ses enfans n'ont péri que par des maléfices dont Clovis est l'instigateur ou l'auteur. Elle obtient que le prince lui soit livré avec ses complices, afin de tirer d'eux la vérité par la torture. Ceux-ci expirent dans les tourmens; et Clovis est trouvé mort dans son lit, percé d'un poignard qu'on avait laissé auprès de lui, pour faire croire qu'il s'était tué lui-même dans la crainte du supplice.

Chilpéric vit encore ce crime d'un œil sec. Il ne fut pas plus sensible à la mort d'Audovère, que Frédégonde fit étrangler, quoiqu'elle lui eût laissé le trône libre, et qu'elle se fût retirée dans un couvent. Cette atrocité fut accompagnée d'une plus horrible encore. Audovère avait une fille nommée Basine : Frédégonde, avant de la renfermer dans un couvent, la fit déshonorer par ses satellites, afin qu'elle ne pût trouver un mari d'un rang à lui donner des inquiétudes. Elle fit dégrader et déposer Prétextat, évêque de Rouen, qui avait marié Mérovée. En général, tous ceux qui la contrariaient ou manquaient de dévoûment à ses volontés n'échappèrent jamais à ses vengeances et à ses précautions sanguinaires.

Malgré ses crimes, sûre de l'impunité par l'aveuglement de son époux, elle vivait tranquille dans une cour soumise, pendant que Brunehaut, comme un vaisseau dans une mer orageuse, se voyait sans cesse agitée et mise en péril par les tempêtes des factions. On ne décidera pas quel genre de mérite l'attachait à Loup, duc de Champagne, son ministre; mais, à quelque titre que ce fût, il déplut aux seigneurs austrasiens. Ils retirèrent à la reine la tutelle de son fils, et chassèrent son favori : elle arma pour le retenir; vaincue, elle descendit à des prières. Tous ses efforts furent inutiles. Loup fut contraint de fuir, et se retira chez Gontran, roi de Bourgogne.

Ce prince offre dans sa conduite de perpétuelles variations, que l'on attribue les unes à faiblesse de caractère, les autres à politique, en ce qu'à l'effet de contrebalancer les partis l'un par l'autre il s'alliait ordinairement au moins fort de ses frères, et ensuite de ses neveux, quand ils eurent succédé à leur père. Après la mort de Sigebert, il s'était déclaré protecteur de Childebert, son fils, et l'avait solennellement proclamé roi d'Austrasie. Dans une cérémonie publique, qui passe pour une adoption, il le fit asseoir à côté de lui sur son trône. « Soyons, lui dit-il, couverts d'un même bouclier, et qu'une « même lance nous défende. » Cette alliance, regardée comme sacrée, n'empêcha pas que ce fils adoptif, ou que les seigneurs austrasiens ses tuteurs, ne déclarassent la guerre au roi de Bourgogne, sur des prétentions peu fondées que Chilpéric avait suggérées, et qu'il appuyait avec son neveu contre son frère. Cette guerre ne fut ni fort active ni opiniâtre. Gontran s'en tira par quelques concessions peu importantes; mais à son tour il revint contre le roi de Neustrie, Chilpéric, son frère; et avec le roi d'Austrasie, Childebert, son neveu, ils mirent leur ennemi commun en grand danger. Childebert était déjà arrivé jusqu'à Meaux, et menaçait Paris, lorsqu'un coup aussi imprévu que celui qui déconcerta les Austrasiens devant Tournay, un coup porté par la même main, les éloigna pareillement de la capitale de la France.

Frédégonde, qu'on ne peut voir paraître sur la scène sans s'attendre à un évènement sinistre, habitait avec Chilpéric le palais de Chelles, où il prenait le plaisir de la chasse; revenant le soir, après un jour passé dans cet exercice, et descendant de cheval, il est poignardé, tombe et expire. Les meurtriers fuient en criant : « Arrête! » trahison! ce sont des gens de Childebert. » Personne ne les poursuit; ils disparaissent.

Le cri des assassins pour rejeter le crime sur Childebert ou sur Brunehaut, sa mère, n'en imposa pas. L'opinion se prononça bientôt contre les vrais coupables, et on ne tarda pas à rassembler les circonstances qui confirmèrent les premiers soupçons.

On sut que Chilpéric, entrant gaîment le matin dans la chambre de sa femme avant de partir pour la chasse, en était sorti triste et rêveur. Aussitôt après, la reine avait fait appeler Landry, jeune homme aimable qu'on savait être son favori.

Voilà tout ce que le public sut alors; mais les recherches produisirent d'autres découvertes. C'était la seconde fois que le roi quittait la reine, lorsqu'il sortit de sa chambre si déconcerté. La première fois il lui avait dit adieu, comptant partir sur le champ pour la chasse; mais, les chevaux n'étant pas prêts, il rentra pour attendre dans l'appartement de sa femme. Elle était à sa toilette : il s'approche doucement, et lui donne familièrement un petit coup de baguette sur l'épaule. Frédégonde, tout occupée de son favori qu'elle attendait, et ne soupçonnant pas que cette familiarité fût de son mari qui venait de la quitter, lui dit sans se retourner : « Tout beau Landry »; à quoi elle ajouta quelques paroles plus que libres. A peine sont-elles échappées qu'elle reconnaît son mari : il sort sans rien dire, mais avec des démonstrations qui n'échappèrent point à l'épouse. Elle envoie aussitôt chercher Landry, lui raconte son imprudence, lui fait sentir les suites funestes qu'elle peut avoir pour lui comme pour elle, et Chilpéric est assassiné.

Le coup avait été si prompt que Frédégonde n'avait pu rien prévoir ni préparer. Tout était en trouble autour d'elle, les domestiques l'évitaient, le peuple murmurait et commençait à menacer. Déjà des pillards se répandaient dans le palais et enlevaient, sous ses yeux, ce qu'ils trouvaient de plus précieux. Pour comble de malheur, Childebert, fils de Brunehaut, sa mortelle ennemie, se trouvait en force à six lieues de Paris, et Clotaire, âgé seulement de six mois, le seul fils qui restait à Frédégonde, et dont la présence, malgré sa jeunesse, aurait dû lui servir de sauvegarde, était élevé dans un château loin de la cour, par ordre de son père, qui craignait des complots contre cet unique héritier de sa couronne. Dans cette extrémité, Frédégonde gagne l'asile de la cathédrale de Paris, qui avait autrefois protégé Brunehaut, et s'en fait un rempart contre la fureur de Childebert, qui marchait sur Paris. De là elle écrit à Gontran. Heureusement pour elle, ce prince arrive avant Childebert. Celui-ci se présente aux portes. Il est refusé. Il demande qu'on lui livre Frédégonde, pour la punir du meurtre de son oncle. Gontran renvoie l'affaire à l'examen des états qu'il assemblera. De même qu'il a fait reconnaître Childebert roi d'Austrasie, pour soustraire ses états à la rapacité de Chilpéric, il fait proclamer le petit Clotaire roi de Neustrie, de peur de voir augmenter, par l'héritage de Chilpéric, la puissance déjà trop formidable de l'Austrasien.

Clotaire II, âgé de 5 à 6 mois.

C'est trop présumer de la bonhomie de Gontran que de croire, à cause des égards qu'il eut pour sa belle-sœur pendant qu'elle resta auprès de lui, qu'il se laissa entièrement subjuguer par cette enchanteresse. On peut croire seulement, vu l'insouciance de ce prince et son indifférence pour ses frères, qu'elle réussit à le persuader de son innocence, surtout ayant eu l'adresse de lui montrer un coupable. Ce fut un chambellan de son mari qu'elle avait toujours détesté, et dont elle trouva moyen de se défaire en rejetant sur lui son propre crime. Elle rendit victime de la même calomnie tous ceux, serviteurs et autres, qui l'avaient abandonnée dans son embarras au moment du meurtre de son époux.

Effrayé du nombre des morts qui tombaient autour de lui, Gontran imagina un singulier préservatif. Il assistait à la messe un jour de grande solennité. Dans l'instant où le diacre imposait silence pour fixer l'attention sur les saints mystères, le roi se lève, se tourne vers le peuple, et dit : « Je vous supplie et vous conjure, au nom de Dieu, de ne me pas assassiner comme mes frères. Laissez-moi seulement trois ou quatre ans de vie pour élever mes deux pupilles, afin qu'il y en ait au moins un capable de gouverner la France (1). »

Mais il prit, pour garantir sa vie, une précaution plus sûre que cette lamentable supplication ; ce fut d'éloigner Frédégonde. Il la relégua dans un château situé au confluent de l'Eure et de la Seine ; mais elle n'y fut pas si resserrée ni si dénuée de moyens, qu'elle ne vînt à bout de se défaire de Prétextat, évêque de Rouen. Gontran l'avait rétabli. Frédégonde aposta deux clercs qui le poignardèrent au pied de l'autel. Elle se donna ensuite le barbare plaisir d'aller le visiter, comme touchée de son malheur, et eut même l'effronterie de lui offrir ses chirurgiens pour le panser. Il refusa ce dangereux secours, et l'accabla de reproches. Elle s'en consola, parce qu'il mourut.

Encore un trait pour achever le portrait de Frédégonde, et montrer le peu de cas qu'elle faisait en général de la vie des autres. Pendant qu'elle demeurait à Tou....., il s'éleva une querelle entre deux familles considérées, querelle qui partageait toute la ville, et y causait une guerre civile (1). Après de vains efforts pour l'apaiser,

(1) Mézerai, t. I, p. 126. — (2) Mézerai, t. I, p. 153.

Frédégonde invite à un repas les principaux chefs, sous prétexte de conciliation. Ils s'y rendent au nombre de trois. Elle les fait placer à table sur une même ligne : « Trois hommes, ayant chacun une hache d'armes, se plantent derrière eux, et tout d'un coup, faisant haut le bras, leur fendent la tête à tous trois. » On ne doit pas oublier que Frédégonde se défaisait souvent par le poison ou par d'autres moyens cachés des complices et exécuteurs de ses noirs projets, et qu'il lui est arrivé de les abandonner à la torture et de les livrer au supplice, pour faire croire qu'elle n'avait aucune part à leurs forfaits.

Voilà Frédégonde ennemie implacable, audacieuse dans ses vengeances, prodigue de sang ; on va la voir ingrate pour Gontran, auquel elle avait les plus grandes obligations. On se rappelle qu'il l'avait puissamment secourue dans l'état désespéré où elle se trouvait après le meurtre de son mari. Si son fils était sur le trône de Paris, si elle régnait elle-même sous son nom, et toute-puissante dans les états de son pupille, elle devait cet avantage à la protection de son beau-frère. Mais ce prince ne s'était point prêté à toutes ses volontés pendant qu'elle était auprès de lui ; il avait rétabli Prétextat à Rouen, lui avait montré à elle-même des soupçons sur sa conduite, l'avait reléguée dans un château qui était une espèce de prison. De plus, il disposait, à ce qu'elle disait, un peu trop en maître des états de son fils : peut-être se permettait-il des remontrances au sujet de Landry, qu'elle avait fait maire du palais. Elle résolut donc de l'embarrasser dans une guerre, afin qu'il la laissât tranquille.

Il avait paru en Austrasie, sous Sigebert, un jeune homme nommé Gondebaud. Il se disait fils de Clotaire I, et pouvait l'être, tant ce monarque avait eu de femmes et de maîtresses ! Le prince, vrai ou prétendu, trouva des partisans, et fut quelque temps traité comme fils de roi ; mais les progrès qu'il faisait dans l'estime des peuples donnèrent de l'inquiétude aux seigneurs austrasiens qui gouvernaient sous Sigebert ; ils firent arrêter le prétendant, et le renfermèrent dans un château-fort. Il s'en sauva, erra inconnu dans les états de Bourgogne, où il se fit des amis, et voyagea plus ouvertement en Allemagne, en Italie, et jusqu'à Constantinople, partout bien reçu, parce qu'il était aimable, mais nulle part aidé ni secouru.

Les troubles que la jalousie de l'autorité éleva en Austrasie entre les grands du royaume et la reine Brunehaut renouvelèrent les espérances de Gondebaud ; il y reparut, et trouva moyen d'y former une armée dont le succès ne répondit pas à ses efforts. Frédégonde, qui, ne fût-ce que pour inquiéter Brunehaut, le secourait secrètement, lui fit conseiller de porter ses armes en Bourgogne, où ses anciennes liaisons lui procureraient plus de facilité. Il la crut, se jeta sur les états de Gontran, qui, occupé chez lui, ne songea plus à elle.

Mais ce changement d'opérations, loin d'être utile à Gondebaud, lui devint très funeste. Il se trouva par là sur les bras les forces des deux royaumes. La victoire se rangea du côté des bataillons les plus nombreux. Poursuivi après une grande défaite, Gondebaud fut tué lorsqu'il se préparait à se mesurer de nouveau avec ses vainqueurs, emportant du moins dans le tombeau la gloire d'avoir succombé noblement.

Les manœuvres de Frédégonde et ses intelligences avec Gondebaud n'avaient pas échappé à Gontran. Il s'en vengea en serrant plus étroitement ses liens avec Childebert son neveu et son fils adoptif, qu'il déclara son héritier. Il paraît qu'il donna quelque valeur aux mauvais bruits qui coururent sur la légitimité du petit Clotaire : Frédégonde fut contrainte de la constater. Elle l'affirma par la déposition de trois évêques et de cent témoins qui jurèrent que Clotaire *était né sous la couverture du mariage.* Cette espèce de légitimation ne put donner à la mère l'assurance d'assister au baptême de son fils, quoiqu'elle en fût pressée à plusieurs reprises. La cérémonie se fit à Paris avec une grande solennité. Gontran fut le parrain de son neveu, malgré les instances de Childebert, qui appréhendait que cette complaisance de son oncle, passant pour une reconnaissance des droits de son cousin, ne nuisît à ceux qu'il prétendait lui-même sur des parties considérables de la Neustrie.

Ce fut le dernier acte de Gontran, qui a été le moins mauvais des quatre frères. Un peu de bonhomie, de l'attention pour ses sujets, une douce familiarité dans sa cour, de la considération pour le clergé, des fondations pieuses, un grand respect pour la religion, tout cela réuni, malgré les exécutions cruelles, trop communes et trop pardonnées dans ce temps, lui a fait donner le surnom de Bon. On dit le bon roi Gontran; quelques légendes le gratifient même du titre de Saint.

Cette mort n'accrut pas beaucoup le royaume du fils de Frédégonde, parce que le roi d'Austrasie, trop fort pour qu'elle pût lutter contre lui, s'empara de la plus grande partie de l'héritage; mais Childebert n'en jouit pas long-temps. Une mort précipitée l'enleva à l'âge de vingt-cinq ans avec la reine sa femme, à peu d'heures l'un de l'autre. La mauvaise réputation des deux rivales, Frédégonde et Brunehaut, leur fit attribuer à l'une et à l'autre ce brusque trépas : à la première, parce qu'elle craignait le surcroît de puissance advenu à ce prince son neveu, qui s'était toujours déclaré son ennemi : à la seconde, parce qu'elle espérait gouverner despotiquement sous deux enfans que son fils lui laissait. L'un, nommé Théodebert II, eut l'Austrasie ; l'autre, appelé Thierry II, la Bourgogne.

Mais si ce fut le crime de Frédégonde, l'avantage qui en revenait à son fils ne fut pas de longue durée pour elle. Elle mourut deux ans après de maladie, dans son lit, tranquille si on peut l'être quand on a tant de sujets de remords. En ce court espace de deux ans, elle avait mis Clotaire en état de défendre son royaume contre ses ennemis et ses envieux, et même d'attaquer s'il était nécessaire.

Ainsi la France entière se trouva entre les mains de trois mineurs : Clotaire, âgé de treize ans; Théodebert de dix, et Thierry de neuf (1). A cette époque pourrait être placé le commencement de la toute-puissance des maires du palais. Ils avaient déjà, comme on a vu, une supériorité entre les autres officiers de la couronne : sous la minorité des trois princes qui gouvernèrent alors la France, ils prirent un empire absolu; tantôt autorisés par les grands, pour borner le despotisme des rois, tantôt soutenus par les rois pour réprimer les entreprises des grands. C'est pendant les minorités orageuses qui ont suivi qu'ils ont commencé à être élus par le peuple et les grands; principe d'autorité qui les a rendus presque indépendans des rois.

Ces monarques si faibles ne pouvaient refuser de les confirmer : il y en eut donc dans les trois royaumes : Landry, comme on l'a vu, en Neustrie, Berthould ou Bérould en Austrasie, qui réunit à sa magistrature la Bourgogne, quoique ces deux royaumes eussent chacun leur roi sous la tutelle de Brunehaut, leur grand'mère. Les maires de Paris et de Metz étaient ennemis personnels. Leur antipathie rendit opiniâtre et sanglante une guerre qui s'éleva entre les monarchies qu'ils gouvernaient. On verra que ce fut souvent l'intérêt des maires, beaucoup plus que celui des rois, qui arma les royaumes les uns contre les autres et causa enfin la destruction totale de la race mérovingienne.

Quand les rois petits-fils de Brunehaut commencèrent à pouvoir agir par eux-mêmes, chaque royaume voulut avoir le sien chez lui. Brunehaut resta auprès de Théodebert en Austrasie. Ce fut alors qu'elle fut taxée publiquement de mener une vie licencieuse; on l'accusa d'avoir fait périr, sous des prétextes controuvés, des seigneurs riches dont elle confisquait les biens pour en gratifier, disait-on, ses amans; on lui reprocha enfin de corrompre les mœurs de son petit-fils Théodebert, afin de le captiver et de le gouverner seule. Ces imputations, vraies ou fausses, la rendirent si odieuse et si méprisable, que les Austrasiens la chassèrent honteusement. Elle se retira à la cour de Bourgogne, tenue par Thierry II, son autre petit-fils, jurant à l'Austrasien, qui ne l'avait pas protégée, une haine mortelle dont les effets furent terribles pour ce jeune prince.

De la cour de Bourgogne elle portait une attention jalouse sur celle d'Austrasie. Elle apprit avec dépit que Théodebert s'était marié sans la consulter. Il avait épousé une fille belle et vertueuse, mais de basse extraction (2). Cette mésalliance servit de texte à des lettres hautaines et piquantes de la belle-mère à la bru. Celle-ci répondait sur le même ton. Il fallut des négociations très sérieuses pour les faire cesser.

Le séjour de Brunehaut en Bourgogne fut marqué par des faits qui

---

(1) Mézerai, t. I, p. 175.   (2) Mézerai, t. I, p. 161.

ont influé sur le sort de toute la famille royale. On veut qu'elle ait joué, quant à la séduction envers Thierry II, son petit-fils, le même rôle de lâche complaisance qu'elle avait rempli auprès de Théodebert. L'empire qu'elle prit en conséquence lui procura d'abord le plaisir de faire entreprendre au roi de Bourgogne, contre Clotaire, le fils odieux de Frédégonde, une guerre à laquelle elle eut l'adresse d'associer le roi d'Austrasie. Les deux frères vainquirent leur cousin, et s'approprièrent une partie de son royaume. Dans cette expédition fut pris un fils de Clotaire, âgé seulement de six mois, qui fut inhumainement massacré.

Autre plaisir bien digne de Brunehaut, si effectivement elle fut aussi coupable qu'elle a été accusée de l'être : fidèle à sa haine et à la vengeance qu'elle s'était promise contre l'Austrasien, elle arma le Bourguignon contre son frère, et rendit leur aversion interminable autrement que par la mort d'un des deux, en persuadant à Thierry que Théodebert était un enfant supposé, et que par conséquent il n'était pas son frère. Dès ce moment ils se firent une guerre à outrance. Théodebert fut vaincu et pris. Thierry, préoccupé de l'opinion qu'il ne lui était rien, le fit dépouiller des habits royaux et renfermer dans une prison. Des auteurs disent qu'il le livra à Brunehaut, qu'elle le fit d'abord raser et assassiner quelques jours après. Il restait deux petits enfans faits prisonniers avec leur père. Un soldat, envoyé par leur arrière-grand'mère, la défit de l'un en le poignardant et de l'autre en le prenant par un pied et l'écrasant contre un mur.

L'esprit turbulent et impérieux de Brunehaut ne lui permettait pas d'être long-temps sans querelle. Il lui plut de trouver à redire aux liaisons irrégulières de Thierry, son petit-fils, et de lui faire à ce sujet des remontrances un peu vives. Thierry s'en fâcha, et lui reprocha que ses défauts il les tenait d'elle, de ses conseils et de ses exemples. Il alla même jusqu'à marquer du repentir de s'être laissé entraîner par ses insinuations perfides à des crimes atroces contre son malheureux frère et contre sa famille. Dans le transport de sa colère, il tira son épée, et l'en aurait frappée, si les assistans ne se fussent jetés entre eux. Brunehaut ne dit mot, et se retira. Deux jours après, Thierry est attaqué d'une maladie aiguë, qu'on traita de dysenterie, et meurt à vingt-six ans, laissant quatre enfans en très bas âge.

Hâtons-nous de faire disparaître cette mégère de la terre, qu'elle a trop long-temps souillée. Elle se trouvait tutrice de ses quatre arrière-petits-fils, héritiers du royaume de Bourgogne, patrimoine de leur père, et de celui d'Austrasie qui se trouvait sans prince. Elle ne désespérait pas d'y ajouter celui de Clotaire, qu'elle ne croyait pas capable de défendre son petit royaume contre les forces qu'elle réunirait. Une fois victorieuse, elle se voyait en état de laisser dans ses possessions et ses conquêtes d'assez beaux partages aux quatre orphelins ses pupilles, sous le nom desquels elle régnerait en souveraine.

Pour commencer l'exécution de ce plan, elle attaqua Clotaire, dont elle comptait triompher en peu de temps. Ce prince habile examinait en silence la conduite de sa tante. Il voyait que, par ses mauvais déportemens, elle se perdait sans le savoir. L'opinion du peuple lui était absolument défavorable. Les grands se détachèrent d'elle. Clotaire entretenait des intelligences avec quelques uns d'entre eux, et fomentait leur mécontentement.

La vieille reine, se doutant de quelque trame secrète, accordait sa confiance aux ministres, et la retirait, comme une personne qui ne sait sur qui compter. Elle n'avait pu se dispenser de donner le commandement de l'armée contre Clotaire à Varnachaire, maire de Bourgogne, quoiqu'il lui fût suspect; mais elle entretenait auprès de lui des gens affidés dont elle se croyait sûre; en effet, ce fut un hasard bien singulier qui tourna contre elle un projet homicide qu'elle avait formé contre ce général.

Brunehaut, quand elle craignait, avait toujours à la main l'arme des faibles, l'assassinat. Elle soupçonne que Varnachaire peut ne pas lui être fidèle. Aussitôt elle écrit à Alboème, un de ses confidens, de la débarrasser de lui. Il lit la lettre, la déchire, et en jette négligemment les morceaux : un serviteur, peut-être un espion de Varnachaire, les ramasse, parvient à les rassembler, découvre ainsi ce que contenait la lettre, et en fait part au général.

On peut conjecturer par ce qui arriva qu'il se concerta avec Clotaire pour punir cette scélératesse. Les armées qui étaient en présence et qui brûlaient de l'ardeur de combattre s'éloignent tout d'un coup : les Bourguignons et les Austrasiens se retirent tranquillement. Clotaire les suit sans les presser. Cette manœuvre dessille les yeux de la vieille reine. Elle s'aperçoit qu'elle est trahie. Dans l'intention de se concilier Clotaire, elle lui envoie les quatre enfans de Thierry, croyant qu'en le rendant maître des seuls obstacles qui pouvaient l'empêcher de réunir toute la France sous son sceptre unique ce serait lui rendre un grand service dont il la récompenserait. Il reçoit les malheureux orphelins, et en fait massacrer deux : l'aîné s'était sauvé ; on ne sait ce qu'il est devenu. Clotaire fit grace de la vie au quatrième, qui était son filleul, à condition qu'il serait rasé ; mais c'était à leur grand'mère qu'il en voulait personnellement. Il ne cesse de la poursuivre, et se la fait enfin livrer.

Si on ne peut reporter sans horreur ses regards sur les crimes de Brunehaut, on frémit aussi au spectacle de cette dernière catastrophe de sa vie, et de la conduite atroce de Clotaire, son neveu, aussi impitoyable qu'elle. Il s'assied sur un tribunal ; les chefs de ses troupes et les plus grands seigneurs des royaumes l'entouraient ; il fait comparaître la fille, l'épouse, la mère des rois, âgée de soixante-dix ans. Elle s'avance revêtue du manteau royal et la couronne en tête, portant dans ses yeux la fureur de la haine. Le meurtrier des deux enfans de Thierry, qu'il venait de faire tuer lui-même, a la hardiesse de reprocher à sa tante, entre ses autres forfaits, la mort de ces innocens. On ne sait ce qu'elle répondit, mais elle avait au moins droit à de justes récriminations; elle fut condamnée tout d'une voix.

Si nous ne savions comment dans les temps de troubles et de factions on soulève la multitude contre ce qu'elle était accoutumée de respecter, nous serions étonnés de voir la populace de l'armée accabler d'injures et d'outrages une reine naguère si puissante : elle fut promenée dans le camp, liée sur un vieux chameau, couverte d'un habit déchiré, et avec les livrées de la plus humiliante ignominie. Ce supplice fut renouvelé trois jours consécutifs. Des auteurs insinuent qu'on y joignit des tortures. Enfin elle fut attachée par les cheveux et par une jambe à la queue d'un cheval indompté, qui d'une ruade lui fracassa la tête et traîna le corps sur les pierres et les ronces où il fut réduit en lambeaux. Justice divine ! quel doute peut-il rester encore d'un avenir réparateur, quand on compare la mort affreuse de Brunehaut avec la mort si douce et si tranquille de Frédégonde, et qu'on observe, à l'égard des mêmes crimes, une conduite si différente de la part de la Providence (1).

On a souvent tenté des comparaisons entre ces deux furies. Il faut avouer qu'elles sont très propres à être mises en parallèle, d'autant plus que l'histoire ne présente pas deux pareilles héroïnes en crimes, placées dans des circonstances à faire ensemble assaut de forfaits avec égalité. Cependant si nous convenons qu'elles se ressemblent dans leur vie, disons qu'il y a quelque différence dans leur réputation. Après la mort de Frédégonde, il ne reste que la mémoire de ses crimes. Le nom de Brunehaut au contraire rappelle des fondations célèbres et des établissemens utiles, tels que les grands chemins dont elle perça la France, et qu'on appelle encore chaussées de Brunehaut; mais, en reconnaissant que ces monumens dignes d'éloges donnent à la reine d'Austrasie quelque préférence dans l'opinion sur sa rivale, avouons qu'entre les personnages fameux par des scélératesses réfléchies l'histoire n'offre pas deux méchans hommes aussi célèbres en crimes que ces deux méchantes femmes.

Clotaire, orphelin à l'âge de six mois, fils d'une mère accusée et mal justifiée de la mort de son époux, possesseur peu assuré du plus petit royaume de France, envié et toujours attaqué par ses plus proches parens, devient roi unique par la méchanceté imprudente de sa tante, et réunit sous son sceptre la monarchie entière (2).

Il ne porta pas la couronne avec une égale autorité dans les trois royaumes. Les Austrasiens et les Bourguignons voulurent continuer à être gouvernés par leurs lois, et que leurs pays conservassent chacun et leur titre de royaume et leurs officiers; en sorte que Clotaire ne fut réellement roi que de la Neustrie, sa première possession.

(1) Nous avons présenté Brunehaut telle que Mézerai l'a peinte ; Velly en fait un portrait tout différent. Nous adoptons l'opinion du premier parce qu'elle nous paraît la mieux fondée. — (2) Velly, t. I, p. 210.

178   HISTOIRE

Il s'assura cependant la prépondérance dans le gouvernement des deux autres, en retenant auprès de lui les principaux seigneurs d'Austrasie et de Bourgogne, comme ses conseillers intimes pour les affaires de leur pays. On remarquera qu'entre les seigneurs austrasiens retenus à la cour de Neustrie se trouvait un Pepin, dit Pepin de Landen, ou le Vieux, très estimé de Clotaire et possesseur de grandes terres entre la Meuse et le Hainaut.

Clotaire conserva à Varnachaire, qui lui avait livré Brunchaut, la dignité de maire en Bourgogne. On dit que, dans le traité qui se fit alors entre eux, le roi lui avait promis de ne le jamais destituer. Il établit en Austrasie un nommé Radon. Ces deux maires étaient comme des vice-rois. Il mit aussi en Neustrie un nommé Gondolon. Sans doute celui-ci, étant sous les yeux du monarque, n'eut pas autant de puissance que les deux autres.

Cette époque et les circonstances qui l'accompagnent doivent fixer l'attention de quiconque aime à reconnaître de loin les causes qui préparent les révolutions. Jusqu'alors les maires du palais avaient été amovibles comme les autres officiers de la couronne. Clotaire, qui avait des ménagemens à garder, crut que, pour obtenir d'eux dans ses trois royaumes un dévoûment plus entier, il pouvait, sans trop d'inconvéniens, se départir à leur égard du droit de les congédier à sa volonté, droit d'une importance majeure et qui neutralisait jusqu'à un certain point l'influence dangereuse de ces ministres, dans les attributions desquels entrait depuis peu le commandement des armées. Bientôt les rois perdirent jusqu'à la nomination des maires. Les seigneurs la revendiquèrent, et les rois, toujours pour acheter une soumission plus facile, crurent devoir y condescendre. Le maire alors ne fut plus l'homme du roi, mais celui du royaume. Un dernier pas que firent ces officiers puissans vers le souverain pouvoir fut de se rendre héréditaires, et de là au trône le chemin leur devint d'autant plus aisé que la Providence fit concourir d'une part une suite de maires doués des plus grandes qualités, et de l'autre une suite de princes enfans qui n'eurent et ne purent jamais avoir que les dehors de l'autorité. Nouvel exemple à ajouter à tant d'autres des faux calculs de l'ambition! Clotaire, en usurpant deux trônes, ne fit que préparer la chute de sa propre famille.

Clotaire avait deux fils : Dagobert, fort jeune, et Aribert ou Caribert, encore enfant. Quand l'aîné eut acquis l'âge où la raison se développe, les Austrasiens, s'ennuyant de ne pas avoir un roi chez eux, le demandèrent à son père. En effet, ce royaume, qui s'étendait beaucoup en Allemagne, peuplé de nations mal domptées et exposé aux incursions de voisins entreprenans, avait besoin de la présence d'un monarque. Clotaire accorda son fils. On ne croit pas que ce fut bien volontiers; car, en faisant la part de Dagobert, il retint et appliqua à la Neustrie et à la Bourgogne des provinces limitrophes qui jusqu'alors avaient appartenu à l'Austrasie.

Cependant il réunit peu de temps après à la couronne de son fils ce fleuron qu'il en avait détaché ; mais ce ne fut pas encore de bonne grace qu'il en fit le sacrifice. Il fallut, pour le déterminer, des instances des seigneurs austrasiens, qui ne l'amenèrent qu'avec peine à satisfaire leur désir. En leur livrant son fils, encore peu capable de régner, il le recommanda, pour sa conduite personnelle, à Arnould, évêque de Metz, et, pour le gouvernement, à Pepin de Landen, qu'il fit maire, deux hommes d'une probité rare et d'une capacité reconnue.

L'avènement de Dagobert au trône d'Austrasie parut à Berthould, duc des Saxons, une occasion favorable de se soustraire au joug de la dépendance. Il publia que Clotaire s'étant démis, les Saxons étaient dispensés de la fidélité qu'ils lui avaient jurée et de l'impôt qu'ils lui payaient, et qu'ils ne devaient rien à son fils. Dagobert, irrité de cette distinction, marcha contre eux. Il y eut une bataille : Dagobert y fut blessé, et il envoya à son père une touffe de ses cheveux ensanglantés, en témoignage du danger qu'il avait couru.

Clotaire part aussitôt bien accompagné, arrive sur les bords du Veser (1). Les Saxons étaient de l'autre côté. Il se promène sur la rive, ôte son casque et développe sa longue chevelure blanche pour être reconnu. Berthould, loin de se soumettre, insulte le roi de paroles et le provoque. Clotaire irrité pique son cheval, se jette dans le fleuve suivi de ses braves, et le passe à la nage. L'insolent fuit épouvanté. Le monarque le poursuit, l'atteint, lui abat la tête d'un seul coup et la fait porter au bout d'une pique. La déroute fut complète. Clotaire savait comment il fallait mener les Français.

Quoiqu'on reproche justement à ce prince le meurtre de ses petits-cousins, d'autres exécutions sanglantes non moins criminelles et de la férocité dans le caractère, on l'a cependant surnommé Clotaire-le-Grand (2). Il était habile dans l'art de gouverner, populaire, affable et libéral. Il avait l'esprit orné pour le temps, aimait les sciences, se piquait de politesse et de galanterie. On le blâme d'avoir trop aimé la chasse. Il est mort à quarante-cinq ans. On a de lui un code de lois, sanctionné dans ce qu'on appelait dès lors un *parlement* de trente-trois évêques et de trente-quatre ducs assemblés par ses ordres. Cette collection lui donne une place distinguée entre les législateurs.

Pendant le règne de Clotaire II, une révolution qui devait avoir une influence terrible sur notre hémisphère éclatait en Orient. L'Arabe Mahomet y avait conçu le projet de donner à sa patrie de nouveaux dogmes et un nouveau gouvernement. Sa doctrine, mélange confus d'erreurs grossières et de vérités sublimes, son éloquence et ses prestiges, lui font en peu de temps un parti qui se grossit par la persécution. De Médine, où il est contraint de se réfugier, il repart bientôt avec les nombreux disciples qu'il s'est faits, assiége la Mecque où il avait été proscrit, s'en rend maître, et y ceint le diadème huit ans après l'époque de sa

(1) Velly, t. I, p. 241. — (2) Velly, t. I, p. 246.

fuite, époque fameuse dans les fastes de ses sectateurs, et de laquelle ils comptent les années de leurs annales. C'est cette ère si connue sous le nom de l'*hégyre* ou de *la fuite* (1). Les successeurs de Mahomet, profitant du fanatisme de leurs soldats, étendent rapidement leurs conquêtes en Asie, en Afrique et en Europe. Dix ans seulement après la mort de leur prophète, ils étaient déjà maîtres de la Syrie, de la Phénicie, de la Mésopotamie, de la Perse, de l'Egypte, de la Libye, de la Numidie et du mont Atlas; et ils n'avaient pas encore un siècle d'existence, qu'appelés par la vengeance et par la trahison, ils pénétrèrent jusqu'en Espagne et s'en emparèrent : enfin l'Europe entière eût été leur proie comme les autres parties du monde, sans la valeur des Français et le génie de Charles-Martel.

CHAPITRE V.

628-691.

Commencement de la puissance des maires du palais sous Dagobert I, fils de Clotaire II, sous son fils et sous ses petits-fils. Période de 53 ans.

Dagobert I, âgé de 25 à 26 ans.

Dagobert, fils de Clotaire II, a acquis le même honneur que son père en faisant réviser sous ses yeux les anciennes lois. Cet ouvrage fut le fruit de sa maturité. Dans sa jeunesse, il respecta peu les mœurs, qu'il a depuis recommandées. Aucun roi n'a eu autant de femmes légitimes et autres. Il était fastueux, prodigue. Quelques

(1) L'ère de l'hégyre commence au vendredi 16 juillet 622. Les années en sont lunaires, de 354 et 355 jours, et leurs commencemens parcourent, successivement et en remontant, toutes les saisons de l'année. Dans le cours d'un cycle de 30 ans, 11 seulement sont de 355 jours; ce sont les années 2, 5, 7, 10, 13, 16, 18, 21, 24, 26 et 29.

Les mois de l'année arabique sont alternativement de 30 et de 29 jours : ce sont : 1. Moharram, de 30 jours; 2. Sepher, de 29; 3. Rabi-el-aoual, ou le premier, de 30; 4. Rabi-el-akher ou le second, de 29; 5. Djioumadi-el-aoual, de 30; 6. Djioumadi-el-akher, de 29; 7. Redger, de 30; 8. Schaban, de 29; 9. Ramadhan, de 30; 10. Schoual, de 29; 11. Dzoulcada, de 30 ; 12. Dzouledgé, de 29 et de 30 dans les années intercalaires.

Il suit de ce qui précède qu'une année moyenne de l'hégyre est de 354 jours 8 heures 48 minutes; et comme l'année lunaire astronomique composée de 12 lunaisons moyennes, chacune de 29 jours 12 heures 44 minutes 3 secondes, est de 354 jours 8 heures 48 minutes et 36 secondes, elles ne diffèrent entre elles que d'une demi-minute.

Il suit encore, et cette observation est essentielle pour la correspondance des années de l'hégyre avec les nôtres, que 100 années de l'hégyre équivalent à 97 années solaires 8 ours et un sixième ; et 100 années solaires à 103 années de l'hégyre et 24 jours et demi à peu près.

arts, entre autres la sculpture en orfévrerie, ont été pratiqués avec succès sous son règne. L'or et l'argent étaient abondans. On vante les richesses et la magnificence de sa cour; mais on remarque que le peuple était écrasé par ce luxe. Dagobert se plaisait à rendre lui-même la justice dans des séances publiques.

Après quelques débats avec son frère Caribert, il lui abandonna les provinces du midi de la France. Ce prince fit de Toulouse sa capitale, mais il mourut quelque temps après, ne laissant qu'un fils au berceau, qui vécut peu. Selon la coutume de ne pas vouloir ordinairement voir une mort naturelle dans celle des personnages importans, ou qui peuvent le devenir, on soupçonna Dagobert d'avoir fait empoisonner son neveu. Il ressaisit la partie du royaume qui lui avait échappé, et se trouva, comme son père, unique roi des Français. Au bout de quelques années cependant il érigea l'Aquitaine en titre de duché héréditaire, et sous la condition de foi et hommage, en faveur de ses neveux Boggis et Bertrand, autres fils de son frère Caribert. Cette érection est de l'an 637.

Les mêmes raisons qui avaient fait désirer aux Austrasiens la présence d'un roi sous Clotaire se montrèrent aussi impérieuses sous Dagobert. Il se fit solliciter pour son fils, comme son père avait été sollicité pour lui, et enfin il accorda aux instances des seigneurs austrasiens Sigebert II, son fils, à peine sorti de l'enfance. En même temps il destina la Neustrie et la Bourgogne à Clovis II, autre fils qui venait de lui naître.

Il eut la même politique que son père, de retenir auprès de lui quelques uns des principaux seigneurs austrasiens, comme pour lui servir de conseillers, mais véritablement comme otages. On remarque aussi que de ce nombre était encore Pepin, quoiqu'il fût maire d'Austrasie.

Dagobert mourut à trente-cinq ans. Avec lui disparut la gloire des Mérovingiens. Pendant plus d'un siècle, la France, déchirée par des guerres intestines, n'est plus, après ce prince, qu'un chaos, suite de l'anarchie (1). Les mœurs se corrompirent, la religion se dégrada, les lois furent oubliées, les lumières s'éteignirent, et c'est beaucoup que, dans un pareil bouleversement, il soit resté quelques lueurs à l'aide desquelles on peut connaître quels ont été le gouvernement, les institutions, les habitudes des Français dans l'espace de cent treize ans, depuis Clovis II, jusqu'aux simulacres de rois qui ont succédé à Dagobert I.

Les rois se prenaient dans la race régnante, dans la postérité légitime ou illégitime, sans distinction ; le peuple et les grands paraissent avoir eu part au choix, du moins par approbation pour celui que la naissance et la volonté du peuple indiquaient. L'inauguration se faisait en élevant le monarque sur le pavoi, ou le plaçant

---

(1) Mézerai, p. 180. — Velly, p. 123.

sur le trône, revêtu d'une tunique de pourpre, le front ceint d'un diadème enrichi de perles et de diamans, posé sur de longs cheveux tressés. Les grands juraient fidélité la main sur l'autel; ils étaient appelés à l'administration. La paix pouvait se faire sans eux, jamais la guerre. L'une et l'autre étaient proclamées dans les assemblées du Champ-de-Mars, composées des seigneurs, des premiers de la milice et du haut clergé. Ces assemblées ont aussi eu le nom de parlement. On y nommait le général des troupes, qui, jusqu'à Dagobert I inclusivement, était toujours le roi. Le changement de cet usage a causé la ruine de la famille mérovingienne. Le revenu de ces monarques consistait dans le produit de leurs domaines, les dons de la noblesse et du clergé dans des temps difficiles, et les impôts exigés des Gaulois et de leurs descendans. Les Francs payaient de leur personne. En temps de guerre, les rois étaient entourés d'une troupe de braves nommés barons.

Il n'y avait pas une classe d'hommes à part chargés de rendre la justice, c'est-à-dire des gens de robe. Les ducs, sous eux les comtes, et les seigneurs dans leurs terres, jugeaient les causes, et on appelait des uns aux autres graduellement jusqu'au roi. Tous les délits étaient appréciés. Ainsi, en maltraitant d'injures, en tuant ou blessant un esclave, un serf attaché à la glèbe, un ingénu ou homme né libre, un prêtre, un évêque; en insultant une femme esclave ou libre, fille ou mariée, le coupable savait ce qu'il devait payer pour le rachat de sa faute, ou la peine corporelle qu'il devait subir au défaut du rachat. Dans ce dernier cas, le criminel était livré à la famille de l'offensé. Ainsi la justice était prompte et facile. Il n'y avait d'embarras que pour la preuve dans certaines causes obscures; la loi alors autorisait à produire des personnes en nombre prescrit, selon la gravité du délit, qui juraient pour ou contre l'accusé. On ordonnait aussi l'épreuve par l'eau, par le feu, le duel entre les plaideurs eux-mêmes, ou les champions qu'ils choisissaient. Tout cela était accompagné de prières, d'un grand appareil de religion, afin d'inspirer de la crainte, en faisant intervenir la Divinité dans les mesures prises pour discerner les coupables.

Les canons faits dans les conciles de cette époque, touchant la discipline du clergé, canons confirmés par les rois, marquent combien ces princes mettaient d'importance à rendre la religion respectable au peuple, par la bonne conduite de ceux qui étaient chargés de l'enseigner (1). L'exemple, en effet, est si efficace, surtout quand il est donné par ceux qui sont au-dessus des autres! Nous voyons, par l'énumération des évêques de ce temps, que la plupart étaient choisis dans les familles les plus distinguées; ils étaient appelés aux conseils des rois, et consultés dans les grandes affaires Peut-être ces occupations brillantes les ont-elles quelquefois

(1) Mézerai, t. I, p. 191.

distraits des fonctions importantes de leur ministère. Leur naissance, qui les appelait à la cour, les jetait dans les emplois des laïcs, les associait à leurs plaisirs, les festins, le luxe, la chasse et les armes ; mais aussi plusieurs d'entre eux, revêtus des dignités éminentes du royaume, et puissans par leurs vertus, ont rendu de grands services à l'église et à l'état. Par les mêmes canons répressifs on juge des désordres ; il paraît qu'il y en avait de fort répréhensibles dans le clergé inférieur, disséminé dans les campagnes.

Au commencement du septième siècle, temps où a fini, après la mort de Dagobert I, la puissance des rois Mérovingiens, on comptait trente-cinq monastères d'hommes très-riches, dont quelques uns pouvaient et ont pu jusqu'à nos jours lever des armées, tous fondés par des rois et des princes de leur sang. Les reines et les princesses n'ont pas eu moins d'émulation dans ce genre. Elles s'y sont quelquefois renfermées elles-mêmes dans leur veuvage ou dans des temps de disgrace (1).

L'immensité des terres accordées pour ces fondations étonne à présent, parce qu'on ne se reporte pas au temps où ces libéralités ont été faites. La France était alors couverte de forêts ; la guerre avait rendu incultes des contrées entières. Que pouvaient, pour rendre fécondes ces terres frappées de stérilité, quelques habitans épars dans ces déserts? il fallait de grands rassemblemens d'hommes, qui, dirigés par des chefs industrieux et absolus, travaillassent de concert avec assez d'activité, d'ordre et de continuité pour ne pas laisser épaissir de nouveau les forêts qu'ils venaient d'éclaircir, déborder les eaux qu'ils venaient de diriger, renouveler les marais qu'ils venaient de dessécher. Le zèle de la religion a pourvu à tous ces besoins ; elle a réuni sous la discipline monastique des hommes qui ont défriché, desséché, semé, planté, bâti. Les rois et les princes, témoins de leurs succès, leur abandonnaient autant de terres qu'ils voulaient en cultiver. Ce n'était pas alors leur donner des richesses, mais les charger de travaux pénibles, travaux qui ont converti des solitudes sauvages en paysages agréables dont nous jouissons.

Il nous a paru d'autant plus convenable de consigner ces faits dans l'histoire que la destruction des monastères par toute la France va bientôt effacer du souvenir jusqu'aux traces des services rendus par ceux qui les ont habités. Autour des monastères se sont bâties des villes qui portent encore le nom des saints auxquels leurs églises étaient dédiées. Leurs fêtes attiraient des concours, qui ont été dans beaucoup d'endroits l'origine des foires, si utiles au commerce dans ces temps de troubles, pendant lesquels, faute de communications libres et journalières, il avait besoin de points d'appui.

(1) Velly, p. 222.

Les établissemens des monastères ont encore eu un autre genre d'utilité que les fondateurs ne prévoyaient pas. Entre les hommes occupés de travaux manuels, il s'en est rencontré portés par leur génie à l'étude, et propres aux sciences; ils ont copié des livres, conservé les anciens auteurs, et écrit les faits de leur temps; leurs recueils sont devenus les fastes de la nation. Ainsi, les monastères ont été utiles aux progrès de l'esprit et à la propagation des lumières. Celles qu'on y trouvait alors, quoique ce ne fût qu'un faible crépuscule, engageaient les princes et même les rois à y envoyer leurs fils pour y être élevés et instruits. Des monastères de l'autre sexe rendaient le même service aux filles, en les recevant dans leurs enceintes.

Ainsi, pendant la partie du règne des Mérovingiens qui a fini à Dagobert I, il y avait un gouvernement, une police, un goût de science; mais, sous les rois qui ont suivi, et qu'on a nommés fainéans, il n'y a plus eu qu'anarchie, licence et ignorance, jusqu'à l'extinction de la race Mérovingienne. Comme il ne nous reste pour ce temps que des faits bruts sans presque aucun développement, nous donnerons à cette partie de l'histoire la forme d'annales, afin qu'on saisisse mieux la filiation et la suite de ces infortunés monarques. Infortunés! car c'est à tort qu'on leur a donné le nom de fainéans, puisque presque tous sont montés sur le trône à peine sortant du berceau, et ont disparu, les plus âgés, en finissant l'adolescence.

Clovis II, âgé de 4 ans, le premier des rois fainéans.

Clovis II, qui, à la mort de Dagobert, son père, hérita de la Neustrie et de la Bourgogne, n'avait que quatre ans. Sigebert, qui régnait déjà en Austrasie, en avait neuf. Pepin, délivré par la mort de Dagobert de l'espèce de captivité où il était retenu, va prendre les fonctions de maire d'Austrasie, dont il portait le titre. Il meurt avec la réputation d'un homme plein de probité, doué des vertus douces qui répandent le bonheur et sur l'homme vertueux et sur ceux qui l'entourent. Grimoald, son fils, le remplace : premier exemple de succession dans cette place qui devint héréditaire.

Clovis II avait pour maire Æga, dont la générosité, la vaillance, l'affabilité, font aimer le gouvernement de son pupille : il meurt regretté. Sa place est remplie par Erchinoald, parent du jeune roi. La reine Nantilde, mère des deux petits monarques, recommandable par ses vertus et ses talens, était le lien, entre les maires, de ces deux enfans. La Bourgogne, sous le sceptre de Clovis II, faisait cependant un royaume à part. Elle voulut aussi avoir son maire particulier, qui ne fût pas celui de Neustrie; Nantilde recommanda aux seigneurs assemblés Flavent, un d'entre eux qu'elle estimait, et ils l'élurent. Cette princesse cessa de vivre trop tôt pour ses enfans, dont elle tâchait de soutenir l'autorité et de former les mœurs. Privé de ses conseils, Clovis s'abandonne à des désordres qui l'ont fait soupçonner d'aliénation.

Sigebert II, roi d'Austrasie, meurt et laisse un fils, nommé Dagobert II, âgé tout au plus de deux ans. Le maire Grimoald, successeur de Pepin-le-Vieux, son père, substitue au fils de Sigebert le sien, nommé Childebert, comme adopté par le roi défunt. Il n'a cependant pas la cruauté de faire mourir le jeune prince ; mais il le fait tonsurer, et renfermer secrètement dans un monastère d'Irlande. Les seigneurs austrasiens ne souffrirent pas long-temps cette usurpation ; ils arrêtèrent Grimoald, et l'envoyèrent avec son fils à Clovis. Ce prince condamna le père à mort. On ne sait ce que devint le fils. Clovis alors fut regardé comme seul roi de toute la France. Il ne mit pas d'autre maire en Austrasie pour remplacer Grimoald, non plus qu'en Bourgogne, après Flavent, qui était mort : de sorte qu'Erchinoald, maire du palais de Neustrie, le fut des trois royaumes, comme Clovis en était roi.

Ce prince meurt à vingt-un ans. Il avait épousé Batilde, d'une beauté rare : des pirates l'avaient prise sur les côtes d'Angleterre, amenée en France et vendue au roi. On répandit le bruit qu'elle était princesse saxonne. « Quand on est élevée par la fortune, dit Mézerai, on n'a qu'à choisir la race dont on veut être (1). » Esclave ou princesse, Bathilde joignit à la beauté le charme de l'affabilité et une conduite sans reproche ; elle donna trois fils à son époux, Clotaire, Childéric et Thierry.

Clotaire III, âgé de 4 ou 5 mois.

Les trois fils de Clovis II étaient au berceau quand leur père mourut. On n'en reconnut pas moins Clotaire III pour roi de Neustrie, et Childéric II pour roi d'Austrasie ; Thierry, le troisième, n'eut point de partage. Tout cela se fit du consentement des seigneurs, du peuple, et sous l'influence de Bathilde.

Elle eut l'imprudence de permettre, ou ne put empêcher qu'on installât maire du palais de Neustrie Ébroin, homme actif, propre au gouvernement, mais incapable de souffrir partage dans l'autorité. Il suscita tant d'affaires, tant d'embarras à la vertueuse Batilde, que cette princesse, amie de la tranquillité, se retira dans l'abbaye de Chelles, où elle vieillit, sinon religieuse, du moins dans les pratiques les plus austères de la religion, qui lui ont mérité le titre de sainte.

L'esprit d'intrigue, le caractère dominant d'Ébroin, remplirent de troubles le règne de Clotaire III. Ce maire se soutint contre les mécontens, à l'aide du nom de Clotaire ; mais ce soutien lui manqua par la mort de ce prince, à l'âge de quatorze ans. Le peu d'années

(1) Mézerai, t. I, p. 246.

qu'il vécut annonce assez qu'il fut personnellement étranger, et à la générosité avec laquelle fut accueilli à sa cour Pertharite, roi des Lombards, dépouillé de ses états par Grimoald, duc de Bénévent, et aux secours, inutiles d'ailleurs, qui lui furent donnés pour remonter sur son trône.

Childéric II, alors âgé de 18 ans.

Un des principaux ennemis d'Ebroin était Léger, évêque d'Autun, que la reine Batilde avait bien désiré faire maire du palais de Neustrie, quand la préférence fut accordée à Ebroin : il y avait donc rivalité entre ces deux hommes, à la mort de Clotaire. Ebroin mit sur le trône Thierry III, ce jeune prince resté sans partage à la mort de Clovis II, son père. Cette promotion s'était faite sans consulter les seigneurs ; aussi Léger n'eut-il pas de peine à les révolter contre ce choix, en leur représentant qu'Ebroin n'avait agi ainsi que pour régner despotiquement sous le jeune roi, et afin qu'il eût à lui seul obligation de sa couronne. Pour déjouer ces projets, il leur propose d'offrir le trône à Childéric, qui régnait déjà en Austrasie, et qui accepta l'offre qui lui fut faite. De là provint une guerre civile très animée, dont l'issue fut que la même disgrace enveloppa le maire et son jeune roi. Ebroin, menacé de perdre la vie, fut obligé de prendre le froc, extrémité désespérante pour un ambitieux. Il se retira dans le monastère de Luxeuil. On coupa aussi les cheveux au jeune Thierry, sans ordre de Childéric II, son frère, qui lui marqua de la compassion, et lui offrit des dédommagemens. « Je ne veux rien, répondit-il noblement ; on m'a détrôné injustement, j'espère que le ciel prendra soin de ma vengeance (1). » Il se renferma dans l'abbaye de Saint-Denis, non pour se faire moine, mais pour laisser croître ses cheveux.

C'était un vrai service rendu à Childéric, roi d'Austrasie, que de lui avoir ouvert, par la réclusion de son frère, la possession tranquille du trône de Neustrie ; mais, soit que ce service ait fait prendre à l'évêque Léger un air d'autorité qui déplût au monarque, soit que les déréglemens du jeune prince aient été portés à un excès que le zèle du prélat ne lui permit pas de souffrir, Childéric s'irrita de son ton ou de ses remontrances. Dans un accès d'emportement il voulut le tuer. On fit échapper l'évêque, qui se retira dans l'abbaye de Luxeuil, et y prit l'habit monastique. Il y trouva Ebroin. On peut regretter qu'il ne se soit pas rencontré quelque moine observateur qui nous aurait appris de quel œil ils se virent, comme ils vécurent ensemble, s'ils se raccommodèrent, ou du moins s'ils en firent semblant. Des chroniques rapportent qu'ils y tinrent la conduite de bons religieux, ce qui est difficile à croire. La vérité est qu'ils abandonnèrent le

---

(1) Velly, t. I, p. 271.

cloître aussitôt qu'ils le purent. Léger, apparemment rentré en grace, retourna à la cour de Childéric; mais sa cour ne dura pas, et, disgracié de nouveau, il allait perdre la vie, lorsque le jeune monarque tomba lui-même sous le fer de Bodillon, qu'il avait fait honteusement battre de verges, pour punir ce seigneur de quelques remontrances fondées qu'il s'était permises à son égard. Bichilde, sa femme, qui était enceinte, fut assassinée avec lui et un fils encore jeune. Un autre fils, appelé Daniel, échappa à la proscription; mais il fut confiné dans un cloître. Il en doit sortir un jour, pour régner avec quelque gloire, sous le nom de Chilpéric II.

Thierry III, âgé de 22 ans.

On s'attend à voir Ebroin faire reparaître Thierry, qu'il avait autrefois porté sur le trône, et qui était sorti de Saint-Denis; point du tout. Il proclame un Clovis, qu'il suppose fils de Clotaire III, mort à peine adolescent; et Léger, au contraire, s'attache à Thierry, qu'il rejetait auparavant.

Les deux factions étaient très puissantes, fortifiées chacune par des évêques en assez grand nombre, de sorte qu'on pourrait regarder cette guerre comme une guerre ecclésiastique; chaque parti y apporta ce zèle ardent qui fait qu'on ne se pardonne pas (1). Léger en fut victime. Poursuivi à outrance après quelques défaites, assiégé dans sa ville épiscopale, contraint de se rendre, les partisans d'Ebroin lui firent crever les yeux. Mais, tout aveugle qu'il était, son ennemi le trouva encore dangereux; le tenant entre ses mains, il lui fit couper les lèvres, le fit déposer dans un concile de ses adhérens, et enfin assassiner. La faction contraire l'honora du titre de saint et de martyr.

Il semble que la mort de Léger termina les différens. Ebroin fit disparaître son fantôme de roi Clovis, et reconnut Thierry III, dont il devint maire du palais. Comme il était souverain sous ce prince, on peut lui savoir gré de la justice que le roi rendit à Dagobert, fils de Sigebert, roi d'Austrasie, que Grimoald avait relégué en Ecosse. Thierry ne s'opposa pas à son retour, et lui rendit de bon gré une partie de l'Austrasie, sur laquelle il régna; mais Dagobert fut tué dans une sédition excitée par des seigneurs mécontens. Ebroin lui-même fut aussi assassiné en Neustrie, fin bien méritée par un homme dont le génie turbulent mettait tout en combustion autour de lui.

Privés de Dagobert, les Austrasiens refusèrent de se soumettre à Thierry, ou plutôt aux maires qui gouvernèrent sous son nom. Cependant, afin de ne pas tomber dans l'anarchie, ils se choisirent deux chefs auxquels ils donnèrent le nom de princes et ducs des Français, Martin et Pepin, dit *le Gros*, ou de Herstal. Ils étaient

(1) Velly, t. I, p. 298 et suivantes.

cousins-germains, et le dernier, petit-fils de Saint Arnould, évêque de Metz, par Ansegise, son père, et de Pepin-le-Vieux ou de Landen, par Dode ou Begga, sa mère. Cet arrangement ne se fit pas sans contradiction. Les mécontens levèrent des troupes: les deux princes allèrent au devant d'eux, livrèrent bataille sur la frontière de Neustrie, et la perdirent. Martin fut tué en trahison à Laon, où il s'était sauvé. Pepin se retira en Austrasie. Des débris de son armée, grossie par les secours que lui amenèrent les seigneurs austrasiens, il en forma une plus considérable, et revint contre les mécontens, qui s'étaient appuyés de Thierry. En vain Pepin tenta un accommodement; il fallut combattre. Ce fut si malheureusement pour le roi qu'il fut entièrement défait. Pepin le poursuivit jusqu'à Paris, et s'empara de la ville et de sa personne.

La manière dont se conduisirent ensuite le vainqueur et le vaincu apprend ce qu'on ne sait pas d'un traité sans doute conclu entre eux. Thierry se renferme dans son palais, n'en sort qu'avec les ornemens de la royauté, le manteau de pourpre, le diadème en tête, le sceptre à la main, et traîné par des bœufs à pas lents dans un chariot, qui était la voiture affectée aux femmes; donne audience, reçoit les hommages, et garde tous les honneurs de la royauté, dont Pepin a toute l'autorité, sous le titre de maire du palais de Neustrie. La Bourgogne y était réunie. On ne parle plus de ce royaume. Quant à l'Austrasie, Pepin y règne, non comme maire du palais, mais sous le titre de prince ou duc, c'est-à-dire qu'il ne crut pas avoir besoin de se faire autoriser à la souveraine puissance par le nom d'un roi dont il se serait déclaré maire.

Thierry meurt dans cette inertie, et laisse deux fils, Clovis III et Childebert III; et même, selon quelques auteurs, un troisième appelé Clotaire, et d'où provint un jeune prince de même nom, que dans la suite Charles-Martel jugea convenable de montrer pour roi aux Austrasiens.

CHAPITRE VI.

691-752.

Puissance des trois maires du palais, Pepin de Herstal, Charles Martel son fils, et Pepin-le-Bref son petit-fils, sous les *derniers rois fainéans* de cette race. Période de 60 ans.

Clovis III, âgé de 10 à 11 ans.

Pepin place le premier des fils de Thierry sur le trône de Neustrie, et continue d'en être maire pendant la vie de ce prince, qui meurt de maladie à quinze ans.

Cet âge fait connaître qu'il n'eut que la part de représentation à une assemblée des seigneurs neustriens, qui fut tenue à Valenciennes, sous l'influence du maire du palais. On y régla la forme de la convocation des armées, la manière de pourvoir à leur subsistance, et les rangs de ceux qui les composaient. Le principal étendart était la chape de saint Martin, espèce de bannière empreinte de l'effigie du saint. On allait la prendre avec pompe sur son tombeau, comme si on l'eût reçue de ses mains, et à l'armée on la gardait sous une tente avec grande précaution, comme on aurait fait pour la personne même du saint.

Childebert III, âgé de 12 ans.

Childebert III succède, âgé de onze ans, à Clovis III, son frère; Pepin met auprès de lui, maire du palais, Grimoald, son fils, aussi jeune que le roi, moins pour gouverner, comme il paraît par son âge, que pour assurer par succession la place à sa famille. Quant à lui, il continue, en gardant son autorité en Neustrie, à régir l'Austrasie sans roi, comme duc et prince des Français. Il donne des lois de police, les fait exécuter, commande les armées, repousse les ennemis du dehors, convoque les seigneurs, préside réellement leurs assemblées, quoiqu'il y fasse paraître le roi. Cependant il ne trouve pas toujours la docilité qu'il désire; mais malheur aux mécontens qui résistent avec éclat ! Il les fait rentrer dans ce qu'il appelle le devoir, avec une fermeté qui l'a fait taxer de dureté.

Pendant ce temps, Childebert vit renfermé dans son palais, fait sa principale occupation des pieux exercices de la religion, et fonde des monastères. « Le septième siècle, dit Mézerai, fut celui de la » grande chaleur de la vie monastique. » L'historien fait une énumération de ces fondations. Il faut cependant que le roi se soit quelquefois occupé à entendre les causes de ses sujets, et qu'il l'ait fait avec discernement, puisqu'on lui a donné le surnom de *Juste*. Ces fonctions pacifiques, ne portant pas ombrage au maire, étaient sans crainte abandonnées au monarque. C'est un trait digne d'éloge dans la vie de Childebert d'avoir profité de cette liberté pour le bien de ses sujets; il laissa en mourant un fils nommé Dagobert, âgé de onze ans, comme il l'était lui-même en montant sur le trône.

Dagobert III, âgé de 11 ans.

Un roi qui n'avait que onze ans convenait fort à Pepin. « Il l'ins» talle sur le siège royal de Neustrie, du consentement des états. » Après que l'enfant a été montré comme président à l'assemblée, » qu'il a reçu les dons ou étrennes des Français, qu'on lui a fait » bégayer une recommandation générale aux gens en place de dé» fendre l'église, d'avoir soin des veuves et des pupilles, qu'on a

» publié devant lui les défenses ordinaires et la marche de l'armée,
» Pepin le fait conduire dans une maison royale, pour y être nourri
» et entretenu avec abondance et respect, mais sans aucun pouvoir
» ni fonction (1). » C'est là, en effet, toute l'histoire de Dagobert III.

On ne trouve qu'un évènement important sous son règne ; mais il eut les plus grandes conséquences : c'est la mort de Pepin, habile général, bon politique, surtout bien favorisé des circonstances. Les écrivains anciens sont si obscurs sur une des époques principales de la vie de Pepin, que les modernes n'osent assurer si Alpaïde, mère de Charles, un de ses fils, était épouse légitime, et si par conséquent ce fils, devenu si célèbre, était légitime lui-même. Pepin, d'une autre femme dont on ne connaît ni l'état ni le nom, eut encore un autre fils nommé Childebrand, que quelques uns font trisaïeul de Robert-le-Fort, et tige par conséquent de la troisième race des rois de France : mais de Plectrude, bien reconnue pour véritable épouse, il eut Drogon et Grimoald : le premier mourut de maladie, le second fut assassiné, et laissa quatre fils, Théodebald, Hugues, Arnould, Godefroy, que leur grand'mère Plectrude élevait quand Pepin son époux mourut (2). L'aîné, quoique enfant, avait été pourvu, comme son père, de la charge de maire du palais, et Plectrude régnait sous son nom.

Le premier soin de Plectrude fut de s'assurer de Charles, qui avait vingt-quatre ans, et qui montrait des prétentions alarmantes. Elle l'enferma dans un château-fort ; mais les Français, las ou honteux d'obéir à une femme et à un enfant, se soulèvent en Neustrie, forcent l'un et l'autre à fuir, élisent Rainfroy pour maire, et délivrent Charles, qui est proclamé duc et prince en Austrasie. Sur ces entrefaites le nom de Dagobert vint à manquer à Charles et à Rainfroy ; ce prince mourut à dix-sept ans, laissant un fils d'un an, qu'on a nommé Thierry IV de Chelles, parce qu'il fut élevé dans cette abbaye.

Chilpéric II, âgé d'environ 44 ans.

Charles semblait devoir profiter de l'impuissance d'un enfant au berceau pour se mettre sur le trône ; mais apparemment les circonstances n'étaient pas mûres. Il préféra de montrer un roi aux Austrasiens, et il choisit un Clotaire, issu du sang royal par Thierry III, lequel lui aurait obligation de la couronne.

Par la même raison, Rainfroy, négligeant aussi le petit Thierry, tira Daniel, fils de Childéric II, du monastère où il avait été renfermé après la mort de son père, et lui fit prendre avec le sceptre le nom de Chilpéric II. Ce fut alors aux deux vrais souverains, à Rainfroy, maire de Neustrie, et à Charles, souverain en Austrasie, à vider ensemble la querelle.

(1) Mézerai, t. I, p. 298. — (2) Mézerai, t. I, p. 503.

Ils s'approchèrent entourés chacun d'une armée. Rainfroy avait grossi la sienne des troupes d'Eudes, duc d'Aquitaine. Malgré ce secours, il fut vaincu dans une bataille sanglante et contraint de fuir avec Chilpéric, qui assistait au combat. Le roi se retira en Aquitaine, et Rainfroy erra en Neustrie.

Evènement heureux pour Charles! Son roi Clotaire meurt. Il traite avec Chilpéric, qui préfère un trône sans puissance à la position d'un réfugié. Ce prince quitte l'Aquitaine. Le duc des Français le reçoit avec honneur; il s'établit auprès de lui maire de Neustrie. Il s'arrange aussi avec Rainfroy, auquel il abandonne l'Anjou, acceptant son fils en otage : ce seigneur y passa le reste de sa vie tranquille. Enfin Charles s'accommode aussi avec Plectrude, qui reçoit de lui des terres en Austrasie où elle coule des jours heureux dans le repos convenable à son âge, et lui remet ses quatre petits-fils. Trois furent promus aux dignités éminentes du clergé. Un quatrième, qui passait pour plus remuant que les autres, s'est trouvé mort inopinément, sans que les historiens parlent de violence, ni qu'ils en accusent Charles, son oncle.

Ces conciliations politiques eurent lieu en différens temps, pendant la vie et après la mort de Chilpéric (1). On peut encore compter entre les mesures que Charles prit pour assurer sa puissance les libéralités qu'il fit à ses troupes, à la vérité aux dépens du clergé, qu'il paraît n'avoir pas beaucoup ménagé. Il donna aux uns des évêchés, aux autres ceux des monastères, quelquefois avec le titre d'abbé, de sorte qu'on trouve dans les catalogues des supérieurs d'abbayes de filles des généraux et des capitaines. De simples soldats dotaient leurs filles avec les revenus des paroisses, qui sans doute consistaient en dîmes. On croit que de là sont venues les dîmes inféodées perçues par des laïcs.

Chilpéric mourut à Noyon, dans sa cour, rendue, selon ses vœux, inaccessible au mouvement des intrigues, comme au fracas de la guerre. Velly dit qu'il ne doit pas être mis au nombre des rois fainéans; Mézerai le traite d'imbécile. Pour prendre un juste milieu, on pourrait dire que, tranquille et faible par caractère, il aurait été excellent homme privé, et qu'il fut roi très médiocre. Il ne laissa pas d'enfans. Sans doute il n'était pas encore temps de se placer sur le trône de Neustrie, puisque Charles y assit le petit Thierry de Chelles, âgé de sept ans.

Thierry IV, âgé de 7 ans.

Ici commence la suite non interrompue d'actions guerrières qui ont procuré à Charles le nom de Martel, parce qu'il avait toujours le fer à la main pour battre ses ennemis, comme le marteau bat le

---

(1) Mézerai, t. I, p. 138.

fer sur l'enclume. Sous Chilpéric, les Saxons avaient éprouvé la valeur du duc des Français; sous Thierry, il leur en fit encore sentir plus fortement les effets. De gré ou de force ils avaient entraîné avec eux contre la France plusieurs des peuples allemands leurs voisins. Ce rassemblement ne sert qu'à faire triompher la bravoure et l'habileté militaire de Charles. Non seulement il les repousse dans leur pays, mais il leur impose un tribut.

Ils reviennent plus impétueux et plus opiniâtres. Il les bat de nouveau, les chasse au loin, et rapporte de sa course de grandes richesses. Dans le butin se trouve une fille d'une extrême beauté, nommée Sénéchilde; on l'a crue d'une des premières familles de Bavière. Charles l'épousa, et en eut un fils nommé Grifon.

Pendant que des hordes allemandes inquiétaient le nord de la France, les Sarrasins effrayaient le midi. Ils l'avaient déjà autrefois alarmé, et s'étaient même établis dans la Gaule narbonnaise; mais jamais ils ne s'étaient présentés en si grand nombre dans leurs expéditions contre la France. Ils s'y précipitèrent avec plusieurs corps d'armée sous la conduite d'Abdérame, un de leurs plus célèbres généraux. Eudes, duc d'Aquitaine et fils de Boggis, ne peut résister à l'impétuosité de la colonne commandée par ce chef, qui ravage tout le Languedoc et les provinces adjacentes, pille la ville d'Arles, brûle Bordeaux, s'empare de Narbonne, y prend l'épouse de Eudes, qu'il fait esclave, et l'envoie au sérail du calife. Une autre colonne ravage la Touraine, l'Anjou, l'Orléanais, et, laissant partout des monceaux de cendres et des traces de sang, elle s'avance jusqu'à Reims, l'attaque, mais échoue dans son entreprise par le courage de l'archevêque.

Charles-Martel, voyant que ce torrent, si on ne lui opposait pas une forte digue, inonderait et ruinerait toute la France, oublie qu'il a des sujets de mécontentement du duc Eudes, et vole à son secours. Les deux armées réunies attendent dans les plaines de Poitiers Abdérame, qui avait rassemblé toutes ses troupes, et s'en retournait chargé de butin : après s'être observés pendant plusieurs jours, les Français et les Sarrasins en viennent aux mains. Jamais bataille n'a été si sanglante et si meurtrière s'il est vrai que les païens, ainsi s'expriment les historiens, aient perdu trois cent soixante-quinze mille hommes : mais Mézerai fait remarquer « que ceux qui couchent de si prodigieuses armées sur le papier n'ont jamais vu trois cent mille hommes en bataille (1). » Il aurait pu faire encore une réflexion sur la perte de quinze cents hommes, à laquelle les mêmes historiens réduisent celle des Aquitains et des troupes de Martel réunies. Quoi qu'il en soit de ces exagérations en plus ou en moins, contre lesquelles on est accoutumé de se tenir en garde, il reste pour certain que la déroute d'Abdérame fut complète, qu'il fut tué lui-même, et que les

(1) Mézerai, t. I, p. 316.

débris de son armée furent trop heureux de pouvoir regagner le pied des Pyrénées, où ils se cantonnèrent. Cet évènement est de l'an 732. Charles battit encore les Sarrasins près de Narbonne, en 738; mais c'était à Pepin, son fils, qu'il était réservé, en les chassant de la Septimanie ou Languedoc méridional, de leur faire évacuer à jamais le territoire de la France, que sept fois ils avaient plus ou moins envahi. Charles lui eût enlevé sans doute cette gloire, s'il n'avait été forcé de se porter de plusieurs côtés à la fois.

Les Saxons continuaient leurs incursions. Charles vole à eux et les repousse dans leur pays. Des mouvemens se manifestaient en Bourgogne, il calme ou soumet les mécontens. Les Frisons infestent les rivières, ravagent le plat pays; Charles-Martel les attaque par terre et par mer, pénètre chez eux, abat leurs temples et leurs idoles, en tue un grand nombre, et emmène des otages pour s'assurer de la fidélité de ceux qui restent.

Tant d'exploits auraient dû faire craindre à Eudes, duc d'Aquitaine, si bien secouru, de s'attirer la haine d'un pareil ennemi et de s'exposer à son ressentiment; mais, quelles qu'aient été ses raisons, il eut l'imprudence de provoquer Charles et de se mesurer avec lui. Le gain d'une bataille mit son pays à la merci du prince des Français, qui y exerça toutes les horreurs des guerres de ce temps, et dont les nôtres ne sont pas entièrement exemptes. Eudes en mourut de chagrin. D'autres disent qu'il se fit moine de dépit. Son fils Hunauld, qui lui succéda, mieux conseillé que son père, satisfit Charles, prêta serment de fidélité à lui et à ses fils, et vécut tranquille. Le prince des Français vola de nouveau en Bourgogne où il avait paru quelques indices de révolte, pacifia tout, et retourna contre les Saxons qui se remontraient. En une même année, le Rhin et la Garonne le virent à la tête de ses armées sur leurs bords(1). Childebrand, son frère, le secondait dans ses opérations militaires. C'était un prince modéré. Il paraît avoir très bien vécu avec son frère. Sa postérité, qui fut nombreuse, a été la souche de plusieurs maisons illustres. Elles ont contribué, avec d'autres seigneurs, possesseurs aussi de grandes terres, à partager la France en fiefs.

Thierry de Chelles mourut à l'âge de vingt-trois ans, la dix-septième année de son règne imaginaire. On croit qu'il fut marié et qu'il eut même un fils; mais Charles, n'ayant pas apparemment besoin d'un simulacre de royauté, ne jugea pas à propos de le mettre sur le trône, de sorte qu'il y eut interrègne pendant le reste de sa vie.

INTERRÈGNE.

Usé par les fatigues, Charles languissait, quoiqu'il n'eût guère que cinquante ans. Son état d'infirmité lui ôtait le goût des opérations

---

(1) Mézerai, p. 253.

militaires. Les papes, après s'être affranchis sous Grégoire II de la domination des exarques de Ravenne, luttaient alors contre les rois des Lombards pour la domination dans Rome. Grégoire III, à l'imitation de ses derniers prédécesseurs, voulait s'en assurer la possession. Luitprand la revendiquait comme une partie de son royaume. Le pontife n'était pas le plus fort; au contraire, il était très pressé par les armes du monarque. Quoique la conduite de Charles à l'égard du clergé de France ne lui donnât pas lieu d'espérer beaucoup du prince français, il compta que la politique pourrait le déterminer à ne pas souffrir l'agrandissement de son voisin, et le pria d'envoyer une armée en Italie, s'il ne pouvait y venir lui-même. Mais Charles était allié de Luitprand; il avait d'ailleurs assez d'affaires dans un royaume qu'il voulait accoutumer à le reconnaître pour maître. Il se contenta donc d'engager le Lombard à ne point inquiéter le pape, et il envoya de riches présens au tombeau des apôtres. D'ailleurs il en agissait sur la fin beaucoup plus modérément avec le clergé, et on doit remarquer que si, dans sa détresse, il n'usa pas toujours assez sobrement des biens de l'église, du moins il eut la prudence de ne pas épuiser cette ressource, qui dans les temps suivans a été utile au royaume.

Charles-Martel mourut tranquillement dans son lit, âgé de cinquante-trois ans. La vie des plus illustres guerriers n'est pas plus remplie de combats célèbres, de faits héroïques, que la sienne : il était naturel qu'un homme qui devait tant à la guerre imaginât un ordre de chevalerie, pour honorer et distinguer les braves qui avaient combattu avec lui. Charles-Martel fonda celui de la *Genette*, dont les ornemens étaient simples comme la légende, consistant en ces mots : *Exaltat humiles* (il élève les humbles). Devise convenable à des hommes que la bravoure militaire tire d'un état obscur, et présente glorieux aux regards de la nation.

Il paraît que Charles-Martel s'occupa les derniers jours de sa vie à consolider sa puissance, de manière que ses enfans en pussent jouir sans troubles. Il en laissait trois, Carloman et Pepin, de Rolande, Austrasienne; et Grifon, de Sénéchilde, la Bavaroise. Il partagea en deux la monarchie, donna l'Austrasie à Carloman, et la Neustrie à Pepin. Grifon n'eut qu'un petit apanage, ce qui fait douter de sa légitimité.

Childéric III, âgé de 11 à 12 ans.

Après cinq années d'interrègne depuis la mort de Thierry de Chelles, il plut aux deux enfans de Charles, qui régnaient sous le nom de ducs et princes français, de remplir le trône. Peut-être y furent-ils forcés par les murmures des seigneurs, devenus excessivement puissans pendant les troubles. Ils y placèrent un Childéric III, qu'on a nommé Insensé, certainement prince du sang, mais dont la filiation est incertaine. L'opinion la plus probable le fait fils de Thierry, le dernier roi, et lui donne onze à douze ans. Carloman et Pepin continuèrent les exploits de leur père contre les Saxons, les Bavarois et les Sarrasins, qui tenaient encore des places dans le midi; enfin contre les Aquitains, soulevés par leur duc Hunauld.

Au milieu de ces succès, auxquels Carloman n'avait pas moins de part que son frère, il prend la résolution de quitter toutes les grandeurs et de se faire moine. Il avait deux fils, l'un nommé Dreux ou Drogon. On ne sait pas non plus s'il les recommanda à Pepin; mais il est certain qu'il ne fit, ni à eux ni à Grifon, son dernier frère, aucune part dans ses états. Carloman partit pour Rome, magnifiquement escorté, déposa ses dignités entre les mains du pape qui lui coupa les cheveux, et se retira dans un petit monastère assez isolé. Cependant, s'y trouvant encore importuné par les visites des seigneurs français qui allaient à Rome, il se renferma dans l'abbaye du Mont-Cassin, dont la règle sévère lui paraissait un rempart plus assuré que la solitude même contre les tentations séduisantes du siècle.

Dans le projet que Pepin méditait, sans doute, de réunir en sa personne la souveraine puissance entière, il ne pouvait plus trouver d'obstacles que dans son frère Grifon. Des seigneurs qui avaient été dans le district de Carloman, plusieurs montraient de l'inclination pour ce jeune prince; raison pour Pepin de le retenir sous bonne garde à la cour : mais il s'évada et gagna l'Allemagne, où il forma un parti puissant, composé de Bavarois, de Saxons, avec les seigneurs de la cour de Carloman, auxquels se joignit le pape, qui fit des remontrances en faveur de Grifon pour lui obtenir un partage.

Pepin ne laisse pas à cette espèce de conspiration le temps d'acquérir des forces. Il arrive près des mécontens, menace et négocie : joignant l'or et l'intrigue au fer et à la terreur, il gagne les uns par des gratifications en terre et en argent, soumet par la force les plus opiniâtres, ferme la bouche au pape par des présens. Quant à Grifon, il lui fait, du Maine et de l'Anjou qu'il érige en duché, un apanage dont il espère que son frère se contentera, et revient avec une nouvelle ardeur à son projet de se faire enfin conférer le titre de roi, dont il avait toute la puissance.

Malgré les usurpations de Charles-Martel sur les biens du clergé, il jouissait encore d'un grand pouvoir sur l'esprit des peuples. Carloman et Pepin, en succédant à leur père, avaient tâché, par beaucoup d'égards et de libéralités, d'effacer les préjugés défavorables que les démembremens de Charles-Martel, traités de rapines, avaient élevés contre sa famille; mais la conduite des deux frères, l'un montrant beaucoup de respect pour la religion, et l'autre ayant poussé son dévoûment jusqu'à prendre l'état monastique, calma tous les ressentimens : aussi, dans un parlement que Pepin assembla, et où se trouvaient beaucoup d'évêques, si quelques uns n'étaient pas favorables au désir de Pepin, du moins ne paraît-il pas qu'il en ait trouvé de contraires, puisqu'aucun ne réclama pour l'infortuné Childéric.

Cependant le dessein de Pepin ne s'accomplit pas dans cette première assemblée. L'affaire était délicate. Childéric avait pour lui la naissance et l'ordre de la succession non interrompue dans la ligne masculine des Mérovingiens, et une incapacité traitée d'imbécillité qui pourrait se dissiper à mesure qu'il avancerait en âge. D'ailleurs des auteurs assurent qu'il avait une femme et des enfans ; mais les Français étaient las de l'espèce d'anarchie dans laquelle ils vivaient : sortis d'un interrègne pour tomber sous un roi mésestimé, ne pouvant s'accorder entre eux, les seigneurs qui composaient le parlement résolurent de s'en rapporter au pape (1).

Zacharie était son nom. Comme ses prédécesseurs, tantôt en simple dissention, et tantôt en guerre ouverte avec le roi des Lombards pour la possession ou la domination dans Rome, il était naturel qu'il pût compter sur le secours de Pepin, dans le cas où ce prince lui aurait obligation de la couronne (2). La question fut posée en ces termes : « Quel est le plus digne de régner, ou celui qui travaille » utilement pour la défense de l'état et fait toutes les fonctions de » la royauté sans avoir le titre de roi, ou celui qui porte ce titre, » et n'est capable d'en faire aucun exercice ? » Il n'y avait de choix qu'entre deux partis, ou de faire une réponse conforme au désir de celui qui interrogeait par l'organe de l'assemblée, ou de se déclarer incompétent dans cette affaire. L'intérêt du saint-siège ne permettait pas cette espèce de déclinatoire. Le pape prononça pour le gouvernant agissant contre le roi inutile. « Cette décision, quand » elle serait bonne, dit Mézerai, irait bien loin ; » mais, quelle qu'elle fût, les Français y adhérèrent. Pepin fut reconnu roi de France. Une sentence déclara Childéric déchu de la royauté, ordonna qu'il serait rasé, revêtu de l'habit de moine, et renfermé dans un monastère d'Allemagne. Les historiens qui lui reconnaissent une épouse disent qu'elle fut aussi voilée et confinée dans un monastère de France, ainsi que leur fils, nommé Thierry, dont on n'a plus entendu parler.

Ainsi finit la première race des rois de France, nommés Mérovingiens. Dans une durée de trois cent trente-deux ans, elle donna vingt-un rois, si l'on borne ce nom à ceux de Paris, et trente-sept, si l'on compte ceux qui ont porté ce dernier titre, tant à Orléans qu'à Metz, à Soissons, à Toulouse et ailleurs.

(1) Mézerai, t. I, p. 343. — (2) Ibid., p. 344.

752-987.

SECONDE RACE
DITE

DES CARLOVINGIENS

COMPRENANT 15 ROIS, SOUS 235 ANS D'EXISTENCE.

Première période de 752 à 877. Splendeur des Carlovingiens pendant la succession directe et non interrompue de ses quatre premiers rois, Pepin, dit *le Bref*; Charles Ier, le Grand, ou Charlemagne; Louis-le-Débonnaire, et Charles-le-Chauve. Période de 126 ans.

Seconde de 877 à 936. Commencement de la décadence des Carlovingiens et interruption de la succession directe sous les rois Louis II, dit *le Bègue*., fils de Charles-le-Chauve, et ses trois fils, Louis III, Carloman et Charles III, dit *le Simple*. Quatre usurpateurs, au préjudice du dernier, règnent successivement et en concurrence avec lui, savoir : l'empereur Charles-le-Gros, son parent; Eudes, fils de Robert-le-Fort, duc de France; Robert, frère d'Eudes; et le gendre du même Robert, Raoul, qui survécut à Charles quelques années. Période de 59 ans.

Troisième de 936 à 987. Retour à la succession directe des Carlovingiens, et chute de cette famille sous les rois Louis IV d'Outremer, fils de Charles-le-Simple; Lothaire, son fils, et Louis V, dit *le Fainéant*, son petit-fils. Ils ne règnent que sous le bon plaisir et la tutelle de Hugues-le-Grand, fils du roi Robert, et de Hugues-Capet, fils de Hugues-le-Grand. Période de 51 ans.

Les usurpations qui eurent lieu vers la fin de la seconde race, occasionnent dans son histoire presque autant de confusion que l'on en remarque dans la première. Pour la dissiper nous emploierons le moyen dont nous avons déjà fait usage; celui de partager cette période en plusieurs autres de moindre étendue, bien distinctes entre elles par les caractères qui leur sont propres, et qui formeront autant de paragraphes. Nous en compterons trois :

CHAPITRE PREMIER.

752-877.

Splendeur des Carlovingiens pendant la succession directe et non interrompue de ses quatre premiers rois, Pepin, dit le Bref; Charles I, le Grand, ou Charlemagne; Louis-le-Débonnaire, et Charles-le-Chauve. Période de 126 ans.

Pepin, dit le Bref, âgé de 37 à 38 ans.

Pepin, dit *le Nain*, ou le Bref, a été ainsi surnommé, parce qu'il était de très petite taille, mais fort et vigoureux ; témoin ce qui arriva la première ou la seconde année de son règne, dans l'abbaye de Ferrière en Gâtinois, où il tenait sa cour. On mettait alors, entre les principaux divertissemens, les combats contre les bêtes féroces. Pepin, présent à un de ces spectacles, voit un lion monstrueux acharné sur un taureau qu'il étranglait : « Qui de vous, dit-il aux » seigneurs qui l'environnaient, qui de vous ira secourir ce tau- » reau ? » Tous se regardent, pas un ne répond. Pepin saute dans l'arène, le glaive à la main, abat d'un seul coup la tête du lion et entame même le cou du taureau : « Suis-je digne, ajouta-t-il en » se replaçant au milieu d'eux, suis-je digne d'être votre roi ? »

En effet, dans ce temps où la force du corps faisait une grande partie du mérite militaire, une pareille action pouvait être un titre pour commander et régner ; mais le nouveau monarque, Pepin, en avait de préférables : la prudence, l'esprit de conciliation, la prévoyance, l'adresse à profiter des circonstances, et le talent du gouvernement.

Sous l'autorité absolue, quoique précaire, des maires du palais, les grands s'étaient partagé le royaume, et formé de leurs lots des états plus ou moins indépendans, soumis néanmoins à des redevances plus ou moins onéreuses et à des reconnaissances honorifiques envers la couronne. Telle est l'origine des fiefs en France. Les seigneurs, en recevant l'investiture du fief, promettaient foi et fidélité à leur supérieur, de grade en grade, depuis le dernier arrière-fieffé, jusqu'au comte et au duc qui faisait hommage au roi. On ne peut assurer si dès ce temps on employa dans cet acte de soumission les cérémonies qui ont eu lieu depuis. Le vassal se mettait à genoux devant le seigneur : joignant les mains, que le suzerain serrait avec les siennes, il lui jurait fidélité. Dans la formule de l'acte du serment étaient compris les engagemens du vassal, qui consistaient à aider son seigneur à la guerre, ou d'argent, ou de troupes qu'il enverrait, ou de sa propre personne ; de le racheter, lui et son fils, s'ils tombaient entre les mains des ennemis ; et d'autres obligations, quelquefois bizarres, mais auxquelles le vassal s'astreignait, sous peine de perdre son fief et de subir une punition corporelle, même la mort.

Quoique Pepin roi pensât peut-être bien différemment de Pepin maire du palais, et qu'il n'eût pas été fâché de retirer aux seigneurs la souveraineté que son propre intérêt et celui des maires ses prédécesseurs avaient fait attacher à leurs fiefs, il laissa à leur égard les choses dans l'état où il les trouva, malgré la brèche que les grands fiefs faisaient à son autorité. Il y a même apparence qu'entraîné par les circonstances, ou déférant trop à la complaisance pour ses proches, il donna l'exemple, malheureusement imité par ses successeurs, de mettre presque tout le royaume en fiefs. Des auteurs laborieux ont suivi la trace de ces fiefs donnés par Pepin ; ils y ont trouvé l'origine de ces démembremens qui, devenus héréditaires sur la fin de cette race, ont rendu ces grands vassaux, sous le titre de comtes et de ducs, égaux en puissance aux rois de la seconde race, et à ceux de la troisième, jusqu'à Louis XI (1).

Ainsi Pepin s'attacha par leur intérêt, le plus fort des liens, les seigneurs qui l'avaient obligé. On ne voit pas que, pendant son règne, aucun des plus distingués d'entre eux ait été réfractaire à l'espèce de sujétion qu'exigeait la vassalité, excepté Gaifre ou Waifre, fils d'Hunauld, duc d'Aquitaine. Le père avait toujours contrarié Charles-Martel, maire du palais, qui s'avançait vers le trône ; le fils ne se montra pas moins opposé à Pepin qui s'efforçait d'étendre l'autorité royale. Pour bien juger ces ducs, et décider s'ils mériteraient le nom de rebelles, que leur donnent presque tous les historiens du temps, il faudrait connaître quelle était l'autorité non contestée des monarques sur les grands vassaux, et les droits répressifs de ceux-ci, avoués par les lois. Or, les lois ne sont formées que par les exemples, c'est-à-dire qu'un roi, étant le plus fort, a puni par la confiscation du fief, par la prison ou par la mort, un grand vassal qui lui avait résisté à main armée, et que ce même roi ou ses successeurs ont apporté ce châtiment en preuve du droit de faire subir, dans le même cas, la même peine à un autre. Les formes protectrices se sont établies successivement et lentement.

Deux ennemis pressaient la France : les Sarrasins ou Maures du côté de l'Espagne, les Saxons du côté de l'Allemagne. Les premiers avaient conservé Narbonne, d'où ils pouvaient envahir le Languedoc et ravager les pays arrosés par la Loire. Pepin les bloqua dans cette ville, et ne put faire mieux pour le moment, parce qu'il fallut repousser les Saxons dont les hordes nombreuses s'avançaient vers le Rhin. Il eut aussi à retenir dans leurs bornes les Bretons, qui inquiétaient la Neustrie et qui prétendaient à l'indépendance.

(1) Mézerai, t. I, p. 354.—Marcel, t. II, p. 316.

Un autre ennemi, plus dangereux s'il eût été plus prudent, le tourmentait. On a vu que Pepin avait donné à Grifon, son frère, un apanage, dont un homme moins remuant aurait pu se contenter. Après avoir voulu s'emparer de la Bavière, où sa sœur, mère du duc Tassillon, l'avait reçu, Grifon séjourna peu dans son apanage composé de douze comtés situés au cœur de la France, et passa en Aquitaine à la cour de Gaifre qu'il savait malintentionné pour Pepin. Mais des attentions trop marquées pour la duchesse donnèrent de l'ombrage à son époux, et Grifon fut obligé d'abandonner l'Aquitaine. Il tourna alors du côté de l'Italie; et, comme il s'y rendait avec des troupes auprès d'Astolphe, roi des Lombards, il fut arrêté à l'entrée de la vallée de Morienne par celles que Pepin avait commises à la garde des Alpes. Il y eut un combat, et Grifon y fut tué.

Cette Italie devint pour Pepin un objet d'attention et de préférence, par l'intérêt que les sollicitations des papes lui firent prendre aux affaires de ce pays. Des états que les empereurs d'Occident y possédaient autrefois, il ne restait plus aux empereurs grecs, leurs successeurs, au midi, que la Pouille et la Calabre; au nord, que l'exarchat de Ravenne et la Pentapole, nommée aussi duché de Rome. Les maîtres de Constantinople conservèrent encore quelque autorité dans ces provinces, confiées à un gouverneur nommé Exarque, mais avec trop peu de forces pour se défendre contre les Lombards. Ceux-ci s'entendirent avec les papes pour envahir les états des Grecs en Italie, et ensuite ils se disputèrent ces dépouilles.

Le nord seul fut envahi; les deux provinces du midi demeurèrent encore environ trois cents ans sous la domination des empereurs grecs, qui y tinrent des gouverneurs connus sous le nom de Catapans. En 972, elles furent données en dot à Théophanie, fille de Jean Zimiskès et femme de l'empereur Othon II; mais les Grecs ayant refusé de s'en dessaisir et appelé même les Sarrasins à leur aide, il en résulta des hostilités qui ne profitèrent qu'à ces derniers, par les nombreux établissemens qu'ils formèrent dans cette partie de l'Italie. Il fallut, pour les en déposséder, la valeur extraordinaire des fils de Tancrède de Hauteville, gentilhomme normand, lesquels, arrivés en Italie à titre d'auxiliaires, au commencement du onzième siècle, étaient maîtres non seulement de la Pouille et de la Calabre, mais encore de la Sicile, que la moitié de ce siècle était à peine écoulée.

On a vu que Charles-Martel avait assuré au pape Zacharie la possession de Rome. Astolphe, roi de Lombardie, ne voyait pas sans jalousie cette capitale du monde entre les mains des souverains pontifes. Quoiqu'il eût reçu d'Étienne II, successeur de Zacharie, des secours pour s'emparer des états soumis aux Grecs, non seulement il refusait de donner au pape une part de sa conquête, qu'il avait sans doute promise; mais encore il prétendit s'attribuer toute l'autorité dans Rome, et il assiégea le pape. Étienne III, successeur d'Étienne II, suivit l'exemple de son prédécesseur, qui avait eu recours à Charles-Martel; le nouveau pontife trouve moyen de faire parvenir ses plaintes à Pepin. Des ambassadeurs, envoyés par le roi de France, arrivent auprès d'Astolphe. D'abord ils obtiennent la levée du siége; ensuite, que le roi de Lombardie ne mettra pas d'obstacle au désir que le pape montrait de passer en France. Ce ne fut qu'avec une extrême répugnance que le monarque lombard consentit à ce voyage, dont il prévoyait des suites désagréables.

Après avoir été élevé sur le pavois, à l'imitation de ses prédécesseurs, Pepin voulut, pour ainsi dire, faire intervenir la divinité dans son inauguration. Déjà il s'était fait solennellement couronner dans la cathédrale de Soissons par Boniface, archevêque de Mayence, muni d'une autorisation spéciale du pape; mais, pour frapper sans doute encore davantage l'esprit des peuples, tenant Étienne III en France, il résolut de faire réitérer cette cérémonie par le souverain pontife, et d'y admettre avec lui ses deux fils Charles et Carloman.

Beaucoup de seigneurs français ne se prêtèrent que difficilement au désir du roi. Ils avaient bien voulu choisir sa personne pour régner, mais sans dessein d'étendre ce privilége à toute sa race (1). Quelques uns demandèrent un partage pour les enfans de Carloman, que la réconciliation de leur père ne devait pas priver de tout droit à la couronne. Il survint sur ces objets des discussions qui occasionnèrent des débats. Le pape ne se pressa pas de les abréger, jusqu'à ce qu'il eût obtenu lui-même des assurances pour l'exécution de ses projets sur l'Italie.

Ces différens intérêts se concilièrent enfin. Étienne III donna la couronne et l'onction sacrée à Pepin, à Berthe, son épouse, et à leurs deux fils aînés, Charles et Carloman. Dans cette action solennelle, il conjura les Français de n'élire jamais de rois que dans la postérité de ces princes. Il déclara excommuniés et maudits tous ceux qui en prendraient d'un autre sang. On ne sait ni le lieu, ni le jour de cette cérémonie. La plus commune opinion la place dans l'église de Saint-Denis. Étienne y donna au roi le titre d'avoué et de défenseur de l'église romaine, et à ses deux fils celui de patrices romains. Sans doute, il se plaisait à regarder le don de ces titres comme un droit de requérir le secours de ces princes dans le besoin, et l'acceptation des princes comme un engagement pris de protéger le saint-siége, et de l'aider de leurs forces.

En effet, aussitôt après le couronnement, le roi de France se prépara à procurer satisfaction au pape. De son côté, Astolphe, roi des Lombards, instruit des projets d'Étienne et craignant qu'il ne fît déclarer les Français contre lui, fit partir le prince Carloman, qui vivait en religieux dans un monastère de ses états, et le chargea de traverser les desseins de son frère dans l'assemblée des grands, qui, selon la coutume, devait décider de la guerre ou de la paix. Elle se

(1) Mézeray, t. 1, p. 361.

tint à Créci. Carloman y parla avec force en faveur du roi des Lombards. On croit qu'il montra aussi quelque désir de procurer un établissement à ses deux fils, qu'il avait laissés à la discrétion de son frère en prenant l'habit monastique. L'assemblée statua, non qu'on marcherait sur le champ contre le roi de Lombardie, comme le pape le désirait, mais qu'on enverrait à ce prince des ambassadeurs pour traiter d'un accommodement. Lorsque l'assemblée fut finie et que les seigneurs se furent séparés, le pape, en vertu de l'autorité que l'engagement monastique lui donnait sur Carloman, lui ordonna de se retirer dans un monastère d'Allemagne, où il mourut peu de temps après. On transporta ses fils dans un autre. Ils furent rasés, et on n'en a plus entendu parler.

Les ambassadeurs trouvèrent Astolphe disposé à ne point troubler le pape dans la possession de Rome; mais il voulut retenir l'Exarchat et la Pentapole, comme lui appartenant par droit de conquête. Pepin, prévoyant cette réponse, tenait son armée prête. Aussitôt il passe les Alpes et fond sur la Lombardie. Astolphe, qui ne s'attendait pas à cette brusque attaque, abandonne ses retranchemens et se retire dans Pavie. Près d'y être forcé, il convint de céder la Pentapole et partie de l'Exarchat. Ce qu'il en retint, il le dut aux présens dont il combla le roi de France et les seigneurs qui l'accompagnaient. Le pape en marqua du mécontentement; mais Pepin, croyant avoir assez fait pour le pontife, repasse les monts et revient en France.

Astolphe mourut. Le pape s'immisça dans les affaires des Lombards, et en fit obtenir la couronne à Didier, général du roi défunt, au préjudice du frère de ce prince. Il crut par ce service avoir assuré ses nouvelles acquisitions; mais il se trompa. Didier, sur le trône, fit reparaître les prétentions de son prédécesseur. Il reprit l'Exarchat et la Pentapole, et assiégea Rome. Persuadé que, s'il tenait le pape entre ses mains, il obtiendrait facilement la cession de ce qu'il désirait, il offrit aux Romains de lever le siége s'ils voulaient lui livrer le pontife.

Dans cette extrémité, Etienne a recours au roi de France, sa ressource ordinaire (1). Il lui envoie courriers sur courriers, le somme de s'acquitter du vœu qu'il a fait de défendre l'église romaine; lui remontre que, manquer à ce devoir, ce serait se rendre comptable envers l'apôtre saint Pierre lui-même; qu'il n'y aura jamais de salut pour lui s'il l'abandonne; au contraire, si le monarque vient à son secours, il lui promet la félicité éternelle, et lui donne le prince des apôtres pour caution. Il écrivit des lettres encore plus pressantes aux deux jeunes rois, à la reine Berthe, aux évêques, abbés, moines, à toute la nation collectivement, et enfin une dernière, le complément de toutes les autres, dans laquelle, à l'aide d'une prosopopée fort permise, et qui a été ridiculement taxée de supercherie, il faisait

(1) Mézerai, t. I, p. 366.

parler saint Pierre lui-même d'un style tantôt affectueux et tantôt menaçant, qui pouvait faire impression dans ce temps.

Aussi Pepin prit-il la résolution de repasser en Italie, pour donner à la puissance du pape une consistance qui la mît à l'abri de toute variation. Il mena les Français par le Mont-Cenis, encore couvert de neiges, dont ils escaladèrent les rochers avec leur intrépidité et leur promptitude ordinaires. Ils tombèrent comme la foudre dans la Lombardie, qu'ils traversèrent en la ravageant, et marchèrent droit à Rome. Didier leva le siège, et se réfugia dans Pavie, comme son prédécesseur; comme lui, il accorda tout ce que le pape désirait, mais, de plus, il s'engagea à un hommage et à un tribut envers la couronne de France. Pepin vainqueur céda, comme possesseur par conquête, au pape Etienne et à ses successeurs, l'Exarchat et la Pentapole du duché de Rome, qui sont devenus le principal patrimoine de l'église.

La même année que le monarque fit de sa conquête un don si généreux au souverain pontife, il convoqua à Vernon, dans son palais, un concile, auquel furent appelés les seigneurs, pour la sanction de divers réglemens, qui, outre le clergé, devaient aussi regarder les laïcs. On y statua que les évêques sans diocèse ne feraient aucune fonction sans la permission de l'évêque diocésain. Les statuts de Vernon soumettent tous les délits dont les laïcs, comme les ecclésiastiques, se rendaient coupables, à l'excommunication, dont les formes et le pouvoir sont tracés en ces termes : « Il n'est permis de » boire ni de manger en la compagnie d'un excommunié, d'en re- » cevoir aucun don, de lui présenter le baiser, ni même de le sa- » luer : quiconque le fréquentera encourra même excommunication » que lui. » On observera qu'alors tous les crimes, même le meurtre, se rachetaient par une compensation en argent : c'était donc une bonne politique que de donner à l'excommunication un pouvoir qui pouvait alarmer les riches et les grands, que la crainte d'une peine pécuniaire n'aurait pas retenus, et que la peine corporelle ne pouvait atteindre. La plus parfaite impartialité est recommandée, dans les statuts de Vernon, aux juges laïcs et ecclésiastiques ; mais les attributions ne sont point réglées; il leur est seulement enjoint de vider avec toutes les causes celles des veuves, des orphelins et des serfs d'église, et expressément défendu de prendre rien des parties, « d'autant que les présens chassent la justice de tous les lieux où on » les reçoit. »

Les rois tenaient alors des cours plénières pendant les fêtes de Noël et de Pâques. Les monarques y paraissaient, la couronne en tête, superbement vêtus. Ils recevaient splendidement les grands seigneurs, qu'ils défrayaient magnifiquement, et auxquels ils livraient même de riches habillemens, d'où est venu le mot *livrée*. On croit que ce fut sous Pepin que les assemblées du Champ de Mars furent transférées en mai, comme un temps qu'une température plus douce rendait plus convenable : les vassaux y faisaient hommage de leurs fiefs, et les nations vaincues y présentaient le tribut qui leur était imposé. Ainsi les Saxons payèrent à Pepin, dans une de ces assemblées, une redevance de trois cents chevaux qu'ils s'étaient engagés d'acquitter tous les ans à pareille époque. Ce prince y reçut aussi l'hommage de Tassillon, duc de Bavière, son neveu, fils de sa sœur, qui, accompagné des seigneurs bavarois, promit, entre les mains de son oncle, service de vassal; mais, se fiant peu à la légéreté du jeune homme, Pepin le retint à sa cour. On y vit des ambassadeurs de Constantin Copronyme, empereur de Constantinople, qui, outre des aromates, des étoffes et des bijoux précieux, lui apportèrent un orgue, le premier qui parut en France. Le roi le fit placer dans l'église de Saint-Corneille de Compiègne, ville où ce prince résidait. Le but de ces présens était d'engager le roi de France à ne pas s'opposer aux efforts que l'empereur faisait de temps en temps pour se conserver quelques possessions en Italie.

Les guerres étrangères donnèrent moins d'inquiétude à Pepin que celle de Gaifre, duc d'Aquitaine, fils d'Hunauld, qui avait autrefois embarrassé Charles-Martel par ses liaisons avec les mécontens; il paraît qu'il suivait le même plan que son père. On a vu qu'il avait donné asile à Grifon. Il conservait des intelligences avec Didier, roi des Lombards, et des liaisons avec les Sarrasins ou Maures d'Espagne, possesseurs de Narbonne, que Pepin lui-même avait inutilement assiégée, et qu'il tenait bloquée.

Ce prince résolut de prévenir les effets de ces unions dangereuses, en attaquant celui qui pouvait en être le chef (1). On peut juger, par les demandes de Pepin à Gaifre, quels étaient plusieurs des droits prétendus par les suzerains sur leurs vassaux, quoique souverains eux-mêmes. Il exigeait qu'il rendît les biens que l'église de France possédait en Aquitaine, et dont il s'était emparé; que, respectant les immunités des ecclésiastiques, il cessât d'envoyer des juges et des sergens sur leurs terres, qu'il eût à rendre les déserteurs qu'il avait reçus dans ses états, et à payer la somme stipulée par les lois pour le prix du sang de plusieurs hommes du roi tués en Aquitaine. Cette espèce de manifeste fut le signal d'une guerre qui dura sept ans.

Le roi de France la commença avec son impétuosité ordinaire. Il entra dans l'Aquitaine, le fer d'une main, le flambeau de l'autre, et y fit tant de ravages que le duc, qui ne s'attendait pas à cette brusque irruption, fut obligé de recourir sur le champ aux négociations et aux prières. La paix lui fut accordée, sur la promesse qu'il fit de donner au monarque une entière satisfaction; promesse qu'il appuya en livrant deux de ses plus proches parens et deux de ses principaux comtes pour otages.

(1) Mézerai, p. 372.

Mais quand il se fut ainsi procuré le temps de mieux prendre ses mesures, au lieu des actes de soumission auxquels il s'était engagé, il adressa au roi des envoyés qui, loin de le calmer, l'aigrirent par des airs hautains et des demandes inconsidérées. Cette démarche imprudente renouvela la guerre. Pepin, pendant sa durée, mêla la politique aux opérations militaires. Il enleva à son ennemi la ressource de la diversion des Sarrasins, en les chassant de la France sans retour par la prise de Narbonne, qu'il tenait seulement bloquée; et il obtint même, malgré cette hostilité, un traité d'alliance avec le calife leur souverain. Il prévint et apaisa des mouvemens séditieux qui se préparaient en Bretagne; enfin, il détacha du duc plusieurs de ses vassaux et parens, entre autres Remistan, son oncle, auquel il donna la moitié du Berry enlevée au neveu, mais qui ne resta pas long-temps fidèle à son bienfaiteur.

Pendant ce temps, la guerre se faisait avec la plus grande animosité. Toutes les villes que Pepin prenait, ou il les renversait de fond en comble, ou il les démantelait. Gaifre, de son côté, ruinait ses propres forteresses pour empêcher son ennemi de s'y établir; l'Auvergne, la Saintonge, le Quercy, le Berry, le Périgord, n'offraient que des débris et des restes d'incendies. Le roi était prêt de réduire son adversaire, lorsque son neveu Tassillon se sauva de sa cour et se retira en Bavière, où il était appelé par les grands de ses états. Il fallut alors négocier pour empêcher que ce jeune prince ne se joignît à Gaifre, auquel il aurait pu procurer le secours de Didier, roi des Lombards, dont il avait épousé la fille.

Quand Pepin se fut mis en sûreté de ce côté, il reprit avec plus d'activité la guerre d'Aquitaine, qui n'avait point été interrompue. Remistan, voyant l'extrémité à laquelle son neveu était réduit, n'avait pas tardé à se repentir de sa désertion; mais il eut le sort ordinaire aux hommes qui flottent entre les partis. Pris les armes à la main, il fut pendu pour *foi mentie*. Le vainqueur s'empara de Bourges, regardée comme la capitale du duc, y construisit des fortifications, y bâtit un palais, dans le dessein apparent de s'y fixer.

Le malheureux Gaifre se battait en désespéré et obtenait quelquefois des succès. Enfin, à la septième campagne, il se trouva resserré et investi dans un coin du Périgord et fut ou tué dans un combat contre les soldats du roi, ou assassiné en trahison par ses propres sujets, qui ne voyaient d'autre moyen que sa mort pour mettre fin à la désolation de leur pays. La conquête de toute l'Aquitaine suivit de près la catastrophe de ce prince. Les annalistes et romanciers du temps en font un traître, un perfide; réputation à laquelle doit s'attendre ceux qui ne réussissent pas dans un temps de faction, mais réputation que la postérité rectifie quelquefois.

Ce fut le dernier exploit des armes et de la politique de Pepin. Il mourut d'hydropisie à l'âge de cinquante-trois ans. Cette maladie lui donna le temps de disposer de ses états. Il les partagea entre ses deux fils, Charles et Carloman, déjà couronnés; un troisième, nommé Gilles, fut envoyé dans un monastère pour y être élevé et se fit religieux. Charles eut l'Austrasie et ses dépendances avec une partie de la Neustrie jusqu'à la Seine; Carloman, le reste de la Neustrie, le royaume de Bourgogne, l'Alsace, et chacun d'eux une part des conquêtes que leur père avait faites en Aquitaine. Pepin eut aussi trois filles, dont deux moururent jeunes et l'autre fut abbesse de Chelles.

Tous ces enfans étaient nés de Berthe *au grand pied*, ainsi nommée parce qu'elle en avait un plus grand que l'autre. Elle était fille d'un comte de Laon. Les historiens lui reconnaissent un caractère doux et affable. Elle suivait son époux dans ses voyages et expéditions et lui a souvent servi de conseil. On vante son talent à tenir une cour splendide, où elle attirait les grands et les attachait par là au nouveau roi; service plus utile qu'on ne pense dans un commencement d'administration. Quelques auteurs donnent encore d'autres filles à Pepin, et entre autres Berthe, mariée à Milon, comte d'Angers, père de l'invulnérable Roland; et Chiltrude, femme de René, comte de Gènes, mère d'Ogier-le-Danois, personnage renommé dans les romans de chevalerie, et qui peut figurer dignement à côté de son cousin Roland.

Charlemagne, âgé de 24 à 25 ans.

Quarante-sept années d'un règne glorieux, des victoires multipliées, les barbares repoussés des frontières et subjugués, les factions éteintes, la paix intérieure assurée, des lois sages promulguées et mises en vigueur, la religion protégée, les sciences renouvelées : voilà ce qui fonde la réputation de Charles I, connu sous le nom de Charlemagne, ou le Grand. Cette réputation a été portée, par les historiens, jusqu'à l'excès de l'admiration.

Le partage que Pepin avait fait de ses états entre ses deux fils de l'aveu des grands du royaume de l'aveu de ces mêmes grands subit des changemens dont les deux frères parurent se contenter. Charles, âgé de vingt-quatre à vingt-cinq ans, fut couronné à Noyon roi de Bourgogne et de Neustrie, et Carloman, âgé de dix-huit ans, le fut à Soissons comme roi d'Austrasie, de laquelle dépendait une grande partie de l'Allemagne.

Mais ils montrèrent dès le commencement peu d'accord dans une affaire qui leur était commune. Pepin leur avait laissé l'Aquitaine par indivis, prévoyant sans doute qu'il pourrait subvenir, pour la possession absolue de cette province, des difficultés qui ne seraient surmontées que par la réunion et le concours de leurs forces. En effet, Hunauld, dont on a déjà parlé, père du malheureux Gaifre, voyant son fils mort, sortit de son monastère et reprit les armes, secondé de quelques-uns de ses vassaux. Charles, menacé de plus près, se mit le premier en état de défense contre le vieux duc. Il lui enleva, par des négociations, le secours de ses alliés, l'accabla ensuite de toutes ses forces, le poursuivit de forêts en forêts, de cavernes en cavernes; enfin on lui amena l'infortuné Hunauld et sa femme, qu'il avait épousée apparemment en quittant le monastère. Mais le prisonnier, mal gardé, se sauva et trouva un asile chez Didier, roi des Lombards. L'Aquitaine fut entièrement soumise. Charles avait appelé Carloman à cette expédition ; mais, après y avoir à peine paru, il s'en retira. On n'a point d'autres preuves plus détaillées de la mésintelligence entre les deux frères ; on sait seulement qu'elle a existé, et que la reine Berthe, leur mère, eut beaucoup de peine à les empêcher d'éclater.

Cette princesse avait un autre sujet de sollicitude qui regardait son fils aîné. Charles vivait avec une femme nommée Himiltrude, dont il avait un fils appelé Pepin. Qu'il y ait eu mariage ou non, on ne sait par quel motif Berthe obtint du jeune roi divorce ou séparation, et elle lui amena elle-même d'Italie Hermengarde, sœur de Didier, roi des Lombards. Cette union dura peu. Charles fit divorce, renvoya la princesse à son frère, et épousa Hildegarde, princesse allemande. Carloman, au contraire, fidèle à ses premiers engagemens, n'eut qu'une femme, Gerberge, qui lui donna deux fils. Ce prince mourut à la fleur de l'âge dans la quatrième année de son règne. Point de doute que sa couronne n'appartînt à ses fils; mais les seigneurs austrasiens, dit-on, la déférèrent au roi de Neustrie, sans qu'il la sollicitât, et il devint ainsi seul monarque de toute la France.

Les écrivains du temps, qui d'ailleurs sont en très-petit nombre, passent si légèrement sur un fait aussi important que l'est l'exhérédation de ces orphelins, qu'on croit apercevoir dans leurs réticences la timidité qu'imprime la puissance d'un usurpateur. S'il est peut-être dur de flétrir de ce nom un si grand prince que Charlemagne, du moins peut-on marquer quelque étonnement de ce que rien ne fut offert par le beau-frère capable de calmer les inquiétudes de sa belle-sœur. La jeune veuve se crut obligée de se retirer avec ses deux enfans au berceau chez Tassillon, duc de Bavière, cousin de son époux, et de là chez Didier, dont Charlemagne avait répudié la sœur; persuadée sans doute que le ressentiment qui devait rester au roi des Lombards de l'affront fait à sa sœur lui procurerait à elle-même un asile plus sûr dans son royaume; mais peut-être de la protection que Tassillon et Didier lui accordèrent vinrent les malheurs qui firent passer, comme on verra, les états de ces princes dans les mains de Charlemagne.

Sa renommée commença, comme celle de tous les héros de la fable et de l'histoire, par des exploits guerriers. Les Saxons ont été pendant la plus grande partie de son règne le but de ses armes et le sujet de ses triomphes. On doit entendre par la dénomination générale de Saxons les peuples qui occupaient le milieu de la Germanie au delà du Rhin, auxquels se joignaient souvent ceux qui habitaient les côtes de la mer Baltique et les rives des grands fleuves qui se jettent dans l'Océan, enfin toutes les nations depuis la partie méridionale vers la Bohême jusqu'aux glaces de la Norwège. Ces hordes, restes des anciens Scythes, peu constantes dans les régions qu'elles occupaient, avançaient, reculaient, chassaient leurs voisins ou s'incorporaient avec eux. Elles étaient pour les Français comme un orage menaçant suspendu sur les frontières, toujours prêtes à y lancer les feux de la guerre avec tous les fléaux qui l'accompagnent.

Les rois de la première race avaient eu beaucoup de peine à les contenir. Charles-Martel et Pepin, son fils, donnèrent l'exemple d'entrer chez eux et de prévenir leurs fureurs en les repoussant au loin; Charlemagne les imita. Il y avait, quand il monta sur le trône, une espèce de trêve que les succès de Pepin avaient procurée. Instruit par leurs préparatifs qu'ils se proposaient de la rompre, Charles entre brusquement dans leur pays, gagne une bataille décisive sur les bords du Veser, s'empare d'une de leurs principales forteresses où était le temple de leurs faux dieux, le détruit de fond en comble, brise les idoles et ne se retire qu'avec les otages qui lui répondaient de la soumission de ceux qui restaient ; mais pour plus grande sûreté, il mit des garnisons dans plusieurs forts, les uns bâtis exprès, les autres pris à l'ennemi et servant de postes avancés pour l'atteindre promptement s'il remuait de nouveau.

Du fond de l'Allemagne Charles passe en Italie où il était appelé par les intérêts de l'église romaine. On doit se rappeler que par la protection de Pepin l'état ecclésiastique s'était augmenté de plusieurs parties arrachées à l'empire grec convoitées par les rois des Lombards. Ce n'était qu'à regret que Didier les voyait entre les mains des souverains pontifes. A Etienne III avait succédé Adrien I. Non moins désireux que son prédécesseur de conserver et d'acquérir, et aussi contrarié que lui par la loi des Lombards, il eut, à l'exemple de ses prédécesseurs, recours au roi de France et le pria de venir en Italie régler les prétentions respectives.

On ne sait si l'irruption du monarque français fut précédée d'explications, de plaintes, de manifestes; mais l'histoire nous le représente escaladant tout d'un coup les Alpes et se précipitant dans la Lombardie à la tête d'une armée si nombreuse qu'on pouvait bien juger qu'elle n'était pas destinée uniquement à terminer un petit différend entre voisins. En vain Didier lui oppose quelques troupes ramassées à la hâte; ses soldats l'abandonnent, les uns frappés de terreur, les autres séduits par le pape. Réduit à sa cour et à un petit nombre de sujets fidèles, Didier se renferme dans Pavie. Adalgise, son fils, se réfugie dans Vérone. Tous deux sont assiégés. Adalgise, pressé, se sauve à Constantinople. Il avait reçu dans Vérone la veuve de Carloman avec ses deux fils. Ils tombèrent entre les mains de Charlemagne : on ne sait quel sort il fit à sa belle-sœur; mais il envoya ses neveux en France, et l'histoire n'en parle plus.

Pendant que l'armée française serrait Pavie, le roi alla à Rome visiter le tombeau des saints apôtres. Il y fut reçu avec la plus grande solennité, se fit mettre sous les yeux la donation de Pepin, et la confirma. De retour à son camp devant Pavie, il apprit que pendant le blocus tous les fléaux s'étaient rassemblés dans la ville, que la misère y était extrême, que la peste et la famine y exerçaient leurs ravages, et que le peuple, réduit au désespoir, ne connaissait ni frein ni loi. On sut qu'Hunauld, ce vieux duc d'Aquitaine, qui s'était réfugié à la cour du roi lombard, et l'avait suivi dans Pavie, avait été assommé par des femmes dans une émeute populaire, comme cause des maux qu'elles enduraient. La fureur de la populace fut portée à un excès qui fit craindre à Didier le même sort.

Dans cette appréhension, il se rendit sans condition. Si, en s'abandonnant ainsi à son ennemi, il compta sur sa générosité, il se trompa (1). Le vainqueur l'emmena en France et le confina dans un monastère; rasé et revêtu du froc, ou simple prisonnier, Didier y mourut peu de temps après. Que pouvait-il lui arriver de pis en se défendant?

La nécessité de régler le gouvernement de Rome y appela Charlemagne. Quoi qu'en disent les écrivains ultramontains, il paraît que ce prince en garda la souveraineté, puisqu'il y établit des juges en son nom et des gouverneurs dans les villes qu'il rendait dépendantes du saint-siége. Il se réserva même le droit de confirmer l'élection du pape et de donner l'investiture aux évêques. Pour l'utile, il le laissa au souverain pontife; en récompense, Adrien lui confirma le titre de patrice, qu'Étienne lui avait conféré lorsqu'il le sacra avec Pepin, son père. On dit que les Romains ne trouvèrent pas bon que le roi de France conservât tant d'autorité. Mais comment auraient-ils pu l'empêcher? Quant au pape, il n'eut qu'à se louer du patrice, qu'il trouva toujours aussi disposé à accorder que lui-même l'était à demander. Ces affaires finies, Charlemagne reprit le chemin de la France. En passant par Milan, il reçut la couronne de Fer, qu'on imposait aux rois de Lombardie, changea le titre de ce royaume, et le fit appeler royaume d'Italie.

Pendant qu'il était au-delà des monts, les Saxons crurent pouvoir inopinément insulter ses frontières. Ils furent repoussés par ses lieutenans; mais ils revinrent souvent à la charge sous la conduite de Witikind, un de leurs principaux chefs, auquel on ne donne pas le titre de roi, mais que sa valeur a rendu célèbre. Les Saxons ne cessèrent les hostilités que quand ils surent que Charlemagne en personne accourait à eux. Alors ils posèrent les armes, vinrent en foule se prosterner à ses pieds avec leurs femmes et leurs enfans, et demandèrent à grands cris le baptême. Ils savaient que rien ne pouvait être plus agréable à leur vainqueur. Pour affermir la bonne volonté qu'ils manifestaient, il joignit aux soldats, qu'il laissait chez eux, des mis-

(1) ..., p. 396.

sionnaires, et bâtit dans plusieurs lieux des monastères où se tenaient des écoles qui enseignaient le dogme et la morale évangélique. Il reçut, dans une assemblée générale qu'il convoqua à Paderborn, leur serment de fidélité prêté par les députés qu'ils lui envoyèrent, et il leur signifia que, s'ils y manquaient, ils devaient s'attendre à perdre leurs terres et leur liberté. Witikind ne participa point à ces actes de soumission ; il s'était retiré en Danemarck.

À cette même assemblée parurent les députés des Sarrasins, ennemis moins dangereux, parce qu'il n'y avait pas entre eux le même concert qu'entre les Saxons. L'objet de leur mission était d'implorer la protection de Charlemagne contre Abdérame, premier roi maure de Cardoue, qu'une révolution, qui anéantit le pouvoir des califes en Espagne, venait de placer sur ce trône.

À Mahomet, aux généraux qui l'avaient si utilement servi, Abubekre, Omar et Othman ; à son gendre Ali, et au fils d'Ali, Assan, qui avait été forcé d'abdiquer, avaient succédé en Orient, dans la dignité suprême du califat, les descendans d'Ommias, oncle de Mahomet. Ces califes, connus sous le nom d'Ommiades, conservèrent la souveraine autorité depuis l'an 661 jusqu'à l'an 750. Les Alides se ressaisirent alors du pouvoir en la personne d'Aboul-Abas, qui commença la dynastie des Abassides, et qui poursuivit les Ommiades avec la dernière rigueur. Abdérame, l'un de ces derniers princes, échappa aux recherches dirigées contre eux ; réfugié en Mauritanie, où il se cacha quelque temps, il passa de là en Espagne, où l'ancien respect pour le sang d'Ommias lui fit bientôt un puissant parti. Proclamé roi à Séville, en 756, il prit le titre d'Emir Al Mouménim ou de Miramolin, c'est-à-dire seigneur des Croyans, et fixa son siège à Cardoue, où sa postérité se maintint pendant près de trois cents ans. Au bout de ce temps, et après une anarchie de quarante années, qui prépara sa ruine, elle s'éteignit en 1038, par la mort funeste de Motamed-Allah, le dernier des Ommiades, lequel fut massacré par ses propres sujets. Alors s'opéra un démembrement général de la monarchie arabe en Espagne. Elle se fondit en une multitude de petits royaumes dont la faiblesse devait amener la chute, et dont les rivalités l'accélérèrent encore.

La première révolution, celle qui porta Abdérame sur le trône, ne se fit pas sans contrarier l'ambition de la plupart des grands, qui s'étaient flattés de l'indépendance. Ils s'en vengèrent par les révoltes qu'ils suscitèrent et qui occupèrent tout le règne du nouveau monarque, mais qui ne l'empêchèrent pas de prévaloir. Contenus ou dépouillés, ils furent contraints de céder ; mais ce ne fut qu'après avoir employé tous les moyens de résistance, et parmi ceux-là fut l'intervention qu'ils réclamèrent de Charlemagne. Pressé par les sollicitations de leurs députés et par celles de divers autres seigneurs tant maures que chrétiens qui se disputaient la Navarre, et dont les intérêts mêlés et confondus tenaient le pays dans un état de guerre perpétuelle, il se détermina à passer en Espagne pour y rétablir l'ordre. Mais, après s'être emparé de Pampelune, il s'arrêta dans le cours de ses conquêtes, concilia les prétentions des princes, fixa leurs limites, forma des alliances entre eux sans distinction de religion, et, par l'union qu'il établit partout, satisfit encore à la politique, en procurant à ses états une barrière contre les entreprises des Sarrasins du midi. En 801, il étendit cette barrière d'une mer à l'autre, par la conquête de la Catalogne, que Louis son fils enleva aux Sarrasins. Charlemagne y plaça, sous le nom de comtes de Barcelone, ou de comtes de la Marche ou de la frontière d'Espagne, des gouverneurs qui, par les concessions de Charles-le-Chauve, devinrent depuis héréditaires, en demeurant néanmoins vassaux de la couronne. Mais peu à peu ce lien se relâcha, et il se rompit tout à fait en 1137, par la réunion de la Catalogne à l'Aragon, lors des fiançailles du dernier comte Raymond-Bérenger IV, dit le Vieux, avec Pétronille, âgée de deux ans, fille et héritière de D. Ramire, le Moine, roi d'Aragon.

Comme Charlemagne revenait triomphant de son expédition de Navarre, et apparemment avec quelque négligence, son arrière-garde fut attaquée et pillée par les Gascons qui habitaient les Pyrénées. Roland, son neveu, fils de sa sœur, périt dans l'action avec beaucoup de paladins qui l'accompagnaient. On dit qu'on voit encore à Roncevaux des tombes d'une dimension gigantesque, sous lesquelles gisent ces héros rendus plus célèbres par nos anciens romans que par l'histoire.

Plus connu au contraire dans l'histoire que par les romans, Witikind, du Danemarck, où il s'était retiré, ranima le courage de ses compatriotes, leur amena des secours et avança avec eux jusqu'à Mayence. Charlemagne le repoussa jusqu'à la Lippe, gagna contre lui sur les bords de cette rivière une victoire qui fit tomber entre ses mains une autre idole très-révérée, qu'il détruisit avec son temple. Witikind se sauva encore dans son ancien asile du Danemarck.

Il paraît que le monarque aurait mieux aimé soumettre les Saxons par les lois que par la violence. Il en promulgua une dont il espérait un grand succès, et qui eut un effet contraire, quoique l'appât d'un bienfait y fût joint à la sévérité du châtiment (1). Cette loi portait que le droit d'hérédité n'aurait lieu que du père aux enfans et des frères aux frères. Le prince, dans les degrés éloignés, devait seul recueillir la succession, et pouvait en gratifier qui il voudrait, parens ou autres. Ainsi présumait le législateur : les collatéraux, pour n'être pas privés de l'héritage, les autres, pour l'obtenir, se conformeraient aux usages prescrits par le gouvernement, et changeraient leurs mœurs agrestes contre des habitudes plus douces. Mais les fiers Saxons ne pensaient pas ainsi; plus piqués du droit usurpé sur les propriétés que flattés de la restitution : « On nous fera donc,

---

(1) Mézerai, t. I, p. 404.

» disaient-ils, des libéralités de nos dépouilles, et nous serions assez
» lâches pour recevoir des successions enlevées à nos parens, à nos
» voisins, à nos amis : c'est ainsi qu'on fait au cheval un licou de son
» propre crin. » Le résultat de ces réflexions fut une convention tacite
entre eux de ne recevoir aucun de ces honteux présens, tant qu'une
goutte du sang généreux des Saxons coulerait dans leurs veines.

Tranquille cependant sur cette mesure qu'il croyait fort prudente,
Charles s'éloigna de la Saxe, et courut en Italie, où il se formait
contre sa puissance des intrigues dont le pape l'avertit. Adalgise,
le fils du malheureux Didier, était chef de l'entreprise. Il y avait fait
entrer plusieurs seigneurs de ce pays, où son père avait régné, et
dont il avait lui-même partagé le trône. Il était aussi secondé par
l'empereur de Constantinople, qui ne perdait pas l'espérance de se
conserver toujours un pied en Italie. La seule présence de Charlemagne dissipa ces complots. Il y a apparence qu'il effraya plus qu'il
ne punit; et pour couper court à toutes les factions, en montrant
qu'il était déterminé à garder l'Italie, il en donna la couronne à
Pepin, son second fils, âgé de sept à huit ans. Il fut sacré à Rome par
le pape en présence de son père, qui, par la même occasion, fit couronner son troisième fils, Louis, âgé de trois ans, roi d'Aquitaine. Il
fixa le séjour du premier à Milan, et celui du second à Toulouse, en
leur donnant à tous deux des tuteurs pour leur personne, et des gouverneurs pour leurs états. Il avait encore un fils aîné nommé Charles,
auquel il ne donna pas d'apanage, parce qu'il le menait avec lui dans
ses courses militaires, et qu'il l'admettait dans ses conseils, comme
destiné à remplir son trône. Ces trois fils étaient nés d'Hildegarde,
qui lui donna quatre filles et mourut vers ce temps généralement
regrettée.

Il n'y a pas de moyens que Charlemagne ne tentât pour gagner les
Saxons. Il tenait chez eux des assemblées générales, des cours plénières, dans lesquelles il étalait toute la magnificence du trône. Il
tâchait aussi de les amener à la religion par la majesté des cérémonies dans les jours solennels. Le peuple accourait, regardait avec curiosité, admirait; mais au fond du cœur il conservait plus de ressentiment de la destruction de ses idoles et de leurs temples, des mauvais
traitemens faits à ses prêtres et de leur dispersion, qu'il ne sentait
de penchant pour un culte qui contrariait ses passions.

Vitikind, connaissant bien ces dispositions, était sûr de ne pas
manquer de soldats, quand il présentait aux Saxons le moyen de secouer le joug qu'ils détestaient. Le monarque avait laissé sur la frontière une armée nombreuse; Vitikind en rassembla une plus formidable, composée, non seulement de Saxons, mais de Sclaves, de
Sorabes, et d'autres habitans au-delà de l'Elbe et vers la Baltique. Il
fondit, à leur tête, sur les Français, dont il fit un grand carnage. Dans
le massacre furent compris les prêtres et les moines qui se rencontrèrent sous la main de ces furieux.

Irrité de cette affreuse boucherie, Charles revient, déterminé à tout détruire et à mettre un désert entre lui et ces féroces guerriers. Ils demandent encore grace et l'obtiennent, mais à la terrible condition de livrer quatre mille des plus mutins; Charles leur fit trancher la tête en sa présence.

Excepté la déplorable représaille de ces quatre mille malheureux égorgés, dont le compte encore peut être inexact, il est permis de ne pas regarder comme bien constaté le nombre des victimes de cette affreuse guerre, quoique attesté par les écrivains du temps, savoir : six mille tués dans un combat, et de neuf à trente mille dans une espèce de battue que fit le prince Charles, fils de Charlemagne, traversant tout le pays, de l'orient à l'occident, du midi au septentrion, brûlant, saccageant et poursuivant les malheureux habitans dans leurs forêts, les marais, les cavernes, et les retraites les plus sauvages. Witikind, désolé de ces sanglantes expéditions, hors d'état de s'y opposer, prit le parti de céder à la force. Après avoir traité avec le lieutenant de Charlemagne, il alla le trouver dans le palais d'Attigni, lui jura fidélité, fit hommage des terres que le roi lui donna en France, embrassa la religion chrétienne, et y persista. On aime à croire que sa conversion fut sincère, et que ce ne fut pas une simple garantie qu'il voulut donner de sa soumission.

On a vu, sous l'année 752, que les Bretons renfermés dans l'Armorique, espèce de presqu'île aisée à défendre contre un agresseur, se regardaient comme indépendans : Charlemagne leur dispute ce privilége, les force par ses lieutenans d'y renoncer, et reçoit dans l'assemblée de Vorms le serment par lequel ils se reconnaissent vassaux de la couronne.

Cette même assemblée vit aux pieds du monarque des seigneurs qui avaient conspiré non seulement contre sa puissance, mais contre sa vie. Ils avouèrent leur crime, demandèrent pardon, et l'obtinrent, à la seule condition d'un voyage aux tombeaux de différens saints qui furent indiqués à chacun d'eux. La peine était légère; mais au retour ils furent arrêtés, quelques uns retenus en prison, d'autres même privés de la vue. Ces nouvelles rigueurs furent-elles une violation du pardon qui leur avait été accordé, ou la suite de quelques nouvelles menées? C'est ce que l'on ignore.

L'inflexible sévérité de Charlemagne aurait dû contenir les mécontens et les envieux de sa puissance : cependant, depuis la destruction du royaume des Lombards, un Arégise ou Arigise, gendre de Didier et duc de Bénévent, éleva ses prétentions jusqu'à vouloir se faire un royaume de son duché. Un court voyage du monarque en Italie dissipa cette fumée de vanité. Du silence de l'histoire sur le traitement fait au duc on peut conclure qu'il ne fut pas rigoureux; mais on attribuerait volontiers cette conduite indulgente moins à la clémence de Charles qu'au système qu'il pratiquait de n'avoir jamais deux ennemis à la fois, ce qui le faisait toujours triompher. Or, dans le projet formé par Arégise pour sa royauté, se trouvait mêlé Tassillon, duc de Bavière, cousin de Charlemagne. Il était époux de la fille de Didier, laquelle avait à venger sa sœur, renvoyée honteusement par Charlemagne, son père, détrôné, et Adalgise, son frère, errant et privé de ses droits à la couronne de Lombardie.

Le roi de France avait fait avertir son cousin par le pape de se tenir en garde contre les insinuations de sa femme. Cependant il se trouvait toujours plus ou moins mêlé dans les entreprises contre Charlemagne. Quand ce prince eut rompu les fils de l'intrigue d'Arégise, il se tourna promptement contre Tassillon, et enveloppa la Bavière de trois armées. Les Bavarois, trop certains, par le sort des Saxons, de celui qui les menaçait, supplient leur duc de conjurer l'orage par sa soumission. Il aquiesce à leurs prières, promet à son cousin d'être désormais tranquille, et lui abandonne Théodon, son fils, en otage.

Mais à peine Charlemagne était éloigné, que Tassillon, cédant aux pressantes instances de sa femme, prend de nouvelles mesures pour recommencer la guerre. Il y avait diversité d'opinions entre les seigneurs de Bavière sur la conduite de leur duc, et entre eux des factions que Charlemagne sans doute n'ignorait pas. Soit par force, soit par adresse, Tassillon est entraîné à l'assemblée d'Ingelheim que Charlemagne présidait. Là se trouvent d'autres grands vassaux de la couronne. Les propres sujets du duc, ceux qui s'étaient déclarés contre la guerre, l'accusent devant ce tribunal de *trahison et foi mentie*. Il est convaincu, non seulement par témoins, mais par sa propre confession, et condamné par ses pairs à perdre la vie; mais, en considération de ce qu'il était son proche parent, le roi commua la peine en une clôture perpétuelle dans un monastère. Il y fut renfermé avec Théodon, son fils, rasés tous deux et revêtus de l'habit monacal. Le titre de duché de Bavière fut éteint. Divisé en plusieurs comtés non héréditaires, ce pays donna moins d'inquiétudes à Charlemagne que réuni sous un seul chef. Le bonheur qui accompagnait ses armes remit entre les mains de ses généraux, après une victoire sanglante, Adalgise qu'ils firent mourir. Ainsi, et Didier, le protecteur de la veuve et des enfans de Carloman, et Tassillon, son allié, furent punis, par la perte de leurs états et de leur liberté, des services rendus à ces infortunés.

A la guerre, à la politique, aux soins du gouvernement, Charlemagne joignait le goût des lettres, qu'il fit renaître et qu'il cultiva. Il convient de fixer l'état où se trouvaient les arts et les sciences à cette époque, afin de mieux connaître la rapidité ou le ralentissement de leurs progrès dans les siècles qui suivent.

Plusieurs écrivains recommandables de l'antiquité avaient été conservés par les copies que les moines en avaient faites dans leurs paisibles retraites (1). Charlemagne donna une attention particulière à

(1) Mabillon, Dipl. liq. I, p. 11. Duchêne, t. II, p. 108.

ce genre de travail. Il l'introduisit jusque dans son palais. Les princesses ses filles s'en occupèrent. Les religieuses s'y appliquaient encore. Ainsi, les livres se multiplièrent par ses soins. On y employa le beau caractère romain, dont il reste encore des traces dans les manuscrits de ce temps.

Personne ne doute qu'on ne doive à Charlemagne le goût d'étude, le désir d'apprendre qui se manifesta pendant son règne. Quelle devait être l'émulation, lorsqu'on le voyait parcourir les écoles? «Etu-
» diez, s'écriait-il, appliquez-vous, rendez-vous habiles. Je vous don-
» nerai des évêchés, de riches abbayes, et il ne se passera pas un mo-
» ment où je ne m'empresse de vous témoigner mon estime. » Il présidait lui-même aux examens. Mécontent un jour du peu de progrès des jeunes étudians qu'il rassemblait dans l'école de son palais, il leur dit : « Parce que vous êtes riches, que vous êtes fils des premiers de mon
» royaume, vous croyez que votre naissance et vos richesses vous
» suffisent; que vous n'avez pas besoin de ces études qui vous fe-
» raient tant d'honneur; vous vous complaisez dans une vie délicate
» et efféminée: vous ne songez qu'à la parure, au jeu et au plaisir;
» mais, je le jure, je ne fais aucun cas de cette noblesse, de ces ri-
» chesses qui vous attirent de la considération, et si vous ne réparez
» au plus tôt, par des études assidues, le temps que vous avez perdu
» en frivolités, jamais, non jamais vous n'obtiendrez rien de Charles.»

Paul, diacre d'Aquilée, historien lombard, avait écrit en faveur de Didier, son souverain; il se trouvait même enveloppé dans une conspiration contre Charlemagne. On donnait à ce prince des conseils violens contre lui. Ils n'allaient pas moins qu'à le faire condamner à la mort, à avoir les yeux crevés ou le poing coupé. « Eh! qui nous
» dédommagera, répondit-il, de la perte d'un homme en même temps
» si bon poète et si bon historien? » et il se contenta de le renfermer. Cette modération est remarquable de la part d'un prince si sévère.

Il employait, par préférence, aux affaires d'état ceux qui se distinguaient dans les sciences. Une bibliothèque formée par ses soins ornait son palais. Pendant son repos, il se faisait lire des ouvrages estimés ou conversait avec les savans. La nuit, il se relevait pour étudier le cours des astres. Charlemagne parlait plusieurs langues, et on a de lui des vers latins assez bons pour le temps. Il avait formé une académie qui s'assemblait dans son palais. Chacun des membres s'était décoré de quelque nom illustre de l'antiquité. Charlemagne avait pris celui de David; un autre se nommait Homère; Alcuin, Horace.

Cet Alcuin était un prodige de science pour le temps où il vécut: on a de lui des traités pour la grammaire, sur la géométrie et sur le chant, qui était la musique de ce siècle; des commentaires sur l'Ecriture-Sainte, des discours, beaucoup de lettres, dans lesquelles il répond aux questions qu'on lui faisait de toutes parts. Il y montre en général plus d'érudition que de goût; et comment en espérer dans un homme qui avertissait les élèves de prendre garde de se gâter en imitant Virgile? *Non egetis luxuriosá Virgilii vos pollui facundiâ*, disait-il. Alcuin aimait les raffinemens, les difficultés, et voulait passer pour inventeur. On aperçoit aussi dans ses lettres qu'il souffrait avec peine qu'on lui résistât, et on peut le mettre à la tête de ces savans qui ont eu le défaut de vouloir dominer les sociétés littéraires.

Il recommandait beaucoup l'étude de la grammaire; en effet, elle a empêché que la langue latine n'ait achevé de se corrompre par le mélange du tudesque ou roman rustique qu'on parlait alors. La grammaire a contribué à avancer l'épuration des deux dernières, qui, dans la suite, n'en ont plus fait qu'une, dont s'est formée notre française actuelle. Charlemagne avait fait lui-même une grammaire tudesque, et avait traduit en cette langue les termes d'arts et de sciences, afin que le peuple pût les entendre.

La théologie, l'étude de l'Ecriture-Sainte et des Pères faisaient l'occupation principale de ceux qui s'adonnaient aux sciences. La dispute sur le genre d'honneur dû aux images, dispute qui a troublé l'Orient et l'Occident, a enfanté les livres que l'on intitule *Carolins*, parce que Charlemagne les envoya sous son nom à l'église d'Orient. On y remarque un bon fonds de raisonnement et les germes de la science de raisonnement et les germes de la science de la critique. En général, les écrits de ce temps sont plus substantiels qu'élégans; l'éloquence des discours prononcés est sans chaleur; le style des traités est diffus, la latinité incorrecte, les chroniques sont surchargées de fables qui étouffent les faits: point de chronologie! Cependant il faut distinguer l'histoire des Lombards par Paul d'Aquilée, nommé Wanefrid, et celle de Charlemagne, par Eginard, son secrétaire, et qu'on croit avoir été son gendre. La première est louée pour son exactitude; la seconde réunit à cette qualité les graces de la diction.

Il n'y avait aucun des savans, surtout des académiciens, qui ne se piquât de faire des vers. Tous les ouvrages en prose en sont semés, et il reste des pièces de poésie particulières sur toutes sortes de sujets, et en grand nombre. Mais il semble qu'on s'étudiait plutôt à faire beaucoup de vers qu'à les faire bons. La rime commençait à s'introduire. On aimait les acrostiches, et l'on se faisait des difficultés pour les vaincre. Le pape Adrien envoya à Charlemagne une pièce de vers de sa façon, dont tous les mots commençaient par un C, la première lettre du nom du prince. Au reste, ces poètes s'étaient bien facilité l'art de la versification par la licence qu'ils prenaient. Outre celle de faire des syllabes longues ou brèves, selon leur besoin, ils ne se faisaient pas scrupule de couper les mots en deux et d'en écarter les parties pour trouver leur mesure. Ceci serait difficile à comprendre sans exemple; en voici deux conservés par Baluze. Le premier est d'Alcuin, écrivant à un de ses amis:

Te cupimus APEL peregrinis LARE camœnis.

L'autre est l'épitaphe de Charlemagne :

FEBRU migravit quinto ARII ex orbe kalendas*.

Il ne nous est point resté de chansons en langue vulgaire; il y en avait cependant. Sans doute elles célébraient les évènemens du temps; et la perte de ces poésies fugitives en est une véritable pour l'histoire.

Charmé de ces belles inventions, Alcuin s'écriait : *Ecce Athenœ novœ conficiuntur nobis* (une nouvelle Athènes a paru parmi nous) : avertissement de se tenir en garde contre l'enthousiasme de son siècle. Des contestations qui s'élevèrent sur le jour préfix où devait être célébrée la pâque, engagèrent à observer les phases de la lune, à étudier ses mouvemens. L'état du ciel était déjà connu, puisque long-temps auparavant on calculait les éclipses; mais il fut alors enjoint aux membres du clergé de savoir le comput ecclésiastique, pour régler les fêtes et les solennités : plusieurs allèrent au delà de ce qui était prescrit, et il parut des traités d'arithmétique qui, malgré leur imperfection, ont servi de base à l'invention et la solution de problèmes importans. Comme on sait rarement se tenir dans de justes bornes, quelques savans exaltés prétendirent prédire l'avenir par l'aspect des astres et la combinaison des nombres.

Voici une idée des systèmes astronomiques du temps.

« La lune n'éclaire que par la réflexion de la lumière du soleil.
» Elle est comme un miroir qui réfléchit la lumière, sans renvoyer
» la chaleur. Les autres planètes brillent de leur propre lumière.
» Les étoiles reçoivent la lumière du soleil Il se nourrit d'eau, et
» est plus grand que la lune; la lune est plus grande que la terre.
» Chaque planète a une couleur particulière que l'éloignement em-
» pêche de distinguer. Le ciel est composé d'un feu subtil. Il est
» rond, concave. La terre seule immobile est son centre. De ses cinq
» zones, il n'y a que les deux tempérées habitées (1). »

On faisait dès lors des sphères célestes.

Les opinions variaient sur la figure de la terre. Les uns la faisaient ronde, les autres carrée, mais tous divisée seulement en trois parties : l'Europe, l'Afrique et les Indes. Quant à la géographie particulière, il en reste peu de traces. Il est cependant difficile que Charlemagne ait parcouru tant de pays sans en faire faire des descriptions; mais elles doivent être très imparfaites et peu utiles dans l'usage, parce qu'on ignorait l'art des divisions et le rapport des échelles.

La géométrie n'a pas été absolument ignorée, puisque ce prince commença un canal pour joindre le Rhin au Danube. Cette entre-

---

* On pourrait rendre en français le ridicule de ces deux vers, par les deux qui suivent :
    En des sons étrangers l'ENTRE voulant TEXIR,
    Le vingt-huit JAN il quitta VIER la terre.

(1) Spicilège, t. II, p. 325.

prise échoua, non faute des connaissances géométriques, telles que le nivellement des terres et la conduite des eaux, mais parce qu'on manquait des moyens mécaniques inventés depuis, tant pour les épuisemens et les excavations, que contre les éboulemens qui opposent souvent tant d'obstacles à ces sortes de travaux.

Les médecins se nommaient et se sont long-temps depuis nommés physiciens. Charlemagne se servait peu d'eux, mais il estimait la science. Il a établi à Salerne une école qui est devenue fameuse, et entretenait une apothicairerie dans son palais : la médecine consistait en ordonnances de médicamens. On ne voit pas que l'on connût les opérations chirurgicales, sans doute faute de savoir l'anatomie.

La peinture, la sculpture, l'art de l'orfèvrerie, n'étant pas exercés par des personnes qui en fissent une profession expresse, se sont bornés à quelques essais plus ou moins heureux, selon le goût des artistes. On connaissait les procédés de la fonte. Charlemagne n'a pu bâtir des palais, des forteresses, des ponts, des villes même, comme Aix-la-Chapelle, sans le secours de l'architecture. Si on juge de la science par les vestiges des monumens qui restent, elle s'appliquait plus à la solidité qu'à l'élégance.

Le chant de l'église attira de Charlemagne une attention particulière. L'office divin entrait pour beaucoup dans les solennités, je dirais presque dans les plaisirs de la cour. On y assistait régulièrement le jour; on ne s'en dispensait pas la nuit. Les rois de France avaient un office réglé dans leur palais et des chantres attachés à leur chapelle. Pendant un des voyages de Charlemagne à Rome, il y eut un défi entre ses chantres et ceux du pape. Le roi décida en faveur des Italiens, et ordonna que ce chant, qu'on appelle chant grégorien, fût préféré dans tout le royaume. Il s'en établit des écoles dans les cathédrales; les élèves refluèrent dans les autres églises. On s'envoyait réciproquement des gens instruits, qui enseignaient par mémoire, parce que la note n'était pas encore inventée. C'est l'origine de la musique des églises, qui a été très utile pour propager la véritable musique, attendu que les laïcs ont pu l'apprendre à peu de frais de maîtres déjà stipendiés. On voit, par cette esquisse de l'état des sciences sous Charlemagne, qu'il y avait plus d'efforts que de succès; mais ces tentatives n'ont pas été inutiles, puisqu'elles ont tiré les sciences de l'oubli où elles s'ensevelissaient, et qu'elles en ont répandu dans la nation le goût qui s'est perpétué, genre de gloire qui a peut-être plus contribué à rendre plus célèbre le nom de Charlemagne que ses exploits guerriers.

La réunion de la Bavière à la France donna des inquiétudes à des colonies de Huns, qui habitaient la Bohême, l'Autriche et d'autres pays plus éloignés (1). Redoutant le sort des Saxons, ils se liguèrent contre le vainqueur de leurs voisins et subirent le même sort. On ne

(1) Mézerai, t. I, p. 416.

sait s'ils commencèrent les hostilités, ou si Charlemagne les prévint ; on doit seulement remarquer qu'allant combattre des idolâtres, il crut devoir enflammer son armée d'un zèle religieux. On fit dans le camp des processions pendant trois jours, pieds nus ; on ordonna des prières, et surtout l'abstinence du vin ; mais ceux qui ne pouvaient ou ne voulaient pas s'en passer, se rachetaient de cette privation par l'aumône. On sait ces détails de Charlemagne lui-même, qui les écrivit à Fastrade, son épouse.

Cette reine avait succédé à Hildegarde, mais ne l'imitait pas dans ces manières douces et prévenantes qui attachent les cœurs. Ses airs hautains et impérieux déplurent à quelques seigneurs austrasiens. Ils aigrirent surtout Pepin, ce fils d'Himiltrude, que Charlemagne ne mettait point au rang de ses enfans légitimes, puisqu'il ne lui avait pas donné d'apanage ; il était contrefait, mais beau de visage, et avait beaucoup d'esprit. Le chagrin d'être si désagréablement distingué de ses frères se joignant à celui d'être peu ménagé par sa belle-mère, lui fit prendre part à un complot contre son père. Les conjurés s'assemblaient les nuits dans une église ; un prêtre, qui s'y trouva par hasard, les entendit. Ils l'aperçurent et délibérèrent d'assurer leur secret par sa mort ; mais ils lui firent grace sur sa promesse de se taire ; et sitôt qu'il fut en liberté, il alla tout révéler : les coupables, saisis et amenés devant un tribunal, furent condamnés à différens supplices. A la sollicitation de son conseil, Charlemagne fit grace de la mort à Pepin, et le relégua dans un monastère. Fastrade survécut peu à cet évènement, et ne laissa que des filles. Elle fut remplacée par Lutgarde, qui ne vécut que six ans et ne laissa point d'enfans.

Pendant ces six années, Charlemagne bâtit le palais autour duquel s'est formée la ville d'Aix-la-Chapelle. Il en fit son principal séjour, sans renoncer cependant aux autres châteaux, qu'on tenait toujours préparés à le recevoir dans différentes provinces. La seule crainte de son ressentiment fit rentrer dans le devoir des seigneurs bretons, qui souffraient toujours impatiemment le joug de la féodalité et tâchaient de le secouer. Ils apportèrent dans une assemblée générale leurs armoiries et leurs écussons, et les présentèrent au monarque en signe de soumission. On ne sait si ce fut une nouvelle révolte des Saxons qui détermina Charlemagne à les affaiblir en les divisant. Il fit transporter beaucoup de familles sur les côtes maritimes de la Flandre encore mal peuplée ; mais les Saxons transplantés ne perdirent pas pour cela l'amour de la liberté. Ils l'inspirèrent au contraire aux nations auxquelles ils s'incorporaient. On a même prétendu que, par ce mélange, de dociles qu'ils étaient, les Flamands sont devenus remuans et insubordonnés ; ce qui a fait dire que Charlemagne, au lieu d'un diable, en avait fait deux.

De nouveaux troubles le rappelèrent en Italie. Le pape Adrien, son ami, était mort. L'élection de son successeur éprouva des contradictions. Léon, prêtre de l'église romaine, l'emporta sur ses compétiteurs ; mais son triomphe l'exposa à de mauvais traitemens qui le déterminèrent à se réfugier en France. Il y fut reçu avec la plus grande solennité. Cependant, comme ses ennemis étaient les parens d'Adrien, que Charlemagne avait toujours protégés, il ne voulut pas les condamner sans les entendre, et partit pour l'Italie.

Sans nous dire clairement quels étaient les griefs reprochés au pape, les historiens nous apprennent qu'il avait été cruellement maltraité, jeté dans un cachot, et qu'il portait sur son visage les marques des efforts qu'on avait faits pour lui arracher les yeux.

Arrivé à Rome, le monarque français convoque un concile. Léon y plaide sa cause, et quand il est question de prononcer, les évêques déclarent qu'ils ne se croient pas compétens pour juger celui qui a le droit de juger tout le monde sans pouvoir être jugé par personne. On lui défère le serment. Il monte en chaire dans l'église de Saint-Pierre : là, en présence des évêques, du monarque et de tout le peuple assemblé, il jure qu'il est innocent des crimes qu'on lui impute : en conséquence de cette justification, ses calomniateurs sont condamnés à la mort ; mais il obtient leur grace, et la cérémonie finit par une procession solennelle, pour remercier Dieu de l'heureuse issue de cette affaire. On ne peut s'empêcher d'observer que, puisque le pape se croyait si sûr de son innocence, si pur de tout reproche, il aurait mieux valu, pour son honneur, être jugé solennellement que de se purger par serment.

La justification de Léon fut suivie d'une autre cérémonie qu'on peut attribuer autant à la politique qu'à la reconnaissance. Le pape venait d'éprouver, comme ses prédécesseurs, les heureux effets de la bienveillance du monarque français ; il ne pouvait espérer les mêmes avantages de l'empereur de Constantinople, qui conservait encore une ombre d'autorité dans Rome. Léon résolut de la faire disparaître entièrement et de la remettre tout entière entre les mains de Charlemagne. Ses prédécesseurs avaient fait des patrices, il se crut en droit de faire un empereur.

Le jour de Saint-Pierre, pendant que ce prince était en prières devant le tombeau des saints apôtres, Léon s'approche, accompagné des seigneurs romains, lui met le manteau de pourpre sur les épaules, sur la tête une couronne d'or enrichie de diamans, et le proclame empereur d'Occident. Tout le peuple applaudit, et Charlemagne, surpris, dit-on, se prêta néanmoins à l'empressement général. Irène, meurtrière de Constantin, son fils, régnait à Constantinople. Ne pouvant empêcher la création de ce nouvel empire, elle offrit de joindre celui d'Orient à celui d'Occident, en donnant sa main à Charlemagne. Comme il se trouvait veuf, on dit qu'il fut tenté d'accepter la proposition ; mais cette mégère fut détrônée et mourut en exil. Ce fut avec son successeur, Nicéphore Logothète, que Charlemagne posa les limites des empires d'Orient et d'Occident. La Liburnie, au fond du golfe de Venise, l'Istrie, la Dalmatie, la Croatie, la Bosnie, l'Esclavonie, ou Pannonie, entre la Drave et la Save, demeurèrent à Charlemagne. Dans ces provinces il ne resta à l'empire d'Orient que les villes maritimes et les îles qui bordent la Dalmatie, ce qui fut suffisant d'ailleurs pour conserver aux Grecs le domaine de la mer Adriatique, que les Vénitiens n'étaient pas encore en état de leur disputer.

Ici finit la vie militaire de Charlemagne. Les guerres qu'il eut encore furent presque toutes soutenues par ses capitaines, et la victoire n'en resta pas moins attachée à ses drapeaux. Il devint plus sédentaire dans ses palais, s'appliqua plus assidûment à policer ses vastes états, et dicta ces lois qui lui ont acquis une gloire plus solide que celle des armes.

A juger des Français par les lois de Charlemagne pour prévenir ou réprimer les désordres, les mœurs étaient encore sauvages et la civilisation peu avancée. Il fit revivre la loi salique, la réforma, y fondit celles des Ripuaires, des Allemands, des Bavarois, et en fit un code approprié aux différentes nations qui composaient un empire. Il y ajouta successivement des règlemens selon les temps et les besoins. On les a nommés Capitulaires, parce qu'ils étaient rangés par chapitres. On aperçoit, par les ménagemens du législateur, qu'il a souvent été obligé de conserver et d'autoriser des usages qu'il n'approuvait pas, tels que les duels privés et judiciaires, le rachat par argent de la peine due au crime, au lieu du châtiment personnel; des variations au sujet du divorce et du libertinage entre personnes libres, qu'il défend dans un endroit, et que, dans d'autres, il se contente d'assujétir à des règlemens. Sa principale attention se portait sur le clergé, comme devant donner l'exemple. Il prescrit aux ecclésiastiques la subordination entre eux, leur propre instruction, celle des peuples, la réforme des abus et de la superstition, qu'il faut bien distinguer, dit-il, de la religion. Il assure leur subsistance par les dîmes, afin que, n'étant pas dépendans du peuple, ils soient plus fermes dans leurs remontrances et la répression des vices. A cette occasion, il leur recommanda, non pas l'éloignement de la société, mais la discrétion dans la participation aux habitudes et aux plaisirs des laïcs.

Même réserve est imposée aux juges et à tous ceux qui sont admis à la magistrature, qui est une espèce de sacerdoce; ils suivront les lois, jugeront avec équité, sans acception de personnes, surtout ne recevront jamais de présens, car « où entrent les présens, de là s'enfuit la justice. » Il n'y a point d'état qui ne trouve ses devoirs dans les Capitulaires. La solennité apportée à la confection et à la publication des lois les rendait plus respectables au peuple, et par suite plus efficaces.

L'empereur y mettait un grand appareil, paraissait sur son trône, la couronne en tête, le sceptre de la justice à la main, entouré des évêques, des princes, seigneurs et grands officiers de la couronne. Il faisait lire les Capitulaires devant le peuple assemblé, en accompagnait la proclamation d'un discours paternel, en recommandait l'exécution, la surveillait d'ailleurs par des hommes de confiance qu'il envoyait dans toutes les parties du royaume, tantôt secrètement, tantôt revêtus d'un caractère public, et c'était ordinairement sur leur rapport qu'étaient réformées ou confirmées les lois, ou qu'on en faisait de nouvelles.

Retournés dans les lieux soumis à leur autorité, les princes, les gouverneurs et autres personnes constituées en dignité dictaient au peuple, avec la même pompe, les décrets émanés du trône. Les évêques, par leur sanction, leur imprimaient un caractère auguste et sacré. Accoutumés à respecter ces organes de la loi, les peuples se trouvaient disposés à l'obéissance par la confiance dans la probité et des lumières de ceux qui la présentaient.

Au comble de la gloire et de la puissance, Charlemagne fut encore exposé aux attaques des Saxons, qu'il fallut réprimer; il en transporta un grand nombre dans les montagnes de l'Helvétie, et ce sont eux, dit-on, qui y ont propagé l'amour de la liberté, si chère aux habitans de ces cantons. Il se vit aussi menacé par les Normands, peuple du nord, qui, non contens d'exercer la piraterie sur mer, infestaient les côtes, remontaient les fleuves, pillaient, ravageaient et se retiraient promptement, chargés de butin. Témoin lui-même un jour de leur audace, il s'écria comme par pressentiment : « Hé quoi ! à ma » vue ! dans ce haut point de gloire où est la puissance des Français ! » ah ! que sera-ce un jour, si la France s'affaiblit? Que de calamités » ils lui feront souffrir ! » Cependant Charlemagne ne manquait pas de vaisseaux. Il en avait depuis l'embouchure du Tibre jusqu'en Germanie. Il avait donné des soins particuliers à sa marine. Boulogne en était l'établissement principal, et il y avait fait relever le phare de Caligula, nommé depuis la Tour d'ordre. On parle même de combats sur mer livrés aux Grecs, dans lesquels les Français remportèrent la victoire (1).

Pendant que des corps de Normands inquiétaient les rivages, d'autres, sous le nom de Danois, joints à des restes de Saxons, pénétraient dans les terres. Un de ces princes danois fit une irruption en France. A la vérité, il fut repoussé; cependant l'empereur ne se mit à l'abri de nouvelles hostilités que par un traité auquel il ne se serait peut-être pas déterminé dans la vigueur de son âge; mais, outre qu'il s'affaiblissait, il perdit dans cette circonstance son fils aîné Charles, le compagnon de ses victoires, auquel il destinait l'Empire, et qui lui fut enlevé par une maladie.

Le même genre de mort ouvrit le tombeau à Pepin, roi d'Italie, son second fils, qui laissa un fils nommé Bernard, et cinq filles. Mais

(1) Mézerai, t. I, p. 423.

ces enfans n'étaient pas nés en légitime mariage. Si l'on en excepte Louis-le-Débonnaire, les enfans de Charlemagne ont eu, en général, une conduite peu réglée. On a voulu en trouver la cause dans l'indulgence que leur père avait pour lui-même à cet égard; mais cette imputation calomnieuse, fondée sur le grand nombre de ses femmes et sur le nom de concubines porté par les dernières, a été détruite par cette observation, que les concubines alors étaient des femmes de second rang, dont la société, pour ne pas produire d'effets politiques, n'en était pas moins légitime, comme étant de la même nature que celle qui a été appelée depuis *mariage de conscience* ou *de la main gauche*.

Il ne restait à Charlemagne que Louis, roi d'Aquitaine. Ce prince mena d'abord sur son trône une vie qui n'était pas exempte de reproches. Il en vint des plaintes à son père. Les réprimandes de l'empereur et les mesures qu'il prit eurent un tel succès, qu'il reçut sur son fils autant de témoignages avantageux qu'on lui en avait porté de désagréables. A ces nouvelles, le bon père s'écria : « Remercions » Dieu de ce que ce jeune prince sera meilleur que nous. » Il ne se trompa point sur les mœurs, mais il prédit mal tous les talens. Voulant garantir la sûreté de ses Etats, il associa à l'empire ce fils, dont il avait conçu de si belles espérances, donna la couronne à Bernard, son petit-fils, et les renvoya, chacun dans son royaume.

Charlemagne survécut peu à ces dernières dispositions. Il mourut à Aix-la-Chapelle, dans la soixante-douzième année de son âge et la quarante-huitième de son règne. On voit, par son testament, qu'il traitait son royaume comme une grande famille. Il y fait des legs à des personnes de toutes conditions, laïcs, ecclésiastiques, libres, esclaves, des dons riches aux cathédrales et aux monastères. Les biens de nos rois consistaient en domaines, qu'ils affermaient ou que des préposés faisaient valoir pour eux. Les redevances se payaient en nature. Charlemagne connaissait tous ses régisseurs, entrait dans le détail de leur gestion. Il paraît, par son testament, qu'il ne regardait pas comme au-dessous de lui d'allier ses soins domestiques au devoir de la royauté. Il fut inhumé dans l'église d'Aix-la-Chapelle, qu'il avait bâtie. Ses actions le peignent suffisamment. Nous n'en ferons pas d'autre éloge que celui qui a été renfermé dans une très courte épitaphe : « Il a noblement agrandi et heureusement gouverné la » France. »

Louis I, dit le Débonnaire, âgé de 36 ans.

Louis I, le seul fils qui restât à Charlemagne, a été appelé le Débonnaire, surnom qui désigne une vertu, mais dont l'excès et une imprudente confiance ont fait chez lui un défaut. Dans ses voyages assez fréquens à la cour de son père, il n'avait pas craint de mécontenter ses sœurs et les femmes qui les environnaient, en censurant peut-être avec trop d'aigreur la vie peu régulière qu'elles menaient sous les yeux et pour ainsi dire avec la permission tacite du vieil empereur. Sans doute il eut quelques avis d'une cabale qui se formait pour l'exclure du trône et y appeler Bernard, roi d'Italie, fils naturel de Pepin, son aîné. Il se hâta donc de quitter l'Aquitaine, où il régnait. Son arrivée à Aix-la-Chapelle fut signalée par la disgrâce de ses sœurs, qu'il renferma dans des abbayes dont elles étaient titulaires; les femmes qui peuplaient la cour furent congédiées. Il fit punir du dernier supplice deux jeunes seigneurs qui passaient pour amans des princesses. Peut-être étaient-ils auteurs ou complices du complot formé ou projeté pour faire passer la couronne à Bernard : entreprise mal concertée, dont les suites ont été si funestes au jeune roi d'Italie.

Louis-le-Débonnaire était remarquable entre ses sujets par sa taille et son adresse dans tous les exercices. Il avait le regard doux et accueillant, parlait bien le latin et le français, entendait le grec; on lui avait fait apprendre le tudesque dans sa jeunesse, mais il le négligea. Louis aimait la musique et les spectacles; sobre et frugal, chaste, religieux, plus appliqué à la science théologique qu'il ne convenait à un roi; très aumônier, il se plaisait à donner lui-même. Il ne montrait pas, pour la compagnie des savans, le même goût que Charlemagne, son père; cependant il les souffrait sans répugnance près de lui. On lui a reproché d'avoir fait sa société habituelle de gens de basse et serve condition et de leur avoir distribué trop généreusement des terres et des dignités. Sa conduite pendant tout son règne prouve qu'il avait peu de prévoyance, qu'il combinait mal ses projets et exécutait avec une précipitation peu réfléchie. De là toutes les fausses démarches qui lui ont causé des chagrins cuisans et qui ont occasionné tant de troubles dans son royaume.

Ce prince parvint au trône dans un moment sous les auspices les plus favorables. La renommée de la puissance de la France s'étendait dans les pays les plus reculés; non seulement les empereurs grecs, mais les potentats de l'Asie recherchaient son alliance; plusieurs d'entre eux avaient envoyé à Charlemagne des présens, témoignage d'une estime éclatante dont son fils profitait. Il n'avait plus qu'à jouir. Après les légers mouvemens de la faction que le jeune monarque réprima par sa sévérité, tout resta calme autour de lui. Les grands vassaux vinrent lui faire hommage. Bernard, son neveu, roi d'Italie, lui jura fidélité. Les seuls Normands troublèrent un moment cette tranquillité générale. Ils parurent sur les côtes de la Belgique et de la Neustrie. Louis se présenta devant eux. Ils n'osèrent mettre pied à terre; mais la fierté de leur retraite indiquait des projets pour des temps plus opportuns.

Le nouveau roi se concilia l'estime des peuples par l'attention qu'il eut d'envoyer dans les provinces des commissaires chargés d'examiner la conduite des gouverneurs et des juges et de remédier aux maux causés par leur négligence ou leur corruption. Cette sage institution, ouvrage de Charlemagne et interrompue quelque temps, fut renouvelée par son fils. Il donna aussi une preuve de bonté en renvoyant dans leur patrie une grande partie des malheureux Saxons que son père en avait exilés.

Comme l'exemple du clergé avait alors une grande influence sur l'esprit des peuples, Louis s'appliqua à rectifier ce qu'il y avait d'irrégulier dans la conduite des clercs. L'éclat des dignités ecclésiastiques, les richesses qui y étaient attachées, les faisaient rechercher par toute espèce de moyens, de sorte que la simonie était fréquente. Les évêques, les abbés, paraissaient à la tête de leurs troupes; il y eut même des abbesses qui menèrent leur contingent à l'armée, d'où résultaient un faste, un luxe, la vie dissipée et souvent licencieuse des camps que les prélats rapportaient dans leurs palais, les abbés et abbesses dans leurs monastères. Le monarque assembla à Aix-la-Chapelle un concile qui fit des canons sévères contre tous ces désordres. Ceux qui étaient mécontens de la réforme s'en prirent au réformateur; et on date de cet acte d'autorité la haine que plusieurs membres de ce corps puissant conçurent contre le prince; ce qui fut cause que, dans les malheurs qui le poursuivirent pendant son règne, il trouva dans le clergé plus d'ennemis que de partisans.

Depuis un an il portait le titre d'empereur. Son père lui avait ordonné d'en prendre lui-même la couronne sur l'autel, en présence des évêques assemblés, comme s'il eût voulu faire entendre par là qu'il la tenait de Dieu seul. Soit excès de dévotion, soit condescendance pour l'opinion du temps, Louis voulut encore recevoir la couronne des mains du pape Etienne IV, qui était venu en France pour faire confirmer son élection, qu'on lui contestait. Le roi fit en même temps poser la couronne sur la tête d'Ermengarde, son épouse.

Cette princesse lui avait donné trois fils. Par une imprudence qui a été la source de tous ses chagrins, il leur partagea dès leur enfance tous ses états, ne réservant rien à donner dans le cas où il pourrait lui survenir d'autres enfans soit de cette même reine, soit d'une seconde, si la première venait à mourir. Il associa Lothaire, son fils aîné, à l'empire, et lui assura la Neustrie, ou la France proprement dite; il donna à Pepin, son second fils, l'Aquitaine, et la Bavière à Louis, son troisième fils.

Ces royaumes, qui se prolongeaient en Germanie et en Espagne, composaient tout l'empire de Charlemagne, à l'exception de l'Italie qu'il avait donnée à Bernard, son neveu, lorsque la mort lui enleva Pepin, père de ce prince. Ce jeune roi, oubliant le vice de sa naissance, prétendait, comme fils de l'aîné de Louis, qu'il aurait dû hériter des états de son grand-père : cependant il se soumit à l'hommage que son oncle exigea; mais, susceptible de penchant à des projets téméraires comme on peut l'être à dix-neuf ans, il forma celui, ou de détrôner son oncle, ou de lui enlever du moins le titre d'empereur. Louis, averti à temps, passe les monts et surprend le jeune imprudent, que son armée abandonne. Dans cette extrémité, il prend le parti d'aller se jeter aux pieds de son oncle, et se livre à lui sans condition. Louis le fait comparaître devant un tribunal, lui et ceux de ses complices qui s'étaient aussi rendus. Les laïcs sont condamnés à mort, les évêques à être dégradés et renfermés dans des monastères, lui-même à perdre la vue. Le jeune prince se défendit courageusement contre les bourreaux envoyés pour exécuter la sentence. Il saisit l'épée de l'un d'entre eux, en tua cinq, et ne succomba qu'accablé par le nombre. Il mourut, trois jours après, de ses blessures. Cette cruelle exécution, quand elle se présente à la mémoire, empêche qu'on plaigne Louis des chagrins que ses enfans lui causèrent.

Il s'en repentit, à la vérité; et toute sa vie il fut tourmenté de remords. En vain il chercha à les apaiser, en s'imposant lui-même une pénitence publique. On le vit, dans un concile tenu à Thionville, se prosterner devant les évêques en présence du peuple, avouer sa faute et en demander l'absolution. Il fit grace aux laïcs qui survivaient et rappela les évêques et autres ecclésiastiques déposés, entre autres le fameux Vala, abbé de Corbie, homme rigide et entreprenant, qui prit une part active aux troubles de ce règne et qui devait naturellement y influer par ses talens, par sa réputation, et encore plus par sa naissance; car il était cousin-germain naturel de Charlemagne, comme fils de Bernard, bâtard de Charles-Martel. Louis aurait mieux marqué son repentir s'il eût rendu la couronne à un fils nommé Pepin, que laissait Bernard. Mais il la donna à Lothaire, son propre fils. Nouvelle imprudence, par laquelle il se priva de l'avantage offert par cet évènement de se réserver un royaume, pour en gratifier un autre enfant, s'il lui en survenait, sans démembrer les états donnés aux trois frères. Ce qui aurait dû être prévu arriva. Ermengarde mourut. Louis épousa Judith, fille d'un seigneur bavarois. Dans la solennité de son mariage, il confirma et fit jurer par les seigneurs présens qu'ils maintiendraient le partage fait à ses trois fils; et, afin que la ratification fût plus assurée, il envoya chacun des jeunes rois dans son royaume, sous l'inspection de gouverneurs chargés de leur conduite. Cette disposition ne dut pas plaire à la nouvelle épouse, qui pouvait appréhender de voir par là ses enfans, si elle en avait, réduits à une mince légitime. Cette crainte, si elle l'eut, se réalisa. Elle donna le jour à un fils qui fut nommé Charles.

Les années qui s'étaient écoulées depuis la catastrophe de Bernard avaient été remplies par des évènemens qu'il suffit d'indiquer. Les Bretons, toujours remuans, reprirent les armes. Ils s'étaient donné un duc, que quelques auteurs nomment roi. L'empereur marcha contre eux en personne. Le chef fut tué, et ils se soumirent. Le vainqueur destitua les seigneurs qui lui étaient suspects et en mit d'autres à leur place. A cette occasion il parcourut quelques autres provinces, changea des gouverneurs, fortifia ses frontières, se fit rendre compte de la manière dont la justice était rendue, et les contributions réparties et payées. On voit, par ses capitulaires, qu'il y avait sur toutes les parties de l'administration des lois sages dont Louis recommandait fortement l'exécution.

Des guerres importantes et des mouvemens turbulens suivirent ces années pacifiques. Les Sarrasins d'Espagne attaquèrent les Français, gardiens des frontières au revers des Pyrénées. Pressés par les Maures et forcés de se retirer en France, ils s'engagèrent dans les montagnes, dont les habitans leur avaient promis de les guider; mais ils les menèrent dans des gorges où les Sarrasins, qui étaient en embuscade, les taillèrent en pièces. L'empereur envoya des troupes pour tirer vengeance de cette trahison. Elles furent aussi défaites. Il se trouva donc contraint d'abandonner les montagnes et de rapprocher ses frontières du centre de son royaume. Les habitans de ces montagnes abandonnées se réunirent et formèrent le royaume de Navarre, dont ils donnèrent la couronne à un de leurs chefs. Les Bulgares resserrèrent aussi la France du côté de la Pannonie et du Frioul, où ils s'avancèrent. Enfin les Normands descendirent sur les côtes du Poitou, pillèrent, ravagèrent, s'emparèrent, à l'embouchure de la Loire, de l'île de Noirmoutier, ainsi nommée des débris d'un monastère noirci par le feu qu'ils y mirent. Par là commencèrent à être entamés les vastes états de Charlemagne.

De plus, la conduite sage et prudente que ce prince avait tenue à l'égard de son fils était mal imitée par Louis à l'égard de ses enfans. Charlemagne l'avait, à la vérité, envoyé encore adolescent dans son royaume d'Aquitaine pour le former au gouvernement; mais il prenait soin de le faire venir de temps en temps à sa cour pour lui donner des conseils. Il s'informait aussi de sa conduite à ceux qui revenaient de ce pays et proportionnait l'autorité qu'il lui laissait sur le bien qu'il en apprenait.

Mais Louis ne surveilla ses fils ni de près ni de loin: soit faiblesse, soit indolence, il leur laissa prendre, dans les royaumes qu'il leur avait confiés, un ascendant qui le fit oublier lui-même. Lothaire, qu'il avait associé à l'empire, non content du titre et de la puissance qui y étaient attachés, se fit couronner par le pape, parce qu'il savait combien cette cérémonie ajoutait à l'autorité du prince et à la soumission des peuples. Le père en marqua quelque mécontentement; mais il s'adoucit, parce qu'il voulait obtenir de son fils une condescendance en faveur de Charles, fils de Judith.

Cette princesse voyait avec regret son fils sans apanage pendant que ses frères étaient si avantageusement dotés. Malgré la sanction solennelle donné à leur partage, elle ne désespéra pas d'en former un pour le jeune Charles. Il n'y avait rien ou peu de chose à prendre sur l'Aquitaine et la Bavière, qui étaient trop peu étendues. Elle flatta si bien Lothaire ou l'intimida tellement qu'il abandonna des contrées de l'Allemagne sur le Haut-Rhin, une partie de la Bourgogne, les Suisses et les Grisons, dont on composa un état qui fut appelé le royaume de Rhétie.

Ces variations agitaient tous les esprits. Rien de plus propre à faire naître des factions que l'incertitude sur la durée du crédit, des dignités et de la puissance que l'on possède. Le danger est encore plus pressant lorsque la cour se trouve composée, comme l'était celle de Louis, d'exilés rappelés, plus mécontens de leur ancienne disgrâce que flattés de leur nouvelle faveur; de seigneurs restés fidèles, et, à leur gré, trop peu récompensés; enfin d'envieux, d'ambitieux, d'intrigans, les uns bas et obscurs, les autres décorés, capables de donner de l'importance et de la considération à un complot.

Comme il faut à des conjurés, pour ainsi dire, un point de mire qui d'abord ne peut être quelquefois le prince lui-même, les cabales se réunirent contre Bernard, comte de Barcelone, que l'empereur avait mis au timon des affaires. C'était l'impératrice qui lui avait attiré la confiance de son mari. Elle le fit combler d'honneurs et de charges. Entre ces dernières, la malignité distinguait celle de grand-chambellan, qui donnait à ce seigneur, beau et galant, un accès facile auprès d'elle. Tant de faveurs accordées à sa recommandation firent dire qu'elle avait ensorcelé son mari, comme s'il fallait d'autre sortilège à une jeune épouse que ses charmes pour captiver un vieil époux.

Les mécontens s'animent les uns les autres à la disgrâce du ministre qui leur portait ombrage. Ils persuadent au peuple, toujours prêt à adopter les soupçons et à accueillir les imputations flétrissantes, que tout se conduit par la passion d'une femme, que le royaume dépérit, qu'il faut des réformes, et qu'on doit commencer par le chef. La cabale appelle à son secours Pepin, roi d'Aquitaine, esprit léger; elle lui insinue qu'à lui appartient par préférence l'honneur de cette réforme, parce qu'il est le plus voisin et plus capable que ses frères, et qu'il va se couvrir de gloire en ouvrant les yeux de son père, et en l'arrachant à la séduction d'une femme qui le déshonore.

Pepin arrive, surprend son père. L'empereur fuit du palais de Verberie, permet à Bernard, ce ministre menacé, de se cacher dans quelque asile, envoie sa femme à Laon dans un monastère, et lui-même se retire à Compiègne. Les conjurés se saisissent d'Héribert, frère de Bernard, et lui crèvent les yeux : ils arrêtent l'impératrice, et ne lui font grace de la vie qu'à condition qu'elle prendra le voile, et engagera son époux à se revêtir aussi de l'habit monastique et à abdiquer. Pour qu'elle puisse le résoudre à ce sacrifice, on lui accorde une entrevue avec son époux; ils demeurent d'accord qu'elle prendra le voile, mais sans se faire raser; que pour lui il demandera un délai avant de se déterminer.

Peut-être comptait-il sur le secours de Lothaire, son fils aîné, qui, sur la nouvelle de ce singulier évènement, accourait d'Italie avec une armée. Quant à Louis, roi de Bavière, il restait tranquille chez lui pendant ces troubles. Lothaire n'eut garde de désapprouver l'entreprise de son frère, puisque la réclusion de leur père devait le rendre seul maître de l'empire dont il avait déjà le titre : aussi mit-il dans ses procédés plus de fermeté que Pepin. Il relégua sa belle-mère dans un monastère de Poitiers, où elle était sévèrement gardée, et renferma son père dans l'abbaye de Saint-Médard, de Soissons, sous la direction de quelques moines, qu'il chargea de lui inspirer le goût de leur état.

Pepin, après avoir porté les premiers coups à son père, s'était retiré, et l'avait abandonné à son aîné, sans qu'on sache le motif de cette conduite. On pourrait la prendre pour un remords, si c'était de bonne grace qu'il eût contribué ensuite à la délivrance de son père; mais ce fut le dépit plutôt que le repentir qui l'y engagea, et ce fut la politique qui tira de son inertie Louis, roi de Bavière.

Malgré les intentions et les ordres de son fils, l'empereur n'était pas si resserré qu'il ne fût accessible aux seigneurs qui venaient le visiter : ils ne le quittaient ordinairement que le cœur serré de douleur et plein d'indignation contre son fils dénaturé. Sa patience, sa douceur, lui avaient acquis beaucoup de partisans entre les moines qu'on lui avait donnés pour geoliers. Au lieu de lui insinuer de l'inclination pour leur état, comme il leur était recommandé, la plupart ne travaillaient qu'à raffermir son esprit et lui inspirer du courage.

Un d'entre eux, nommé Gondebaud, conçut le projet de le délivrer de sa captivité et de le remettre sur le trône. Il va trouver le roi d'Aquitaine, lui remontre qu'il n'est dans cette affaire que l'odieux instrument de son frère, qui ne travaille que pour lui-même, et agit sans daigner le consulter, et avec une hauteur dont il doit être révolté; qu'outre cela, il doit prévoir que, si Lothaire parvient à se rendre maître des états de son père, il deviendra si puissant que rien ne pourra lui résister; et que n'a-t-il pas à craindre de ce despote ambitieux? ces réflexions touchent et émeuvent Pepin. Présentées à Louis de Bavière avec la même énergie, elles le tirent de sa léthargie. Les deux frères se déterminent à faire rendre à leur père sa couronne. Sûr de ce côté, le moine négociateur court chez Lothaire, lui fait part des dispositions de ses frères, lui insinue qu'ils sont en train d'accommodement avec leur père, que l'opinion change, que les grands du royaume s'ébranlent, et que, s'il ne se prête pas à un arrangement, il court risque de rester seul exposé au courroux d'un père si justement irrité.

L'observation du moine était juste : en trois mois en effet l'opinion était tellement changée, que Louis, du fond de son cloître, était alors presque en état de donner la loi. Il consent à une conférence avec ses trois fils. Lothaire désirait qu'elle se tînt en Neustrie. Les principaux seigneurs des trois royaumes y furent convoqués, et eurent ordre de s'y rendre peu accompagnés; mais comme le zèle, lorsqu'il se réchauffe, devient plus ardent à proportion de ce qu'il s'est refroidi, ils vinrent en si grand nombre et tellement disposés, que, quoiqu'ils n'eussent chacun que de faibles escortes, réunies elles formaient une armée qui fit trembler Lothaire; il demanda à son père une entrevue particulière. Dans cette conférence, Louis lui accorda son pardon, mais à condition qu'il livrerait les seigneurs qui l'avaient conseillé et qui pouvaient être regardés comme chefs de la conspiration.

Ils avaient prévu le sort qui les attendait et fait tous leurs efforts pour empêcher la conférence; ne pouvant y réussir, ils tâchèrent de la troubler, menacèrent, coururent aux armes; mais la présence subite de l'empereur, qui parut dans la plus parfaite intelligence avec Lothaire et ses deux autres enfans, apaisa le tumulte. Les coupables furent arrêtés, jugés, condamnés à la mort, du consentement même des trois rois. L'empereur leur accorda la vie, se contentant de faire raser les laïcs, et renfermant les évêques dans des monastères.

Un des premiers soins de Louis fut de rappeler son épouse. On ne sait quels délits lui avaient été imputés; mais l'empereur, avant de l'admettre auprès de lui, exigea qu'elle se purgeât des accusations par un serment public; Vala, son adversaire, fut relégué dans un château. Il accorda aussi à Bernard, comte de Barcelone, qui avait été le premier prétexte de ces mouvemens, et qui était caché dans les cavernes des Pyrénées, de revenir. Le comte demanda le combat pour se purger des accusations intentées contre lui. Il parut dans l'arène; mais il ne se présenta pas de champion contre un homme qu'on voyait de nouveau environné du rempart de la faveur. L'empereur renvoya Lothaire en Italie et Louis en Bavière. Quant à Pepin, qui avait été le premier instrument de ces troubles, et dont il craignait apparemment l'esprit léger et l'imprudence, il le retint à sa cour, avec défense d'en sortir sans sa permission; mais le prince s'évada quelque temps après.

Sans doute il ne rapporta pas en Aquitaine des dispositions pacifiques. Outre l'humiliation d'avoir été retenu comme prisonnier, il lui avait été retranché, ainsi qu'à son frère, des parties de leurs états pour en composer un au jeune Charles, fils de Judith : mais celle-ci, peu satisfaite si elle ne procurait à son fils une couronne plus brillante que celle de Rhétie, imagina de tourmenter, par des vexations sourdes, Pepin, prince vif et impatient, afin de lui faire prendre le parti d'une seconde révolte, qui fournirait des raisons pour le détrôner, et de faire passer son sceptre dans les mains de Charles. On dit que cette politique lui fut conseillée par le moine Gondebaud, qui, à titre de libérateur de Louis, jouissait d'un grand crédit à la cour.

L'empereur, fatigué des bruits de conspiration qu'on faisait parvenir à ses oreilles et des soupçons qu'on lui inspirait, part pour l'Aquitaine, assemble les états; Pepin s'y justifie tant bien que mal. Il paraît que le fort de la punition tomba sur ce Bernard, comte de Barcelone, qui avait été ministre de Louis et favori de Judith, et qu'on voit avec étonnement entre les seigneurs contraires à l'empereur. Il fut privé de ses emplois et dégradé de ses honneurs. Pepin fut encore retenu comme prisonnier dans son propre royaume. Il s'évada une seconde fois et prit les armes. Son père revint, le priva de sa couronne dans une assemblée solennelle, et la donna à Charles.

Cette disposition en faveur de Charles inspira aux deux frères de Pepin des alarmes sur ce qu'ils avaient à craindre de la complaisance de leur père, faible vieillard, qu'ils voyaient subjugué par sa jeune épouse (1). Ils se donnèrent rendez-vous entre Strasbourg et Bâle, dans une plaine qu'on a appelée depuis le Champ du Mensonge. Ils y arrivèrent à la tête de troupes nombreuses. L'empereur, de son côté, avait rassemblé une armée, où se trouvèrent, comme dans le camp opposé, des seigneurs qui se connaissaient presque tous, compagnons d'armes, parens et amis.

Entre personnes de ce caractère, il était naturel qu'il s'établît des entrevues et des conversations. Lothaire, maître de l'Italie, avait amené avec lui Grégoire IV. Le pontife se flattait d'être médiateur entre le père et les enfans; mais il montra apparemment quelque partialité; car Lothaire, qui, comme aîné et déjà décoré du titre d'empereur, jouait le principal rôle dans cette affaire, l'ayant envoyé faire des propositions à son père, celui-ci le reçut à la tête de ses troupes avec hauteur et fierté, sans aucun des honneurs ordinairement accordés en France aux souverains pontifes. Ces conférences tournèrent mal pour le vieil empereur. Soit que les évêques et seigneurs qui lui étaient attachés ne fussent pas aussi habiles que ceux de ses fils, soit que la cabale fût trop forte, plusieurs sujets fidèles se laissèrent entraîner par les rebelles. Les déserteurs en attirèrent d'autres. Insensiblement ils défilèrent, et, en moins de trois jours, l'empereur se trouva presque seul à Compiègne. Pour un prince que ses fautes auraient dû instruire, c'était trop de se laisser tromper deux fois de la même manière.

Il prit cependant quelques précautions; la principale fut de faire sauver les principaux de ceux qui lui avaient montré de l'attachement, et qui pouvaient en être cruellement punis. On met à la tête Drogon, son frère, évêque de Metz, d'autres prélats et des seigneurs en petit nombre. Tranquille de ce côté, Louis se remet pacifiquement entre les mains de ses fils, pour n'être pas exposé à l'insolence de leurs milices, leur livre avec lui Judith, son épouse, et son fils Charles, sous la seule condition qu'ils ne perdront ni la vie, ni les membres. Aussitôt les seigneurs s'assemblent tumultuairement; ils déclarent Louis déchu de la royauté et de l'empire, et proclament Lothaire seul possesseur des deux couronnes. Il refuse. On le presse,

(1) Velly, t. II, p. 39.

en le menaçant d'en élire un autre. Alors il accepte comme contraint. L'impératrice est reléguée dans un monastère de Lombardie, Charles est laissé auprès de l'empereur, son père. Après ces opérations, Pepin et Louis partent chacun pour leur royaume, chargeant Lothaire du soin de confirmer ce qui venait d'être fait, et ce qui avait été arrêté entre eux pour la suite.

La principale affaire de Lothaire était d'obtenir de l'empereur une abdication censée volontaire, qui couvrît les irrégularités de sa prétendue élection. Sans doute il employa tous les moyens de persuasion et de douceur pendant les voyages qu'il fit, traînant son père après lui, entouré de gens chargés de le faire consentir à une renonciation, ne fût-elle qu'apparente. Convaincu, par la durée de la résistance de son père, de l'inutilité de ce genre de tentative, il en vint à des mesures plus sévères.

La première persécution qu'il pratiqua contre son père fut de le priver de son fils bien-aimé Charles, et de l'envoyer dans le monastère de Prum, sans cependant lui faire couper les cheveux : cérémonie qui l'aurait rendu incapable de toute fonction civile le reste de sa vie. Il y en avait encore une autre, également tirée des lois ecclésiastiques, qui opérait le même effet; c'était de condamner un homme à une pénitence publique, après lui avoir fait confesser authentiquement ses fautes, et de le revêtir de l'habit de pénitent, qu'il ne pouvait plus quitter.

Déterminé à employer ce moyen, Lothaire assemble à Compiègne un concile d'évêques qui lui étaient absolument dévoués, présidé par Ebbon, archevêque de Reims, frère de lait de Louis, et qui néanmoins avait toujours été son ennemi le plus acharné; ils lui composent, dans ce conciliabule d'iniquité, une confession chargée de tous les aveux qu'ils croyaient les plus capables de le rendre criminel aux yeux du peuple. « Je suis, lui faisait-on dire, coupable d'homicide et
» de sacrilège. J'ai violé mes sermens, consenti à la mort de mon neveu, fait violence à mes parens, entrepris des guerres sans nécessité, au grand dommage de mon royaume. Je n'ai point écouté les
» remontrances que des personnes zélées me faisaient pour le bien
» de mes sujets; je les ai, au contraire, fait arrêter, dépouiller de
» leurs biens, traîner en exil; j'ai fait condamner des absens à mort,
» violenté les juges pour leur faire rendre des sentences iniques. J'ai
» rompu l'accord fait avec mes enfans pour le bien de la paix, contraint mes sujets de se parjurer par de nouveaux sermens, et les ai
» armés les uns contre les autres pour s'entre-détruire. Enfin, sans
» nécessité, j'ai fait une expédition guerrière dans le saint temps de
» carême, et délibéré de faire une assemblée générale dans l'extrémité
» de mes états, le jour du jeudi saint, lorsque les chrétiens ne doivent
» s'occuper qu'à se disposer à célébrer le saint jour de Pâques (1). »

(1) Mézerai, t. I, p. 506.

Il s'agissait de déterminer le pénitent à lire publiquement cette confession. On a droit de présumer qu'outre les prières et les instances pour vaincre sa répugnance les émissaires de son fils employèrent la menace de mauvais traitemens, sinon dirigés contre lui, du moins contre sa femme et son fils, ou d'autres personnes qu'on savait lui être chères. La vérité est qu'il parut dans l'église, pleine de spectateurs, plutôt avec l'air consterné d'un homme abattu par la crainte, qu'avec la componction d'un pénitent.

On avait étendu un tapis au bas du sanctuaire. Le vieillard se prosterne, écoute l'exhortation qu'on lui fait de confesser ses péchés et d'en accepter la pénitence. Il prend la cédule fatale, la lit à voix intelligible, entrecoupée de soupirs et de sanglots, déceint lui-même son épée et la jette au pied de l'autel en signe d'abdication. On le dépouille ensuite de la pourpre impériale et de tous les ornemens royaux et on le revêt de l'habit de pénitent. Après cette humiliante cérémonie, Lothaire ne voulant pas perdre son père de vue, dans la crainte d'une rétractation, le mène et le tient enfermé dans le palais d'Aix-la-Chapelle, autrefois le siège de sa grandeur, maintenant séjour d'opprobre et d'ignominie.

Quand la nouvelle de cette étrange cérémonie se répandit en France, elle y excita une indignation générale. Les deux fils de Louis, Pepin d'Aquitaine et Louis de Bavière, soit retour de tendresse pour leur père, soit honte d'avoir contribué à son infortune, somment leur aîné de lui rendre la liberté (1). Il tâche de les amuser par des promesses; mais ils arment chacun de leur côté et se réunissent auprès de Paris où le fils coupable avait transporté son malheureux père. Se voyant pressé par ses frères et obligé de fuir du côté de ses états d'Italie, ne pouvant d'ailleurs emmener son prisonnier sans une violence manifeste, il le laisse dans l'abbaye de Saint-Denis, sans garde et maître de lui-même.

Ses deux fils l'y recueillent. Le premier usage qu'il fit de sa liberté fut de se présenter à l'église, de protester de son innocence et de la violence qu'on lui avait faite. Il ne voulut cependant pas reprendre les ornemens impériaux qu'on ne l'eût absous et dispensé de la pénitence publique. Il reçut ensuite la couronne et le sceptre, se ceignit de la ceinture militaire avec la délibération et le conseil du peuple français.

Lothaire fuyant ne renonça pas à sa proie. Quand ses frères furent partis, il retourna contre son père et eut des succès qui leur firent appréhender que leur père ne succombât encore. Ils revinrent donc à son secours et prirent si bien leurs mesures qu'ils enveloppèrent leur frère près de Blois. L'empereur était avec eux. Lothaire se flatta de pouvoir encore séduire les troupes de son père. Il les tenta, mais inutilement. Au contraire, les siennes l'abandonnèrent. Blois vit

---

(1) Mézeraï, t. I, p. 188.

alors presque la représaille de l'humiliation de Compiègne, avec la différence qu'il est moins fâcheux pour un fils de s'humilier devant son père que douloureux pour un père d'être publiquement mortifié par son fils.

L'orgueil de çe fils dénaturé dut cependant étrangement souffrir, lorsque, n'ayant pas d'autre moyen de se retirer du danger où il s'était jeté, il fut obligé de demander pardon à son père à la vue de toute l'armée. L'empereur parut sur son trône dans sa tente, ouverte de tous côtés. Lothaire s'approcha, se mit à genoux, écouta avec soumission la réprimande de son père, qui lui tendit les bras. Il lui permit de retourner en Italie, et lui enjoignit pour toute punition et lui fit solennellement promettre de ne jamais revenir en France sans y être appelé. De ses complices, le seul Ebbon subit un châtiment encore assez léger, puisqu'on se contenta de lui ôter l'archevêché de Reims sans le dégrader. Il eut même permission de se retirer en Italie, auprès de Lothaire.

On ne se douterait pas que l'espèce d'exil de ce prince dans son royaume, au delà des monts, fut abrégé par Judith, sa belle-mère, qu'il avait tant outragée. Mais l'intérêt présent est souvent un moyen puissant pour faire oublier les injures passées. Quoiqu'à l'occasion des troubles la part du jeune Charles dans l'empire de son père se fût beaucoup accrue par celles qui avaient été retranchées aux enfans rebelles, l'impératrice n'était pas contente et harcelait sans cesse son époux, afin qu'il l'augmentât encore. Le faible Louis céda à ses importunités et fit même peut-être plus qu'elle n'espérait, car il associa cet enfant de sa vieillesse au royaume de Neustrie, qu'il s'était conservé, et que vingt ans auparavant il avait donné à Lothaire. Mais la révolte qui avait remis celui-ci entre les mains de son père avait facilité cet arrangement, et le concert qui régna dans la suite entre Judith et lui est une preuve qu'il y avait donné les mains. Charles prit donc le titre de roi de Neustrie, et cessa de porter celui de roi de Rhétie. Ceci se passait au château de Créci, où l'empereur avait convoqué l'assemblée des grands vassaux, qui approuvèrent cette destination et tous les changemens de territoire qui en étaient une suite. Pepin, roi d'Aquitaine, qui s'y trouvait, ceignit lui-même l'épée à son jeune frère et lui mit la couronne sur la tête. Ce prince, qui, le premier des enfans de Louis, avait levé l'étendart de la rébellion contre lui, mourut à son arrivée en Aquitaine, avec la consolation du moins d'avoir fini par un acte de complaisance envers son père. Il laissa deux fils, Pepin et Charles.

Ce partage de Créci ne paraissait pas à Judith bien assuré, s'il n'était appuyé du consentement de Lothaire. Elle l'invita de se rendre à la cour de son père. Il hésitait, parce qu'il craignait quelque piége. Ce fut le moine Gondebaud qui eut encore l'honneur de cette négociation. Il se détermina à hasarder cette démarche. Lorsqu'il était prêt à partir, il fut attaqué d'une maladie qui était une espèce d'épidémie qui se répandit dans sa cour. Il guérit ainsi que beaucoup d'autres; la mort n'enleva presque que les seigneurs qui l'avaient conseillé et aidé dans ses révoltes. On regarda cette distinction comme un coup de la justice divine, qui punissait ceux que la justice humaine avait épargnés.

Remis de sa maladie et arrivé près de son père, sa belle-mère lui proposa un nouveau partage, savoir : de diviser en deux les états qui avaient composé l'empire sous Charlemagne et qui le composaient encore, la Bavière et l'Aquitaine exceptées. On en fit deux moitiés, dont Lothaire eut le choix; il prit tout ce qui avait appartenu au royaume de Rhétie, dont le nom avait été effacé à Créci; se conserva l'Italie et le titre d'empereur. Charles eut la Neustrie, c'est-à-dire la France à peu près telle qu'elle existe à présent. Lothaire jura de servir de tuteur à son jeune frère et de le protéger contre toutes les entreprises qui attaqueraient l'intégrité de ses états. Cette espèce de menace ne pouvait que regarder Louis, qui avait été oublié ou négligé dans la nouvelle distribution, et qu'on avait borné à sa Bavière, mince contre-poids dans l'équilibre qui aurait dû régner entre ces frères.

L'Aquitaine avait été réservée; de droit elle appartenait à Pepin, fils aîné du roi de même nom, qui venait de mourir. Ce dernier prince, à la vérité, avait été détrôné par son père, pour avoir pris les armes contre lui; mais il s'était passé depuis tant de traités, entre autres celui de Créci, dans lequel il avait paru comme roi d'Aquitaine, qu'il devait être censé réhabilité et réintégré dans son royaume. Louis cependant le donna à son bien-aimé Charles, au préjudice du jeune Pepin. Celui-ci, sous prétexte de veiller à son éducation, fut gardé à la cour comme dans une prison, d'où il s'échappa. Quant à l'autre frère, Charles, encore trop jeune pour qu'on eût rien à craindre, le grand-père l'avait laissé avec sa mère.

Mais, puisque Louis ne craignait pas de commettre une injustice, il devait la faire tourner au profit de la paix et de la concorde entre les frères, en donnant au roi de Bavière quelque part au beau présent qu'il faisait à celui de Neustrie. Sans doute cette condescendance aurait empêché le fils de s'élever en ennemi contre la prédilection trop marquée de son père. Il commença par des remontrances, qui dégénérèrent bientôt en plaintes amères, et enfin en hostilités; mais, dans la première chaleur de son ressentiment, il n'avait pas assez mesuré ses forces; celles de l'empereur l'accablèrent et le forcèrent à demander la paix, qui lui fut accordée.

Mais sa demande n'était qu'une ruse trop souvent employée pour se donner du temps et mieux assurer l'exécution de ses projets. En effet, le Bavarois s'associe les Saxons, les Thuringiens et d'autres peuples du fond de l'Allemagne, avec lesquels jusqu'alors il avait été en guerre, lève chez eux de nombreuses troupes, et avance vers les états de son père, dans lesquels on croit qu'il s'était ménagé des intelligences. Le vieil empereur, non seulement se met sur la défensive, mais va au devant de son fils, qui s'approchait du Rhin. Jamais il ne prit les armes avec plus de chagrin et de répugnance. Il était infirme depuis quelque temps. La saison était déjà rude, quoique peu avancée. Un rhume dont il était attaqué dégénéra en fluxion de poitrine; il languit quarante jours, donnant pendant tout ce temps des marques d'une piété fervente. Son fils, qui était peu éloigné, aurait voulu le voir, et lui demander sa bénédiction. « Hélas! dit-il, je lui pardonne : mais qu'il se souvienne qu'il fait » descendre ma vieillesse dans le tombeau avec douleur, et que » Dieu punit sévèrement les enfans indociles. » Il mourut à l'âge de soixante-deux ans, dans une île du Rhin, où il avait fait tendre ses pavillons. Judith ne lui survécut que trois années.

En récapitulant la vie de cet empereur, la première réflexion qui se présente, c'est qu'il n'était pas né pour le trône. Des princes ont été tourmentés par des troubles et des rébellions que les circonstances amenaient; mais, pour lui, il paraît les avoir provoqués par son défaut de conduite dans les affaires : sans plan fixe de gouvernement, sans ministres expérimentés, ou, quand il en avait, les changeant au gré d'une épouse dominante ; ses imprévoyances, ses variations, ses inconséquences, auraient pu, malgré son amour pour le peuple, ses vues bienfaisantes et ses désirs du bien public, le conduire à des malheurs pires que l'abdication, s'il avait eu d'autres ennemis que ses enfans.

Quant à son titre de Débonnaire, on peut maintenant l'apprécier. On sait qu'il ne faut quelquefois qu'un moment d'enthousiasme pour donner à un prince un nom honorable que la postérité lui conserve sans examen. Louis doit sans doute ce surnom à son indulgence trop réitérée pour ses enfans rebelles ; mais l'excès même dans le bien, surtout l'excès qui cause des maux réels, tels que les guerres et leurs funestes suites, peut-il jamais être une vertu? Louis d'ailleurs mérite des éloges pour son attention à l'administration de la justice, la répression des désordres, le réglement des mœurs, l'instruction des peuples, toutes occupations dignes d'un grand prince, et attestées par ses Capitulaires, qui sont le résultat des assemblées générales qu'il tenait sur ces objets. Il y montre aussi, pour les sciences, un goût qu'il tenait de son père, et que les malheurs des temps l'ont empêché de développer. Dans son intérieur, il était un modèle de sagesse et de bienfaisance. Il donna de bonne heure des épouses à ses fils, et, averti par les mauvaises suites qu'eut la négligence de son père, il eut soin de marier ses trois filles.

Enhardis et assurés par l'occupation que les troubles domestiques donnaient à l'empereur, les Normands ne s'en tinrent plus au pillage des côtes. Ils débarquèrent, pénétrèrent en France, et y firent de grands ravages. Leurs succès furent favorisés par les divisions du royaume, dont chaque partie devint trop faible pour repousser des soldats féroces opiniâtres, qui, attirés par l'appât du butin, se succédaient sans relâche. Le triomphe de ces barbares, qui ont si longtemps couvert la France de ruines, est dû aussi en grande partie à la discorde entre le père et les enfans. Louis leur laissa pour principal héritage le germe de guerres sanglantes perpétuées sans interruption pendant les règnes suivans, jusqu'au moment où elles ont précipité du trône ses descendans et fait disparaître sa race.

Au temps de Louis-le-Débonnaire finit l'Heptarchie anglaise, qui datait de l'évacuation de l'Angleterre par les Romains, c'est-à-dire de 450. Egbert, qui devint roi de Wessex en 800, à l'époque même où Charlemagne était couronné empereur, réunit, vingt-huit ans après, les sept royaumes en un seul, sous le nom de royaume d'Angleterre. Quinze rois, pendant le cours de deux siècles, en occupèrent successivement le trône, et jusqu'au moment où la race saxonne fut passagèrement dépossédée, en 1017, par Canut-le-Grand, roi de Danemarck, et par deux de ses fils. Elle y remonta, en 1042, en la personne d'Édouard-le-Confesseur, frère du dernier roi saxon ; mais ce prince étant mort sans postérité, le droit de conquête porta de nouveau le sceptre aux mains des étrangers : cette fois ce furent les Normands qui s'en emparèrent, sous la conduite de Guillaume-le-Bâtard, leur duc, qui depuis fut surnommé le Conquérant. Ce dernier évènement est de l'an 1066.

Charles II, dit le Chauve, âgé de 17 ans.

L'empereur Louis-le-Débonnaire, courant de faute en faute, s'était jeté dans des embarras qui causèrent son malheur et celui de ses peuples. On va voir que l'empereur Lothaire, artisan de manœuvres obliques, s'enfonça dans un chaos d'intrigues où il se perdit, tombant aujourd'hui dans un casque, et demain dans un froc, pendant que, plus rusé que lui, Charles, son frère, surnommé le Chauve, le prenait dans ses propres pièges, et que Louis de Bavière, que nous appellerons désormais Louis-le-Germanique, n'abandonnait le repos, qu'il aimait, que forcé par les provocations de ses frères. Tels sont les souverains qui, après la mort de Louis-le-Débonnaire, se disputèrent les débris de son empire. Il faut leur joindre le jeune Pepin, fils de Pepin, roi d'Aquitaine, réclamant l'héritage de son père, donné à son oncle Charles-le-Chauve.

Armé d'un double droit, de celui que l'aîné s'arroge quelquefois sur la famille, et de son titre d'empereur, Lothaire s'apprête à donner la loi à ses frères. Il commence par Charles, le plus jeune, et envoie dans son royaume des commissaires qui le parcourent, et exigent, au nom de l'empereur, serment de fidélité. Charles remontre à son frère, par des ambassadeurs, l'iniquité de sa conduite, lui rappelle la promesse qu'il a faite, en présence de leur père, de le défendre contre toute espèce d'entreprises, et de lui servir de tuteur. « Vous ne devez

» pas être inquiet, lui répond Lothaire : je n'en agis ainsi que pour
» votre sûreté, et afin que vos vassaux, voyant l'intérêt que je prends
» à ce qui vous regarde, en soient plus soumis. » Cette réponse ne
calme point les alarmes de Charles. Il se met en état de défense contre son frère, qui accourait d'Italie avec une armée pour appuyer le
zèle dont il se disait animé pour les intérêts de son pupille. C'était
sans doute par l'effet du même zèle qu'il se déclara protecteur du
jeune Pepin, lequel se préparait à revenir contre la donation que
Louis-le-Débonnaire avait faite à son bien-aimé Charles, au préjudice
de son petit-fils.

Lothaire tenta les mêmes entreprises féodales contre Louis-le-Germanique ; mais celui-ci, solidement établi dans son royaume, au
lieu d'hommage, lui présenta une armée prête à combattre. Cette
démonstration rend l'empereur plus réservé. Il remet à un autre
temps ses explications avec son frère et tourne tous ses efforts contre
Charles, sur lequel les embarras, inséparables d'un nouveau gouvernement, lui donnaient plus de prise. Ajoutez que le jeune roi de
Neustrie était déjà engagé dans une guerre contre les Bretons, qui
refusaient de le reconnaître; que le digne tuteur se tenait assuré de
plusieurs seigneurs du royaume de son pupille, qu'il avait gagnés; et
qu'il espérait de grands secours de la diversion de l'Aquitaine, presque toute soulevée en faveur de Pepin.

Charles avait des succès ; il fut rappelé par les nouvelles qu'il eut
des desseins de son frère. En effet, ils se trouvèrent en face près
d'Orléans. Lothaire, déjà très fort, était prêt à être joint par des
troupes que Pepin lui amenait d'Aquitaine. Il avait dans son armée beaucoup de seigneurs neustriens séduits par des promesses,
et loin d'être sûr de ceux qui l'accompagnaient, le jeune roi de Neustrie était réduit à se défier de ses propres domestiques. Dans cette
extrémité, il prend un parti décisif, assemble les chefs de son armée,
leur expose avec énergie sa situation, ses craintes, le danger pressant qui le menace, et finit par leur dire : « Que faut-il faire? » Ce
peu de mots, accompagnés d'un regard perçant qui scrutait leurs
pensées, anime les sujets fidèles, raffermit les chancelans, porte la
honte chez ceux qui s'apprêtaient à déserter ; tous s'écrient : « Nous
» sommes prêts à tout risquer pour vous ; si nous devons périr accablés par le nombre, du moins nous mourrons fidèles. » Et la bataille est résolue.

Mais l'intention de Lothaire n'était pas que ses succès lui coutassent du sang. Il aimait mieux les acheter par des dons et des promesses : en général il préférait la lenteur des négociations à la
brusque décision des combats. Pendant des conférences qu'il ouvrit,
il répandit avec profusion l'or et l'argent dans le camp de son frère,
comptant par ses largesses acheter tout son royaume ; mais il n'en
eut qu'une partie. Le traité qui intervint conserva à Charles la plupart de ses provices. Lothaire même permit que dans le nombre fût

comprise l'Aquitaine, le patrimoine de son auxiliaire. Les deux frères signèrent cette convention à Orléans; elle n'était que provisoire, jusqu'à une assemblée qui devait se tenir à Attigny, et dont le jour fut indiqué. En l'attendant, Charles repartit pour la Bretagne.

Le traité d'Orléans n'ôta pas à l'empereur le projet et l'espérance de s'approprier tous les états de son frère (1). Le voyant occupé en Bretagne, il s'appliqua à le retenir dans cette province et à lui fermer toutes les issues vers le centre de son royaume d'où il aurait pu tirer des forces; de sorte que, quand le roi de Neustrie quitta la Bretagne, après une pacification qu'il précipita, il trouva les chemins dégradés, les ponts rompus et des troupes qui le côtoyaient pour retarder sa marche. Il les combattit avec succès. Pour étendart, il faisait porter à la tête de ses bataillons la croix sur laquelle avait été juré le traité d'Orléans. A cette vue les impériaux fuyaient. Il trompa la vigilance de leurs chefs, passa la Seine qu'ils lui interdisaient, prit quelques troupes à Paris et s'avança vers Troyes où il devait recevoir des renforts que sa mère Judith lui amenait. Il y arriva fatigué, harrassé, sans habits, sans équipages. C'était la veille de Noël. Heureusement on lui apporta sa chapelle, son sceptre et ses ornemens royaux. S'il eût paru sans cet appareil à l'église pendant les fêtes, le peuple aurait cru que Dieu l'avait privé de la royauté.

Louis-le-Germanique ne voyait pas sans inquiétude les tentatives persévérantes de son frère aîné pour dépouiller le cadet. Sa sûreté personnelle exigeait qu'il ne laissât pas écraser le jeune Charles : aussi levait-il des troupes et se mettait-il en état non seulement de se défendre, mais d'attaquer. Lothaire laisse le Neustrien et court au Germanique. Au lieu de tenter le sort des armes, il emploie auprès de lui les moyens qui lui avaient si bien réussi avec Charles. Il temporise, négocie, donne, promet et fait si bien que Louis se voit abandonné par ses principaux vassaux. Mais comme ce n'est pas le génie des gens trop fins et négociateurs perpétuels de pousser leur pointe avec célérité, il le laissa échapper moyennant un traité.

On est étonné de ces fréquentes défections qui transportent quelquefois si rapidement les troupes sous des drapeaux opposés, et affaiblissent et renforcent alternativement les partis ennemis (2). Elles étaient, ces défections, une suite de la mauvaise administration de Louis-le-Débonnaire. Charlemagne avait bien, comme lui, fait la faute de diviser son empire; mais il maintint constamment ses premières dispositions, au lieu que son successeur fit, défit et refit à plusieurs fois les partages de ses enfans, et toujours avec le serment qu'il faisait, lui et les siens, de les maintenir. Il apprit ainsi à ses sujets à se soucier peu des sermens qu'on leur faisait perpétuellement violer, et à ne tenir que faiblement à une fidélité rendue si variable; par là, les seigneurs se trouvaient disposés, selon les conditions

(1) Mézerai, t. I. p. 510. — (2) Ibid., t. I, p. 524.

plus ou moins avantageuses qui leur étaient faites, à changer de souverain, prendre, quitter, rejoindre les rois sans scrupule. Ces conditions étaient le don de nouveaux fiefs, l'augmentation des anciens, la faveur de rendre les gouvernemens héréditaires, la profusion des biens d'église, terres et dîmes. Il y avait émulation entre les princes à se surpasser en prodigalités, pour grossir le nombre de leurs partisans; prodigalités qui, comme on voit, ne leur coûtaient rien ou peu de chose, mais dont les effets ont été très funestes aux rois qui les premiers se les sont permises, et à leurs successeurs, parce qu'elles ont épuisé la source de leurs richesses, augmenté au contraire la puissance de leurs vassaux, qui se sont composés des fiefs équivalens à des royaumes, et ont fait la loi à leurs souverains.

Lothaire ne s'était pas rendu à Attigny, selon l'engagement qu'il avait pris d'y venir pour arrêter un partage définitif moins désavantageux à Charles-le-Chauve que celui d'Orléans; il devait aussi être question avec Louis-le-Germanique des prétentions de suzeraineté que l'empereur paraissait vouloir toujours poursuivre(1). Les deux frères, déterminés à finir ces fatigantes contestations, sans cesse renouvelées par leur frère aîné, après l'avoir vainement sommé de sa parole, s'avançaient, menant avec eux une forte armée pour l'y contraindre. Lothaire allait au devant d'eux non moins bien accompagné. Cependant la supériorité en nombre était du côté des deux frères. Ils rencontrèrent leur aîné près d'Auxerre, dans la plaine de Fontenay. Celui-ci attendait un renfort que Pepin lui amenait d'Aquitaine. En conséquence il fit, selon sa coutume, des propositions conciliatoires pour retarder ses frères; mais sitôt qu'il eut reçu le secours qui lui donnait à son tour l'avantage du nombre, il signifia ses prétentions avec plus de hauteur que jamais, et ne laissa que l'alternative de se soumettre à ses volontés ou de combattre.

On en vint aux mains. Le combat fut opiniâtre. Il semblait que l'animosité des frères fût passée dans le cœur des soldats. La victoire pencha d'abord pour Lothaire; mais un gros corps de Provençaux et de Toulousains étant survenu à propos, elle se déclara pour les deux rois. La déroute fut complète, le carnage effroyable : on dit qu'il resta plus de cent mille hommes sur le champ de bataille. Jamais semblable bataille n'avait ensanglanté le sol français. Des provinces entières perdirent leur noblesse. Les vainqueurs prirent un égal soin de tous les blessés. Ils donnèrent la même sépulture à tous les morts et renvoyèrent les prisonniers sans rançon. Ils furent si effrayés eux-mêmes de cet épouvantable carnage, qu'ils cherchèrent à apaiser les murmures des peuples et à calmer leurs propres scrupules en se disculpant. Ils formèrent une espèce de tribunal d'évêques auxquels ils exposèrent les démarches qu'ils avaient faites pour la paix, et les motifs qui les avaient forcés à la guerre. **La cause exa-**

(1) Mézerai, t. 1, p. 586.

minée, les juges prononcèrent « qu'il fallait croire que le carnage
» s'était fait par le jugement de Dieu; que les princes et leurs mi-
» nistres étaient innocens et n'avaient pas souillé leur ame par cette
» effusion de sang. »

Après sa défaite, Lothaire se retira à Aix-la-Chapelle et Pepin en Aquitaine. Charles, aussi injuste à l'égard de son neveu, dont il voulait s'approprier la couronne, que Lothaire l'était envers lui, en le privant d'une partie de ses états, se mit à la poursuite de Pepin (1). L'empereur, voyant son auxiliaire attaqué, vint à son secours, et les fléaux de la guerre, que cette terrible bataille aurait dû suspendre, continuèrent de ravager la France.

Les deux frères, persuadés que, tant qu'il resterait à leur aîné un coin de terre pour poser le pied en France, ils demeureraient exposés à ses entreprises, rassemblèrent tous leurs efforts pour le reléguer en Italie. Ils le harcèlent, le battent, le poursuivent, le forcent de se retirer au delà des monts et divisent entre eux les états qu'il possédait en-deçà; mais ils voulurent de plus que ce partage fût accompagné de formalités qu'ils jugèrent apparemment devoir le rendre sacré et irrévocable.

A Aix-la-Chapelle, ce palais autrefois le théâtre de l'humiliation de leur père et de l'insolent triomphe du fils, ils assemblent des évêques qui, sans doute après des informations et procédures dont on ignore le détail, prononcent que les désobéissances de Lothaire envers son père, ses parjures, ses injustices envers ses frères, ses cruautés, ses ravages, et toutes les calamités qu'il a causées en France, le rendent indigne d'y commander; qu'il est en conséquence privé des états qu'il y possédait. Puis, s'adressant aux deux frères, les prélats leur dirent : » Vous proposez-vous de gouverner ces états
» selon le commandement de Dieu? — Oui, répondent-ils. — Et nous,
» ajoutent les évêques, par l'autorité divine, nous vous prions de
» les recevoir et gouverner selon sa volonté. » Les princes trouvaient apparemment leur avantage à mettre, pour ainsi dire, leurs droits en compromis entre les mains du clergé, et il aurait fallu aux prélats une modération plus qu'humaine pour rejeter une puissance si honorable, et dont l'exercice était réclamé comme utile à la tranquillité des peuples.

Certainement l'empereur dut être piqué non seulement de la spoliation, mais encore de la publicité et des motifs honteux, malheureusement trop vrais, sur lesquels elle avait été fondée : cependant il ne s'en montra pas moins disposé à traiter avec des frères qui l'avaient déshonoré, et eux avec celui dont ils avaient si solennellement proclamé la mauvaise foi. Ils se virent à Metz pour parvenir à un partage définitif; mais ils ne firent qu'effleurer la matière, peut-être convenir de quelques points principaux, et remirent la conclu-

(1) Mézeray, t. I, p. 528.

sion à un congrès qu'ils indiquèrent à Coblentz. Les commissaires qu'ils y envoyèrent ne se trouvèrent pas des pouvoirs suffisans. Enfin ils se rassemblèrent pour la dernière fois à Thionville. Il s'y rendit un grand nombre de seigneurs des trois royaumes, qui appuyèrent de leurs suffrages la décision qui fut prise. A Charles échut ce qu'on appelle la France; à Louis, la Germanique; à Lothaire, l'Italie, avec la Provence, le titre d'empereur, et ce qu'on a nommé depuis *Lotharingia*, Lorraine, du nom de Lothaire, second fils de ce prince.

Il ne fut point parlé de Pepin ni de Charles, tous deux fils de Pepin, roi d'Aquitaine, détrôné par son père, Louis-le-Débonnaire. Ils se soutinrent dans l'héritage de leur père, en tout ou en partie, tant que Lothaire les protégea ; mais, par l'accord de Thionville, l'Aquitaine fut enclavée dans le partage de Charles-le-Chauve. Néanmoins les jeunes princes se défendirent pendant cinq ans contre les efforts envahisseurs de leur oncle. Ils prirent toutes sortes de moyens, jusqu'à implorer le secours des Normands, qui ravageaient la France, et se joindre à eux. Cette alliance les rendit odieux et hâta leur ruine. Charles, le cadet, succomba le premier. Il fut surpris dans une embuscade, mené à son oncle, condamné, dans une assemblée de seigneurs laïcs et ecclésiastiques convoquée à Chartres, à être rasé et renfermé dans le monastère de Corbie. Pepin ne tarda pas à subir le même sort. Il fut livré au roi de France par des grands vassaux de son royaume, revêtu de l'habit de moine, comme son frère, et confiné dans l'abbaye de Saint-Médard, de Soissons. Il était, dit-on, injuste, vexateur, ivrogne, débauché, gangrené de tous les vices. Ainsi le peignaient ceux qui l'avaient trahi et celui qui profitait de la trahison ; et les historiens les ont copiés, sans spécifier aucun de ses crimes. Les malheureux sont toujours coupables. Charles fut dans la suite promu à l'archevêché de Mayence par Louis-le-Germanique ; mais Pepin mourut dans sa captivité.

Les Normands, ces auxiliaires des princes aquitains, qui s'étaient montrés de loin sous Charlemagne, plus près sous Louis-le-Débonnaire, enhardis et favorisés par les discordes de ses enfans, par l'impuissance où les réduisaient leurs guerres civiles, pénétrèrent dans l'intérieur de la France, qu'ils parcoururent et ravagèrent dans toutes ses parties. Un chef, nommé Hochery, commandant une flotte de cent cinquante vaisseaux, brûla Rouen, l'abbaye de Jumièges, porta le fer et le feu dans la Bretagne, l'Anjou et jusque dans l'Aquitaine. Un autre chef, guidé par des Bretons révoltés, prit Nantes par escalade, la réduisit en cendres avec les monastères voisins. Une autre troupe, beaucoup plus nombreuse, sous des chefs expérimentés, remonta la Seine jusqu'à Paris, brûla l'abbaye de Saint-Pierre et Saint-Paul, depuis Sainte-Geneviève, et celle de Saint-Germain-des-Prés, qui était hors de la ville. Saint-Denis aurait eu le même sort, si Charles-le-Chauve ne s'y fût porté pour la défendre. Cette troupe ravagea la

Picardie, la Flandre, la Champagne, chassant devant elle les prêtres et les moines, qui fuyaient chargés des reliques. Comme les reliquaires étaient d'or et d'argent, souvent ornés de pierres précieuses, cette proie stimulait l'avidité des barbares : ils poursuivaient avec ardeur ceux qui les emportaient, et les massacraient, non en haine de la religion chrétienne, comme disent les annales des monastères, mais pour s'emparer de ces richesses. Leurs ravages s'étendirent jusqu'à la Gascogne. Ils prirent et pillèrent Bordeaux et plusieurs villes de ces contrées. Lothaire donna le premier l'exemple de leur accorder des établissemens fixes : ne pouvant chasser un chef nommé Hérold, il l'installa dans l'Anjou, à condition qu'il s'opposerait aux courses des autres pirates de sa nation. Charles-le-Chauve l'imita et plaça sous la même loi, dans le Cotentin, un chef nommé Godefroy. Cette politique ne peut être blâmée, puisqu'elle donnait à des provinces où se trouvaient beaucoup de terres vagues des habitans intéressés à les mettre en valeur et à les défendre. Il n'en est pas de même de l'imprudence justement reprochée à Charles-le-Chauve, d'avoir prodigué à ces hordes les trésors de la France, pour les engager à se retirer avec leur butin; d'où il arrivait que, si ce n'étaient pas eux, c'étaient d'autres de leurs compatriotes qui, tentés par les richesses que ceux-ci rapportèrent dans le nord, en sortaient pour s'enrichir à leur tour.

Il arriva des Normands en France ce qui était arrivé des Francs dans les Gaules : ils venaient d'abord en petites bandes, erraient à l'aventure, ne cherchaient qu'à surprendre. Découverts, ils fuyaient chargés de leur butin et se rembarquaient promptement. Comme les Francs, tant qu'ils furent obligés de se dérober aux poursuites, ce ne furent que des vagabonds et des brigands; mais, quand ils devinrent comme eux assez forts pour s'emparer de villes, de provinces, de contrées entières, la fortune, qui change les noms, leur donna celui de conquérans. Leurs commandans, de chefs de pirates, devinrent des généraux qui traitaient avec les rois, leur imposaient des conditions, exigeaient des tributs et des terres. Comme les Francs s'étaient substitués aux seigneurs gaulois, les Normands se substituèrent à la noblesse française dans les provinces où elle avait dépéri par la continuité des guerres. Ainsi se succèdent les illustrations : des familles ignorées remplacent celles que des révolutions avaient tirées elles-mêmes de l'obscurité. Elles paraissaient tout à coup sur l'horizon politique, semblables à ces météores qui étonnent les contemporains, et brillent jusqu'à ce qu'elles se perdent à leur tour dans le vague des siècles.

Les Normands n'étaient pas les seuls qui donnaient de l'embarras au roi de Neustrie. Il se peut que le caractère sombre de ce prince, peu communicatif avec les grands de son royaume, plus craint qu'aimé dans sa propre famille, trop faible, pusillanime même contre ceux qu'il redoutait, ait été une des causes principales des troubles au milieu desquels il a vécu. Mais on doit convenir que l'état d'anarchie qui, par la puissance des grands vassaux, s'était introduit dans la France, gouvernée autrefois si impérieusement, a beaucoup contribué à faire naître les factions et les désordres qui en sont une suite. Il n'y avait pas de province, pas de ville, qui n'eût des marquis, des comtes, des ducs, des gouverneurs héréditaires, exerçant sur leurs vassaux l'autorité souveraine, qu'ils ne voulaient pas laisser exercer sur eux par le monarque. A la vérité, ils faisaient hommage de leurs fiefs à la couronne; mais, cet hommage rendu, ils se regardaient comme indépendans, maîtres de se faire la guerre entre eux, ou de former des ligues, des associations qui inquiétaient le souverain et le forçaient de les contenir ou de les ramener à l'obéissance par les armes.

Les Bretons se montraient les plus difficiles. La plupart voulaient un roi. La diversité des opinions causa une guerre civile. Charles, comme suzerain, intervint, non pour les accorder, mais pour leur imposer un joug de soumission plus pesant que n'avaient pu leur faire porter son père et son aïeul. Il trouva une forte résistance et fut enfin obligé de se contenter de l'hommage de celui des prétendans qui avait vaincu les autres.

La réclusion et la captivité de Pepin et de Charles n'avaient pas eu l'approbation de tous les seigneurs d'Aquitaine. Plusieurs d'entre eux, mécontens de voir leur royaume incorporé à la Neustrie, désirèrent avoir un roi particulier, et, ne pouvant se promettre de replacer sur le trône celui qu'ils regrettaient, ils y appelèrent Louis-le-Germanique. Ce prince leur offrit son fils. Il se mit en devoir de s'assurer de ce beau présent; mais Charles plus prompt y mena un des siens qu'il fit couronner à Bourges, quoiqu'il fût encore dans la plus tendre enfance. Ce simulacre de royauté satisfit les Aquitains et ils se rangèrent sous le sceptre français.

Peu de temps après que Charles eut enrichi sa famille d'une nouvelle couronne, l'empereur Lothaire, son frère aîné, déposa toutes les siennes, les partagea à ses enfans et se retira dans l'abbaye de Prum, où il mourut au bout de six mois. La cérémonie de son abdication fut touchante. Il appela près de lui ses trois enfans et leur fit un discours pathétique, dans lequel il ne craignit pas de faire pour leur instruction l'aveu humiliant de ses propres fautes. Il leur recommanda d'abord le respect de la religion. Il leur distribua ensuite ses états, donna l'empire et l'Italie à Louis, l'aîné; la Lorraine à Lothaire; à Charles, la Provence et la Bourgogne. Il est remarquable que, sept cents ans précisément après cette auguste et touchante cérémonie, elle devait avoir son pendant, par l'abdication également libre et également solennelle de l'empereur Charles-Quint en faveur de son frère et de son fils.

L'exemple de Lothaire, revenu, après une longue expérience, des erreurs de l'ambition, si pénétré, en mourant, du néant des grandeurs, fit peu d'impression sur ses frères. Louis-le-Germanique, jusqu'alors le plus modéré des enfans de Louis-le-Débonnaire, ne tint pas contre l'occasion de dépouiller Charles-le-Chauve de ses états. Appelé par une faction de seigneurs mécontens, il pénètre rapidement en Neustrie, prend les villes, reçoit les hommages des grands. Charles, quoique surpris, parvient cependant à ramasser quelques troupes, et va au devant de son frère; mais, gagnée par les mêmes stratagèmes qu'il avait souvent employés contre les autres, son armée l'abandonne et passe presque tout entière sous les drapeaux du Germain. Il ne reste à Charles qu'autant de soldats qu'il en fallait pour fuir, avec quelque sûreté, dans des cantons plus reculés. Il y lève une autre armée. Louis avait renvoyé une partie de la sienne en Germanie, se fiant à la fidélité des Neustriens; mais, pour faire leur paix avec leur ancien roi, ils complotent de lui livrer son frère, et peu s'en fallut que la trahison ne réussît. Lothaire, le nouveau roi de Lorraine, s'entremit de la paix entre ses deux oncles et les réconcilia. On les vit aller dans les cours les uns des autres se donner des fêtes, et ils vécurent quelque temps en assez bonne intelligence. Charles employa cet intervalle de repos à gagner les seigneurs et à s'assurer de leur fidélité, en leur distribuant des fiefs ou augmentant ceux qu'ils possédaient déjà. Il y en avait entre eux qu'il aurait été difficile de dépouiller : ne pouvant les priver de leurs prérogatives féodales, il aima mieux les en voir jouir sous son autorité, et comme don de sa munificence : tout était fiefs, commandemens militaires, fonctions de justice, dignités laïques et cléricales, emplois domestiques auprès des grands. Les plus petits officiers des palais et des tribunaux, comme concierges, greffiers, huissiers et autres, tenaient leurs offices en fiefs et arrière-fiefs, en faisaient hommage par gradation à leurs supérieurs, qui les reportaient au roi. Tout cela était possédé sous l'obligation de redevances, tantôt pécuniaires, tantôt de service corporel. Il y a eu quelquefois de ces redevances très onéreuses; d'autres, selon le caprice du donateur, fort ridicules, quelques unes même contraires à la bienséance et aux mœurs.

Ce n'est pas que les fiefs n'existassent déjà sous les prédécesseurs de Charles-le-Chauve; mais il en amena, pour ainsi dire, la mode, qui devient souvent manie chez les Français. On vit sous lui se confirmer et s'accroître les grands fiefs, déjà trop puissans; les duchés de Gascogne, d'Aquitaine, de Bretagne; les comtés de Flandre, de Hollande, de Champagne, de Bourgogne, dont les possesseurs ont souvent lutté avec avantage contre les rois. On remarque entre eux, dans ce temps, Robert-le-Fort, descendant de Childebrand, frère de Charles-Martel, et par conséquent assez proche parent de Charles-le-Chauve. Ce prince, tant en cette considération qu'eu égard à sa valeur, l'avait fait marquis, c'est à dire commandant des Marches ou frontières de la Neustrie, pour la défendre contre les Bretons et les Normands. Il s'acquitta si bien de cet emploi que le roi lui donna le duché de France, qui consistait dans le pays situé entre la Marne et la Loire, et dont Paris était la capitale.

Robert reconnut ce bienfait en s'attachant sincèrement au roi. Il eut occasion de faire preuve de fidélité dans une circonstance importante. L'aîné des fils de Charles, nommé Louis-le-Bègue, prétendait qu'il était temps que son père lui donnât un apanage et une couronne, selon l'usage du temps, et comme Charles l'avait eue lui-même. La demande déplut au père. Le fils s'irrita du refus. Il se retira en Bretagne, et y fit une levée de troupes, qu'il grossit par un renfort de Normands, et tomba sur l'Anjou, qu'il ravagea. Comme il s'en retournait chargé de butin, le duc de France l'attaqua et dispersa ses troupes. Il contribua ensuite à réconcilier le père avec le fils, qui obtint des comtés et des abbayes pour son entretien, sans qu'il lui fût permis ni défendu de prendre le nom de roi.

Robert ne fut pas si heureux dans une autre expédition. Il venait de remporter un grand avantage sur les Normands commandés par un général nommés Hasting : il les avait investis et se croyait sûr de les faire prisonniers, lorsque ceux-ci, trouvant un moment favorable, fondent sur les Français pour s'échapper. Robert accourt sans prendre le temps de se revêtir de sa cotte d'armes. Il les repousse ; mais pendant qu'il les poursuivait avec trop d'ardeur, il est atteint d'un javelot, tombe et meurt sur le champ de bataille. Il laissa d'Adélaïs, qu'on croit fille de Louis-le-Débonnaire, deux fils, Eudes et Robert, encore en bas âge.

Des trois fils de l'empereur Lothaire, il n'en restait que deux, Louis II, empereur et roi d'Italie, et Lothaire, roi de Lorraine. Charles, roi de Provence, était mort, et ses frères avaient partagé son royaume. Le roi de Lorraine avait eu pour première inclination une jeune personne nommée Valdrade, élevée auprès d'Ermengarde sa parente, mère du jeune prince. Lothaire voulait l'épouser ; mais Charles-le-Chauve employa des sollicitations si pressantes auprès de son neveu, que le jeune prince se détermina pour Tietberge que son oncle lui présenta parce que ses parens lui avaient toujours été dévoués.

Un an s'était à peine écoulé que les premiers feux du prince, sans doute partagés par Valdrade, se rallumèrent. Pour vivre plus librement avec elle, il fit annuler son mariage avec Tietberge, qu'il accusa d'adultère devant deux évêques, représentés, l'un comme simple et ignorant, et l'autre comme un ambitieux, que le roi avait gagné en le flattant de l'espérance d'épouser sa nièce.

Les parens de la reine en appelèrent au pape. C'était Nicolas Ier, homme ferme et absolu. Il cassa la sentence des deux évêques, les déposa et ordonna à Lothaire de reprendre sa femme et de se séparer de Valdrade qu'il excommunia. De plus, il chargea Charles-le-Chauve de faire exécuter la sentence, d'user d'abord des moyens de douceur et de persuasion pour ramener à son devoir ce jeune homme aveuglé par la passion ; mais s'ils ne réussissaient pas, le pontife insinuait d'employer la force. C'était fournir une occasion favorable à Charles de satisfaire sur les états de son neveu l'ambition de s'agrandir dont il était toujours possédé. Lothaire le sentait et se trouvait très embarrassé entre le désir de garder sa maîtresse et la crainte de perdre son royaume. Louis-le-Germanique, attentif, pour son propre intérêt, à ne pas souffrir l'agrandissement de son frère, persuada à son neveu d'éloigner Valdrade et de rapprocher Tietberge. Lothaire la reprit ; mais il la traita si mal que l'infortunée reine demanda à se séparer. Le pape s'y opposa.

L'excommunication de Valdrade mettait un frein, sinon à la passion de Lothaire, du moins aux preuves publiques qu'il aurait voulu lui donner en l'avouant pour son épouse. Il alla à Rome dans l'espérance de fléchir le pape, qui n'était plus Nicolas, mais Adrien II. Il se trouva aussi inexorable que son prédécesseur. Loin de se laisser gagner, le pontife exigea de ce prince, en l'admettant à la sainte table, de jurer qu'il avait quitté sincèrement Valdrade et que jamais il ne la reprendrait. Adrien prescrivit le même serment aux seigneurs qui l'accompagnaient, et, prenant un ton prophétique, il leur annonça que, s'ils juraient contre leur conscience, ils mourraient dans l'année, et ils moururent ; l'évènement a peut-être donné lieu de supposer la prédiction. Lothaire n'eut point d'enfans de Tietberge. De Valdrade, qui lui survécut, il laissa deux filles et un fils naturel nommé Hugues. Dans la suite, Charles-le-Gros lui accorda quelques provinces du royaume de son père ; mais, voyant que le jeune prince augmentait ses prétentions et se mettait en état de les faire valoir, il lui fit crever les yeux et le renferma dans l'abbaye de Prum où il mourut.

L'empereur Louis II réclama le royaume de son frère Lothaire ; mais comme il était alors occupé en Italie et embarrassé d'une guerre contre les Sarrasins, hors d'état par conséquent de soutenir son droit, Charles-le-Chauve s'empara d'abord de tout le royaume ; ensuite, sollicité et menacé même par Louis-le-Germanique, il vint à accommodement, et les deux frères se partagèrent la Lorraine, sans égard pour les réclamations de l'empereur Louis leur neveu.

On a vu que Charles s'était trouvé comme forcé de laisser porter à Louis-le-Bègue le titre de roi. Un autre fils, nommé Carloman, enhardi apparemment par le succès de son frère, demanda aussi un apanage. Sur le refus de son père, il conspira contre lui. Le monarque, afin de le mettre hors d'état de continuer sa révolte, le fit ordonner diacre malgré lui et renfermer dans un monastère. Il en sortit à la sollicitation des légats que le pape avait envoyés pour d'autres affaires, recommença ses intrigues et soutint même sa rébellion par les armes. Les évêques de la province de Sens, dont il était justiciable comme diacre de l'église de Meaux, lancèrent contre lui l'excommunication. Il n'en tint compte ; mais, s'étant encore laissé arrêter, il fut dégradé dans un concile de Senlis, livré ensuite aux juges laïcs qui le condamnèrent à la mort. Son père commua son supplice en celui d'être privé de la vue, « afin, porte la sentence, qu'il » ait le temps de faire pénitence. » Étrange commisération! Il subit sa sentence. Louis-le-Germanique, son oncle, plus compatissant que son père, le tira de sa prison et lui donna une abbaye pour y passer tranquillement des jours de douleur qui ne furent pas longs. Ce supplice de crever les yeux, qui a été long-temps pratiqué en France, venait de l'Orient, où il est encore employé entre les princes.

Après l'acquisition d'une partie de la Lorraine, qui agrandissait si fort les états de Charles-le-Chauve, un nouvel évènement mit le comble à ses désirs ambitieux. L'empereur Louis II mourut sans enfans mâles; les grands d'Italie désiraient faire tomber les couronnes impériale et royale sur l'un d'entre eux; mais le pape, qui trouvait beaucoup plus avantageux à sa puissance d'avoir pour maître des pays qui l'environnaient un prince étranger qu'un empereur résidant près de lui, se montra disposé à préférer le roi de France, qui d'ailleurs, avec Louis-le-Germanique, était l'héritier naturel de leur neveu. Charles appuya cette bonne volonté du souverain pontife en menant promptement au delà des monts une armée nombreuse et précédant, par sa diligence, deux fils de Louis-le-Germanique, qui venaient de réclamer le droit de leur père. Comme il se trouvait le plus fort, le pape le couronna empereur et roi d'Italie en grande solennité le jour de Noël; ainsi Charles, cet enfant presque déshérité à sa naissance, se trouva à la fin le plus avantagé des trois frères.

Ses succès en Italie ne détruisirent pas les prétentions de Louis-le-Germanique; il se proposait de faire éprouver au nouvel empereur les effets de son ressentiment en attaquant ses états en deçà des monts, lorsque la mort arrêta l'exécution de ses projets. Il laissa trois fils auxquels il avait partagé de son vivant ses états avec l'approbation de son frère. Carloman eut la Bavière avec le titre bien hasardé de roi d'Italie; Louis, la France orientale ou la Germanie; et Charles, dit *le Gros*, la Frise, l'Alsace, les Grisons, et de plus la Suisse et la Lorraine par indivis avec Louis.

Nouvelle occasion pour Charles d'augmenter ses vastes états. Avant que ses neveux aient pris leurs mesures et soient bien établis sur leurs trônes, il attaque Louis qui avait la Germanie. Le jeune prince réclame le traité de partage entre ses frères, que son oncle avait ratifié, et offre de prouver, selon l'usage du temps, par trente témoins, qu'il n'a pas contrevenu à cet accord, comme Charles l'en accusait, pour avoir un prétexte d'envahir ses états; de ces témoins, dix devaient subir l'épreuve de l'eau froide, dix celle de l'eau chaude et dix celle du fer ardent.

L'épreuve de l'eau froide consistait à plonger celui qui s'y soumettait, bien garotté, dans une cuve pleine d'eau : s'il tombait au fond, il était coupable; s'il surnageait, il était innocent. Dieu, croyait-on, aurait plutôt fait un miracle que de laisser périr un innocent. Pour la seconde épreuve, il fallait sortir sortir sain et sauf d'une cuve d'eau bouillante où l'on restait un temps déterminé. Enfin celui qui s'exposait à l'épreuve du fer ardent était obligé ou de marcher lentement sur des socs rougis ou de laisser mettre sa main dans un gantelet sortant de la fournaise sans qu'il parût trace de brûlure. Il y avait encore l'épreuve de la croix qui consistait à tenir ses bras étendus le plus long-temps qu'il était possible; celui qui les laissait tomber le premier perdait sa cause. Ces épreuves et quelques autres moins communes et aussi bizarres se faisaient dans l'église sous l'inspection des prêtres et étaient accompagnées de prières et de cérémonies qui leur donnaient un caractère sacré.

Les trente champions de Louis, au grand étonnement des spectateurs, subirent chacun leur épreuve avec succès. Charles paraît convaincu, consent à mettre en délibération les droits qu'il se donnait, et promet, en attendant la décision, de ne commettre aucune hostilité. Il se retire en effet, mais il revient brusquement sur ses pas, croyant surprendre son neveu. Celui-ci, qui se tenait sur ses gardes, accepte la bataille et remporte une victoire complète; elle donne le temps aux deux princes, fils de Louis-le-Germanique, de s'assurer dans leurs partages.

Carloman, qui, dans le sien, trouvait le titre de roi d'Italie, entreprend de le réaliser en se mettant en possession de cette contrée. L'empereur, son oncle, y était occupé à la défendre contre les Sarrasins. Il conférait alors à Verceil avec le pape et plusieurs seigneurs d'Italie, sur les moyens d'écarter ses ennemis. Le roi de Bavière saisit ce moment où toutes les attentions étaient fixées exclusivement sur les Sarrasins, mais sans que les préparatifs pour les repousser fussent encore faits; il entre brusquement en Italie et avance rapidement vers le lieu des conférences. A la nouvelle de sa prochaine arrivée l'assemblée se dissipe; le pape se sauve à Rome, les seigneurs se dispersent, l'empereur se retire vers les Alpes; mais, ce qui est fort surprenant, le jeune Bavarois, en si beau chemin, s'arrête comme saisi d'une terreur panique et rebrousse vers l'Allemagne.

Charles s'imagine que c'est peut-être pour pénétrer en France pendant qu'il est en Italie. Il en fait prendre promptement le chemin à sa femme et à ses trésors. Il les suivait de près, lorsqu'il tombe malade dans un village au pied des Alpes, et y meurt empoisonné, dit-on, par son médecin, juif de nation, nommé Sédécias. L'histoire ne marque pas qu'il ait été fait aucune enquête sur ce crime, ni même qu'il ait été constaté; on en ignore aussi les motifs; mais on pourrait les trouver dans la haine assez générale dont Charles était chargé.

Le peuple lui en voulait, parce qu'il le croyait cause des maux qu'il éprouvait de la part des Normands, qu'il ne repoussait pas, et des fléaux affreux, suite des guerres dans lesquelles son ambition l'engageait perpétuellement. Les seigneurs ne lui avaient point obligation des terres, comtés, marquisats, duchés, qu'il leur distribuait avec profusion, parce qu'ils jugeaient par sa conduite qu'il n'en rendait souvent quelques uns puissans que pour les opposer à leurs rivaux et les détruire les uns par les autres. En effet, son règne fut continuellement agité par les cabales et les révoltes. Dans sa famille il comptait autant d'ennemis que d'enfans, de frères et de parens; Richilde même, qui avait été sa maîtresse, du vivant de sa femme, et qu'il épousa après la mort d'Hermentrude, n'a pas été exempte du soupçon de l'empoisonnement attribué au médecin; c'est, à ce qu'on croit, pour cela qu'il n'en fut fait ni recherche, ni punition. Il eut de Richilde quatre fils, qui moururent en bas âge; et d'Hermentrude, il lui restait, quand il mourut, un fils nommé Louis, et surnommé le Bègue.

Aucun roi, sans excepter même Charlemagne, n'a rassemblé si fréquemment les seigneurs et les évêques de son royaume. Aucun n'a fait tant de négociations, et n'a conduit tant de traités; mais aucun n'a été moins scrupuleux à manquer de parole. Maître de très vastes états, jamais empereur n'a été moins puissant dans chacune de ses parties, et malheureusement il transmit cette impuissance à ses descendans. La faute en fut à lui-même et à son avidité.

Immédiatement avant son dernier voyage d'Italie, il avait tenu, à Quiersi ou Carisi-sur-Oise, un parlement qui avait pour objet d'assurer la tranquillité du royaume pendant son absence (1). Défiant, à cause de la rapacité qu'il avait à se reprocher, il se crut obligé à une profusion de graces; il en accorda qui semblèrent ne lui rien ôter, mais qui devaient coûter bien cher à sa postérité. Soit pour récompenser des services rendus, soit pour fixer des intentions suspectes, ses prédécesseurs, depuis Charles-Martel, avaient donné de temps à autre l'exemple de rendre quelques fiefs héréditaires. Indiscret imitateur d'une politique qui pouvait perdre de son danger par la rareté des applications, Charles, par un réglement fameux qu'il proposa dans cette assemblée, s'avisa d'étendre ce privilége à tous les fiefs dont les possesseurs viendraient à mourir pendant son absence, ou qui, par la douleur que leur pourrait apporter sa propre mort, renonceraient après lui à ces mêmes fiefs en faveur de leurs enfans; motif bizarre de la concession la plus imprudente qui fut jamais, qui ouvrit la porte à mille autres, et qui fut bien autrement funeste à l'état que celle de Clotaire II sur l'inamovibilité des maires. Il est remarquable que ces deux princes, qui eurent à peu près la même fortune, commirent aussi à peu près la même faute. Mais si celle du premier dut faire échapper le sceptre des mains qui le portaient, celle du second brisa le sceptre lui-même et livra la France à tous les malheurs d'un état de guerre perpétuel, suite inévitable des rivalités sans cesse renaissantes de cette multitude de petits souverains nés de l'a-

(1) Var., *Monarch. fr.*, ann. 877.

narchie de la féodalité. A chacune de ces deux époques, néanmoins, il fallut encore un peu plus d'un siècle pour opérer la désorganisation totale ; tant est stable et solide, même avec ses imperfections, l'édifice toujours admirable d'un gouvernement quelconque!

CHAPITRE II.
877—936.

Commencement de la décadence des Carlovingiens et interruption de la succession directe sous Louis II, dit le Bègue, fils de Charles-le-Chauve, et sous ses trois fils Louis III, Carloman et Charles III, dit le Simple. Quatre usurpateurs, au préjudice de ce dernier, règnent successivement et en concurrence avec lui, savoir : l'empereur Charles-le-Gros son parent ; Eudes, fils de Robert-le-Fort, duc de France ; Robert, frère d'Eudes, et Raoul, gendre du roi Robert, lequel survécut à Charles de quelques années. Période de 59 ans.

Louis II, dit le Bègue, âgé de 33 ans.

Ce ne fut pas sans difficulté que Louis obtint de succéder à son père (1). Les grands se prétendirent en droit de donner la couronne. Ils se fondaient sur ce que, ne l'ayant pas reçue du vivant de son père, ce prince n'y avait pas un droit immédiat. Soit mésestime pour le prince personnellement, soit désir de profiter de l'affaiblissement que l'autorité royale recevait de la puissance excessive des grands vassaux, ils délibérèrent s'ils ne mettraient pas sur le trône quelque autre prince de la famille de Charlemagne, ou même un d'entre eux. Richilde, sa belle-mère, avait en main les trésors de son mari et les ornemens royaux ; elle était de plus dépositaire des dernières volontés de Charles. Cette princesse pouvait, en supprimant le testament du roi, s'il était favorable à son beau-fils, et en livrant les trésors et les ornemens, dont la possession était alors une espèce de titre, rendre très puissant le parti de celui qu'elle aurait préféré. Contraire d'abord à Louis-le-Bègue, elle se laissa gagner, lui remit le testament de son père, qui le déclarait héritier, et livra ce qu'il lui plut des trésors et des ornemens, dont Louis se servit pour se faire sacrer à Reims. Il répandit après cela les graces et les dignités, distribua des fiefs, comme avait fait son père, des abbayes et jusqu'à ses domaines. Les princes (c'est ainsi qu'on commençait à appeler les grands seigneurs) s'offensèrent de ce qu'il donnait, de son propre mouvement, et seul, ce qu'il ne pouvait donner que par leur consentement

(1) Mézerai, t. I, p. 526.

et dans les assemblées générales. Ainsi, pour un petit nombre de mécontens qu'il apaisa, il en fit une infinité d'autres.

Les troubles qui brouillaient alors l'Italie forcèrent le pape Jean VIII de venir en France. Il y couronna de nouveau Louis-le-Bègue; mais on ne voit pas qu'il lui ait donné le titre d'empereur, ni que ce prince l'ait jamais pris. Sa santé très faible ne lui permettait pas de faire de grandes entreprises. On l'a pour cela nommé le *Fainéant* : mais il paraît qu'il n'était pas dépourvu de talens pour gouverner. Il commençait même à se faire craindre des seigneurs turbulens, lorsqu'il mourut dans la troisième année de son règne. Cette disposition des esprits a fait soupçonner qu'il fut empoisonné.

Louis-le-Bègue, dans sa jeunesse et n'ayant encore que dix-neuf ans, se livrant, pour choisir une épouse, au vœu de son cœur plus qu'aux convenances de son rang, avait jeté les yeux sur Ansgarde, fille d'un comte Hardouin, son favori, et s'était uni à elle par un hymen secret. Le défaut du consentement de Charles-le-Chauve, son père, avait suffi à ce dernier pour forcer son fils, sans autre forme, à répudier Ansgarde et à recevoir de sa main une autre épouse appelée Alix, ou Adélaïde. De la première il eut deux fils, Louis III et Carloman. La seconde était enceinte lorsqu'il mourut. Elle accoucha d'un fils posthume connu sous le nom de Charles-le-Simple. Les opinions se partagèrent au sujet de la légitimité de ces princes : les uns la voyaient dans les fils du premier lit, parce que l'union de leur père avait été dissoute sans avoir recours aux formes ecclésiastiques; et les autres, dans celui du second, sur le motif du respect dû à l'autorité paternelle et aux lois du royaume, qui la consacraient. Cette diversité d'opinion nuisit à tous également. Du doute à l'égard de leurs droits, le passage fut aisé à les méconnaître tout-à-fait; et les seigneurs puissans qu'avait enrichis la faiblesse ou la munificence des pères commencèrent à jeter des regards de convoitise sur le trône de leurs enfans. Louis-le-Bègue, qui, au lit de la mort, pouvait pressentir ces dispositions, recommanda ses fils aux seigneurs qui l'environnaient, et leur choisit pour tuteur Hugues, abbé de Saint-Denis, beau-fils de Robert-le-Fort, qui avait épousé sa mère, et frère utérin d'Eudes, comte de Paris, et de Robert, son frère, qui tous deux doivent s'asseoir sur le trône (1).

Louis III et Carloman.

Nous rentrons dans un nouveau chaos semblable à celui d'où naquirent les Carlovingiens, chaos reproduit par le désordre et la confusion où tomba cette race, et d'où sortirent à leur tour les Capétiens. Pour s'y reconnaître, il ne faut pas perdre de vue, dans la suite des évènemens, la postérité de Childebrand, frère de Charles-Martel et

(1) Mézerai, ann. 887.

oncle de Pepin, père de Charlemagne. Childebrand a été bisaïeul de Robert, maire du palais de Pepin I, roi d'Aquitaine, fils de Louis-le-Débonnaire; et Robert, père lui-même de Robert-le-Fort, dont nous avons parlé, et qui fut tué dans un combat contre les Normands. Cette généalogie, au reste, n'est point incontestable; et quelques auteurs, sur diverses autorités et notamment sur celle d'Aimoin, qui écrivait au commencement du onzième siècle, font Robert-le-Fort de race saxonne, et même fils ou petit-fils de Witikind (1).

Les difficultés qu'éprouva l'exécution des dernières volontés de Louis-le-Bègue en faveur de ses enfans éclatèrent dans une assemblée que les seigneurs auxquels ce prince avait recommandé ses fils convoquèrent à Meaux. Il s'y trouva des mécontens du dernier règne qui prétendirent que dans la situation où se trouvait la France, sans cesse menacée par les Normands, il lui fallait, non des enfans, mais un chef d'un âge mûr et puissant par lui-même. Ils nommaient Louis de Germanie, dit de Bavière, et le jeune fils de Louis-le-Germanique. Leur faction était si forte, que, pour s'en débarrasser, on céda à ce compétiteur la partie de la Lorraine que Charles-le-Chauve et Louis-le-Bègue avaient possédée. Ces obstacles levés, Louis et Carloman furent couronnés dans l'abbaye de Ferrières, en Gâtinais. Ils se partagèrent les états de leur père. Louis eut la Neustrie, c'est-à-dire toute la partie de la France entre la Loire et la Meuse, compris la Flandre, jusqu'à la mer; et Carloman, l'Aquitaine et la Bourgogne.

Les deux frères eurent d'abord à se défendre contre Louis, leur oncle à la mode de Bretagne, qui renouvela ses prétentions; mais elles ne furent pas de longue durée, parce qu'une irruption furieuse des Normands le força, plutôt que de continuer à tourmenter ses cousins, à joindre ses forces aux leurs pour éloigner le danger commun. Ils appelèrent encore à leur secours Charles, dit le Gros ou le Gras, frère du Bavarois. Ayant pris la couronne de Lombardie, il était occupé, en Italie, à soutenir les droits que lui avait légués Louis-le-Germanique, leur père. Néanmoins, il vint au secours de ses parens. Les quatre rois réunirent leurs armes et livrèrent aux Normands des combats très meurtriers, mais qui ne furent pas décisifs.

Les Normands continuèrent à occuper plusieurs contrées. Ils s'y fixèrent avec d'autant plus de facilité, qu'ils furent délivrés en peu de temps de trois de leurs principaux adversaires; Louis de Germanie mourut le premier de maladie; Louis III le suivit de près. Il se rompit les reins sous une porte basse, où son cheval l'emporta à la poursuite d'une jeune fille qui fuyait les empressemens de sa passion. A peine Carloman s'était-il mis en possession de sa succession, qu'il fut tué à la chasse par un sanglier. Ces trois princes moururent sans enfans.

(1) Saint-Foix. *Essai sur Paris*, art. Gaulois.

Charles-le-Gros, âgé d'environ 54 ans.

Charles-le-Gros portait, comme nous l'avons dit, la couronne de Lombardie. Il s'était fait donner celle d'empereur d'Italie. Les états de son frère Louis, la Bavière, la Lorraine, la Souabe et une grande partie de l'Allemagne, lui tombèrent de droit en partage, et il y fut reconnu. Enfin la couronne de France lui fut déférée au préjudice du jeune Charles, son neveu à la mode de Bretagne, et fils posthume de Louis-le-Bègue. On prétend, à la vérité, que ce fut à titre de régence, et cela explique pourquoi il n'a pas de rang numérique parmi les rois de France du nom de Charles. Quoi qu'il en soit, il réunit sous son sceptre presque tous les états de Charlemagne.

Mais quel homme pour s'asseoir sur le trône de ce monarque? Charles était petit, avait les jambes torses et un embonpoint excessif, qui lui fit appliquer le nom de Gros: cette obésité le rendait lent et peu propre aux opérations militaires. Son esprit était borné, son caractère ombrageux et défiant. Il était tourmenté d'un mal de tête habituel, qui dégénéra à la fin en une démence dont il eut de fréquens accès. Avec ces imperfections, ces infirmités et tous les accompagnemens d'un pareil état, est-il étonnant qu'il ait été généralement abandonné, quand le moment de l'infortune arriva?

Le seul essai que les Français firent de la capacité de Charles, qu'une prévention favorable avait fait préférer à son cousin, ne fut pas heureux. Il y avait des traités existans avec les Normands. Le nouveau roi, sous prétexte de les confirmer, attire un des principaux chefs dans une embuscade, et le fait massacrer avec les seigneurs qui l'accompagnaient. Cette perfidie, non seulement soulève les Normands qui étaient en France, mais leur indignation en appelle des armées entières qui accourent de toutes parts pour venger leurs compatriotes.

Sous la conduite de Rollon, leur chef, ils remontèrent de Rouen à Paris en si grand nombre, que la Seine était couverte de leurs bateaux dans un espace de deux lieues. Le siège de cette ville est mémorable par l'opiniâtreté des assiégeans et la défense vigoureuse des assiégés. Il dura quatre ans, non pas continus, mais par intervalles. Tout ce qu'on employait alors pour l'attaque et la défense des places y fut mis en pratique: escalade, mines, assauts, machines pour lancer au loin pierres et traits, béliers pour enfoncer les murailles, tours ambulantes pour en approcher, poix fondue, eau bouillante, versées du haut des murs sur les assaillans. Après des attaques sans succès, les Normands se retiraient dans des tours qu'ils avaient bâties autour de la ville, qui consistait tout entière dans l'île qu'on nomme actuellement la Cité. Pendant la suspension des hostilités, ils ravageaient les campagnes à une assez grande distance. Il y eut de leurs partis qui pénétrèrent jusqu'en

Bourgogne, à l'aide de leurs bateaux, qu'ils firent passer par terre dans la Seine au dessus de Paris; ils tentèrent d'escalader Sens, mais ils furent repoussés. Paris était défendu par l'évêque Goslin, prélat qu'on dit avoir été aussi brave que prudent, par Eudes et Robert, fils de Robert-le-Fort, et par un grand nombre de guerriers venus au secours de cette ville, qui était toujours regardée comme la capitale de la France.

L'empereur, qui était en Italie, envoya contre les Normands Henri, duc de Saxe, qui les battit et les éloigna. Ils se rapprochèrent: le Saxon revint, entra dans la ville, risqua une sortie en nombre inégal, et fut tué. Enfin, vaincu par les instances réitérées des Parisiens, Charles vint lui-même. Il déploie, aux yeux des assiégés, une armée formidable, campée sur le Mont-de-Mars, dit Montmartre; et lorsqu'on croyait qu'en se laissant seulement tomber sur les brigands, embarrassés d'un siége et de leur butin, il allait les écraser par la seule masse de cette armée, non seulement il ne les attaque pas, mais il entre avec eux en composition, et il leur promet sept cents livres pesant d'argent à payer dans un temps marqué. En attendant ce terme, il leur livre, pour ainsi dire, à piller les provinces qui leur conviendront.

A la nouvelle de cette honteuse capitulation, un cri d'indignation s'élève par toute la France. Le mépris qu'elle inspire pour l'empereur se répand dans ses autres états; son armée l'abandonne tout entière. Français, Lorrains, Bavarois, Germains, Italiens, renoncent, comme de concert, à son obéissance; et, ce qu'on aurait peine à croire, si tous les historiens ne l'attestaient, il se trouve seul, absolument délaissé, sans un seul valet pour le servir, sans un denier pour vivre, en sorte qu'il serait mort de misère, si Luitpert, archevêque de Mayence, ne l'eût retiré et ne lui eût conféré, dit-on, un canonicat pour vivre. Arnould, son neveu, fils bâtard de Carloman, roi de Bavière, l'un de ses frères, et mis à sa place en possession des états de Germanie, lui donna trois ou quatre petits fiefs dont il ne profita pas long-temps. Il mourut dans un village de Souabe, les uns disent de chagrin, les autres de poison; il ne laissa point d'enfans.

Eudes, âgé de 30 ans.

C'était une belle occasion pour rendre la couronne à Charles, le fils posthume de Louis-le-Bègue; mais il n'avait que dix ans.

L'abbé Hugues, tuteur de Charles, avait été remplacé par Eudes, son frère utérin, fils de Robert-le-Fort, comte de Paris. Il paraît qu'il ambitionnait le trône. Il fut tenu à Compiègne une assemblée sur ce sujet. Malgré les qualités d'Eudes, malgré sa valeur et sa sagesse reconnues, une taille avantageuse, une affabilité qui lui conciliait l'estime de la noblesse et l'affection des peuples; enfin, malgré le besoin qu'on ne pouvait se dissimuler d'avoir un roi qui pût gouverner et combattre par lui-même, on hésita, tant le droit du jeune prince était bien reconnu, si on établirait un substitut couronné ou un dépositaire du sceptre, pour le rendre à Charles, quand son âge et les circonstances lui permettraient de le porter. Il arriva ce qu'on voit d'ordinaire dans ces sortes d'assemblées où l'on n'ose s'expliquer clairement. On prit un parti moyen : on déclara Eudes roi, avec des clauses ambiguës, qui ne décidaient pas clairement s'il abdiquerait, à certaines époques ou dans certaines circonstances, en faveur de son pupille, ou s'il jouirait du titre et de l'autorité royale jusqu'à sa mort.

Il signala la première année de son règne par des victoires sur les Normands qu'il chassa des environs de Paris. Il alla les chercher jusque dans le Cotentin et la Bretagne, où il leur fit essuyer des échecs importans. D'un autre côté, il pourvut à l'intégrité du royaume, en empêchant un comte d'Auvergne et de Toulouse, qui s'était rendu très puissant en Aquitaine, de s'y faire déclarer roi. Mais, en retenant d'une main, il prodiguait de l'autre, et distribuait avec profusion des domaines, des fiefs, des abbayes, aux seigneurs dont il croyait que l'amitié pouvait lui être utile par la suite.

Eudes et Charles III, le Simple ;

Charles, âgé de 14 à 15 ans.

Le moment arriva pour Eudes de tirer parti de sa générosité. Charles grandissait, et les seigneurs attachés au sang de Charlemagne commencèrent à insinuer au tuteur qu'il était temps de rendre à son pupille le sceptre qu'on ne lui avait confié que comme un dépôt. Eudes ne goûta pas la proposition. De la négociation on en vint aux armes ; le sort n'en fut pas favorable à Charles : il éprouva même un revers décisif, qui le força de se retirer chez Arnould, empereur de Germanie. Ce prince lui donna des troupes pour rentrer dans son royaume. Il fit mieux : de concert avec les seigneurs, las sans doute d'une guerre qui durait depuis plusieurs années, il engagea les deux rivaux à partager le royaume. Eudes eut le pays entre la Seine et les Pyrénées. Charles, reconnu pour souverain dans la partie même qu'il abandonnait, régna depuis la Seine jusqu'à la Meuse, compris la Flandre jusqu'à la mer ; mais il se trouva bientôt maître de toute la France par la mort d'Eudes. Ce prince ne laissa qu'un fils qui vécut peu ; mais il avait un frère nommé Robert qui s'était distingué avec lui dans le siége de Paris.

Charles-le-Simple, âgé de 20 ans.

Dans tout ce qu'on a vu jusqu'à présent, on ne trouve rien qui puisse fonder le surnom de *Simple* que l'histoire donne à Charles ; il s'est même encore passé plusieurs années depuis son entier rétablissement, sans aucun de ces évènemens qui impriment sur leurs auteurs le sceau de la faiblesse. Au contraire, on lui trouve de la fermeté à soutenir la dignité de son trône. Il revendique la Lorraine et des parties de l'Aquitaine distraites du royaume, se met à la tête des armées, combat de sa personne. On peut dire qu'il gouverna avec prudence, puisque, dans un temps si orageux, l'histoire ne fait mention ni de troubles ni de factions : on ne peut même lui refuser des vues sages et une saine politique dans le traité qu'il fit avec les Normands.

Ces peuples s'étaient extrêmement multipliés en France. Rollon entretenait sur les côtes une armée que les recrues perpétuelles venues du nord et l'adjonction de tous les vagabonds que le pillage attire rendaient formidable. Il avait fixé le siège de sa domination à Rouen. Sans se plonger dans la mollesse, il y accoutumait ses capitaines à goûter les douceurs d'une vie tranquille. Le repos et les agrémens d'une cour pacifique leur faisaient perdre l'habitude de leurs mœurs féroces. On rapporte que la société des évêques de ces cantons, leurs instructions, leurs exhortations, contribuèrent beaucoup à ce changement. Rollon lui-même s'en laissa toucher. On donne à ce prince un amour extrême de la justice et une fermeté inflexible pour la faire exécuter. Des bracelets d'or restèrent plusieurs mois suspendus à un arbre, à la vue de ses soldats, autrefois incapables de réprimer leur avidité, sans qu'aucun osât y toucher. Invoquer Rollon par cette exclamation : *Ah! Rol*, ce qu'on a appelé *clameur du haro*, c'était se procurer une protection assurée contre les vexations et les rapines.

Charles, persuadé qu'inutilement il tenterait d'expulser un prince bien établi, qui policait ses peuples et fondait son empire sur la justice, aima mieux traiter avec lui. Il lui donna en fief toutes les terres depuis l'embouchure de l'Epte dans la Seine, jusqu'à la mer, pays qu'on a appelé depuis le duché de Normandie, avec un droit d'hommage sur la Bretagne, et lui accorda une de ses filles en mariage, à condition d'embrasser la religion chrétienne. Rollon, en réparation des brigandages exercés par ses troupes, fit des largesses immenses aux églises des prélats qui l'avaient catéchisé. En même temps il fit arpenter les terres du duché, en dépouilla les propriétaires et les donna aux capitaines et soldats qui l'avaient aidé dans sa conquête. *Vœ victis*, malheur aux vaincus!

Les seigneurs français, au lieu de voir dans le traité de Charles avec Rollon une sage précaution, un rempart pour leurs possessions contre de nouvelles invasions de la part des Normands, que leurs anciens compatriotes, devenus sédentaires et propriétaires, ne manqueraient pas de repousser, se plurent à y trouver une imprudence et un inconvénient : l'imprudence de combler des pirates et des brigands de biens qui pourraient en attirer d'autres ; l'inconvénient que Charles n'avait peut-être traité les Normands avec tant de générosité, et ne s'était allié personnellement à leur chef que dans l'intention de disposer de ses forces pour les subjuguer eux-mêmes quand il lui en prendrait envie. Ils crurent voir l'exécution prochaine de ce dessein dans la confiance entière que le roi donnait à Haganon, son ministre, homme adroit qu'il avait mis à la tête des affaires. Il était d'une naissance obscure, par conséquent suspect aux grands. Ils publiaient qu'il était moins ministre que favori, nom fait pour rendre odieux ceux qu'on en gratifie. Entre ces envieux, mécontens ou ambitieux, se distinguait Robert, frère du roi Eudes, et qui à ses charges, à ses titres, à de grands domaines, joignait un mérite personnel qui lui donnait un grand crédit.

Ici commencent les évènemens qui ont paru attirer à Charles l'épithète de *Simple*. Il était tranquille pendant que tout s'agitait autour de lui. Il savait ou devait savoir qu'il y avait des mécontens; que l'on critiquait sa conduite; que son ministre était envié, qu'on blâmait l'ascendant qu'il lui laissait prendre dans le gouvernement; que les grands craignaient qu'il n'y eût des desseins contre les entreprises qu'ils faisaient continuellement sur l'autorité royale; qu'ils se recherchaient, s'abouchaient, s'échauffaient les uns les autres; qu'enfin il y avait parmi eux un homme hardi, ambitieux, puissant, très propre à réunir ces matières inflammables et à causer un grand incendie; Charles, disons-nous, savait tout cela ou devait le savoir; et c'est dans ces circonstances que, sans précautions, sans troupes pour le défendre d'un coup de main, il a la simplicité de convoquer, comme à l'ordinaire, l'assemblée du Champ de Mai, à Soissons, pour régler avec les seigneurs les affaires du royaume. Tout d'un coup il se trouve investi de mécontens ou de gens feignant de l'être. L'un lui reproche son insolence, son aveugle confiance dans son favori; l'autre, son alliance avec les Normands, ses prodigalités, la dissipation du domaine royal : ces inculpations se font en face, sans égards, sans respect; tous déclarent qu'ils ne le veulent plus pour leur roi, brisent et jettent à terre les brins de paille qu'ils tenaient dans leurs mains, espèce de signification qu'ils rompent avec lui, et le laissent seul dans le champ, fort étonné de cette brusque incartade.

Charles III, le Simple, et Robert.

Cependant Hervé, archevêque de Reims, et peut-être quelques autres seigneurs, s'entremettent et obtiennent qu'on gardera obéissance à Charles l'espace d'un an. Hervé le retire dans un de ses châteaux. Pendant cette année de probation, Charles négocie, regagne plusieurs des dissidens, et se trouve assez fort pour reprendre le sceptre; mais il a l'imprudence de rappeler Haganon, qu'il avait écarté. Ce retour, qui était peut-être une violation des conditions imposées lorsqu'on lui accorda une année d'épreuve, sert de prétexte à Robert pour prendre les armes; il se fait déclarer roi, et il est sacré à Reims.

Charles, trop faible contre cette insurrection, presque générale, se retire en Aquitaine. Il y trouve des seigneurs moins aliénés que ceux du centre de ses états. Il profite de ces bonnes dispositions, lève une armée et va chercher son rival. Ils se rencontrent près de Soissons. Le combat fut vif et la mêlée sanglante. Les deux compétiteurs y payèrent de leur personne. Robert fut tué; des historiens disent que ce fut de la main de Charles, qui ne gagna pas pour cela la victoire. Hugues-le-Grand, fils de Robert, soutint le combat, et resta maître du champ de bataille.

On convient qu'il ne tint qu'à ce Hugues de prendre la couronne. Il en laissa, dit-on, la disposition à Emme, sa sœur, qui avait épousé Raoul ou Rodolphe, duc de Bourgogne. Il envoya lui demander lequel elle préférait pour roi, de lui ou de son époux : elle répondit, faisant allusion à une des cérémonies de l'hommage, qu'elle aimait mieux baiser le genou de son mari que celui de son frère. Raoul fut couronné, et Hugues resta son principal appui.

Charles-le-Simple et Raoul.

Charles n'abandonna pas la partie, mais il était obligé de faire la guerre plus en aventurier qu'en roi; reçu dans un château, chassé d'un autre; aujourd'hui maître d'une place forte, demain dépossédé; s'aidant de toutes sortes de moyens et de toutes sortes de gens, des Normands même, ce qui le rendait odieux aux Français, qui avaient encore trop présents à la mémoire les ravages de ces peuples.

L'infortuné roi eut cependant une lueur d'espérance assez bien fondée. L'empereur de Germanie, son parent, dont il réclama la protection, marqua de l'intérêt pour ce prince si maltraité. Les préparatifs qu'il faisait alarment Hugues et ses confédérés. Il y avait parmi eux un comte de Vermandois, nommé Hébert ou Herbert, qui, pendant tous ces troubles, tenait une conduite équivoque : arrière petit-fils du malheureux Bernard, roi d'Italie, et gendre du roi Robert, on le voyait alternativement attaché à Hugues, son beau-père, ou à Charles, son parent, selon qu'il avait à craindre ou à espérer de l'un ou de l'autre. Apparemment il trouva plus d'avantage à servir un prince qui avait le suffrage de la nation et des troupes autour de lui, que celui qui était abandonné du plus grand nombre, et qui ne comptait que des secours éloignés. Il feint de s'attendrir pour Charles, lui demande une conférence. Charles a la simplicité de se fier à un homme versatile, et peut-être mercenaire. Il est fait prisonnier. A cette nouvelle, Ogine, sa femme, se sauve en Angleterre, son pays natal, et emmène avec elle Louis, son fils unique, qui n'avait que trois ans.

Pendant les années qui s'écoulèrent depuis la trahison d'Herbert jusqu'à la mort de Charles, le comte de Vermandois se servit de son prisonnier pour obtenir ce qu'il désirait, ou pour éloigner ce qu'il craignait. Raoul lui refusait-il les domaines qu'il demandait, il lui montrait son rival, et menaçait de le replacer sur le trône. Par cette ruse il se fit donner la ville de Laon, qui avait été la seule forteresse importante du prince détrôné. Les Normands lui faisaient-ils appréhender une irruption, soit pour reculer leurs limites, soit pour venir au secours d'un prince leur bienfaiteur, Herbert le menaçait sur la frontière, l'établissait arbitre entre lui et eux, et obtenait ce qu'il désirait. Il paraît qu'il traitait son captif avec douceur et respect, et peut-être Charles fut-il moins malheureux dans les chaînes qu'il ne l'avait été sur le trône. Il mourut dans le château de Péronne, âgé de cinquante ans.

Raoul seul.

Raoul, son rival, vécut dans les guerres perpétuelles, tantôt contre Herbert, qui ne se lassait pas de demander terres, abbayes, villes, évêchés et tout ce qui était à sa convenance ; tantôt contre les Normands, toujours remuans et envahisseurs ; souvent contre les seigneurs, ses anciens pairs, qui prétendaient se faire récompenser par des dons, des affranchissemens et des privilèges de toute espèce, de la complaisance qu'ils avaient eue de lui accorder le sceptre. Il eut aussi une guerre assez vive avec l'empereur de Germanie, au sujet de la Lorraine, sur laquelle les deux frères Louis et Carloman avaient été forcés de transiger avec Louis-le-Jeune, et de lui en abandonner la plus grande partie. Par accord, Raoul recouvra ce qu'on a appelé la haute Lorraine. Après cette espèce de conquête, ce prince, recommandable par sa piété, sa valeur et sa générosité, pouvait se promettre des jours heureux ; mais la mort en trancha le fil, lorsqu'il était encore dans la force de l'âge ; il ne laissa point d'enfans, et cette conjoncture redonna la couronne à la postérité de Charles-le-Simple.

Sous le règne de ce malheureux prince s'éteignit en Allemagne, en 911, et en la personne de Louis IV, fils d'Arnould-le-Bâtard, la postérité masculine de Louis-le-Germanique, et par conséquent de Charlemagne. Les états de Louis IV devaient retourner de droit à la branche de Charles-le-Chauve, la seule qui subsistât encore des quatre qu'avaient formées les fils de Louis-le-Débonnaire ; mais Charles, déjà frustré une première fois de cette succession, à cause de la faiblesse de son âge, lors de la déposition de Charles-le-Gros, se la vit encore enlever cette fois, à la Lorraine près, par suite du mépris qu'avaient inspiré son caractère et ses moyens. On oublia la justice de ses droits, parce qu'il était incapable de les faire valoir ; et depuis cette époque les Allemands ne tirèrent plus que du corps même de leur nation les chefs qu'ils se donnèrent.

Le premier choix une fois fait, les élections successives ne furent long-temps qu'une déclaration publique d'acquiescement aux droits du sang et de l'hérédité, ou de soumission aux dernières volontés des empereurs : et ce furent ces mêmes considérations et des motifs d'alliance et de parenté qui, à l'extinction des premières races, firent appeler les suivantes à les remplacer. Telle était même la disposition des esprits, que Henri VI, fils de Frédéric Barberousse, persuada aux princes qui, de son temps, élisaient l'empereur, de renoncer à leur droit en faveur de l'hérédité, comme plus favorable à la paix publique. Le duc de Saxe, Bernard d'Ascanie, que la bienveillance du père de Henri avait gratifié de ce duché, lors de la proscription de Henri-le-Lion, fut le seul qui y mit obstacle, et qui, par son opposition, maintint l'ancienne forme. Le droit d'élection se fortifia depuis des prétentions diverses que ne cessèrent de favoriser les papes, au préjudice de la maison de Souabe ; et ce fut un véritable malheur pour l'Allemagne, qui, depuis la mort de Henri VI, en 1197, jusqu'à l'élection de Rodolphe de Habsbourg, en 1273, fut livrée par cette cause à toutes les calamités des guerres civiles, et en fut même encore agitée par delà.

Le droit d'élire attaché à la qualité de vassal immédiat de l'empire fournit long-temps une multitude d'électeurs. L'affranchissement de diverses provinces, ou leur aliénation, la réunion de plusieurs principautés sous une même main, l'extinction de quelques familles, et la politique enfin des princes les plus puissans, réduisirent insensiblement ce grand nombre. En 1152, à l'élection de Frédéric Barberousse, on en comptait encore cinquante-deux : cent ans après, à celle de Richard de Cornouailles, trois prélats seulement s'étaient maintenus en possession de leur droit ; et parmi les laïcs, les seules maisons de Bohême, de Bavière, de Saxe et de Brandebourg en jouissaient exclusivement, et avec cette particularité, que plusieurs princes de chacune de ces maisons prétendaient également au droit de suffrage. Il en résultait, dans le nombre des électeurs, une variation qui ajoutait à toutes les autres causes de troubles et de schisme qui fatiguaient l'empire à chaque nouvelle élection. Celle de Charles IV, roi de Bohême, plus traversée qu'aucune autre, fit sentir à ce prince la nécessité d'un réglement positif, et ce fut en conséquence qu'il rendit en 1356 cette fameuse loi connue sous le nom de *Bulle d'or*, qui, réduisant à un vote unique les suffrages multipliés des quatre maisons électorales, limita invariablement à sept le nombre des électeurs ; savoir : trois ecclésiastiques, les archevêques de Mayence, de Trèves et de Cologne ; et quatre laïcs, le roi de Bohême, le comte Palatin du Rhin, aîné de la maison de Bavière, le duc de Saxe et le marquis de Brandebourg.

La première maison sur laquelle se porta le choix des Allemands fut la maison de Saxe. Pendant le cours de cent douze ans qu'elle occupa le trône, elle porta la fortune germanique au plus haut point de splendeur, lui acquit les royaumes des deux Bourgognes, qui s'étaient formés vers ce temps des débris de l'empire de Charlemagne, et tout le nord et le centre de l'Italie, où les empereurs dominèrent alors en maîtres absolus.

La maison de Franconie, qui succéda à celle de Saxe, en 1024, au temps de Robert, fils de Hugues-Capet, au fils duquel la couronne impériale avait été même offerte, ne soutint pas ces avantages. La jalousie des papes, excitée par une fausse idée de la nature de leur pouvoir, suscita aux nouveaux empereurs de longues et de fameuses querelles, dites *du Sacerdoce et de l'Empire,* dont le terme fut l'affranchissement de l'Italie, qui commença dès lors à prendre la même forme politique à peu près qu'elle a gardée jusqu'à nos jours.

Ce fut sous la maison de Souabe, qui parvint à l'empire en 1137, au même temps que Louis-le-Jeune au trône de France, que se consomma la perte de l'Italie, ainsi que l'anéantissement du pouvoir impérial, au sein même de sa domination. La mort funeste du jeune Conradin, la dispersion de ses états entre mille mains, et la longue anarchie qui prépara cette catastrophe, et qui la suivit, firent pulluler une multitude de petits souverains, qui, de nos jours encore, se partageaient l'Allemagne, et qui, depuis long-temps, eussent été engloutis dans le chaos où ils se formèrent, s'ils n'eussent étayé leur faible pouvoir d'une autorité tutélaire qu'ils eurent la sagesse d'établir au-dessus d'eux.

Mais, si le besoin leur commandait le choix d'un chef habile, une politique défiante voulait que ce chef fût peu puissant par lui-même. Un gentilhomme suisse, Rodolphe de Habsbourg, qui a été la tige de la seconde maison d'Autriche, réunissait en lui ces deux qualités, et fut élu l'an 1273, trois ans après la mort de saint Louis. Depuis cette époque, et à l'interruption près d'un intervalle de cent ans, où le siége impérial fut occupé par divers princes des maisons de Luxembourg et de Bavière, les descendans de Rodolphe ont continué d'occuper le trône germanique.

CHAPITRE III.

936—987.

Retour à la famille et à la succession directe des Carlovingiens et leur chute sous les rois Louis IV d'Outremer, fils de Charles-le-Simple ; Lothaire son fils et Louis V dit le Fainéant, son petit-fils ; lesquels ne régnèrent que sous le bon plaisir et la tutelle de Hugues-le-Grand, fils du roi Robert, et de Hugues-Capet, fils de Hugues-le-Grand. Période de 51 ans.

Louis IV, d'Outremer, âgé d'environ 20 ans.

La mort de Raoul était une seconde occasion pour Hugues-le-Grand de monter sur le trône ; mais il la négligea ou la crut prématurée. Adelstan, petit-fils du grand Alfred, le Charlemagne de l'Angleterre, avait recueilli avec tendresse Ogine, sa sœur, et Louis, fils de cette princesse. Il plut aux seigneurs français de se souvenir du jeune prince, victime de leur haine ou de leur prévention. Ils le demandèrent à son protecteur. L'oncle ne l'abandonna pas sans précaution. Il se fit donner des otages, et retint quelques-uns des seigneurs qui étaient venus chercher son neveu *outre-mer*, d'où Louis a pris son surnom. Les autres l'attendaient sur la grève. Ils lui prêtèrent serment de fidélité en descendant du vaisseau, et le menèrent à Laon, où il fut sacré par l'archevêque de Rouen.

Parmi eux, et sans doute à leur tête, se trouvait Hugues-le-Grand. Vraisemblablement une démarche si importante n'aurait pu être faite sans le consentement du comte de Paris, duc de France, possesseur, outre ses autres biens, du revenu des abbayes de Saint-Denis, Saint-Germain et Saint-Martin de Tours, et jouissant entre les grands vassaux, ses pairs, d'un crédit immense, justement mérité, par sa générosité, sa valeur, sa sagesse et ses autres qualités personnelles. Aussi Louis, qui n'avait pas encore vingt ans, lui donna-t-il la charge de premier ministre, qu'il n'aurait peut-être pas été sûr de lui refuser.

Que Hugues s'y attendît ou non, quand il la tint, il prétendit ne pas s'en dessaisir, et s'y conduire en maître. Cependant il n'affectait pas une domination absolue, et se portait ordinairement pour médiateur entre le roi, qui faisait des efforts pour reconquérir l'autorité qu'usurpaient les grands vassaux, et ceux-ci, qui formaient entre eux des associations pour se soutenir. C'était l'accession de Hugues à l'un ou à l'autre qui faisait pencher la balance.

Chacun avait ses ressources, toutes très ruineuses pour la France. Les seigneurs appelaient le beau-frère de Louis, Othon Ier, empereur de Germanie, toujours prêt à remplir le royaume de ses soldats pour obtenir la partie de la Lorraine qu'il désirait. Louis avait recours aux Normands et même aux Bulgares, espèce de sauvages qui avaient pénétré jusqu'en France : ainsi ce malheureux royaume était perpétuellement infesté de troupes de brigands, de pillards, d'incendiaires, qui y faisaient ruisseler le sang et le couvraient de ruines.

La même confiance imprudente qui avait coûté la liberté à Charles-le-Simple jeta son fils dans les fers. Le duc de Normandie, Guillaume, fils de Rollon, était mort, laissant un fils en très bas âge, nommé Richard. Le roi, dans l'intention, disait-il, de veiller à son éducation, le fit venir à sa cour. Mais on s'aperçut bientôt qu'il avait des desseins perfides sur les états, peut-être même sur la personne du jeune duc. Un sujet fidèle le sauva, empaqueté dans un faisceau d'herbes, et le déposa entre les mains de Bernard, comte de Senlis, son oncle maternel. Les projets de Louis ne tardèrent pas à se développer ; mais, comme il ne se sentait pas assez fort pour s'emparer seul de la Normandie, il s'associa Hugues. Ils convinrent de la conquérir en commun, et de se la partager. Bernard, qui était adroit, jugea qu'il n'y avait d'autre moyen de sauver les états de son neveu que de brouiller les associés : il proposa au roi d'obliger son neveu à le reconnaître pour unique seigneur, et promit de lui abandonner les places qui lui conviendraient. Cette offre, qui satisfaisait en grande partie aux désirs de Louis, fut acceptée ; mais l'asquiescement que le roi y donna choqua le prince Hugues, qui s'en montra fort irrité. Frustré de la part qu'il s'était promise, il ne voulut pas que son associé conservât celle qu'il retenait. Se targuant d'une feinte générosité, il s'opposa au démembrement des états du jeune duc, et se déclara son protecteur. Aigrold, chef danois, qui s'était établi dans le Cotentin, prit bien plus efficacement la défense du duc Richard. Il s'opposa avec une armée aux progrès que le roi faisait en Normandie, et dans une conférence où, loin de s'entendre pour la paix, on en vint aux voies de fait, il le fit prisonnier, non, à ce qu'il paraît, sans les conseils et la connivence de Hugues.

Sitôt que Gerberge, femme de Louis, fut instruite de cet évènement, elle mit tout en œuvre pour procurer la liberté à son mari ; elle s'adressa aux seigneurs français, conjura l'empereur Othon, son frère. Efforts inutiles ! il fallut en venir à la médiation de Hugues, qu'on soupçonnait, à trop juste titre, d'être le vrai détenteur de son roi. Il paraissait indifférent sur cette affaire et n'y prendre aucun intérêt ; il fallut le supplier pour qu'il s'en mêlât, et quand il consentit, ce ne fut qu'à condition que tous les seigneurs français l'en prieraient par un diplôme qu'ils lui mirent entre les mains. On juge bien qu'il n'eut pas grande peine à obtenir l'élargissement de Louis. Les stipulations du traité ne furent point onéreuses pour le roi, elles rétablirent les choses sur l'ancien pied. Il s'engagea à rendre au jeune duc ses états. Celui-ci s'obligea à lui en faire hommage ; et, en donnant un de ses fils et deux évêques pour gages de la sûreté de sa parole,

Louis fut relâché par les Normands; mais il n'en devint pas plus libre. Hugues, sous de frivoles prétextes, le retint prisonnier et ne le remit en pleine liberté qu'au bout d'un an, en recevant la ville de Laon, qu'il lui extorqua.

Herbert, comte de Vermandois, qui la possédait lorsqu'il fit Charles-le-Simple prisonnier, était mort en prononçant, pendant toute son agonie, ces paroles de désespoir ou de repentir amer : « Nous » étions douze qui trahîmes le roi Charles »; mais ces regrets des mourans touchent rarement les vivans qui prospèrent. On vient de voir que Hugues, coupable de la trahison faite au père, et sans doute instruit des remords de son complice, n'en attenta pas moins à la liberté du fils. Les deux rivaux cependant, Louis et Hugues de France, se réconcilièrent; Hugues tint même sur les fonts de baptême une fille de Louis, ce qui était alors un lien sacré. Celui-ci lui confirma le titre de duc de France et le reconnut duc de Bourgogne.

Ces beaux présens marquent moins sans doute la générosité du roi qu'ils ne prouvent son extrême détresse. En effet, ce monarque était réduit à promener ses inquiétudes et ses chagrins dans les cours de ses vassaux, en Anjou, Saintonge, Aquitaine et autres lieux; à solliciter leur bienveillance, capter celle des seigneurs allemands; enfin à se concilier l'amitié des évêques, du clergé et des moines, alors très puissans. De toutes ces démarches naquit une conjuration générale en faveur du malheureux roi.

Ses courses dans les provinces n'étaient pas toujours pacifiques; il était souvent obligé d'y paraître armé ou pour se faire recevoir, ou pour éviter les embuscades. La France, par conséquent, était généralement dans un état de guerre. Il n'y aurait eu que Hugues assez puissant pour le faire cesser, en se réconciliant sincèrement avec Louis, mais les troubles lui étaient nécessaires pour avoir toujours des troupes sur pied. Les plaintes, les cris des malheureux Français et d'une partie des Germains, également vexés, firent recourir, faute d'autres moyens, à un expédient qui avait réussi dans plus d'une occasion. Les excommunications, ces foudres actuellement impuissantes, étaient alors fort redoutées par les plus grands seigneurs et seules capables de mettre un frein à leurs violences et à leurs injustices. On réclama de toutes parts cet expédient, et le pape Agapet II, vivement sollicité, envoya en France un légat autorisé à rassembler un concile général des Gaules et de la Germanie qui examinerait les prétentions respectives, les règlerait et forcerait les parties, par l'excommunication, à acquiescer au jugement qui serait porté.

Ce concile se tint à Ingelheim. Il s'y trouva un grand nombre de seigneurs et seulement trente-un évêques. Une relation dit que Hugues y assista avec le roi Louis, tous deux assis sur le même *banc*. Mais il y a plus d'apparence que le comte de Paris, nommé aussi duc de France, n'y assista pas. Après la lecture d'un écrit qui contenait les griefs du roi, le monarque se lève, expose avec clarté les manœuvres de son rival, développe ses projets ambitieux, insiste avec chaleur sur l'injustice de l'avoir retenu prisonnier pendant un an, et, renforçant sa voix : « Si quelqu'un, dit-il, me reproche les troubles » et les calamités du royaume, s'il croit qu'ils proviennent de ma » faute, qu'il paraisse; je suis prêt à me justifier de la manière que » le concile ordonnera, même par preuve de mon corps en champ de » bataille. » Le concile écrivit à Hugues, le menaça, lui et ses adhérens, d'excommunication, s'ils ne se rangeaient pas à leur devoir à l'égard de leur souverain. Il y eut des règlemens que chacun observa bien ou mal, selon les circonstances.

Depuis ce temps il régna une espèce de tranquillité, mais qui n'était pas une véritable paix; car les seigneurs continuèrent de se battre entre eux, appuyés tantôt par Louis, tantôt par Hugues, comme auxiliaires. Une querelle qui s'éleva directement entre les deux rivaux fut apaisée par Gerberge, femme de Louis, et par Hedwige, femme de Hugues, qui étaient sœurs; les deux princesses s'abouchèrent et firent un traité dont Louis ne recueillit pas les fruits. En poursuivant un loup près de Reims, son cheval broncha et le jeta rudement à terre. Il fut relevé froissé et meurtri, et mourut, n'ayant pas encore quarante ans, des suites de sa chute : prince recommandable par sa bravoure et la pureté de ses mœurs; né pour laisser un nom célèbre, s'il eût vécu dans de meilleurs temps. Il avait eu cinq fils de la reine Gerberge. Deux lui survécurent : Lothaire, âgé de treize ans à peu près, et Charles, de quinze ou seize mois.

Lothaire, âgé d'environ 13 ans.

Pour la troisième fois Hugues put s'asseoir sur le trône; il ne le voulut ou n'osa pas. Il est vrai que Louis y avait associé son fils Lothaire trois ans auparavant; mais, puissant comme l'était Hugues, fils lui-même d'un père qui avait porté la couronne, il ne lui aurait pas été difficile de la placer sur sa tête s'il l'avait résolu. Gerberge, sa belle-sœur, le sentit. Persuadée qu'il serait plus avantageux pour son fils de paraître vouloir tenir le sceptre de la générosité de son oncle que de son propre droit, elle va trouver son beau-frère, le flatte, remet entre ses mains le sort du jeune orphelin. Hugues est touché de cette déférence, prend son neveu sous sa protection, et le mène lui-même sacrer à Reims.

Si on ne veut pas ôter à l'oncle le mérite de son action, il ne faut pas ajouter que les infortunes de Louis, son beau-frère, avaient éveillé un sentiment de bienveillance en faveur de sa famille; qu'on montrait de l'attachement ou de la compassion pour le fils, qu'il n'aurait peut-être pas été sûr de marquer de la disposition à le dépouiller, et que le moment ne parut pas opportun à Hugues. Mais il ne s'appropria pas tout le royaume, il en joignit du moins encore quelques parties à celles qu'il tenait déjà. Le titre de duc de France, il le fit accompagner de celui de duc de Bourgogne et déclarer qu'ils passeraient en héritage à ses enfans. Ces titres ne donnaient pas les terres, mais ils conféraient le commandement général pour les armes, le droit de rendre justice, d'établir des impôts sous l'autorité apparente des rois qui pouvaient destituer les titulaires. Mais ils ne l'osaient guère quand ces titulaires étaient munis de grandes alliances, pourvus de villes fortes et de troupes, comme Hugues-le-Grand.

On conjecture qu'il laissait à son jeune neveu l'extérieur ou l'éclat de la royauté. Il le montra avec appareil à Paris, cette capitale que la postérité de Charlemagne avait fort négligée. Guillaume, *tête d'étoupes*, comte de Poitiers, avait manqué de docilité aux ordres impérieux du duc de France. Sa conduite fut taxée de révolte. Le duc mena Lothaire à l'armée, afin de paraître ne conquérir que sous les auspices du roi le comté dont il s'était fait gratifier.

Ce fut le dernier des exploits de Hugues : il mourut de maladie, dans la force de l'âge, après avoir véritablement régné vingt ans, sans avoir porté le sceptre. Il avait épousé en premieres noces une sœur de Louis-le-Bègue ; il était beau-frère d'Othon, roi de Germanie ; d'Edouard, roi d'Angleterre ; de Louis d'Outremer, roi de France ; oncle de Lothaire, le roi régnant, et de Charles, son frère ; et beau-père de Richard, duc de Normandie, auquel il avait donné une de ses filles en mariage. Il laissa d'Avide ou Hedwige, la dernière de ses trois épouses, quatre fils et deux filles. On l'a appelé Hugues-le-Grand, à cause de ses qualités ou de sa taille ; le Blanc, à cause de son teint ; l'Abbé, parce qu'il possédait plusieurs riches abbayes. Un auteur rapporte qu'il portait aussi le surnom de Capiton ou Capet ; ce qu'on pouvait interpréter homme de tête : surnom qui a passé à Hugues, son fils aîné, et par lui à sa postérité.

Othon I, roi et empereur de Germanie, qui se trouvait frère de Gerberge et d'Avide, oncle de Lothaire et de Hugues-Capet, prit un grand crédit en France, et le soutint par l'entremise de Brunon, archevêque de Cologne, son frère, qu'il y envoya souvent. L'émulation jalouse entre les deux jeunes cousins fut du temps à s'éveiller, ou du moins elle était modérée par les mères qui étaient sœurs, et ce temps fut un intervalle de repos pour la France. Quelques étincelles de division s'allumèrent entre eux, à l'occasion d'une entreprise que fit Lothaire sur la personne de Richard, duc de Normandie. Il tenta de le faire prisonnier, peut-être pour s'emparer ensuite de son duché. La trahison qui devait avoir lieu dans une conférence ne réussit pas. Richard appela à son secours Hugues-Capet, dont il avait épousé la sœur ; et la seule démonstration que firent les deux beaux-frères de se soutenir mutuellement en imposa à Lothaire.

Le frère de ce prince, nommé Charles, atteignait sa vingt-quatrième année. Il s'ennuyait, à cet âge, de n'avoir point d'apanage. Depuis Charles-le-Chauve, les rois d'Allemagne et de France se disputaient la Lorraine. Ce n'était pas le petit pays que nous connaissons sous ce nom, mais un beau et grand royaume qui pénétrait dans la France, et s'étendait au loin en Allemagne. Par les différens accords qui avaient suivi leurs guerres, la Lorraine était demeurée annexée à l'Allemagne. Elle fut alors divisée en deux parties, la Moselane ou haute Lorraine (celle d'aujourd'hui), qui fut donnée par l'empereur Othon I à Frédéric, comte de Bar, et la basse Lorraine ou le Brabant, qui fut accordée par le même à un Godefroi. En 976, le fils de Godefroi étant venu à mourir sans postérité, Othon II, pressé sans doute par les sollicitations de Charles, son cousin, frère de Lothaire, lui abandonna le duché de basse Lorraine, et même une partie de la haute. Lothaire, mécontent de cette générosité, soit qu'il craignît qu'elle ne donnât des prétentions plus ambitieuses à son frère, soit qu'il la regardât comme une usurpation des droits de suzeraineté, auxquels il prétendait, comme descendant de Charlemagne, sur la Lorraine entière, réclame en son propre nom la totalité de cette province, fait ses dispositions en conséquence, entre à l'improviste dans le Brabant, s'en empare, ainsi que de Metz où il se fait rendre hommage par les Lorrains, et de là s'avance avec tant de célérité sur Aix-la-Chapelle, où Othon tenait une cour gaie et tranquille dans la plus grande sécurité, qu'il le surprend à table. L'empereur n'a que le temps de sauter sur son cheval et de s'enfuir, laissant à la discrétion du vainqueur mets, vins, meubles, bijoux; et à la rapacité de ses soldats tous les environs qu'ils ravagèrent cruellement.

En revanche, Othon rassemble une armée nombreuse, entre par les Ardennes, saccage la Champagne et vient camper à Montmartre. « Je veux, disait-il, faire chanter ici un *alleluia* qui s'entende jus-» qu'à Notre-Dame de Paris. » Mais Lothaire s'y était jeté; Hugues-Capet se joignit à lui. Ils firent si bonne contenance que l'empereur n'osa les attaquer; et quand il décampa, les deux cousins joignant leurs troupes harcelèrent leur parent jusqu'à la frontière, achevant de désoler les pays que l'Allemand avait ravagés.

Qu'on juge de l'indignation qui s'éleva contre Charles que l'on regardait comme la cause de cette affreuse dévastation. Ce fut le principe de la haine que les Français conçurent contre lui et dont il recueillit des fruits si amers. Cependant ces querelles au sujet de la Lorraine ne furent pas absolument inutiles à Charles; car, par le traité qui fut conclu à Reims entre Othon II et Lothaire, les choses demeurèrent en l'état où elles étaient avant la guerre. Lothaire fut reconnu suzerain de toute la Lorraine; Othon, propriétaire de la haute, et Charles de la basse. Mais, faute énorme que commit ce même Charles, soit afin de se mettre à couvert des répétitions que pourrait faire Othon, soit plutôt, comme l'insinue Mézerai, afin de se donner un appui contre la mauvaise volonté de son frère, qu'il supposait ne lui avoir accordé le Brabant que par force, il imagina, contre les dispositions formelles du traité et au mépris de sa propre dignité, de reconnaître Othon pour son seigneur et de lui faire hommage. Cette soumission d'un prince français à un prince étranger révolta généralement. Elle fut traitée de bassesse et couvrit le prince d'un mépris que rien ne put effacer. Il paraît que son frère Charles était ou imprudent ou mal conseillé, car il se révolta contre son frère. Il ne tendait pas moins qu'à le détrôner; mais son projet échoua. Dans cette entreprise il s'aida encore des Allemands, ce qui rendit plus forte et plus incurable la haine qu'on lui portait déjà.

Lothaire était un prince sage, vaillant guerrier quand la circonstance le demandait, mais habituellement pacifique, aimé de ses peuples, estimé des étrangers. Quoiqu'il eût assez maltraité les Allemands, on remarque qu'il n'en avait pas moins leur confiance, puisqu'ils étaient prêts à lui donner la tutelle d'Othon III, son cousin issu de Germain, resté en bas âge. Lorsqu'il mourut, il était dans sa quarante-cinquième année. On dit qu'il fut empoisonné par Emme sa femme, fille de Lothaire, roi d'Italie, et de sainte Adélaïde de Bourgogne, qui depuis épousa Othon I, et qui fut aussi recommandable par ses talens que par ses vertus. Il laissa un fils nommé Louis, âgé de dix-neuf ans.

Louis-le-Fainéant, âgé de 19 ans.

Lothaire avait eu la précaution de faire couronner son fils avant sa mort. Il lui avait fait épouser Blanche, fille d'un seigneur d'Aquitaine, princesse vive et galante, dont l'union ne pouvait être que mal assortie avec un époux aussi faible de corps et d'esprit. Elle l'avait quitté une fois, et son beau-père avait été obligé d'aller la chercher lui-même en Aquitaine pour la remettre, moitié de gré, moitié de force, avec son mari.

Pendant la fin du dernier règne et pendant celui-ci, qui fut très-court puisqu'il ne dura que quinze mois, il y eut sans doute des intrigues assez intéressantes à connaître, puisque voilà d'un côté Emme accusée d'avoir empoisonné son mari; de l'autre, Blanche tachée du même soupçon à l'égard de son fils. Le crime de la belle-mère semble constaté par l'opinion de son fils. Il en était persuadé, la traitant publiquement en coupable, la retenant dans une prison, privée de ses amis et de ses domestiques. Il était même prêt à la faire comparaître en justice quand il mourut. Il n'y a pas les mêmes présomptions contre Blanche; mais il est fâcheux pour la belle-mère et la bru d'avoir été également crues capables d'un pareil crime. Louis a été surnommé le Fainéant. Les chroniques ne marquent pas qu'il ait omis ou négligé quelque chose qu'il aurait pu ou dû faire, seul reproche propre à fonder l'imputation de fainéantise; mais apparemment on lui reconnaissait du penchant à l'indolence, et on l'aura plus jugé sur son caractère que sur ses actions.

FIN DE LA SECONDE RACE, DITE DES CARLOVINGIENS.

987—1793.
TROISIÈME RACE,
DITE
DES CAPÉTIENS,

COMPRENANT 33 ROIS SOUS 805 ANS D'EXISTENCE.

La suite des rois Capétiens se partage naturellement en trois grandes sections : les Capétiens directs, les Valois et les Bourbons.

De 987 à 1328. Les Capétiens directs comptent quinze rois en 341 ans.

De 1328 à 1589. La branche des Valois, treize rois en 261 ans.

De 1589 à 1793. La branche des Bourbons, cinq rois en 206 ans.

987-1328.

CAPETIENS DIRECTS.

QUINZE ROIS EN 341 ANS.

Hugues-Capet, âgé d'environ 45 ans.

Le prince Charles n'était pas auprès de son neveu quand il mourut. Il est certain que, s'il y avait eu un ordre de succession bien établi, le trône devait lui appartenir, et il aurait dû y monter sur le champ, comme fils de Louis d'Outremer ; mais il y avait déjà eu des interruptions dans la succession directe, et ces interruptions, toutes en faveur des parens ou amis de Hugues-Capet, semblaient l'autoriser à réclamer la couronne, surtout contre un prince absent et coupable de fautes ou d'imprudences qui lui avaient enlevé l'estime des grands et l'amitié des peuples. Hugues-Capet, entouré des préventions favorables à ses ancêtres, jouissant lui-même d'une réputation de sagesse et de bravoure bien méritée, comte de Paris et duc de

France, n'eut qu'à se présenter dans une assemblée de seigneurs qui se tint à Noyon, pour se faire proclamer roi.

Les uns disent que l'élection fut unanime et volontaire; les autres, que le candidat avait environné l'assemblée de troupes qui lui assurèrent la plus grande partie des suffrages. Quelle qu'ait été cette élection, il s'en tint content; et, faisant peu de cas de quelques réclamations impuissantes, de Noyon il alla à Reims se faire couronner.

Voilà deux races finies, qui, prises ensemble, ont duré cinq cent soixante-sept ans. Deux fois le royaume a été exposé à une dissolution totale, et à chaque fois il s'est trouvé un homme qui en réunit les parties qui se séparaient et en a fait un tout mieux cimenté qu'auparavant. Ces deux hommes sont Pepin-le-Bref, chef de la deuxième race, et Hugues-Capet, chef de la troisième.

Les deux premières, la Mérovingienne et la Carlovingienne, outre les causes de dissolution particulières à chacune, savoir, la puissance des maires du palais sous la première, l'érection des grandes seigneuries sous la seconde, ont eu encore un principe de ruine qui leur est commun, savoir le partage du royaume par les monarques entre leurs enfans. La Capétienne n'a pas eu le même germe de destruction. Ses princes ont été assez sages pour ne point diviser le royaume entre les frères; mais ils ont eu aussi l'imprudence d'en donner souvent des parties considérables aux cadets, ce qui les a rendus quelquefois redoutables aux aînés, et a beaucoup retardé la réunion des membres au corps.

L'histoire va apprendre comment ces princes de la troisième race ont obvié au démembrement qui menaçait le royaume; par quels moyens ils ont rattaché à leur couronne les beaux fleurons qui en avaient été arrachés, et ont donné à la monarchie une consistance, un éclat, une force, qui auraient dû la rendre indestructible: mais lorsque tout pliait sous l'autorité de nos monarques, et après des siècles de la puissance la plus absolue de leur part, du sein même de l'obéissance la plus soumise des peuples, s'est développé tout à coup un germe de faction et d'indépendance, que depuis long-temps y déposaient sourdement des esprits jaloux, vains et irréfléchis; comme un vent impétueux, il a soufflé sur toutes les grandeurs, les a renversées, dispersées, anéanties, et a enveloppé dans la même destruction clergé, noblesse et royauté.

Sous Hugues-Capet la France contenait l'espace entre la mer de Gascogne, la Manche, le Rhin, la Suisse, les Alpes et la Méditerranée; mais dans cette étendue, combien de seigneurs qu'on appelait grands vassaux, vrais souverains, lesquels ne reconnaissaient dans le royaume qu'un titre avoué par un simple hommage qui gênait peu leur indépendance!

Au nord, les comtes ou ducs de Flandre avaient à peu près sous leur domination ce qui a composé ensuite les Pays-Bas et la Hollande. Dans la même partie, les comtes de Vermandois étaient maîtres de la Picardie et de la Champagne. Au levant étaient les ducs de Bourgogne et ceux de Lorraine, qui s'étendaient en Alsace le long du Rhin ; au midi, les ducs de Gascogne et d'Aquitaine dominant dans l'Auvergne, la Guyenne, le Poitou, la Saintonge ; et au couchant enfin, les ducs de Bretagne et de Normandie ; tous s'avançant plus ou moins dans l'intérieur vers le centre, de sorte qu'il ne restait proprement à Hugues-Capet en montant sur le trône, en pleine et entière souveraineté, que le duché de France, dont Paris était la capitale, l'Orléanais, des domaines assez étendus en Champagne et en Picardie, et quelques forteresses dans d'autres provinces, où les rois tâchaient de prendre toujours des positions, et d'où leurs grands vassaux les repoussaient sans cesse. Sa puissance à la vérité se rehaussait de sa suzeraineté sur les nombreux hommages de la couronne ; mais ce droit était plus ou moins reconnu, plus ou moins contesté, suivant les circonstances ; et c'était au talent de faire valoir cette dernière ressource laissée à l'autorité royale que tenait son rétablissement en France, ou la consommation de son anéantissement.

Les grands vassaux devaient au monarque le service militaire, c'est-à-dire des troupes, quand ils en étaient requis ; ils les entretenaient et menaient à l'armée eux-mêmes. Feudataires de la couronne, ils avaient aussi des feudataires ou vassaux, tenus, à leur égard, aux mêmes obligations qu'ils contractaient par serment avec le monarque, c'est-à-dire, fidélité, aide et secours ; ne pas souffrir qu'il fût fait tort à leur seigneur dans ses biens et sa personne, le défendre, payer sa rançon s'il était fait prisonnier ; contribuer par des rétributions, redevances et présens, à l'éclat de sa cour et à l'établissement de ses enfans. Ces feudataires sont, à ce qu'il paraît, l'origine de la noblesse. Elle formait autour du suzerain comme une famille ; mais elle n'a pu former un corps dans le royaume, parce qu'à mesure que les grands vassaux se sont détruits, ceux d'une province n'ont pas pu se joindre à ceux d'une autre, avec lesquels ils n'avaient pas de lien commun.

Il en était autrement du clergé. Il y avait entre les clercs des possesseurs de grands fiefs, et, comme chez les laïcs, des sous-inféodations ; mais ce n'était pas le nœud féodal qui les unissait. Une hiérarchie bien graduée, une communauté de devoirs, de fonctions, de lois, de privilèges, d'intérêts, jusqu'à l'habillement qui les distinguait des laïcs, tout concourait à faire du clergé un corps tout puissant dans l'état. Aussi l'était-il dans les Gaules mêmes, avant Clovis, sous les Romains. Mais dans le temps présent son autorité venait principalement du respect pour la religion dont ses membres étaient les ministres. Grands et petits, tous à l'envi le comblèrent de biens. Leur crédit sur le peuple se composa alors de ces richesses et de l'influence que les lois de mœurs, publiées dans les assemblées générales et sanctionnées par les rois, donnaient aux clercs sur toutes les actions de la vie, même les plus secrètes. Les monarques eux-mêmes fléchirent quelquefois sous ces lois, soit crainte réelle des foudres qui les menaçaient, soit politique, et afin d'engager les peuples par leur exemple à redouter les peines éternelles, s'ils s'abandonnaient, dans cette vie, à des passions injustes, licencieuses ou féroces. Ainsi les rois de la troisième race, qui tenaient leur sceptre de l'élection, moyen qui pouvait le faire passer dans les mains des grands vassaux, secondés du peuple, avaient intérêt de s'attacher au clergé, qu'on pouvait regarder comme le régulateur de la volonté générale.

Hugues-Capet sentit ce besoin et l'utilité d'avoir pour lui le clergé, lorsque Charles se mit en devoir de réclamer la couronne qui lui avait été enlevée. Le Lorrain s'adressa à Adalbéron, archevêque de Reims, et lui demanda conseil sur les mesures qu'il devait prendre pour s'assurer la succession de son neveu. Peut-être voulait-il engager le prélat à le sacrer, cérémonie qui mettait alors un grand poids dans l'opinion publique. Quoique attaché à la famille de Lothaire, auquel il devait son archevêché, le prélat qui venait de couronner Hugues-Capet répondit à Charles ces paroles tirées d'une de ses lettres : « Rappelez-vous ce que je vous ai dit quand vous m'avez
» consulté ; c'était alors qu'il fallait gagner la faveur des grands du
» royaume : car pouvais-je seul vous faire roi ? C'est ici une affaire
» publique, et qui ne dépend pas d'un particulier. Vous m'accusez
» d'être ennemi du sang royal. J'atteste mon Rédempteur que je ne
» vous hais pas. Vous me demandez ce que vous devez faire, je ne
» le sais pas, et, quand je le saurais, je n'oserais vous le dire. »

L'affaire était décidée : Hugues-Capet avait pris les devans, non seulement pour lui-même, mais il se hâta encore de prendre la même précaution pour Robert, son fils, âgé de quinze ans. Six mois après avoir été reconnu roi, il obtint des prélats et seigneurs assemblés à Orléans que ce jeune prince lui serait associé, et il le fit couronner dans cette ville.

On ne peut guère douter que la formule employée alors n'ait été celle qui s'est perpétuée jusqu'à nos jours. Si elle ne marque pas une élection formelle, elle exprime au moins un consentement, d'où paraissent découler le droit du prince et sa puissance sur les sujets qui se soumettaient volontairement à son autorité. L'archevêque le présentait aux grands et au peuple réuni dans l'église, et leur disait : « Le voulez-vous pour votre roi ? » *Vultis hunc regem?* L'assemblée répondait par acclamation : « Nous le voulons, il nous
» plaît, qu'il soit notre roi! » *Laudamus, volumus, fiat.*

Il était difficile qu'une autorité si dépendante dans son principe fût d'abord bien réglée ; aussi se passa-t-il beaucoup de temps avant que les rois de la troisième race obtinssent de leurs vassaux une entière obéissance. Dès le règne de Hugues-Capet, un Audibert, vicomte de Périgord, donna l'exemple de la résistance. Il faisait le siège de Tours contre la volonté des deux rois, le père et le fils; dans les lettres qu'ils lui écrivirent pour l'engager à le lever, ils se permirent un reproche qui le taxait d'ingratitude. Qui vous a fait comte? lui disaient-ils. Et vous, leur répondit fièrement Audibert, qui vous a faits rois.

Le prince Charles aurait pu profiter de ce penchant à l'insubordination, si clairement exprimé; profiter des factions qui ne manquent jamais dans les changemens de règne ou d'administration. Outre plusieurs seigneurs très puissans attachés à la famille de Charlemagne par habitude, et par reconnaissance, il y en avait même qui descendaient de ce prince en lignes collatérales masculine et féminine, tous beaucoup plus portés pour un rejeton de cet empereur que pour un petit-fils de Robert-le-Fort que quelques uns avaient vu leur égal. Par ces motifs, le duc d'Aquitaine prit les armes en faveur de Charles. Ce prince ne seconda son partisan ni assez vite ni assez puissamment, et laissa à son rival le temps de forcer le duc à se soumettre.

Après bien des délais, Charles entra lui-même en France avec une armée d'Allemands qu'on connaissait sous le nom de Lorrains. Il prit Laon, qui était alors une forteresse importante, s'empara même de la ville de Reims, mais ne put déterminer l'archevêque, inquiet pour lui-même des conséquences, à le sacrer. Il livra bataille à Hugues, remporta une grande victoire, et, lorsqu'il ne lui fallait peut-être plus qu'un peu d'activité pour se placer sur le trône, héritier de la mollesse des derniers rois ses ancêtres, il resta dans Laon, pour y consommer dans le repos les fruits de ses pillages. Il fut attaqué à son tour, fait prisonnier par la trahison de l'évêque Ascelin, et renfermé, sous bonne garde, dans une tour d'Orléans. L'opinion la plus probable est qu'il y vécut assez pour qu'il lui naquît deux fils qui moururent presqu'en naissant. Avant sa prison, il en avait eu un, nommé Othon. Ce dernier rejeton direct de Charlemagne régna après son père dans son duché de basse Lorraine ou de Brabant, ne marqua aucune prétention sur la France, et mourut sans laisser de postérité.

La mort de Charles assura le sceptre dans la main de Hugues-Capet. Il gouverna avec une grande prudence. Environné de grands seigneurs jaloux les uns des autres, quelquefois il se rendait arbitre entre eux, gagnait leur estime et leur amitié par de sages décisions et conciliait à la dignité royale une considération que le ton impérieux ne lui aurait pas acquise. Quelquefois aussi, sans se mêler de leurs querelles, il les laissait se battre entre eux. Ils s'affaiblissaient ainsi, et l'autorité royale se renforçait à proportion. Hugues-Capet était politique habituellement et vaillant dans l'occasion. Il régna neuf ans, mourut âgé de cinquante-cinq, et laissa son royaume aussi tranquille que si sa famille eût gouverné pendant une longue suite d'années. Il fixa son séjour à Paris, que les rois de la seconde race avaient négligé, et fut enterré dans l'église de Saint-Denis, qui devint par préférence le lieu de la sépulture de nos rois.

Robert, âgé d'environ 26 ans.

Robert, âgé de vingt-six ans, succéda à Hugues son père. Son règne, quoique long, paraît, faute de mémoires suffisans, un des plus stériles en évènemens. Entre ceux qui peuvent fixer l'attention, s'offre le spectacle d'un roi saint ou du moins reconnu pour tel dans les légendes, et ce saint excommunié. Il avait épousé Berthe, fille de Conrad, roi des deux Bourgognes (1) et veuve de Eudes, comte de Champagne. Malheureusement ce mariage se trouva taché de deux vices. Robert était parent de son épouse au quatrième degré, et alors les empêchemens allaient jusqu'au septième. De plus, le roi avait tenu sur les fonts de baptême un enfant de la comtesse, et l'affinité contractée par cette cérémonie était encore un obstacle qu'il fallait lever par des dispenses alors difficiles à obtenir.

Plusieurs évêques de France consultés avaient pensé que l'avantage du royaume permettait de ne pas se laisser arrêter par ces deux difficultés; mais le pape Grégoire V en jugea autrement. Il ordonna aux deux époux de se séparer; et, sur leur refus, il les excommunia et mit le royaume en interdit. Selon une loi publiée par Pepin dans le concile de Verberie en 755 : « Un excommunié ne devait pas entrer
» dans l'église, ni boire, ni manger avec les autres chrétiens. Sa-
» chez, disent les pères dont le roi n'est ici que l'organe, qu'aucun
» ne peut ni boire ni manger avec lui, ni recevoir ses parens, ni
» lui donner le baiser de paix, ni se joindre à lui dans la prière, ni
» le saluer; et si quelqu'un communique avec lui de plein gré, qu'il
» sache qu'il est excommunié lui-même. » Pendant l'interdit, il était défendu de célébrer l'office divin, d'administrer les sacremens aux adultes, d'enterrer les morts en terre sainte; le son des cloches cessait; on couvrait les tableaux dans les églises; on descendait les statues des saints; on les revêtait de noir et on les couchait sur la cendre et des épines. Tout prenait un aspect lugubre. Il paraît qu'on n'avait encore rien vu de pareil en France. Le peuple consterné déféra si humblement aux ordres du pape, que le roi se vit généralement abandonné de ses courtisans et de ses domestiques. Il ne lui resta, dit-on, que deux serviteurs qui faisaient passer par le feu les plats ôtés de dessus sa table et jetaient la desserte aux chiens.

Robert lutta trois ans contre les anathèmes, céda enfin, fut relevé

(1) Le duché de Bourgogne ne faisait point partie de ce royaume, qui se composait de la Bourgogne transjurane (la Suisse), de la Cisjurane (la Franche-Comté), du Dauphiné et de la Provence. En 1032, à la mort de Rodolphe III, qui ne laissa pas d'enfans et qui institua pour son héritier l'empereur Conrad-le-Salique, ce royaume se démembra par les usurpations des gouverneurs particuliers; et de là vinrent les comtes de Bourgogne, de Provence, de Viennois et de Savoie.

de l'excommunication et épousa Constance, fille de Guillaume Taillefer, comte de Toulouse. Elle était très belle, mais fière, capricieuse, et si opiniâtre que l'infortuné mari n'eut point de repos avec elle pendant son mariage. Elle voulut gouverner et gouverna, quelque effort que fît Robert pour se soustraire à sa domination.

Ce monarque était naturellement pacifique, cependant il ne redoutait pas la guerre, quand l'intérêt de son royaume l'exigeait. Le comte de Champagne, fils de Berthe, l'épouse dont il avait été forcé de se séparer, déjà trop puissant par ses domaines et ses alliances, voulut encore s'agrandir; Robert le resserra dans ses limites. La vacance du duché de Bourgogne lui fournit une autre occasion de guerre. Le duché devait lui revenir, comme héritier naturel de Henri-le-Grand, son oncle, qui était mort sans enfans. Son droit lui fut contesté par Ott-Guillaume, premier comte propriétaire de Bourgogne (de Franche-Comté), fils d'Adalbert, roi d'Italie, et beau-fils de Henri, qui l'avait adopté. Les hostilités entre eux durèrent douze ans, et se terminèrent par un traité qui adjugea à Robert le duché et à Guillaume le comté de Dijon, pour sa vie. Robert, au lieu de fortifier son pouvoir de la possession d'une si belle province, ne s'en fut pas plutôt mis en possession, qu'il en fit l'apanage de Henri, son second fils.

Le monarque fut aidé dans cette conquête par Richard-le-Bon, duc de Normandie, son cousin-germain. Il fut encore fortifié du secours du Normand dans une guerre que des droits de suzeraineté sur la Flandre firent naître entre lui et l'empereur Henri II. Ces princes, reconnus tous deux pour saints dans les légendes, se firent la guerre, appelés par des vassaux qui, selon leur intérêt, portèrent leur hommage à l'un au préjudice de l'autre. Cette cérémonie était alors importante, par l'obligation déjà mentionnée que contractait le vassal d'armer pour son souverain, de voler à son secours quand il en serait requis, de payer sa rançon et celle de ses fils, s'ils étaient faits prisonniers, enfin de ne point souffrir qu'il lui fût jamais fait aucun tort dans sa personne, son honneur et ses biens. Tout cela se jurait, sous peine de perdre son fief. Outre l'avantage de priver l'empereur de ce vasselage intéressant, Robert trouvait à satisfaire sa bonté naturelle, en cherchant à assurer le Brabant à deux princesses, filles du malheureux Charles de Lorraine, auxquelles l'empereur avait enlevé cet héritage pour en gratifier un Godefroy, déjà comte de Bouillon, de Verdun et des Ardennes. Le roi de France parvint à faire rendre quelque justice à ces princesses. Elles sont satisfaites par quelques terres qui leur furent concédées; Robert ne fut pas difficile sur les autres conditions, et la paix se conclut entre les deux suzerains.

Remarquons, en passant, que le Godefroy dont il vient d'être parlé eut pour petite-nièce Ide de Bouillon, mère du fameux Godefroy, chef de la première croisade; et que celui-ci, devenu roi de Jérusalem, ayant résigné le Brabant dont il avait été investi par l'empereur Henri IV, ce duché fut donné par Henri V à la maison de Louvain, tige de celle de Hesse d'aujourd'hui, par Henri de Brabant, dit l'Enfant, qui fut premier landgrave, en 1263.

A l'exemple de Hugues-Capet, son père, Robert résolut de faire sacrer et reconnaître de son vivant Hugues, son fils aîné, âgé de douze ans. Il paraît que cette précaution était un secret de famille que les Capétiens se transmirent. Ce fut pour la reine Constance une occasion de développer son caractère intrigant et impérieux. Sans doute elle n'avait pas attendu ce moment pour se montrer à son mari telle qu'elle était, et s'en faire craindre. On remarque qu'il n'osait faire grace ou faveurs sans son aveu, et que, quand cela lui arrivait, il avait grand soin de dire à ses obligés : « Surtout n'en parlez point » à la reine. » Elle eut l'audace de faire massacrer, sous les yeux de son époux, Hugues de Beaumont qu'il avait élevé, sans la consulter, à la dignité de comte du palais.

Ce fait rend croyable ce qu'on rapporte de sa conduite à l'égard du père et des enfans : charmée que son mari, en faisant couronner Hugues, se soit donné un rival qu'elle pourra faire agir si le père résiste à sa volonté, elle se met à endoctriner le jeune monarque, et l'excite à attirer à lui la puissance dont elle comptait profiter ; mais ne trouvant pas en lui la docilité qu'elle espérait, elle le tourmente, l'oblige, à force de mauvais traitemens, à quitter la cour et même à prendre les armes. Au lieu de se porter en force contre son fils, le père, qui savait la cause de sa révolte, va le trouver, le ramène, et le traite si bien qu'il s'en fait un ami et un aide pour le gouvernement.

Malheureusement Hugues mourut. Nouvelles prétentions de la part de la mère. Elle veut que ce soit non point Henri qui reçoive la couronne, mais Robert, son cadet, qu'elle espère plier plus facilement à ses idées. Le père tient bon, il fait sacrer l'aîné ; Constance, de travailler aussitôt à susciter Robert contre son frère. Cependant elle ne réussit pas à les brouiller. Contrariée dans son désir, elle conçoit une haine mortelle contre tous les deux, et les fatigue tellement par ses tracasseries, qu'elle les force de s'éloigner comme avait fait leur aîné. Le père va de même les chercher, les ramène, et pacifie tout, autant qu'il était possible avec une pareille femme. C'est en partie dans l'exercice de la patience, dont Robert peut être présenté comme modèle aux époux mal assortis, que ce prince s'est sanctifié ; d'un mari trop complaisant on dit encore : *c'est un vrai Robert.*

Ce prince était fort exact à tous les exercices de piété. Il assistait régulièrement aux offices divins, prenait part aux chants, non, comme Charlemagne, à voix basse, mais tout haut. Il a fait des motets et des hymnes qu'on chante encore. A sa contenance dans l'église on pouvait juger qu'il était pénétré d'un vrai sentiment religieux. Mais on peut reprocher à ses dévotions des excès et des abus, qui tiennent d'ailleurs à l'ignorance et aux préjugés du temps.

Pour ne point exposer les plaideurs à un faux serment, il faisait retirer les reliques des châsses sur lesquelles ils devaient jurer, comme si une pareille précaution pouvait mettre la conscience en sûreté. Des scélérats avaient attenté à sa vie; ils allaient être condamnés à mort; Robert les fait, dit-on, préparer par la pénitence à la communion qu'ils reçoivent, et envoie dire aux juges, occupés à les juger, qu'il ne peut se résoudre à se venger de ceux que son maître a admis à sa table, et il les admet à la sienne. Comment accorder cet excès d'indulgence avec l'affreuse condescendance commandée par un faux zèle, d'assister avec la reine et toute sa cour au supplice d'une troupe de manichéens, misérables fanatiques, qui refusèrent jusqu'au bûcher de rétracter leurs erreurs. Quand ils sentirent l'action de la flamme, ils s'écrièrent qu'ils avaient été trompés. On voulut éteindre le feu, il n'était plus temps. Ils furent consumés, laissant aux spectateurs le regret d'une atrocité inutile.

Les pèlerinages étaient alors fort en vogue. Sitôt qu'une coutume paraissait tenir à la religion, il était difficile que Robert ne l'adoptât pas : il alla à Rome visiter le tombeau des saints apôtres. Ce prince traitait les évêques avec respect, marquait beaucoup de considération à ceux qui se conduisaient bien, et n'épargnait ni les remontrances, ni les menaces, peut-être même les punitions, à ceux dont les mœurs s'éloignaient de la décence de leur état. Forcé de fléchir, pendant les premières années de son règne, sous les ordres absolus de Grégoire V, on remarque qu'il ne fut pas en grand commerce avec ses successeurs. Un d'eux vint en France, y fut reçu honnêtement, mais sans grand éclat. Un second montra le désir d'y faire un voyage; le roi eut l'adresse de l'en détourner. Ainsi sa piété ne l'aveuglait pas sur les risques que la puissance ecclésiastique, trop peu contenue, pouvait faire courir à la sienne.

Le roi Robert mourut à soixante ans, généralement regretté. « Nous avons perdu notre père, » s'écriaient en gémissant ceux qui assistèrent à ses funérailles. « Il nous gouvernait en paix : sous lui » nos biens étaient en sûreté. » Ce que disaient ceux qui étaient présens, toute la nation le répétait. Nul prince n'a jamais été mieux et plus universellement loué.

On ne peut s'empêcher de remarquer quelques rapports entre le roi Robert et l'empereur Charlemagne. Tous deux étaient fils du chef de leur dynastie royale; tous deux ont eu un règne fort long. Charlemagne a recueilli les restes de la littérature romaine dans les Gaules: Robert, ceux de la littérature de Charlemagne, dispersés et presque anéantis par les guerres civiles de la seconde race. L'exemple de Robert, ses encouragemens, ont posé les fondemens du vaste édifice des connaissances humaines dont nous jouissons; et si les savans doivent leur admiration à Charlemagne, ils ne peuvent refuser à Robert leur estime et leur reconnaissance. Il ne fut pas empereur, mais il en refusa la dignité qu'on offrait à son fils. Enfin il protégea les lettres, et les récompensa, non pas avec la magnificence de Charlemagne, mais à proportion de ses revenus qui étaient fort bornés. Ils lui laissèrent cependant les moyens de bâtir des monastères et de faire des libéralités aux églises; il paraît que c'était à embellir les objets du culte et les armes des guerriers que l'adresse des artistes s'employait alors. Dans une entrevue avec l'empereur d'Allemagne, le roi de France lui offrait un livre d'évangiles et d'autres livres d'église, dont la couverture était délicatement traitée en or, argent et ivoire; des reliquaires plus précieux par le travail de l'orfévrerie que par la matière; enfin des armures parfaitement ciselées et gravées. L'empereur lui fit porter en échange un lingot d'or pur, pesant cent livres. Ne pouvant faire un présent orné, il le fit riche, et l'accompagna d'un grand et long repas, selon la coutume d'Allemagne.

Robert laissa trois fils, Henri, Robert et Eudes.

Henri I, âgé d'environ 27 ans.

Henri Ier avait vingt-sept ans environ quand il succéda à Robert. Quoiqu'il eût été déjà couronné du vivant de son père, il eut cependant de la peine à s'affermir sur son trône. Constance, sa mère, n'avait pas épuisé toute sa malice avec son mari. Il lui en restait pour son fils aîné. Comme elle n'espérait pas qu'il se laisserait gouverner, elle suscita contre lui Robert, son second fils. La faction était si puissante que Henri fut obligé de fuir de Paris, lui douzième. Il gagna Fécamp, où le duc de Normandie tenait sa cour. Ce duc reçut son suzerain avec beaucoup d'honneur; mais, ce qui valut encore mieux, il lui donna une bonne armée avec laquelle Henri rentra dans son royaume. Fort de ce secours, il contraignit les rebelles de traiter d'un accommodement. Constance s'y opposa tant qu'elle put, mais elle ne réussit pas à l'empêcher; elle se vit même dans la nécessité de se laisser comprendre dans le traité. N'ayant plus rien à brouiller, elle mourut, et fut enterrée dans l'église de Saint-Denis, auprès du roi son mari, dont elle avait continuellement troublé le repos.

Le sceau de la réconciliation entre les deux frères fut le duché de Bourgogne, que Henri avait reçu de son père et qu'il transmit généreusement à Robert. Mais cette espèce de récompense de la rébellion excita Eudes, le troisième frère, à tâcher de s'en procurer une pareille par le même moyen. Il demanda aussi un apanage, et prit les armes pour se le faire donner. On dit même qu'il portait ses vues plus loin que Robert, et qu'il ne se proposait pas moins que de détrôner son frère et de se mettre à sa place. Il était aidé dans ce projet par le comte de Champagne. Henri trouva encore une ressource dans la bonne volonté du nouveau duc de Normandie, Guillaume, surnommé depuis le Conquérant, qui arma en sa faveur.

C'était alors un monarque bien peu redoutable qu'un roi de France qui voyait sa capitale serrée d'un côté par les comtes de Champagne, lesquels, par eux ou leurs alliés, occupaient depuis la Flandre jusqu'à Senlis, et une partie de la Brie jusqu'à Melun; d'un autre côté, les Normands venaient jusqu'à Pontoise. Les ducs de Bourgogne s'étendaient en deçà de Sens et d'Auxerre; de sorte qu'après les environs de Paris, très rapprochés, la vraie et unique puissance des rois consistait dans l'Orléanais. Le pays Chartrain, la Touraine et l'Anjou avaient leurs ducs et comtes qui se regardaient comme indépendans, et, au delà de la Loire, le roi n'était connu presque que de nom.

Comment, dans un espace si rétréci, trouver un apanage pour Eudes? Henri défendit son petit domaine contre lui et ses partisans, le vainquit, le fit prisonnier, et l'envoya dans la tour d'Orléans calmer sa passion ambitieuse. Il y resta deux ans; on ne sait pourquoi son frère le relâcha. Ce fut alors comme une bête féroce déchaînée. A la tête d'une troupe de brigands, il parcourait les provinces, ne vivant que de butin et de rapines. Un ancien auteur a recueilli les circonstances de sa mort, que nous rapportons dans les propres termes de l'historien Velly. « Dans une des courses du prince Eudes,
» le malheur voulut qu'il pillât quelques serviteurs de saint Be-
» noît (1). Déjà il s'en retournait chargé d'un riche butin, lorsque la
» nuit le surprit dans un village qui était encore sous la protection
» du bienheureux patriarche. Le cimetière, fermé d'un bon mur, lui
» parut un endroit sûr : il y fit camper sa petite armée. On servit un
» grand repas de ce qui avait été pris sur les élus de Dieu. Cepen-
» dant on manquait de cire pour faire les luminaires : c'est l'expres-
» sion de l'anonyme qui semble indiquer qu'on ne se servait alors
» que de lampions : le prince se fit ouvrir l'église, et, malgré les re-
» montrances de ces bonnes gens, il enleva le cierge pascal pour
» éclairer sa table. La vengeance fut prompte. Le téméraire était à
» peine au lit, qu'il se sentit frappé d'une maladie qui l'enleva en
» très peu de temps. Tant il est vrai que personne, de quelque con-
» dition qu'il soit, roturier, gentilhomme ou prince, ne peut toucher
» impunément aux biens de saint Benoît. »

Il se peut que de pareilles histoires répandues dans le peuple aient quelquefois servi de rempart aux richesses monastiques contre l'avidité des personnes crédules; mais la meilleure sauvegarde était une réputation de bonnes mœurs, dont les moines jouissaient alors plus que les ecclésiastiques. On reprochait à ceux-ci la simonie et un libertinage domestique, que les conciles et les papes foudroyaient en vain, et qu'on ne put réprimer autrement qu'en autorisant les seigneurs à vendre comme esclaves les enfans provenus de ces unions illicites. Les moines, au contraire, ayant leur bien en commun, étaient peu tentés, excepté pour se procurer des dignités, d'employer les viles manœuvres de la simonie. La vie commune, l'inspection réciproque qu'elle facilite, étaient une sauvegarde contre le li-

(1) Velly, t. II, p. 357.

bertinage. Aussi, dans les règlemens de discipline qui nous restent, en trouve-t-on beaucoup plus qui regardent les ecclésiastiques que les moines, dont les désordres, s'il y en avait, étaient plus renfermés et moins connus.

Sous Henri Ier, et sans doute par son concours, s'établit une espèce de police pour la guerre. On l'appela « *la trève du seigneur*,
» monument de la faiblesse du gouvernement et du malheur du
» temps (1). Chaque seigneur prétendait avoir droit de se faire justice
» à main armée, et, comme les seigneurs étaient multipliés à l'in-
» fini, ce n'était partout que violences et brigandages. On chercha
» long-temps un remède à un mal si contraire à la religion et à la so-
» ciété, et on commença d'abord par ordonner que, depuis l'heure
» de none du samedi jusqu'à l'heure de prime du lundi, personne
» n'attaquerait son ennemi, moine ou clerc, marchand, artisan, ou
» laboureur. On statua ensuite que, depuis le mercredi au soir jus-
» qu'au lundi matin, on ne pourrait rien prendre par force, ni tirer
» vengeance d'une injure, ni exiger le gage d'une caution. Le concile
» de Clermont, celui où fut publiée la première croisade, confirma
» ces dispositions, et les étendit même aux veilles et aux jours des
» fêtes de la Vierge et des saints apôtres. Il déclara de plus que de-
» puis le mercredi qui précède le premier dimanche de l'Avent jus-
» qu'à l'octave de l'Épiphanie, et depuis la Septuagésime jusqu'au
» lendemain de la Trinité, il ne serait permis ni d'attaquer, ni de
» blesser, ni de tuer, ni de voler personne, sous peine d'anathème
» et d'excommunication. »

Comme chacun a sa manière de voir, un évêque de Cambray, nommé Gérard, se déclara contre ce statut pour deux raisons : la première, parce qu'on exigeait le serment, ce qui exposait au parjure; et, en effet, presque tous ceux qui jurèrent cette paix violèrent leur serment. La seconde raison de Gérard était que le mélange d'autorité ecclésiastique et civile dans cette prohibition avait quelque chose de contraire aux droits du souverain, à qui seul il appartient de réprimer les violences par la force, de terminer les guerres et de faire la paix.

Plusieurs seigneurs étaient de l'avis de Gérard, mais dans un sens différent. C'est qu'ils ne voulaient pas d'un règlement qui leur faisait tomber les armes des mains dans des temps et pour des intervalles déterminés. Les Normands surtout montrèrent la plus grande répugnance, et ne se rangèrent enfin sous cette loi bienfaisante que quand ils crurent ne pouvoir s'y soustraire. Frappés par la maladie des ardens, espèce de peste qui, après avoir ravagé la France, les tourmenta à leur tour, ils allèrent même, dans leur soumission, plus loin que les autres et établirent chez eux une association qu'on appela la *confrérie de Dieu*. Seigneurs et prélats, riches et pauvres, tous y

(1) Velly, ann. 1044.

étaient admis indistinctement. Ils se donnèrent, pour se reconnaître, une marque qui consistait en un petit capuchon blanc et une médaille de la Vierge attachée sur la poitrine. On faisait jurer aux récipiendaires de poursuivre sans relâche ceux qui troubleraient le repos de l'église et de l'état.

Entre ces seigneurs tourmentés du désir des combats, un des plus embarrassans pour le roi de France était Guillaume, duc de Normandie, qui commençait à lui causer de vives inquiétudes. A la vérité, ce prince avait rendu à Henri un grand service en l'aidant à s'affermir sur son trône; mais le monarque l'avait bien payé de retour en se déclarant pour lui contre une ligue de seigneurs qui, s'autorisant contre l'illégitimité de sa naissance, voulaient annuler le testament que Robert-le-Diable ou le Magnifique, son père, avait fait en sa faveur. Henri avait combattu pour lui de sa personne. Dans une occasion il fut renversé d'un coup de lance et courut risque de la vie.

Soit que la force que Guillaume se sentait le rendît présomptueux et exigeant, soit que la faiblesse de Henri le rendît ombrageux, il se glissa quelque froideur entre les deux amis. Des prétentions sur des forteresses et des villes frontières, signifiées avec hauteur, repoussées avec indignation, les aigrirent. Henri n'était pas homme à souffrir patiemment une atteinte à ses droits; dans une occasion où l'empereur Henri III voulut protéger contre lui un vassal rebelle, le roi lui offrit de vider leur querelle dans un combat singulier corps à corps. Les altercations avec Guillaume se soutinrent le reste du règne du roi Henri et furent mêlées de guerre, de raccommodemens et de ruptures.

Henri I, pour éviter les inconvéniens qui avaient suivi le premier mariage de son père, avait fait chercher en Russie, après la mort d'une première femme, une princesse dont il n'eût à craindre ni parenté, ni alliance spirituelle. Anne, fille d'Iaroslave, duc de ce pays, lui donna trois fils, Philippe, Robert et Hugues. Se trouvant engagé dans des actions litigieuses avec le duc de Normandie, peu sûr de la bonne volonté des autres grands vassaux, il résolut, selon la politique de sa famille, de faire couronner de son vivant Philippe, son fils aîné, qui n'avait encore que sept ans. Il lui fallut une négociation et des prières pour obtenir le consentement des seigneurs français, et qu'ils voulussent bien lui prêter serment de fidélité.

Cette cérémonie fut faite à temps; car l'année suivante Henri mourut, à l'âge de cinquante-quatre ans, d'une médecine prise mal à propos. Il eut le temps de régler ses affaires et appela à la tutelle de ses enfans et à la régence de son royaume Baudouin V, comte de Flandre, son beau-frère. La reine Anne, isolée et sans appui dans une cour étrangère, ne parut pas sans doute à son mari capable de soutenir une tutelle qui pourrait être orageuse. Elle ne se fâcha pas de la préférence donnée à son beau-frère, ou s'en consola dans les douceurs d'un second hymen. Elle épousa Raoul, comte de **Crespy** et de Valois, en conservant toujours le titre de reine; mais Raoul était parent de Henri; ce fut une cause de dissolution et d'excommunication, parce qu'il refusait de se séparer de la reine. On ne sait si ce commerce dura long-temps; mais après qu'il eut cessé, soit volontairement, soit par la mort de Raoul, Anne, à ce qu'on croit, retourna finir ses jours en Russie.

Henri I était belliqueux, brave, doux, humain et loyal. Son règne n'est taché ni de perfidie, ni d'aucune cruauté; il respectait la religion, accueillait les prélats avec égard, et les personnes doctes avec complaisance et affabilité.

Philippe I, âgé de 8 ans.

La nature avait beaucoup fait pour Philippe I; il était d'une taille majestueuse, avait une physionomie ouverte, les yeux vifs, beaucoup d'aptitude aux exercices du corps; il montrait de l'esprit et du courage. Baudouin cultiva ces heureuses dispositions avec quelque succès; mais il paraît qu'il ne put lui donner ni le goût de l'application, ni une certaine ardeur pour le travail, si nécessaire à un roi.

Montant sur le trône à huit ans, et déjà couronné, il eut le malheur d'être flatté et approuvé de bonne heure; ce qui l'accoutuma à s'abandonner à ses passions, sans respecter souvent ni lois ni bienséance. Le jugement le moins désavantageux que les historiens aient porté de ce prince, c'est qu'il fut un égoïste sur le trône, voyant rouler autour de lui les événemens les plus importans sans y prendre de part active que quand le cours des circonstances l'entraînait. Tel est à peu près l'aperçu de son règne, qui a été un des plus longs de la monarchie.

Les premières années de la régence de Baudouin furent troublées par la répugnance de plusieurs seigneurs à reconnaître son autorité, et par leurs efforts pour s'y soustraire. Les plus opiniâtres dans leur indépendance étaient les Gascons, comme les plus éloignés du centre. Le régent lève subitement une armée, sous prétexte d'aller secourir les chrétiens d'Espagne contre les Maures. Quand il se trouve au milieu des rebelles, il tombe à l'improviste sur leurs villes, prend leurs forteresses, bat leurs troupes, et les force de faire l'hommage qu'ils refusaient. Baudouin prend, selon les circonstances, d'autres mesures pour assurer l'autorité, et augmenter les petits états de son pupille. Il se mêle dans les querelles de ses voisins, autant qu'il faut cependant pour ne pas s'attirer des guerres trop importantes; et, à titre, tantôt d'auxiliaire, tantôt d'arbitre, il obtient des châteaux, des villes, et même des provinces entières, témoin le comté de Châteaulandon qu'il se fit céder, en récompense de ce que, des deux frères qui se disputaient le comté d'Anjou, il s'engagea à laisser tranquille possesseur le cadet, Foulques-le-Réchin, qui, pour en jouir, avait assassiné son aîné, ou le tenait enfermé.

Quelques personnes penseront que, dans l'impuissance de punir le crime, Baudouin fit bien d'en profiter à l'avantage de son pupille, d'autant plus que l'assassin n'aurait pu être châtié, sans qu'on tourmentât les peuples, qui n'étaient point coupables.

Pendant la régence arriva la conquête de l'Angleterre par Guillaume, duc de Normandie. Ce prince n'avait pour lui que le testament, vrai ou supposé, d'Edouard-le-Saint, mort sans enfans. Il se présentait contre lui un Harold, fils de Godwin, ministre tout-puissant sous les derniers rois. Chacun avait ses partisans. Guillaume manquait d'argent, et, au moment où il allait tenter l'entreprise, le duc de Bretagne lui déclara la guerre, comme ayant sur la Normandie, par sa mère, fille de Robert-le-Diable, plus de droits que le bâtard de ce dernier duc. Les seigneurs normands ne voyaient pas d'un bon œil le projet de l'Angleterre, Guillaume leur demanda de l'argent : s'il échouait, ils craignaient de rester dépouillés et appauvris; s'il réussissait, leur pays pouvait devenir une province d'Angleterre : ils le refusèrent donc unanimement, dans une assemblée générale qu'il avait convoquée.

L'adroit Guillaume ne se désespère pas. Il prend chacun à part, les flatte, les sollicite. Tel qui n'aurait rien donné, se sentant appuyé des autres, seul vis à vis d'un prince qui pouvait un jour se ressentir de son refus, ouvrait sa bourse, vendait ses meubles, engageait ses terres, levait pour lui des soldats et construisait des vaisseaux. Il ne s'en tint pas aux Normands. Il empruntait de tous côtés, et à gros intérêts, qu'il hypothéquait sur les biens qu'il donnerait à ses prêteurs quand il serait maître de l'Angleterre.

Il avait plus d'une manière pour parvenir à son but; s'il marchandait avec quelques uns, avec d'autres il affectait un procédé noble et désintéressé. Par exemple, à Baudoin, régent de France, comte de Flandre et un peu son parent, il envoie un blanc-seing avec prière de le remplir de la somme et de l'intérêt qu'il voudra. On dit que le Flamand s'appliqua trois cents marcs d'argent de rente dont les fonds furent fournis en vaisseaux, munitions, soldats, qu'il leva autant et peut-être plus en France qu'en Flandre.

Pendant ces préparatifs, le duc de Bretagne, qui inquiétait le Normand, meurt, et si à propos qu'on le crut empoisonné.

L'expédition de Guillaume devint le rendez-vous des braves. Tous y accourent : les comtes d'Anjou, de Poitou, de Ponthieu, de Bourgogne, tous vassaux de la France, y mènent leurs chevaliers et leur milice. Les fils mêmes du dernier duc de Bretagne en veulent partager l'honneur. Le politique Guillaume gagne le pape qui excommunie d'avance ceux qui s'opposeraient à lui. Le signal du départ est donné. On remplit les vaisseaux, on se jette sur tout ce qu'on peut trouver d'embarcations. Le vent souffle favorablement, point d'obstacle au débarquement; mais Harold avance à la tête d'une armée. Guillaume alors incendie ses vaisseaux et met ainsi les siens dans l'alternative de la mort ou de la victoire. Les rivaux se rencontrent, l'Anglais est tué dans la mêlée. Un mois suffit à Guillaume pour se placer sur le trône, et l'Angleterre, conquise par les Français, devint leur ennemie la plus acharnée.

Le secours que fournit Baudouin pour le succès d'un voisin si dangereux a été regardé comme une action impolitique de sa part. Il n'en vit pas les suites. Sa mort, arrivée un an après la conquête, laissa Philippe maître de lui-même et du gouvernement de son royaume à quinze ans. On ne voit pas qu'il ait été nommé d'autre régent. La première guerre du jeune monarque eut lieu à l'occasion de la famille de son tuteur. Il soutint d'abord Richilde, veuve de Baudouin, mère de deux fils, contre Robert, comte de Frise, son beau-frère, qui voulait enlever à la veuve sa tutelle, peut-être pour envahir ensuite plus facilement les états de ses neveux. Cette guerre eut des alternatives singulières. Philippe, à différentes reprises, fut vainqueur et vaincu. La veuve et son beau-frère furent faits prisonniers à peu de jours l'un de l'autre; délivrés tous deux, ils allaient recommencer les hostilités, lorsque le jeune roi se laissa gagner par Robert, qui lui offrit des terres dans l'Orléanais et la main de Berthe, fille de sa femme, qu'il avait épousée, veuve de Floris ou Florent I, comte de Hollande. Richilde, privée d'un de ses fils par le sort de la guerre, plia avec l'autre sous la force des circonstances : elle céda la Flandre à l'oncle, ne retenant que le Hainaut.

A mesure que l'expérience vint à Philippe, il sentit plus vivement la faute faite par son tuteur d'avoir procuré tant de forces au duc de Normandie. Ainsi, malgré son goût pour le repos, il ne put se refuser aux occasions de susciter à son voisin des embarras ou d'augmenter, quand il pouvait, ceux qui existaient. Guillaume avait trois fils : repartant pour l'Angleterre, d'où il était venu faire un voyage en Normandie, il jugea à propos de faire don de cette province à Robert, son fils aîné, mais sans se dessaisir. Le jeune prince demanda à jouir. Le père répond « que sa coutume n'est pas de se déshabiller » avant de vouloir se coucher. » Grande querelle entre le père et le fils. Celui-ci menace, et en attendant qu'il puisse être en état d'agir, il demande un asile au roi de France. Philippe le reçoit à bras ouverts et lui donne pour sa retraite Gerberoi, château très-fort en Picardie. Guillaume, ne voulant pas laisser au rebelle le temps de se fortifier, va aussitôt l'assiéger et le presse vivement. Pendant une sortie, le père et le fils se rencontrent dans la mêlée et combattent corps à corps sans se reconnaître. Le père est désarçonné et blessé. Au cri qu'il fait, son fils le reconnaît, se jette à ses pieds, le place sur son propre cheval et le ramène dans son camp. Le père eut beaucoup de peine à lui pardonner, moins la faute que la honte d'avoir été vaincu par son fils. Il se laissa néanmoins fléchir par les prières de son épouse, femme très estimable, qui prit sans succès beaucoup de peine pour accorder ses trois enfans, quand son mari fut mort.

Il était encore au moins en froideur avec Philippe, quand il cessa de vivre; ce fut même un dépit contre le roi de France qui hâta son trépas. Guillaume était excessivement replet, et cet embonpoint était chez lui une espèce de maladie qui exigeait des remèdes. Pendant qu'il se faisait traiter à Rouen, la garnison de Mantes, ville dépendante de la Normandie, se permit des courses dans les environs, et même sur les terres des vassaux de Guillaume. Ceux-ci, ne recevant pas de secours de leur seigneur, s'adressèrent au roi de France, obligé, comme suzerain, de faire rendre justice par les seigneurs à leurs sujets. Philippe leur répond qu'il n'a pas de secours à leur donner : « J'en suis bien marri pour vous, ajoute-t-il ironiquement; mais » pourquoi votre maître reste-t-il en couches si long-temps? » Guillaume aurait dû mépriser cette fade plaisanterie; il s'en piqua, et fit dire à Philippe « qu'il comptait aller faire ses relevailles à Paris avec » dix mille lances en guise de cierges. » En effet, il se jeta en furieux sur les terres de France, y fit de grands ravages, et pour punir les Mantois, qui lui avaient attiré cette espèce d'insulte, il mit le feu à la ville, qui fut réduite en cendres. Il était tellement animé qu'il porta, dit-on, du bois pour augmenter l'incendie; il se fatigua et s'échauffa si fort à cet exercice que la fièvre le prit. Il en mourut en peu de jours, laissant après lui la réputation d'avoir été un grand capitaine, politique habile, et un exemple que dans les entreprises hasardeuses il faut donner quelque chose à la fortune.

On croirait volontiers que la crainte inspirée par un voisin si redoutable était pour Philippe un motif de circonspection. Sans retenue sitôt qu'il put satisfaire sans risque ses passions, il s'y abandonna en homme qui ne connaît plus aucun frein. Jusqu'alors il avait bien vécu avec Berthe, son épouse, quoique huit ans de mariage sans enfans lui fissent appréhender qu'elle ne fût frappée de stérilité. Enfin, au bout de ce terme, elle lui donna un fils, nommé Louis, et un an après une fille. Cette fécondité, presque inespérée, aurait dû assurer l'union des deux époux, et ce fut précisément dans ce temps que Philippe répudia son épouse, sans qu'on sache la véritable raison de cette action : des chroniqueurs du temps assurent qu'elle n'était autre que le dégoût. Le roi rencontra un évêque complaisant qui prononça le divorce, fondé sur la parenté, prétexte qui n'était pas difficile à trouver, à moins qu'on ne fût des deux extrémités de l'Europe, comme étaient Henri I et Anne de Russie, père et mère de Philippe. La disgraciée fut reléguée à Montreuil-sur-Mer. Ce fut sans doute le refus qu'elle fit de donner son consentement au divorce qui lui attira des gênes et des privations dans son exil; mais elle conserva toujours le titre de reine jusqu'à sa mort, qui arriva en 1093.

Il se répandit bientôt qu'un roi de trente-trois ans, beau, bien fait, qui passait pour galant, était à marier. Un comte de Sicile, nommé Roger, extrêmement riche, annonce sa fille dont la jeunesse était encore embellie par d'immenses trésors. Philippe accepte le parti. Le père envoie sa fille à son futur époux avec un train magnifique et une grosse somme d'argent. Mais, quand elle arriva, un nouvel attachement avait changé les premières résolutions du monarque. Il la renvoya donc, mais privée, dit-on, de l'argent et des bijoux qu'elle avait apportés; ce qui est difficile à croire.

Le comte de Montfort avait une fille nommée Bertrade, qui passait pour la plus belle personne de France. Sur sa réputation, Foulques, comte d'Anjou, que sa mauvaise humeur a fait surnommer le Réchin, la demanda en mariage, et l'obtint. Bertrade ne s'était prêtée à ce mariage qu'à regret, et par des considérations d'intérêt. Veuf pour la troisième fois, valétudinaire et âgé, son mari n'avait rien qui pût lui plaire. Sur la nouvelle que Philippe s'était séparé de Berthe, l'appât d'une couronne, peut-être quelque penchant pour un prince aimable, séduit l'épouse du Réchin. Elle fait secrètement ses arrangemens avec le roi de France. Il vient rendre au comte une visite de politesse et d'amitié, en est très bien reçu, et en s'en retournant il lui enlève sa femme.

Il y avait deux difficultés à vaincre pour vivre tranquille avec elle: 1° faire ratifier par l'église son divorce avec Berthe; 2° casser le mariage de Bertrade avec le Réchin. Plusieurs évêques assemblés, considérant les inconvéniens qui pourraient survenir, s'ils condamnaient le divorce prononcé par leur confrère, le confirmèrent. L'Angevin, de son côté, se prêta sans beaucoup de peine à se séparer d'une femme infidèle, et la revit même par la suite, sans trop marquer de mauvaise humeur. Mais le pape refusa d'approuver le divorce, et enveloppa dans la même excommunication Philippe, Bertrade, les évêques approbateurs de leur mariage, et celui qui avait béni la nouvelle union. Cette affaire dura de longues années, pendant lesquelles les Français se rendirent célèbres en Europe et en Asie.

Henri, petit-fils de Robert I, duc de Bourgogne, lequel était petit-fils lui-même de Hugues Capet, et Robert Guiscard, gentilhomme normand, tous deux aidés par la noblesse française, conquéraient alors des états; le premier, le royaume de Portugal; le second, la Pouille et la Sicile, sans que le roi de France prît part à leurs exploits. Sous son règne commencèrent les croisades.

Le désir de visiter les lieux consacrés par les principaux mystères du christianisme avait rendu les pélerinages dans la Palestine très communs. Elle était possédée par les Mahométans, que les historiens du temps appellent Sarrasins; par les Turcs, par d'autres infidèles, et même par des païens. Témoins du zèle des chrétiens, du prix qu'ils mettaient à la permission de remplir dans ces saints lieux les devoirs de piété qu'ils s'étaient imposés, ils leur faisaient chèrement acheter la liberté d'y parvenir et d'y satisfaire leur dévotion; ils les rançonnaient, les pillaient dans la route, et leur faisaient éprouver toutes sortes de vexations, autant par cupidité que par haine pour leur religion. Retournés dans leur patrie, les pèlerins ne manquaient pas de raconter les peines qu'ils avaient endurées, et de peindre avec toute la chaleur du zèle le triste état des saints lieux et des chrétiens que la dévotion y appelait ou y retenait. Ces récits affligeans touchaient les cœurs, indignaient contre les oppresseurs, et faisaient désirer de venger les persécutés; mais on s'en tenait à des vœux stériles.

Un gentilhomme picard, nommé Pierre l'Ermite, tout en remplissant les devoirs du saint voyage, s'appliqua à connaître les pays qu'il parcourait. Il examina les chemins, rechercha quels étaient les plus sûrs et les plus commodes, ainsi que les ports où l'on pouvait aborder avec le moins de difficultés. Il se convainquit de l'inexpérience des barbares, et surtout de leur sécurité, qui promettait une victoire aisée, si l'on voulait seulement courir le risque d'une attaque. Muni de ces observations, l'Ermite, ou de nom ou de profession, vient trouver le pape, et lui présente une lettre du patriarche de Jérusalem, qui dépeignait pathétiquement le triste état des chrétiens de la Terre-Sainte, et demanda un prompt secours.

Ce pape était Urbain II, pontife d'un génie élevé, propre à imaginer et à diriger de grandes entreprises. Il accueillit le pèlerin avec des marques d'approbation encourageantes: l'Ermite, en attendant l'effet des espérances qu'elles lui firent concevoir, visite presque toutes les cours de l'Europe. A la recommandation du pape, et pour lui-même, comme chevalier pieux et vaillant, il y était accueilli. Par les récits vifs et touchans des maux que souffraient les chrétiens, et qu'il avait éprouvés lui-même, il embrasait les cœurs du zèle dont il était enflammé; et tous attendaient avec impatience le développement des moyens d'aller délivrer leurs frères opprimés, qu'on leur insinuait comme prochain.

A cet effet, Urbain indiqua un concile à Clermont en Auvergne. Comme on savait qu'il devait y être question des secours pour la Terre-Sainte, il s'y fit un concours prodigieux de princes, de seigneurs et de nobles de toutes les classes; les évêques s'y trouvèrent au nombre de trois cent dix. Il s'y fit des règlemens de discipline dont on n'a que les extraits; mais on ne doit pas oublier que l'excommunication du roi pour son mariage avec Bertrade y fut confirmée. Les affaires ecclésiastiques réglées, le pape prit la parole, et, décrivant les maux dont les chrétiens de la Palestine étaient affligés, parla avec une onction pathétique qui arracha des larmes et des sanglots, et prenant alors un ton véhément qui sentait l'inspiration :
« Enrôlez-vous, dit-il à ces guerriers toujours ardens pour les com-
» bats, enrôlez-vous sous les enseignes de Dieu; passez, l'épée à la
» main, comme vrais enfans d'Israël dans la terre de promission;
» chargez hardiment, et vous ouvrant un chemin à travers les batail-
» lons des infidèles et les monceaux de leurs corps, ne doutez point
» que la croix ne demeure victorieuse du croissant; rendez-vous

» maîtres de ces belles provinces qu'ils ont usurpées, extirpez-en
» l'erreur et l'impiété; faites, en un mot, que ce pays ne produise
» plus des palmes que pour vous; et de leurs dépouilles élevez de
» magnifiques trophées à la gloire de la religion et de la nation fran-
» çaise. »

Il faudrait ne la pas connaître, cette nation, pour supposer que, flattée et encouragée par l'image de la gloire qu'on lui montrait, elle serait restée indifférente. De toutes parts s'élève un cri, *Dieu le veut!* » Allez donc, reprend le pontife, allez, braves chevaliers de Jésus-
» Christ, allez venger sa querelle; et puisque tous ensemble vous
» avez crié *Dieu le veut!* que ce mot, venu de Dieu, soit le cri de
» votre entreprise. » Le signe fut une croix d'étoffe rouge qu'on portait sur l'épaule droite, d'où est venu le nom de *croisade*.

Les princes et les grands seigneurs s'empressèrent de la recevoir des mains du pape. Le peuple se présenta aussi en foule; les cardinaux et les évêques en distribuèrent à tous ceux qui se présentèrent et en prirent eux-mêmes. Cette marque était comme un vœu de faire le saint voyage. Retournés chez eux, les croisés inspirèrent le même enthousiasme à leurs parens et à leurs amis. Les femmes se firent de cette croix un ornement : on l'attacha aux enfans. Chacun se mit à faire les préparatifs du voyage; et comme rien ne se peut sans argent, on vendit terres, seigneuries, droits, meubles, maisons, comme si on n'eût dû jamais en avoir besoin. Les juifs profitèrent beaucoup à cette émulation de ruine, mais aussi, dans quelques cantons, après s'être enrichis, ils furent pillés et massacrés : c'est leur coutume, dans les commotions d'état, de se remplir comme des éponges du bien des chrétiens, et leur sort d'être pressés ensuite.

Les principaux chefs de la croisade furent : Hugues-le-Grand, comte de Vermandois, frère du roi; Robert, duc de Normandie; Godefroy de Bouillon, duc de la basse Lorraine, et ses deux frères Eustache et Baudouin; Robert, comte de Flandre; Etienne, comte de Blois; Rotrou, comte du Perche; le vieux Raymond de Saint-Gilles, comte de Toulouse, le premier prince qui s'enrôla sous l'enseigne de la croix; Boémond, prince de Tarente, fils de Robert Guiscard, duc de Pouille et de Calabre, et Tancrède, son cousin, petit-neveu du même Guiscard. En calculant tout ce que la France, l'Allemagne et l'Italie fournirent de croisés, on présume qu'il en sortit bien environ cinq millions. Que devint cette multitude? Les premiers, ramassés de la France, sous la conduite de Pierre l'Ermite, qui ne put se refuser au plaisir flatteur d'être général d'armée, périrent avant que d'arriver en Palestine; beaucoup d'autres détachemens, commandés par des aventuriers d'autant plus hasardeux qu'ils n'avaient rien à perdre, comme un *Gauthier sans argent*, eurent le même sort. Enfin parut la grande armée, celle des seigneurs français et allemands. Leur rendez-vous naturel était dans les États de l'empereur de Constantinople, Manuel Comnène. Celui-ci ne vit pas sans inquiétude cette multitude de Latins inonder son empire et avisa avec prudence aux moyens de s'en débarrasser. Il les flatta, les caressa, s'empressa de leur fournir les moyens de traverser le plus tôt possible le détroit et leur promit des secours dont il paralysa l'effet. Arrivés en Bithynie, les croisés se donnèrent un chef qui fut Godefroy de Bouillon.

Cependant Kilidge-Arslan, premier sultan turc seldjoucide d'Iconium, appelé aussi Soliman, du nom de son père, attendait les chrétiens de pied ferme. Déjà par sa valeur et son habileté il avait anéanti deux armées de croisés. Mais il déploya alors en vain ses grandes qualités : il avait affaire à d'autres hommes. Ceux-ci emportent Nicée, et défont ensuite le sultan dans une bataille rangée qui les rend maîtres de toutes les places fortes de l'Asie-Mineure. Antioche arrête quelque temps leurs efforts : mais, au bout de sept mois, cette ville tombe sous leur pouvoir, comme les autres. De cette place, ils vont au-devant de l'armée qu'envoyait, pour reprendre Antioche, le calife de Bagdad, ou plutôt le sultan seldjoucide Barkiarok, entre les mains duquel était toute l'autorité. Les croisés lui tuèrent, dit-on, cent mille hommes. Cette victoire donna occasion aux califes fatimites d'Égypte de s'emparer de Jérusalem sur les Turs Ortokides, qui depuis peu l'avaient enlevée aux Persans, et que ces derniers se trouvaient alors dans une égale impuissance d'exproprier ou de défendre. Mais les Égyptiens ne gardèrent pas long-temps leur conquête; car l'armée chrétienne, ayant mis presque aussitôt le siége devant cette ville, l'emporta au bout de six semaines, le 18 juillet 1099. L'attaque et la défense avaient été également vives et brillantes. Les assiégeans terminent malheureusement l'éclat de la victoire par tous les excès de licence et de barbarie dont une guerre de la nature de celle qu'ils avaient entreprise aurait dû, ce me semble, les éloigner.

Les seigneurs qui avaient des fiefs assurés dans leur patrie y retournèrent; les puînés des familles les remplacèrent. Mais au lieu de se donner, par la concentration de l'autorité, un gouvernement fort, capable de protéger efficacement la conquête, dominés par leur vanité et plus encore peut-être par les préjugés du siècle, où l'on ne connaissait pas d'autre forme de gouvernement, ils la disséminèrent comme à l'envi, et se firent une multitude de petits états qu'ils décorèrent comme ceux d'Europe des noms de duchés, comtés, baronies, avec les mêmes charges et les mêmes avantages. De là des princes d'Antioche, des comtes de Tripoli, d'Edesse, de Jaffa, d'Ascalon; des marquis de Tyr; des seigneurs de Ramlah, Krak, de Sidon, de Béryte, et autres, tous plus ou moins indépendans, mais surtout les deux premiers, dont la puissance était égale à celle des rois de Jérusalem, et dont les perpétuelles dissensions avancèrent la ruine commune.

On ne peut disconvenir que la dépopulation n'ait été immense; mais il se mêla parmi les croisés une multitude de fainéans, de villards, de brigands, et de gens perdus de débauche, qui se croisèrent eux-mêmes, et dont le départ, loin d'être une calamité, devint un soulagement pour les cantons qu'ils abandonnèrent. Ceux qui envisagent les croisades sous le point de vue politique disent qu'elles donnèrent aux rois les moyens d'augmenter leur puissance, parce que les grands vassaux démembrèrent leurs fiefs et les vendirent aux roturiers : par le même motif, ils affranchirent beaucoup de leurs serfs : autant de diminué de la masse de leurs forces, quand, attaqués par les monarques dans leurs droits ou prétentions, ils voulurent leur résister. L'affranchissement des serfs facilita les acquisitions, et occasionna des lois plus détaillées que les anciennes sur les héritages, la sûreté et le partage des propriétés. Enfin la communication avec l'Orient accoutuma les Français à aller chercher eux-mêmes les belles étoffes de l'Inde et des épiceries, qu'ils recevaient auparavant des Vénitiens et des Génois.

Dans ce temps les armoiries commencèrent à devenir communes. Ceux qui revenaient de la croisade ne manquaient pas de se faire grand honneur de cette expédition, et, pour en réveiller perpétuellement le souvenir, ils plaçaient les bannières sous lesquelles ils avaient combattu dans les endroits les plus apparens de leurs châteaux, comme des monumens de gloire. Les familles, en s'alliant, se communiquaient ces signes d'illustration et les fondaient les uns dans les autres. Les dames brodaient sur les meubles, sur leurs habits, sur ceux de leurs époux; les demoiselles sur ceux des chevaliers; les guerriers les faisaient peindre sur leurs écus; mais, comme les étendards entiers n'auraient pas pu tenir dans de petits espaces, on abrégeait, pour ainsi dire, la représentation des hauts faits qu'ils devaient retracer à la mémoire. Au lieu du pont que le chevalier avait défendu, on mettait une arche; au lieu de la tour, on mettait un créneau; un heaume, au lieu de l'armure complète qu'il avait enlevée à un ennemi. Le fond de l'écusson était ordinairement la couleur de la bannière primitive, et les domestiques s'en montraient chamarrés dans les cérémonies. Ainsi on peut dire que le blason a été, dans le principe, une espèce de langue qui faisait reconnaître les droits à l'estime publique, et les alliances.

On doit aussi aux voyages d'outre-mer les emblèmes et les devises héraldiques; il ne nous en reste presque pas de ce temps qui ne fassent allusion aux coutumes, aux animaux, aux plantes de ce pays. On trouve enfin à cette époque les premiers essais de la poésie française. Des croisés revenus de la Palestine parcouraient les châteaux pour y porter les nouvelles de ceux qu'ils avaient laissés en Orient. Ils récitaient les prouesses dont ils avaient été témoins, en augmentaient le merveilleux, comme il arrive ordinairement aux conteurs, et inventaient au défaut de réalité. On appelait *trouvères* ceux qui mettaient en vers, ou plutôt en prose rimée, ces belles actions et leur donnaient une modulation; *chantères* et *ménestrels* ceux qui les accompagnaient d'instrumens. Ils étaient bien venus, fêtés et chargés de présens. Il ne faut pas les confondre avec les *jongleurs* qui promenaient des bêtes étrangères, et faisaient pour de l'argent des tours de force ou d'adresse qu'ils avaient appris dans l'Orient. Ceux-ci amusaient ou étonnaient, mais n'intéressaient pas, et étaient peu considérés.

On remarque enfin, comme une singularité du règne de Philippe I, la naissance des plus célèbres ordres religieux militaires, qui de France se sont répandus dans toute l'Europe : les Hospitaliers de Saint-Jean et les Templiers ; les premiers fondés par Raymond Dupuy, gentilhomme dauphinois ; le seconds par neuf gentilshommes réunis tous Français. Ils se vouèrent, à la réception, au service et à la défense des pèlerins de la Terre-Sainte, et, de religieux soldats qu'ils étaient d'abord, sont devenus souverains. Enfin les Antonins, fondés par un gentilhomme de Dauphiné, nommé Gaston, qui voua sa personne et ses biens au soulagement de ceux qui étaient atteints d'une espèce de peste qu'on appelait le *feu sacré*.

Après ces ordres, qui doivent leur établissement à la charité chrétienne et au désir d'être utile à ses semblables, en viennent d'autres enfantés par une émulation de piété, et le projet de se sanctifier dans les exercices d'une vie austère plus que celle du commun des chrétiens : les Chartreux, institués par saint Bruno, chanoine de Reims ; les Grammontins, par Etienne, gentilhomme ; les Prémontrés, par saint Norbert, et les moines de Citeaux, par Robert, abbé de Molême : tous Français, qui cherchèrent dans leur patrie les solitudes les plus désertes, les terrains les plus ingrats, qu'ils ont rendus fertiles par un travail opiniâtre, et qui sont devenus entre leurs mains la source de grandes richesses, long-temps enviées, quoique légitimement acquises.

Ceux qui ne dédaignent pas les lectures un peu tristes, dans lesquelles on trouve quelquefois les mœurs de nos ancêtres, remarqueront que les règles de ces ordres sont dures, faites pour rompre la volonté et courber les têtes sous un joug despotique : serait-ce par contraste, et dans l'intention de rendre le sceptre de l'autorité moins pesant pour les religieux, que Rogert d'Arbrissel l'a mis entre les mains des femmes ? Il était né dans le diocèse de Rennes. Urbain II lui donna une mission particulière pour prêcher au peuple. Son éloquence le fit suivre par une multitude de personnes des deux sexes dans le Poitou et l'Anjou où il exerçait son talent. Arrivé sur les confins des deux provinces, il jugea une solitude nommée Fontevrault, où il se trouvait, propre à fixer les plus zélés de ses auditeurs. Il y bâtit d'abord des cabanes, qui devinrent bientôt deux monastères, l'un destiné aux femmes qui devaient avoir toute l'autorité, l'autre aux hommes qu'il mit sous la dépendance absolue des femmes. Lui-même se soumit à l'abbesse qu'il venait d'établir, à l'exemple, disait-il, de saint Jean, qui, depuis que Jésus-Christ lui avait donné la sainte Vierge pour mère, était resté constamment subordonné à sa volonté.

Mais, si d'une part, la France s'édifiait de ces établissemens pieux, d'un autre elle demeurait toujours scandalisée de l'excommunion de son roi. Il est vrai que Philippe faisait de temps en temps des tentatives pour obtenir la levée des censures; mais il ne réussissait pas, parce qu'il refusait toujours de se séparer de Bertrade : au contraire, outre que l'excommunication avait été solennellement prononcée par Urbain II dans le concile de Clermont, elle fut réaggravée dans plusieurs autres conciles tenus par des évêques de France, et il paraît qu'on ne lui épargnait aucune des humiliations attachées à cette peine. Il était comme isolé dans sa cour. Ses domestiques ne lui rendaient que les services les plus indispensables, encore avec l'air de la contrainte et du regret. A peine ses sujets remplissaient-ils à son égard les devoirs de bienséance. On ne récitait l'office divin qu'à voix basse devant lui, et il n'osait y paraître la couronne sur la tête.

Le mépris des peuples qui se manifestait quelquefois ouvertement, et leurs murmures, firent craindre au roi des troubles, peut-être même une révolution. Ces circonstances le déterminèrent à partager son trône avec Louis son fils, et à le faire sacrer, quoiqu'il n'eût pas encore vingt ans. Il s'était déjà distingué, et continua de se signaler encore contre des vassaux qui affectaient l'indépendance. On commença alors à apercevoir l'effet de la croisade. L'absence de ceux qui étaient en Orient priva ceux qui restaient du secours qu'en semblables occasions les vassaux se donnaient réciproquement contre le souverain; la diminution d'hommes propres aux armes, qui restaient presque tous croisés, exposait aux attaques du jeune prince les seigneurs dénués de leurs forces ordinaires. On nomme, entre ceux qu'il soumit, les ducs, comtes, châtelains de Montmorency, de Luzarche, de Montlhéri, de Marle et Couci; les seigneurs de la Marche, de Champagne et de Berry, réfractaires d'autant plus dangereux qu'ils étaient plus voisins. L'activité que le jeune roi mit dans cette guerre l'a fait surnommer *le Batailleur*.

Sa couronne ne le mit pas à l'abri des désagrémens qu'il éprouva à la cour de son père; peut-être même les occasionna-t-elle par la jalousie qu'elle inspira à Bertrade, mère de deux fils qu'elle élevait dans l'espérance du trône, ou du moins d'un grand apanage. Comme la fermeté de Louis ne lui permettait pas beaucoup d'espoir, elle lui donna tant de dégoûts qu'il se retira auprès de Henri, roi d'Angleterre. Il n'y fut pas plutôt arrivé, que ce prince reçut une lettre cachetée du propre sceau de Philippe, par laquelle il était prié de faire mourir son hôte, ou du moins de le retenir prisonnier. Henri, peu scrupuleux d'ailleurs, puisqu'il venait de faire aveugler son frère aîné pour s'assurer la couronne, montre la lettre à Louis. Le jeune prince part bouillant de colère. Il va droit à son père. « Je remets, » dit-il, entre vos mains un fils que vous avez condamné sans l'en-

» tendre. » Philippe ignorait cet intrigue; il en montra son étonnement et son indignation. Sans doute il fit entre son fils et sa maîtresse ce qu'on appelle vulgairement une *paix plâtrée*, comme font ordinairement les hommes faibles, amis de leur repos.

Apparemment l'accommodement ne fut pas d'abord bien sincère, puisqu'on dit que Louis fut empoisonné, qu'il ne fut sauvé que par l'habileté d'un médecin qui n'était pas celui de la cour, et qu'il porta toujours sur son visage, couvert d'une pâleur livide, la preuve du crime tenté contre lui. Philippe donna en propre à son fils le Vexin français et la ville de Pontoise, pour y résider à l'abri des embûches dont le séjour de la cour pouvait le menacer.

Mais, comme tout a un terme, de nouvelles circonstances mirent une paix solide dans cette cour agitée. Bertrade, voyant que tous ses efforts pour se faire déclarer épouse légitime avaient été inutiles, songea du moins à procurer un sort à ses enfans. Elle avait besoin pour cela du concert de Louis. Adroite et insinuante, elle sut si bien le flatter qu'il consentit que ses frères adultérins prissent le nom de princes, et qu'ils fussent reconnus pour héritiers du trône, si lui ou sa postérité masculine venait à manquer. L'excommunication de Philippe et de Bertrade fut ensuite levée par le pape Pascal II, parce qu'ils promirent de se séparer. Cependant Bertrade demeura à la cour. On ne voit pas qu'elle ait pris le titre de reine.

Philippe mourut dans sa soixantième année. Son corps fut transporté à Saint-Benoît-sur-Loire. De Berthe il ne laissa qu'un fils, Louis, qui fut son successeur, et une fille, Constance, mariée à Hugues, comte de Troyes, puis à Boémond, prince d'Antioche. De Bertrade il eut deux fils, qui moururent sans postérité, et une fille, Cécile, mariée à Tancrède, cousin de Boémond, puis à Pons de Toulouse, comte de Tripoli.

Comme on reconnaît à Philippe I de l'esprit et de la valeur; que son gouvernement a été doux; que sans doute il était juste, puisqu'il n'a éprouvé ni troubles, ni factions, malgré l'espèce de mépris qu'a versé sur lui son excommunication pendant vingt ans, ne pourrait-on pas hasarder de porter de lui un jugement un peu différent de l'opinion commune, et de celui même que, d'après les historiens les plus estimés, nous avons présenté au commencement de son règne? Les enthousiastes de toute espèce de gloire ont blâmé un roi de France de n'avoir pas été, à la tête des chevaliers français, cueillir les lauriers de la Palestine; mais il eut peut-être besoin d'un plus grand courage pour ne point participer à cette entreprise qu'il ne lui en aurait fallu pour l'exécuter. D'ailleurs l'histoire ne marque pas qu'il se soit refusé à aucun projet utile. Philippe ne fut donc peut-être pas, comme on l'a trop cru, un indolent sur le trône, mais un roi modéré, prudent, qui n'a pas eu la manie de faire naître les évènemens, mais n'a pas fui les occasions d'en profiter : moins jaloux de l'éclat de la couronne que soigneux d'en retrancher et émousser les épines, il paraît qu'il aimait singulièrement le repos. Heureux s'il fût parvenu à dompter une passion qui a fait le tourment de sa vie domestique, et lui a attiré l'indifférence et le mépris de ses peuples.

Louis VI, le Gros, âgé de 28 ans.

Louis-le-Gros était déjà accoutumé au trône lorsqu'il l'occupa seul. Il avait vingt-huit ans. Quoiqu'il eût déjà été sacré, il se fit couronner de nouveau, cinq jours après la mort de son père, dans l'église d'Orléans, parce qu'il y avait schisme dans celle de Reims. Il jugea à propos de renouveler et de hâter cette cérémonie, pour se donner, par l'opinion qu'on y attachait, plus de force contre les factions qui l'environnaient.

Ce Henri, roi d'Angleterre, qui l'avait accueilli lorsqu'il fuyait la cour de son père, devint, lorsque Louis eut pris le sceptre, son plus opiniâtre ennemi. Il se rendit le centre des factions, l'appui de tous ces vassaux inquiets, remuans, tourmentés du désir de l'indépendance, qui environnaient le domaine rétréci du roi de France On compte entre eux les seigneurs de Corbeil, de Créci, de Puiset, de Montlhéri, et d'autres, dont la proximité fait voir ce qu'avait perpétuellement à craindre de ces vassaux, toujours armés, un roi siégeant à Paris.

Le premier qui lui causa de l'embarras fut Guy-de-Rochefort, seigneur de Gournai. Louis, avant de porter la couronne, avait épousé sa fille, qui n'était pas encore nubile, et s'en était séparé, avant la consommation du mariage, par un divorce dont on ignore le motif. Cette séparation laissait des intérêts à démêler entre le beau-père et l'ancien gendre. Mais ne fût-ce que le ressentiment de l'affront fait à la fille d'un de leurs co-vassaux, il suffisait pour susciter à Louis une foule d'ennemis à sa porte. Le roi d'Angleterre était l'ame de cette ligue. Il la rendit fort dangereuse en lui donnant un chef apparent : c'était le prince Philippe, fils de Bertrade, auquel la couronne était promise, si Louis n'avait point d'enfant. L'Anglais lui fit entrevoir la possibilité de le placer dès à présent sur le trône. Bertrade ne manqua pas d'appuyer de son talent pour l'intrigue la prétention de son fils. Cette guerre, mêlée de négociations, dura cinq ou six ans. Dans cet intervalle, Guy mourut, et ses fils, moins ardens à venger leur sœur, se prêtèrent à des accommodemens. Bertrade mourut aussi, et laissa son fils Philippe libre de profiter de l'indulgence de son frère, qui, deux fois maître de lui imposer de dures conditions, deux fois lui en avait accordé de plus favorables. Philippe se retira dans les terres que Louis lui donna, y vécut tranquille, et mourut sans postérité masculine.

Ainsi se dissipa cette faction, qu'on a appelée la ligue de Montlhéri, du nom d'un château d'un des principaux seigneurs qui y prirent part; mais si le roi en obtint la fin de la faveur des circonstances, armées se trouvent en présence dans la plaine de Brenneville, près du château de Noyon, à peu de distance des Andelys. Louis, emporté par son ardeur ordinaire, voyant que la victoire balançait, se jeta au milieu des bataillons ennemis pour la fixer. Un fantassin anglais saisit la bride de son cheval, en s'écriant : « le roi est pris ! — Si tu savais les échecs, lui dit Louis sans se déconcerter, tu saurais que le roi ne se prend pas. » En même temps il lui fend la tête d'un coup de hache, et se débarrasse ; mais la bataille fut perdue, et la déroute si complète, que le roi resta toute une nuit égaré dans les bois : une vieille femme qui le rencontra à l'aventure, le ramena le lendemain aux Andelys, où les fuyards s'étaient réunis.

Piqué de sa défaite, Louis envoya offrir à Henri de vider leur querelle corps à corps : l'Anglais répondit qu'il n'avait garde de soumettre au hasard d'un combat la possession d'un bien dont il jouissait. Il fallut donc continuer à ravager les terres les uns des autres, ce qui était la manière de faire la guerre dans ce temps-là, jusqu'à ce que Henri, pressé de retourner dans son royaume, et sollicité d'ailleurs par le pape Calixte II, qui s'était porté pour médiateur entre les deux rois, consentit à se détacher de la Normandie, mais en la laissant à Guillaume, son propre fils, qui en fit hommage au roi de France.

En quittant la Normandie, il arriva à Henri le plus grand des malheurs qui ait jamais accablé une famille royale. Il partait de Honfleur, seul sur son bord ; sur un autre étaient Guillaume, son fils aîné, quatre autres fils bâtards, quatre filles naturelles, dont quelques unes étaient déjà mariées, et plus de cent soixante personnes des meilleures maisons d'Angleterre. La mer était calme, le vent favorable. Toute cette jeunesse ne songeait qu'à se divertir. Les matelots, trop bien payés d'avance, étaient ivres la plupart, et incapables de manœuvrer. En sortant du port, le vaisseau touche, s'enfonce ; le gouffre se referme, et tout disparaît. Aucun ne fut sauvé. Henri voit ce désastre ; il continue son triste voyage, déchiré par le remords des injustices et des crimes qu'il avait commis pour établir sa nombreuse famille, que la justice divine lui enlevait en un instant.

Il ne lui restait qu'une fille nommée Mathilde, qu'il avait mariée à Henri V, empereur d'Allemagne. Les enfans qui pouvaient provenir de ce mariage devaient être héritiers de ses états ; c'est pourquoi il ne lui fut pas difficile de déterminer son gendre à le seconder, lorsque, pressé de rendre, selon sa promesse, la Normandie à son neveu Guillaume, il fit entendre au mari de sa fille qu'il avait intérêt de le secourir pour conserver le duché. Le roi de France voulait qu'il fût restitué, et menaçait. Le beau-père et le gendre se concertèrent. Le premier devait attaquer la France du côté de la Picardie, pendant que le second y ferait irruption par la Lorraine. L'empereur prit pour prétexte de ses hostilités une excommunication lancée contre lui cinq ans auparavant, dans un concile tenu à Reims, à l'occasion des investitures qu'il prétendait avoir droit de donner aux évêques, droit que le pape regardait comme un abus de puissance, et qui a été long-temps le sujet des querelles très animées. L'Allemand publia qu'il voulait détruire, raser, effacer de dessus la terre cette ville, monument de son déshonneur, et parut sur les frontières à la tête d'une armée formidable, ramassée en Bavière, Saxe, Lorraine, et dans les parties les plus reculées de l'Allemagne.

Louis, instruit de ce complot des deux Henri, avertit les Français du danger commun, convoque ses grands vassaux, et leur assigne rendez-vous sous les murs de Reims, l'objet des vengeances de l'empereur. Ils s'y trouvèrent chacun avec leurs milices, que l'on fait monter, dans le compte le moins exagéré, au nombre de trois cent mille hommes ; les évêques, les abbés, les chapitres, y menèrent leurs serfs, et l'on croit que les abbesses mêmes y parurent en personne.

L'empereur, qui ne s'attendait pas à cette réunion, prétexte des affaires au fond de l'Allemagne, et y retourne. Le roi d'Angleterre, craignant de voir tomber sur lui cette masse redoutable, se met à négocier. Louis aurait bien voulu se servir de ses forces rassemblées pour réduire tant l'Anglais que quelques vassaux d'une fidélité douteuse qui n'avaient pas fourni leur contigent ; mais ce n'était pas l'avis des seigneurs présens. S'ils avaient bien voulu se réunir contre l'ennemi qui les menaçait tous, ils n'avaient pas le même intérêt contre leurs co-vassaux, dont l'abaissement procuré par leurs efforts pouvait peut-être fournir au roi le moyen de les abattre eux-mêmes. Ils remontrèrent donc que, ne s'étant rassemblés que pour s'opposer à l'empereur, et ce prince étant retourné dans son pays, l'obligation de leur service était finie. Ils se retirèrent, et mirent par là le roi dans la nécessité de traiter avec le roi d'Angleterre.

L'accord entre eux n'était pas facile. L'un voulait que le prince Guillaume eût le duché de Normandie ; l'insulaire refusait de s'en dessaisir. Pendant cette altercation, qui dura plusieurs années, il survint un de ces évènemens qui, sans liaison avec une affaire difficile à terminer, servent cependant quelquefois au dénouement. Charles-le-Bon, comte de Flandre, est assassiné, et meurt sans postérité. Le roi, comme seigneur suzerain, se trouve maître de disposer de ce beau fief. Il le donna au prince Guillaume, dans l'intention, s'il ne pouvait se rendre maître de la Normandie, de le mettre au moins à portée de faire valoir ses droits dans l'occasion. Mais cette précaution politique devint inutile. Guillaume fut blessé mortellement dans un combat contre un compétiteur qui lui disputait la Flandre. Par la mort de son neveu, Henri demeura tranquille possesseur du duché qui lui était envié, et fut plus heureux que Louis dans les mesures qu'il prit pour s'assurer de la Normandie. L'empereur Henri V mourut. Le roi d'Angleterre remaria Mathilde, sa fille, à Geoffroy Plantagenet, comte d'Anjou, dont le voisinage pouvait être une protection à la Normandie contre les entreprises du roi de France.

Mathilde eut un fils, Henri, qui devint la souche des Plantagenets, rois d'Angleterre et ducs de Normandie.

L'irruption de l'empereur fournit, pour la première fois, à un roi de la troisième race l'occasion de paraître un grand monarque. La splendeur du trône, la puissance de celui qui l'occupe, viennent principalement de la force militaire : or, la manière dont se faisaient les levées, rendait le roi dépendant de ses vassaux. Il publiait un ban qui leur enjoignait à tous de se présenter sous les armes, avec leurs serfs et feudataires, en temps et lieux déterminés. De ces vassaux, les uns avaient de la bonne volonté et accouraient au commandement du roi; les autres étaient indifférens, et n'obéissaient qu'avec lenteur; d'autres, mécontens du motif de la guerre, refusaient. Ainsi manquaient les plus belles expéditions, ainsi échouaient les plans les mieux concertés. Il n'y avait que les affaires d'un intérêt général et commun, telles que les grandes invasions et ensuite les croisades, qui produisissent un rassemblement sans délai et sans exception : les croisades, parce qu'il y avait un certain déshonneur attaché à ceux qui restaient inactifs; les invasions, parce qu'alors le suzerain avait droit d'exercer, sur les feudataires refusant, la rigueur des lois féodales, et de les poursuivre comme déloyaux et ennemis de la patrie.

Cependant, comme il pouvait arriver que les feudataires ne pussent, pour de bonnes raisons, ou servir eux-mêmes, ou fournir les hommes dont leur fief était tenu, ils offraient de l'argent dont le suzerain se servait pour faire ses levées à volonté : les rois préféraient ce moyen, qui les rendait maîtres de leurs armées, et c'est l'origine de la solde des troupes. Des possesseurs de fiefs, surtout les ecclésiastiques étrangers par état au service militaire, composèrent pour s'en exempter : l'abonnement qui en résulta fut une des sources des décimes du clergé.

On entrevoit le principe de ces établissemens dès le règne de Louis-le-Gros; mais on en découvre aussi plus distinctement un autre, qui a insensiblement changé la forme du gouvernement. Les guerres avaient réuni les habitans dans les villes, comme dans des asiles où ils étaient à l'abri des irruptions soudaines de la soldatesque; mais ils trouvaient souvent d'autres calamités. Chacune avait un seigneur. Il n'était pas rare de le voir exercer sur les réfugiés qui s'étaient mis sous sa protection des droits tyranniques, mettre des impôts toujours croissans, exiger des corvées, gêner le commerce, faire acheter des privilèges, outrer les amendes, exercer ce qu'ils appelaient la justice arbitrairement et sans règle fixe. A la vérité, ce seigneur avait un tribunal auquel les bourgeois pouvaient s'adresser dans les contestations entre eux; mais comme les juges étaient nommés par lui et en dépendaient, il était difficile que ces citadins obtinssent justice dans les affaires où les intérêts du seigneur étaient compromis. Ainsi vexés, ils recoururent au roi comme au seigneur suzerain, pour faire réformer les jugemens qui leur étaient contraires. Le roi reçut volontiers ces appels, et, afin de les rendre plus faciles, il établit dans les villes des juges que les bourgeois invoquaient dans le besoin.

Ce fut d'abord dans les villes dépendantes des grands vassaux ecclésiastiques, comme moins capables de s'opposer à cette innovation, que s'introduisirent ces tribunaux royaux; ensuite ils s'étendirent dans les fiefs laïcs. Ainsi les habitans des cités s'accoutumèrent à entendre parler d'un roi et à reconnaître un autre maître que leur seigneur. Dans les affaires qui regardaient la masse des bourgeois, comme répartitions d'impôts, service militaire et autres discussions élevées entre eux et le seigneur, ils s'assemblaient sous la protection de ces tribunaux, présentaient leurs requêtes et leurs plaintes en commun, d'où ces assemblées ont été appelées *communes*. Elles ont insensiblement formé une puissance capable de balancer celle des seigneurs, et les rois s'en sont servis utilement.

Louis-le-Gros, fort attentif à l'exercice de la justice, malgré les distractions de ses guerres perpétuelles, envoyait dans les provinces qui lui étaient immédiatement soumises des personnes probes et éclairées chargées d'examiner si les juges faisaient leur devoir, de pourvoir au plus pressé et de faire leur rapport sur le reste. Il avait pour ministres et aussi pour généraux de ses armées quatre frères nommés Garlandes, honorés de sa confiance et des principales dignités de sa cour sans qu'on pût leur donner le nom de favoris, si l'on en croit Louis, qui disait qu'un roi n'en doit avoir d'autre que son peuple. Il consultait aussi le célèbre Suger, abbé de Saint-Denis, qu'il avait connu pendant sa jeunesse, lorsqu'il était élevé dans cette abbaye, et il ne cessa de l'appeler à ses conseils.

Louis-le-Gros dut à l'éducation qu'il reçut dans ce monastère une piété solide dont il donnait l'exemple dans sa cour sans affectation. Il respectait les évêques et montrait à ceux qui remplissaient bien leurs devoirs de l'estime et de la vénération; mais il n'épargnait pas les remontrances et les disgraces à ceux qui s'en écartaient. Zélé pour la conservation des biens et des privilèges ecclésiastiques, mais zélé avec prudence, il réprimait sévèrement les tentatives des laïcs sur les droits du clergé. On trouve pendant son règne plusieurs guerres qu'il entreprit à ce sujet. Cependant saint Bernard, qui commençait à paraître, blâma la modération qui lui faisait quelquefois suspendre les hostilités. L'archevêque de Sens et l'évêque de Paris, ne lui trouvant pas assez d'activité, l'excommunièrent; mais le pape, bien informé, leva l'excommunication.

A ce zèle protecteur pour le clergé, on ne nia pas qu'il n'ait pu se mêler un intérêt personnel, celui d'empêcher les seigneurs laïcs spoliateurs, déjà trop puissans, de le devenir encore davantage par les dépouilles enlevées aux ecclésiastiques. Tel a été le motif de la plupart des guerres entreprises ou soutenues par Louis-le-Gros. Cependant on doit ajouter, pour son honneur, que souvent il a employé ses armées au châtiment de grands crimes. Il prit, avec une opiniâtre résistance, dans la ville de Laon, le seigneur de Couci, qui en avait assassiné l'évêque, parce que le prélat l'avait excommunié pour ses désordres. Le coupable mourut en prison de ses blessures. Un Hugues de Créci s'était emparé de la personne du seigneur de Montlhéri, son parent, dans l'espérance d'obtenir du prisonnier une donation de ses biens. Il promena le prisonnier de château en château lié et garotté. Puis voyant que ces mauvais traitemens ne réussissaient pas à lui arracher le consentement désiré, il le fit étouffer et jeter par une fenêtre afin qu'on crût qu'il s'était tué en se précipitant lui-même ; mais le crime fut découvert. Le roi attaqua le scélérat, confisqua ses domaines, le poursuivit de retraite en retraite. Hugues ne sauva sa vie qu'en se faisant moine. Louis vengea aussi la mort de Charles-le-Bon, comte de Flandre, que des monopoleurs avaient assassiné parce qu'il voulait les forcer à ouvrir leurs greniers dans un temps de disette. Il fit expirer les assassins dans les supplices. L'un d'eux fut attaché à un poteau et on lia sur sa tête un chien qu'on frappait sans cesse afin qu'il lui déchirât le visage. On mettra ici, comme un exemple des cruautés qui s'exerçaient dans ce temps, ce trait d'Amauri de Monfort, commandant l'armée du roi en Auvergne. Ayant fait une centaine de prisonniers dans une sortie des défenseurs de la ville de Clermont, qu'il assiégeait, il leur fit couper la main droite et la leur fit remporter dans la main gauche pour la montrer à leurs camarades. Cette horrible barbarie les consterna au point qu'ils rendirent la ville sur le champ. Louis-le-Gros s'exposait sans ménagement dans un assaut qu'il livrait à la forteresse d'un vassal rebelle : il reçut à la cuisse une blessure dont il se ressentit le reste de sa vie.

Comme il avait été couronné du vivant de son père, il fit aussi sacrer Philippe, son fils aîné. Ce prince mourut dans l'année, d'un accident. Louis-le-Gros, après avoir donné de justes regrets au jeune roi, dont les belles qualités avaient fait concevoir de grandes espérances, fit couronner Louis, son second fils, surnommé le Jeune, pour le distinguer d'avec son père. Cette cérémonie fut faite à Reims par le pape Innocent II, qui était en France. On croit que c'est alors qu'a été fixé à douze le nombre des pairs de France qui devaient y assister, six ecclésiastiques et six laïcs : ainsi ce qui n'était auparavant qu'une dénomination qui marquait seulement l'égalité entre plusieurs seigneurs qui jouissaient de la même puissance, qui étaient pairs, *pares*, fut érigé en dignité. Ceux à qui elle fut attribuée furent, parmi les ecclésiastiques, l'archevêque de Reims et les évêques de Langres, de Laon, de Beauvais, de Châlons-sur-Marne et de Noyon, les trois premiers avec le titre de duc et les trois autres avec celui de comte ; et parmi les laïcs, les trois ducs de Bourgogne, de Normandie et de Guyenne, et les trois comtes de Champagne, de Flandre et de Toulouse.

Quelques années après le sacre de son fils, Louis eut une belle occasion de satisfaire un de ses plus chers désirs, c'est-à-dire d'augmenter son royaume sans coup férir par un mariage. Guillaume IX, duc d'Aquitaine, possesseur de ce duché, qui comprenait une grande partie du midi de la France, touché de repentir des cruautés qu'il avait exercées sur ses sujets et sur ses voisins, fit vœu d'un pélerinage à Saint-Jacques de Compostelle. Avant de partir, il reconnut par son testament Eléonore, sa fille, son héritière, et la recommanda au roi de France. Louis ne crut pouvoir mieux répondre aux intentions du duc, son ami, qu'en la mariant à son fils, partageant déjà le trône qu'il devait bientôt occuper seul. Ce mariage était bien assorti pour l'âge et les biens; heureux s'il l'eût été également pour les caractères! Éléonore apporta en dot la Guyenne, le Poitou, la Gascogne, la Biscaye et plusieurs autres domaines au delà de la Loire et des Pyrénées. Par la réunion de ces belles provinces, Louis-le-Jeune se trouva plus puissant que tous ces grands vassaux qui luttaient auparavant, et souvent avec avantage, contre le roi leur suzerain.

Louis-le-Gros jouit peu du plaisir d'avoir procuré cette belle fortune à son fils. Il était depuis quelque temps attaqué d'une langueur, suite de ses fatigues. Elle le conduisit au tombeau à l'âge de soixante ans. Il laissa sa femme, Adélaïde de Savoie, assez jeune pour qu'après lui avoir donné six princes et une princesse, elle eût encore un fils de Mathieu de Montmorency, auquel elle se remaria. Louis donna en mourant cette leçon à son successeur : « Mon fils, souve-
» nez-vous que la royauté est une charge dont vous rendrez un compte
» rigoureux à celui qui seul dispose des sceptres et des couronnes. »

Le règne de Louis-le-Gros fait une époque dans notre histoire. On y trouve, comme il a été dit, le commencement d'usages qui ont été le germe d'améliorations dans le gouvernement; la création de justices royales, qui ont donné lieu aux communes, d'où est né le tiers-état; les affranchissemens encouragés; une nouvelle manière accréditée de lever les troupes, et leur solde établie : toutes innovations dont on ne sentit pas alors l'importance, mais qui ont été le fondement de la grandeur et de la puissance auxquelles les rois de France sont parvenus.

On avait, avant Louis-le-Gros, des lois civiles et ecclésiastiques, mais ces réglemens n'étaient pas rangés dans l'ordre qui en fit alors une science. La théologie eut aussi le même avantage, à l'aide des collections de passages de l'Écriture sainte et des Pères, qui devinrent communes. Insensiblement le latin fut relégué dans les écoles et dans le barreau; la langue vulgaire s'enrichit et se perfectionna par l'usage; la poésie ou la manie de la versification devint commune, et la lutte qu'elle exigeait contre les mots rebelles à la rime ou à la mesure épura le langage à la longue. De même les subtilités scolastiques, sources de beaucoup d'erreurs, et la fureur de la dispute, vice dominant du douzième siècle, accoutumèrent cependant à mettre plus d'ordre et de clarté dans le raisonnement.

On n'ose dire qu'il y eût proprement de la poésie, de la musique, de l'astronomie ; que la peinture, la sculpture, l'architecture, fussent des arts, et non de pures routines sans règle ; qu'enfin la médecine fût une science : mais on commençait à sentir les inconvéniens de l'ignorance, et à tâcher d'y remédier par l'imitation des anciens, dont les ouvrages se prêtaient ou se transmettaient comme des dons précieux. Ce crépuscule, qui est devenu dans la suite un jour éclatant, s'entrevoyait alors dans les écoles du clergé et des moines : celle de Saint-Denis était fort célèbre. Louis-le-Jeune y avait été élevé comme son père : tous deux portaient à ce monastère un grand respect, à double titre, comme dépôt des sciences et comme le sanctuaire du premier patron du royaume. Sa bannière, sous laquelle combattaient les vassaux de l'abbaye, devint l'étendart de la France. Louis-le-Gros et ses successeurs allaient dévotement la prendre sur l'autel, quand ils partaient pour une expédition, et la reportaient avec pompe à la fin de la guerre. On l'appelait *oriflamme*, parce que le bâton était couvert d'or, et le bas de l'étoffe découpé en forme de flammes.

Louis VII, dit le jeune, âgé de 18 ans.

Sitôt que Louis eut rendu les derniers devoirs à son père, il alla chercher Eléonore, son épouse, en Guyenne, où il tenait sa cour avec elle depuis son mariage. L'arrivée d'une jeune reine et la pompe des fêtes qui l'accompagnèrent eurent bientôt fait disparaître les crêpes funèbres dont la France était couverte. Il y eut quelques mouvemens populaires séditieux dans ce changement de monarques. Il paraît aussi que quelques seigneurs voulurent éprouver le jeune roi, qui n'avait que dix-huit ans. Un de ceux qui se montrèrent les plus turbulens était le châtelain de Montgeai. Louis battit ses troupes, assiégea son château, le prit et le fit raser, conservant néanmoins la tour ou donjon. On remarque que, dans leurs plus grandes animosités, les seigneurs respectaient réciproquement ce type de leur domination. C'était là qu'ils recevaient la foi et l'hommage de leurs vassaux, et qu'ils en gardaient les titres. De la tour du Louvre, détruite sous les derniers des Valois, relevaient les grands vassaux de la couronne.

Ces mouvemens furent apparemment peu inquiétans, puisque le jeune roi ne jugea pas à propos de prendre, comme ses ancêtres, la précaution de se faire sacrer de nouveau. Il montra beaucoup de modération dans une affaire que suscita la prévention de la reine Eléonore sur le comté de Toulouse, comme petite-fille de Philippine, frustrée de la succession de son père, par la vente que celui-ci avait faite de son duché à Raymond de Saint-Gilles, son frère, si renommé dans la première croisade. Du poids de sa puissance, Louis aurait pu écraser le petit-fils de Raymond, qui en jouissait au préjudice de son épouse; mais il eut la complaisance de se prêter au désir de plusieurs grands de sa cour, qui sollicitaient pour le possesseur, et il se contenta de l'hommage.

Une autre affaire, entreprise aussi par considération pour Éléonore, causa à son époux un repentir bien amer. Raoul, comte de Vermandois, cousin du roi, ayant fait divorce, comme il n'arrivait que trop fréquemment dans ce temps, Louis trouva bon qu'il épousât la princesse Pétronille, sœur puînée de sa femme. Thibaut II, comte de Champagne, qui était oncle de l'épouse répudiée, appela au pape de la sentence de divorce, qu'il prétendait mal fondée. Il vint un légat qui la cassa, réprimanda les évêques qui l'avaient prononcée, menaça d'excommunication Raoul et la belle-sœur du roi, si elle ne quittait son mari, et signifia à Louis qu'il mettrait le royaume en interdit, s'il continuait de protéger les coupables.

La menace eut son effet, parce que le roi tint bon. En vengeance des troubles que l'interdit causait dans ses états, le monarque entra avec des forces considérables sur les terres du comte de Champagne, et les ravagea cruellement. Le comte, trop faible, demanda grace et l'obtint, à condition qu'il travaillerait auprès du pape pour faire lever l'excommunication. Louis, dans cette confiance, congédie son armée; mais elle n'est pas plutôt séparée que le pape lance de nouveau ses foudres. Le roi soupçonne de la collusion de la part du comte de Champagne, rentre sur ses terres, le fer d'une main et le flambeau de l'autre, met à feu et à sang ce malheureux pays, assiège la ville de Vitry-en-Perthois, la prend d'assaut, et, dans le transport de la colère que lui cause une trop longue résistance, il fait mettre le feu à l'église, où s'étaient réfugiés trois mille cinq cents habitans. Ils y périrent tous. Le moment de la fureur passé, Louis, naturellement bon, voit toute l'énormité de son crime; il en est pénétré de douleur. De ce moment, dit-on, il s'interdit tous les amusemens et tous les plaisirs. On ajoute que, dans les premiers jours qui suivirent cette catastrophe, il en oubliait les affaires, et que souvent on l'a surpris fondant en larmes au souvenir de la déplorable suite d'un instant de vivacité non réprimée.

Dans cette disposition d'esprit, il ne fut pas difficile d'obtenir du monarque le consentement à toutes les mesures qui pouvaient contribuer à terminer cette malheureuse affaire du divorce, dont on ignore l'issue. Il fut aisé de lui persuader que, pour réparation d'un si affreux abus de la force, il fallait une action de grand éclat, et très utile à la religion. Les croisades, dont on s'occupait beaucoup, paraissaient réunir ces deux caractères. Les papes n'avaient cessé d'en entretenir la ferveur, par des prédicateurs distribués dans toute l'Europe. Leur principal organe en France était saint Bernard, réformateur de l'ordre de Cluni, fondateur et abbé de Clairvaux. Sa naissance et l'austérité de ses mœurs lui donnaient un grand crédit à la cour.

où ses parens tenaient un rang distingué. Son éloquence était à la fois convaincante et insinuante. La douce persuasion coulait de ses lèvres.

Outre les motifs religieux qui avaient fait entreprendre la première croisade, il se trouvait pour celle-ci des raisons qu'on ne pèse pas assez lorsqu'on la blâme. La première avait formé en Asie des royaumes et des principautés : les possesseurs et titulaires de ces états étaient parens assez proches des seigneurs français, et presque tous puînés de familles illustres. Comme cadets peu favorisés de la fortune, ils étaient allés former en Asie des établissemens qui leur manquaient dans leur patrie. Environnés d'Arabes, nommés Sarrasins, anciens propriétaires, les nouveaux étaient dans un état de guerre perpétuelle. Harcelés par des hordes sans cesse renaissantes, affaiblis même par leurs victoires, ils tendaient leurs mains suppliantes vers l'Europe, demandaient aide et protection, priaient, sollicitaient. Le comté d'Edesse venait de leur échapper par l'indolence d'un Courtenay, lâche successeur de Joscelin, son père, qui, indigné de la pusillanimité de son fils, lors des premières attaques de Noradin, s'était fait porter mourant sur le champ de bataille, et dont les derniers regards avaient vu fuir les Sarrasins. Sans doute il aurait été à désirer que les princes de l'Europe n'eussent pas provoqué et favorisé dans le principe ces établissemens asiatiques ; mais la faute était faite. Convenait-il de laisser périr sans secours des guerriers valeureux, auxquels on était attaché par les liens du sang et par la profession d'une même religion, les plus chers intérêts qui ont coutume de déterminer les hommes ?

On ne peut guère douter que ces considérations n'aient influé sur la résolution que prirent les seigneurs français de se rendre à l'assemblée que le roi convoqua à Vézelay, en Bourgogne, pour y traiter cette affaire. C'est la première qu'on a nommée *parlement*. Ils s'y trouvèrent avec leurs principaux vassaux, en si grand nombre, que l'église ne pouvant les contenir, on dressa dans la prairie une espèce de théâtre. Bernard y parut à la droite du roi. Il fit un discours pathétique qui arracha des larmes. Aux soupirs, aux sanglots se mêla le vœu énergiquement prononcé d'aller secourir les chrétiens opprimés par les infidèles.

Louis se présenta le premier, et reçut à genoux la croix des mains de l'abbé de Clairvaux; tous les seigneurs l'imitèrent. Les femmes même, la reine à la tête, emportées par le même enthousiasme, s'engagèrent au saint pèlerinage, et reçurent aussi la croix. Dans ce moment d'une impulsion irréfléchie, on offrit à saint Bernard le commandement de l'armée qui allait se former. Il refusa. On renvoya donc la délibération sur cet objet à une assemblée qui fut indiquée à Etampes, et qui s'y tint l'année suivante. Il y fut décidé qu'on prendrait le chemin par terre ; et les croisés, par acclamation, déférèrent le commandement au roi.

Deux choses sont à observer dans cette expédition : la conduite militaire et la conduite morale. L'armée se trouva, les uns disent de deux cent mille hommes, les autres seulement de quatre-vingt mille : contradiction qui peut se concilier en supposant qu'il n'y avait que quatre-vingt mille combattans effectifs, mais que le total pouvait monter au nombre cité, parce qu'il se joignait à l'armée des personnes de tous les états : beaucoup de femmes de ces croisés, avec leur famille, des prélats, prêtres, moines, abbés, abbesses, religieuses; et, comme on allait par terre, il n'est pas étonnant qu'à la suite du corps principal se soient attachés des fainéans, des vagabonds, une populace ramassée dans la fange des villes, que l'impossibilité de trouver assez de vaisseaux aurait repoussés si l'on se fût déterminé pour le chemin par mer.

Cette multitude part de France dans le mois d'août, dirige sa route par l'Allemagne, la Bohême, la Hongrie, sans qu'on nous dise s'il y avait eu des magasins préparés, des repos fixés, une police établie, des mesures prises pour passer les rivières, et autres précautions propres à prévenir ou à surmonter les difficultés d'une si longue route ; mais ce que l'on sait, c'est qu'il y eut un extrême désordre. Les vivres manquèrent. Les croisés qui avaient quelque argent s'en procurèrent à haut prix. Les autres pillaient leurs hôtes dans les villes, et prenaient tout ce qu'ils pouvaient enlever dans les campagnes; les habitans les poursuivaient comme des voleurs et des brigands, les égorgeaient, les assommaient, de sorte que l'armée était déjà bien diminuée quand elle arriva devant Constantinople.

Alors régnait l'empereur Manuel Comnène. Il avait déjà essuyé une irruption de croisés allemands, sous la conduite de l'empereur Conrad III, et s'en était débarrassé en les faisant transporter au plus vite en Asie ; il leur y donna des guides infidèles, qui, sous un soleil brûlant, les firent errer dans des solitudes dépourvues de vivres et d'eau, et qui les exposèrent dans des situations désavantageuses aux attaques multipliées des Sarrasins, lesquels en firent périr un grand nombre.

La politique de l'empereur grec s'occupa, comme il avait fait à l'égard des Allemands, du soin d'écarter au plus tôt les Français de ses murs : mais il trouva ceux-ci plus exigeans que les premiers. Ils voulaient des vivres, des habits, des munitions, en un mot une restauration entière de leur armée. Se lassant de demander, ils prenaient ce qu'on ne voulait pas leur donner, et, pour n'être pas obligés de revenir si souvent à la charge, quelques uns proposèrent de s'emparer de Constantinople. Avec de pareils hôtes il n'y avait pas à tergiverser. Manuel leur accorda tout ce qui était en sa disposition pour le moment, et leur prodigua les promesses de vivres et de secours de toute espèce quand ils seraient passés en Asie.

Mais, lorsqu'ils furent au delà du Bosphore, les villes fortes se fermèrent devant eux ; on leur descendait dans des paniers, le long des murs, des vivres en petite quantité, et chèrement achetés. Les habitans des campagnes fuyaient et ne laissaient derrière eux ni provisions de bouche, ni secours pour le transport des bagages. On ne traversait que des pays naturellement stériles, ou ruinés par les Allemands. Après une grande défaite ceux-ci rétrogradèrent, et Conrad ramena les restes infortunés d'une armée de quarante mille hommes dans celle du roi de France, qui le reçut, lui et les siens, avec égard et cordialité. L'empereur se détermina à finir son pèlerinage comme un particulier. Il retourna à Constantinople, d'où il gagna par mer la Palestine, pendant que les Français avançaient fièrement à travers les obstacles et les dangers de toute espèce.

Après des marches pénibles, fatigués et harassés, ils arrivent sur les bords du Méandre; la rive opposée était bordée d'une armée de Sarrasins disposés à défendre ce passage. Les Français ne perdent pas de temps en délibérations et en préparatifs; ils se jettent dans le fleuve; une partie le passe à la nage, le roi à la tête; l'autre trouve un gué; ils arrivent tous ensemble sur le rivage, frappent, renversent, et, après une résistance courte, mais vive, l'armée ennemie est dispersée.

Le besoin de repos, la fraîcheur de la vallée qu'arrose le Méandre, retiennent quelques jours les vainqueurs sur les bords du fleuve. Ils avaient ensuite un pays montueux à franchir. Les Sarrasins les observaient, cachés dans des ravines. L'armée des Français était divisée en deux parties, l'avant-garde et l'arrière-garde. Le roi ordonne à celui qui commandait la première d'attendre la seconde du haut d'une montagne assez raide qu'il fallait gravir. Arrivé sur le sommet, le général ne trouvant ni eau ni fourrage, attiré d'ailleurs par l'aspect riant d'un vallon qui s'étend sous ses pieds, y descend tranquillement. Les Sarrassins sortent aussitôt de leurs retraites, s'emparent du poste que l'imprudent avait abandonné, fondent avec impétuosité sur l'arrière-garde qui montait, et renversent les soldats les uns sur les autres.

Dans ce désordre, le roi est séparé des siens, et poursuivi par un groupe d'ennemis qui s'attachent à lui. Il s'adosse contre un arbre, et reçoit la décharge de leurs traits que la bonté de son armure rend inutiles. Dans un moment de relâche il trouve même la facilité de monter sur cet arbre. Là, comme dans un donjon, il repousse avec son bouclier ceux qui tentaient de l'escalader, et fait voler à grands coups de cimeterre les mains, les bras, les têtes des plus avancés. Las de sa résistance, et ne le reconnaissant pas, les assaillans l'abandonnent. Il descend de son arbre, rencontre un cheval sans maître, s'en saisit, erre toute la nuit dans les détours de la montagne, et arrive enfin au point du jour à son armée qui s'était réunie.

Après bien des marches et contre-marches dont on attribue les erreurs à la trahison des guides que les Grecs fournissaient, les Français arrivent dans la Pamphilie, près d'une petite ville, sur la mer, appartenant à l'empereur Manuel. Le gouverneur conseille au roi d'achever son voyage par mer, et lui offre des vaisseaux; mais, quand il fallut s'embarquer, il ne s'en trouva pas assez. Louis fut obligé de laisser une grande partie de ses troupes, qui le rejoignirent par terre et arrivèrent fort harassées et très diminuées à Antioche. L'armée campa hors de la ville.

Le prince qui y régnait se nommait Raymond de Poitiers; il était oncle de la reine Éléonore, bien fait, spirituel, et point encore éloigné de l'âge qui permet la galanterie. La réception fut brillante, accompagnée des démonstrations les plus flatteuses d'estime et de reconnaissance, telle qu'elle devait être pour un monarque qui venait de si loin visiter les fils, les frères, les parens, les alliés des anciens vassaux de sa couronne.

On pourrait trouver le fond d'un roman dans le peu que l'on sait de ce qui se passa à Antioche pendant quelques mois de séjour; la reine Éléonore en serait l'héroïne. Elle y fut, dit-on, en commerce de tendresse avec un jeune Sarrasin, appelé Saladin, et même accusée de répondre à la passion que lui marqua Raymond, son oncle. Les témoignages en parurent si peu ménagés que le mari conçut plus que des soupçons. Le prince d'Antioche avait espéré, de l'arrivée du monarque et des troupes qui l'accompagnaient, des secours contre les Musulmans, ses voisins, avec lesquels il était perpétuellement en guerre, et se flattait, par ce moyen, d'une augmentation de ses petits états. A ce sujet, il faisait auprès du monarque des instances assez vives qu'appuyait Éléonore, et qui donnèrent à Louis sur son épouse le soupçon de quelque collusion qu'il jugea à propos de rompre brusquement. Il la fait sortir clandestinement d'Antioche pendant la nuit, se retire avec elle dans son camp, et la mène à Jérusalem, où ils s'acquittent ensemble des devoirs du pélerinage. L'empereur Conrad s'y était rendu de Constantinople. Louis a la complaisance de s'engager avec lui dans une entreprise contre Damas. Elle ne réussit pas. Le roi quitte alors la Palestine, court encore quelque danger sur mer, et rentre enfin dans son royaume, avec autant de gloire qu'on peut en acquérir dans une expédition très malheureuse : telle en a été la conduite militaire.

Par ce qui vient d'être dit, on peut juger quelle a été la conduite morale. Les relations du temps nous apprennent que peu de croisés eurent des intentions purement religieuses; ou, s'ils en eurent, elles se corrompirent en route. Il n'y a point de crimes atroces, de brigandages, d'actions honteuses, qu'on ne leur reproche. Saint Bernard, qui avait promis des succès, s'appuya sur les témoignages de cette dissolution trop connue pour se disculper des revers; il en prit même occasion d'exhorter les peuples à se rendre, par la réforme des mœurs, dignes d'une croisade.

Louis trouva son royaume en bon état, grace aux soins de Suger, abbé de Saint-Denis. On croit qu'il avait présidé à l'éducation du roi dans ce monastère. Il conserva toujours auprès de lui un crédit mérité, et s'opposa fortement à la croisade, ou du moins à ce que le roi s'y engageât lui-même; mais le goût du temps, le souvenir déchirant du massacre de Vitry et l'éloquence de saint Bernard l'emportèrent.

Il y avait alors deux hommes qui de leurs disciples auraient pu former une armée, saint Bernard et Abailard. Le premier, outre les deux cents moines rassemblés dans les déserts de Clairvaux, pouvait mettre sur pied tous ceux dont le nombre n'est pas connu, habitans de cent soixante monastères répandus tant en France qu'en Allemagne, qu'il vit élever sous ses yeux. Abailard compta à Paris jusqu'à deux mille disciples, et était souvent accompagné d'une multitude peu inférieure dans les autres lieux où ses malheurs le conduisirent. Il enseignait la dialectique avec des subtilités et des raffinemens qui parurent porter atteinte à la pureté des dogmes de la religion. Plusieurs conciles le condamnèrent sur la dénonciation de saint Bernard. Heureusement ces deux hommes, qui auraient pu armer tant de mains, se contentèrent de combattre par des argumens. On connaît les amours infortunés d'Abailard et d'Héloïse, qui se retira comme lui dans un monastère. Il mourut dans un âge avancé. Son corps fut porté au Paraclet dont Héloïse était abbesse, et le même tombeau a renfermé les deux amans.

Louis avait dissimulé en Asie son mécontentement sur la conduite d'Eléonore, son épouse; mais, revenu dans son royaume, il se disposait à éclater. Suger suspendit les effets de son ressentiment, en lui montrant les suites dangereuses du divorce, qui le mettrait dans l'obligation de rendre à la souveraine de la Guyenne les beaux états qu'elle lui avait apportés en dot. Cet habile conseiller réconcilia assez bien les deux époux pour qu'il leur naquît une fille, le second fruit de leur mariage. Mais Suger mourut, et, soit attachement à sa première résolution, soit nouveaux mécontentemens dans son mariage, le roi reprit son projet de divorce.

Il ne fut pas difficile à terminer : la parenté, prétexte ordinaire, légèrement discutée dans une assemblée d'évêques convoquée à ce sujet, fut le fondement de la sentence qu'ils prononcèrent. La reine le désirait. On croit même qu'elle avait déjà pris des mesures pour un nouvel engagement. « Louis, disait-elle de son mari, est plus » moine que roi. » « Bien lui en prit, ajoute Mézerai; car, s'il n'eût » été un peu moine, il l'eût châtiée d'une autre façon, et n'eût pas » été si consciencieux que de lui rendre la Guyenne et le Poitou. » Elle les porta, six semaines après son divorce, à Henri Plantagenet, comte d'Anjou, déjà duc de Normandie, et désigné roi d'Angleterre, qu'elle épousa, et ne réserva rien pour les deux princesses qu'elle avait eues du roi de France, et qu'elle laissa à leur père.

Deux ans après, il se remaria à Constance, fille d'Alphonse, roi de Castille. Ce mariage fournit au pieux monarque l'occasion d'un pèlerinage à Saint-Jacques de Compostelle; mais on croit qu'il fut aussi attiré en Espagne par des raisons politiques et par des affaires à régler avec son beau-père. Constance lui fit goûter les douceurs de la paix domestique; mais elle ne lui donna qu'une fille.

Le monarque ne tarda pas à éprouver les fâcheux effets de son divorce. Avant que de succéder au trône d'Angleterre, Henri II, duc de Normandie, fut, à l'égard du roi de France, vassal respectueux et soumis; mais, sitôt qu'il se vit la couronne sur la tête, il devint difficultueux, querelleur, opiniâtre, artisan de prétentions toujours nouvelles. Il semblait qu'il lui répugnât de se reconnaître vassal d'un monarque à peine aussi puissant que lui; de sorte qu'on ne pouvait s'empêcher de remarquer entre ces deux rois un levain d'aigreur et de jalousie qu'Éléonore faisait fermenter. Elle conservait pour son premier mari un dédain qu'elle communiquait au second. Rarement on pardonne à ceux qu'on a offensés; mais Louis eut lieu de se consoler des sacrifices qu'il avait faits en la renvoyant, lorsqu'il la vit devenir le fléau de son second époux, armer ses enfans contre leur père, et remplir l'Angleterre de troubles et de confusion.

Louis ne pouvait encore prévoir les ressources que la discorde dans la cour de Henri lui offrirait contre ses entreprises; mais la trop grande puissance de son vassal lui donnait nécessairement des inquiétudes, et lui fit prendre une sage précaution contre les hostilités dont il était menacé. Les guerres que les seigneurs français étaient dans l'habitude de se faire entre eux pour le moindre sujet occupaient leurs forces, et empêchaient le roi de tirer d'eux, dans les grandes occasions, les secours dont il avait besoin. Il pourvut adroitement à cet inconvénient dans une assemblée qu'on nomme encore concile, et qu'il tint à Soissons. On compte entre les grands qui s'y trouvèrent le duc de Bourgogne, les comtes de Flandre et de Champagne, et beaucoup de marquis, de barons, de châtelains, tous souverains dans leurs terres, et presque toujours en guerre les uns avec les autres. Le roi était estimé pour sa piété et sa bonne foi. Il leur fit entendre combien était fâcheuse pour les peuples, ruineuse pour eux-mêmes, cette manière de soutenir leurs droits et de se faire rendre justice. Il les engagea de s'obliger, s'il naissait quelques différens entre eux, de les terminer à l'amiable et par arbitres. Ils jurèrent en conséquence une trêve de dix ans. Elle procura du moins quelque relâche à la France, que nous avons vue presque toujours tourmentée par des guerres intestines ou étrangères. Il y eut alors un schisme causé par deux prétendans qui se disputaient la tiare. Leurs droits furent vivement discutés par le clergé et dans les écoles, mais sans causer de troubles dans le royaume.

La reine Constance mourut, et, quinze jours après, Louis épousa Alix, fille de Thibault-le-Grand, comte de Champagne. Si on blâme la précipitation de ce mariage, on doit du moins en reconnaître la convenance. Deux frères d'Alix avaient épousé les deux princesses, filles du roi et d'Éléonore; et peut-être y eut-il des raisons de consolider promptement, par de nouvelles noces, l'alliance avec une maison si voisine, si puissante, et jusqu'alors si factieuse.

Alors commencèrent ces guerres avec l'Angleterre, qui ont duré trois cents ans, guerres que les Anglais, ainsi qu'on le verra, ont faites contre la France avec les forces de la France, habiles dès ce temps à armer le continent pour leurs intérêts. Henri II mêla à ces premières hostilités une apparence de déférence respectueuse. Il assiégeait Toulouse qu'il prétendait appartenir à Éléonore, son épouse, ainsi que l'avait aussi prétendu Louis au commencement de son règne. Mais Louis avait transigé avec le possesseur d'alors, Raymond, qui avait épousé sa sœur. A ce titre il embrasse sa défense, pénètre dans la ville à travers l'armée ennemie, et fait des sorties vigoureuses. Henri, déconcerté, lève le siége, en faisant dire au roi que le respect qu'il a pour son seigneur l'empêche de continuer l'attaque d'une ville qu'il défend en personne ; mais en même temps, de la Normandie où il s'était retiré, il se jette sur la Picardie et le Beauvoisis qu'il ravage cruellement. La guerre allait devenir très animée et générale, lorsqu'un légat envoyé par Alexandre III réconcilie les deux princes, leur fait signer la paix, et la cimente par les fiançailles qu'il fait lui-même du jeune Henri, dit Court-Mantel, fils aîné du roi d'Angleterre, et âgé de sept à huit ans, avec Marguerite, fille de Louis et de Constance, sa seconde femme, et moins âgée de deux ans que le jeune prince.

La naissance d'un fils était le vœu du roi et de la France entière. On le demanda par des processions et autres actes de dévotion, auxquels le roi et la reine assistèrent avec une piété exemplaire. Il naquit enfin ce prince qu'on nomma Philippe-Dieudonné, comme étant un présent du ciel, et qui reçut depuis le surnom d'Auguste. Son berceau fut orné des palmes de la victoire et de l'olivier de la paix. Ces alternatives étaient dues aux hostilités et aux trêves avec l'Angleterre, qui se succédèrent pendant plusieurs années.

Elles aboutirent au célèbre traité de Montmirail, dans le Maine. Le roi d'Angleterre y parut, accompagné de ses deux fils Henri et Richard. C'était le jour de l'Epiphanie. En abordant le roi de France, il lui dit : « Seigneur, dans ce jour où trois rois ont offert des pré-
» sens au roi des rois, je me mets sous votre protection avec mes
» enfans et mes états. » Après ce préambule, il renouvela son hommage pour la Normandie. Henri, son fils aîné, en fit autant pour l'Anjou, le Maine et la Bretagne, comme arrière-fief, et Richard pour l'Aquitaine, dont Eléonore se défit en sa faveur. Sans doute alors se conclut le mariage de Henri-le-Jeune avec Marguerite, fille de Louis et de Constance; et on convint de fiancer Alix, âgée de deux ou trois ans, fille de la reine de France régnante, et de même nom que sa mère, avec Richard, le second prince anglais, âgé de onze à douze ans. L'âge tendre de la princesse a fait douter à quelques uns qu'il y eût alors autre chose que des propositions, et

leur a fait reporter les fiançailles, six ans plus tard, à la paix d'Amboise, en 1174. Du reste, dans cette assemblée célèbre, les deux rois se firent raison sur toutes leurs prétentions, réglèrent leurs droits, fixèrent leurs domaines. Il fut de même stipulé que les grands vassaux qui avaient pris part aux dernières guerres seraient reçus en grace par les deux rois; qu'ils se rendraient respectivement les prisonniers et les terres, châteaux et villes dont ils s'étaient emparés les uns sur les autres. Dans cette occasion, Henri-le-Jeune servit à table le roi, comme grand sénéchal de France, charge qui était attachée au comté d'Anjou, dont il venait de faire hommage. On ne parla pas à Montmirail d'une nouvelle croisade; mais il en fut question dans une entrevue qui eut lieu l'année suivante, à Nonancourt, entre les deux rois. Ils ne parurent pas fort empressés ni l'un ni l'autre, et il y a lieu de croire qu'en montrant quelque condescendance pour cette entreprise, ils cédaient moins à leur inclination qu'aux instances pressantes du pape, qui cependant n'obtint que des promesses vagues.

Si l'influence de la cour de Rome fut utile au roi d'Angleterre dans toutes les circonstances, la puissance qu'elle s'attribuait l'embarrassa beaucoup à l'occasion du meurtre de Thomas Becquet, archevêque de Cantorbéry. Ce prélat, qui avait été chancelier de Henri et son conseil, pourvu par lui de l'archevêché, encourut sa disgrace par sa fermeté à soutenir les priviléges ecclésiastiques, et se retira en France. Le roi le reçut avec respect et affection. Le même légat qui venait de faire la paix des deux royaumes réconcilia aussi Thomas avec Henri. Le premier retourna en Angleterre, en pleine jouissance de son siège et de ses droits. Il continua de les faire valoir outre mesure, à ce que le roi prétendait. Il lui arrivait journellement des plaintes en Normandie, où il faisait sa résidence ordinaire, contre la rigueur du prélat à faire exécuter ses propres ordonnances par la voie des censures et de l'excommunication. Henri, fatigué de ces dénonciations importunes, s'écrie dans un moment d'impatience: « N'y aura-t-il donc personne qui me délivre de ce prêtre? » Aussitôt quatre hommes, croyant faire leur cour au roi, partent et assassinent l'archevêque dans sa propre église.

Un cri d'horreur s'élève en Angleterre. Le crime est imputé à Henri. En vain, pour sa justification, il abandonne les coupables, et permet de les poursuivre et de les punir : on veut qu'un mot échappé dans la colère soit un ordre ou un consentement; ou du moins que lui-même subisse un châtiment pour l'exemple. Il est menacé d'excommunication ; son royaume va être mis en interdit. Il se soumet, et, pieds nus, en chemise, il se dévoue à toutes les humiliations de la pénitence publique devant le tombeau du prélat, qualifié du titre de martyr, et déjà célèbre par une réputation de miracles. Comment a-t-il oublié, disait Louis, le conseil du prophète : *Irascimini, et nolite peccare.* Mettez-vous en colère, mais ne péchez pas? Il oubliait lui-même l'incendie de Vitry! Ces deux exemples sont un avertissement aux princes de mesurer leurs paroles, parce qu'ils sont entourés de vils flatteurs, toujours prêts à seconder leurs désirs et à les prévenir, quelque honteux et atroces qu'ils puissent être.

De retour en Angleterre, Henri, par des motifs politiques dont il ne tarda pas à se repentir, associa à son trône son fils aîné Henri, dit le Jeune, pour le distinguer de son père. Il n'avait alors que quinze ans. Dans un âge aussi tendre, au milieu de l'éclat dont il était environné, et comblé des témoignages les plus délicats de l'affection d'un père, tout semblait devoir exciter vivement en lui le sentiment de la reconnaissance. Il ne laissa percer que celui de la fierté et de l'indépendance, dont il ne tarda pas à donner des preuves plus manifestes. Marguerite ne fut pas couronnée avec lui. Louis s'en plaignit. Henri eut la condescendance de s'engager à faire recommencer la cérémonie; et, à quelque temps de là en effet, les deux époux furent couronnés à Winchester par l'archevêque de Rouen. Ils passèrent ensuite à la cour de France où ils étaient ardemment désirés. Louis inspira, dit-on, à son gendre la prétention ou de jouir de l'Angleterre dont il était couronné roi, ou de demander la Normandie, laissant le choix à son père. D'un autre côté, Richard réclamait la Guyenne qu'Éléonore lui avait cédée, et la mère appuyait la demande de ses deux fils, soit qu'elle espérât plus d'autorité en augmentant celle de ses enfans, soit par dépit des galanteries de leur père, qui lui rendait avec usure les inquiétudes dont elle avait payé la tendresse de son premier époux. Bientôt une révolte générale éclata.

La guerre fut très opiniâtre entre le père d'une part, la mère et les deux fils de l'autre; à ceux-ci s'étaient joints les rois de France et d'Écosse. Les seigneurs se partagèrent entre eux; ce qui balança aussi les succès et les revers, et prolongea les hostilités. L'Angleterre en était le principal théâtre. C'était là que le vieux Henri éprouvait la plus forte résistance. Pour se débarrasser tout d'un coup de ces petites armées qu'on lui opposait sans cesse, il ramasse en Normandie tout ce qu'il peut trouver de brigands, de bandits, de gens sans aveu, et accoutumés au pillage dans les guerres alors perpétuelles. On leur donna le nom de Coteraux, ou parce qu'ils étaient armés de grands coutels, ou parce qu'ils s'assemblaient par coteries; de Routiers, du latin *rumpendo*, parce qu'ils rompaient et brisaient. Avec cette troupe, qui faisait la guerre sans ménagement, le roi d'Angleterre, en étonnant et effrayant, fut bientôt vainqueur. Au bout de dix-huit mois, fatigué de cette guerre immorale, et honteux d'en être le chef, Louis fit des propositions de paix qui furent facilement acceptées. Le traité fut conclu à Amboise. Alors fut remise entre les mains du vieux Henri, et pour être élevée en Angleterre, Alix, âgée de sept à huit ans, et destinée à être l'épouse de Richard qui en avait alors seize à dix-sept.

Il n'y avait que trois ans que la princesse avait quitté la France, et elle n'avait encore que onze ans, lorsque Henri réclama sa dot, et notamment la ville de Bourges qui en faisait partie. Louis ne s'y refusait pas, mais il entendait que le mariage fût célébré avant cet abandon; et parce que Henri, qui ne jugeait point encore à propos de passer à la célébration, tenait néanmoins à l'occupation de la ville, on se prépara de part et d'autre à la guerre. Louis fit intervenir le pape, qui menaça Henri de mettre son royaume en interdit, s'il se refusait davantage à donner satisfaction au roi de France; de là de nouvelles et longues négociations, et enfin une entrevue à Nonancourt. On parut y avoir oublié l'objet principal de la querelle, pour ne s'occuper que d'une nouvelle croisade, où les deux rois, à l'invitation du légat du pape, prirent l'engagement d'entrer. Quant à leurs différens particuliers, ils se bornèrent à nommer des arbitres, et firent néanmoins un traité dont les expressions sont remarquables : « Telle est, disent » les deux rois, et telle sera désormais notre amitié, que chacun dé- » fendra la vie de l'autre, ses membres, sa dignité, ses biens. Je se- » courrai de toutes mes forces, moi Henri, Louis, roi de France, et » moi roi de France, de tout mon pouvoir, le roi d'Angleterre, mon » homme et mon vassal. » Cet accord, qui tranquillisait le roi d'Angleterre, favorisait le désir qu'il avait d'aller passer quelque temps dans son royaume; et, afin de n'y être troublé par aucune inquiétude, il tira de Louis, avant son départ, une sauvegarde pour son duché de Normandie et ses autres états de France. Louis fut heureux, de son côté, de ce que les troubles de la famille du roi d'Angleterre ne permirent pas à celui-ci d'employer contre lui toutes ses forces. Le vassal était alors plus puissant que le suzerain. Il venait de conquérir l'Irlande : aux états qu'il possédait en France, tant de son chef que de celui de sa femme, il avait ajouté la Bretagne, en faisant épouser à Geoffroy, son troisième fils, l'héritière du dernier duc. Enfin il s'était assuré une diversion d'Allemands, en cas de besoin, contre la France, par le mariage d'une de ses filles, Mathilde, avec un duc de Saxe et de Bavière, le fameux Henri-le-Lion, dont la spoliation fait époque dans l'histoire d'Allemagne, et qui fut père de l'empereur Othon IV, dont la défaite à Bouvines est une des époques brillantes du règne de Philippe-Auguste.

De nouveaux embarras militaires auraient été d'autant plus fâcheux pour Louis, qu'il commençait à ressentir des infirmités. L'affaiblissement de sa santé lui inspira la résolution d'associer Philippe, son fils, aux soins du gouvernement, et de le faire sacrer. Pendant qu'il s'occupait de ce dessein, un accident pensa lui faire perdre ce fils chéri. Ce prince s'était égaré en chassant dans la forêt de Compiègne. La nuit arrivant, il errait à l'aventure, et criait de temps en temps pour appeler du secours. Au milieu des plus sombres ténèbres, se présente à lui un grand homme noir, une hache sur l'épaule, soufflant du charbon embrasé dans un vase qu'il tenait. A cet aspect, le jeune prince sent une subite horreur; il ne se déconcerte cependant pas, et ordonne au spectre de le conduire : ce n'était qu'un charbonnier. Arrivé au château, Philippe est saisi d'une fièvre qui le met dans un grand danger. On ne s'entretenait alors que des miracles de saint Thomas de Cantorbéry. Louis-le-Jeune, qui avait traité le prélat pendant qu'il était en France avec beaucoup d'égards, plein de confiance dans son intercession, part pour l'Angleterre, charge son tombeau de présens magnifiques, et, revenant précipitamment dans son royaume, apprend, en débarquant, l'agréable nouvelle de la guérison de son fils.

Sitôt que sa convalescence fut confirmée, le roi reprit le dessein de le faire couronner. Cette cérémonie se fit à Reims, dont le frère de la reine était archevêque. Ce fut, dit-on, alors que le privilège exclusif d'être le lieu du sacre des rois fut annexé à cette ville. Elle fut la plus brillante qu'on eût encore vue. Le nombre des douze pairs, six ecclésiastiques et six laïcs, s'y trouva complet, ou en personnes ou par représentans. Henri-le-Jeune soutenait la couronne, comme duc de Normandie; le comte de Flandre portait l'épée royale, et ce sont, sans doute, les fonctions dont les autres pairs s'acquittèrent alors qui ont réglé les attributs de leurs pairies; à l'un, le droit de présenter le sceptre; à l'autre, la main de justice; à un troisième, de chausser les éperons; et enfin à tous de s'acquitter de différens services, tant dans la cérémonie que dans le repas qui suivait.

Louis ne s'y trouva pas. Une maladie, suite de ses fatigues, le retenait au lit. Il n'assista pas non plus à la cérémonie du mariage de Philippe, auquel il donna pour épouse Isabelle, fille de Baudouin V, comte de Hainaut. On remarqua que cette princesse descendait en droite ligne d'Ermengarde, fille du malheureux Charles de Lorraine, qui avait été privé du trône après la mort de Louis V, son neveu, dernier roi de la race carlovingienne. Les Français virent avec quelque plaisir la réunion des deux maisons royales, quoique ce fût au bout de deux cents ans, et un rejeton de Charlemagne briller encore sur leur trône.

La maladie du roi, qui allait toujours en croissant, laissa au jeune Philippe presque tous les soins du gouvernement. On trouve des édits, lois et règlemens qui ne sont signés que de lui, même du vivant de son père. Ce prince languissait, frappé d'une apoplexie qui lui fit perdre successivement l'usage de ses membres. Il mourut dans la soixantième année de son âge, la quarantième de son règne, et fut enterré dans l'abbaye de Barbeaux, près Melun, qu'il avait fondée et richement dotée (1).

Louis VII est regardé comme un prince des plus pieux qui aient régné sur la France. Avec les qualités d'un grand roi, prudence, bravoure, générosité, il avait aussi celles d'un honnête homme :

(1.) Charles IX, passant par cette abbaye quatre cents ans après, fit ouvrir son tombeau. Le corps fut trouvé entier. Le roi prit pour lui une crosse d'or qu'il avait au cou, et distribua aux courtisans des bagues qu'on trouva à ses doigts. Velly, p. 208, t. III.

franchise, bonté, fidélité à sa parole. On ne lui reproche que cet excès de vivacité qui le rendit cruel à Vitry, et dont il eut des remords qui lui arrachèrent souvent des soupirs. Nul roi, depuis que sa famille régnait, n'avait mieux soutenu les droits de sa couronne. S'il laissa échapper par son divorce des parties précieuses de son royaume, il en réunit d'autres, ou du moins il se fit des alliances utiles par les mariages de ses filles, et par le sien propre avec Alix de Champagne.

Philippe-Auguste, âgé de 15 ans.

Après avoir vu Philippe exercer l'autorité royale du vivant de son père, on s'attend d'autant moins qu'elle sera remise entre les mains d'un autre que le nouveau roi avait quinze ans. Cependant Louis nomma un régent. Ce fut Philippe d'Alsace, comte de Flandre, homme estimé, honoré en tout temps de la confiance du monarque, parrain du jeune, et devenu son oncle par le mariage d'Isabelle de Hainaut, sa nièce, avec le roi. Alix de Champagne, mécontente de cette disposition testamentaire, quitta la cour et se retira en Normandie. Elle y fut reçue par le roi d'Angleterre, « avec des hon-
» neurs qui marquaient, dit un historien, autant d'envie de profiter
» des troubles que d'estime et de respect pour une grande prin-
» cesse. » Ce désir, s'il a existé, mais qu'on peut presque toujours soupçonner dans les Anglais quand ils se mêlent des affaires de France, n'eut alors aucune suite. Les parties s'accommodèrent. La reine eut la tutelle de son fils, et le comte de Flandre la régence du royaume.

Le régent avait, sous Louis, profité de sa faveur pour retenir le comté de Vermandois, que sa femme lui avait laissé en usufruit au préjudice d'Éléonore sa sœur, et des droits du roi, le plus proche héritier après elle. La jalousie, qui avait sommeillé pendant la vie du bienfaiteur du comte de Flandre, se réveilla quand Louis fut mort. Il vit s'élever contre lui quatre frères de la douairière Alix de Champagne, tous puissans en terres et en dignités. A ceux-ci se joignirent beaucoup d'autres seigneurs également accrédités dans le royaume. Soit trop grande difficulté pour se soutenir, soit dégoût d'une cour où il était vu de mauvais œil, Philippe se retira dans ses états de Flandre.

Les confédérés ne conférèrent cependant pas la régence à la reine. Ils la firent tomber à Clément de Metz, simple gentilhomme, qui avait été gouverneur du jeune monarque. De Metz ne vécut qu'un an. Son frère, aussi estimé que lui, le remplaça, mourut aussi peu de temps après. Alors le roi, ayant dix-huit ans, prit en main les rênes du gouvernement. Il s'y fit aider par Guillaume de Champagne, archevêque de Reims, homme d'un grand mérite, frère de sa mère, et donna une grande autorité aux autres frères, qu'on soupçonne tous d'avoir suscité les intrigues qui dégoûtèrent le tuteur flamand.

Paris attira les premières attentions de Philippe : l'étendue de cette capitale, depuis qu'elle avait franchi les bords de son île, nommée la Cité, peut se connaître par les accroissemens qu'on laissa hors de l'enceinte que ce prince lui donna. Ces accroissemens étaient, du côté du nord, le Louvre, Saint-Honoré, Saint-Martin, le Temple et leurs enclos, et une partie du Bourg-l'Abbé; du côté du midi et du couchant, les bourgs de Saint-Éloi, de Saint-Victor, de Saint-Marcel, et de Saint-Germain-des-Prés. Tout ce qui restait du côté du nord, en deçà des endroits cités, c'est-à-dire depuis le petit Châtelet, à peu près, jusqu'à Saint-Gervais, et s'arrondissant derrière la Grève, fut environné d'un mur épais flanqué de grosses tours. Le côté du midi ne demandait pas les mêmes précautions, parce que le royaume s'étendant au loin dans cette partie, la capitale n'était point exposée à des incursions subites, comme du côté du nord, où elle se trouvait resserrée par les seigneurs de Champagne et par ceux de Flandre, qui venaient jusqu'à Beauvais et Dammartin. Le roi fit aussi paver les rues et donna des ordres pour qu'elles fussent nettoyées et débarrassées des immondices qui s'accumulaient et infectaient l'air. La lèpre, alors fort commune, avait nécessité des léproseries, qui, n'étant ni closes ni surveillées, laissèrent répandre et propager cette affreuse maladie : le roi les fit ceindre de murs et y établit une police prudente. Enfin pour prévenir, s'il était possible, tout genre de corruption, il fit des lois sévères contre les prostituées. Un saint prêtre, nommé Pierre de Roissi, en avait converti quelques unes; le jeune monarque fit bâtir le monastère de Saint-Antoine, pour recueillir celles qui voudraient quitter leurs mauvaises habitudes. Les intervalles qui restaient entre les groupes de maisons placées hors de la nouvelle enceinte, dans des espaces cultivés qu'on appela Petits-Champs, ou Champeaux, se remplirent insensiblement de lieux de plaisirs, où les bourgeois allaient se délasser, et de petits marchands, que l'affluence y attirait. Ainsi se forma la contiguïté entre ces groupes séparés.

Il paraît que là se retiraient les juifs, toujours habiles à choisir les lieux et les moyens propres à leur procurer du gain, quel qu'il soit. Ils faisaient le commerce presque seuls. On leur reprochait des usures exorbitantes. Philippe les bannit du royaume. Les grands seigneurs, avec lesquels ils partageaient leur profit, les défendirent tant qu'ils purent. Le roi fut inexorable et soutint son édit. Il ne leur donnait que trois mois pour sortir des terres de son obéissance. Leurs créances furent déclarées illégitimes, les Français déchargés des obligations contractées à leur égard, en payant au trésor royal la cinquième partie de la dette, réserve fiscale qui jetait quelque odieux sur l'édit. On disait en faveur des bannis qu'ils étaient proscrits sans examen préalable des crimes qu'on leur imputait, tels que des dérisions de la religion chrétienne et l'assassinat d'enfans chrétiens crucifiés par eux en haine de cette même religion. Leurs partisans disaient encore qu'une pareille émigration ferait une plaie incurable au commerce que les juifs seuls soutenaient, pendant que le roi et son conseil pensaient au contraire que leur bannissement engagerait les Français à s'appliquer au commerce que ces usuriers envahissaient. Il leur fut accordé de vendre leurs immeubles et d'emporter leurs meubles, mais dans un terme si court que la permission devenait illusoire.

Vers ce temps, le jeune Henri se souleva de nouveau contre son père : il n'éprouva que des revers, et la douleur qu'il en conçut le conduisit au tombeau. La répétition du douaire de sa femme, et notamment de Gisors, pensa renouveler les hostilités entre la France et l'Angleterre. D'heureuses négociations les prévinrent. On transigea pour le douaire au moyen d'une somme; et, quant à Gisors, il fut convenu que cette ville ferait partie de la dot d'Alix, qui avait alors dix-sept ans, et que cependant le vieux Henri différait toujours de donner à son fils Richard, avec lequel elle était accordée depuis quinze ans.

Cependant Philippe de Flandre, en faisant le sacrifice de la régence, n'avait pas abandonné le Vermandois que Louis VII lui avait cédé, au moins pour un temps. Le nouveau roi, quoique neveu du comte, fut moins complaisant que son père et redemanda le Vermandois, tant en son nom qu'en celui d'Éléonore qui lui avait cédé ses droits. L'oncle, croyant intimider son ancien pupille, se jette sur la Picardie, où il exerce d'affreux ravages. Il vint jusqu'à Dammartin dont il prit le château. Le roi se mit aussitôt en campagne, et si bien accompagné que l'agresseur eut peur et demanda à s'accommoder. Un légat du pape, qui était alors en France, intervint, et fit obtenir au Flamand de garder les villes de Péronne et de Saint-Quentin sa vie durant. Il restitua le pays d'Amiens avec les autres dépendances du Vermandois. Le jeune monarque tomba ensuite sur le duc de Bourgogne, qui, dans cette querelle, avait soutenu le comte de Flandre. Il prit deux de ses plus forts châteaux, qu'il garda comme gages de la fidélité qu'il se fit jurer.

Ces guerres, toujours accompagnées de pillage, faisaient beaucoup de malheureux. Les paysans, que le ravage et l'incendie chassaient de leurs chaumières, devenaient errans, vagabonds, et enfin pillards à leur tour. Poursuivis par les mêmes calamités, ils formaient bientôt des compagnies de voleurs et de brigands. On les nomma *Pastoureaux*, c'est-à-dire *Petits bergers*, parce que les hommes de cet état faisaient la plus grande force de ces attroupemens. Ils se rendirent si formidables que le roi même fut obligé d'aller les combattre. Ils se défendirent avec acharnement, mais enfin ils furent dispersés après de grands massacres.

Les seigneurs ne pouvaient pas se cacher que c'étaient les guerres continuelles entre eux qui occasionnaient tous ces maux. Ils cherchèrent un moyen de les prévenir. Dans le midi de la France, où ces désordres étaient plus fréquens, ils convinrent, sous la foi du serment entre les mains des évêques, et en se soumettant à l'excommunication en cas d'infraction, de s'abstenir de guerroyer pendant quatre jours de la semaine. Ces jours étaient le jeudi, à cause de l'institution de l'eucharistie; le vendredi, en mémoire de la mort de Jésus-Christ; le samedi, à cause de son repos dans le tombeau; et le dimanche, pour célébrer sa résurrection. Cette convention fut appelée la paix de Dieu.

Une effervescence de religion vint à l'appui de cette institution. Un charpentier du Puy-en-Velay, nommé Durand, homme simple, dit-on, mais qui, comme on verra, n'oubliait pas ses intérêts, publia que Dieu lui avait parlé et commandé de prêcher la paix. Il apportait pour preuve de sa mission une petite image de la Vierge qu'il disait lui avoir été indiquée, cachée dans le tronc d'un arbre d'où il l'avait enlevée. Il fabriqua sur ce modèle des images qu'il vendait, et dont il tira un assez gros profit, parce que la dévotion de la porter devint presque générale, après une assemblée de gentilshommes, de seigneurs et d'évêques qui se tint au Puy le jour de l'Assomption. On y régla les conditions de cette confrérie dont le but était de procurer une paix permanente, et l'on convint du costume des confrères. Ils devaient porter sur la poitrine cette image, et sur la tête un capuchon de linge blanc. Le charpentier Durand vendait aussi ces coiffures.

Avec ces marques, un homme était non seulement en sûreté, mais en vénération au milieu de ses ennemis. Bientôt des fainéans, des scélérats poursuivis pour leurs forfaits, se réunirent sous l'égide sacrée. Ils mendiaient d'abord; ils prirent ensuite. Leur troupe se grossit de paysans crédules, de gens sans aveu de toute espèce, de femmes même et de filles que la licence y attirait. On juge quels désordres se commettaient dans cette association de gens brutaux, sans frein et sans discipline. Les prédicateurs tonnèrent contre la dépravation des confrères; les seigneurs les éloignèrent par force de leurs châteaux. Les confrères, à leur tour, récriminèrent contre le clergé, et lui reprochèrent son luxe et ses richesses; ils attaquèrent même les dogmes: chacun d'eux retranchait de la religion ce qui lui en déplaisait, les uns la confession, les autres le purgatoire. Ils en conservaient cependant l'extérieur, et marchaient sous les drapeaux où étaient représentés Jésus-Christ, la Vierge et les saints. Quant aux seigneurs, de quel droit, disaient les confrères, envahissent-ils les biens qui doivent être communs à tous, tels que les prés, les bois, le gibier qui parcourt les champs et les forêts, le poisson qui peuple les rivières et les étangs; présens de la nature qu'elle destine également à tous ses enfans? Sur ces principes il n'y avait pas de genre de déprédation que les associés ne se permissent. Toute la noblesse s'arma. Elle les poursuivit comme des bêtes féroces. On ne leur faisait point de grace quand ils étaient pris; aussi se permettaient-ils de terribles représailles. Ils détruisaient les châteaux et portaient partout l'incendie après le ravage. On les accuse d'avoir porté la férocité jusqu'à faire rôtir les enfans sous les yeux de leurs mères. De part et d'autre on se déchirait par les tortures et les supplices les plus affreux. Ainsi, une confrérie établie pour le soutien de la paix devint la cause d'une guerre d'extermination. Les prêtres et les moines, les monastères et les églises éprouvèrent le même sort que les nobles et les châteaux. Après bien des ruines et bien du sang répandu, ces attroupemens furent dissipés, mais les principes de haine contre le clergé et la noblesse se sont soutenus dans le midi de la France, et ont été, long-temps après, le ferment de nouveaux troubles.

En Angleterre régnait encore Henri-le-Vieux, assez embarrassé de sa femme Éléonore de Guyenne et de ses quatre fils, presque toujours en mésintelligence ouverte avec lui. Le roi de France se mêlait des querelles du père avec les enfans quand il y trouvait ses intérêts, ce qui arrivait de temps en temps. Des bornes de frontières furent cause de contestations entre eux, et des contestations ils en vinrent aux hostilités.

Le roi de France attaqua l'Anglais par une descente en Angleterre. Elle réussit : il avançait dans l'île, et déjà il se promettait des succès décisifs, lorsqu'un légat du pape, sollicité par les évêques anglais et normands, obtint que les parties belligérantes entreraient en négociation. Le légat montra dans les conférences tant de partialité, que Philippe ne put s'empêcher de dire « que sa conduite sentait les flo- » rins anglais. » Ainsi, florins ou guinées, ces insulaires sont depuis long-temps en possession de se servir avantageusement de ces armes contre les Français.

La bonne intelligence parut se raffermir entre les deux rois, à l'occasion de la croisade que les chrétiens d'Orient sollicitaient vivement. Tout était en confusion dans la Palestine. Le trône de Jérusalem, successivement occupé par des femmes, des enfans, des hommes que la mauvaise santé ou l'imbécillité rendait incapables de gouverner, ébranlé par les factions des seigneurs ambitieux qui se disputaient l'autorité, attaqué enfin dans ces circonstances par toutes les forces des Sarrasins réunis sous le célèbre Saladin, s'écroula entre les mains du malheureux Guy de Lusignan. La ville de Jérusalem fut prise. Pendant ces désastres, les princes européens voyaient journellement arriver à leurs cours des ambassadeurs supplians, chargés de longues requêtes qui contenaient des peintures énergiques des barbaries exercées par les infidèles, et des récits douloureux des souffrances des chrétiens.

Touchés et fatigués de ces lamentations, les rois de France et d'Angleterre s'abouchèrent et convinrent d'une croisade qu'ils commanderaient en personne. Sitôt que ce projet fut connu, seigneurs, bourgeois, paysans, gens enfin de tout état, s'empressèrent de prendre la croix. Philippe profita habilement de cet élan de ferveur pour établir un impôt, qui, tout pesant qu'il était, n'excita, à cause du motif, ni plainte, ni murmures; on l'appela la *dîme saladine*. Tous ceux qui ne s'enrôlaient pas, ecclésiastiques ou séculiers, roturiers ou nobles, excepté quelques religieux et les hôpitaux, devaient payer, tant que durerait l'expédition, la dixième partie de leurs revenus. Ceux qui se destinaient à partir étaient autorisés à engager pour trois ans le produit de leurs patrimoines ou de leurs bénéfices, et la loi mettait les prêteurs à l'abri de toute opposition ou répétition.

Les moyens établis en France pour favoriser la croisade furent aussi pratiqués par Richard, surnommé Cœur-de-Lion, devenu roi d'Angleterre : en les employant avec ardeur dans la Guyenne et les autres états qu'il possédait en France, il se vit bientôt à la tête d'une bonne armée. Un rassemblement si puissant sous ses ordres le tenta. Il y avait toujours entre les deux rois des sujets de querelles pour les frontières : il en existait entre autres une ancienne à l'occasion du comté de Toulouse. Sans plainte préalable, Richard mène ses croisés contre les troupes que le roi de France entretenait sur ses limites pour les défendre. Philippe, quoique surpris, soutint si bien l'attaque, qu'après quelques revers il devint agresseur et vainqueur; ces alternatives amenèrent des négociations, puis la paix et des mesures communes entre les deux princes pour la croisade. Cette résolution fut prise à l'instigation d'un saint prêtre, nommé Foulques, curé de Neuilly, qui, dans cette croisade, remplit à peu près le même rôle que Pierre l'Ermite dans la première.

Ce qui venait d'arriver fit d'abord prendre aux deux rois l'engagement de ne point attaquer, sous quelque prétexte que ce fût, les états l'un de l'autre, tant que l'expédition durerait. Ils firent ensuite ensemble des lois de police qui devaient être observées dans les deux armées. Défense de mener des femmes, excepté les lavandières. Quiconque tuera sera, selon le lieu du délit, ou jeté dans la mer, ou enterré vivant, lié avec le cadavre du mort. Celui qui blessera aura le poing coupé, qui frappera sera plongé trois fois dans la mer; au coupable de larcin on enduira la tête de poix chaude; il sera poudré de plumes, et abandonné sur le premier rivage.

Les deux rois s'embarquèrent vers le milieu de l'été; Philippe à Gênes, Richard à Marseille, avec promesse de bien vivre ensemble : bien vivre comme peuvent faire des rivaux qui se sont déjà mesurés, et auxquels, malgré l'estime réciproque, il reste plus de jalousie que de bienveillance. Philippe avait fait son testament : il contenait des dispositions sages à observer pendant son absence, et en cas de mort ou de prison. Il laissait, à la vérité, son royaume tranquille, sous la régence d'Alix de Champagne, sa mère, et de Guillaume, archevêque de Reims, son oncle; mais sans autre ressource, en cas d'évènemens fâcheux, qu'un seul prince presque encore au berceau. Il l'avait eu d'Isabelle, fille de Baudouin, comte de Flandre, jeune princesse douée de graces et de vertus, qui mourut à vingt-un ans. Elle avait éprouvé quelques désagrémens à l'occasion de Philippe, l'ancien régent, son oncle, dont elle prit trop vivement le parti. Sa disgrace dura peu; et, quand la mort l'enleva, elle était parfaitement réconciliée avec son époux, dont elle emporta les regrets et ceux de tout le royaume.

Des vents orageux poussèrent les deux rois en Sicile et les y repoussèrent le reste de l'été et tout l'hiver. Leurs troupes s'y trouvèrent désœuvrées et réduites, à cause de leur grand nombre, à une modique subsistance; double motif pour rendre redoutable aux Siciliens le séjour de pareils hôtes. Il y eut querelle entre les Anglais et les habitans de Messine. Les premiers, soupçonnant beaucoup de vivres dans la ville, en demandèrent trop, au jugement des Messinois, lesquels, craignant la famine, refusèrent d'en donner la quantité exigée. Les Anglais assiégèrent la ville, la prirent d'assaut et la pillèrent; ce fut la première cause de brouillerie entre les rois de France et d'Angleterre. Richard fit arborer ses étendarts sur les murs de sa conquête. Philippe trouva mauvais que son vassal se donnât une pareille liberté en présence de son suzerain. L'affaire s'accommoda en partageant les honneurs, quoique les Français, indifférens sur la querelle, n'en eussent pas partagé les périls. Des soupçons survenus au roi de France augmentèrent la froideur entre les deux monarques. Celui d'Angleterre, brouillé d'abord ouvertement avec Tancrède, qui régnait en Sicile, et qui était personnellement piqué de ses manières hautaines et impérieuses, se réconcilia tout à coup avec lui. La plus parfaite intelligence s'établit entre eux. Ils tenaient des conférences fréquentes dont ils ne faisaient aucune part à Philippe. Celui-ci ne pouvait être sans défiance et sans crainte entre deux princes qui se montraient assez malintentionnés, et dont les forces réunies tombant sur lui sous quelque mauvais prétexte étaient en état de lui faire courir les plus grands dangers.

Cependant on conservait réciproquement les égards de bienveillance; mais enfin Richard éclata. Nous avons vu Henri ne cesser d'apporter des obstacles à la conclusion du mariage de son fils avec Alix. On soupçonna cette constante opposition d'être causée par un attachement condamnable du vieux monarque pour sa future belle-fille. Quelques uns y ont donné un motif politique, celui de mortifier et de contenir Éléonore, en laissant entrevoir qu'il pourrait bien la répudier pour épouser Alix. Quoi qu'il en soit, l'année même que mourut ce prince, et Alix ayant alors vingt-trois ans, Richard, stimulé par Philippe, ayant rompu avec son père pour ce sujet, l'avait contraint, à l'aide des secours du roi de France, à recevoir la loi, à se dessaisir de la princesse et à la remettre entre des mains tierces. Ce fut l'une des conditions du traité d'Azai ou de Coulommiers, conclu en 1189. Mais cette violence faite au vieux roi, les revers qui l'avaient forcé d'y condescendre, et surtout le nom de Jean son fils qu'il affectionnait par dessus tous les autres et qu'il trouva sur la liste de ses ennemis, furent autant de coups de poignard qui procurèrent sa mort et qui l'accélérèrent. Elle eut lieu deux jours seulement après la ratification du traité.

Rien n'empêchait désormais Richard de remplir des engagemens dont il avait poursuivi l'exécution avec tant de chaleur, alors qu'il ne dépendait pas de lui de les remplir. Sa conduite subséquente et l'oubli où il laissa la princesse prouvèrent qu'un zèle factieux l'avait seul dirigé dans ses démarches. Il était circonvenu d'ailleurs par Eléonore sa mère, pour laquelle il eut toujours beaucoup d'attachement et de déférence. Naturellement indisposée par l'effet de sa jalousie contre une princesse qui avait passé pour sa rivale, elle appuyait de tout son crédit les bruits déshonorans qui s'étaient répandus sur Alix. Elle fit plus : profitant ou abusant de la confiance que lui témoignait son fils, elle se rend en Navarre pour lui chercher une femme, et lui fait savoir qu'elle l'amène avec elle.

A cette nouvelle, Richard déclare à Philippe qu'il ne veut plus de sa sœur, qu'il attend une autre épouse, et que si le roi s'oppose à son mariage il renoncera à la croisade et retournera en Angleterre. Philippe, choqué de l'affront préparé à sa sœur et de la menace de le réaliser sous ses yeux, considère cependant que, s'il laisse l'Anglais retourner dans ses États, celui-ci pourra profiter de son absence pour exciter des troubles dans les siens. En conséquence il se détermine, avec grand regret néanmoins, à faire le sacrifice de sa sœur et à la reprendre, à condition que Richard, de son côté, rendra l'argent et les villes du Vexin qui avaient été donnés pour sa dot. Mais pénétré de sa propre importance, et mettant d'ailleurs sa gloire à afficher les prétentions les plus outrées ou à faire prévaloir ses caprices les plus irréfléchis, Richard, toujours entier, fier et tranchant, refusa nettement de les rendre; et Philippe, par les mêmes considérations qui l'avaient déjà forcé à dissimuler, se vit encore obligé cette fois d'en passer par la volonté de son impérieux allié, et de se contenter, pour sauver au moins son honneur, d'une apparence de dédommagement en argent, et de la remise d'Issoudun et de Grassay, et de quelques autres domaines qu'il réclamait en Auvergne. Quand cet arrangement fut conclu, l'Anglais, soit caprice, soit amour du repos, ne voulut plus partir de Sicile. Il fallut que ses propres troupes, qui désiraient achever leur pèlerinage, l'y forçassent. Il mit enfin à la voile pour la Palestine; mais une tempête le porta sur l'île de Chypre. La première division de sa flotte échoua sur les côtes. Un Isaac Comnène régnait dans l'île. Par ses ordres les malheureux naufragés sont renfermés dans les cachots. Richard, abordant avec la seconde division, apprend ce procédé barbare. Il se jette aussitôt dans ses chaloupes, saute le premier à terre, taille en pièces les troupes que le tyran lui oppose, le fait prisonnier lui-même et le dépouille de toutes ses possessions. Richard, pendant son séjour en Palestine, vendit ou donna ce royaume à Guy de Lusignan, pour le dédommager de la perte qu'il faisait de celui de Jérusalem, et sa famille le posséda environ trois cents ans. Au bout de ce temps il passa aux Vénitiens, et de ceux-ci aux Turcs qui s'en rendirent maîtres en 1571. Richard s'y pourvut abondamment de vivres, en tira de fortes contributions, et arriva en Palestine dans un état brillant, à la tête de troupes fraîches et bien reposées, pendant que les Français abordés en Palestine avaient déjà ressenti l'influence de ce climat brûlant, et étaient attaqués de maladies qui en enlevaient un grand nombre.

Aux deux rois réunis se joignirent les chrétiens du pays avec leurs inimitiés et leurs ambitions. Un marquis de Montferrat s'était fait déclarer roi de Jérusalem. Lusignan revendiquait ce vain titre. Richard l'appuyait; Philippe était pour le marquis. A la vérité, les animosités disparaissaient quand il était question de combattre; mais elles se remontraient dans les délibérations, et empêchaient souvent qu'on ne prît pour les opérations militaires le parti le plus avantageux. La mésintelligence ou la rivalité entre les deux rois était si marquée, que l'ami de l'un devenait l'ennemi de l'autre. Léopold, marquis d'Autriche, s'était joint avec les Allemands au roi de France; ce fut assez pour que celui d'Angleterre cherchât à le molester. Les fourriers de l'armée avaient marqué un logement pour le marquis, et, selon la coutume, ses gens y avaient attaché les enseignes de leur maître. Richard les fit arracher et traîner dans la boue, action dont il eut tout lieu de se repentir dans la suite.

Cette conduite impérieuse et hautaine, Richard se la permettait à l'égard de tout le monde, sans distinction. Philippe eut souvent occasion de s'en plaindre : las de ces contrariétés, dégoûté par le peu d'avantage que procuraient à la cause commune quelques succès partiels, n'espérant pas beaucoup plus par la suite, vu la mésintelligence qui ne faisait qu'augmenter entre tous les chefs croisés, affaibli d'ailleurs par une maladie qui lui fit perdre les cheveux et les ongles, après la prise d'Acre, conquête assez éclatante pour honorer une retraite, Philippe prend le parti de regagner son royaume et déclare son dessein. Richard se récrie, invoque la promesse qu'ils se sont faite de ne quitter la Palestine qu'après l'expédition consommée. Philippe reste ferme dans sa résolution; il laisse au roi d'Angleterre dix mille de ses meilleurs fantassins et cinq cents gendarmes, sous le commandement du duc de Bourgogne qui seconda peu le roi d'Angleterre, et il part.

Quelques mois après, Richard suivit son exemple, malgré des succès contre Saladin, qu'il défit dans une sanglante bataille, et auquel il enleva plusieurs places. Mais la défection du duc de Bourgogne et la retraite du marquis d'Autriche, Léopold, le forcèrent à faire aussi la sienne. Après un traité avec Saladin, dont on n'a pas les clauses, mais dont on connaît les effets, après avoir fait reconnaître pour roi de Jérusalem Henri, comte de Champagne, gendre du roi Amauri d'Anjou, mort vingt ans auparavant, il se mit en mer pour regagner l'Europe. La tempête l'accueillit à son retour comme à son départ. Elle le porta cette fois à Aquilée, au fond du golfe Adriatique. Richard essaya de traverser l'Allemagne déguisé en templier : mais, reconnu sur les terres du marquis d'Autriche qu'il avait offensé en Palestine, il y fut arrêté et livré par lui à l'empereur Henri VI, autre ennemi de Richard à cause de ses liaisons avec Tancrède, roi de Sicile, usurpateur de ce royaume au préjudice de Constance, femme de l'empereur. Richard expia entre ses mains les délires de sa vanité, par une détention de quatorze mois.

Philippe trouva son royaume en bon état. Il crut l'occasion opportune pour rompre l'injuste traité que lui avait arraché en Sicile l'impérieux Richard, au sujet de la dot et du douaire de sa sœur, et auquel il ne s'était soumis que pour prévenir le retour dont menaçait ce prince, retour qui semblait devoir être aussi funeste à l'expédition de la Terre-Sainte que dangereux pour la France en l'absence de son roi. Philippe entre donc dans le Vexin, se remet en possession des villes qu'il avait cédées, et même de quelques domaines normands qu'il disait dépendans des villes reconquises ; ce qui donna occasion aux Anglais de l'accuser de violer la parole qu'on s'était donnée réciproquement de respecter pendant toute la durée de l'expédition les propriétés l'un de l'autre. Mais ces petits intérêts s'absorbèrent bientôt dans d'autres plus importans.

Le vieil Henri avait eu quatre fils. Henri l'aîné, que le père associa au trône, mourut avant lui sans enfans. Richard Cœur-de-Lion, pourvu de l'Aquitaine du vivant de son père, mais non de la couronne d'Angleterre, en hérita, ainsi que de la Normandie, et les joignit à son duché. Henri maria son troisième fils Geoffroy à l'héritière de Bretagne. Ce prince mourut jeune et ne laissa qu'un fils, nommé Artus ou Artur. Quant au quatrième, nommé Jean, ni son père ni sa mère ne pensèrent à lui donner d'états, d'où il fut appelé Jean-sans-Terre. À son départ pour la Terre-Sainte, il paraît que Richard, faute de confiance dans son frère Jean, ne lui laissa aucune autorité ni dans l'Angleterre ni dans la Normandie. Tout au plus on peut conjecturer qu'il lui abandonna, comme une espèce d'apanage, le comté de Mortain, dont ce prince prit le titre.

L'absence de Richard parut à Jean une belle occasion de se tirer de l'état de nullité où il était. Il prétendit avoir le droit de faire des changemens dans l'administration que Richard avait réglée pour ses états. Il cassa des juges et des gouverneurs, en transféra d'un endroit à l'autre. Les régens laissés par Richard ne tardèrent pas de s'opposer à ses entreprises, et le forcèrent à quitter l'Angleterre. Il s'appliqua alors à soumettre les seigneurs de Normandie, où il résidait, et pour cela il eut recours au roi de France, son suzerain. Celui-ci ne refusa pas de lui prêter son assistance, et Philippe et Jean devinrent très bons amis.

On fut quelque temps sans être bien éclairci sur le sort de Richard ;

enfin on apprit qu'il était prisonnier entre les mains de l'empereur d'Allemagne. Sa mère Eléonore alla trouver Henri VI pour traiter de la rançon de son fils. On prétend que les principales difficultés qu'elle trouva vinrent de la part de Philippe-Auguste et du comte de Mortain, qui avaient un égal intérêt à perpétuer la captivité de Richard. A mesure que la reine faisait des offres, ils les couvraient par des enchères fort puissantes auprès de l'empereur, très affamé d'argent : cependant Richard obtint sa liberté si à propos, que, s'il n'eût pas quitté l'Allemagne avec la plus grande célérité, l'empereur, qui, séduit par de nouvelles offres, avait envoyé des troupes pour le ramener, l'aurait remis dans les fers.

On peut croire qu'il revint plein d'un assez juste ressentiment contre le roi de France et le comte de Mortain. Philippe, pour mettre le comte à l'abri de la colère de son frère, lui donna des places de sûreté, munies de bonnes garnisons, dont il lui laissa la disposition. Jean, que l'on connaîtra encore mieux par la suite, abusa cruellement de cette confiance. Qu'il tâchât de regagner les bonnes graces de son frère, rien de plus convenable ; mais il y parvint par la plus horrible trahison. Se trouvant à Evreux, une de ses places de sûreté, il invita à dîner les officiers de la garnison, au nombre de trois cents, presque tous gentilshommes, les fit tous massacrer à la fin du repas, et livra la ville à son frère, qui reçut de ses mains ensanglantées ce fruit affreux de la plus noire perfidie.

Philippe en tira vengeance en brûlant la ville d'Evreux. Il était alors embarrassé dans une affaire qui lui causa beaucoup de peines et d'inquiétudes. Il y avait trois ans que la reine Isabelle était morte. Le roi songea à finir son veuvage, un peu long pour un prince de vingt-cinq ans. On ne sait ni pourquoi il alla chercher une sœur de Canut, roi de Danemarck, ni pourquoi il s'en sépara dès le lendemain des noces. Les uns disent qu'il lui trouva quelque défaut secret ; d'autres, selon les préjugés du temps, que ce fut l'effet d'un maléfice. Elle se nommait Ingelburge, n'avait que dix-sept ans, et joignait à la beauté les graces ingénues de son âge. Philippe demanda le divorce. Il assembla à Compiègne des évêques pour le prononcer. Les procédures se firent en français, que la Danoise ignorait. Quand on lui lut et expliqua la sentence, elle fondit en larmes, en s'écriant : « Male-France ! Male-France ! Rome ! Rome ! » faisant entendre qu'elle en appelait au pape. On désirait qu'elle retournât en Danemarck. Elle y consentit d'abord, et se mit en route ; mais, sur ce qu'on lui remontra que quitter la France ce serait abandonner sa cause et se condamner elle-même, elle revint sur ses pas et se mit dans un couvent. Se croyant assez autorisé par la sentence du divorce, Philippe alla encore chercher une étrangère, et épousa Agnès de Méranie, fille d'un duc de Misnie, princesse qu'on disait issue de Charlemagne, et qui, comme Ingelburge, était à la fois jeune et belle.

Mais les efforts du roi de Danemarck, et ceux du roi d'Angleterre qui le secondait, obtinrent du pape la révision du procès. Elle eut lieu dans un concile tenu à Paris, sous les yeux du roi. Sa présence ne put lui procurer que des délais et une indécision dont on ne le laissa pas jouir long-temps. Ces procédures s'étaient passées sous Célestin III, moins actif, moins entreprenant que son successeur Innocent III. Ce dernier, soupçonnant que cette affaire n'avait pas été traitée dans les conciles de Compiègne ou de Paris avec le discernement ou l'équité nécessaires, en convoqua un troisième à Lyon, ville libre, et qui n'était pas alors censée dépendant de la France. La sentence fut absolument contraire aux désirs du roi. Elle le condamna à quitter Agnès et à reprendre Ingelburge, sous peine d'excommunication et de l'interdit de son royaume. Il y eut aussi des peines canoniques prononcées contre les évêques, jugés dans les deux conciles comme coupables de négligence ou de s'être laissé séduire.

Le roi crut encore se tirer d'embarras par un appel et d'autres moyens dilatoires; mais le pape n'écouta rien : au temps prescrit pour l'expiration des délais, il lança l'excommunication et l'interdit. Alors les églises se fermèrent comme sous le roi Robert; les prêtres cessèrent leurs fonctions, refusèrent d'administrer les sacremens, excepté le baptême. On tira les reliques des saints de leurs châsses, et on les étendit sur la cendre et le cilice. On voila leurs statues et leurs tableaux. Le son des cloches ne se fit plus entendre. Tout prit un air lugubre qui désolait le peuple. Le roi défendit ces démonstrations qu'il regardait comme hostiles. Il maltraita les prêtres qui les prêchaient et qui les observaient : les seigneurs et les peuples qui s'y prêtaient éprouvèrent des vexations; ils s'aigrirent et se révoltèrent. Il s'ensuivit des désordres semblables à ceux d'une guerre civile. La malheureuse Ingelburge fut renfermée dans le château d'Etampes, et exposée à de mauvais traitemens, jusqu'à être privée, dit-on, du nécessaire. Deux légats, envoyés par le pape, vinrent exhorter le monarque à faire cesser le scandale. La rigueur l'avait exaspéré; ils le prirent par douceur, et obtinrent de lui qu'il reprendrait son épouse; mais il ne la garda que quarante jours, et la renvoya.

C'était déjà beaucoup que d'avoir dompté ce caractère fougueux, ne fût-ce que pour quelque temps. Cette première réussite donna des espérances. En effet, le roi parut vouloir entrer en accommodement. Il demanda une nouvelle révision. Elle lui fut accordée. Les évêques qui en étaient chargés s'assemblèrent à Soissons. Philippe y vint, escorté de jurisconsultes et de canonistes, comme un homme bien déterminé à se défendre. Mais, au moment le plus vif de la discussion, il va trouver sa femme qui était dans un couvent de la ville, l'embrasse, la met en croupe derrière lui, gagne Paris, et envoie dire aux évêques qu'ils peuvent se retirer, que tout est fini. Il vécut désormais très bien avec elle, disent quelques uns; mais, selon d'autres, la princesse ne recouvra que son titre de reine, et alla en jouir à Étampes où elle fut reléguée. Quant à Agnès, obligée de renoncer à une union qu'elle croyait contractée selon les lois, elle mourut de chagrin. Elle laissa deux enfans, qu'on déclara légitimes à cause de la bonne foi de leur mère; mais ils ne lui survécurent pas long-temps. On doit savoir gré à Philippe-Auguste d'avoir foulé aux pieds la mauvaise honte qui perpétue quelquefois les fautes, et d'avoir eu le courage de se condamner lui-même à la face de ses sujets, qu'il avait scandalisés.

Comme, malgré cet écart, il était estimé, l'ordre se rétablit bientôt dans le royaume, et il se trouva en état de soutenir la guerre contre le roi d'Angleterre avec plus d'égalité qu'il ne l'avait eu pendant ces troubles. Elle avait commencé dès que Richard fut délivré de sa captivité, et elle continua avec des ravages, des incendies et des excès de tous genres, qui marquaient bien l'animosité des deux princes. Il n'y a point de mal qu'ils ne s'efforçassent de se faire, et souvent ils se cherchaient dans la mêlée pour se combattre corps à corps. L'usage était encore que nos rois traînassent après eux dans leurs marches, même en temps de guerre, leur trésor, leur chapelle, les ornemens royaux, les matricules des impôts, les titres de propriété, et autres papiers importans. Richard surprit, entre Ferteval et Blois, l'arrière-garde, où était ce dépôt, s'en empara, et ne voulut pas le rendre, du moins les archives, quelques offres qui lui fussent faites. Elles sont encore dans la tour de Londres. Des témoins oculaires disent qu'il n'y reste que des cadastres d'impositions, et que c'est tout ce qui a été pris.

Entre les actions de bravoure qui signalèrent des deux côtés cette guerre sanglante, on ne doit pas oublier une rencontre très périlleuse dont Philippe se tira par l'opiniâtreté de son courage. A l'occasion de successions et de partages, il s'était élevé entre les seigneurs flamands des contestations que Richard fomentait: le roi de France, leur seigneur suzerain, alla les concilier. Il soumit, à main armée, les plus obstinés. Comme il revenait seulement avec deux cent soixante hommes d'armes, et à peu près le double de fantassins, il trouva, sur le bord opposé d'une petite rivière qu'il devait passer, une armée d'Anglais rangée en bataille. Selon les règles de la prudence, il devait retourner ou se fortifier sur la rive, en attendant des secours; mais quelle honte de fuir devant les Anglais ou de marquer de la timidité! Il fond, à la tête de son escorte, sur ces nombreux bataillons, par un petit pont qu'ils avaient laissé exprès pour l'attirer; il les écarte, les renverse, et entre triomphant dans Gisors, où il se met en sûreté.

Cinq ans de guerres furent souvent entremêlés de trêves; mais ces princes ne les faisaient, à ce qu'il paraît, que pour reprendre haleine. Ils étaient dans l'un de ces intervalles pacifiques, lorsque Richard mourut devant le petit château de Chalus en Poitou. Le bruit s'était répandu que le seigneur de ce lieu avait trouvé un trésor considérable. Richard, comme comte de Poitou, en demande sa part; il est refusé, assiége le château, s'expose inconsidérément, et, percé d'une flèche, expire devant cette bicoque. On attribua sa mort moins à la blessure qu'aux excès qu'il se permit pendant le traitement. Il était fort adonné aux plaisirs licencieux, ne s'en cachait pas, et faisait même un sujet de plaisanterie de ses penchans à la débauche. Foulques de Neuilly, ce prêtre respectable, apôtre de la dernière croisade, que sa vertu autorisait apparemment à lui parler librement, lui dit un jour : « Sire, défaites-vous promptement de trois méchantes « filles qui vous ruineront, la Superbe, l'Avarice et la Paillardise. » Eh bien! répondit-il, je donne ma Superbe aux templiers, mon » Avarice aux moines, et ma Paillardise aux prélats. »

Après Richard, qui ne laissa pas d'enfans, l'Angleterre et ses dépendances sur le continent devaient appartenir à Artur, fils de Geoffroy, qui avait épousé l'héritière de Bretagne, et qui était mort aîné de Jean-Sans-Terre; mais celui-ci s'en empara. Artur réclama ses droits et la protection du roi de France. Philippe lui accorda des secours, mais mesurés de manière que la guerre des Anglais, qui était la paix des Français, ne se terminât pas trop tôt, et qu'ils eussent le temps de s'épuiser. Aussi dura-t-elle cinq ans avec une égale animosité entre l'oncle et le neveu. Le jeune prince s'y conduisit avec beaucoup de bravoure. Il était près d'éloigner Jean-sans-Terre de la Normandie, où se portaient les plus grands coups, lorsqu'il se laissa surprendre dans une embuscade. L'oncle, le tenant entre ses mains, lui demanda pour rançon la cession absolue de ses droits. Artur n'y voulut pas consentir. Jean le traîna de prisons en prisons, ajoutant souvent de mauvais traitemens à la captivité. Enfin il se le fait amener à Rouen, où il demeurait, l'enferme dans une tour au milieu de la Seine, s'y rend dans la nuit et renouvelle ses instances et ses menaces. Le jeune prince resta inflexible. Jean ordonne à son capitaine des gardes de le défaire de cet opiniâtre. Le capitaine se défend de prêter la main à aucune violence. L'oncle tire son épée, la plonge dans le corps de son neveu, l'étend mort à ses pieds, et, se courbant sur le corps presque encore respirant, il y attache une grosse pierre, et le roule dans la rivière. C'est là le récit le plus probable de cette horrible catastrophe, dont d'autres historiens transportent la scène à Cherbourg, sur les bords de la mer.

Quoique commis dans les ténèbres, ce crime affreux fut bientôt connu. Il excita une indignation universelle. Les Bretons, qui aimaient tendrement Artur, le seul descendant de leurs princes, coururent à la vengeance, et se jetèrent sur la Normandie, de tous les états de Jean-sans-Terre le plus prochain d'eux. Beaucoup de seigneurs normands, soit pour n'être pas pillés, soit par horreur de ce crime atroce, se joignirent aux Bretons. Tous ensemble en demandèrent la punition au roi de France, seigneur suzerain. Philippe, qui n'était peut-être pas étranger à cette commotion générale, assemble la cour des pairs, y cite son vassal pour répondre tant sur ce crime que sur d'autres chefs d'accusation, entre lesquels, outre ce qu'on appelait la foi mentie, se trouvaient des perfidies semblables à l'assassinat des officiers de la garnison d'Evreux.

Le roi d'Angleterre ne déclina pas la juridiction. Il demanda un sauf-conduit; Philippe en offrit un pour venir, mais il déclara que l'assurance pour le retour dépendrait des dispositions de la sentence qui serait prononcée. Jean n'osa s'exposer à la rigueur du tribunal. Il ne comparut pas et n'envoya personne, et fut, comme contumace, condamné à la mort. Par le même arrêt, toutes ses terres, situées dans le royaume, furent déclarées confisquées, acquises au roi et rattachées à la couronne. Ainsi la Normandie fut réunie à la France, deux cent quatre-vingt-douze ans après qu'elle en avait été séparée. Mais la sentence qui privait Jean ne fut pas si aisée à exécuter qu'à prononcer. Philippe, à la vérité, s'empara de parties considérables; mais la totalité ne revint à la France qu'après deux cent cinquante ans de guerres opiniâtres.

Ce n'était pas assez pour les Français des guerres qu'ils trouvaient chez eux, ils en allèrent chercher en Asie. Au milieu même des plaisirs on parlait toujours de croisades. Foulques de Neuilly, qui avait si bien réussi à en former une troisième sous Philippe et Richard, se mit en tête d'en provoquer une quatrième, mais il ne put y engager les rois. Il apprend que Thibault-le-Grand, comte de Champagne, le plus riche et le plus magnifique prince de ce temps, a indiqué auprès de Corbie un tournoi où doivent se rendre les grands seigneurs et les gentilshommes les plus distingués des terres et des états voisins; il y court et emploie si utilement son éloquence et son zèle, qu'au milieu des festins, des joûtes, des fêtes galantes que ces divertissemens occasionnaient, tous prennent la croix et s'engagent au saint voyage.

Ils députent à Venise six d'entre eux, chargés de faire avec la république un marché pour transporter la troupe en Palestine. Ces marchands, plus rusés que cette noblesse, uniquement occupée de combats et de gloire, mettent le transport si haut qu'une partie des croisés se dégoûte. Ceux-ci retournent dans leur pays; les plus zélés cherchent d'autres routes, mais les Vénitiens les regagnent en consentant, à défaut d'argent, à être payés en services; et ces services consistaient, de la part des croisés, à reprendre au profit de la république la ville de Zara en Dalmatie, que le roi de Hongrie leur avait enlevée. A cette condition les républicains promettent de joindre aux croisés un corps de troupes croisées aussi et engagées par vœu à l'expédition.

On signe le traité avec une satisfaction réciproque. Les guerriers arrivent en foule à Venise. Ils partent; Zara est prise. Pendant qu'on se préparait à gagner la Palestine arrive un prince grec nommé Alexis, fils d'Isaac l'Ange, empereur de Constantinople, détrôné, privé de la vue et retenu en prison par Alexis, son propre frère, qu'il avait lui-même autrefois tiré de captivité. Le jeune Alexis était fortement recommandé aux croisés par l'empereur Philippe, qui avait épousé Irène, sa sœur. L'Allemand promettait et jurait d'aider puissamment les croisés pour le recouvrement de la Terre-Sainte, s'ils assistaient son beau-frère et les pressait de commencer par son établissement. De son côté, le jeune prince faisait des offres magnifiques. Il verserait dans la caisse de la croisade deux mille marcs d'argent, fournirait des vivres en abondance pendant un an, temps suffisant pour remettre son père sur le trône; ensuite il enverrait en Palestine, avec les croisés, dix mille hommes à ses frais; enfin, ce qui devait faire un extrême plaisir au pape, dont les légats étaient présens et jouissaient d'une grande autorité, il soumettait l'église grecque à la latine. Les Vénitiens inclinaient aussi pour les Grecs, parce qu'ils se flattaient que, dans une guerre qui se ferait à leur porte, ils pourraient s'emparer de quelques villes à leur bienséance et augmenter leurs états de terre ferme. Constantinople! Constantinople! s'écrièrent tous les croisés. On appareille; ils voguent, et voilà cinq ou six mille Français, treize ou quatorze mille hommes à la solde des Vénitiens, devant une ville entourée de fortes tours, de bonnes murailles, garnie de munitions, renfermant plus de quatre cent mille hommes propres à porter les armes, commandés par un empereur assez affermi sur le trône, quoique usurpateur. On dit qu'à la vue de ces formidables remparts les croisés, tout intrépides qu'ils étaient, furent un peu étonnés de leur entreprise. Mais le gant était jeté, il fallait ou vaincre ou retourner honteusement. Ils attaquent avec furie, escaladent, sont repoussés, reviennent à la charge, se précipitent dans la ville. L'usurpateur effrayé ramasse ses trésors et s'enfuit. Les vainqueurs replacent Isaac l'aveugle sur le trône et aident le fils à réduire les rebelles qui résistaient encore.

Ils croyaient qu'ils n'avaient qu'à ouvrir la main et qu'ils allaient y voir tomber le fruit de leur victoire. En effet, Alexis, pour les satisfaire, mit des impôts et s'empara de l'argenterie des églises. Cette conduite mécontenta ses sujets. Le clergé lui gardait une secrète rancune pour la promesse qu'il avait faite de le soumettre à l'église de Rome. Comme d'ailleurs l'argent ne venait ni promptement ni abondamment, les croisés murmuraient; ils s'imaginèrent voir dans les délais le projet de les dégoûter, afin que, fatigués de remises perpétuelles, ils prissent enfin le parti de retourner dans leur pays, ou de regagner la Palestine. Ces soupçons mirent beaucoup de froideur entre les seigneurs croisés et Alexis, de sorte qu'il ne trouva en eux aucune ressource au moment d'une conjuration qui se tramait contre lui. Le chef de la faction se nommait aussi Alexis, surnommé Murtzuphle aux gros sourcils. Il n'eut pas de peine à se défaire du jeune prince, haï du peuple et du clergé, et délaissé par ses protecteurs. Le fils de l'aveugle fut tué en prison, et Isaac son père mourut de chagrin.

Murtzuphle fit des tentatives auprès des croisés pour se les concilier et se maintenir par eux sur le trône ; mais ils dédaignèrent de s'associer à l'assassin de leur ancien ami. Ils campaient hors de la ville, et de là voyaient les travaux que le nouvel empereur faisait pour sa défense. Les préparatifs étaient alarmans. En effet, le premier assaut réussit mal aux croisés ; mais dans un second ils emportèrent la ville. On fait un tableau affreux des violences commises par une soldatesque effrénée. Pillage général et inhumain, sans égard pour les femmes ni respect pour les églises. La part des seuls Français fut portée par estimation à quatre cent mille marcs pesant d'argent. Murtzuphle se sauva avec ce qu'il put emporter des richesses du palais.

Le trône resta vacant. Il ne fut plus question entre les vainqueurs de le faire remplir par les Grecs. On convint que l'empereur serait Français et le patriarche Vénitien. La couronne échut à Baudouin, comte de Flandre. Boniface, marquis de Montferrat, avait été sur les rangs ; mais les Vénitiens n'en voulurent pas dans la crainte que, s'il survenait quelque discussion avec lui, il ne fût aidé contre eux par les princes d'Italie, la plupart ses alliés ou ses parens. Boniface se dédommagea par le royaume de Thessalie, qu'il acquit en épousant la veuve de l'empereur Isaac. Un Lascaris, seigneur grec, s'empara de la Natolie, et sous le titre d'empereur établit son siège à Nicée. Alexis Comnène, petit-fils d'Andronic I, se retira à Trébisonde, sur les bords du Pont-Euxin, vers la Colchide, et y fonda un empire qu'il décora du nom magnifique d'Empire de Trébisonde. Beaucoup d'autres, tant Grecs que Français, se firent des principautés. Les Vénitiens se donnèrent l'île de Crète ou Candie, avec la liberté, dont ils usèrent amplement, de joindre à leurs états tout ce qui s'offrait à leur convenance. Ainsi se démembra l'empire grec, auquel il ne resta qu'un territoire fort circonscrit, exposé à être envahi par le premier agresseur qui se présenterait ; ce qui ne serait pas arrivé, si la politique des Vénitiens n'eût empêché de mettre à sa tête un empereur qui aurait pu compter sur les secours voisins.

L'empereur Baudouin succomba à une première attaque des Bulgares. Ils le tinrent seize mois prisonnier, et le firent mourir dans de cruels supplices. Il eut cinq successeurs qui tous ensemble régnèrent cinquante-six ans : les Français perdirent Constantinople sous un empereur nommé Baudouin, comme le premier, mais d'une autre maison, de celle de Flandre. Cette ville tomba alors entre les mains des Paléologues, qui la gardèrent encore cent quatre-vingt-treize ans ; ils en furent après ce terme dépossédés par les Turcs.

Jusqu'alors il n'avait été publié en France de croisades que contre les infidèles. Le commencement du treizième siècle en vit éclore une contre les chrétiens ; titre cependant dont on ne doit pas honorer les Albigeois, s'ils ont réellement été coupables des erreurs et des vices que les historiens du temps leur reprochent. Il n'y avait pas de point de religion qu'ils n'attaquassent, les sacremens, les mystères et jusqu'à la divinité de J.-C. Le paradis, l'enfer, étaient, pour la plupart d'entre eux, des dogmes ridicules ; le purgatoire surtout une invention des prêtres pour obtenir des fondations et des aumônes abondantes. On sait trop combien l'irréligion peut enfanter de désordres parmi le peuple, quel bouleversement de tous les principes, même civils, quelle corruption dans les mœurs, l'affranchissement de toute crainte pour l'avenir introduit chez les hommes grossiers, et combien elle les rend propres à lever l'étendart de l'insubordination et à violer toutes les lois. On ne doit donc pas être étonné des abominations en tout genre que les historiens rapportent des Albigeois : ils ont été ainsi nommés parce que c'est dans le canton d'Alby, ville du haut Languedoc, qu'ils formèrent leurs premiers rassemblemens et que se tint un premier concile contre eux. De l'Albigeois, ils se répandirent dans le reste du Languedoc, le Toulousain, la Provence, jusqu'aux Pyrénées, pays alors occupé par beaucoup de petits seigneurs retirés dans leurs montagnes hérissées de châteaux très propres à recéler les pillards et leur butin. On tenta de les gagner par la douceur et la persuasion ; les évêques y employèrent tous leurs soins. Ils joignirent à leur clergé des prédicateurs qui eurent d'abord des succès. Le pape nomma des légats chargés d'appuyer leurs efforts par les foudres de l'église ou par l'indulgence, selon les circonstances

Peut-être ces bandes se seraient-elles dissipées, si elles n'avaient trouvé un appui dans Raymond VI, comte de Toulouse. Ce prince d'une foi suspecte, dans le dessein de réhabiliter sa réputation à cet égard, appelle auprès de lui Pierre de Château-Neuf, un des légats. La conférence entre eux ne fut pas pacifique. Raymond chassa le légat, avec menace de le punir sans doute des reproches qu'il lui avait faits. En route, Pierre fut tué par des assassins, apostés à ce qu'on crut par le comte de Toulouse. Le pape l'excommunia, et mit ses états en interdit : les évêques de Languedoc allèrent prier le roi de venir au secours de l'église, et d'appuyer les armes spirituelles par les temporelles.

Cependant Jean-sans-Terre n'oubliait pas la sentence infamante portée contre lui dans la cour des pairs, et la confiscation de la Normandie qui en avait été la suite. Il travaillait sourdement à susciter des ennemis à la France. L'alliance qui existait entre lui et l'empereur Othon IV, fils de sa sœur Mathilde, lui donnait des espérances d'une vengeance sûre, et à Philippe, au contraire, des craintes d'une agression dangereuse. Il répondit donc aux évêques de Languedoc que, dans la situation douteuse où il se trouvait, il ne pouvait prudemment quitter le centre de son royaume ; mais il confisqua les terres du comte de Toulouse, sur lesquelles le pape avait jeté l'interdit, les abandonna au premier occupant, exhorta les barons à contribuer à la défense de l'église, arma pour cet objet quatre mille hommes qu'il promit d'entretenir, et permit qu'on prêchât une croisade dans tout le royaume. Les ecclésiastiques se montrèrent très ardens à la publier : les laïcs nobles et roturiers prirent la croix à l'envi. Ils la portaient sur la poitrine, afin de se distinguer de ceux de la Terre-Sainte, qui la portaient sur l'épaule. Leur service était de quarante jours. On dit que leur première armée se monta à cinq cent mille combattans.

Raymond, effrayé de cette masse qui allait tomber sur lui et l'écraser, s'humilia devant le légat, qui voulut bien lui pardonner à condition qu'il se soumettrait aux rigueurs de la pénitence publique. En conséquence, le comte de Toulouse parut en chemise à la porte de l'église, y fit abjuration des erreurs contenues dans une formule qu'il répéta. Le prélat ensuite lui mit son étole au cou : le tirant d'une main, et le frappant de l'autre avec une baguette, il l'amena jusqu'au pied de l'autel, où il promit obéissance à l'église romaine : son excommunication fut levée; il prit la croix et se mit à combattre ceux qu'il protégeait auparavant.

Il se trouva ainsi à l'abri de tous les efforts des croisés. Ils tombèrent sur des villes et châteaux en assez grand nombre, depuis Toulouse jusque dans la Navarre, où les Albigeois s'étaient établis, les en chassèrent, et s'y fortifièrent eux-mêmes. Ces acquisitions formaient une étendue de pays considérable, où se trouvaient des villes importantes, comme Béziers, Carcassonne, et plus de cent châteaux. Le conseil des croisés, qui avait à sa tête, outre les légats, un abbé de Cîteaux, violent et absolu, regardant ces conquêtes comme légitimes possessions de l'église, résolut d'y nommer un gouverneur. Il proposa le commandement à différens seigneurs qui le refusèrent. L'abbé de Cîteaux, usant du pouvoir que lui donnait sa réputation de zèle et de capacité, ordonne à Simon de Montfort-l'Amaury de le prendre. Simon l'accepte. Il s'était beaucoup distingué en Palestine, passait pour un homme de bien et se montrait très zélé pour la cause de l'église. Mais se trouvant maître de beaucoup de places fortes, et à la tête d'une belle armée, son zèle se changea insensiblement en désir de régner, de sorte qu'il ne prenait pas seulement les places qu'occupaient les Albigeois, mais toutes celles qui étaient à sa bienséance, et non seulement du domaine du comte de Toulouse, avec lequel il s'était brouillé, mais encore de ceux des comtes de Foix, de Cominges et de Béarn, qui n'étaient pas accusés d'hérésie.

Le comte de Toulouse, incapable, même avec le secours de ses alliés, d'arrêter ce torrent, alla à Rome, et fit au pape une harangue si touchante, que le saint-père ému écrivit au légat de suspendre les hostilités contre Raymond; que le crime d'hérésie dont il était accusé, ainsi que sa connivence au meurtre du légat, Pierre de Château-Neuf, ne lui paraissaient pas bien prouvés; qu'il fallait procéder avec beaucoup de circonspection dans cette affaire, consulter les prélats et barons de France, faire enfin promptement paix ou trève, et ne plus tourmenter ce malheureux pays. En effet, la guerre s'y faisait avec une barbarie affreuse. Les récits qui nous restent des excès commis de part et d'autre font horreur. La fureur des hérétiques s'exerçait principalement sur les prêtres et les moines, qu'ils regardaient comme leurs principaux ennemis. Non seulement ils détruisaient églises et monastères, mais ils massacraient impitoyablement tous ceux qui tombaient entre leurs mains, et les faisaient souvent expirer dans les tourmens. C'était une rage des deux côtés, une rage aveugle, une égale soif de sang. Guillaume IV, prince d'Orange, tombé entre les mains des Albigeois, fut écorché vif par eux et coupé en morceaux. Quelquefois il se trouvait dans les villes attaquées par les croisés des catholiques mêlés aux hérétiques. Prêts à livrer l'assaut à Béziers, les assaillans vinrent demander à l'abbé de Cîteaux comment ils pourraient distinguer les catholiques, afin de les sauver : « Tuez tout, répondit l'abbé, Dieu connaît ceux qui sont à lui. »

Raymond, revenu de Rome, s'était encore joint aux croisés ; mais, n'obtenant aucune justice, il les quitta, se tourna une seconde fois contre eux, et recommença la guerre pour recouvrer ce qu'ils lui avaient enlevé. Dans cette intention il demanda du secours à l'empereur Othon, son parent. Le roi de France était en froid avec l'Allemand pour des intérêts politiques. Il fut piqué de ce qu'un de ses vassaux recourait à un prince son ennemi. Non seulement il abandonna le comte de Toulouse, mais encore il se montra disposé pour Montfort, qu'il avait jusque là peu favorisé. Raymond ne tira pas grand avantage de l'imprudence qu'il avait fait solliciter l'empereur; mais il trouva une bonne ressource dans Pierre, roi d'Aragon.

Ce prince avait un grand intérêt de finir cette guerre, qui infestait les pays limitrophes à ses états, jusque et compris la Navarre. Outre les ravages dont ses peuples souffraient, cette croisade empêchait les effets d'une autre que le pape lui avait permise contre les Sarrasins. Déterminé par ces différens motifs, Pierre accourut au secours du comte de Toulouse, qu'il croyait vexé injustement. Il s'y porta de si grand cœur, que, ne se ménageant pas, il fut tué aussi dans une bataille; le comte de Montfort fut tué dans un assaut. Sa mort donna d'abord du relâche à la guerre, qui finit ensuite d'elle-même.

Cette croisade contre les Albigeois était comme une fièvre qui avait ses intermittences. L'engagement des croisés n'étant que pour quarante jours, quand ce terme était expiré, ils se retiraient. D'autres, à la vérité, survenaient; mais dans l'intervalle du recrutement les Albigeois s'étaient renforcés, avaient quelquefois repris les postes importans. Tant que Montfort vécut, les arrivans trouvaient une armée à laquelle ils s'incorporaient, regagnaient les conquêtes perdues, et en faisaient même de nouvelles. Les seigneurs catholiques et hérétiques, ses auxiliaires, se retirèrent dans leurs châteaux, et s'y cantonnèrent. Leurs sujets, las d'une guerre, la plus dévastatrice qu'il y ait jamais eu, s'accoutumèrent à se souffrir. Philippe-

Auguste, quand cette espèce de ligue commença à se dissoudre, envoya Louis, son fils, avec des troupes et l'appareil imposant de la souveraineté. Il appela auprès de lui les grands peu accoutumés à la soumission. Il les obligea de rendre hommage et de prêter serment de fidélité au roi son père. Raymond, comte de Toulouse, recouvra une partie de ses états. Simon, comte de Montfort, fut décoré du titre de saint, parce qu'il était mort les armes à la main contre les hérétiques; et Philippe gagna à cette guerre, dont il se mêla peu, de faire respecter les droits de sa couronne dans les pays qui les méconnaissaient depuis Charlemagne. Cependant il resta dans ces contrées un levain d'insubordination toujours prêt à fermenter.

Jean-sans-Terre, taché du sang d'Artur, son neveu, couvert de l'opprobre d'une conduite licencieuse qui le rendait méprisable, joignait à ces griefs des violences contre le clergé. Ce dernier crime lui attira d'abord des remontrances que le pape Innocent III lui fit parvenir par des légats qu'il lui envoya, ensuite des injonctions de rendre au clergé les biens qu'il lui avait enlevés, enfin l'excommunication et la déchéance du trône. Cette déchance se marquait par l'exhortation aux sujets de renoncer à leur serment de fidélité. On ne sait si c'est dans cette occasion que, joignant l'ironie à la cruauté, Jean ne voulant pas, dit-il, souiller ses mains du sang d'un prélat, fit revêtir l'archevêque de Cantorbéry d'une tunique de plomb dans laquelle il mourut.

Après la promulgation de la sentence d'excommunication, qui commença à mettre du trouble dans l'Angleterre, les légats passent en France et proposent la couronne au prince Louis, fils de Philippe-Auguste et neveu du monarque anglais, comme ayant épousé Blanche de Castille, fille d'Eléonore, sœur de Jean. Le roi acquiesçant au désir de son fils et croyant l'occasion favorable, sans s'amuser à attaquer le roi d'Angleterre dans ses terres du continent, se prépare à porter la guerre dans son île. Neuf cents embarcations sont rassemblées à l'embouchure de la Seine, chargées de troupes prêtes à partir. Jean, pour détourner l'invasion, a recours à la même puissance qu'il avait provoquée; il offre au pape de se constituer vassal et tributaire du saint-siége, de reconnaître qu'il tient du souverain pontife sa couronne, et de lui payer tous les ans mille marcs sterling à la Saint-Michel. A ces conditions, Jean devient le fils dévot de l'église, un prince modeste, un roi très benin; et, par la même bulle qui lui donne ces titres, défend à Louis d'attaquer le fief de l'église. Philippe suspend ses préparatifs, qui lui avaient coûté beaucoup d'argent; mais afin de n'en pas perdre tout le fruit, il tourna ses armes contre Ferrand, comte de Flandre, dont il envoya ravager les côtes par sa flotte, et qu'il attaqua par terre en personne.

Ferrand était fils de Sanche I, roi de Portugal, et arrière-petit-fils de ce Henri, cadet de Bourgogne, que nous avons vu s'établir en Portugal au temps de la première croisade. Il devait son comté à la protection du roi de France, qui avait favorisé son mariage avec Jeanne, comtesse de Namur, fille aînée de Baudouin, premier empereur latin de Constantinople, et héritière de son comté de Flandre; mais le roi, pour prix de ses faveurs, avait retenu les villes d'Aire et de Saint-Omer. Ferrand, plus piqué de la retenue que reconnaissant des bienfaits, redemanda ces villes, essuya des refus, et, désespérant de se les faire restituer par ses seules forces, eut recours à l'empereur Othon qu'il savait ennemi de Philippe. La guerre contre le Flamand fut mêlée de succès et de revers. Le roi fit des conquêtes assez importantes; mais il perdit la plus grande partie de sa flotte, qui fut surprise et brûlée.

L'expédition contre Ferrand paraît avoir eu pour principal but de rompre les premiers efforts d'une ligue formée contre la France. Jean-sans-Terre et Othon en étaient les chefs. Une haine commune les unissait; elle était cimentée par les liens de la parenté. Ils avaient appelé ou admis à cette union plusieurs seigneurs du nord et du couchant de la France, entre lesquels se trouvait, outre Ferrand, Renaud, comte de Boulogne, un des principaux instigateurs de l'entreprise. Les confédérés tinrent à Valenciennes une assemblée où ils se partagèrent la France. Ferrand devait avoir l'Ile-de-France et Paris; Renaud, le Vermandois; le roi d'Angleterre, les pays d'outre Loire; et l'empereur tout le reste. Les capitaines allemands auraient pour récompense les fiefs et les riches possessions de l'église. Presque tous étaient excommuniés, ou pour leurs forfaits particuliers, ou pour leur liaison avec Othon, excommunié lui-même : aussi firent-ils entre eux cette convention remarquable, que, quand ils auraient vaincu Philippe, le seul protecteur de l'église, ils extermineraient pape, évêques, moines, et ne laisseraient que les prêtres nécessaires au culte, qui n'auraient, comme dans la primitive église, d'autres revenus que les aumônes des fidèles, sans qu'il leur fût permis d'accepter désormais aucune fondation.

Pour l'accomplissement de ces projets, Othon amena contre la France une armée qu'on dit de cent cinquante mille hommes, sans compter la cavalerie. Elle entra par la Flandre. Avec tous ses efforts, Philippe n'avait pu rassembler que cinquante mille hommes, tant cavaliers que fantassins. Du reste, le courage, l'ardeur, la capacité militaire, étaient égales dans les chefs des deux armées. Après plusieurs marches et contre-marches, elles se rencontrèrent dans la plaine de Bouvines, sur une des rives de la Meuse, à peu de distance de la ville de Lille. La bataille se donna le 25 juillet, un des jours les plus chauds de l'année, sous un soleil ardent, et dura depuis midi jusqu'à la nuit.

Le roi, qui avait marché toute la matinée, ne comptait pas combattre dans ce jour. Il avait pris la résolution de faire reposer ses troupes harassées, et lui-même jouissait d'un peu de fraîcheur au pied d'un frêne, lorsqu'on vint l'avertir que les ennemis paraissaient.

Il entendait déjà dans les postes avancés le cliquetis des armes. Aussitôt il reprend les siennes, fait une courte prière dans une chapelle qui se trouvait près de lui ; et, comme il soupçonnait des traîtres dans son camp, il imagine de les lier par une espèce de serment qu'ils auraient honte de rompre. Ce monarque fait poser son sceptre et sa couronne sur un autel portatif à la vue de son armée ; puis, élevant sa voix : « Seigneurs français, dit-il, et vous, valeureux soldats, qui êtes prêts à exposer votre vie pour la défense de cette couronne, si vous jugez qu'il y ait quelqu'un parmi vous qui en soit plus digne que moi, je la lui cède volontiers, pourvu que vous vous disposiez à la conserver entière, et à ne pas la laisser démembrer par ces excommuniés. — Vive Philippe ! vive le roi Auguste ! s'écrie toute l'armée ; qu'il règne, et que la couronne lui reste à jamais ! nous la lui conserverons aux dépens de nos vies. » Ils se jettent ensuite à genoux, et le roi attendri leur donne sa bénédiction qu'ils demandent. Il prend alors son casque, monte à cheval, et vole à la tête de l'armée. Les prêtres entonnent les psaumes, les trompettes sonnent, et la charge commence.

L'ordre de bataille des confédérés était de porter tous leurs efforts contre la personne du roi, persuadés que, lui tué ou fait prisonnier, leurs projets n'éprouveraient ni obstacles ni retardemens. Ainsi trois escadrons d'élite devaient l'attaquer directement, pendant que, de chaque côté, un autre de même force tiendrait en échec ceux qui voudraient venir à son secours. L'empereur commandait ces trois escadrons ; il marchait précédé d'un chariot qui portait l'aigle d'or sur un pal du même métal. Othon fond impétueusement sur la troupe royale. Le choc est soutenu avec fermeté ; mais le nombre l'emporte. Philippe est renversé et foulé aux pieds des chevaux. En vain le chevalier qui portait l'étendart auprès de lui le haussait et baissait pour avertir du danger où se trouvait le roi et appeler du secours : serrés de trop près eux-mêmes par les escadrons qu'on leur avait opposés, les plus voisins du roi se soutenaient à peine, loin de pouvoir courir à son aide. Cependant ils font un effort commun, repoussent les assaillans, et attaquent à leur tour : Philippe est remonté ; il tombe comme la foudre sur ses ennemis, le chariot impérial est renversé, l'aigle enlevé. Othon, trois fois démonté, saisi au corps par un chevalier français, et délivré par les siens, prend un des premiers la fuite. Les comtes de Flandre et de Boulogne, qui avaient le plus grand intérêt à ne pas tomber entre les mains du roi, entretinrent long-temps le combat, mais furent enfin faits prisonniers et présentés au roi. Après de durs reproches, il les fit charger de fers. Renaud fut enfermé dans un noir cachot, attaché à une grosse chaîne, qui lui permettait à peine d'en parcourir l'espace ; et Ferrand fut traîné à la suite du roi, pour servir à son triomphe.

Le principal succès de la bataille est dû à Guérin, chevalier du Temple, qui s'était distingué dans les guerres d'Orient, et qui était nommé évêque de Senlis. Chargé de ranger l'armée en bataille, il eut l'adresse de mettre le soleil dans les yeux de l'ennemi, ce qui contribua beaucoup à la victoire. Philippe, évêque de Beauvais, se servit dans cette journée d'une masse de fer avec laquelle il assommait les ennemis. Il avait été fait prisonnier autrefois dans une bataille où il s'était distingué par le carnage. Le pape demanda sa liberté en l'appelant son fils; le vainqueur envoya au souverain pontife les habits ensanglantés du prélat, et lui fit dire, comme autrefois les enfans de Jacob à leur père : « Reconnaissez-vous les vêtemens de votre fils? » Le souverain pontife n'insista pas; l'évêque, délivré par un autre moyen, devint plus scrupuleux ou plus circonspect, et c'est pour cela que, de peur de répandre le sang, il tuait non avec l'épée, mais avec la masse.

Les communes, qui faisaient le plus grand nombre dans l'armée, n'en faisaient pas la principale force : c'étaient les chevaliers, ces hommes couverts d'une armure impénétrable, montés sur des chevaux bardés de fer comme eux, qui décidaient de la victoire. Mais aussi, dans une déroute, la soldatesque, légèrement armée, alerte et avide de butin, faisait une terrible exécution sur les fuyards. Rarement les vilains, comme on les appelait, gardaient des prisonniers de leur classe, parce qu'ils ne pouvaient pas en espérer grande rançon. Ils tuaient pour les dépouilles : aussi, quand le massacre était une fois commencé, il devenait épouvantable. On dit que les confédérés perdirent de cinquante à cent mille hommes, malheureux Allemands et Flamands tirés de leurs villages pour venir se faire égorger en France; au lieu que peu de chevaliers perdirent la vie dans la bataille de Bouvines. Il était difficile de les tuer, à moins qu'on ne les assommât; mais aussi, une fois démontés, il était très aisé de les faire prisonniers, parce que, emmaillotés, pour ainsi dire, dans leurs armures, il leur était presque impossible de se relever. Les fantassins les tiraient avec des crocs de dessus leurs chevaux, les garottaient, et les emmenaient pour en tirer rançon. Il fut présenté au roi, sur le champ de bataille, vingt-cinq seigneurs portant bannière, une multitude de nobles et chevaliers, et cinq comtes, outre Renaud de Boulogne et Ferrand de Flandre. Ferrand entra dans Paris traîné à la suite du roi, chargé de chaînes, dans un chariot attelé de quatre chevaux; et le peuple a chanté long-temps une chanson qui finissait par ce jeu de mots :

Et quatre ferrants (1) bien ferrés
Traînent Ferrand bien enferré.

Dans cette bataille ne paraissent ni Jean-sans-Terre, ni Louis, fils de Philippe. Ils étaient occupés l'un contre l'autre en Poitou, où le

---

(1) On donnait alors le nom de Férans ou Ferrants à des chevaux d'une certaine espèce ou d'une certaine couleur.

roi d'Angleterre descendit avec une armée pour opérer une division favorable à Othon, son neveu. Louis le défit en plusieurs rencontres, et enfin dans un combat décisif livré près de Chinon, le même jour, à ce qu'on dit, que la bataille de Bouvines. On ajoute que des courriers qui allaient porter réciproquement la nouvelle de ces victoires se rencontrèrent près de Senlis, dans le lieu même où Philippe-Auguste a fait bâtir un abbaye, honorée du nom de la Victoire.

Jean-sans-Terre se retira dans son royaume. Soit habitude de faire le mal, soit qu'il voulût se venger sur ses sujets du malheur qu'il venait d'éprouver, il ne ménagea plus rien. Ce tyran tourmentait le peuple par les impôts, violait ouvertement les priviléges des villes et de la noblesse, et pillait les églises. Cette fois cependant ce ne fut point le clergé qui l'inquiéta. Il trouva même chez le pape des ressources contre les entreprises de ses barons.

Fatigués de ses vexations, ils lui adressèrent d'abord des plaintes modestes. Il n'en tint compte. Alors ils élurent un chef, qu'ils chargèrent, sous le nom de maréchal de Dieu et de l'église, de contraindre le roi, par force s'il le fallait, à leur rendre justice. Jean parut se prêter à leurs désirs. Il convint de quelques réformes; mais, quand il crut avoir endormi leur ressentiment par la fausse sécurité qu'il leur inspirait, il recommença à les mécontenter. Sans s'amuser alors à de nouvelles remontrances, ils le déclarèrent déchu de la royauté, et envoyèrent un d'entre eux offrir la couronne à Louis, fils de Philippe-Auguste et neveu du roi d'Angleterre par Blanche de Castille, sa femme, qui était fille d'Eléonore, sœur de Jean.

Le prince l'accepte et fait des préparatifs. Le pape, depuis que Jean s'était déclaré vassal du saint-siége, entretenait en Angleterre un légat nommé Galon. Il passe en France en même temps que le député des barons, remontre à Louis que l'Angleterre, comme fief du saint-siége, est sous la protection immédiate du pape; que l'attaquer, c'est attenter aux droits sacrés de l'église, et qu'il excommuniera tous ceux qui se rendront coupables de ce sacrilége. Louis et Philippe répondent : « Jean est un homme vicieux, déshonoré » par toutes sortes de forfaits, condamné à mort par les pairs de » France, pour l'assassinat d'Artur et d'autres crimes : il n'a pu don- » ner un royaume dont il était déchu. » Fort de ce raisonnement, Louis continue ses préparatifs. Son père faisait semblant de n'y prendre aucune part, dans la crainte de se brouiller avec le pape. Il laisse partir son fils; mais il n'a pas la prudence de retenir Galon, ce qui se pouvait sous quelque prétexte. Le légat suit le prince, et en arrivant il l'excommunie. Ses foudres ne firent point alors grand effet. Louis était passé avec une bonne armée, portée, dit-on, sur sept cents vaisseaux. Les Anglais le reçurent avec acclamation. Il entra dans Londres honoré du titre de libérateur du peuple, y fut couronné, et y présenta ainsi un spectacle dont la contre-partie devait avoir lieu en France à deux cents ans de là.

Au moment où il se croyait sûr du trône par la haine que toute l'Angleterre portait à Jean, ce roi mourut, les uns disent d'une indigestion, les autres du chagrin d'avoir perdu ses trésors au passage d'une rivière; d'autres enfin par un crime qui marque l'espèce de rage dont on était possédé contre lui. Un moine, dit-on, d'une abbaye dont il avait pillé les biens lui présenta du vin empoisonné, en fit l'essai en sa présence pour lui ôter toute défiance, et mourut comme lui dans de violentes convulsions.

Cette mort changea la face des affaires. Jean laissait trois fils en bas âge. Les Anglais trouvèrent injuste de faire souffrir des fautes de leur père ces enfans innocens. Ils proclamèrent Henri III, l'aîné. Ce furent alors que les foudres de l'excommunication devinrent utiles contre lui. Il défendit courageusement le droit qu'on lui avait donné, et eut des succès; mais son armée dépérissait, même par ses victoires. Il passa en France pour en tirer des secours. Son père, dans ce voyage, ne voulut le voir qu'en secret, tant le souvenir des maux qu'il avait éprouvés par l'excommunication lui faisait craindre de s'y exposer de nouveau en communiquant avec son fils excommunié!

Tous les Français ne furent pas si craintifs. Le prince emmena avec lui un corps de troupes assez considérable, prises surtout dans la noblesse. Blanche de Castille, qui commença alors à faire présager ce qu'elle pourrait être dans les temps difficiles, lui envoya aussi un puissant renfort. Avec ces secours il tint quelque temps la campagne, mais il fut à la fin repoussé et resserré dans la ville de Londres. Toute ressource manquait du côté de la France. Le peuple anglais se montrait mal disposé à son égard; les seigneurs qui lui avaient donné la couronne l'abandonnaient. Il consentit d'abdiquer, mais sans aucune démonstration humiliante. Il lui fut libre de ramener tous les guerriers qui s'étaient dévoués à son service. On lui donna même quinze mille marcs d'argent pour le rachat des otages qu'il avait exigés quand on lui offrit le trône. Quant à l'excommunication, elle fut levée pour le prince et ses adhérens, à condition que les laïcs qui l'avaient suivi en Angleterre paieraient pendant deux ans à l'église le revenu de leurs biens; le prince lui-même fut taxé au dixième. Les ecclésiastiques qui l'avaient aidé devaient aller en pélerinage à Rome, y recevoir la pénitence qui leur serait imposée, et s'en acquitter dans ce lieu même, ou venir l'accomplir dans la cathédrale de leur pays, s'y présenter un jour de grande fête, confesser publiquement leur faute et faire le tour du chœur, tenant en main des verges dont ils seraient fustigés par le chantre. Telle était la rigueur de la pénitence canonique, « dont certainement, dit Mézerai, » on ne s'accommoderait pas aujourd'hui. »

Cette expédition dura dix-huit mois. On reproche à Philippe-Auguste de la pusillanimité dans cette occasion, et une faiblesse qui fut cause du mauvais succès de l'entreprise. En effet, si le père eût montré moins de crainte d'être enveloppé dans l'anathème de son fils, peut-être les seigneurs français l'auraient-ils secouru avec plus d'ardeur. On rejette les malheurs de l'entreprise sur la jactance française, qui déplut aux Anglais et détacha de Louis ceux qui avaient été ses plus zélés partisans; mais la vraie cause du désastre fut la mort de Jean-sans-Terre.

Philippe-Auguste, délivré de ce prince qu'il regardait comme un ennemi personnel, passa le reste de sa vie à faire la justice et la paix dans son royaume qu'il avait prodigieusement agrandi. Il conquit la Normandie, le Maine, l'Anjou, la Touraine et le Poitou sur le roi d'Angleterre; la Picardie sur Philippe d'Alsace, comte de Flandre, régent de France au commencement de son règne; l'Auvergne et Chatellerault sur les comtes qui en étaient possesseurs, et réunit encore à la couronne l'Artois, par son mariage avec Isabelle de Hainaut, à laquelle Philippe d'Alsace, son oncle, en avait fait don; et un grand nombre de villes et de châteaux en Berry et dans d'autres provinces par divers achats. Il s'appliqua à pacifier et restaurer les malheureuses contrées ravagées pendant les guerres des Albigeois. On a vu que les croisés lui offrirent leurs conquêtes: le pape le pressait de les accepter; mais touché par les prières du jeune comte de Toulouse, après la mort de Raymond VI, son père, il rendit au fils le comté et la plus grande partie de ses états. Egalement généreux à l'égard des autres seigneurs de ce pays, il se contenta de l'hommage qui les incorporait au royaume, dont ils s'étaient distraits par la faiblesse et l'inattention des monarques ses ancêtres.

Ses acquisitions furent autant l'ouvrage de sa politique que de sa valeur. Il y a peu de vies qui aient été aussi actives que la sienne. Toujours il fut occupé de guerres, de traités, de règlemens, de réformes, de lois sur les propriétés, les fiefs, les droits des seigneurs, les devoirs des vassaux. Le premier de nos rois, il mit un ordre constant dans cette matière, abandonnée jusqu'alors à l'arbitraire. Les mœurs attirèrent aussi son attention, quoique, outre son divorce, on puisse lui reprocher bien des écarts. On lui reconnaît un fils et une fille illégitimes. Le fils devint évêque de Noyon, selon la coutume de ce temps qui destinait ces enfans, dès leur naissance, à l'état ecclésiastique.

On reconnaît à Philippe-Auguste du génie pour les siéges, du goût pour les machines, dont il récompensait noblement les inventeurs. Il paraît aussi que sous son règne la tactique a fait des progrès, et qu'on ne combattait plus tumultuairement comme auparavant. Il était plus maître de ses soldats, parce qu'il les payait. C'est pour cet emploi, ou sous ce prétexte, qu'ont été établis par lui les premiers impôts permanens. On remarque sous lui trois armemens maritimes très considérables; il fortifiait ses places et réparait promptement les villes qu'il avait prises: ainsi il ne négligea aucune des parties de l'art militaire.

Il aimait les bâtimens. On a déjà vu qu'il ferma Paris de murailles.

Il construisit des halles, entoura de cloîtres le cimetière des Innocens, pour procurer un abri à ceux qui venaient y pleurer leurs parens et leurs amis. Ce roi donna à la capitale un prévôt chargé de la police, bâtit un palais autour de la grosse tour du Louvre, contribua à l'édifice de la cathédrale déjà commencée et à l'accroissement de l'université. On appela ainsi une société d'hommes appliqués à l'étude de toutes les sciences, qui se forma insensiblement. Philippe lui donna de grands priviléges. Malgré les lumières qu'il s'efforça de répandre, de son temps ont été pratiqués les rites grossiers connus sous les noms de *Fête de l'Ane* et de *Fête des Fous*. Dans la première, chaque antienne ou oraison était terminée par l'imitation éclatante du braiement de cet animal. Dans la deuxième, les ministres inférieurs de l'église, chantres et enfans de chœur, se permettaient des danses et des chansons lascives jusque dans le sanctuaire, et contrefaisaient ridiculement, sur l'autel même, les plus saintes cérémonies, sans dessein cependant de profanation ; tant était grande la simplicité des mœurs !

Les circonstances procurèrent l'établissement de plusieurs ordres religieux, l'ordre de la Foi de J.-C., tout militaire, institué pour combattre les Albigeois, et qui disparut avec eux ; l'ordre de la Trinité, qui engageait à racheter les prisonniers faits par les infidèles dans les guerres saintes, et réduits à la captivité ; l'ordre du Saint-Esprit, hospitaliers institués pour le soulagement des pauvres et des malades ; son chef-lieu était à Montpellier ; enfin l'ordre des frères prêcheurs, appelés aussi dominicains, du nom de leur fondateur, et jacobins, d'un de leurs emplacemens dans la rue Saint-Jacques, destinés spécialement à la conversion des hérétiques. Il a joué un grand rôle dans la guerre des Albigeois. On accuse ces religieux d'avoir porté dans cette guerre un zèle trop vif, qui a été, dit-on, l'origine de l'inquisition.

Cet ordre et celui des franciscains, nommés cordeliers, qui parut quelque temps après, n'étaient pas riches. Ils faisaient un singulier contraste avec les moines de Cluny et de Cîteaux qui regorgeaient de richesses. Aussi, ceux-ci étaient-ils fort considérés des grands. Leurs monastères, vastes et magnifiques pour le temps, servaient de lieu d'assemblée à la noblesse. Les abbés admis à la cour s'immisçaient dans les affaires d'état. Tel on a vu figurer avec une distinction sinistre un abbé de Cîteaux dans la guerre des Albigeois. La pauvreté dont les nouveaux religieux faisaient profession les assimilant au peuple, ils jouissaient d'un grand crédit dans cette classe dont les aumônes fournissaient à leur subsistance. Ils aidaient les prêtres séculiers dans les fonctions du ministère, et devinrent souvent leurs rivaux.

L'histoire, qui nous a conservé ces faits, n'en rapporte presque aucun propre à nous faire connaître les habitudes des Français sous Philippe-Auguste. La cour de ce prince a dû être splendide, brillante de la magnificence qui convient à un grand monarque. Cependant on ne voit pas qu'il ait donné de ces fêtes éclatantes qui entraînent de grandes dépenses; aussi lui reproche-t-on de la parcimonie, qualifiée d'avarice par quelques historiens. Heureux défaut, s'il a épargné au monarque la nécessité de surcharger le peuple qui paie toujours ces magnificences!

Au reste, Philippe-Auguste était généreux à propos, noble dans son maintien, affable et accueillant, zélé pour l'ordre et la justice, vaillant comme on l'a vu, très attaché à ses devoirs et tâchant d'inspirer ces dispositions aux autres. Dans une médaille, frappée pour la cérémonie de la promotion de son fils à l'ordre de chevalerie, on voit le monarque donnant l'accolade au jeune prince, et pour légende ce vers :

Disce, puer, virtutem ex me, regumque laborem.

« Apprends de moi, mon fils, la vertu et les travaux qui convien-
» nent à un roi. » Exhortation qu'un père rougirait de faire à son fils s'il ne pouvait se rendre témoignage qu'il donne l'exemple. Il mourut à cinquante-neuf ans. Son testament renferme un legs assez modique pour la croisade, peu de dons aux monastères, mais des habits aux pauvres et une somme très considérable qui sera tirée uniquement de ses domaines. Il a été surnommé *Dieudonné*, parce qu'il naquit après une longue stérilité de sa mère; *Conquérant* et *Auguste*, à cause de ses victoires et de ses grandes qualités.

Louis VIII, Cœur-de-Lion, âgé de 36 ans.

Louis avait trente-six ans quand il monta sur le trône; il avait alors, de Blanche de Castille, son épouse, des enfans dont l'aîné atteignait déjà l'adolescence : il se fit sacrer à Reims et couronner avec elle. La réception qui lui fut faite à Paris, au retour de cette cérémonie, a excité l'enthousiasme d'un de nos historiens qui la dépeint en ces termes : « Toute la ville sortit au devant du monarque ; les poètes chan-
» taient des odes à sa louange; les musiciens faisaient retentir l'air du
» son de la vielle, des fifres, du tambour, du psaltérion et de la harpe.
» Aristote se tut, Platon fit silence, et les philosophes déposèrent pour
» un moment l'esprit de dispute. » Ainsi il y avait dans ce temps des poètes qui louaient, des musiciens qui chantaient et des philosophes qui disputaient.

Un règne de trois ans présente peu d'évènemens importans. Nous y plaçons, comme un des plus propres à fixer l'attention de ceux qui réfléchissent, la propagation des franciscains, nommés cordeliers, parce qu'ils se ceignaient d'une corde. S'il paraît étonnant que Zénon, père des stoïciens, en prêchant la faim et la soif, ait trouvé d'ardens sectateurs de sa doctrine, on ne doit pas être moins surpris que saint François, paysan d'Assise en Ombrie, homme simple et sans lettres qui prêchait la pauvreté la plus stricte, le jeûne, le renoncement à tous les plaisirs, ait aussi fait des disciples, et des disciples en si grand nombre, que de son vivant, dit-on, on comptait plus de trois cents couvens de son ordre. Vivant d'aumônes, déchargés des soins qu'entraîne l'administration des biens, ils se livrèrent à la prédication et à l'étude de la théologie scolastique, de toutes les sciences la plus estimée alors; ils devinrent grands maîtres en dispute. L'université les admit dans son sein comme elle y avait reçu les jacobins, non sans craindre que l'attachement à des opinions de corps n'excitât des troubles. Les papes se les attachèrent par des priviléges; ils en marquèrent leur reconnaissance en soutenant les maximes qui plaisaient à la cour de Rome. Alors aussi parurent les carmes et beaucoup d'autres ordres que le zèle pour la conversion des hérétiques multipliait. On commençait à comprendre qu'il était mieux de les prêcher que de les combattre. La même ferveur gagna le sexe dévôt: il n'y eut point d'ordre religieux qui n'eût de religieuses; mais la pauvreté évangélique bâtit leurs couvens, lesquels ne furent pas cependant tout-à-fait abandonnés, comme ceux des hommes, à la ressource hasardeuse des aumônes.

Ce siècle d'exagération fut le moment le plus brillant de la chevalerie. L'amour de Dieu et des dames en était la base.

Louis VIII a été surnommé Cœur-de-Lion pour son courage indomptable à la guerre, dont il avait donné des preuves sous son père; il le fit encore pendant la courte durée de son règne. Il n'est pas bien clair s'il a renouvelé la guerre des Albigeois, ou si eux-mêmes ont provoqué ses armes par de nouvelles hostilités : ce qu'il y a de certain, c'est qu'il fit prêcher contre eux une croisade et qu'il se mit à la tête. Henri III, le nouveau roi d'Angleterre, aurait pu nuire à son entreprise : il y avait toujours entre les deux monarques des sujets de dissensions pour des envahissemens respectifs. L'Anglais répéta des terres en Poitou, dont il prétendait que la restitution lui avait été promise par Philippe-Auguste. Louis contint Henri en le faisant menacer par le pape d'excommunication, si, par son intervention favorable aux hérétiques, il mettait des obstacles aux opérations de la guerre sainte. Ainsi la croisade lui donnait des soldats et le garantissait des projets hostiles d'un ennemi redoutable; deux avantages que ces sortes de rassemblemens n'avaient pas encore présentés.

Mais ce succès ne répondit pas aux espérances de Louis. Le jeune comte de Toulouse, Raymond VII, contre lequel il dirigea ses efforts, ne lui opposa que des mesures défensives, mais plus ruineuses que n'auraient été des combats suivis de la victoire. Il fit bouleverser le pays par lequel les croisés devaient passer, labourer les prés, couper les moissons en herbe, brûler les magasins, boucher les fontaines, de sorte que la disette et la fatigue, se joignant à l'ardeur de ces climats, causèrent des maladies contagieuses dans l'armée. Louis en fut frappé et mourut à Montpensier, en Auvergne, ne remportant pour tout avantage de sa croisade que le châtiment d'Avignon qui avait osé lui résister. Il combla les fossés de cette ville, abattit les murs et trois cents des maisons les plus élevées : celles des bourgeois les plus distingués étaient alors garnies de tours.

Louis n'infligea pas de châtimens personnels aux habitans. Il était doux et humain. Le peu de temps qu'il régna ne lui permit pas de faire briller ses belles qualités sur le trône; mais la bonne intelligence qui régna entre lui et Philippe-Auguste, la confiance que lui montrait son père en lui donnant le commandement de ses armées et en l'appelant à ses conseils, font l'éloge du fils. Il mourut après trois ans de règne, âgé seulement de quarante ans. De onze enfans que lui avait donnés Blanche de Castille, son épouse, il restait quatre fils qu'il dota par testament fait d'avance; il laissa à Louis, l'aîné, la couronne; à Robert, le second, l'Artois; à Alphonse, le troisième, le Poitou et l'Auvergne; et à Charles, le quatrième, l'Anjou et le Maine. S'il en naissait encore, ils entreraient dans l'état ecclésiastique. De ses filles, une est morte jeune; l'autre, nommée Isabelle, a fondé le monastère de Longchamp, où elle est morte saintement. Il laissa la régence et la tutelle à Blanche, son épouse.

Ce fut trois ans après la mort de Louis VIII que mourut aussi ce fameux Gengiskan, qui, de chef d'une petite tribu tartare, au nord de la Chine, celle des Mogols, parvint à s'asseoir sur le trône de l'Asie qu'il conquit dans sa totalité. Les Tartares, sous Octaï, son fils, étendirent leurs ravages en Europe et désolèrent, avec la plus extrême cruauté, la Russie, la Pologne et la Hongrie. Houlagou, neveu d'Octaï, prit Bagdad en 1258 et mit fin à l'empire des Califes. Ce fut vers Mangoukan, son frère, que Rubruquis, frère mineur, fut envoyé par saint Louis pour obtenir la liberté de prêcher le christianisme dans ses états. Mangou l'avait embrassé, mais avec toutes les restrictions et les pratiques que l'ignorance et la barbarie pouvaient y joindre. Deux puissances restèrent alors en Orient : celle des Gengiskanides, qui pendant quelque temps contraignit celle des Turcs à se tenir dans l'obscurité, et celle des sultans d'Egypte, qui non seulement résistèrent aux Tartares, mais qui encore ressaisirent peu à peu sur eux les conquêtes qu'ils avaient faites en Syrie.

Louis IX ou Saint Louis, âgé de 12 ans.

Louis IX, que nous appelons saint Louis, n'avait que douze ans quand il monta sur le trône. Son père, comme nous venons de le dire, avait nommé régente Blanche de Castille, son épouse. Plusieurs seigneurs n'approuvèrent pas cette disposition, et résolurent de confier cette place à Philippe, comte de Boulogne, oncle paternel du jeune roi. Blanche se conduisit dans cette affaire avec une fermeté mêlée d'adresse qui la fit réussir.

Il ne convient pas, disaient les mécontens, que le royaume soit gouverné par une femme, surtout par une femme étrangère ; mais leur vrai motif était que cette femme gouvernerait trop bien à leur gré. Ils s'étaient flattés, les uns, d'être appelés à partager l'autorité; les autres, d'obtenir des domaines qui pourraient leur convenir; et, au contraire, ils voyaient Blanche disposée à agir sans les consulter. Loin qu'ils pussent espérer qu'elle leur abandonnerait les fiefs dont ils s'étaient déjà emparés, ils apercevaient dans ses démarches le dessein de les recouvrer. Dans une assemblée tenue entre eux, ils convinrent de l'attaquer. Quelle résistance pouvaient faire une femme et un enfant? Ils concertèrent leurs mesures, se donnèrent des paroles, prévinrent tout ; et, comme il arrive assez ordinairement dans ces sortes de coalitions, tout manqua. Le comte de Toulouse, le plus ardent d'entre eux, encore armé, parce que les désastres du feu roi avaient laissé ses forces entières, attaqua le premier, sans doute trop tôt, puisqu'il ne fut pas secondé par ses confédérés, qui apparemment n'étaient pas encore prêts. La régente, au contraire, qui s'attendait à un choc, tenait une bonne armée en état d'agir sur le champ. Elle battit le comte, le poursuivit vivement, et le réduisit à accepter une paix aussi honteuse pour lui qu'avantageuse pour elle.

Raymond VII avait une fille, héritière unique de ses états. Il fut convenu qu'elle épouserait Alphonse, le troisième fils de Louis VIII; que le père de la princesse jouirait, sa vie durant, de son comté; qu'après sa mort il passerait à Alphonse, et que, si ces époux mouraient sans enfans, le comté retournerait à la couronne. Ce n'était pas ce qu'il y avait de plus désagréable dans le traité; mais le comte devait rembourser au roi cinq mille marcs d'argent, dépensés pour les frais de la guerre, s'obliger à une redevance annuelle qui serait fixée, abandonner toutes ses terres au delà du Rhône, et souffrir que ses principales villes fussent démantelées. Pour sûreté de ces conditions, Blanche exigea que la jeune comtesse serait amenée à la cour de France, afin d'y être élevée sous ses yeux, et cet otage n'empêcha pas le comte de se rendre et de rester prisonnier dans la tour du Louvre, jusqu'à l'entier accomplissement de la partie du traité qui concernait les restitutions et autres clauses onéreuses. Il ne faut pas oublier que, comme fauteur des hérétiques albigeois, et hérétique lui-même, il fut condamné aux cérémonies humiliantes de la pénitence publique, et qu'il la subit ainsi qu'avait fait son père.

Ce dur traitement avertissait les conjurés de ce qu'ils avaient à craindre. Ils prirent des mesures qu'ils crurent mieux concertées que les premières, et se donnèrent un chef qui fut Enguerrand de Couci. On dit même qu'ils avaient dessein de le faire roi. Les plus considérables d'entre eux étaient Philippe, comte de Boulogne, oncle du jeune roi, déjà évincé de la régence, et Thibault, comte de Champagne. La reine n'eut besoin contre ces deux confédérés que d'adresse. Elle détacha d'eux Philippe, en lui remontrant qu'il n'avait rien à gagner, puisqu'ils venaient de mettre à leur tête le sire de Couci; qu'il serait, par conséquent, bien impolitique à lui de travailler contre son neveu pour les autres, sans espérance d'avantages pour lui-même. Quant à Thibault, il avait toujours ressenti pour Blanche une passion dont il ne se cachait pas. On a encore de lui, en son honneur, des vers aussi tendres que galans. La reine s'en amusait du vivant de son mari, et lui marquait quelques égards, dont il se contentait alors; mais, voyant qu'il n'obtenait pas plus de la veuve que de l'épouse, on croit que ce fut le dépit d'un amour mal reconnu qui le jeta dans le parti des mécontens. Faible ennemi pour Blanche! Une lettre gracieuse le ramena à ses pieds. Non seulement il abandonna ses amis, mais il révéla leurs secrets à la dame de ses pensées, comme s'exprimaient alors les chevaliers. Elle en gagna encore d'autres par présens ou par promesses.

Elle négocia d'ailleurs les armes à la main, et tira de la tour du Louvre, pour lui donner le commandement de ses armées, ce Ferrand donné en spectacle aux Parisiens après la bataille de Bouvines. Ferrand, brave soldat et capitaine expérimenté, justifia la confiance de sa libératrice. La régente avait reconnu par expérience la nécessité de ces mesures de sûreté. Peu auparavant, le roi avait pensé être enlevé, se rendant à Vendôme, où les mécontens étaient convoqués pour lui exposer leurs griefs. Ils lui avaient tendu une embuscade sur le chemin. Blanche en fut avertie par le comte de Champagne, qui, pour l'amour d'elle, trahissait son parti. Elle n'eut que le temps de se jeter avec son fils dans Montlhéry, et de faire savoir aux Parisiens le danger que courait le roi. A cette nouvelle, ils sortirent en foule pour voler à son secours, et le ramenèrent en triomphe dans leurs murs.

La guerre alors changea de face : on prit d'autres prétextes. Les révoltés publièrent qu'ils s'étaient armés, non pour attaquer le roi, mais pour forcer Thibault à rendre à Alix, reine de Chypre, le comté de Champagne, qu'ils prétendaient usurpé sur elle. Elle était née, dans l'Orient, de Henri II, comte de Champagne et roi de Jérusalem, frère aîné de Thibault III, père de Thibault, et, par conséquent, le comté, après la mort de son père, devait lui appartenir : mais elle avait été évincée en vertu de la loi salique. La querelle que les mécontens firent au comte au sujet de sa parenté n'était qu'un moyen imaginé pour punir avec une espèce de justice leur infidèle confident. La régente prit sa défense, et envoya son fils faire contre eux ses premières armes. Il leur présenta la bataille. Ils la refusèrent, par respect, dirent-ils, pour leur souverain; et cette déférence amena des négociations.

On donna à Louis, quoiqu'il n'eût que quinze ans, l'honneur d'avoir discuté lui-même les droits réciproques; mais, s'il prit connaissance de l'affaire, ce fut sans doute sous l'inspection de sa mère. Il paraît qu'elle songea davantage aux intérêts de son fils qu'à ceux de l'amoureux Thibault. Il fut confirmé dans son comté, mais condamné à assurer une rente de deux mille livres à sa cousine, et à lui en donner quarante mille comptant, pour les frais de son voyage d'Asie en Europe. Quarante mille livres comptant! et il n'avait point d'argent. On ne trouva certainement pas une grande correspondance de tendres sentimens dans la manière dont Blanche le tira d'embarras. Il possédait les comtés de Blois, de Sancerre, de Chartres et de Châteaudun : elle offrit de les acheter, et de lui en compter le prix, qui servirait à le libérer envers Alix. Il hésitait, la régente le pressa. « Enfin, dit Mézerai, ce pauvre prince rendit de rechef les armes à » l'amour; et, après un grand soupir, Madame, lui dit-il, mon cœur, » mon corps et toutes mes forces sont à votre commandement. » Après ce sacrifice, il se retira tout pensif, emportant dans son cœur, pour tant de belles terres dont il s'était dépouillé, le souvenir de sa dame, qui se changeait en tristesse quand il venait à penser qu'elle était si honnête et si vertueuse qu'il n'en aurait jamais que des rigueurs.

La ligue n'était pas toute dissipée. Elle avait encore en Bretagne un confédéré d'autant plus dangereux que Henri III, roi d'Angleterre, l'appuyait. Le duc, nommé Pierre Mauclerc, arrière-petit-fils de Louis-le-Gros, loin de se soumettre, ce qui lui aurait obtenu, comme à beaucoup d'autres, une paix supportable, appela à son secours le roi d'Angleterre. Le monarque vint, débarqua une armée : mais, au lieu de la mettre aussitôt en action, il se renferma dans la ville de Nantes où il passa l'hiver en fêtes et en plaisirs. Pendant ce temps Louis tenait la campagne. Sa mère l'acompagnait. Il y eut un hiver très rigoureux. Blanche montra de tendres attentions pour les soldats; elle les mit tant qu'elle put à l'abri de l'intempérie de la saison : elle faisait de grands feux, donnait des récompenses à ceux qui apportaient du bois au camp, et adoucissait, autant que la discipline le permettait, la sévérité du service militaire. Il y eut peu de combats, parce que, voyant l'inaction du roi d'Angleterre, on lui laissa le soin de détruire lui-même son armée par la mollesse et les délices de la ville.

La régente profita de cette espèce de trêve pour convoquer les grands vassaux à Compiègne. Les anciens mécontens s'y rendirent: le jeune monarque les reçut avec affabilité. On fit des arrangemens de justice et de conciliation, et les coupables obtinrent grace. Le duc de Bretagne fut cité à cette assemblée; il n'y comparut pas et continua dans sa rébellion. Mais privé de l'appui du roi d'Angleterre qui ramena dans son royaume les débris de son armée sans avoir rien fait, il fut obligé de paraître au pied du trône la corde au cou, disent les historiens. Le jeune monarque lui fit une réprimande sévère, et ne lui accorda son pardon que par considération pour son rang, et qu'en retenant à titre de confiscation plusieurs de ses meilleures places. Le duc Pierre se piquait d'habileté, et comme il en montra peu dans cette circonstance, ses sujets eux-mêmes, par opposition au nom de Clerc, qu'il affectait, lui donnèrent celui de Mauclerc, mauvais Clerc.

Quand Louis eut atteint vingt-un ans, époque de la majorité, sur laquelle il n'y avait encore aucune loi, mais une simple coutume, Blanche remit entre les mains de son fils les rênes du gouvernement sans les abandonner entièrement. Elle avait songé auparavant à le marier, et lui avait donné à choisir entre les quatre filles de Raymond Bérenger, comte de Provence. Il prit Marguerite, l'aînée. Ses deux frères, Robert et Alphonse, reçurent aussi chacun une épouse : Robert, Mathilde, fille du duc de Brabant, avec le titre de comte d'Artois; Alphonse, cette Jeanne de Toulouse qui lui avait été destinée par un traité. Il eut le titre de comte de Poitiers et de Toulouse. Charles, le dernier des frères du roi, n'était pas encore en âge d'établissement. Cette jeune cour, sous l'œil sévère de Blanche, ne s'émancipait pas en plaisirs éclatans. Louis prit dès lors le train de vie qu'il a toujours mené depuis, partagé entre les exercices de piété et le soin de son royaume. L'office divin, dont il aimait la splendeur, était pour lui comme une récréation. Il se plaisait beaucoup dans la compagnie des religieux, s'entretenait avec eux de sujets de piété et les admettait à sa table. On rapporte qu'y ayant un jour appelé Thomas d'Aquin, dominicain, docteur célèbre, qui a été honoré du titre de saint, ce religieux, sortant comme d'une extase, frappa fortement la table et s'écria : « Voilà un excellent argument contre les » manichéens ! » Son prieur le poussa du coude et rougit de cette imprudence; mais le roi, loin d'en être choqué, témoigna son estime pour un homme qui, sans se laisser distraire par l'honneur que lui faisait un grand monarque, continuait, même à sa table, à s'occuper de ses études. Louis accueillait ainsi les autres savans. Il recherchait les livres, très rares alors, se faisait lire ce qu'on avait d'histoire et engagea quelques hommes studieux à s'y appliquer et à l'écrire. La Sorbonne, d'où sont sorties des décisions souvent adoptées par l'église, lui doit son établissement. L'université, qu'on a appelée *la fille aînée* de nos rois, fut comblée par lui de faveurs, quoique cette fille, ombrageuse et délicate sur ses privilèges, lui ait donné, ainsi qu'à ses successeurs, également ses bienfaiteurs, des mécontentemens qui ont mêlé de l'amertume aux douceurs de la paternité.

On a vu que Philippe-Auguste lui avait accordé de grands priviléges, entre lesquels on doit compter celui d'exercer elle-même la police sur ses membres, à l'exclusion des juges civils. La multitude d'écoliers que sa réputation attirait à Paris était sans doute utile aux bourgeois par la consommation, mais quelquefois aussi à charge par la pétulance de cette jeunesse. Il s'éleva des rixes entre les écoliers et les bourgeois. L'université crut n'être pas assez protégée dans la capitale, et mit en délibération si elle y resterait ou si elle chercherait un autre asile. Pierre Mauclerc lui offrit la ville de Nantes; mais l'affaire s'arrangea et l'université resta à Paris.

Pendant ce mécontentement, elle avait fermé ses écoles. Les jacobins et les cordeliers n'avaient été reçus dans son sein qu'à condition de renfermer l'enseignement dans leurs cloîtres; mais ils profitèrent de ces troubles pour ouvrir des écoles publiques. L'université, rentrée dans ses droits, interdit aux religieux cette licence, qu'elle prétendit contraire à ses statuts. Ce fut la source de longues contestations, dont les papes se mêlèrent; elles jetèrent souvent des divisions dans ce corps respectable. Le roi prit peu de part à la dispute. Il la laissa entre les intéressés, où elle s'assoupit, comme il arrive ordinairement dans ces sortes de querelles, quand l'autorité ne s'en mêle pas.

Les lois, les ordonnances, dans tout ce qu'elles eurent d'arbitraire, de cruel contre les juifs et les usuriers, furent impuissantes. La lettre de change circule victorieuse des arrêts de proscription, et le commerce lui doit une vie toute nouvelle.

Quant aux prostituées, elles restèrent prostituées, moins ou avec la *ceinture dorée* qui est devenue proverbiale.

Le point d'honneur et la vanité d'une femme occasionnèrent alors une guerre dans laquelle Louis courut de grands dangers. Après avoir marié Alphonse, son frère, à Jeanne, héritière et comtesse de Toulouse, il se fit un plaisir d'aller le mettre lui-même dans l'exercice de ses droits et de lui faire rendre hommage par ses vassaux. Entre eux se trouvait Hugues X de Lusignan, comte de la Marche, neveu de Guy, roi de Jérusalem. Il avait épousé Isabeau, fille et héritière d'Aymar, comte d'Angoulême, veuve de Jean-sans-Terre, mère de Henri III, roi d'Angleterre, et de Marie, femme d'Othon IV, empereur d'Allemagne. Elle entra dans une espèce de rage quand elle sut les intentions du voyage du roi avec son frère. « Moi, s'écriait-elle, moi veuve d'un roi, mère d'un roi et d'une impératrice, me voilà donc réduite à prendre rang après une simple comtesse, à faire hommage à un comte! Ne commettez pas, disait-elle à son mari, ne commettez pas une pareille lâcheté : armez-vous; mon fils et mon gendre viendront à votre secours; je soulèverai tous les seigneurs du Poitou, mes alliés et mes vassaux; et s'ils ne suffisent pas, je vous reste : moi seule je puis vous défendre et vous affranchir. »

Louis, ignorant ces desseins, se présente avec une simple escorte d'honneur. Tout-à-coup, lui, son frère et leur cour se trouvent investis dans Poitiers, et ne s'en tirent que par un accord désavantageux que le roi fut obligé d'aller signer auprès de Lusignan et de sa femme, mais dont il tarda peu à se trouver dégagé, par une nouvelle insolence du comte de la Marche. Sommé par Alphonse de venir renouveler son hommage à une époque déterminée, il s'y rend en effet, mais pour lui déclarer qu'il ne le tient point pour son seigneur, mais pour un usurpateur et un injuste détenteur des domaines du roi d'Angleterre, et qu'à ce titre il ne lui doit rien, non plus qu'au roi son frère. Aussitôt que Louis est instruit de cet acte formel de rébellion, il convoque un parlement pour aviser à la conjoncture. Hugues est déclaré déchu de ses fiefs; et le roi, avec des forces considérables, se dispose à aller mettre cet arrêt à exécution. Isabeau, comme elle l'avait promis, forma une ligue des seigneurs du Poitou et de la Saintonge, qu'elle appuya des forces du roi d'Angleterre. Mais, avant de les mettre en action, elle essaya, comme elle l'avait promis encore, de se suffire seule pour s'affranchir de la soumission demandée, et elle tenta contre Louis l'assassinat et le poison, mais sans succès.

Le roi d'Angleterre, appelé en effet par sa mère, vint lui-même avec des troupes déjà nombreuses, auxquelles se joignirent celles des seigneurs poitevins et saintongeois. Les deux armées se rencontrèrent en Saintonge, sur les bords de la Charente, près d'un château nommé Taillebourg. Les Anglais étaient maîtres du château et du pont que le château commandait. Louis aurait pu se contenter de leur fermer le passage pour les empêcher de pénétrer en France, et ils n'auraient peut-être pas osé le tenter devant lui; ainsi il pouvait les tenir long-temps en échec : mais il lui était important de finir promptement cette guerre, et d'une manière éclatante, parce qu'il était menacé par d'autres vassaux, restes de la ligue formée sous la régence, que le moindre délai, une apparence de timidité, pouvaient engager à se soulever de nouveau.

Il se trouvait dans la même position que Philippe-Auguste près de Gisors : un pont à franchir, une armée entière qui l'attendait sur le bord opposé, de plus un château garni de machines qui lançaient des traits et des pierres sur le pont, et jusque sur la rive française où les soldats de Louis avaient peine à se rassembler. Le jeune monarque prend avec lui une petite troupe intrépide, se précipite sur le pont, renverse les barricades : la plus grande partie de ses braves est blessée ou tuée à ses côtés; il avance néanmoins, et arrive avec huit chevaliers au débouché du pont. Les soldats se pressent pour le suivre. Comme le pont était fort étroit, leur nombre même devient un obstacle à leur ardeur; très peu parviennent jusqu'à lui. Alors il se trouve environné. Ses huit chevaliers lui font un rempart de leur corps, mais ils sont abattus ou tués; le roi reste à découvert. Les piques, les dards, les épées, se brisent contre son armure. Il se défend en désespéré, frappe, écarte, culbute : néanmoins, encore un moment, il était tué ou fait prisonnier. Heureusement des soldats du pont se dégagent de la foule et arrivent à la file; d'autres, malgré les traits qui pleuvaient sur la rivière, parviennent dans des nacelles. Louis est dégagé. A l'exemple de son père, il fond sur les Anglais, et remporte une victoire complète. Le roi d'Angleterre se rembarque. La fière Isabeau, son mari et deux enfans sont forcés de se prosterner aux pieds du roi, de rendre au comte de Toulouse, son frère, l'hommage qu'ils refusaient; et Lusignan perdit par la confiscation une partie de ses états.

Cette victoire, due à la valeur de Louis, et une autre non moins glorieuse pour lui, remportée le lendemain près de Saintes, rendirent circonspects ceux des grands vassaux qui auraient tenté de lutter avec le jeune guerrier. Sa prudence lui acquit en même temps l'estime des étrangers. Il n'entra point dans la querelle des guelfes et des gibelins, qui était alors fort animée. S'il ne s'opposa pas aux anathèmes d'Innocent IV, qui excommunia, dans le concile de Lyon, l'empereur Frédéric II, du moins ne souffrit-il pas que Robert, son frère, acceptât l'empire que le peuple lui offrait: il aurait cependant eu une raison légitime de se venger de Frédéric, qui avait tenté de le surprendre dans une embuscade que cet empereur lui dressa à Vaucouleurs, lors d'une entrevue qu'il lui avait demandée sous le prétexte de traiter en personne de leurs intérêts communs.

Ni Robert ni les deux autres frères de Louis n'avaient besoin d'états à conquérir. Charles même, le plus jeune, déjà pourvu de l'Anjou et du Maine, avait obtenu l'expectative certaine de la Provence avec la main de Béatrix, héritière de ce comté. Ce mariage éprouva beaucoup de difficultés; le roi réussit à écarter les rivaux autant par force que par persuasion. Il entrait dans le plan de sa politique, sans doute inspirée par sa mère, s'il ne pouvait chasser les Anglais de France, du moins de les empêcher d'y pénétrer davantage, en fermant les issues qui pouvaient leur y donner entrée. En rendant ses frères, par ces réunions, seigneurs de l'Anjou, du Maine, de l'Artois, du Toulousain, de la Provence, il bordait la Flandre, la Bretagne, la Guyenne et les états intermédiaires qui ouvraient les communications intérieures utiles aux projets de l'étranger. Aussi, pendant les années qui font le milieu de son règne, jouit-il d'un repos que lui seul interrompit.

Ce calme était très avantageux à ses peuples, par la liberté qu'il donnait au roi d'exercer sa vigilance dans toute l'étendue du royaume, et de rendre lui-même la justice dans les endroits les plus rapprochés de ses séjours ordinaires. On aime à se représenter le vertueux Louis, assis dans le bois de Vincennes, au pied d'un chêne, entouré de ses courtisans, qui apprenaient de lui à secourir le pauvre et consoler les malheureux. Il appelait, devant ce tribunal champêtre et paternel, la veuve, l'orphelin, l'homme sous l'oppression, frappé du fléau de la misère; et ils s'en retournaient aidés et consolés. Son temps se partageait entre les exercices de piété, la société de sa famille, la conversation des gens de lettres du temps, religieux et autres docteurs en théologie, la seule science cultivée et estimée alors. Des écrivains rapportent avec dédain les pratiques austères de religion qu'il s'imposait, privations, jeûnes, macérations, qu'ils traitent d'excès; mais peut-on savoir de quel frein il avait besoin pour dompter ses passions? et rien de ce qui, dans le sanctuaire de la conscience, nous rappelle à Dieu, peut-il être blâmé quand les devoirs de notre état n'en souffrent pas?

Il n'est pas dit que ses frères l'imitassent en tout; mais du moins ne voit-on pas qu'ils se soient permis les superfluités d'un luxe ruineux, un jeu désordonné et autres défauts communs dans les cours. Trois jeunes princes, chacun avec sa jeune épouse, vivaient paisiblement, sans jalousie l'un de l'autre, sous les yeux et la discipline quelquefois sévère de Blanche leur mère. On dit qu'elle prétendait régler jusqu'aux plaisirs que le mariage leur permettait. Marguerite se plaignait un jour amèrement de cette gêne : « Ne me laisserez-vous » voir mon seigneur, lui dit-elle, ni en la vie ni en la mort? » On ajoute que la conduite de Blanche était fondée sur la crainte que sa belle fille ne prît plus de place qu'elle dans le cœur de son époux; et qu'elle osa même, dans une maladie qu'il eut, la repousser de l'appartement de son mari. Mais cette circonstance pouvait prouver qu'alarmée des empressemens trop vifs de son fils, elle employa moins par jalousie que par prudence et tendresse des moyens que la confiance respectueuse du prince autorisait.

Tout ce qui touchait la religion affectait sensiblement le pieux monarque. Thibault IV, comte de Champagne, devenu par héritage roi de Navarre, avait, dans un moment de ferveur, fait publier une croisade. Il s'y était engagé en personne avec beaucoup de seigneurs ses vassaux. Comme ils ne trouvèrent pas de vaisseaux, ils allèrent par terre, souffrirent la faim, la soif, éprouvèrent des trahisons dans les pays par où ils passèrent; de sorte que leur nombre était fort diminué lorsqu'ils arrivèrent en Palestine, devant Jaffa, l'ancienne Joppé, qui fut leur unique conquête. Encore furent-ils forcés de l'abandonner promptement, et Thibault revint seulement avec les principaux chefs de son armée; le reste avait péri.

On ne s'aperçut pas que cet évènement fît sur Louis l'impression à laquelle on s'attendait. Il se contenta de plaindre les malheureux, mais il se promit intérieurement de les venger; à l'appui de ce désir, il lui survint une maladie qui le mit aux portes de la mort. Dans le moment le plus critique, il fit vœu solennellement, devant toute sa cour, de prendre la croix s'il en échappait. Sa santé revint, et quand il fut totalement rétabli il songea à accomplir son vœu. Il n'était pas embarrassé de mettre sur pied une armée assez considérable pour relever le courage des chrétiens et les mettre pour un temps à l'abri des vexations des infidèles; mais il aurait voulu un effort plus puissant, exciter un enthousiasme général, et jeter pour ainsi dire toute l'Europe en masse sur l'Asie. Ses tentatives auprès des autres princes furent inutiles: réduit à ses seules forces, il convoqua un parlement où il fit agréer sa résolution; ses trois frères, Alphonse de Toulouse, Robert d'Artois, Charles d'Anjou, se croisèrent. La reine Marguerite prit aussi la croix, et, à son exemple, Jeanne, sa belle-sœur, épouse d'Alphonse, et beaucoup d'autres dames de haut rang, ainsi que des évêques, des abbés et une multitude de seigneurs.

Il y en avait cependant, même entre les courtisans, qui répugnaient de s'engager à cette expédition lointaine. Louis, dans les grandes fêtes, assistait à l'office divin avec toute sa cour. Nos rois étaient encore dans l'usage de distribuer, dans ces jours solennels, ce qu'on appelait des *livrées*, espèces de capes uniformes qu'on revêtait par dessus ses habits. Le roi, pour la messe de minuit, à Noël, fit broder des croix sur ces casaques. Il eut soin qu'il y eût peu de lumière dans l'endroit où on les délivrerait. Ils endossèrent tous celle qu'on leur présentait, sans se douter de la ruse; mais, au premier rayon de lumière, chacun aperçut sur l'épaule de celui qui le précédait le signe qu'il présentait lui-même à celui qui le suivait. Ils prirent gaîment le parti de le regarder comme un véritable engagement. Ils donnèrent au roi le nom de *pêcheur d'hommes*, et allèrent en foule le féliciter du succès de sa pêche. Plusieurs cependant représentèrent qu'ils n'avaient pas d'argent pour faire leurs équipages; le roi leur en fournit, partie comme prêt, partie comme don. On les excita à vendre des terres et des châteaux; le clergé et les moines acquirent plusieurs de ces domaines. Les bourgeois des villes, enrichis par le commerce, réduits auparavant à ne pouvoir acquérir que des terres chargées de redevances onéreuses envers la noblesse, commencèrent à s'affranchir. Le roi lui-même acheta des possessions utiles de seigneurs qu'il voulait mettre en état de faire le voyage, et on remarque que ce fut principalement de ceux qui pouvaient causer du trouble pendant son absence; d'où on a conclu que cette entreprise fut autant l'ouvrage de la politique que de la dévotion. Il fit prêter serment de fidélité à ses enfans par les seigneurs qui restaient; nomma Blanche, sa mère, régente, avec les pouvoirs les plus étendus, et partit d'Aigues-Mortes dans le mois de juin. Sa flotte était de cent vingt gros vaisseaux et de plus de quinze cents petits.

Le roi avait fixé pour premier rendez-vous l'île de Chypre, où régnait Henri, petit-fils d'Amaury de Lusignan et petit-neveu de Guy, que Richard avait fait roi de Chypre après la prise de Jérusalem par Saladin. Du consentement de Henri, Louis avait ordonné d'immenses magasins de vivres, de sorte que l'armée se trouva dans l'abondance tout le temps qu'elle y resta. Le séjour fut plus long qu'on ne l'avait prévu. Il fallut attendre l'arrière-garde qui fut contrariée par les vents, puis acquérir des connaissances sur l'état du pays pour former le plan d'attaque. Le roi avait d'abord dessein d'aller droit en Palestine et de conquérir Jérusalem, qui était le but de son voyage; mais on lui fit observer que la Palestine était un pays entièrement dévasté, que toutes les villes étaient démantelées; qu'à la vérité il serait aisé de s'en emparer; mais que, n'ayant ni le temps ni les moyens de s'y fortifier, il arriverait qu'aussitôt que les croisés seraient partis, les chrétiens reperdraient leurs forteresses aussi promptement qu'ils les auraient acquises; qu'alors ils resteraient, comme auparavant, en proie aux vexations des infidèles, et que ce serait toujours à recommencer.

Allez plutôt en Égypte, lui disait-on. C'est le soudan ou souverain de ce pays qui tient sous ses lois la Palestine. C'est lui qui, sitôt que vous serez parti, s'en rendra de nouveau le maître. C'est par lui qu'il faut commencer, si vous voulez donner de la solidité au trône de Jérusalem que vous vous proposez de rétablir. Mais ce soudan était un prince très puissant. Il était petit-neveu de Saladin, et se nommait Malec-Sala : il tenait sous son empire, avec la Palestine et l'Égypte, les villes et pays de Damas. Il était bon général, exercé à la guerre qu'il faisait continuellement aux Arabes, et toujours à la tête d'une armée de Mamelucks, milice turque du Kapschak ou de la Circassie qu'il s'était formée, et qui était destinée à détrôner la famille de Saladin.

Les derniers motifs ayant prévalu, malgré les difficultés auxquelles on devait s'attendre, l'attaque de l'Égypte fut résolue, et on cingla vers Damiette. Aussitôt qu'on en aperçut les tours, toute la flotte se rassembla autour de la galère du roi. Les chefs montèrent sur son bord pour recevoir ses derniers ordres. « Il parut d'un air à
» inspirer de la résolution aux plus timides. (1) Vous promets,
» dit Joinville, l'historien de cette croisade, que oncques si bel
» homme armé ne vis. Il paraissait par dessus de tous, depuis les
» épaules en amont. Quoiqu'il fût d'une complexion délicate, son
» courage le faisait paraître capable des plus grands travaux. Il
» avait les cheveux blonds, et réunissait tous les agrémens qui
» accompagnent d'ordinaire cette couleur. On remarquait dans toute
» sa personne un je ne sais quoi si doux en même temps et si majes-
» tueux, qu'en le voyant on se sentait pénétré en même temps de
» l'amour le plus tendre et du respect le plus profond. La simplicité
» de ses armes, simplicité qui n'excluait pas la propreté, lui don--
» nait un air plus guerrier que n'aurait pu faire la richesse qu'il
» négligeait. »

Sa harangue fut courte; il parlait à des braves qui n'avaient pas besoin d'être excités à bien combattre; il s'attacha seulement à réveiller en eux les sentimens chrétiens qui auraient dû être le mobile de leur entreprise. Dans la crainte que le soin de veiller à sa conservation ne les rendît trop circonspects dans l'action, il leur dit : « Ne me regardez pas comme un prince en qui réside le salut
» de l'état et de l'église; vous n'avez en moi qu'un homme dont la
» vie, comme celle de tout autre, n'est qu'un souffle que l'éternel
» peut dissiper quand il lui plaît. Marchons avec confiance : si nous
» restons victorieux, nous acquerrons au nom chrétien une gloire
» qui remplira l'univers; si nous succombons, nous obtiendrons la
» couronne du martyre. »

Il donne le signal; la chaloupe qui portait l'oriflamme précède les autres. Comme s'il y avait honte d'être prévenu, Louis entre dans la

(1) Velly, t. 4, p. 417.

mer jusqu'aux épaules, l'écu pendu au cou, l'épée au poing. Une armée bordait le rivage; une flotte défendait le port. Vaisseaux et soldats furent en même temps attaqués avec fureur par les Français, quoiqu'ils n'eussent pas encore leur arrière-garde, retardée par les vents. La défense dura deux jours : deux jours de combat équivalent à deux batailles. Enfin l'opiniâtreté céda à la bravoure française; ils abandonnèrent Damiette, sans penser à la défendre. Les Français en prirent possession, la munirent, la fortifièrent, et s'en firent un point d'appui pour le reste de l'expédition.

L'arrière-garde arriva ; il fut décidé qu'on irait au Caire, et on fit des préparatifs pour passer le Nil. La possession de Damiette donnait la jouissance d'une rive ; on se flatta d'autant plus aisément de s'emparer de l'autre, qu'on savait la mort de Malec-Sala, qu'une maladie venait d'enlever à la Massoure comme il revenait en toute hâte de la Mésopotamie pour s'opposer aux croisés. En attendant Almoadin, son fils, qu'il avait laissé en Mésopotamie, les Sarrasins élurent pour commandant Facardin, l'un d'entre leurs chefs.

Alors commencèrent les désastres des croisés. Ils passèrent le Tanis, qu'ils avaient devant eux, par un gué que des transfuges leur indiquèrent. Robert, comte d'Artois, l'aîné des frères du roi, demanda à passer le premier et à conduire l'avant-garde. Louis, qui se défiait de son bouillant courage, ne le lui accorda que sous la condition expresse qu'il n'attaquerait point que lui-même ne fût à portée de le secourir. Le comte promet tout ; mais, à peine a-t-il passé le fleuve, qu'il fond sur les ennemis dont la contenance lui paraît incertaine : il les disperse et les poursuit jusqu'aux portes de leur camp. En vain le grand-maître des Templiers et les autres généraux, suspectant une fuite aussi précipitée, essaient de modérer l'ardeur du jeune prince : à leurs sages remontrances il ne répond que par des insultes et continue à marcher en avant. Frémissant d'indignation, mais n'osant toutefois l'abandonner, ils le suivent à l'attaque du camp qui est surpris. Facardin est tué dans la mêlée; son armée, composée de soixante mille combattans, se débande, et perd à la fois son général, ses machines et son camp. Jamais témérité n'avait été couronnée d'un pareil succès; mais le comte semble prendre à tâche de lasser la fortune. Ce n'est point assez pour lui d'avoir dispersé l'ennemi; seul, il veut l'anéantir : et sans attendre son frère, avec la poignée d'hommes et de chevaux qu'il a sous la main, et malgré les nouvelles remontrances de ses généraux qu'il se croit de plus en plus autorisé à mépriser, il poursuit les fuyards, entre pêle-mêle avec eux dans la ville de Massoure, et, toujours emporté par son ardeur, passe au delà de la ville sans penser seulement à se l'assurer par un détachement. Il ne s'arrête que lorsqu'il se voit dans l'impossibilité d'atteindre les fuyards. Pendant qu'il s'opiniâtrait si imprudemment à leur poursuite, un musulman nommé Bondochar, simple mameluck, mais homme de tête, qui préludait à sa haute fortune, reconnaît qu'il n'est poursuivi que par une poignée d'hommes qui n'est pas soutenue. Il le fait remarquer à ses compagnons, en rallie plusieurs, et, avec le discernement d'un général, il marche droit à la Massoure, dont il s'assure. Il y massacre le peu de chrétiens qu'il y trouve, puis ceux qui y revenaient à la file, sans défiance d'y rencontrer un ennemi. Tous les généraux tombent sous ses coups, et avec eux le comte d'Artois. Bondochar fait publier que c'est le roi lui-même qui a été tué, et ranime ainsi le courage des musulmans qui brûlent alors du désir de venger la honte de leur surprise.

Louis cependant avait passé le fleuve; mais il ne restait plus personne à secourir. A la nouvelle de ce désastre, l'effroi changea de côté, et il ne fallut pas moins que l'intrépide fermeté du roi pour résister à l'impétuosité des Sarrasins. Les Français ne furent point battus; ils contraignirent même l'ennemi à rentrer dans son camp avec une perte immense : mais quelque considérable qu'elle pût être, l'issue de la bataille fut moins funeste aux Sarrasins, qui pouvaient se recruter, qu'à Louis, qui y perdit la moitié de son armée.

Devenus bien supérieurs, les Sarrasins changèrent leur manière de combattre; ils laissèrent les croisés assez tranquilles dans leur camp, craignant d'irriter ces lions, dont la fureur paraissait terrible. Dans ce camp où les uns pleuraient leurs amis et gémissaient sur eux-mêmes, tourmentés par la douleur des blessures, dont l'ardeur du climat augmentait le danger, les autres se livraient au jeu et à la bonne chère, autant que leur situation le permettait, car les vivres vinrent bientôt à manquer. Ils arrivaient de Damiette par des bateaux; les coureurs ennemis, répandus sur l'autre bord du Nil, tuaient à coups de flèches les matelots, et s'emparaient de la cargaison; les remèdes et les secours de toute espèce pour les malades devinrent aussi rares que les vivres; une contagion mit le comble à tous ces maux.

Comme la plupart des chefs avaient été tués, comme presque tous les autres et le roi lui-même étaient dans une espèce de stupeur, à peine donnait-on des ordres. Il n'y avait plus de discipline; les cadavres restaient sans sépulture autour du camp, où on les jetait sans précaution; il s'en amoncela un grand nombre auprès d'un pont que Louis avait fait jeter sur le Tanis. La corruption des uns et des autres infecta l'air et les eaux; les petits poissons que le soldat en tirait, corrompus eux-mêmes, étaient plutôt un poison qu'une nourriture. Une si triste situation fit songer à la retraite; retraite de malades, de blessés, d'hommes exténués par défaut de nourriture, sous un soleil brûlant, devant une armée saine et active. On entassa des blessés, ou languissans de maladies, le plus grand nombre qu'on put dans les bateaux. On plaça le roi avec peine sur un cheval. On se distribua les postes; les moins faibles se chargèrent de protéger la marche.

Mais cette triste phalange ne se fut pas plutôt ébranlée que les ennemis l'assaillirent de tous côtés, de près, de loin, en queue et de front, à coups de dards, d'épées et de masses. Louis, dans ce moment, retrouva sa vigueur; il faisait avec les chevaliers qui l'environnaient des charges terribles. Pendant la fuite des ennemis, les Français tâchaient de gagner du terrain ; mais ceux-là revenaient toujours plus nombreux. Les forces enfin abandonnèrent le monarque : il succombait, il allait être tué ou pris. Un chevalier nommé Geoffroy de Sargines le tira de la mêlée, reçut les coups qu'on lui portait, et le fit passer au delà du pont. Gauthier de Châtillon soutint long-temps seul sur ce pont l'effort des ennemis; mais ils l'abattirent à la fin, et, passant précipitamment pardessus son corps hérissé de flèches, percé et meurtri, ils arrivèrent à une maison où gisait le monarque presque mourant. Des chevaliers le défendaient encore. Un huissier cria, sans commandement, que le roi ordonnait qu'on se rendît; que, s'ils ne le faisaient pas, ils exposaient sa personne. Les armes leur tombèrent des mains, qui furent aussitôt chargées de chaînes.

Le roi, ses frères et les seigneurs pris avec eux, eurent beaucoup à souffrir de la soldatesque effrénée, jusqu'au moment où Louis put s'aboucher avec Almoadin. Ils firent ensemble un traité assez avantageux pour des vaincus réduits à une si extrême détresse : mais la catastrophe du soudan les replongea dans de nouveaux malheurs. Quelques émirs, mécontens ou jaloux, inspirèrent à leurs troupes des sentimens de révolte. Ils répandirent le bruit qu'Almoadin voulait garder pour lui et ses favoris la rançon du roi sans leur en faire part; qu'il avait même dessein de se servir des prisonniers français, après qu'il aurait rompu leurs fers, pour se débarrasser de ceux qui lui étaient suspects, entre autres des mamelucks, qui faisaient dès lors un corps puissant dans l'armée. Ces imputations soulèvent cette milice ombrageuse. Ils attaquent le jeune soudan à l'improviste : il se sauve dans une tour de bois sur le bord du Nil. Les révoltés y mettent le feu. Almoadin se jette dans le fleuve pour se sauver à la nage; mais il est percé de flèches avant d'arriver à l'autre bord.

Le roi se ressentit, ainsi que les autres prisonniers, de l'anarchie causée par cette rébellion. Les mutins s'emparèrent de sa personne. Les uns venaient lui demander insolemment leur part de sa rançon : ils allèrent même jusqu'à le menacer de massacrer sous ses yeux ses compagnons d'infortune, et de le mettre lui-même à la torture; pendant que d'autres, témoins de son courage dans la bataille, admirant sa fermeté dans les fers, et touchés de sa patience et de sa douceur, lui offraient la couronne. Il devint, en quelque manière, arbitre entre les émirs, et les rapprocha. On remit sur le tapis le traité dont l'exécution avait été suspendue par les troubles, et il fut suivi sans aucun changement. Le roi rendait Damiette pour sa rançon personnelle, n'ayant jamais voulu consentir à être mis à prix d'argent; pour ses frères et les autres prisonniers, il s'engageait à une somme de huit cent mille besans d'or (1) (cent mille marcs d'argent), dont le tiers serait payé comptant, et on stipula une trêve de dix ans. Louis laissa son frère Alphonse et un certain nombre de chevaliers en otages, et partit pour Damiette, d'où il envoya le premier paiement, qui délivra ces prisonniers. Le trésorier se vanta à Louis d'avoir gagné par ruse quelque chose sur le poids des espèces, auxquelles les Sarrasins ne se connaissaient pas. Le scrupuleux monarque ordonna que ce gain illicite fût restitué. Ce premier paiement, trop fort pour ce qui restait dans la caisse royale, fut formé des contributions volontaires des malheureux qui avaient échappé, tant par terre que par eau, à la fureur des barbares, et qui s'étaient réfugiés à Damiette, et de tous les meubles et bijoux que la reine Marguerite, Jeanne, sa belle-sœur, et les dames de leur suite, purent retrancher à leur nécessaire, et qu'elles vendirent à des Juifs.

Le roi remit Damiette aux Sarrasins, et se rendit à Saint-Jean-d'Acre, où la reine l'avait déjà précédé. Il serait difficile de peindre la désolation de cette princesse, quand elle avait appris la captivité de son mari. L'idée effrayante qu'elle s'était faite, peut-être avec raison, de la lubricité de la milice asiatique, lui causait des convulsions de désespoir. Elle s'imaginait toujours les entendre aux portes de son appartement : on mettait la nuit, dans sa chambre, un vieux chevalier pour la rassurer. Dans un moment d'effroi, elle se jeta à ses pieds : « Jurez-moi, chevalier, lui dit-elle, que vous » ferez tout ce que je vous demanderai. » Il le promit. « C'est, » ajoute-t-elle, que, si les Sarrasins s'emparent de cette ville, vous » me couperez la tête avant qu'ils me puissent prendre. — J'y son- » geais, » répondit-il.

Les princes et leur suite abandonnèrent le plus tôt qu'il leur fut possible cette plage funeste; mais, malgré leurs instances, le roi demeura en Palestine. Il avait une double intention : la première de ne point laisser sans espoir les chrétiens de ce pays qu'il était venu secourir, et de ne point perdre tout le fruit de ses peines; la seconde de forcer les infidèles à remplir, à l'égard des prisonniers, les conditions de la capitulation. Dans l'ivresse de leurs succès, en prenant Damiette, ils avaient massacré les chrétiens sains et malades qu'ils y trouvèrent. Au lieu de garder auprès d'eux ceux dont ils espéraient la rançon, ils les envoyaient au loin dans le désert, afin que les travaux auxquels ils les assujétissaient fissent augmenter le prix du rachat; ils eurent même la mauvaise foi de retenir, sous mille prétextes, ceux dont ils avaient touché l'argent. Il n'y avait que la présence du monarque, l'estime dont il jouissait, la crainte qu'il inspirait encore dans son malheur, qui pût mettre des bornes à ces vexations. Il

---

(1) Besans ou bisantins, monnaie de Byzance ou de Constantinople, de la valeur d'un huitième de marc d'argent, et par conséquent équivalent à 6 à 7 fr. d'aujourd'hui.

réussit ainsi à rassembler autour de lui beaucoup de soldats et de chevaliers que son départ aurait réduits à une perpétuelle captivité. Il releva les fortifications de plusieurs villes, et accorda entre eux les princes chrétiens de la Palestine. Ceux qui lui donnèrent le plus de peine furent les chevaliers de Saint-Jean et ceux du Temple, dont les prétentions et les priviléges se croisaient : il les mit en état, s'ils fussent restés unis, de se soutenir contre les infidèles, en attendant les secours qu'il ne désespérait pas de leur apporter. Ce fut l'ouvrage de quatre années de séjour, pendant lesquelles il s'occupa des mêmes actions de justice et de bienfaisance que celles qu'il exerçait dans son royaume.

Le roi aurait pu profiter de la déférence générale pour visiter les lieux saints et achever son pélerinage. Certainement il aurait été reçu avec respect dans Jérusalem, quoique cette ville fût entre les mains des infidèles ; mais on lui fit observer qu'il était au dessous de la dignité d'un grand monarque d'entrer en suppliant dans une ville dont il s'était promis la conquête, et pour laquelle il avait fait de si grands efforts. Il renonça donc à ce projet, et dès ce moment il tourna les yeux vers la France. Blanche, sa mère, était morte il y avait plus d'un an ; raison péremptoire pour ne pas retarder davantage son retour.

Il s'embarqua avec la reine et ce qui lui restait de sa cour, augmentée d'un fils dont Marguerite était accouchée à Damiette, trois jours après avoir reçu la nouvelle de la captivité de son mari. On le nomma Tristan, parce qu'il était né dans les tristes circonstances de cette malheureuse entreprise.

Le roi descendit dans un petit port de Provence, où on ne l'attendait pas. Il n'y avait ni chevaux ni commodités propres au transport de tant de personnes et de leurs équipages : heureusement l'abbé de Cluni, qui se trouvait dans le voisinage, lui amena deux chevaux. Il eut à cette occasion une audience qui parut longue. « N'est-il pas vrai, sire, dit Joinville au prince, que le présent d'un bon moine n'a pas peu contribué à le faire écouter si longuement ? — Il en peut être quelque chose, répondit le roi. — Jugez donc, sire, reprit le bon chevalier, ce que feront les gens de votre conseil, si votre majesté ne leur défend pas de prendre de ceux qui ont affaires par devant eux : car, comme vous voyez, on en écoute toujours plus volontiers. Le roi sourit, sentit la sagesse de l'avertissement, et, ajoute le sénéchal, il ne l'oublia pas. »

Il trouva son royaume en bon état. Pendant son absence il n'avait été troublé que par les désordres des pastoureaux. On appela ainsi des hommes possédés d'un enthousiasme fanatique qui saisit principalement les gens simples de la campagne, de petits cultivateurs, et surtout les bergers. Leur association commença par les exhortations véhémentes d'un nommé Jacob, natif de Hongrie, échappé des cloîtres de Citeaux. Il prêchait la croisade, non, disait-il, aux gentilshommes et aux riches, dont Dieu rejetait l'orgueil, mais aux pauvres et aux petits, auxquels Dieu avait réservé l'honneur de délivrer le roi et les lieux saints. La sainte vierge et les anges lui avaient apparu et commandé de rassembler les fidèles pour la sainte expédition.

Bientôt le *maître de Hongrie*, ainsi l'appelait-on, fut environné de disciples, hommes de tous états, femmes et enfans, dont on fait monter le nombre à cent mille. Il leur distribua des drapeaux chargés de devises et de représentations de ses visions, leur donna des chefs, tous prédicateurs comme lui. Le sujet de leurs discours changea à mesure qu'ils se renforçaient. Après n'avoir parlé que de piété et de dévotion, ils se mirent à invectiver contre les moines, les chanoines, les évêques de la cour de Rome. Ils se donnaient la licence d'exercer, quoique laïcs, les fonctions du culte, confessaient, *dépeçaient* les mariages, les *refaisaient*, accommodaient la morale chrétienne à leurs idées et à leurs intérêts, et ces intérêts étaient un libertinage affreux qui s'introduisit dans ce ramas d'hommes grossiers, ignorans et oisifs. Quand Jacob prêchait, il était environné de satellites prêts à se jeter sur ceux qui oseraient le contredire. Un clerc eut cette hardiesse à Orléans. Il entreprit de réfuter *le maître* : pour toute réponse, un des disciples lui fendit la tête d'un coup de hache.

La régente toléra d'abord ces rassemblemens de croisés, parce qu'elle n'y voyait que des secours qui se préparaient pour son fils. Jacob, à la tête de sa troupe, fut bien reçu dans Paris. En faisant les fonctions sacerdotales, il se décora dans l'église de Saint-Eustache des ornemens pontificaux; il prêcha avec son arrogance ordinaire; et comme il était soutenu par la populace, les membres de l'université, plus savans que guerriers, dit Mézerai, et de plus intimidés par l'assassinat de quelques prêtres victimes des furieux, se barricadèrent dans leurs colléges, et ne durent leur salut qu'à cette prudente précaution.

Pareilles scènes se passaient à Amiens, à Orléans, à Bordeaux et dans d'autres villes, où les lieutenans de Jacob, aussi bien accompagnés que leur général, exerçaient leur mission. Ces excès étonnèrent la régente. Elle se repentit de ne les avoir pas arrêtés dans le principe, et prit des mesures sages, les moins rigoureuses cependant qu'il fût possible contre des fanatiques, la plupart plutôt séduits que méchans. Blanche ordonna qu'on laissât passer, qu'on aidât même ceux qui voudraient s'embarquer ou quitter le royaume de toute autre manière : on saisit les chefs dont on ne fit que peu de ces exemples sanglans qui aigrissent plutôt les persécutés qu'ils ne les corrigent. Ce défaut de chefs, le besoin de vivres, le dégoût et l'ennui d'une vie errante, en rappelèrent beaucoup dans leurs demeures champêtres où ils reprirent leurs travaux ordinaires. Ainsi s'écoula ce torrent parce qu'on lui ouvrit un passage; et Louis, à son retour, n'en trouva que de faibles traces.

L'université lui causa quelque embarras. On peut se rappeler que les jacobins et les cordeliers reçus dans son sein, à condition de ne point enseigner publiquement, ouvrirent leurs écoles quand l'université ferma les siennes, à l'excommunication de Philippe-Auguste : l'interdiction de l'instruction, qui rendait oisifs une multitude d'écoliers et faisait fermenter le mécontentement dans ces jeunes têtes, était, pour un corps enseignant, un grand moyen de soutenir ses priviléges ou d'en obtenir du gouvernement que cette suspension inquiétait. Si, dans ces temps de crise, les religieux continuaient de donner leurs leçons, l'université n'avait plus rien à espérer de cette interruption qui lui avait été quelquefois si utile. Elle fit donc un décret qui portait qu'aucun ne serait reçu dans son sein s'il ne s'obligeait par serment à obéir à ses statuts faits à ce sujet. Les religieux refusèrent de s'engager. Après bien des débats, l'affaire fut portée devant le pape, dont le tribunal était saisi d'une autre plus importante en ce qu'elle touchait la discipline de l'église gallicane.

Les atteintes que les religieux mendians y portaient se connaissaient par une bulle d'Innocent IV, donnée même avant les derniers troubles de l'université : « Pour garder les droits à chacun, dit le souverain
» pontife, et spécialement aux évêques et aux curés, qui sont la
» vraie hiérarchie ecclésiastique, les réguliers ne pourront point,
» aux jours de fêtes, recevoir les séculiers à l'office divin, ni à la
» confession, sans la permission de l'ordinaire. Il ne feront aucun
» sermon chez eux pendant qu'on célébrera l'office divin aux jours
» de fêtes dans les paroisses, ni dans les autres églises, sans l'ordre
» des évêques et des curés des lieux. » Telle a toujours été la discipline de l'église de France. L'histoire ne doit pas la laisser ignorer. Dans ce procès sur la discipline se trouve souvent mêlée l'Université, parce que si les religieux en général se soumettaient à l'ordinaire, ceux qui étaient admis au doctorat se prétendaient par ce titre exempts de l'examen et de la juridiction épiscopale, quand ils voulaient confesser et prêcher. Il y eut sur ces matières, pendant six pontificats, plus de quarante bulles atténuantes, confirmantes, explicatives, souvent contradictoires. Cette guerre de plume fut très estimée.

Les adversaires répandirent avec profusion les critiques, les satires, les personnalités aigres et mordantes. Le roi ne se mêla de ces querelles que pour adoucir les esprits; elles se seraient plus envenimées s'il avait fait agir l'autorité. Elles ne finirent point, mais s'assoupirent.

Les quinze années qui s'écoulèrent après le retour du roi présentent peu d'évènemens importans pour la postérité ; mais les contemporains durent s'estimer heureux de vivre dans une période de temps qui fournissait peu de matériaux à l'histoire. Son silence est quelquefois le signe du bonheur. Il se rencontre néanmoins dans cet espace de temps des faits qui méritent d'être recueillis. Le premier est une conciliation entre les enfans de la comtesse de Flandre, Marguerite, fille de Baudouin, premier empereur de Constantinople, et veuve de Bouchard d'Avesnes et de Guillaume de Dampierre. Elle voulut partager de son vivant ses états aux enfans des deux lits. Jean d'Avesnes, partagé du Hainaut, crut apercevoir dans sa mère de la prédilection pour Guy de Dampierre, son frère, qui obtint la Flandre. Il s'en plaignit amèrement et s'échappa contre elle en propos insultans. Le roi, invoqué dans cette discussion que le sort des armes tenait encore en balance, termina le différend au désir de la mère, et ordonna que le griffon que les d'Avesnes portaient dans leurs armes serait peint désormais sans langue et sans griffes.

Les officiers du comte d'Anjou avaient jugé en sa faveur un procès dans lequel un de ses vassaux réclamait un château qu'il prétendait lui appartenir. Le condamné appelle au roi. Le comte, indigné de sa hardiesse, le fait mettre en prison. Les plaintes de l'opprimé parviennent à Louis; il le fait mettre en liberté. Mais le plaignant n'avait pas d'argent pour suivre son procès; la crainte de désobliger le frère du roi lui fermait toutes les bourses, et en même temps le privait d'avocats. Louis lui en nomme un, lui avance de l'argent, et l'affaire scrupuleusement discutée, le comte est condamné et l'appelant réintégré dans son château.

Une cause à peu près pareille suscita un procès par devant le conseil du roi pour lui-même; il y était présent. Le possesseur de la terre en litige produisait, comme pièce probante, une charte revêtue de toutes les formes et même du sceau; mais ce sceau était brisé et en partie effacé. Sur ce défaut, les conseillers étaient prêts à rejeter la pièce. Louis se fait apporter d'autres chartes du même temps, en confronte les sceaux avec celui qu'on lui présentait, remarque dans ces débris quelques restes qui lui rendent l'authenticité probable, et se condamne lui-même.

On connaît son inflexible sévérité dans l'exercice de la justice; c'est pourquoi toute la cour tremblait pour la vie d'Enguerrand, baron de Couci, coupable d'un meurtre affreux. Il avait fait pendre, comme braconniers, deux jeunes gens de considération qui s'exerçaient à tirer de l'arc dans une de ses forêts. Malgré les priviléges qu'il alléguait, le roi le fit enfermer dans la tour du Louvre et comparaître devant son tribunal. Couci, amené en sa présence, demanda qu'il lui fût permis, selon la coutume pratiquée à l'égard des barons, d'appeler auprès de soi ses parens pour prendre leur conseil. Tous ceux qui siégeaient avec le roi se levèrent et se joignirent à l'accusé comme parens. Louis l'était lui-même. Il demeura presque seul sur son tribunal, garni de trop peu de juges pour prononcer une sentence de mort. Il se laissa toucher par les prières de tant de personnes distinguées, et condamna du moins le coupable à la fondation de deux chapelles où se ferait l'office pour le repos de l'ame des défunts, et il permit que, selon la loi des compensations, qui n'était pas tout à fait hors d'usage, le criminel rachetât sa vie par une somme de dix mille livres qui fut employée à bâtir l'hôpital de Pontoise.

Cet Enguerrand était frère puîné et héritier de Raoul de Couci, blessé mortellement à la bataille de la Massoure, et dont le nom s'allie si tristement à celui de Gabriel de Vergy.

Il y a peu de règnes pendant lesquels la paix avec l'Angleterre ait été aussi soutenue que pendant celui de Louis IX; mais on peut douter s'il ne l'acheta pas un peu cher. Contre l'avis de son conseil, la seule fois, dit-on, qu'il s'en était écarté, il rendit à Henri III, roi d'Angleterre, le Limousin, le Quercy, le Périgord, qui avaient été confisqués sur Jean-sans-Terre. Il ajouta la promesse de l'Agénois et de la Saintonge, si Alphonse, son frère, mourait sans enfans. Il est vrai que Henri, sans doute en reconnaissance de si beaux dons, donna à l'hommage qu'il fit au roi de France un éclat auquel le vassal ne se prêtait pas volontiers dans ces sortes de cérémonies. Il se prosterna devant le trône de Louis avec ses enfans, se reconnut son hommelige, lui prêta serment de fidélité, se mit sous sa protection, et, un des fils du roi étant mort, il aida lui-même, comme les autres princes, à porter son corps à la sépulture. On a blâmé cette générosité de Louis, dont il donna dans le temps des raisons assez mauvaises en politique, comme le scrupule de retenir des biens dont la confiscation lui paraissait avoir été injuste, et le désir de se procurer par là une paix constante avec l'Angleterre : mais c'était faire affront à la cour des pairs, qui avait prononcé cette confiscation après mûre délibération sous Philippe-Auguste; et c'était aussi un mauvais moyen d'éviter la guerre, que d'augmenter le territoire et par là les forces et la puissance d'un ennemi si redoutable.

Il n'y a pas de services que Louis, toujours généreux à l'égard de Henri, ne se soit empressé de lui rendre. Celui-ci avait établi gouverneur dans les provinces situées en France, et avec tous les pouvoirs de vice-roi, Simon de Montfort, comte de Leicester, par sa mère, beau-frère de Henri, dont il avait épousé la sœur, et le plus jeune des fils du fameux Simon qui avait commandé la croisade contre les Albigeois. Leicester en avait usé dans son gouvernement de manière à soulever les seigneurs les plus puissans du pays. Sur les plaintes qu'ils formèrent, le comte passe en Angleterre pour se justifier près de Henri; mais ce fut avec une hauteur et une arrogance faites pour blesser son maître, lors même qu'il eût été innocent. De là entre eux une haine dont chacun saisit toutes les occasions de donner à l'autre des preuves. Celle de Leicester fut favorisée par les circonstances. L'Angleterre était alors dans toute l'ardeur d'une discorde civile entre les princes et les barons, à l'occasion de diverses chartes de liberté, accordées et révoquées tour à tour par le faible monarque. Le comte fomente les mécontentemens, obtient un éclat, lève des troupes, attaque celles que lui oppose son souverain, les dissipe, et parvient à s'emparer de la personne de Henri et de celle de son fils Édouard. C'est dans ces occurrences malheureuses que plus d'une fois l'arbitrage de Louis fut réclamé également par le prince et par les barons. Il s'employa avec zèle à les accorder, mais il ne put y réussir; et de leurs transactions avec lui il ne demeura que le témoignage, si honorable pour Louis, d'avoir été jugé par tous les partis assez juste et assez impartial pour les accommoder en effet.

Louis porta le même esprit de conciliation dans des différens survenus entre les comtes de Châlons et de Bourgogne; entre ceux-ci et Thibault V, comte de Champagne et roi de Navarre; entre les comtes de Bar et de Luxembourg. Les politiques de son conseil le blâmaient de son empressement à pacifier. Ne vaudrait-il pas mieux, disaient-ils, les laisser se battre entre eux, pour profiter ensuite de leur affaiblissement? « Si je suivais vos avis, leur répondit-il, je serais privé » de la grace de Dieu qui me commande d'accorder les querelles entre » les princes chrétiens, et je perdrais la bienveillance de mes voisins, » lesquels, s'apercevant de ma malice, se joindraient pour m'attaquer; » et, me trouvant abandonné de Dieu, ils me vaincraient aisément. »

Ainsi Dieu, le désir de lui plaire, la crainte de l'offenser, étaient toujours dans sa bouche et dans son cœur. Cette disposition habituelle ne pouvait exister sans des élans de dévotion qui paraîtraient fort étranges dans notre siècle, puisqu'ils parurent tels dans le sien. Il eut dessein de se faire moine. Ce ne fut pas une simple velléité, mais une résolution si bien prise, que la reine, ses enfans, son confesseur lui-même, eurent beaucoup de peine à le faire revenir de cette idée. Cependant ce même homme qui croyait devoir sacrifier jusqu'à sa liberté à la religion, était ferme contre les abus qu'on prétendait autoriser des lois de l'église. Les excommunications étaient alors très fréquentes, et si ordinaires, que les personnes frappées des foudres de l'église ne s'embarrassaient plus de se faire absoudre, ni par conséquent de réparer les torts pour lesquels elles avaient encouru les censures. Les évêques se plaignirent au roi de cette négligence, et le prièrent de forcer les excommuniés à se faire absoudre dans l'année. Louis voulut bien s'y engager, mais à condition que ses juges examineraient si l'excommunication était justement prononcée. Cet arrangement ne plut pas aux évêques. « Mais, leur dit le monarque, voilà le duc de Bretagne qui avait été excommunié par » l'évêque de Nantes. Sept ans après, l'excommunication a été » déclarée à Rome indûment fulminée. Si j'avais forcé le comte à la » faire lever dans l'année, je l'aurais injustement engagé à des satis» factions qu'il ne devait pas. » Les évêques retirèrent leur requête. Jamais saint Louis ne permit que la juridiction ecclésiastique empiétât sur la royale, et il eut toujours grand soin de contenir la première dans ses justes bornes.

On remarque cette attention dans son code intitulé: *Etablissemens de saint Louis*. Il ne parut qu'un an avant sa mort; mais c'est l'ouvrage de toutes les années pacifiques de son règne, le fruit du travail de personnages d'une habileté et d'une probité reconnues, chargés de surveiller la conduite des juges et l'exercice de la police. Il prenait ce soin lui-même. On trouve dans ces institutions des règlemens pour le commerce, auquel les voyages d'Asie avaient donné quelque activité. Saint Louis s'y est appliqué surtout à débrouiller le chaos des lois féodales et à assurer les propriétés ; il fixe les ressorts des juridictions, les causes ou délits dont la connaissance leur est attribuée, le droit d'appel, depuis le seigneur châtelain jusqu'au souverain : par là il a préparé l'affranchissement des bourgeois des villes, et donné lieu à la formation de ce qu'on a appelé depuis le *tiers-état*. Le vagabondage est sévèrement défendu ; des patrouilles réglées sont ordonnées dans les campagnes et sur les chemins, et les habitans des lieux où un crime s'est commis en sont rendus responsables.

Comme les asiles étaient sacrés, et leur inviolabilité réputée tenir à la religion, Louis ne les abolit pas : il défendit, au contraire, que les criminels fussent pris dans l'église ; mais il ordonna que le clergé les mettrait dehors, et que, s'il ne les chassait pas, les officiers royaux pourraient les aller prendre jusqu'au pied des autels. Les péages très fréquent, qui gênaient la communication, furent ou retranchés ou supprimés. Il fut défendu au juge d'acheter des biens dans l'étendue de sa juridiction ; la peine du talion fut proscrite, sans distinction d'états ni de personnes. Le roi donna plus de force et d'authenticité aux lois déjà faites pour suspendre les guerres particulières pendant quelques jours de la semaine ; il prit même assez d'empire sur la coutume pour les faire cesser des semaines entières qu'on appelait *les semaines-le-roi*.

S'il ne put abolir les duels judiciaires, il fit du moins observer les lois rigoureuses de ces combats ; lois bien capables de les rendre moins fréquens, en portant d'avance la terreur et l'effroi dans le cœur des champions. Avant qu'il leur fût permis de combatire, ils subissaient un interrogatoire sévère, accompagné d'exhortations et de sermens. On récitait solennellement sur eux l'office des morts, comme s'ils n'en devaient pas revenir, et on les avertissait que le vaincu serait traîné hors de la lice par les pieds et attaché au gibet. Pendant ces lugubres cérémonies, la réflexion pouvait amener le repentir ou le désistement. S'ils persistaient, les juges du camp donnaient le signal après qu'on leur avait répété la funeste sentence d'être traîné par les pieds et pendu ; sentence qui devait être exécutée sur le mourant comme sur le mort, car il pouvait arriver que le vaincu ne fût que blessé. Ceux qui se louaient pour ces sortes de combats subissaient, sans grace, le sort des commettans. On l'avait ainsi réglé, de peur que l'assurance d'être exempts du dernier supplice ne les disposât à ne point employer tous leurs efforts contre l'adversaire avec lequel ils seraient arrangés d'avance. Ces sortes de combats se prescrivaient judiciairement, non seulement pour venger des affronts ou des violences personnelles, mais encore pour obtenir la possession disputée de terres, seigneuries, ou autres propriétés.

Les *semaines-le-roi* furent très utiles à Charles d'Anjou, frère de Louis, pour la conquête de Naples et de la Sicile. Depuis long-temps les empereurs et les papes ne cessaient d'attiser le feu d'une guerre acharnée, dont le terme semblait être la destruction des uns ou des autres. Les princes de la maison de Souabe qui occupaient le trône impérial avaient encore irrité le dépit des papes par une alliance qui, leur donnant Naples et la Sicile, avaient considérablement accru leur puissance en Italie. Frédéric II, l'un des princes les plus illustres que l'Allemagne ait eus pour chefs, avait été, pour cette raison, plus en butte qu'aucun autre, soit aux menées sourdes, soit aux agressions découvertes des souverains pontifes. Il avait soutenu leurs attaques avec vigueur : mais, s'il en sortit avec gloire, les fatigues qui en furent inséparables abrégèrent de beaucoup sa carrière. Conrad IV, son fils, digne par son énergie de remplacer un tel père, en eut une bien plus courte encore. A peine il était sur le trône, que, par le crime de Mainfroi, son frère naturel, le poison vint trancher ses jours. Il laissa pour héritier de ses états et de ses dangers un fils encore au berceau, connu sous le nom de Conradin.

Le pape Urbain IV, comme seigneur suzerain du royaume de Naples, se déclare tuteur de cet enfant, et à ce titre se met en possession de ses états. Mainfroi prend la même qualification, et s'en autorise pour chasser l'armée du pape qui fait en vain prêcher une croisade contre lui. Il bat les croisés qu'on lui oppose, et, victorieux de toutes parts, il dépouille un masque dont il n'a plus besoin, et se fait poser la couronne sur la tête. Urbain, dans l'impuissance de conserver le patrimoine de son pupille, avisant aux moyens d'en priver au moins l'usurpateur, se croit autorisé à disposer d'un royaume dont il est suzerain, et l'offre en conséquence à Charles, frère de saint Louis, comte d'Anjou de son chef, et de Provence par sa femme. Sourd aux conseils généreux et timorés de son frère, Charles accepte l'offre en 1265, passe en Italie, est couronné à Rome, puis entre dans la Pouille à la tête d'une nouvelle armée de croisés. Il rencontre Mainfroi près de Bénévent, lui livre bataille, et le défait. Mainfroi même est tué dans la mêlée, et laisse une fille nommée Constance, qu'il faut remarquer, en ce que, mariée alors à Pierre-le-Grand, roi d'Aragon, elle lui porta des droits que nous verrons se réaliser sous peu, et d'une manière bien tragique pour les Français.

Charles d'Anjou, devenu roi de Sicile par la mort de Mainfroi, tarda peu à avoir un nouvel ennemi à combattre. Conradin, à la tête d'une armée d'Allemands, que ses grâces, sa jeunesse et ses malheurs avaient attachée à sa fortune, venait reconquérir l'héritage de ses pères. Mais que pouvait une expérience de seize ans contre un prince consommé dans l'art de la guerre? Les deux armées se rencontrèrent à Aquila dans l'Abbruzze. Celle de Conradin, victorieuse au premier choc, s'étant débandée pour piller le camp de Charles, fut chargée par une troupe de Picards qui la défit entièrement. Conradin échappa à ce désastre, et il était près de s'embarquer et de se dérober à toutes les poursuites, lorsqu'il fut arrêté et livré à Charles, qui remit à un tribunal composé de juges de toutes les parties du royaume à prononcer sur le sort du jeune prince. Mais cet appareil de justice et d'impartialité n'avait été imaginé que pour sauver des apparences trop odieuses. Ce jeune héros, dont le crime avait été de se commettre aux hasards de la guerre pour réclamer les droits les plus légitimes, fut jugé digne de mort. La sentence fut exécutée publiquement à Naples; et ce fut la main du bourreau qui, en 1268, éteignit cette illustre maison de Hohen-Stauffen, ou de Souabe, qui avait donné à l'Allemagne six des plus grands empereurs qui l'aient gouvernée.

Les savans, comme nous l'avons déjà dit, trouvaient auprès de Louis un accueil favorable, des distinctions flatteuses, des encouragemens et des récompenses. Outre ses bienfaits à l'université de Paris, il en créa une à Bourges, augmenta celle de Toulouse, fit des dons importans à la Sorbonne, et la rendit dépositaire de livres très précieux pour le temps, et qui ont commencé sa bibliothèque. Il est à remarquer que les premiers de nos poètes et de nos historiens qui ont écrit en français, Guillaume de Lorris et Ville-Hardouin, vivaient pendant son règne. On croit que ce fut lui qui engagea Vincent de Beauvais, dominicain célèbre, à écrire le *Miroir historial*, que nous avons encore. Aux fondations littéraires il ajouta des fondations pieuses; la Sainte-Chapelle, divers hôpitaux, et entre autres celui des Quinze-Vingts, et des couvens pour les dominicains, pour les cordeliers et pour les carmes. Ses faveurs tombaient avec profusion sur tous ces ordres. Il a fait des dépenses considérables en châsses, bijoux et ornemens pour les monastères de Saint-Denis et d'autres églises. Louis savait qu'on le blâmait de ces prodigalités; mais il répondit : « Si argent projetois en piafes et ribauderies, cil qui se deult » ne m'affoleroit mie. » (Si j'employais mon argent en fastes et en débauches, tel se plaint de moi qui se garderait alors de me blâmer.)

On ne doit pas mettre au nombre des générosités répréhensibles ce qu'il dépensait pour l'éclat du trône et la solennité des fêtes qu'il rendait nationales. Le peuple montra la part qu'il prenait à la satisfaction du souverain dans les réjouissances qui eurent lieu lorsqu'il maria sa fille Élisabeth à Thibault II, roi de Navarre, et son fils aîné, Philippe, avec Isabeau d'Aragon. Lorsqu'il fit chevalier ce même Philippe, et Robert, son neveu, fils de Robert, son frère, tué à la Massoure, tout Paris fut tapissé, et ses habitans se livrèrent à cette vraie joie qui caractérise l'affection. Aussi Louis, touché de ces marques d'attachement, disait dans une effusion de tendresse à Philippe, son fils, qui devait lui succéder : « Beau fils, je te prie que te fasses aimer du peuple de ton royaume; car vraiment j'aimerais mieux qu'un Écossais vînt d'Ecosse, ou quelque lointain étranger,

» qui gouvernât bien et loyalement, que tu te gouvernasses mal à
» point et en reproche. »

Entre les actions sages dont nous avons parlé, la malignité humaine, la jalousie secrète qu'elle excite entre ceux qu'un grand mérite élève au dessus des autres, a cherché une erreur de jugement, une faute grave en politique, et malheureusement la sévérité de l'histoire présente l'une et l'autre dans la seconde croisade de saint Louis, la huitième et la dernière de toutes. Miné par les maladies, si exténué qu'à peine pouvait-il revêtir sa cuirasse et charger sa tête de son casque, le pieux roi méditait toujours la guerre contre les infidèles; mais où porter ses armes? En Palestine? Les chrétiens y étaient si affaiblis qu'on désespérait d'y pouvoir trouver un port. En Egypte? Mais elle était passée sous le sceptre du redoutable Bondochar ou Bibars, général habile, dont la célébrité remontait à la journée de la Massoure, et dont les armes, depuis qu'il était soudan, avaient également été funestes aux chrétiens, aux Sarrasins et aux Tartares; d'ailleurs, despote absolu, dont les ordres s'exécutaient avec autant de célérité que de rigueur. Sur un simple soupçon, il avait fait, en un seul jour, massacrer quatre-vingts émirs, ses compagnons d'armes et les instrumens de sa grandeur.

Outre la prudence qui défendait d'attaquer un prince si redoutable, il se présenta une autre considération qui détourna de l'Égypte. Omar, roi de Tunis, entretenait avec le monarque français une intelligence secrète dont on ignore le but et le motif. On présume que c'était de la part du Tunisien le désir d'établir le commerce entre ses sujets et les Français. L'adroit Africain, connaissant la passion du monarque, faisait entrevoir dans la négociation qu'il embrasserait volontiers la religion chrétienne, s'il le pouvait sans trop s'exposer : « Oh! s'écriait Louis, si j'avais la consolation de me
» voir le parrain d'un roi mahométan! » Il se persuada donc qu'il n'était question que d'aider la foi de l'Africain; l'entreprise cependant n'était pas dénuée de tout moyen de tirer parti du plan, que le zèle trop confiant de Louis revêtait à ses yeux de trop grands avantages. Si le prosélyte trompait, on attaquerait sa capitale qu'on savait pleine de richesses. Elles serviraient à la conquête de la Terre-Sainte; la possession de Tunis interromprait les habitudes entre les Maures d'Afrique et ceux d'Espagne, priverait les Africains des vivres et des munitions qu'ils tiraient des Espagnols, rendrait la mer libre aux croisés pour les recrues et autres secours qu'on leur enverrait de France. Toutes ces raisons étaient fortement appuyées par Charles, roi de Naples. Il promettait une armée pour cette expédition, et comptait la composer des mécontens de son royaume, qui étaient en grand nombre, Français et autres. Outre le plaisir de s'en débarrasser, il espérait qu'après les avoir jetés sur cette plage, ils y formeraient des établissemens qui demeureraient dans sa dépendance, et mettraient ses côtes à l'abri des incursions barbaresques.

Par tous ces motifs, dont celui qu'on fondait sur la confiance dans la bonne foi d'Omar était assez chimérique, on se détermina pour Tunis. Le roi fit son testament, dans lequel il confirma les dispositions déjà faites en faveur de ses enfans : à Philippe, l'aîné, sa couronne ; à Jean, dit Tristan, Crespy, et ce qu'on a appelé depuis le comté de Valois ; à Pierre, le comté d'Alençon et le Perche ; à Robert, qui a été la tige des Bourbons, le comté de Clermont en Beauvoisis. Les filles avaient eu leur dot en se mariant ; Elisabeth, au roi de Navarre ; Blanche, à Ferdinand de La Cerda, héritier de Castille, comme aîné d'Alphonse X, l'astronome, mais dont les enfans, à la mort de leur aïeul, furent privés de leurs droits par Sanche IV, leur oncle ; Marguerite, au duc de Brabant ; Agnès, la dernière, trop jeune pour être mariée, eut dix mille livres, et épousa ensuite Robert II, duc de Bourgogne. Le testament contenait des legs immenses pour les pauvres, les hôpitaux et les églises. Il offrit la régence à Marguerite, son épouse ; à son refus, il nomma Mathieu abbé de Saint-Denis, et le sire de Nesle, deux hommes très estimés.

Les préparatifs qu'on lui voyait faire n'excitaient pas un grand zèle. Le mauvais succès de sa première croisade diminuait, si elle n'ôtait pas entièrement la confiance pour celle-ci. Beaucoup de seigneurs désiraient s'en dispenser sous différens prétextes. Joinville lui-même, le confident, et on peut dire l'ami de Louis, pressé, sollicité, s'excusa sur ce qu'il était attaqué de la fièvre. « Venez, lui ré- » pondit le roi, nous avons ici des physiciens qui vous guériront » aussi bien que les vôtres. » Le sénéchal ne se laissa point gagner. Le monarque, voyant ses démarches pareillement inutiles auprès de beaucoup d'autres, imagina une ruse.

Il écrivit secrètement au pape de lui envoyer un légat pour l'exhorter lui-même au saint voyage. Simon de Brie, cardinal de Sainte-Cécile, vint accompagné d'ambassadeurs du Levant. Dans un parlement tenu à Paris, il fit une harangue pathétique sur l'obligation imposée à tout chrétien de secourir ses frères opprimés. Louis, de qui venait la proposition, reprit publiquement la croix qu'il n'avait jamais quittée. Il la fit prendre aussi à ses trois fils ; Philippe, son aîné ; Jean Tristan, comte de Valois ; et Pierre, comte d'Alençon ; à Alphonse, son frère, comte de Toulouse ; à son gendre Thibault, roi de Navarre ; et à Robert, son neveu, fils de Robert, son frère, comte d'Artois. Il obtint aussi le même engagement du comte de Flandre, du duc de Bretagne, des Montmorency, Montpensier, Laval, et autres principaux seigneurs du royaume. L'enthousiasme gagna même au dehors. Edouard, fils du roi d'Angleterre, leva de belles troupes, moyennant trente mille marcs d'argent que Louis lui prêta. Le prince engagea pour cela une partie de la Gascogne, quoique le roi lui offrît cette somme en pur don. Les jeunes princes emmenèrent leurs épouses, plusieurs seigneurs les imitèrent ; et ce cortège, moitié pieux, moitié galant, sous un roi austère qui n'avait en vue que la religion, partit de Marseille sur la fin de mars, temps peu propre à commencer une expédition dans un pays où on allait trouver des chaleurs ardentes et des sables brûlans.

Aussi le premier soin fut-il de mettre à l'abri de l'excès du chaud les princesses, leur suite, les hôpitaux, et tous ceux qui n'étaient pas propres à la guerre. On trouva une vallée rafraîchie par des ruisseaux et ombragée d'arbres, où on les plaça. L'armée entière débarqua à trois lieues de Tunis, et y campa. Louis envoya avertir Omar de son arrivée, et lui rappeler sa promesse pour le baptême. Omar répond qu'il ira le recevoir à la tête de cent mille hommes. C'était une escorte trop forte pour une cérémonie. Le roi donna ordre d'attaquer le port où il voulait mettre ses vaisseaux qui n'étaient pas en sûreté dans la baie. Malgré une grande résistance, il fut pris, ainsi qu'un fort qui le défendait, et la ville aussitôt assiégée. Elle était si bien munie de gens de guerre, qu'il y avait peu d'espérance de la prendre autrement que par famine. Les assiégeans y travaillèrent en ravageant les dehors; mais ils ressentirent la disette d'eau et de fourrages avant de la faire souffrir aux assiégés.

L'air étouffant et les exhalaisons pestilentielles des marécages commencèrent à répandre des maladies dans l'armée; le flux de sang, les fièvres chaudes, la dysenterie. Pour avoir une plus grande facilité à se fournir d'eau douce et à se procurer un air frais, l'armée alla camper au dessous de Carthage. Il y avait un château qu'on disait rempli de vivres et de toutes sortes de rafraîchissemens; les Français s'en emparèrent de vive force, et n'y trouvèrent presque rien. Ils étaient sans cesse harcelés par les Africains, les battaient à la vérité, mais se ruinaient par leurs victoires. Le siége, que continuaient des corps détachés de l'armée, n'avançait pas. L'inquiétude se joignit à ces maux; on craignait de voir paraître à tout moment dans le camp de l'ennemi un grand secours que le soudan Bondochar avait promis à Omar. De sorte qu'il fut résolu que Louis attendrait son frère Charles qu'on savait être parti de Sicile, et qu'on ne tenterait rien avant son arrivée; mais qu'on resterait renfermé dans un camp bien palissadé.

Ce repos forcé enhardissait les Maures. Ils assiégèrent le camp à leur tour, et fatiguèrent jour et nuit les malheureux soldats, mal nourris et épuisés par des travaux continuels et les maladies. La contagion se répandit, elle atteignit les chefs. Ils mouraient en grand nombre, ou de leurs blessures ou de la malignité de l'air. On compte que l'armée diminua de moitié en un mois. Le légat du pape et Tristan moururent. Philippe était languissant d'une fièvre-quarte, et Louis lui-même fut attaqué d'un flux de sang et d'une fièvre violente qui l'étendit sur son lit de mort.

Il en vit les approches avec la confiance d'un chrétien et la sérénité d'un sage. Il appela auprès de lui les principaux de son armée.

« Mes amis, leur dit-il, j'ai fini ma course. Ne me plaignez pas. Il

» est naturel, comme votre chef, que je marche le premier. Vous
» devez tous me suivre. Tenez-vous prêts au voyage. » Il leur fit
ensuite une exhortation sur leurs devoirs de guerriers, défenseurs
de la religion, adorateurs de la croix qu'ils portaient, qu'ils devaient
bien prendre garde de déshonorer par une vie licencieuse. Il tâcha
aussi de raffermir leur courage par l'espérance du secours prochain
que Charles, son frère, leur amenait. Puis, tendant la main à son fils,
et le serrant tendrement, il lui dit : « Aime Dieu de tout ton cœur.
» Sois doux et compatissant pour les pauvres. Soulage-les tant que
» tu pourras. Ne mets sur ton peuple de tailles et de subsides que
» les moins onéreux qu'il sera possible, et seulement pour les affaires
» très pressantes. Recherche la compagnie des prudens, fuis les
» mauvais. Ne souffre pas que personne disc devant toi des paroles
» de médisance ou d'impiété. Fais justice, mon fils, à toi et aux
» autres. Tiens ta promesse. Si tu as le bien d'autrui, rends-le promp-
» tement. Conserve la paix. Si tu es forcé à la guerre, ménage le
» malheureux peuple. Aime-le, mon cher fils. Veille sur les juges,
» et informe-toi souvent de la manière dont ils rendent la justice. »
Il finit en le priant de l'aider par ses prières, messes, oraisons et
aumônes par tout le royaume. « Je te donne telle bénédiction que
» jamais père peut donner à son fils, priant Dieu qu'il te garde de
» tous maux, et principalement de mourir en péché mortel. » Il
reçut ensuite pieusement les sacremens, se fit étendre sur la cendre,
prit la croix, la posa sur sa poitrine, ferma les yeux, et rendit l'ame
sans effort, en prononçant ces paroles du psaume 5 : « J'entrerai
» dans votre maison, et je vous adorerai dans votre saint temple. »

A peine avait-il expiré que la mer se couvrit de vaisseaux pa-
voisés, ornés de banderoles, d'où partaient une musique bruyante
et des cris de joie. C'était l'armée de Sicile qui arrivait. Charles,
étonné de n'entendre pas répondre à ses démonstrations d'allégresse,
alarmé de ne voir sur le rivage que des signes de désolation, se jette
dans une barque, arrive, va à la tente royale, voit son frère dont le
visage respirait encore la douceur et la bonté. Il se précipite sur ce
corps inanimé avec tout l'abandon du plus sincère attachement, le
presse entre ses bras, et l'arrose de ses larmes. Tout le camp reten-
tissait de soupirs et de sanglots. La perte était commune. Princes,
seigneurs, chevaliers, soldats, confondus ensemble, pleuraient également un bon roi, un brave guerrier qui leur était ravi dans une
terre étrangère, au moment des plus grands périls. La vénération
générale a donné à Louis IX le titre de *Saint*, que l'église lui a
confirmé.

Le président Hénault remarque deux hommes dans saint Louis,
l'homme public et l'homme privé. « Ce prince, dit-il, d'une valeur
» éprouvée, n'était courageux que pour de grands intérêts. Il fallait
» que des objets puissans, la justice ou l'amour de son peuple, exci-
» tassent son ame, qui, hors de là, semblait faible, simple et timide.

» C'est ce qui faisait qu'on lui voyait donner des exemples du plus
» grand courage quand il combattait les rebelles, les ennemis de
» son état, ou les infidèles ; c'est ce qui faisait que, tout pieux qu'il
» était, il savait résister aux entreprises des papes et des évêques,
» quand il pouvait craindre qu'elles n'excitassent des troubles dans
» son royaume ; c'est ce qui faisait que, sur l'administration de la
» justice, il était d'une exactitude digne d'admiration. Mais quand
» il était rendu à lui-même, quand il n'était plus que particulier,
» alors ses domestiques devenaient ses maîtres ; sa mère lui com-
» mandait, et les pratiques de la dévotion la plus simple remplis-
» saient ses journées. A la vérité, toutes ces pratiques étaient enno-
» blies par les vertus solides, et jamais démenties, qui formèrent
» son caractère. »

On ne retranchera de ce portrait, qui paraît fidèle, que l'imputation d'avoir laissé ses domestiques devenir ses maîtres. Jamais saint Louis n'eut de favoris. Il était bon avec ceux qui le servaient dans son intimité, mais jamais dominé par eux : nous remarquerons même que, dans ses dernières leçons à son fils, il lui donna ce conseil : « Sois libéral avec tes serviteurs, mais garde ta gravité » avec eux. »

Il mourut le 25 août, à cinquante-cinq ans, la quarante-quatrième année de son règne. Marguerite, son épouse, lui survécut quinze ans. Son éloge peut être renfermé dans cette remarque, qu'elle rendit heureux celui qui aurait voulu ne vivre et ne régner que pour le bonheur des autres. Si l'on eut à reprocher à saint Louis des fautes et des faiblesses, il faut reconnaître qu'il a eu toutes les vertus et aucun vice : éloge qui ne convient à presque aucun des personnages que l'histoire propose à l'estime et à la vénération publique.

Philippe III, dit le Hardi, âgé de 25 ans.

Après quelques jours donnés à la douleur, jours de stupeur et de découragement, où, si les Maures eussent attaqué l'armée, ils auraient pu la détruire, on songea aux mesures nécessaires dans la circonstance. Le nouveau roi envoya porter cette triste nouvelle en France aux régens, qu'il confirma. Il se fit prêter le serment de fidélité par tous ceux qui étaient présens. Le roi Charles prit le commandement, du consentement de tous. Il était bon général, grand politique, deux qualités précieuses dans un chef en ce moment critique.

Il s'agissait de finir au plus tôt, et sans de grands sacrifices, cette malheureuse expédition ; mais il importait fort que l'ennemi ne pénétrât pas ce désir. On le provoqua ; il fut vaincu, et sa défaite l'engagea à une négociation. Omar avait un intérêt pressant de se délivrer de ces fâcheux hôtes, dont l'audace pouvait à la fin être funeste à Tunis qu'ils assiégeaient toujours. C'est pourquoi il accorda des conditions beaucoup plus favorables qu'on n'avait droit de les espérer. Ce ne fut point la paix, mais une trêve de dix ans; différence médiocrement importante pour le roi de Tunis, qui s'inquiétait peu de ce qui pouvait arriver au bout de ce terme. On croit aussi que les croisés préférèrent une trêve à la paix, parce que saint Louis, dans sa dernière exhortation, leur avait expressément recommandé de ne point faire la paix avec les infidèles. Les croisés ont été imités en cela par les chevaliers de Malte, qui ne faisaient avec l'empire ottoman que des trêves, mais si rapprochées l'une de l'autre, qu'elles étaient à la fin devenues une paix perpétuelle qui les rendait inutiles au but de leur institution.

On convint que le port de Tunis serait désormais franc, et les marchandises qu'on y apporterait exemptes de douanes; que les habitans français de Tunis, chargés de chaînes au moment de l'arrivée de leurs compatriotes, seraient mis en liberté; qu'ils pourraient avoir des églises; qu'on n'empêcherait pas les Musulmans de se faire chrétiens; que le roi de Tunis paierait tous les ans un tribut que Charles prétendait lui être dû, et dont il avait fait un des motifs de la guerre; que, pour les frais faits par les seigneurs français, il leur serait payé deux cent mille onces d'or, dont la moitié comptant et le reste dans deux ans.

L'argent devait être partagé entre les soldats, et il ne le fut pas; ils manquèrent aussi le pillage de Tunis qu'on leur avait promis; de sorte qu'ils partirent assez mécontens : mais un grand nombre d'entre eux ne portèrent pas jusqu'en France leurs murmures et leurs plaintes. La flotte prit le chemin de la Sicile. Une tempête la surprit dans la rade de Trepani, lorsqu'elle était près d'aborder. Dix-huit gros vaisseaux et un grand nombre de petits, chargés des équipages de l'armée, périrent à la vue du port, et avec à peu près quatre mille personnes de toutes conditions. Les trois rois de France, de Navarre et de Sicile, les principaux seigneurs et leur suite, avaient eu le temps de débarquer.

Philippe fut retenu en Sicile par un reste de maladie contractée à Tunis, et par celle de Thibault, roi de Navarre, son beau-frère, qui mourut quinze jours après son débarquement. Sa femme lui survécut peu. Isabelle d'Aragon, épouse de Philippe, traversant à cheval une petite rivière en Calabre, fit une chute qui lui causa une fausse couche dont elle mourut. Alphonse, frère de saint Louis, comte de Toulouse, et Jeanne son épouse, moururent aussi en Italie, en revenant de cette funeste expédition : ainsi le nouveau roi rentra en France avec les tristes restes du roi son père, de la reine Isabelle, son épouse, de Tristan, son frère, du roi de Navarre, son beau-frère, d'Alphonse, son oncle, et de Jeanne, comtesse de Toulouse, sa tante. Son règne commença donc par des funérailles. Celles de saint Louis furent attendrissantes. Philippe porta lui-même, avec les seigneurs de sa suite, les os de son père dans un coffre, depuis Paris jusqu'à Saint-Denis.

Les impressions lugubres de ces malheurs furent suspendues, mais ne furent point effacées par le sacre de Philippe, qui se fit à Reims. Il y avait peu de familles qui n'eussent des chefs ou des parens très proches à regretter. Chacun s'occupa de ses pertes et du soin de les réparer. C'est peut-être à cette espèce d'affaissement général, à l'attention exclusive que chacun apporta à ses intérêts prochains et personnels, qu'est due la paix pendant les quinze années que régna Philippe-le-Hardi. Quelques bruits de guerre se firent entendre sur les frontières, mais sans grands évènemens.

Ils avaient été occasionnés par les usurpations des deux beaux-frères, Géraud, comte d'Armagnac, et Roger-Bernard, comte de Foix, sur Casaubon, seigneur de Sompuy. Le malheureux spolié réclama l'aide de Philippe, et lui céda même sa seigneurie. Les détenteurs de Sompuy ne tinrent aucun compte du changement de possesseur. Philippe, indigné, se propose de châtier les rebelles, de manière à prévenir la tentation de les imiter. A cet effet, il convoque le ban et l'arrière-ban des vassaux de la couronne, et fixe leur rendez-vous à Tours. Ceux qui ne s'y trouvèrent point furent condamnés à des amendes qui servirent à défrayer les autres. A l'approche de cet appareil formidable, Géraud prit le parti de la soumission : pour Roger, confiant en ses montagnes et en son château de Foix, taillé dans le roc, il osa défier la puissance du roi au pied même de ses murailles. La fierté du vassal excite l'opiniâtreté du suzerain. Une multitude de travailleurs est commandée pour tailler la roche. Pressés et soutenus tour à tour par l'impatience du prince et par ses encouragemens, ils avancent les travaux avec une célérité qui porte enfin la terreur dans le sein du comte. Il demande à traiter ; mais le roi veut qu'il se rende à discrétion, et Roger est contraint d'en passer par cette extrémité. Une détention d'un an fut la peine imposée à sa félonie : au bout de ce temps, le roi lui rendit sa faveur.

Il est remarquable que, vingt ans après, le fils de Philippe se porta pour médiateur entre lui et la maison d'Armagnac, que la succession de Béarn avait brouillée avec son ancien allié. Le dernier vicomte de Béarn n'avait laissé que des filles. Roger avait épousé l'aînée, déclarée héritière par le testament de son père, et Géraud, la cadette. Bernard, fils de celui-ci, prétendit que le testament était supposé, et de là entre les deux maisons des hostilités qui durèrent quatre-vingts ans. Le parlement de Toulouse, investi de cette affaire dès l'origine, ordonna le duel entre l'oncle et le neveu. Il eut lieu à Gisors, en présence de Philippe-le-Bel, qui sépara les combattans, et qui essaya vainement de les accorder, en leur assignant à chacun une portion de l'héritage. Il resta en définitif à la maison de Foix, d'où il passa à la maison d'Albret, puis à celle de Bourbon.

Une autre guerre en Espagne suivit d'assez près celle de Foix, et fut encore moins fertile en évènemens militaires. L'occasion en fut donnée par Alphonse X, roi de Castille, dit le Sage et l'Astronome, celui à qui les Allemands offrirent le trône impérial pendant les temps d'anarchie qui suivirent la mort de Conrad, père du jeune Conradin. Il était fils de saint Ferdinand et petit-fils de Bérengère, sœur de Blanche, mère de saint Louis. On est incertain si Bérengère était, ou non, l'aînée de Blanche. Elle avait épousé Alphonse, roi de Léon, cousin-germain de son père. Le pape avait refusé des dispenses et contraint même, au bout de quelques années, les deux époux à se séparer; seulement il avait légitimé leurs enfans. De ces faits il résultait qu'à la mort de Henri, roi de Castille, frère commun de Blanche et de Bérengère, le trône appartenait à saint Louis, soit comme fils de l'aînée, si Blanche l'était en effet, soit, dans le cas contraire, comme évinçant les enfans nés d'une union qui avait été déclarée nulle. Louis ne jugea point à propos de faire valoir ses droits. Il y renonça même formellement depuis, en faveur de l'alliance d'une de ses filles, Blanche, avec Ferdinand de La Cerda, fils aîné d'Alphonse, et sous la condition que les enfans de La Cerda hériteraient de la Castille, lors même que leur père viendrait à mourir avant leur aïeul. Le cas prévu arriva. Sanche, second fils d'Alphonse, se distinguait alors contre les Maures. Son père, par inclination pour lui, interroge les états de Castille sur le sort de sa succession. Ils décident que Sanche est l'héritier du trône, conformément aux coutumes des Goths chez qui les droits de la proximité prévalaient sur ceux de la représentation, coutume que semblait attester la cause même du traité relatif aux enfans de La Cerda, laquelle eût été inutile si l'usage contraire n'eût pas été constant.

Quoi qu'il en soit, Philippe, sur cette déclaration, se crut obligé de maintenir les droits de ses neveux et les siens. Il fit des préparatifs immenses. Mais les hostilités ne furent pour ainsi dire que commencées. Alphonse fit des avances pour la paix, et l'obtint sans sacrifice, par l'adresse qu'il eut de faire entrevoir qu'il était et serait toujours instruit de toutes les mesures prises et à prendre contre lui. Les dangers que pouvaient courir le monarque et l'état, d'une intelligence pratiquée au sein même du conseil, parurent d'un intérêt plus grave que les motifs qui avaient allumé la guerre, et les firent oublier. On s'en fit même un devoir de reconnaissance envers Alphonse, et la recherche du traître devint l'unique objet de tous les soins du gouvernement. Les soupçons s'arrêtèrent sur le grand chambellan La Brosse, et ils ajoutèrent aux griefs qui peu après déterminèrent sa perte. Alphonse, au reste, fut mal payé du zèle qu'il avait témoigné pour Sanche, son fils: presque entièrement dépouillé par lui, il le maudit en mourant, et rappela les La Cerda à sa succession; mais il était trop tard, et leur ancien protecteur, occupé alors en Aragon, ne put venir à leur aide.

Philippe profita des avantages que Blanche, sa grand'mère, avait ménagés au royaume, en mariant Alphonse, son fils, à l'héritière de Toulouse, à condition de réversion de tous ses états à la couronne;

en cas que les époux mourussent sans enfans. Quand le roi fut débarrassé des soins les plus urgens, il songea à recueillir cette belle succession que lui ouvrait la mort de son oncle et de sa tante, arrivée, comme nous l'avons dit, en Italie en revenant de Tunis. Le roi de Sicile forma quelques prétentions sur l'héritage de son frère ; mais elles furent détruites par un arrêt formel du parlement, et sur ce principe, qu'à défaut d'hoirs, les domaines concédés à titre d'apanage retournaient de droit à la couronne. En conséquence, Philippe y réunit solennellement le Poitou, l'Auvergne, une partie de la Saintonge et du pays d'Aunis, et le comté de Toulouse, qui comprenait, outre la province de ce nom, des parties considérables du Rouergue, du Quercy et de l'Agénois. Cette réunion eut lieu après le sacre.

Le roi n'avait que vingt-six ans lorsqu'il perdit Isabelle d'Aragon, qui, en cinq années de mariage, lui avait donné quatre enfans, dont il lui restait trois fils : l'aîné nommé Louis, le deuxième Philippe, comme son père, et le troisième Charles de Valois. Après trois années de veuvage, il avait songé à de secondes noces, et avait épousé Marie, sœur du duc de Brabant. Elle fut amenée par son frère, reçue avec magnificence au milieu du concours des grands du royaume, que le roi avait mandés pour la cérémonie du couronnement de la princesse qui se fit dans la Sainte-Chapelle de Paris. Marie était belle et spirituelle. Elevée dans la cour de Brabant, où les lettres étaient en honneur, elle en porta le goût sur le trône. On dit même qu'elle aidait de ses conseils un célèbre poète de son temps, Adenez-le-Roi, qui lui dut une partie de sa réputation.

Ses talens et ses graces lui donnèrent beaucoup de crédit auprès de son mari. Ce prince, depuis son veuvage, s'était laissé subjuguer par un homme de basse naissance, nommé La Brosse, qui avait été barbier et chirurgien de son père. Il lui donna la charge de grand chambellan, et lui confiait la direction de ses principales affaires.

La Brosse, accoutumé à jouir seul de la confiance du roi, et à décider de tout souverainement, trouve mauvais que la jeune reine obtienne des graces sans daigner les faire passer par son canal. Il appréhende qu'elle ne le supplante dans l'esprit du roi, et il travaille sourdement à la détruire elle-même. Ce projet n'est pas plutôt soupçonné que les flatteurs du ministre, tous ceux qui attendaient de lui des dignités ou des richesses dont il avait été jusqu'alors le distributeur, ameutés contre la reine, s'empressent à l'envi de la noircir. On rend suspecte au roi la conduite facile de sa jeune épouse, si éloignée de la gravité de la cour de saint Louis, son père. On lui fait entendre que Marie est indignée de ce que les enfans de la première femme succéderont au trône, au préjudice de ceux qu'elle pourra avoir, et qu'elle se plaint hautement de cette loi comme d'une injustice.

Dans ces entrefaites, le jeune Louis est attaqué d'une fièvre maligne, accompagnée de convulsions. Il meurt. Des taches livides paraissent sur la peau ; quelques unes, à l'ouverture du corps, se manifestent dans les entrailles. Il est empoisonné ! s'écrie-t-on ; et c'est la reine, ajoutent les soudoyés de La Brosse, qui a commis le crime. Marie accuse au contraire La Brosse, et soutient que c'est lui-même qui l'a commis, afin de le rejeter sur elle et de la perdre. Elle fait remarquer que tous ceux qui entourent le prince et qui l'ont servi pendant sa maladie sont du choix de La Brosse ; elle demande qu'on les interroge, qu'on les applique même à la torture, s'il le faut ; qu'enfin l'on approfondisse cet affreux mystère.

Le roi se trouvait fort embarrassé entre un homme en qui il avait pleine confiance et l'épouse qu'il aimait. Les choses en vinrent au point qu'il était question, faute de preuves, d'ordonner le combat. Le duc Jean, frère de Marie, qui l'avait amenée si pompeusement à son époux, arrive pour soutenir en champ clos l'innocence de sa sœur, et lui servir de champion s'il se présentait un accusateur. Or, si le champion de la reine eût succombé, selon la loi existante, elle aurait été brûlée vive comme empoisonneuse.

Le roi tenait cependant toujours à ses soupçons, ils lui faisaient chercher des éclaircissemens par tous les moyens. Il employait menaces, promesses, recours aux personnes pieuses qu'il croyait pouvoir tirer la vérité du ciel. On ne sait qui lui indiqua une béguine, espèce de religieuse de Nivelle en Brabant, célèbre dans le pays par ses révélations. Ce ne fut certainement pas La Brosse qui désira, pour découvrir la vérité, un oracle pris dans les états de son ennemi, et qui était sous la puissance du frère de la reine, sa partie : mais s'il ne put empêcher que le roi ne la consultât, il fit du moins nommer pour recevoir son secret l'évêque d'Evreux, qui était son parent, et un abbé de mince capacité.

On entrevoit obscurément qu'il y eut auprès d'elle une négociation ; qu'elle répugnait à se mêler de cette affaire ; qu'à la fin elle consentit à s'ouvrir à l'évêque, mais seulement en confession ; et elle ne dit rien à l'abbé. « Que m'apportez-vous ? » dit le roi au prélat arrivant. Il répond qu'il n'a pu rien tirer d'elle qu'en confession. « Je ne vous » avais pas envoyé pour la confesser, » réplique le roi ; et il députe à la recluse un autre évêque et un chevalier du Temple. Leur rapport se trouve favorable à la reine, mais n'est pas encore assez concluant.

Dans ces circonstances, un homme, dont on ne dit ni le nom ni la qualité, tombe malade dans un couvent de Melun. On ne dit pas non plus d'où il venait. Il était chargé d'une lettre qu'il confie à un religieux, en lui recommandant de ne la remettre qu'entre les mains du roi lui-même : il meurt. Le religieux s'acquitte de la commission. Philippe communique la lettre à son conseil. On ne dit pas ce qu'elle contenait, mais seulement qu'au sceau elle fut reconnue pour être de La Brosse. Il fut condamné, comme convaincu de trahison, d'intelligence avec les ennemis de la France, de vol, de péculat : et de quels crimes un disgracié n'est-il pas coupable! il fut condamné à être pendu; et le duc de Bourgogne, celui de Brabant, le comte d'Artois et beaucoup de seigneurs assistèrent à l'exécution. Un historien remarque, au sujet de la croyance accordée à la recluse de Nivelle, « que c'est à la cour, où on se pique d'être au dessus du préjugé vul- » gaire, que se trouve le plus de crédulité sur ce qu'on appelle astro- » logie, divination, nécromancie. « Cette crédulité vient de l'importance que les grands attachent à leur existence, bien différens de saint Louis, qui, comme nous l'avons vu, ne se croyait pas plus qu'un autre homme.

La mort de La Brosse fut le salut de la reine. Il ne fut plus question du poison. Cette inculpation n'avait été de part et d'autre qu'un moyen subsidiaire. La véritable cause de la lutte était la jalousie de crédit et d'autorité; et dans cette lutte la reine, jeune et belle, devait triompher.

Les évènemens de l'intérieur sont peu importans sous cette époque de Philippe-le-Hardi; mais les *Vêpres Siciliennes*, cet affreux massacre commis hors du sol de la France, ne doivent pas être omises dans son histoire. On se rappelle que les Français conquirent les royaumes de Naples et de Sicile sous Charles d'Anjou. Leur chef ne se fit pas aimer; et, trop accueillis des femmes, les conquérans se firent redouter des hommes. Ils se moquaient de la jalousie des uns, abusaient de la complaisance des autres, tournaient en ridicule moins la religion que ses mystères qui les gênaient. Ainsi les peignent les auteurs italiens qui prétendent par là justifier l'horrible vengeance exercée contre eux. Le lundi de Pâques, le son des cloches qui appelaient les fidèles à vêpres fut le tocsin qui sonna la mort de tous les Français. Ce massacre cependant ne fut pas prémédité; il fut le pur effet du hasard. Une révolte, il est vrai, était préparée et organisée de longue main par Jean de Procida, gentilhomme sicilien, qui avait pris toutes les mesures pour soulever les princes et les peuples contre les Français; mais le moment d'éclater n'était pas encore fixé, lorsque les cris de la pudeur outragée en pleine rue, et en la personne d'une jeune fille qui se rendait à vêpres, devinrent comme le signal qui arma soudain tous les bras contre eux. Les Siciliens les assaillirent de toutes parts, dans les églises, dans les rues, dans les maisons. Les alliances contractées ne furent qu'un moyen de plus pour les trouver et s'en défaire. On les assassinait dans les bras de leurs épouses. Les pères fendaient le ventre de leurs filles, en tiraient les fruits de leurs mariages avec les Français, et les écrasaient contre les murailles. On fait monter le nombre de ceux qui périrent de douze à vingt-quatre mille. Un seul homme, nommé Guillaume de Pourcelet, gentilhomme provençal, fut épargné à cause de sa grande probité. La ferme contenance des Français à Messine les sauva du massacre; mais ils furent obligés d'évacuer l'île.

Après le massacre, le peuple, comme il arrive d'ordinaire, fut effrayé lui-même des excès de sa fureur. Il demande grace, et envoie à Rome prier le pape de solliciter son pardon auprès de Charles. Celui-ci, à la nouvelle de ces assassinats, était parti pour l'Italie bouillant de colère, et il assiégeait Messine. Ses troupes, peu nombreuses d'abord, se fortifièrent successivement par l'arrivée de celles que Philippe, son neveu, lui envoya, et par les secours que lui amenèrent les comtes d'Artois, de Bourgogne, de Boulogne, de Dammartin, de Joigny, les seigneurs de Montmorency, et d'autres renommés chevaliers, accourus de toutes parts pour punir les assassins de leurs compatriotes.

Les Messinois étaient près de se rendre, sans autre ressource que la pitié de Charles, le moins miséricordieux des hommes, lorsqu'ils virent arriver, à la tête de forces considérables, don Pèdre, roi d'Aragon. Il prétendait avoir des droits sur la Sicile, comme vengeur et comme héritier de l'infortuné Conradin, cousin germain de Constance, sa femme, fille de Mainfroy. A la vérité, l'apparition de son armée fit lever le siège; mais, quoiqu'il reçût des renforts de plusieurs princes d'Italie qui partageaient le ressentiment des Siciliens contre les Français; quoiqu'il en tirât de l'empereur de Constantinople, auquel Charles avait enlevé ce qui restait aux Grecs dans le Ravennat et la Calabre, l'Aragonais se vit bientôt inférieur à Charles, aidé de toutes les forces de France, et de la protection du pape, qui excommunia don Pèdre, comme envahisseur d'un fief de l'église. Persuadé que, pour obtenir un répit dont il avait besoin, il ne s'agissait que de piquer d'honneur son antagoniste, l'Aragonais, sous prétexte de ne pas faire de la Sicile un champ de carnage, propose à Charles un combat de cent contre cent chevaliers, dont les deux rois seront les chefs. Le défi est envoyé en termes trop piquans pour n'être pas accepté; le champ, le lieu, sont fixés à Bordeaux, le terme dans six mois. Les hostilités sont suspendues au grand désavantage de Charles: les deux adversaires se rendent à Bordeaux; l'un comparait le matin, l'autre l'après-midi du jour indiqué. Ainsi ils n'eurent garde de se rencontrer; mais le désiraient-ils? Charles meurt dans l'année. La guerre est reprise; et la Sicile, qui avait été si long-temps l'arène des Carthaginois et des Romains, le devient encore des Espagnols et des Français pendant deux siècles.

Dans le cours des hostilités qui se prolongèrent, le jeune roi de Navarre, qui était accouru au secours de Charles, mourut dans la Pouille. Il laissait une jeune princesse, unique héritière de ses états. Par leur position, ils convenaient fort au roi d'Aragon; mais, par la même raison, ils ne convenaient pas moins au roi de France. Tous deux montrèrent de l'empressement pour l'héritière dont la main donnerait la couronne à celui qui l'obtiendrait. Philippe l'enleva à don Pèdre, qui s'en croyait déjà sûr pour un de ses fils, et conclut le mariage de la jeune reine avec Philippe son fils aîné, auquel il fit prendre le titre et la couronne de roi de Navarre, conjointement avec son épouse.

La querelle entre les deux rois n'en resta pas là. Dans l'excommunication par laquelle le pape Martin IV prétendait priver don Pèdre du royaume de Sicile, il avait enveloppé la déchéance du trône d'Aragon. Le souverain pontife en offrit la couronne au roi de France; il l'accepta pour Charles, son second fils, et se mit en état d'aller le mettre en possession. Pendant qu'il conduisait une partie de son armée par terre, il embarqua l'autre sur ses propres galères, et sur des vaisseaux pisans et génois qu'il avait loués.

Les commencemens de l'expédition furent brillans. Philippe entra triomphant dans plusieurs villes d'Aragon, où il fit reconnaître son fils. Se croyant alors sûr du succès, par économie ou par d'autres motifs, il renvoya les vaisseaux soudoyés. Les siens, retirés dans le port de Roses, furent attaqués par l'amiral aragonais qui en prit et détruisit quelques uns; les Français eux-mêmes furent réduits à brûler quinze galères, désespérant de les sauver. Après les premiers succès, l'armée de terre, dénuée des rafraîchissemens que la mer pouvait fournir, languit et se fondit insensiblement. Le roi songea à se retirer. Soit de chagrin ou de fatigue, peut-être l'un et l'autre, il tomba malade, et mourut à Perpignan, le 6 octobre. Telle fut l'issue de la seule guerre importante que Philippe ait eue pendant son règne.

Sous Philippe-le-Hardi ont commencé les anoblissemens, qu'il faut distinguer des affranchissemens. On sortait de la classe des serfs par la possession d'un fonds. La nécessité où s'étaient trouvés les croisés de vendre des parties de leurs domaines pour faire leurs équipages avait rendu ces acquisitions communes; mais le fief n'anoblissait qu'à la troisième génération. Philippe étendit ce privilége à ceux qui se distinguèrent dans les arts. Un célèbre orfèvre, nommé Raoul, est le premier qui en ait joui. Cette concession fait honneur au discernement de Philippe, peut-être aussi à sa politique, puisque le mélange qui se fit dans la noblesse diminua beaucoup la considération dont elle jouissait parmi le peuple, et la rendit moins redoutable à l'autorité royale.

D'un autre côté, Philippe assura l'intégrité de la monarchie, lésée par l'ancienne coutume qui faisait passer les apanages des princes, faute d'enfans, aux héritiers collatéraux. Il ordonna que, faute d'héritiers directs, ces apanages seraient réunis à la couronne; mais il accorda le droit d'hériter aux filles, qui portaient ensuite ces apanages, par mariage, dans d'autres familles. Son successeur remédia à cet abus en bornant le droit d'hériter aux seuls enfans mâles, et en ordonnant, après l'extinction de leur postérité mâle, la réversion des apanages à la couronne. C'est ainsi que les rois de la troisième race, qui avaient favorisé l'érection de grands fiefs pour se faire aider par les possesseurs à monter sur le trône, se sont servis de la multiplication des petits pour diminuer l'autorité des grands vassaux en la divisant, et pour parvenir, comme ils ont fait, à restituer au royaume son ancienne étendue.

On dit que sous Philippe-le-Hardi se tint à Montpellier une assemblée solennelle, composée de plusieurs princes chrétiens et des ambassadeurs des absens, et qu'ils y stipulèrent que les domaines de leurs couronnes seraient inaliénables. On n'a point les clauses du traité passé entre eux; on ignore si ce fut une garantie réciproque de leurs états. Il n'est même pas certain que cette convention ait existé. Philippe III mourut à quarante ans, après en avoir régné quinze. Il laissa deux fils et une fille d'Isabelle d'Aragon, sa première femme; un fils et deux filles de Marie de Brabant, la deuxième. Celle-ci vécut encore trente-six ans après la mort de son époux, très-considérée à la cour de son beau-fils et dans celle de ses successeurs.

Philippe IV, dit le Bel, âgé d'environ 17 ans.

Philippe IV, dit *le Bel*, était à Perpignan, auprès de son père, quand ce prince mourut. Le monarque, âgé seulement de dix-sept ans, alla se faire sacrer à Reims et prit la couronne de France, conjointement avec Jeanne, son épouse, fille et héritière de Henri-le-Gros, comte de Champagne et roi de Navarre.

Philippe-le-Hardi, en mourant, laissa à son fils trois grandes affaires à terminer, trois couronnes à assurer dans sa famille : 1° celle d'Aragon, que le pape lui avait offerte en représailles de l'usurpation de la Sicile par Philippe-le-Grand, après les Vêpres Siciliennes, et que Philippe avait acceptée pour Charles de Valois, son second fils; 2° celle de Castille, qu'il fallait enlever à don Sanche IV, qui la possédait au préjudice des deux enfans de Ferdinand de La Cerda, son aîné, époux de Blanche, fille de saint Louis, laquelle était devenue veuve avant la mort de son beau-père Alphonse X, roi de Castille; 3° celle de Naples et de Sicile, qu'il fallait affermir sur la tête de Charles-le-Boiteux, son neveu, fils et héritier de Charles d'Anjou, conquérant de ces deux royaumes.

Ces trois prétentions ne furent ni abandonnées, ni soutenues avec beaucoup d'activité; Philippe agit comme s'il eût compté moins sur les efforts qu'il pouvait faire que sur le bénéfice des circonstances futures. Elles se présentèrent en effet assez à propos pour un accommodement général. Alphonse II, après la mort de Pierre, roi d'Aragon, son père, retient sa couronne, abandonne à don Jaime II, son frère, celle de Sicile; donne la liberté à Charles-le-Boiteux, roi de Naples, que son père avait fait prisonnier, et la lui rend à condition que Charles, à son tour, les délivrera des poursuites du duc de Valois; ce qui fut obtenu par la cession que fit Charles au duc de son comté d'Anjou, moyennant qu'il renonçât à ses prétentions sur l'Aragon. Quant aux droits des La Cerda, les rois de France et d'Aragon, dans une conférence tenue à Bayonne, convinrent qu'il serait donné à ces princes trente-deux villes et le duché de Medina-Cœli, dont leurs descendans jouissent encore. Ainsi des trois couronnes

Ayant pris en mer plusieurs vaisseaux anglais, ils en pendirent les matelots; ceux-ci usèrent de représailles; ils se poursuivirent avec acharnement. Ces violences exigèrent une véritable intervention des deux rois. Il y eut des conférences à ce sujet. On ne s'accorda pas, et Philippe cita Edouard, son vassal, au parlement de Noël, pour répondre des dommages causés par ses sujets sur les côtes de France. Comme il ne comparut pas, le roi envoya le connétable de Nesle pour se saisir de tous les domaines que les Anglais possédaient en deçà de la mer. Cette commission s'exécuta facilement, parce que les villes de ces provinces se livrèrent elles-mêmes.

Dans le parlement, qui se tint après Pâques, nouvelle citation et nouveau défaut; Edouard est déclaré contumace et déchu de toutes les terres qu'il avait en France. Irrité de ces procédures, il envoie en Guyenne un corps d'armée qui chasse les Français des villes qu'ils gardaient en séquestre. Ces places sont reprises par Charles de Valois, frère de Philippe, auquel succède Robert, comte d'Artois, son cousin, qui bat les Anglais de manière qu'ils ne peuvent plus tenir la campagne dans ce pays. Pendant ce temps, les Français font une descente en Angleterre : elle n'aboutit qu'à quelques ravages, sortes de calamités qui tombent sur les peuples, et ne décident rien. Henri, comte de Bar, gendre d'Edouard, fit une excursion en France. La reine Jeanne de Navarre, épouse de Philippe, alla au-devant de lui sur la frontière de Champagne, le contraignit de s'humilier devant elle, et l'emmena prisonnier.

L'empereur Adolphe, en conséquence de ses engagemens avec le roi d'Angleterre, menaça aussi d'entrer en France. Il écrivit une lettre hautaine à Philippe, qui, dit-on, ne lui répondit que ces deux mots : *Nimis germanicè*, cela est trop allemand.

Philippe-le-Bel s'occupait alors des préparatifs de la guerre de Flandre, l'évènement le plus important de son règne. Ce prince, sérieusement appliqué au projet de soustraire la fille de Guy de Dampierre, comte de Flandre, au fils du roi d'Angleterre, attire à sa cour la fille et le père, et retient le dernier prisonnier à la tour du Louvre. Après y avoir fait quelque séjour, le comte eut la liberté de retourner dans ses états, mais la princesse fut retenue comme otage de la fidélité de son père. Elle mourut de chagrin de ce que sa captivité la privait du mariage avec l'héritier d'Angleterre, qui était près de se faire.

Retourné en Flandre, et irrité de l'outrage qu'il avait reçu, Guy déclare la guerre au roi par un héraut d'armes, et le défie; cette formalité de vassal à suzerain était réputée insulte. Pour la punir, Philippe passe lui-même en Flandre, à la tête de soixante mille hommes. Ses généraux, avec d'autres corps, qui pénètrent en même temps de différens côtés, gagnent deux batailles. Robert II, comte d'Artois, fils de celui qui fut tué à la Massoure, commandait à celle de Furnes. Il y perdit Philippe, son fils. Cet évènement, en raison de ce que la représentation n'avait pas eu lieu en Artois, donna occasion dans la suite à Mahaud, sœur de Philippe, d'évincer Robert III, son neveu, mais non sans une opiniâtre opposition de celui-ci. Ce fut le sujet d'un procès trop fameux sous Philippe de Valois ; procès dont l'issue défavorable au comte causa sa défection, et par suite tant de malheurs à la France. Cependant le roi, de son côté, s'emparait en personne des plus fortes villes de Flandre. Muni de ce nantissement, il accorda au Flamand d'abord une trêve de deux mois, puis une prolongation de deux ans, motivée sur l'espérance d'une paix définitive que proposait le roi d'Angleterre, par la médiation du pape.

Celui qui occupait alors le trône pontifical était Benoît Cajétan, connu sous le nom de Boniface VIII, prélat impérieux, hautain, intimement persuadé de la prééminence de son autorité sur toutes les puissances de la terre : il avait déjà eu un différend avec Philippe, à l'occasion d'une levée de deniers que le monarque voulait faire sur le clergé. Le pontife défendit aux ecclésiastiques de payer, sous peine d'excommunication encourue *ipso facto*. Le roi n'attendit pas sa permission, il continua ses levées, et la bulle n'eut aucun effet; mais il resta, des deux côtés, certaines dispositions peu amicales.

Cependant, malgré ses préventions, le roi de France accepta la médiation. Philippe croyait que le travail du pape ne serait qu'une discussion qui éclairerait les points en litige, et que rien ne serait décidé sans avoir auparavant appelé et entendu les parties. Il fut donc bien étonné quand l'évêque de Durham, ministre d'Edouard, vint lui présenter la bulle censée conciliatoire, mais qui était un jugement absolu et définitif.

Boniface l'avait prononcée en consistoire public, dans la plus grande salle de son palais, devant tout le sacré collège. Il y disait : « La Guyenne sera restituée au monarque anglais pour la tenir à foi » et hommage comme auparavant; à nous seront réservées, comme » au seul juge, les contestations qui pourront s'élever au sujet du res- » sort. Les places prises par les deux rois resteront séquestrées entre » nos mains jusqu'à l'entière exécution de la sentence ; à nous appar- » tiendra la décision sur la restitution des marchandises enlevées, ou » les compensations exigibles. Le monarque français remettra au » comte de Flandre les villes conquises. Pour sûreté de la paix entre » les deux rois, celui d'Angleterre, devenu veuf par la mort d'Eléonore » de Castille, sa première femme, épousera Marguerite, sœur de » Philippe, et le prince Edouard, son fils, Isabelle, fille du roi de » France. » Du reste, le pontife se réserve d'employer, pour l'exécution du traité à intervenir, toute l'autorité que lui donne sa qualité de médiateur et de vicaire de Jésus-Christ.

Cette bulle fut présentée au roi dans son conseil, où assistaient les principaux seigneurs du royaume, et lue par l'évêque anglais. Robert, comte d'Artois, cousin du roi, prince vif et bouillant, eut bien de la peine à en laisser achever la lecture. Peu s'en fallut qu'il ne frappât le prélat. Il lui arracha le papier des mains, le mit en pièces et en jeta les morceaux au feu. Le roi fit condamner cette bulle par le parlement, et protesta contre les principes de la souveraineté du pape qu'elle établissait.

La guerre recommença et menaçait d'être plus vive que jamais, lorsque des circonstances heureuses ramenèrent la paix plus tôt qu'on ne l'espérait. Edouard I se trouvait engagé dans une guerre contre les Ecossais ; il travaillait en même temps à soumettre la principauté de Galles, qu'il joignit à sa couronne. Pour suivre ces opérations, il lui fallait de la tranquillité du côté de la France. Il commença par épouser Marguerite. Cette princesse, devenue reine d'Angleterre, et Jeanne, sa belle-sœur, reine de France, entreprirent un accommodement entre les deux royaumes. Le jeune Edouard, qui désirait la main d'Isabelle, se mêla de la négociation. Il y eut un traité conclu, qui, d'abord accepté par le roi, ne fut point ratifié par lui. Les Anglais, auxquels ce retard causa des pertes en Guyenne, accusèrent Philippe de mauvaise foi. Il se justifia en disant que les deux princesses s'étaient laissé surprendre par des propositions insidieuses. Cependant, ces démarches pacifiques, comme si elles eussent été des préliminaires, amenèrent un traité définitif en 1303.

On convint pour la Guyenne d'un expédient qui conciliait les prétentions du souverain et du vassal. Edouard I donna à son fils cette province, comme lui appartenant toujours, malgré la confiscation ; et Philippe la donna, de son côté, en dot à sa fille, sous la condition de foi et hommage de la part du mari, et de réversion à la couronne de France, faute d'hoirs mâles. Le reste des contestations avec l'Angleterre s'accommoda sans beaucoup de difficultés. Il ne fut pas question, dans ce traité, du comte de Flandre. Edouard, n'ayant plus besoin de lui, l'abandonna au ressentiment de Philippe.

Le malheureux Guy réclama l'intervention du pape, qui s'était montré, dans sa sentence arbitrale, disposé à le favoriser ; mais c'était une recommandation peu efficace auprès du roi ; ces deux hommes avaient l'un pour l'autre une antipathie qui leur causa bien des peines à tous deux. Ils s'étaient brouillés, comme on a vu, au sujet de la décime exigée du clergé. La sentence arbitrale dont on a parlé, loin de les réconcilier, ajouta à leur ressentiment. Dans ce même temps, Boniface, irrité contre les Colonnes, famille puissante à Rome, avait juré leur extinction. Il leur reprochait des discours et des libelles diffamatoires contre son élection ; en effet, il ne l'avait obtenue qu'en trompant Célestin V, son bienfaiteur, et en lui suggérant l'idée d'abdiquer ; mais on croit que Boniface joignit au désir de se venger celui de faire passer les biens des Colonnes, qui étaient immenses, aux Cajétans, ses parens. Il y avait dans cette famille disgraciée deux cardinaux, Jacques et Pierre, oncle et neveu. Le pontife les cita à son tribunal, les dégrada parce qu'ils n'osèrent comparaître, les condamna comme schismatiques, hérétiques, blasphémateurs, rebelles au saint-siége, exclus à perpétuité de toutes les prélatures; les personnes qui les recevraient étaient excommuniées comme eux, et les lieux où ils se retireraient soumis à l'interdit. Leurs parens furent enveloppés dans cette proscription et déclarés incapables, jusqu'à la quatrième génération, de posséder aucune charge publique, ecclésiastique ou séculière. La violence de cette sentence fait connaître l'animosité du pontife, et la distribution qu'il fit des biens des condamnés, surtout aux Cajétans, ses parens, montre quelle sorte d'intérêt, outre la vengeance, le faisait agir. Les Colonnes se dispersèrent et se cachèrent où ils purent. Le cardinal Pierre aima mieux rester trois ans inconnu et forçat sur une galère, que de risquer de tomber entre les mains du pape, et trouva enfin, ainsi que son oncle, une retraite à Gênes. Etienne Colonne, leur parent, qui avait levé des troupes pour les soutenir, chercha un asile en France et y fut bien reçu. Ce bon accueil à un ennemi du souverain pontife, ne devait pas faire espérer une grande déférence de la part de Philippe, à l'intervention de Boniface en faveur du comte de Flandre.

Le malheureux Guy, réduit à ses seules forces, ne tint pas longtemps contre les troupes du roi de France, commandées par Charles, comte de Valois, son frère. Il fut battu en plusieurs rencontres et resserré dans la ville de Gand. Le comte n'y était pas trop en sûreté, parce que les Gantois, effrayés des incommodités d'un siége, ne paraissaient pas fort disposés à défendre leur prince; il y avait même lieu de soupçonner que plusieurs étaient dans l'intention de le livrer. Instruit de sa détresse, Valois lui conseille d'avoir recours à la bonté du roi, d'aller se jeter entre ses bras, et lui promet que s'il ne réussit pas à faire sa paix dans l'espace d'un an on le laissera libre de revenir en Flandre. Le comte va se prosterner aux pieds du monarque avec deux de ses fils et quarante seigneurs flamands. Le roi les reçoit très froidement, dit que son frère a outrepassé ses pouvoirs, et les retient tous prisonniers. Le père fut envoyé dans le château de Compiègne; Robert, dit de Béthune, l'aîné de ses fils, dans celui de Chinon; Guillaume, le second, dans une forteresse d'Auvergne, et les seigneurs en différentes prisons. Philippe fit en même temps déclarer par le parlement que le feudataire avait mérité la confiscation par sa félonie; et, en vertu de cette déclaration, il réunit la Flandre à sa couronne. Valois fut très mécontent de ces actes rigoureux, si contraires à la parole qu'il avait donnée. Il les attribua à Enguerrand de Marigny, principal ministre du roi, et se promit de s'en venger. En attendant l'occasion, il se retira en Italie, où, par son mariage avec Catherine, petite-fille de Baudouin de Courtenay, dernier empereur de Constantinople, il acquit des droits à cet empire. Le pape les lui confirma et le déclara son vicaire en Italie. Ce fut à ce titre qu'il essaya de calmer les factions des Guelfes et des Gibelins, ou des noirs et des blancs, qui déchiraient Florence. Le Dante, exilé par lui à cette occasion, s'en est vengé dans son poème de l'Enfer, où il l'a placé, et où il s'est efforcé de flétrir sa mémoire.

Philippe alla en grand cortège visiter ses nouveaux états. Il mena avec lui Jeanne, son épouse. Elle fut étonnée, en arrivant à Bruges, de la magnificence des dames : « Je croyais, dit-elle, paraître ici » comme la seule reine; mais j'y trouve plus de six cents femmes qui » pourraient me disputer cette qualité par la richesse de leurs ha- » bits. » Cette ostentation était un appât séduisant pour les financiers que le roi laissa après lui. Ils étaient chargés de fixer et de lever les impôts, sous la direction de Pierre Flotte, administrateur fiscal, et habile en ce que nous appelons *travailler le peuple en finance*. Jacques de Châtillon, comte de Saint-Paul, et oncle de la reine, fut nommé gouverneur-général. On a peine à croire que sa protection pour les maltôtiers ait été gratuite : quoi qu'il en soit, il les secondait puissamment. Pour eux, ils partaient de ce principe, qu'on ne pouvait jamais trop demander à ces citadins opulens; et le roi, persuadé, par le luxe dont il avait été témoin, que le fardeau, quel qu'il fût, était encore au dessous de leurs forces, rejetait leurs remontrances quand elles parvenaient jusqu'à lui.

Le peuple flamand, accoutumé à être traité par ses princes avec modération, murmura. Le gouverneur commença à bâtir des citadelles pour le contenir; il s'appliqua aussi à former un parti, en favorisant, dans la répartition des impositions, les nobles, et principalement ceux qui se montraient attachés aux Français.

Les dépenses de la ville de Bruges pour la réception du roi et de sa cour avaient été considérables. Le peuple, quand il fut question de solder ces frais, se plaignit non de ce qu'on le faisait payer, mais de ce que les protégés du gouvernement, qu'on commença à appeler *la faction du lis*, étaient ménagés à son préjudice. Un tisserand, nommé Pierre Leroi, vieillard accrédité entre les artisans, parla hautement. Les magistrats le font jeter dans un cachot, avec vingt-cinq autres aussi peu endurans que lui.

Aussitôt les corps de métiers se soulèvent, courent à la prison, enfoncent les portes et mettent les détenus en liberté. Châtillon, appelé par les magistrats, leur amène du secours. D'accord avec eux, il devait entrer brusquement dans la ville, au son d'une cloche qui avait coutume de se faire entendre à heure réglée pour quelque opération de police. Au même signal, *la faction du lis*, qui était avertie, devait occuper les postes principaux, et tous ensemble devaient tomber sur les séditieux. Ceux-ci, par hasard, ou prévenus par des avis secrets, avaient pris le même signal pour attaquer. Les deux troupes se rencontrent et en viennent aux mains. Celle des artisans est secondée par les femmes et les enfans, qui, des fenêtres et du haut des toits, font pleuvoir une grêle de pierres et de tuiles, et jusqu'à des meubles, sur les gens du gouverneur; ils les mettent en fuite, les poursuivent vivement et en font un grand carnage.

Cependant, à l'aide de sa citadelle, Châtillon reste assez fort pour faire condescendre Pierre Leroi et cinq mille ouvriers à abandonner la ville, et aller s'établir ailleurs. Alors le gouverneur, mis à l'aise par cette proscription, appesantit sa vengeance tant en impôts qu'en mauvais traitemens sur ceux qui restent. Poussés au désespoir, ils rappellent leurs exilés, qui n'étaient pas encore fort éloignés, et ils tombent tous ensemble avec fureur sur les gens *du lis*. Les excès auxquels ils se livrèrent ressemblent à ceux que s'est en tout temps permis le peuple, une fois déchaîné; les uns déchiraient avec leurs dents les malheureuses victimes de leur férocité, leur ouvraient le ventre, les traînaient par les rues; d'autres portaient au bout d'une pique des têtes dont ils se jouaient inhumainement. Ils lavaient leurs mains dans le sang, s'en frottaient les bras et le visage; et ceux qui s'en montraient le plus souillés étaient accueillis par des applaudissemens.

Il n'était pas possible que dans ce désordre il n'y eût des Flamands mêlés avec les Français, et que le peuple ne les poursuivît également. Pierre Leroi, au plus fort du carnage, le fait cesser. « Suspendez » vos coups, s'écrie-t-il; ne confondez point les innocens avec les » coupables. Aucun de ceux-ci n'échappera. » Il fait garder les portes de la ville vers lesquelles les habitans effrayés se précipitaient en foule. Pour mot du guet il donne des paroles flamandes que devaient prononcer tous ceux qui voulaient sortir : chose impossible aux Français. Reconnus par cette épreuve comme s'ils avaient été jugés par un tribunal, ils étaient poussés brutalement hors du guichet et massacrés ou assommés par ceux qui les attendaient armés de coutelas, de haches ou de massues. Il périt quinze cents Français ou gentilshommes du pays dans cette malheureuse journée.

Le roi, après les témoignages d'affection que lui avaient donnés les Flamands lorsqu'il était allé prendre possession du pays, ne s'attendait pas à un pareil changement de scène. On lui avait, selon l'ordinaire, caché les torts de l'oncle de la reine; il se proposa d'aller en personne punir les rebelles, et ordonna de grandes levées. Il était près de se mettre à leur tête lorsque la reine d'Angleterre, sa sœur, le fit avertir en secret de ne pas s'éloigner de Paris, parce qu'il s'y préparait des mouvemens auxquels le roi son mari n'était pas étranger. Des historiens racontent que ce fut une ruse du roi d'Angleterre qui trompa lui-même sa femme par de fausses confidences afin qu'elle effrayât son frère et l'empêchât de porter toutes ses forces contre les Flamands qu'il aurait subjugués trop promptement; d'autres disent que Philippe, connaissant la fermentation qui agitait le peuple, eut de lui-même la prudence de ne pas s'éloigner.

En effet, les murmures étaient grands et même menaçans dans presque toute la France. Deux choses y donnaient lieu; la multiplicité des impôts et l'altération des monnaies. Elle fut portée sous ce règne au point qu'elles n'avaient plus que le septième de leur valeur intrinsèque, et on les faisait prendre sur le pied où elles étaient sous saint Louis, ce qui a mérité à Philippe-le-Bel le surnom de *Faux-Monnayeur*. Il y eut des émeutes dans plusieurs villes ; à Paris le peuple se porta à de grands excès contre les partisans; il pilla leurs maisons et démolit celle de Pierre Barbette, le plus signalé d'entre eux. Le roi s'était retiré au Temple; la populace l'investit, le tint deux jours renfermé, sans permettre que les vivres même y parvinssent. Peut-être le prince ne trouva-t-il pas dans les Templiers, auxquels il avait confié sa personne, la bonne volonté qu'il désirait d'eux contre les révoltés ; peut-être leur demandait-il plus qu'ils ne purent. Mais on date de cette circonstance la haine de Philippe-le-Bel, qui eut pour cet ordre religieux de si funestes suites.

Il donna le commandement de son armée contre les Flamands à Robert, comte d'Artois, son cousin, le même qui, quatre ans auparavant, avait battu ces mêmes Flamands à Furnes. C'était un guerrier célèbre, mais vif et emporté ; il partit dans la confiance qu'avec sa cavalerie, toute couverte de fer et composée de l'élite de la noblesse, il aurait bientôt dispersé cette *canaille*, ainsi l'appelait-il : canaille à peine armée, ramassée dans la fange des marais de la Flandre et dans la bourgeoisie inexpérimentée des villes. Mais ces nouveaux soldats étaient en très grand nombre ; la nécessité forma des chefs qui surent contenir l'impétuosité de ces phalanges tumultueuses. Elles attendirent les Français près de Courtray, derrière une petite rivière et un fossé bourbeux qu'on ne pouvait apercevoir que lorsqu'on était arrivé sur le bord. Le comte d'Artois n'hésitait pas à croire qu'il les mettrait en fuite au premier choc. Le connétable de Nesle et les meilleurs officiers lui conseillent de ne pas affronter leur furie et une position qui n'était point à mépriser. Ils lui remontrent qu'en temporisant il pourra affamer cette multitude qui se dispersa alors d'elle-même. D'Artois traite ces observations de conseils pusillanimes dictés par la timidité et même par la trahison. « Vous verrez si je suis traître, reprend de Nesle; vous n'avez » qu'à me suivre, je vous mènerai si avant que vous n'en reviendrez » jamais. — Et moi, répond le téméraire guerrier, je vous montrerai » que je serai aussi avant que vous dans la mêlée; » et il donne l'ordre à ses cavaliers de marcher en avant. Ils passent la rivière et courent ensuite à bride abattue pour charger les Flamands. Dans l'impétuosité de leur course, ils rencontrent le fatal fossé dont ils ne soupçonnaient point l'existence. Le premier rang s'y enfonce, le second de suite, le troisième et les autres, et tous piquant toujours sans s'apercevoir qu'aucun de ceux qui entraient dans ce gouffre n'en ressortait, et qu'après de vains efforts hommes et chevaux se renversaient les uns sur les autres et s'abîmaient sans retour. A la fin, les derniers, reconnaissant le danger, s'arrêtent sur le bord du précipice, et saisis de frayeur se rejettent sur l'infanterie qui les suivait et en rompent les rangs : les Flamands, témoins de ce désordre, font le tour du fossé, se jettent avec fureur sur ces fantassins plus qu'à demi vaincus et en font un horrible carnage.

Les Flamands firent un trophée de quatre mille paires d'éperons dorés, dépouille des chevaliers qui avaient seuls le droit d'en porter. On compta parmi les morts, outre le comte d'Artois, Châtillon le gouverneur, cause coupable de cette guerre ; le brave de Nesle, qui ne voulut point accepter le quartier qu'on lui offrait, et quantité de comtes et de seigneurs de la plus haute noblesse. Après cette victoire, toutes les villes secouèrent le joug, se donnèrent pour gouverneur général Jean, comte de Namur, fils de Guy, d'un second lit.

Cette sanglante déroute arriva dans le temps des plus forts démêlés de Philippe-le-Bel avec Boniface VIII. On a vu que ces deux hommes ne manquaient pas l'occasion de se provoquer. Le pape en trouva une dans des plaintes que lui fit porter l'archevêque de Narbonne, au sujet d'un hommage que le roi exigeait de lui pour quelques fiefs de son église. Le pontife jugea à propos d'envoyer pour ce seul objet un légat en France, et le légat qu'il choisit fut Bernard de Saisset, qu'il avait fait évêque de Pamiers malgré le roi, et qui, depuis qu'il portait la mitre, n'avait cessé de contredire le monarque, et de le chagriner autant par ses propos que par sa conduite. Admis au conseil en présence du roi, il y parla avec tant d'arrogance, que Philippe ne put entendre son discours jusqu'à la fin, et le fit chasser de la salle d'audience. Il le renvoya à Rome, espérant que le pape le désavouerait et lui ferait justice de son insolence : mais Boniface, sans réparation au roi, renvoya Saisset dans son évêché, où il continua ses intrigues et ses propos insultans et séditieux. Le roi le fit enlever et comparaître devant son conseil. Pierre Flotte, alors garde des sceaux, lui lut les chefs d'accusation. Les principaux étaient des discours satiriques contre la personne du roi, et une rébellion perpétuelle contre son souverain, dont il publiait que l'autorité était bien inférieure à celle du pape.

Ces délits furent jugés assez graves pour s'assurer du prélat. Après beaucoup de discussions sur la manière dont il serait gardé pendant le cours de son procès, il demanda lui-même à l'être sous l'archevêque de Narbonne, son métropolitain, de peur d'être maltraité par une garde laïque qu'on lui aurait donnée. On lui accorda un vaste appartement dans le château de Senlis ; pour compagnie, son camérier, son chapelain, un clerc destiné à réciter l'office avec lui, et un autre chargé de sa dépense ; trois courriers, un cuisinier, un aide de cuisine, un médecin, sept mules dehors pour son service, et permission d'écrire, mais à lettres ouvertes. L'article des trois courriers ferait croire qu'il lui était quelquefois accordé de se promener ; et c'est pour une pareille réclusion que Boniface jeta les hauts cris, menaça le roi d'excommunication, et de mettre le royaume en interdit, s'il ne relâchait l'évêque. Il envoya à ce sujet jusqu'à cinq bulles, toutes plus fortes les unes que les autres.

Philippe, instruit des intentions du pape, sachant que ses menaces commençaient à alarmer le peuple et pouvaient causer des troubles dans le royaume, convoqua une assemblée des plus grands seigneurs. On en compta trente-un, tous princes, comtes et hauts barons; il s'y rendit aussi des évêques et des abbés, dont le nombre n'est pas marqué. Les principes du pape et sa conduite furent examinés et improuvés. Le clergé lui écrivit à lui-même pour le rappeler à des sentimens plus modérés. La noblesse adressa aussi une lettre pathétique aux cardinaux dans la même intention. Des échevins, jurats et maires de plusieurs villes, écrivirent enfin de pareilles lettres au souverain pontife au nom de leurs communes; on prétend même que ces dernières furent admises par leurs députés à l'assemblée des seigneurs et des prélats, qui se tint, à ce sujet, à Notre-Dame, et que ce fut la première fois qu'elles concoururent par leurs représentans, dits du *tiers-état*, à ces grandes réunions politiques, connues depuis sous le nom d'états-généraux. Quelques uns veulent que cette innovation n'ait eu lieu qu'après la funeste bataille de Courtray, et que ce soient les immenses besoins du moment qui aient suggéré à Enguerrand de Marigny de faire spécialement consentir aux nouvelles charges ceux surtout qui devaient en supporter la majeure partie: d'autres font redescendre cette admission jusqu'en 1314.

Ce concert des principaux de la nation étonna le pape, mais ne le fit pas revenir à résipiscence. A l'assemblée, il opposa un concile qu'il convoqua à Rome, et il ordonna aux évêques français de s'y trouver. Le roi le leur défendit. Comme les excès du pontife allaient toujours croissans; qu'il avait réellement excommunié Philippe; qu'il offrait sa couronne à Albert d'Autriche, qui la refusa, et qu'il était à craindre que dans le concile de Rome il ne se passât des choses contraires à la tranquillité du royaume, le monarque convoqua encore au Louvre une assemblée pareille à la première; mais dans celle-ci le pape fut accusé personnellement.

Il n'y a pas de crimes dont on ne le prétendît coupable. Guillaume de Plasian ou du Plessis, conseiller du roi, lui reprocha, dans son acte d'accusation lu en public, d'être hérétique, simoniaque, de ne point croire à l'Eucharistie, de se moquer des jeûnes et des abstinences, de soutenir que le bonheur des hommes ne consiste que dans le plaisir des sens, d'être fornicateur, incestueux, meurtrier, sorcier, d'avoir un démon familier, de professer une haine implacable contre les Français, de leur susciter des guerres et des troubles, de donner les biens de l'église à ses neveux, d'avoir fait mourir le saint pape Célestin V, de peur qu'on ne découvrît les ruses perfides dont il s'était servi pour se mettre à sa place. L'excès même de ces imputations jetait du doute sur la réalité des crimes. Cependant, Plasian affirma qu'ils étaient vrais, et que sa dénonciation était fondée sur les informations exactes que Guillaume de Nogaret, son confrère, avait faites secrètement en Italie. Sur les conclusions de Plasian, le roi fit lire un écrit, qui portait en substance qu'il était d'avis de convoquer un concile auquel il assisterait en personne ; que Boniface y serait jugé, et, qu'en attendant, il appelait au futur concile et au pape futur de tout ce que pourrait attenter celui qui siégeait alors au gouvernement de l'église.

Mais, outre cette précaution, Philippe employa des moyens plus efficaces pour mettre un terme aux embarras que lui suscitait l'opiniâtreté du pontife. Il avait déjà pris des mesures pour que ses bulles fulminantes ne pénétrassent pas dans le royaume. Le légat qui en était porteur fut arrêté sur la frontière, et retenu sous bonne garde. Le pape, tout intrépide qu'il se montrait dans ses écrits, n'était cependant pas sans frayeur sur les dangers que pouvait lui faire courir le roi de France, au milieu d'une ville telle que Rome, renfermant une populace nombreuse, qu'il serait possible d'ameuter contre lui. C'est pourquoi il se retira à Anagnie, lieu de sa naissance, dans la confiance qu'en cas d'entreprise sur sa personne, ses compatriotes ne manqueraient pas de le défendre.

Les terreurs de Boniface n'étaient pas sans fondement. Philippe songeait réellement à le faire enlever, à le contraindre de comparaître devant un concile, qu'il convoquerait à Lyon, et à le faire déposer. On ne sait jusqu'où ensuite il aurait porté sa vengeance. Deux hommes furent chargés de cette expédition : Sciarra Colonne, homme de guerre, pour donner à l'entreprise l'activité nécessaire, et Guillaume de Nogaret, homme de loi, pour y mettre les formes. Ils assemblent secrètement des soldats épars, qui n'étaient pas rares en Italie, partagée en petits états, toujours en guerre les uns contre les autres. A la tête de cette troupe, ils se présentent devant Anagnie à la pointe du jour. Les portes se trouvent ouvertes, ou par négligence, ou par connivence ; ils entrent au cri de *vive le roi de France! meure Boniface!* Les habitans surpris ne font aucun mouvement. Le seul marquis Cajétan, un des neveux du pape, qui occupait une maison placée comme un boulevart en avant du palais, oppose quelque résistance ; mais il est bientôt forcé de se rendre. Le pape étonné prie qu'on suspende l'attaque, et envoie demander ce qu'on lui veut. Qu'il rétablisse les Colonnes, répond-on, et qu'il se dépose lui-même. Il aurait volontiers consenti à la première condition, mais la seconde lui rend tout son courage. Il se fait revêtir des habits pontificaux, et la tiare en tête, les clés de saint Pierre à la main, assis sur son trône, il attend fièrement les assaillans.

Nogaret l'aborde avec respect, lui signifie les procédures faites en France contre lui, le somme de se laisser conduire au concile, et, en lui donnant des gardes, l'assure qu'il ne prend cette mesure que pour sa sûreté. Boniface traite avec mépris et les procédures et celui qui les poursuit. « Vous ne voulez donc pas céder la tiare? lui crie » Sciarra. — Non, répond le pontife, plutôt la mort. Voilà ma tête, je

» mourrai sur le trône où Dieu m'a élevé. » Il exhala ensuite sa colère en imprécations contre le roi, et le maudit jusqu'à la quatrième génération. Sciarra répond aux malédictions du pape par des injures grossières, et le frappe de son gantelet sur la joue. Il l'aurait tué, si Nogaret ne l'eût retenu. Pendant cette altercation, la soldatesque pillait ses trésors. Tous les rois du monde, dit un historien contemporain, joignant leurs richesses ensemble, n'auraient pu fournir en un an ce qui fut pris en un seul jour dans le palais du pape et dans celui de son neveu. Nogaret remit son prisonnier sous la garde d'un capitaine florentin, auquel il recommanda les égards dus à sa dignité: mais il fut mal obéi. Les mauvais traitemens que le pape éprouvait lui firent craindre qu'on ne l'empoisonnât. Son geôlier, qui aurait pu le rassurer contre ce soupçon, ne le fit pas, afin de lui laisser le tourment de l'inquiétude. Ne voulant pas manger des mets qui lui étaient offerts, le pontife serait mort de faim, si une vieille femme ne lui avait fait parvenir un peu de pain et quelques œufs, qui le sustentèrent pendant trois jours.

Les habitans d'Anagnie revinrent pendant ce temps de leur étourdissement; ils prirent les armes, chassèrent la garnison sous les ordres du capitaine florentin, et mirent le pape en liberté. Dans un discours qu'il fit à ses compatriotes en place publique, avant que de quitter la ville, il s'éleva avec véhémence contre l'imputation des crimes dont on le chargeait; il le termina par une déclaration à laquelle on ne s'attendait pas. Il dit que pour le bien de la paix, et pour imiter le Sauveur du monde, il était déterminé à réhabiliter les deux cardinaux Colonnes et leur famille dans leurs titres et dans leurs biens; qu'il pardonnait à Sciarra et à Nogaret les injures qu'il en avait reçues, déchargeait tous leurs complices de l'excommunication, excepté ceux qui avaient pillé les trésors de l'église, à moins qu'ils ne les rendissent; qu'enfin il voulait se réconcilier avec la France, et indiqua même un cardinal, qu'il devait charger de la négociation. Boniface puni et repentant, ainsi qu'il paraît par ses aveux, partit bien escorté pour Rome. Presque en arrivant, il fut attaqué d'une fièvre violente, et mourut dans la huitième année de son pontificat, pendant lequel il éleva vingt-deux de ses parens à l'épiscopat, trois au cardinalat, et deux à la dignité de comte.

A la nouvelle de la funeste journée de Courtray, Philippe avait convoqué le ban et l'arrière-ban, imposé le cinquième sur tous les revenus, et augmenté la valeur des monnaies. Il tenta aussi un accommodement avec les Flamands, et leur envoya leur vieux duc. Celui-ci trouva à la tête de ses sujets deux de ses fils qui n'avaient pas été faits prisonniers avec lui, et dans tout le peuple une aversion décidée contre la France. La victoire avait enflé leur courage, et les faisait revenir à des prétentions dont ils s'étaient départis auparavant. Ils ne voulaient plus céder la moindre partie de leur territoire. Philippe, au contraire, s'opiniâtrait à retenir Lille et d'autres villes circonvoisines qui lui avaient été abandonnées auparavant; de sorte que Guy de Dampierre ne put réussir dans sa négociation, et revint à Compiègne, où il mourut l'année suivante, âgé de quatre-vingts ans.

Le roi, contraint de continuer la guerre, résolut de la faire en personne. Il entra en Flandre à la tête de cinquante mille hommes d'infanterie et de douze mille chevaux. Selon la coutume observée pour les grandes expéditions, il avait été prendre avec solennité l'oriflamme à Saint-Denis, et y avait fait beaucoup de chevaliers. Les Flamands lui opposèrent une multitude de combattans, bourgeois et paysans, peu exercés aux armes, mais redoutables par leur nombre. Campés entre Lille et Douai, dans un lieu fortifié, nommé Mons-en-Puelle, ils y attendirent les Français. Ceux-ci, avec leur impétuosité ordinaire, fondent sur ces soldats peu aguerris, forcent les retranchemens, font un horrible carnage, et chassent les fuyards au loin devant eux. C'était en juillet, et par une des journées les plus chaudes de l'année. La poursuite fut extrêmement pénible, et se prolongea si long-temps que ce ne fut qu'au déclin du jour que l'armée victorieuse rentra au camp et songea enfin à se remettre des fatigues du jour, à l'aide des alimens et du sommeil. L'officier et le soldat s'y livraient avec une égale sécurité, quand tout à coup des cris aigus et le cliquetis des armes se font entendre. Les gardes avancées avaient été forcées. Les Flamands étaient au milieu des Français étonnés et surpris; ils frappaient sans relâche, et poursuivaient chaudement leur avantage. Tout fuyait; les Français culbutés se repliaient l'un sur l'autre; l'effroi était partout: chacun ne songeait qu'à se sauver. Le roi, qui dans ce moment commençait, avec quelques officiers restés auprès de lui, à prendre quelques rafraîchissemens, reste ferme dans la déroute générale. Une troupe nombreuse de ces forcenés l'environnait; mais ils ne le reconnurent point, parce qu'il avait quitté sa cotte d'armes. Philippe, avec sa seule épée et vingt gentilshommes aussi mal armés que lui, se défendit contre une multitude effroyable, jusqu'à ce que le comte de Valois, son frère, qui avait d'abord pris la fuite, quoique très brave, et qui venait de rassembler un corps de cavalerie, accourut à son secours. Alors la chance tourna: les chevaux passant et repassant sur cette infanterie trop pressée l'eurent bientôt mise en désordre. La déroute fut générale, et le carnage si affreux que des historiens portent la perte des Flamands à trente-six mille hommes restés sur le champ de bataille. La gloire de cette fameuse journée est certainement due à Philippe-le-Bel. Il en consacra la mémoire par un monument placé dans la cathédrale de Paris. Il y était représenté à cheval avec ses armes en désordre, telles qu'il les avait quand il fut surpris.

Il croyait avoir atterré les Flamands par cette défaite; mais ils continuèrent à défendre pied à pied leur pays, jusqu'à ce que, se trouvant en assez grand nombre, ils lui envoyèrent demander paix ou ba-

taille. « N'aurons-nous jamais assez fait? s'écria le monarque; je
» crois qu'il pleut des Flamands. » Il prit le parti le plus sage : on
traita. Robert, fils aîné du comte Guy, délivré de sa prison, entra
en possession du comté de Flandre, à charge d'hommage. Son autre
frère et les seigneurs flamands furent mis aussi en liberté, et le peuple conserva ses anciens privilèges. Lille, Douai Orchies et Béthune
restèrent à la France. On convint d'une trêve de dix ans, et d'une
somme de cent mille francs, qui serait payée au roi pour les frais de
la guerre dans des termes fixés. Cette convention suspendit les hostilités, mais non la haine qui continua entre les deux peuples.

A Boniface VIII succéda Benoit XI, prélat doux, modéré, et
d'une grande vertu. Il rétablit la paix dans l'église de France, en interprétant, modifiant ou annulant les différentes dispositions des
bulles de son prédécesseur. Il réconcilia personnellement Philippe-le-Bel avec le saint-siége, en laissant cependant quelque chose à
désirer pour la plénitude de l'absolution tant du roi que de ses agens,
et pesant scrupuleusement les mots de ses bulles pour ne point flétrir lui-même ni tacher la réputation de Boniface; mais c'était précisément cette flétrissure que Philippe-le-Bel désirait. Il la demanda
avec instance. Le pape temporisait, éludait. La mort le tira d'embarras.

Il y avait deux factions dans le conclave : la première des Cajétans ou Italiens, la seconde des Ursins ou Français. Elles étaient
égales en puissance, et se combattirent neuf mois. Enfin Nicolas di
Prato, évêque d'Ostie, leur proposa un expédient qui paraissait devoir concilier les intérêts; ce fut que les Italiens proposeraient trois
sujets qui ne seraient pas de leur pays, et que les Français en choisiraient un des trois sous quarante jours. Cette convention étant arrêtée, Nicolas, qui était attaché secrètement à la France, envoie au roi
un courrier avec les noms des trois candidats, afin qu'il indiquât à la
faction française celui qu'elle devra choisir.

Entre les trois se trouvait Bertrand de Got, archevêque de Bordeaux, qui avait eu de vifs démêlés avec Philippe-le-Bel, et que les
Italiens croyaient son ennemi irréconciliable; c'est pour cela qu'ils l'avaient mis entre les éligibles, persuadés que si le choix tombait sur
lui, ils auraient un pape dévoué à leurs volontés. Mais rien ne tient
contre l'appât d'une couronne. Le roi, après avoir examiné ce qu'il
pouvait craindre ou espérer des trois candidats, se détermina pour
Bertrand. Il lui écrit de se rendre promptement et en grand secret,
pour affaire qui l'intéresse, dans une abbaye située au milieu d'une
forêt près de Saint-Jean-d'Angély : il s'y transporte aussi avec les
mêmes précautions. En abordant l'archevêque il lui dit : « Voulez-vous être pape? » Le prélat proteste de sa soumission et de sa condescendance à tous les désirs du monarque, s'il lui procure cette
dignité. Philippe lui expose les moyens qu'il a de réussir, mais à
cinq conditions : « La première, lui dit-il, que vous me réconcilierez

» parfaitement avec l'église ; la deuxième, que vous révoquerez
» toutes les censures contre ma personne, mes ministres, sujets et
» alliés ; la troisième, que vous m'accorderez pour cinq ans les dé-
» cimes de mon royaume ; la quatrième, que vous condamnerez
» authentiquement la mémoire de Boniface ; la cinquième, je me la
» réserve, et vous la déclarerai en temps et lieu. »

Le prélat promit tout. Le roi écrivit à Rome, et il fut élu. Son sacre se fit à Lyon avec beaucoup de magnificence. Le roi y assista. Le pape prit le nom de Clément V, et déclara qu'il fixait son séjour à Avignon, sujet de mécontentement et de regret pour les cardinaux italiens.

Voici comme les quatre articles connus furent exécutés : 1° le roi personnellement fut entièrement réhabilité, déchargé de toutes censures et anathèmes, reconnu bon catholique et roi très chrétien ; 2° ceux qui avaient écrit, agi, travaillé de quelque manière que ce fût dans cette affaire, reçurent l'absolution sans aucune condition onéreuse et humiliante, excepté Nogaret, qui fut condamné à aller porter les armes dans la Terre-Sainte, s'il y avait une croisade, et en attendant, à faire des voyages aux principaux pèlerinages alors fréquentés. Le roi souffrit que cette peine fût infligée à un de ses meilleurs serviteurs, qui n'avait agi que par ses ordres. 3° Les décimes furent accordées, et, afin qu'elles fussent payées exactement et sans difficulté, une bulle régla et fixa la valeur des monnaies, qui variaient perpétuellement. Cette instabilité était une véritable vexation. Pour en délivrer le royaume, le clergé avait offert deux vingtièmes du revenu de tous les bénéfices ; mais le roi gagnait davantage au monnayage, d'autant plus que la matière lui coûtait peu, parce qu'il obligea *toute manière de gens*, excepté les prélats et les barons, de porter à la monnaie la moitié de leur vaisselle d'argent. Il frappa aussi sur les juifs, qu'il bannit de France par un édit sujet à interprétation ; de sorte qu'il tira de grosses sommes tant des dépouilles de ceux qui partirent que des sacrifices de ceux qui voulurent demeurer.

La quatrième condition que Clément V avait acceptée l'embarrassa plus que les trois premières : c'était de faire le procès de la mémoire de Boniface. Philippe-le-Bel pressait ; le pape différait. Enfin il imagina cet expédient. Vous avez, dit-il au roi, appelé au futur concile ; j'en assemblerai un où cette cause sera portée ; et, en effet, il le convoqua pour être tenu à Vienne en Dauphiné. On n'a jamais su positivement quel était le cinquième article de leur convention ; mais tous les historiens ont conjecturé, peut-être par les faits qui suivirent, que c'était la destruction de l'ordre des Templiers.

Ces religieux possédaient de grands biens, objet de convoitise. L'ordre n'était composé que de gentilshommes. Il pouvait dans les occasions donner le ton au reste de la noblesse du royaume. C'était **un état dans l'état**, une cause perpétuelle d'ombrages et d'inquiétudes pour un roi qui ne pouvait se dissimuler que la charge des impôts lui retirait l'affection de son peuple. Philippe avait éprouvé la mauvaise volonté de ces religieux, lorsqu'ils l'abandonnèrent aux insultes de la populace, quand il s'était retiré dans leur citadelle du Temple, comme sous leur protection. Tenter de réformer un corps armé et l'avertir par des reproches publics, c'était l'avertir de prendre des mesures qui pouvaient être d'une dangereuse conséquence pour la tranquillité du royaume et la sûreté du roi lui-même. La politique conseillait de le surprendre, et elle fut écoutée. Le 13 octobre 1307, le grand maître, Jacques de Molay, fut arrêté à Paris avec soixante chevaliers. Le secret fut si bien gardé que tous furent saisis à la même heure par toute la France.

Ce qu'on répandit dans le public pour justifier cette brusque expédition est une accusation plus que suspecte de crimes affreux, à peine croyables de quelques particuliers, à plus forte raison d'un corps religieux. Deux scélérats, près de subir le dernier supplice, l'un, apostat de l'ordre des Templiers, l'autre, bourgeois de Béziers, se confessent réciproquement dans la prison, faute de confesseurs, parce qu'on les refusait alors aux criminels condamnés à mort. Le bourgeois dépositaire des secrets de l'apostat déclare qu'il a de grandes révélations à faire, et demande que ce soit au roi en personne. Ils sont transportés auprès du monarque, qui les écoute. On ne sait s'ils chargèrent l'ordre de tous les crimes qui ont ensuite motivé sa destruction, ou s'ils se bornèrent aux plus graves; ceux-ci étaient plus que suffisans, s'ils étaient vrais, pour attirer sur cette société les foudres du ciel et les châtimens de la justice humaine.

Les Templiers étant religieux, on les fit d'abord comparaître devant les tribunaux ecclésiastiques. Ils furent interrogés sévèrement et confrontés. Les uns avouèrent ou nièrent tout, les autres ne se récrièrent que contre une partie des imputations, persistèrent dans leurs aveux, ou revinrent contre. Ces derniers se plaignirent que c'était par la force des tourmens, et en leur promettant leur grace, qu'on avait tiré d'eux des confessions flétrissantes. Un concile assemblé à Paris examina solennellement la cause des prisonniers. L'arrêt en renvoya absous plusieurs qui ne furent trouvés coupables d'aucun crime, en relâcha quelques-uns qui s'étaient avoués coupables, mais qui, témoignant du repentir, ne furent grevés que d'une simple pénitence; quant à ceux qui se rétractèrent après avoir confessé les crimes qu'on leur imputait, par une jurisprudence bien extraordinaire ils furent jugés relaps, et cinquante-neuf, condamnés comme tels à la peine du feu, subirent leur sentence dans un champ proche de l'abbaye de Saint-Antoine, malgré les protestations qu'ils firent de leur innocence. Un autre concile de Senlis en condamna neuf à la même peine, et aucun d'eux n'avoua les crimes dont on les accusait. Dans le même temps, un concile de Salamanque les déclarait tous innocens. Le roi d'Angleterre recevait ceux qui se réfugiaient dans ses états; et plusieurs princes d'Allemagne, contens de s'emparer de leurs biens, laissaient sauver les accusés; de sorte que cette diversité d'opinion et de conduite à leur égard laisse encore leur innocence ou leur crime sous le sceau de l'incertitude.

Ces terribles exécutions détruisirent les membres; mais il fallait une sentence solennelle pour abolir l'ordre. On doit se rappeler que Clément V, pressé après son élection de condamner Boniface VIII, avait adroitement répondu que, puisque le roi avait consenti sur cet objet de s'en rapporter à un concile, il en convoquerait un où cette cause serait portée. Clément l'indiqua à Vienne, et l'ouvrit lui-même par un discours dans lequel il exposa les motifs et le but de l'assemblée: savoir, la réformation des mœurs, l'extirpation de quelques hérésies du temps, le recouvrement de la Terre-Sainte, l'extinction de l'ordre des Templiers, et le jugement à porter sur Boniface VIII. Comme si cette affaire ne pouvait sans risque souffrir le moindre délai, dès la première séance, sans discussion ni examen, sans attendre le roi, qui devait y assister, Clément décide que Benoît Cajetan a été légitime pasteur de l'église, qu'il est mort catholique, que jamais il n'a été hérétique, et que les preuves alléguées contre lui pour le flétrir de cette imputation ne sont pas suffisantes.

Philippe-le-Bel ne s'attendait pas à ce résultat précipité. Il n'arriva que pour la seconde session, accompagné des princes et seigneurs de la cour, et eut le chagrin de voir adopter unanimement par les pairs assemblés le décret de la première; de plus, trois docteurs célèbres, le premier en théologie, le second en droit canon, le troisième en droit civil, prononcèrent chacun une harangue approbative de la déclaration. Enfin parurent dans la salle deux chevaliers catalans, armés de toutes pièces pour soutenir la décision par le combat. Ils défièrent en présence du roi et de sa cour ceux qui seraient assez hardis pour l'attaquer, et jetèrent le gant ou gage de bataille; personne ne le releva, et ce fut une affaire jugée.

Celle des Templiers n'eut pas l'avantage de réunir une pareille généralité de suffrages. Quand le pape proposa d'abolir un ordre composé de la principale noblesse des états chrétiens, qui avait rendu de si grands services à l'église dans les guerres saintes, beaucoup d'évêques se déclarèrent contre ce projet. Ils dirent que l'affaire n'avait pas été assez examinée; qu'il paraissait qu'il y avait eu de la passion dans plusieurs juges; que les preuves tirées de confessions arrachées par la torture n'étaient pas suffisantes, et qu'elles étaient plus que contrebalancées par les désaveux des malheureux, prononcés dans les supplices jusqu'à la mort. Les prélats opinaient donc à reprendre l'affaire dans son principe et à l'examiner de nouveau.

Cette disposition ne plaisait ni au pape, ni au roi. Clément répondit avec humeur que si, par le défaut de formalités, il ne pouvait prononcer juridiquement contre les Templiers, « la plénitude de la puis-
» sance pontificale suppléerait à tout, qu'il les condamnerait par
» voie d'expédient, plutôt que de mécontenter son cher fils le roi

» de France. » En effet, il prononça dans un consistoire secret la sentence qui cassait, supprimait et annulait l'ordre militaire du Temple, et la répéta dans une séance publique en présence du roi et de toute sa cour, en ces termes : « Quoique nous n'ayons pas prononcé » la sentence selon les formes de droit, nous supprimons l'ordre par » provision et par l'autorité apostolique, nous réservant, et à la sainte » église romaine, la disposition des personnes et des biens des Tem- » pliers. » Ce jugement, quoique provisionnel, a eu toute la force d'un arrêt définitif, et l'ordre est resté pour toujours proscrit et aboli. Les biens furent dispersés entre plusieurs mains. Les chevaliers de Saint-Jean de Jérusalem en eurent la plus grande partie. Philippe ne retint qu'une partie du mobilier et de l'argent pour acquitter les dépenses énormes de ce grand procès, d'où on a conjecturé que ces rigoureuses poursuites contre ces infortunés ont moins été l'effet de la cupidité que celui de la politique et de la vengeance. Le concile de Vienne se termina par une exhortation à la croisade et des règlemens pour la réformation des mœurs.

De tous les malheureux chevaliers renfermés dans les cachots au premier moment de leur proscription, il n'en restait plus que quatre en France : Jacques de Molay, grand-maître de l'ordre, qui avait été parrain de l'un des enfans du roi ; Guy, grand-prieur de Normandie, frère du dauphin d'Auvergne ; Hugues de Péralde, grand-visiteur de France ; et le grand-prieur d'Aquitaine, qui avait été directeur des finances du royaume. Le pape s'était réservé de prononcer sur leur sort, et se proposait de leur accorder des adoucissemens ; mais, pour l'honneur de sa sentence contre l'ordre, et pour la justifier, il voulait qu'ils fissent en public, à la vue du peuple, les aveux qu'il avaient faits devant les tribunaux, et il envoya deux cardinaux pour être présens à cet acte solennel.

Les quatre principaux personnages de l'ordre du Temple sont présentés au peuple sur un échafaud dressé dans le parvis de Notre-Dame ; près d'eux des bourreaux construisaient un bûcher pour les avertir du sort qui les attendait, s'ils ne remplissaient les conditions qu'on leur avait imposées. On lit à haute voix les aveux qu'ils avaient faits plusieurs fois des abominations de leur ordre. Un des ministres de Rome prononce un long discours sur cet objet, et les somme de confesser en public les crimes qu'ils avaient avoués secrètement devant les juges. Alors le grand-maître, vieillard vénérable, s'avance sur le bord de l'échafaud, secouant les chaînes dont il était chargé, et, regardant le bûcher d'un air de dédain, il dit : « L'affreux spec- » tacle qu'on me présente n'est point capable de me faire confirmer » un premier mensonge par un second. J'ai trahi ma conscience : » il est temps que je fasse triompher la vérité. Je jure donc, à la face » du ciel et de la terre, que tout ce qu'on vient de lire des crimes et » de l'impiété des Templiers est une horrible calomnie. C'est un ordre » saint, juste, ortodoxe ; je mérite la mort pour l'avoir accusé à la

» sollicitation du pape et du roi. Que ne puis-je expier ce forfait par
» un supplice plus terrible que celui du feu ! Je n'ai que ce seul
» moyen d'obtenir la pitié des hommes et la miséricorde de Dieu. »
Guy, grand-prieur de Normandie, tint le même langage; les deux
autres persistèrent dans leurs aveux.

La surprise des juges, des délégués du pape et de leurs suppôts,
fut extrême. On ramena les deux réfractaires dans leurs cachots.
Le roi assembla précipitamment son conseil. Sans être entendus de
nouveau, ils furent condamnés, comme hérétiques relaps, au supplice
du feu, et la sentence fut exécutée le lendemain dans l'île du palais.
Au milieu des flammes, et jusqu'au dernier soupir, il protestèrent de
leur innocence, et citèrent le roi et le pape au tribunal de Dieu;
Clément, dans quarante jours, et Philippe dans l'année. Le peuple,
témoin de la constance de ces deux infortunés, donna des larmes à
leur fin tragique, et crut qu'ils mouraient innocens. Il fut ensuite
confirmé dans cette nouvelle opinion par la mort des deux auteurs
de cette terrible catastrophe, qui arriva au terme marqué par leurs
victimes.

Philippe-le-Bel avait trois fils, remarquables comme lui par leur
beauté. Louis avait épousé Marguerite, fille de Robert II, duc de
Bourgogne, et d'Agnès, fille de saint Louis; Philippe, Jeanne, comtesse de Bourgogne et de Franche-Comté; et Charles, Blanche, sœur
puînée de cette dernière. Marguerite et Blanche, convaincues d'infidélité, furent, par arrêt du parlement, le roi y séant, renfermées
dans la forteresse de Château-Gaillard en Normandie, où la première
fut étranglée, et d'où la seconde ne sortit que pour se faire religieuse.
Leurs complices, Philippe et Gauthier d'Aulnay, deux frères, gentilshommes normands, bien inférieurs en bonne grace à leurs époux,
furent traînés à la queue d'un cheval sur un pré récemment fauché,
mutilés et attachés à une potence. Les fauteurs de l'intrigue subirent
l'exil, la prison ou la mort. Jeanne comparut aussi devant le parlement, et y fut déclarée innocente. Depuis un an, elle était reléguée
au château de Dourdan. Philippe, son mari, la reprit : « En cela, dit
» Mezerai, plus heureux ou plus sage que ses frères. »

Ce parlement, par lequel furent jugées les brus de Philippe-le-Bel,
était bien différent des grandes assemblées qu'on a appelées quelquefois parlemens pendant les deux races qui ont précédé la troisième. Sous la première, ils n'étaient composés que de grands seigneurs, successeurs des compagnons de Clovis, et se sont nommés
Champs-de-Mars. Sous la seconde, à cette noblesse guerrière furent
joints les prélats possesseurs de grandes terres, survenues au clergé,
soit par dons laïcs, soit par concession des évêques, choisis pour
la plupart dans la haute noblesse. Ils appliquaient à leurs églises
des portions considérables des héritages de leurs pères qui sortaient
ainsi de leurs familles, pour ne plus y rentrer, parce que les biens du
clergé lui devenaient une propriété inaliénable. Ces deux parlemens,

que les rois présidaient toujours, décidaient de la paix et de la guerre, des impôts, des alliances, jugeaient leurs pairs, approuvaient les volontés du monarque, et quelquefois les restreignaient. C'était l'ouvrage de quelques séances qui se tenaient dans des temps indéterminés, selon les besoins du royaume et la nécessité des circonstances.

Jamais les premiers parlemens ne connurent des affaires des particuliers, et rarement les seconds s'en occupèrent; mais la mauvaise administration de la justice, livrée à des baillis ou autres juges mercenaires dépendans de la volonté des seigneurs, faisait que souvent leurs vassaux avaient recours aux rois pour se soustraire aux vexations. Les monarques admettaient volontiers ces appels, qui accoutumaient insensiblement le peuple à reconnaître les rois supérieurs aux seigneurs, quelque puissans qu'ils fussent. Le tribunal que les rois ouvrirent aux plaignans était leur propre conseil, qui les suivait partout. Comme, par la nature d'une partie de ses fonctions, telle que la police intérieure, le conseil représentait les anciens parlemens, on s'habitua à lui donner ce nom. Jusqu'à Philippe, il avait été ambulatoire; ce prince le fixa à Paris dans son palais, et ordonna qu'il se tiendrait deux fois l'an, aux octaves de Pâques et de la Toussaint, et que chaque séance serait de deux mois. Il étendit le même règlement à l'*échiquier*, ancienne justice des ducs de Normandie; aux grands jours de Troyes, justice des comtes de Champagne, et établit enfin un parlement à Toulouse pour les provinces méridionales. Ces dispositions sont de l'année 1302.

Le parlement qui fut établi à Paris était d'abord composé d'anciens barons et de prélats que le roi désignait à chaque session. Mais la permanence établie par le nouveau règlement, et les connaissances positives qu'exigea bientôt l'introduction de lois romaines dans notre jurisprudence, depuis la découverte des Pandectes de Justinien, qui avait été faite en 1137 à Amalphi, s'accommodaient mal avec les mœurs et les habitudes de la plupart de ces seigneurs illettrés, qui ne respiraient que les camps et la guerre. Il fallut leur donner des adjoints pris dans les classes inférieures; et ces adjoints, peu à peu, par la retraite absolue des barons, se trouvèrent naturellement investis du droit exclusif de juger les peuples. Les choses en étaient à ce point, lorsque Philippe de Valois, en 1344, donna une nouvelle organisation à ce tribunal, qui reçut alors à peu près la forme qu'il a conservée depuis jusqu'à extinction. Il ordonna qu'il y aurait trente juges, moitié clercs et moitié laïcs dans la chambre dite du Plaidoyer et depuis la Grand'Chambre; quarante à celle des enquêtes, où se jugeaient les procès par écrit; et huit enfin aux requêtes, chargés d'abord de recevoir les requêtes des parties, et ensuite de juger les affaires de moindre importance qui n'étaient pas d'un intérêt assez grave pour être communiquées au parlement. Ce tribunal prit le nom de Cour, et le lieu de ses séances, celui de Palais, parce qu'à cette époque, il se tenait effectivement à la cour et dans le palais du roi. Sa forme n'a varié depuis, que par le nombre des magistrats et par celui des chambres qui en a été la suite. A l'extinction du parlement, elles étaient au nombre de cinq : la Grand'Chambre, qui avait dix présidens et quarante-sept conseillers ; dont douze étaient clercs; trois chambres des enquêtes, comptant chacune deux présidens et vingt-trois conseillers; et une dernière chambre des requêtes, composée de deux présidens et quatorze conseillers : en tout cent trente-huit juges, sans compter les princes du sang et les ducs et pairs, au nombre de soixante environ, qui tous avaient droit d'entrée au parlement, mais qui n'y jugeaient pas effectivement.

C'est aussi au temps de Philippe-le-Bel que la chambre des comptes fut également rendue sédentaire; elle le fut même avant le parlement. Destinée d'abord à entendre exclusivement les comptes du roi, elle fut investie dans la suite de plusieurs autres attributions.

On regarde encore Philippe-le-Bel comme l'instituteur des états-généraux. Dans sa querelle avec Boniface VIII, il s'appuya en effet du suffrage des magistrats, des universités, des maires et des principaux bourgeois des villes ; mais si plusieurs personnages qui n'étaient ni prélats ni nobles assistèrent aux assemblées qui se tinrent alors, et y donnèrent leurs voix, peut-être n'était-ce pas comme députés des ordres dont ils étaient membres, mais comme savans dans la jurisprudence du royaume et dans le droit canon.

On doit rapporter à cette époque l'acquisition que fit la France de la seconde ville du royaume, Lyon, détachée du domaine sous Lothaire, pour devenir la dot de Mathilde, sa sœur, épouse de Conrad. L'empereur Frédéric Barberousse l'avait depuis cédée aux archevêques. Les rois de France pensèrent alors à rentrer insensiblement dans leur ancienne souveraineté, et leurs progrès furent rapides: saint Louis eut une cour de justice dans la ville ; Philippe-le-Hardi se fit prêter serment par son archevêque ; Philippe-le-Bel y tint un officier sous le nom de *Gardiateur*, et, afin de se concilier le chapitre, il lui fit cette fameuse concession qui, érigeant tous ses biens en comtés, donna occasion aux chanoines de prendre le titre de comtes de Lyon. Toutes ces attributions néanmoins n'étaient pas tellement reconnues, que Pierre de Savoie, nouvel archevêque, ne se crût autorisé à refuser le serment. Il engagea les habitans dans sa querelle, et ceux-ci se portèrent à des extrémités qui les rendirent coupables. Philippe s'en prévalut pour agir à son tour en ennemi; mais, sur la simple démonstration de ses forces, tout se soumit, et un traité formel reconnut le roi de France pour souverain.

Ce n'était qu'à regret et comme forcés que les Flamands avaient subi la loi d'une trêve qui démembrait leur province, et qui, de plus, les assujétissait à un impôt, payable par termes, pour les frais de la guerre. Chaque échéance renouvelait leur mécontentement : il s'ensuivait des retards dans le recouvrement, et souvent des refus. Philippe, très délicat sur cet article, montra du mécontentement et de la colère, menaça les indociles Flamands d'une guerre à outrance, publia qu'il la ferait en personne, et arma chevaliers ses trois fils et beaucoup de jeunes seigneurs qui devaient le suivre. A la naissance, aux mariages des enfans des grands, quand il les faisait chevaliers, et dans d'autres occasions éclatantes, les vassaux étaient dans l'usage de faire des présens à leurs seigneurs. Dans cette circonstance, Philippe-le-Bel convertit le présent en imposition : il augmenta aussi la redevance, pour subvenir aux dépenses de la guerre qu'on allait faire ; et, quand cet argent fut entré dans ses coffres, il fit quelques démonstrations hostiles, puis envoya Enguerrand de Marigni, son ministre, qui s'arrangea avec les Flamands, et tira d'eux ce qu'il put. Il n'y eut point de guerre, et l'argent des Parisiens resta au roi, avec le plaisir des fêtes brillantes qu'ils lui donnèrent en l'honneur des nouveaux chevaliers.

Elles durèrent trois jours. Jamais, si on en croit les auteurs, on ne vit une pareille magnificence, qui fera juger du goût de nos bons aïeux. « On donna, selon la coutume, des robes neuves à tous les
» grands; ils changeaient trois fois par jour d'atour et d'habillemens,
» tous plus superbes les uns que les autres ; luxe inconnu jusque-là.
» Tous les corps de métiers parurent vêtus à l'avantage, chacun avec
» les marques et les ornemens de son art. On éleva dans les carre-
» fours des théâtres ornés de superbes courtines; on joua maintes
» féeries. Là, vit-on Dieu manger des pommes, rire avec sa mère,
» dire ses patenôtres avec ses apôtres, susciter et juger les morts; les
» bienheureux chanter en paradis, accompagnés des anges : les
» damnés pleurer dans un enfer noir et infect, et les diables rire de
» leur infortune. » On y représentait des sujets tirés de l'Ecriture Sainte et de l'Histoire : Adam et Eve, avant et après leur péché; le Massacre des Innocens, le martyre de saint Jean-Baptiste, Caïphe sur son tribunal, Pilate se lavant les mains.

« Là fut vu maître Renard, d'abord simple clerc, qui chante une
» épître, ensuite évêque, puis archevêque, enfin pape, toujours man-
» geant poussins et poules (méchante allusion à Boniface VIII); des
» hommes sauvages, des rois de la fève, mener grand ricolas (grande
» joie); des ribauds en blanche chemise agacier pour leur biauté, liesse
» et gaîté; les animaux de toute espèce marcher en procession ; des
» enfans de dix ans lutter dans un tournoi; des dames caroler de biaux
» tours; des fontaines de vin couler, le grand-guet faire la garde en
» habits uniformes ; toute la ville baller, danser et se déguiser en
» plaisantes manières. » Ainsi, dès ce temps, les parades et les mascarades étaient le divertissement du peuple.

Le roi Louis son fils aîné, roi de Navarre depuis la mort de Jeanne sa mère, et Edouard II, son gendre, roi d'Angleterre, qui avait été mandé à la cour pour raison de quelques forfaitures, traitèrent chacun leur jour la cour et la ville. Le couvert était sous des tentes. Les convives furent servis à cheval, et le lieu du festin éclairé d'une in-

finité de flambeaux, quoique ce fût en plein jour. Pour finir, « les
» bourgeois de Paris partirent en bon ordre de l'église de Notre-
» Dame, bien armés, équipés lestement, et vinrent passer, au nombre
» de vingt mille chevaux et de trente mille hommes de pied, auprès
» du Louvre où le roi était aux fenêtres. Ils allèrent de là dans la plaine
» de Saint-Germain-des-Prés, se mettre en bataille et faire l'exercice.
» Les Anglais étaient étonnés que d'une seule ville il pût sortir tant
» de gens bien faits et prêts à combattre. »

Ce luxe que nous venons de décrire contrastait singulièrement avec les lois somptuaires que Philippe-le-Bel donna au commencement de son règne. Il y en avait pour le repas et les habillemens. « Nul, dit-il,
» ne donnera au grand mangier, c'est-à-dire au souper, que deux
» mets, et un potage au lard, sans fraude; et au petit mangier (le
» dîner), un mets et un entremets. Les jours de jeûne deux potages
» aux harengs et deux mets, ou bien un potage et trois mets. Dans
» ces jours, il n'y aura qu'un seul repas. On ne mettra dans chaque
» écuelle qu'une manière de chair ou de poisson. Le fromage n'est
» pas un mets, s'il n'est en pâte ou cuit à l'eau. » Nos rois jusqu'alors avaient donné l'exemple de cette sobriété. On ne servait jamais que trois plats sur leur table. Leur boisson de préférence était le vin d'Orléans. Henri II en faisait toujours porter avec lui quand il allait à la guerre, persuadés qu'il excitait aux grands exploits, et Louis-le-Jeune en envoyait par présent. L'eau-rose parfumait les boissons, entrait dans tous les ragoûts, et faisait les délices de la table. Si Philippe-le-Bel s'est astreint dans le commencement de son règne à cette frugalité, qu'il avait prescrite lui-même, on peut juger qu'il s'en est beaucoup écarté, puisqu'il a été le plus dépensier de nos rois.

On peut en dire autant de ses lois pour les vêtemens. On a vu que, dans la cérémonie des chevaliers, hommes et femmes en changeaient trois fois par jour. Cependant il n'en était permis aux ducs et aux comtes les plus riches que quatre par an, autant à leurs femmes, deux aux chevaliers, un seul aux garçons, pas plus à la dame ou demoiselle, si elle n'était châtelaine. L'habillement des hommes était une soutane ou longue tunique, et par dessus un manteau, qu'on attachait sur l'épaule droite, afin qu'étant ouvert de ce côté on pût avoir l'entière liberté du bras droit. L'habit court, excepté à l'armée, n'était que pour les valets : le bonnet était la coiffure du clergé et des gradués ; il s'appelait mortier quand il était de velours. On le galonnait, on en variait les couleurs et les ornemens, ainsi que des chaperons ou espèces de capuchons dont le peuple se coiffait. Les militaires portaient un petit chapeau de fer, diminutif du heaume et du casque, incommode par leur pesanteur.

Alors étaient en vogue les souliers dits *à la poulaine*. Ils finissaient en pointe, dont le bec était plus ou moins long, selon la qualité de la personne, depuis un demi-pied jusqu'à deux pieds. Cette pointe se relevait, et des élégans y attachaient des grelots : à force de vouloir

se surpasser en ridicule, on alla jusqu'à s'y appliquer des figures indécentes. Un historien traite cette mode d'outrage fait au Créateur, et peu s'en fallut que ceux qui la suivirent ne fussent traités d'hérétiques. « Mais quand les hommes se fâchèrent de cette chaus-
» sure aiguë, dit un écrivain du temps, furent faites des pantoufles
» si larges devant, qu'elles excédaient de largeur la mesure d'un bon
» pied, et ne savaient les hommes, ajoute-t-il, comment ils se pou-
» vaient déguiser. » Les femmes, sans doute, n'étaient pas moins inventrices, ni moins changeantes. La loi se contente de marquer les broderies, fourrures, diamans, dont elles pouvaient enrichir leurs habits, sans en prescrire les formes.

Une disposition plus importante et digne de la politique et de la prévoyance de Philippe-le-Bel, fut celle qu'il introduisit en loi à l'occasion des apanages qu'il forma à ses deux derniers fils. De Hugues-Capet à Philippe-Auguste, les apanages avaient été donnés en toute propriété et sans aucune condition de retour, en sorte qu'ils ne pouvaient revenir à la couronne que par alliance ou par acquisition; de Louis VIII à Philippe-le-Bel, on avait stipulé le retour, mais à défaut d'hoirs seulement : Philippe-le-Bel restreignit la transmission des apanages aux seuls hoirs mâles, et, conformément à l'esprit de la loi salique, il statua qu'à leur défaut, les apanages à concéder à l'avenir retourneraient de plein droit à la couronne.

Philippe passa la dernière année de sa vie dans une langueur qui le conduisit au tombeau, à l'âge de quarante-huit ans, dans la vingt-neuvième année de son règne.

Il recommanda à son fils de diminuer les impôts et de soulager le peuple : exhortation ordinaire aux mourans, toujours oubliée par leurs successeurs.

Le règne de Philippe-le-Bel fait époque dans l'histoire de la monarchie, parce qu'il fixe la démarcation entre les anciens parlemens et le nouveau. S'il n'a pas été l'auteur, il a du moins donné, par ses fréquentes convocations, l'idée des états-généraux, qui tantôt ont consolidé, tantôt miné le trône, et l'ont enfin renversé. Philippe a rendu plus rares les combats judiciaires; il a ajouté à la France des parties considérables de la Flandre et du Lyonnais, la Champagne et le comté d'Angoulême. A lui ont cessé les croisades, quoiqu'il ait lui-même pris la croix avec ses fils, beaucoup de seigneurs, et le roi d'Angleterre lui-même ; mais il paraît que ces princes ne regardaient cette action que comme une cérémonie propre à leur donner auprès des peuples une réputation de zèle et de bravoure. La boussole ou la propriété qu'a l'aimant de se diriger vers le nord, connue peut-être avant le règne de Philippe, n'a été que de son temps appliquée à la marine. Ses démêlés avec Boniface ont éclairci les points de discipline contestés entre les papes et les rois, et ont donné naissance à ce que l'on appelle les libertés de l'église gallicane, qui ne sont réellement qu'une barrière contre les prétentions qu'avait le saint-siége.

La cour de Rome se fit un grand appui dans les religieux mendians, qui pullulèrent depuis le milieu du treizième siècle, et pendant tout le quatorzième. Ils étaient alors dans toute la ferveur de la pratique du vœu de pauvreté, de sorte que la plupart rejetaient les biens que leur offrait l'administration des fidèles pour l'austérité de leur vie. Afin de lever le scrupule des plus timorés d'entre eux, le pape Nicolas III, qui avait été de l'ordre de saint François, déclara que les biens-fonds donnés aux mendians appartiendraient au pape, et que les religieux n'en auraient que l'usufruit. La délicatesse sur la désappropriation a été poussée par quelques dévots d'entre eux jusqu'à soutenir que les alimens dont ils usaient journellement appartenaient au pape, et non à eux.

Le clergé séculier eut aussi ses excès dans un autre genre : il était très persuadé de sa prééminence, et inexorable sur ses priviléges. Pierre de Jumeau, prévôt de Paris, avait fait pendre un écolier pour un crime qui méritait la mort. L'université se plaignit vivement de cet attentat aux droits qu'elle exerçait sur ses suppôts : n'étant pas satisfaite de la réponse du roi, elle ferme ses écoles et cesse ses fonctions. L'official prononce l'excommunication contre le magistrat : le clergé prend fait et cause pour l'université. De toutes les paroisses de Paris partent des processions suivies d'un peuple nombreux ; elles se rendent à la maison de l'infracteur des immunités. Chacun lance contre elle des pierres, en disant : « Retire-toi, maudit satan ; reconnais ta » méchanceté ; rends honneur à notre mère sainte église que tu as » insultée en blessant ses immunités ; autrement, que ton partage » soit avec Dathan et Abiron, que l'enfer engloutit tout vivans !. » Le prévôt fut condamné à faire réparation à l'université, avec injonction d'aller à Rome pour obtenir son absolution. Le roi fonda deux chapelles, où se diraient à perpétuité des messes pour le repos de l'ame de l'écolier, et qui seraient à la collation de l'université. Quand cette scène scandaleuse, dont on rirait à présent arriva, Philippe sortait à peine de ses démêlés avec Boniface et sans doute, il ne voulut pas mécontenter le clergé qui l'avait bien servi dans cette circonstance. C'était aussi dans le temps que le peuple, surchargé d'impôts et aigri par les variations des monnaies, prenait partout une attitude menaçante ; on crut sans doute l'adoucir en montrant des égards pour ses préjugés. C'est ainsi que l'abus du pouvoir force quelquefois de composer avec les prétentions, et compromet l'autorité.

C'est du règne de Philippe-le-Bel, et précisément de l'époque de l'arrestation des Templiers, que date la confédération helvétique. Elle doit sa naissance aux mesures cupides de l'empereur Albert, fils du fameux Rodolphe de Hapsbourg, pour former une principauté en Suisse à l'un de ses fils. Dans ce dessein, il proposa aux états de l'empire, formant les cantons de Schwitz, d'Uri et d'Unterwalden, de les réunir aux terres de la maison de Hapsbourg ; et, sur leur refus, il ordonne aux avoués qu'il y envoyait au nom de l'empire, de les vexer en toutes manières. Son projet était de les porter à la révolte, qui lui fournirait un prétexte plausible de leur faire la guerre et de les plier à ses volontés. Les trois états, à l'effet de repousser la tyrannie et de se maintenir dans leur indépendance, se confédérèrent alors par les soins de trois hommes célèbres dans leur patrie, Wernier Stouffacher, de Schwitz; Gauthier Furst, d'Uri; et Arnould de Melchtal, d'Unterwalden. Ceux-ci, après s'être associé plusieurs de leurs amis, et entre autres le fameux Guillaume Tell, s'emparent des citadelles qu'Albert avait élevées pour les maintenir, les démolissent, chassent les avoués, et en massacrent même quelques uns. L'empereur, informé de ces désordres qu'il avait fait naître, se dispose à en profiter; et déjà il touchait aux frontières, lorsqu'un de ses neveux qui revendiquait de lui son héritage l'assassina. Après Albert, divers princes de la maison d'Autriche firent à plusieurs reprises des tentatives contre les Suisses; mais leurs efforts furent toujours inutiles; et la confédération s'accrut même en divers temps de nouveaux membres qu'elle reçut dans son sein, et qui la portèrent successivement au point où elle est parvenue depuis.

Louis X, dit le Hutin, âgé de 23 ans.

En treize ans, trois frères, fils de Philippe-le-Bel, passèrent sur le trône. Le règne de Louis X, l'aîné, qui y monta à vingt-trois ans, ne dura que dix-huit mois; il est marqué par trois événemens sinistres : un meurtre, un assassinat juridique, et une expédition malheureuse.

On doit se rappeler que Marguerite de Bourgogne, son épouse, prévenue d'adultère, était prisonnière au château Gaillard. On ignore si elle avait été condamnée à la réclusion par sentence d'un tribunal, après les procédures commandées par la loi; ou si, jugée coupable d'après des conjectures très vraisemblables, elle avait été renfermée sans forme de procès et sans prononcé juridique. Dans ce dernier cas, son mari avait tout au plus le droit de la laisser languir dans sa réclusion, s'il ne voulait pas la faire juger : mais, en montant sur le trône, il lui prit envie d'y faire asseoir une compagne. Trop et de trop fortes considérations s'opposaient à ce qu'il y rappelât Marguerite, dont il lui restait cependant une fille nommée Jeanne. Charles-Martel, roi de Hongrie, avait une princesse appelée Clémence : Louis la demanda en mariage, et l'obtint. La prochaine arrivée de la fiancée fut l'arrêt de mort de l'épouse. Son mari la fit étrangler dans sa prison, après deux ans d'une dure captivité. Il alla ensuite se faire sacrer à Reims avec la nouvelle reine.

Cette cérémonie avait été différée par des prétentions et des disputes entre les seigneurs de la cour, qu'il fallut concilier; par des troubles que les impôts excitaient dans les provinces, et qu'il fallut apaiser; enfin, parce qu'il n'y avait pas d'argent dans le trésor. Pendant tout le règne de Philippe-le-Bel, Enguerrand de Marigni en avait eu la clef en qualité de surintendant des finances. Il jouissait du plus grand crédit sous ce monarque, dont il avait toute la confiance. Philippe-le-Bel l'avait fait châtelain du Louvre, lui avait donné le comté de Longueville, et d'autres terres considérables. La puissance du surintendant était si grande, que les chroniques du temps l'appellent *coadjuteur au gouvernement du royaume*. Il ne se pouvait qu'une telle élévation ne lui fît beaucoup d'envieux et d'ennemis. C'était à lui, comme conseiller intime du roi, que ceux qui n'obtenaient pas tout ce qu'ils désiraient du monarque, attribuaient les refus qu'ils éprouvaient; sur lui, ainsi qu'il arrive à l'égard des principaux ministres, rejaillissaient tous les mécontentemens.

Charles, comte de Valois, frère de Philippe-le-Bel, avait ressenti un vif chagrin, lorsqu'ayant pris sur lui, dans la première guerre de Flandre, de promettre à Guy de Dampierre la paix s'il allait lui-même la demander au roi, et la sûreté pour le retour s'il ne l'obtenait pas, il vit que son frère, sans égard pour l'engagement pris par lui, comte de Valois, retenait le Flamand prisonnier. Il en conçut une haine mortelle contre Enguerrand, qu'il crut inspirateur de cette résolution, et jura de se venger.

Il n'en pouvait trouver une meilleure occasion que le commencement du règne d'un jeune prince, faible, sans expérience, sur lequel sa qualité d'oncle lui donnait un grand empire, et il ne la manqua pas. Dans un conseil dont l'embarras des finances faisait la matière, Louis, étonné de la pénurie d'argent où il se trouvait, demanda : « Que sont » donc devenues les décimes levées sur le clergé, les richesses qu'ont » dû produire les altérations des monnaies, les subsides dont on a » surchargé le peuple? — C'est le surintendant, dit Valois, qui en » a eu le maniement, c'est à lui à en rendre compte. — Je le ferai, » répondit le surintendant, quand il plaira au roi de l'ordonner.— » Que ce soit tout à l'heure, répliqua Valois brusquement. — J'en » suis content, dit le ministre, sur le même ton : je vous en ai donné » monsieur, une grande partie; le reste a été employé aux charges » de l'Etat. — Vous en avez menti, s'écria le prince en fureur. — C'est » vous-même, sire, qui en avez menti, répliqua le surintendant. » Charles, transporté de colère, mit l'épée à la main; Enguerrand fit geste de se défendre, il s'en serait suivi un combat à outrance sous les yeux du roi, si les assistans ne se fussent jetés entre eux deux.

L'oncle du roi n'eut pas de la peine à obtenir que celui qui lui avait si outrageusement manqué de respect fût arrêté. On l'enferma d'abord dans la tour du Louvre, son gouvernement; de là au Temple, prison funeste. Les opinions sur le compte du financier ne furent point partagées; il avait été tout-puissant, il était riche, il avait manié les deniers du royaume; une multitude d'impôts s'étaient établis pendant son administration: donc il ne pouvait manquer d'être coupable. Ses amis, ses protégés, les gens enrichis de ses dons, s'éclip-

sèrent; il ne lui resta de défenseurs que dans sa famille; mais on imputa ses crimes à ses parens, on leur suscita des accusations pour les éloigner et les mettre hors d'état de solliciter. On lui connaissait pour ami un célèbre avocat, Raoul de Presle, qui aurait pu prendre sa défense, et plaider victorieusement sa cause; il fut mis en prison, chargé d'une accusation calomnieuse et dépouillé de ses biens, qu'on ne lui rendit pas quand il fut déclaré innocent. Comme, malgré les perquisitions que l'on faisait pour multiplier et envenimer les griefs reprochés au surintendant, il ne se présentait que des inculpations vagues et mal prouvées, on répandit avec profusion une proclamation qui invitait « riches et pauvres, tous ceux auxquels Enguerrand au-
» rait méfait, de venir à la cour du roi pour y faire leurs complaintes,
» et qu'on leur ferait très bon droit. » Personne ne comparut; mais à force d'entasser reproches sur reproches, sans preuves ni vraisemblance, on vint à bout de former un acte d'accusation.

Enguerrand est amené au château de Vincennes, devant une assemblée que le roi présidait, accompagné d'un grand nombre de seigneurs et de prélats. Un avocat, nommé Jean Banière, par ordre du comte de Valois, prend la parole. Selon la coutume du temps, il commence par un texte tiré de l'Ecriture-Sainte. Après des citations de l'Ancien Testament, qu'il tâche d'approprier à sa cause, « il al-
» lègue les exemples des serpens qui dégastaient la terre en Poitou,
» au temps de monseigneur saint Hilaire, et comparage les serpens à
» Enguerrand et à ses parens, amis et affidés, descend de là aux cas
» et forfaits : » altération des monnaies, surcharge du peuple, séditions qui en ont résulté; dons immenses obtenus du feu roi par lâches artifices; vols de deniers destinés au pape et à ses parens; lettres en blanc, scellées et surprises au chancelier, qu'on doit présumer remplies de faux comptes, à moins que l'accusé ne justifie de l'emploi de l'argent dont il est fait mention; dégradation des forêts; plusieurs affaires faites à son profit avec des particuliers; des ordres donnés sans mandement exprès du roi; correspondance entretenue avec les Flamands, argent tiré d'eux, afin de rendre la dernière expédition inutile; enfin, pour ne rien omettre, l'insolence de faire placer sa statue sur l'escalier du palais, qu'il avait fait rebâtir par ordre de son maître (1).

Marigni demanda à répondre, et certainement il aurait pu le faire victorieusement à l'égard de bien des chefs. Il insista sur la communication des griefs. Tout cela fut refusé, et après cette scène humiliante, à laquelle il paraissait n'avoir été appelé que pour boire la coupe d'amertume présentée par ses ennemis, « il fut ramené au

(1) Cette statue était placée sous celle du roi : elle fut arrachée et renversée. On croit qu'elle existe encore debout, appuyée contre le mur, dans une des cours de la Conciergerie. Elle est d'une assez bonne attitude, et peut faire connaître le style de la sculpture et de l'habillement de la fin du treizième siècle.

» Temple enferré en bons liens et anneaux de fer, et gardé très dili-
» gemment. »

Le jeune monarque trouvait les demandes de l'accusé justes. S'apercevant même que les accusations étaient vagues et destituées de fondement, il aurait voulu le mettre en liberté, et le renvoyer absous ; mais il craignait son oncle. Il le pria du moins de trouver bon que le surintendant fût exilé et gardé dans l'île de Chypre, d'où on le rappellerait quand on voudrait traiter son affaire avec plus de calme. Ce n'était pas ce que prétendait l'ennemi de Marigni ; il voulait sa mort, et cette réponse ferme du surintendant, lorsque le comte lui demanda ce qu'il avait fait du trésor de l'Etat : « Je vous en ai donné » une partie, » fait présumer que Valois craignait les éclaircissemens qu'un procès en règle pouvait faire naître. Le penchant de son neveu à l'indulgence l'inquiétait. Cependant, comme il connaissait la faiblesse et l'inexpérience du jeune prince, il ne désespéra pas, en l'attaquant par la superstition, de faire brusquer le jugement.

On croyait alors qu'il existait des sorciers, lesquels, par art magique, pouvaient établir, entre des figures de cire qu'ils faisaient et les personnes que ces figures représentaient, une telle correspondance, que ces personnes souffraient dans leur corps les tourmens que les magiciens paraissaient vouloir exercer sur les figures; de sorte que, quand il piquait telle ou telle partie de l'image, la personne représentée en éprouvait de la douleur dans cette même partie; et enfin un coup d'aiguille donné dans le cœur de la figure tuait le patient, après beaucoup de douleurs. On appelait cette opération magique *envouter*. Il se répandit tout à coup un bruit que la femme d'Enguerrand et sa sœur recouraient aux sortiléges pour le sauver, et qu'elles avaient « envouté le roi, messire Charles et autres barons, » de manière que si on n'y apportait au plus tôt remède, lesdits roi » et comte ne feraient chaque jour que *amenuiser*, sécher et déchi-
» rer, et en bief mourraient de male mort. »

Pour donner à ces rumeurs populaires un air de vérité aux yeux du jeune monarque et du public, on arrêta un sorcier, sa femme et son valet ; on montra au roi des figures percées et sanglantes trouvées chez lui, disait-on. Le malheureux se pendit dans la prison, ou fut étranglé secrètement. Cet acte de désespoir, présenté au roi comme un aveu du crime, ainsi que le procès fait à la femme et au valet, dont l'une fut brûlée, l'autre pendu, opérèrent chez le monarque une pleine conviction. Il déclara qu'il *ôtait sa main de Marigni*, et il l'abandonna au comte de Valois.

Alors le prince convoque au château de Vincennes quelques barons et quelques chevaliers, fait lire devant eux et devant l'accusé les mêmes reproches contenus dans le premier plaidoyer. On y ajoute l'imputation de maléfice et de sortilége. Marigni se récrie avec horreur contre cette accusation ; il demande à être entendu sur les autres : on ne l'écoute pas, et, sans aucune des formes judiciaires employées dans les procès criminels, malgré sa qualité de chevalier, comte de Longueville, et les grandes dignités dont il avait été décoré, il est condamné au supplice infame de la potence, exécuté, et son corps suspendu au gibet de Montfaucon qu'il avait fait construire. Il alla à la mort avec calme et constance, et disait au peuple : « Bonnes gens, priez pour moi. » Ce peuple, que sa grandeur avait offusqué, se montra touché de son malheur : la rage même de ses ennemis expira avec lui. Ils laissèrent déclarer innocente sa femme et sa sœur, accusées de sorcellerie ; et ses frères, l'un archevêque de Sens, l'autre évêque de Beauvais, furent déchargés du crime d'avoir empoisonné Philippe-le-Bel, crime qu'on leur avait imputé, afin de les mettre hors d'état de solliciter pour leur frère. Plusieurs même des amis du surintendant recouvrèrent le crédit qu'ils avaient en cour, mais point les biens ; ils restèrent entre les mains de ceux qui en avaient obtenu la confiscation.

Si le supplice de l'infortuné Marigni fut accompagné de toutes les circonstances humiliantes propres à flétrir sa mémoire, jamais aussi réparation ne fut plus éclatante. D'abord le roi, qui s'était laissé aller par faiblesse aux insinuations perfides de ses ennemis, en marqua souvent du regret, et dans son testament il légua une somme considérable à la famille de Marigni, « en considération, dit-il, de la » grande infortune qui leur était arrivée ; » mais il n'y a point d'exemple dans l'histoire de l'éclat que le comte de Valois donna à son repentir. Attaqué d'une maladie douloureuse, dont les médecins ignoraient la cause, il reconnut humblement qu'il était frappé de la main de Dieu, en punition du procès fait au seigneur Enguerrand. Il fit conduire son corps avec pompe dans l'église d'Ecouis, où le surintendant avait établi un chapitre. Valois y fit des fondations, et la maladie augmentant avec des douleurs très aiguës, il fit distribuer une aumône générale dans Paris, avec ordre à ses officiers de dire à chaque pauvre : « Priez Dieu pour monseigneur Enguerrand de Ma- » rigni et pour monseigneur Charles de Valois. »

La mort de Marigni ne délivra pas la France des taxes. Il paraît que ceux qui lui succédèrent dans le maniement des finances furent aussi inventifs que lui. Les Flamands crurent le commencement d'un règne un moment favorable pour se dispenser de payer les sommes auxquelles ils s'étaient engagés sous Philippe-le-Bel. Louis se détermina à les contraindre par les armes ; mais il n'y avait pas d'argent dans le trésor : on employa pour le remplir une formule pour ainsi dire déprécatoire, un moyen d'insinuation au lieu du ton absolu des édits bursaux usités jusqu'alors. Le roi convoqua la noblesse et le peuple, chacun dans le chef-lieu des sénéchaussées. Il les fit exhorter, par des commissaires qu'il y envoya, de lui fournir des subsides extraordinaires, avec promesse de les rembourser des revenus du domaine. Il rendit le droit de bourgeoisie aux marchands italiens, et en tira de l'argent pour la liberté de commercer. Le clergé, engagé à payer une décime, y consentit. Louis prit les deniers qui avaient été levés pour le passage à la Terre-Sainte, qui étaient en dépôt à Lyon, à condition de les rendre ; ce que son successeur exécuta. Les juifs, dans ce mouvement de finances, ne furent pas oubliés. Louis les rappela, et leur fit bien payer leur retour. Il envoya dans les provinces des commissaires chargés d'examiner la conduite des juges, et tira des prévaricateurs des amendes proportionnées aux délits et à leurs facultés. Il vendit aussi des offices de judicature, et proposa des lettres d'affranchissemens aux serfs des domaines royaux ; mais, comme ceux qui étaient chargés de ces marchés mettaient le privilége à trop haut prix, peu de serfs se soucièrent de l'acquérir. Ce n'était d'abord qu'une offre : mais quand les traitans virent que la marchandise ne tentait pas, ils obtinrent la permission de forcer à l'acheter ; et une partie du mobilier des serfs, seule espèce de propriété qui leur fût permis de posséder jusqu'alors, devint le prix de leur liberté. Ainsi, pendant le cours du règne de Louis-le-Hutin, voilà trois innovations qui ont eu dans la suite une grande influence sur la constitution du royaume : l'assemblée de la noblesse et du peuple par sénéchaussées, commencement des états-généraux ; la vénalité des charges, et la diminution de la servitude.

Des poursuites sévères faites contre d'autres financiers, les amendes et confiscations, formèrent une somme qui mit Louis en état de lever une belle armée. Il la mena contre les Flamands ; mais le ciel combattit pour eux. Les pluies continuelles de l'automne et de l'hiver avaient imbibé la terre et fait de la Flandre un marais fangeux. Les Français avancèrent jusqu'à Courtray, et mirent le siége devant cette ville ; mais outre que l'eau *sourcelait* de tous côtés dans les travaux, on ne pouvait même pas trouver un terrain solide pour les tentes. Les hommes étaient dans la boue jusqu'aux genoux, les chevaux y enfonçaient jusqu'aux sangles. Plus on avançait, plus il devenait impossible de faire arriver des vivres au camp. Ils manquèrent totalement, ainsi que les munitions. Louis fut contraint de lever le siége, laissant dans la boue, chars, harnais, équipages, et de regagner la France avec des bataillons délabrés, restes infortunés d'une armée deux mois auparavant si florissante.

Louis survécut peu à ce désastre. Il mourut dans le mois de juin, pour s'être, dit-on, trop échauffé à la paume dans la plus grande chaleur du jour, et s'être ensuite retiré dans une grotte dont la fraîcheur le saisit et lui causa une fièvre qui le conduisit au tombeau. D'autres croient qu'il fut empoisonné, sans qu'on sache pourquoi ni par qui. Des chroniques du temps disent « qu'il était volentif, mais » non bien ententif en ce qu'au royaume fallait ; » c'est-à-dire qu'il désirait plus le bien qu'il ne le faisait. Cependant on doit observer que, mort à vingt-trois ou vingt-quatre ans, il fit, en dix-huit mois, des règlemens qui assuraient la liberté des églises, les prérogatives de la noblesse, et le bonheur des peuples ; qu'il donna de la stabilité aux monnaies par de sages ordonnances qui fixaient le titre et le coin des espèces seigneuriales, sous peine à ceux qui s'en écarteraient de perdre leur droit de monnayage. On a aussi de lui un édit très remarquable, par lequel il était défendu, sous quelque prétexte que ce fût, de troubler les laboureurs dans leurs travaux, de s'emparer de leurs biens, de leurs personnes, de leurs instrumens, des bœufs et de tout ce qui sert à l'agriculture. Par cette loi, par celle des affranchissemens, par le commencement de la vénalité des charges, et par le germe pour ainsi dire des états généraux, son règne, comme celui de son père, fait époque dans l'histoire de France.

INTERRÈGNE.

Philippe, comte de Poitiers, frère du défunt roi, prit la régence en attendant la naissance de l'enfant dont la reine Clémence accoucherait. Son premier soin fut de convoquer au Louvre tous les grands seigneurs et les pairs. On donna encore à cette assemblée la dénomination de parlement. Elle décida que si la reine accouchait d'un prince, Philippe aurait la régence et la tutelle pendant dix-huit ans, et qu'il serait roi s'il naissait une fille. L'assemblée accorda au régent les droits régaliens dans toute leur plénitude, et il en usa souverainement.

Pendant sa régence il se présenta une affaire importante par elle-même, et encore plus par ses suites, puisqu'elle fut une des principales causes de la guerre qui s'éleva entre la France et l'Angleterre, et qui dura vingt ans.

Le comté d'Artois était passé dans la maison de France par le mariage d'Isabelle de Hainaut avec Philippe-Auguste. Saint Louis l'avait donné en apanage à Robert son frère, tué à la bataille de la Massoure en Égypte. Son fils Robert II, eut deux enfans, Philippe et Mahaud, épouse d'Othon, comte de Bourgogne; Philippe mourut quarante ans avant Robert II, son père, et laissa un fils nommé Robert III, en très bas âge. Quand Robert II mourut, Mahaud, sa fille, s'empara du comté d'Artois comme directe et seule héritière, et en vertu de la coutume d'Artois, où la représentation n'avait pas lieu, et où par conséquent le petit-fils ne pouvait représenter son père qui était mort avant l'ouverture de la succession. Cependant le neveu de Mahaud le revendiqua contre sa tante. Le procès s'intenta par devant la cour des pairs de France. Ils décidèrent, conformément à la coutume, que le comté appartiendrait à la tante. Ceci se passa sous Louis-le-Hutin. Pendant la régence, le neveu reprit ses prétentions et commença des hostilités qui causèrent des troubles dans le pays, divisé d'inclinations entre la tante et le neveu. Le régent y porta ses armes et força le jeune Robert à céder et à se constituer prisonnier pendant que le procès s'instruisait de nouveau devant le parlement. Après un examen de deux ans, ce tribunal prononça un arrêt conforme à celui des pairs, et débouta le jeune prince. Cependant, pour le dédommager, on obligea Mahaud de créer des pensions sur le comté, tant à lui qu'à sa mère et à une sœur qu'il avait; et pour le consoler on lui fit épouser la princesse Jeanne, fille puînée du comte de Valois, l'ennemi de Marigni, et on érigea en pairie le comté de Beaumont-le-Roger, que Louis-le-Hutin lui avait déjà donné comme un dédommagement, lorsqu'il avait perdu son procès en première instance. La seconde sentence fut ratifiée par la signature ou le sceau, non seulement des parties intéressées, mais encore de tous les princes, parens et amis, le régent à leur tête, et l'affaire fut regardée comme consommée; mais elle n'était qu'assoupie.

Jean I, posthume.

La reine accoucha d'un fils qui fut nommé Jean, et qui ne vécut que huit jours. « C'est sans raison, dit le P. Daniel, que quelques
» uns ne le mettent pas au nombre des rois de France. Il acquit ce
» titre en naissant, et il le porte en quelques pièces du trésor des
» chartes. » Le comte de Poitiers, régent, lui fit faire des funérailles royales et prit le sceptre.

Philippe V, dit le Long, âgé de 23 ans.

Philippe-le-Long, ainsi appelé à cause de sa taille haute et déliée, n'avait que vingt-trois ans quand il parvint au trône. C'était celui des trois frères qui avait repris son épouse, confondue avec ses belles-sœurs dans une accusation d'adultère. Il vécut bien avec elle.

Il est difficile de donner de l'intérêt à un règne sans guerres et sans intrigues : néanmois celui de Philippe-le-Long, quoique dénué de ces soutiens de l'histoire, peut encore attacher le lecteur.

Depuis plus de huit siècles que la monarchie existait, la couronne, à trois exceptions près (1) qui n'avaient pas été assez remarquées, avait toujours passé de mâle en mâle, et il ne s'était pas présenté une occasion de discuter solennellement si elle pouvait être posée sur la tête des femmes. L'opinion contraire à la prétention que celles-ci auraient pu avoir prévalait dans les esprits, fondée sur une ancienne loi nommée *loi salique*, dont on ignore la date et le motif. Il est permis de supposer que les capitaines conquérans sous Clovis s'étant formé de grandes seigneuries, il passa chez eux en coutume qu'elles seraient possédées exclusivement par le sexe guerrier, capable de défendre leur intégrité; donc le sceptre, type de la principale seigneurie, ne devait être porté que par une main ferme propre aux armes.

Ce point de droit venait d'être décidé, comme nous l'avons dit,

(1) En 557, en 566, et en 878.

dans une assemblée des grands du royaume, tenue au moment de la mort de Louis-le-Hutin. Il semblait que l'exécution ne dût éprouver aucune difficulté; mais quelques seigneurs des plus qualifiés, le frère même de Philippe, Charles, comte de la Marche, et d'autres princes du sang, parurent vouloir revenir contre la décision. Ils défendirent aux évêques, convoqués à Reims pour le sacre, d'y procéder, et protestèrent contre tout ce qui s'y ferait. Cependant il eut lieu, mais avec des précautions qui marquaient qu'on craignait un coup de main et quelque surprise de la part de la faction des mécontens. Philippe fit entourer la ville de troupes; et les portes de l'église furent fermées pendant la cérémonie. Tout se passa avec ordre et tranquillité. Ceux des pairs qui étaient absens furent suppléés par des seigneurs qu'on nomma. Tous, selon l'ancien usage, tinrent la couronne sur la tête du monarque et sur celle de Jeanne de Bourgogne son épouse, qui fut sacrée avec lui.

A son retour de Reims à Paris, Philippe convoqua dans cette dernière ville une assemblée de prélats, de nobles et de bourgeois de la capitale. Outre qu'il s'y fit reconnaître roi et prêter serment de fidélité, il provoqua une loi positive qui exclût les princesses du trône, et il y fut prononcé « qu'au royaume de France les femmes ne succè» dent pas. » Dans cette assemblée, où se trouvèrent convoqués légalement et dans le même lieu le clergé, la noblesse et la bourgeoisie, on doit reconnaître les premiers états-généraux.

Le plus dangereux des mécontens et le chef de la faction était Eudes IV, duc de Bourgogne, frère de Marguerite, l'épouse infidèle de Louis-le-Hutin et mère de la petite princesse Jeanne encore presqu'au berceau. Malgré la mauvaise conduite de sa femme, Louis avait reconnu leur fille légitime. A elle par conséquent appartenait sinon la couronne de France, puisque les filles en étaient privées, du moins celle de Navarre et le comté de Champagne, dont son père avait hérité de Jeanne, femme de Philippe-le-Bel, grand'-mère de la petite Jeanne. Eudes, son oncle, réclamait le royaume de Navarre pour sa nièce, et n'avait intention, disait-il, que de faire régler ce point, lorsqu'il s'opposa au sacre de Philippe. Mais on pénétra son vrai motif, quand on vit paraître un traité entre le roi et le Bourguignon, par lequel celui-ci, comme tuteur de Jeanne, cédait à Philippe les plus beaux droits de sa pupille, savoir : le royaume de Navarre avec les comtés de Champagne et de Brie, « qui devaient cependant re» venir à la princesse si le roi mourait sans postérité masculine » (1). En dédommagement de ses états, Eudes accepta, au nom de sa nièce, des rentes à prendre sur les comtés d'Angoulême et de Mortain, et une somme considérable pour acheter des terres. Quoique la princesse n'eût que six ans, on conclut son mariage avec Philippe, fils de Louis, comte d'Evreux, fils lui-même de Philippe-le-Hardi.

Velly, t. VIII, p. 71.

prince peu riche auquel on fit promettre qu'avant la consommation de son mariage il n'exigerait rien pour son épouse que ce qui était porté par ce traité; et, en attendant l'âge, la jeune princesse fut remise entre les mains d'Agnès, fille de saint Louis, veuve de Robert II, duc de Bourgogne, et aïeule maternelle de la petite princesse. Dès ce moment le monarque joignit au titre de roi de France celui de roi de Navarre.

Quant au genre de tendresse d'Eudes pour sa nièce, et au dévoûment qui lui avait fait presque prendre les armes pour elle, on put les apprécier, lorsqu'on le vit recevoir la main de Jeanne, fille de Philippe, et pour dot le comté de Bourgogne, dont il avait déjà le duché. Ces deux parties réunies formèrent ce puissant état qui rendit ses successeurs formidables à la France. Pour Charles, comte de la Marche, l'idée qu'il avait eue de se faire augmenter son apanage, et qui l'avait jeté dans le parti des mécontens, il la perdit quand la mort du jeune fils de Philippe lui donna l'espérance de la couronne de France, que la faible santé de son frère lui assurait comme prochaine. Le roi satisfit les autres mécontens par des sacrifices de terres et de dignités qu'il fit à leur cupidité ou à leur ambition.

Cependant Robert, qu'il ne faut pas perdre de vue, se disant toujours comte d'Artois, malgré l'arrêt qui le destituait, continuait ses tentatives contre la possession de Mahaud, sa tante (1). Ses efforts promettaient d'autant moins de succès, que c'était contre le roi de France lui-même qu'il fallait les diriger, parce que ce prince avait épousé la fille de Mahaud, et qu'il était naturel qu'il soutînt sa belle-mère, puisque ses filles, nées de Jeanne de Bourgogne, sa femme, devaient en hériter. De plus, les Artésiens étaient peu disposés en faveur du prétendant. Des députés qu'il envoya aux habitans de Saint-Omer pour les engager à lui ouvrir leurs portes n'eurent que cette réponse en forme de question : « Le roi l'a-t-il reçu à comte? » — Nous ne savons, répondirent les envoyés. — Adonc, répliquèrent » les bourgeois, nous ne sommes mie faiseurs de comtes d'Artois; » mais si le roi l'eût reçu à comte, nous l'aimissions autant qu'un » autre. » Ce fut à Robert, après cette déclaration, à cesser ses poursuites.

Philippe obtint des Flamands pareille condescendance à ses désirs dans un différend qu'il eut avec leur duc. Le prince disait n'entreprendre la guerre que pour exempter ses sujets d'arrérages de contributions, que le roi exigeait; mais ils aimèrent mieux payer une dette à laquelle ils s'étaient engagés par leur dernier traité avec Philippe-le-Bel, et ils contraignirent leur duc à faire la paix. Elle fut signée en 1320, et mit un terme à des hostilités qui duraient depuis près de vingt ans. Il semble que la complaisance, quoiqu'un peu forcée, qu'avait eue Philippe-le-Long d'assembler les états, et

---

(1) Velly, t. VIII, p. 62.

d'admettre, en quelque manière, au gouvernement le peuple, qui jusque là n'avait été compté pour rien, lui avait concilié la confiance des indociles Flamands, ses voisins.

Son règne se serait écoulé dans les douceurs d'une tranquillité parfaite, si elle n'avait été troublée par les ravages de fanatiques ignorans, et aussi cruels que dissolus. Les Français n'étaient pas encore guéris de la manie des croisades; les confesseurs les prescrivaient à leurs pénitens, les juges aux criminels; les princes, les grands seigneurs, les prélats, les abbés et les abbesses même se les imposaient, soit par excès de dévotion, soit pour le rachat de leurs péchés. Louis-le-Hutin avait voué le *saint voyage*; surpris par la mort, il légua une somme d'argent pour y être employée. Philippe-le-Long se croisa avec Jeanne, sa femme, et beaucoup de seigneurs qu'il assembla à ce sujet. Il ne fut détourné de partir que par les remontrances du pape Jean XXII, qui lui fit sentir le danger de quitter son royaume dans un temps où l'esprit de cabale rendait sa présence si nécessaire. Mais le roi mit du moins en réserve une somme destinée à la pieuse expédition, quand les circonstances le permettraient. Avec de pareils exemples, comment le peuple n'aurait-il pas cru cet acte de religion très-utile pour le salut ? et comment n'aurait-il pas cherché à s'en appliquer le mérite ?

Les gens de campagne surtout, s'entretenant de ces matières, se séduisaient les uns les autres, et se croyaient de bonne foi appelés à délivrer la Terre-Sainte. Ils quittèrent leurs terres, formèrent des attroupemens, et furent nommés *Pastoureaux*, comme ceux qui avaient ravagé la France sous saint Louis. Ils allaient, disaient-ils, à Jérusalem. D'abord ils marchaient armés, et mendiaient; mais la charité chrétienne ne leur fournissant pas suffisamment, ils volèrent et pillèrent partout sur le passage. Dignes émules de leurs devanciers, ils avaient aussi à leur tête un proscrit du clergé et un moine apostat.

Leur fureur se portait principalement contre les juifs, auxquels ils ne laissaient que le choix entre le baptême et la mort. Les malheureux fuyaient en troupes à l'approche des pastoureaux. Quatre ou cinq cents, dit-on, s'étaient réfugiés dans une tour. Les pastoureaux les y attaquent : ils se défendent à coups de pierres et de bâtons, et de tout ce qu'ils peuvent trouver sous leurs mains; et ces choses manquant, dans leur rage, ils jettent leurs enfans à la tête des assiégeans. Enfin, pour ne pas tomber vifs entre les mains de ces furieux, qui faisaient souvent précéder la mort par des supplices, ils choisissent un d'entre eux, jeune et vigoureux, qu'ils chargent de les égorger tous. Lorsqu'il se trouva seul vivant, avec quelques enfans qu'il avait conservés, il se présenta aux assiégeans, qui eurent tant d'horreur de son action, qu'ils le mirent en pièces; mais ils sauvèrent les enfans.

Ils n'étaient pas toujours si compatissans. Ordinairement ils n'avaient d'égards ni pour l'âge, ni pour le sexe, et ils portèrent si loin leurs excès contre les juifs, que le gouvernement fut obligé de les prendre sous sa protection. On défendit, sous peine de la vie, de leur faire aucune violence. Plusieurs zélés se scandalisèrent de cette prohibition. Ne serait-il pas odieux, disaient-ils, de maltraiter des chrétiens pour sauver des infidèles ! Mais ces chrétiens étaient des fanatiques très redoutables par leur fureur et leur nombre. Ils se portèrent sur Paris, prirent de vive force le petit Châtelet, qui leur en fermait l'entrée, traversèrent cependant la ville sans désordre, et allèrent se ranger en bataille dans le Pré aux Clercs, comme pour défier les troupes qu'on préparait contre eux. Il paraît qu'imitant la conduite de Blanche à l'égard des pastoureaux de son temps, Philippe-le-Long laissa ceux-ci se dissiper d'eux-mêmes, comme un torrent qui se perd sans ravages quand on ne lui oppose pas d'obstacles. Une troupe qui s'approcha d'Avignon, frappée des foudres de l'église, auxquelles se joignirent les armes temporelles, s'évanouit, disent les historiens, comme la fumée.

À la même époque une maladie contagieuse se répand ; on accuse les juifs d'avoir donné mission aux lépreux d'empoisonner les puits, les fontaines et même les eaux courantes. Ce bruit s'accrédite, les massacres commencent. Le gouvernement vint encore au secours des accusés. Il les prit sous sa sauvegarde, et défendit, sous des peines capitales, de leur faire aucun mal. Mais il est à remarquer que les mieux protégés furent ceux qui étaient les plus riches, et les historiens du temps indiquent naïvement le motif de cette préférence : c'est qu'on voulait savoir d'eux la nature et la quantité de leurs biens. Les inquisiteurs tirèrent de leurs recherches cent cinquante mille livres, somme alors très considérable.

Il fut commis dans ce temps un crime affreux. Le prévôt de Paris, Henri Capetal ou Chapperel, nom que l'histoire doit dévouer à l'exécration, fit pendre un innocent pauvre, qu'il tenait en prison, à la place d'un riche coupable, qu'il sauva de la potence pour de l'argent. Le juge inique, condamné à la même peine, expia son crime sur le même gibet, et ses biens furent donnés à la famille du malheureux. L'horrible prévarication du premier magistrat redoubla le zèle du prince pour le bien public, et lui fit rendre un grand nombre de sages ordonnances, utiles pour faire connaître les mœurs du temps.

« Les juges se rendront au palais à l'heure qu'on chante la première messe dans la chapelle basse, et y demeureront jusqu'à midi sonné. Ils se garderont bien d'interrompre la séance par des nouvelles et autres *esbattemens*. Le nombre et les fonctions des conseillers sont déterminés. Les prélats n'assisteront pas aux audiences, afin qu'ils ne soient point distraits du gouvernement de leurs *spiritualités*. Les magistrats n'entendront les plaideurs qu'au tribunal, et jamais chez eux ; ils n'en recevront ni lettres ni messages, crainte de séduction. D'autres règlemens sur des points de détail moins importans marquent l'attention scrupuleuse de Philippe sur tout ce qui concerne la justice. La conviction intime de la sainteté de ce devoir brille dans le préambule d'une de ses ordonnances, conçu en ces termes : « Mes-sire Dieu, qui tient sous sa main tous les rois, ne les a établis en » terre qu'afin qu'ordonnés premièrement en leurs personnes, ils » gouvernent ensuite duement, et ordonnent leurs royaumes et leurs » sujets. » Philippe met ici l'exemple avant la loi. Il veut que « l'or-» donnance soit gardée *en nous*, dit-il, *et ès-gens qui nous entou-» rent*. Nous déclarons, continue-t-il, que tous les jours, avant de » commencer à besogner à choses temporelles, nous voulons en-» tendre la messe, défendant à toutes personnes de nous présenter » des requêtes pendant le saint sacrifice, ou de nous adresser la » parole. »

Et, pour prévenir toute surprise, le sage monarque défend de *passer* ou *conseiller* aucunes lettres contraires aux anciens règlemens. Le chancelier devient prévaricateur s'il entreprend de sceller celles où se trouve cette clause, *nonobstant anciennes ordonnances*. Philippe fit le premier des lois sur les rentes perpétuelles et à vie, proscrivit les graces dispendieuses qui, sous les rois précédens, avaient *fort appetissé* le domaine de la couronne, déclara ennemi de l'état quiconque solliciterait un de ces dons à *héritages*, révoqua beaucoup de ces aliénations. De ces lois s'est formé le code qui a rendu le domaine de nos rois inaliénable. Ce prince fit dans sa maison de grandes réformes, toutes tendantes à l'économie sans diminuer l'éclat. Il tenta d'établir l'égalité des poids et mesures dans tout le royaume ; mais la multiplicité et la puissance des seigneurs étaient trop grandes pour qu'il réussît : il trouva un bon moyen de borner cette autorité, surtout dans les villes dépendantes de la juridiction ecclésiastique, en y établissant un capitaine d'armes dont il laissa le choix aux bourgeois. Il pouvait avoir *armures* et gens de pied et de cheval, pour repousser la violence à la réquisition de la bourgeoisie. On conçoit que les villes dotées de ce privilège y trouvèrent un abri toujours subsistant contre les vexations de leurs seigneurs. Ces choix ne se pouvaient faire sans des assemblées, et ces assemblées enhardirent le peuple, comme nous l'avons déjà dit, à traiter en commun ses intérêts.

Philippe V mourut vers l'âge de trente ans, après six mois de maladie.

On ne manqua pas de dire, comme à l'ordinaire, qu'il avait été empoisonné ; mais il ne reste ni probabilité, ni preuve même indirecte de ce crime. Quatre filles et un fils qui mourut au berceau sont une preuve de la bonne intelligence qui régna entre lui et Jeanne de Bourgogne, son épouse, quand elle fut rentrée en grace auprès de lui. Trois de ces princesses ont été mariées ; la dernière prit le voile dans l'abbaye de Longchamp. Jeanne survécut huit ans à son mari, estimée et considérée.

Il nomma pour exécuteur testamentaire le pape Jean XXII, en qui il avait beaucoup de confiance. Ce pontife était grand politique, dur, sévère, absolu, louable cependant d'avoir donné l'exemple de la rétractation dans une explication qu'il eut avec l'université de Paris, touchant *la vision béatifique*, c'est à dire touchant la manière dont les bienheureux verraient Dieu en paradis. Serait-ce *intuitivement*, comme qui dirait dans sa propre substance? et cette félicité devait-elle commencer immédiatement après le jugement particulier qui suit la mort, ou seulement après le jugement général? Il est étonnant qu'un homme du génie de Jean XXII ait donné dans de pareilles spiritualités, surtout après ce qui venait de lui arriver, avec une espèce de secte née chez les franciscains ou frères mineurs.

Ces enthousiastes, regardant comme le sublime et la perfection du vœu de pauvreté de ne conserver aucun genre de propriété, conféraient généreusement celle même de leurs alimens au souverain pontife. Un des prédécesseurs de Jean XXII avait bien voulu, pour décharger ces consciences scrupuleuses, accepter la propriété des biens-fonds qu'on leur donnait; mais Jean rejeta la propriété alimentaire, et refusa leur présent. Ils s'obstinèrent à l'en gratifier; leur généreuse désapprobation fut qualifiée d'hérésie; et croirait-on, si les historiens contemporains n'en donnaient la certitude, qu'il y eut de ces opiniâtres condamnés au feu, et exécutés comme hérétiques relaps? On observera cependant que la plupart de ces obstinés étaient attachés à un antipape, soutenu par l'empereur, et que le crime de schisme peut bien avoir été la principale cause de la barbarie de leur supplice.

Jean XXII érigea Toulouse en archevêché en 1317; mais il enleva une partie du territoire ou des revenus de cette église, pour fonder quatre nouveaux archevêchés qu'il établit à Montauban, à Saint-Papoul, à Rieux et à Lombès. Il partagea encore plusieurs autres diocèses. Dans celui de Narbonne, il érigea deux évêchés, Aleth et Saint-Pons; Castres dans celui d'Alby; dans la province de Bordeaux, Condom, Sarlat, Saint-Flour, Luzon, et Maillezais depuis la Rochelle. On prit des abbayes de l'ordre de saint Benoît pour doter la plupart de ces établissemens.

Velly porte de Philippe-le-Long ce jugement, qui paraît conforme à la vérité. « Ce fut un prince d'un grand mérite, dévôt sans faiblesse, » religieux observateur de sa parole, vigilant, habile, prudent, » hardi, de mœurs douces, sans aigreur, sans caprices, d'un esprit » orné, délicat et solide. » Il aima les savans, les attira dans son palais, et leur donna auprès de lui des distinctions honorables et utiles.

Charles IV, dit le Bel, âgé de 28 ans.

Charles, dit le Bel, comte de la Marche, avait été, comme on l'a vu, associé à la faction qui paraissait vouloir exclure du trône Philippe-le-Long, après la mort de Louis-le-Hutin, son frère, pour y placer Jeanne de Navarre, fille de ce dernier. Il dut s'estimer heureux de ce que le projet de la cabale ne réussit pas, puisqu'après la mort de Philippe-le-Long, son frère, il monta, pour ainsi dire, de plein saut sur le trône de France, et fut couronné à Reims avec beaucoup d'éclat, sans aucune contradiction. Il conserva le titre de roi de Navarre, comme tuteur de sa nièce, disent quelques historiens. Cependant il ne le fit point porter à la jeune princesse; ce qui laisse du doute sur sa prétention.

Son règne de six ans ne présente pas plus d'évènemens que le précédent, de la même longueur. Quand Charles prit le sceptre, Blanche de Bourgogne-Comté, son épouse, était renfermée dans ce même château Gaillard où Louis-le-Hutin avait fait périr Marguerite d'une mort si tragique. Pareil sort pouvait être appréhendé par Blanche, dans un moment où son mari se proposait un mariage dont il espérait de la postérité; mais il se rencontra un moyen de les débarrasser l'un de l'autre, moins cruel que celui de Louis. A force de recherches, on trouva des nullités dans le mariage. On découvrit de la parenté, des alliances, des affinités dont on n'avait pas obtenu dans le temps les dispenses nécessaires. Ces empêchemens n'étaient pas bien prouvés; mais on les prit pour bons. Il n'y avait donc point eu de mariage, par conséquent point d'adultère. Blanche sortit de sa prison, et prit le voile dans l'abbaye de Maubuisson, où elle vécut pieusement. Charles épousa Marie de Luxembourg, fille de l'empereur Henri VII. Dès la première année de son mariage, elle mourut à Montargis, d'une fausse couche, et y fut inhumée. Le roi se remaria à Jeanne, fille de Louis, comte d'Évreux, fils de Philippe-le-Hardi.

Un des premiers soins du nouveau roi fut de remplir ses coffres, toujours épuisés. Il prit les mêmes moyens que ses deux prédécesseurs : examen sévère de la conduite des juges dans les provinces, et amendes contre les prévaricateurs, non au dédommagement des mal-jugés, mais au profit du fisc; recherches rigoureuses sur la gestion des financiers et des maltôtiers. Ils étaient presque tous Italiens et Lombards. Leurs biens furent confisqués, et la plupart renvoyés dans leur pays aussi pauvres qu'ils en étaient venus. La recette générale des revenus de la couronne avait été confiée, sous Philippe-le-Long, à Gérard Laguette, homme de basse naissance, par conséquent sans appui. On ne dit pas quel genre de procédure fut employé contre lui; il est seulement clair qu'on en voulait à son argent. Ses bureaux furent dévastés, ses commis dispersés; on l'appliqua à la question pour savoir où il avait caché ses trésors. Il persista à nier qu'il eût aucune réserve, et mourut dans les tourmens. Son corps, comme celui de Marigny, fut attaché aux fourches patibulaires de Montfaucon, qu'il avait fait réparer. Ces violences contre les gens chargés du maniement des deniers publics, sans qu'il en revienne aucun avantage à l'état, marquent plus de cupidité dans l'administration que de zèle pour la justice.

Charles-le-Bel donna, dans un autre genre, un exemple de sévérité, rare pour le temps et qui dut être applaudi, excepté par les grands seigneurs, que la punition de leur semblable humiliait. Un gentilhomme de Gascogne, nommé Jourdan de l'Isle, exerçait un brigandage affreux dans tout le canton. Son château était le refuge de tous les vagabonds, pillards et scélérats échappés à la justice, qui ravageaient les campagnes sous ses ordres, rançonnaient les passans, massacraient, incendiaient et portaient partout la désolation. Le roi l'avait déjà averti et menacé; mais fier de ses forces, et surtout de la protection du pape Jean XXII, dont il était parent par sa femme, il continuait ses violences. Le monarque, à la fin, envoya un huissier le sommer de comparaître à la cour du parlement. Jourdain eut l'audace de maltraiter le porteur d'ordre du roi, et même de le massacrer, disent quelques uns. Cependant il se présenta, se sentant apparemment hors d'état de désobéir, ou comptant sur le crédit des plus grands seigneurs du pays, ses parens ou ses alliés, qu'il amena avec lui. Mais Charles ne se laissa ni ébranler, ni séduire. Il voulut que le procès fût fait au coupable dans toutes les règles; et, inexorable après la sentence qui le condamnait à la potence, il ordonna qu'elle fût exécutée, au grand étonnement de tous ces petits tyrans, moins surpris de la mort violente d'un seigneur châtelain, leur compagnon d'armes, que de l'ignominie du supplice. Cet acte de justice a valu à Charles-le-Bel le titre de sévère justicier, gardant le droit à chacun.

Les seuls mouvemens hostiles de ce règne furent dirigés contre la Guyenne, à l'occasion des empiètemens des commandans anglais sur les terres de France. Cette Guyenne, depuis cent soixante et dix ans qu'Eléonore, divorçant avec Louis-le-Jeune, l'avait portée à Henri II, son nouveau mari, était devenue une pomme de discorde jetée entre la France et l'Angleterre. L'hommage exigé d'un vassal aussi puissant que le suzerain était une cause habituelle de division qui se mêlait encore à toutes les autres. Il fut demandé par Charles-le-Bel, montant sur le trône de France, à Edouard II, établi sur celui d'Angleterre, et époux d'Isabelle, sœur du monarque français.

Edouard II et sa femme sont également diffamés dans l'histoire, l'un pour avoir montré à ses favoris un attachement coupable; l'autre pour avoir usé à l'égard de son époux des représailles les plus criminelles. Elle fit plus; elle le détrôna, et porta même la fureur jusqu'à le faire périr par une mort barbare.

Le malheureux Edouard II se trouvait dans la détresse de la guerre civile, lorsque son beau-frère exigea qu'il vînt rendre son hommage de la Guyenne et du Ponthieu. Il y avait du risque à ce prince de quitter son royaume: cependant Charles pressait et demandait l'hommage en personne comme plus solennel: le roi d'Angleterre prit le parti d'abandonner ses états de France à son fils aîné, âgé de treize ans, qui a depuis été célèbre sous le nom d'Édouard III. Ce prince vint en France avec sa mère, qui ménagea un traité entre les deux rois; il rendit son hommage, et se mit en possession de la Guyenne et du Ponthieu. Ainsi, lorsqu'il monta sur le trône d'Angleterre, après la mort cruelle de son père, il serrait la France par ses flancs maritimes, et était maître d'une grande longueur de côtes qui lui ouvraient l'entrée du royaume à volonté.

On a blâmé Charles-le-Bel de n'avoir pas profité des troubles d'Angleterre pour réunir ces provinces anglaises à sa couronne; ce qui aurait prévenu les guerres funestes dont la France a été le théâtre pendant plus d'un siècle. Cette politique aurait été avantageuse; mais serait-elle fondée en justice? Il paraît que Charles-le-Bel, représenté par le président Hénault comme un prince faible, était un monarque vertueux, plein de bonne foi, ami de l'équité, punissant le vice sans acception de personnes, rigide observateur de tous les devoirs; aussi ne voulut-il donner aucun secours à sa sœur contre son mari, quoiqu'il lui eût été utile d'animer et d'entretenir ces querelles domestiques. Encore dans l'âge des plaisirs, puisqu'il mourut à l'âge de trente-quatre ans, il méprisait le faste, et était peu dépensier. Aussi ses courtisans disaient-ils qu'il tenait plus du philosophe que du roi.

Jusqu'à ce siècle on n'avait su en France que ce qui s'enseignait dans les universités; la théologie, une scolastique hérissée de subtilités, une dialectique embrouillée et pédantesque: non que quelques personnes ne s'appliquassent en particulier à des sciences moins sombres; mais il n'y avait pas de corps littéraires qui fissent leur occupation de connaissances agréables. Sept Toulousains, ennuyés de cette grave monotonie, se rassemblaient quelquefois pour donner l'essor à leur enjoûment. Leurs séances se tenaient dans un jardin, aux portes de Toulouse, sous de frais ombrages. Il leur vint en tête d'y inviter leurs compatriotes, voisins et éloignés, par une lettre circulaire écrite en vers provençaux; ils signèrent *La gaie société des sept troubadours*, et promettaient une violette d'or au poète dont la pièce de vers serait jugée la meilleure dans la séance qu'ils indiquaient. La première fut tenue le 3 mai 1324. Arnaud Vidal, natif de Castelnaudary, remporta le prix, et reçut le titre de docteur en la gaie science.

A mesure que la société s'accrut, on fit des statuts qui s'appelèrent Lois d'amour. La société reçut le nom de Jeu d'amour. On y établit pour les récipiendaires des degrés comme dans les universités. Celui qui obtenait un prix était déclaré bachelier, mais après un examen. Il en fallait subir un second pour être docteur et maître dans le gai savoir. On devait aussi s'engager à assister tous les ans à l'assemblée où s'adjugeait la principale joie. Des jardins que la guerre détruisit, le jeu d'amour passa dans l'hôtel-de-ville de Toulouse, et prit le nom de Collége de Rhétorique. Les prix se multiplièrent; à la violette on joignit la rose, l'églantine et d'autres fleurs. Clémence Isaure, dame toulousaine, s'est rendue célèbre en assignant, par son testament, des fonds pour les frais des prix et des séances. On n'admettait au concours que des pièces latines, odes, élégies, hymnes et poésies semblables, qui devaient être en l'honneur de Dieu, de la bienheureuse vierge et des saints; singuliers sujets pour des docteurs en gaie science. Ainsi la chevalerie chez nos bons aïeux prescrivait l'amour de Dieu et des dames. Pareils établissemens se sont formés dans d'autres grandes villes, et ont subsisté jusqu'à nos jours. Les jeux floraux de Toulouse doivent être regardés comme l'origine des sociétés littéraires, qui, à l'exemple des universités, mais distinctes d'elles, se sont occupées des sciences, et ont été connues sous le nom d'Académies. Ainsi, en prenant pour époque les jeux floraux, nos réunions académiques se trouvent séparées de cinq cents ans de celles de Charlemagne.

Philippe-le-Bel avait eu trois princes, les plus beaux hommes de la cour. Ils promettaient une nombreuse lignée; tous trois disparurent en moins de quinze ans. Charles-le-Bel, le dernier, laissa Jeanne d'Evreux, sa troisième femme, enceinte. Attaqué de la maladie qui le conduisit au tombeau, à l'âge de trente-quatre ans, il appela près de son lit les seigneurs qui se trouvaient à la cour, et leur dit : « Si la reine accouche d'un fils, je ne doute pas que vous ne » le reconnaissiez pour roi; si elle n'a qu'une fille, ce sera aux grands » de France à adjuger la couronne à qui il appartiendra. En atten- » dant, je déclare Philippe de Valois régent du royaume. »

Pendant que la race directe s'éclipsait, la branche de Bourbon commençait à poindre sur l'horizon de France; car sous Charles-le-Bel, et en 1327, la baronnie de Bourbon fut érigée en duché-pairie en faveur de Louis 1, fils aîné de Robert, comte de Clermont en Beauvoisis, sixième fils de saint Louis. Pour apprécier cet honneur, il faut observer qu'il n'y avait alors d'autres ducs que ceux de Bourgogne, de Guyenne et de Bretagne; que ce dernier ne l'était que depuis trente ans, et qu'il n'y avait d'autres pairs laïcs de nouvelle création que ces mêmes ducs de Bretagne et les comtes d'Artois et d'Evreux. On trouve dans les lettres d'érection ces termes, qui, selon le président Hénault, semblent présager la fortune de la lignée de Robert : « J'espère que les descendans du nouveau duc contribue- » ront, par leur valeur, à maintenir la dignité de la couronne. »

BRANCHE DES VALOIS.

Philippe, VI, de Valois, âgé de 34 ans.

« La monarchie, dit Mézerai, agrandie sous le règne de Charle-
» magne, possédait les deux tiers de l'Europe. Sous Lothaire et Louis-
» le-Fainéant, elle n'avait plus que la ville de Laon et quelques châ-
» teaux. Depuis Philippe-Auguste jusqu'à ce règne, elle s'était
» puissamment relevée; mais ensuite elle commença à tomber. Les
» batailles de Crécy et de Poitiers, les dangereuses intrigues du Na-
» varrois, le peu de conduite de Charles VI, et les discordes san-
» glantes des maisons de Bourgogne et d'Orléans, la poussèrent
» jusqu'à son déclin, et firent que l'Angleterre jouit des beaux jours
» pour un temps. »

Pendant la grossesse de la reine Jeanne, Philippe, fils de Charles de Valois, oncle des trois derniers rois et lui-même cousin de ces princes, prit la régence, comme il avait été réglé par Charles-le-Bel mourant. Isabelle, reine d'Angleterre, sœur des trois derniers monarques, se présenta pour l'obtenir; elle disait que son sexe ne devait pas la priver de cet honneur, puisque l'histoire fournissait beaucoup d'exemples en France de régences déférées à des princesses. Mais les dernières dispositions de Charles-le-Bel, son frère, prévalurent, et Valois fut reconnu régent dans une assemblée des principaux seigneurs du royaume.

Il gouverna pendant l'intervalle de la grossesse de sa cousine avec la circonspection d'un homme qui n'est pas encore le maître. Plusieurs affaires importantes se présentèrent, entre autres le procès de Robert, réclamant toujours le comté d'Artois contre Mahaud, comtesse de Bourgogne, sa tante. Au lieu d'une décision, Philippe négocia entre les parties une transaction qui laissait des espérances au prince, dont l'amitié et les talens lui avaient déjà été utiles, et allaient encore lui être nécessaires. Ce moment arriva quand la reine Jeanne, dont le régent attendait l'accouchement avec anxiété, mit au monde une fille.

Alors parurent de nouvelles prétentions, non pas d'Isabelle, mais d'Edouard III, son fils, roi d'Angleterre. Il envoya des ambassadeurs pour réclamer la couronne de France. Ils furent entendus à Paris, dans une grande assemblée, qui prit le titre d'*états-généraux*. Les députés anglais reconnaissaient qu'en vertu de la loi salique Isabelle était exclue du trône; mais ils soutenaient que l'exclusion des femmes, portée par cette loi, ne s'étendait pas à leur postérité masculine; qu'à la vérité la mère d'Edouard n'avait personnellement aucun droit à la couronne, mais qu'elle donnait à son fils le droit de proximité qui le rendait habile à succéder, en qualité de mâle, et comme neveu des trois derniers rois, dont Philippe de Valois n'était que cousin; qu'ainsi la couronne lui appartenait comme au plus prochain hoir mâle.

Robert d'Artois, qui s'était déjà distingué dans cette lice quand Isabelle demanda la régence, se chargea de la réplique. Il observa qu'Edouard, ne représentant qu'une femme, ne pouvait tirer d'elle un droit qu'elle n'avait ni ne pouvait avoir, et que cette proximité, qu'il faisait tant valoir, étant fondée sur celle de sa mère, *ne pouvait assavourer ni sentir que chose féminine*, par conséquent exclusive du trône. Cette harangue emporta tous les suffrages. Philippe fut reconnu par une acclamation générale. Il partit quelques jours après pour Reims, où le sacre se fit avec beaucoup de solennité. La fête dura quinze jours. Le monarque y reçut le nom de Fortuné, parce que, né du second fils de Philippe-le-Hardi, il parvint au trône par le défaut de postérité mâle des trois rois issus de l'aîné. Edouard, invité au couronnement comme duc et pair de Guyenne, ne s'y rendit pas. Ce prince, quoique jeune, sentit vivement le refus qu'il éprouvait, et en conserva profondément le souvenir. On apercevait déjà en lui le développement des talens militaires et politiques qui l'ont rendu si funeste à la France.

Philippe de Valois était âgé de trente-quatre ans, et avait un fils nommé Jean, qui en comptait dix-huit. Ses trois prédécesseurs portaient le titre de rois de Navarre: Louis-le-Hutin, parce qu'il était fils de Jeanne, femme de Philippe-le-Bel, héritière de ce royaume avant son mariage. Jeanne, fille de Louis-le-Hutin, resta en bas âge sous ses deux oncles, Philippe-le-Long et Charles-le-Bel. Ils portèrent tous deux le titre de rois de Navarre, comme héritiers masculins de leur mère, et autorisés d'ailleurs par les conventions qu'ils firent avec le tuteur de la jeune princesse, au sujet des dédommagemens qu'ils lui accordèrent pour les droits qu'elle pouvait avoir à l'héritage de son père. Le nouveau monarque n'avait pas les mêmes titres à cet héritage. Il rendit le sceptre à sa jeune cousine, et l'envoya avec Philippe, comte d'Evreux, son époux, petit-fils comme lui de Philippe-le-Hardi, se faire reconnaître par les états de Béarn, assemblés à Pau. Edouard y présenta des protestations généalogiques; mais elles n'eurent pas plus de succès que celles de Paris. Le roi de France retint, de la succession des aïeux de Jeanne, les comtés de Champagne et de Brie, comme fiefs masculins, qui, faute d'hoirs mâles, revenaient de droit à sa couronne. Cependant il donna aux deux époux en présent, ou comme dédommagement, les comtés d'Angoulême et de Mortain, une somme une fois payée, et des rentes à prendre sur son domaine.

Les Flamands se remontrèrent au commencement de ce règne travaillés comme à l'ordinaire par des dissensions qui attirèrent chez eux les armes de la France. Ils n'aimaient point Louis, dit de Nevers et de Crécy, leur comte, et s'étaient, en grand nombre, déclarés contre lui dans un procès avec ses oncles, qui lui contestaient ses états. Ils l'avaient même mis en prison. Le roi lui fit rendre la liberté, et appela la cause de son vassal au parlement de Paris. Cette cour adjugea le duché au neveu. Il restait dans le cœur des Flamands un levain d'animosité. Elle éclata à l'occasion des impôts, qu'ils prétendirent excessifs, et levés avec trop de rigueur. Ils se révoltèrent. Le duc implora le secours du roi. Les chevaliers français, ducs, comtes, barons, les hommes d'armes, tous en qualité de gentilshommes, répugnaient à cette guerre. Ils réputaient au-dessous d'eux d'aller combattre un *ramassis* d'artisans, de petits marchands, de pêcheurs, la populace des villes et les vagabonds des campagnes. Ils ne voyaient ni gloire ni profit à acquérir par la victoire. Philippe, au contraire, regardait comme fort important de punir la révolte, de crainte que ses propres sujets, enhardis par l'exemple, n'en prissent aussi l'habitude. Dans un grand conseil, qu'il présida lui-même, il fit résoudre la guerre et donna un grand éclat aux préparatifs. Il alla prendre avec pompe l'oriflamme à Saint-Denis, et partit à la fin d'août, malgré les représentations de ses meilleurs généraux, qui croyaient la saison trop avancée pour aller porter la guerre dans un pays que la fraîcheur de la fin de l'été et les pluies de l'automne allaient rendre impraticable, surtout à la cavalerie, qui faisait alors la force des armées.

Loin que l'arrivée des Français inspirât de la crainte aux Flamands, une espèce d'enthousiasme les saisit. Ils allèrent en foule se ranger sous les drapeaux populaires qu'ils croyaient ceux de la liberté. Il paraît que la noblesse de Flandre prit peu de part à cette guerre. Les impôts ne tombaient pas sur elle. Son orgueil laissa ces troupes bourgeoises se défendre comme elles pourraient contre les Français. Le peuple, incapable de se modérer, bravait par des chansons et des épigrammes insultantes l'armée brillante de Philippe. Quand il arriva auprès de Cassel, il vit sur les tours un étendart où était peint un coq et ce distique en gros caractères :

> Quand ce coq chanté aura
> Le roi Cassel conquérera.

Le corps des Flamands, tout d'infanterie, était retranché sur une hauteur près de la ville, et malgré le premier enthousiasme populaire, il était bien inférieur en nombre et en force aux Français. Outre de gros bataillons d'infanterie tirés de Picardie, de Normandie et de Champagne, le monarque comptait sous ses drapeaux dix-sept mille gens d'armes, et on croit qu'en totalité l'armée de France était de deux tiers plus forte que celle des Flamands; nonobstant cette disproportion, ceux-ci, renonçant à l'avantage de leur position, demandent la bataille en plaine. C'était de leur part une ruse pour surprendre les Français. La bataille fut accordée et fixée à deux jours de là. L'usage était que pendant ces intervalles convenus on cessât toute hostilité, et alors on vivait réciproquement dans une espèce de sécurité qui rendait peu sévère sur la discipline. Un des chefs des Flamands nommé Zennequin, marchand de poissons, avait remarqué cette négligence en allant vendre lui-même sa denrée dans le camp des Français. Il avait observé qu'on y faisait de longs repas, que la soirée surtout et une partie de la nuit se passaient en danses et en concerts; mais aussi qu'on se dédommageait le jour et que le sommeil saisissait presque toute l'armée vers l'heure de midi. Zennequin juge que la sécurité occasionnée par la trêve ne fera qu'augmenter cette négligence. En conséquence il conçoit le hardi projet d'enlever le roi et tout son quartier.

Le jour de saint Barthélemi il partage son armée en trois corps, ordonne à l'un de marcher paisiblement, *sans point de noise*, droit au quartier du roi de Bohême qui tenait l'avant-garde; à l'autre de s'avancer avec le même silence contre la bataille qui était aux ordres du comte de Hainaut; Zennequin lui-même, à la tête du troisième, entre dans le camp à deux heures après midi sans faire le cri de guerre et perce jusqu'au quartier du roi. Ceux qui le voient passer le prennent pour un renfort des communes voisines. Un chevalier nommé Renaud de Lard, dans cette persuasion, les gronde amicalement de ce qu'ils viennent troubler le sommeil de leurs amis : un coup de javelot qui le renverse mort à terre est toute la réponse. Aussitôt commence le massacre dans les tentes et sur tous ceux qui en sortent. De grands cris s'élèvent et parviennent jusqu'au pavillon du roi. Un dominicain, son confesseur, est le premier qui l'avertit du danger. Le monarque croit que la peur trouble l'imagination du bon moine et plaisante de sa frayeur; mais les avertissemens se multiplient, l'ennemi force, renverse tout et est à la vue. Le roi veut se faire armer; il ne se trouve personne assez adroit pour lui rendre ce service. Les clercs de la chapelle y suppléent comme ils peuvent. Le voilà à cheval. Il veut fondre sur l'ennemi : Miles de Noyers, garde de l'oriflamme, le retient au moment où il allait être enveloppé s'il se fût avancé, et sans doute tué ou pris. Ce chevalier lève l'étendart royal, l'agite en signe de détresse; il est aperçu; la cavalerie arrive autour du prince; les Flamands sont cernés, enfoncés, taillés en pièces et foulés aux pieds des chevaux. « Aucun ne recula, dit Froissard; tous furent tués et morts l'un sur l'autre sans yssir de la » place dans laquelle la bataille commença. » On fait monter leur nombre à treize ou quatorze mille hommes restés sur le champ de bataille.

Cassel fut pris, rasé et réduit en cendres. Les autres grandes villes se rendirent; on en enleva des otages pour la sûreté des amendes, et le plat pays fut ravagé. Partout on abattit les fortifications dont les mécontens pouvaient se prévaloir pour une autre rébellion. Plus de dix mille des mutins furent condamnés à mort par ordre du comte et exécutés dans l'espace de trois mois, la plupart tourmentés par d'affreux supplices. Ensuite Philippe, en présence des principaux seigneurs, dit au duc : « Beau cousin, je suis venu ici sur la » prière que vous m'en avez faite. Peut-être avez-vous occasionné la » révolte par votre négligence à rendre la justice que vous devez à » vos peuples : c'est ce que je ne veux point examiner pour le présent. » Vous m'avez occasionné de grandes dépenses; j'aurais droit de » prétendre à des dédommagemens, mais je vous tiens quitte de » tout. Je vous rends vos états soumis et pacifiés; gardez-vous bien » de nous faire retourner une seconde fois pour pareil sujet; si votre » mauvaise administration me forçait à revenir, ce serait moins pour » vos intérêts que pour les miens. »

Valois rentra en France couvert de gloire, disent les historiens. « Il fut moult prisé à honneur de cette entreprise, dit Froissard, et » demoura en grant prospérité, et accrut l'état royal, et n'avoit eu » oncquesmais roi en France, si, comme l'on disoit, qui eust tenu » l'état pareil au sien. » De si heureux commencemens rehaussèrent la fierté naturelle du roi. Alors commença entre lui et Edouard le combat d'orgueil qui a causé tant de maux à la France.

Edouard n'avait ni assisté au sacre de Philippe, quoiqu'il fût invité, ni rendu son hommage pour la Guyenne. Il différait cette cérémonie, qui lui coûtait d'autant plus qu'elle l'obligeait de s'humilier devant un trône qu'il avait prétendu occuper. Cependant les délais qu'il faisait succéder les uns aux autres, sous des prétextes sans cesse renaissans, expirèrent enfin. Valois menaça de saisir toutes les terres que l'Anglais possédait en France, s'il ne se déterminait à remplir ce devoir, et fixa le temps, ainsi que le lieu, qui devait être la ville d'Amiens. Edouard s'y rendit. A son arrivée, il s'engagea une contestation sur la qualité de l'hommage : serait-il simple ou lige ? Celui-ci liait personnellement le vassal au souverain, et le soumettait à toutes les peines de *foi mentie*, qui étaient la confiscation et la mort, s'il se permettait quelque acte de rébellion contre son seigneur. Il est étonnant que cette question si importante n'eût pas été résolue avant la cérémonie.

Le roi d'Angleterre comparut dans la cathédrale; le roi de France l'y attendait assis sur son trône, superbement vêtu, la couronne en tête, entouré d'une cour magnifique, dans laquelle se trouvaient trois rois, ceux de Bohême, de Navarre et de Majorque ; les ducs de Bourbon, de Bourgogne, de Lorraine; les autres princes du sang, les deux reines, veuves de Philippe-le-Long et de Charles-le-Bel, avec les princesses et leur brillante suite ; les ministres et les plus grands seigneurs, tous debout, autour du monarque. Quand celui d'Angleterre s'approcha, le grand chambellan lui commanda d'ôter sa couronne, son épée, ses éperons, et de se mettre à genoux sur un carreau qu'on lui avait préparé. Cet ordre parut l'étonner : il s'était trop avancé pour reculer, il obéit ; mais on remarqua sur son visage le dépit intérieur qu'il ressentait d'une pareille humiliation devant tant d'illustres témoins. Quand il fut à genoux, le chancelier lui prononça la formule suivante : « Sire, vous devenez, comme duc de Guyenne, » homme-lige du roi, mon seigneur, et lui promettez foi et loyauté » porter. » Edouard refusa de répondre *voire*, selon l'usage, et prétendit qu'il ne devait pas l'hommage-lige (1). On disputa ; et enfin, sur la promesse que fit l'Anglais de consulter ses archives quand il serait retourné dans ses états, pour savoir précisément à quoi il était obligé, et d'envoyer lettres scellées de son grand sceau, qui expliqueraient quelle sorte d'hommage il devait ; sur cette promesse, on consentit qu'il le rendît en termes généraux. A la formule rejetée, le chancelier substitua celle-ci, peut-être préparée d'avance en cas de difficultés : « Sire, vous devenez homme du roi de France, mon sei- » gneur; vous reconnaissez tenir de lui la Guyenne et ses apparte- » nances comme pair de France, selon la forme des paix faites entre » ses prédécesseurs et les vôtres, selon ce que vous et vos ancêtres » avez fait pour le même duché à ses devanciers rois de France. » Edouard répondit : *Voire*. « S'il est ainsi, reprit le chancelier, le roi » notre sire vous reçoit, sauf ses protestations et retenues. » Le monarque français dit *Voire*, et baisa à la bouche le roi d'Angleterre, dont il tenait les mains entre les siennes.

Ainsi finit cette superbe cérémonie ; elle mit la rage dans le cœur de l'Anglais, et lui fit jurer une haine immortelle au prince qui le traitait avec tant de hauteur. Retourné dans ses états, il donna les lettres scellées de son grand sceau qu'il avait promises en confirmation de son hommage, qui était effectivement l'hommage-lige. Les deux princes ne montrèrent pas encore leur secrète antipathie ; au contraire, Edouard, désirant terminer quelques différens avec Philippe, au sujet de la Guyenne, passa en France avec confiance, et y fut reçu avec les démonstrations d'une franche cordialité. Les deux monarques convinrent même d'un mariage entre le prince de Galles, encore au berceau, et une princesse de France qui n'était pas encore née. Vains simulacres d'amitié entre des princes dont l'un ne pouvait s'empêcher d'envier la couronne qu'il croyait lui être injustement ravie, et l'autre ne manquait pas l'occasion de triompher de ses avantages sur son rival.

Après la guerre de Flandre, Valois s'appliqua au gouvernement :

(1) Le vassal-lige était lié à son suzerain d'une obligation plus étroite que le vassal ordinaire : entre autres obligations, il lui devait le service envers et contre tous, en personne, et à ses dépens.

attentif à tout ce qu'il croyait pouvoir contribuer au bonheur du peuple, établissant l'ordre dans les tribunaux, prévenant les crimes par de bonnes lois, donnant lui-même l'exemple des vertus, et les encourageant. Il lui était né un second fils ; son éducation devint pour le père un objet important ; il résolut d'en charger Bernard de Mareuil, maréchal de France, d'autant plus digne de cet emploi qu'il l'ambitionnait moins. Pour s'en exempter, il allégua l'obligation où il se trouverait, s'il acceptait, de quitter la charge de maréchal de France, dont les fonctions étaient alors jugées incompatibles avec les devoirs à remplir auprès du prince. « Si vous y pensez bien, lui
» dit le roi dans la lettre qu'il lui écrivit à ce sujet, vous trouverez
» que nous vous faisons plus grand honneur de vous y mettre, que
» nous ne ferions de vous laisser maréchal... car il n'est oncques ma-
» réchal en France qui n'en laissât volontiers l'office, pour être li
» premier au frain de l'aîné fils du roi. » Il paraît que, pour remplir les fonctions de gouverneur du prince, Bernard fut obligé de quitter sa charge de maréchal de France.

Les monnaies, depuis qu'on avait commencé à y toucher, étaient toujours une cause de dissension entre le souverain et les sujets. Philippe fixa le titre et le poids, de manière à faire espérer plus de solidité par la suite. Il y avait des conflits perpétuels de juridiction, et souvent des contestations fort aigres entre le clergé et la noblesse ; le roi entreprit de les terminer. Il indiqua une assemblée dans son palais, où se trouvèrent vingt-cinq archevêques ou évêques, beaucoup d'abbés et un grand nombre de seigneurs laïcs, avertis d'apporter leurs titres.

Le monarque parut sur son trône, entouré des princes du sang, des pairs et des barons du royaume et de ses ministres. Pierre de Cugnières, écuyer, conseiller du roi, fit les fonctions d'avocat général et porta la parole. Sa harangue roula tout entière sur les prétentions du clergé : il l'accusa d'appeler toutes les affaires à sa juridiction, sous prétexte, dit-il, que, n'y ayant pas d'acte juridique sans serment, il n'y en a par conséquent aucun qui ne tienne à la religion, et dont les juridictions ecclésiastiques ne doivent connaître. C'était là en effet la doctrine du clergé, émanée des principes de la cour de Rome. Comme celle-ci se disait juge des rois, il n'y avait pas, à son exemple, de tribunal ecclésiastique qui ne se crût supérieur à celui des seigneurs, et qui n'attirât à soi toutes les affaires.

Pierre Roger, archevêque de Sens, qui avait été garde des sceaux, et qui depuis fut pape sous le nom de Clément VI, et Pierre Bertrandi, évêque d'Autun, orateurs du clergé, ne nièrent pas que telle ne fût la doctrine du clergé. Ils tinrent que ce qui faisait la solidité des contrats de mariage, des testamens et de beaucoup d'actes pour des intérêts particuliers, était le serment fait sous l'autorité de l'église ; que l'exécution de ces actes n'était que l'accessoire de l'engagement religieux, et que, l'accessoire devant suivre le principal,

c'était, non aux tribunaux laïcs, mais aux tribunaux ecclésiastiques qu'appartenaient la discussion et le jugement de ces causes. En effet, c'était là le fond de la querelle. Les avocats, selon leur coutume, y mêlèrent beaucoup de choses étrangères. Le plaidoyer de Cugnières fut aigre et virulent : la partie de son discours qu'on pouvait appeler dogmatique était en latin; mais quand il en vint aux griefs, pour être mieux entendu des seigneurs laïcs, il poursuivit sa harangue en français, et n'y omit rien de ce qui pouvait piquer et mortifier le clergé. Peut-être le fit-il repentir d'avoir laissé donner tant de publicité à cette affaire, peut-être aussi un peu d'humiliation lui fut-elle utile; car il paraît que le monarque crut devoir s'abstenir de prononcer, dans la crainte que les sarcasmes de Cugnières contre les ministres de la religion ne fissent tort à la religion même. Ainsi trop d'ardeur dans les défenseurs d'une bonne cause lui est quelquefois nuisible. Philippe fit dire aux prélats : « Si vous corrigez ce qui en a
» besoin, le roi veut bien attendre jusqu'à Noël prochain; si vous
» ne le faites pas dans ce terme, il y apportera le remède qui sera
» agréable à Dieu et au peuple. » Mais ce grand éclat se dissipa en fumée, et il ne fut plus parlé de cette affaire. Il résulta seulement de cet appareil que l'*appel comme d'abus*, qui était déjà exercé, devint une partie essentielle de notre jurisprudence.

Une autre séance royale aussi solennelle, mais qui intéressait moins le peuple, attira par d'odieuses circonstances l'attention du public. Les historiens s'étendent sur le procès de Robert d'Artois, parce que son résultat se lie aux malheurs de la France. Ce prince, quoique le comté eût été adjugé à sa tante Mahaud, en portait toujours le titre, et ne cessait de jeter des regards de regret sur ce riche héritage, qu'il prétendait lui être injustement enlevé. Robert avait un grand mérite; il était distingué par son habileté à la guerre et dans le conseil. On a vu qu'il avait beaucoup contribué à faire obtenir à Philippe de Valois la préférence sur Édouard pour la couronne de France. Aussi le roi, dont il avait épousé la sœur, l'estimait singulièrement, se conduisait par ses avis, de sorte qu'il était regardé comme son principal ministre. Mais toutes ces faveurs, le comté de Beaumont, et d'autres belles terres qu'il avait eues en échange de l'Artois, n'effaçaient pas en lui le désir de se le faire restituer. Il en parlait au roi jusqu'à l'importunité, et le pressait sans cesse de faire revoir le procès. Philippe lui remontrait la difficulté et l'indécence même de faire encore retentir les tribunaux d'une affaire déjà jugée deux fois contradictoirement. Encore, lui disait-il, si vous aviez de nouveaux titres à produire, peut-être pourrait-on revenir sur la procédure. Ce moyen, que le roi ne proposait sans doute que comme un échappatoire, frappe Robert; il le saisit, et se met à la recherche des titres auxquels il ne songeait pas auparavant.

Son grand père Robert, comte d'Artois, tué à la bataille de Courtray, avait eu pour ministre de confiance Henri d'Irechon, évêque d'Arras. Une demoiselle de Béthune, nommée Jeanne de Divion, qui vivait près du prélat, avait reçu, dit-elle, de lui au lit de la mort un écrit concernant la succession du comté, qu'elle devait remettre au petit-fils sitôt que le grand-père aurait fermé les yeux. L'intrigante Divion offre d'abord à la comtesse Mahaud de lui rendre cet écrit comme pièce qui pouvait lui nuire dans son procès si elle était connue. Repoussée par Mahaud, elle le propose à la comtesse d'Artois, épouse de Robert, comme pièce utile. La princesse refuse; mais le mari, poursuivi par sa chimère, se laisse tenter. Il veut voir l'écrit. C'était une lettre de l'évêque d'Arras, adressée à lui Robert, petit-fils du vieux comte Robert. Elle commençait par des excuses du prélat d'avoir célé pendant sa vie les droits du prince sur le comté d'Artois. Il lui demandait pardon de sa négligence, et s'avouait dépositaire d'actes qui furent faits alors, « dont les doubles, » disait-il, enregistrés par-devers la cour, furent, par un de nos » grands seigneurs, jetés au feu, et après ce fut plané le registre de » la cour. » Or ces actes, dont la Divion disait avoir été instruite de vive voix par l'évêque, étaient, selon elle : 1° le contrat de mariage de Philippe, père de Robert, par lequel le vieux Robert donnait à son fils et à ses hoirs la propriété du comté d'Artois au préjudice de Mahaud sa fille; 2° la ratification de ce don après le mariage; 3° les lettres-patentes de Philippe-le-Hardi, confirmatives des actes précédens.

On sent combien cette fable était mal tissue : la confidence d'un évêque à une demoiselle assez mal famée; ces titres enlevés par un grand seigneur qu'on ne nomme pas; les registres mutilés ou biffés sans qu'il reste trace de ces violences. Il n'y avait que la représentation des actes qui pût couvrir l'invraisemblance. C'est à ce moment que le comte commence à se rendre coupable. Il engage, ou la Divion s'offre d'elle-même à fabriquer des pièces. Elle s'adjoint un ouvrier adroit, s'aide de sa servante et d'autres intrigans de tous états que l'appât du gain lui associe. Ils réussissent assez à imiter l'écriture et les formes de la chancellerie; mais ils sont arrêtés par les sceaux. Dans l'impossibilité de les contrefaire, ils en détachent d'autres diplomes et les appliquent à ceux-ci. Robert, triomphant, annonce au roi qu'il a des titres. Le monarque, se défiant de la fourberie, fait comparaître la Divion. Après avoir bien tergiversé, elle avoue toute la manœuvre. Le comte dit que cet aveu lui a été arraché par la crainte, qu'il soutiendra ses titres les armes à la main contre quiconque les attaquera. Le roi, prenant ce défi comme adressé à lui-même, réplique plus fermement, et en fixant son beau-frère, que les titres sont faux et qu'il fera punir les faussaires; et voilà, par cette menace, deux amis brouillés à la mort.

Robert, honteux de reculer, demande que l'affaire soit suivie. La cour des pairs est convoquée; et, afin qu'elle soit complète, le roi déclare pair Jean, son fils aîné, duc de Normandie. Les pièces sont présentées; elles sont scrupuleusement examinées, et le résultat de leur examen fut que, le roi séant avec les pairs et les grands du royaume, il intervint arrêt qui déclara que les lettres produites par Robert d'Artois, comte de Beaumont, étaient fausses, et qui ordonna qu'elles seraient cancellées et dépiécées. Le procureur-général demanda alors au comte, qui était présent, s'il prétendait encore user de ces lettres. Il se retira, consulta son conseil, rentra et déclara qu'il renonçait à ses titres. Aussitôt l'arrêt fut exécuté sous ses yeux.

C'est tout ce qu'il y eut de mortifiant pour lui; car, pour ne pas compromettre le prince, on ne parla ni de la Divion ni de ses complices: mais ces ménagemens ne furent pas assez efficaces pour purger le cœur du malheureux comte du fiel dont il était gonflé. Il éclata en plaintes amères contre l'ingratitude de son beau-frère. Il paraît même qu'il tâcha de former une cabale à la cour, puisque le roi se crut dans la nécessité d'exiger de plusieurs seigneurs un nouveau serment de fidélité. Philippe, dans l'espoir de le faire rentrer insensiblement en lui-même, et par égard pour leur ancienne amitié, dissimula cinq mois les procédés du comte: à ce terme, il crut qu'il était temps de venger la majesté du souverain et l'autorité des lois, également outragées. Il cessa en conséquence d'arrêter le cours de la justice, et fit reprendre le procès de la Divion et de ses complices.

Interrogés, ils ne manquèrent pas de charger le comte comme auteur et instigateur du crime. Après une procédure sévère, l'intrigante et sa servante furent condamnées à être brûlées vives et exécutées; l'ouvrier qui les avait aidées fut trouvé étranglé en prison. Sans doute on crut devoir proportionner le supplice des femmes plutôt à l'importance qu'à la nature du délit. Il y eut beaucoup de personnes compromises, faux témoins, porteurs de paroles, donneurs d'avis, intrigans de tout état, empressés, soit par intérêt, soit par vanité, à se mêler des affaires des grands. tous subirent différentes peines; les laïcs, des flétrissures infamantes et des punitions corporelles; les clercs, privation de leurs bénéfices et prison perpétuelle: mais ces châtimens n'eurent lieu qu'après celui de Robert d'Artois.

Quand il sut ses complices mis en justice, il se cacha, erra de province en province, et de château en château, et passa enfin à Bruxelles. Cité à comparaître à la cour des pairs, il demanda des délais; mais, malgré les passeports de sûreté qu'on lui fit parvenir, ces délais expirés, il ne comparut pas. Après un plaidoyer du procureur-général, qui rappelait tous les incidens du procès, ce magistrat conclut à ce que « Robert d'Artois, comte de Beaumont, fût » condamné en corps et en biens, c'est à savoir le corps mis et livré » à la mort, et les biens confisqués et acquis au roi; et qu'attendu » son absence, il fût banni du royaume de France. » Conformément à ces conclusions, le roi prononça l'arrêt de bannissement et de confiscation.

Le dépit, la rage d'être proclamé criminel et infame à la face de la nation, troublèrent la raison du proscrit, et lui inspirèrent les résolutions les plus désespérées. Il essaya d'attenter à la vie du roi, et soudoya des assassins, qui se mirent en route pour effectuer leur crime, mais qui, effrayés de son énormité, revinrent d'eux-mêmes sur leurs pas. Au défaut des hommes, Robert invoqua les enfers; il voulut ensorceler le roi, l'envoûter, comme on disait alors, c'est-à-dire, ainsi que nous l'avons déjà expliqué, piquer avec une aiguille une figure de cire représentant le roi, qui ressentirait les blessures qu'on ferait à son image, et la mort même, si on la perçait au cœur. Philippe employait des moyens plus sûrs pour punir cet obstiné criminel. Il le poursuivait d'asile en asile, empêchait les princes voisins de le recevoir, en menaçant de la guerre ceux qui l'accueilleraient. Le duc de Brabant, chez qui le comte s'était retiré, voulait le retenir, nonobstant la colère du roi qu'il brava jusqu'à s'exposer à la guerre. Mais Robert s'embarque et se jette entre les bras du roi d'Angleterre.

Edouard, qui avait éprouvé ce que valait d'Artois lorsque l'éloquence de ce prince lui fit manquer la couronne de France, et lorsque depuis, à la tête des troupes françaises, Robert chassa de la Navarre les Anglais qui avaient voulu l'envahir, Edouard vit avec plaisir Philippe se priver d'un pareil appui. Il le reçut affectueusement, et lui donna le comté de Richemond en échange des possessions qu'il quittait. C'était une revanche de l'accueil obligeant que Philippe faisait en France à David Bruce, que l'Anglais venait de précipiter du trône d'Ecosse. Ainsi ces deux monarques ne laissaient point perdre l'occasion de se montrer leur mutuelle malveillance. Personne n'ignorait ces dispositions, et il n'y avait pas de petit prince, point de seigneur voisin des deux états qui ne se mît à prix, et ne cherchât à se faire arrher pour le moment où les deux rivaux ne manqueraient pas de se choquer. Le pape seul, Jean XXII, politique habile, avait tâché d'amortir cette ardeur guerrière qui s'enflammait dans le secret, ou de diriger sur d'autres contrées le feu qui menaçait d'embraser l'Europe. Il proposa une croisade; Philippe l'accepta, et fit des préparatifs. Edouard ne s'y refusa pas, et leva aussi des troupes. Le prince français offrit de partir si l'Anglais voulait l'accompagner; mais il savait qu'occupé à rendre l'Écosse tributaire, son adversaire n'abandonnerait pas cet avantage prochain pour des exploits incertains et éloignés. L'insulaire à son tour proposa de mettre en mer et de cingler vers l'Asie, lorsqu'il voyait clairement que l'état de la France, où le comte d'Artois et ses partisans entretenaient des troubles, ne permettait pas à Philippe de s'éloigner. Mais les deux monarques levèrent exactement les décimes accordées pour la croisade, dont ils ne s'occupèrent plus quand ils eurent l'argent dans leurs coffres. Cet argent leur servit, ainsi que les troupes, pour les entreprises qu'ils méditaient.

Le roi d'Angleterre commença l'assaut ; ce mot convient à la lutte de ces deux princes qui se conduisirent quelquefois en spadassins, se provoquant et se défiant l'un l'autre. Edouard prétendit qu'en recevant son hommage pour la Guyenne et le Ponthieu on avait promis de lui rendre quelques parties distraites de temps en temps de ces provinces. Il fit encore d'autres demandes de villes et de châteaux isolés. » Demandez tout d'un coup la couronne, lui dit, à ce qu'on
» croit, Robert d'Artois. C'est le moyen d'engager les princes dont
» vous vous êtes procuré l'alliance à ne pas s'épargner dans les
» efforts que vous leur prescrirez ; la cause qu'ils auront embrassée
» si ouvertement, il faudra qu'ils la soutiennent. Et moi, qui ai donné
» la couronne à Philippe, j'en serai bien plus propre, en vous saluant
» roi de France, à la faire tomber de sa tête, pour la placer sur la
» vôtre. »

Edouard recevait avidement ces espérances flatteuses ; cependant il craignait de trop hasarder en servant plus précipitamment qu'il ne convenait la passion du comte. Il laissait mûrir ses anciennes alliances, et travaillait à de nouvelles : surtout il désirait s'attacher les Flamands, dont le pays lui ouvrait des entrées en France, et lui présentait un passage pour la retraite en Angleterre, en cas d'évènemens fâcheux. Le duc de Flandre, peu docile aux avertissemens du roi de France, lorsque Philippe lui remit ses sujets soumis, les exaspéra par de nouvelles exactions. La ville de Gand, sa capitale, se révolta à l'instigation d'un brasseur, nommé Jacques Artevelle ou d'Artevelle. Le comte, au lieu de tenir tête à cet adversaire peu redoutable d'abord, s'enfuit en France. Le brasseur devint le maître de cette ville et des autres par la terreur qu'il sut inspirer. Il les parcourait, escorté d'une troupe de scélérats déterminés. S'il rencontrait quelqu'un dont l'opinion lui était contraire, sur un signal convenu, trois ou quatre de ses gens se détachaient de la troupe, allaient faire querelle à cet homme, et le tuaient sur le champ, ou il ameutait le peuple qui massacrait le suspect ; c'était assez d'avoir dit un mot contre lui pour être assassiné. Tous les gens fidèles au duc fuyaient, sans savoir où trouver d'asile. Un rebelle est peu difficile à gagner quand on lui montre des forces prêtes à le soutenir : aussi Artevelle prêta-t-il volontiers l'oreille à la proposition que lui fit Edouard de le secourir. Il se dévoua entièrement au roi d'Angleterre, et s'engagea à lui ouvrir la Flandre quand il lui plairait de passer en France.

Cette alliance, par laquelle la Normandie était menacée d'une guerre voisine, qui pouvait porter ses ravages bien avant dans le duché, émut les seigneurs normands. Ils prirent la résolution de prévenir ce fléau par la diversion d'une descente en Angleterre. Leurs ancêtres, disaient-ils, avaient bien pu conquérir le royaume sous le duc Guillaume ; pourquoi ne se promettaient-ils pas le même succès sous Jean, fils aîné de Philippe, nommé à leur duché par son père? Ils s'engageaient à fournir et soudoyer, pendant douze semaines, quatre mille hommes d'armes, qui continueraient même au-delà leur service moyennant que le roi s'engagerait de les payer. Les Normands firent ces propositions par une députation qui fut solennellement reçue à Vincennes. Peut-être avait-elle été secrètement sollicitée par le duc Jean, qui n'aurait pas sans doute été fâché de se trouver à la tête d'une expédition aussi brillante; mais elle n'aboutit qu'à quelques descentes partielles que les Normands firent sur les côtes d'Angleterre.

Mais Edouard ne s'en tint pas à de légères hostilités, toujours plus fâcheuses pour les peuples que décisives. Dans le grand différent qu'il avait avec Philippe, ses mesures étant bien prises de loin, il éclata enfin, et envoya l'évêque de Lincoln demander la restitution de la couronne de France, et déclarer la guerre; ses généraux en même temps attaquèrent et prirent des places en Guyenne et en Saintonges, et lui-même traversa la Flandre et le Hainaut, et vint assiéger Cambray. Son armée, grossie des troupes d'une multitude d'alliés, surtout d'Allemands, présentait cent vingt mille combattans. La ville était bien fortifiée, munie de vivres et d'une bonne garnison; elle donna le temps au roi de France de ramasser ses troupes. Elles n'étaient pas tout à fait si nombreuses que celles de l'Anglais : les Français ne comptaient que soixante mille fantassins, mais quarante-cinq mille gens d'armes tous bien équipés et aguerris. Edouard menait avec lui Robert d'Artois. Ce prince entra en Picardie, le fer et le flambeau à la main, ravagea la Thiérache, le Laonais et jusqu'aux frontières de la Champagne, tant pour rassasier sa haine du spectacle des atrocités qu'il s'était promises, en faisant ses adieux au duc de Brabant, que pour tâcher d'attirer son beau-frère à une bataille, dans laquelle il trouverait peut-être l'occasion de le combattre corps à corps, et de l'abattre à ses pieds.

Peu s'en fallut, en effet, que la bataille n'eût lieu. Édouard, désespérant de prendre Cambray, si bien défendu, avait levé le siège. Il s'avança au devant de Philippe. Les deux armées se rencontrèrent près de la Chapelle, dans un lieu nommé Vironfosse. Elles n'étaient séparées que par un petit défilé. Voilà donc les deux rivaux en présence, dans la position qu'ils semblaient tous deux ardemment désirer. Edouard envoie demander la bataille; Philippe en fixe le jour au vendredi suivant. Mais convient-il de répandre le sang des chrétiens le jour que le sauveur du monde a répandu le sien pour le salut des hommes? Ce scrupule affecte également les deux rois, et fait resserrer les épées et les lances prêtes à être ensanglantées. Il est possible que cette raison, qui certainement de nos jours ne suspendrait pas le choc de deux armées, ait été déterminante dans ce siècle. Les historiens anglais disent que Philippe n'osa attaquer Edouard, et rejettent sur le premier le blâme de la bataille manquée.

Mais pourquoi l'Anglais ne passa-t-il pas lui-même le défilé? On croit qu'il craignit de s'y engager avec des troupes, à la vérité plus nombreuses, mais ramassées de tous pays, et dont il n'était pas sûr. Quant au monarque français, on peut penser que dans cette occasion il suivit, comme il aurait dû toujours faire, l'avis de son conseil, qui lui représenta qu'une défaite livrerait ses états à son ennemi, pendant que celui-ci ne risquait d'autre désavantage, s'il était battu, que de se retirer dans son île. Au reste, quelle qu'ait été la cause de cette inaction, il est certain que jamais deux armées ne se trouvèrent plus voisines, plus prêtes à se charger, et que jamais elles ne s'éloignèrent plus tranquillement. Edouard décampa le premier, Philippe ne le poursuivit pas; il eut cependant les honneurs de la campagne, parce que ses généraux battirent les Anglais en Guyenne, et qu'une flotte qu'il avait mise en mer remporta sur celle d'Angleterre des avantages dont les Français n'eurent pas long-temps le plaisir de se glorifier.

Edouard se retira en Brabant, et congédia une grande partie de son armée, surtout les Allemands, dont l'entretien lui était fort onéreux. Cette dépense lui donna l'idée de se faire une recrue de Flamands, qu'il pouvait avoir à meilleur marché. Artevelle lui avait procuré un traité de commerce avec les principales villes. Quelques bandes, peu nombreuses à la vérité, de soldats de ce pays marchaient déjà sous ses étendarts : le gros de la nation gardait encore une exacte neutralité, mais conservait toujours du ressentiment pour le roi de France, parce qu'il tenait les places de Lille, de Douai et de Béthune, en nantissement des sommes qu'ils s'étaient engagés de payer après la défaite de Cassel. Ce prince eut la maladresse de demander dans ce moment le paiement de ces sommes. « Vous ne les » devez, dit Artevelle à ses compatriotes, vous ne les devez qu'au roi » de France : reconnaissez pour tel Edouard; non seulement il vous » en donnera quittance, mais encore il s'engagera à vous remettre » les villes qu'on vous retient. » Le traité fut fait sur ce plan, et les Flamands prêtèrent serment au roi d'Angleterre comme roi de France. On assigne à cette circonstance l'époque où les rois d'Angleterre ont pris le titre et les armes des rois de France.

Cette défection causa un grand embarras au monarque français; non seulement elle fournissait à son rival des troupes de terre, mais encore elle le privait lui-même d'une marine considérable, le seul moyen de fermer la France à Edouard, au moment où ce prince, qui était passé en Angleterre, ramènerait son armée. Cependant Philippe, en achetant des vaisseaux de tous côtés, surtout à Gênes, parvint à se composer aussi une flotte, qu'il opposa à celle d'Angleterre. Elles se rencontrèrent à la vue du port de l'Ecluse, et s'y livrèrent un combat qui en a pris le nom. C'est un des plus terribles qu'il y ait jamais eus entre les deux nations. Edouard y combattit en héros. Blessé d'une flèche à la cuisse, il ne cessa de donner ses ordres. Cependant, malgré la bravoure de ses chevaliers, l'habileté de ses marins, l'agilité de ses vaisseaux, plus faciles à gouverner que les lourdes caraques soudoyées par Philippe, il aurait été battu, si les Flamands, qui restèrent d'abord spectateurs sur leurs barques, ne fussent venus à son secours. L'impétuosité de leur attaque décida la victoire pour les Anglais : elle fut complète. Les historiens les plus modérés font monter la perte des Français de vingt-cinq à trente mille hommes, et celle des vaisseaux à quatre-vingt-dix, pris, coulés ou brûlés. Le monarque anglais entra triomphant dans le port de l'Ecluse, et alla mettre le siége devant Tournai. Robert d'Artois, qui dans l'occasion de faire du mal aux Français ne pouvait rester inactif, alla assiéger Saint-Omer.

Rien n'égale les horreurs qui se commirent par les corps détachés de la grande armée pendant ces deux siéges. Au reste, les excès d'atrocité étaient semblables de part et d'autre. Quoique les Anglais tinssent la mer en vainqueurs, les Français, profitant de la faveur des brouillards et des vents, portaient le ravage et la désolation sur les rivages de leurs ennemis, qui, de leur côté, parcouraient les côtes de la Normandie la flamme à la main. Dans une descente ils réduisirent en cendres la ville de Tréport. Le duc Jean, dans la campagne précédente, en avait donné ou suivi le funeste exemple. Il avait désolé le Hainaut, et « volèrent les flammèches, dit Froissard, jusqu'à Va- » lenciennes. » Il avait mis ensuite le siége devant une forteresse nommée Thin-l'Evêque, château sur la Sambre, près de Cambrai, où il employa, dit-on, des canons et des bombardes. C'est la première fois qu'il en est parlé dans l'histoire. Pour la première fois aussi, il se servit d'un moyen bien étrange, plus efficace que ces nouvelles machines, dont l'effet ne pouvait être encore fort dangereux. Il fit lancer par des *engins*, dans la place, les corps des chevaux et autres animaux qui mouraient dans son camp; et l'infection causée par les cadavres força la garnison de capituler. Celles de Tournai et de Saint-Omer se défendirent si bien, qu'Edouard et d'Artois levèrent le siége, mais non sans une grande perte que leur fit éprouver le duc de Bourgogne à Montcassel. Ils étaient d'ailleurs forcés de réunir leurs troupes pour résister au roi qui venait les attaquer. Ces deux monarques se trouvèrent encore presque aussi près l'un de l'autre qu'à Vironfosse. Ils se défièrent, non à une bataille, mais à un combat singulier, dont le prix serait la couronne de France : mais Philippe demandait qu'Edouard mît en équivalent celle d'Angleterre. Cette réciprocité n'accommodait ni l'un ni l'autre, et le défi en resta là. La proximité des deux princes donna lieu à une négociation dont s'entremêlèrent les légats du pape et les princesses mères, sœurs ou parentes des deux rois. Les conférences aboutirent à une trêve d'un an, que chacun signa dédaigneusement, comme s'il faisait grace à son ennemi; mais au fond ils en avaient chacun besoin : Edouard, pour retourner dans son île où les affaires d'Ecosse le rappelaient; et Philippe, pour apaiser dans son royaume le mécontentement du peuple que l'excès des impôts avait porté en plusieurs lieux à la révolte. Les désordres que la guerre propage partout exigeaient aussi des règlemens de police, auxquels le roi s'appliqua avec zèle et succès. Il ne négligea pas non plus la partie politique du gouvernement; ses négociations enlevèrent au roi d'Angleterre des alliés importans, tels que l'empereur et les princes d'Allemagne, dont les états étaient comme une pépinière d'hommes où l'Anglais allait chercher ses renforts. Il rassura aussi et gagna le comte de Hainaut, que la crainte avait engagé sous les drapeaux d'Edouard. Enfin il pratiqua en Flandre des intelligences qui commencèrent à y diminuer le crédit et la puissance du brasseur Artevelle.

Au moment de la signature de la trêve, mourut sans enfans Jean-le-Bon, duc de Bretagne. D'un de ses frères décédé avant lui, nommé Guy de Penthièvre, il avait une nièce appelée Jeanne-la-Boiteuse, qu'il maria à Charles de Blois, neveu par sa mère du roi de France, et le fit reconnaître par les états son successeur au duché. Cette inauguration se fit malgré les remontrances et les réclamations de Jean, comte de Montfort, autre frère de Jean-le-Bon, mais d'un second lit. Sa mère, Yolande de Dreux, fille de Béatrix, héritière de Montfort, avait porté ce comté dans la maison de Bretagne. Montfort avait épousé Jeanne de Flandre, fille du comte Louis de Nevers.

N'ayant pu, malgré ses importunités auprès de son frère, au lit de la mort, lui faire changer ses dispositions en faveur de sa nièce, Montfort s'empare des trésors du duc, gagne avec cet argent les principaux seigneurs, se rend maître des places fortes, et se proclame hautement duc de Bretagne. Persuadé que le roi de France ne manquera pas d'embrasser la cause de son neveu, il se pourvoit auprès du roi d'Angleterre pour en obtenir des secours en cas de besoin. On croit même qu'il lui fit secrètement hommage de son duché, et se reconnut son vassal. La cour des pairs, réclamée par le comte de Blois et son épouse, se saisit de l'affaire. Montfort fut sommé de comparaître : il se présenta avec une suite de quatre cents gentilshommes; mais il disparut avant le jugement qui adjugea le duché à Jeanne-la-Boiteuse et à son époux.

Pendant les procédures, la guerre était déjà commencée en Bretagne entre les partisans des deux compétiteurs. Le roi de France envoya le duc de Normandie soutenir la cause de son neveu, et le roi d'Angleterre fit passer des troupes au comte de Montfort. Ce serait une histoire qui tiendrait du roman que de rapporter les prouesses des chevaliers bretons et français pendant cette guerre : rencontres, surprises, défis d'un contre un, de trente contre trente, et davantage; tous combats à outrance; la terre jonchée de débris de casques et de cuirasses, de lances et d'épées, de morts et de mourans; des actes de férocité et des traits de générosité, tels qu'en présentent les annales de la chevalerie. Mais, quelque éclatans qu'aient été les hauts faits des hommes, la palme de la gloire est restée à deux femmes, Jeanne-la-Boiteuse et Jeanne-la-Flamande.

La première, patiente dans l'adversité, ferme et courageuse dans les revers, gagnait les cœurs par son affabilité et sa douceur; elle ne manquait pas non plus de talens politiques et militaires qui commandent l'estime, mais elle eut moins d'occasions de les mettre en évidence que la princesse de Flandre, son antagoniste, dont les faits d'armes pourraient illustrer des guerriers même célèbres. Montfort, son mari, fut fait prisonnier dès la première campagne, et envoyé dans la tour du Louvre. Alors tout le faix de la guerre tomba sur elle. Elle se retira dans la ville d'Hennebond. Le comte de Blois y mit le siége, persuadé que son mari étant dans les fers, si elle y tombait elle-même, la guerre serait bientôt terminée. Ce but et cette espérance donnaient une grande activité à ses efforts; la comtesse les repoussait avec la même ardeur. Elle avait accoutumé les femmes et les filles à être intrépides comme elle, à panser les blessés, et à porter des rafraîchissemens aux combattans jusque sur la brèche.

A la bravoure du soldat l'héroïne joignait le coup d'œil du capitaine. Un jour, pendant un assaut, elle remarque qu'une partie de ceux qui étaient préposés à la garde du camp ennemi l'ont abandonné, ou par curiosité, ou pour se joindre aux assaillans. Elle prend trois cents cavaliers, se met à leur tête, sort par une porte opposée à l'attaque, fond sur le camp, renverse tout, et y met le feu. Les clameurs de ceux qui sont surpris, leur fuite, et les flammes qui s'élèvent, rappellent les troupes de l'assaut, et le font cesser. Après ce succès, elle reprend le chemin de la ville; mais elle est coupée par un corps supérieur. Sans se déconcerter, elle ordonne à sa troupe de se débander, et marque la réunion dans une ville voisine : quelques jours après, avec ses compagnons d'armes et d'autres qui s'y joignent, elle se présente devant les retranchemens des assiégeans, les force, et est reçue en triomphe dans Hennebond.

Le renfort qu'elle amène et sa présence renouvellent le courage des assiégés; mais aussi ils sont attaqués avec plus d'ardeur. Des machines plus fortes que celles qu'on avait employées jusqu'alors ébranlent les murailles : elles menacent ruine, les brèches s'élargissent, les habitans s'intimident. Cédant à la crainte d'être emportés d'assaut, ils demandent à capituler. La comtesse de Montfort remontre en vain qu'elle attend à chaque instant du secours; le peuple ne voit que le danger présent. Les assiégeans accordaient des conditions avantageuses; elles allaient être signées. Jeanne, livrée à la plus vive inquiétude, craignait, espérait, comptait tous les momens. Dans son impatience, elle monte sur la tour la plus élevée, regarde, aperçoit des vaisseaux dans le lointain. Elle descend précipitamment, s'écriant : « Voilà le secours, enfans, nous sommes sauvés. » Elle court au port, reçoit les Anglais, fait une sortie avec eux, renverse les travaux, brûle les machines; les assiégeans se retirent en désordre, et Hennebond est délivré.

Mais le courage et l'habileté de la comtesse n'empêchaient pas le dépérissement de ses affaires. Le comte de Blois, son concurrent, était soutenu par toutes les forces de la France, tandis qu'Edouard, occupé de l'Ecosse, ne lui envoyait que de faibles renforts. Elle va le trouver elle-même, se compose, avec sa permission, une petite armée de chevaliers d'élite, charmés de combattre sous ses ordres; et, pour général, elle obtient le comte d'Artois, dont la haine pour le roi de France ne laissait pas douter qu'il n'employât à lui nuire tout ce que la nature et l'expérience lui avaient donné de bravoure et de capacité.

La comtesse se met sur la flotte qui portait ce renfort : elle était attendue sur les côtes de France par une escadre moins nombreuse, mais composée de vaisseaux plus forts. Il y eut un rude combat. Jeanne y paya de sa personne comme les plus braves chevaliers. Une tempête sépara les deux flottes et rendit la victoire incertaine. Il paraît cependant que l'avantage fut pour les Anglais, puisqu'ils débarquèrent. Le comte d'Artois ne fut pas long-temps sans entrer en action. Il alla assiéger Vannes et l'emporta d'assaut. Quatre chevaliers de la garnison, échappés au carnage, rassemblèrent un petit corps d'armée, et vinrent attaquer la ville dont les brèches n'étaient pas encore réparées. Ils y pénétrèrent malgré les efforts du comte qui défendit courageusement sa conquête. Blessé dangereusement, et n'ayant pas de confiance aux chirurgiens français, il se fit transporter en Angleterre et y mourut. On dit qu'il exhorta Edouard à ne pas se désister de ses prétentions sur la couronne de France, et qu'il lui marqua les moyens de les faire valoir. C'était pousser le dépit, la haine et le désir de la vengeance au-delà du terme que la nature marque à toutes les passions. Le roi d'Angleterre lui donna des larmes; il perdait un prince qu'il pouvait ne pas estimer à cause de son crime de faux, mais qui lui était utile. Les Anglais, qui le regardaient comme un innocent persécuté, lui marquaient les égards dus au malheur. Aussi se plaisait-il au milieu d'eux. Sans doute il y a quelque consolation pour un coupable de vivre avec des personnes dont l'hommage d'admiration qu'elles rendent à ses qualités d'éclat le distrait des remords qu'excite en lui le cri de sa conscience.

La comtesse de Montfort ne perdit point à la mort de Robert d'Artois. Edouard prit sa place et amena de puissans secours : la guerre se fit avec une nouvelle ardeur entre lui et Jean, duc de Normandie, que Philippe, son père, avait mis à la tête de ses troupes. Ainsi la malheureuse Bretagne continua d'être ravagée par les deux partis. Leurs fureurs furent enfin suspendues par une trêve que ménagèrent encore les légats du pape. Elle devait aboutir à une paix qui serait traitée sous les yeux du souverain pontife dans un temps déterminé. Selon les conditions de la trêve, le comte de Montfort devait être relâché et rendu à son épouse en renonçant à ses droits sur la Bretagne; sur son refus de consentir à cette clause, il continua à être détenu. Deux ans après il trouva moyen de s'évader déguisé en marchand; mais il mourut la même année, laissant un fils nommé Jean, que sa mère envoya en Angleterre sous la protection du roi.

Celui de France, quelque temps avant la trêve, avait fait une acquisition qui ne coûta pas de sang comme beaucoup d'autres, et fit une augmentation très précieuse au royaume. Humbert II, possesseur du Dauphiné, n'avait qu'un fils qui périt par accident. L'état affreux auquel la Bretagne était réduite par les prétentions des héritiers collatéraux lui fit craindre le même sort pour le Dauphiné. Il crut que la meilleure manière de préserver son peuple de ces malheurs était de l'unir à un état puissant dans lequel il n'y avait point de variations à redouter, et choisit la France sa voisine. Avec quelques pensions et d'autres stipulations utiles sa vie durant, Humbert exigea seulement que le fils du roi, successeur immédiat de la couronne, portât dans la suite le titre de Dauphin. En 1349 Philippe de Valois acquit aussi, par achat, le comté de Montpellier sur don Jayme II, roi de Mayorque, petit-neveu de Pierre III, roi d'Aragon, que le massacre des vêpres siciliennes avait rendu maître de la Sicile. Don Jayme, dépouillé par Pierre IV son beau-frère, arrière-petit-fils de Pierre III, destina les fonds qu'il reçut à la recouvrance de son royaume; mais son expédition fut malheureuse et lui-même y trouva la mort. La réunion du comté de Montpellier à la France acheva celle du Languedoc.

Dans ce temps fut établie la gabelle, mot saxon qui signifie tribut. Il avait déjà été perçu à différentes époques quelques deniers sur le sel; mais Philippe de Valois est le premier de nos rois qui ait rendu cet impôt régulier en forçant le peuple d'aller prendre le sel dans des greniers et en donnant par conséquent à ce présent de la nature le prix qu'il jugeait à propos d'y mettre. Pour cela le roi d'Angleterre l'appelait l'auteur de la loi salique. C'était une allusion assez plaisante à l'avantage que Valois avait tiré de la vraie loi salique par laquelle il régnait. Philippe fut sans doute excité à ce monopole par la nécessité de la guerre, et peut-être par les acquisitions du Dauphiné, du comté de Montpellier et quelques autres qui coûtèrent beaucoup d'argent. Ces acquisitions, quoique utiles, n'auraient-elles pas pu être renvoyées à des temps moins fâcheux? Il paraît que Valois eut le système, trop suivi depuis, non pas de proportionner la dépense à la recette, mais d'élever la recette à la dépense, système qui n'est raisonnable que lorsque la dépense est nécessaire. Mais son règne, malgré les malheurs dont il fut rempli, guerres perpétuelles, pestes, famines, fléaux de toute espèce, fut un règne de luxe et de magnificence. Le mariage de Philippe de France, second fils du roi, est célèbre par les fêtes qui se donnèrent et par leur catastrophe.

Les princes et les grands seigneurs de France et des pays étrangers appelés au tournoi y vinrent en grand nombre. Les chevaliers bretons les plus renommés par leur naissance et leur bravoure s'y rendirent. Edouard, contre la teneur expresse d'une des conditions de la trêve, avait débauché une partie d'entre eux, et notamment Olivier de Clisson, père de celui qui fut dans la suite connétable de France, et les avait attirés secrètement du parti de Charles de Blois à celui de la comtesse de Montfort. Le roi en fut prévenu, et même il lui fut indiqué des moyens de s'assurer de leur correspondance. Sur ces documens, Philippe les fit arrêter avec quelques seigneurs normands du même parti; et sans que leur procès ait été fait, du moins publiquement, puisqu'il n'en reste aucune trace, ils furent, au nombre de douze, conduits aux halles, exposés au pilori, décapités, leurs corps attachés au gibet, et leurs têtes envoyées en Bretagne pour être attachées aux portes des principales villes.

Edouard regarda ce massacre comme une injure personnelle qui lui était faite en haine de l'amitié que ces seigneurs lui portaient, et il en garda un profond ressentiment. Dans le premier mouvement de sa colère, il s'était cru autorisé à user de représailles sur les prisonniers français qu'il avait entre les mains, et il se serait porté contre eux à cette injuste barbarie sans les vives et pressantes sollicitations de Henri de Lancastre, son cousin. Il se satisfit du moins en rompant la trêve.

Il aurait été fort avantageux pour l'Anglais d'avoir en Flandre encore plus de pouvoir que les intrigues d'Artevelle ne lui en avaient procuré. Le duc, chassé par le brasseur de Gand, était toujours réfugié en France. Edouard conçut le projet de lui substituer le prince de Galles, son fils aîné; Artevelle s'apprêta à le seconder. Il se flattait d'avoir assez d'empire sur l'esprit des Flamands pour les amener au dernier période de rébellion contre leur souverain. Sous prétexte de saluer le monarque arrivant d'Angleterre, il obtint des principales villes, des députés qu'il mena à l'Ecluse où ce prince avait débarqué. Edouard les reçut avec les démonstrations les plus affectueuses, auxquelles ils parurent très sensibles. Le brasseur crut le moment favorable pour leur proposer le changement de souverain; mais les sollicitations et les menaces de leur perfide compatriote furent inutiles. Ils répondirent constamment: « Ce n'est pas à » nous à déshériter notre duc. » Ils se retirèrent, et allèrent porter chacun dans leur ville leur indignation contre l'auteur et l'instigateur de leur révolte. Son crédit commença à diminuer partout. Le traître resta près d'Edouard, pour prendre avec lui des mesures rigoureuses, au défaut des moyens conciliatoires qui lui avaient si mal réussi. Il crut devoir commencer par Gand, où était le siége de sa puissance. Il y introduisit cinq cents Anglais, et les suivit.

Mais son crédit y était déjà bien diminué. Il dut s'apercevoir aussi, aux regards de ses concitoyens, quand il retourna à Bruges, qu'ils étaient bien revenus de leurs préventions en sa faveur. Le peuple, assemblé sur son passage, murmurait tout haut. Ce ne fut qu'avec peine qu'il parvint à sa maison, à travers la multitude dont la contenance et les discours n'annonçaient rien que de sinistre. En entrant, il fait barricader portes et fenêtres; mais sa demeure est en un moment investie par la populace en fureur. Il paraît sur le balcon, et commence à haranguer. « Descendez, lui crie-t-on, ne » nous sermonnez pas de si haut. » Il cherche pour lors à s'échapper; mais toutes les issues étaient gardées. Il est arrêté, cruellement percé et déchiré par ce même peuple dont il était deux jours auparavant l'idole. « Leçon terrible, dit un historien, pour tout » sujet rebelle et séditieux. » Ajoutons, leçon inutile. Les Flamands ne rompirent pas cependant leurs liaisons avec le roi d'Angleterre. Ils lui promirent de continuer à l'aider dans la guerre, et de ne point faire la paix avec leur comte que son fils ne prît alliance avec quelqu'une des princesses d'Angleterre.

Cette guerre, dont on s'occupait comme inévitable, dans le temps même qu'on faisait des trèves, qui devaient, disait-on, conduire à la paix; cette guerre éclata bientôt, mais plus générale, plus atroce qu'elle n'avait été. Elle ne se borna plus à la Bretagne, qui en fut cependant le prétexte. Édouard publia qu'il ne l'entreprenait que pour venger les seigneurs bretons décapités à Paris, où ils avaient été attirés par trahison, et mis à mort contre la teneur du traité de la trève, qui stipulait une sûreté générale tant que la suspension d'armes durerait. A ce motif il joignit hautement la prétention à la couronne de France, usurpée par son injuste compétiteur qu'il n'appelait plus que Philippe de Valois. C'est le seul titre qu'il lui donna dans le défi envoyé pour déclarer la guerre.

Le principal théâtre des hostilités fut d'abord en Guyenne. Jean, fils aîné du roi, et duc de Normandie, y commandait avec des forces supérieures à celles des Anglais. Il attaquait Angoulême, défendue par un brave capitaine, nommé Norwich, qu'il avait réduit à l'extrémité. Ce commandant se présente seul sur les créneaux, la veille de la fête de la purification, et demande à parler au général français. Le duc arrive au bas du rempart. « Vous voulez apparemment » vous rendre, dit-il à Norwich? — Point du tout, répond celui-ci; » mais sachant que vous avez, aussi bien que moi, grande dévotion » à la Sainte-Vierge, j'ai pensé à vous prier de m'accorder une sus- » pension d'armes seulement pour la fête de demain, et qu'il ne soit » permis, ni à vos soldats, ni aux miens, de tirer l'épée l'un contre » l'autre pendant ce saint jour. — Volontiers, répondit le prince, et » on se retira. » Le lendemain, de grand matin, Norwich sort de la ville à la tête de sa garnison, avec armes et bagages; mais arrêté aux avant-postes, il demande à parler au commandant du quartier. « Je ne suis pas venu, lui dit-il, pour me battre; mais, pendant ce » jour de fête que monseigneur le duc de Normandie m'a accordé, » je suis bien aise de me promener hors de la place où mes soldats » et moi sommes enfermés depuis si long-temps. » On va rapporter ce propos au duc. Il sourit et répond : « Laissez-les passer, et con- » tentons-nous d'avoir la ville. » C'est le seul trait d'humanité qu'on puisse raconter de cette guerre, qui se faisait de part et d'autre avec la plus grande férocité. Outre les ravages et l'incendie des campagnes, les malheureux habitans des villes, qui avaient quelquefois, malgré eux, défendu leurs murailles, étaient passés au fil de l'épée, et ruinés de fond en comble par l'incendie de leurs maisons.

Les progrès du prince Jean en Guyenne alarmèrent Édouard. Il leva une nouvelle armée, dans le dessein d'aller secourir cette province; mais, au lieu de descendre à Bayonne comme il comptait, la contrariété des vents et les retards qu'ils apportèrent à son expédition lui firent changer de dessein, et, sur les conseils de Geoffroy d'Harcourt, il débarqua en Normandie qu'il se mit aussitôt à ravager. Philippe, qui aurait dû se tenir prêt de tous côtés contre un ennemi aussi actif, n'avait auprès de lui que quelque cavalerie, qu'il envoya à la défense de Caen, sous le commandement du comte d'Eu, connétable de France. Il espérait que cette ville tiendrait assez longtemps pour qu'il pût rassembler une armée; mais elle fut prise à la première attaque par la mauvaise conduite ou par la trahison du connétable. Le pillage se fit méthodiquement pendant trois jours, et on chargea de butin plusieurs vaisseaux, qui portèrent ces dépouilles à Londres.

Édouard ayant partagé son armée en deux corps pour une plus facile exécution, l'un continua de ravager la Normandie et poussa jusqu'au pays Chartrain; l'autre, à la tête duquel il se trouvait en partant de Caen, ruina tout le pays entre l'Orne et la Seine, brûla Louviers et le Pont-de-l'Arche, et arriva à Poissy. Il y fut rejoint par les pillards du pays Chartrain, qui, chemin faisant, mirent le feu à Saint-Germain, Nanterre, Ruel, Saint-Cloud, Neuilly, dont les flammèches volaient jusque dans Paris. Cependant Philippe, en appelant auprès de lui la noblesse de Picardie, de Champagne et de Bourgogne, et rassemblant les communes de ces provinces, s'était enfin procuré une armée. Son premier soin fut de garantir la ville de Rouen des attaques qu'Édouard méditait. Privé de ce passage, l'Anglais, malgré ses succès et la réunion de toutes ses forces, se trouvait au milieu du royaume dans un état qui devenait chaque jour plus critique. A l'effet d'en sortir, il cherche le long de la Seine quelqu'autre passage par lequel il puisse s'ouvrir ensuite un chemin dans le Ponthieu et la Flandre, pour de là regagner son île, s'il y était contraint : mais Philippe avait fait rompre tous les ponts, et le peu de gués qu'il y avait étaient bien gardés. Il observait d'ailleurs l'ennemi sur la rive droite, et suivait toutes ses marches. Ainsi pressé, le rusé Édouard fait parvenir à Philippe le faux avis qu'il est déterminé à tenter le passage près de Paris. Philippe repasse alors sur la gauche et s'établit à Antony; mais pendant que, bien retranché dans ce poste, il y attendait le roi d'Angleterre, celui-ci s'avance rapidement sur Poissy, refait le pont, culbute les troupes tirées de la Picardie qui résistaient, gagne le Beauvoisis, toujours pillant et brûlant, et se voit deux jours d'avance lorsque le roi se trouve en état de le poursuivre.

Mais ce n'était pas assez que d'avoir passé la Seine, il fallait traverser la Somme, dont les bords étaient garnis de soldats, et tous les ponts en puissance du roi. Edouard tenta successivement d'en forcer deux, mais ce fut en vain, et il se trouva alors dans un danger imminent, entre une rivière profonde et fangeuse, où l'on ne connaissait pas de gué, et une armée plus forte que la sienne, dont il allait être forcé de soutenir les attaques avec des troupes fatiguées d'une longue marche et embarrassées de butin et de prisonniers.

On soupçonnait cependant l'existence d'un gué. Edouard fait proclamer dans son camp une forte récompense pour celui qui le fera connaître. Un homme du pays l'indique au dessous d'Abbeville, dans un lieu commé Blanquetaque. Il était peu fréquenté, parce que la mer le couvrait pendant le flux. L'Anglais s'y présente à la mer descendante, et passe la rivière à la vue de dix mille hommes qui l'attendaient de l'autre côté. Selon quelques historiens, Godemard de Foi, qui les commandait, fit de la résistance ; mais, abandonné par des soldats qui étaient des milices nouvellement levées, il se retira. Selon d'autres, Godemard était un traître qui livra lâchement le passage. Philippe arriva lorsque les derniers Anglais passaient : il fit même des prisonniers ; mais il ne put s'engager dans le gué, parce que la mer revenait et le rendait impraticable. Il retourna donc à Abbeville, où était le gros de son armée.

Il s'en fallait néanmoins de beaucoup qu'Édouard fût en sûreté. Le passage de Blanquetaque lui avait procuré l'avantage de n'être pas noyé dans les eaux de la Somme en cas de défaite, au lieu qu'à présent, n'ayant plus de rivière derrière lui, il pouvait espérer, s'il était battu, de se sauver avec quelque débris de son armée ; mais le combat paraissait inévitable, parce que les Français n'étaient qu'à trois lieues de distance, et qu'il n'y avait pas de composition à attendre d'un ennemi plus fort et irrité : aussi l'Anglais n'en demanda-t-il pas, et ne songea-t-il qu'à vendre chèrement sa vie, en choisissant un poste avantageux. Il plaça son camp sur une éminence qui dominait le village de Créci, d'où cette bataille a pris son nom.

Il est à remarquer que les deux rois se préparèrent à la bataille par les actes les plus sacrés de la religion ; Edouard dans son camp, et Philippe dans Abbeville. Le monarque français en fit sortir ses troupes à la pointe du jour, le samedi 25 août. Elles avaient trois lieues à faire pour atteindre l'ennemi. Des chevaliers expérimentés, que le roi envoya examiner la position des ennemis, la trouvèrent formidable, et ne purent s'en taire. Quoiqu'ils vissent au roi le désir pressant de livrer bataille, ils lui conseillèrent d'attendre au lendemain. « N'exposez pas, lui dirent-ils, vos troupes, fatiguées de trois
» lieues de marche sous un soleil déjà brûlant, à des soldats frais,
» reposés, et parfaitement retranchés. — Mais, répondit Philippe,

» ils m'échapperont. — Non, » répliquèrent-ils, et ils lui montrèrent le moyen de les retenir dans leur camp, en les inquiétant par de fortes escarmouches. Convaincu par leurs raisons, il ordonna de faire arrêter l'avant-garde qui marchait déjà.

La plaine au bas de Créci était couverte de soldats novices, ramassés de toutes les communes. Ils arrivaient persuadés que les Anglais ne pouvaient se défendre, et qu'ils n'avaient plus eux-mêmes qu'à tuer et à piller le camp. Ils brandissaient leurs armes d'un air de triomphe, et remplissaient l'air des cris : « A la mort! point de quar- » tier! » Tous les seigneurs voulaient commander, aucun n'entendait obéir. Chacun à part se promettait à soi seul l'honneur et les profits de la victoire. La première bataille, ainsi appelait-on l'avant-garde, sur l'ordre de s'arrêter, fit halte. Le comte d'Alençon, frère du roi, qui commandait la seconde, veut profiter de l'immobilité de l'avant-garde pour prendre la tête, et avoir l'honneur de la première attaque. Il fait avancer ses bataillons. Un corps d'arbalétriers génois qui couvrait son front, soit crainte, soit lassitude, refuse de marcher : « Tuez cette ribaudaille qui vous embarrasse le chemin, » s'écrie d'Alençon. Sa cavalerie, lancée au milieu de ses fantassins, les rompt et les écrase. Les Génois, ainsi foulés, se prennent aux jambes des chevaux, renversent les cavaliers, et les égorgent avec les petits couteaux qu'ils portaient à leur ceinture.

C'est dans ce désordre que les Français, se poussant les uns sur les autres, parvinrent, sans pouvoir s'arrêter, jusqu'auprès du prince de Galles, jeune homme de quinze ans, qui venait d'être armé chevalier. Il n'y eut de vrai combat qu'autour de lui. Il se trouva en danger, et les seigneurs qui l'environnaient envoyèrent prier son père de venir à son secours : « Est-il à terre ou blessé, dit le roi? — Non. — » Retournez donc, laissez à l'enfant gagner ses éperons. Qu'on ne » me requière tant qu'il sera en vie, pour aventure qui lui advienne. » Je veux que la journée soit sienne, et que l'honneur lui en advienne, » et à ceux à qui je l'ai baillé en garde. »

Le roi de France, au lieu de se tenir ferme dans la troisième bataille ou l'arrière-garde, pour recevoir du moins les fuyards et assurer la retraite, se laissa emporter à son ardeur et se jeta dans le fort de la mêlée. Son cheval y fut tué. Le comte de Hainaut le remonta. Quoique blessé à la gorge et à la cuisse, il ne voulait pas quitter le combat. Le comte saisit alors la bride de son cheval, et l'entraîne malgré lui hors du champ de bataille. Il n'avait plus auprès de lui que cinq chevaliers. Vers minuit ils arrivent à Broie, château situé près d'Abbeville. « Qui vive! crie la sentinelle. » — Ouvrez, » répond le roi, c'est la fortune de la France. » Il se repose quelques momens, se rafraîchit et part pour Amiens, ne se croyant en sûreté que quand il y fut arrivé. Il y eut le lendemain un grand brouillard. Des communes qui venaient joindre l'armée française, ignorant l'échec de la veille, donnèrent dans des bataillons anglais, et furent massacrées. Un écrivain contemporain dit qu'il périt, tant dans la bataille que dans la surprise du lendemain, trente mille Français, entre lesquels se trouvaient douze cent seize, tant seigneurs que chevaliers, et onze princes. De ce nombre furent le comte d'Alençon, frère du roi, le principal auteur de ce désastre; le comte de Flandre, le duc de Lorraine, et Jean de Luxembourg, roi de Bohême, qui était uni à Philippe par une double alliance, Charles, son fils, depuis empereur, ayant épousé la sœur du roi de France, et Bonne, sa fille; Jean, duc de Normandie, fils du même prince. Le roi de Bohême était aveugle : il voulut, malgré son infirmité, être mis au rang des combattans; cinq chevaliers cédèrent à ses instances impérieuses, attachèrent les brides de leurs chevaux à celle du sien, et le menèrent au fort de la mêlée où combattait son fils : il frappait, comme on dit, à tort et à travers. Le lendemain on le trouva couché mort sur le champ de bataille, avec ses chevaliers, et leurs chevaux encore liés par le frein les uns aux autres. « Je veux, avait-il dit à ses » chevaliers, faire encore un coup d'épée : il ne sera pas dit que je » serai venu ici pour rien. Me refuserez-vous l'amitié de m'accom- » pagner? » Quelle idée le vieillard obstiné et ses complaisans avaient-ils de la bravoure? Le roi d'Angleterre accorda trois jours pour reconnaître et ensevelir les morts, et il assista en grand deuil avec son fils au service solennel qu'il fit faire pour les principaux.

Beaucoup d'entre eux étaient ses parens. On dit que les retranchemens des Anglais étaient défendus par des canons, et que l'explosion et le feu de ces nouvelles machines contribua beaucoup à la défaite des Français.

Après une si belle victoire, Édouard ne tenta pas de pénétrer en France. On en donne deux raisons : la première, qu'ignorant les succès de Philippe de Hainaut, sa femme, qui faisait la guerre en Écosse, il ne voulut pas hasarder de voir dépérir en France, par ses exploits mêmes, une armée qui bientôt pouvait lui être nécessaire dans sa propre île. La seconde est que le duc Jean accourait de Guyenne au secours de son père, et que les débris de Créci, joints à l'armée victorieuse du fils de Philippe, pouvaient le rejeter dans le même embarras dont il venait de se tirer si heureusement. Dans la circonstance où il se trouvait, il crut plus prudent de se procurer une entrée libre en France que d'y tenter de vaines conquêtes. La possession de Calais était très propre à remplir ses vues : située sur un des plus courts trajets de France en Angleterre, cette ville avait souvent donné des inquiétudes aux Anglais par la facilité qu'elle offrait pour un prompt passage. Le vainqueur y mena ses troupes. Comme elle était défendue par un brave chevalier, nommé Jean de Vienne, à la tête d'une bonne garnison, Édouard, après avoir inutilement sommé le commandant, se détermina, plutôt que de risquer des attaques qui lui coûteraient beaucoup, et peut-être sans succès, à prendre la ville par famine. Ce blocus pouvait être long. Afin de fermer l'entrée à tous les secours, il fit ceindre le côté de la ville par où il eût pu en arriver d'une autre ville bâtie en charpente et couverte de chaume, pour loger ses troupes pendant l'hiver.

Valois, après sa défaite, avait eu intention, avec les débris encore formidables d'une armée si nombreuse, de tenter une nouvelle action; mais, quand il le proposa, il ne trouva que froideur et découragement : il fut contraint, comme Édouard l'avait prévu, de faire revenir de la Guyenne Jean, son fils, qui faisait la guerre avec succès dans cette province. Ce prince n'en fut pas plutôt parti que les Anglais reprirent toutes les villes et les châteaux dont il s'était emparé. Pareille compensation alternative de succès et de revers avait lieu en Bretagne; les deux partis y triomphaient successivement: celui de la comtesse de Montfort, l'héroïne d'Hennebond, après quelques avantages, surprit un poste important nommé la Roche-de-Rien. Charles de Blois accourut pour le reprendre. Il y eut un combat sanglant. Charles y fut blessé, pris et mené en Angleterre. La place n'en revint pas moins ensuite entre les mains de Jeanne-la-Boiteuse, son épouse, qui ne fuyait pas plus les combats que Jeanne-la-Flamande, son émule. Ainsi, par la mort de Monfort et la captivité du comte de Blois, la guerre se trouva reposer sur deux femmes; pendant qu'une troisième, Philippe de Hainaut, reine d'Angleterre, jouant un rôle encore plus brillant que les deux autres, amenait aux pieds de son époux le roi d'Écosse, David Bruce, fait prisonnier dans une bataille où elle commandait.

Elle venait d'arriver dans le camp, lorsque les habitans de Calais, pressés par une horrible famine, demandèrent à capituler. Il y avait lieu d'espérer un traitement humain, parce qu'Édouard au commencement du siége avait laissé sortir les bouches inutiles, femmes, enfans, vieillards, au nombre de dix-sept cents, et leur avait même fait donner de l'argent pour se conduire; mais l'opiniâtreté des assiégés avait changé son caractère; depuis peu il avait refusé cinq cents malheureux qui avaient sollicité la même faveur que les premiers, et que les assiégés et les assiégeans laissèrent également périr de faim et de misère entre le camp et la ville. Édouard alors ne voulait entendre à aucune proposition. Le gouverneur n'était pas fâché de ce refus, parce qu'il attendait journellement du secours. En effet, Philippe avait rassemblé une armée que l'on dit de soixante mille hommes. Il vint jusqu'aux retranchemens des Anglais, les fit visiter : ils furent jugés inexpugnables. Selon l'usage, il envoya offrir la bataille au roi d'Angleterre. Édouard répondit : « Je suis ici pour prendre » Calais; si Philippe de Valois veut combattre, c'est à lui de voir » comment il pourra m'y contraindre. » Malgré les avis de ses généraux, Philippe s'obstinait à vouloir risquer la bataille. Il fallut deux jours de remontrances et de prières pour l'engager à se retirer. Il céda, frémissant de dépit : et les habitans, du haut de leurs murailles, virent, avec les convulsions du désespoir, s'éloigner et disparaître le secours qu'ils avaient si long-temps attendu.

A leur prière, Jean de Vienne monte sur les créneaux, et fait signe de la main : Gautier de Mauny, nommé par le roi d'Angleterre, approche. « Je ne demande autre chose, dit le gouverneur, sinon qu'on
» nous veuille laisser aller tous ainsi que nous sommes. — Jean, ré-
» pond Mauny, nous savons une partie de l'intention de notre sei-
» gneur le roi. Ce n'est pas son entente que vous en puissiez aller
» ainsi ; mais que vous vous mettiez tous à sa pure volonté, ou pour
» rançonner ceux qu'il lui plaira, ou pour faire mourir. — De Vienne
» répond qu'il se défendra jusqu'à la dernière goutte de son sang,
» plutôt que de se rendre à discrétion. » Mauny va rapporter ces paroles au roi, le supplie de se relâcher, mais le trouve inexorable. « Vous
» pourriez avoir tort, lui dit hardiment Mauny, car vous donnez un
» mauvais exemple. » Il entendait par là le droit de représailles, que l'inflexibilité du roi pouvait autoriser en d'autres rencontres. Les seigneurs présens le comprirent, et joignirent leurs supplications aux instances de Mauny. « Eh bien ! dit le monarque, que de la ville
» partent six des plus notables bourgeois, les chiefs nus, tous déchaux,
» la hart au col, les clefs du château et de la ville en leurs mains. D'i-
» ceux je ferai à ma volonté, et le remanent je prendrai à merci ; c'est
» toute la grace que je peux faire. »

Les Calésiens attendaient leur arrêt dans la grande place. Six victimes à choisir entre leurs pères, leurs frères, leurs parens, leurs amis ; quelle grace affreuse ! A un morne silence de stupeur succédèrent des cris aigus, mêlés de sanglots et de gémissemens. Eustache de Saint-Pierre, un des principaux bourgeois, fait faire silence et dit : « Grand méchef serait de laisser mourir un tel peuple par
» famine ou autrement : aurait grande grace devant notre Seigneur
» qui le pourrait garder. J'ai si grande espérance d'avoir pardon de-
» vant notre Seigneur, si je meurs pour ce peuple sauver, que je
» veux être le premier. » Ce noble dévoûment est imité par Jean d'Aires, son cousin. Deux de leurs parens, Jacques et Pierre Wisant, se joignent à eux ; et deux autres, dont malheureusement l'histoire n'a pas retenu le nom, complètent le nombre de six.

Le gouverneur les remet entre les mains de Mauny, le priant de les recommander à la miséricorde du roi. Ils sont admis, et présentent les clefs. Un silence de terreur régnait dans l'assemblée ; il n'était suspendu que par un murmure d'admiration pour la magnanimité de ces infortunés. Edouard promène sur eux un regard farouche : « Soit fait venir le coupe-tête, s'écrie-t-il. » Les instances de ses généraux pour les sauver, les supplications mêmes de son fils demeuraient infructueuses, lorsque la reine, qui venait d'être avertie, entre, se précipite aux pieds de son mari. Pendant qu'elle demande grace, il se recueille, et, après un instant de silence : « Ah !
» madame, dit-il, j'aimasse mieux que vous fussiez autre part que

» cy. Vous me priez si accortes, que je ne puis vous éconduire. Si les
» vous donne à votre plaisir. » Elle les emmène aussitôt, les fait
habiller, ordonne qu'on leur serve à dîner, et les renvoie sous escorte avec chacun un présent. Les Calésiens durent la vie au dévoûment de leurs compatriotes; mais ils perdirent tout le reste. Edouard les chassa de leur ville, et la fit repeupler par des Anglais. Ces malheureux furent reçus charitablement dans les villes voisines, et Philippe leur fit personnellement tout le bien que les circonstances où il se trouvait lui permirent. Entre autres dispositions, il ordonna que tous les offices qui viendraient à vaquer dans ses terres leur fussent donnés exclusivement à tous autres, jusqu'à ce qu'ils fussent tous pourvus. On remarquera qu'entre les six dévoués, il n'est pas dit qu'il y eût aucun soldat de la garnison; elle fut seulement faite prisonnière de guerre : ce qui confirme ce que nous avons déjà remarqué, que souvent les habitans, forcés par leur garnison de se défendre, étaient punis d'une résistance involontaire.

Les deux dernières années de Philippe de Valois furent les plus malheureuses de sa vie. A la sollicitation du pape, et après plusieurs courtes trèves avec l'Angleterre, il en obtint une qui se prolongea jusqu'en 1355, et qui le laissa respirer, mais qui abandonna à son vassal tous les honneurs et les avantages de la victoire. Calais resta à l'Anglais, avec un territoire bien arrondi, dont les coupures et les fortifications naturelles rendaient la ville inaccessible, et propre, par son port, à la destination qu'Édouard s'était proposée, de se préparer par là en tout temps une entrée facile en France.

La honte de la défaite de Créci, l'abattement de la nation qui semblait porter sur son front l'humiliation de son souverain, le poids des impôts d'autant plus accablant qu'ils n'avaient servi qu'à des malheurs, les cabales à la cour, et les troubles intestins donnaient à Philippe un maintien soupçonneux, effet des inquiétudes qui le tourmentaient. Alors la France éprouvait encore les horreurs de la peste affreuse qui parcourut l'univers au milieu du quatorzième siècle. De la seule ville de Paris, encore fort rétrécie, puisqu'elle s'étendait peu au delà de ce qu'on appelle la Cité, des historiens contemporains disent qu'on porta en terre, pendant plusieurs semaines, cinq cents cadavres par jour. Les campagnes étaient dépeuplées; de la disette de cultivateurs naquit la famine. On accusa les juifs de cette mortalité: ils avaient, dit-on, empoisonné les fontaines pour faire périr les chrétiens. Ils furent massacrés en plusieurs endroits.

On remarque que ces fléaux n'empêchaient pas le faste, le luxe, l'amour effréné du jeu, et toutes les habitudes perverses qu'amène la licence des mœurs, favorisée par un gouvernement affaibli. A ces désordres on peut joindre la secte des flagellans, troupes d'hommes et de femmes qui se disciplinaient et se flagellaient publiquement en expiation de leurs péchés. Ils parcouraient, nus jusqu'à la ceinture, les villes et les campagnes, modulant les coups de fouet dont ils se déchiraient sur les cantiques qu'ils chantaient. La débauche se mit facilement entre des personnes dont la nudité excitait les passions, plus que la douleur ne les amortissait. Comme cette espèce de pénitence publique tenait à la religion, le roi ne voulut pas la proscrire sans avoir consulté la faculté de théologie : de son avis, il défendit, sous des peines sévères, ces pratiques superstitieuses, qui se sont quelquefois renouvelées depuis.

Peu s'en fallut que le roi d'Angleterre ne perdît sa conquête quelques mois après l'avoir faite. Il avait mis dans Calais un gouverneur italien, Aimery de Pavie, qui se laissa gagner par Geoffroi de Charni, commandant pour le roi à Saint-Omer. A jour et signal convenus, et pour une somme stipulée, Aimery devait recevoir dans la place un fort détachement de Français. Edouard découvre le complot, promet à l'Italien sa grace, à condition que, par une double trahison, paraissant fidèle à ses conditions, il attirera Geoffroi dans le piège. Avec cette certitude, le monarque part secrètement, accompagné du prince de Galles, son fils, et d'une troupe d'élite, et débarque à Calais avec la même précaution. Geoffroi, à l'heure marquée, envoie son argent par cent hommes d'armes. Le traître commandant les reçoit dans le château comme pour le livrer, et ils sont faits prisonniers. Aussitôt Edouard sort sur Charni qui s'avançait avec le reste de sa troupe ; quoique surpris, il se défend vaillamment. Le roi, combattant comme un simple chevalier sous la bannière de Mauny, son général, s'attache dans la mêlée à un chevalier français, nommé Eustache de Ribaumont, et le défie. Celui-ci, ignorant par qui il était provoqué, frappe sans ménagement. Ce combat se faisait à pied : deux fois le monarque tombe sur ses genoux. Il aurait été assommé sans la bonté de ses armes. Ce duel se soutint long-temps. Pendant sa durée, les Français furent défaits et dispersés. Ribaumont, se voyant presque seul, recule de quelques pas, présente son épée à son adversaire, et se rend prisonnier du roi, qu'il reconnaît alors.

Après avoir fait l'aventurier dans le combat, Edouard reprit le personnage de roi et de brave chevalier. Il admit les prisonniers à sa table, s'entretint familièrement avec eux, ne fit à Charni qu'un léger reproche qui tenait plus de la raillerie que de la réprimande, et loua le courage de tous les autres. *Le gentil prince de Galles les servit du premier mets.* Au second service, les convives français se retirèrent par discrétion, et allèrent achever le repas sur une autre table dans la même salle. Quand il fut fini, le roi, s'adressant à Ribaumont : « Messire Eustache, lui dit-il, vous êtes le chevalier
» au monde que je visse oncques plus vaillamment assaillir ses enne-
» mis, ne son corps défendre ; ne trouvai oncques en bataille où je
» fusse, qui tant me donnât à faire, corps à corps, que vous avez
» aujourd'hui fait. Si vous en donne le prix et aussi sur tous les cheva-
» liers de ma cour, par droite sentence. Adonc print le roi son cha-

» pelet (ornement de tête en forme de couronne), qui était bon et
» riche, et le mit, continue Froissard, sur le chef de monseigneur
» Eustache, et dit : Monseigneur Eustache, je vous donne ce cha-
» pelet pour le mieux combattant de la journée de ceux de dedans
» et de dehors, et vous prie que vous le portiez cette année pour
» l'amour de moi. Je sais bien que vous êtes gai et amoureux, et que
» volontiers vous vous trouvez entre dames et demoiselles ; si dites
» partout où vous irez que je le vous ai donné. Si vous quitte votre
» prison, et vous en pouvez partir demain, s'il vous plaît. » Qui
croirait que cet acte aussi généreux qu'aimable fût du même homme
qui, insensible à l'héroïque dévoûment des six bourgeois de Calais,
avait donné l'ordre de les conduire à la mort, et qui, sous prétexte
de venger les seigneurs bretons, avait si cruellement incendié tous
les pays qu'il avait parcourus dans la campagne que termina la fameuse bataille de Créci. Philippe désavoua le gouverneur de Saint-
Omer, et cette entreprise, qui pouvait renouveler la guerre, n'eut
pas de suite.

La reine Jeanne de Bourgogne, recommandable par toutes les vertus civiles et chrétiennes, mourut de la peste qui la surprit dans ses
exercices de piété auprès des pauvres frappés de la contagion. La
duchesse de Normandie, sa belle-fille, lui survécut peu. Philippe
voulut remarier son fils : il lui destina Blanche de Navarre, princesse
de dix-huit ans, d'une beauté accomplie ; mais en la voyant il en devint amoureux, et l'épousa à l'âge de cinquante-six ans. Il donna à
Jean, son fils, Jeanne, comtesse de Boulogne, jeune veuve, mère de
Philippe de Rouvres, dernier duc de la première branche de Bourgogne ; et Jeanne de Bourbon à Charles, dauphin, son petit-fils.

Philippe de Valois mourut de maladie, dans l'année de son mariage, âgé de cinquante-sept ans, laissant Blanche, sa jeune épouse,
enceinte. Près d'expirer, il appela quelques grands auprès de lui, et
leur répéta les raisons qui avaient déterminé dans le temps les suffrages en sa faveur. Il enjoignit à ses deux fils, Jean et Philippe, duc
d'Orléans, de ne jamais rien relâcher au roi d'Angleterre, qui paraissait toujours disposé à soutenir sa prétention. Valois avait désiré la
couronne ; il en sentit toutes les épines ; mais il lui resta, en mourant,
l'espérance que son trône s'affermirait sous un successeur de quarante
ans, célèbre par ses exploits militaires, qui avait lui-même un fils en
âge d'homme, et dont la prudence, vertu moins estimée alors que la
fougue du courage, a été cependant plus utile au royaume.

Mézerai termine le tableau de ce règne par quelques traits dont le
lecteur pourra faire l'application. Le luxe des habits, la danse las-
cive, la multiplication des procès étaient des vices communs à la
cour, à la ville et dans les campagnes. On ne voyait que jongleurs et
farceurs ; ce qui signifie un goût effréné pour les spectacles, tels
qu'on pouvait les avoir dans ce temps. Les sexes et les âges étaient
également dissolus et sans pudeur, passionnés pour les changemens

de mode. La bigarrure des habits les déguisait chaque jour, de sorte qu'on aurait pris la nation pour une troupe de bateleurs et de fous. Nous omettons d'autres reproches non moins graves, et nous finirons par celui-ci, dans les termes mêmes de l'historien : « Les malheurs
» de la nation ne la corrigèrent pas ; les pompes, les jeux et les tour-
» nois continuaient toujours. Les Français dansaient, pour ainsi
» dire, sur les corps de leurs parens. Ils semblaient se réjouir de
» l'embrasement de leurs châteaux et maisons, et de la mort de leurs
» amis. Durant que les uns étaient égorgés à la campagne, les autres
» jouaient dans les villes. Le son des violons n'était point interrompu
» par celui des trompettes, et l'on entendait en même temps les voix
» de ceux qui chantaient dans le bal, et les pitoyables cris de ceux
» qui tombaient dans les feux ou sous le tranchant du glaive. »

Jean II, âgé de 40 ans.

Jean est appelé le *premier*, si l'on ne compte pas au nombre des rois de France Jean, fils posthume de Louis Hutin, qui ne vécut que huit jours. Il est nommé Jean II si on compte ce petit prince ; mais comme il n'y a eu depuis lui aucun de nos rois qui ait porté le nom de Jean, nous ne lui donnerons pas un titre de rang ; mais celui de *Bon*, qu'une certaine bonhomie, remarquable surtout dans ses adversités, lui a mérité.

Un prince qui prenait le sceptre à quarante ans avec une réputation méritée d'habileté dans la guerre et d'expérience dans les conseils promettait de grandes espérances à ses sujets : malheureusement elles furent trompées, et le règne de Jean est un des plus désastreux que l'histoire présente.

La trêve entre les Français et les Anglais ne suspendait pas les hostilités en Bretagne. Les deux nations, sous le titre d'auxiliaires, continuaient à déployer les fureurs de leur animosité dans des combats sanglans. Tel fut celui qu'on a nommé *le combat des trente*, parce qu'ils étaient trente de chaque côté. Au moment de l'action, et sur le champ de bataille, le chef anglais Bembro demanda, sous quelque prétexte, à remettre la partie à un autre jour. Beaumanoir, chef des Bretons, répondit : « Nous ne nous en retournerons pas sans mener
» les mains, et savoir qui a plus belle amie. » C'était le langage de la chevalerie ; mais on combattait à pied, coutume qui commençait à s'introduire, comme on l'a vu à la contre-surprise de Calais. Au fort de la mêlée, Beaumanoir, blessé et pressé par la soif, cria qu'on lui apportât à boire. « Bois ton sang, lui dit un de ses camarades, et ta
» soif se passera. »

Presque tous les Anglais restèrent sur le champ de bataille ; ceux qui respiraient encore furent égorgés ou assommés par les vainqueurs.

On doit se souvenir que Philippe de Valois déshonora la fin de son règne par le supplice de plusieurs seigneurs bretons, sans forme de justice. Jean, son fils, commença le sien par une exécution aussi répréhensible dans sa forme. Le comte d'Eu, Raoul de Nesle, connétable de France, et en même temps comte de Guines, commandant à Caen lorsque le roi d'Angleterre prit cette ville en 1346, avait été soupçonné de trahison et de collusion avec l'Anglais, qui l'emmena cependant prisonnier; mais la manière dont il était traité à Londres aggrava les préventions contre lui. Il y vivait avec une grande liberté, admis à la cour, et traité plus en courtisan favorisé qu'en prisonnier. La permission d'aller en France ne lui était jamais refusée; il y venait souvent sous le règne de Philippe de Valois, tant, disait-il, pour amasser l'argent de sa rançon, que pour régler ses autres affaires. Au premier voyage qu'il se permit sous le roi Jean, il fut arrêté, et, en quatre jours, interrogé, condamné, et exécuté devant son hôtel de Nesle, où il eut la tête tranchée. Il ne parut en public aucune des procédures usitées en pareilles circonstances. On se contenta de répandre qu'il venait en France en qualité d'émissaire du roi d'Angleterre, pour former des intrigues contre la tranquillité du royaume, et qu'il avait lui-même avoué ses crimes. Ce fut sans doute pour donner un air de certitude à l'imputation que les ducs de Bourgogne, d'Armagnac, de Montfort, d'Athènes, et plusieurs autres seigneurs assistèrent à l'exécution. Ce qui paraît probable, sans être prouvé, c'est que de Nesle était en marché avec Edouard, pour lui céder comme rançon son comté de Guines, qui aurait fort augmenté les possessions d'Edouard auprès de Calais, au grand préjudice de la France. Le roi donna la charge de connétable à Charles d'Espagne, un des La Cerda réfugiés en France, et petit-fils de ce Ferdinand de La Cerda, gendre de saint Louis, dont les enfans réclamèrent en vain le royaume de Castille. Il gratifia du comté d'Eu Jean-sans-Terre, fils du fameux Robert d'Artois, et réunit le comté de Guines à la couronne; mais il ne le garda pas long-temps. Deux ans après, l'Italien Aimery, qui avait vendu Calais à Charni, et qui l'avait conservé par une double trahison, s'empara de Guines par surprise, et porta ses vues sur Saint-Omer, où commandait Charni délivré de sa prison d'Angleterre. L'Italien fut pris dans son piège, et Charni, gratifié d'un pardon si généreux à Calais, fit inhumainement tirer à quatre chevaux son ancien complice en trahison. Le roi envoya demander raison à Edouard de la surprise de Guines pendant la trêve. Ce prince répondit ironiquement que les surprises de place n'étaient point défendues par les traités, témoin ce qui était arrivé à Calais, avec la seule différence que l'une avait réussi et l'autre non. Il se croyait d'ailleurs bien autorisé à garder le comté de Guines en dédommagement de la rançon du connétable, dont le roi l'avait privé par la mort du seigneur de Nesle.

Dans ces dispositions, il n'est pas étonnant que le roi d'Angleterre ne se soit pas rendu à Reims pour le sacre de Jean, auquel il devait assister, comme pair de France par son duché de Guyenne. La cérémonie fut magnifique dans cette ville, et le retour à Paris accompagné de fêtes qui durèrent huit jours. Le nouveau roi tint un parlement, et arma ses deux fils chevaliers. Il créa ensuite et célébra dans le château de Saint-Ouen, près de Paris, la chevalerie de Notre-Dame de la noble maison, qui s'est appelée l'ordre de l'Étoile, parce que le signe honorifique était une étoile dorée portée au fermail du manteau. La première nomination fut de cinq cents chevaliers. Ce grand nombre ôta à l'ordre, dès le commencement, le prix que donne la distinction du choix. Il succéda, mais non pas immédiatement, à l'ordre de la Genette que Charles-Martel avait fondé dans le milieu du huitième siècle. Le défaut d'usage pendant les guerres civiles des deux premières races l'avait aboli. La multitude des chevaliers et l'empressement à se parer de l'Étoile firent que cet ordre cessa d'être une distinction honorable, et fut à la fin abandonné aux chevaliers du guet de Paris. Ainsi la Genette finit parce qu'on la négligea, et l'Étoile se ternit parce que trop de gens l'obtinrent.

Robert d'Artois, homme de génie, brave, éloquent, le conseil et l'ami de Philippe de Valois, dont il avait épousé la sœur, après des services essentiels rendus à ce monarque, devint, comme on l'a vu, son plus mortel ennemi, et fut une des principales causes des malheurs de la France. De même, Charles d'Evreux, fils de Philippe d'Evreux, cousin-germain du dernier roi et de Jeanne de France, fille de Louis-le-Hutin, monté sur le trône de Navarre à dix-huit ans, lors de la mort de sa mère, en 1349, avec des talens qui auraient pu être très utiles au royaume, en devint le fléau. Mézerai trace en trois lignes son caractère. « Il avait, dit-il, toutes les bonnes qualités qu'une méchante » ame rend pernicieuses, l'esprit, l'éloquence, l'adresse, la har- » diesse et la libéralité. » Il était encore fourbe, perfide, cruel, vindicatif, ce qui lui a mérité le surnom de Mauvais, sous lequel il est connu dans l'histoire. Le roi lui donna Jeanne, sa fille aînée, en mariage, et le combla de caresses et de présens, mais pas assez pour rassasier son avidité et son ambition, et pour éteindre sa jalousie contre Charles d'Espagne de La Cerda, qu'il croyait l'emporter sur lui dans la faveur de son beau-père, et auquel il enviait la charge de connétable, dépouille du malheureux Raoul de Nesle. « En effet, dit Villani, his- » torien contemporain, le roi avait pour ce seigneur un amour si » singulier qu'il préférait ses conseils à ceux de tous les autres. »

Mais une autre cause nourrissait encore l'antipathie du connétable et du roi de Navarre. Lorsque Philippe de Valois rendit à la mère de ce dernier l'héritage de Jeanne de Navarre, son aïeule, il retint le comté de Champagne, comme fief masculin dévolu à la couronne ; et, soit à titre de dédommagement, soit comme acte de pure bienveillance, il donna à cette princesse divers domaines en Normandie et le comté d'Angoulême. Celle-ci, vers la fin de sa vie, avait fait un échange de ce comté avec Philippe, moyennant les terres de Pontoise, d'Annières et de Beaumont-sur-Oise. Mais le traité n'avait pas encore reçu son exécution, lorsque Jean, monté sur le trône, sans trop se mettre en peine de livrer l'équivalent, s'était mis provisoirement en possession du comté, et l'avait donné en dot à son favori, à qui il fit épouser Marguerite de Blois, dame de l'Aigle, sa nièce à la mode de Bretagne.

Les deux Charles de Navarre et d'Espagne, à peu près de même âge et également doués des avantages de l'esprit et du corps, étaient ainsi rivaux de faveur et de prétention. Ils eurent des altercations assez vives, dans lesquelles ils ne ménagèrent pas leurs termes : elles dégénérèrent en haine ouverte. L'Espagnol, qui connaissait sans doute de quoi le Navarrois était capable, prit des précautions contre sa mauvaise volonté; elles réussirent à Paris : le Navarrois n'y put effectuer le dessein qu'il tenta de faire assassiner son ennemi. Il ne cachait pas cette intention. Un de ses affidés auquel il s'en ouvrit lui demanda : *L'avez-vous défié?* C'était, dès ce temps, la manière de terminer une querelle entre les braves. Il répondit brusquement : *Il est tout défié;* et en effet il ne s'arrêta pas à cette formalité; mais, sachant que l'Espagnol allait à l'Aigle, sans escorte, voir sa jeune épouse, il le fit investir, et des scélérats apostés l'assassinèrent dans son lit, avec des circonstances barbares qui arrachèrent des larmes au Navarrois lui-même quand il s'en fit faire le récit.

C'était son premier crime; mais, bientôt raffermi, il fit paraître devant lui ses complices, les loua, les remercia, leur promit qu'il les soutiendrait, et que jamais il n'accepterait de lettres de pardon qu'ils n'y fussent compris. Il eut même l'audace d'écrire à plusieurs villes du royaume, et à la plupart des seigneurs et princes, pour justifier sa conduite, prétendant qu'il n'avait fait que prévenir les mauvais desseins du connétable, et qu'il y avait été forcé pour sa sûreté. Le duc de Lancastre, qui était alors en Flandre, ne manqua pas, à la nouvelle de cet évènement, d'offrir au meurtrier le secours du roi d'Angleterre, si celui de France le poursuivait. Il y eut même un traité dans lequel était stipulé le nombre d'Anglais qui seraient reçus dans les places de Normandie appartenantes au Navarrois, et qu'il se mit à fortifier.

Quand le roi connut l'assassinat commis sur la personne du premier officier de la couronne, son allié et son favori, il s'abandonna à une douleur si peu mesurée qu'il passa quatre jours sans vouloir parler à personne. Beaucoup de courtisans, ceux surtout qui tendaient à la faveur, n'en furent pas si affligés. Après les premières démonstrations de tristesse, on commença à donner tort à celui qui était mort. Il s'était, disait-on, attiré son malheur par son orgueil et par des provocations insolentes. Le roi de Navarre, en apprenant ces dispositions, encouragea ses parens et ses amis qui assiégèrent le roi, le poursuivirent, l'importunèrent de sollicitations. De ce nombre étaient trois princesses : Jeanne d'Évreux, tante du coupable, veuve de Charles-le-Bel; Blanche d'Evreux, sa sœur, veuve de Philippe de Valois; et Jeanne de France son épouse, fille du roi. Le pape même envoya un cardinal intercéder pour un prince si jeune qui promettait de se corriger. En même temps un négociateur que le Navarrois fit partir pour la cour joignit aux instances des considérations politiques. Il remontra le danger qu'il y aurait de réduire au désespoir un prince qui possédait en Normandie, et principalement sur les côtes, des villes et des forteresses dans lesquelles il pouvait recevoir les Anglais. L'affaire du comte d'Artois n'était pas si éloignée qu'on ne dût encore s'en souvenir. Combien Philippe de Valois n'avait-il pas attiré de maux sur la France en livrant à toute la rigueur de la justice un criminel qu'un peu d'indulgence aurait pu ramener à son devoir! Prières et raisons, ces moyens déterminèrent le monarque à accorder la grâce que dans les circonstances il ne pouvait guère refuser, et il nomma le cardinal de Boulogne et le duc de Bourbon pour en régler les conditions avec le coupable. Elles furent telles qu'on les crut suffisantes pour sauver en apparence la honte d'un pardon forcé.

Sur l'assurance de l'obtenir, Charles se rend à Paris et se présente au roi séant dans son lit de justice : mais il s'était fait donner en otage le second fils de France pour sûreté de sa personne. Non seulement il s'avoue l'auteur du meurtre du connétable; mais il a eu, dit-il, pour l'ordonner, de bonnes raisons qu'il dira au roi si sa majesté veut bien l'entendre; et au reste, ajouta-t-il, il n'a pas cru par cette action violer le respect qu'il lui porte. Après cette froide excuse, « le nouveau connétable, Jacques de Bourbon, met la main au roi de Navarre du commandement du roi », c'est-à-dire qu'il l'arrêta et le mena dans une chambre voisine. Les princesses se jettent alors aux pieds du roi et implorent sa clémence. Après quelque résistance simulée, le monarque ordonne qu'on fasse entrer le coupable. Les deux reines vont le chercher. Il paraît ramené par elles. Il n'est pas dit qu'il ait fait aucun acte d'humiliation ou de simple supplication. Il fut seulement obligé d'entendre une harangue du cardinal de Boulogne, faisant les fonctions de chancelier, qui fit à peine mention du crime, l'exhorta à se mieux conduire désormais et finit par une de ces menaces dont un homme méchant et puissant, et qui dans ce moment obtenait une grâce non méritée, dut être peu épouvanté. « Qu'aucun » du lignage du roi ou autres, dit le chancelier, ne s'aventure d'ors-en-» avant de faire tels faits, comme le roi de Navarre a fait ; car voirement » s'il advient, quand ce serait fils du roi qui le fasse au plus petit offi-» cier que le roi eût, si en sera-t-il fait justice, et adonc la cour dé-» partit. » Première impunité accordée au Navarrois, qui l'enhardit à d'autres crimes ; car à peine avait-il obtenu le pardon de celui-ci qu'il se rendit coupable d'un autre.

Sur la nouvelle que les Anglais avaient eu des succès en Bretagne, il se mit à muer dans toutes ses provinces, sans qu'on sût précisément son but. De Normandie il allait en Béarn ; de là en Navarre : ensuite il revenait en Normandie. Il donna tant d'inquiétudes, que le roi fit saisir ses fiefs dans cette province ; on fut près d'en venir à des hostilités. Apparemment le moment n'était pas encore favorable au roi de Navarre pour faire éclater ses projets : il négocia, demanda pardon, ce qui lui coûtait peu, rentra en grace et revint à la cour.

Il profita de cette faveur pour arranger une entreprise dont le succès était capable de bouleverser le royaume. Charles, fils aîné du roi, n'avait que seize ou dix-sept ans. A l'occasion de quelques mécontentemens ou refus qu'il éprouva, il fut aisé à son beau-frère, le plus adroit des hommes, de l'aigrir et de le pousser à des imprudences. Il lui remontra que son père ne l'aimait pas, qu'il préférait ses cadets, qu'il se défiait de lui et que jamais il n'en obtiendrait autorité ni grace s'il ne se mettait en posture de se faire craindre. Il lui conseilla en conséquence de se retirer chez l'empereur Charles IV son oncle, et lui offrit cent hommes d'armes pour le conduire dans cet asile. L'escorte était prête et attendait le jeune prince à Saint-Cloud. En même temps une troupe placée sur le chemin de l'abbaye de Grand-Pré, en Normandie, épiait le roi qui devait y aller pour tenir sur les fonts de baptême un enfant du comte d'Eu. On présume mieux qu'on ne sait ce qui pouvait arriver quand le Navarrois aurait eu entre ses mains les deux premiers personnages de l'état. Le projet fut découvert et par conséquent manqua. Le roi se contenta de remontrer à son fils l'excès de son imprudence de se livrer aveuglément au plus grand ennemi de l'état; et, pour lui ôter tout prétexte de mécontentement, il lui donna le duché de Normandie et lui permit de s'y retirer et de fixer son séjour à Rouen. On trouve des lettres de grace dans lesquelles cette intention du dauphin de sortir de son royaume et d'aller chez l'empereur est exprimée. Le roi y dit : « Qu'il tient son dit fils et chacun de ceux qui devaient l'accompagner » pour excusés pleinement de tout ce qu'on lui a rapporté contre » eux. » On prétend que ce fut le dauphin lui-même qui voulut être nommé dans ces lettres ; mais le Navarrois crut qu'il suffisait pour sa sûreté de n'être pas nommément inculpé, et Jean ne crut pas devoir aigrir son gendre dans les circonstances embarrassantes où lui-même se trouvait.

Cependant la trêve avec l'Angleterre allait expirer et il était clair qu'Edouard méditait une grande entreprise pour ce moment. Pour proportionner la défense à l'attaque, il fallait de l'argent. A cet effet, le roi Jean convoqua les états du royaume. Les historiens observent que ce sont les premiers qu'on doit appeler les *états-généraux*, parce que ce sont les premiers dans lesquels les *trois ordres* sont dénommés : ce qui paraît par cette clause du premier article convenu dans l'assemblée : « Que ce qui serait proposé n'aurait de » validité qu'autant que les trois ordres réunis y concourraient unanimement, et que la voix de deux ordres ne pourrait lier ni obliger

» le troisième qui aurait refusé son consentement. » Les mêmes historiens remarquent que le pouvoir reconnu au *tiers-état* par les deux autres, savoir, le clergé et la noblesse, jusqu'alors les seuls consultés dans les affaires du gouvernement, vient de ce que le principal but de ces assemblées depuis plus d'un siècle étant de trouver des fonds pour soutenir la guerre, il devenait nécessaire, pour assurer la levée des impositions, d'avoir le consentement du tiers-état qui en portait le plus grand poids. Enfin, comme ce sont ces états tenus à Paris qui ont tiré le peuple de l'espèce de néant où il était retenu, il convient de faire connaître, par les règlemens qui en sont émanés, le système d'économie politique qui y présida, et qui a été souvent dans les états suivans, quand le peuple a pu le faire observer, un rempart contre l'avidité fiscale et les déprédations ministérielles.

Les états décident qu'on opposera aux ennemis une armée de trente mille hommes d'armes, ce qui devait former au moins un corps de quatre-vingt dix mille combattans, auxquels se joindront les communes du royaume, toutes composées d'infanterie, qui sera beaucoup plus nombreuse que la cavalerie. Pour les fonds nécessaires à la levée et à l'entretien de ces troupes, évalués à cinquante mille livres par jour, à raison de trente sous environ par homme d'armes (1), on établira une gabelle sur le sel et une imposition générale de huit deniers pour livre sur toutes les choses comestibles et autres qui seront vendues, excepté les fonds d'héritage. C'est là l'origine de l'impôt indirect. Personne, roi, reine, enfans de France, princes du sang, n'en sera exempt. Les états se réservent le choix de ceux qui seront commis à la levée de cet impôt. Le roi, nonobstant la réclamation des courtisans et ministres, approuva cette réserve des états sur le choix des employés à la levée de l'impôt, et fit droit aux remontrances qui lui furent présentées sur plusieurs parties de l'administration. On doit remarquer les précautions sévères prises à l'égard des percepteurs et de l'emploi de l'impôt. Ces deniers sont uniquement consacrés aux dépenses de la guerre. Le roi, ni ses gens, ne pourront les toucher. Le monarque s'engagera à ne point employer ces sommes à d'autres usages; et, dans le cas où il donnerait mandement contraire, les préposés sont obligés, sous la foi de leur serment, de désobéir et de résister à toutes violences, et les procédures sur cet objet sont attribuées au parlement, exclusivement au conseil du roi, qui n'aura d'inspection que sur l'exactitude des comptes. Si l'impôt ne suffit pas à la dépense de l'armée, on se rassemblera dans un an pour y suppléer.

La déclaration que rendit le roi, le 28 décembre 1355, en conséquence des *plaintes et doléances* présentées par les états, fait con-

(1) La valeur du marc d'argent était alors le septième environ de ce qu'elle est aujourd'hui.

naître les vices qui régnaient dans les finances et dans les tribunaux de justice, et les vexations auxquelles le peuple était assujéti. Le taux, le titre des monnaies d'or et d'argent, leur refonte, les droits de monnayage, les fonctions de ceux qui y seront employés, et les peines des prévaricateurs sont invariablement fixés : la moindre qu'ils pourront subir sera la destitution et l'incapacité prononcée de posséder jamais aucune charge à l'avenir. Ce qu'on appelait autrefois *droits de gîte*, si onéreux au peuple, est absolument aboli. Personne, ni le roi même, ne pourra exiger blés, vins, vivres, chevaux, charrettes, lits, tables, siéges, ni meubles d'aucune espèce, qu'en payant le jour même, et au plus tard le lendemain ; et les préposés à ces fournitures, qui ne satisferaient pas à cette obligation, seront punis comme voleurs et perturbateurs du repos public. D'ailleurs il sera permis de leur résister à main armée; et jamais le roi ne pourra revenir contre l'affranchissement de ces servitudes. Il s'engage aussi à ne jamais contraindre personne de lui prêter de l'argent; par conséquent, point d'*emprunt forcé*.

Il ne sera pas permis de transférer sa dette à une personne plus puissante. Sans doute il y avait déjà des gens coupables de l'infame trafic de transiger sur la fortune des opprimés, espèce d'usure attribuée aux Lombards ; ainsi appelait-on les traitans. Toute affaire sera laissée à ses juges ordinaires ; il n'y a que les officiers de la maison du roi qui pourront porter leurs causes au tribunal des requêtes de l'hôtel, mais seulement leurs causes personnelles. Les maîtres des eaux et forêts ne connaîtront pas des matières de pêche et de chasse dans les terres des seigneurs et prélats. C'est que, comme la juridiction de ces officiers renfermait les garennes, ils les multipliaient pour étendre leur autorité aux dépens de l'agriculture : aussi, la même ordonnance prescrit la destruction des nouvelles garennes. Mais l'existence des maîtres des eaux et forêts prouve que, quoique la France fût encore couverte de forêts, on sentait déjà la nécessité de pourvoir à leur aménagement. D'autres règlemens concernant la police des tribunaux font voir que de tout temps la justice a été entravée par la cupidité de ces suppôts subalternes, et que la chicane est un protée qui revêt toutes sortes de formes et que les lois les plus sévères comme les plus adroites ne peuvent saisir. Enfin le commerce et toute espèce de trafic sont défendus à tous juges, depuis le président au parlement jusqu'au dernier huissier, et à tous les officiers attachés à la cour par des fonctions honorables, pour assurer, dit la loi, la liberté du commerce. Mais était-ce pourvoir à ses avantages que de le priver de l'activité des plus opulens et principaux capitalistes? C'est peut-être ce règlement qui ajoutait la honte d'une proscription législative au dédain que la nation, toute militaire, avait déjà pour le commerce, qui l'a avili dans l'opinion des Français, et qui en a empêché les progrès.

En acceptant l'impôt, le roi avait prévu qu'il ne suffirait pas pour les charges. Les états, qui se rassemblèrent au commencement de l'année suivante, le reconnurent et suppléèrent au *déficit* par une capitation générale, à laquelle furent astreints les princes du sang, le clergé et la noblesse. L'impôt fut fixé à quatre livres par cent livres de revenu, quarante sous au dessous de cent livres, et vingt au dessous de quarante. Comme la noblesse y était comprise, le roi s'engagea à ne plus convoquer que dans un cas extrême l'arrière-ban, qui obligeait les nobles à de grandes dépenses, et qui devait cesser puisqu'ils payaient le service personnel. La solde introduisit alors dans les troupes, touchant le complet, les fausses montres, d'autres fraudes et des abus auxquels le roi Jean tâcha de remédier par des lois sages; il s'engagea à supprimer les impôts nouveaux, sitôt que la paix serait faite, et à terminer la guerre le plus tôt qu'il pourrait.

C'était beaucoup au roi de s'être assuré une armée permanente, absolument dépendante de lui, au lieu des anciens corps éphémères, dont la durée et l'obéissance étaient mesurées sur la bonne volonté souvent bien incertaine des seigneurs qui les fournissaient. Mais il lui restait à se débarrasser d'un ennemi intérieur, dont les intrigues pouvaient lui causer des inquiétudes très alarmantes, pendant qu'il combattrait l'étranger. Ce Charles, roi de Navarre, ce parent, ce gendre, cet assassin, cet artisan de complots, n'y avait pas renoncé, malgré ses promesses; il s'en occupait toujours en Normandie, où il avait fixé son séjour auprès du dauphin, duc de Normandie. On ne sait quelles nouvelles entreprises il projetait; il n'est pas même prouvé qu'il en formait quelqu'une; mais il tenait une grande cour à Evreux, y attirait les seigneurs normands, les gagnait par des caresses. Les audacieux qui professaient une haine ouverte contre le roi et son gouvernement étaient ceux qu'il honorait de sa confiance la plus intime. La facilité qu'il avait déjà trouvée à s'insinuer dans l'esprit de son jeune beau-frère lui faisait espérer le même succès quand il en aurait besoin. Dans cette intention, il le cultivait assidûment. Les deux cours voisines se donnaient mutuellement des fêtes : on ne peut guère douter que le roi n'autorisât cette réciprocité, et n'y ait même excité son fils, pour y trouver un moyen de se prémunir contre la perfidie de son gendre.

Dans une de ces fêtes données à Rouen par le dauphin, au moment de la plus grande joie du festin, la porte s'ouvre; le roi, qui avait été secrètement introduit dans le château, paraît accompagné de son second fils, de son frère, des principaux seigneurs de sa cour, et d'une force armée imposante. *Que personne ne remue sous peine de mort*, s'écrie-t-il, et il va droit au roi de Navarre, qu'il saisit lui-même. Le comte d'Harcourt et trois autres seigneurs, ses principaux confidens, sont aussitôt arrêtés et chargés de chaînes. Le roi se met tranquillement à table. Après son repas, il monte à cheval. Les prisonniers, le roi de Navarre excepté, sont placés dans un chariot. Le monarque les conduit lui-même à travers la ville avec toute sa suite, à laquelle

30

le dauphin se joignit, et, arrivé hors des murs, il leur fait trancher la tête en sa présence. Le Navarrois fut transporté dans un château-fort de Picardie. On commença contre lui et contre ceux qu'on disait ses complices des informations, qu'interrompirent les affaires plus importantes dont le roi fut alors occupé.

L'année précédente, au moment de l'expiration de la trêve, Edouard, roi d'Angleterre, avait débarqué à Calais à la tête d'une armée, tandis qu'Edouard, son fils, prince de Galles, débarquait lui-même à Bordeaux : il avait ravagé le Boulonnais et l'Artois, et s'était avancé jusqu'aux frontières de Picardie ; mais il ne pénétra pas plus avant, parce que les succès des Ecossais, avec lesquels il était en guerre, le rappelèrent dans son île. Cette année, il envoya à sa place le duc de Lancastre, prince de son sang, pour seconder les partisans du roi de Navarre, ces seigneurs que Jean avait laissés échapper à Rouen. Ils levèrent en Normandie l'étendart pour le prisonnier, et, s'ils n'eurent pas des avantages bien marqués, ils tinrent en échec les troupes qu'on y envoya. De son côté, le prince de Galles, qu'on appelait aussi le Prince Noir, à cause de la couleur de ses armes, ce jeune chevalier qui avait gagné ses éperons à la journée de Créci, n'avait pas démenti la gloire qu'il s'y était acquise. L'armée française, qui lui était opposée, avait constamment reculé devant lui. Il avait ravagé tout le Languedoc, le Limousin, l'Auvergne, le Berry, et il donnait presque la main à l'armée anglaise qui était descendue en Normandie. Pour s'opposer à ses progrès alarmans, le roi de France marcha en personne contre lui avec cette armée florissante que les états venaient de lui donner.

Il s'en fallait bien que le prince de Galles fût en état de lutter contre lui. Son armée était composée, comme l'ont toujours été les armées anglaises sur le continent, d'un noyau d'Anglais, et de soldats que la séduction et l'argent leur procuraient dans le pays où ils fixaient le théâtre de la guerre. Ici leurs auxiliaires étaient des Gascons ramassés dans la Guyenne, lesquels, avec les insulaires, faisaient à peine, selon les historiens les mieux instruits, huit mille combattans, dont trois mille seulement étaient Anglais. Le prince, instruit que le roi avançait contre lui, hésite entre deux partis, ou de regagner Bordeaux et la Garonne par la Touraine et le Poitou, et de se rembarquer s'il était pressé, ou de hâter sa marche pour joindre les Normands à travers l'Anjou et le Maine. Peut-être aurait-il pris ce dernier parti, mais Jean ne lui en laissa pas le temps ; il l'enveloppa de son armée comme d'un grand filet, et, de poste en poste, le poussa jusqu'à un endroit nommé Maupertuis, à deux lieues de Poitiers, harassé, sans vivres et sans autre ressource qu'une position assez avantageuse, sur un monticule dans des vignes, où il pouvait espérer de soutenir un premier choc, pour se rendre à des conditions moins désavantageuses.

Lorsque les armées se touchaient, au moment que les Français

n'attendaient plus que le signal pour l'assaut, arrive de Poitiers le cardinal de Périgord, négociateur célèbre, chargé de propositions par l'Anglais. Jean ne voulut pas d'abord l'entendre; mais le cardinal, à force de prières et de supplications, parvint à se faire écouter. Il lui remontra qu'il y aurait de l'inhumanité à contraindre tant de braves gens à s'égorger, pendant que, sans livrer bataille, il pouvait obtenir tous les avantages d'une victoire complète. Le prince offre de rendre les villes et les châteaux qu'il a conquis, la liberté aux prisonniers, et de ne point porter les armes contre la France pendant sept ans : mais Jean exigeait que le prince de Galles et cent de ses principaux officiers se rendissent prisonniers. «On ne me prendra que » sur le champ de bataille, répondit le prince. J'ai juré, dit le roi, de » le combattre et de le faire repentir des horreurs qu'il vient de com- » mettre contre mes sujets. » Cette altercation donna un jour et une nuit de répit aux Anglais; mais ce n'était pas un avantage pour eux : encore un pareil délai, et ils auraient été contraints, faute de vivres, de mettre bas les armes et de se rendre à discrétion. La fougue imprudente de Jean les tira en un moment de cette fâcheuse extrémité.

Le lundi 17 septembre, à la tête de ses hommes d'armes, il s'engage dans un chemin étroit entre des vignes bordées de haies. Son corps de six mille chevaliers était suivi de deux pareils placés en échelle. Les archers anglais, postés derrière des haies, ajustent, à coup sûr, cette troupe serrée dans le chemin, et qui ne peut s'élargir dans les vignes pleines de fossés et hérissées d'échalas. Les chevaux et les hommes blessés se renversent les uns sur les autres. Le second corps, qui vient au secours du premier, lui bouche la retraite. Le désordre se met partout. Jean Chandos, capitaine anglais, dont le nom est devenu célèbre, examinait d'une petite éminence, à côté du prince de Galles, la forme que prenait le combat. Il voyait le roi, aisé à reconnaître par sa cotte d'armes semée de fleurs de lis d'or, et, le montrant engagé dans le défilé, il dit au prince : «Allons, seigneur, la victoire » est à nous. Adressons-nous au bataillon que le roi commande. Par » vaillance, il ne fuira pas. Ainsi, moyennant l'aide de Dieu et de saint » George, il demeurera en notre pouvoir. » Il fond à l'instant sur ce bataillon. Le roi se défend en désespéré. Une hache à la main, il effrayait tous ceux qui osaient l'approcher. Philippe, son troisième fils, presque encore enfant, combattait avec la même ardeur; il se jetait au devant des coups qu'on portait à son père, et fut blessé à ses côtés. Cette occasion lui a valu le nom de Philippe-le-Hardi. Le roi reçut aussi deux blessures au visage, parce que son casque était tombé dans la chaleur de l'action.

Cependant le gouverneur des enfans du roi et Philippe, duc d'Orléans, son frère, jugeant convenable de tirer les jeunes princes d'un combat qu'ils crurent trop tôt désespéré, le rendirent tel en effet en entraînant avec eux la majeure partie des troupes. Le roi que sa valeur avait imprudemment engagé, mais que peut-être on aurait pu sauver encore, se trouva ainsi abandonné sans espérance d'aucun secours. De tous côtés on lui criait de se rendre ; mais il craignait de tomber entre les mains de soldats brutaux qui l'auraient maltraité. Il demandait le prince de Galles. La fluctuation des combattans l'avait entraîné d'un autre côté. Un gentilhomme français nommé Denys de Morbec, qu'un meurtre en combat singulier avait forcé de quitter sa patrie et que le besoin avait mis à la solde des Anglais, s'approcha alors très respectueusement et se fit reconnaître. Le roi lui tendit son gantelet et se rendit prisonnier. Morbec eut beaucoup de peine à le protéger contre les soldats qui se disputaient l'honneur de sa prise et se l'arrachaient pour avoir part à la rançon. Deux seigneurs anglais qui survinrent le délivrèrent des mains de ces furieux, ainsi que son fils et d'autres capitaines pris avec eux, et le menèrent à leur prince.

Le jeune Édouard reçut le monarque et son fils avec le plus grand respect, sans air de triomphe, et réprimant le rayon de joie que la victoire répandait sur son visage. Le soir il se défendit avec politesse et modestie de s'asseoir à la table de « si grand prince et de » si vaillant homme. » Il le consola, lui fit espérer un traitement modéré de la part de son père, employa, en lui parlant de sa disgrâce, les ménagemens délicats qui pouvaient en adoucir l'amertume. « Chier sire, lui disait-il, quoique la journée ne soit pas vôtre, vous » avez acquis la plus haute réputation de prouesse, et avez passé au» jourd'hui tous les miens combattans. Je ne le dis pas, chier sire, » pour vous louer ; car tous ceux de notre parti, qui ont vu les uns et » les autres, se sont, par pleine conscience, à ce accordés, et vous » donnent le prix de la vaillance. » Les vainqueurs ne firent guère que des prisonniers de distinction ; et, comme ils étaient les uns et les autres du même rang, « ils leur firent tant d'amour qu'ils purent » chacun au sien. » Le prince amena le roi à Bordeaux. La fuite des Français avait été si précipitée et les Anglais étaient en si petit nombre qu'il n'y eut pas un grand carnage, de sorte que le deuil ne s'étendit que sur les grandes familles. La prison du roi jeta la consternation dans tout le royaume ; mais une trêve de deux ans, obtenue par la médiation du pape, retint heureusement les Anglais dans l'inaction et sauva la France.

Sitôt que le désordre avait commencé dans l'armée française, ceux qui étaient chargés de la garde de Charles, dauphin, et de Louis, son frère, avaient eu soin, ainsi qu'on l'a vu, de les tirer de la mêlée, et les avaient conduits à Paris à grandes journées. Éloigné comme on l'était de prévoir un pareil malheur, aucune mesure n'avait été prise pour y pourvoir, et un jeune homme de dix-neuf ans se trouva à la tête du royaume sans aucune connaissance des affaires, ni certitude de la capacité et de la fidélité de ceux que leurs dignités ou leurs emplois appelaient au gouvernement. De lui-même ou par leur conseil, le jeune prince convoqua les états généraux pour le mois d'octobre : mauvaise résolution dont il eut tout lieu de se repentir. Par la nécessité des circonstances, il y eut des états dans le nord et dans le midi du royaume. Ceux de la partie méridionale de la France, nommée *Langue-d'Oc*, parce que *oui* s'y prononçait *oc*, s'assemblèrent à Toulouse sous la présidence du comte d'Armagnac, gouverneur de la province ; et, le plus promptement possible, sans prétendre se faire valoir, ils votèrent une levée d'hommes et de deniers proportionnée à leurs moyens. En même temps ils défendirent les danses, les spectacles, les concerts, les fourrures précieuses, l'or, les perles et les diamans jusqu'à ce que le roi fût délivré.

Il n'en fut pas de même des députés de la partie septentrionale de la France, nommée *Langue-d'Oil*, parce que *oui* s'y prononçait *oil*. Ils vinrent à Paris au nombre de huit cents. Etienne Marcel, prévôt des marchands, qui s'était rendu fameux dans les états du mois de mars comme président du tiers, n'acquit pas moins d'autorité dans ceux-ci sous le même titre. Il se trouva d'abord investi de la confiance de la plus grande partie des députés du tiers pour la résistance qu'il avait souvent opposée au gouvernement quand il avait été question d'établir des impôts. Son grand crédit lui attacha Robert-le-Coq, évêque de Laon, homme d'esprit, parvenu à la prélature par l'intrigue, et servile adorateur de la fortune. Ceux qui lui ressemblaient, toujours en assez grand nombre dans ces sortes d'assemblées, se dévouèrent à ces deux hommes et formèrent un groupe d'ambitieux prêts à tout faire, et dont les chefs espérèrent, non sans raison, pouvoir disposer dans le besoin.

On ne peut douter que, se voyant une grande autorité dans l'assemblée dépositaire de la destinée du royaume, les chefs et leurs principaux adhérens n'aient eu l'intention de s'emparer des places les plus éminentes du gouvernement. Il aurait été difficile de parvenir à ce but en gardant la forme de délibérer ordinaire, où les trois états étaient séparés, et où l'opposition d'un seul des deux premiers ordres aurait annulé les efforts des factieux qui dirigeaient le troisième. Il fallait donc, par quelque voie détournée, détruire l'effet de cette séparation qui, par la difficulté d'obtenir l'unanimité de suffrages, maintenait les lois dans un état de stabilité aussi favorable à la chose publique qu'il était contraire aux vues et aux intérêts particuliers de ceux qui comptaient faire leur profit des charges qu'ils cherchaient à introduire. C'est à quoi Marcel, Le Coq et leurs adhérens travaillèrent avec beaucoup d'adresse.

Le prévôt des marchands représenta que, dans une si nombreuse assemblée, il était presque impossible de traiter les grandes affaires qui devaient l'occuper si elles n'étaient classées auparavant de manière à préserver les délibérations de confusion. Il serait important, dit-il, que les états obtinssent du dauphin la permission de nommer une commission qui ferait ce travail, et qu'elle fût prise dans les trois ordres. Le piége tendu aux états consistait en ce que les matières, étant discutées d'avance, n'offriraient plus que des résultats à soumettre, non plus à la délibération, désormais inutile, de chacun des ordres, puisque leurs commissaires auraient coopéré au travail, mais à l'acceptation pure et simple ou au rejet de l'assemblée générale des états; assemblée où les factieux espéraient prévaloir à l'aide de la séduction, de la terreur et du nombre. Dupe de cet artifice, l'assemblée approuva cette demande. Elle fut présentée, et le dauphin consentit à l'élection des commissaires au nombre de cinquante. Un parti formé dans une assemblée, quoiqu'en minorité d'abord, l'emporte ordinairement sur la majorité, parce que celle-ci, insoucianle, dissémine ses suffrages, au lieu que l'autre, entraînée par un intérêt commun, réunit les siens. Selon cette tactique, les cinquante commissaires, quoique tirés des trois ordres, se trouvèrent presque tous du parti de Marcel. Le dauphin sentit pourtant le danger de ce comité, puisqu'il ne le permit qu'à condition que des gens du conseil assisteraient à ses séances.

Trouver de l'argent, prendre des mesures pour la liberté du roi, c'était là le but de la convocation des états; mais Marcel insinua qu'on devait aussi s'occuper de la réforme du royaume, et fit commencer par cet objet. Les gens du conseil voulurent s'opposer à cette marche de la délibération; on les en exclut, et les chefs de l'intrigue, n'ayant plus dans leur comité que des hommes séduits ou trompés, firent statuer que vingt-deux personnes qu'on nommerait, qui avaient eu la confiance du roi dans la magistrature et les finances, seraient dépouillées de leurs emplois; que le procès serait fait à quelques uns d'entre eux comme prévaricateurs, monopoleurs, causes des désordres, suite de leurs mauvais conseils; que les biens des condamnés, quelle que fût leur peine, l'exil, la proscription ou la mort, seraient confisqués et vendus pour la valeur en être employée à la délivrance du roi; et qu'enfin vingt-huit membres tirés du corps des états composeraient le conseil du prince.

Robert-le-Coq, comme organe de la commission, porta ces propositions à l'assemblée générale. Le dauphin en fut très étonné, d'autant plus que beaucoup de députés, flattés de l'espérance vague de remplacer les proscrits, paraissaient disposés à sanctionner par leurs suffrages la proposition du comité. « Et que donnerez-vous en
» récompense de ce sacrifice? dit le jeune prince d'un ton ému. —
» Une armée de trente mille hommes d'armes, répondit le prélat,
» et l'argent suffisant pour l'entretenir. » Mais, pour fixer et asseoir la quantité et le genre de l'imposition, il demanda que, du mois d'octobre où l'on se trouvait, l'assemblée des états fût continuée jusqu'à Pâques prochain; persuadé que, dans cet intervalle, lui et ses complices ne manqueraient pas de prétextes pour prolonger les états au delà de ce terme, et peut-être, par succession de délais, parviendraient à les rendre permanens.

Le dauphin se retira sans rien décider, disant qu'il en communiquerait à son conseil. Il y eut partage d'opinions. Ceux qui savaient qu'ils n'étaient point notés consentaient à la destitution des autres. Les proscrits s'en défendaient. Il paraît qu'on dut à la sagacité prématurée du jeune prince la résolution qu'il prit. Il manda à l'hôtel de Saint-Paul, où il demeurait, une députation des états, déclara qu'il avait écrit à son père, qu'il attendait ses ordres sans lesquels il ne pouvait rien décider, et ordonna que, pendant cette attente, on s'abstînt de toute espèce de délibération. Plusieurs membres se retirèrent; leur exemple en entraîna d'autres; et, quand le prince vit le nombre des députés assez diminué, il commanda au reste de retourner dans leurs provinces, et les états finirent au grand chagrin de Marcel et de ses conjurés.

C'était beaucoup d'avoir si adroitement éludé les premiers efforts de la faction; mais il aurait fallu aussi soutenir cette démarche par une conduite ferme et indulgente en même temps, qui eût flatté les Parisiens et leur eût imposé. Le dauphin, au lieu de rester au milieu d'eux, s'en alla à Metz consulter, disait-il, l'empereur Charles IV, son oncle; le prévôt des marchands, au contraire, demeura à Paris, où il continua d'entretenir les bourgeois dans la persuasion où ils étaient qu'ils avaient en lui une protection assurée contre le monopole des impôts.

Avant son départ, le dauphin, qui avait pris le titre de lieutenant-général, ordonna une refonte des monnaies. Cette opération pouvait être avantageuse au point de tenir lieu de tout autre subside, et dispenser peut-être le prince de la nécessité de convoquer de nouveau les états généraux; mais elle était préjudiciable aux vues de Marcel, qui n'aspirait qu'à se trouver au milieu d'une grande assemblée, dans laquelle, moyennant l'habitude qu'il avait de manier les esprits de la multitude, il espérait parvenir plus aisément à ses fins, qui étaient d'envahir le gouvernement pour lui et les siens. Il sema des préventions contre la monnaie qu'on commençait à substituer à l'ancienne; des gens apostés refusèrent de la recevoir comme péchant par le poids et le titre. Ces refus occasionnèrent quelque tumulte. Sous prétexte de prévenir l'augmentation du désordre, le magistrat du peuple défendit le cours des nouvelles espèces, et il alla, à la tête d'une troupe séditieuse, à l'hôtel de Saint-Paul, faire confirmer sa défense par le prince Louis, second fils de France, que l'aîné avait chargé du gouvernement en son absence.

A son retour de Metz, le lieutenant-général du royaume envoya Simon de Bussi, premier président, et d'autres personnes de marque, négocier avec le prévôt des marchands, et l'engager à ne point mettre d'obstacle à la circulation des nouvelles espèces. Marcel les reçut au milieu de son conseil, composé des membres de la commune de Paris. Pendant la conférence, il y avait à la porte de la salle une troupe de forcenés de la basse populace, qui faisaient retentir l'air de cris et d'imprécations contre les négociateurs du dauphin. Leurs propositions ne plurent pas à ce chef audacieux. Se sentant en force, au sortir de la conférence, il fit cesser les travaux, ordonna de fermer les boutiques et de prendre les armes. C'était se donner en un moment une armée d'enthousiastes furieux, prêts à tout faire. Tout menaçait d'un bouleversement général. Le conseil du dauphin s'assemble à la hâte, et est d'avis de céder aux circonstances. Le prince supprime la nouvelle monnaie, et accorde aux séditieux ce qui avait été la matière de la discussion orageuse de la commune, la destitution et la saisie des biens des officiers et des magistrats que Marcel indiqua. Les uns se sauvèrent précipitamment; les autres, frappés de terreur, se dispersèrent de jour en jour, et laissèrent enfin le jeune prince privé de la meilleure partie de son conseil, comme Marcel le désirait. Alors le dauphin ne put se dispenser de convoquer de nouveau les états ou de les rappeler par forme de continuation.

La faction, qui voulait dominer les états et s'en servir pour l'exécution de ses desseins, songea d'abord à deux expédiens : se procurer de l'argent et se donner une force militaire. La force militaire se fit en autorisant chaque député à avoir pour sa sûreté quatre hommes armés. Cette distinction, qui flattait la vanité des membres, produisit un corps d'environ quatre mille hommes, que leur réunion, sous des officiers que la faction nomma, rendait propres à tout exécuter à la première réquisition. Quant à l'argent, il se présenta un moyen d'en avoir suffisamment pour le paiement journalier des affidés; ce fut d'établir un impôt destiné à la délivrance du roi. Les états le décrétèrent, et Marcel eut soin que la levée, la régie, la distribution, se fissent par des gens dépendant de lui, de sorte qu'il avait toujours entre les mains le gouvernail et la clef des évènemens. Pour achever de paralyser l'autorité du prince, il lui fit refuser le titre de régent, jusqu'à ce qu'il eût atteint vingt-un ans, et obtint que son conseil fût formé de trente-six personnes, tirées par égale portion des trois ordres des états, et que l'évêque de Laon fût placé à la tête. Enfin, pour que ses plans ne pussent être contrariés par le parlement, par la chambre des comptes ou par quelque autre corps ayant droit de traverser ses opérations, il obtint que leurs pouvoirs seraient suspendus pendant la durée des états. Cependant, comme il fallait une police et une apparence de gouvernement, la cabale dominante fit créer des tribunaux qu'elle remplit de ses créatures. Ceux qui furent pourvus de ces charges, s'ils n'avaient pas été d'abord entièrement dévoués à la cause de leurs bienfaiteurs, en devinrent les partisans zélés, afin de se perpétuer dans ces emplois, qu'on eut soin de rendre lucratifs.

Sur ces entrefaites, un accident inattendu sembla devoir déjouer toutes les manœuvres de la faction. Il arriva de Bordeaux une lettre du monarque captif, qui défendait de lever l'impôt, parce qu'il était près de terminer un traité qui lui rendait la liberté. Mais, sans se déconcerter : « Cet argent, dit Marcel, ne sera point pour le roi, puis-

» qu'il n'en a plus besoin; mais comme je suis averti que le dauphin
» rassemble des troupes qu'il veut faire entrer dans Paris, afin de
» se rendre maître des biens et de la vie des bourgeois, et les traiter
» à sa volonté, il nous vient fort à propos pour prévenir ses dange-
» reux projets. » Sur ce simple avis, les Parisiens s'obstinent à payer
la taxe, s'imposent le service militaire, font poser des chaînes aux
coins des rues et des carrefours, voient de sang-froid abattre leurs
maisons des faubourgs, pour en employer le terrain en fortifications,
et prêtent eux-mêmes les mains à ce genre de démolition, qui, dix
ans auparavant, et lorsque le roi d'Angleterre campait à Poissy, avait
pensé occasionner une révolte.

La prospérité des factieux les éblouit. Ils ne mirent plus de bornes à leurs prétentions, ni de mesures dans leurs actions : le prévôt
des marchands et ses principaux complices commandaient avec une
autorité insolente. Point de police dans la ville; nul égard que pour
le bas peuple. Ses excès étaient ou tolérés, ou inspirés. La multitude
des commis à la recette de l'impôt en absorbait la plus grande partie,
le reste s'engouffrait dans le trésor de la faction et servait à la soutenir. Marcel s'était adjoint dix ou douze bourgeois nommés échevins, qui formaient une espèce de conseil indépendant des états. Il
n'y avait pas un de ces séditieux qui ne se crût bien au dessus des
députés. Les états, en effet, étaient comme captifs au milieu d'eux.
Il n'y avait de membres considérés que ceux du tiers. Ceux du clergé
et de la noblesse s'étaient fait un système de circonspection ; ils se
contentaient de ne pas se laisser entraîner par le torrent, sans s'y
opposer; persuadés que cette puissance usurpée s'anéantirait d'elle-
même par ses excès, et que, pour la détruire, il n'y avait qu'à la
laisser insolemment triompher.

En effet, cette sorte d'inertie servit mieux le dauphin que n'aurait
pu le faire une opposition violente. Le peuple, cessant d'être mis en
action, parce qu'il n'y avait plus de grands coups à frapper, cessa
de s'intéresser à la faction. Le crédit de la cabale déclina au point
qu'après avoir laissé ses agens dominer deux ou trois mois, le dauphin se vit en état de leur parler en maître. Il manda au Louvre
Marcel et ses échevins, leur reprocha leurs intrigues, leurs complots,
leur hardiesse à s'ingérer dans les affaires d'état, leur défendit de
s'en mêler désormais, les renvoya confus, et sortit aussitôt de Paris,
comme l'abandonnant à son mauvais sort.

Si en effet le lieutenant-général du royaume s'était établi dans
une autre ville, qu'il y eût appelé le parlement, les autres tribunaux,
et tous les officiers attachés à l'administration et à la cour, que serait devenu Paris, privé de tous ses avantages de capitale? Les
Parisiens sentirent les suites de cet abandon ; ils députèrent au dauphin, le prièrent de revenir, lui promirent une soumission entière, et
de l'argent autant que ses besoins l'exigeraient et leurs facultés le
permettraient. Le dauphin se laissa gagner, et revint imprudemment

pour se retrouver encore entre les mains des factieux. Cependant les états, contrariés par l'échevinage, sans autorité ni considération, s'étaient dissous d'eux-mêmes : le jeune prince jugea à propos de les convoquer de nouveau pour le mois de novembre. Marcel, au lieu d'états généraux, aurait désiré pour cette fois qu'on lui adjoignît des représentans de trente ou quarante des principales villes du royaume, dont sans doute il aurait dirigé le choix, et qui feraient en faveur du dauphin, avec moins d'embarras, tout ce qu'il pouvait attendre des états : mais le prince, averti du danger qu'il y aurait de remettre le sort de la France entre les mains d'une troupe de factieux, ne donna pas dans le piége. Il fit partir les lettres de convocation. Le conseil municipal, déterminé à être encore, du moins pour quelque chose, dans les affaires de l'état, aux lettres de convocation du prince en joignit d'invitation aux villes les plus considérables : c'était se préparer des correspondances dont une faction habile saurait profiter.

L'assemblée des états généraux était d'autant plus nécessaire, que l'espérance de la délivrance du roi paraissait s'éloigner. Soit que le traité dont Jean avait donné avis au dauphin son fils n'eût été minuté que pour distraire le monarque dans sa prison; soit que le roi d'Angleterre voulût consommer lui-même, ou peut-être donner à sa nation le spectacle d'un roi de France dans ses fers; par ces motifs ou par d'autres, il ordonna qu'on lui amenât le prisonnier.

Le prince Noir était comme certain que les chevaliers gascons, qui avaient le plus contribué au gain de la bataille de Poitiers, ne souffriraient pas sans opposition qu'on leur enlevât le gage de leur victoire. Il les trompa sur le temps et le lieu du départ, et conduisit lui-même son prisonnier à Londres. La distance des lieux, qui ne permettait pas au dauphin de recevoir journellement les ordres de son père comme lorsqu'il était à Bordeaux, lui fit prendre le titre de régent qui lui donnait plus d'autorité que celui de lieutenant-général.

Pendant que le roi de France voyait river ses chaînes, le roi de Navarre brisait les siennes. Il était enfermé depuis vingt mois dans un château sur la frontière de Picardie. Marcel demanda sa liberté aux états. Il n'est pas douteux qu'un courtisan aussi assidu, tel que devait être le prévôt des marchands quand la cour était le chemin des graces, ne s'y soit présenté au Navarrois, et n'en ait été remarqué; deux hommes de leur caractère ne s'envisagent pas inutilement. Dans ce qui s'était passé jusqu'alors, Marcel avait eu souvent occasion de reconnaître qu'il aurait eu besoin d'un homme audacieux, fort de ses possessions, de son rang et de ses alliances, pour l'opposer au dauphin. Or personne ne convenait mieux que le roi de Navarre, gendre du roi, doué des qualités les plus brillantes, possesseur de plusieurs provinces, propre à donner l'appui des armes au parti, forcené d'ailleurs dans le crime, et inaccessible aux scrupules. Sans doute une intelligence était établie entre eux par des voies secrètes, lorsque le prévôt des marchands fit la démarche de vouloir intéresser les états à sa liberté. Mais cette requête ne fut pas même nécessaire, parce que des seigneurs de Normandie, parens ou amis de ceux qui avaient été suppliciés à Rouen, attaquèrent le château où le prince était retenu, en rompirent les portes et l'enlevèrent.

Cette évasion n'était pas une absolution telle qu'elle lui aurait été nécessaire pour se montrer et agir librement. Il demanda un sauf-conduit au régent pour venir, disait-il, se justifier. Le prince hésita long-temps de le donner, et parut ne l'accorder qu'aux pressantes sollicitations des mêmes princesses qui lui avaient obtenu sa grace après l'assassinat du connétable : mais il lui fut véritablement extorqué par les vœux des Parisiens, énergiquement prononcés et présentés par Marcel et Le Coq, qui avaient repris le timon du gouvernement, et par Pecquigny, qui avait mis le prince en liberté. Sitôt que Charles-le-Mauvais en eut la jouissance, il ne tarda pas à justifier de plus en plus le surnom qu'il avait déjà si bien mérité.

Dans toutes les villes par lesquelles il passa, il fit élargir les prisonniers, et les bénédictions de ces honnêtes détenus précédèrent leur libérateur à Paris, où il arriva entouré de cette noble escorte qu'il renforça dans la capitale. A peine y fut-il entré, qu'il indiqua pour le lendemain une assemblée dans le Pré-aux-Clercs, qui était le lieu de la promenade favorite des bourgeois ; ils s'y rendirent en grand nombre.

Placé sur le trône d'où les rois avaient coutume de regarder les joutes et les divertissemens du peuple, il adressa à la multitude un discours commençant par un éloge flatteur de la ville de Paris, qu'il appela la métropole du monde, invincible, inépuisable, capable de donner la loi à tout l'univers, et de ne la recevoir de personne. Je vous remercie, dit il aux Parisiens, qu'il appela ses sauveurs, du zèle que vous avez montré pour ma délivrance : et à cette occasion il peignit sa détention des couleurs les plus noires. Que n'y avait-il pas éprouvé? Chaînes, cachots, menaces perpétuelles de la mort, et cela, parce que, seul de tous les princes, il avait résisté à la mauvaise administration du roi Jean et de son conseil, et à leurs exactions sans cesse renaissantes. Et quelles exactions ! des impôts exorbitans, qui réduisaient le peuple à la plus extrême misère, remplissaient les prisons de pauvres gens honorables, pères et mères de famille, veuves, orphelins, dont les lamentations montaient jusqu'au ciel. A ce récit, le bon prince s'attendrit, et laisse échapper des larmes ; les sanglots étouffent sa voix : mais tout d'un coup il se ranime et lance des imprécations contre les perfides conseillers du roi. Puis, devenu plus calme, il insinue que, s'il s'agissait de revendiquer la couronne, il lui serait aisé, comme petit-fils de Louis Hutin, de prouver que *ses droits étaient plus incontestables que ceux de qui que ce fût ;* qu'il ne la réclamait pas cependant, parce que la tranquillité du

peuple lui était plus chère et plus précieuse qu'un trône. « Mais du
» moins, ajouta-t-il, je vous aiderai de toutes mes forces à extermi-
» ner le monstre dévorant de la maltôte. Opposez vos généreux
» efforts à la servitude qui menace de vous opprimer; soyez les libé-
» rateurs, les sauveurs de la patrie; je n'épargnerai ni mes biens, ni
» mes amis, ni mon royaume, ni ma personne, pour vous assister
» dans une si noble entreprise. Jamais, s'écria-t-il en renforçant sa
» voix, non, jamais je ne vous abandonnerai, je me lie irrévoca-
» blement à votre fortune, et les tourmens de la prison que j'ai déjà
» soufferts pour votre défense, n'ont fait qu'augmenter la résolution
» de mourir, s'il le faut, pour votre service. »
    Ce discours, auquel le dauphin était présent, fut couvert d'applau-
dissemens; l'air de persuasion que le roi de Navarre remarqua dans
le peuple lui donna la hardiesse de faire au régent ses propositions.
Indépendamment de l'absolution la plus honorable, il demanda qu'on
lui restituât les villes et fiefs de Normandie, qu'on lui payât les frais
de la guerre, et que la mémoire des seigneurs exécutés à Rouen fût
réhabilitée. Le régent répondit que ce serait insulter le roi son père
et son conseil que de rejeter, par une rétractation solennelle, un blâme
déshonorant sur ce qu'ils avaient fait. Quant à la restitution des villes
et fiefs de Normandie, il dit que par la confiscation ces possessions
avaient été réunies à la couronne dont elles faisaient partie; que
les rendre, ce serait violer l'intégrité du royaume, et qu'il ne devait
ni ne pouvait s'y résoudre. Il refusa donc; mais le prévôt des marchands vint lui dire : « Monseigneur, contentez-le d'amitié, car il le
» faut ainsi. » Telle était la conclusion ordinaire des discours de
Marcel. Tout fut donc accordé; et pour qu'il ne manquât rien à l'opprobre du traité et à l'évidence palpable de la contrainte qui l'avait
souscrit, il fallut encore, à la recommandation du roi de Navarre,
intimer l'ordre au prévôt de Paris de relâcher tous les prisonniers,
larrons, voleurs de grands chemins, faux monnayeurs, faussaires,
ravisseurs de femmes, perturbateurs du repos public, assassins, sorciers, sorcières, empoisonneurs et autres coupables de crimes de
semblable nature, dont le Navarrois ne rougit pas de dresser lui-
même la liste infâme.
    A peine a-t-il arraché le consentement qu'il part pour Rouen. Il
va lui-même détacher en cérémonie les corps des suppliciés qui
étaient restés au gibet, leur fait faire des obsèques magnifiques, et
prononce devant une assemblée nombreuse leur oraison funèbre. La
qualification de martyrs pour leur attachement au peuple, et la
protection qu'ils lui donnaient contre un tyran, ne furent pas oubliées.
A l'égard des places de Normandie où il comptait entrer sans difficulté, quand il s'y présenta, les gouverneurs lui refusèrent les portes.
Divers corps de troupes qu'avait levés Geoffroy d'Harcourt, son
zélé partisan, furent défaits, et lui-même resta sur le champ de bataille.

Ce Geoffroy d'Harcourt avait figuré dès long-temps parmi les rebelles. Contraint de quitter la France pour cause de duel, il s'était réfugié vers Edouard, auprès duquel il avait acquis le funeste honneur de remplacer Robert d'Artois. Ce fut sur ses conseils, et à l'aide des domaines qu'il possédait dans le Cotentin, que le prince anglais pénétra en France avant la journée de Créci. Mais, saisi de remords, à la vue du champ de bataille et du comte Jean IV, comte d'Harcourt, son frère, il abandonna le parti du vainqueur pour aller se jeter aux pieds du vaincu et en implorer sa grace qui lui fut accordée. Rentré dans tous ses droits, il vivait paisible dans sa patrie, lorsque Jean V, son neveu, s'étant laissé circonvenir par Charles-le-Mauvais, fut arrêté avec lui à Rouen, et décapité sans forme de procès. A la nouvelle de la mort tragique du chef de sa maison, fils d'un père tué à Créci pour le service du roi, et qui y avait été blessé lui-même, Geoffroy se crut dégagé de ses sermens. Libre désormais de tous remords, il associa son ressentiment à celui d'Edouard, rappela la guerre sur sa patrie, et prépara les nouveaux malheurs auxquels la France devait être encore en proie, et dont lui-même fut la victime.

Mal accueilli en Normandie, le roi de Navarre revint auprès de Paris, et logea ses troupes dans les villages circonvoisins. On ne peut guère douter qu'il n'eût dessein de s'emparer du gouvernement au préjudice du régent, et peut-être ensuite de la couronne, si les circonstances tournaient à souhait. Marcel n'avait d'autre parti à prendre que de le seconder, parce que, soit que le roi Jean revînt, soit que Charles, dauphin, son fils, régnât, s'il échappait à leur vengeance, il ne pouvait pour le moins se promettre aucune autorité; au lieu qu'il lui était permis de tout espérer d'un prince qui lui aurait obligation d'une fortune qui pouvait aller jusqu'au trône. Le Navarrois avait laissé percer ce désir, lorsque, dans son discours au Pré-aux-Clercs, il glissa quelques mots sur son droit à la couronne qu'il s'abstenait de faire valoir pour ne pas exciter de troubles; mais il comptait bien que ses partisans, et surtout le prévôt des marchands, ne seraient pas si modérés, et il ne se trompa pas. Marcel pensa qu'il fallait tout oser pour acquérir à son protégé le suffrage de la capitale, persuadé que son exemple serait suivi par le reste du royaume.

Il y avait deux partis dans Paris : celui du régent, le plus fort en honnêtes gens, et celui du Navarrois, le plus redoutable en nombre. Ne pouvant gagner le premier, Marcel résolut de le rendre perclus par la terreur. Il donna à ses partisans un signe ostensible pour se reconnaître entre eux. Par son ordre ils *mi-partirent leurs chaperons*, qui étaient la coiffure ordinaire, *de blanc couleur de France et de rouge couleur de Navarre*. Ceux qui ne portaient pas ce chaperon furent d'abord insultés, et bientôt coururent risque de la vie. La première victime de la populace fut Jean Baillet, trésorier de France, qui fut tué, soupçonné d'être inventeur d'impôts. Le régent eut encore assez de force pour faire arrêter et pendre le meurtrier; mais ce châtiment ne fit que rendre la sédition plus vive. Pierre d'Arcy, avocat-général, tâchant de l'apaiser, est massacré dans la cour du palais; et Marcel s'érigeant en vengeur de l'infortuné patriote attaché à la potence, prend avec lui une troupe des plus forcenés, se présente à la demeure du régent, pénètre dans sa chambre, fait saisir Jean de Conflans, maréchal de Champagne, et Robert de Clermont, maréchal de Normandie, qui avaient arrêté et livré au supplice l'assassin de Jean Baillet, et les fait percer de coups auprès du régent. Leur sang rejaillit sur le jeune prince. *En voulez-vous donc à ma vie?* leur dit-il. *Non*, lui répond Marcel; et pour le rassurer il lui met sur la tête son chaperon mi-parti et se pare de celui du régent comme d'un trophée pendant toute cette journée. Pour en combler l'horreur, on oblige le prince et les états à reconnaître que tout ce qui avait été fait l'avait été pour le bien du royaume.

Le prince, sans ressources dans une ville dont les bons habitans, en assez grand nombre, mais frappés de consternation, ne montraient aucune énergie, se sauve à Compiègne et y appelle les états. Quelques membres intègres l'y suivirent; les autres restèrent, sans crédit ni considération, sous la hache des séditieux auxquels quelques uns n'étaient pas absolument étrangers. Charles-le-Mauvais s'était tenu à Mantes pendant ces massacres, pour n'en point paraître complice; mais comme il lui importait de paraître toujours partisan de la révolte et mécontent du régent, il lui envoya faire une provocation à Compiègne. Le chevalier Jean de Pecquigny vint avec appareil demander au dauphin, de la part de son beau-frère, ses places et fiefs de Normandie, et quarante mille écus pour les bagues et joyaux qu'on lui avait saisis en le faisant prisonnier à Rouen. Si quelqu'un, ajouta en face l'envoyé, dit que le roi de Navarre n'a pas de son côté accompli toutes les promesses qu'il vous a faites, je lui en donnerai le démenti. Le régent méprisa cette bravade.

Il ne désespérait pas encore de reconquérir la capitale par la douceur et des conditions équitables. D'ailleurs il lui était très important de ne point l'abandonner sans retour au Navarrois. Il revint donc, rappelé sans doute par les habitans les plus raisonnables, et écouta des propositions : mais Marcel y était. Le prince continua à être obsédé par un conseil tyrannique, et tous ses pas à être observés. Dès lors il ne pensa plus qu'à saisir l'occasion de se soustraire sans retour à l'esclavage, et il eut le bonheur de la rencontrer. Il en profita pour quitter encore une fois Paris, mais avec le dessein de n'y plus revenir qu'en maître. Charles-le-Mauvais, qui trouva la place libre, y rentra après son départ. Il avait fait un traité avec le roi d'Angleterre. Quoique celui-ci fût mécontent de la prétention que le Navarrois avait laissé apercevoir dans son discours du Pré-aux-Clercs, prétention qui croisait les siennes, il crut cependant ne devoir pas négliger l'occasion de nourrir les troubles en France. Il donna des troupes à ce rival qui les plaça dans Paris comme une garnison de confiance, tant pour contenir l'intérieur que pour repousser les attaques pendant le siége dont Paris était menacé.

Marcel avait aussi sa garnison, consistant en quatre mille hommes à peu près, qu'il employait à remuer la terre autour de la ville, et qu'il payait bien, moins pour l'ouvrage qu'ils faisaient que pour les avoir toujours sous sa main en cas de besoin. Comme ils étaient en grand nombre, et qu'ils travaillèrent à peu près un an, quoiqu'ils ne se fatiguassent pas beaucoup, ils creusèrent un fossé profond, et élevèrent un rempart depuis la rivière au dessous de l'endroit où a été bâtie la Bastille, jusqu'à celui où la Seine atteint le lieu où a été construite la porte Saint-Honoré; de sorte que le Temple et le Louvre, deux forteresses qui menaçaient la ville, s'y trouvèrent renfermés. Ces mesures étaient prises contre le régent, qui avait trouvé dans les états particuliers des provinces les secours qu'il sollicitait en vain des états généraux, et qui, avec les troupes qu'il en avait tirées, s'avançait effectivement sur Paris.

La première expédition du régent fut la prise de Charenton, qui empêcha les denrées d'arriver par eau. Des corps, placés sur les chemins et battant la campagne, arrêtaient aussi les vivres. Le roi de Navarre fit des sorties, se porta même un peu au loin pour dégager les chemins; mais il fut toujours battu. Les Parisiens commencèrent à craindre la famine, et leur protecteur à appréhender les brusques attaques d'un peuple mécontent. Il laissa ses Anglais à Paris, comme plus propres que les bourgeois à soutenir les fatigues d'un siége, et se retira à Saint-Denis. De là il soutenait le courage des Parisiens par l'espérance d'un prompt secours qui devait lui arriver des provinces. Comme leur plus grande crainte était pour le pillage, il proposa aux plus riches de lui envoyer à Saint-Denis leur argent et leurs meubles les plus précieux, sur sa parole d'honneur de les rendre quand le danger serait passé; et ils s'y fièrent.

Pendant qu'il se nantissait ainsi aux dépens des bourgeois, il négociait lui-même avec le régent, pour lui et ses adhérens, et la levée du siége. On ne sait quelles conditions il obtint en faveur du prévôt des marchands, de son échevinage et consorts; mais certainement il ne les abandonna pas, puisqu'ils lui restèrent attachés. Quant au siége, le régent consentit à le lever moyennant trois cent mille écus que les Parisiens donneraient pour la délivrance du roi. Cette capitulation ne leur plut pas. Ils trouvèrent mauvais que leur prétendu protecteur disposât si libéralement de leur argent. « Pour être heureux avec le » peuple, dit Mézerai, il ne faut toucher à sa bourse que pour la « remplir. » Cette intention est bien rare : certainement personne ne l'eut jamais moins que le Navarrois. Cependant il se fâcha de ce que les Parisiens murmuraient et marquaient si peu de reconnaissance de ce qu'il appelait son bienfait. Il retira aux ingrats sa protection et la garnison anglaise. C'était livrer la ville sans défense à la discrétion du régent. La populace insulta les Anglais qui sortaient et en massacra plusieurs. Marcel en fit mettre quelques uns en prison pour les sauver, et les relâcha quelques heures après.

Une fois échappés de la ville, ces étrangers coururent la campagne, et se vengèrent sur les Parisiens hors des murs des mauvais traitemens de ceux du dedans. Les plus braves des Parisiens, outrés de voir tuer leurs compatriotes, ravager leurs champs, voler et incendier leurs maisons de campagne, demandèrent à sortir contre ces pillards assassins. Le prévôt des marchands, qui était encore maître du gouvernement, y consentit. Ils formèrent un corps de douze cents hommes bien armés. Dans cette troupe se trouvaient presque tous ceux dont Marcel redoutait la haine contre ses machinations et sa personne, et l'attachement au régent. Il fait ses dispositions pour n'en avoir plus rien à craindre, partage ce corps en deux, prend le commandement de la moitié, bat tout le jour la campagne, et cherche les Anglais, qui étaient avertis, dans les endroits où on ne doit pas les trouver. L'autre corps, au contraire, trompé par de faux avis, et croyant surprendre, est surpris lui-même, tombe dans une embuscade près du bois de Boulogne, et est entièrement défait. Le premier rentre le soir harassé. A peine le quart du second regagne ses foyers, comptant plus de blessés que de sains; et le lendemain les débris de la troupe, allant enlever les corps de leurs parens et de leurs amis, rencontrent des ennemis frais, et laissent encore cent cinquante morts avec les autres.

Cette affreuse journée mit les principales familles en deuil. Le prévôt des marchands, au contraire, s'applaudissait du succès de son exécrable trahison, qui ne lui laissait que peu d'ennemis à combattre quand il jouerait le dernier acte de la tragédie qu'il méditait. Le roi de Navarre avait quitté la capitale, parce qu'il ne se croyait pas en état de l'emporter sur le parti opposé ; mais il rôdait autour de la ville, ne quittant pas de vue la proie qu'il voulait dévorer. Averti par Marcel de la diminution des forces de ce parti, par la perte qu'il venait d'essuyer, il se rapprocha avec une troupe de quelques Anglais, mais surtout de ces bandits déterminés qu'il avait dès le commencement attachés à son service.

Le dessein du prévôt des marchands n'est pas connu dans toutes ses parties. Il est certain qu'il s'apprêtait à recevoir dans Paris le roi de Navarre la nuit du 31 juillet ; et que n'avait-on pas à craindre de ces scélérats autorisés à toutes sortes d'excès? Aussi dit-on qu'il devait faire main-basse sur tous ceux du parti contraire : hommes, femmes, enfans, personne n'aurait été épargné ; et, au milieu des horreurs du carnage, des cris, des hurlemens des malheureux frappés et expirans, proclamer le Navarrois roi de France. Les ordres étaient donnés, les portes garnies d'hommes du complot destinés à recevoir les soldats du dehors ; à la fenêtre des maisons qu'on voulait épargner devait paraître un linge blanc, et les conjurés étaient avertis de porter le même signe sur eux afin de se reconnaître.

Mais il y avait une contre-batterie, ou ignorée de Marcel, ou dont la reconnaissance, lui faisant juger qu'il était perdu sans ressources, le détermina à tenter les moyens extrêmes que nous venons de développer. Il n'aurait pas été prudent de recevoir le régent irrité, avec toute son armée, sans avoir auparavant assuré le sort des moins coupables. Le légat du pape, l'archevêque de Paris et la reine Jeanne se mêlèrent de cette négociation. Le régent consentit d'accorder une amnistie générale; il n'en excepta que douze hommes, dont les noms restèrent dans le secret.

A minuit, du 30 au 31 juillet, Marcel sort de chez lui; il était observé. Simon Maillard et Pepin des Essarts, chevaliers, le suivent sur le rempart, d'où il allait ouvrir la porte Saint-Antoine au Navarrois. Ils l'attaquent de paroles; la conversation s'anime, et Maillard, qui était son parent, lui fend la tête d'un coup de hache. Aussitôt lui et son compagnon, déployant la bannière royale, crient aux armes. Les bourgeois, réveillés par le tumulte, accourent en foule. Maillard ordonne aux premiers arrivés de s'assurer des complices du prévôt déjà parvenus à la porte, et en envoie d'autres arrêter ceux qui s'avançaient vers elle pour introduire les Anglais. La terreur saisit les conjurés; ils fuient sans se défendre. Ceux qu'on rencontre sont renfermés dans les prisons ou dans des maisons, sous bonne garde. Dans la matinée, Maillard assemble le peuple aux halles. Il raconte les forfaits de Marcel, montre le danger qu'il y aurait eu à ne s'en pas défaire sur le champ : mais, pour ses complices, il fait adopter une espèce de forme judiciaire, et compose un tribunal de bourgeois irréprochables ; de leur avis il condamne les prisonniers à la mort, et les fait exécuter sur le champ. Une députation part aussitôt pour Charenton où était le régent, et le prie de rentrer dans la ville. Avant le soir tout y était tranquille, et la cour, à quelques jours de là, s'établit paisiblement au Louvre.

Les provinces se sentaient peu des anxiétés de la capitale; cependant quelques unes eurent aussi leurs fléaux. Dans un petit village, près de Beauvais, se manifesta une fureur maniaque, qui, semblable à une maladie contagieuse, infecta rapidement la Picardie, la Champagne, et l'Ile de France, et dont on ne put arrêter les fureurs qu'en détruisant les frénétiques. Des paysans, en sortant de vêpres, s'entretenaient dans le cimetière des malheurs du temps, de la captivité du roi, qui occupait alors les esprits et affligeait toute la France. « C'est, s'écria l'un d'entre eux, c'est la faute de ces grands seigneurs, de ces nobles, de ces chevaliers qui auraient dû le défendre jusqu'à la mort, et qui l'ont laissé prendre ! Et quels efforts font-ils pour le délivrer? A quoi sont-ils bons? qu'à tourmenter les pauvres paysans, accabler leurs vassaux de corvées, les ruiner, abuser insolemment de leurs femmes et de leurs filles. Pourquoi souffririons-nous davantage cet excès? Armons-nous. Nous sommes plus nombreux qu'eux; tuons, massacrons, anéantissons cette race maudite!» Les fléaux, les fourches, tous les instrumens de leur état servent d'armes à ces furieux. Ils attaquent un château du voisinage, embrochent le maître tout vif, le font rôtir, et forcent sa femme et sa fille de goûter de sa chair. On dit qu'ils se trouvèrent, en peu de temps, cent mille hommes rassemblés. Ils s'étaient donné un chef qui prit le nom de Jacques Bonhomme, nom de dérision, par lequel la noblesse désignait le paysan, et d'où est venu le nom de la Jacquerie. Tantôt réunis en corps d'armée, tantôt divisés en troupe, ils couraient le pays, saccageaient et brûlaient. On compte dans l'arrondissement de ces trois provinces plus de cent châteaux détruits. Ils fouillèrent les bois où auraient pu se réfugier les gentilshommes, et les poursuivaient comme des bêtes fauves. Ceux-ci parvenaient quelquefois à se joindre, et, couverts de leurs armures de fer, montés sur leurs grands chevaux de bataille, se précipitaient dans les bataillons de ces rustres, presque nus, les écrasaient, et en faisaient un grand carnage. Tous ceux qu'ils rencontraient séparés de leurs troupes étaient, sans miséricorde, pendus au premier arbre.

Une bande s'avança jusqu'à Meaux. La populace de Paris, mendians, portefaix, gens sans aveu, dont les capitales abondent, apprenant qu'il s'agissait de piller, coururent se joindre à eux. La ville de Meaux renfermait une partie de la cour des princes, les femmes et les filles des plus grands seigneurs, au nombre, dit-on, d'environ quatre cents, effrayées et tremblantes, ainsi qu'on le peut croire, à l'approche de ces brigands. Heureusement Jean de Grailli, captal de Buch, et le comte de Foix, passaient près de Meaux, revenant d'une expédition lointaine. En braves chevaliers, ils offrirent leurs services aux dames; on juge qu'ils furent volontiers acceptés. Leur escadron, admis par une porte, sortit aussitôt par l'autre. « Le seul éclat de
» leurs armes éblouit et effraie cette canaille, dit Mézerai; ils recu-
» lent, tombent les uns sur les autres. On les abat par monceaux, on
» les écrase, on les égorge comme des bêtes, si bien qu'il en périt
» ce jour-là plus de sept mille, tant tués que noyés. En une autre oc-
» casion, le régent, qui s'était mis à leur poursuite, en tua plus de
» vingt mille, et le seigneur de Couci en fit une telle boucherie
» dans ses terres, situées en Picardie et en Artois, qu'en peu de temps
» la France fut purgée de ces furieux. » Il n'y eut pas jusqu'au roi de Navarre qui ne contribuât à leur destruction, malgré tout le profit qu'il semblait devoir en retirer pour sa cause: mais dans leurs massacres ils avaient eu la maladresse de ne pas discerner quelques nobles qui étaient ses plus fidèles agens, et qu'il voulut venger. Quand on demandait à ces malheureux pourquoi ils se permettaient ces ravages, ils répondaient que c'était comme un désir surnaturel qui les poussait à détruire les nobles. Mais il n'y a rien de moins surnaturel au peuple que d'aimer à abattre tout ce qui est au dessus de

lui. Ceux qui le mènent connaissent bien ce principe, et le succès ne dépend que du bonheur de trouver un prétexte; quelquefois un seul mot donne l'impulsion.

Telle avait été l'adresse de Marcel, dont la mort laissa au régent le temps et la liberté de s'occuper plus assidûment des autres affaires de l'état. Le roi, transféré en Angleterre, fut reçu très honorablement. Edouard alla au devant de lui. Tous les grands lui rendirent leurs hommages. On lui fit une entrée publique à Londres. Il était monté sur un cheval blanc. Son jeune vainqueur l'accompagnait sur un simple coursier noir. La suite ne répondit point aux marques d'affection données d'abord. Quand on se mit à traiter d'affaires, Edouard proposa, pour première condition de la délivrance du monarque, que le prisonnier lui ferait hommage de son royaume. Comme il l'avait déjà obtenu du roi d'Ecosse, il se flattait que celui de France ne le refuserait pas; mais Jean, indigné, s'écria : « Plutôt mourir que de rentrer dans mon royaume déshonoré ! » La négociation continua cependant, mais avec des alternatives de concession et de refus, dont Jean écrivait les détails à son fils. Celui-ci était souvent obligé de garder pour lui seul les propositions que l'on débattait, et sur lesquelles il aurait eu besoin de consulter. Son conseil n'était pas encore entièrement purgé des membres mauvais ou suspects que la faction lui avait donnés. On ne remarque de disgracié que Le Coq, ce perfide évêque de Laon, qui encore n'éprouva pour toute punition que l'ordre de se retirer dans son diocèse.

Outre cette gêne dans l'exercice de l'autorité, le régent était toujours tourmenté par le Navarrois, son beau-frère. Il conservait à la cour des partisans qui l'excusaient et le soutenaient. Après avoir manqué son coup sur Paris, au lieu de se prêter aux avances officieuses du régent, qui, dans la circonstance de la trêve qui allait finir avec l'Angleterre, aurait désiré gagner ce prince dangereux, il conclut un traité avec Edouard, et, avec les secours clandestins de cet ennemi acharné, il se mit à ravager tous les pays limitrophes aux provinces qu'il possédait. L'état où se trouvait la France présente un tableau des plus affligeans. Guillaume de Nangis, auteur contemporain, pour en donner une idée, fait cette peinture de la détresse du clergé, le corps le plus riche et le plus puissant du royaume. « On » ne voyait plus dans Paris et dans les autres grandes villes qu'abbés » et abbesses, clercs et religieuses occupés à chercher les moyens » de subsister. Les prélats et autres grands bénéficiers, qui auraient » rougi de marcher en public sans un fastueux cortége d'écuyers, » de chevaux et de domestiques, étaient alors dans l'humiliante né- » cessité d'aller à pied, suivis seulement d'un moine ou d'un valet, » et de se contenter de la nourriture la plus frugale. »

Dans le reste du royaume, ce n'était que factions dans les villes, divisions dans les familles, brigandage dans les campagnes. Les chefs des différens partis arrachaient les villageois de leurs charrues, enrôlaient les paisibles citadins, les forçaient de marcher sous leurs drapeaux ou de se rédimer du service par argent; les chefs de ces bandes passaient alternativement du parti du régent à celui du roi de Navarre, selon la somme plus ou moins forte qu'on leur promettait. Il se rencontrait aussi entre ces pillards des Anglais qui semblaient préluder à la guerre qui allait recommencer.

Le malheureux Jean voyait de sa prison les préparatifs immenses qu'Edouard faisait pour attaquer la France. Il crut prudent, dans cette extrémité, d'abandonner une partie pour sauver le tout. Il conclut donc, sauf le consentement des états, un traité par lequel il cédait au roi d'Angleterre, en pleine souveraineté, la Normandie, le Maine, l'Anjou, la Touraine, le Poitou, la Guyenne, la Saintonge, Calais avec un territoire, les comtés de Montreuil, de Ponthieu, de Boulogne, de Guines, et le vicomté de Nanteuil. Dans ce traité, le monarque anglais n'appelait Jean que *Rex Francus*, Roi Français, et s'intitulait lui-même *Rex Francorum*, Roi des Français : distinction bizarre dont il comptait apparemment se faire un titre pour s'approprier la couronne.

Le régent convoqua à Paris les états, qui se composèrent des principaux de la noblesse, du clergé et des députés des grandes villes. Le traité y fut lu, discuté et rejeté tout d'une voix. On dit que Jean, dans sa prison, en fut surpris, et qu'il crut que ce refus venait de l'ascendant que le roi de Navarre reprenait sur son fils. Ce qui lui donnait lieu à ce soupçon, c'est qu'en effet les deux beaux-frères commençaient à vivre en assez bonne intelligence. Le roi d'Angleterre conservait un vif ressentiment de ce que le Navarrois, dans son discours du Pré-aux-Clercs, avait donné à son droit, comme petit-fils de Louis-le-Hutin, la préférence sur celui de l'Anglais, qui était plus éloigné d'un degré de la couronne, comme petit-fils de Philippe-le-Bel, et neveu seulement de Louis-le-Hutin, son fils. En conséquence, il donnait à ce concurrent ce qu'il fallait de secours pour n'être pas battu, mais point assez pour qu'il triomphât. Le Navarrois sentit cette politique, et il ne crut pas que la sienne lui permît de contribuer à donner la moitié du royaume à un prince qui, avant de l'avoir, lui montrait déjà plus de malveillance que de bonne volonté. Ce motif l'avait porté depuis quelques mois à conclure la paix avec le régent, paix d'ailleurs qui ne rendit point le calme à la France, parce que les pillards qui suivaient ses drapeaux continuèrent à la tourmenter sous les enseignes de Philippe, son frère, et des Anglais; et parce que, artisan lui-même de troubles sans cesse renaissans, il ne fit que se choisir, pour ainsi dire, un poste plus commode pour consommer plus aisément ses noirceurs. D'accord alors avec tous les bons Français, il rejeta le traité et exhorta les députés à le renvoyer avec des marques d'indignation. Il offrit tous ses moyens de secours, ses troubles, son argent, et engagea le clergé, la noblesse et les villes à se cotiser selon leurs moyens, et à accepter la guerre plutôt qu'une paix si honteuse.

Edouard marqua beaucoup de chagrin de voir ainsi ses espérances trompées; soit dépit, soit, comme il le publia, crainte de se voir enlever son prisonnier par quelque coup de main, ainsi que cela fut tenté depuis par quelques chevaliers français qui s'emparèrent même de Winchelsea, et qui brulèrent cette ville, il le renferma dans la tour de Londres, pendant qu'il débarquait en France avec une armée qu'on fait monter à cent mille hommes. Alors commença, de la part des Français, un genre de guerre que la fausse idée qu'ils avaient de la bravoure leur avait fait dédaigner jusqu'à ce temps. Le dauphin mit dans les principales villes de fortes garnisons et abondance de provisions de toute espèce; ordonna que les habitans des pays menacés se retirassent dans les châteaux et dans les forteresses avec ce qu'ils pourraient emporter; défendit surtout à ses généraux de risquer une bataille ou toute action qui pourrait être décisive, et abandonna la campagne à l'ennemi.

Edouard se promena en France sans trouver d'obstacles; seulement son armée était observée dans sa marche, côtoyée et resserrée par des partis répandus sur ses ailes, qui la harcelaient, et se retiraient quand elle faisait mine de les attaquer. Il entra par l'Artois, prit quelques bourgades, de petites villes et des châteaux, leva des contributions sur le plat pays, et vint mettre le siége devant Reims. Son dessein, à ce qu'on croit, était de s'y faire sacrer, persuadé que cette cérémonie aplanirait les difficultés qu'il pourrait trouver à se faire déclarer roi de France. Afin de ne pas avoir les habitans trop contraires, il ménageait la ville, et se contenta de la bloquer. Mais l'hiver arriva. Il fut contraint de lever le siége. Il s'enfonça en Champagne, rançonna la frontière de la Bourgogne, arriva par la Brie devant Paris, et campa au Bourg-la-Reine; de là il envoya offrir la bataille au régent qui était à Longjumeau. Le prince répondit, comme l'Anglais avait fait devant Calais, qu'il était là pour défendre Paris; qu'il le prît, s'il pouvait.

Cependant le dauphin Charles était dans un moment de crise alarmante. Son beau-frère, réconcilié jusqu'à l'occasion de mal faire, ne voyait pas, sans un malin désir, la situation de la France, qui lui offrait la possibilité ou de saisir la couronne, ou d'en détacher à son profit quelques parties considérables. La vie du régent était un obstacle à son mauvais dessein. Depuis que le Navarrois s'était si hautement déclaré contre le démembrement du royaume, le dauphin l'avait admis dans ses conseils, vivait avec lui dans une espèce d'intimité, jusqu'à se traiter réciproquement. On dit que ce fut dans un de ces repas qu'il empoisonna son beau-frère. La dose ne fut pas assez forte pour tuer sur le champ le convive, mais elle lui causa une maladie qui lui fit tomber tout le poil du corps et les ongles, et l'affligea d'une langueur qui abrégea ses jours. Quelques uns font remonter cette tentative à l'époque où Charles-le-Mauvais fut tiré de sa prison.

Le crime du poison n'est pas tout à fait prouvé; mais il est probable, par un autre semblable, arrivé quelques années après, et sur lequel les historiens n'élèvent point de doute. Le roi de Navarre était en marché pour des troupes avec un aventurier gascon, nommé Séguin de Baderol, qu'il désirait attirer à son service. Il lui offrait des terres en Normandie; Séguin les voulait en Gascogne, et en plus grande quantité que le prince n'en prétendait donner; il s'obstinait. « Le Gascon est trop cher, dit Charles à ses entremetteurs; puisqu'il » veut tant se faire valoir, qu'on s'en défasse. » Il l'invite à dîner. Baderol, après avoir goûté quelques mets, tombe, tourmenté d'horribles convulsions. Charles le regarde sans la moindre émotion, le fait transporter dans sa maison, où il meurt presque aussitôt, et le Navarrois continue tranquillement son repas.

S'il est incertain qu'il ait attenté à la vie de son beau-frère par le poison, il est presque assuré qu'il tenta le même crime par l'assassinat. Les meurtriers devaient être trois amis de Marcel. Deux d'entre eux révélèrent le complot, et eurent ordre du régent de continuer à communiquer avec le Navarrois, afin de pouvoir mieux saisir et déjouer ses intrigues. Ses agens furent saisis, et, dès leur première confession, ils chargèrent le roi de Navarre. Lui-même s'avoua criminel, en fuyant aussitôt qu'il sut ses complices arrêtés; mais quand ils eurent subi le dernier supplice, et qu'il ne craignit plus leur témoignage, il reprit courage, et envoya insolemment défier le régent, comme lui ayant, par inimitié, imputé un crime dont il était innocent. Il joignit à son défi une déclaration de guerre, la recommença en Normandie et effaça par cette action tout le mérite de la conduite qu'il avait tenue lorsqu'il fit rejeter le traité honteux proposé par le roi d'Angleterre.

Ce monarque resta une partie de l'hiver 1359, et tout le printemps 1360, autour de Paris; il s'y occupait à piller et brûler les maisons de campagne des bourgeois, et à leur couper les vivres, afin de les forcer à se révolter contre le régent. En effet, il fallut à ce prince, tout jeune qu'il était, toute la sagesse et la fermeté qui ont depuis caractérisé son règne pour affermir les habitans contre les promesses et les menaces de l'Anglais, contre l'impatience des maux qu'ils souffraient, et contre les insinuations perfides des émissaires de son beau-frère, qui l'accusaient d'indifférence pour leurs intérêts, et de ne pas vouloir les délivrer, lorsqu'il le pouvait, par une bataille. Les murmures augmentaient. Le régent fut obligé de se justifier, et il le fit victorieusement dans un discours qu'il prononça, monté sur les degrés de la croix plantée dans la place de Grève, où le peuple était assemblé.

Edouard ne pouvant attirer le régent à une action, ni subsister plus long-temps dans un pays ruiné, gagna la Beauce, d'où il comptait passer en Bretagne, y refaire son armée pendant l'été, et revenir devant Paris. Il se flattait que les mesures défensives que le régent avait prises seraient précisément ce qui causerait sa perte. Ces grandes villes, qu'il a si bien munies, disait-il, ne peuvent subsister sans de fortes garnisons. Il n'a pas de quoi les payer; je les gagnerai en leur donnant les soldes arriérées, et leur en promettant encore davantage. La bourgeoisie, réduite par la famine, se mutinera, et la campagne se soumettra par la crainte du pillage. Il concluait que la France, déchirée en lambeaux, ne pourrait se dispenser de le placer sur le trône, pour en réunir les pièces. Ce raisonnement n'était pas destitué de fortes probabilités. « La France, dit Mezerai, » était à l'agonie, et, pour si peu que son mal augmentât, elle allait » périr. »

Le monarque anglais avait bien jugé la maladie par ses symptômes, et cette connaissance l'empêchait de répondre aux propositions que le pape lui faisait passer par ses légats. Il espérait toujours que le retard ferait empirer le mal; mais plusieurs de ses conseillers, moins enthousiasmés que lui de son projet de régner en France et de ses espérances, désiraient vivement qu'il se prêtât à un accommodement; entre autres le duc de Lancastre, son cousin, dont il estimait la sagesse et les lumières, ne lui épargnait pas les remontrances.

Ce qu'il disait à Edouard des accidens qui pouvaient en un instant détruire son armée lui fut démontré par un des phénomènes les plus effrayans de la nature. Pendant qu'il était devant Chartres, un orage épouvantable creva sur son camp. La pluie tombait par torrens. La grêle, d'une grosseur prodigieuse, écrasait les hommes et les chevaux. Les tentes, arrachées par des tourbillons de vent, étaient entraînées dans les ravins que formait cet affreux déluge. Mille hommes d'armes et six mille chevaux périrent roulés et engloutis dans les eaux. On dit qu'Edouard se tourna vers l'église de Chartres, et fit vœu à la vierge d'accorder la paix.

Quoi qu'il en soit du motif, le roi d'Angleterre nomma sur le champ des commissaires qui se réunirent à Bretigny, village à une lieue de Chartres, avec ceux que le régent envoya. Comme ils étaient sincères et de bonne volonté, le traité fut conclu en huit jours. On le rédigea au nom des deux fils des deux rois, le régent et le prince de Galles. Les historiens anglais, qui veulent couvrir les infractions dont Edouard se rendit ensuite coupable et qui donnèrent lieu à de nouvelles guerres, disent qu'avant la signature chaque article était envoyé au régent afin de l'examiner avec son conseil, mesure prudente et couvenable; mais ils ajoutent que « ce prince s'étudiait à les mettre en » des termes qui les rendissent susceptibles d'explications favorables, » quand la fortune aurait changé. » Sans doute ces précautions ainsi que les intentions furent réciproques, et on peut croire que, si le dauphin prit des mesures pour être obligé de céder le moins possible, le roi en prit de son côté pour se donner le plus de droits qu'il pourrait.

Le traité de Bretigny fut signé le 8 mai. Il est composé de quarante articles sous quatre titres principaux; les concessions, les restitutions réciproques, les renonciations respectives et la rançon du roi : 1° on accorde au roi d'Angleterre tout ce que le roi de France possédait en souveraineté et en domaines dans le Poitou, la Saintonge, l'Agénois, le Périgord, le Quercy, le Limousin, l'Angoumois, le Rouergue et le Bigorre ; plus Calais, la terre d'Oye, le comté de Guines et des terres adjacentes, ainsi que les droits de suzeraineté sur les comtés de Foix, d'Armagnac et autres, dont les terres étaient enclavées dans les provinces cédées; 2° le roi d'Angleterre et le prince son fils restitueront tout ce qu'ils ont ou pourraient prétendre dans la Normandie, la Touraine, le Maine, l'Anjou, la Bretagne et la Flandre ; 3° ces deux mêmes princes renonceront aux droits qu'ils prétendent sur la couronne de France, et sur les parties du royaume autres que celles qui sont concédées par le premier article ; 4° on paiera pour la rançon du roi trois millions d'écus, savoir six cent mille à Calais dans quatre mois, et le reste d'année en année, par six cent mille écus rendus à Londres, et pour sûreté du paiement on donnera quarante otages.

Les autres articles regardent des intérêts particuliers, comme ceux des ducs de Bretagne et de Flandre. Le roi d'Angleterre renoncera à l'alliance de ces deux princes, et le roi de France à celle du roi d'Écosse. Ils ne se mêleront en rien à la querelle de Charles de Blois et de Jean de Montfort, relativement à la possession de la Bretagne, que par voie amiable, et, s'ils ne peuvent réussir à les concilier, ils abandonneront les prétendans à leurs propres forces ; l'hommage de la Bretagne, quel que soit l'évènement, demeurant toujours au roi de France. Enfin, si quelques princes, seigneurs ou autres non nommés, se permettent quelque chose contre la teneur de ce traité, les rois pour cela ne leur feront point la guerre, « mais avec leur pou- » voir et celui de leurs amis ils contraindront les rebelles à s'y sou- » mettre au plus tôt ; » article, comme on le voit, qui pouvait devenir un germe de guerre, et qui le fut. La forme dans laquelle devaient se faire les renonciations et cessions fut remise à une convention qui aurait lieu entre les deux rois, lorsque celui d'Angleterre ramènerait celui de France à Calais. Leurs fils aînés signèrent le traité, et le confirmèrent par serment, avec beaucoup de solennité, le régent à Paris en présence des commissaires anglais, et le prince de Galles à Louviers en présence des commissaires français. Il ne fut pas question dans le traité du roi de Navarre, mais seulement du prince Philippe, son frère, qui s'était laissé entraîner par lui à la guerre. Ses terres et celles de sa femme lui furent rendues avec pleine amnistie. La même grace fut ensuite accordée au Navarrois, à la sollicitation du roi d'Angleterre, quand il ramena celui de France dans ses états.

Ils descendirent l'un et l'autre en octobre à Calais. Jean, après quatre ans de prison en Angleterre, resta encore quatre mois détenu dans cette ville, pendant qu'on expliquait, changeait ou réformait quelques articles du traité de Bretigny. Le régent y venait voir son père pour conférer. Dans ces occasions, on lui donnait pour otage et garans de son retour deux fils du roi d'Angleterre. Il paraît qu'on ne s'accorda pas sur l'article des renonciations, ou du moins sur la rédaction de cette clause importante. Après des débats assez vifs, on convint que « dans dix mois, qui tomberont à la Saint-André 1361, les » deux rois feront expédier leurs lettres de déclarations, et les en- » verront à Bruges; que cependant le roi de France surseoira d'user » de son droit de souveraineté sur les terres qu'il cède. » On conjecture que cette forme dilatoire fut adoptée parce qu'on ne put convenir de la formule de la renonciation d'Edouard à la couronne de France. Ce prince tenait toujours à sa prétention. On ne voit pas qu'il ait jamais accompli cette condition si solennellement stipulée; au lieu que Jean envoya de bonne foi à Bruges, dans le temps indiqué, la déclaration des cessions qu'il faisait, à condition toutefois que le roi d'Angleterre en ferait autant relativement aux prétentions dont il devait se désister. Du reste, les deux monarques, dans leur dernière entrevue, se traitèrent fort honorablement. Ils jurèrent la paix sur les saints évangiles et sur une hostie consacrée, et s'embrassèrent avec les marques d'une véritable amitié. En relâchant son prisonnier, Edouard reçut pour garantie de la rançon quarante otages pris entre les princes du sang et les seigneurs des familles les plus illustres, et parmi lesquels se trouvèrent trois fils du roi et de son frère, et de plus quarante-deux bourgeois des principales villes de France. Au moment de la séparation des deux princes, et suivant des conventions antérieures, dix de ces otages furent remis au roi Jean, et entre eux Philippe, le plus jeune de ses fils, qui avait été fait prisonnier avec lui à Poitiers, et auquel, pour cette raison, il ne cessa de témoigner une prédilection particulière.

Jean, rentrant dans son royaume, alla jusqu'à Boulogne à pied, pour accomplir un pèlerinage qu'il avait promis à Notre-Dame de cette ville. Pour premier acte de son autorité, il régla sa maison, en distribua les charges, ordonna la rentrée du parlement que les troubles avaient dispersé, et reçut en grace le roi de Navarre. Ce prince, qui avait été compromis au traité de Bretigny, vint se prosterner aux pieds de son beau-père, et promit, avec sa sincérité ordinaire, «qu'il lui serait dorénavant bon, loyal et fidèle sujet et fils.» Les Parisiens reçurent le roi avec une magnificence et des démonstrations de joie qui touchèrent le cœur sensible de ce prince. A ces marques d'attachement ils joignirent des présens en meubles et bijoux, et mille marcs d'argent. Les prélats et les seigneurs se cotisèrent aussi. Ces sommes servirent au premier paiement de la rançon. On prit, pour effectuer les autres, deux moyens qui marquent que la détresse fait taire le cri de l'honneur; 1° le retour des juifs, qui fut bien payé, mais qu'on regarda comme honteux, parce qu'il paraissait rappeler avec eux la mauvaise foi dans le commerce, la fraude et l'usure qui les avaient fait chasser; 2° le mariage d'Isabelle, dernière fille du roi, avec Jean Galéas-Visconti, premier duc de Milan. On ignore la dot que donna l'Italien, enrichi de pillages, pour s'allier à la maison de France, mais on soupçonne que la somme fut très considérable. Cet expédient, quoique nécessaire, déplut, parce qu'on n'avait pas encore vu les souches nobles se revivifier par l'engrais des finances. Il faut observer au reste qu'il n'existe aucune preuve que cette alliance ait été un marché.

Edouard ne tarda pas à envoyer des commissaires demander les provinces, villes et châteaux qui lui étaient cédés par le traité. Jean n'hésita pas de se mettre en devoir d'accomplir ses promesses; mais il trouva des obstacles auxquels il ne s'attendait pas, et qui auraient dû lui plaire, s'il n'avait pas préféré à ses avantages la fidélité à sa parole. Presque tous les possesseurs de fiefs, ainsi que les gouverneurs et les bourgeois des villes, indignés de ce qu'on disposait d'eux et de leurs biens sans les avoir consultés, et de ce qu'on les démembrait de la France, à laquelle ils étaient attachés, s'étaient fortifiés, munis de bonnes garnisons, et refusèrent de recevoir les Anglais. Le roi employa près d'eux les exhortations et les prières. Il leur fit remontrer que de leur soumission dépendait le repos du royaume, et que par leur opiniâtreté ils allaient le replonger dans une guerre qui achèverait de le ruiner. Ils obéirent, dit Froissard, historien tout anglais, ils obéirent, mais ce fut bien *ennuys* (malgré eux). On cite aussi la réponse des députés que les Rochelois envoyèrent au roi pour le prier de les dispenser de recevoir les Anglais : « Eh bien ! donc,
» sire, puisque, pour témoigner que nous sommes bons Français,
» vous voulez nous contraindre à ne le plus être, nous reconnaîtrons
» l'Anglais des lèvres seulement; mais soyez assuré que nos cœurs
» demeureront fermes en votre obéissance. »

Le dauphin et le conseil auraient désiré que le roi eût profité de cette répugnance, presque générale, pour se soustraire aux conditions les plus onéreuses du traité de Bretigny. Ils remontrèrent, ce qui était vrai, qu'Edouard, moins délicat, envahissait sans scrupule tout ce qui était à sa bienséance, et qu'il se mettait fort peu en peine d'être fidèle à sa parole quand il la trouvait contraire à ses intérêts. C'est à cette occasion que Jean prononça cette parole, devenue maxime, trop rarement pratiquée : « Si la justice et la bonne foi
» étaient bannies du reste du monde, elles devraient se retrouver
» dans la bouche et le cœur des rois. »

Les garnisons qui sortaient mécontentes et mal payées des forteresses livrées aux Anglais, les étrangers, les Allemands surtout, qu'Edouard avait appelés sous ses drapeaux et qu'il congédiait, n'ayant pas besoin d'eux, formèrent ce qu'on appela les *grandes compagnies*, tous bandits et voleurs, qui se mirent à ravager la France sous des capitaines hardis et expérimentés qu'ils se choisissaient eux-mêmes. Quelques uns prirent le nom de *Tard-venus*, voulant dire que ceux qui les avaient précédés avaient moissonné; que, pour eux, ils ne faisaient que glaner. Le roi envoya contre une de ces bandes des troupes réglées sous le commandement de Jacques de Bourbon, comte de la Marche et connétable de France, deuxième fils de Louis, premier duc de Bourbon. Il essuya une déroute complète à Brignais, près de Lyon, et mourut dans cette ville de ses blessures.

Le chef de ces vainqueurs se faisait appeler *ami de Dieu et ennemi de tout le monde :* accouplement bizarre de deux qualités incompatibles. Ils tournèrent vers Avignon, où le pape résidait. Il publia contre eux une croisade. Loin de leur être nuisible, elle augmenta leurs forces, parce que les gens de guerre appelés par le pontife pour le servir, voyant qu'il ne les payait qu'en indulgences, se jetaient dans les bandes, et, encore plus *tard-venus* que les autres, ils se hâtaient de se dédommager. « Nous aurons, disaient-ils, au rapport de Frois-
» sard, l'argent des prélats, ou ils seront haryés de la bonne manière. »
Ces menaces étaient fort alarmantes pour la cour d'Avignon. Le pape appela à son secours le marquis de Montferrat, capitaine très renommé en Italie. Il vint, et jugea qu'il serait fort peu sage de se mesurer avec des audacieux qui n'avaient rien à perdre ; qu'il valait beaucoup mieux tâcher de les gagner. Il y travailla. A force de grossir à leurs yeux le butin qu'ils feraient en Italie, le marquis les détermina à le suivre dans ce pays, après avoir touché une bonne somme d'argent, qu'apparemment le sacré collège fournit. Ils aidèrent le marquis à remporter des victoires lucratives sur les Milanais.

Une autre bande gagna la Bretagne où la guerre n'avait jamais cessé. Ils y furent attirés par la réputation du célèbre du Guesclin, gentilhomme breton, hardi, entreprenant, tel qu'il le fallait pour commander de pareils aventuriers. Le courage était l'apanage de cette famille, sans distinction de sexe ni d'état. Une religieuse, nommée Julienne, sœur de du Guesclin, que sans doute les ravages de la guerre avaient forcée de quitter son couvent, s'était retirée à Pontorson, auprès de la femme de son frère. Les Anglais entreprennent de surprendre cette forteresse ; ils appliquent les échelles : déjà plusieurs étaient dressées ; la religieuse saute du lit où elle était couchée auprès de sa belle-sœur, endosse la cotte de maille de son frère qui était attachée à la muraille, court sur le rempart, renverse les échelles et les hommes tout près d'atteindre le parapet, rassemble la garnison, fait ouvrir les portes et poursuit les fuyards ; ils se trouvent surpris entre elle et son frère qui revenait d'une expédition dont les Anglais avaient eu avis ; ce qui leur avait fait tenter la surprise de Pontorson, dont ils savaient que du Guesclin serait absent. Mais Julienne le suppléa, et battit avec lui les échappés de l'escalade, dont le commandant fut fait prisonnier. La valeur, l'intelligence, la confiance du soldat, l'estime du roi, bon juge du mérite, élevèrent dans la suite Bertrand du Guesclin, simple gentilhomme, à la dignité de connétable de France.

Le roi ne manifestait pas dans le gouvernement l'activité qu'on lui avait connue avant sa prison : il ne portait le sceptre que d'une main indolente. Le dauphin conserva toujours beaucoup de puissance, et on peut dire, à la louange du père et du fils, qu'on ne remarqua pas même de germe de mésintelligence entre le prince qui avait véritablement régné et le monarque qui aurait pu montrer quelque jalousie de l'autorité qui restait à l'ancien régent. Il jouit toujours du duché de Normandie que son père lui avait donné. Jean recueillit cette année le duché de Bourgogne, par la mort de Philippe de Rouvres, qui mourut âgé de seize ans sans laisser de postérité, et qui fut le douzième et dernier duc de la première maison de Bourgogne, issue du roi Robert. Ce retour à la couronne fut-il bien légitime? C'est peut-être un problème à résoudre. Il fallut du moins faire taire et les lois sur les apanages, en ce qu'il existait encore deux rameaux de la maison de Bourgogne du nom de Sombernon et de Couches, et le droit de représentation qui aurait porté l'héritage au roi de Navarre, Charles-le-Mauvais, petit-fils de l'infortunée Marguerite de Bourgogne, et petit-neveu de l'avant-dernier duc Eudes IV, aïeul de Philippe de Rouvres. Le roi allégua le titre de proximité, le seul qui pût lui être favorable, et qu'il possédait effectivement, comme fils de Jeanne, sœur cadette de Marguerite, et comme neveu propre d'Eudes IV. Quoi qu'il en soit de son droit au duché, il en gratifia Philippe, son quatrième fils, qui, blessé à la bataille de Poitiers à côté de lui, fut le compagnon de sa captivité, et qui a été la tige de la seconde maison de Bourgogne; il fut de plus déclaré premier pair de France. Le second fils du roi, Louis, était déjà pourvu du duché d'Anjou. De lui est sortie la seconde maison des rois de Naples, du nom d'Anjou. Jean, troisième fils du roi, était duc de Berry. Dans ce même temps furent réunis juridiquement à la couronne, et à l'effet de n'en être plus séparés, les comtés de Toulouse et de Champagne. Les duchés de Bourgogne et de Normandie avaient été jugés d'une importance digne de leur faire partager une inaliénabilité aussi importante à la tranquillité du royaume; mais la tendresse paternelle en décida autrement, et poussa le législateur à enfreindre lui-même la loi qu'il avait portée.

Ces soins pour l'établissement des fils de France précédèrent un voyage que le roi fit à Avignon, et dont on ignora pour lors le motif. Le pape Innocent VI, pressé par le roi d'Angleterre, lui avait accordé une dispense générale par laquelle il lui était permis de marier Edmond, comte de Cambridge, puis comte d'York, son quatrième fils, à telle de ses parentes qu'il voudrait, sans en désigner aucune. L'Anglais avait eu un but très important dans cette demande mystérieuse, c'était de faire épouser à ce prince la princesse Marguerite, veuve de Philippe de Rouvres et fille de Louis de Male, comte de Flandre, et son héritière, qui lui apporterait des droits, non seulement sur son pays, mais encore sur l'Artois et sur le comté de Bourgogne; ce qui l'aurait mis dans la position de serrer la France au nord, ainsi qu'il le faisait au midi. A Innocent VI venait de succéder Urbain V. Le roi obtint de lui la révocation de cette dispense générale, et nommément une défense à Edmond d'épouser Marguerite, sa parente au troisième degré. Évincé de ce côté, Édouard, pour procurer au moins une alliance utile au prince de Galles qu'il venait de déclarer souverain de la Guyenne, marie Edmond à Isabelle, seconde fille de don Pèdre, roi de Castille, connu sous le nom de Pierre-le-Cruel; Jean fait aussitôt un traité avec Henri de Transtamare, frère naturel de don Pèdre, et qui lui disputait la couronne. Henri s'engageait à tirer de France et à prendre à son service les grandes compagnies, si onéreuses au royaume. En récompense, le roi promettait au prétendant de Castille des terres rapportant dix mille livres de rente, si son entreprise tournait mal, et si le mauvais état de ses affaires l'obligeait de chercher un asile en France.

Pendant que Jean était à Avignon, arriva Pierre de Lusignan, roi de Chypre, qui était en guerre perpétuelle avec les Sarrasins d'Égypte. Il venait demander des secours contre eux. Urbain s'enflamme d'un beau zèle, et exhorte le roi de France à prendre la croix. Jean se souvient à propos que Philippe de Valois, son père, avait promis le saint voyage. Comme, surpris par la mort, il n'a pas pu accomplir son vœu, le fils s'engage à l'acquitter, prend la croix, et la fait prendre aux seigneurs qui l'accompagnent. Des historiens insinuent que ce n'était pas tant en lui zèle de religion qu'espérance d'effacer, par de brillans exploits, la honte de la défaite de Poitiers.

Mais ce fâcheux évènement lui laissait bien d'autres peines d'esprit qui se renouvelaient sans cesse. Les otages emmenés en Angleterre commençaient à se lasser de leur exil; les ducs d'Anjou et de Berry, fils du roi, les ducs d'Orléans et de Bourbon, et tous les autres nobles et bourgeois, ne dissimulaient pas leur ennui et l'impatience qu'ils avaient de revoir leur patrie. Édouard profitait de ces dispositions pour arracher, à l'un une terre, à l'autre des châteaux, aux non possessionnés en fonds des sommes à compte de leur rançon. Tout cela devait être livré avant l'élargissement; de plus, tous ces rançonnés devaient faire en sorte d'obtenir du roi de France une décharge de tous les dédommagemens que devait celui d'Angleterre, en vertu des diverses conventions auxquelles il différait toujours de satisfaire. Or ces dédommagemens étaient immenses. Par le traité de Bretigny, il s'était obligé à retirer ses troupes des villes qu'il évacuerait, et de les payer, ce qu'il n'avait pas fait. Ces troupes non soldées s'étaient répandues par toute la France, y avaient commis des désordres, et fait des dégâts énormes, dont l'évaluation devait servir de compensation pour le reste de la rançon du roi, si elle ne le surpassait pas. On entra en négociation sur cet objet. Il y eut un traité. On n'en connaît point les clauses; mais vraisemblablement Édouard ne voulut pas qu'on y parlât de dédommagemens, quoique l'obligation qu'il voulait imposer aux prisonniers d'en solliciter la décharge prouvât qu'il reconnaissait la dette. Nanti enfin des terres que quelques uns des otages lui avaient accordées provisoirement pour leurs rançons, il exigea que, si les restitutions qui devaient lui être faites n'avaient pas lieu aux temps prescrits, ils reviendraient se constituer prisonniers, et que les terres et seigneuries qui lui auraient été accordées dans les transactions entre eux lui resteraient néanmoins en propriété. Pour rendre ces détenus plus pressans, le rusé monarque leur donna un avant-goût de la liberté, en les transférant à Calais, d'où il leur était permis de s'éloigner par promenade à quelque distance.

Ce traité fait à Londres fut porté à Avignon, d'où le roi le renvoya au dauphin pour le présenter au conseil. Il fut rejeté tout d'une voix. Comment le roi d'Angleterre pouvait-il exiger de pareilles conditions, lui qui n'avait fait aucune des renonciations stipulées à Bretigny, pendant que le roi de France avait, selon ses conventions, fait porter toutes les siennes à Bruges, où il ne s'était trouvé personne de la part de l'Anglais? Et ces terres dont il s'emparait, pendant qu'il devait des sommes énormes, pouvait-on ne point exiger qu'elles passassent en compensation? Le roi Jean, malgré son penchant à beaucoup accorder pour prévenir une rupture, ne put disconvenir que ces demandes méritaient un refus absolu. Le duc d'Anjou, qui le prévoyait, s'échappa de Calais, vint à Paris, et, quelques instances que lui fissent son père et son frère, il ne voulut jamais retourner en otage. Jean, se flattant apparemment de négocier plus utilement en personne, retourna en Angleterre.

C'était, dit-on, pour revoir une femme qu'il avait aimée; c'est du moins l'explication ridicule qu'on donne à ces deux mots du moine continuateur de Nangis, *causâ joci*. Des historiens ont ajouté que cette sirène était la célèbre comtesse de Salisbury. Ainsi, c'eût été pour l'amour d'une femme surannée, la maîtresse de son rival, que Jean, dans son onzième lustre, aurait quitté ses enfans, sa cour et son royaume? On a comparé la passion d'un homme à cheveux blancs à un volcan brûlant sous la neige : à la honte de la vieillesse, ces feux s'allument quelquefois; mais il arrive souvent aussi que la malignité les suppose où ils ne sont pas. Tout lecteur sensé trouvera plus probable que ce furent l'honneur, la générosité, la franchise, qui ont fait entreprendre à Jean ce voyage. Il craignait que l'évasion de son fils, le duc d'Anjou, ne lui fût imputée, et qu'on ne l'accusât d'avoir manqué aux conditions du traité de Bretigny, et violé sa foi. Il partit. Edouard le reçut avec de grands honneurs; on ne sait s'ils entamèrent des conférences sur leurs affaires. Jean tomba malade presque en arrivant, et mourut quatre mois après, regretté des Anglais, qui n'avaient cessé d'admirer sa douceur, son affabilité, sa courtoisie, et la patience avec laquelle il souffrait ses malheurs. Edouard donna des regrets, des larmes même, dit-on, au rival qu'il n'avait pu s'empêcher d'estimer dans la chaleur de leurs plus grandes querelles. Il assista au service somptueux qui lui fut fait dans la cathédrale de Londres, ordonna qu'on en fît de pareils dans toutes les églises de son royaume, et accompagna le corps jusqu'au vaisseau qui le transporta en France. On le déposa à Saint-Denis. Ses obsèques furent magnifiques. Les quatre princes ses fils y assistèrent. On peut lui reprocher la mort des seigneurs exécutés à Rouen et son effervescence imprudente à Poitiers. L'adversité lui donna de la douceur et de la circonspection, fruits trop tardifs de son malheur. Jean fit donner une bonne éducation à ses fils. Ils naquirent tous quatre de Bonne de Luxembourg, sœur de l'empereur Charles IV, et avant qu'il fût monté sur le trône. Il y resta quatorze ans, et en vécut cinquante-six.

Charles V, âgé de 27 ans.

Un royaume gouverné par un sage est un spectacle rare dans l'histoire. Le règne de Charles V nous le présente. Il connaissait le poids du sceptre, puisqu'il l'avait porté presque seul depuis la prison de son père. Il était âgé de vingt-sept ans quand il monta sur le trône. Son sacre, fait à Reims avec beaucoup de solennité, est marqué par un évènement qui fut de bon augure.

La paix entre les Français et les Anglais n'était pas rompue ; mais les deux nations profitaient de l'ambiguïté du traité de Bretigny touchant la conduite à tenir à l'égard des alliés, pour se battre sous leurs drapeaux. Le roi de Navarre, malgré les promesses de loyauté faites au roi de France, entretenait toujours des liaisons avec le roi d'Angleterre, et avait même profité de la dernière absence du roi Jean pour commencer les hostilités. On doit se rappeler qu'il possédait plusieurs places importantes en Normandie : Mantes, Meulan, le château de Roulboise, étaient de ce nombre. Situées entre Paris et Rouen, elles interceptaient le commerce des deux villes. Les habitans de cette dernière, secondés secrètement par le roi, firent un effort et s'en rendirent maîtres. Le prince Louis de Navarre, frère de Charles-le-Mauvais, avait été laissé en Normandie pour défendre ses possessions. Se sentant trop faible, il appela les Anglais. Ils vinrent sous la conduite de Jean de Grailli, captal de Buch, capitaine renommé. Il se trouva en tête Bertrand du Guesclin, non moins célèbre.

On remarque que les Français commencèrent dans cette occasion à ne pas compter uniquement sur leur bravoure. Leur général usa d'adresse et de ruse pour faire quitter aux Anglais le poste avantageux d'une montagne près de Cocherel, village à trois lieues d'Evreux, et pour les attirer dans la plaine. Quand il les y tint, il dit, en se gaudissant, à un chevalier près de lui : « Le filet est bien tendu, » nous aurons les oiseaux. » Puis s'adressant aux soldats : « Souve- » nez-vous, leur dit-il, que nous avons un nouveau roi ; que sa cou- » ronne soit aujourd'hui étrennée par vous. » En effet, la nouvelle de la victoire arriva à Reims le lendemain du sacre. Elle fut complète et d'autant plus avantageuse qu'elle ranima la confiance des Français découragés depuis long-temps par leurs défaites. Le captal fut fait prisonnier avec beaucoup de seigneurs anglais : le roi ordonna qu'ils fussent traités avec honneur; mais, dans un voyage qu'il fit quelque temps après en Normandie, il mit entre les mains de la justice plusieurs Français pris dans cette occasion. Ils furent condamnés à mort comme traîtres et rebelles, et exécutés comme à Rouen. Le monarque donna à du Guesclin le comté de Longueville; présent mortifiant pour le roi de Navarre, parce que ce comté avait appartenu à Philippe, un autre de ses frères, qui venait de mourir, et qui comptait en hériter.

Il se trouva aussi déçu dans les prétentions qu'il avait formées sur le duché de Bourgogne. Quand le roi Jean le donna à Philippe-le-Hardi, son fils, le Navarrois se présenta comme héritier du dernier comte; mais Philippe fut mis en possession et l'affaire renvoyée à l'arbitrage du pape. Comme le Navarrois ne parut pas acquiescer à cet expédient, il y avait toujours eu depuis des hostilités entre les deux prétendans. Les courses que dans cette occasion fit le nouveau duc de Bourgogne en Normandie aidèrent du Guesclin à soumettre la plus grande partie des villes qu'y possédait Charles-le-Mauvais. Il les aurait même toutes conquises si l'urgence des affaires ne l'eût fait partir pour la Bretagne.

Charles de Blois et Jean V de Montfort, les deux prétendans au duché, y combattaient à armes assez égales; mais l'équilibre fut rompu par quelques Anglais échappés à Cocherel, qui se hâtèrent de se retirer en Bretagne sous le commandement de Jean Chandos. Du Guesclin s'empressa de les suivre. Les deux armées, commandées par deux grands capitaines, sous les yeux des princes pour lesquels ils combattaient, se rencontrèrent sur les landes de Beaumont près de Bécherel. Rangées en bataille, elles n'attendaient plus que le signal, lorsqu'à force d'instances de la part des légats du pape et d'autres prélats qui suivaient les deux rivaux dans le dessein de les porter à la paix, il s'ouvrit des conférences dont le résultat fut un accord connu sous le nom de *Traité des Landes*. Rien de plus simple que les conditions. Le duché était partagé en deux; chacun devait porter le titre de duc et avoir sa capitale, Rennes pour l'un, Nantes pour l'autre. On se sépara avec promesse de se rejoindre dans un lieu indiqué pour convenir des arrangemens que le partage exigeait, et recevoir la ratification de la duchesse Jeanne-la-Boiteuse, épouse de Charles de Blois.

C'est d'elle qu'il tenait le duché de Bretagne. Sa ratification était nécessaire, mais difficile à obtenir. Quand elle eut lu le traité que son mari lui envoya, elle dit à celui qui l'apportait : « Il fait trop » bon marché de ce qui n'est pas à lui ; il ne devait pas mettre mon » patrimoine en arbitrage. » Et dans sa lettre en réponse elle lui mandait : « Vous ferez ce qu'il vous plaira, je ne suis qu'une femme » et ne puis mieux; mais plutôt je perdrais la vie, ou deux si je les » avais, avant que de consentir à chose si reprochable à la honte des » miens. » Sa lettre était mouillée de larmes. L'époux en fut ému, et encore plus lorsqu'en quittant sa femme qu'il était allé voir, elle lui dit : « Conservez-moi votre cœur; mais conservez mon duché; » et quelque chose qui arrive, faites que la souveraineté me reste » tout entière. » Il le promit, baisa sa dame et partit.

Il trouva Montfort devant la ville d'Aurai dont il faisait le siége en attendant son rival : il fallut s'expliquer. Charles ne dissimula pas la peine qu'il ressentait à ne pas confirmer le traité; mais, mari trop faible, il tint parole à sa femme. Quand les armées furent rangées en bataille en présence l'une de l'autre, Monfort fit lire à haute voix le traité dans la sienne, pria les seigneurs qui l'environnaient de prononcer sur ses prétentions, et offrit de renoncer à tout s'ils le condamnaient. Une acclamation générale confirma ses droits et l'assurance de la bonne volonté de ses soldats. Il les remercia, se mit à genoux, leva les mains au ciel, l'attesta de la pureté de ses intentions, et chargea Charles de Blois du crime de tout le sang qui allait être versé. Il voulut même tenter encore un accommodement; mais Chandos s'y opposa.

Au moment où il allait donner le signal, arrive un courrier du roi de France. Le monarque mandait à Montfort de lever le siége d'Aurai; à Charles de remettre la ville entre les mains d'Olivier de Clisson et de Charles de Beaumanoir, chevaliers du parti opposé, et de partir tous deux pour Paris, qu'ils trouveraient justice et contentement. Montfort consentait; Charles refuse; et, emporté par une impétuosité que du Guesclin ne put contenir, il se porte en avant, jette d'abord le désordre dans l'armée ennemie, mais tarde peu, par l'imprudence de cette mesure, à se voir enveloppé. On se battit de part et d'autre avec le plus terrible acharnement. Charles de Blois tombe enfin sous le fer d'un Anglais, et son dernier mot en mourant fut : « J'ai guer- » royé long-temps contre mon escient (contre ma conscience). » Malgré ce funeste accident, du Guesclin soutenait le combat. Couvert de blessures et épuisé par la perte de son sang, il effrayait encore les ennemis qui l'entouraient et faisait mordre la poussière aux plus avancés. Chandos arrive, se nomme et lui remontre l'impossibilité d'échapper. Le héros breton cède alors à la Fortune. Cependant Montfort s'étant fait conduire au lieu où gisait le malheureux Charles au milieu de ses braves défenseurs couchés autour de lui : « Ah! beau cousin, s'écria-t-il en versant des larmes, votre opinia- » treté a été cause de beaucoup de maux en Bretagne. Dieu vous le » pardonne; je regrette bien que vous êtes venu à cette male fin. » Chandos l'arrache de ce triste lieu et lui dit : « Monseigneur, vous » ne pouviez avoir votre cousin en vie et le duché tout ensemble. » Remerciez Dieu et vos amis. » Il n'est pas inutile d'observer qu'à cette bataille Olivier de Clisson perdit un œil au service de Montfort (1).

(1) Les barons anglais et bretons de l'armée de Montfort se réunirent autour de lui en

L'opiniâtreté de Jeanne lui fit perdre en un moment son mari et ses états. Elle avait deux fils, mais ils étaient prisonniers en Angleterre. Il ne lui restait de ressource que dans le duc d'Anjou, son gendre. Ce prince fit tous ses efforts pour engager le roi, son frère, à se déclarer hautement protecteur de la veuve, et à faire la guerre en son nom, comme seigneur suzerain, au nouveau duc. L'affaire fut examinée dans plusieurs conseils. On y observa que la France était épuisée; qu'il n'y avait pas de partie qui ne fût attaquée de quelque vice, surcharge d'impôts, mauvaise administration des finances, excès dans le nombre des gens de guerre dont toutes les provinces étaient inondées. Ce n'était pas comme autrefois de simples rassemblemens de vagabonds et de brigands, errant sans chef et sans discipline, mais de bons soldats réunis en troupes, qu'on nommait les *grandes compagnies*, sous des capitaines expérimentés, lesquels, ayant tout perdu dans les guerres précédentes, se donneraient au prince qui pourrait les solder. Le roi n'était pas en état de les acheter; et celui d'Agleterre, de Douvres, où il était, paraissait épier l'occasion de les attacher à ses drapeaux, pour renouveler ses ravages en France. Par la conduite que s'imposa le nouveau duc de Bretagne, après sa victoire, on pouvait juger que la rupture ne serait pas une expédition passagère, mais une guerre longue et sanglante; il gagnait les seigneurs par un accueil obligeant, les villes par des promesses; presque toutes lui ouvraient les portes : il faudrait donc les conquérir l'une après l'autre. D'ailleurs peu importait à la France lequel serait duc de Bretagne, un descendant de Blois ou un Montfort, pourvu qu'il se soumît aux devoirs de l'hommage rendu par ses prédécesseurs : ainsi, concluait-on, il n'y avait d'autre parti à prendre que de négocier, et de procurer à la veuve, en cédant le duché, tous les avantages qu'on pourrait.

revenant de la poursuite des vaincus, et lui dirent en riant : « Sire, louez Dieu et faites
» bonne chère, car vous avez huy conquis l'héritage de Bretagne. * » Il les remercia en
protestant que c'était après Dieu à Jean Chandos et aux Anglais qu'il devait ses succès,
et il promit de ne l'oublier de sa vie. Bientôt on vint lui annoncer qu'on avait trouvé le
corps de son adversaire; il voulut le voir, et quand on eut ôté le bouclier qui le couvrait,
« il s'écria moult piteusement : Ha! monseigneur Charles, monseigneur Charles! beau
» cousin! comme pour votre opinion maintenir sont avenus en Bretagne maints grands
» meschefs! Si Dieu m'aide; il me déplaît quand je vous trouve ainsi, si être pût autre-
» ment, et lors commença à larmoyer. » *Froissart* ajoute que le corps de Charles de
Blois, enseveli avec grande révérence, *sanctifia*, et fait encore au pays de Bretagne plusieurs miracles tous les jours**. « En effet, une enquête pour sa canonisation fut ordonnée
» par Urbain V et fut exécutée sous le pontificat de Grégoire XI. Mais autant la France
» mettait d'insistance pour son admission dans le calendrier, autant Jean de Montfort
» et l'Angleterre y apportaient d'opposition, de peur que l'église ne parût décider in-
» cidemment des droits du nouveau saint à l'héritage pour lequel il avait fait si long-
» temps la guerre, et l'affaire demeura en suspens. »

* Extrait de l'*Enquête pour la canonisation*, dans les preuves de l'histoire de Bretagne.
** Froissart.

C'est dans cette intention que fut ménagé et conclu le traité de Guérande entre les deux maisons contendantes, sous la médiation du roi de France, comme seigneur suzerain. La veuve du comte de Blois y renonce à ses droits sur le duché, qui est abandonné au comte de Montfort et à ses descendans en ligne masculine; elle en conserve néanmoins le titre qui ne passera pas à ses enfans. On lui assure des rentes viagères montant à dix mille livres, le comté de Limoges et le duché de Penthièvre, qui a été depuis le nom de sa famille. Au défaut de la ligne masculine dans la maison de Montfort, celle de Penthièvre saisira de droit le duché de Bretagne. Le nouveau duc procurera la liberté des fils du comte de Blois, donnera cent mille écus pour la rançon de Jean l'aîné, et de plus sa sœur en mariage. Mais ce qui concernait ce prince ne fut pas exécuté, quoique le roi d'Angleterre se fût rendu garant du traité. Ainsi finit une guerre de vingt-trois ans, guerre de famille, par les alliances et la proche parenté des seigneurs bretons qui y prirent part, et, en cette qualité, guerre opiniâtre et cruelle. Montfort fit hommage du duché au roi de France, mais sans renoncer à ses liaisons avec l'Angleterre; elles devinrent même plus étroites par deux mariages successifs qu'il contracta avec des princesses anglaises, la première fille d'Edouard. Le monarque français et le duc se donnèrent réciproquement les marques les plus démonstratives de bonne intelligence et d'amitié. « Mais, dit l'historien de Bretagne, toutes ces » contenances ne trompaient ni l'un ni l'autre. Le roi était fin et » accort; le duc ne l'était pas moins. »

Cette observation sur la réconciliation défiante de Charles V avec Montfort peut s'appliquer aussi à celle du monarque anglais avec le roi de France. Le caractère perfide de ce prince exigeait toujours des précautions contre lui. Le roi de France, outre la guerre qu'il lui faisait en Normandie, contractait encore dans le midi avec les seigneurs gascons, tel que le comte de Foix, le sire d'Albret et autres, diverses alliances dont Charles-le-Mauvais s'inquiétait pour son Béarn et sa Navarre. Il fit des démarches tendantes à la paix, et l'obtint par les sollicitations de Jeanne et de Blanche; la première veuve de Charles-le-Bel; la seconde, de Philippe-de-Valois, ses médiatrices ordinaires. Au lieu des villes de Mantes, de Meulan et du comté de Longueville, on lui donna la seigneurie de Montpellier. Ses autres villes de Normandie lui furent rendues. Il renouvela ses renonciations et celles de son père et de sa mère à la possession de la Champagne et de la Brie, et ses prétentions sur la Bourgogne furent, comme auparavant, laissées à l'arbitrage du pape. D'ailleurs il fit tous les hommages, toutes les soumissions, tous les sermens de fidélité qu'on voulut, et obtint une amnistie générale pour les complices de ces rébellions.

Il fut beaucoup aidé dans sa négociation par le captal de Buch, Jean de Grailli, pris à Cocherel. Le roi de France ne le traitait pas en prisonnier : non seulement il lui accorda sa liberté sans rançon, mais encore il lui donna la seigneurie de Nemours, pour se l'attacher. Le captal en fit hommage, et devint par là vassal de la France; ainsi ses liens avec le prince Noir, duc de Guyenne, dont il dépendait auparavant, furent rompus. Charles V s'attacha aussi, après la paix de Bretagne, par dons et par promesses, beaucoup de seigneurs de ce pays. Entre eux, outre Bertrand du Guesclin, déjà dévoué au monarque français, on remarque Olivier de Clisson et Tannegui du Châtel, deux guerriers justement célèbres dans nos annales.

Le royaume commençait à se reposer dans la paix; mais deux choses manquaient encore à sa tranquillité, une administration plus ferme et plus éclairée dans des parties essentielles du gouvernement, et l'éloignement des grandes compagnies, qui désolaient la France. L'attention de Charles V ne put, dans ces deux premières années de son règne, se porter que sur les finances. Elles étaient dans le plus grand désordre; les percepteurs, commis, contrôleurs, s'étaient multipliés à l'infini. On sait que plus il y a de gens qui s'occupent des fonds publics, moins il en reste : le roi commença par retrancher un grand nombre de ces officieux collaborateurs. La diversité des monnaies, occasionnée par des refontes très fréquentes sous les derniers rois, et par l'introduction des pièces étrangères que la guerre avait apportées, causait des embarras et des méprises continuelles dans le commerce. Le roi fit une refonte générale (1), par laquelle le prix de l'or et de l'argent fut rapproché, le plus qu'il fût possible de la valeur que ces métaux avaient avant Philippe de Valois. Non seulement Charles V diminua les impôts, mais, ce qui n'est pas le plus aisé, il les rendit moins onéreux, par une meilleure régie et une distribution plus équitable. Les domaines royaux, qui faisaient alors une grande partie des richesses du souverain, étaient fort négligés; il les remit

---

(1) Le marc d'or fin fut fixé à 64 liv., et le marc d'argent à 5 l. 5 sous.

De Louis VII à Charles-le-Bel la valeur du marc d'argent avait été de 46 à 59 sous. Il faut en excepter le règne de Philippe-le-Bel où les diverses opérations monétaires de ce prince le portèrent à 4 liv. 12 s.; et celui de Charles-le-Bel, son troisième fils, où il retourna à cette valeur.

Le taux moyen sous Philippe de Valois fut à peu près de 6 liv. 10 s. Il monta sous Jean son fils jusqu'à 12 liv. 10 sous. Cette dernière valeur étant la moyenne de quatre-vingt-six fixations, l'une desquelles porta le marc d'argent à 102 liv., il retomba à 5 liv. 10 s. sous Charles V; à 10 l. 10 s. sous Charles VI; à 8 liv. 10 s. sous Charles VII; à 9 liv. sous Louis XI, et à 11 liv. sous Charles VIII.

Sous Louis XII le même taux moyen alla à 12 liv.; à 13 liv. sous François I; à 14 liv. 10 s. sous Henri II; à 16 liv. 10 s. sous Charles IX, et à 18 liv. 10 s. sous Henri III.

Il monta enfin sous les Bourbons, savoir : à 20 liv. sous Henri IV; à 25 sous Louis XIII; à 35 sous Louis XIV; à 45 sous Louis XV, et à 53 liv. 9 s. sous Louis XVI.

Ce dernier fixa de plus la valeur de l'or à l'argent dans le rapport de 15 et demi à 1. Jusqu'à Louis XIII on l'avait assez constamment estimée dans le rapport de 12 à 1. Ce prince porta la valeur de l'or à 14; et ses deux successeurs la fixèrent à 15. (Voyez Encycl. méth. des Finances.)

en valeur. Ses soins s'étendirent sur l'agriculture en général ; il la fit refleurir, en rendant le plus léger possible, par des lois sages, le joug oppressif des seigneurs sur leurs vassaux de campagne. Le travail paisible des cultivateurs fit renaître l'abondance, et avec l'abondance la gaîté naturelle à la nation ; car, remarque à cette occasion un historien, nul autre peuple « n'oublie plus aisément les malheurs » passés ; il ne faut qu'une année d'abondance pour effacer plusieurs » années de stérilité. (1) »

Il restait cependant encore un fléau redoutable, les grandes compagnies, espèces de nuées orageuses suspendues sur la France, et dont chaque province craignit les foudres aussi subites qu'exterminatrices. Le roi eut le bonheur d'en diriger l'explosion sur d'autres contrées, et de se faire une ressource de ce qui pouvait être cause de ruine, en tirant d'ailleurs une juste satisfaction de Pierre-le-Cruel, qui avait fait empoisonner la vertueuse Blanche de Bourbon, sa

(1) Les deux traités de paix avec le duc de Bretagne et le roi de Navarre faisaient bien augurer du nouveau règne, et relevaient un peu la considération de la couronne. Cependant la situation du peuple était toujours également malheureuse. « Il n'y avait, dit le » continuateur de Nangis, aucune province qui ne fût infestée de brigands ; les uns oc- » cupaient des forteresses, d'autres se logeaient dans les villages et les maisons de cam- » pagne, et personne ne pouvait parcourir les chemins sans un extrême danger. Les soldats » du roi eux-mêmes, qui auraient dû protéger nos paysans et nos voyageurs, ne songeaient » au contraire qu'à les dépouiller honteusement. Des chevaliers même, dont je n'ose » écrire ici les noms, se disaient amis du roi et de la majesté royale tout en tenant ces » brigands à leurs ordres. Bien plus, quand ils venaient dans les villes, à Paris même, » chacun les reconnaissait ; mais personne n'osait mettre la main sur eux pour les punir. » J'ai su entre autres qu'une nuit que ces brigands se trouvaient à Paris avec leurs » maîtres, ils essayèrent de piller quelques maisons du faubourg Saint-Germain. Ils fu- » rent, il est vrai, arrêtés et enfermés au Châtelet, mais bientôt on les remit en liberté » et on les renvoya comme innocens. Quand le roi donna à Bertrand du Guesclin le » comté de Longueville, celui-ci lui promit en retour de chasser du royaume les brigands » qui le dévastaient ; mais loin de le faire, il permit à ses Bretons d'enlever dans les » villages et sur les grands chemins l'argent, les habits, les chevaux, le bétail, enfin tout » ce qu'ils y trouveraient. »

Aussi tous les voisins de la France regardaient la condition des Français comme la plus déplorable de toutes ; le duc Albert de Bavière, régent de Hainaut, ayant voulu établir dans son pays des impositions et des gabelles à l'usage de France, pour l'aider à soutenir la guerre dans laquelle il s'était engagé contre le comte de Flandre, la ville de Valenciennes refusa absolument de s'y soumettre ; car, disaient les citoyens, « si nous » laissons faire ici ce qui se fait à Paris et dans le reste de la France, nous serons ré- » duits à la condition des esclaves, notre industrie sera perdue et tous ceux qui se ras- » semblent ici pour la manufacture de laine quitteront notre patrie et passeront en pays » étrangers. » La ville de Tournai, quoiqu'elle appartînt à la France, partageait l'esprit d'indépendance des habitans du Hainaut : elle se souleva pour repousser les impositions et les gabelles dont elle se sentait accablée ; les artisans dirigeaient surtout leur colère contre les riches bourgeois qui avaient consenti à l'établissement de ces contributions vexatoires pour avoir leur part dans la perception. Ils assiégèrent les uns dans leurs maisons, ils chassèrent les autres de la ville ; ils supprimèrent les gabelles, et Charles V, qui ne se sentait pas en état de les réduire alors par la force, feignit d'approuver leur conduite et leur envoya un nouveau gouverneur, Edouard de Renty, pour les pacifier.

femme, sœur de Jeanne de Bourbon, épouse de Charles V. La manière de se délivrer des grandes compagnies avait déjà été agitée sous le roi Jean. Henri de Transtamare, disputant la couronne de Castille à son frère Pierre-le-Cruel, avait jugé que les grandes compagnies dont on se trouvait très embarrassé en France après la paix de Bretagne, lui seraient très utiles en Espagne, s'il pouvait les y emmener : mais il n'était pas aisé de les tirer de la France. Chefs et soldats y étaient nés ; ils y avaient leurs familles, leurs habitudes, la connaissance des lieux, et, plus que tout cela, le doux espoir du pillage qu'ils croyaient, malgré leurs ravages, ne devoir pas être encore infructueux. En vain d'autres princes les avaient demandées pour les employer dans leurs guerres, les compagnies avaient refusé. Dans cette occasion, où le roi désirait aider un prince dont il ferait un allié utile, il reprit le projet de la Castille. En conférant sur les mesures à prendre pour déterminer ces phalanges incommodes à s'expatrier, on convint qu'il n'y avait que du Guesclin qui pût y réussir. Il avait combattu sous les mêmes étendards en Bretagne, et s'en était fait singulièrement estimer ; mais depuis la bataille d'Aurai, il était prisonnier de Jean-Chandos. L'Anglais le relâcha pour cent mille francs. Le roi donna quarante mille livres ; le pape et le Castillan firent le reste.

Il alla trouver les compagnies près de Châlons-sur-Saône, où elles s'étaient réunies, après avoir parcouru et dévasté la Champagne, le Barrois, la Lorraine, et pénétré par l'Alsace jusqu'aux frontières d'Allemagne. Elles campaient, au nombre de trente mille combattans, soldats intrépides, pillards déterminés, sous des chefs expérimentés et avides, ruinés par les guerres ou par leurs profusions, soupirant tous après un nouveau butin. « Camarades, leur dit du Guesclin, en » les abordant, nous en avons fait assez, vous et moi, pour damner nos » ames, et vous pouvez même vous vanter d'avoir fait pis que moi. » Faisons honneur à Dieu, et le diable laissons. » A cette harangue succèdent les motifs qu'il n'y a plus rien à faire en France, pays absolument ruiné ; que les trésors de la Castille, enrichie par le repos et le commerce, vont être à leur discrétion ; plus de deux cent mille francs tout prêts que le roi de France leur offre ; enfin ajoute malignement celui qui devait en grande partie sa liberté au pape, le passage par Avignon. Quel délicieux appât ! Il est nécessaire d'observer, pour la justification de du Guesclin, que l'on est tenté d'accuser ici d'ingratitude, que le pape avait contracté pour cette expédition des engagemens pécuniaires qu'il ne se pressait pas de remplir, et que le général pensa que le passage par Avignon serait un moyen aussi infaillible que légitime, bien qu'un peu forcé, d'obtenir les fonds qui avaient été promis. Et en effet il crut si peu avoir essentiellement désobligé le pape, que, lors de sa seconde captivité, il comptait encore sur lui pour sa rançon.

L'armée part et prend en effet la route de Provence qui n'était

pas la plus naturelle. Le souverain pontife, aussi effrayé que surpris, envoie des indulgences et des pardons; on les reçoit. Il lève les anciennes excommunications prononcées contre les *malandrins*, ainsi nommait-on les soldats des grandes compagnies. On le remercie de sa complaisance et on avance. Il menace de nouveaux anathèmes et les lance; on ne s'en effraie pas. Les compagnons arrivent devant Avignon : un cardinal se présente aux avant-postes pour négocier. Un capitaine anglais qui y commandait, lui dit : « Soyez le bien
» venu; apportez-vous de l'argent? » mot caractéristique; il fallut bien en donner. Le pape le prit sur le peuple. « Non, disent les inso-
» lens *malandrins*;' ce sera de la bourse des prélats. » Ils font rendre l'argent aux bourgeois d'Avignon, et c'est le sacré collége qui se cotise et qui paie.

L'orage, chassé de la France, fond sur la Castille. Pierre-le-Cruel est détrôné et se réfugie à Bordeaux auprès d'Edouard, prince de Galles, dont il était l'allié par le mariage d'une de ses filles avec Edmond, duc d'Yorck, frère du prince Noir. Il lui demande instamment du secours contre Transtamare, protégé par la France. Edouard l'écoute, le ramène lui-même en Castille à la tête d'une armée florissante. Il y trouve le reste des compagnies qui avaient arraché la couronne à Pierre, les prend à sa solde, les fait combattre contre Transtamare qu'elles avaient élevé sur le trône; elles l'en précipitent et y remettent Pierre. Du Guesclin, qui, après le brillant succès de son expédition, était retourné en France, revole en Castille avec un renfort considérable. Les armées des deux frères se rencontrent près de Navarette : celle de Pierre avait besoin d'un combat parce que les vivres commençaient à lui manquer; celle de Henri pouvait attendre : c'était l'avis de du Guesclin; mais la morgue et l'ardeur castillane l'emportèrent. « C'est merveille, lui dit dom Teillo, frère de Trans-
» tamare; vous n'êtes ici qu'une douzaine de Français qui pensez
» mieux valoir que tant de milliers d'Espagnols, et nous voulez faire
» la loi pour prolonger la guerre et ruiner notre pays. Vous défiez-
» vous de notre courage? Sachez que nous vous valons bien; et si
» vous avez peur, ne prenez pas votre excuse sur nous. » Du Guesclin n'était pas homme à souffrir ces bravades. Il y répondit en paroles encore plus piquantes, et aurait reparti de la main si le roi n'eût imposé silence; mais voyant le plus grand nombre des voix contre lui, le Français consentit à la bataille.

La mêlée fut sanglante. Le brave Teillo s'enfuit des premiers avec son escadron, de sorte que le fort des gendarmes ennemis tomba sur la troupe où étaient du Guesclin et Transtamare. Trois fois ce prince rallia ses gens; à la quatrième fois, l'effroi fut si grand qu'il ne put les retenir. Ils se mirent en pleine déroute. Du Guesclin le prit par le bras et lui dit : « Sire, ôtez-vous d'ici, votre honneur est sauf : sauvez
» votre fortune, nous combattrons une autre fois plus heureusement. »
Le prince sauta sur un cheval et se sauva pendant que du Guesclin

soutenait le combat. Il céda à la fin, mais ne voulut se rendre qu'au prince de Galles lui-même. Pierre fut rétabli sur le trône ; mais son protecteur n'eut pas à se louer de sa reconnaissance.

Le prince de Galles avait fait des emprunts considérables sur la foi de dom Pèdre, qui se disait, quand il alla implorer sa protection, possesseur de trésors immenses cachés dans une forteresse de son pays. Quand il fallut payer les troupes, surtout les mercenaires *malandrins*, il dit qu'il n'avait pas d'argent. Que cela fût vrai ou non, il n'en donna pas ; et se permit aussi à l'égard du prince, sinon des affronts, du moins des traits d'ingratitude qui le mortifièrent : de sorte qu'il revint en Guyenne, chagrin, mécontent, et avec les symptômes déjà inquiétans d'une maladie causée par les fatigues de cette expédition. De retour dans ses états, tant afin de satisfaire aux obligations contractées pour le paiement des gens de guerre qu'afin de fournir aux dépenses de la cour splendide qu'il tenait à Bordeaux, il mit un impôt sur toutes les terres dépendantes de sa souveraineté. Le Poitou, le Limousin, la Saintonge, le Rouergue, s'y soumirent après une faible résistance : mais les seigneurs d'Armagnac, d'Albret, de Comminges, de Périgord, et toute la noblesse de Gascogne, refusèrent. « Jamais, disaient-ils, tant qu'ils étaient restés sous la domination du roi de France, ils n'avaient payé de pareilles impositions. » Ils portèrent à Charles V leurs plaintes, comme au seigneur suzerain. Le sage monarque répondit qu'il était déterminé à garder la juridiction de la couronne de France ; « mais, ajouta-t-il, nous avons juré quelques » articles que nous visiterons. » Du reste, il accueillit les seigneurs avec la plus grande courtoisie, leur promit d'employer sa médiation auprès du prince de Galles, et traita avec les égards les plus séduisans ceux qui restèrent auprès de lui pour cultiver sa bonne volonté et hâter la conclusion de leur affaire : premier germe des troubles qui facilitèrent la réunion de la Guyenne à la France.

Une troisième révolution se préparait en Castille. Transtamare, après la déroute de son armée, s'était retiré en France. Il s'y fit des amis, surtout entre les chevaliers *bannerets*, c'est-à-dire qui avaient sous leurs bannières des troupes composées soit de leurs vassaux, soit d'aventuriers. Ils les louaient, et ceux-ci s'engageaient eux-mêmes aux princes qui les payaient le mieux. Le midi de la France était couvert de leurs châteaux, autant de repaires d'hommes féroces, uniquement occupés des armes. Le roi détrôné s'en fit des partisans avec lesquels il tenta contre son ancien royaume quelques expéditions qui lui réussirent. Ces succès, la réputation de ses vertus, l'horreur pour la cruauté et les vices de Pierre son frère, lui attirèrent des chefs et des soldats, dont il se forma une armée. Il aurait bien désiré de la faire commander par du Guesclin ; mais ce guerrier, depuis la bataille de Navarette, était resté prisonnier. Le prince de Galles, pressé plusieurs fois par les seigneurs de sa cour, et même par la duchesse son épouse, de le mettre à rançon, refusait toujours ; le bruit courait

que c'était parce qu'il le craignait. Ce soupçon parvint au prince. Il fit appeler du Guesclin. « Messire Bertrand, lui dit-il, on prétend que
» je ne vous ose mettre à délivrance, de la peur que j'ai de vous. —
» Il y en a qui le disent, répond le prisonnier, et de cela me trouve
» fort honoré. » Le prince rougit. — « Eh bien! reprend-il, taxez
» vous-même votre rançon. — Cent mille écus, répartit du Guesclin.
» — Et où les prendrez-vous? demande le prince. — Le pape, répond
» du Guesclin, le roi de France, le duc d'Anjou et le roi de Castille
» me les prêteront, et les femmes de mon pays vendront plutôt leurs
» quenouilles que de me laisser prisonnier. »

Il eut permission d'aller ramasser la somme qui lui était nécessaire. Chandos, et la plupart des seigneurs lui offrirent leur bourse pour son voyage. La princesse de Galles promit vingt mille francs en déduction de sa rançon. Quoique le prince sût que du Guesclin désirait être libre, principalement pour aller chasser du trône celui qu'il y avait placé lui-même, il était si mécontent de l'ingrat qu'il approuva publiquement la générosité de son épouse. En la remerciant, du Guesclin lui dit gaîment: « Madame, je pensais être le plus
» laid chevalier du monde, mais vois-je bien que je ne dois plus tant
» déplaire. »

Arrivé dans son château en Bretagne, il demande à son épouse cent mille francs qu'il lui avait laissés en dépôt. Il ne lui en restait plus rien. Elle avait tout dépensé en équipages et libéralités pour tous les gens de guerre dans le besoin qui s'étaient adressés à elle. L'époux loua cet emploi de ses deniers fait selon son cœur, et lui-même renchérit sur cette générosité. Il lui vint de l'argent du duc d'Anjou, de plusieurs seigneurs et prélats; mais, à mesure qu'il cheminait vers Bordeaux, il le distribuait aux écuyers et chevaliers qu'il rencontrait, de sorte qu'il n'avait plus rien quand il arriva. « Qu'apportez-vous, lui dit
» le prince? — Pas un double, répondit-il. — Vous faites le magnifique,
» reprend Edouard, moitié sérieux, moitié plaisantant; vous donnez
» à tout le monde, et vous n'avez pas de quoi subvenir à vous-même:
» il faut donc que vous teniez prison. » Du Guesclin se retirait assez confus, lorsqu'un gentilhomme arriva, chargé par le roi de France de payer la rançon, à la réserve des vingt mille francs que la princesse de Galles avait généreusement payés de sa bourse.

Avec la même rapidité que don Pèdre avait été rétabli sur le trône, il en fut renversé. Une seule bataille, livrée près de Montiel, décida de son sort. Il la perdit, et se sauva dans la citadelle. Henri l'entoura d'un mur afin qu'il ne pût lui échapper. Don Pèdre tente d'escalader la muraille; mais il est pris et mené dans le camp ennemi. Les deux frères s'y rencontrent, se précipitent l'un sur l'autre, se roulent dans la poussière. Transtamare saisit sa dague, il l'enfonce dans le cœur de son frère qui expire, et il est proclamé roi de Castille. Tous les capitaines qui avaient concouru à son succès furent généreusement récompensés. Du Guesclin eut la dignité de connétable de Castille, cinq seigneuries considérables, et cent mille florins d'or. Le nouveau roi resta fidèlement attaché à Charles V, et lui rendit de grands services. Des trente mille hommes qui composaient les grandes compagnies dans la première expédition, il n'en resta après celle-ci que six mille, qui se fondirent dans les armées d'Angleterre et de France.

Celles-ci surtout ouvraient leurs rangs pour y recevoir les braves qui se présentaient. Le roi les y attirait, et recrutait avec empressement, dans le dessein où il était de profiter du mécontentement des seigneurs gascons pour faire revivre les droits de la couronne sur la Guyenne et sur les autres pays cédés à l'Anglais. Ces seigneurs étaient toujours à la cour, sollicitant vivement le roi de réprimer les vexations du prince de Galles. Le monarque, quoiqu'il ne demandât pas mieux que d'entreprendre cette affaire, se faisait prier. A la fin, il se laissa arracher la permission que sollicitaient les supplians, de présenter au parlement une requête contre le prince. Elle fut admise, et les griefs furent jugés d'une importance à être discutés devant la cour des pairs. Le roi envoya sommer le prince d'y comparaître. « J'irai, répondit-il, mais le bassinet en tête, et soixante mille hommes en compagnie. » Tel pouvait être son projet, mais il était consumé d'une maladie de langueur depuis son retour de Castille. Le dépit qu'il éprouva de cette sommation, et qui alla jusqu'à lui faire retenir captifs, pendant un an, les envoyés du roi, augmenta son mal. Cependant il assembla ses troupes; mais ce ne fut pas avec son activité ordinaire. Il laissa commencer les hostilités par les seigneurs mécontens, et les repoussa à peine.

Charles V avait non seulement dans le midi de la France, mais encore dans les autres pays soumis aux Anglais, des agens secrets qui fomentaient les mécontentemens. Les habitans du Ponthieu montraient entre autres beaucoup d'ardeur à secouer le joug de l'Angleterre. On leur fit passer de ces compagnies isolées qui semblaient n'être attirées que par le butin, et n'obéir à aucun maître. En peu de temps elles conquirent tout le Ponthieu, et le soumirent au roi de France, sans qu'il parût presque s'en mêler.

Cette brusque expédition, et les plaintes que le prince de Galles fit parvenir à son père au sujet de la sommation, piquèrent vivement le monarque anglais. Il avait auprès de lui des ambassadeurs français, que Charles V y entretenait pour discuter les difficultés que présentaient de temps en temps quelques articles du traité de Bretigny. Édouard les fait paraître en sa présence, les traite durement, et leur commande d'écrire à leur roi de rentrer au plus tôt dans les bornes du traité qu'il a violé par la protection qu'il accorde aux révoltés de Gascogne et du Ponthieu; d'envoyer ses lettres de renonciation à la souveraineté des provinces cédées par le traité de Bretigny, et qu'alors il pourrait faire de son côté les renonciations auxquelles il s'était obligé.

C'est ce qu'attendait le roi de France. Il assemble le parlement. On y lit la semonce impérieuse d'Edouard aux ambassadeurs français. On repasse le traité de Bretigny, article par article; on examine de nouveau les griefs des seigneurs gascons. Il est prouvé, comme il ne pouvait pas manquer d'arriver, que c'est Edouard et son fils qui se sont écartés de la justice dans tous les points, et la guerre est résolue. Le roi l'envoie déclarer par un simple valet de chambre, à cause de la détention qu'avaient éprouvée les hérauts porteurs de la sommation au prince de Galles. Les ambassadeurs heureusement repassaient en France au moment où le valet arrivait, et le trouvèrent sur la grève. Charles envoya aussi la déclaration de guerre et ses motifs au pape, à l'empereur, aux autres princes alliés ou indifférens, et aux principales villes d'Angleterre.

Edouard fut surpris, mais non déconcerté, quoique la défection subite du Ponthieu lui en fît craindre de pareilles dans d'autres provinces, où il apprit qu'éclataient des mouvemens séditieux. Il commença par s'assurer du côté de l'Ecosse, par une trêve qui suspendait sa guerre habituelle avec ce royaume, et leva promptement deux corps d'armée; il envoya l'un au prince de Galles, et fit entrer l'autre en France, par Calais, sous le commandement du duc de Lancastre, son second fils (1). Charles leur opposa ses frères : au premier, les ducs d'Anjou et de Berry, auxquels il joignit du Guesclin, qu'il rappela de Castille, et dont les jeunes princes devaient suivre les avis; au second, son dernier frère, sous sa propre surveillance. Pour l'exercer plus aisément, il établit son séjour à Rouen. Ce jeune général était Philippe-le-Hardi, déjà apanagé du duché de Bourgogne. Le roi le rendit le plus riche et le plus puissant des princes non couronnés, en lui faisant épouser l'héritière de Flandre, cette princesse qu'Edouard avait ambitionnée pour le duc d'Yorck, un de ses fils, jusqu'à obtenir d'avance une dispense ecclésiastique que la politique du roi Jean rendit inutile.

Cette première campagne se passa en marches, contre-marches, prises de châteaux, petits combats sanglans et ravages, ruine du pauvre peuple, sans aucune décision. Le roi la termina par une assemblée des états généraux. Son but était d'en obtenir des subsides. On était si persuadé de ses bonnes intentions, de la justesse de ses vues et de son économie, qu'on lui accorda volontiers ce qu'il demanda, savoir la gabelle du sel pour l'entretien de sa maison; quatre livres par feu dans les villes pour la guerre, et trente sous dans les campagnes;

---

(1) Le second fils d'Edouard était Lionel, duc de Clarence, mais il était mort. Anne son arrière-petite-fille porta ses droits dans la maison d'Yorck, cadette de celle de Lancastre, et lui donna le droit d'aînesse qu'avait d'abord celle-ci. Après des flots de sang répandus dans la guerre des deux roses, ce ne fut ni la branche de Lancastre ni celle d'Yorck qui recueillit l'héritage d'Edouard, mais la maison galloise de Tudor en la personne de Henri VII, fils de Marguerite, héritière d'une branche légitimée de Lancastre, et époux d'Isabelle, héritière de celle d'Yorck.

un droit d'aides sur les vins, proportionné à leur qualité, et douze deniers pour livre sur tous les impôts.

Dans ces circonstances, Charles-le-Mauvais se conduisit comme à l'ordinaire, en brouillon maladroit. Pendant les expéditions de Castille, il s'attira la disgrace du roi de France et du prince de Galles, en gênant la marche de leurs troupes, qu'ils faisaient passer amicalement sur son territoire et dans les environs. Pour le punir, Charles V saisit sa seigneurie de Montpellier. Aussitôt le Navarrois se transporte en Angleterre, y signe avec Edouard un traité par lequel il s'engage à attaquer la France en même temps que l'Anglais. Il revient en Bretagne auprès de Montfort, et l'engage à entrer dans ce traité; mais ni l'un ni l'autre n'ose l'exécuter : au contraire, dans la crainte d'une punition encore plus sévère que n'avait été la saisie de Montpellier, le Navarrois demande grace, et obtient, sinon l'oubli, du moins le pardon de ses mauvaises manœuvres.

Ce qui détermina le roi de Navarre à cette prompte soumission fut peut-être l'invasion subite de la Guyenne. Charles V, pendant qu'il en prononçait la confiscation dans son lit de justice, avait des troupes prêtes qui se répandirent aussitôt dans la province. L'attaque fut si brusque que le prince de Galles se trouva obligé de se retirer, de ville en ville, à mesure que les Français avançaient : mais, revenu de son premier étourdissement, il réunit tout ce qu'il put rassembler de soldats, et se mit à leur tête. Sa maladie de langueur, qui était tournée en hydropisie, ne lui permettait pas de monter à cheval. Il se faisait conduire dans un chariot. C'est dans cet état qu'il alla assiéger la ville de Limoges, coupable de s'être rendue trop volontairement aux troupes du roi. Il multiplia les assauts, les commanda lui-même, et y entra par la brèche. Il faut le dire, afin que l'on connaisse à quelles horribles actions, poussés par le dépit et la vengeance, les hommes les plus modérés sont capables de se laisser entraîner, le modeste vainqueur de Créci et de Poitiers, le sauveur d'Eustache de Saint-Pierre et de ses compagnons à Calais, si compatissant alors, fit massacrer tous les habitans sans distinction d'âge ni de sexe, et brûler la ville sous ses yeux. C'est le seul excès qu'on puisse reprocher au prince de Galles; le seul, mais qu'il est flétrissant!

Edouard ne laissa pas long-temps son fils chéri dans l'embarras. Il lui prépara une puissante diversion en faisant passer en France une armée redoutable par le nombre et le choix des troupes, sous le commandement de Robert Knolles, son meilleur général. Il descendit à Calais, traversa l'Artois, le Vermandois, passa devant Soissons, Reims et Troyes, qu'il n'osa attaquer; mais il brûlait les bourgs et les petites villes. Enfin il campa devant Paris, et envoya offrir la bataille au roi, qui y était renfermé. Ce prince avait pris le même système de guerre que dans la campagne qui précéda le traité de Bretigny : bien munir les villes principales, retirer les gens de la campagne avec leurs meubles et leurs bestiaux dans des forteresses capables de résister à un coup de main, faire observer les ennemis par des corps séparés répandus autour d'eux, leur couper les vivres, rendre les marches fatigantes et les campagnes difficiles : par cette tactique, il réduisit les Anglais à chercher des quartiers d'hiver, sans avoir rien fait d'important.

Ils les choisirent dans le Maine et l'Anjou, provinces voisines de la Bretagne, où Knolles comptait retirer ses troupes en cas d'évènemens fâcheux : mais du Guesclin ne lui en laissa pas le loisir. Il venait de recevoir l'épée de connétable à la vue de toute la cour, qui applaudit au choix du roi. Tout ce qu'il y avait de braves s'empressa de prendre du service sous le chef des armées françaises. Il forme une troupe de guerriers ardens, se précipite à leur tête sur les quartiers ennemis, les surprend l'un après l'autre, les disperse. Cette armée formidable disparaît, et Knolles, presque seul, va cacher sa honte en Bretagne.

Ces revers mortifièrent le roi d'Angleterre qui n'y était pas accoutumé. La prospérité, l'amie de la jeunesse, l'abandonnait. Il perdit Philippe de Hainaut, son épouse, princesse estimable, dont la tendresse et les vertus avaient fait le bonheur de sa vie. Père affligé, il alla recevoir sur la plage le prince de Galles, son fils chéri, forcé par sa maladie de quitter l'Aquitaine où sa bravoure et ses talens étaient si nécessaires. Le prince de Lancastre, son frère, fut envoyé à sa place.

Il avait besoin de secours. Édouard fit partir une flotte chargée de troupes et de munitions, sous les ordres de Jean Hastings, comte de Pembroke, son gendre. Elle devait aborder à La Rochelle. Les habitans, quoique sous la main d'un garnison anglaise, fermèrent leur port. Il leur était revenu qu'Edouard, peu sûr d'eux, devait les chasser et peupler leur ville d'Anglais. Ainsi en avait-il agi à Calais. La politique ancienne et constante de ces insulaires, de se ménager des points d'appui sur les rivages du continent, soit pour la domination des mers, soit pour le commerce, est à remarquer. Pembroke fut d'autant plus fâché du refus des Rochellois, qu'il était surveillé de près par une flotte de vaisseaux plus forts que les siens, que Henri de Transtamare, roi de Castille, reconnaissant des services que la France lui avait rendus, envoyait à son secours. Les Castillans avaient sur leurs navires des machines inconnues aux Anglais. Elles lançaient des pierres, des masses de plomb et de gros traits; écrasaient et perçaient les frêles embarcations anglaises, qui n'étaient que des vaisseaux de transport. On ne dit pas qu'entre ces machines il y eût des canons; ils n'étaient pas encore appliqués à la marine. Pembroke, très maltraité, prit la fuite, et les Castillans remportèrent une victoire complète.

Ce n'était pas seulement dans la conduite de la guerre que Charles-le-Sage se montrait supérieur à Edouard, il l'emportait encore dans les opérations du cabinet. L'Anglais reconnaissait cette supériorité : » Il n'y eut onc roi, disait-il, qui si peu s'armât et qui me donnât tant à

» faire. » On vient de voir que sa bonne intelligence soutenue avec le roi de Castille lui mérita de ce prince un secours maritime décisif. Édouard fit des efforts pour détacher le Castillan du Français; il cumula promesses et présens, sans pouvoir parvenir à diminuer l'affection qui unissait les deux princes. Au contraire, Charles V, politique adroit, vint à bout d'engager le roi d'Ecosse à rompre la trêve avec celui d'Angleterre, quoiqu'elle fût avantageuse au premier. Enfin il ôta pour ce moment à Édouard la ressource des perfidies ordinaires du roi de Navarre.

Ce n'est pas que l'habile monarque se flattât de fixer ce caractère inquiet, toujours balançant entre les partis opposés; mais il croyait qu'en paraissant ignorer ses intrigues secrètes, il l'empêcherait de se déclarer trop ouvertement pour son ennemi. Il consentit donc à ratifier le pardon que son beau-père n'avait osé venir chercher en personne, et il l'admit en sa présence; mais il fallut, tant les reproches de sa conscience le tourmentaient, lui envoyer des otages, prélats, chevaliers, bourgeois, au nombre de dix-neuf.

L'entrevue eut lieu à Vernon. Le Navarrois s'y rendit des terres qu'il possédait en Normandie. Il se prosterna; Charles le releva, mais on remarqua qu'il ne l'embrassait pas comme de coutume. Les deux beaux-frères eurent une longue conversation qu'on n'entendit pas; mais les spectateurs éloignés observèrent qu'il arriva souvent au roi de Navarre, dans des momens un peu animés, d'interrompre le monarque en se jetant à ses pieds, comme s'il lui eût demandé pardon. Le lendemain il rendit hommage de ses vassalités, ce qu'il n'avait pas encore fait. Il vécut ensuite à la cour, fêté, honoré, ayant un air libre et dégagé. Cependant, dans ce temps même, il envoyait au roi d'Angleterre un agent secret, chargé de lui faire des excuses de sa soumission au roi de France, et de renouveler ses traités avec l'Anglais.

De Paris, où s'était rendu l'hommage, il retourna en Normandie, et alla en Bretagne. En se rendant près du duc, il fut très bien reçu par Olivier de Clisson, seigneur breton, dont le château se trouvait sur son chemin, et qui l'accompagna à la cour. Pour récompense de sa bonne réception, Charles-le-Mauvais le brouilla avec le duc, auquel il inspira une jalousie furieuse contre Clisson qu'il accusa de faire la cour à la duchesse; de sorte que celui-ci n'échappa que de quelques minutes au danger d'être assassiné par ordre du duc: mais le Navarrois eut du moins la satisfaction de rendre ces deux hommes ennemis irréconciliables; plaisir délicieux, et qui l'aurait été encore davantage s'il avait pu prévoir les effets funestes de cette inimitié pour la France!

Dans ce temps, à quelques mois l'un de l'autre, naquirent deux princes destinés à une triste célébrité; Jean, fils de Philippe, duc de Bourgogne, et Louis, duc d'Orléans, second fils du roi.

Après la dispersion des Anglais, qui avaient pris leurs quartiers dans le Maine et l'Anjou, le connétable continua ses exploits dans le

Poitou et prit la capitale. Un de ses capitaines fit une capture non moins importante en la personne de Jean de Grailli, captal de Buch. On est étonné de voir ce seigneur gascon, que le roi de France avait honoré de ses bonnes graces, auquel il avait donné gratuitement la liberté et la seigneurie de Nemours dont il avait fait hommage, et qui, par là, était devenu vassal de la couronne, on est étonné de le rencontrer sous les drapeaux anglais. Mais, dans un moment pacifique, il avait été revoir le prince de Galles, son premier général. Celui-ci lui fit des reproches de sa défection, le flatta, et le rattacha à lui. Le captal renvoya au roi les titres de sa seigneurie de Nemours, rétracta son hommage, et combattit avec assurance pour l'Anglais; mais il eut le malheur d'être fait prisonnier. En vain il offrit une forte rançon, le roi d'Angleterre eut beau le redemander avec instance, inutilement aussi plusieurs Français prièrent pour lui, le roi ne voulut jamais lui rendre la liberté. On débita alors que son inflexibilité venait de la crainte qu'inspiraient au monarque la bravoure et l'habileté du prisonnier; mais il est à présumer que le sage monarque voulut, par un exemple frappant de sévérité, intimider les chefs de bande qui ne se faisaient aucun scrupule de changer de parti. Le captal mourut d'ennui dans la tour du Temple, après cinq ans de captivité.

Une ruse assez bien imaginée rendit La Rochelle à la France. Cette ville avait pour maire un bourgeois, nommé Jean Condorier; il vivait familièrement avec Philippe Mancel, commandant de la citadelle pour les Anglais, *qui n'était pas trop malicieux*. Le maire invite le commandant à un festin; pendant le repas, il fait arriver un prétendu messager du roi d'Angleterre, chargé d'une lettre pour Mancel. On avait eu grand soin de contrefaire les sceaux et les autres signes extérieurs qui pouvaient donner à la missive un air d'authenticité. Le commandant ne savait pas lire, ni apparemment aucun des siens; il examine les sceaux, les trouve en bonne forme, et donne la lettre à Condorier pour lui en faire lecture. Le maire lit un ordre du roi au commandant de sortir le lendemain de la citadelle avec toute la garnison, pour être passée en revue par des officiers qu'il enverra. Dès le matin, Mancel baisse le pont-levis et fait défiler ses gens; pendant qu'ils sortent, des soldats de Condorier, cachés par un mur, s'avancent et se placent entre les Anglais et la forteresse; d'autres se présentent en face. La garnison, ainsi environnée, est obligée de mettre les armes bas, et les Rochellois, sans coup férir, se rendent maîtres de la citadelle.

Un Anglais, nommé David Olegrane, gouverneur d'un château peu éloigné, appelé Benon, apprenant cette nouvelle, fait couper le nez et les oreilles à des Rochellois qui se trouvaient dans sa place. De leur côté, les Rochellois font pendre les Anglais qu'ils rencontrent. Mais ce ne fut pas tout : Benon fut attaqué, et la garnison forcée de se rendre à discrétion. Olivier de Clisson était un des chefs

des assaillans : « Laissez-moi, dit-il aux autres, disposer de ces ri-
» bauds à ma volonté. » Il se met à la porte du fort, et, à mesure
que les soldats anglais en sortent, il leur fend la tête avec sa hache.
Il en tua quinze de suite de cette manière, et en acquit le surnom de
boucher.

Il paraît que du Guesclin s'était fait un plan de campagne mieux
conçu que ses prédécesseurs. Ils entraient dans une province le fer
et le flambeau à la main, la ravageaient, prenaient quelques villes,
et croyaient l'avoir soumise quand ils l'avaient ruinée; au lieu que
le connétable avançait méthodiquement, ne laissait rien derrière
lui, et poussait en avant, comme dans une battue bien ordonnée,
si on peut se servir de cette comparaison, tous ceux qui résistaient.
C'est ainsi qu'il réunit les seigneurs du Poitou, de l'Aunis, de la
Saintonge, et autres attachés aux Anglais, et qu'il les força de se
renfermer dans Thouars. Le siége de cette ville est fameux, tant par
la qualité et le nombre de ses défenseurs que par la vivacité des
attaques. Du Guesclin fit fondre de *grands engins* à La Rochelle et à
Poitiers; avec ces *bombardes*, il foudroya les remparts, les ouvrit, et
contraignit les assiégés à capituler, dans la crainte d'être emportés
d'assaut. Ils promirent de se remettre, eux et leurs seigneuries, sous
l'obéissance du roi de France, s'ils n'étaient pas secourus dans un
temps déterminé.

Le roi d'Angleterre, instruit de ces conditions, se mit en mer avec
trois mille hommes d'armes et deux mille archers. S'il fût arrivé à
temps, il y aurait eu une bataille sanglante; car le connétable l'attendait sous les murs de sa future conquête, avec une armée journellement grossie par la noblesse française, qui y accourait de toutes
parts, dans l'espérance d'un combat. Les vents repoussèrent constamment la flotte anglaise des côtes de France, et Edouard, voyant
que le terme fixé par la capitulation serait expiré avant qu'il se pré-
sentât, rentra dans ses ports. Thouars se rendit, et des provinces entières se réunirent à la France avec cette ville. Il restait encore quelques troupes anglaises dans ces cantons. Le connétable les poursuivit opiniâtrément et les força à une bataille. Elle se donna près de
Chivrai, château du Poitou. Les Anglais la perdirent. « Nul n'é-
» chappa, dit la chronique; tous furent tués ou faits prisonniers. »
La ville de Niort devint le prix de la victoire.

La défaite de la flotte anglaise par les Castillans, auprès de La Rochelle, fit de nouveau sentir à Edouard combien il lui serait avantageux d'attirer à son parti le roi de Castille, ou du moins de le déterminer à la neutralité. Il avait fait épouser au duc de Lancastre, son
fils, Constance, fille aînée de dom Pedre-le-Cruel Quand celui-ci fut
mort, il fit prendre au duc de Lancastre le titre de roi de Castille. Il
était alors en pleine prospérité, et dédaignait Transtamare. Après
le revers près de La Rochelle, il le rechercha, et lui fit offrir la renonciation du duc au titre de roi et à toutes ses prétentions sur la

Castille, s'il voulait renoncer à l'alliance de la France. L'intermédiaire de cette négociation était le roi de Navarre, qui fit exprès un voyage à Burgos. Transtamare rejeta avec indignation cette proposition. Il ne put s'empêcher de reprocher au négociateur, prince du sang de France, et beau-frère du roi, sa démarche plus qu'indécente. Charles-le-Mauvais essuya la remontrance sans remords, mais non sans quelque honte, qu'il alla cacher en Navarre.

Si le roi d'Angleterre échoua du côté de la Castille, il fut plus heureux en Bretagne. Montfort lui devait en grande partie son duché : il montrait en conséquence pour l'Anglais une inclination qui contrariait les sentimens de la principale noblesse bretonne, gagnée depuis la paix de Guérande par les manières affectueuses de Charles-le-Sage. Le vicomte de Rohan et le sire de Laval, sans doute interprètes des sentimens d'un plus grand nombre, eurent la hardiesse de tenir à leur duc ce propos en face : « Chier syre, sitôt que nous
» pourrons apercevoir que vous ferez partie pour le roi d'Angleterre,
» nous vous relinquerons et mettrons hors de Bretagne. » L'effet suivit de près la menace. Edouard exigea de son ancien protégé qu'il se déclarât et armât contre la France. Le penchant de Montfort l'engageait à cette démarche, mais l'hommage qui le liait à la France l'en détournait. Il hésita quelque temps. Enfin le devoir de la reconnaissance l'emporta sur celui de la vassalité ; il se décida pour l'Angleterre. Un grand nombre de seigneurs se liguèrent contre lui ; du Guesclin entra en Bretagne, prit de force les villes qui ne voulurent pas se rendre, accueillit au contraire en compatriote et combla de faveurs et de priviléges, au nom du roi de France, les bourgeois de celles qui se soumirent.

Charles V avait fait précéder ces hostilités par une sommation au duc de Bretagne de ne pas recevoir les Anglais dans son duché, et au contraire de se joindre à lui pour repousser l'ennemi commun. Montfort répondit qu'il éloignerait les Anglais de ses villes et de ses forteresses le plus qu'il pourrait ; que, quant à l'injonction de se joindre aux Français pour leur faire la guerre, il s'en rapportait au traité de Bretigny qui lui laissait le droit de rester neutre. Ce traité, si souvent négligé ou violé, n'était plus au fond qu'une pièce évasive où chacun trouvait ce qu'il voulait. Charles V, ou ne le consulta pas, ou y vit qu'il était permis au plus fort de contraindre les neutres à embrasser sa cause, et le connétable, par ses ordres, continua ses exploits.

L'air et le ton d'assurance en guerre servent souvent autant que la valeur. Du Guesclin les employa avec succès devant Hennebond. Il se transporta au pied des murs, appela les habitans, et, quand il les vit rassemblés sur les remparts, il leur cria : « Bourgeois ! il est certain
» que nous vous conquérerons tous, et souperons enhui (aujourd'hui)
» dans cette ville ; mais s'il y a nul des vôtres qui jette pierre ni carrel, tant soit hardi, par quoi le plus petit de nous et de nos gar-

» çons soit blessé, à Dieu je voue que vous ferai à tous tollir la vie. »
Les bourgeois effrayés se retirèrent, et la garnison anglaise, abandonnée à ses seules forces, ne put se maintenir et fut passée au fil de l'épée.

Point de grace dans cette guerre, accompagnée de toutes les horreurs d'une guerre civile. Le capitaine Knolles, chef de cette armée, deux ans auparavant vaincue dans le Maine, et réfugié lui-même en Bretagne, s'y trouvait pressé dans le château de Derval qui lui appartenait, et où il venait de se renfermer. Avant qu'il arrivât, un officier subalterne avait promis de se rendre à jour dit, s'il n'était pas secouru, et avait donné des otages. Le jour arrivé, Knolles refuse de remettre la place, sous prétexte que ses gens n'ont pu traiter sans son aveu. On répond que, s'il ne se rend pas sur le champ, on fera mourir les otages. Knolles menace d'user de représailles sur les chevaliers qu'il tenait prisonniers. « Laissez-moi le soin de cette affaire, » dit au duc d'Anjou, qui commandait l'armée française, Clisson, l'ennemi irréconciliable des Anglais et du duc de Bretagne. « Messire » Olivier, répond le duc, faites ce que bon vous semble. » Sans autre pourparler, le boucher de Benon fait mener les otages sur le fossé de la place, et les fait décapiter. Aussitôt il sort d'une fenêtre du château un échafaud sur lequel étaient liés trois chevaliers, dont on fait sauter les têtes dans les fossés. Clisson, dans l'assaut qui suivit, fut dangereusement blessé, et la place ne fut pas prise.

Le roi d'Angleterre avait auprès du duc de Bretagne un agent nommé Milleborne. Pour décharger son maître des sommes qu'il avait promises au duc, afin de le faire déclarer contre la France, et sans s'embarrasser de ce qui pourrait arriver à Montfort de ce conseil, Milleborne l'engage à mettre un impôt extraordinaire. Les seigneurs bretons appellent de cette vexation au roi, et présentent requête au parlement. Le peuple refuse de payer; le duc s'obstine, et condamne au dernier supplice quelques opiniâtres. La révolte alors devient dangereuse; Montfort s'embarque pour l'Angleterre, pressé par le double motif de se soustraire à la fureur des révoltés, et de hâter, par sa présence, les secours qu'on lui avait promis et qui ne venaient pas.

A la vérité, le roi d'Angleterre préparait une armée. Il la fit descendre à Calais sous les ordres du duc de Lancastre. Le duc de Bretagne comptait la commander en commun; mais il éprouva ce que doit prévoir un prince qui se met dans le besoin de demander. Le duc de Lancastre le refusa durement. Son armée traversa une partie de la France, comme les précédentes, dans l'intention, non de se porter en Bretagne, comme Montfort l'avait espéré, mais d'aller reconquérir la Guyenne, dont il ne restait plus aux Anglais que la capitale. Charles V ordonna à du Guesclin qu'on les laissât passer sans prétendre retarder leur marche par une bataille; qu'il prît soin seulement qu'ils fussent continuellement harcelés, qu'ils manquassent de vivres, et que l'armée fût sensiblement diminuée par de petits combats. Les pluies et les froids rigoureux de l'arrière-saison firent le reste ; de sorte que cette armée de trente mille hommes en débarquant, n'en comptait plus que six mille en arrivant à Bordeaux. C'est le même déchet que celui des grandes compagnies après les victoires en Castille, et c'est à peu près le calcul applicable aux expéditions lointaines.

Le duc de Lancastre, en déposant le reste de ses troupes en Guyenne, convint d'une suspension d'armes avec le duc d'Anjou : Charles V refusa de la ratifier, parce qu'il découvrit que l'Anglais ne voulait suspendre les efforts de sa nation contre la France que pour les tourner contre la Castille, dont il ambitionnait toujours la couronne comme gendre de don Pèdre. Pour cette raison, le roi de France ne voulut pas d'une trêve qui exposerait son fidèle allié. Il consentit seulement que des ambassadeurs qu'il nomma se transportassent à Bruges pour traiter de la paix.

Le duc de Lancastre, de retour à Londres, y fut assez mal reçu, tant à cause du mauvais succès de son expédition que pour sa conduite hautaine et insultante à l'égard du duc de Bretagne. Edouard s'empressa de réparer les torts de son fils à l'égard de son allié qui était devenu son gendre. « Beau-fils, lui dit-il, je sais bien que, pour
» l'amour de moi, vous avez mis en balance et hors de votre seigneu-
» rie grand et bel héritage ; mais soyez bien assuré que je le recou-
» vrerai. Je ne ferai paix à François que vous ne soyez dedans, et
» raurez votre héritage. » Pour arrhes de sa promesse il lui donna deux mille hommes d'armes et trois mille archers. Avec cette troupe, quelques Anglais encore errans en Bretagne et dans les pays adjacens, et les Bretons qui lui étaient restés attachés, Montfort, guerrier exercé, et capitaine habile, prit rapidement des villes importantes, et eut la satisfaction de voir fuir devant lui plusieurs des seigneurs qui, selon leur expression, l'avaient *relinqué*. De ce nombre était Olivier de Clisson. On sait la haine que Montfort lui portait. Il le força, après l'avoir battu, de se renfermer dans Quimperlé, et l'investit de manière qu'il ne pouvait ni se sauver, ni se défendre d'être bientôt emporté par les troupes qui le bloquaient. Vainement demanda-t-il à capituler. Le duc voulait l'avoir à discrétion, et il n'y a point de doute que celui qui avait eu dessein de le faire assassiner ne lui préparât une mort cruelle. L'assiégé était dans cette perplexité, lorsque Montfort vit arriver dans son camp deux seigneurs envoyés par le roi de France, qui lui signifièrent une trêve conclue à Bruges. Comme la Bretagne y était comprise, ce fut une obligation au duc de lever le siége, et Clisson fut sauvé.

Les négociateurs de Bruges, malgré leur bonne volonté, n'avaient pu convenir que d'une suspension d'armes pour neuf mois : mais ils se donnèrent parole de se rassembler avant ce terme. En effet ils revinrent dans l'intervalle de six mois, très disposés à conclure la paix; mais les intérêts étaient trop compliqués et les prétentions trop directement opposées. Il ne restait aux Anglais de leurs conquêtes sous les rois Philippe de Valois et Jean que la ville de Calais. Sans vouloir la rendre, ils demandaient la restitution de la Guyenne et de sa dépendance, patrimoine d'Édouard, comme descendant de la célèbre Éléonore. Charles exigeait Calais, ou du moins que les fortifications en fussent démolies; plus une somme de quatorze cent mille livres, donnée pour la rançon de son père, et donnée indûment, puisque ce prince était mort en prison. Il abandonnait pour cela la Guyenne; mais à condition que l'Anglais ne la posséderait que comme fief, et en ferait hommage. Édouard et son fils, qui y avaient possédé tous les droits de souveraineté, sans aucune dépendance, refusaient de se soumettre à cette condition. On laissa donc les choses dans l'état où elles étaient, chacun avec ses possessions et ses prétentions, et on se contenta d'une trêve de deux ans.

Cette trêve, acceptée par Charles V, étonna dans l'état prospère où étaient ses affaires; mais elle fut le fruit d'une profonde sagesse. La France avait besoin de repos et le roi de loisir, pour remettre l'ordre dans l'administration dont presque toutes les parties avaient besoin de réforme. Il y en eut peu qu'il ne soumît à son examen et à des lois meilleures. Il fixa la majorité des rois à quatorze ans. On croit que cette précaution lui fut suggérée par le dépérissement de sa santé, effet du poison du Navarrois, qui lui faisait prévoir la minorité prochaine de son fils. Le père attentif créa pour ce prince un conseil de régence. Il le sépara de la tutelle, qu'il confia à Jeanne de Bourbon, son épouse, princesse d'un grand mérite. Apanage des fils, dot des filles, charges et dignités de la maison royale, fonctions, appointemens, tout fut réglé avec noblesse et économie. Il se fit rendre compte des querelles sans cesse renaissantes entre les juridictions ecclésiastiques et laïques. A cette occasion, il proclama, pour les suppôts inférieurs des tribunaux, huissiers, procureurs et autres, des réglemens répressifs de la chicane, et de l'accroissement des frais de procédures. Quant aux justices elles-mêmes, il posa pour chacune les bornes que les circonstances permettaient. Il ne fit pas non plus tout ce qu'il aurait désiré pour la discipline des gens de guerre; mais du moins il rendit les levées plus faciles, moins onéreuses au peuple, et assura la solde et l'existence d'une armée permanente! Chose étonnante! malgré la guerre, il diminua les impôts. A la vérité, il opéra en partie cette décharge par une mesure peu généreuse et blâmable peut-être, celle de faire payer aux malheureux juifs le droit d'être ses sujets, et de prolonger en France un séjour qui n'y avait jamais été permis que d'une manière précaire et limitée. Charles, au reste, en peut-être justifié au besoin par les mœurs et par les préjugés du temps; genre de tribut qu'il est rare de ne pas payer à son siècle, et qu'il est injuste de reprocher à un prince, lorsqu'il n'est pas toujours donné, même aux meilleurs esprits, de s'en pouvoir affranchir entièrement.

Charles V donna aux bourgeois de Paris le privilége d'acheter des fiefs, et leur accorda des franchises qui rendaient ces acquisitions plus avantageuses. Il commença la Bastille, rempart contre les ennemis du dehors, frein pour les séditieux du dedans, objet de terreur pour le crime, et malheureusement quelquefois l'instrument de l'injustice et de la vengeance. Outre cette masse énorme détruite de nos jours, il bâtit le château de Montargis et celui de Creil, augmenta le Louvre, et se fit sur le bord de la Seine un séjour agréable près de la Bastille, appelé l'Hôtel Saint-Paul. Sa destination est marquée par cet autre nom, l'Hôtel solennel des grands ébattemens. Ses jardins étaient plantés plus pour l'utilité que pour le luxe, et il eut de plus grand soin d'améliorer ses domaines, qui étaient alors le plus sûr et le principal revenu de nos monarques. Ils avaient été fort négligés sous les règnes précédens; Charles V ne dédaigna pas d'entrer dans la connaissance des obligations des fermiers, des accroissemens que ses possessions pouvaient recevoir de la culture. Enfin il ne négligea pas le commerce. Il y avait à Paris, dès avant l'invasion des Francs, dit-on, une société de commerçans par eau, appelés les marchands de l'eau, parce qu'ils faisaient leur principal commerce par la Seine; le roi continua de les protéger. Leur police intérieure avait été maintenue long-temps par un prévôt et par des échevins qui, par suite de l'agrégation de divers autres corps de commerçans à celui des marchands de l'eau, devinrent peu à peu les officiers municipaux de la capitale. Charles encouragea toutes les différentes espèces d'artisans et de négocians par le renouvellement et l'augmentation de leurs privilèges. Les Castillans, les Portugais, les Italiens surtout, en possession alors du commerce maritime le plus étendu, furent invités à fréquenter nos ports, par les exemptions et la liberté que le roi leur accorda.

Telles furent les occupations du roi pendant cette trève et pendant d'autres momens de repos. Un répit de deux ans lui faisait aussi prévoir des évènemens dont il pouvait tirer avantage. La maladie du prince de Galles augmentait. Elle le conduisit au tombeau, en 1376, âgé de quarante-six ans. Le roi de France, qui avait toujours estimé sa bravoure et sa loyauté, lui fit faire un service solennel à Paris. Il semble que l'énergie du père s'ensevelit avec son fils. Edouard, outre la caducité de l'âge, en montra les faiblesses. Il devint paresseux dans les affaires, s'abandonna honteusement à une jeune maîtresse, dépensière plus que galante, et qui profita insolemment de l'ascendant que l'amour du vieillard lui donnait sur cette ame flétrie. On lui remarquait, non du goût, mais de la passion pour les plaisirs, pour les fêtes, pour tout ce qui était éclatant, et qu'il pensait pouvoir cacher son déclin à ses propres yeux. Le peuple anglais, dont il avait été l'idole, non seulement cessa de l'adorer, mais ne put même quelquefois se défendre d'un sentiment de pitié, si ce ne fut pas de l'indignation et du mépris. Avec sa gloire tomba son autorité et son crédit dont il éprouva la décadence, surtout quand il demanda de l'argent ; au lieu que l'estime qui environnait Charles V rendit toujours les Français prompts à l'aider dans le besoin : éloge du peuple et du monarque.

Il aurait passé ces deux années tranquille, rafraîchi, pour ainsi dire, par les douces influences de la paix, si son perfide beau-frère ne l'eût encore troublée. Jeanne de France, épouse de Charles-le-Mauvais, était morte subitement. On soupçonna qu'il l'avait empoisonnée. Le même soupçon se répandit à l'occasion de la mort de Guy d'Auvergne, dit le cardinal de Boulogne, qui était le conseil de ce prince. Il s'en disculpa auprès du pape Grégoire XI ; mais en pareille circonstance, c'est déjà une tache infamante que le besoin de justification. A ces forfaits commis dans sa famille, le Navarrois joignit des tentatives pour donner à son beau-frère des inquiétudes, tant dans sa cour que de la part de l'ennemi. Il s'était élevé une discussion d'intérêt entre la branche cadette de Valois et l'aînée, dont le roi était chef. Aussitôt le Navarrois s'intrigue, se jette dans la contestation, brouille les droits, aigrit les esprits. Sans quelques sacrifices que le monarque fît à propos, il aurait mis la discorde dans la famille royale. Il s'efforça aussi de rompre la trêve, envoya pour cela un agent en Angleterre, et conclut un traité d'alliance offensive et défensive. On ne peut à la vérité rien prouver contre ce prince, parce que le vaisseau qui rapportait l'argent et les papiers périt dans la traversée.

Pendant la trêve, la paix se négociait toujours. Les pouvoirs donnés par Charles V à ses plénipotentiaires portaient, dit-on, l'abandon de quatorze cents villes fermées, et de trois mille forteresses dans la seule Aquitaine, si les Anglais voulaient terminer. Ce nombre n'est pas croyable, quand même, dans l'état qui fut présenté, on aurait mis comme villes des bourgs qui portent encore ce nom, et comme forteresses les villages qui étaient alors tous entourés de murs. Ce sacrifice, qui nous paraît énorme, le fut si peu aux yeux des ambassadeurs anglais, venus de nouveau à Bruges, qu'ils dirent ne pouvoir conclure sans avoir auparavant consulté. Ils repartirent ; mais, en arrivant à Londres, ils trouvèrent Edouard mort, et au même moment la trêve expirait.

Charles épiait ces deux circonstances. Aussitôt des ports de Normandie partent des vaisseaux chargés de troupes. Elles abordent en Angleterre, ravagent les campagnes, pillent et brûlent les villes. Le roi avait eu soin, pendant la trêve, de faire bâtir des vaisseaux à rames et à voiles, nommés galères, propres à la guerre. Ses prédécesseurs ne se servaient ordinairement que d'embarcations marchandes. Ils les ramassaient au moment de la guerre, et les faisaient quelquefois accompagner par des navires plus forts de bois et plus hauts de bord, qu'ils louaient des Génois, réputés alors les meilleurs marins. Dans cette expédition ce furent les Castillans qui aidèrent les Français. Transtamare envoya une flotte. Ses troupes, jointes aux nôtres, firent trembler l'Angleterre ; Londres même s'effraya. Charles attaqua en même temps en Guyenne, en Bretagne, dans l'Artois, et partout il eut des succès. On remarque qu'au siége d'Ardres il y eut quarante bombardes employées. Ce nombre marque un accroissement rapide dans cette arme.

Pendant que des généraux de Charles prenaient des villes et soumettaient des provinces, il recevait à Paris l'empereur Charles IV, son oncle, et Venceslas, son cousin, élu roi des Romains. Le père venait accomplir un pèlerinage à Saint-Maur-des-Fossés. « Mais combien qu'il eut sa dévotion, il venait aussi, disait-il, pour » voir le roi, la reine et leurs enfans, et leur présenter son fils. » Les honneurs qu'on lui fit nous apprennent quel était le cérémonial du temps, semblable au nôtre, aux nuances près qu'apporte l'accroissement du luxe. Entrée solennelle, harangues, festins, grandes parures, belles livrées. L'université le complimenta, et l'invita à une thèse de théologie ; c'était ce qui a été depuis, pour d'autres souverains, une séance académique. On eut cependant soin qu'il ne fît pas son entrée à Paris sur un cheval blanc, distinction qui n'appartenait qu'au roi, et dont on craignait que l'empereur ne se prévalût. On eut soin aussi de compasser sa marche depuis les frontières jusqu'à Paris, afin qu'il n'y arrivât qu'après les fêtes de Noël, de peur qu'il ne lui prît envie d'assister à l'office de nuit, revêtu des habits impériaux, et de chanter la dernière leçon des matines, ce qui était un droit des empereurs d'occident dans l'empire, droit dont l'exercice pourrait faire croire qu'il regardait la France comme en faisant partie. Le roi l'invita à une séance de son conseil. Il se plut à lui expliquer lui-même les motifs de sa rupture avec l'Angleterre, comme jaloux d'obtenir son suffrage.

A la joie qu'eut le roi de voir un oncle qu'il aimait succéda une douleur profonde, causée par la mort de Jeanne de Bourbon, son épouse. Une imprudence, commise peu de jours après avoir mis une princesse au monde, la conduisit au tombeau. Elle y emporta les regrets de son époux et de toute la France.

Dans ce temps se tramait une conspiration, dont l'auteur, quand il est question de trahison et de perfidie, est connu sans qu'on le nomme. Les succès du roi causaient au roi de Navarre une jalousie qui tenait de la rage. « Je n'aime pas le roi de France, disait-il à ses » confidens : quelques belles paroles qu'il m'ait dites, j'ai toujours » entendu, par toutes les manières que j'ai pu, lui faire grief et » dommage ; et, si je pouvais, je mettrais volontiers peine à sa des- » truction. » Ces dispositions préparent à n'être pas étonné des crimes dont les pièces du procès qui fut fait alors et dont les monumens qui existent encore donnent la certitude.

Le poison, comme on l'a déjà vu, était son arme favorite. Il avait attiré à sa cour un médecin juif, nommé Angel. Il le choisit pour exécuteur de son affreux projet. « Votre profession, lui disait-il, vous

» facilitera le moyen de vous introduire auprès du roi de France,
» dont les savans sont sûrs d'être bien accueillis. Il vous verra
» d'autant plus volontiers que vous parlez bien latin, et êtes *moult*
» *argumentatif*. » Angel n'accepta pas la commission, et, sentant
le danger auquel l'exposait une pareille confidence, il s'échappa de
la cour du Navarrois; mais il ne porta pas loin le funeste secret du
prince. Quelque temps après, Charles-le-Mauvais dit à un de ses
confidens « que le physicien de Chypre avait été noyé dans la mer. »

La tentative auprès du médecin n'ayant pas réussi, le Navarrois
eut recours à un de ses valets de chambre qui avait un parent officier dans les cuisines du roi. Il lui dit de se rendre à Paris, de s'introduire par l'entremise de son parent dans la cuisine, et de jeter sur
les plats à sa portée un poison qu'il fit préparer par une juive sous
ses yeux. Il y avait à la cour un agent du Navarrois nommé Duruc,
dont on se méfiait : le roi le fit arrêter et fit saisir ses papiers. On y
trouva les preuves de cet odieux projet, et Duruc en convint. Un
autre homme, secrétaire du roi de Navarre, nommé Pierre Dutertre,
fut surpris dans une des villes que ce prince possédait en Normandie. Ses papiers n'indiquaient rien sur le poison, mais on y trouva le
motif et le plan de la conspiration. Après la mort du roi, qui serait très
subite, on devait profiter du trouble que cet évènement imprévu occasionnerait pour se saisir du dauphin et s'emparer du gouvernement. Le roi de Navarre comptait sur quelques mécontens et sur les
Anglais, avec lesquels il avait un traité. Il s'engageait, en échange
des troupes qu'ils lui feraient passer, à leur livrer ses villes de Normandie, et l'alliance devait être confirmée par le mariage d'une de
ses filles avec le jeune roi Richard.

Le comte de Beaumont, un des fils du roi de Navarre, avait été
envoyé à la cour de France, sous prétexte de solliciter quelques affaires, mais réellement afin d'écarter les soupçons pendant que son
père machinait ces noirceurs. Le jeune prince ignorait ces infames
manœuvres; il n'était point du tout dans la confidence. Il faisait un
petit voyage en Normandie lorsqu'on arrêta les agens de son père,
et il était de si bonne foi qu'il vint demander au roi leur élargissement. Il avait avec lui plusieurs gouverneurs des principales places
qui l'escortaient par honneur. Le roi lui découvrit toute la trame. Il en
fut si consterné qu'il se prêta de lui-même à tout ce que le roi exigea.

Pour suspendre les effets de la conspiration, Charles s'abstint des
ménagemens qu'il avait eus autrefois, et n'hésita pas à rendre publics
le crime et la honte de son beau-frère. Il fit comparaître Duruc et
Dutertre devant le parlement, où se rendirent les princes, pairs,
prélats et seigneurs les plus distingués du royaume. On lut leurs dépositions qu'ils confirmèrent par leur aveu. Ils furent condamnés à
mort, traînés sur le champ aux halles, et exécutés. On ne voit pas
qu'il ait été rien prononcé personnellement contre le roi de Navarre,
peut-être en considération de ses enfans. Les gouverneurs des villes

de Normandie reçurent ordre, en présence du comte de Beaumont, de remettre leurs places aux troupes que le roi enverrait.

Le comte accompagna lui-même l'armée destinée à cette expédition, qui ne fut ni longue ni périlleuse. Dans une de ces villes on rencontra Jean de Mortain, fils puîné du roi de Navarre, et la princesse sa sœur. Le roi les traita avec toute la bienveillance possible, comme son cher neveu et sa chère nièce. Dans une forteresse se trouvèrent les trésors du coupable, dont la perte fut sans doute plus sensible pour lui que celle de ses enfans. Le duc d'Anjou s'empara de Montpellier et de toutes les terres que le Navarrois possédait en Languedoc. Sur le seul bruit de la conspiration, et, sans en être prié, Transtamare se jeta sur la Navarre, afin de faire une diversion en faveur de Charles V, son ami, s'il en avait besoin. Ainsi dépouillé, Charles-le-Mauvais se sauva en Angleterre. Ses alliés, le voyant inutile, n'en tinrent pas grand compte. Ils lui promirent cependant des secours; mais, par nantissement, ils se firent livrer la ville de Cherbourg où ils mirent garnison. Le duc de Bretagne, dans le même temps, leur ayant livré Brest pour payer les secours qu'il en sollicitait, ils se trouvèrent ainsi maîtres de quatre des principaux ports de France : Bordeaux, Brest, Calais et Cherbourg.

Une autre affaire importante attira l'attention du roi. Clément V, redevable de la tiare à la France, avait fixé son séjour à Avignon. La cour papale et le sacré collège y demeuraient depuis plus de cinquante ans, lorsque des raisons politiques et religieuses firent prendre à Urbain V la résolution de reporter le saint-siège à Rome. Il apprit que les Romains ennuyés de l'absence des papes successeurs de Clément, paraissaient disposés, si Urbain ne revenait pas, à en élire un autre. D'ailleurs ce pontife, savant et pieux, se faisait un scrupule de ne pas résider dans son diocèse. Ainsi, malgré les sollicitations de Charles V, il se rendit à Rome; mais il y eut des désagrémens de la part d'un peuple indocile, accoutumé à l'anarchie, et il revint au bout de trois ans à Avignon. La mort le surprit dans le louable dessein de travailler lui-même à la paix entre la France et l'Angleterre. Son successeur, Grégoire XI, élu à Avignon, s'imposa, pour ainsi dire, l'obligation de retourner à Rome, en publiant une bulle qui recommandait la résidence aux évêques sous des peines sévères. Comment aurait-il pu, lui, le premier des évêques, se dispenser de donner l'exemple aux autres? De plus, le même motif qui avait déterminé son prédécesseur, savoir, la crainte que les Romains n'élussent un autre pape, le pressait lui-même. La menace lui en fut signifiée par une députation solennelle du peuple de Rome. Il partit donc, et emmena avec lui le sacré collège, à six cardinaux près, qu'il laissa à Avignon.

A sa mort les cardinaux se trouvèrent à Rome au nombre de seize, dont onze Français, non compris les six restés à Avignon. Quand ils entrèrent au conclave, la populace les entoura en criant : « Nous le

« voulons Romain ; avisez-vous, seigneurs, disaient-ils, et baillez-
» nous un pape romain, autrement nous vous ferons les têtes aussi
» rouges que vos chapeaux. » Cette menace les embarrassa. Après
avoir hésité quelques jours, harcelés par le peuple, ils prirent un
parti mitoyen qui fut d'élire Bartolomeo Prignano, archevêque de
Bari, Italien qui n'était pas cardinal. Ils ont dit depuis qu'ils lui
avaient fait faire serment de se démettre quand ils seraient en sûreté,
et qu'ils s'étaient réservé le droit de revenir contre cette élection
comme contrainte, et d'en faire une nouvelle; mais il ne parut rien
alors de cette convention. Les Romains se montrèrent contens d'a-
voir du moins un pape italien. Il prit le nom d'Urbain VI. Il était
impérieux, emporté, dur, vindicatif, et sa sévérité approchait souvent de la cruauté.

Ces qualités repoussantes ne tardèrent pas à se montrer. Les cardinaux, effrayés par les mauvais traitemens faits à quelques uns
d'entre eux, désertèrent sa cour l'un après l'autre, et se retirèrent à
Anagni, petite ville de la campagne de Rome. Là, ils protestèrent
pour la première fois contre l'élection, comme arrachée par la violence. Urbain leva des troupes; ils en levèrent aussi : mais, se
voyant près d'être enfermés dans cette petite ville, ils se réfugièrent
à Fondi, près de Naples, où la reine Jeanne leur donna un asile. Ils
y procédèrent à une nouvelle élection, et choisirent le cardinal Robert, fils du comte de Genève, dont ils espéraient protection et secours. Le nouvel élu prit le nom de Clément VII.

Les électeurs envoyèrent dans toutes les cours une proclamation
dans laquelle ils ne parlaient que de la violence qui leur avait été faite
par le peuple, violence qu'ils prétendaient suffisante pour rendre
l'élection d'Urbain illégitime, et, par conséquent, nulle; mais ils ne
parlaient ni du serment supposé fait par Prignano de se démettre
quand il en serait requis, ni de leur intention secrète de ne faire
qu'une élection feinte. Si la chose était vraie, apparemment ils eurent honte d'avouer une dissimulation interdite à toute sorte de traités, à plus forte raison dans un engagement qui touchait à la religion,
et qui pouvait intéresser la paix de l'église. De son côté, Urbain envoya dans toutes les cours des députés chargés de faire reconnaître
la validité de son élection. Pour remplacer les cardinaux qui l'avaient
abandonné, il en créa vingt-six. Alors les deux papes commencèrent
à se lancer des excommunications, à se charger d'anathèmes, et leurs
partisans prirent les noms d'*Urbanistes* et de *Clémentins*.

Charles V vit avec inquiétude les annonces d'un schisme, et en
prévit les conséquences. Dans un royaume comme la France, où la
religion et ses ministres avaient un grand empire, où se trouvaient
des ordres religieux très nombreux, déjà divisés sur des systèmes
théologiques, et discordans de sentimens sur d'autres articles; des
universités, des corps savans ardens à la dispute, il aurait été dangereux de laisser à chacun la liberté de proclamer publiquement son

opinion particulière. Il fit donc examiner, dans une assemblée composée de six archevêques, trente évêques, plusieurs abbés et docteurs, la question qui commençait à agiter le monde chrétien, auquel des deux papes on devait obéissance; quoique l'affaire occupât plusieurs séances, on ne put se décider. Le roi envoya en Italie faire de nouvelles informations. Le résultat en fut lu dans une seconde assemblée, à laquelle assistèrent, avec un choix de docteurs, les principaux du clergé et de la noblesse. Le monarque les exhorta à ne suivre que la voix de leur conscience dans l'avis qu'ils allaient donner. Il en fit faire serment, et le jura lui-même. La pluralité fut pour Clément. Quand ce jugement fut signifié à l'Université, comme à la société dont l'exemple devait entraîner les autres, elle demanda à délibérer encore. Enfin elle se décida pour Clément, non pas à l'unanimité. Plusieurs membres opinèrent à ne reconnaître ni l'un ni l'autre pontife, et à attendre que leur droit eût été discuté et établi dans un concile général. Cependant les corps enseignans, prédicateurs et tribunaux, se soumirent, pour la police extérieure, à l'ordre qui fut donné de ne reconnaître pour pape que Clément VII. Mais l'Angleterre et d'autres états en plus grand nombre se déclarèrent pour Urbain. Il paraît que le motif déterminant du roi de France fut la violence, assez bien prouvée, qui avait été faite au conclave.

Pendant cette dissension, la guerre se faisait entre les deux nations avec des succès assez variés. Leurs champs de bataille étaient les deux extrémités de la France, la Navarre et la Bretagne. On se rappelle que, pour faire diversion à la conspiration de Charles-le-Mauvais, Transtamare s'était jeté sur la Navarre et y avait fait des progrès rapides. Les Anglais de la Guyenne y entrèrent à leur tour, et, malgré les troupes que Charles V y envoya, ils chassèrent le Castillan de sa conquête, et le poursuivirent jusque dans son royaume. Il y a apparence qu'ils entreprirent cette expédition moins pour obliger le Navarrois que pour favoriser le projet que le duc de Lancastre conservait de regagner la couronne de Castille, enlevée à Pierre-le-Cruel, dont il avait épousé la fille et dont il convoitait toujours l'héritage. C'est dans ce dessein qu'il avait obtenu du conseil de régence de Richard, son neveu, de porter les forces d'Angleterre de ce côté. Ce fut une excursion brillante, à la vérité, mais qui n'eut pas de suite. Quant à la Bretagne, dont les principales villes étaient occupées par des garnisons françaises, elle fut d'abord attaquée. Une flotte parut sur ses côtes, et débarqua des troupes anglaises. Fier de ce secours, le duc osa envoyer défier le roi de France, son seigneur suzerain. Cette audace détermina le roi à porter à Montfort un coup qui serait devenu mortel, si Charles V avait trouvé dans les seigneurs bretons la correspondance qu'il espérait.

Il vint tenir un lit de justice au parlement, y énuméra ses griefs contre le duc, demanda qu'il fût procédé contre lui. On le somma de comparaître. Il ne répondit pas à la citation; alors le monarque lui-

même, du haut de son trône, prononça « la confiscation de la per-
» sonne et des biens de Jean de Montfort, chevalier, naguère duc de
» Bretagne. » Il manda à Paris quatre des principaux seigneurs bretons qu'il savait les plus attachés à la France ; savoir : le connétable
du Guesclin, Olivier de Clisson, et les seigneurs de Rohan et de Laval ; leur fit connaître la sentence, s'efforça de leur en prouver la
justice, et leur dit que, ne doutant pas de leur affection, il espérait
qu'ils ne feraient nulle difficulté de recevoir ses troupes dans leurs
places pour les défendre contre les Anglais.

Cette proposition décela l'intention secrète du roi ; ils ne doutè-
rent pas qu'il n'eût l'intention de réunir la Bretagne à la couronne et
d'en faire une province de France. Si, en dépouillant Montfort de son
duché, le roi en eût investi un autre, par exemple un des fils de
Jeanne-la-Boiteuse, duchesse de Penthièvre, peut-être aurait-il
réussi à se débarrasser de Montfort pour toujours ; mais le dessein
d'anéantir la souveraineté, dont les seigneurs bretons se regardaient
comme participans, glaça leur zèle pour la France. Ils répondirent
froidement au roi qu'ils feraient toujours ce qu'ils pourraient pour
son service ; que, quant à leurs forteresses, il n'en fût pas inquiet,
qu'ils sauraient les défendre eux-mêmes contre les Anglais ; et ils
repartirent promptement.

Les pairs mêmes furent mécontens de la procédure ; le duc d'Anjou, frère du roi, lui en fit des plaintes. Ils remontrèrent que, selon
l'ancien code féodal, le seigneur, fût-il monarque, plaidant contre
son vassal, ne pouvait assister à la délibération avec les pairs du vassal, qui seuls avaient droit de le juger ; que, si l'innovation dont ils
venaient d'être témoins se confirmait, ils courraient risque au
moindre mécontentement de perdre leurs pairies et leurs autres privilèges, par l'influence que la présence du roi et son opinion mani-
festée pouvaient avoir sur les jugemens. La duchesse de Penthièvre,
de son côté, revendiqua pour ses enfans le bénéfice de la confiscation, d'après la clause du traité de Guérande, que, survenant l'extinction de la famille de Montfort, la sienne de droit saisirait le duché.
Or, disait-elle, si le crime de félonie, sur lequel la confiscation est
fondée, rend Montfort et sa postérité inhabiles à posséder le duché,
c'est comme si la sentence les anéantissait. En ce cas, la Bretagne
doit revenir aux miens et non à la couronne. Le duc d'Anjou, son
gendre, appuyait sa prétention, dans l'espérance de voir peut-être un
jour ce beau duché possédé par ses enfans.

Les seigneurs bretons, retournés chez eux, racontèrent à leurs
parens et à leurs amis ce qui s'était passé à Paris. Ils s'assemblèrent
secrètement, pesèrent les avantages et les inconvéniens de ce qu'on
leur demandait. Le résultat de leurs délibérations fut qu'il valait
mieux avoir affaire à un duc qu'à un roi, « parce qu'un roi commande
» toujours, et qu'un duc prie souvent. » De ce principe naquit une
confédération de la noblesse et une résolution de rappeler Montfort ;

la députation partit pour Londres : le duc fut très étonné et très joyeux. Cependant, sur la proposition qu'ils lui firent de retourner avec eux, n'osant pas se fier sans examen à cette bonne fortune, il leur dit de repartir, et leur promit de le rejoindre sitôt que le secours que la régence d'Angleterre lui promettait serait prêt.

Comme si le roi eût travaillé pour son ennemi, il hasarda de mettre un impôt sur la Bretagne. L'idée de vouloir se rendre leur maître avait révolté les grands ; l'impôt souleva le peuple. Une nouvelle députation partit ; le duc ne fit point difficulté de revenir avec elle, d'autant plus que les Anglais lui donnèrent des troupes et des munitions. Quand son retour fut annoncé, il se fit un concours prodigieux vers la place de Saint-Malo où il devait débarquer. Lorsqu'on aperçut ses vaisseaux, ce peuple qui l'avait chassé, devenu ivre de joie, tendait vers lui des mains suppliantes avec des acclamations de repentir et de tendresse. Ils avançaient jusque dans la mer pour le voir plus tôt. Ils se prosternaient, ceux mêmes qui s'étaient jetés dans l'eau, dit l'historien de Bretagne. Ils versaient des torrens de larmes, le suppliant de leur pardonner, reconnaissant qu'ils avaient été séduits et maudissant l'auteur de leur révolte.

En peu de temps Montfort se vit une armée considérable. Il n'eut pas de peine à reconquérir son duché. Les seigneurs s'empressaient de se rendre auprès de lui, et les villes de lui ouvrir leurs portes. Les Français se renfermèrent dans les plus importantes de celles qu'ils tenaient. Charles V ne fit pas de son côté de grands efforts. On aurait dit que cette guerre pesait sur sa conscience. Montfort, après avoir soustrait en grande partie la Bretagne au joug du roi de France, la dégagea aussi de la guerre. Il la porta en Normandie. Le duc d'Anjou, envoyé pour couvrir cette province, vint au devant de lui. Quand les armées furent en présence, les deux ducs, sans grands préliminaires, convinrent d'une suspension d'armes, dont les conditions paraîtront singulières. La trève était pour un mois. Pendant ce temps, l'affaire du duc de Bretagne, c'est à dire la confiscation de sa personne et de son duché, devait être remise à l'arbitrage du duc d'Anjou lui-même, du comte de Flandre, et de quatre seigneurs bretons des deux partis. La duchesse de Penthièvre même intervint dans cette espèce de compromis. Le duc d'Anjou promit de faire agréer au roi ce que les arbitres décideraient, et fit garantir sa promesse par Charles, prince de Navarre, qui se trouvait dans son armée, par le duc de Bourbon et par le connétable.

Du Guesclin, appelé par le roi lui-même dans cette affaire, ne pouvait, comme Breton, y être indifférent. A la proposition faite par le roi aux seigneurs de remettre leurs places, il n'avait dit mot, et s'était retiré en Bretagne comme les autres ; mais il ne prit aucune part, du moins apparente, aux démarches faites pour le retour de Montfort. Il était à Saint-Malo lorsque le duc débarqua. Il vit, du haut des remparts, la belle manœuvre d'un capitaine anglais, Kalverli, qui, avec un vaisseau, tint en échec toute la flotte castillane envoyée pour fermer le retour au duc, et sauva toutes ses munitions et son trésor. Le connétable, témoin de cette belle action, ne put s'empêcher d'y applaudir, et le fit dans des termes capables de déplaire au roi, s'ils lui revinrent.

Le silence seul que du Guesclin garda dans l'audience des quatre Bretons était une improbation, une censure indirecte, auxquelles le monarque fut sensible. Il survint entre eux une froideur qui pesait sans doute à tous deux. Elle alla jusqu'à déterminer le général, pour quelques mots de reproche glissés dans la lettre du roi, à lui renvoyer l'épée de connétable. Il avait, à ce qu'on croit, dessein de se retirer en Castille, où Transtamare l'aurait certainement bien reçu. Mais le cœur du monarque parla en faveur de son ancien ami, du plus fidèle et du plus utile de ses sujets. Il lui dépêcha les ducs d'Anjou et de Bourbon. Ils lui dirent qu'ils venaient de la part du roi; qu'à la vérité il s'était laissé persuader que le connétable l'abandonnait et embrassait le parti de Montfort, mais qu'il était détrompé. « Véez ci » l'épée d'honneur de votre service, ajoutèrent-ils; reprenez-la, le » roi le veut, et vous en venez avec nous. » Il fit quelques difficultés, mais enfin il se laissa entraîner. En arrivant, le roi lui donna la commission d'aller retirer les parties méridionales de la France des mains des Anglais qui les ravageaient. Du Guesclin fut sensible à l'attention du roi, qui, par ce commandement, le dispensait de porter les armes contre les Bretons, ses compatriotes. Il fit au monarque un adieu tendre, lui dit qu'il le trouverait toujours prêt à marcher contre les Anglais, et appuya sur ce mot: « Je ne sais, ajouta-t-il, si je retour- » nerai du lieu où je vais : je suis vieilli, et non pas las. Je vous supplie » très humblement que vous fassiez la paix avec le duc de Bretagne, et » aussi que vous le laissiez en paix, se soumettant à son devoir; car les » gens de guerre du pays vous ont très bien secouru à toutes vos con- » quêtes, et pourront encore faire, s'il vous plaît de vous en servir. »

Le pressentiment du connétable sur sa prochaine fin ne se vérifia que trop tôt. Après plusieurs exploits, il tomba malade devant une place du Gévaudan, nommée Randan. La garnison avait promis de se rendre à jour dit, si elle n'était pas secourue. Le jour arriva, mais le vainqueur n'était plus. Il mourut sous la tente, environné des compagnons de ses victoires. Outre les avis qu'il leur donna à chacun en particulier, il les exhorta tous en général d'épargner, dans la guerre, les femmes, les enfans, les vieillards, et tous ceux que leur faiblesse expose sans défense. Dans son testament, il recommanda au roi sa femme et son frère Olivier, brave guerrier, dont le nom figurerait avec éclat dans les annales, s'il n'était obscurci par celui de Bertrand. Sans doute sa sœur la religieuse, l'héroïne de Hennebond, n'existait plus. Il remit l'épée de connétable à Clisson, son compagnon d'armes, pour la rendre au roi. « Il saura bien, dit-il en la regardant » fixement, la donner au plus digne. » Au jour marqué les Anglais de

Randan vinrent apporter les clefs de leur forteresse, et les posèrent sur son cercueil, mêlant leurs larmes à celles des Français.

Il avait marqué sa sépulture dans l'église des Dominicains de Dinan. Le convoi se mit en marche. Partout, sur la route, le peuple accourait pour rendre les devoirs de la reconnaissance au guerrier, l'ange tutélaire de la France. Le roi fit détourner la pompe funèbre, et apporter le corps à Saint-Denis. Il fut placé au pied du tombeau que la monarque se préparait, avec cette simple épitaphe : *Ci gît le connétable du Guesclin.* Après les honneurs funèbres, après avoir déposé leur maître dans la tombe, ses officiers et domestiques vinrent prendre congé du roi. Il les accueillit avec bonté, assura aux derniers leurs gages. Quand ils sortirent de sa présence, il détourna la tête pour cacher ses larmes, et on l'entendit soupirer. Il avait promis au connétable, lorsqu'il lui fit ses adieux, de faire la paix avec le duc de Bretagne, s'il survenait une honnête occasion; mais elle ne se présenta pas, et la guerre continua.

Les Anglais firent un effort et débarquèrent à Calais une armée formidable. Manquant de vaisseaux, ils furent obligés de transporter leurs troupes par parties. Cette disette les empêcha de les diriger vers la Bretagne, où ils auraient trouvé la flotte de Castille qu'ils n'étaient pas en état de combattre. Au fond, on ignore quel était le but et la destination de ce grand armement. Le duc de Buckingham, oncle du jeune Richard, le commandait. Il s'enfonça dans la France comme le duc de Lancastre, son frère. Il parcourut la Picardie, entra en Champagne, et, arrivé devant Troyes, il envoya sommer le duc d'Anjou, qui y avait rassemblé un corps d'armée, de lui marquer un jour pour la bataille. Si le roi avait jugé à propos, dans l'irruption du duc de Lancastre, d'enchaîner la valeur de du Guesclin dont il connaissait la prudence, à plus forte raison, dans celle-ci, crut-il devoir mettre un frein à l'ardeur des généraux qui commandaient les corps d'observation dont il avait environné ses ennemis. « Laissez les Anglais » faire leur chemin, leur écrivait-il sans cesse, ils se gâteront d'eux-» mêmes. »

Quand le duc de Buckingham eut fait assez de dégât en Champagne pour tâcher d'attirer les Français à une bataille, il passa les rivières de Seine et d'Yonne, désola le Gâtinais, traversa les plaines de Beauce, le Vendômois, et arriva sur les bords de la Sarthe, qui traverse le Maine, toujours suivi par le duc d'Anjou, dont l'armée, renforcée des noblesses d'Anjou, de Normandie, du Maine et du Vendômois, demandaient à grands cris la bataille. Les Anglais se trouvaient engagés dans des défilés et des marais dont il leur était difficile de se tirer sans combattre. On s'y préparait de part et d'autre, lorsqu'un courrier, venu de la cour, annonça la maladie du roi. On savait qu'elle ne pouvait être longue, parce qu'il était connu que le médecin qui lui fit un cautère après qu'il eut pris le poison du roi de Navarre l'avait averti que, quand l'effet de la plaie cesserait, il n'aurait que quinze jours à vivre; or la chose était arrivée. Cette nouvelle mit un grand désordre dans le camp. Princes, chevaliers, gentilshommes, chacun ne songea plus qu'à ses affaires particulières; l'armée se débanda en grande partie; les Anglais se dégagèrent, et se retirèrent furtivement en Bretagne.

Certain de sa mort, Charles V en aurait presque pu marquer le moment. Il la vit avancer avec le calme d'un chrétien résigné et fit ses dispositions avec l'attention d'un sage. Il paraît qu'il aurait désiré ne pas confier la régence, la destinée de ses enfans et de la France à son frère le duc d'Anjou. Le ton qu'il avait pris dans l'affaire de Bretagne, ses remontrances hautaines, surtout les singulières conditions de la suspension d'armes, comme s'il eût prétendu faire la loi à son frère, ses vues ambitieuses qu'il connaissait, lui inspiraient des soupçons et des craintes; mais le duc d'Anjou était l'aîné. Il aurait sans doute été imprudent de lui fournir un sujet de plainte d'où auraient pu naître des troubles. Charles lui laissa donc la régence. Il se contenta de donner à ses deux autres frères, au duc de Bourbon son beau-frère, et à d'autres seigneurs qu'il admit à sa confidence, des avis propres à faire échouer les projets dangereux du duc, s'il en avait. Comme c'était d'Allemagne que les Anglais tiraient une grande partie de leurs forces de terre quand ils avaient la guerre sur le continent, le roi recommanda qu'on donnât à son fils pour épouse, quand il serait en âge, une Allemande, afin de contrebalancer du moins les alliances que l'Angleterre entretenait dans ce pays, et qu'elle cherchait à augmenter par le même moyen d'un mariage pour son jeune roi Richard. Vanité de la prévoyance humaine! C'est cette précaution qui a placé sur le trône une princesse dont les Anglais se sont servis pour acquérir en France la puissance la plus vaste qu'ils y aient jamais eue. Le duc d'Anjou eut ordre de rester dans son duché pour surveiller de plus près les Anglais réfugiés en Bretagne; mais, instruit des conférences du moribond avec ses frères, et craignant qu'il n'y fût pris des résolutions contraires à ses intérêts, il partit précipitamment quand il sut l'extrémité du monarque, et arriva presque au moment qu'il rendait le dernier soupir.

Charles V disait « qu'il ne trouvait les rois heureux qu'en ce qu'ils » avaient le pouvoir de faire du bien. » Ce sentiment pourrait suffire à son éloge comme monarque. Il était bon, affable, tendre ami, comme il paraît par ses regrets à la mort de du Guesclin. Il n'y a pas d'exemple qu'aucun seigneur de sa cour se soit jamais plaint de procédé désobligeant; mais il était sévère pour la bienséance et les mœurs. Il chassa de sa présence un homme de qualité qui s'était permis devant lui des paroles un peu trop libres. Surtout il croyait que les enfans des princes méritaient à cet égard plus d'attention que les autres. « On doit premier, disait-il, les nourrir en vertu, si qu'ils » surmontent en mœurs ceux qu'ils doivent surmonter en honneur. »

Par une suite de ce principe que plus on est en spectacle plus on doit donner l'exemple des vertus, il désirait que les ecclésiastiques se distinguassent par leur bonne conduite dont il faisait même dépendre la prospérité de la France. « Les clercs ou la sapience, disait-il, l'on ne peut trop honorer ; et tant que sapience sera honorée en ce royaume, il continuera à prospérité ; mais quand déboutée y sera, il déchéera. » Quelques personnes entendent par sapience la science, que l'on confondait alors avec la sagesse, et qui ne devait jamais en être séparée.

Charles V aimait à s'instruire comme on le peut induire de la remarque du roi de Navarre, que son beau-frère était *moult argumentatif*. Il avait eu un bon précepteur nommé Oresme, qu'il fit évêque, et dont il tira, ainsi que de plusieurs personnages habiles, des traductions de bons auteurs païens et chrétiens comme des ouvrages de Cicéron et de saint Augustin. La bibliothèque de Jean, son père, n'était que de vingt volumes. Il la porta à neuf cents ; augmentation étonnante pour le temps, où il n'y avait que des manuscrits qui se vendaient pour ainsi dire au poids de l'or. Cette bibliothèque a été l'origine de l'immense collection dont la France s'enorgueillit. Ces dépenses, celles d'une guerre continuelle, la diminution des impôts, ne l'empêchèrent pas de laisser en mourant, dans son trésor, dix-sept millions, somme prodigieuse pour le temps, et qui l'a fait surnommer le *Riche* : on est toujours riche quand on est économe. Cette dénomination est moins connue que celle de *Sage* qu'il a bien méritée. Cependant, il faut le dire, il paraît qu'il s'écarta de sa prudence ordinaire dans l'affaire de Bretagne, qu'il écouta trop le désir d'humilier un prince qui lui résistait, et sans doute aussi les conseils de l'ambition. Il mourut à quarante-deux ans et laissa deux fils et une fille.

Charles VI, âgé de 12 ans.

Les trois frères de Charles V, Louis d'Anjou, tige des ducs de ce nom, Jean, duc de Berry, et Philippe-le-Hardi, tige de la dernière maison de Bourgogne, au moment de la mort de leur frère, regardèrent la France comme une proie abandonnée à leur rapacité : ils fondirent sur elle en vautours affamés. Leur rivalité au sujet du gouvernement remplit la cour de dissensions et de cabales. Le duc d'Anjou voulait la régence et l'autorité sans partage ; ses deux frères prétendaient limiter son pouvoir par un conseil dont ils seraient les principaux membres, avec le duc de Bourbon, Louis II, dit le Bon, petit-fils du premier duc de Bourbon, et oncle maternel du roi. Pour soutenir leur droit, chacun d'eux faisait des levées, et les environs de Paris se remplissaient de troupes.

Tout menaçait d'une guerre civile, lorsque Jean Desmarets, avocat du roi, que ses talents avaient élevé à cette fonction sous un roi connaisseur en mérite, proposa et fit agréer par les rivaux de s en rapporter à des arbitres. Ils réglèrent provisoirement que le roi mineur serait *âgé,* ou émancipé, lors de son sacre, qui devait avoir lieu très prochainement; qu'alors il prendrait l'administration du royaume qui serait gouverné en son nom par ses oncles, et que la régence du duc d'Anjou finirait à la même époque. Le duc y consentit, et la sentence arbitrale fut confirmée dans un lit de justice tenu au Louvre, quinze jours après la mort de Charles V.

On croit que le duc d'Anjou ne consentit à cet accord, qui fixait un terme si peu éloigné à la fin de sa régence, que parce qu'on lui promit de ne pas le troubler dans la possession d'une grande quantité de bijoux, de meubles précieux et de l'argenterie du feu roi dont il s'était emparé. Cet espace de temps accordé à sa régence lui suffisait, d'autre part, pour une autre spoliation plus importante qu'il méditait.

Charles-le-Sage avait amassé, pour servir dans un besoin pressant, un trésor qu'on fait monter, comme nous avons dit, à dix-sept millions. On savait qu'il était renfermé dans le château de Melun, mais on ignorait où il était caché. Pendant que la cour s'acheminait à Reims, le duc d'Anjou se rend à Melun, menant avec lui Philippe de Savoisi, chambellan et confident du feu roi. Arrivé au château, il lui ordonne de lui montrer le lieu du dépôt. Savoisi hésite, élude, nie enfin de le savoir. Le régent fait entrer des bourreaux avec les instrumens de la torture. Savoisi effrayé indique une muraille épaisse dans laquelle le trésor était scellé. Le duc la fait démolir, charge le trésor sur des voitures qu'il tenait prêtes, les envoie dans un lieu dépendant uniquement de lui, et part pour Reims. Cet acte fut le dernier de sa régence.

Elle cessa par le couronnement du roi. Cette cérémonie se fit avec beaucoup de magnificence. Le duc d'Anjou y éprouva un désagrément. Comme aîné des oncles du roi, et de plus comme régent du royaume, il prétendait la première place à côté du roi : le duc de Bourgogne, quoique cadet, la prétendait aussi en qualité de premier pair de France. Pour abréger la discussion, le cadet s'élance entre le monarque et son frère et s'empare de la droite. Les assistans furent étonnés que le duc d'Anjou, qu'on savait n'être pas patient, souffrît cette espèce d'insulte; et l'on conjectura que, comme c'était la crainte d'être forcé à restituer le premier vol qui l'avait engagé à laisser abréger sa régence, ce fut aussi la crainte des reproches pour le second qui lui fit dévorer cet affront.

Au retour de Reims, on s'occupa d'un plan fixe de gouvernement pour remplacer le provisoire qui cessait. Après des discussions assez vives, il fut arrêté que les quatre princes décideraient entre eux, et à la pluralité des voix, des affaires majeures, traités de paix, alliances, mariages et autres semblables; qu'ils nommeraient douze personnes pour composer le conseil du roi; que les officiers de tout grade, surtout ceux des finances, seraient choisis par les princes de l'avis du conseil; que, pour les engagemens du domaine ou aliénations, il faudrait le consentement unanime du conseil; que la garde de la personne du roi, de Louis son frère, dit monseigneur de Valois, depuis duc de Touraine, et enfin d'Orléans, serait confiée aux ducs de Bourgogne et de Bourbon, qui nommeraient les personnes employées auprès d'eux avec l'agrément des deux autres oncles, et qu'enfin inventaire serait fait, en secret, par les quatre princes, des finances et joyaux du roi, qui ne pourrait en disposer qu'à sa majorité. Cette clause, *en secret*, paraît être encore une condescendance pour le duc d'Anjou dont un inventaire public aurait trop manifesté les pillages.

Mais ces précautions n'empêchaient pas que ses larcins ne fussent connus et que l'opinion publique ne le proclamât coupable du vide qui se trouvait dans le trésor, et par conséquent de la création ou augmentation des impôts, suite de ses déprédations. Aussi fut-ce à lui, comme régent, que s'adressèrent les plaintes des peuples, qui, dès avant le sacre, dégénérèrent en séditions en quelques provinces, et qui furent apaisées par des promesses; et après le couronnement, ce fut encore lui qui, comme chef du conseil, ou comme principal déprédateur, fut le premier exposé aux excès que l'esprit de faction inspira aux Parisiens pendant tout le règne de Charles VI. Les historiens en tracent ainsi la marche.

Les troubles commencèrent par les clameurs d'une vendeuse d'herbes dont le collecteur des impositions exigeait une taxe pour sa place. Elle refusa. On voulut la forcer. Ses cris ameutèrent ses voisins, et bientôt tout le marché. Le percepteur fut trop heureux de pouvoir échapper par la fuite à la première fureur de la populace. Cet évènement donna lieu à des conversations dans les rues et les carrefours entre les artisans et les ouvriers divisés par groupes, et ensuite à des assemblées où l'on se permettait des raisonnemens et des murmures contre le gouvernement. Jean Culdoé, prévôt des marchands, inquiet des accroissemens que prenait le mécontentement, convoque les notables dans le *parlouer aux bourgeois,* lieu où ils avaient coutume de se réunir pour leurs affaires; mais le peuple, qui n'y était pas appelé, s'y rend en foule. Un bas artisan, qu'on dit savetier, prend la parole. Dans un discours d'un style trivial, mais plein de chaleur, il déplore sa misère et celle de ses compagnons d'infortune réduits aux dernières extrémités par l'accumulation des impôts. Il peint le luxe insultant des riches, le faste et les déprédations des seigneurs et des princes, qu'il nomme sans ménagemens. Il apostrophe même les notables bourgeois devant lesquels il parlait, leur reproche leur insouciance et leur lâcheté, et cite l'exemple des Gantois, qui, dans ce moment, avaient les armes à la main contre leur duc pour se rédimer des impôts.

Cette espèce de provocation répand un enthousiasme général. Les plus résolus entourent le prévôt et le forcent de les mener au palais. Ils demandent à grands cris le duc d'Anjou. Le prince paraît accompagné du chancelier, et monte, pour se faire voir, sur la table de marbre qui était au milieu de la cour. Dans son discours, Culdoé, à la peinture de la misère du peuple, à l'assurance de l'impuissance où il était de payer les impôts, mêle, le plus respectueusement qu'il peut, la déclaration de la ferme résolution où étaient ceux qui l'accompagnaient de tout risquer pour en obtenir la suppression. Non moins adroitement le duc d'Anjou se montre pénétré de pitié pour le pauvre peuple, l'engage à se retirer « jusqu'à demain, leur dit-il, que vous pourrez » peut-être obtenir ce que vous désirez. » L'irrésolution qu'indiquait le mot *peut-être* se tourna pendant la nuit, temps des réflexions, en certitude consolante. Le lendemain parut un édit du roi, qui, « touché de la misère de son peuple, de son obéissance et de sa fi-» délité, » abolissait tous les subsides imposés en France depuis Philippe-le-Bel. C'était une addition à la dernière volonté de Charles V, qui, en mourant, n'avait supprimé que ses propres taxes.

Il se trouvait beaucoup de juifs entre les receveurs des impositions. Depuis que Charles V leur avait accordé, pour de l'argent, un séjour limité, ils s'étaient jetés dans ces emplois. Au même prix, le duc d'Anjou, pendant sa régence, prolongea cette permission qui expirait. Les mutins déployèrent sur eux leurs fureurs. Ils déchirèrent et brûlèrent leurs registres, en blessèrent et tuèrent plusieurs, et poursuivirent jusque dans les cachots du Châtelet des malheureux qui s'y étaient réfugiés comme dans un asile. Par une piété mal entendue, ils arrachaient aux mères leurs enfans pour les porter au baptême. Il fallut des punitions exemplaires pour réprimer les transports de cette rage fanatique.

Le peuple se montrant toujours intraitable sur l'article des impôts, les princes espérèrent le rendre plus docile en s'appuyant des états généraux. Ils les convoquèrent à Paris. Il y vint peu de députés des provinces, encore étaient-ils mal disposés à satisfaire la cour. Tous se montrèrent convaincus que le trésor du feu roi, s'il n'avait pas été dérobé avec ses autres épargnes, aurait suffi pour les besoins présens. N'entendant point parler de restitutions pour ces pillages, ils se persuadèrent que l'argent qu'ils donneraient se dissiperait aussi en dépenses de faste et en profusions aux seigneurs et aux favoris des princes; ainsi, loin de rien accorder, ils restreignirent les impositions, comme le peuple le demandait, aux seuls subsides qui existaient avant Philippe-le-Bel, et exigèrent de plus que les *franchises, libertés, immunités*, et autres concessions faites depuis ce règne fussent confirmées. Or ces priviléges étaient, entre autres, la commutation du service féodal en argent, la suppression des préseus que faisaient les villes et les provinces, lors du mariage des rois et de leurs enfans, ou lorsqu'ils les armaient chevaliers; l'abolition du droit de gîte, très onéreux au peuple. Si on anéantissait l'impôt, qui était la représentation équivalente de ces servitudes, il convenait donc de rétablir les charges : c'est ce que les députés ne voulurent point entendre. Il arriva donc que ces états statuèrent tout le contraire de ce que le conseil s'en était promis. Convoqués sans intention de réforme, avec le but unique d'avoir de l'argent, ils ouvrirent, pour ainsi dire, la lice aux factions qui se combattirent pendant toute la durée de ce règne malheureux.

Charles V était descendu dans le tombeau avec le regret d'avoir, par sa conduite trop impérieuse avec Montfort, attiré les Anglais en France. Sa mort préserva ces insulaires d'une défaite totale dans des marais entre la Sarthe et la Mayenne où ils s'étaient engagés, et leur laissa la facilité de se retirer en Bretagne. Ces fâcheux hôtes ne furent pas plutôt arrivés qu'ils déplurent aux seigneurs bretons qui en témoignèrent vivement leur mécontentement au duc. Le duc lui-même leur soupçonna aussi plutôt des motifs d'invasion que de secours, lorsqu'il les vit diriger leurs forces contre les villes maritimes qu'il serait sans doute difficile de leur arracher quand ils s'en seraient rendus maîtres. Dépendance pour dépendance, Montfort crut plus prudent de se soumettre à la France. Il fit secrètement des avances pour la paix. Elles furent accueillies, et le traité promptement conclu à l'insu des Anglais. Le duc de Bretagne s'y engageait à payer deux cent mille francs pour les frais de la guerre, et à assister le roi envers et contre tous, spécialement contre les rois d'Angleterre et de Navarre. Buckingham, quand il l'apprit, en fit au duc de vifs reproches. Celui-ci s'excusa sur la nécessité; il s'engagea, par un écrit, à ne se jamais déclarer pour la France contre l'Angleterre, le fit signer par les principaux seigneurs bretons, et présenta à l'Anglais une protestation secrète que le cauteleux Breton avait faite par devant notaire, contre tout ce qu'il serait dans le cas d'accorder de contraire à ses engagemens avec l'Angleterre, comme arraché par la crainte de la mort et de la perte de ses états. Buckingham se retira plus indigné de l'accord fait avec le monarque français que flatté de la réserve secrète du Breton en sa faveur. Montfort vint à la cour de France jurer soumission et fidélité, avec la même bonne foi qu'il aurait porté de pareils sermens en Angleterre.

Louis, duc d'Anjou, avait beaucoup contribué à cette paix, parce qu'elle lui facilitait les préparatifs pour l'expédition de Naples qu'il méditait. La reine Jeanne occupait alors le trône. En 1343, et à l'âge de dix-sept ans, elle avait succédé immédiatement à son aïeul, Robert-le-Bon, petit-fils du fameux Charles d'Anjou, frère de saint Louis, usurpateur de ce royaume sur le jeune Conradin. Robert-le-Bon n'était que le second fils de Charles-le-Boîteux ; Charles-Martel, roi de Hongrie, son aîné, avait à ce titre des droits plus constans au royaume de Naples : mais un jugement du pape Clément V, Bertrand de Got, l'avait adjugé à Robert qui en jouit paisiblement. Au reste, afin de concilier tous les droits, André, le second des petits-fils de Charles-Martel, avait été marié dès l'enfance avec Jeanne, petite-fille de

Robert. Mais cette union politique n'avait pas trouvé des cœurs assortis. Il y avait à peine deux ans qu'ils régnaient ensemble, qu'André, sortant des appartemens de sa femme, est étranglé, et demeure suspendu deux jours aux barreaux d'une fenêtre du château d'Averse. L'insouciance de la reine à rechercher les auteurs de ce crime la fit soupçonner de l'avoir commandé. Le pape Clément VI, Pierre Roger, qui avait été garde-des-sceaux de France, fut obligé, comme suzerain, d'ordonner des poursuites en son nom. Elles aboutirent à faire périr cinq ou six individus dont on ne connaît pas les aveux. Pendant ces inutiles poursuites, Jeanne prenait de nouveaux liens, et épousait Louis de Tarente, cousin-germain de son père.

Cependant, Louis-le-Grand, roi de Hongrie, et frère d'André, s'était disposé à le venger. Il entre en Italie à la tête d'une armée qui dissipe tous les obstacles que lui oppose Louis de Tarente. Jeanne, obligée de fuir, se retire à Avignon, qui faisait partie de son comté de Provence et où les papes résidaient alors. Elle y comparut devant le consistoire, à l'effet de se justifier du meurtre de son mari. Mais à peine était-elle installée en Provence que la peste força le roi de Hongrie d'évacuer l'Italie, où il ne laissa que des garnisons pour assurer sa conquête. Jeanne est rappelée par ses sujets, et ce fut alors que, pour reparaître avec des forces capables de dissiper celles de son ennemi, elle vendit au pape, en 1348, son comtat d'Avignon, pour la somme de quatre-vingt mille florins d'or (sept cent vingt mille francs d'aujourd'hui) (1). Ses succès furent variés; mais, en 1352, le pape Innocent VI, s'étant porté pour médiateur entre elle et son adversaire, lui assura, à elle et à son mari, la libre et tranquille possession de son royaume. Dix ans après, ayant perdu Louis de Tarente, elle épousa successivement Jacques d'Aragon et Othon de Brunswick: mais, n'ayant point conservé d'enfans de ces divers princes, elle appela à sa succession Charles de Duras ou Durazzo, arrière-petit-fils de Charles-le-Boîteux, en lui faisant épouser Marguerite de Duras, sa cousine-germaine, héritière présomptive du royaume.

Alors avait lieu le schisme d'Occident. Urbain VI, mécontent de Jeanne qui avait favorisé l'élection de Clément, son compétiteur, déclare la reine déchue du trône, et appelle de Hongrie ce même Charles de Duras pour faire exécuter sa sentence. Ce prince, las d'attendre la jouissance des états dont il avait la perspective, profite d'une occasion qui en avance l'époque, et entre en Italie pour dépouiller sa bienfaitrice. Blessée de son ingratitude, Jeanne change ses dispositions ; et, cherchant à opposer à Charles un ennemi puissant, elle adopte Louis d'Anjou, tige de la seconde maison de ce nom, et, par son testament du 13 juin 1380, elle le déclare son héritier universel. Telle est la première source et le premier fondement des droits de la seconde maison d'Anjou sur le royaume de Naples, droits con-

(1) On estime que le florin d'or de ce temps équivalait à 12 ou 15 fr. d'aujourd'hui.

stans, si les dernières volontés de Jeanne pouvaient légitimement infirmer l'ordre de la succession et les droits de la naissance. Fort de ceux-ci, Charles de Duras, l'année suivante, entre dans la capitale, malgré la résistance d'Othon de Brunswick qu'il bat et fait prisonnier. Il assiége ensuite la reine dans le château neuf, s'empare de sa personne, et la confine dans une dure prison, où, sur le bruit des mouvemens du duc d'Anjou, il la fait étrangler le 22 mai 1382, à l'époque même où Louis mettait le pied en Italie pour la secourir.

Cette entreprise, qui ne pouvait s'exécuter qu'aux dépens de la France, ne plaisait pas à Charles-le-Sage, et c'est en partie par cette raison qu'il avait hésité à laisser la régence à ce frère aîné des deux autres, et que, forcé par des raisons de bienséance de la lui déférer, il avait du moins tâché d'en restreindre l'autorité, afin qu'il ne fût pas libre au régent d'épuiser le royaume d'hommes et d'argent pour son intérêt particulier. Cet obstacle posé à son ambition avait été renversé au moment même de la mort du roi. On a vu que le duc d'Anjou s'empara des trésors de son frère; l'or de la France, acquis par ses rapines et ses vexations, coula à grands flots dans ses coffres, et il en sortit en petits ruisseaux dont l'irrigation lui produisit des soldats.

Cette conquête occupait sans cesse l'esprit du duc d'Anjou; elle était le mobile et le but de toutes ses actions, et devint le lien d'une union étroite avec Clément VII, pape d'Avignon. Le pontife, très intéressé à compter entre les princes de son obédience le chef du conseil de France, lui promettait, quand il serait en Italie, plusieurs provinces de l'Eglise, qu'il posséderait sous le titre de *Royaume adriatique*. De plus, le pontife distribuait généreusement des indulgences et des pardons à ceux qui prendraient son parti, et excommuniait au contraire et chargeait d'anathèmes tous les adhérens de Charles de Duras, comme fauteurs d'un schismatique qui suivait l'obédience d'Urbain. Clément accordait même à son protégé la permission de lever des décimes à son profit.

En reconnaissance de ses bienfaits, le duc d'Anjou soutenait en France le parti de Clément contre les plaintes qu'excitaient assez généralement les abus de la cour d'Avignon. Le sacré collége était composé de trente-trois cardinaux. Pour soutenir leur état et le sien avec quelque splendeur, le pape exigeait en France la moitié du revenu des bénéfices occupés, vendait les vacans aux plus offrans : canonicats, prieurés, chapelles, offices claustraux, cures même, rien n'était excepté de ce monopole, connu sous le nom de *graces expectatives*, et par suite desquelles le pape prévenait la nomination des collateurs ordinaires, et envoyait les expectans en possession, en vertu de bulles tarifées selon la valeur du bénéfice. L'université, voyant chaque jour ses membres privés par cette manœuvre des récompenses que leurs travaux les mettaient en droit d'espérer, s'en plaignit hautement. Il y eut entre les mécontens des assemblées secrètes, dans lesquelles on délibéra sur les moyens de se soustraire à ces vexations. On n'en trouva pas de meilleur que celui de renoncer à l'obédience du pape d'Avignon, et même de celui de Rome, et de provoquer l'assemblée d'un concile général, pour donner à l'Église un chef qui purgeât la cour pontificale de tous ces abus. Le duc d'Anjou fut instruit de ce projet. Il fit arrêter quelques docteurs des plus échauffés, et le recteur même n'évita la prison que par la fuite.

On peut croire que ce fut pour effacer l'impression de ce coup d'autorité, et regagner les bonnes graces du corps académique, que le duc d'Anjou sacrifia à la vengeance de l'université Hugues Aubriot, prévôt de Paris. Cet homme, intelligent et zélé, s'occupait avec succès à procurer à la capitale sûreté, propreté et salubrité. Il fit creuser des égouts, bâtir des ponts, élever des quais, achever la Bastille et commencer le petit Châtelet. Il contraignait à ces travaux, auxquels il attachait un salaire, les fainéans, les mendians, tous ceux que la misère rend dangereux, et dont les grandes villes abondent. Aubriot exerçait aussi une police sévère. La tranquillité de la ville était souvent troublée par les étudians de l'université, presque tous alors hors de l'adolescence; jeunesse turbulente, accourue aux écoles de Paris, non seulement des provinces de France, mais encore des pays étrangers. Ils avaient journellement querelle avec les bourgeois pour le logement, le prix de ce qu'ils achetaient, et d'autres sujets de dispute. Le prévôt ne les épargnait pas. Les classes étaient situées dans un lieu nommé le Clos Brunau, et dans la rue du Fouare. Aubriot avait pratiqué dans le Châtelet des prisons assez noires qu'il appelait son Clos Brunau, sa rue du Fouare, où il envoyait les écoliers surpris en délit. Cette prompte justice ne plaisait pas à l'université, qui se croyait un droit exclusif d'inspection et de correction sur ses affiliés. D'ailleurs la raillerie piquait les graves docteurs : on ne plaisante pas impunément un corps d'érudits. Il se forma dans l'université une conjuration contre Aubriot. On fouilla sa vie privée. Il s'embarrassait peu des recherches, croyant qu'il serait soutenu par la cour; mais la malignité trouva assez de faits pour le faire citer au tribunal de l'officialité, instruire son procès et le mettre en prison.

Sur la déposition de témoins, *tels quels*, dit la chronique, il fut convaincu d'être mauvais catholique, débauché, entretenant des femmes de mauvaise vie, surtout des juives, d'être enfin juif lui-même et hérétique, deux crimes qui s'excluaient l'un autre. Il aurait été condamné au feu sans les pressantes sollicitations de la cour; mais elle l'abandonna à la rigueur d'une sentence dont l'exécution porte le caractère d'un triomphe accordé à l'université. Le prévôt fut traîné sur une charrette dans le parvis Notre-Dame. Il avait été dressé un échafaud devant l'église; Aubriot y parut dans une posture humiliante, sans chaperon et sans ceinture, se mit à genoux, demanda pardon et promit de subir la pénitence qu'on lui imposerait. Le recteur était présent avec les régens, les écoliers et une foule de peuple. Le prévôt fut coiffé d'une mitre de déshonneur, prêché par l'évêque en habits pontificaux, et condamné à finir sa vie dans la fosse des prisons de l'évêché, avec du pain et de l'eau pour toute nourriture. Cette fosse fait évidemment allusion à celles qu'Aubriot destinait dérisoirement aux écoliers dans le petit Châtelet.

On serait surpris que les Anglais n'eussent pas profité de ces troubles du nouveau règne pour brouiller la France, si on ne savait qu'ils étaient dans le même embarras. Là et ici deux rois adolescens, et des oncles maîtres du gouvernement. Louis d'Anjou aspirait à la couronne de Naples; Jean de Gand, duc de Lancastre, troisième fils d'Edouard et gendre de don Pèdre, à celle de Castille : chacun ruinant le royaume qu'il gouvernait pour en conquérir un autre; tous deux enfin accumulant les impôts et les exigeant avec rigueur, au point que Londres et Paris se révoltèrent en même temps. La rébellion de cette dernière capitale fut précédée de celle de Rouen; la populace s'y créa un roi, un marchand mercier, nommé le Gros à cause de son embonpoint. Elle alla plaider devant lui pour la suppression des impôts; le monarque l'ordonna gravement. Les séditieux ajoutèrent à son jugement le pillage et le massacre des maltôtiers. Charles, accompagné de ses oncles et d'une force suffisante, prit la route de Rouen, fit abattre un pan de muraille, entra par la brèche, désarma les bourgeois, fit pendre les chefs de la révolte et rétablit les impôts.

Pour les faire recevoir à Paris, le duc d'Anjou employa une supercherie basse et digne de risée, et qui attira de grands malheurs. Il avait été statué que jamais les impositions ne se percevraient qu'elles n'eussent été proclamées auparavant. Cette proclamation était dangereuse. Un huissier s'offrit de la faire. Il monte sur un bon cheval, vient aux halles, assemble beaucoup de monde, crie qu'on a volé la vaisselle du roi et promet bonne récompense pour ceux qui découvriront les voleurs. Pendant qu'on raisonne entre voisins sur cet évènement : « Mais, dit-il, j'ai encore une autre chose importante à » vous annoncer; c'est que demain on commencera à lever des sub- » sides sur les denrées. » Après ces mots, il pique des deux et se sauve à toute bride.

En effet, le lendemain les commis se présentent; ils se flattaient d'être appuyés par les principaux bourgeois, parce que le duc d'Anjou avait pris la précaution de mettre les régies en ferme et de les y intéresser. En effet, il parut quelques soldats pour enhardir les commis. Leur présence, loin d'intimider le peuple, le mit en fureur. Il court à l'Hôtel-de-Ville, où on conservait des maillets de plomb qui avaient été fabriqués pour se défendre contre les Anglais lorsqu'ils menaçaient Paris. Les séditieux, avec ces masses qui les ont fait surnommer *maillotins*, non contens d'assommer dans les rues, enfoncent les portes des maisons que la cupidité leur désigne, brisent les meubles et armoires. Les prisons forcées vomissent une troupe de scélérats qui se joignent à eux; mais il leur manquait un chef. Dans l'embarras d'en trouver un qui veuille bien les commander, ils se rappellent Hugues Aubriot, le tirent de son cachot, bien persuadés qu'il ne manquera pas une si belle occasion de se venger. C'était le soir. Il les remercie, les congédie, leur dit de revenir le lendemain, et qu'ils le trouveront prêt à se mettre à leur tête. Ils reparaissent en effet, le cherchent; mais il s'était évadé pendant la nuit, et il passa le reste de sa vie dans une retraite champêtre.

Le roi était encore à Rouen; la cour et le conseil abandonnèrent une ville où ne régnaient plus que confusion et anarchie. L'avocat-général Desmarets y resta presque seul. Il avait vieilli dans les emplois sous quatre règnes, et jouissait d'une grande considération. Il se rendit intermédiaire entre la cour et le peuple; ses négociations réussirent si bien qu'il détermina les mutins à demander pardon et une amnistie, et le roi à accorder l'un et l'autre et l'abolition des impôts: mais quand le duc d'Anjou se fut rendu maître de la ville, en y faisant filer des troupes, on fit la recherche des principaux coupables. Ils furent d'abord exécutés publiquement; mais, comme le peuple recommençait à murmurer et se montrait menaçant, on renferma les condamnés dans des sacs qu'on précipitait la nuit dans la rivière. Cependant la chaleur des esprits exaltés se refroidit insensiblement. Les Parisiens demandèrent, comme gage d'une paix sincère, que le roi, sa cour et le conseil revinssent à Paris. On y consentit à condition qu'ils n'iraient pas au devant du roi en armes. Son entrée fut brillante, accompagnée d'acclamations et d'autres démonstrations de joie. Pour marque d'un vrai repentir, ils lui firent présent de cent mille francs, que le duc d'Anjou sut encore s'approprier; mais ils s'obstinèrent toujours à ne pas souffrir d'impôts.

Cette opiniâtreté chagrinait le duc. Pour y obvier et grossir ses trésors, il n'y a pas de moyen qu'il n'imaginât. Il n'eut pas honte de demander qu'on lui donnât le peu de vaisselle et de bijoux qui avaient échappé à son premier vol. Il priait les particuliers auxquels il soupçonnait des épargnes de les lui prêter, promettant de payer fidèlement les intérêts. Il ne souffrait pas que l'argent séjournât dans les caisses des maltôtiers, surtout des juifs : il l'enlevait promptement, sous la promesse d'en rendre un jour bon compte. Tous ces moyens passagers ne valaient pas de bons impôts fixes, les aides, les gabelles, les douanes, qui auraient donné un produit invariable sur lequel il aurait pu asseoir la solde des troupes qu'il levait. Il s'était flatté d'en venir à bout, et de rendre nationale une guerre entreprise pour son intérêt particulier. Mais celui du duc de Bourgogne, son frère, vint traverser ce projet, et fit employer ailleurs toutes les forces du royaume.

Ce prince avait épousé la fille et unique héritière de Louis de Male, comte de Flandre. Il paraît que Louis était un despote cruel. On lui reproche d'avoir fait crever les yeux à des marchands de Gand, naviguant sur l'Escaut, par dépit de n'avoir pu dissoudre une association de bourgeois de cette ville pour le maintien de leurs franchises.

Cette barbarie souleva les Flamands; leurs principales villes formèrent contre le tyran une ligue dont Gand était le chef-lieu. Avant que d'en venir à cette capitale, Louis de Male attaqua successivement Bruges et Ypres, les prit toutes deux, fit décapiter cinq cents habitans de la première et sept cents de la seconde. Les Gantois se présentèrent au secours des deux villes et furent battus. Ils attribuèrent leur défaite, les uns à l'incapacité, les autres à la trahison d'un nommé Jean Boule, leur général. Ils le mirent en pièces pendant leur fuite, et chacun se faisait gloire de reporter quelques lambeaux de son corps à Gand „ où ils se retirèrent.

Le comte ne tarda pas à en faire le siége. Cette ville était estimée la plus forte place de l'Europe et pouvait armer quatre-vingt mille combattans. Il aurait été besoin de deux cent mille hommes pour l'investir. Il s'en fallait de plus des trois quarts que l'armée du comte ne montât à ce nombre. Il laissa donc nécessairement des endroits libres par lesquels les assiégés recevaient des vivres et faisaient des incursions jusqu'aux villes voisines. Un de leurs bourgeois, nommé Pierre Dubois, homme de tête, dirigeait le conseil; mais il leur en fallait un d'exécution, un capitaine-général propre à commander les expéditions militaires. Dubois leur présenta Philippe d'Artevelle, fils de Jacques le brasseur, si célèbre dans les anciens troubles. Ce nom, cher aux Flamands, n'eut pas été plutôt prononcé, que le peuple courut en foule à la maison de Philippe, le mena en triomphe sur la place, le proclama commandant général et lui prêta serment d'entière obéissance. Pour premier acte d'autorité, il fit exécuter devant lui douze des principaux coupables de la mort de son père et se déclara inexorable pour tous ceux dont la fidélité paraîtrait chanceler. Il suivait en cela le conseil de Pierre Dubois et la maxime ordinaire de presque tous les chefs de révolte. « Soyez cruel et hautain, lui » dit-il, ainsi veulent les Flamands être menés. On ne doit entre eux » tenir compte de vies d'hommes, ne avoir pitié non plus que de » arondaux ou d'allouettes qu'on prend en la saison pour manger. » Il aurait pu ajouter : Entraînez-les dans des crimes, afin que, complices des vôtres, ils ne vous abandonnent pas et vous défendent au besoin.

Pendant le siége, les opérations militaires étaient entremêlées de négociations. Les abbés et les seigneurs, dont les révoltés pillaient les monastères et les châteaux, conjuraient le comte de leur accorder des conditions favorables; mais il s'obstinait à vouloir que les habitans de Gand, depuis l'âge de quinze ans jusqu'à soixante, vinssent se présenter à lui pieds nus, en chemise et la corde au cou, « pour » faire d'eux à sa propre volonté, du mourir ou du pardonner. »

Que répondre à cette proposition, dit Artevelle dans une assemblée générale ? faut-il aller au devant de notre tyran et nous mettre à sa discrétion, ou nous renfermer dans nos maisons et nos églises, et y attendre paisiblement que le vainqueur vienne nous égorger ? ou combattre ? Combattre, s'écria l'assemblée. Artevelle, profitant de

ce moment d'enthousiasme, choisit cinq mille hommes pour une expédition secrète. En les conduisant à la porte de la ville, les Gantois restans dirent à leurs braves : « N'espérez pas retourner ici que vain-
» queurs. Sitôt que nous aurons nouvelle que vous serez morts et
» déconfits, nous bouterons le feu en la ville, et nous détruirons
» nous-mêmes. »

L'expédition qu'Artevelle se proposait était contre Bruges où le comte tenait sa cour. Le brasseur comptait le surprendre à la faveur d'une foire dont le tumulte faciliterait son entreprise. Les cinq mille hommes se présentent : le comte sort à la tête de quarante mille. Les Gantois, qui n'avaient point de miséricorde à attendre, fondent sur eux en désespérés, les dispersent, les massacrent et entrent dans la ville avec les fuyards. Le comte se trouve réduit à un seul valet qu'il éloigne encore, de peur que cet homme, attaché à son parti, ne le fasse remarquer. Il entre dans la maison de la plus chétive apparence, comme le plus sûr asile. Elle était habitée par une pauvre vieille femme. « Me connaissez-vous, lui dit le comte ? — Oui, répond-elle,
» j'ai souvent été à l'aumône à votre porte. » Elle le cache, le fait échapper la nuit, et il se sauve à Lille. Artevelle mit de l'ordre dans le pillage ; les marchands de la foire furent protégés et ne souffrirent pas. La colère du vainqueur se déchargea sur ceux de la ville, artisans, bourgeois, gentilshommes et autres partisans du comte. Il en fit massacrer douze cents de sang-froid sur la place publique, et ses soldats s'enrichirent des dépouilles des vaincus ; elles furent considérables. La Flandre regorgeait de richesses, fruit de ses manufactures et de son commerce, et d'une paix de trente ans dont elle avait eu le bonheur de jouir pendant le cours des dissensions de l'Angleterre et de la France.

Le secours de celle-ci devint alors d'une nécessité urgente à Louis de Male. Il l'avait déjà demandé ; mais le duc d'Anjou, destinant toutes les forces de la France à son expédition d'Italie, s'y était opposé. Le duc de Bourgogne représenta que celle de Flandre ne serait qu'une espèce de voyage très court, incapable de retarder l'incursion sur Naples, dont les préparatifs demandaient quelque temps, et il obtint pour son beau-père une armée que le roi commanderait en personne. C'était pour le jeune monarque un ravissement tenant du transport de marcher à la tête de la noblesse de son royaume, et un appât flatteur pour les Français attachés par l'espérance d'un riche butin.

Après un petit combat au pont de Comines-sur-la-Lys, ils entrèrent en Flandre, se répandirent dans la campagne, et la ravagèrent inhumainement. Les Gantois ne purent souffrir ce dégât qu'ils voyaient en partie du haut de leurs murs, et dont la lugubre description leur arrivait par les fuyards. C'était au commencement de l'automne. Un peu de patience, le froid, l'humidité de ces contrées, auraient pu mettre les Français dans l'embarras ; mais les Flamands se voyaient près de cent mille hommes, à la vérité bourgeois et artisans, marchant fièrement chacun sous l'enseigne de leur métier. Il paraît qu'Artevelle n'avait pas une confiance sans restriction; car, lorsqu'il était près d'atteindre les Français, il voulut arrêter ses guerriers, et aller lui-même chercher à Gand un corps de six mille hommes d'élite, qu'il savait prêt à marcher; mais l'armée refusa de lui permettre ce voyage, craignant qu'il ne revînt pas. Sur le point de combattre, il dit pour toute harangue à ses guerriers : « Je veux » qu'on tue tout, si ce n'est le roi de France, parce que ce n'est qu'un » enfant : on doit lui pardonner; il ne sait ce qu'il fait, il va ainsi » qu'on le mène. Nous le mènerons à Gand apprendre à parler fla- » mand. »

Ils s'étaient avantageusement postés vers Courtray, près du village de Rosbec, dont cette bataille a pris le nom, entre un ravin profond et un bois, défendu par un fossé couvert d'un retranchement. L'envie de s'emparer d'une petite colline d'où ils pourraient fondre plus impétueusement sur les Français leur fit abandonner cette position. Le connétable de France profita promptement de cette faute. Il fit couler par derrière un corps de cavalerie, qui prit les Flamands à dos pendant qu'il les attaquait de front. Ils se sentirent bientôt si serrés qu'ils ne pouvaient plus remuer. Le carnage fut affreux, et la défaite complète. La bataille ne dura qu'une demi-heure, et dans cet espace de temps, les Flamands perdirent quarante mille hommes, et les Français cinquante soldats seulement. Exagération des deux côtés. Artevelle, sans aucune blessure, fut trouvé sous un monceau de morts. Si on eût marché droit à Gand, dans la consternation où était cette ville, il est probable qu'elle se serait rendue sans grande défense; mais les vainqueurs tournèrent vers Courtray, où le roi se logea avec les principaux seigneurs de la cour, et qui fut pillée et brulée quand ce prince la quitta. De là on avait envoyé sonder les Gantois; mais ils avaient eu le temps de se rassurer, et ils portaient une telle aversion à Louis de Male que, plutôt que de rentrer sous son obéissance, ils offrirent de se mettre sous celle de la France, si on voulait unir leur ville au domaine de la couronne. Cette proposition n'agréa pas au duc de Bourgogne, qui aurait vu par là séparer de la Flandre la principale ville du comté dont il devait hériter. Par égard pour lui, on rejeta cette offre. Comme l'hiver approchait, on ne jugea pas à propos d'entreprendre le siége. D'ailleurs, des affaires plus urgentes rappelaient le roi à Paris.

L'esprit de sédition n'y était pas éteint, un nouveau soulèvement s'était manifesté pendant l'absence du roi, et il paraît que la révolte, pour nous servir du terme mis depuis peu en usage, *s'organisait* avec l'intention de la propager dans tout le royaume. Le conseil de Paris, comme centre, tenait la correspondance avec ceux des principales villes, même, à ce qu'on croit, avec les Flamands. On a lieu de le conjecturer par le conseil que donna Nicolas Flamand, cet homme

déjà noté dans les fastes des complots pour avoir participé au meurtre des deux maréchaux de France assassinés auprès du dauphin sous le roi Jean. Voyant les mutins près d'éclater, il leur dit : « At-
» tendez; si ceux de Gand viennent à leur entente, ainsi qu'on l'es-
» père bien, adonc sera-t-il heure de ce faire. Ne commençons pas
» chose dont nous nous puissions repentir. » Aussi la bataille de Rosbec fut un coup décisif pour la tranquillité de la France. Le roi la fit annoncer avec pompe aux Parisiens, « qui aucun semblant
» de joie n'en démontrèrent. »

Charles revenait de Flandre avec une armée florissante. Cependant le conseil était embarrassé de la manière dont il conviendrait d'agir avec les Parisiens qui ne se montraient ni soumis ni rebelles. Pour sonder leurs dispositions, le connétable et d'autres seigneurs envoyèrent préparer leurs hôtels et marquer les logemens des troupes. Le roi n'était plus alors qu'à deux lieues. Comme si les Parisiens n'eussent su que de ce moment qu'il approchait, ils firent promptement leurs préparatifs pour le recevoir. Vingt mille bourgeois, armés de pied en cap, sortent au devant de lui et se rangèrent en bataille dans la plaine de Saint-Denis. On ne savait si c'était pour combattre ou faire seulement parade de leur force. « Voici l'orgueil-
» leuse ribaudaille, disaient les seigneurs, plus orgueilleux encore :
» s'ils fussent venus servir le roi au point où ils sont quand il alla
» en Flandre, ils eussent bien fait ; mais ils n'en avaient pas la tête
» enflée, fors que de dire et prier à Dieu que jamais pied d'entre
» nous n'en retournât. »

Dans l'incertitude où on était s'il ne faudrait pas en venir aux mains, le connétable, l'amiral, les seigneurs d'Albret, de Couci, de La Trémouille, envoyèrent demander des sauf-conduits pour conféférer. « Des sauf-conduits ! répondirent les Parisiens, qu'ils vien-
» nent sans crainte sur notre parole, ils seront bien reçus. Nous ne
» sommes ici en armes que pour montrer au roi les forces de la ville de
» Paris, afin qu'il puisse s'en servir dans le besoin, disposés que nous
» sommes à lui obéir. » Les seigneurs, arrivés au milieu d'eux, partirent de cette protestation d'obéissance pour leur ordonner de la part du roi de laisser le passage libre. La troupe se retira sur le champ. Le monarque entra à la tête de son armée. Des députés se présentèrent à la porte pour le complimenter. Il passa outre sans les écouter, alla droit à la cathédrale où l'on chanta le *Te Deum*, et de là au palais. L'armée se distribua dans les quartiers. Il n'y eut aucun désordre. Les soldats avaient défense, sous peine de mort, de commettre aucune violence. Les bourgeois les logèrent sans résistance. Il n'y eut de punis que deux habitans qui se permirent publiquement des propos séditieux. Ils furent pendus à leurs fenêtres.

Le lendemain les ducs de Berry et de Bourbon parcoururent la ville à la tête de leurs hommes d'armes, arrêtèrent trois cents personnes, enlevèrent les chaînes des coins des rues, et les firent porter à Vincennes. Par une proclamation, il fut ordonné aux habitans d'aller déposer leurs armes au Louvre. Il s'en trouva pour cent mille hommes. Alors commencèrent les exécutions. L'université alla en corps se prosterner aux pieds du trône pour demander grace. La harangue était pathétique; le monarque fut ému. La jeunesse se laisse volontiers attendrir; mais le duc de Berry, qui était présent, et la plupart des gens du conseil le raffermirent. Douze infortunés furent tirés des prisons et placés enchaînés sur un char. Ils allaient à la mort à la vue d'un peuple immense, contenu par des gens armés : un morne silence marquait la consternation.

Entre eux se remarquait Nicolas Flamand, cet adroit artisan et conseil de sédition, trop digne du sort qui l'attendait. Mais, par un contraste étrange, on y voyait aussi, sur une planche élevée, l'avocat du roi, Jean Desmarets. Il était accusé d'avoir pris les intérêts du peuple plutôt que ceux de la cour, lorsqu'il resta à Paris, pendant que les autres magistrats le quittèrent dans l'avant-dernière émeute, et d'avoir, par ses manœuvres, forcé le conseil à une paix qu'on regardait comme humiliante; ce qui avait enhardi la populace à la révolte présente. Mais on croit que son véritable crime était d'avoir imaginé les conditions de l'accord qui priva le duc d'Anjou de la régence dans les premiers jours de son règne. Ce prince ne lui pardonna pas. Il paraît cependant qu'on aurait désiré de lui un aveu, pour justifier sa condamnation, et lui faire grace. Quand il fut sur l'échafaud, celui qui présidait à l'exécution, lui dit « Maître Jean, » criez merci au roi, afin qu'il vous pardonne. » Il répondit : « J'ai » servi au roi Philippe son grand aïeul, au roi Jean, et au roi Char- » les, son père, bien et loyaument; ne oncques ces trois rois ne me » surent que demander; ne aussi feroit cestui, s'il avoit âge et connois- » sance d'homme : à Dieu seul veut crier merci. » Dans le chemin, se voyant traîné avec des scélérats noircis de crimes, comme il s'en trouve dans les révolutions, il prononçait avec ferveur ces paroles du Psalmiste : *Judica, me, Deus, et discerne causam meam de gente non sanctâ.* « Jugez-moi, Seigneur, et séparez ma cause de » celle d'une nation perverse. » Le refus qu'il fit de racheter sa vie par un aveu répugnant à sa conscience honore sa mémoire : magistrat vénérable, que l'on citera volontiers entre ceux de son état qui, fermes dans leur devoir, ont péri, comme lui, victimes de la haine et des factions (1).

(1) M. de Sismondi retrace d'une manière admirable cette défaite du peuple et les progrès d'une noblesse sans qualités remarquables, sans éclat militaire. Nous rapporterons les pages où cet écrivain peint à grands traits ces évènemens.

«La résistance s'était organisée partout; elle avait commencé avec courage, avec énergie, et ceux cependant que leur patriotisme faisait descendre dans l'arène y avaient porté, avec l'héroïsme de la liberté, le respect de l'ordre, l'amour de tout ce qui pouvait être toléré, de tout ce qui pouvait être conservé dans l'ancienne organisation de la société. Les communes de France voulaient être ménagées, elles voulaient être consul-

HISTOIRE

Aux exécutions succéda l'amnistie, à laquelle on donna toute la pompe capable de frapper le peuple et de le contenir dans la suite. Le roi parut sur un trône dressé au haut de l'escalier du palais. Le peuple, qui avait été convoqué, remplissait la cour, entouré de sol-

tées, elles voulaient être libres enfin ; mais elles n'avaient pas prétendu dominer ou détruire toutes les prérogatives de la royauté et de la noblesse. La lutte s'était engagée de leur côté avec courage et en même temps avec modération ; elle avait déployé des vertus, une élévation d'ame que nous avons rencontrées bien rarement dans cette histoire. Malgré leur apparente supériorité, elles avaient été vaincues ; elles l'avaient été par un jeune garçon de quatorze ans, chez qui un observateur attentif aurait déjà démêlé les germes de la folie qui devait bientôt se développer en lui, pour tourmenter par lui, pendant trente ans, la France ; elles l'avaient été par les princes du sang qui formaient son conseil, et jamais trône n'avait été entouré de princes plus ineptes, plus méprisables, plus cruels. Les communes enfin avaient été vaincues par une noblesse qui ne pouvait pas se glorifier d'une seule vertu, une noblesse farouche, ignorante, avide de pillage, sans élévation d'ame, sans patriotisme, et qui, dans plus d'une occasion, s'était montrée même sans courage. La France avait été vaincue par ses tyrans, et jamais les oppresseurs des peuples n'avaient abusé plus cruellement de leur victoire ; jamais avec une rage plus féroce ils ne s'étaient acharnés à détruire la population, l'industrie, la propriété d'où devait naître leur propre richesse ; jamais gouvernement n'avait semblé prendre à tâche, comme celui de la France, de tuer en Flandre, en Languedoc, à Paris enfin, la nation même qu'il gouvernait. Il n'est pas aisé cependant de tuer les nations ; et, en les décimant comme avait fait Charles VI, en frappant tous ceux qui se distinguent par la supériorité de leur caractère, par leurs lumières et par leurs richesses, on ne fait que les rendre plus redoutables, plus cruels, plus incapables de raison ou de ménagemens pour le moment où la lutte recommencera.

» Lorsqu'on voit le petit nombre combattre contre le grand, et que c'est le dernier qui est vaincu, il est naturel de s'arrêter pour chercher les causes d'un résultat aussi inattendu. Nous en avons déjà signalé quelques unes au commencement du chapitre précédent, dans l'isolement des villes, dans la dépopulation des campagnes et l'abrutissement de leurs habitans. Nous avons pu en conclure que, quoique la bourgeoisie fût sans doute plus nombreuse que la noblesse, la disproportion entre ces deux corps n'était point telle que si on avait comparé la noblesse à la masse entière de la nation ; que surtout la noblesse devant à sa richesse des moyens faciles de transport ; à l'usage de combattre à cheval la supériorité en rase campagne ; et à la possession du pouvoir la facilité d'agir de concert dans tout le royaume, elle pouvait se présenter sur chaque point de ce royaume tour à tour, et contre chaque commune, avec la supériorité du nombre.

» D'autres causes du désavantage des communes dans leur lutte contre la noblesse à cette époque doivent nécessairement nous demeurer inconnues, parce que ce grand combat ne nous a été décrit que par leurs ennemis. En effet, il ne nous est pas resté, pour cette époque, un seul historien, un seul chroniqueur de l'ordre des bourgeois, qui ait raconté avec les sentimens de cet ordre, ou la guerre de Flandre, ou les persécutions éprouvées à Paris, à Rouen, à Reims, à Orléans, ou la tyrannie exercée sur le Languedoc. Nous n'avons d'autres guides que quelques écrivains ecclésiastiques, toujours dévoués à la puissance ; et Froissart, l'historien des chevaliers, qui ne se propose d'autre but que d'amuser et de flatter les seigneurs et les nobles dames, qui partage tous leurs préjugés et toute leur haine pour la bourgeoisie, et qui ne désigne jamais les plus héroïques défenseurs de la liberté dans les communes que par les noms de *pandaille* et de *ribaudaille*. Froissart nous a servi principalement de guide ; nous lui avons emprunté le récit des évènemens en retranchant seulement les épithètes injurieuses ; nous l'avons rectifié quelquefois à l'aide de Meyer, l'annaliste de Flandre, mort en 1552, sous le règne de Charles-Quint. Il avait été permis à ce dernier de révéler ce qui pouvait dats au maintien menaçant, à l'air féroce. La crainte glaçait tous les cœurs. Le chancelier Pierre d'Orgemont prit la parole, s'étendit sur l'énormité des fautes passées, rappela les exécutions. « Tout n'est pas fini, s'écria-t-il d'une voix tonnante, il reste encore bien des coupables à punir. M'expliqué-je selon vos intentions, sire? » dit-il au roi, en se retournant vers lui. « Oui, répondit le monarque. » A cette redoutable affirmation, ses oncles se jettent à ses pieds; les dames et les demoiselles, sans coiffures et échevelées, tendent vers lui des mains suppliantes. Les larmes coulent, les sanglots se font entendre. Les hommes prosternés crient grace et miséricorde. Le roi l'accorde et prononce qu'il convertit la peine criminelle en civile, c'est à dire le châtiment corporel en argent. Il aurait été plus noble, plus digne de la majesté royale d'accorder un pardon gratuit; mais cette générosité n'aurait été d'aucune utilité à ses oncles et à leurs avides courtisans. Les amendes furent excessives. Les plus favorablement traités y perdirent la moitié de leurs biens. On tira de ces rançons plus de quatre cent mille livres, dont il entra très peu dans le trésor du fisc. Le roi abolit la charge de prévôt des marchands, l'échevinage, les quartiniers, dizainiers, et tout ce qui pouvait conserver aux Parisiens le droit ou la prétention de se gouverner eux-mêmes. Il les mit sous l'autorité d'un prévôt ayant une force armée à ses ordres. Les aides, le douzième denier, la gabelle et toutes les autres impositions furent rétablies sans aucune opposition (1). Le peu-

rendre odieux aux Flamands le roi et la noblesse de France, mais non ce qui aurait excité l'admiration pour les champions de la liberté. C'est donc toujours à partir du camp ennemi, c'est au travers du nuage qu'élèvent les préjugés, l'ignorance et la servilité, que nous cherchons à distinguer les mouvements des héroïques bourgeois du quatorzième siècle. Si quelque écrit, confident des généreuses pensées de Philippe d'Artevelle et de Pie Dubois, d'Etienne Marcel et Nicolas Flamand, nous était demeuré, nous comprendrions mieux leurs projets, leurs espérances, l'organisation des communes et les difficultés sans nombre avec lesquelles les bourgeois avaient à lutter. »

(1) Le conseil, qui voulait s'enrichir, fit jeter dans les prisons trois cents des plus riches bourgeois, qui n'avaient d'autre crime que de tenter par leurs richesses la cupidité du gouvernement. — Au milieu des exécutions sanglantes, ordonnées chaque jour par des juges lâchement vendus au conseil, le roi supprima les officiers municipaux de Paris, défendit aux bourgeois, sous peine de la vie, toute espèce d'assemblée, les priva du droit de commune, et rétablit tous les impôts qui avaient été levés par son père sans le consentement des états.

Plus de cent riches bourgeois avaient déjà été condamnés au dernier supplice, lorsque le roi fit enfin assembler le peuple dans la cour du palais. Chacun crut avoir le glaive suspendu sur la tête; on attendait en frémissant le dénouement de cette horrible tragédie, lorsque Charles, feignant de se rendre aux prières concertées de son frère et de ses oncles qui lui demandaient grace pour le peuple, déclara commuer la peine de mort, qu'il disait que les Parisiens avaient encourue, en de fortes amendes pécuniaires. — La ville fut ruinée; on y leva plus de 400,000 francs, somme énorme pour ce temps-là (a) et pour le peu de population que Paris renfermait dans son enceinte très bornée. Les courtisans partagèrent entre eux le butin qu'ils avaient fait.

La dévastation de Paris fut un exemple terrible pour toute la ville, qui, comptant

(a) L'argent ne valait que cent sous le marc.

ple sentit alors les maux, suites immanquables des rébellions. Cependant jamais on ne lui persuadera qu'il sera plus mal après une révolte qu'auparavant. Les émeutes qui avaient éclaté à Rouen, dans les villes du Languedoc, de l'Auvergne, du Poitou, tenant par les correspondances à celle de Paris, furent punies comme celle-ci, par la mort de quelques chefs, surtout par de fortes amendes, et partout les impôts se rétablirent.

Les Anglais, qui n'avaient pas paru en Flandre quand le roi y était, quoique sollicités par les Gantois, s'y montrèrent sitôt qu'il fut parti. Ce ne fut d'abord qu'une incursion; mais elle eut de particulier qu'elle porta le nom de croisade, et qu'elle était commandée par l'évêque de Norwich, qu'Urbain autorisait à faire la guerre aux Français clémentins et schismatiques. Des escadrons anglais plus considérables arrivèrent à l'appui des succès du prélat. Le roi envoya contre eux une armée qui les repoussa, mais ils ne se rembarquèrent qu'après avoir fait un riche butin sur leurs amis les Flamands, dont ils pillèrent les campagnes et rançonnèrent les villes. Louis de Male, rentré dans ses états, n'avait fait qu'une faible résistance. Battu dans une rencontre, il se retira en Artois, et mourut quelques mois après. Par sa mort les comtés de Flandre, d'Artois, de Nevers et celui de Bourgogne, passèrent à son gendre Philippe-le-Hardi, qui, moyennant leur réunion au duché de Bourgogne, qu'il possédait à titre d'apanage, devint le plus puissant des princes non couronnés de l'Europe.

On a vu le duc d'Anjou, son frère, toujours ardent pour son expédition d'Italie, ne se croire jamais assez d'argent pour l'entreprendre. Il avait pris d'autorité les cent mille francs donnés par les Parisiens après la première émeute, et ne s'était pas oublié dans la distribution des dernières amendes. Il empruntait à toutes mains, faisait fabriquer une immense quantité de pièces d'or et d'argent; les monnaies ne travaillaient que pour lui. Lorsqu'il vit son trésor garni, non selon ses désirs, mais selon son pouvoir, son génie inventif lui suggéra de demander avis au conseil du roi sur son expédition; s'il devait la tenter, et quel secours on lui donnerait. Le but d'une pareille consultation se devina aisément : c'était de rendre, par l'approbation du conseil, si on la lui donnait, guerre de la nation une guerre qui lui était personnelle. On répondit qu'on ne pouvait rien décider de positif sur cet objet; mais que, quelque parti qu'il embrassât, on était disposé à l'aider. Cette réponse vague ne le satisfaisait pas. Comme il paraissait balancer entre la résolution de rester ou de partir, le conseil du roi, qui aurait voulu le voir bien

sur la franchise nationale cent fois reconnue solennellement par les rois, aurait osé désobéir. Elle apprit que ses droits et ses titres étaient vains, et que tout était anéanti. Ainsi le despotisme, sûr de sa force et marchant tête levée, appesantissait la plus honteuse tyrannie sur toute la nation.   THOURET.

loin, se servit d'une ruse pour le déterminer. Jeanne, reine de Naples, celle qui venait de l'adopter et de lui résigner son royaume, comme héritière de la première maison d'Anjou, possédait aussi la Provence. On fit entendre au duc que, s'il abandonnait sa mère adoptive, il n'aurait aucun droit à cette province ; qu'en conséquence il serait de l'intérêt du royaume de s'en emparer et de la réunir à la couronne. On envoya même des commissaires à Avignon, chargés d'engager le pape à favoriser cette réunion. Ce projet inquiéta le duc. Il écrivit au souverain pontife de n'entendre à aucun traité de Provence que pour lui, et il se décida à commencer son entreprise.

A la fin de mai 1382, il prit la route de la Provence, et s'y fit reconnaître héritier de la reine Jeanne. Clément le reçut solennellement en consistoire, lui posa sur la tête la couronne de Naples, et fulmina une sentence d'excommunication contre Charles de Duras, son compétiteur. Celui-ci était déjà en possession, couronné aussi à Rome par Urbain, et, comme son rival, pourvu d'anathêmes et d'excommunications. Louis d'Anjou partit d'Avignon, ayant à sa suite trois cents mulets et une multitude de chariots chargés d'or, d'argent et de munitions. Son armée était composée de soixante mille hommes, les meilleures troupes de l'Europe. On y voyait briller toute la magnificence que le luxe guerrier pouvait étaler. Il franchit les Alpes, entre en Lombardie, traverse rapidement tout le pays jusqu'au royaume qu'il allait conquérir. Arrivé sur la frontière, il envoie défier Charles de Duras, et le somme de lui assigner le jour et le lieu de la bataille.

En effet il avait déjà grand besoin d'une action décisive. Les équipages de l'armée avaient été en grande partie pillés par les montagnards en passant l'Apennin. Pour réparer ces brèches et retenir sous ses drapeaux les guerriers attachés à sa fortune, il fut obligé d'ouvrir largement ses trésors. L'or s'en écoula rapidement. Sa femme, restée en France, recrutait pour lui, et fit partir un supplément considérable, qu'elle adressa par Venise. Le prince chargea le baron de Craon d'aller le recevoir. Le jeune favori crut devoir faire dans cette ville les honneurs du monarque qui l'envoyait. Il donna des fêtes brillantes, consuma une grande partie du trésor en jeux et en débauches, et garda le reste. Pendant ce temps le malheureux Louis vendait sa vaisselle, ses équipages, et jusqu'à sa couronne. Charles connaissait la situation fâcheuse du prince français, et plus celui-ci désirait une bataille, plus l'autre avait soin de l'éviter. Il ne se montrait que sur la défensive et ruinait l'armée ennemie par les marches qu'il la forçait de faire continuellement pour le poursuivre.

Un jour, le duc d'Anjou crut le moment arrivé de se mesurer avec lui. Charles s'était renfermé dans Barlette : Louis fait le ravage autour de la ville et croit l'avoir attiré au combat, lorsqu'il le voit sortir à la tête de son armée. En effet, il la range en bataille en présence des Français, et au moment où l'on n'attendait plus que le signal, il la fait rentrer dans ses murs. D'Anjou, hors d'état d'attaquer la ville, se retire plein de rage. Il rencontre près de là un corps avantageusement posté, il l'attaque en désespéré, est blessé et meurt la première année de son règne plutôt de chagrin que de ses blessures. L'armée se dissipa sans être poursuivie. On voyait sur les chemins d'Italie la plupart des seigneurs et chevaliers sans armes, presque nus, demandant l'aumône pour regagner leur patrie. Cette malheureuse expédition laissa en France de longs et tristes souvenirs. Le baron de Craon eut l'audace de reparaître à la cour avec un équipage magnifique : l'énorme dépense qu'il y fit lui suscita des protecteurs contre les poursuites de la veuve du duc d'Anjou et de ses enfans. Il fut cependant condamné à une restitution de cent mille francs, faible atteinte portée aux richesses qui lui restèrent. On peut croire que cette funeste entreprise a été en grande partie la cause des troubles qui ont agité la France sous Charles VI. Sans le désir d'une couronne qui le tourmentait, le duc d'Anjou n'aurait peut-être pas spolié la succession de son frère. Le trésor du défunt aurait dispensé de mettre ou de grossir les impôts pour faire face aux dépenses ordinairement nécessaires dans le commencement d'un règne, et l'esprit du peuple ne se serait point aigri et disposé à devenir l'instrument de l'animosité des factions.

Charles VI atteignait bientôt seize ans. Il était grand, fort et adroit dans tous les exercices du corps. Les noces du duc de Nevers, fils du duc de Bourgogne et plus jeune que lui, lui firent naître et la pensée et le désir du mariage. On lui chercha une épouse en Allemagne, comme son père l'avait recommandé. Les suffrages des envoyés se réunirent en faveur d'Isabelle, fille du duc de Bavière-Ingolstadt, et arrière-petite-fille de l'empereur Louis V. Dans la crainte que, présentée comme future épouse et ne réussissant pas à plaire, elle n'essuyât un refus mortifiant, on la fit venir en France sous prétexte d'un pélerinage. L'entrevue eut lieu à Amiens. Elle fut tout à l'avantage de la princesse. Le roi en fut si enchanté qu'il ne voulut pas attendre les préparatifs du mariage dont la cérémonie devait se faire à Arras chez le duc de Bourgogne, et il fut célébré immédiatement dans la cathédrale d'Amiens, où Isabelle parut la couronne sur la tête.

Les réjouissances furent troublées par des nouvelles désagréables de la Flandre. Les Gantois, qui avaient échappé au siége après leur défaite à Rosbec, continuèrent la guerre et se donnèrent pour chef un général entreprenant nommé François Altremen. Il prit par escalade la ville de Dam, où les bourgeois de Bruges avaient déposé leurs richesses lorsqu'ils étaient menacés par Artevelle. Les Gantois y firent un butin immense. Dans le désordre d'une ville prise d'assaut, Altremen eut assez d'empire sur ses soldats pour préserver de toute insulte beaucoup de dames et de demoiselles, qui, selon l'usage alors pratiqué, avaient été invitées aux couches de la dame de Ghistelles, épouse du gouverneur : celui-ci était allé au mariage du roi, et ce fut son absence qui enhardit Altremen à tenter la surprise.

Malgré la trêve subsistante entre la France et l'Angleterre, les Anglais parurent dans les hostilités des Flamands. Ils effleurèrent dans leurs courses quelques parties des frontières françaises. Le conseil prit la résolution de frapper contre eux un coup décisif, et de porter dans leur île les fléaux dévastateurs qu'ils répandaient sur le continent. Pour subvenir aux dépenses de l'armement que l'on méditait, on eut recours à un emprunt. Voici comme il se fit. On dressa un état des bourgeois aisés et des sommes qu'ils pouvaient fournir, chacun à proportion de ses revenus. La liste arrêtée au conseil fut mise entre les mains des receveurs chargés du recouvrement. Le terme du remboursement, mais sans intérêt, était indiqué. Le roi s'y engagea sur sa parole d'honneur. Il trompa tout le monde, dit un historien, quand il s'acquitta de sa promesse. Outre cet expédient, les impositions furent doublées et exigées avec la plus grande rigueur. En attendant le grand embarquement, l'amiral Jean de Vienne alla porter des secours en Écosse alors en guerre avec l'Angleterre.

La frayeur des Anglais à la vue de ces préparatifs fut extrême. Toute la nation prit les armes, sans excepter les laboureurs, le clergé et les religieux, obligés de marcher quand la patrie était menacée. Jamais il n'y eut chez eux de circonstance plus alarmante que la crainte d'une descente des Français. Elle ne fut pas tentée, parce que le duc de Bourgogne, plus attaché à ses propres intérêts qu'à ceux du royaume, fit traîner les préparatifs jusqu'à ce que la saison propre à l'embarquement fût passée; alors il n'eut pas de peine à obtenir que l'armée destinée contre l'Angleterre fût employée contre les Flamands, d'autant plus qu'on voulait tirer vengeance du capitaine Altremen, qui avait formé le projet de brûler la flotte française dans le port de l'Écluse, et qui avait pensé réussir.

L'armée envoyée contre lui porta la terreur jusqu'à Gand. Elle fit dans ses ravages beaucoup de prisonniers. Le plus grand nombre était massacré sur le champ. Quelques uns de ceux qu'on épargna d'abord, amenés devant le roi, pressés de reconnaître le duc de Bourgogne pour leur souverain, et de lui prêter serment de fidélité, répondirent que le roi pouvait assujétir les corps des Flamands, mais jamais leur esprit. « Quand nous serons morts, ajoutèrent-ils, nos os se rassembleront pour combattre. » Comme on voulait effrayer le peuple, cette réponse généreuse ne sauva pas les victimes dévouées à la mort. Un des condamnés, parent de presque tous ces infortunés, offrit de les exécuter si on voulait lui accorder la vie. Et, en effet, il leur trancha la tête à tous; mais, quand il s'attendait à être relâché pour prix de son infâme barbarie, il avait inspiré tant d'horreur, qu'on lui fit subir le même supplice.

Le duc de Bourgogne parvint cependant à amener les Flamands à un accommodement, malgré leur opiniâtreté; mais il tenta en vain de les séparer de l'obédience de Rome, pour les faire adhérer à celle d'Avignon : l'avidité de Clément pour toute espèce de richesses, sa rapacité exercée sur les biens de l'église, trop connue même en France où elle ne cessait d'exciter des murmures et des plaintes, empêcha les nouveaux sujets de Philippe de se prêter au désir de leur souverain.

Ainsi les immenses préparatifs de la France pour porter un coup décisif à l'Angleterre ne profitèrent qu'au duc de Bourgogne. L'expédition de l'amiral Jean de Vienne ne procura pas non plus l'avantage qu'on en espérait. Les Ecossais, voyant par la guerre de Flandre, qui occupait les forces de la France, toutes celles des Anglais prêtes à tomber sur'eux, s'accommodèrent avec leurs voisins. Il convint alors aux Français de se retirer. On crut que l'accord avait été hâté par la conduite licencieuse des jeunes Français. On reproche même à Jean de Vienne, qu'on peut certainement croire d'un âge plus que mûr, de les avoir autorisés par son exemple. Cependant son expédition ne fut pas inutile; il rapporta en France des lumières sur l'état de la cour d'Angleterre et des forces du royaume. La cour était dominée, comme en France, par les oncles du roi, mais avec plus de désordre. La milice, formidable en nombre, était très peu redoutable en effet. Dans une circonstance de révolte, mille hommes d'armes avaient dissipé une armée de cent mille hommes. L'amiral donna encore d'autres indications encourageantes sur lesquelles on se détermina à une autre expédition.

On jugera de l'immensité des préparatifs par la description de Villaret dont nous emploierons les propres termes. « Le port de l'É-
» cluse était le rendez-vous de la flotte destinée au passage. On y
» comptait plus de quinze cents vaisseaux. Ces navires, à la vérité,
» n'étaient pas de la grandeur de nos vaisseaux de ligne; mais il fal-
» lait qu'ils fussent considérables, puisqu'on les destinait à porter
» une armée de plus de cent mille hommes, où devaient se trouver
» le roi, les princes du sang, les seigneurs, toutes les munitions de
» guerre et de bouche et cinquante mille chevaux au moins, puis-
» qu'il y avait vingt-mille tant chevaliers qu'écuyers. Les frais seuls
» de la flotte montèrent à trois millions, et la valeur de l'argent était
» dix fois moindre qu'aujourd'hui. On avait acheté des bâtimens dans
» les ports de Hollande et de Zélande.

» Outre cette quantité prodigieuse de vaisseaux, le connétable de
» Clisson avait lui seul rassemblé une flotte de soixante-douze
» voiles. Il faisait en même temps travailler à la construction d'un
» édifice aussi effrayant pour la dépense qu'étonnant par sa singula-
» rité. C'était une ville de bois de trois mille pas de diamètre, munie
» de tours et de retranchemens, capable de contenir une armée en-
» tière. On devait s'en servir après le débarquement pour avoir,
» en arrivant en Angleterre, une place d'armes à l'abri des in-
» sultes de l'ennemi. Cette ville, composée de pièces de rapport,

» fut placée sur la flotte que le connétable tenait prête en Bretagne.
» Toute la magnificence que le luxe de ce siècle pouvait étaler four-
» nit un surcroît de dépense. La sculpture et la peinture semblaient
» se disputer l'honneur d'embellir les bâtimens de la plupart des sei-
» gneurs. » Les proues et les mâts, dit Mézerai, étaient richement décorés de leurs armes et écussons, et les voiles bigarrées d'ouvrages d'or et de soie.

La confiance était si générale, qu'on marchait à cette expédition comme à une conquête assurée. Le soldat se rendait de toutes les provinces au port de l'Écluse avec un air de triomphe qui augmentait la licence naturelle aux gens de guerre, surtout à ceux qui sont mal payés comme ils l'étaient alors. Malheur aux provinces qu'ils traversaient! On touchait à la fin de l'été. « Les pauvres laboureurs
» qui avaient recueilli leurs grains, dit un historien du temps, n'en
» avaient que la paille; s'ils en parlaient, ils étaient battus ou tués.
» Les viviers étaient mis à sec, les maisons abattues pour faire du
» feu. Les Anglais, s'ils fussent arrivés en France, n'eussent pu faire
» plus de mal que les soldats français y faisaient. Ils disaient : Nous
» n'avons point d'argent maintenant, mais nous en aurons au re-
» tour; si vous payerons tout sec. »

Le roi était à l'Écluse et animait tout par sa présence. Il essaya même de la mer et en parut content. « Connétable, disait le jeune
» monarque à Clisson, j'ai été en mon vaissel, et me plaisent gran-
» dement bien les affaires de mer, et croi que je serai bon marinier. »
Tout était prêt; on n'attendait plus que le duc de Berry, qui devait amener les troupes très nombreuses de la Guyenne et du Berry, son apanage. Le roi lui envoyait courriers sur courriers pour le hâter. A chaque instant on croyait le voir arriver. Pendant ces délais, le temps, jusqu'alors favorable au départ, changea. Une tempête dispersa la flotte qui de Bretagne apportait la ville de bois de Clisson, et poussa en Angleterre un vaisseau chargé d'une partie de cette charpente. L'embarquement était devenu impraticable quand le duc de Berry parut. Le roi lui fit des reproches. Le prince tourna la chose en plaisanterie. On congédia les troupes; les vaisseaux furent désarmés. Le duc de Bourgogne demanda et obtint ce qui restait de la ville de bois, et l'expédition fut remise à une autre fois.

Charles-le-Mauvais, roi de Navarre, haï et méprisé dans sa propre famille pour ses forfaits, passait de tristes jours dans sa Navarre, se consolant de son inaction par la débauche et le plaisir de mal faire. Ses possessions de Normandie et de Languedoc restaient toujours séquestrées, mais sous la garde de Charles, l'aîné de ses fils. On avait cru devoir cette déférence à la bonne conduite de ce prince et de ses frères et sœurs, qui ne participaient pas aux crimes de leur père. Toujours occupé de pensées sinistres, Charles-le-Mauvais, tant par dépit de ce qu'on lui retenait ses biens que pour exciter dans le royaume des troubles dont il pourrait profiter, conçut le projet d'empoisonner en une seule fois le roi, son frère, les ducs de Berry, de Bourgogne et de Bourbon, et les seigneurs qu'ils admettaient à leur société.

Le hasard conduisit à sa cour un de ces ménestrels qui parcouraient les provinces, chantant, jouant des instrumens, bien reçus dans les châteaux. Il se nommait Gauthier-le-Harpeur. Son valet, appelé Robert Wourdreton, Anglais, parut au Navarrois propre à exécuter le forfait qu'il méditait. Il prit lui-même le soin d'apprendre au scélérat la propriété meurtrière de l'arsenic, la dose nécessaire pour faire mourir, les lieux ordinaires où il se vendait. « Tu en trouveras, lui dit-il, chez les apothicaires, dans les grandes » villes par où tu dois passer en allant à Paris. » Il l'instruisit aussi des moyens de s'introduire dans le palais. « Quand tu y auras acquis » quelque habitude, tray-toi près de la cuisine, du dressouer, de la » bouteillerie ou de quelques autres lieux où mieux tu verras ton » point, et de cette poudre mets es-potages, viandes ou vins desdits » seigneurs. » L'Anglais promit tout, partit, acheta le poison à Bayonne, fut arrêté en arrivant à Paris, interrogé, condamné à être tiré à quatre chevaux, et exécuté. Le moyen par lequel cet attentat a été découvert si promptement est ignoré. On présume qu'il fut révélé à la cour de France par le prince Charles, qui, résidant alors auprès de son père, en eut connaissance, et que ce fut en reconnaissance de cet avis que le nom du roi de Navarre ne parut pas dans le procès.

Mais si la justice des hommes l'épargna, celle de Dieu le punit rigoureusement dès cette vie. Les excès continuels de la volupté avaient hâté chez lui les progrès de l'âge, et il était vieux quoiqu'il n'eût que cinquante-six ans. Pour ranimer sa chaleur languissante, il se faisait envelopper quelquefois d'un drap imbibé d'esprit de vin. Son valet de chambre, finissant de coudre le drap et ne trouvant point auprès de lui ses ciseaux pour couper le fil, en approche la bougie. Le feu y prend rapidement, se communique au drap, et avant qu'on puisse arracher au prince cette funeste enveloppe, il est brûlé jusqu'aux os, et expire trois ou quatre jours après dans d'affreux tourmens.

Sa mort donna lieu à une procédure singulière. La confiscation de ses villes de Normandie n'avait pas reçu, quand elles furent mises sous le séquestre, toutes les formes nécessaires. Cependant il était de l'intérêt du royaume qu'elles fussent réunies à la couronne. Le roi tint à ce sujet un lit de justice. Le roi de Navarre, dont on n'ignorait pas la mort, fut cité à la table de marbre, et sommé de comparaître en personne. Il y eut dans cette cause de longs discours. Apparemment les défenseurs du Navarrois crurent pouvoir exciper de la mort du coupable, puisque l'avocat-général s'appliqua, dans le sien, à prouver que le vassal criminel de lèse-majesté pouvait être poursuivi, même après sa mort. Cependant il n'y eut pas de jugement définitif. La cause fut seulement mise en état d'être jugée, afin d'amener les fils du défunt, par la crainte d'une décision, à se contenter d'un équivalent qu'on leur offrait en échange des domaines de Normandie, dont le parti que les Anglais en avaient tiré, lorsque les villes étaient entre les mains du père, montrait l'importance.

Le mauvais succès des préparatifs contre les Anglais chagrinait d'autant plus le roi qu'ils triomphaient de cette perte, et qu'ils semblaient le défier de leur île. Une vengeance particulière du duc de Bretagne fit avorter de nouveaux desseins contre eux. On a vu que Clisson, connétable de France, s'était porté avec ardeur au projet de la descente, et que, pour contribuer à cette entreprise, il avait présidé lui-même à des armemens en Bretagne où il possédait de grands et riches domaines. Autrefois il avait combattu pour la maison de Blois contre celle de Montfort, que le traité de Guérande avait mis en possession du duché de Bretagne. Par ce même traité, le nouveau duc s'était engagé à payer la rançon de Jean de Blois, fils de son compétiteur, et à lui faire épouser sa sœur; mais il avait négligé l'un et l'autre article, et le malheureux prince languissait en Angleterre, désespérant de jamais recouvrer sa liberté. Elle lui fut rendue par la générosité de Clisson, qui, réparant les torts du duc, paya la rançon du prince et devint son beau-père. Soit qu'il restât au duc quelque ressentiment de cette ancienne querelle, soit qu'il vît de mauvais œil, si puissant dans ses états, un homme qu'il croyait mal disposé pour lui, sous prétexte de prendre ses avis sur une forteresse qu'il faisait bâtir, il l'attire dans le donjon, le fait charger de chaînes, et ordonne au gouverneur, nommé Bavalan, de le renfermer dans un sac sitôt qu'il sera nuit, et de le jeter à la mer. A ce commandement, le gouverneur tombe aux pieds de son maître, lui remontre l'affreuse atrocité d'un pareil ordre, et les suites funestes qu'il peut avoir. « Ne » m'en parle plus, répond le duc, obéis : l'heure est venue que j'au- » rai raison de ce méchant paillard qui m'a tant outragé. »

Pendant la nuit, l'idée du crime qui se commettait sans doute alors lui revint à l'esprit, et écarta de lui le sommeil. Il éprouvait des angoisses de repentir, et désirait qu'on ne lui eût pas obéi. Quand Bavalan parut le matin devant lui, il le regarda avec inquiétude; mais au mot de *c'en est fait*, que lui dit tristement le gouverneur, il entra dans des convulsions de désespoir, s'abandonna aux gémissemens, ne voulut de la journée ni prendre de nourriture ni voir personne. Bavalan le laissa jusqu'à la nuit dans cet état de désolation, et s'étant assuré que son repentir était sincère, il lui dit enfin : « Consolez- » vous, Clisson n'est pas mort. » Ce fut un poids énorme ôté à la conscience du duc. « Bavalan, lui dit-il, tu as été bon serviteur de ton » maître, et tu m'as fait le meilleur service qu'oncques homme fit à » un autre » Cependant il ne voulut pas perdre entièrement le fruit de sa perfidie, et mit à prix la liberté du connétable. Cet évènement interrompit les préparatifs que la France faisait contre l'Angleterre, préparatifs dont Clisson était l'âme, et d'où l'on a conjecturé que le duc avait été en grande partie inspiré par les Anglais. Dans le même temps, le duc de Gueldre, qui, pour quelques uns de ses états, était vassal de la couronne, envoya, sous prétexte de déni de justice, défier le roi. Charles VI marcha en personne pour le punir de son audace. Il l'aurait privé de son duché, si le duc de Juliers, son père, n'eût interposé sa médiation : « Il faut pardonner à mon fils, disait-il » aux commissaires du roi ; c'est un fou. » Oui, mais un fou intéressé; car on découvrit que les Anglais lui avaient donné de l'argent et assuré une pension pour déclarer la guerre à la France ; système toujours suivi par eux et avec succès, de payer sur le continent des diversions à l'effet de garantir leur île.

Le connétable revint à la cour, ardent de colère, et demandant vengeance de la perfidie exercée à l'égard du premier officier de la couronne. Les opinions furent partagées à ce sujet. Les ducs de Berry et de Bourgogne, s'apercevant du crédit que Clisson prenait auprès du roi, voulaient que cette affaire fût mise en oubli, de peur que la vengeance qu'on en tirerait ne le rendît encore plus puissant. Les discussions qui eurent lieu dans le conseil à cet égard manifestèrent des haines personnelles, des jalousies et des germes de factions prêts à se développer. Cependant le duc de Bretagne fut mandé à la cour; il s'y rendit après de longs délais, et seulement pour prévenir l'orage qui grondait déjà contre lui. Des discussions également prolongées, se terminèrent enfin par la restitution des places du connétable, et celle de la rançon que le duc avait encore exigée de lui. On les fit alors embrasser ; mais leur haine n'était pas éteinte, et n'en fut long-temps encore que plus implacable.

Le roi atteignait vingt-un ans. On s'apercevait qu'il commençait à se lasser de la tutelle de ses oncles. Ce qui s'était passé à l'égard des armemens contre l'Angleterre lui faisait voir qu'ils songeaient plus à leur intérêt personnel qu'à ceux du royaume. Dans ces dispositions, il se trouva des gens, peut-être fut-ce le connétable, qui lui persuadèrent de commencer à régner par lui-même. En revenant de Gueldre, il s'arrêta à Reims pendant les fêtes de la Toussaint; là, dans une assemblée composée de princes du sang, de plusieurs seigneurs et de gens du conseil, il demanda, comme par forme de consultation, s'il ne convenait pas qu'il prît en main les rênes du gouvernement. On se déféra quelques momens les uns aux autres l'honneur d'opiner les premiers; mais enfin le cardinal de Laon, qui d'abord avait refusé la parole, la prit, et, une fois échauffé, il fit un tableau frappant des vices de l'administration, et des portraits si ressemblans des seigneurs, jusqu'alors admis au ministère, surtout du duc de Bourgogne, qu'il était impossible de les méconnaître. Il conclut qu'il était important que le roi se chargeât lui-même de l'administration. Tout le conseil fut du même avis. Le jeune monarque se tourna du côté de ses oncles, les remercia affectueusement des soins qu'ils avaient pris jusqu'à ce jour, les en déchargea pour la suite, et déclara que son intention était de régler désormais les affaires par lui-même. Les deux oncles, quoiqu'ils ne s'attendissent pas à une si prompte résolution, n'en marquèrent aucun mécontentement. Quelques jours après, le cardinal de Laon mourut ; il se crut empoisonné, et les chirurgiens qui ouvrirent son corps ne détruisirent pas le soupçon.

On vit alors ce qui a coutume d'arriver dans les changemens de gouvernement : ceux qui étaient en faveur furent disgraciés. A leur place parurent des courtisans, ou ignorés, ou éloignés auparavant. Quatre ministres se partagèrent l'administration, Le Bègue de Vilaines, le seigneur de La Rivière, Jean Le Mercier, seigneur de Noviant, et Jean de Montagu, sous l'inspection du connétable, qui avait toute la confiance du jeune monarque.

Selon l'usage, ils ne manquèrent pas de décrier la conduite de leurs prédécesseurs, de rejeter sur eux tous les maux de l'état, de faire au peuple de magnifiques promesses, qui aboutirent à la suppression d'une augmentation d'impôts, établie l'année précédente pour les frais de la guerre qu'on comptait avoir. Afin de verser de l'odieux sur l'ancien ministère, il fallut bien montrer le châtiment de quelque coupable. Le sort tomba sur Audouin de Chanveron, prévôt de Paris, chargé de la répartition de l'imposition ; opération délicate, dans laquelle il est rare que l'on ne se fasse pas des ennemis. Il prouva que, s'il avait commis quelques fautes dans l'assiette ou le recouvrement, c'était par l'ordre exprès des ducs de Berry et de Bourgogne. Sa gestion d'ailleurs était apparemment bien pure, puisqu'on fut réduit à lui reprocher six francs offerts à sa femme, et à lui un quart de vin et quelques volailles, présens d'usage, quand il installait des huissiers et des procureurs. De ces griefs ou autres semblables, on forma un corps d'accusations sur lesquelles on le condamna à la mort comme concussionnaire ; mais on lui accorda en même temps sa grace, et même la permission de faire insérer dans les lettres, avec les inculpations, les réponses qui le justifiaient. Les ducs de Berry et de Bourgogne se retirèrent chacun dans leur apanage. Après leur départ, il se trouva bien peu de vaisselle, de tapisseries et de joyaux dans le palais du roi, pendant que ceux qu'ils allèrent habiter furent vus tout à coup abondamment garnis et superbement meublés. Le jeune monarque pria le duc de Bourbon, son oncle maternel, de rester auprès de lui, de l'aider de ses lumières, et lui rendit, en plein conseil, le juste témoignage que ses actions avaient toujours été dirigées vers le bien de l'état.

Plusieurs règlemens parurent alors sur des objets plus ou moins importans, à commencer par le parlement. Le roi fixa le nombre des conseillers de la grand'chambre à quinze clercs et quinze laïcs ; des enquêtes, à vingt-quatre clercs et seize laïcs ; des requêtes, à deux clercs et quatre laïcs. Ils ne pourront s'absenter sans permission du roi : les religieux en sont exclus, et il est enjoint de n'avoir aucun égard aux lettres qu'obtenaient quelquefois des gens en faveur, pour suspendre le cours de la justice. Il est pourvu par des lois de police sages et sévères à la sûreté et au nettoiement de Paris, où l'amas des immondices formait des cloaques d'où s'élevait un air empesté. L'usure des juifs fut réprimée; l'éloignement des lépreux, séquestrés hors de la ville, fit cesser la crainte de la contagion qu'ils répandaient. On ferma enfin les repaires où les mendians allaient cacher l'abus qu'ils faisaient des aumônes surprises à la pitié. On nommait un de ces lieux *la Cour des Miracles*, parce que ces malheureux, sortis le matin boiteux, aveugles, estropiés, couverts de plaies, délivrés, en rentrant, de leurs bandages, paraissaient tout à coup sains comme par miracle, et se livraient aux plus crapuleuses débauches.

Dans une jeune cour, tout est occasion de plaisir. Quand l'âge de donner l'ordre de chevalerie aux princes Louis II et Charles, fils de Louis d'Anjou, roi de Naples et de Sicile, fut arrivé, il y eut des tournois qui durèrent trois jours. Le roi et le duc d'Orléans, son frère, y combattirent. Le jeune monarque montrait pour les exercices une ardeur qui tenait de l'emportement. Les dames y assistaient; les joutes furent suivies de bals parés et masqués. Dans ce même temps, Louis, duc d'Orléans, frère du roi, épousa Valentine Visconti, fille du duc de Milan, Jean Galéas. Elle eut en dot la ville d'Asti, et il fut stipulé dans le contrat que, si ses deux frères venaient à mourir sans enfans mâles, elle où ses héritiers succèderaient au duché de Milan. C'était déjà trop des prétentions que la couronne de Naples donnait à la maison royale de France en Italie, sans les augmenter encore de celles que ce mariage lui donna sur le Milanais.

Le couronnement de la reine fut précédé d'une entrée solennelle dans la capitale. Les Parisiens la rendirent la plus pompeuse qu'il était possible. Les spectacles qu'ils donnèrent leur paraissaient dans ce temps ce que nous paraissent les nôtres, c'est à dire les plus beaux qu'on pût donner. A la porte Saint-Denis, des enfans habillés en anges chantaient des cantiques. « La sainte Vierge tenait entre ses » bras un petit enfant, lequel s'esbattait à part soi avec un petit mouli- » net fait d'une grosse noix. » De jeunes filles, extrêmement parées, mais modestes, présentaient aux passans clairet, hypocras et piment. Devant l'hôpital de la Trinité, des chevaliers français et anglais représentaient le pas d'armes de Saladin. Plus loin on voyait « Dieu séant en sa majesté, et de petits enfans de chœur chantaient » moult doucement en forme d'anges. » Deux d'entre eux se détachèrent de la voûte de l'arc de triomphe, et vinrent poser une couronne de prix sur la tête de la reine. Elle trouva ensuite une salle de concert; puis, au petit Châtelet, la représentation d'un lit de justice. D'un bois voisin s'élança un cerf blanc; il devait être d'or massif, mais on n'eut pas le temps de le fondre. Un lion et un vautour, sortis du même bois, vinrent l'attaquer. Un homme caché dirigeait les mouvemens du cerf, qui brandissait une épée, et roulait les yeux en menaçant. Le plus singulier fut un voltigeur qui descendit sur une corde tendue du haut des tours Notre-Dame, jusqu'au pont, quand la reine y entra. Comme il faisait déjà nuit, il tenait un flambeau à chaque main. Le roi, pour jouir de ces spectacles, monta en croupe derrière Savoisi, et reçut quelques horions dans la foule. La reine fut couronnée dans la Sainte-Chapelle. Quatre des principaux bourgeois lui présentèrent une nef d'or, deux grands flacons, deux drageoirs et deux bassins d'argent; à la duchesse d'Orléans, deux services de vaisselle; au roi, quatre pots, six trampoirs et six plats d'or. Deux hommes déguisés, l'un en ours, l'autre en licorne, deux autres noircis et habillés en Maures, portaient ces présens. « Grand merci, » bonnes gens, ils sont biaux et riches, » dit le roi aux bourgeois qui les offrirent; et le lendemain la gabelle fut augmentée.

Il n'y a pas jusqu'aux cérémonies funèbres qui ne servirent aux amusemens de la cour. Le roi fit faire un service solennel à du Guesclin dans l'église de Saint-Denis. On ne sait pourquoi cette réminiscence, à moins que ce ne fût pour donner une marque de faveur à Clisson, Breton comme lui, son compagnon d'armes et son successeur dans la dignité de connétable. Il conduisait le deuil. Tout se passa selon le cérémonial pompeux de l'ancienne chevalerie. L'offrande était de quatre coursiers, deux armés en guerre, deux pour les tournois. Les ducs de Bourgogne, de Bourbon, de Lorraine et de Bar les présentaient, précédés des plus grands seigneurs qui portaient l'écu, l'épée, la lance, le casque, les gantelets et les autres pièces de l'armure. L'évêque d'Auxerre, officiant, fit l'éloge du bon connétable. C'est la première oraison funèbre qui ait été prononcée dans l'église.

Ces spectacles, tant funèbres que joyeux, coûtaient prodigieusement, surtout avec un prince qui, dit une chronique, donnait mille écus où son père n'en donnait que cent. Le peuple, toujours sûr d'être appelé à remplir les vides du trésor, murmurait de ces dépenses. Il eut cependant quelques espérances de soulagement dans l'accord qui se fit avec l'Angleterre. Ne pouvant convenir de la paix, des commissaires assemblés dans la chapelle de Bellinghen, entre Boulogne et Guines, sur un terrain neutre, entre les possessions françaises et anglaises, conclurent une trêve de trois ans. Ils y comprirent la Castille, le Portugal, l'Aragon, la Navarre, l'Écosse, la Flandre, le Brabant, les duchés de Gueldre et Juliers, et la république de Gênes. Ainsi dès lors le sort des deux nations réglait celui d'une grande partie de l'Europe.

On n'a point vu paraître dans le service de du Guesclin le duc de Berry. Il était alors en Languedoc, nonchalamment occupé à jouir des délices d'une vie efféminée et fastueuse qu'il aimait sur toute chose. Les peuples confiés à son gouvernement, il les regardait comme faits pour ses plaisirs et les traitait en tyran. Quand ils se plaignaient de l'excès des impositions, il les doublait et punissait la résistance par des amendes, par la prison et même par des supplices. Un ministre, nommé Bétisac, était l'inventeur, la cause et l'instrument de ces vexations. Le roi en fut témoin dans un voyage qu'il fit dans les provinces méridionales du gouvernement de son oncle. Il paraît même que ce voyage n'était entrepris que pour réprimer ces désordres. Le monarque y mena, avec ses deux oncles, les ducs de Bourgogne et de Bourbon, une cour nombreuse et une partie de son conseil.

Bétisac fut arrêté. Le premier grief qui déposait contre lui était son immense richesse. Quand les juges lui demandèrent d'où il la tenait, il répondit naïvement : « Monseigneur de Berry veut que ses » gens deviennent riches. » Un incident embarrassa le tribunal. Le duc envoya des lettres par lesquelles il avouait tout ce que Bétisac avait fait, et le réclamait comme justiciable de lui seul. Comment condamner un homme qui n'avait agi que par l'ordre d'un maître revêtu de l'autorité suprême ? Une ruse perfide fit tomber sur le malheureux, pour un crime supposé, la punition qu'il méritait pour les véritables. On lui détacha dans sa prison un faux ami qui lui dit : « Demain vous serez jugé et exécuté ; il n'y a qu'un moyen pour vous » sauver. C'est de vous dire coupable de quelque crime de la com- » pétence du juge ecclésiastique. On ne pourra se dispenser de vous » renvoyer à ce tribunal ; vous en appellerez à la cour d'Avignon, » et le duc de Berry, qui y a grand crédit, vous fera absoudre. » Bétisac adopte cet expédient. Il se fait conduire devant les juges et déclare qu'il est hérétique, incrédule à la Trinité, à l'incarnation du verbe, matérialiste, et qu'il croit fermement qu'il n'y a ni paradis ni enfer. S'il avait connu plus d'impiétés, il n'y a point de doute qu'il ne se les fût appliquées. « Bétisac, s'écrie le chef du tribunal, vous » errez grandement contre l'église. Vos paroles demandent le feu. » — Qu'elles demandent le feu ou l'eau, répond Bétisac, je n'en sais » rien ; mais telles sont mes opinions ; je les ai eues dès l'enfance et » les tiendrai jusqu'à la fin. » Ces paroles furent rapportées au roi. Ce prince ignorait l'artifice, il dit : « C'est un mauvais homme, héré- » tique et larron, qu'il soit ars et pendu ; ne ja par bel oncle de Berry, » il ne sera excusé. » Bétisac soutint sa profession de foi devant les juges de l'église ; mais, au lieu de renvoyer sa cause au pape comme on l'en avait flatté, ils le livrèrent au bras séculier, et on le conduisit aussitôt au supplice. Quand il vit le bûcher, il reconnut la perfidie et voulut se rétracter, mais on ne lui en laissa pas le temps et on le précipita dans les flammes. Le roi et ce qu'il y avait de seigneurs et de conseillers avec lui assistèrent à son supplice. Le duc de Berry en fut outré et jura de se venger.

Mais on lui donna une autre mortification encore plus sensible, parce qu'elle lui était personnelle. Le conseil résolut de lui retirer le gouvernement du Languedoc. Sa destitution lui fut portée et signifiée par Jean d'Harpedane, neveu du connétable, choisi pour le remplacer. On regarda cette démarche de Clisson comme une vengeance de ce que le duc de Berry s'était opposé à la guerre que lui connétable avait voulu engager le roi de déclarer au duc de Bretagne, pour le punir de la perfide violence exercée à l'égard du premier officier de la couronne. Le duc de Bourgogne ne put sauver cet affront à son frère. Le jeune monarque était absolu et tranchant. Ses ministres n'eurent pas le pouvoir ou la prudence de lui faire mettre dans une action juste les égards que le rang du coupable exigeait. Par là ils s'attirèrent la haine des princes et de leurs créatures, et s'exposèrent aux représailles qui eurent lieu dans la suite.

Le roi s'amusa beaucoup dans son voyage. Il eut à Avignon une réception pompeuse, et, dans toutes les villes par lesquelles il passa, des fêtes splendides. Il resta douze jours à Montpellier. Ce fut dans cette ville que lui et le duc d'Orléans firent une gageure de cinq mille livres à qui se rendrait le premier chacun auprès de son épouse. Les deux frères prirent des chemins différens et allèrent jour et nuit. Ils n'avaient chacun qu'un homme avec eux. La fatigue obligea quelquefois le roi de se mettre sur un chariot pour prendre du repos. Cette course, qu'il fit par des chemins difficiles et peu sûrs, et qu'il entreprit malgré les représentations des gens sages de sa cour, marque qu'il était d'un caractère bouillant, impétueux, aveuglément livré à ses fantaisies; et de ce que, plus âgé que son frère, il supporta bien moins la fatigue, on peut induire qu'avec l'apparence d'une force athlétique il avait un tempérament faible et délicat, peu propre aux exercices violens; ce qu'il n'est pas inutile de remarquer pour expliquer la cause de la triste infirmité qui a causé ses malheurs et ceux de la France. Charles, avec cette opiniâtreté pour les plaisirs, se montrait en affaires peu ferme dans ses résolutions, vacillant et flexible aux opinions de ceux qui lui parlaient les derniers. Aussi le connétable et les ministres avaient-ils grand soin de le rendre inabordable à tous autres qu'à ceux qui leur étaient absolument dévoués.

Le duc de Bourbon, voyant que, malgré l'invitation que son neveu lui avait faite de l'assister de ses conseils, il n'était consulté en rien, prit le parti d'aller attendre ailleurs le débrouillement des cabales et des intrigues. Les Génois faisaient un armement contre les corsaires d'Alger et de Tunis; il en accepta le commandement, et se rendit à Gênes accompagné de quinze cents hommes d'armes. Il y fut joint par le comte de Derby, depuis duc d'Hereford, fils aîné du duc de Lancastre, prince rempli de courage, et que la fortune destinait à occuper le trône d'Angleterre, après en avoir fait descendre Richard, son persécuteur. L'expédition n'eut pas tout le succès qu'on pouvait espérer. On y perdit beaucoup d'hommes par les maladies. Cependant on força les beys à acheter la paix par une somme d'argent, et à donner la liberté à tous les esclaves chrétiens qui étaient dans leurs états.

Comme il y avait eu pendant cette guerre des exploits brillans et de hauts faits d'armes, les seigneurs et chevaliers, compagnons de Bourbon, en firent des récits pleins d'enthousiasme qui enflammèrent le roi. Il ne respirait que les combats; il voulait tantôt attaquer l'Afrique, tantôt combattre les Turcs, et acquitter à la Terre-Sainte les vœux non accomplis de Philippe et de Jean de Valois, ses aïeux. On ne lui fit passer cette fantaisie qu'en lui en suggérant une autre : c'était de partir pour l'Italie, et de forcer les Romains d'embrasser l'obédience de Clément, d'où s'en serait suivie la gloire de finir le schisme.

Aussitôt on dresse l'état des troupes destinées à passer les monts; le roi aura quatre mille lances, les ducs de Berry et de Bourgogne chacun deux mille, le duc de Bourbon mille, le connétable deux mille, et mille sous chacune des bannières de Coucy et de Saint-Paul. Le duc de Bretagne, invité à s'y joindre, se moque du projet. « Le » roi, dit-il, entreprend d'aller à Rome, de détruire le pape Boni- » face, successeur d'Urbain; et, m'aide Dieu, il n'en sera rien : il » aura en brief temps d'autres étoupes à sa quenouille. » Etait-ce menace ou prévoyance politique?

Les Français étaient déjà en Italie pour d'autres causes. Les uns aidaient Louis II d'Anjou à rentrer dans le royaume de Naples, que son père n'avait pu conquérir, et où il n'eut pas plus de succès; les autres, sous la conduite du comte d'Armagnac Jean III, pressaient Galéas Visconti, possesseur du Milanais, pour en rendre au moins une partie à Charles Visconti, cousin-germain de Galéas, et beau-frère du comte d'Armagnac. Galéas, attaqué par les Français, avait en France une grande ressource dans Valentine Visconti, sa fille, qu'il avait mariée au duc d'Orléans, en lui donnant une très riche dot. La princesse fit d'abord tous ses efforts pour détourner le comte d'Armagnac de cette expédition, qui ne lui était inspirée que par des idées chevaleresques, comme protecteur de princes opprimés. N'y pouvant réussir, elle fit passer à son père les plans de l'entreprise. Galéas profita si bien de ses avis, qu'il battit le comte d'Armagnac et le fit prisonnier. Il mourut de ses blessures. Son armée sans chef se dispersa. La plus grande partie fut exterminée dans la Lombardie; le reste, arrêté aux passages, périt de faim et de misère. C'est la seconde fois sous ce règne que l'Italie engloutit les phalanges françaises. A Jean III succéda, dans le comté d'Armagnac, Bernard VII, son frère, qui s'acquit une funeste illustration dans les troubles de ce règne.

Après quelques faibles préparatifs, on ne songea plus à l'Italie. Le roi, comme disait Montfort, « avait bien d'autres étoupes à sa » quenouille. » Sa cour était toujours partagée entre le connétable et les ducs de Berry et de Bourgogne. Sans guerre déclarée, ils se nuisaient le plus qu'ils pouvaient. Clisson poursuivait toujours avec opiniâtreté sa vengeance contre le duc de Bretagne; à sa querelle personnelle il joignait les intérêts de l'état. Le duc, disait-il, se comportait en souverain absolument indépendant : il faisait battre monnaie à son effigie, exigeait de ses vassaux des hommages et sermens de fidélité contraires aux droits de la couronne de France. Il avait manqué aux conditions du traité de Guérande en faveur de la maison de Blois-Penthièvre, et il lui imputait d'autres griefs que trouvent aisément l'animosité et le désir de la vengeance.

Charles VI, animé contre le duc par tous ces reproches, résolut de se faire par les armes justice des entreprises hautaines de son vassal ; ses oncles l'exhortèrent à tenter auparavant la voie de conciliation. Ils ménagèrent une entrevue à Tours. Le monarque et le duc s'y rendirent. Comme elle se faisait contre le gré du connétable, il employa tous les moyens capables d'en faire manquer le but. Les gens de Montfort furent insultés et maltraités. On ne le regardait lui-même à la cour qu'avec une indifférence qui tenait du mépris. Il soutenait tout avec patience. Les ducs de Berry et de Bourgogne lui avaient pour ainsi dire fait sa leçon. Il avait d'ailleurs pris sa précaution ordinaire de protester secrètement contre tout ce qu'il accorderait portant atteinte à ses intérêts, comme y étant contraint. A force de difficultés que le connétable faisait succéder les unes aux autres, peu s'en fallut que l'accommodement ne manquât. Il réussit cependant par un engagement de mariage entre un fils du duc, encore enfant, avec une fille du roi encore au berceau, et d'une fille du duc avec le fils du comte de Penthièvre. Le monarque se laissa gagner par le plaisir de voir un jour sa fille duchesse de Bretagne. Le duc de Montfort renonça à quelques uns des droits qui lui étaient contestés, entre autres à celui de mettre son effigie sur sa monnaie ; mais, retourné en Bretagne, il se fit reconnaître et restituer ce droit par une assemblée de ses états. Le roi retourna content à Paris et Clisson fit semblant de l'être.

Alors, et à l'effet de procurer la paix entre les deux couronnes, devait avoir lieu une entrevue du roi avec Richard, roi d'Angleterre, fils du fameux prince de Galles ; mais ce dernier changea d'avis et envoya seulement comme plénipotentiaires les ducs de Lancastre et d'Yorck ses oncles. On ne put convenir que d'une prolongation de la trève. Cependant Charles consentait à ce que la Guyenne fût tenue en pleine souveraineté par Richard ; mais il insistait sur la démolition de Calais. Cette demande, à laquelle refusa opiniâtrement d'acquiescer le duc de Lancastre, rompit les espérances d'une paix définitive.

Le baron de Craon fut en ce temps banni de la cour. C'était cet infidèle dépositaire de l'argent que la duchesse d'Anjou envoyait à son mari, roi de Sicile, et que le baron dissipa à Venise en fêtes et en plaisirs. Nous avons vu qu'il avait été condamné à cent mille livres de restitution à la veuve et à ses enfans ; mais il lui restait encore de grosses sommes au moyen desquelles il tenait un état brillant. Il était de tous les plaisirs du duc d'Orléans et confident de ses intrigues amoureuses. Le prince en avait une fort secrète; Craon eut l'imprudence de la révéler à la duchesse. Jalouse en Italienne, Valentine en fait de vifs reproches à son mari; le duc, à force de caresses, tire d'elle la connaissance de celui qui l'a instruite: il en porte ses plaintes au roi, et Craon reçoit l'ordre de quitter la cour sans qu'on daigne lui dire la cause de sa disgrâce. Comme le connétable était tout puissant, il s'en prend à lui de son malheur, se promet de se venger, et se retire dans sa baronnie de Craon, limitrophe de la Bretagne.

On était bien éloigné de croire qu'une petite intrigue galante pût avoir des suites si funestes à la tranquillité du royaume. La trêve d'Angleterre, prolongée pour un an, donnait un répit dont les plaisirs profitaient. La reine, dans l'éclat de la jeunesse, tourmentée de la passion du luxe, ne pensait qu'à paraître avec magnificence dans les divertissemens dont la cour semblait uniquement occupée. On imagina une *cour d'amour* formée sur les modèles des cours souveraines. Il y avait des présidens, conseillers, maîtres des requêtes, gens du roi, avocats, et tous les officiers nécessaires à la procédure. Les hommes et les femmes se citaient à ce tribunal; on s'y égayait dans des plaidoyers où des maximes de tendresse se trouvaient souvent, selon le style du temps, appuyées sur des passages de l'Écriture sainte et des pères, bien ou mal amenés. Aussi voit-on dans les listes de cette société, toute consacrée à l'amour, des docteurs en théologie, des prêtres, des abbés, des évêques, des guerriers, et les personnages les plus graves de la cour, avec la reine, les princesses et leurs dames.

Dans la vogue la plus générale de ces divertissemens, le roi tomba malade. On vit alors paraître les symptômes du délire dont les fréquens accès ont affligé le reste de sa vie. On croit qu'il les avait déjà ressentis, et que ce fut en grande partie pour les cacher que les ministres le rendaient quelquefois inaccessible, comme nous l'avons remarqué. Cette fois les princes et les courtisans en furent témoins. Un régime doux et de sages précautions, surtout le soin officieux d'éloigner de lui tout ce qui pouvait occasionner des émotions trop vives, auraient peut-être surmonté cette infirmité; mais, quelques semaines après être relevé de sa maladie, il éprouva un assaut qui aurait pu ébranler une tête plus forte.

Pierre de Craon, chassé de la cour, à ce qu'il croyait, par le pouvoir du connétable, et le duc de Bretagne, insulté à Tours par la suggestion du connétable, associent leur haine et procèdent ensemble à la vengeance. Craon avait conservé son hôtel à Paris; il y cache des armes, y envoie quarante hommes déterminés, et, à jour indiqué, lorsque Clisson revenait tranquillement chez lui, à l'endroit où est l'hôtel Soubise, escorté seulement de huit hommes, sortant à une heure du matin d'un bal donné par la reine à l'hôtel Saint-Paul, il est assailli dans la rue Culture-Sainte-Catherine par ces quarante hommes, qui éteignent les flambeaux et se jettent sur lui. Il croit d'abord que c'est une plaisanterie du duc d'Orléans, pour lui faire peur; mais, entendant ces mots: *A mort! Clisson!* prononcés par Craon qui se nomme, il se met en défense. Une cotte de mailles, qu'il portait par hasard, le garantit des premiers coups; mais un dernier sur la tête le jette à bas de son cheval. Il tombe dans la porte d'un boulanger qui était entr'ouverte. Les assassins fuient sans se donner le temps de vérifier s'il était mort. Les gens de sa suite, qui l'avaient abandonné quand ils le virent tomber, portèrent, à bride abattue, cette nouvelle à l'hôtel Saint-Paul. Le roi était prêt à se mettre au lit, il courut sur le champ auprès du connétable, et le trouva entre les mains des chirurgiens. Ils sondèrent la plaie, et calmèrent l'inquiétude du monarque, en lui annonçant qu'elle n'était pas dangereuse. Il donna des ordres pour arrêter le chef et les complices partout où on pourrait les trouver. Un page et deux hommes d'armes furent pris à deux lieues de Paris, et exécutés après brief jugement. Dans le premier moment de la colère, on confondit les innocens avec les coupables. Le concierge de l'hôtel de Craon, qui avait reçu les assassins sans connaître leurs desseins, fut condamné à mort; et un chanoine de Chartres, homme d'une probité reconnue, fut privé de son bénéfice pour avoir logé le baron lorsqu'il venait à Paris, et enfermé dans un cachot pour le reste de ses jours. On suivit le procès de Craon lui-même. Les preuves étaient claires. Il fut condamné à mort, tous ses biens confisqués, et ses maisons dans Paris rasées. Sur l'emplacement de son hôtel on établit une halle, qui a été le marché du cimetière Saint-Jean. Les seigneurs de la cour assistèrent à la démolition pour plaire au roi : plusieurs d'entre eux profitèrent de la confiscation de ses terres, entre autres le duc d'Orléans. Dans celle de la Ferté-Bernard, on trouva des richesses immenses. Jeanne de Châtillon, sa femme, et sa fille, en furent chassées ignominieusement, dénuées de tout.

L'assassin se sauva en Bretagne. Le duc le reçut d'abord assez mal. « Vous êtes un chétif, lui dit-il, quand vous n'avez pu occir un » homme duquel vous étiez au dessus. » Craon lui répondit : « C'est » bien diabolique chose. Je crois que tous les diables d'enfer, à qui il » est, l'ont gardé; car il eut sur lui lancés et jetés plus de soixante » coups d'épée et de couteaux. » Néanmoins, après ce premier reproche, Montfort le cacha si bien, qu'il put hardiment assurer au roi, qui le demandait avec instances et menaces, qu'il ne savait où il était. Les ducs de Berry et de Bourgogne conseillaient au roi de se contenter de la dénégation du duc, et, pour satisfaire un de ses sujets, de ne pas exposer lui et son royaume à une guerre qui pouvait devenir très considérable, parce que les Anglais ne manqueraient pas de s'en mêler. Mais Charles, une fois frappé de son objet, ne cessait de le voir : il ne parlait que de chercher le coupable, le découvrir, le livrer à la justice, le punir. Cependant on remarquait dans sa résolution même des contradictions perpétuelles, une rapidité d'expressions menaçantes et un silence morne, des ordres donnés et rétractés; mais la volonté de forcer Montfort à lui livrer le coupable dominait toujours. Il irait le chercher jusqu'au fond de la Bretagne; il fouillerait la province, renverserait tous les châteaux et citadelles pour le trouver. « Ne m'en parlez pas, disait-il quand on voulait lui faire des remontrances, ne m'en parlez pas, je veux être obéi. » Il fallut bien céder à cette pétulance qui tenait de la manie.

Les ordres furent envoyés aux troupes dans les provinces de se rendre au Mans. Ils étaient si pressans, qu'en septembre, deux mois à peine après l'assassinat, l'armée était rassemblée. Les oncles du roi s'y trouvaient; le connétable, pour se réconcilier avec le duc de Berry, lui avait fait rendre son gouvernement de Languedoc, et il flattait le duc de Bourgogne et ses amis plus qu'à l'ordinaire. Cependant ils ne marchaient qu'avec répugnance, et ne le dissimulaient pas. Ces contradictions fatiguaient le malheureux Charles. Il dépérissait à vue d'œil. Le jour qu'il partit du Mans pour suivre son armée, qui marchait vers la Bretagne, à peine toucha-t-il aux mets qui lui furent présentés avant de monter à cheval. Il avait l'œil hagard et le maintien stupide.

Pendant un de ces jours de chaleur étouffante qu'on éprouve quelquefois au commencement de l'automne, Charles traversait la forêt du Mans, peu accompagné, parce qu'on s'était écarté pour qu'il ne fût pas incommodé de la poussière; tout à coup un homme en chemise, la tête et les pieds nus, s'élance d'entre deux arbres, saisit la bride de son cheval, et lui crie d'une voix rauque : « Roi, ne chevauche pas plus avant; retourne, tu es trahi. » Il tenait les rênes si fortement qu'on fut obligé de le frapper pour le faire lâcher; mais on ne l'arrêta ni on ne le poursuivit, et il disparut. Le roi ne dit mot; mais on remarqua de l'altération sur son visage, et dans son corps une espèce de frémissement.

En sortant de la forêt on entra dans une plaine de sable, qui, échauffée par une soleil ardent, réfléchissait une chaleur insupportable. Le roi n'était accompagné que de deux pages; l'un presque endormi sur son cheval, laisse tomber négligemment sa lance sur le casque de l'autre. Le roi, au bruit aigu qui frappe son oreille, se réveille comme en sursaut de la rêverie où il était plongé, et croit que c'est l'accomplissement de l'avis qu'on vient de lui donner : il tire son épée, pousse son cheval, frappe tous ceux qu'il trouve à sa rencontre, criant : *Avant, avant sur les traîtres!* Le duc d'Orléans, son frère, veut le retenir; il se précipite sur lui : « Fuyez, beau neveu d'Orléans, » lui crie le duc de Bourgogne, monseigneur veut vous occir : haro! » le grand méchef, monseigneur est tout dévoyé. Dieu! qu'on le » prenne. » Mais personne n'osait l'approcher. Il s'était formé autour de lui un grand cercle qu'il parcourait en furieux, et chacun fuyait quand il tournait de son côté. On dit qu'il tua quatre hommes dans cet accès de frénésie. A la fin son épée se cassa, ses forces s'épuisèrent. Un de ses chambellans, nommé Guillaume Martel, prend son temps, saute sur la croupe de son cheval, le saisit. On le désarme, on le couche dans un chariot, sans connaissance, et on le ramène au Mans. « Le voyage est fait pour cette fois, dirent les deux oncles. » Ils envoyèrent des ordres pour rappeler les troupes.

Le fantôme de la forêt est toujours resté un mystère. Les médecins, nommés *physiciens* alors, firent beaucoup de dissertations et de longs écrits sur les causes de la maladie du roi. Tous les raisonnemens aboutissaient au poison et au sortilège. « Nous nous débattons » et travaillons pour néant, dit le duc de Berry; le roi n'est ni empoi-» sonné ni ensorcelé, fors de mauvais conseils; mais il n'est pas » heure de parler de cette matière. » Il serait difficile de peindre la consternation du peuple quand cet évènement se répandit, et de rapporter les discours et les opinions, tant en France qu'au dehors. Chacun en parlait selon ses intérêts. « Le pape de Rome dit que » Dieu lui avait tollu son sens, pour avoir soutenu cet antipape d'A-» vignon. » Celui d'Avignon disait: « Le roi de France avait juré sur » sa foi qu'il détruirait l'antipape de Rome. Il n'en a rien fait, dont » Dieu est courroucé. » Mais un médecin de Laon, nommé Guillaume de Harceley, qu'on appela, fit voir qu'il n'y avait rien de surnaturel dans sa maladie. A force de soins doux et de patience il le guérit. Les remèdes s'administrèrent dans le château de Creil, où on le conduisit. Le duc d'Orléans l'accompagna et resta près de lui.

On cacha le plus long-temps qu'on put cet accident à la reine, parce qu'elle était enceinte.

Au moment de la démence du roi, les ducs de Berry et de Bourgogne dirent : « Nous ferons ordonner par tout le conseil de France, les-» quels auront l'administration du royaume, beau neveu d'Orléans, » ou nous(1). » On ne sait si ce conseil fut assemblé, ni s'il donna une décision; toujours il est certain qu'ils s'emparèrent du gouvernement, et qu'ils n'en laissèrent aucune part au beau neveu d'Orléans, quoiqu'il eût près de vingt-quatre ans. Devenus les maîtres, ils ne tardèrent pas à se venger de la nullité où ils avaient été laissés et des contradictions qu'ils avaient éprouvées de la part du connétable et des ministres.

Le jour même qu'ils prirent en main l'autorité, le connétable vint demander l'ordre au duc de Bourgogne. Il lui répondit brutalement :

(1) « Charles tomba en démence. Le duc d'Orléans son frère et le duc de Bourgogne partagèrent l'exercice de la puissance souveraine. La tyrannie la plus accablante se serait vraisemblablement renouvelée, si ces deux princes avaient été unis; mais, occupés et obstinés à se nuire, ils ne pensèrent qu'à satisfaire des haines particulières et à acheter des créatures. Ces deux cabales d'intrigans devinrent les objets les plus intéressans pour François : l'esprit de parti passa de la cour dans tout le royaume. On se vit menacé d'une guerre civile, non pour limiter l'autorité royale, mais pour décider quel prince aurait le droit d'en abuser. » THOURET.

« Clisson, vous n'avez que faire de vous embesoigner de l'état du
» royaume. A la malheur tant vous en êtes-vous mêlé. Où diable
» avez-vous assemblé tant de finances? Le roi monseigneur, ni beau-
» frère de Berry, ni moi, n'en pourrions tant mettre ensemble. Par-
» tez de ma chambre, et issez de ma présence, et faites que plus ne
» vous voie; car, si n'était l'honneur de moi, je vous ferais l'autre
» œil crever. »

Clisson ne répond point, gagne sa maison, ne fait qu'y passer, se sauve dans le château de Mont-Lhéri qui lui appartenait, et, instruit qu'il y avait ordre de l'investir, se retire en Bretagne où les places fortes qu'il y possédait lui offraient un asile. Des quatre ministres qui gouvernaient, depuis le congé donné par Charles à ses oncles, Montagu se mit en sûreté à Avignon avec ses richesses. Le Bègue de Villaine, Noviant et La Rivière furent arrêtés. Le premier, vieilli dans les emplois militaires sous plusieurs rois, en considération de son âge et de ses anciens services, fut relâché; mais, dans la crainte d'éprouver de nouveaux malheurs sous un gouvernement dont il prévoyait l'instabilité, il se retira en Espagne. Noviant et La Rivière furent poursuivis criminellement. Ils étaient fort riches, par conséquent très jalousés et chargés de la haine publique. On ne doutait pas qu'ils ne dussent périr sur l'échafaud. Plusieurs fois, pendant le procès, le peuple se rendit au lieu ordinaire de l'exécution, attiré par l'espérance du spectacle atroce qui excite toujours sa curiosité. Le parlement voulait les juger; mais la protection de Jeanne, comtesse de Boulogne, jeune et belle princesse, épouse du duc de Berry, à laquelle La Rivière avait procuré ce mariage, lui obtint des délais. Comme la cause de Noviant était jointe à la sienne, la grâce accordée à l'un entraîna celle de l'autre. Cependant ils essuyèrent une année de captivité, toujours entre la vie et la mort, et ne sortirent de prison que dépouillés d'une grande partie de leurs biens, avec défense d'approcher des lieux où la cour serait.

Quant à Clisson, il fut cité en justice avec tout l'appareil des formes; appelé à la porte de la grand'chambre, au perron, à la table de marbre, à l'entrée du palais, dans les rues et carrefours, à son de trompe. Par défaut, il fut condamné au bannissement, comme faux, mauvais, déloyal envers la couronne de France, à une amende de cent mille marcs d'argent, et privé de son office de connétable qui fut donné à Philippe d'Artois, comte d'Eu.

La cure du roi dura six mois. Revenu de son état comme d'un songe, il fut bien étonné du changement qu'il vit autour de lui. Il ne fut pas difficile de le lui faire trouver bon, comme il arriva toujours depuis, après ses rechutes; mais peut-être ne fut-il pas si aisé de l'engager à prendre des précautions en cas du retour de sa maladie. Cette prévoyance devait l'affliger; cependant il s'y résigna, et régla le gouvernement pour les temps où son aliénation l'empêcherait d'y vaquer. Il déclara le duc d'Orléans, son frère, régent du royaume, avec un conseil composé de ses trois oncles, de Louis de Bavière, frère de la reine, de trois prélats, de six nobles et de trois clercs. Il donna à la reine la tutelle de ses enfans (alors elle n'avait qu'une fille), et fit confirmer ses dispositions dans un lit de justice.

La santé du roi, devenue assez bonne, fit espérer quelque temps que ces précautions seraient inutiles; mais un funeste accident les rendit malheureusement trop nécessaires. La reine, à l'occasion du mariage d'une demoiselle de sa cour, donna un grand festin, suivi d'un bal masqué. Le roi y vint déguisé en sauvage, conduisant cinq jeunes seigneurs déguisés comme lui, et attachés ensemble par une chaîne de fer. Leur vêtement était fait de toile, enduite de poix sur laquelle on avait appliqué des étoupes. Le duc d'Orléans, curieux de connaître ces masques, approche de l'un d'eux un flambeau; une étincelle tombe, le feu prend, la flamme se communique. Au milieu des hurlemens de ces malheureux qui s'efforçaient inutilement de rompre leur chaîne, on distingue un cri perçant : *Sauvez le roi*. Il venait de la reine qui s'évanouit. La duchesse de Berry, auprès de laquelle il se trouvait, le couvrit de son manteau. Des cinq esclaves, quatre moururent dans les tourmens. Un seul rompit la chaîne, courut à la bouteillerie, se précipita dans une cuve pleine d'eau, et fut sauvé. La reine, revenue de son évanouissement, trouva auprès d'elle le roi qui la consolait. Isabelle l'aimait alors.

Le saisissement passé, cet accident ne fit pas sur lui la forte impression qu'on avait lieu d'en craindre; il n'eut qu'un léger accès, et on le trouva assez promptement rétabli pour le mener à Abbeville, où les ducs de Lancastre et de Glocester, ceux de Berry et de Bourgogne, s'étaient donné rendez-vous pour traiter de la paix qu'on n'avait pu conclure dans les conférences de Bellinghen. Les oncles espérèrent que le bon état dans lequel les Anglais verraient leur neveu les déterminerait à conclure; mais pendant le cours de la négociation il retomba dans sa maladie. On se contenta de prolonger la trêve d'un an après son expiration, qui devait arriver dans six mois. Ce nouvel accès du roi en dura dix, à reprises inégales. Pendant ces variations on eut moyen d'examiner les symptômes des rechutes. Elles s'annonçaient par un abattement d'esprit qui dégénérait par degrés en aliénation totale. Alors il oubliait tout, niait qu'il fût roi, et, partout où il trouvait son nom ou ses armes, il les effaçait ou les arrachait avec une espèce de rage. La présence de la reine lui devenait insupportable; il n'agréait des soins que de la duchesse d'Orléans, sa belle-sœur. Le médecin de Laon n'existait plus. Dans l'embarras du choix, on admettait tous ceux qui promettaient du soulagement, charlatans, empiriques; on ne dédaignait même pas les opérations magiques des sorciers. Par contraste de la superstition, les églises étaient remplies du peuple qui demandait avec ferveur la guérison du monarque, si importante à tous les Français. En effet, les crises alternatives de folie et de bon sens faisaient craindre dans le gouvernement une oscillation perpétuelle, germe des troubles les plus dangereux. Pour faire diversion à la sombre mélancolie du roi, on inventa le jeu de cartes dont les figures retracent encore l'habillement du temps.

Malgré l'état pénible du chef qui influait nécessairement sur les membres, le royaume aurait été tranquille sans les contestations que le schisme y élevait. Chacun des papes faisait tous ses efforts pour gagner des partisans. Peu s'en était fallu que leurs prétentions n'eussent fait rompre les conférences de Bellinghen et d'Abbeville. Les Anglais et les Français suivaient des obédiences opposées; et chacun des deux papes insistait pour que chaque nation abjurât celle de son rival et se réunît à la sienne. Les Anglais congédièrent brusquement les légats de Clément; les Français recevaient froidement les sollicitations de Boniface, successeur d'Urbain. Les deux pontifes n'en continuaient pas moins à faire des incursions sur le territoire l'un de l'autre. Elles eurent en France quelque succès pour le pape de Rome. Les chartreux, ayant besoin de quelques privilèges pour leur ordre, et persuadés apparemment que ceux de Rome vaudraient mieux que ceux d'Avignon, envoyèrent deux de leurs confrères les demander. Boniface les accorda volontiers, et chargea de plus, clandestinement, les députés d'une lettre pour le roi de France qu'ils promirent de remettre en main propre. Ils y réussirent. Charles fut touché des offres que faisait le Romain de se prêter à tout pour finir le schisme. Le roi fit communiquer cette lettre à l'Université et lui ordonna de donner son avis. Les opinions se réduisirent à trois : la cession volontaire des deux papes, un compromis entre les mains d'arbitres qui jugeraient les deux droits, ou la décision d'un concile général. Nicolas de Clémengis, célèbre docteur en théologie, renferma cette décision dans un écrit latin fort prolixe que le roi fit traduire en français. Il contenait de plus une déclamation des plus virulentes contre les désordres du clergé en général et en particulier contre les vices de la cour d'Avignon. Le pape Clément en fut outré. Cependant malgré l'empressement que marquait le roi pour terminer cette affaire, le cardinal de Lune, légat d'Avignon, obtint des délais. L'Université indignée fit de vives remontrances. Plusieurs docteurs fermèrent leurs écoles et cessèrent leurs leçons, mais leur fâcherie n'eut pas de suite.

La guerre de l'église aurait pu finir tout d'un coup si les cardinaux d'Avignon n'avaient pas été intéressés à la perpétuer. Clément VII mourut. Le roi envoya sur le champ deux seigneurs de sa cour chargés de faire surseoir à l'élection. Quoiqu'ils fissent la plus grande diligence, s'étant même fait précéder par un courrier, ils trouvèrent le trône pontifical rempli. Les cardinaux avaient élu Pierre de Lune, qui prit le nom de Benoît XIII. Ils crurent se mettre à l'abri du reproche que leur précipitation méritait, en dressant, avant l'élection, un acte portant que celui d'entre eux sur lequel le choix tomberait renoncerait à sa dignité si le sacré collége jugeait cette abnégation nécessaire. Précaution illusoire, s'ils connaissaient le caractère de Pierre de Lune, le plus obstiné des hommes. Le malheur d'avoir manqué la paix de l'église fut compensé par une trève de quatre ans conclue entre la France et l'Angleterre.

On peut mettre aussi, entre les évènemens qui consolèrent alors la France, la réconciliation de Montfort et de Clisson, qui n'était pas indifférente à la tranquillité du royaume. La double passion qui animait ces deux hommes, l'une d'acheter la perte de celui qu'il avait voulu deux fois assassiner, l'autre de se venger, entretenait une guerre opiniâtre en Bretagne. Clisson, retiré après sa disgrace dans ses domaines, avait trouvé des amis dont l'appui le mettait en état, non seulement de résister au duc, mais encore de l'attaquer. L'intervention de leurs partisans respectifs avait quelquefois procuré entre le seigneur et le vassal des accommodemens que l'animosité réciproque rompait à la première occasion. Les oncles et le frère du roi, entre lesquels la rivalité du gouvernement et d'autres jalousies commençaient à éclater, fournissaient aux deux Bretons des secours d'hommes et d'argent; les ducs de Berry et de Bourgogne à Montfort, le duc d'Orléans à Clisson.

Au moment où les deux ennemis se faisaient la guerre avec le plus d'acharnement, que le duc venait de prendre et raser une forteresse de son vassal, nommée la Roche-de-Rien, que le vassal venait de brûler Saint-Brieux, et d'emporter la vaisselle d'or et d'argent du duc, Clisson reçoit de Montfort une lettre, par laquelle il le priait de se rendre incessamment auprès de lui à Vannes, pour terminer à l'amiable leurs différens. La lettre était pleine d'estime et d'affection. Le duc rappelait à Clisson leur ancienne amitié, et se montrait très empressé de la renouveler. La lassitude des combats et d'une vie sans cesse troublée par les inquiétudes peut bien avoir inspiré la démarche amicale de Montfort; mais elle peut aussi être l'effet d'un sentiment noble et généreux, qui dans une ame assez grande triomphe tôt ou tard de l'impétuosité de la passion. Deux fois attaqué en trahison, Clisson délibéra, hésita, et demanda enfin pour otage le fils de son seigneur. « Partez, dit le duc à ceux qu'il chargeait de la
» conduite de son fils, partez; menez mon fils au châtel Josselin, et
» m'emmenez messire Olivier de Clisson, car je me veuille accorder
» avec lui. »

Clisson reçoit avec attendrissement le jeune prince, le ramène avec lui, et le présente à son père, qui, de son côté, admire la grandeur d'ame et la confiance héroïque d'un adversaire trop long-temps méconnu. Ces deux hommes, si long-temps ennemis, se considèrent un instant, et se précipitent dans les bras l'un de l'autre. Dans ce moment il n'y eut plus ni haine, ni dissimulation. Pour être plus libres, à l'abri des importuns, ils se retirèrent dans un vaisseau, et, en deux heures d'entretien, ils réglèrent les différens que des négociations, plusieurs fois recommencées par des seigneurs et des prélats distingués, par les princes mêmes et par le roi de France, intervenu comme seigneur suzerain, n'avaient pu terminer.

La précipitation des cardinaux d'Avignon avait fait manquer l'occasion d'éteindre le schisme; on crut en trouver encore le moyen dans la condition mise à l'élection de Benoît, de se démettre si la cession était jugée nécessaire. On résolut de tenter cet expédient. Le roi envoya un célèbre docteur, nommé Pierre d'Ailly, négocier: mais il trouva un homme qui, au lieu de conférer avec lui de bonne foi, ne travailla qu'à le séduire pour éluder une réponse. Sur le rapport de d'Ailly, à son retour, on conclut de tenir un concile national. Il fut assemblé à Paris, composé des patriarches d'Alexandrie et de Jérusalem, de sept archevêques, quarante évêques, d'une multitude d'abbés et docteurs, de six conseillers du parlement et de trois avocats. Les opinions ne furent point partagées. Tous les suffrages se réunirent pour la voie de la cession. Les légats de Benoît, qui étaient à Paris, obtinrent qu'on ne prendrait pas un parti définitif avant que de l'avoir instruit de la décision. Les ducs de Berry, de Bourgogne et d'Orléans, accompagnés d'une cour nombreuse, se chargèrent d'aller la porter eux-mêmes à Avignon. Ils crurent que la solennité de la déclaration abattrait le pontife; mais il n'y eut pas d'échappatoires, d'ambiguités, de subterfuges, sur lesquels il ne se repliât pour éviter de donner une réponse décisive. Fatigués de ces tergiversations, les princes s'adressèrent au sacré collége, et obtinrent qu'il déclarerait que le cas prévu pour la cession était arrivé, et que le bien de l'église exigeait que Benoît se démît comme il s'y était engagé. Mais il prétendit que la décision des cardinaux était mal fondée, parce qu'il y avait un autre moyen de procurer la paix de l'église, indiqué même par le concile de Paris; savoir, non pas l'abdication de lui seul, mais des deux papes; et qu'il fallait pour cela qu'ils s'abouchassent. C'était se procurer un délai dont on ne pouvait prévoir la fin; et la maladie du roi, dont les attaques revinrent jusqu'à sept fois dans cette année, empêcha que l'affaire ne fût suivie. Dans ce temps, la reine, objet de la tendresse de son époux dans ses momens lucides, et de sa haine dans ceux de sa mélancolie, fixa son séjour à l'hôtel Saint-Paul, pendant qu'il continua d'habiter le Louvre.

Le bannissement des juifs, commun sous les règnes précédens, se renouvela sous celui-ci, et a été le dernier. On leur reprochait le grief ordinaire, l'usure. A la vérité, ils la portaient à l'excès. On leur imputa aussi, mais sans preuves bien claires, d'avoir massacré un de leurs rabbins, parce qu'il s'était fait chrétien. Sept des plus riches d'entre eux furent accusés de travailler à faire des prosélytes. Le prévôt de Paris les condamna au feu; car, disait-il, si les destructeurs des édifices sacrés méritent la mort comme sacriléges, à plus forte raison doivent être punis du supplice le plus rigoureux les destructeurs des temples vivans du Seigneur, et les empoisonneurs des ames. Le parlement infirma la sentence, et la commua en la peine de subir une fustigation publique trois dimanches consécutifs. Ils en souffrirent d'eux et se rédimèrent de la troisième par argent. Ce bannissement n'a été révoqué que par les lois d'égalité de la dernière révolution; mais, quoique la nation n'ait point été réintégrée jusque-là dans la participation des droits civils, les juifs néanmoins, sous le voile d'une tolérance tacite, ont pullulé en France, surtout dans les temps de troubles, et aussi abondamment qu'ils auraient fait s'ils avaient été rappelés légalement.

A force de petites trèves, les Français et les Anglais parvinrent à en faire une de vingt-huit ans. Elle fut conclue à l'occasion du mariage de Richard, roi d'Angleterre, avec Isabelle, fille aînée de France, âgée de six ans. Les ambassadeurs qui vinrent le traiter à Paris avaient une suite de deux cents personnes. La France les défraya, ainsi que ceux qui se rendirent à la célébration du mariage. Il se fit dans la Sainte-Chapelle. La dot que les Anglais avaient commission de demander de deux millions, et qu'ils rabattirent à quinze cent mille livres, fut réduite en définitif à un million. Ils obtinrent la grace de Pierre de Craon : on ne sait par quel motif ils la demandèrent. L'assassin de Clisson reparut à la cour, mais peu considéré. Ou forcé, ou volontairement, en témoignage de son repentir, il fit élever une croix de pierre décorée de ses armes près du gibet de Montfaucon, où son effigie avait été attachée. Il obtint aussi qu'il serait accordé des confesseurs aux criminels que l'on menait au supplice. Ses biens confisqués ne lui furent pas rendus, et il resta, pour ainsi dire, sous l'anathème de l'ignominie, et oublié du duc de Bretagne, qui, obligé de quitter quelques mois son duché pour un voyage de convenance en Angleterre, confia sa femme et ses enfans à la garde de Clisson, qu'il avait haï, mais toujours estimé.

Moyennant cette trêve de vingt-huit ans, la France se trouva et se crut pour long-temps exempte de guerre nationale; mais elle n'empêcha pas beaucoup de Français d'aller la chercher ailleurs. L'Italie leur offrit encore une arène où s'exerça leur génie guerrier. Galéas Visconti, duc de Milan, père de la duchesse d'Orléans, molestait toujours les Génois; et toujours leur argent et une bonne solde leur attiraient des chevaliers français pour les protéger. Valentine, chagrine de ces obstacles opposés au projet de son père, tâchait, comme elle avait déjà fait, de détourner ces impatiens guerriers. Mais comme le conseil de France, en souffrant le passage de ces secours aux Génois, avait des vues qu'il ne voulait pas laisser pénétrer par la duchesse, on la força de quitter la cour où sa surveillance était dangereuse. Son éloignement permit de mettre la dernière main à un traité par lequel les Génois se livrèrent à la France, plutôt que de tomber sous le joug des Visconti. Galéas, très fâché de voir son ambition trompée, envoya défier, pour l'affront fait à sa fille, les seigneurs qu'il savait lui avoir été contraires et le roi lui-même ; mais on ne tint compte de cette bravade.

On a aussi donné un autre motif de l'éloignement de Valentine, qui pouvait être le véritable, et l'affaire de Gênes seulement le prétexte ; c'est la jalousie de la reine, piquée de la préférence accordée par son époux, pendant sa maladie, aux soins de sa belle-sœur. La malignité implantée dans les cours donnait même pour cause à cette préférence des complaisances familières qui pouvaient porter ombrage à l'épouse. Isabelle se flatta peut-être que l'absence faisant oublier la duchesse, elle se rétablirait dans ses droits pendant les accès de son mari comme elle en jouissait en santé : mais c'était en vain qu'on aurait espéré des affections constantes dans un homme si fréquemment aliéné. Quelquefois il conservait dans son bon sens les sentimens qu'on lui avait inspirés pendant ses rechutes : quelquefois aussi il en changeait et en prenait de tout opposés. De là les troubles qui ont agité le règne de cet infortuné monarque. Galéas avait constitué en mariage à sa fille, comme partie de sa dot, le comté d'Asti, mais le retenait. L'injustice du père influa sur le bonheur de sa fille. Cette raison d'intérêt mit du froid entre les deux époux. La malignité joua encore ici son rôle. Elle débita que le duc d'Orléans avait vu avec plaisir s'éloigner son épouse, parce qu'elle le gênait dans ses fréquentes entrevues avec la reine. Les troupes envoyées en Italie pour s'assurer de Gênes mirent aussi le gendre de Galéas en possession du comté d'Asti.

Cette guerre n'était pas assez considérable pour occuper les chevaliers français et les empêcher de prendre part à une expédition contre les Turcs, qui était une vraie croisade sans en avoir le nom. Les dispositions s'en firent dans une entrevue à Guines, entre Richard III et Charles VI, qui mena Isabelle sa fille à son époux. Les deux cours y assistèrent et firent assaut de luxe et de magnificence. Bajazet, empereur de Constantinople, envahissait la Hongrie. Sigismond, roi de ce pays, envoya de tous côtés demander des secours. La réunion d'une grande multitude de nobles à Guines fut une circonstance favorable au désir des Hongrois. Ils s'offrirent pour cette expédition, et le duc de Bourgogne proposa Jean son fils aîné, comte de Nevers, pour les commander.

Ce prince écrivit au comte d'Ostervant, son beau-frère, une lettre qui l'invitait à se joindre au corps de noblesse qui devait l'accompagner. Albert de Bavière, père du comte, le voyant presque disposé à se laisser entraîner, lui dit : « Guillaume, puisque tu as la volonté
» d'aller en Turquie et en Hongrie contre gens qui jamais ne nous
» forfirent, nul titre de raison tu n'as que pour la vaine gloire de ce
» monde. Laisse Jean de Bourgogne et nos voisins de France faire
» leur entreprise et fais la tienne. Va plutôt en Frise et conquère
» notre héritage. »

Le comte de Nevers partit avec dix mille hommes d'armes et plus de deux mille chevaliers et écuyers. Ils furent joints, en entrant en Hongrie, par les troupes du royaume : tous réunis ils formaient une armée de plus de cent mille hommes. Rien ne résiste à leurs premiers efforts ; ils reprennent, la plupart d'assaut, les villes dont les Turcs s'étaient emparés, et mettent le siége devant Nicopolis, forteresse de Bulgarie. Bajazet se présente pour la délivrer. Ivres pour ainsi dire de la victoire, les Français se précipitent avec leur impétuosité ordinaire sur les bataillons exposés à leur choc, s'y enfoncent sans s'embarrasser s'ils sont suivis et soutenus par Sigismond, et se faisant même un point d'honneur de ne le point attendre. Le Turc avait rangé son armée en croissant. Quand il voit ces escadrons avancés dans son centre, il replie les deux cornes et les enferme. Les Hongrois qui veulent suivre les Français sont repoussés et mis en fuite. Ce ne fut plus un combat dans ce centre, mais un massacre. Plus des trois quarts de cette noblesse imprudente périt sur le champ de bataille. De ceux qui se rendirent, Bajazet ne conserva que huit prisonniers dont il espérait une forte rançon, entre autres le comte de Nevers et Philippe d'Artois, comte d'Eu, connétable de France, la cause de tout ce désastre par le même genre de témérité et d'obstination qui avaient déjà été si funestes à son trisaïeul et à la France à la journée de la Massoure. On dit que Bajazet, voyant au comte de Nevers quelque chose de sinistre dans la physionomie, l'épargna, jugeant que sa vie serait funeste aux chrétiens : pronostic sans doute imaginé après l'évènement. Aux sommes immenses données pour la rançon des prisonniers, on ajouta en présent des tapisseries de la manufacture d'Arras et des toiles de celle de Reims. On choisit ces sortes d'ouvrages de préférence aux étoffes de soie et aux tissus d'or et d'argent, dans la fabrication desquels nous n'aurions pu soutenir la comparaison avec les manufactures d'Alexandrie, du Caire et de Damas.

Dans l'entrevue de Guines, il avait été question du schisme. Les deux rois étaient convenus d'envoyer à Avignon et à Rome solliciter les deux papes de donner la paix à l'église de quelque manière que ce fût. Benoît refusa de recevoir les députés anglais. Boniface déclara aux Français qu'il se croyait vrai pape, et que jamais il ne renoncerait à cette dignité. L'Université de Paris, instruite de ces dispositions, exhorta Charles VI à soustraire le royaume à l'une et à l'autre obédience, le seul moyen, disait-elle, de vaincre l'obstination des deux compétiteurs.

Mais l'état du roi qui empirait toujours ne permettait pas de prendre des résolutions fixes dans les affaires les plus importantes. Ses rechutes devenaient si fréquentes qu'on pouvait dire que la démence était son état habituel. Quand il en sentait les approches, il avait soin de recommander qu'on ne laissât auprès de lui aucun instrument dont il pût frapper. « J'aime mieux mourir, disait-il, que
» de faire du mal à quelqu'un. Hélas ! ajoutait le malheureux prince,

» si quelques uns de la compagnie sont coupables de mes souffran-
» ces, je les conjure au nom de Jésus-Christ de ne me pas tourmen-
» ter davantage. Que je ne languisse plus et qu'ils achèvent bientôt
» de me faire mourir. » Ces paroles font voir qu'il se croyait ensorcelé. Elles furent dites peut-être à l'occasion des tourmens que lui firent souffrir deux moines empiriques auxquels on eut l'imprudence de l'abandonner. Ils lui donnèrent des breuvages désagréables, lui firent à la tête des scarifications douloureuses et le fatiguèrent d'opérations magiques qui n'opérèrent pas mieux. On le laissa six mois entre leurs mains, terme apparemment qu'ils avaient mis à sa guérison à laquelle on croit qu'ils s'étaient engagés sous peine de mort. Ils furent en effet punis du dernier supplice, mais moins peut-être à raison de leur imposture que pour leur conduite licencieuse pendant le cours de leur traitement, et surtout pour les imputations de maléfice aussi ridicules qu'imprudentes auxquelles ils se livrèrent, et dans lesquelles ils impliquèrent le duc d'Orléans lui-même. Isabelle commençait à craindre la compagnie de son époux dans ses accès. Quand, dans son état de frénésie, il semblait la désirer, on la remplaçait par une jeune fille nommée Odette de Champdivers, qu'on appela la petite reine, et dont la douceur et la complaisance gagnaient sur lui ce qu'on n'eût pu en obtenir autrement que par la force. Le royaume d'ailleurs était gouverné avec assez de tranquillité (1), et en parfait concert, par la reine et le duc d'Orléans. Mais Isabelle liée à un mari frénétique, et le duc à une épouse absente, il ne se pouvait que les fréquentes entrevues qu'exigeaient les affaires ne fissent naître des soupçons, et que les courtisans qui ne purent avoir part à l'autorité n'empoisonnassent cette bonne intelligence, afin de les décréditer dans l'esprit du peuple et de faire naître des troubles dont ils profiteraient.

Le schisme était toujours un objet d'inquiétude pour le conseil de régence. La France envoya à tous les souverains des négociateurs, la plupart prélats, chargés d'engager chacun leur pape à se démettre. L'empereur répondit : « Quand le roi de France aura soumis le sien,
» je soumettrai le mien. » Cette condition était commode pour les deux rivaux qu'elle autorisait à refuser la primauté dans la décision. Comme rien ne finissait, on convoqua une assemblée à Paris. Le patriarche d'Alexandrie, sept archevêques, trente-deux évêques, des députés des Universités de Paris, Orléans, Angers, Montpellier, Toulouse, beaucoup d'abbés et des clercs de tous les rangs s'y rendirent. Le roi de Navarre, le duc de Bourbon, le comte de Nevers, le chancelier, plusieurs seigneurs et gens du conseil y assistaient.

(1) «La nation, éprouvant un joug plus léger, fut satisfaite, parce qu'elle compara sa situation, non avec ses véritables droits, qu'elle ne connaissait point, ni même avec ses dernières franchises reconnues par les rois, mais seulement avec la dernière oppression dont elle était délivrée. Cette espèce de relâche dans ses malheurs la prépara à prendre d'autres mœurs en l'accoutumant au joug du pouvoir arbitraire. »

Comme le roi était malade, les ducs de Berry, de Bourgogne et d'Orléans présidèrent. Sur trois cents personnes, trente-cinq seulement s'opposèrent à la soustraction d'obéissance au pape Benoît XIII. Tous les autres adhérèrent à cette résolution en vertu de laquelle il fut défendu d'obtempérer à ses ordres et de ne rien payer à ses collecteurs. Il fut arrêté en conséquence qu'il serait pourvu à l'avenir aux bénéfices électifs par élection, et aux autres par collation des évêques.

On envoya signifier cette décision à Benoît; il répondit : « Mes
» frères les cardinaux m'ont promu à cette dignité. Pape je me suis
» cru, et pape je demeurerai tant que je vivrai. » Mais ses propres cardinaux le trouvant décidé contre toutes les remontrances, l'abandonnèrent et se retirèrent à Villeneuve, petite ville du voisinage d'Avignon. Des troupes françaises commandées par Boucicaut l'investirent : mais il ne souffrit pas beaucoup du blocus, parce que, si les ducs de Berry et de Bourgogne le poursuivaient ouvertement en exécution de la décision de l'assemblée de Paris, le duc d'Orléans le protégeait secrètement.

Sa qualité de régent lui donnait sur ses deux oncles un avantage qu'il ne savait pas toujours modérer. En voici un exemple : *Un Jean de Bar, beau clerc*, dit la chronique, *négromancien et invocateur de diable*, se donnait pour sorcier et employait ses prestiges avec assez d'adresse pour fasciner les yeux et faire paraître le diable, puisque la chronique ajoute qu'il *faisait bien son devoir*. Il se permettait assez publiquement ses conjurations et autres opérations magiques, parce qu'il se croyait en sûreté sous la sauvegarde du duc de Bourgogne; mais le duc d'Orléans, sans égard pour cette protection, fit prendre, condamner et brûler le *négromancien*. L'oncle crut que c'était pour le braver que son neveu avait ordonné les procédures et l'exécution; de là l'intention de se contrarier, pendant qu'il aurait fallu dès lors la plus grande union dans le conseil pour faire tourner au profit de la France les évènemens qui se préparaient en Angleterre.

Richard II, fils du prince Noir, placé enfant sur le trône, s'en montra indigne quand il parvint à l'âge de gouverner, ou du moins ne s'en montra digne qu'un seul jour, celui où, âgé de seize ans seulement, il se porta au-devant d'une multitude soulevée, qui déjà bandait les arcs pour venger son chef Wat-Tyler que le maire de Londres, choqué d'une insolence qu'il sortait de se permettre envers le roi, venait de tuer sur la place. « Mes amis, s'écria-t-il en s'avan-
» çant vers eux, prétendez-vous donc tuer votre roi ? Cessez de vous
» affliger de la perte de votre chef. C'est moi qui serai votre général.
» Suivez-moi, et vous aurez satisfaction de tous vos désirs. » Mais il ne soutint pas les espérances que de si beaux commencemens semblaient annoncer; et sa cupidité, ses débauches et ses imprudences suscitèrent autour de lui des circonstances difficiles dont son carac-

tère, plutôt violent qu'énergique, ne fut pas en état de triompher. Il mécontenta le peuple par les impôts, et les grands par la violation des privilèges de la nation. Ceux qui lui résistèrent, outre sa disgrace, encoururent la peine de l'exil, de la prison, de la mort même. Il n'épargna pas ses parens les plus proches, et fit étouffer dans un cachot le duc de Glocester, un de ses oncles. Le duc de Lancastre, autre frère de son père, étant mort, priva le duc d'Herefort, son fils, de sa succession, et le contraignit de vivre exilé, sans biens et sans apanage. Le mariage que Richard avait contracté avec Isabelle de France le rendait plus hardi à se permettre ses violences, parce qu'il espérait qu'en cas de révolte son beau-père le secourrait; mais la rébellion le frappa comme un coup de foudre. Pendant qu'il était occupé d'une guerre d'Irlande, les seigneurs appellent de Paris, où il s'était retiré, le duc d'Herefort, qui prit le nom de duc de Lancastre. Il part de Bretagne sur trois petits vaisseaux portant en tout quatre-vingts hommes d'armes. En arrivant, il trouve une armée. A mesure qu'il avance, elle se grossit des déserteurs de celle du roi, qui fuit et qui se renferme dans un château fort. Lancastre fait des dispositions pour l'assiéger. Richard demande une conférence. Le rebelle entre hardiment, lui douzième. Les portes se referment. Le roi, entouré d'une bonne garnison, pouvait l'arrêter et s'en défaire; mais Lancastre l'effraie, lui ordonne de le suivre à Londres pour rendre compte de son gouvernement, fait juger son roi par un parlement, le premier qui se soit laissé acheter : le roi est condamné à abdiquer. Lancastre prend la couronne sous le nom de Henri IV, et quelques mois après Richard est trouvé mort dans la Tour.

La seule attention que Charles VI donna à cette catastrophe fut de réclamer sa fille Isabelle, qui n'avait que dix ans. Cependant le duc d'Orléans fit mine de vouloir venger le mari de sa nièce. Il envoya très imprudemment un défi injurieux au nouveau roi. Celui-ci répondit par une assertion qui dut mortifier le prince. Il lui soutint que lui-même duc d'Orléans l'avait excité à son entreprise pour contrarier le duc de Bourgogne, qui s'y opposait. « En l'honneur de » Dieu, ajoutait-il, en l'honneur de Notre-Dame et de monsieur St-» Georges, vous mentez faussement et mauvaisement quand vous » dites que nous n'avons pas eu pitié de notre roi-lige et souverain » seigneur; et plût à Dieu que vous n'eussiez onques fait ni procuré, » contre la personne de votre seigneur et frère, et les siens, plus » que nous n'avons fait contre notre dit seigneur. » Ce trait fait allusion au bruit qu'on répandait et que la rage des factions accrédita ensuite que le duc d'Orléans avait *procuré* la maladie de son frère par des maléfices pour s'emparer du trône. La préférence que Charles VI donnait aux soins de sa belle-sœur était un moyen dont on se servait pour rendre l'accusation probable; et par le mot les *siens*, Henri IV entendait la mort du fils aîné du roi qu'on prétendait *procurée* pour le même but.

Outre la catastrophe d'Angleterre, la fin du quatorzième siècle est marquée par le détrônement de Venceslas, empereur d'Allemagne, par l'abandon du royaume de Naples que fit Louis II, duc d'Anjou, successeur de son père, à Ladislas, son rival, né en Hongrie; un abandon de gré à gré : mais Louis, plus fait pour une vie douce que pour la guerre, après quelques efforts malheureux, se retira dans ses possessions de France, sans renoncer à son droit sur celles d'Italie. Les deux papes jouèrent un rôle dans la lutte des compétiteurs. Celui de Boniface fut le plus brillant. Il donna tout son argent à Ladislas, engagea ses cardinaux à se dépouiller en sa faveur, et de sa seule autorité il fit présent aux partisans de son protégé des biens des seigneurs napolitains et siciliens qui lui étaient contraires. Cette libéralité, qui lui coûtait si peu, servit plus aux Hongrois qu'on n'aurait cru. Pour conserver leurs biens, plusieurs abandonnèrent le Français que Boniface avait eu soin d'excommunier; d'autres s'attachèrent à l'adversaire de Louis, pour obtenir les terres que l'excommunication lancée contre ses auxiliaires leur assignait. Quant à Benoît, renfermé dans Avignon, il ne put qu'opposer ses foudres à celles de son rival, foudres dont le fréquent usage, continué dans ce siècle, rendait la force bien moins efficace que dans les précédens.

Jean V de Montfort, duc de Bretagne, mourut, et prouva, par ses dernières dispositions, que sa réconciliation avec Clisson avait été sincère. Il lui recommanda sa femme, et confia ses enfans à sa garde, en attendant qu'ils fussent remis entre les mains du duc de Bourgogne, leur tuteur. A peine avait-il les yeux fermés que la fille de Clisson, veuve de Jean Penthièvre, vint lui dire : « Il ne tient qu'à » vous que mon mari recouvre son héritage de Bretagne. -- Comment? » lui demanda-t-il. — En vous défaisant des enfans de Montfort. — » Ah! cruelle et perverse femme, s'écria Clisson, si tu vis longue- » ment, tu seras cause de détruire tes enfans d'honneur et de biens. » Il mit une telle force dans son ton et les menaces dont il l'accompagna qu'elle fut saisie de frayeur, et qu'en fuyant, elle se précipita, et se cassa la cuisse.

Le duc d'Orléans approchait de trente ans. On avait droit d'attendre de lui un gouvernement sage, et des soins tendres et affectueux pour son frère. On pouvait avoir les mêmes espérances de la reine, à peu près du même âge. Il paraît que malheureusement on se trompa. Malgré sa qualité de régent, la présence du duc de Bourgogne, son oncle, ne laissait pas que de lui imposer. Celui-ci fut obligé de faire un voyage en Flandre pour le mariage d'une de ses filles. Le neveu profita de cette absence pour s'emparer de toutes les parties du gouvernement, surtout des finances, qu'il prodigua sans mesure, avec la reine, aussi absolue et pas plus économe que lui. Il eut soin de se faire confirmer par le parlement tous les pouvoirs qu'il prenait. Le duc de Bourgogne s'en plaignit dans une lettre qu'il écrivit à la cour des pairs. Il y montrait le danger qu'il y avait de laisser toute l'autorité

entre les mains de personnes si disposées à en abuser. « Car, disait-il
» en finissant, c'est grand'pitié et douleur de oyr ce que j'en ai oy
» dire. » La pitié tombait apparemment sur la conduite qu'on tenait
à l'égard du roi. On commençait à le négliger dans ses accès de maladie. Il manquait souvent du nécessaire, pendant que tout affluait autour de sa femme et de son frère.

Le duc de Bourgogne ne s'en tint pas à des plaintes; il menaça de
se faire par les armes justice de l'exclusion qu'on semblait lui donner dans les affaires de France. Il avait un autre grief; c'est qu'en l'éloignant des affaires, le duc d'Orléans prétendait faire encore tomber sur lui l'odieux des impôts. Il en établit un qu'il étendit jusque sur le clergé, alléguant que c'était pour faciliter la paix de l'église, et publia qu'il le faisait par le conseil du duc de Bourgogne. L'oncle donna un démenti formel à son neveu, et partit avec des troupes pour le soutenir. Le duc d'Orléans en assembla de son côté, et les environs de Paris se remplirent de soldats. Le duc de Berry et plusieurs des principaux seigneurs intervinrent et suspendirent les hostilités. Heureusement le roi revint en son bon sens. Quelquefois il confirmait ce qui s'était passé pendant sa maladie, quelquefois il l'improuvait. Dans cette circonstance, après s'être fait rendre compte, il munit de sa sanction un règlement du conseil qui statua que, pendant l'*occupation* du roi (ainsi nommait-on sa maladie), rien ne se ferait sans l'autorisation du duc de Bourgogne.

N'y eût-il eu que la vie licencieuse du duc d'Orléans, c'en était assez pour ne pas laisser offrir au peuple le scandale de le faire gouverner par un homme sans ménagement et sans frein. Les mœurs de ceux qui gouvernent influent souvent plus qu'on ne pense sur l'obéissance des gouvernés. On raconte du duc des traits dignes du libertin le plus effréné. Il eut une multitude d'enfans naturels. Dans ce nombre, il en est un dont la gloire fait oublier la naissance : c'est le fameux comte de Dunois, tige de la maison de Longueville, le compagnon des malheurs et de la fortune de Charles VII, qui naquit, ainsi que lui, vers ce temps. Tels princes, tels courtisans. Le comte de Saint-Paul, Valeran III de Luxembourg (1), attaché à la cour de France, et envoyé pour commander à Gênes, s'était fait chasser par

(1) Les Saint-Paul ou Saint-Pol de ce temps étaient une branche de la maison de Luxembourg. Henri de Limbourg, comte de Luxembourg par sa mère, et mort en 1280, fut la tige des deux branches principales de ce nom : la première, dite IMPÉRIALE, qui compta cinq empereurs et d'où sortit un rameau, dit DUCAL, par un des fils de l'empereur Charles IV; la seconde, dite de Luxembourg-Ligny, d'où provinrent les rameaux de Saint-Pol, de Brienne, de Piney et de Martigues. Valeran III de Luxembourg, dont il est ici question, qui fut connétable de France, et l'un des plus célèbres partisans du duc de Bourgogne, était le quatrième descendant de Valeran I de Luxembourg-Ligny, second fils de Henri de Limbourg; et le fameux connétable de Saint-Pol, Louis, qui fut décapité sous Louis XI, était petit-neveu de Valeran III. — Dans la branche impériale, le premier empereur de cette maison, Henri VIII, était petit-fils du même Henri de Limbourg.

les Génois, auxquels il déplut, dit-on, pour avoir trop plu à leurs femmes. L'austérité des mœurs et la sévérité de Boucicaut rétablirent dans cette ville l'empire que la république avait donné sur elle-même à la France; mais la soumission de ce peuple inconstant ne fut pas de longue durée.

Nous avons vu Benoît XIII renfermé dans Avignon, abandonné par ses cardinaux, méconnu et repoussé par la presque unanimité des Français. Grace au duc d'Orléans, le blocus n'avait pas été sévère; les cardinaux déserteurs, le voyant à peu près libre, revinrent sous ses étendarts, et, moyennant des promesses, et des lettres tantôt exhortatoires, tantôt menaçantes, faites par des agens adroits et disséminés dans les provinces, la soustraction d'obédience, déjà mal exécutée, fut tout à fait rétractée; le roi ne se ressouvint pas d'y avoir adhéré, et Benoît raffermit la thiare pontificale sur sa tête. Mais, peu reconnaissant de cette déférence, il excommunia les évêques élus pendant la soustraction, et mit leur diocèse en interdit. Le roi donna des édits pour maintenir les nouveaux pasteurs. Le duc d'Orléans, protecteur de Benoît, s'entremit de son côté pour l'amener à des résolutions plus mesurées. Il fut joué par le pontife, et les exactions et les troubles continuèrent de scandaliser les fidèles.

Les relâches que la maladie du roi éprouvait de temps en temps, avaient jusqu'alors fait espérer qu'en s'usant, pour ainsi dire, elle pourrait s'adoucir avec l'âge; mais le mal redoublait, accompagné de symptômes toujours plus alarmans. A la noire mélancolie se mêlaient des accès de fureur, et une opiniâtreté persévérante dans ses volontés bizarres. Il fut, pendant six mois que dura un de ses accès, sans vouloir permettre que personne l'approchât pour lui rendre les services de propreté nécessaires. En employant les manières douces et caressantes de Valentine, sa belle-sœur, on aurait sans doute pu lui faire souffrir les soins et les remèdes; mais on imagina de faire paraître tout à coup six hommes déguisés et noircis qui le saisirent. Il en fut épouvanté, et se laissa traiter avec la docilité d'un enfant. Les circonstances affligeantes de cette triste maladie se répandaient dans le public. Chacun en était touché, et plaignait ce prince infortuné. Par sensibilité, ses sujets émus, d'un commun accord, lui donnèrent le nom de *Bien-Aimé*; titre précieux pour un monarque, mais dont il est pénible de n'être redevable qu'au sentiment de la pitié!

Après ce terrible accès, Charles VI profita d'un moment lucide pour fixer le gouvernement. Jusque-là les dispositions n'avaient été que provisoires; mais le roi donna à celles-ci toute la solennité qui pouvait les rendre permanentes. Il établit un nouveau conseil-d'état, composé de la reine, des princes du sang, du connétable, du chancelier et des ministres actuellement en place. A l'édit qui contenait cette formation, il en joignit un autre tout à l'avantage de la reine.

Il y disait qu'arrivant sa mort, son fils aîné serait aussitôt reconnu souverain, sous la garde et la tutelle de sa mère seule. Ces deux grands moyens de puissance étant assurés à la reine exclusivement à tout autre, il s'ensuivait qu'organe de son fils souverain, quoique encore enfant, Isabelle devait jouir désormais de l'autorité la plus étendue et la plus absolue. Ces deux édits furent portés par le connétable et le chancelier au parlement. La cour eut ordre, ainsi que les princes et les grands officiers, et la reine même, de jurer de s'y confirmer; ce qui fut exécuté sans réclamation.

Aussitôt que l'autorité fut consolidée, de nouveaux impôts en notifièrent au peuple l'exercice. Une rupture avec l'Angleterre, dont on se disait menacé, fut le prétexte des subsides. Les ducs d'Orléans et de Bourgogne se partagèrent les opérations militaires contre l'ennemi commun. Ils se mirent en campagne avec ostentation : le premier se destinant contre la Guyenne, avança jusqu'à Orléans, où sa vanité eut la satisfaction d'une entrée magnifique, et il revint à Paris. Le second alla dans ses états de Flandre, où il présidait à la construction de châteaux de bois dont il devait investir la ville de Calais, comme avait fait Edouard III quand il la prit.

Pendant ce voyage et ces préparatifs, l'impôt se percevait. A mesure que la recette avançait, les bruits de guerre diminuaient. On portait les deniers dans la tour du Louvre. Le duc d'Orléans à son retour, demande l'ouverture du trésor. Les gardiens dépositaires refusent. Il fait enfoncer les portes à coups de hache, et enlève tout ce qui s'y trouvait. Le duc de Bourgogne accourt à Paris, blâme la conduite de son neveu. On croit qu'il repartit pour ses états dans le dessein d'y lever des troupes, et de revenir s'emparer seul du gouvernement; mais il tomba malade, et mourut à la Halle. Il fut le prince le plus riche de son temps, et mourut insolvable. Sa veuve, Marguerite de Flandre, fut obligée de renoncer à la communauté des biens, pour n'être pas comprise dans l'état de ses dettes. Elle se soumit à l'humiliante cérémonie en usage dans ces circonstances, de remettre elle-même sa ceinture, ses clefs et sa bourse sur le cercueil de son mari, en signe de l'abandon qu'elle faisait de sa part du mobilier, qui fut vendu publiquement au profit des créanciers. Son fils Jean, surnommé Sans-Peur, hérita de la Bourgogne, de la Flandre et des nombreuses acquisitions de son père, et surtout de son ardeur à se mêler des affaires de la France; mais l'ambition de Philippe, déjà justifiée peut-être par les circonstances et par la conscience qu'il avait qu'il était plus digne de gouverner que les ducs d'Anjou et de Berry, ses frères, fut associée d'ailleurs à des vertus dont n'hérita pas son fils.

Le schisme continuait toujours. De même qu'il aurait pu finir après la mort de Clément XII, pape d'Avignon, si ses cardinaux ne s'étaient pas pressés d'élire Benoît XIII; de même il aurait été possible de se réunir, si les cardinaux de Rome avaient suspendu l'élection après la mort de Boniface; mais ils la précipitèrent, dans la crainte d'être engagés à la différer. En effet, elle était consommée quand les députés envoyés de France pour la retarder ou l'empêcher arrivèrent. Cosmat de Méliorati, cardinal de Sainte-Croix, prit la thiare sous le nom d'Innocent VII, avec la condition signée par lui et les cardinaux, et déjà reconnue si inutile, de se démettre, si la paix de l'église l'exigeait. L'Université lui écrivit pour le prier de confirmer cet engagement à la face de l'univers; mais elle n'en reçut que des promesses vagues.

On a déjà connu la délicatesse de ce corps académique sur la conservation des honneurs et déférences qu'il croyait lui être dus. Charles Savoisi, chambellan du roi, pour n'avoir pas assez ménagé cette délicatesse, eut une affaire fâcheuse. Ses domestiques prirent querelle avec des écoliers, pendant une procession du recteur qui passait devant sa porte. Des coups furent donnés, des pierres lancées, et la cérémonie mise en désarroi. Aussitôt les écoles sont fermées, les sermons cessent. C'était en carême : le peuple murmure ; le duc d'Orléans se donna des mouvemens pour apaiser l'affaire. A sa sollicitation, le parlement différait de juger; mais enfin le prince consentit à laisser le cours de la justice libre. Le parlement condamna Savoisi à l'amende, pour n'avoir pas retenu ses domestiques, et avoir même paru les approuver, et à fonder une chapelle, dont la nomination appartiendrait à l'Université. Sa maison, d'où l'on avait vu partir les pierres, et où s'étaient retirés les domestiques après la bataille, fut rasée, et quelques uns des coupables qui s'étaient laissé prendre, promenés, prêchés et fustigés. C'était pour gagner l'Université, et par elle le peuple, sur lequel elle avait une grande influence, que le duc d'Orléans lui avait enfin laissé donner cette satisfaction; mais sa condescendance n'empêcha pas les austères docteurs de présenter un mémoire vigoureux contre les désordres de la cour et du gouvernement. Le conseil promit de travailler à la réforme.

La reine usait largement de l'autorité qui lui avait été donnée par le dernier règlement. Elle y faisait participer le duc d'Orléans. Ils tenaient l'état le plus brillant, qui constrastait singulièrement avec la cour délaissée et mesquine de l'infortuné monarque. Dans un de ses instans de raison, la gouvernante de ses enfans vint se plaindre « qu'ils n'avaient souvent que manger et que vêtir. — Hélas! dit-il » en soupirant, je ne suis pas mieux traité. » Cette pénurie était rendue plus remarquable par les fêtes brillantes que se donnaient le beau-frère et la belle-sœur, et les plaisirs qu'ils prenaient ensemble, soit dans le public, soit dans le particulier d'une intimité qu'on ne manquait pas de mal interpréter.

Le duc d'Orléans s'inquiétait peu de l'estime publique. Il fit un jour avertir ses créanciers de venir recevoir ce qu'il leur devait. Ils accoururent, pleins de confiance, au nombre de plus de huit cents. Au lieu d'argent, ils ne reçurent que des mépris. A ceux qui en murmuraient, on répondit qu'ils étaient encore trop heureux que le prince voulût bien leur devoir. Un autre jour, il repoussa avec dédain les remontrances de l'université. « On n'a que faire de vous, » dit-il aux députés; si vous aviez un point de loi à décider, appel- » leriez-vous des soldats? Retirez-vous, retournez à vos écoles, et » ne vous mêlez que de votre métier. » Traiter si cavalièrement un corps qui avait une si grande influence sur le peuple, c'était au moins une imprudence.

Le duc d'Orléans avait un ennemi qui recueillait avec soin tous ces traits d'une conduite irréfléchie, et ne manquait pas de les orner des observations les plus propres à exciter l'indignation publique. Ce dénonciateur perfide était Jean-sans-Peur, le nouveau duc de Bourgogne. Les deux cousins-germains, nés le même mois de la même année, étaient bien différens de caractère. Le duc d'Orléans, insouciant, songeant par préférence à ses plaisirs, aimait l'autorité pour le faste, l'éclat, la satisfaction de dépenser et de répandre les faveurs. Le duc de Bourgogne, sombre, réservé, occupé des affaires, recherchait l'autorité pour dominer et agir en maître.

Après la mort de son père, il demanda et obtint l'entrée au conseil. Il s'y présenta comme héritier des sentimens de son père pour le peuple dont il plaignait la misère. Sous prétexte d'une prochaine invasion des Anglais, le duc d'Orléans proposa l'établissement d'un nouveau subside. Le duc de Bourgogne, qui s'y oppose en vain, eut grand soin de divulguer les représentations qu'il avait faites dans le conseil. Cette conduite lui gagna l'affection des Parisiens. Ce que firent le duc d'Orléans et la reine pour obtenir leur estime ne servit à rien. C'était le temps du carême; ils assistaient ensemble aux offices, visitaient les hôpitaux, et faisaient de grandes aumônes; mais, dans cette association de bonnes œuvres et de bienfaits, la malignité voyait plutôt le scandale d'une liaison trop intime que l'inspiration d'une véritable piété. Des pamphlets, répandus avec profusion, noircissaient les actions indifférentes, et dépréciaient les bonnes.

La prépondérance marquante du duc d'Orléans au conseil sur le duc de Bourgogne avait mortifié ce dernier, qui s'était retiré dans ses états. Isabelle et le duc d'Orléans triomphaient de son absence, quand tout à coup le duc, partant de Flandre avec un cortége qui pouvait passer pour une armée, avance sans fracas et sans en avertir. Il était déjà près de Paris, que la reine et son beau-frère ignoraient encore sa marche, déguisée quelque temps sous le nom d'une expédition contre les Anglais. Effrayé de cette espèce d'irruption, et n'en devinant pas l'intention, le duc d'Orléans se sauve précipitamment à Melun avec tout le conseil; la reine l'y suit, et ordonne qu'on lui amène son fils aîné, ainsi que sa bru. On soupçonne que le projet du duc de Bourgogne était de s'assurer du roi, de la reine, du dauphin Louis, et de gouverner sous le nom de celui-ci pendant les rechutes de son père. Dans cette vue, il avait le plus grand intérêt à s'assurer du jeune prince.

Le duc de Bourgogne était beau-père du dauphin Louis, auquel il avait eu l'habileté de faire épouser Marguerite, sa fille. Il apprend, en arrivant à Louvres, que les deux jeunes époux ont été enlevés de Paris contre leur gré, et qu'ils sont sur la route de Melun ; il y court, lui sixième, fait arrêter la litière, demande à son gendre s'il n'aimerait pas mieux revenir à Paris que d'aller où on le mène. Louis répond affirmativement. Retournez donc, dit impérieusement le beau-père aux conducteurs. Louis de Bavière, frère de la reine, commandait l'escorte ; il veut faire quelques remontrances. Le duc ne l'écoute seulement pas, et ramène le couple fugitif à Paris. Le roi de Navarre, les ducs de Berry et de Bourbon, le comte de La Marche, beaucoup de seigneurs, et les Parisiens en foule, les reçoivent avec les démonstrations d'une vive allégresse. Le duc de Bourgogne est proclamé défenseur de l'état : l'Université, le corps de la ville et tous les autres corps viennent le remercier.

Il assemble le conseil. Après avoir protesté qu'il ne prétend aucune part au gouvernement, il en expose énergiquement les désordres, offre ses biens et sa personne pour y remédier. Ces propositions obligeantes étaient appuyées de ses troupes, qui occupaient les quartiers de Paris et les principaux postes des environs. Le duc d'Orléans en leva aussi ; mais il dut s'estimer heureux de ce que l'affaire tourna en négociation. Les ducs de Berry et de Bourbon, les rois de Sicile et de Navarre se portèrent pour médiateurs. Le duc de Bourgogne, qui avait protesté dans le conseil qu'il ne prétendait aucune part au gouvernement, en prit cependant une portion au moins égale à celle du frère du roi. Il laissa adroitement les finances dans le lot de son rival ; administration délicate, toujours voisine de la haine des peuples. Les deux cousins s'embrassèrent, se jurèrent une amitié éternelle, et couchèrent dans le même lit : cette familiarité était la marque de confiance la plus sincère que des ennemis réconciliés pussent se donner. La reine revint et fit une entrée triomphante, chargée de bijoux et entourée de ses dames brillantes de richesses. Les ducs d'Orléans et de Bourgogne marchaient aux deux côtés de la litière, les Parisiens remplissaient l'air d'acclamations. Avec le gouvernement les ducs se partagèrent ce qui restait de la collecte des impositions ; et le peuple, à qui l'on avait donné le spectacle d'une entrée pompeuse, d'un *Te Deum* bien chanté, d'un festin magnifique et des fêtes qui suivirent, se montra bien content.

La tranquillité aurait été complète, si on avait pu se débarrasser de ce malheureux schisme. Il s'en présenta encore une occasion. Innocent VII mourut. Les cardinaux de Rome, selon leur coutume, élurent promptement Ange Corrario, Vénitien, qui prit le nom de Grégoire XII. Il promit sa démission si Benoît donnait la sienne. Tous deux s'écrivirent, se fixèrent un rendez-vous pour une entrevue à Savone. Benoît s'y rendit, Grégoire n'alla que jusqu'à Sienne. De ces deux villes, tous deux publièrent des écrits pour s'accuser ou s'excuser réciproquement; et, après des démarches d'accommodement plus démonstratives que sincères, les choses en restèrent au même état.

Les deux gouvernans de la France s'appliquèrent à des entreprises propres à leur donner de la considération. Le duc d'Orléans publia qu'il allait réunir à la couronne les provinces que les Anglais en avaient détachées. L'occasion en effet ne pouvait être plus favorable, parce que l'Angleterre était troublée par des factions contre lesquelles Henri IV avait bien de la peine à soutenir son usurpation. Le duc de Bourgogne fit des préparatifs pour reprendre Calais. Le premier alla attaquer Blaye et Bourg, deux villes dont la prise aurait entraîné celle de Bordeaux; mais les siéges se prolongèrent, les pluies vinrent, ensuite les inondations et les maladies; l'armée se perdit en désertions. Le duc de Bourgogne prenait prudemment pour le siége de Calais des mesures qui auraient pu réussir; mais le duc d'Orléans, de retour de sa malheureuse expédition, fit brusquement renouveler la trève avec l'Angleterre. On envoya au Bourguignon ordre du roi de renoncer à son projet. Il n'obéit qu'à regret après des injonctions réitérées, et regarda cette trève venue si à propos, comme le fruit d'une manœuvre du duc d'Orléans, humilié du mauvais succès de son expédition, et jaloux de la gloire que son rival pouvait acquérir dans la sienne; mais il n'en revit pas moins son cousin avec toutes les apparences d'une sincère cordialité.

Cependant leur animosité perçait, malgré la contrainte qu'ils s'imposaient. Ils se contrariaient en tout, ne paraissaient au conseil que pour se contredire, et ne manquaient aucune occasion de se désobliger quand ils pouvaient le faire sans trop d'éclat. On rapporte du duc d'Orléans une imprudence très croyable de la part d'un libertin qui avait déjà donné plus d'une preuve d'indiscrétion. Il gardait dans un appartement reculé les portraits des dames de la cour dont il prétendait avoir obtenu des faveurs. Entre eux était placé celui de la duchesse de Bourgogne. Quelques bas flatteurs en avertirent le mari. Il conçut de cet affront un dépit mortel qu'il s'efforça de cacher; mais il ne put si bien y réussir que les ducs de Berry et de Bourbon ne s'en aperçussent et ne s'en alarmassent. Ils firent ce qu'ils purent pour rapprocher les deux cousins. Le duc de Bourgogne se montra difficile : cependant, il consentit de se laisser apaiser, du moins en apparence; soit parce qu'il n'avait pas encore arrangé dans son esprit son projet de vengeance, soit qu'il lui fallût les dehors de l'amitié pour l'exécuter.

Il ne se refusa donc pas à l'invitation du duc de Berry, qui employait tous les moyens pour réconcilier ses deux neveux. Le duc les fit assister à une même messe et communier ensemble, et se donna le plaisir de les traiter à sa table; ils signèrent devant lui un acte de confraternité, engagement qui était sacré entre guerriers. Ils acceptèrent mutuellement l'ordre de chevalerie l'un de l'autre, et se confirmèrent la promesse de vivre désormais en amis. Enfin, dit la chronique, « ils prirent les épices et burent le vin ensemble. » Le duc d'Orléans invita celui de Bourgogne à dîner chez lui le dimanche qui suivait cette cérémonie : Jean promit de s'y rendre, et ils s'embrassèrent en se quittant.

Pendant ces protestations amicales, le Bourguignon tenait cachés, dans une maison de la vieille rue du Temple, dix-huit hommes commandés par Raoul d'Octonville, homme d'exécution, de tout temps dévoué à la maison de Bourgogne. Le lendemain de la réconciliation que nous venons de détailler, le duc d'Orléans devait passer la soirée chez la reine, qui était en couches à l'hôtel Barbette. Au jour tombant, il lui arrive un prétendu exprès du roi, qui demeurait à l'hôtel Saint-Paul, et qui le demande. Il part aussitôt sans attendre son escorte qui était ordinairement très nombreuse, et précédé seulement de deux écuyers montés sur le même cheval. Les assassins étaient serrés le long des murs de la rue du Temple; le cheval les aperçoit, s'effraie, prend le mors aux dents, et emporte les cavaliers jusque dans la rue Saint-Antoine. Le duc d'Orléans reste seul, et est aussitôt environné par des gens armés qui crient *à mort*. « Je suis le duc d'Orléans, leur dit-il, croyant ou qu'ils se trompaient ou que son nom leur en imposerait. — Tant mieux, répondent-ils, c'est ce que nous demandons. » Un premier coup de hache lui coupe la main dont il tenait la bride; d'autres coups de masse et d'épée l'abattent de son cheval. Il s'écrie en tombant : « Qu'est-ce ceci ? d'où vient ceci ? » Un coup de massue hérissée de pointes de fer lui fracasse la tête et fait sauter la cervelle. Enfin, un homme caché sous un chaperon vermeil, une petite lanterne à la main, sort de la maison où les meurtriers étaient auparavant cachés, approche du cadavre, le considère attentivement, lui décharge un dernier coup de massue, et se retire en disant : « Éteignez tout, allons-nous-en, il est mort. »

Il serait difficile de peindre le tumulte de la ville, la consternation de la cour pendant la nuit. Le corps fut transporté dans l'église des Blancs-Manteaux. Le duc de Bourgogne vint avec les autres princes visiter le cadavre. Il avait un air triste, la contenance d'un homme profondément affligé. « Oncques mais, dit-il, on ne perpétra en ce » royaume, si mauvais ni si triste meurtre. » Le conseil s'assembla de bon matin. Le duc de Bourgogne s'y rendit. Les portes de la ville avaient été fermées pour empêcher l'évasion des coupables. Guillaume Tignonville, prévôt de Paris, instruit qu'un homme soupçonné s'était réfugié dans l'hôtel d'Artois, demeure du duc de Bourgogne, vient demander la permission de fouiller les hôtels des princes. A cette proposition, le duc pâlit, s'approche du duc de Berry et du roi de Navarre, et leur avoue son crime. Le duc de Berry, pénétré d'horreur, s'écrie, les larmes aux yeux : « J'ai perdu mes deux neveux. »

Le meurtrier tâche de s'excuser. « Le diable, dit-il, m a tenté et sur-
» pris. » La journée fut remplie par les premières cérémonies des obsèques. Le conseil se rassembla le lendemain. Jean-sans-Peur se présente pour entrer. Le duc de Berry le repoussa, heureusement pour le coupable; car le duc de Bourbon, arrivant, trouva fort mauvais qu'on ne l'eût pas arrêté. Il se retira précipitamment dans ses états, où il donna des asiles aux exécuteurs de ses ordres. La populace de Paris, séduite par les déclamations du Bourguignon contre les impôts, se réjouit de la mort du duc d'Orléans. Il avait trente-six ans. De Valentine, son épouse, il laissa trois fils, Charles, duc d'Orléans, qui fut père de Louis XII; Philippe, comte de Vertus, qui ne laissa point de postérité légitime; et Jean, comte d'Angoulême, aïeul de François I.

L'audace présida désormais à la conduite de Jean-sans-Peur. Il osa tout. La duchesse d'Orléans était à Château-Thierry lorsqu'elle apprit la mort de son époux. Son premier soin fut de sauver ses enfans. Elle les envoya à Blois, ville alors fortifiée, et partit pour Paris. Son affliction, le spectacle d'un grand deuil, son entrée lugubre, touchèrent le peuple pour un moment. On tâcha d'adoucir son chagrin par des honneurs. Le roi de Sicile, les ducs de Berry et de Bourbon, les autres princes, le connétable et un cortége de seigneurs allèrent au devant d'elle. Le roi la reçut avec la plus tendre affection. Il était alors dans son bon sens. Il l'embrassa en versant des larmes, lui dit d'avoir bon courage, et qu'il la vengerait. Promesse, comme bien d'autres, plus aisée à faire qu'à tenir.

Pendant ces cérémonies, le duc de Bourgogne assemblait des troupes. Dans la convocation adressée aux Flamands et à ses autres sujets, il avouait le meurtre, chargeait le défunt de péculat, de magie, d'attentat à la vie de son frère pour régner à sa place, et de tyrannie dans le gouvernement. Il prétendait, en le tuant, avoir rendu un grand service au royaume. Jamais depuis il ne s'écarta de ce langage. Loin d'attendre qu'on le mît sur la défensive, il se disposa à attaquer. Ses préparatifs étaient si formidables, que la cour, dénuée d'argent, de soldats, et l'on peut dire de conseils, prit le parti de négocier. Elle lui envoya le roi de Sicile et le duc de Berry à Amiens où il était déjà arrivé. Ils ne lui demandaient que d'avouer son crime, en marquer du repentir, et d'en *crier au roi mercy*. Il refusa cette légère satisfaction. Les négociateurs se retirèrent très courroucés de son opiniâtreté. La seule mortification qu'on jugea possible de lui donner fut de ne pas le mettre au nombre de ceux qui devaient gouverner le royaume pendant l'absence du roi. Cette nomination se fit dans un lit de justice.

Mais il sut se passer du droit dont on le privait indirectement. Il continua sa marche vers Paris avec un corps de cavalerie d'élite, suivi d'une nombreuse infanterie. Quand il fut à quelques lieues de la capitale, le roi lui envoya défense d'avancer et d'y entrer. Nonobstant la défense, il avança toujours, et entra sans aucune opposition. Ses gendarmes s'emparèrent des portes, des rues et des places, et ses fantassins des postes les plus importans des environs. Il fit pour lui-même, avec des barricades, une espèce de citadelle dans son hôtel d'Artois. D'avance il s'était construit en pierres une chambre percée d'une seule ouverture, où il se retirait pendant la nuit à l'abri du danger; mais non sans doute exempt des transes inséparables du crime.

Ainsi préparé, il alla droit au roi demander permission de justifier son action. Le monarque, non tout-à-fait aliéné, mais dans un état de débilité reconnue, lui accorda une audience publique dans la grande salle de l'hôtel Saint-Paul. Là parut le fameux Jean-Petit, cordelier, chargé d'une tâche qui aurait été très pénible pour un honnête homme. On jugera, par l'exorde du discours, de la confiance que l'orateur devait inspirer. Il dit qu'il avait entrepris de défendre monseigneur de Bourgogne, « parce qu'étant petitement bénéficié, » le prince lui avait, depuis trois ans, donné bonne et grosse pen- » sion dont il avait trouvé ses dépens et trouverait encore, s'il lui » plaisait de sa grace. » Entrant ensuite en matière, il prétendit prouver la légitimité du meurtre par *douze raisons en l'honneur des douze Apôtres*. Presque toutes ces raisons étaient des exemples tirés de l'histoire sainte et profane, assez adroitement adaptés à son sujet; des inductions de ces faits et des raisonnemens qui ont été employés quelquefois depuis pour enhardir des scélérats à commettre le même crime. Jean-Petit, habile en sophismes, n'ignorait pas non plus l'art de la calomnie. Il accusa le duc d'Orléans d'être cause de la maladie du roi son frère, de s'être lié pour cet objet avec des sorciers, d'avoir employé avec eux des opérations magiques, et il faisait une peinture effrayante de ces terribles évocations, ajoutant qu'il avait tenté de faire mourir le roi par le poison afin de se mettre à sa place, toutes imputations déjà divulguées par le duc de Bourgogne; de plus, le harangueur insinua que la reine s'était prêtée au complot. Quant au grand ressort pour faire mouvoir le peuple et exciter son indignation, les impôts, leur multitude, leur pesanteur, leur accumulation, il n'y a point de figure de rhétorique que l'orateur n'employât pour en rejeter tout l'odieux sur le défunt. Il conclut « que le roi devait avoir le duc de Bourgogne et son fait pour agréa- » bles, et le rémunérer à l'exemple des rémunérations faites à mon- » seigneur saint Michel l'archange, pour avoir tué le diable. » Le roi immobile sur son trône comme une statue, écouta, ne dit mot, se retira et toute l'assemblée en fit autant. Le lendemain Jean-Petit répéta le même discours, placé sur une tribune élevée dans le parvis de la cathédrale; et ce discours, prononcé devant une multitude gagnée d'avance, fut couvert d'applaudissemens.

La reine s'était sauvée à Melun, emmenant le dauphin et ses autres enfans. Le roi de Sicile, le duc de Berry et le jeune duc de Bretagne Jean VI la suivirent. Ce jeune prince avait été enlevé par les nobles du pays à Jeanne de Navarre, fille de Charles-le-Mauvais, sa

mère, lorsqu'elle épousa le roi d'Angleterre Henri IV, et il avait été confié par eux au duc de Bourgogne, Philippe-le-Hardi, qui l'avait amené en France pour y être élevé. Le duc de Bourbon s'était retiré le premier, indigné des offres de pardon faites à Amiens au coupable. Le monarque laissé ainsi seul fit tout ce que le Bourguignon exigea. Il signa un écrit dont il convient de rapporter les propres termes. Il y disait : « Pour ce que le duc de Bourgogne a été pleine-
» ment informé, si comme il l'a fait dire et proposé, que notre frère
» avait machiné et machinait de jour en jour la mort et l'expulsion
» de nous et de notre génération, et tendait, par plusieurs voies et
» moyens, à parvenir à la couronne et seigneurie de notre royaume ;
» il, pour la sûreté et préservation de nous et de notredite lignée,
» pour le bien et utilité de notredit royaume, et pour garder envers
» nous la foi et loyauté en quoi il nous est tenu, a fait mettre hors
» de ce monde notredit frère ; et nous supplie que si, par le rapport
» d'aucuns ses malveillants et autrement, nous avons pris aucune
» déplaisance contre lui, pour cause dudit cas advenu en la personne
» de notredit frère, nous, considérant les causes pourquoi il l'a fait
» faire, voulions ôter de notre couraige toute déplaisance, savoir,
» faisons que nous considérant le fervent et loyal amour et bonne
» affection que notredit cousin a eue et a à notre lignée, avons ôté et
» ôtons de notre couraige toute déplaisance que, par le rapport
» d'aucuns malveillans de notredit cousin ou autrement, pourrions
» avoir eue envers lui pour occasion des choses dessus dites ; et
» voulons qu'icelui cousin de Bourgogne soit et demeure en notre
» singulier amour. » En lui remettant ces lettres, Charles eut encore assez de présence d'esprit pour lui dire qu'il craignait bien qu'elles ne le garantissent pas de la vengeance des personnes intéressées.

Le duc de Bourgogne était alors à l'apogée de sa gloire, au comble de sa puissance, ne paraissant jamais sans être entouré d'une populace qui chantait ses louanges. Cependant il ne diminuait pas les impôts ; mais il rejetait la nécessité de les continuer sur les profusions du duc d'Orléans, sur les vices de l'ancien gouvernement, et il faisait des promesses. Dans cet état de prospérité, malheur à ceux qui ne l'avaient pas assez ménagé dans des circonstances fâcheuses ! Le prévôt de Paris, Guillaume de Tignonville, en fit l'épreuve. Quand il était venu demander au conseil la permission de fouiller les maisons des princes, pour découvrir les assassins, le duc de Bourgogne le soupçonna d'avoir eu principalement en vue la sienne, et se promit de se venger. Un procès que le prévôt soutenait depuis deux ans contre l'Université fournit au duc le double plaisir et de satisfaire son ressentiment, et d'obliger le corps académique, dont la faveur était précieuse. Tignonville avait fait pendre deux clercs, convaincus d'homicide et de vol de grand chemin. L'Université prétendait qu'il y avait eu vice dans la procédure, et violation de ses privilèges. L'ancienne cour avait fait suspendre le jugement ; c'était un motif au duc de Bourgogne de le reprendre. Pour la mortification de ses ennemis dans la personne de leur protégé, il fait porter la sentence dont voici le prononcé : « Le prévôt se transportera aux fourches patibulaires, » où les deux corps sont exposés depuis deux ans. Il les baisera à la » bouche, les dépendra lui-même, les accompagnera à l'église des » Mathurins où ils seront enterrés. » Le bourreau conduisit la charrette, et était revêtu d'un surplis. Le roi envoya cent écus d'or pour les frais du convoi.

Ces cérémonies lugubres et bizarres tiennent aux mœurs de ce siècle, où les esprits étaient encore exaltés par les disputes que le schisme occasionnait ; disputes qui donnaient une haute importance aux moindres évènemens touchant à la religion. Le zèle de l'Université pour la soustraction aux deux obédiences, et pour sa stricte exécution, était toujours le même ; de plus, ce zèle devint persécuteur. Des personnes attachées par conviction ou par habitude à Benoît XIII, furent arrêtées et bannies sur les instances de l'Université. Le pontife se vengea par des bulles fulminantes, qu'il envoya signifier au roi. Les porteurs de ces anathèmes eurent la maladresse de se laisser arrêter. Ils subirent des peines humiliantes, des expositions en public, et la prison. Pendant ce temps, les deux papes, comme s'ils se fussent concertés, jouaient toujours le même rôle, de promettre d'abdiquer et de ne point tenir. Leurs cardinaux, las de cette collusion qui devenait une dérision, les abandonnèrent en grande partie, et se réunirent en un concile qu'ils avaient convoqué à Pise. Les pères sommèrent Benoît et Grégoire d'abdiquer. Sur leurs refus, ils les déposèrent, et élurent Pierre de Candie, qui prit le nom d'Alexandre V. Ainsi il y eut trois papes et trois sacrés colléges, parce que les deux déposés créèrent chacun des cardinaux pour remplacer leurs déserteurs.

FIN DU PREMIER VOLUME.

TABLE DES MATIÈRES.

Notice historique sur la vie et les ouvrages de M. Anquetil. . . . . ⁓
Préface IX
Division de l'ouvrage. XII
Gaulois. Division de l'histoire des Gaules . . . . id.
Chapitre I. Des Gaulois en général et de leurs mœurs 1
Chapitre II. De l'an 600 à l'an 50 avant Jésus-Christ.
   Histoire des Gaules, depuis les premières émigrations gauloises, connues avec quelque certitude, jusqu'à l'achèvement de la conquête du pays par Jules-César 8
Chapitre III. De l'an 50 avant Jésus-Christ à l'an 260 de Jésus-Christ.
   Histoire des Gaules depuis l'achèvement de la conquête du pays par Jules-César jusqu'aux premières incursions qu'y tentèrent les Francs 67
Chapitre IV. De l'an 260 à l'an 420 de Jésus-Christ.
   Histoire des Gaules depuis les premières incursions des Francs dans ce pays jusqu'à l'établissement définitif qu'ils y formèrent sous Pharamond, leur premier roi. 101

PREMIERE RACE, DITE DES MEROVINGIENS,
   Comprenant 21 rois sous 331 ans d'existence. 420—752 . . . 142

Chapitre I. — 420—481.
   Les quatre premiers rois français; progrès des Francs dans le nord de la Gaule; chute de l'empire d'Occident. Période de 61 ans. 143
   Pharamond. . . . . id.
   Clodion . . . . id.
   Mérovée. 144
   Childéric. 147
Chapitre II. — 481—511.
   Clovis, premier roi chrétien; extension des Francs dans le midi de la Gaule; leur conversion; lois de Clovis. Période de 30 ans 152
   Clovis I, âgé de 15 ans. . . . . id.
Chapitre III. — 511—562.
   Les quatre fils de Clovis, leurs divisions et leurs crimes. Période de 51 ans. . 158
   Childebert I, âgé de 13 ans. id.
   Clotaire I, seul roi, âgé alors de 59 ans 162
Chapitre IV. — 562—628.
   Les quatre fils et les petits-fils de Clotaire I, fils de Clovis; rivalité funeste de Frédégonde et de Brunehaut. Période de 66 ans. 163
   Caribert, âgé de 40 ans. . . . . id.

TABLE DES MATIÈRES. 591

Chilpéric I, alors âgé de 30 à 35 ans 165
Clotaire II, âgé de 5 à 6 mois 171

Chapitre V. — 628—691.

Commencement de la puissance des maires du palais sous Dagobert I, fils de Clotaire II, sous son fils et sous ses petits-fils. Période de 63 ans. 180
Dagobert I, âgé de 25 à 26 ans. . . . . *id.*
Clovis II, âgé de 4 ans, le premier des rois fainéans 184
Clotaire III, âgé de 4 ou 5 mois 185
Childéric II, alors âgé de 18 ans 186
Thierry III, âgé de 22 ans. 187

Chapitre VI. — 691—752.

Puissance des trois maires du palais, Pepin de Herstal, Charles Martel, son fils, et Pepin-le-Bref, son petit-fils, sous les derniers rois fainéans de cette race. Période de 61 ans. 188
Clovis III, âgé de 10 à 11 ans . . . . *id.*
Childebert III, âgé de 12 ans 189
Dagobert, âgé de 15 ans . . . . *id.*
Chilpéric II, âgé d'environ 44 ans 190
Thierry IV, âgé de 7 ans 191
Interrègne 193
Childéric, âgé de 11 à 12 ans 194

SECONDE RACE, DITE DES CARLOVINGIENS,

Comprenant quinze rois, sous 235 ans d'existence. 752—987. 197

Chapitre I. — 752—877.

Splendeur des Carlovingiens pendant la succession directe et non interrompue de ses quatre premiers rois, Pepin, dit le Bref; Charles Ier, le Grand, ou Charlemagne; Louis-le-Débonnaire et Charles-le-Chauve. Période de 125 ans 198
Charlemagne, âgé de 24 à 25 ans. 206
Louis I, dit le Débonnaire, âgé de 36 ans. 223
Charles II, dit le Chauve, âgé de 17 ans. 237

Chapitre II. — 877—936.

Commencement de la décadence des Carlovingiens et interruption de la succession directe sous Louis II, dit le Bègue, fils de Charles-le-Chauve, et sous ses trois fils, Louis III, Carloman et Charles III, dit le Simple. Quatre usurpateurs, au préjudice de ce dernier, règnent successivement et en concurrence avec lui, savoir : l'empereur Charles-le-Gros, son parent; Eudes, fils de Robert-le-Fort, duc de France; Robert, frère d'Eudes, et Raoul, gendre du roi Robert, lequel survécut à Charles de quelques années. Période de 59 ans 251
Louis, dit le Bègue, âgé de 33 ans. . . . . *id.*
Louis III et Carloman 252
Eudes, âgé de 30 ans 255
Eudes et Charles III, le Simple. (Charles âgé de 14 à 15 ans.) 256
Charles le Simple, âgé de 20 ans . . . . *id.*
Charles III, le Simple; et Robert. 258
Charles le Simple et Raoul 259
Raoul seul. 260

Chapitre III. — 936—987.

Retour à la famille et à la succession directe des Carlovingiens, et leur chute

TABLE DES MATIÈRES.

sous les rois Louis IV, d'Outremer, fils de Charles-le-Simple ; Lothaire, son fils, et Louis V, dit le Fainéant, son petit-fils; lesquels ne régnèrent que sous le bon plaisir et la tutelle de Hugues-le-Grand, fils du roi Robert, et de Hugues-Capet, fils de Hugues-le-Grand. Période de 51 ans 263
Louis IV, d'Outremer, âgé d'environ 20 ans . . . . *id.*
Lothaire, âgé d'environ 13 ans. 266
Louis-le-Fainéant, âgé de 19 ans. 269

TROISIÈME RACE, DITE DES CAPÉTIENS.

Comprenant 33 rois sous 805 ans d'existence 987-1793.

CAPÉTIENS DIRECTS, quinze rois en 341 ans.

Hugues-Capet, âgé d'environ 45 ans 270
Robert, âgé d'environ 26 ans 275
Henri I, âgé d'environ 27 ans 279
Philippe I, âgé de 8 ans 283
Louis VI, le Gros, âgé de 28 ans 295
Louis VII, dit le jeune, âgé de 18 ans 303
Philippe-Auguste, âgé de 15 ans 316
Louis VIII, Cœur-de-Lion, âgé de 36 ans 344
Louis IX, ou Saint-Louis, âgé de 12 ans 346
Philippe III, dit le Hardi, âgé de 25 ans 374
Philippe IV, dit le Bel, âgé d'environ 17 ans 383
Louis X, dit le Hutin, âgé de 23 ans 409
Interrègne. 415
Jean I, posthume. 416
Philippe V, dit le Long, âgé de 23 ans. . . . . *id.*
Charles IV, dit le Bel, âgé de 28 ans 423

BRANCHE DES VALOIS.

Philippe VI, de Valois, âgé de 34 ans 427
Jean II, âgé de 40 ans 457
Charles V, âgé de 27 ans 495
Charles VI, âgé de 12 ans 529

FIN DE LA TABLE DU PREMIER VOLUME.

PARIS. — IMPRIMERIE D'AMÉDÉE SAINTIN,
Rue Saint-Jacques, 38.

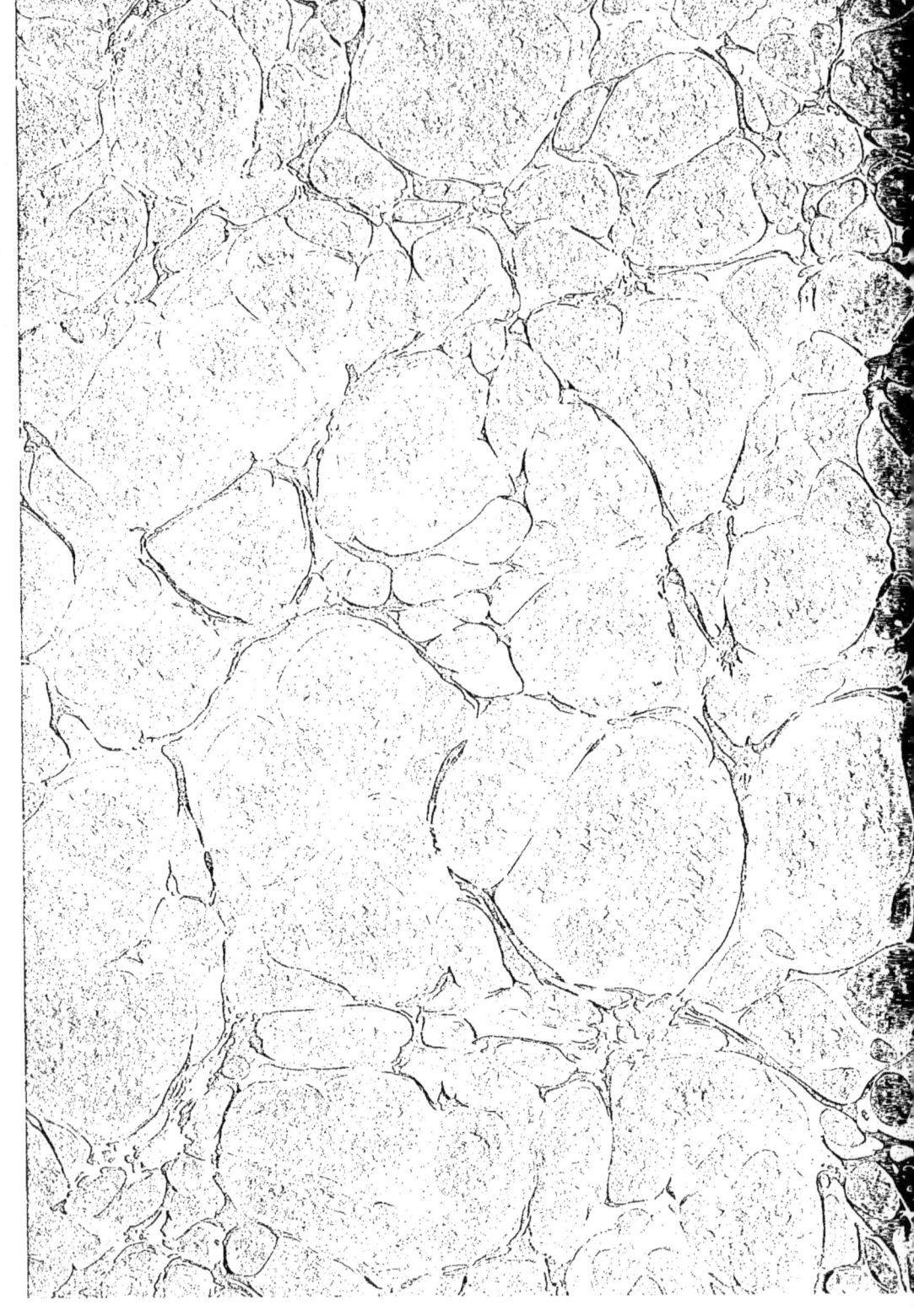

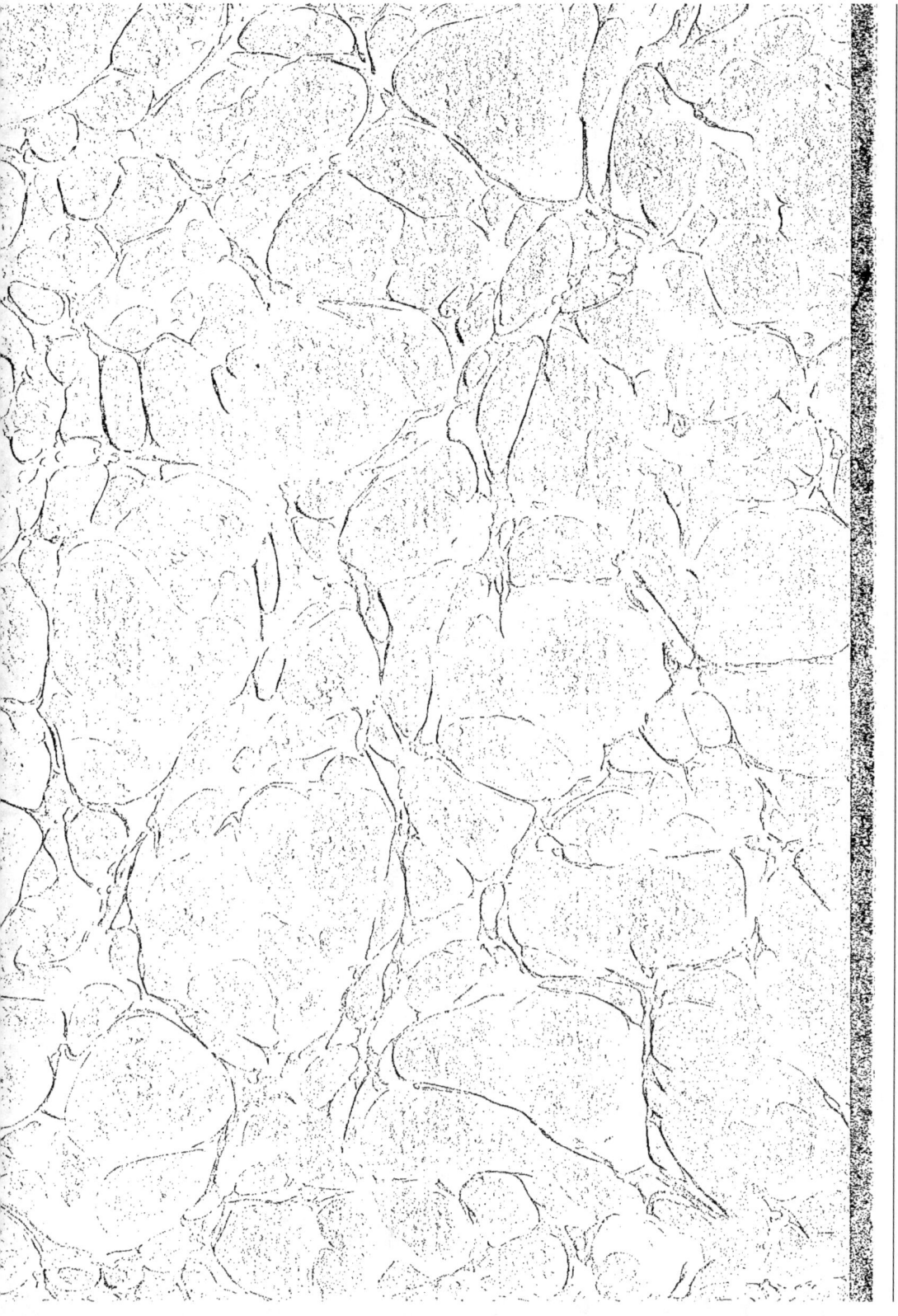

www.ingramcontent.com/pod-product-compliance
Lightning Source LLC
Chambersburg PA
CBHW050317240426
43673CB00042B/1440